AF903064

Auseinandersetzungen zwischen rivalisierenden Milizen in Libyen, Einschränkung der Presse- und Demonstrationsfreiheit in der Türkei, Umerziehungslager in Nordkorea. Gegenwärtig erleben wir viele Staaten als problematisch: Sie sind entweder gescheitert, überreguliert oder despotisch. Aber wie viel Staat ist wirklich notwendig? Starökonom Daron Acemoglu und Harvard-Politologe James A. Robinson geben hierauf eine überraschende und provokante Antwort. Anhand zahlreicher historischer und aktueller Beispiele – vom antiken Griechenland über das nationalsozialistische Deutschland bis zum gegenwärtigen China – zeigen sie: Wohlstand, Sicherheit und Freiheit sind in hohem Maße von dem richtigen Rahmen abhängig, in dem der permanente Kampf um Macht zwischen Staat und Gesellschaft ausgetragen wird. Eine überzeugende Analyse, die demonstriert: Ein starker Staat und eine starke Gesellschaft sind kein Widerspruch, sondern bedingen sich gegenseitig.

»Dieses Buch erinnert daran, dass Wachsamkeit erforderlich ist, um ein angemessenes Gleichgewicht zwischen Staat und Gesellschaft aufrechtzuerhalten.« Bengt Holmstrom, Nobelpreisträger für Wirtschaftswissenschaften

Daron Acemoglu ist Professor für Wirtschaftswissenschaften am renommierten Massachussetts Institute of Technology (MIT). Er gehört zu den zehn meist zitierten Wirtschaftswissenschaftlern und ist Träger der John-Bates-Clark-Medaille, die als Vorstufe zum Nobelpreis gilt.
James A. Robinson ist Politik- und Wirtschaftswissenschaftler und Professor an der Harvard University. Er ist der weltweit führende Experte für Entwicklungshilfe, Lateinamerika und Afrika. Er arbeitete in Botswana, Mauritius, Sierra Leone und Südafrika.
Die beiden Autoren haben mit ihrem mittlerweile zum Klassiker gewordenen Titel »Warum Nationen scheitern« weltweit für Aufsehen gesorgt und sind 2024 mit dem Wirtschaftsnobelpreis ausgezeichnet worden.

Weitere Informationen finden Sie auf www.fischerverlage.de

DARON ACEMOGLU
JAMES A. ROBINSON

GLEICHGEWICHT DER MACHT

Der ewige Kampf zwischen Staat und Gesellschaft

Aus dem Englischen von
Bernhard Jendricke, Christa Prummer-Lehmair,
Sonja Schuhmacher und Thomas Wollermann

FISCHER
TASCHENBUCH

MIX
Papier | Fördert gute Waldnutzung
FSC® C083411

Erschienen bei FISCHER Taschenbuch
Frankfurt am Main, 2024

Die amerikanische Originalausgabe erschien 2019 unter dem Titel
»The Narrow Corridor. State, Societies, and the Fate of Liberty«
im Verlag Penguin Press / Penguin Random House, New York.
© 2019 by Daron Acemoglu and James A. Robinson
Für die deutschsprachige Ausgabe:
© 2019 S. Fischer Verlag GmbH,
Hedderichstr. 114, 60596 Frankfurt am Main
Die Nutzung unserer Werke für Text- und Data-Mining
im Sinne von § 44b UrhG behalten wir uns explizit vor.
Karten © Carlos Molina und Jose Ignacio Velarde Morales
Abbildungen © Daniel Lagin
Die Übersetzerinnen und Übersetzer gehören
dem Kollektiv Druck-Reif an.
Satz: Dörlemann Satz, Lemförde
Druck und Bindung: CPI books GmbH, Leck
ISBN 978-3-596-70137-7

Für Arda und Aras;
auch wenn dies hier weniger ist,
als ich euch verdanke. DA

Für Adrián und Tulio.
Für mich die Vergangenheit;
für euch die Zukunft. JR

INHALT

VORWORT

Freiheit

Dieses Buch handelt von der Freiheit und davon, wie und warum menschliche Gesellschaften sie errungen haben oder an dieser Aufgabe gescheitert sind. Es handelt gleichermaßen von den Folgen, die sich daraus ergeben. Unsere Definition von Freiheit schließt sich jener von John Locke an, der erklärt, »ein Zustand *vollkommener Freiheit*« sei dann erreicht, wenn Menschen

> ihre Handlungen regeln und über ihren Besitz und ihre Person so verfügen, wie es ihnen am besten scheint, ohne dabei jemanden um Erlaubnis zu bitten oder vom Willen eines anderen abhängig zu sein.

So verstanden, ist Freiheit eine grundlegende Bestrebung jedes menschlichen Wesens. Locke betont jedoch, dass dabei …

> … niemand einem anderen … an seinem Leben und Besitz, seiner Gesundheit und Freiheit Schaden zufügen soll.

Unbestritten dürfte sein, dass in früheren Zeiten ebenso wie heute die Freiheit ein rares Gut war. Jahr für Jahr fliehen Millionen von Menschen aus ihrer Heimat im Nahen Osten, in Afrika, Asien und Mittelamerika und setzen dabei Leib und Leben aufs Spiel, nicht eines besseren Verdienstes oder bequemerer Lebensverhältnisse wegen, sondern weil sie sich und ihre Familien vor Angst und Gewalt schützen wollen.

Philosophen haben Freiheit oftmals ganz unterschiedlich definiert. Doch auf der elementarsten Ebene beginnt Freiheit, wie Locke gezeigt hat, dann, wenn die Menschen frei von Gewalt, Einschüchterung und anderen erniedrigenden Bedingungen sind. Die Menschen müssen ihr Leben frei gestalten können, ohne Angst, dafür bestraft oder mit drakonischen sozialen Sanktionen belegt zu werden.

Alles Übel dieser Welt

Im Januar 2011 kam es auf dem Markt in Harika, einem Viertel der syrischen Hauptstadt Damaskus, zu spontanen Protesten gegen das despotische Regime von Baschar al-Assad. Nicht lange danach schrieben Kinder in der südlich von Damaskus gelegenen Stadt Dara'a »Das Volk will den Sturz der Regierung« an eine Hauswand. Die Kinder wurden festgenommen und gefoltert. Eine Menschenmenge forderte ihre Freilassung, worauf die Polizei zwei der Protestierer erschoss. Daraufhin kam es zu Massendemonstrationen, die sich rasch über das ganze Land ausbreiteten. Viele ihrer Teilnehmer wollten, wie sich herausstellte, tatsächlich den Sturz der Regierung. Kurze Zeit später brach der Bürgerkrieg aus, was dazu führte, dass sich die staatlichen Institutionen, das Militär und die Sicherheitskräfte aus einem Großteil des Landes zurückzogen. Statt Freiheit herrschte nun unkontrollierte Gewalt.

Adam, ein Medienmanager aus Latakia, brachte auf den Punkt, was dies für Folgen hatte:

> Wir dachten, wir hätten ein Geschenk bekommen, aber was wir bekamen, war alles Übel dieser Welt.

Der aus Aleppo stammende Dramatiker Husayn fasste es so zusammen: »Wir hätten nie erwartet, dass diese finsteren Gruppen nach Syrien kommen würden – jene, die jetzt das Sagen haben.«

Führend unter diesen »finsteren Gruppen« war der sogenannte Islamische Staat oder ISIS, wie man ihn damals nannte, dessen Ziel es war, ein neues »islamisches Kalifat« zu errichten. 2014 brachte ISIS die syrische Großstadt Raqqa unter seine Kontrolle. Auf der anderen Seite der Grenze, im Irak, eroberte ISIS die Städte Falludscha, Ramadi und die historische Stadt Mossul mit ihren 1,5 Millionen

Einwohnern. ISIS und andere bewaffnete Gruppierungen füllten das Machtvakuum, das durch den Zusammenbruch der Regierungen in Syrien und im Irak entstanden war, mit unvorstellbarer Grausamkeit. Schwere körperliche Misshandlungen, Enthauptungen und Verstümmelungen waren an der Tagesordnung. Abu Firas, der für die Freie Syrische Armee kämpfte, schilderte die »neue Normalität« in Syrien:

> Schon so lange habe ich nicht mehr gehört, dass jemand eines natürlichen Todes gestorben ist. Anfangs wurden ein oder zwei Menschen getötet. Dann zwanzig. Dann fünfzig. Dann wurde es Normalität. Wenn wir fünfzig Leute verloren haben, dachten wir: »Gott sei Dank, es sind nur fünfzig!« Ich kann ohne das Geräusch von Bomben und Geschossen nicht schlafen. Es ist, als würde etwas fehlen.

Amin, ein Physiotherapeut aus Aleppo, erzählte:

> Einer meiner Kumpel rief seine Freundin an und sagte: »Schatz, ich habe keine Freiminuten mehr. Ich melde mich gleich noch mal mit Amins Telefon.« Nach einer Weile rief sie mich an und fragte nach ihm, und ich sagte ihr, dass er getötet worden sei. Sie brach in Tränen aus, und meine Freunde fragten: »Warum hast du ihr das erzählt?« Ich sagte: »Weil es passiert ist. Es ist normal. Er ist tot.« … Wenn ich in das Kontaktverzeichnis meines Handys schaute, waren nur ein oder zwei Namen noch am Leben. Bei uns hieß es: »Wenn einer stirbt, dann lösche seine Nummer nicht. Sondern ändere seinen Namen zu Märtyrer.« … Wenn ich also meine Kontaktliste öffnete, stand da überall Märtyrer, Märtyrer, Märtyrer.

Der Zusammenbruch des syrischen Staates verursachte eine Katastrophe enormen Ausmaßes. Von den rund 18 Millionen Syrerinnen und Syrern, die vor dem Krieg im Land lebten, kamen schätzungsweise 500 000 ums Leben. Mehr als sechs Millionen wurden innerhalb des Landes vertrieben, und fünf Millionen sind aus dem Land geflohen und fristen ihr Dasein als Flüchtlinge.

Das Gilgamesch-Problem

Es überrascht nicht, dass der Kollaps des syrischen Staates eine derartige Katastrophe nach sich zog. Philosophen und Sozialwissenschaftler haben bereits seit langem nachgewiesen, dass ein Staat vorhanden sein muss, wenn man Konflikte lösen, den Gesetzen Geltung verschaffen und die Gewalt im Zaum halten will. John Locke schreibt:

> Wo es kein Gesetz gibt, da gibt es auch keine Freiheit.

Doch die syrische Bevölkerung wollte mit ihren Protesten von Assads autokratischem System gewisse Freiheiten einfordern. Reumütig bekannte Adam:

> Es ist schon ein bisschen paradox. Wir wollten mit unseren Demonstrationen erreichen, dass die Korruption aufhört, Schluss ist mit den kriminellen, üblen Vorgängen und den Misshandlungen von Menschen.
> Aber erreicht haben wir nur, dass jetzt noch viel mehr Menschen misshandelt werden.

Dieses Paradox, von dem Adam spricht, ist in menschlichen Gesellschaften schon von jeher präsent. Von ihm handelt eines der ältesten schriftlichen Zeugnisse, über die wir verfügen, die 4200 Jahre alten sumerischen Tontafeln mit dem Gilgamesch-Epos. Gilgamesch war der König von Uruk, der vielleicht ersten Großstadt der Welt, gelegen am Ufer des Euphrat im Süden des heutigen Iraks. Das Epos erzählt von der bemerkenswerten Stadt, die Gilgamesch erschuf, in der der Handel florierte und die ihren Einwohnern öffentliche Dienstleistungen bot:

> Sieh wie ihre Wallanlagen wie Kupfer in der Sonne
> glänzen! Nimm die steinerne Treppe … wandle auf der
> Mauer von Uruk umher, folge ihrem Lauf um die Stadt,
> beschaue ihre mächtigen Fundamente, prüfe ihr
> Ziegelwerk, wie meisterhaft es erschaffen ist, schaue
> hinaus auf das Land, das die Stadt umschließt, die
> prächtigen Paläste und Tempel, die Läden und
> Marktplätze, die Häuser und öffentlichen Plätze.

Doch die Sache hatte einen Haken.

> Wer kann es mit Gilgamesch aufnehmen? … Die Stadt gehört ihm, er stolziert darin umher, hochmütig, den Kopf hoch erhoben, und trampelt seine Bürger nieder wie ein wilder Stier. Er ist der König, er tut, was ihm beliebt, nimmt dem Vater seinen Sohn und zermalmt ihn, nimmt der Mutter die Tochter und missbraucht sie … keiner wagt es, sich ihm zu widersetzen.

Gilgamesch kannte keine Grenzen für sein Tun. Darin ähnelte er dem syrischen Despoten Assad. In seiner Verzweiflung flehte das Volk Anu an, den Gott des Himmels und die oberste Gottheit des sumerischen Pantheons:

> Himmlischer Vater, Gilgamesch … hat alle Grenzen
> überschritten. Das Volk leidet unter seiner Tyrannei …
> Willst du, dass dein König so herrscht? Darf ein Hirte
> seine eigene Herde niedermetzeln?

Anu erhörte das Flehen und bat Aruru, die Schöpfungsmutter,

> einen Doppelgänger für Gilgamesch zu erschaffen, sein
> zweites Ich, einen Mann, der ihm an Stärke und Mut
> gleichkommt, einen Mann, der seinem stürmischen Herzen
> in nichts nachsteht. Erschaffe einen neuen Helden,
> lasse die beiden einander vollkommen ebenbürtig sein,
> auf dass Uruk Frieden findet

Anu fand also eine Lösung für das, was wir als das »Gilgamesch-Problem« bezeichnen – zur Förderung des Guten die Befugnisse und die Macht des Staates zu kontrollieren. Anus Lösung bestand darin, einen »Doppelgänger« zu erschaffen, ähnlich dem, was man heute als »Gewaltenteilung« kennt. Gilgameschs Doppelgänger Enkidu sollte ihn im Zaum halten. James Madison, einer der Gründerväter des US-amerikanischen Regierungssystems, hätte das gefallen. 4000 Jahre nach Gilgamesch forderte er, eine Verfassung müsse so beschaffen sein, dass »Ehrgeiz dem Ehrgeiz entgegenwirkt«.

Gilgameschs erste Begegnung mit seinem Doppelgänger fand statt, als er gerade im Begriff war, sich durch Raub eine neue Braut zu beschaffen. Dabei stellte sich Enkidu ihm in den Weg, und sie kämpften miteinander. Obwohl Gilgamesch schließlich die Oberhand gewann, war danach seine unangefochtene, despotische Macht dahin. Die Saat der Freiheit in Uruk?

Leider nein. Eine von oben verordnete Gewaltenteilung funktioniert in der Regel nicht, und dies war auch in Uruk der Fall. Schon bald taten sich Gilgamesch und Enkidu zusammen:

> Sie umarmten und küssten sich.
> Sie hielten einander die Hände wie Brüder.
> Sie gingen Seite an Seite.
> Sie wurden wahre Freunde.

Alsbald nahmen sie sich vor, das Ungeheuer Humbaba zu töten, den Hüter des großen Zedernwaldes. Als die Götter den Himmelsstier losschickten, um die beiden für diesen Frevel zu bestrafen, töteten sie mit vereinten Kräften auch ihn. Die Aussicht auf Freiheit verflüchtigte sich mit dem Verschwinden der Gewaltenteilung.

Woraus soll die Freiheit erwachsen, wenn nicht aus einem Staat, der durch Doppelgänger oder die Gewaltenteilung eingehegt wird? Aus einem Regime wie dem von Assad gewiss nicht. Bestimmt auch nicht aus der Anarchie, die dem Zusammenbruch des syrischen Staats folgte.

Unsere Antwort ist einfach: Freiheit benötigt den Staat und die Gesetze. Sie wird aber nicht vom Staat oder den Eliten, die ihn kontrollieren, erteilt. Vielmehr wird sie von den gewöhnlichen Bürgern, von der »Gesellschaft«, errungen. Die Gesellschaft muss den Staat kontrollieren, so dass er ihre Freiheit schützt und fördert, anstatt sie zu unterdrücken, wie es Assad in Syrien vor 2011 getan hat. Freiheit benötigt eine mobilisierte Gesellschaft, die an der Politik partizipieren kann, die nötigenfalls protestiert und in der Lage ist, die Regierung aus dem Amt zu wählen. Die Freiheit geht aus einem fragilen Gleichgewicht zwischen Staat und Gesellschaft hervor.

Der schmale Korridor zur Freiheit

In diesem Buch möchten wir darlegen, dass Freiheit nur entstehen und gedeihen kann, wenn sowohl der Staat als auch die Gesellschaft stark sind. Ein starker Staat wird benötigt, um die Gewalt zu kontrollieren, den Gesetzen Geltung zu verschaffen und öffentliche Dienstleistungen bereitzustellen, die unabdingbar sind, wenn den Menschen ermöglicht werden soll, ihr Leben nach eigenem Gutdünken zu führen. Eine starke, mobilisierte Gesellschaft wird benötigt, um den starken Staat zu kontrollieren und ihm Fesseln anzulegen. Doppelgänger-Lösungen und Gewaltenteilung beheben das Gilgamesch-Problem nicht, weil ohne die Wachsamkeit der Gesellschaft die Verfassungen und Garantien nicht viel mehr wert sind als das Papier, auf dem sie geschrieben stehen.

Zwischen der von despotischen Staaten erzeugten Angst und Repression einerseits und der Gewalt und Gesetzlosigkeit bei Abwesenheit eines Staates andererseits liegt ein schmaler Korridor der Freiheit. In diesem Korridor halten sich Staat und Gesellschaft die Waage. Dieses Gleichgewicht wird nicht durch ein revolutionäres Moment hergestellt. Es ist ein ständiges, tägliches Ringen zwischen beiden Kräften, das sich positiv auswirkt. Im Korridor der Freiheit treten Staat und Gesellschaft nicht einfach nur in Konkurrenz zueinander, sondern sie kooperieren auch. Dies versetzt den Staat besser in die Lage, die Leistungen zu erbringen, nach denen die Gesellschaft verlangt, und fördert eine stärkere gesellschaftliche Mobilisierung zur Kontrolle dieser Fähigkeit.

Warum dies ein Korridor und keine Tür ist, hat seinen Grund darin, dass die Erringung der Freiheit in einem Prozess vonstattengeht. Man muss in dem Korridor einen langen Weg zurücklegen, bevor die Gewalt unter Kontrolle gebracht ist, Gesetze verfasst und durchgesetzt sind und der Staat beginnt, seinen Bürgern Dienstleistungen zur Verfügung zu stellen. Es ist ein Prozess, weil der Staat und die Eliten erst lernen müssen, mit den Fesseln zu leben, die ihnen die Gesellschaft anlegt, ebenso wie die verschiedenen Segmente der Gesellschaft lernen müssen, trotz ihrer Differenzen zusammenzuarbeiten.

Dieser Korridor ist deshalb schmal, weil all diese Aufgaben nicht leicht zu bewältigen sind. Wie lässt sich ein Staat mit einer riesigen Bürokratie, einem mächtigen Militär und dem Vermögen, über Recht und Gesetz zu entscheiden, in Schranken halten? Wie kann man sicherstellen, dass sich ein Staat, der dazu aufgerufen ist, in einer komplexen Welt mehr Verantwortung zu übernehmen, gebändigt und kontrollierbar bleibt? Wie dafür sorgen, dass eine Gesellschaft ihre Kooperationsbereitschaft aufrechterhält und sich nicht gegen sich selbst wendet, zerrissen von Differenzen und Spaltungen? Wie verhindern, dass all dies nicht zu einem Nullsummenspiel wird? Dies ist ganz und gar nicht einfach, und deshalb ist der Korridor schmal. Gesellschaften treten in ihn ein und verlassen ihn wieder, jeweils mit weitreichenden Folgen.

Nichts davon lässt sich künstlich in die Wege leiten. Ohnehin neigen Staatsführer in der Regel nicht dazu, Freiheit aus eigenem Antrieb bewusst herbeizuführen. Sind der Staat und seine Eliten zu mächtig und verhält sich gleichzeitig die Gesellschaft unterwürfig, warum sollten dann die Herrschenden den Menschen Rechte und Freiheit einräumen? Und selbst wenn sie es täten, könnte man darauf vertrauen, dass sie zu ihrem Wort stehen?

An der Geschichte der Frauenbewegung verdeutlicht sich, wie sich die Ursprünge der Freiheit seit der Zeit des Gilgamesch bis heute entwickelt haben. Welche gesellschaftlichen Veränderungen seit jenen Tagen, in denen – wie es im Epos heißt – »die Jungfräulichkeit jedes Mädchens … ihm gehörte«, haben dazu geführt, dass Frauen heute Rechte haben (zumindest in einigen Gesellschaften)? Könnte es sein, dass diese Rechte von Männern gewährt wurden? Die Vereinigten Arabischen Emirate beispielsweise verfügen über einen Rat zur Gleichstellung der Geschlechter, der 2015 von Scheich Muhammad Bin Raschid Al Maktum eingesetzt wurde, dem Vizepräsidenten und Premierminister des Landes und Herrscher von Dubai. Der Rat vergibt jedes Jahr Preise an »die Verwaltungsbehörde mit der besten Bilanz hinsichtlich der Gleichstellung der Geschlechter« sowie an die Bundesbehörde mit der entsprechend besten Bilanz und an »die beste Gleichstellungsinitiative«. Die Preise des Jahres 2018, die Scheich Maktum persönlich überreichte, haben eines gemeinsam – sie alle wurden einem Mann verliehen. Die Lösung, die die Vereinigten Arabischen Emirate verfolgen, hat den Makel, dass sie von Scheich Maktum künstlich eingeführt und der Gesellschaft auferlegt wurde, ohne Beteiligung der Gesellschaft.

Man vergleiche dies zum Beispiel mit der erfolgreicheren Geschichte der Frauenbewegung in Großbritannien, wo den Frauen die Rechte nicht einfach zu Füßen gelegt wurden, sondern wo sie sie hart erkämpfen mussten. Frauen schlossen sich zu einer sozialen Bewegung zusammen, den sogenannten Suffragetten, die aus der British Women's Social and Political Union hervorging, einer ausschließlich von Frauen gebildeten, 1903 gegründeten Organisation. Die britischen Frauen warteten nicht darauf, dass Männer ihnen Preise für die »beste Gleichstellungsinitiative« verliehen. Sie mobilisierten sich, engagierten sich in Protestaktionen und übten zivilen Ungehorsam. Sie zündeten einen Sprengsatz am Sommerhaus des damaligen Schatzkanzlers und späteren Premiers David Lloyd George und ketteten sich vor dem Parlament an das Geländer. Sie verweigerten die Entrichtung von Steuern, und wenn man sie ins Gefängnis warf, traten sie in Hungerstreik und mussten zwangsernährt werden.

Emily Davison war prominente Vorkämpferin der Suffragettenbewegung. Am 4. Juni 1913 stürmte sie beim berühmten Epson Derby mitten auf die Galopprennbahn und stellte sich Anmer, dem Pferd König Georges V., in den Weg. Manchen Berichten zufolge soll Davison dabei die lila-weiß-grüne Fahne der Suffragetten geschwungen haben. Davison wurde von Anmer erfasst, das Pferd stürzte und begrub sie unter sich. Vier Tage später starb sie an ihren Verletzungen. Fünf Jahre danach konnten Frauen erstmals an Parlamentswahlen teilnehmen. Die Frauen in Großbritannien bekamen nicht aufgrund der Großherzigkeit männlicher Führer Rechte, sondern weil sie sich organisiert und sich selbst ermächtigt hatten.

Die Geschichte der Frauenemanzipation ist kein Ausnahmefall. Freiheit hängt fast immer von der Mobilisierung der Gesellschaft und ihrer Fähigkeit ab, gegenüber dem Staat und seinen Eliten ein Machtgleichgewicht herzustellen.

1.
WIE ENDET DIE GESCHICHTE?

Eine künftige Anarchie?

Im Jahr 1989 sagte Francis Fukuyama das »Ende der Geschichte« voraus, da sich alle Länder den politischen und wirtschaftlichen Institutionen der Vereinigten Staaten angleichen würden, was er als »dreisten Sieg des wirtschaftlichen und politischen Liberalismus« bezeichnete. Nur fünf Jahre später entwarf Robert Kaplan in seinem Beitrag *The Coming Anarchy* ein radikal anderes Zukunftsbild. Am Beispiel von Westafrika verdeutlichte er seine düstere Vision:

> Westafrika wird zum Symbol der [Anarchie] … Krankheiten, Übervölkerung, sinnlose Verbrechen, Mangel an Ressourcen, Flüchtlingsströme, die zunehmende Erosion der Nationalstaaten und internationalen Grenzen sowie das Erstarken privater Armeen, Sicherheitsfirmen und internationaler Drogenkartelle sind heute in Westafrika höchst eindrucksvoll zu beobachten. Westafrika bietet eine prägnante Einführung in die Problemstellungen, über die zu diskutieren oft äußerst unangenehm ist, mit denen unsere Zivilisation aber schon bald konfrontiert sein wird. Die politische Welt dahingehend neu zu vermessen wird somit noch einige Jahrzehnte dauern … Ich denke, ich muss mit Westafrika beginnen.

In seinem 2018 erschienenen Artikel *Why Technology Favors Tyranny* traf Yuval Noah Harari ebenfalls eine Zukunftsprognose. Ihr zufolge seien die Fortschritte bei der künstlichen Intelligenz Vorboten »digitaler Diktaturen«, die es Regierungen ermöglichen würden, unser Handeln, Kommunizieren und Denken zu überwachen, zu kontrollieren und sogar zu steuern.

Also mag die Geschichte vielleicht an ihr Ende kommen, aber auf ganz andere Weise, als Fukuyama sich das vorgestellt hat. Doch wie? Wird Fukuyamas Vision der Demokratie triumphieren oder doch die Anarchie oder die digitale Diktatur? Die zunehmende staatliche Kontrolle des Internets, der Medien und des Lebens der gewöhnlichen Bürger in China könnte darauf hindeuten, dass wir auf dem Weg in eine digitale Diktatur sind, während die aktuellen Entwicklungen im Nahen Osten und in Afrika uns vor Augen führen, dass die Vorstellung künftiger Anarchie gar nicht so weit hergeholt sein könnte.

Doch wir wollen uns diesem Thema auf systematische Weise nähern. Beginnen wir deshalb, wie Kaplan vorschlägt, mit Afrika.

Der Staat mit dem Artikel 15

Hält man sich an der westafrikanischen Küste am Golf von Guinea ostwärts und durchquert Äquatorial-Guinea, Gabun und Pointe-Noire in Kongo-Brazzaville, gelangt man an die Mündung des Kongo-Flusses, den Eingang zur Demokratischen Republik Kongo, einem Land, das oft als Inbegriff der Anarchie beschrieben wird. Dort kursiert ein Witz: Seit seiner Unabhängigkeit von Belgien im Jahr 1960 gab es in dem Land sechs Verfassungen, alle mit einem gleichlautenden Artikel 15. Charles-Maurice de Talleyrand-Périgord, der im 19. Jahrhundert in Frankreich diverse Staatsämter innehatte, sagte einmal, eine Verfassung solle »kurz und unbestimmt« sein. Artikel 15 der kongolesischen Verfassung erfüllt diese Kriterien, er ist kurz und unbestimmt und lautet schlicht: *Débrouillez-vous* – Sorgt für euch selbst.

Unter einer Verfassung stellt man sich zumeist ein Dokument vor, in dem die Verantwortlichkeiten, Pflichten und Rechte der Bürger und des Staates festgeschrieben sind. Der Staat soll die Konflikte zwischen den Bürgern lösen, sie beschützen und die wesentlichen öffentlichen Dienstleistungen zur Verfügung stellen wie etwa Bildung, Gesundheitsfürsorge und Infrastruktur, um den Menschen zu ermöglichen, ihr Leben angemessen zu gestalten. Aber eine Verfassung sollte nicht sagen, sorgt für euch selbst.

Artikel 15 ist nur ein Witz. In der kongolesischen Verfassung gibt es keinen solchen Artikel. Aber dieser Witz trifft den Nagel auf den Kopf. Die Kongolesen haben mindestens seit der Unabhängigkeit 1960 für sich selbst gesorgt (und davor war ihre Lage noch schlechter). Ihr Staat hat wiederholt darin versagt, auch nur etwas von dem zu leisten, was von ihm erwartet wird, und er ist in weiten Teilen des Landes nicht präsent. Fast überall im Kongo sind die Gerichte, Straßen, Kliniken und Schulen im Verfall begriffen. Mord, Raub, Erpressung und Einschüchterung sind gang und gäbe. Während des Zweiten Kongokriegs, der von 1998 bis 2003 tobte, verwandelte sich das Leben der meisten, ohnehin schon arg gebeutelten Kongolesen in eine wahre Hölle. Schätzungsweise fünf Millionen Menschen kamen dabei ums Leben. Sie wurden umgebracht, starben an Krankheiten oder verhungerten.

Nicht einmal in Friedenszeiten hat es der kongolesische Staat vermocht, die Zusagen seiner Verfassung einzuhalten. Artikel 16 lautet:

> Alle Bürger haben das Recht auf Leben, körperliche Unversehrtheit und auf freie Entwicklung ihrer Persönlichkeit, sofern sie die Gesetze, die öffentliche Ordnung, die Rechte anderer und die öffentliche Moral respektieren.

Ein Großteil der Kivu-Region im Osten des Landes wird jedoch nach wie vor von Rebellengruppen und Warlords kontrolliert, die die dort lebenden Menschen ausplündern, drangsalieren und ermorden und die Bodenschätze des Landes rauben.

Wie steht es mit dem echten Artikel 15 der kongolesischen Verfassung? »Die staatlichen Behörden sind verantwortlich für die Verhinderung sexueller Gewalt …«. Doch 2010 nannte ein Vertreter der Vereinten Nationen das Land »die Welthauptstadt der Vergewaltigung«.

Die Kongolesen sind auf sich allein gestellt. *Débrouillez-vous.*

Dies trifft nicht nur auf die Kongolesen zu. Reist man Richtung Golf von Guinea zurück, trifft man auf einen Ort, der Kaplans düstere Zukunftsvision vollkommen zu bestätigen scheint – Lagos, das Wirtschaftszentrum Nigerias. Kaplan beschreibt Lagos als eine Stadt, »deren Kriminalität, Umweltverschmutzung und Übervölkerung sie zum Klischee par excellence der urbanen Dysfunktion der Dritten Welt machen«.

Im Jahr 1994 herrschte in Nigeria eine Militärdiktatur, mit General Sani Abacha als Präsident. Abacha sah es nicht als seine Aufgabe an, Konflikte unparteiisch zu lösen oder die Nigerianer zu beschützen. Er konzentrierte sich darauf, seine Gegner umzubringen und die Bodenschätze des Landes auszubeuten. Er soll seinem Land mindestens drei Milliarden Dollar geraubt haben, vermutlich noch viel mehr.

Im Jahr zuvor, 1993, kehrte der Schriftsteller und Literaturnobelpreisträger Wole Soyinka nach Lagos zurück. Er wollte von Cotonou aus, dem Regierungssitz des benachbarten Benin, die Grenze zu Nigeria überqueren (siehe Karte 1). Das schilderte er wie folgt: »Als wir uns der Grenze zwischen Benin und Nigeria näherten, wurde die ganze Geschichte auf einen Schlag deutlich. Die Schlange der am Straßenrand geparkten Wagen, die die Grenze nicht passieren konnten oder wollten, war auf beiden Seiten kilometerlang.« Er sah Leute, die gewagt hatten, die Grenze zu passieren. »Mit verbeulten Fahrzeugen und/oder ausgeplünderten Taschen waren sie zurückgekommen, man hatte sie mit Waffengewalt gezwungen, Wegezoll zu zahlen, als sie bis zur ersten, von Demonstranten errichteten Straßenblockade vorgeprescht waren.«

Soyinka ließ sich jedoch nicht abschrecken, passierte zu Fuß die Grenze und suchte nach jemand, der ihn in die Hauptstadt bringen konnte. Aber er hörte immer nur: »*Oga Wole, eko e da o*« (Meister Wole, Lagos ist nicht gut). Ein Taxifahrer deutete mit seiner bandagierten Hand auf seinen bandagierten Kopf und erzählte, was ihm zugestoßen war. Eine blutrünstige Gang hatte ihn verfolgt und erwischt, obwohl er mit Vollgas im Rückwärtsgang versucht hatte zu entkommen.

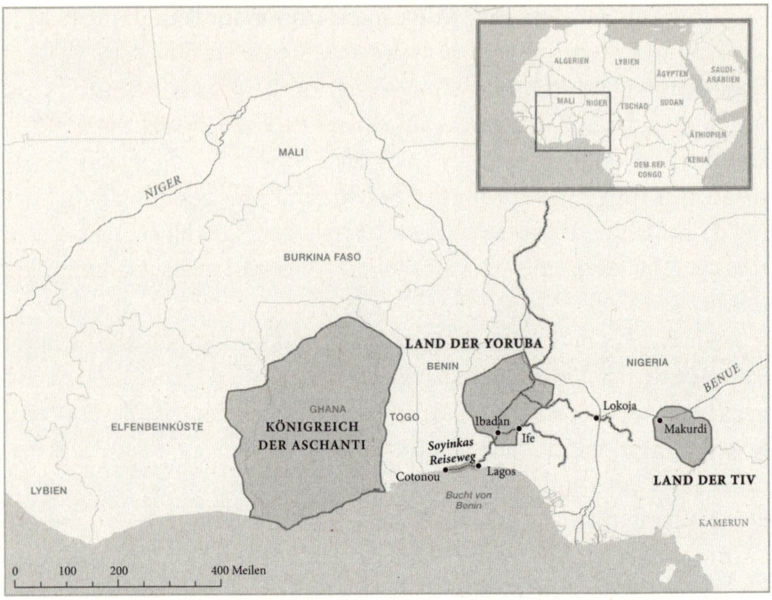

Karte 1: Westafrika: Das historische Königreich der Aschanti, das Land der Yoruba, das Land der Tiv und Wole Soyinkas Reiseweg von Cotonou nach Lagos

> *Oga* … diese Kerle haben meine Windschutzscheibe eingeschlagen, obwohl ich schon rückwärts gefahren bin. Gott hat mich gerettet. *Eko ti daru*, Lagos ist ein Chaos.

Schließlich fand Soyinka ein Taxi, das ihn nach Lagos brachte, doch der zögerliche Fahrer meinte: »Mann, die Straße ist schlecht. Sehr schlecht.« Und so begann, wie Soyinka schrieb, »die albtraumhafteste Reise meines Daseins«:

> Die Straßensperren bestanden aus leeren Benzinfässern, abgefahrenen Reifen, Felgen, Verkaufsbuden, Holzklötzen, Baumstämmen, kleinen Felsbrocken … Die angeworbenen Straßenrowdys hatten die Sache … in die eigenen Hände genommen … An manchen der Straßensperren wurde ein Wegezoll erhoben, man zahlte und konnte weiterfahren – aber das bot eine Sicherheit, die nur bis zur nächsten Barriere reichte. Manchmal bestand der Zoll aus einem Kanister voll

> Benzin, das aus dem Wagentank abgezapft wurde, dann durfte man die Fahrt fortsetzen – bis zur nächsten Schranke. … Einige der Fahrzeuge hatten eindeutig einen Gassenlauf durch Wurfgeschosse, Knüppel, ja bloße Fäuste hinter sich, andere schienen direkt vom Filmset von *Jurassic Park* hierher verfrachtet – man hätte schwören können, dass abnormale Zahnabdrücke in der Karosserie zu sehen waren.

Als sich Soyinka Lagos näherte, wurde die Situation noch schlimmer:

> Normalerweise dauert die Fahrt von dort ins Herz von Lagos ungefähr zwei Stunden. Jetzt waren bereits mehr als fünf Stunden vergangen, und wir hatten noch keine fünfzig Kilometer hinter uns gebracht. Meine Besorgnis wuchs … Es lag eine mit Händen greifbare Spannung in der Luft, als wir näher und näher an Lagos herankamen. Die Blockaden standen dichter, die Zahl demolierter Fahrzeuge nahm zu, und, am schlimmsten, es lagen Leichen am Straßenrand.

Leichen sind kein ungewöhnlicher Anblick in Lagos. Als ein hochrangiger Polizeibeamter vermisst gemeldet wurde, suchte die Polizei im Gewässer unter einer Brücke nach seinem Leichnam. Die Suche endete nach sechs Stunden und dem Fund von 23 Toten, von denen keiner die gesuchte Person war.

Während das nigerianische Militär das Land ausplünderte, war es für die Bewohner von Lagos nicht leicht, sich durchzuschlagen. Die Stadt war ein Hort des Verbrechens, und der internationale Flughafen befand sich in derart marodem Zustand, dass er von ausländischen Fluggesellschaften gemieden wurde. Gangs, die sich »Area Boys« nannten, machten Jagd auf Geschäftsleute, raubten sie aus und töteten sie sogar zuweilen. Die Area Boys waren nicht die einzige Gefahr für die Menschen. Auf den Straßen fand man nicht nur Leichen, dort türmte sich der Müll, und Ratten liefen umher. Ein Reporter der BBC berichtete 1999, dass »die Stadt … unter einem Berg von Abfällen verschwindet«. Es gab weder eine öffentliche Stromversorgung noch fließendes Wasser. Wollte man in der Wohnung Licht haben, benötigte man einen Generator. Oder Kerzen.

Das albtraumhafte Leben der Bewohner von Lagos beschränkte sich nicht darauf, dass ihre Straßen von Ratten und Müll verseucht waren und auf den Gehsteigen Leichen lagen. Sie lebten in ständiger Angst. Im Zentrum von Lagos zu wohnen, mit den Area Boys vor Ort, war kein Spaß. Selbst wenn man heute von ihnen verschont blieb, konnten sie es schon morgen auf einen abgesehen haben – vor allem, wenn man die Kühnheit besaß, sich darüber zu beschweren, was sie der Stadt antaten, oder wenn man ihnen nicht die von ihnen eingeforderte Unterwürfigkeit bewies. Ständige Angst, Unsicherheit und Ungewissheit kann ebenso zermürbend sein wie die tatsächliche Gewalt, weil sie einen – um einen Begriff des Philosophen und Politikwissenschaftlers Philip Pettit zu benutzen – unter die »Dominanz« einer anderen Menschengruppe stellt.

In seinem Buch *Republicanism: A Theory of Freedom and Government* schreibt Pettit, die Grundlage eines erfüllten, ehrbaren Lebens sei Nicht-Dominanz – die Freiheit von Dominanz, Angst und extremer Unsicherheit. Pettit zufolge ist es inakzeptabel,

> unter der Gewalt von jemand anderem leben zu müssen, in einer Art und Weise, die einen schutzlos macht vor einem Übel, das der andere einem willkürlich aufzuerlegen in der Lage ist.

Eine solche Dominanz herrscht beispielsweise dann, wenn

> eine Ehefrau in die Lage gerät, dass ihr Mann sie nach Belieben schlagen kann, ohne dass sie die Möglichkeit hat, dies zu verhindern; wenn ein Arbeitnehmer es nicht wagen kann, sich über seinen Arbeitgeber zu beschweren, und wehrlos einer Vielzahl von Schikanen ausgesetzt ist … zu denen der Arbeitgeber womöglich greift; wenn der Schuldner von der Gnade des Gläubigers oder des Bankbeamten abhängig ist, dass dieser ihn nicht in Armut und Ruin stürzt.

Pettit betont, bereits die Drohung mit Gewalt oder Misshandlung könne ebenso schlimm sein wie die tatsächlich ausgeübte Gewalt oder die Misshandlung selbst. Natürlich kann man der Gewalt dadurch entgehen, dass man sich den Wünschen oder Befehlen der anderen Person fügt. Doch der Preis dafür ist, etwas zu tun, was man nicht möchte, und dieser Bedrohung ständig ausgesetzt zu sein. (Ökonomen würden dazu sagen, Gewalt liege »außerhalb des Gleichgewichtspfads«, aber das bedeutet nicht, dass sie nicht das eigene Verhalten beeinflusst oder Folgen hat, die fast so schmerzlich sind wie die tatsächlich ausgeübte Gewalt.) Pettit schreibt, solche Menschen

> leben überschattet durch die Anwesenheit eines anderen, selbst wenn sich keine Hand drohend gegen sie erhebt. Sie leben in der Ungewissheit, wie der andere reagieren wird, und müssen die Launen des anderen wachsam im Auge behalten … Sie finden sich … nicht in der Lage, dem anderen ins Auge zu blicken, und sehen sich vielleicht sogar dazu gezwungen, zu schmeicheln, um sich bei ihm beliebt zu machen.

Jede Beziehung von ungleicher Machtverteilung, ob sie durch Drohung oder durch andere soziale Mittel wie Sitten und Gebräuche erzwungen wird, stellt eine Form von Dominanz dar, weil sie darauf hinausläuft,

> der Willkür ausgeliefert zu sein; dem potentiell unberechenbaren Willen oder dem potentiell eigentümlichen Urteil des anderen ausgeliefert zu sein.

Wir definieren »Freiheit« als die Abwesenheit von Dominanz, denn wer dominiert wird, kann keine freie Wahl treffen. Freiheit oder – in Pettits Worten – Nicht-Dominanz bedeutet

> Emanzipation von jeder derartigen Unterordnung, Befreiung aus jeder derartigen Abhängigkeit. Sie setzt voraus, auf Augenhöhe mit seinen Mitbürgern stehen zu können, in dem gemeinsamen Bewusstsein, dass keiner der Beteiligten über die Macht verfügt, willkürlich auf jemand anderen übergreifen zu können.

Entscheidend ist, dass Freiheit nicht einfach nur die abstrakte Möglichkeit voraussetzt, sein Handeln selbst bestimmen zu können, sondern auch die Fähigkeit gegeben ist, diese Freiheit konkret ausüben zu können. Diese Fähigkeit fehlt, wenn eine Person, Gruppe oder Organisation über die Macht verfügt, jemand anderen zu etwas zu zwingen, zu bedrohen oder das Gewicht sozialer Beziehungen zu nutzen, um jemand anderen zu unterjochen. Sie kann nicht bestehen, wenn Konflikte durch Gewalt oder die Drohung mit ihr gelöst werden. Und ebenso fehlt sie, wenn Konflikte durch ungleiche Machtverhältnisse aufgrund fest verwurzelter Bräuche gelöst werden. Freiheit benötigt das Ende von Dominanz, worauf sie sich auch gründen mag.

In Lagos herrschte nirgendwo Freiheit. Konflikte wurden zugunsten der stärkeren, besser bewaffneten Partei gelöst. Es gab Gewalt, Raub und Mord. Auf Schritt und Tritt zerfiel die Infrastruktur. Dominanz herrschte allerorten. Das war nicht die künftige Anarchie. Sie war bereits präsent.

Der Krieg aller gegen alle und der Leviathan

Den meisten von uns, die in Sicherheit und Behaglichkeit leben, mag das Lagos der 1990er Jahre als eine singuläre Anomalie erscheinen. Das ist es aber nicht. Die menschliche Existenz ist zu einem großen Teil von Unsicherheit und Dominanz geprägt. Im Laufe der Geschichte, selbst nach der Entstehung von Landwirtschaft und Sesshaftigkeit vor etwa zehntausend Jahren, lebten die Menschen zumeist in »nichtstaatlichen Gesellschaften«. Manche dieser Gesellschaften ähneln den wenigen verbliebenen Gruppen von Jägern und Sammlern in den abgelegenen Regionen des Amazonas und Afrikas (die zuweilen als »Kleingesellschaften« bezeichnet werden). Andere wie beispielsweise die Paschtunen, eine Ethnie von rund 50 Millionen Menschen im Süden und Osten Afghanistans und im nordwestlichen Pakistan, waren weit größer und betrieben Landwirtschaft und Viehzucht. Archäologische und anthropologische Forschungen belegen, dass viele dieser Gesellschaften in einer noch traumatischeren Existenz gefangen waren als jene, die die Einwohner von Lagos in den 1990er Jahren täglich erlitten haben.

Höchst aufschlussreich sind die historischen Belege über Mord und Totschlag, die Archäologen anhand entstellter oder beschädigter Skelettreste erschlossen und Anthropologen durch eigene Beobachtung von noch existierenden nichtstaatlichen Gesellschaften gewonnen haben. Im Jahr 1978 dokumentierte die Anthropologin Carol Ember systematisch, dass es in Jäger-und-Sammler-Gesellschaften ein sehr hohes Maß an kriegerischen Auseinandersetzungen gab – ein Schock für das von ihrer Profession vermittelte Bild des »friedlichen Wilden«. In zwei Dritteln der Gesellschaften, die Ember untersuchte, wurde häufig Krieg geführt, mindestens einmal alle zwei Jahre. Nur zehn Prozent dieser Gesellschaften führten nicht Krieg. Steven Pinker, der sich auf die Forschungen von Lawrence Keeley stützte, wertete die Belege über 27 nichtstaatliche Gesellschaften aus, die im Laufe der vergangenen 200 Jahre von Anthropologen untersucht worden waren. Seiner Schätzung nach kamen von je 100 000 Personen mehr als 500 gewaltsam zu Tode – über hundertmal mehr, als die aktuelle Mordrate in den Vereinigten Staaten beträgt, die bei 5 pro 100 000 liegt, und über tausendmal mehr als in Norwegen, wo sie bei 0,5 pro 100 000 liegt. Die archäologischen Zeugnisse aus vormodernen Gesellschaften stimmen mit diesem Gewaltniveau überein.

Wir sollten uns bewusstmachen, was diese Zahlen bedeuten. Bei einer Todesrate von 500 pro 100 000 Personen oder 0,5 Prozent hat ein typisches Mitglied einer solchen Gesellschaft eine Wahrscheinlichkeit von 25 Prozent, innerhalb eines Zeitraums von 50 Jahren getötet zu werden – das heißt, ein Viertel der Menschen, die man kennt, wird gewaltsam zu Tode kommen. Welches Maß an Unberechenbarkeit und Angst ein derartiges Gewaltniveau bewirkt, ist kaum vorstellbar.

Obgleich ein Großteil des Blutvergießens auf kriegerische Auseinandersetzungen zwischen verfeindeten Stämmen oder Gruppen zurückging, waren es nicht allein Kriege und Konflikte innerhalb der Gruppen selbst, die unablässig zu Gewalt führten. Die Gebusi in Neuguinea beispielsweise haben sogar eine noch höhere Mordrate – sie lag in den 1940er und 1950er Jahren, als dieses Volk noch nicht entdeckt war, bei fast 700 pro 100 000 Personen. Meist fand dieses Töten in friedlichen, normalen Zeiten statt, falls man eine Zeit, in der jedes Jahr fast einer von 100 Menschen ermordet wird, als friedlich bezeichnen kann. Der Grund hierfür steht mit dem Glauben in Zusammenhang, dass jeder Todesfall durch Hexerei herbeigeführt wird, was dazu führt, dass auch Jagd auf jene gemacht wird, die für nichtgewaltsame Todesfälle verantwortlich zu sein scheinen.

Es ist nicht nur Mord, was das Leben nichtstaatlicher Gesellschaften prekär macht. In nichtstaatlichen Gesellschaften war die Lebenserwartung der Menschen zum Zeitpunkt ihrer Geburt sehr niedrig und lag zwischen 21 und 37 Jahren. Ähnlich kurze Lebensspannen galten bei unseren Vorfahren bis vor 200 Jahren nicht als ungewöhnlich. Somit lebten viele unserer Vorfahren, ähnlich den Einwohnern von Lagos, in Verhältnissen, wie sie der berühmte Philosoph und Staatstheoretiker Thomas Hobbes in seinem Buch *Leviathan* beschrieb, nämlich in

> beständige[r] Furcht und Gefahr eines gewaltsamen Todes – das menschliche Leben ist einsam, armselig, ekelhaft, bestialisch und kurz.

Dies war, was Hobbes, der sein Werk ebenfalls in einer albtraumhaften Zeit, dem englischen Bürgerkrieg in den 1640er Jahren, verfasste, als Krieg »eines jeden gegen jeden« bezeichnete oder was Kaplan »Anarchie« nennen würde.

Aus Hobbes' brillanter Schilderung des Kriegs aller gegen alle geht anschaulich hervor, warum ein Leben unter solchen Bedingungen noch schlimmer ist als trostlos. Hobbes' Ausgangspunkt sind einige Grundannahmen über die menschliche Natur, die ihn zu der Überzeugung führen, dass in jedem zwischenmenschlichen Handeln Konflikte angesiedelt sind, »wenn daher zwei Menschen nach demselben Gegenstand streben, den sie jedoch nicht zusammen genießen können, so werden sie Feinde und sind … bestrebt, sich gegenseitig zu vernichten oder zu unterwerfen.« Eine Welt ohne die Möglichkeit, diese Konflikte zu lösen, wäre keine glückliche:

> Daher kommt es auch, dass, wenn jemand ein geeignetes Stück Land bepflanzt, einsät, bebaut oder besitzt und ein Angreifer nur die Macht eines einzelnen zu fürchten hat, mit Wahrscheinlichkeit zu erwarten ist, dass andere mit vereinten Kräften anrücken, um ihn von seinem Besitz zu vertreiben und ihn nicht nur der Früchte seiner Arbeit, sondern auch seines Lebens und seiner Freiheit zu berauben.

Bemerkenswert ist, dass Hobbes damit Pettits These über die Dominanz vorwegnimmt und betont, allein schon die Drohung mit Gewalt könne schädlich sein, selbst wenn man der tatsächlichen Gewalt entgeht, indem man nach Einbruch der Dunkelheit zu Hause bleibt, nämlich weil man dadurch in seinen Bewegungen und Begegnungen eingeschränkt wird. Der Krieg aller gegen alle, so Hobbes, besteht »nicht in tatsächlichen Kampfhandlungen, sondern in der bekannten Bereitschaft dazu während der ganzen Zeit, in der man sich des Gegenteils nicht sicher sein kann«. Somit hat schon die Aussicht auf einen Krieg »eines jeden gegen jeden« beträchtliche Folgen für das Leben des Menschen. Er möge beispielsweise »bedenken, dass er sich bei Antritt einer Reise bewaffnet und darauf bedacht ist, in guter Begleitung zu reisen, dass er beim Schlafengehen seine Türen und sogar in seinem Hause seine Truhen verschließt.« Dies alles war Wole Soyinka nur allzu gut vertraut. In Lagos ging er niemals aus dem Haus, ohne seine Glock-Pistole mitzunehmen, um sich notfalls verteidigen zu können.

Hobbes erkannte auch, dass Menschen nach gewissen grundlegenden Annehmlichkeiten und wirtschaftlichen Chancen streben: »Die Leidenschaften, die die Menschen friedfertig machen, sind Todesfurcht, das Verlangen nach Dingen, die zu einem angenehmen Leben notwendig sind, und die Hoffnung, sie durch Fleiß erlangen zu können.« Aber diese Dinge stellen sich unter den Verhältnissen eines Kriegs aller gegen alle nicht von selbst ein. Im Gegenteil, wirtschaftliche Anreize werden verhindert:

> In einer solchen Lage ist für Fleiß kein Raum, da man sich seiner Früchte nicht sicher sein kann; und folglich gibt es keinen Ackerbau, keine Schifffahrt, keine Waren, die auf dem Seeweg eingeführt werden können, keine bequemen Gebäude, keine Geräte, um Dinge, deren Fortbewegung viel Kraft erfordert, hin- und her zu bewegen, keine Kenntnis von der Erdoberfläche …

Natürlich suchen die Menschen nach einem Ausweg aus der Anarchie, nach einer Möglichkeit, »Selbstbeschränkung« zu üben und »dem elenden Kriegszustand zu entkommen, der … aus den natürlichen Leidenschaften der Menschen notwendig folgt«. Hobbes hatte bereits vorweggenommen, wie dies möglich wäre, als er den Begriff des Kriegs aller gegen alle einführte, da er beobachtet hatte, dass ein solcher Krieg ausbricht, wenn »Menschen … ohne eine allgemeine, sie alle im Zaum haltende Macht leben«. Er bezeichnete diese allgemeine Macht als den »große[n] *Leviathan* ... genannt *Gemeinwesen* oder *Staat*« – drei Namen für ein und dasselbe. Der Krieg aller gegen alle lässt sich demnach verhindern, wenn eine Art zentralisierte Autorität geschaffen wird, eine, die bei den Kongolesen, Nigerianern und den Bewohnern anarchistischer, nichtstaatlicher Gesellschaften nicht zur Verfügung steht. Hobbes wählte das Bild des Leviathans, des im *Buch Hiob* beschriebenen Meeresungeheuers, um damit zu unterstreichen, dass ein solcher Staat mächtig sein muss. Das Titelblatt seines Buches schmückt eine Radierung des Leviathans, zusammen mit dem Zitat aus dem biblischen Text: »Keine Macht ist auf Erden, die ihm gleichkommt.«

Hobbes wusste, dass der allmächtige Leviathan gefürchtet werden würde. Aber besser einen mächtigen Leviathan fürchten als sämtliche Mitmenschen. Der Leviathan würde den Krieg aller gegen alle beenden, dafür sorgen, dass die Menschen aufhören würden, »sich gegenseitig zu vernichten oder zu unterwerfen«, den Müll und die Area Boys beseitigen und die Stromversorgung wieder in Gang setzen.

Klingt großartig, aber wie genau kommt man zu einem Leviathan? Hobbes schlug hierfür zwei Möglichkeiten vor. Die erste sei ein Staat »durch Einsetzung ... wenn bei einer *Menge* von Menschen *jeder mit jedem* übereinstimmt«, einen solchen Staat zu erschaffen und ihm Macht und Autorität zu übertragen, oder wie Hobbes schrieb, »den eigenen Willen und das eigene Urteil seinem Willen und Urteil [zu unterwerfen]«. Somit würde eine Art Gesellschaftsvertrag zur Entstehung eines Leviathans führen. Was in Lagos schwer zu organisieren gewesen wäre. Als zweite Möglichkeit sah Hobbes einen »Staat durch Aneignung«, der »mittels Gewalt« entsteht, da Hobbes überzeugt war, dass aus dem Zustand des Kriegs aller gegen alle jemand hervorgehen würde, der »seine Feinde seinem Willen ... unterwirft«. Entscheidend aber sei, dass »die Rechte und Folgen der Souveränität ... in beiden Fällen die gleichen [sind]«. Auf welche Weise auch immer eine Gesellschaft einen Leviathan bekommen würde, das Ergebnis wäre Hobbes' Ansicht nach immer dasselbe – das Ende des Kriegs aller gegen alle.

Diese Schlussfolgerung klingt vielleicht überraschend, aber Hobbes' Logik verdeutlicht sich in seiner Diskussion der drei Möglichkeiten, einen Staat zu regieren: als Monarchie, Aristokratie und Demokratie. Obwohl diese Varianten als Entscheidungsinstitutionen sehr unterschiedlich erscheinen, erklärt Hobbes: »Der Unterschied zwischen diesen drei verschiedenen Staatsformen liegt nicht in der Verschiedenheit der Gewalt, sondern in der unterschiedlichen Angemessenheit.« Unterm Strich sei eine Monarchie wahrscheinlich vorteilhafter und habe praktische Vorzüge, aber ausschlaggebend sei, dass ein Leviathan, wie immer er regiere, das bewerkstellige, was ihm eigen ist: Er würde den Krieg aller gegen alle beenden, die »beständige Furcht und Gefahr eines gewaltsamen Todes« bändigen und garantieren, dass das Leben der Menschen nicht mehr »einsam, armselig, ekelhaft, bestialisch und kurz« ist. Im Wesentlichen, so Hobbes, habe jeder Staat das Ziel der »Bewahrung von Frieden und Gerechtigkeit«, denn dies sei der »Zweck, zu dem alle Staaten eingerichtet wurden«.

Der Einfluss, den Hobbes mit seinem Meisterwerk auf die modernen Sozialwissenschaften hatte, ist kaum zu überschätzen. Bei den Theorien über Staaten und Verfassungen folgen wir Hobbes und beginnen bei der Überlegung, welche Probleme sie lösen, wie sie Verhalten einschränken und wie sie die Macht innerhalb der Gesellschaft verteilen. Wir suchen die Kennzeichen, wie eine Gesellschaft funktioniert, nicht in gottgegebenen Regeln, sondern in grundlegenden menschlichen Beweggründen, und überlegen, wie wir sie formen können. Aber noch weitreichender ist Hobbes' Einfluss darauf, wie wir heute Staaten wahrnehmen. Wir respektieren sie und ihre Repräsentanten, unabhängig davon, ob es Monarchien, Aristokratien oder Demokratien sind. Selbst nach einem Militärputsch oder einem Bürgerkrieg nehmen die Vertreter der neuen Regierung ihren Sitz in den Vereinten Nationen ein, und die internationale Gemeinschaft erwartet von ihnen, dass sie den Gesetzen Geltung verschaffen, Konflikte lösen und ihre Bürger schützen. Ihnen wird offizieller Respekt erwiesen. Genau wie Hobbes es voraussah, verkörpern Herrscher, egal woher sie stammen und wie sie an die Macht gelangt sind, den Leviathan und verfügen über Legitimität.

Hobbes hatte recht, dass die Verhinderung des Kriegs aller gegen alle für die Menschen Vorrang hat. Ebenso recht hatte er mit der Annahme, dass das Töten und Morden zurückgeht, wenn sich ein Staat herausbildet, das Gewaltmonopol beansprucht und den Gesetzen Geltung verschafft. Der Leviathan unterbindet den Krieg »eines jeden gegen jeden«. In den Ländern West- und Nordeuropas liegt die Mordrate heutzutage bei lediglich 1 pro 100 000 Personen oder noch niedriger, in diesen Ländern sind die öffentlichen Dienstleistungen effizient und ausreichend vorhanden, und die dort lebenden Menschen sind der Freiheit so nahe wie noch nie in der Menschheitsgeschichte.

Aber es gibt daneben vieles, worin Hobbes nicht recht hatte. Zum einen hat sich herausgestellt, dass nichtstaatliche Gesellschaften durchaus in der Lage sind, Gewalt einzudämmen und Konflikte unter Kontrolle zu halten, auch wenn dies, wie wir sehen werden, nicht viel Freiheit mit sich bringt. Zum anderen war Hobbes zu optimistisch, was die Freiheit betrifft, die ein Staat ermöglichen würde. Genau genommen lag Hobbes bei einem entscheidenden Punkt falsch (ebenso wie die internationale Gemeinschaft, wie wir hinzufügen möchten): Macht schafft kein Recht und gewiss auch keine Freiheit. Das Leben unter dem Joch eines Staates kann armselig, bestialisch und auch kurz sein.

Beginnen wir bei diesem letzten Punkt.

Furcht und Schrecken

Es war nicht einfach so, dass der nigerianische Staat die Anarchie in Lagos nicht verhindern wollte oder dass der Staat der Demokratischen Republik Kongo es für das Beste hielt, den Gesetzen keine Geltung zu verschaffen und zuzulassen, dass Rebellen Menschen töteten. Vielmehr mangelte es diesen beiden Staaten an Handlungsfähigkeit. Die Handlungsfähigkeit eines Staates besteht darin, seine Ziele durchsetzen zu können. Zu diesen Zielen gehört zumeist, den Gesetzen Geltung zu verschaffen, Konflikte zu lösen, wirtschaftliche Aktivitäten zu regulieren und zu besteuern und eine Infrastruktur sowie öffentliche Dienstleistungen bereitzustellen. Auch das Führen von Krieg kann dazugehören. Die Handlungsfähigkeit eines Staats hängt teilweise davon ab, wie seine Institutionen organisiert sind, aber noch entscheidender ist, dass sie von seiner Bürokratie abhängig ist. Es müssen Bürokraten und Staatsbedienstete vorhanden sein, damit die staatlichen Pläne auch umgesetzt werden können, und diese Bürokraten müssen über die Mittel und die Motivation verfügen, die Aufgabe auszuführen. Der Erste, der diese Erkenntnis formulierte, war der deutsche Soziologe Max Weber. Er ließ sich dazu von der preußischen Bürokratie inspirieren, die im 19. und 20. Jahrhundert das Rückgrat des deutschen Kaiserreichs gebildet hatte.

Im Jahr 1938 stand die deutsche Bürokratie vor einem Problem. Die regierende Nationalsozialistische Deutsche Arbeiterpartei (NSDAP) hatte beschlossen, sämtliche Juden aus Österreich, das kurz zuvor an das sogenannte Dritte Reich angeschlossen worden war, zu vertreiben. Doch daraus entwickelte sich bald ein bürokratischer Engpass. Denn die Dinge mussten »ordentlich« erledigt werden, deshalb hatte jeder Jude vor seiner erzwungenen Ausreise eine Reihe von Papieren und Dokumenten beizubringen. Dies aber nahm in den betreffenden Behörden unmäßig viel Zeit in Anspruch. Mit der Lösung dieses Problems wurde der Leiter des Referats IV D 4 im Reichssicherheitshauptamt, der SS-Mann Adolf Eichmann, beauftragt. Er ersann das System einer »einzigen Anlaufstelle«, wie es die Weltbank heute nennen würde, eine Art Fließbandvorgang, bei dem alle beteiligten Stellen zusammengefasst wurden – das Finanzministerium, die Steuerbehörde, die Polizei und die Führung der jüdischen Organisationen. Eichmann schickte zudem jüdische Funktionäre ins Ausland, wo sie bei jüdischen Organisationen Gelder beschaffen sollten, so dass die einheimischen Juden die für die Zwangsemigration benötigten Visa bezahlen konnten. In ihrem Buch *Eichmann in Jerusalem* schreibt Hannah Arendt:

> Auf der einen Seite kommt der Jude herein, der noch etwas besitzt, einen Laden oder eine Fabrik oder ein Bankkonto. Nun geht er durch das ganze Gebäude, von Schalter zu Schalter, von Büro zu Büro, und

> wenn er auf der anderen Seite herauskommt, ist er aller Rechte beraubt, besitzt keinen Pfennig mehr, dafür aber einen Pass, auf dem steht: »Sie haben binnen 14 Tagen das Land zu verlassen, sonst kommen Sie ins Konzentrationslager.

Die Folge dieses Fließbandsystems war, dass binnen acht Monaten 45 000 Juden aus Österreich vertrieben werden konnten. Eichmann wurde daraufhin zum Obersturmbannführer befördert und koordinierte die Transporte in die Vernichtungslager, wozu auch die Lösung vieler ähnlicher bürokratischer Engpässe gehörte, die den Massenmord erschwerten.

Hier war ein mächtiger, fähiger Staat am Werk, ein bürokratischer Leviathan. Aber er nutzte seine Handlungsfähigkeit nicht dazu, Konflikte zu lösen oder den Krieg aller gegen alle zu beenden, sondern um Juden zu schikanieren, auszurauben und schließlich zu ermorden. Das Dritte Reich, das sich auf die Tradition der preußischen Bürokratie und Berufsarmee stützte, kann man nach Hobbes' Definition gewiss als einen Leviathan bezeichnen. So wie es Hobbes vorschwebte, unterwarfen die Deutschen oder zumindest ein großer Teil von ihnen, »den eigenen Willen und das eigene Urteil seinem Willen und Urteil«. Der deutsche Philosoph Martin Heidegger erklärte sogar seinen Studenten: »Der Führer selbst und allein *ist* die heutige und künftige deutsche Wirklichkeit und ihr Gesetz.« Der deutsche Staat rang der Bevölkerung Ehrfurcht ab, und das nicht nur unter Hitlers Anhängern. Es gab nicht viele Deutsche, die sich gegen den Nazi-Staat auflehnten oder seine Gesetze missachteten.

Die Ehrfurcht verwandelte sich in Angst angesichts der SA, der SS und der Gestapo, die omnipräsent zu sein schienen. Die Deutschen lagen nachts schweißgebadet in ihren Betten und warteten auf das Pochen an ihren Wohnungstüren und den Klang der Stiefel in ihren Wohnzimmern, wenn man sie abholte, um sie in einen Keller zum Verhör zu bringen oder sie an die Ostfront zu schicken, wo sie der fast sichere Tod erwartete. Der deutsche Leviathan wurde viel mehr gefürchtet, als dies bei der Anarchie in Nigeria oder im Kongo der Fall war. Und das aus gutem Grund. Der Nazi-Staat inhaftierte, folterte und tötete eine enorme Zahl von Deutschen – Sozialdemokraten, Kommunisten, politische Gegner, Homosexuelle und Zeugen Jehovas. Er ermordete sechs Millionen Juden, darunter viele deutsche Staatsangehörige, sowie 200 000 Roma. Nach manchen Schätzungen liegt die Zahl der Slawen, die er in Polen und Russland umbrachte, bei über 10 Millionen.

Was die Deutschen und die Bürger der besetzten Gebiete unter dem Hitler-Regime erlitten, war nicht Hobbes' Krieg aller gegen alle. Es war ein Krieg des Staates gegen seine Bürger. Es war Dominanz und Mord. Nicht gerade das, was Hobbes sich von seinem Leviathan erhofft hatte.

Umerziehung durch Arbeit

Die Angst vor einem allmächtigen Staat beschränkt sich nicht auf entsetzliche Ausnahmen wie das Dritte Reich, sie ist weit verbreitet. In den 1950er Jahren bewunderten viele europäische Linke die chinesische Volksrepublik. In französischen Cafés war maoistisches Denken ein absolutes Muss, und das *Kleine Rote Buch* des Vorsitzenden Mao wurde in Szene-Buchhandlungen zum Verkaufsschlager. Denn schließlich hatte es die Kommunistische Partei Chinas geschafft, das Joch des japanischen Kolonialismus und des westlichen Imperialismus abzuschütteln, und arbeitete nun eifrig daran, aus den Trümmern der Hinterlassenschaften einen fähigen Staat und eine sozialistische Gesellschaft aufzubauen.

Am 11. November 1959 wurde Zhang Fuhong, Sekretär der Kommunistischen Partei des Bezirks Guangshan, körperlich attackiert. Ein Mann namens Ma Longshan machte den Anfang und versetzte ihm einen Tritt. Andere fielen mit Füßen und Fäusten über ihn her. Er wurde blutig geschlagen, man riss ihm büschelweise Haar aus, seine Uniform wurde zerfetzt, und er konnte sich kaum noch auf den Beinen halten. Am 15. November, nach wiederholten weiteren Misshandlungen, konnte er nur noch bäuchlings auf dem Boden liegen, während die Leute auf ihn eintraten und ihm die restlichen Haare ausrissen. Dann schleifte man ihn in seine Wohnung zurück. Inzwischen hatte er die Kontrolle über seine Körperfunktionen verloren und konnte nicht mehr essen und trinken. Am nächsten Tag wurde er erneut misshandelt, und als er um Wasser bat, wurde es ihm verweigert. Am 19. November starb er.

Yang Jisheng schildert diese grauenhaften Vorgänge in seinem Buch *Grabstein.* Im gleichen Jahr, nur einige Monate zuvor, war er aus seinem Internat dringlich nach Hause gerufen worden, weil sein Vater kurz vor dem Hungertod stand. In Wanli angekommen, bot sich ihm ein grauenvolles Bild:

> Die Ulmen vor der Tür … hatten keine Rinde mehr, selbst die Wurzeln unten waren weg, übrig war eine zerzauste Grube. Der Teich lag trocken, wegen der Muscheln, erzählten die Nachbarn. Muscheln haben einen unangenehmen Geruch, die hat man früher nicht gegessen. Man hörte keine Hunde bellen, keine Hühner liefen herum … Wanli war ausgestorben. Ich betrat unser Haus, nichts als die vier Wände, nicht ein Korn Getreide, nicht das Geringste zu essen, in den Krügen war nicht einmal Wasser … Vater lag auf dem Bett, die Augen matt und tief eingesunken, er hatte überhaupt kein Fleisch mehr im Gesicht, nur schlaffe, faltige Haut … Ich kochte aus dem mitgebrachten Reis einen Brei … aber mein Vater konnte schon nicht mehr schlucken. Drei Tage später haben wir uns für immer verabschiedet.

Der Vater von Yang Jisheng starb während der großen Hungersnot, die Ende der 1950er Jahre in China herrschte und der an die 45 Millionen Menschen zum Opfer gefallen sein sollen. Yang berichtet:

> Der Hunger gegen Ende war entsetzlicher als der Tod selbst. Die Maiskolben waren gefressen, das wilde Gemüse war gefressen, die Baumrinde war gefressen, Vogelmist, Mäuse und Ratten, Baumwolle, alles hat man sich in den Bauch gestopft. Wo man Guanyin-Erde, eine Art fetten Lehms, ausgegraben hat, hat man sie sich schon beim Graben in dicken Klumpen in den Mund geschoben. Die Leichen der Toten, Verhungernde von außerhalb, selbst eigene Verwandte hat man zu Lebensmitteln gemacht.

Kannibalismus war weit verbreitet.

Die Chinesen erlebten in dieser Zeit einen Albtraum. Aber wie im Dritten Reich kam er nicht dadurch über die Menschen, dass es keinen Leviathan gab. Er wurde vielmehr vom Staat geplant und durchgeführt. Zhang Fuhong wurde von seinen Genossen der Kommunistischen Partei zu Tode geprügelt, Ma Longshan war ihr Bezirkssekretär. Zhangs Verbrechen bestand aus »rechtem Abweichlertum« und darin, dass er ein »entartetes Element« sei. Das heißt, er hatte Maßnahmen gegen die zunehmende Hungersnot initiiert. Das bloße Erwähnen der Hungersnot konnte dazu führen, dass man als »Leugner der Großen Ernte« abgestempelt und einer »Kampfkritik« unterzogen, das heißt zu Tode geprügelt wurde.

In der Volkskommune von Huadian, gelegen in einem anderen Landesteil, starben zwischen September 1959 und Juni 1960 12 134 Menschen, ein Drittel der Bevölkerung. Die meisten verhungerten, aber nicht alle. 3528 Menschen wurden von Kadern der Kommunistischen Partei zusammengeschlagen, wodurch 636 ums Leben kamen, 141 trugen eine dauerhafte Behinderung davon, und 14 begingen Selbstmord.

Der Grund, warum in Huadian so viele Menschen umkamen, ist einfach. Im Herbst 1959 betrug die Getreideernte 5,955 Millionen Kilo, was ungewöhnlich niedrig war. Doch die Kommunistische Partei hatte beschlossen, dass die Bauern 6 Millionen Kilo abliefern mussten. Deshalb ging das gesamte Getreide von Huadian an die Großstädte und an die Partei. Und die Bauern ernährten sich von Baumrinde, Schnecken und Muscheln.

Diese Ereignisse standen in Zusammenhang mit dem »Großen Sprung nach vorn«, dem »Modernisierungs«-Programm, das der Vorsitzende Mao Zedong 1958 mit dem Ziel ausgerufen hatte, das Handlungsvermögen des chinesischen Staates zu nutzen, um das Land grundlegend umzuwandeln, von einer ländlich-agrarisch geprägten zu einer Industriegesellschaft. Zur Durchführung des Programms wurden den Bauern hohe Steuern auferlegt, mit denen man die Industrie subventionieren und in Maschinen investieren wollte. Das Ergebnis war nicht nur eine humanitäre Katastrophe, sondern auch eine wirtschaftliche Tragödie größten Ausmaßes – alles geplant und ausgeführt vom Leviathan. Yangs aufrüttelndes Buch verdeutlicht eindringlich, wie der Leviathan, der die Macht hatte, dem Einzelnen alles zu nehmen, die Maßnahmen vollzog, beispielsweise die Konfiszierung der gesamten Getreideproduktion der Kommune von Huadian, und wie dabei »Kampfkritik« und Gewalt eingesetzt wurden. Ein Mittel hierzu war, das Kochen und Essen in einer vom Staat betriebenen »Gemeinschaftsküche« zu zentralisieren, und »wer nicht gehorchte, bekam nichts zu essen«. Somit ging den Familien »die Fähigkeit verloren, aus eigener Kraft für sich zu sorgen«. Jeder, der sich gegen das System stellte, wurde »in Stücke gerissen«, und folglich blieb niemandem eine andere Wahl, als zu einem »Herrscher« oder einem »Sklaven« zu werden. Um zu überleben, mussten die Menschen auf dem herumtrampeln, was sie am höchsten wertschätzten, und das schönreden, was sie immer am meisten verachtet hatten, und ihre Loyalität gegenüber dem System demonstrieren, indem sie sich in »meisterhafter Anpassung und Verstellung« übten – schlicht und einfach ein System der Dominanz.

Hobbes erklärte, das Leben sei »einsam, armselig, ekelhaft, bestialisch und kurz«, wenn die Menschen »ohne eine allgemeine, sie alle im Zaum haltende Macht leben«. Yangs Schilderungen nach versetzte Mao zwar alle in »Ehrfurcht und Schrecken«, doch dadurch wurde für die meisten Menschen das Leben nicht weniger ekelhaft, bestialisch und kurz.

Ein weiteres Herrschaftsinstrument der Kommunistischen Partei war die »Umerziehung durch Arbeit«. Erstmals erwähnt wurde diese Formulierung in den »Richtlinien zur vollständigen Säuberung von heimlichen Konterrevolutionären«, veröffentlicht 1955. Im Jahr darauf wurde das Umerziehungssystem eingeführt, und im ganzen Land entstanden dementsprechende Lager. In diesen wurden verschiedene Arten der »Kampfkritik« perfektioniert. Luo Hongshan zum Beispiel wurde zu drei Jahren Umerziehung durch Arbeit verurteilt. Er berichtete:

> Wir wurden morgens um 4 oder 5 Uhr geweckt und traten um 6.30 Uhr zur Arbeit an … schufteten durchgehend bis 7 oder 8 Uhr abends. Wenn man vor Dunkelheit nichts mehr sehen konnte, war

> Schluss. Wir wussten nie, wie spät es war. Schläge waren an der Tagesordnung, und manche Gefangenen wurden zu Tode geprügelt. Ich weiß, dass sieben oder acht Gefangene aus der Arbeitseinheit Nummer 1 zu Tode geprügelt wurden. Und dazu zählen noch gar nicht jene, die sich aufgehängt oder sonst wie Selbstmord begangen haben, weil sie die Misshandlungen nicht mehr ertrugen … Sie schlugen uns mit Eisenstangen, Holzkeulen, Stielen von Hacken, Ledergürteln … Mir brachen sie sechs Rippen, und heute bin ich von Kopf bis Fuß mit Narben übersät … Alle Arten von Folter – ›ein Flugzeug nehmen‹, ›Motorrad fahren‹ … ›um Mitternacht auf Zehenspitzen stehen‹ (alles Bezeichnungen für die Formen der Bestrafung) – waren verbreitet. Sie zwangen uns, Exkremente zu essen und Urin zu trinken, und nannten das frittierte Teigstücke und Wein. Sie waren wirklich unmenschlich.

Luo wurde nicht zur Zeit des Großen Sprungs nach vorn inhaftiert, sondern im März 2001, als China bereits ein angesehenes Mitglied der internationalen Gemeinschaft und eine wirtschaftliche Großmacht war. Tatsächlich wurde das System der Umerziehung durch Arbeit nach 1979 noch ausgeweitet. Verantwortlich dafür war vor allem Deng Xiaoping, der Architekt des legendären chinesischen Wirtschaftswachstums der letzten vier Jahrzehnte, der dieses System als nützliche Ergänzung zu seinem Programm der »Wirtschaftsreform« betrachtete. Im Jahr 2012 gab es rund 350 »Umerziehungs«-Lager mit 160 000 Internierten. Eine Person kann bis zu einer Dauer von vier Jahren ohne Gerichtsverfahren in einem solchen Lager inhaftiert werden. Die Umerziehungslager sind nur ein Teil eines ausgedehnten Gulags von Internierungszentren und verschiedenen illegalen »Schwarzen Gefängnissen« auf dem flachen Land, ergänzt von einem umfänglichen System »Gemeinschaftlicher Besserungseinrichtungen«, das in den vergangenen Jahren rasch gewachsen ist. Im Mai 2014 wurden in diesem System 709 000 Menschen »gebessert«.

Auch die Kampfkritik wird fortgeführt. Im Oktober 2013 pries Premier Xi Jinping die »Erfahrung von Fengqiao« und empfahl den Kadern der Kommunistischen Partei, diesem Beispiel zu folgen. Er bezog sich damit auf einen Bezirk in der Provinz Zhejiang, wo 1963 Mao Zedongs politische Kampagne der »Vier Säuberungen« stattfand. Dabei wurde zwar niemand verhaftet, aber die Menschen waren dazu aufgerufen, ihre Nachbarn öffentlich zu überwachen, sie gegebenenfalls zu melden und zu ihrer »Umerziehung« beizutragen. Es war der Auftakt zur »Kulturrevolution«, in deren Verlauf Hunderttausende und vielleicht sogar Millionen unschuldiger Chinesen ermordet wurden (die genaue Zahl wird unter Verschluss gehalten).

Der chinesische Leviathan verfügt, ebenso wie es beim Leviathan des Dritten Reichs der Fall war, über die Fähigkeit, Konflikte zu lösen und Maßnahmen durchzusetzen. Er nutzt diese Fähigkeit jedoch nicht zur Förderung von Freiheit, sondern zur nackten Repression und Dominanz. Er beendet den Krieg aller gegen alle, aber nur, um ihn durch einen anderen Albtraum zu ersetzen.

Der janusgesichtige Leviathan

Der erste Makel an Hobbes' Theorie ist die Vorstellung, der Leviathan habe nur ein einziges Gesicht. In Wirklichkeit ist der Staat janusgesichtig. Eines seiner Gesichter ähnelt jenem, das sich Hobbes vorgestellt hat. Zeigt er es, verhindert er den Krieg aller gegen alle, schützt seine Bürger, löst Konflikte auf gerechte Weise, stellt öffentliche Dienstleistungen, Annehmlichkeiten und wirtschaftliche Möglichkeiten zur Verfügung und schafft die Grundlagen für wirtschaftlichen Wohlstand. Das andere Gesicht jedoch ist despotisch und furchterregend. Mit diesem macht er seine Bürger mundtot, ist gegenüber ihren Wünschen gleichgültig. Er dominiert sie, sperrt sie ein, verstümmelt und ermordet sie. Er stiehlt die Früchte ihrer Arbeit oder lässt zu, dass andere sie stehlen.

Manche Gesellschaften wie die deutsche während des Dritten Reichs oder die chinesische unter der Kommunistischen Partei erleben das furchterregende Gesicht des Leviathans. Sie leiden unter Dominanz, in diesem Fall aber durch die Hand des Staates und jener, die über die Staatsmacht verfügen. Wir sagen, dass solche Gesellschaften unter dem »Despotischen Leviathan« leben. Das entscheidende Kennzeichen des Despotischen Leviathans besteht nicht darin, dass er seine Bürger unterdrückt und ermordet, sondern dass er der Gesellschaft und dem Normalbürger keine Mittel zur Verfügung stellt, um darüber zu befinden, wie seine Macht und sein Handlungsvermögen eingesetzt werden. Der chinesische Staat ist nicht deshalb despotisch, weil er seine Bürger in Umerziehungslager steckt. Er steckt sie in die Lager, weil er es kann, und er kann es, weil er despotisch ist, sich gegenüber der Gesellschaft nicht verantworten muss und von ihr nicht im Zaum gehalten wird.

Somit sind wir wieder bei dem im Vorwort angesprochenen Gilgamesch-Problem. Der Despotische Leviathan erschafft einen mächtigen Staat, benutzt ihn sodann aber, um die Gesellschaft zu dominieren und zuweilen schlichtweg zu unterdrücken. Was ist die Alternative? Bevor wir diese Frage beantworten, wollen wir uns dem anderen Problem von Hobbes' Theorie zuwenden – seiner Annahme, dass Nichtstaatlichkeit Gewalt bedeutet.

Der Normenkäfig

Zwar findet man in der Menschheitsgeschichte eine Fülle von Beispielen für den Krieg aller gegen alle, doch gibt es auch viele nichtstaatliche Gesellschaften, die es vermocht haben, die Gewalt unter Kontrolle zu halten. Das Spektrum reicht von den Mbuti-Pygmäen im Kongo-Regenwald bis hin zu verschiedenen großen agrarischen Gesellschaften in Westafrika wie beispielsweise dem Volk der Akan im heutigen Ghana und in Côte d'Ivoire. Aus Ghana berichtete der britische Verwaltungsbeamte Brodie Cruickshank in den 1850er Jahren Folgendes:

> Die Pfade und Verkehrswege des Landes wurden so sicher für den Warentransport und frei von Störungen jeglicher Art wie die bestfrequentierten Straßen der höchstzivilisierten Länder Europas.

Genau wie Hobbes erwartet hätte, führte die Abwesenheit des Kriegs aller gegen alle zu einem florierenden Handel. Cruickshank schrieb weiter: »Es gab keinen Winkel des Landes, in den das Unternehmen eines tüchtigen Händlers ihn nicht geführt hätte. Jedes Dorf war mit Stoffen aus Manchester-Baumwolle und chinesischer Seide geschmückt, die die Hausmauern zierten oder an den Bäumen am Marktplatz hingen, um die Aufmerksamkeit und die Begehrlichkeiten der Dorfbewohner zu wecken.« Ein solch geschäftiges Treiben wäre unmöglich gewesen in einer Gesellschaft, die nicht in der Lage war, Konflikte zu lösen und eine Art Recht und Gesetz sicherzustellen. Tatsächlich beobachtete der französische Händler Joseph-Marie Bonnat im späten 19. Jahrhundert: »In den kleinen Dörfern werden die ersten Stunden des Tages der Rechtsprechung gewidmet.«

Wie praktizierte das Volk der Akan die Rechtsprechung? Indem sie sich auf (soziale) Normen stützten – Bräuche, Traditionen, Rituale sowie akzeptierte und erwartete Verhaltensmuster, die sich über Generationen hinweg herausgebildet hatten.

Bonnat schilderte, wie sich die Dorfbewohner zur Beratung versammelten. Die Dorfältesten werden »von jenen im Dorf begleitet, die nicht arbeiten«, sie »setzen sich unter den schattigsten Baum, die Sklaven folgen ihrem Herrn und tragen den Stuhl, auf dem er Platz nehmen wird. Die Zusammenkunft, die stets einen großen Teil der Einwohner umfasst, verfolgt die Debatte und ergreift für einen der am Rechtsstreit Beteiligten Partei. Zumeist wird die Angelegenheit gütlich beigelegt, und die schuldig gesprochene Person begleicht die Kosten. Diese bestehen gewöhnlich in Form von Palmwein, der unter den Anwesenden verteilt wird. Handelt es sich um eine schwerwiegende Angelegenheit, besteht die Strafe aus einem Schaf und einer gewissen Menge Goldstaub.«

Die Gemeinschaft hörte zu und fällte ihr Urteil anhand von Normen. Diese stellten sodann sicher, dass der Schuldige von seinem Tun abließ, seine Schuld beglich oder eine andere Form von Wiedergutmachung leistete. Auch wenn Hobbes den allmächtigen Leviathan als Quelle der Gerechtigkeit ansah, unterscheiden sich die meisten Gesellschaften nicht so sehr von den Akan. Normen legen fest, was in den Augen anderer richtig und falsch ist, welches Verhalten zu unterlassen und zu verhindern ist und wann Einzelne oder Familien geächtet und von der Unterstützung durch andere abgeschnitten werden sollen. Normen spielen auch eine entscheidende Rolle beim

Zusammenhalt der Menschen und der Koordination ihrer Handlungen, wenn es etwa darum geht, Gewalt gegen andere Gemeinschaften auszuüben oder gegen Angehörige der eigenen Gemeinschaft, denen schwerwiegende Vergehen zur Last gelegt werden.

Obwohl Normen selbst unter der Herrschaft des Despotischen Leviathans eine wichtige Rolle spielen (hätte das Dritte Reich überleben können, wenn sämtliche Deutsche der Ansicht gewesen wären, dass ihm vollständig die Legitimität fehlte, sie die Kooperation mit ihm eingestellt und sich gegen diesen Staat organisiert hätten?), sind sie von entscheidender Bedeutung, wenn der Leviathan abwesend ist, weil sie das einzige Bollwerk der Gesellschaft gegen den Krieg aller gegen alle darstellen.

Hinsichtlich der Freiheit stellt sich hierbei jedoch ein vielschichtiges Problem. Denn genau jene Normen, die sich entwickelt haben, um Handlungen zu koordinieren, Konflikte zu lösen und ein gemeinsames Verständnis von Recht und Gerechtigkeit herzustellen, bilden auch einen Käfig und erlegen den Menschen eine andere, aber nicht weniger entmachtende Art von Dominanz auf. Dies gilt zwar für jede Gesellschaft, aber in Gesellschaften ohne zentralisierte Autorität, die sich ausschließlich auf Normen stützt, wird dieser Käfig noch enger und erdrückender.

Wie sich der Normenkäfig entwickelt und die Freiheit einengt, lässt sich ebenfalls am Volk der Akan studieren, über die ein weiterer britischer Beamter, Captain Robert Rattray, berichtete. 1924 wurde Rattray erster Vorsitzender der Anthropologischen Gesellschaft zur Erforschung der Aschanti, eine der größten akansprachigen Ethnien, die im Gebiet des heutigen Ghana leben, damals Teil des britischen Kolonialreichs. Bei seinen Studien zu Gesellschaft, Politik und Religion der Aschanti stieß Rattray auf folgendes Sprichwort:

> Sondert sich ein Huhn von den übrigen ab, holt es der Habicht.

Nach Rattrays Ansicht erfasste dieses Sprichwort einen entscheidenden Aspekt der Aschanti-Gesellschaft – dass sie von enormer Unsicherheit und potentieller Gewalt geprägt war. Die Aschanti entwickelten zwar schließlich einen der mächtigsten Staaten im präkolonialen Afrika, aber dieser gründete auf elementaren sozialen Strukturen aus einer Zeit, bevor sich eine zentralisierte politische Autorität herausgebildet hatte. Wie konnte man sich ohne effektive staatliche Institutionen vor dem »Habicht« schützen? Die Normen hatten sich zum Schutz vor Gewalt und jenen, die sie ausüben könnten – den Habichten – entwickelt. Aber gleichzeitig bildeten sie einen Käfig. Man musste seine Freiheit aufgeben und bei den übrigen Hühnern bleiben.

Auch in nichtstaatlichen Gesellschaften waren manche Mitglieder einflussreicher als andere, hatten mehr Wohlstand, bessere Beziehungen und größere Autorität. In Afrika waren solche Menschen oft Häuptlinge oder in Verwandtschaftsgruppen zuweilen die Ranghöchsten, die Ältesten. Wollte man nicht den Habichten zum Opfer fallen, benötigte man den Schutz durch solche Personen, und man musste zahlenmäßig überlegen sein, um sich verteidigen zu können; deshalb band man sich an eine Verwandtschaftsgruppe oder Sippe. Das bedeutete zugleich, die Dominanz zu akzeptieren, unter der man stand, wodurch sich ein Status quo einstellte, verankert in den Normen der Akan. Man nahm die »freiwillige Knechtschaft« auf sich, so Rattray, und

> ein Zustand der freiwilligen Knechtschaft war in sehr buchstäblichem Sinne das Erbe jedes Aschanti; er bildete in der Tat die wesentliche Grundlage seines sozialen Systems. In Westafrika war es der herrenlose Mann und die herrenlose Frau, der oder die in der beständigen Gefahr schwebte, dass sich ihre »Freiheit«, wie wir es nennen sollten, in eine unfreiwillige Bindung einer weit drastischeren Art verwandelte.

Mit der unfreiwilligen Bindung »weit drastischerer Art« meinte Rattray die Sklaverei. Wenn man sich also von den Ketten der freiwilligen Knechtschaft zu befreien versuchte, wurde man mit hoher Wahrscheinlichkeit von den Habichten geholt, in diesem Fall den Sklavenhändlern, und in die Sklaverei verkauft.

Tatsächlich wurzelten nicht wenige Kriege in Afrika darin, dass verschiedene Gruppen versuchten, andere gefangen zu nehmen und in die Sklaverei zu verkaufen. Es gibt darüber zahlreiche anschauliche Berichte von Afrikanern, denen ein solches Schicksal widerfahren ist. Eine dieser Schilderungen, die Geschichte von Goi, wurde von dem

Missionar Dugald Campbell ins Englische übersetzt. Gegen Ende des 19. Jahrhunderts lebte Goi im Süden der heutigen Demokratischen Republik Kongo, im Land des Häuptlings Chikwava aus dem Volk der Luba. Sein Vater starb, als er noch sehr jung war, und er wuchs zusammen mit seinem Bruder und seiner Schwester bei seiner Mutter auf. Eines Tages

> erschien ein Trupp Krieger, mit gellendem Kriegsgeschrei stürmten sie heran. Sie fielen über das Dorf her und töteten mehrere Frauen. Sie ergriffen junge Frauen, jagten uns Jungen und nahmen uns gefangen und banden uns alle zusammen. Wir wurden in die Hauptstadt getrieben und an Sklavenhändler verkauft, die uns hölzerne Fußfesseln anlegten.

Von dort wurde Goi an die Küste gebracht. »Verschleppt aus meinem Zuhause und meiner Mutter entrissen, die ich nie wiedersah, trieb man uns über die ›rote Straße‹ zum Meer.« Die Straße war rot von all dem Blut, das auf ihr vergossen wurde. Da war Goi bereits so schwach und ausgezehrt vom Hunger und der ständigen Gewalt, dass er als Sklave fast wertlos geworden war.

> Abgemagert bis aufs Skelett, nur mehr ein Schatten und nicht mehr reisefähig, wurde ich von Dorf zu Dorf gebracht und zum Kauf angeboten. Niemand war bereit, eine Ziege oder Henne für mich zu geben … Schließlich tauschte einer der Missionare … ein buntes Taschentuch, das vielleicht fünf Pence wert war, für mich ein, und ich war frei. So sagte man es mir jedenfalls, aber ich glaubte es nicht, weil ich nicht wusste, was Freiheit bedeutete, und ich dachte, ich sei nun ein Sklave des weißen Mannes. Ich wollte nicht frei sein, denn dann würde man mich nur wieder einfangen und erneut verkaufen.

So wirkten die Bedrohung durch Sklavenhändler und der Normenkäfig unheilvoll zusammen und schufen ein ganzes Spektrum von Unfreiheit. An dem einen Ende der Skala befand sich das Extrem der Sklaverei, wie Goi sie erfahren hatte. An dem anderen Ende waren die Verpflichtungen und Aufgaben, die man akzeptieren musste, wollte man nicht den Habichten anheimfallen. Das bedeutete, dass die Zugehörigkeit zu einer Verwandtschaftsgruppe oder Gesellschaft Schutz bot, aber man nicht frei von Dominanz war. Als Frau konnte man für einen Brautpreis zwangsverheiratet werden, ganz zu schweigen von der allgemein üblichen Unterjochung und Misshandlung, dem traurigen Los von Frauen in einer von Häuptlingen, Ältesten und Männern dominierten patriarchalischen Gesellschaft.

Innerhalb dieses Spektrums von Unfreiheit gab es zahlreiche Typen von Beziehungen. Eine dieser von Dominanz geprägten Beziehungen ist aus der Geschichte von Bwanikwa zu ersehen, die ebenfalls von Campbell aufgezeichnet wurde. Auch Bwanikwa war eine Luba, und ihr Vater hatte ein Dutzend Ehefrauen. Die Hauptfrau war die Tochter eines bedeutenden örtlichen Häuptlings namens Katumba. Wie Bwanikwa erzählte, war

> die Hauptfrau vor kurzem gestorben. Den Bräuchen der Luba entsprechend wurde ihm [Bwanikwas Vater] eine Erbschaftssteuer abverlangt. Ihm wurde befohlen, drei Sklaven als Entschädigung für den Tod seiner Frau zu zahlen … mein Vater konnte aber nur zwei aufbringen. Eine seiner vier Töchter musste als dritte Sklavin übergeben werden, und dafür wählte man mich … Bei der Übergabe an meinen Herrn, sagte er zu ihm, als wir uns trennten: ›Sei freundlich zu meiner kleinen Tochter. Wenn du sie nicht weiterverkaufst, komme ich und kaufe sie zurück.‹ Aber mein Vater war nicht in der Lage, mich zurückzukaufen, und so blieb ich in der Sklaverei.

Bwanikwas Status war der eines Pfands, eine weitere in Afrika gebräuchliche Beziehung der Unterordnung. Eine Person zu verpfänden bedeutete, sie jemand anderem zweckgebunden zu überlassen. Oft war es die Gegenleistung für einen Kredit, eine Schuld oder eine Verpflichtung. In Bwanikwas Fall jedoch wurde sie verpfändet, weil ihr Vater keinen dritten Sklaven aufbringen konnte. Hätte er dies vermocht, wäre Bwanikwa freigekommen. Ein Pfand war etwas anderes als ein Sklave, es wurde nicht automatisch verkauft, und man ging nicht automatisch von einem Verkauf aus, sondern erwartete, dass dies nur ein vorübergehender Zustand war. Aber wie Bwanikwa begriff, konnte er sich durchaus in dauerhafte Sklaverei verwandeln. F. B. Spilsbury, der 1805 und 1806 Sierra Leone bereiste, erklärte:

> Geht ein König oder eine andere Person in eine Manufaktur oder zu einem Sklavenschiff und erwirbt dort Artikel, die er zu diesem Zeitpunkt nicht bezahlen kann, schickt er seine Frau, seine Schwester oder sein Kind als Pfand dorthin und legt ihnen ein Kennzeichen um den Hals, dann verbleibt die Person unter den Sklaven, bis sie ausgelöst wird.

Ein ähnlicher Status war der eines »Mündels«. Man schickte seine Kinder zu einer mächtigeren Familie, damit sie dort aufwuchsen. Dadurch fanden sie Schutz, auch wenn dies oft auf eine dauerhafte Trennung hinauslief und die Kinder dadurch in eine Beziehung der Unterwürfigkeit gegenüber ihren Vormunden gerieten.

Diese Beispiele zeigen, dass Menschen regelmäßig als Objekte behandelt wurden, die man verpfänden konnte. Oft gerieten sie dadurch in ein Dominanzverhältnis. Sie mussten dem Häuptling, den Ältesten oder den Vormunden gehorchen und als Frau dem Ehemann. Auch die Bräuche der Gemeinschaft hatten sie penibel genau einzuhalten. Dies entspricht sehr genau Pettits Definition eines Dominanzverhältnisses: zu »leben, überschattet durch die Anwesenheit eines anderen … die Launen des anderen wachsam im Auge zu behalten … gezwungen [sein], ihm zu schmeicheln, um sich bei ihm beliebt zu machen«.

Wie kam es zu diesen Formen der sozialen Unterordnung? Wie wurden sie gerechtfertigt? Die Antwort lautet erneut: durch Normen. Derartige Verhältnisse entwickelten sich aus gesellschaftlich akzeptierten Bräuchen und gründeten auf Überzeugungen von Richtig und Falsch. Menschen konnten verpfändet werden, und Mündel mussten ihre Freiheit preisgeben. Frauen hatten ihren Männern zu gehorchen, und die Menschen hatten ihren vorgegebenen sozialen Rollen exakt zu entsprechen. Warum? Weil es von allen erwartet wurde. Aber auf einer tieferen Ebene waren diese Normen nicht vollkommen willkürlich. Auch wenn Normen nicht von allen angenommen werden und sich im Laufe der Zeit aus Praktiken und kollektiven Überzeugungen entwickeln, werden sie mit höherer Wahrscheinlichkeit dann weitgehend akzeptiert, wenn sie für die Gesellschaft oder zumindest für manche Menschen in ihr eine nützliche Funktion erfüllen. Die Gesellschaft der Akan willigte in Normen ein, die die Freiheit beschränkten und ungleiche Machtverhältnisse nach sich zogen, weil diese Normen die Gefahr des Kriegs eines jeden gegen jeden minderte. Als Mündel oder Pfand einer wichtigen Person war man weniger dem Risiko ausgesetzt, den Habichten zum Opfer zu fallen, und lief vielleicht auch weniger in Gefahr, gefangen genommen und versklavt zu werden. Ein weiteres Sprichwort der Aschanti, das Rattray notierte, fasste diese Situation noch prägnanter zusammen: »Hast du keinen Herrn, wird dich eine Bestie holen.«

Frei zu sein hieß, ein Huhn unter Habichten zu sein, eine Beute für die Bestie – dann schon lieber freiwillige Knechtschaft und die eigene Freiheit preisgeben.

Der Normenkäfig dient nicht nur dazu, den Krieg eines jeden gegen jeden zu verhindern. Sind Traditionen und Bräuche einmal tief verankert, beginnen sie viele Bereiche des Menschenlebens zu regulieren. Sie kommen dann zwangsläufig jenen zugute, die in der Gesellschaft auf Kosten anderer ein wenig mehr Gewicht haben. Selbst wenn sich die Normen über Jahrhunderte hinweg entwickelt haben, werden sie von diesen Mächtigeren ausgelegt und durchgesetzt. Warum sollten sie nicht die Dinge zu ihrem Vorteil interpretieren und ihre Macht in der Gemeinschaft oder ihrem Haushalt ein wenig mehr festigen?

Mit Ausnahme einiger weniger matriarchalischer Gruppen haben die Normen vieler nichtstaatlicher Gesellschaften in Afrika eine Hierarchie bewirkt, in der die Männer an der Spitze stehen und die Frauen zuunterst. Noch deutlicher sichtbar ist dies in den noch existierenden Stammesbräuchen im Nahen Osten und manchen Teilen Asiens, beispielsweise bei den Paschtunen, von denen wir bereits gesprochen haben. Das Leben der Paschtunen wird durch ihre althergebrachten Bräuche, genannt Paschtunwali, streng geregelt. Das Paschtunwali legt starken Wert auf Großzügigkeit und Gastfreundschaft. Aber es stellt auch einen erdrückenden Normenkäfig dar. Dazu gehört, für eine Vielzahl von Handlungen Rache nehmen zu dürfen. Eine der am weitesten verbreiteten Kodex-Sammlungen des Paschtunwali beginnt mit den Worten:

> Ein Paschtune glaubt und handelt in Übereinstimmung mit den Prinzipien des … Auge für Auge, Zahn für Zahn und Blut für Blut. Er vergilt Ehrverletzung mit Ehrverletzung, ungeachtet der Kosten und Folgen, und verteidigt seine Ehre, indem er Schande durch eine angemessene Tat vergilt.

Der Krieg eines jeden gegen jeden lauert stets und allerorten, selbst wenn ein hohes Maß an Großzügigkeit und Gastfreundschaft darauf abzielt, ihn zu verhindern. Das hat vorhersehbare Folgen für die Freiheit jedes Einzelnen. Doch darunter zu leiden haben vor allem die Frauen. Die Normen der Paschtunen verlangen von den Frauen nicht nur die Unterwerfung unter ihre Väter, Brüder und Ehemänner, sondern sie schränken ihr gesamtes Handeln ein. Erwachsene Frauen dürfen nicht berufstätig sein und das Haus nicht verlassen. Auszugehen ist ihnen nur in Begleitung eines männlichen Verwandten erlaubt und nur in einer Burka, die sie von Kopf bis Fuß umhüllt. Die Strafen für außereheliche Beziehungen sind drakonisch. Die Unterwerfung der Frauen ist eine weitere Facette der Illiberalität, die der Normenkäfig schafft.

Jenseits von Hobbes

Insgesamt unterscheidet sich das Bild doch ziemlich von dem, das Hobbes gemalt hat. Das Problem in Gesellschaften, in denen der Leviathan abwesend ist, besteht nicht einfach nur in der unkontrollierten Gewalt »eines jeden gegen jeden«. Ebenso entscheidend ist der Normenkäfig, der ein starres Regelwerk von Erwartungen und ein Spektrum ungleicher sozialer Beziehungen bewirkt, die eine andere, aber nicht geringere Form von Dominanz darstellen.

Vielleicht könnten zentralisierte, mächtige Staaten uns zur Freiheit verhelfen? Aber wie wir gesehen haben, neigen solche Staaten zur Despotie und dazu, ihre Bürger zu unterdrücken und die Freiheit eher auszulöschen, als zu fördern.

Bleibt uns demnach keine andere Wahl als jene zwischen verschiedenen Spielarten der Dominanz? Stecken wir fest, entweder im Krieg aller gegen alle oder im Käfig von Normen oder unter dem Joch eines despotischen Staats? Auch wenn die Freiheit nicht einfach von selbst entsteht und in der Menschheitsgeschichte noch nie auf leichte Weise errungen wurde, eröffnet das menschliche Tun Freiräume, und eine entscheidende Bedingung hierfür ist die Herausbildung eines Staates und staatlicher Institutionen. Doch dieser muss ganz anders beschaffen sein als jene, die sich Hobbes ausgemalt hat – kein allmächtiges, unbezähmbares Meeresungeheuer, sondern ein gefesselter Staat. Wir benötigen einen Staat, der über die Fähigkeit verfügt, den Gesetzen Geltung zu verschaffen, Gewalt verhindert, Konflikte löst und öffentliche Dienstleistungen zur Verfügung stellt, aber dennoch von einer selbstbewussten, gut organisierten Gesellschaft gezähmt wird.

Den Texanern Fesseln anlegen

Der US-amerikanische Bundesstaat Wyoming entstand durch den Pacific Railroad Act von 1862, mit dem eine Eisenbahnverbindung zwischen den östlichen und den westlichen Teilen der Vereinigten Staaten hergestellt werden sollte. Die Eisenbahngesellschaft Union Pacific machte sich an den Bau einer Trasse westlich des Missouri Richtung Pazifik, die sich schließlich mit der Bahnstrecke der Central Pacific, die vom kalifornischen Sacramento aus Richtung Osten vorangetrieben wurde, verbinden sollte. Im Jahr 1867 erreichte die Union Pacific das Gebiet des späteren Bundesstaats Wyoming, der damals nur ein County des Dakota-Territoriums war. Bereits im Juli 1867 trafen dort Siedler ein, und General Grenville M. Dodge, Chefingenieur der Union Pacific, begann mit der Landvermessung für eine Stadt bei Cheyenne, die zur Hauptstadt des späteren Staates werden sollte. Sie war auf vier Quadratmeilen ausgelegt, mit wohlgeordneten Häuserzeilen, Alleen und Straßen. Die Union Pacific, Nutznießer einer umfangreichen Landschenkung durch die Bundesregierung, die als Anreiz für den Bau der besagten Eisenbahnlinie gedacht war, begann drei Tage nachdem Dodge die Parzellen vermessen hatte mit deren

Verkauf. Die erste wechselte für 150 Dollar ihren Besitzer. Am 7. August fand in einem Laden in Cheyenne, das damals noch hauptsächlich aus einer Zeltstadt bestand, eine große Versammlung zur Wahl eines Ausschusses statt, der eine Stadtverfassung entwerfen sollte. Am 19. September erschien die erste Zeitung der Stadt, ein alle drei Wochen publiziertes Blättchen namens *Cheyenne Leader*. Im Dezember empfahl die Zeitung ihren Lesern, zum Zwecke des Selbstschutzes nachts eine Waffe bei sich zu tragen, da es »häufig zu Vorfällen des Erdrosselns« gekommen sei. Am 13. Oktober des Folgejahres schrieb der Redakteur:

> Pistolen sind hier fast so zahlreich vorhanden wie Männer. Es wird nicht mehr als eine Sache von irgendwelcher Bedeutung erachtet, einem Mitmenschen das Leben zu nehmen.

Angesichts dessen griff man in Cheyenne zur Selbstjustiz, um der Probleme Herr zu werden, die im amerikanischen Grenzgebiet gang und gäbe waren. Im Januar 1868 wurden drei Männer wegen Diebstahls verhaftet, aber auf Kaution wieder freigelassen. Schon am nächsten Morgen fand man sie gefesselt und zusammengebunden. Man hatte ihnen ein Schild umgehängt, auf dem stand: »900 Dollar gestohlen … 500 wiederbekommen … Der Nächste wird aufgeknüpft. Hütet euch vor der Bürgerwehr.« Tags darauf griff die Bürgerwehr drei »Raufbolde« auf und hängte sie.

In den Landstrichen mit Viehzucht standen die Dinge noch weit schlimmer. 1879 berichtete Edward W. Smith aus der Stadt Evanston an die United States Land Commission: »Außerhalb der Siedlungen ist die Pistole das einzige Gesetz.« Mit der immer weiteren Verbreitung der Viehherden nahmen auch die Konflikte zwischen Ranchern und Siedlern zu, und die Reaktion der Rinderbarone führte schließlich zum sogenannten Johnson-County-Krieg. Am Dienstag, dem 5. April 1892, fuhr ein Sonderzug mit sechs Waggons von Cheyenne Richtung Norden los. In ihm saßen 25 Revolverhelden aus Texas, zusammen mit 24 Einheimischen, die sich ihnen angeschlossen hatten. Sie hatten eine »Todesliste mit den Namen von 70 Männern« dabei, die sie umzubringen gedachten.

Wir verfügen über keine Informationen zur Mordrate in Cheyenne in den 1890er Jahren, allerdings lassen die Daten für die kalifornische Bergbaustadt Benton den Schluss zu, dass sie die unglaubliche Höhe von 24 000 pro 100 000 Einwohner erreicht haben könnte! Wahrscheinlicher ist jedoch, dass sie näher bei 83 pro 100 000 lag, der Todesrate während des kalifornischen Goldrausches, oder bei 100 pro 100 000 in Dodge City zu Zeiten von Wyatt Earp.

Dies klingt ebenso schlimm wie die Lage in Lagos zu der Zeit, als Soyinka dort mit seiner schussbereiten Glock-Pistole durch die Stadt lief. Doch in Wyoming entwickelten sich die Dinge ganz anders (und auch in Lagos entwickelten sie sich ganz anders als das, was Kaplan prognostizierte, wie wir in Kapitel 14 darlegen werden). Anarchie, Angst und Gewalt wurden eingedämmt. Die Menschen in Wyoming mussten nicht mehr unter der Bedrohung durch Dominanz leben. Die Texaner wurden schon bald dingfest gemacht, nachdem Gesetzeshüter aus der Stadt Buffalo, die vor ihrem Eintreffen gewarnt worden waren, sie auf der TA Ranch umzingelt hatten. Nach drei Tagen Belagerung kam auf Order des Präsidenten William H. Harrison die Kavallerie herbei und legte die Texaner samt ihren Helfershelfern in Fesseln. Heute erfreut sich Wyoming seiner Freiheit von Angst, Gewalt und Dominanz. Es hat eine der niedrigsten Mordraten in den Vereinigten Staaten, sie liegt bei etwa 1,9 pro 100 000 Einwohner.

Wyoming hat auch hinsichtlich der Befreiung der Menschen aus dem Normenkäfig eine ziemlich gute Bilanz vorzuweisen. Nehmen wir die Unterjochung der Frauen. Nicht einmal in den schlimmsten Zeiten erlebten die Frauen in Wyoming solche Einschränkungen, wie sie in den Paschtun-Regionen in Afghanistan und Pakistan und vielen Teilen Afrikas gelten. Aber wie überall sonst auf der Welt hatten auch dort die Frauen in der ersten Hälfte des 19. Jahrhunderts nur sehr begrenzte Macht und kein Mitspracherecht bei öffentlichen Angelegenheiten und mussten in ihrem Verhalten eine Vielzahl von Beschränkungen hinnehmen, die sowohl aus ihrem ungleichen Status in der Ehe als auch von den Normen und Bräuchen ihrer Gesellschaft herrührten. Das begann sich zu ändern, als sie das Wahlrecht erhielten. Der erste Ort auf der Welt, der Frauen das Wahlrecht zugestand, war Wyoming im Jahr 1869, wodurch der Bundesstaat den Spitznamen »equality state«, Gleichheitsstaat, erhielt. Der Grund hierfür war nicht, dass die Bräuche und Normen in Wyoming Frauen begünstigten, verglichen mit anderen Teilen der Welt. Vielmehr lag es daran, dass die gesetzgebende Gewalt ihnen das Wahlrecht einräumte, teils um Frauen in diesen neuen Bundesstaat zu locken, teils weil als Voraussetzung für die Eigenstaatlichkeit eine genügend große Wahlbevölkerung vorhanden sein musste und teils weil es immer weniger hinnehmbar erschien, den Frauen das Wahlrecht zu verweigern, nachdem die Afroamerikaner die vollständigen Bürgerrechte und eben auch das Wahlrecht zugesprochen bekommen hatten. Im nächsten Kapitel werden wir sehen, dass es viele Gründe gibt, warum der Normenkäfig aufzubrechen beginnt, sobald ein Staat in der Lage ist, die Ganoven in Fesseln zu legen und den Gesetzen Geltung zu verschaffen.

Der Leviathan in Fesseln

Der Leviathan, der in Wyoming den Krieg aller gegen alle unter Kontrolle brachte und begann, den Normenkäfig aufzubrechen, unterscheidet sich von allen anderen bisher diskutierten Varianten des Leviathans. Er war nicht abwesend, außer in der allerersten Zeit. Er hatte die Fähigkeit, die texanischen Revolverhelden dingfest zu machen. Seither hat er diese Fähigkeit massiv ausgebaut und kann nun eine Vielzahl von Konflikten fair lösen, einem komplexen Spektrum von Gesetzen Geltung verschaffen und öffentliche Dienstleistungen zur Verfügung stellen, die seine Bürger einfordern und wertschätzen. Er verfügt über eine große, effiziente Bürokratie (selbst wenn sie zuweilen aufgebläht und ineffizient ist) und eine riesige Menge an Informationen über die Aktivitäten seiner Bürger. Er verfügt über das stärkste Militär der Welt. Aber er setzt diese Militärmacht und seine Informationen nicht dafür ein, seine Bürger zu unterdrücken und auszubeuten (zumindest zumeist nicht). Er reagiert auf die Wünsche und Bedürfnisse seiner Bürger, und er kann auch eingreifen, um allen den Normenkäfig noch weiter zu öffnen, vor allem den Bürgern, die am stärksten benachteiligt sind. Es ist ein Staat, der Freiheit schafft.

Er legt der Gesellschaft gegenüber Rechenschaft ab, nicht nur weil die Verfassung der Vereinigten Staaten und die Bill of Rights, in der die Bürgerrechte explizit verankert sind, dies so verlangen, sondern – was noch wichtiger ist – weil er vom Volk Fesseln angelegt bekommt, das sich beschweren und demonstrieren kann und sich sogar erheben würde, wenn er seine Grenzen überschreitet. Seine Präsidenten und Gesetzgeber werden gewählt und oft aus dem Amt gejagt, wenn der Gesellschaft, über die sie regieren, nicht gefällt, was sie betreiben. Seine Bürokraten unterstehen der Überprüfung und Kontrolle. Er ist mächtig, hat es aber mit einer Gesellschaft zu tun und hört auf sie, die wachsam und dazu bereit ist, sich in die Politik einzumischen und sich den Mächtigen entgegenzustellen. Wir wollen ihn als den Gefesselten Leviathan bezeichnen. Auf dieselbe Weise, wie der Leviathan die texanischen Revolverhelden in Fesseln legen kann, damit sie den gewöhnlichen Bürgern kein Leid zufügen, kann er von den gewöhnlichen Bürgern selbst gefesselt werden, durch Normen und Institutionen, kurz gesagt durch die Gesellschaft.

Nicht, dass der Gefesselte Leviathan kein Janusgesicht hätte. Er hat eines, und Repression und Dominanz stecken ebenso sehr in seiner DNA wie in der DNA des Despotischen Leviathans. Aber die Fesseln verhindern, dass er sein furchterregendes Gesicht hervorkehrt. Wie diese Fesseln entstehen und warum manche Gesellschaften es vermocht haben, sie zu entwickeln, ist das Hauptthema unseres Buches.

Diversität – nicht das Ende der Geschichte

Die Freiheit ist und war in der gesamten Menschheitsgeschichte ein rares Gut. Viele Gesellschaften haben keine zentralisierte Autorität entwickelt, die fähig gewesen wäre, die Gesetze durchzusetzen, Konflikte friedlich zu lösen und die Schwachen vor den Starken zu schützen. Stattdessen haben sie oft die Menschen in einen Normenkäfig gesperrt, mit ähnlich schlimmen Folgen für die Freiheit. Wenn sodann der Leviathan auf der Bildfläche erschien, wurde es mit der Freiheit kaum besser. Auch wenn er den Gesetzen Geltung verschaffte und in manchen Bereichen Frieden brachte, war der Leviathan oftmals despotisch, unempfänglich gegenüber der Gesellschaft und tat wenig dafür, die Freiheit seiner Bürger zu fördern. Nur gefesselte Staaten haben ihre Macht dazu genutzt, die Freiheit zu schützen. Der Gefesselte Leviathan unterscheidet sich noch in einem weiteren Sinne – er schafft breitangelegte wirtschaftliche Möglichkeiten und Anreize und fördert einen nachhaltigen Zuwachs an wirtschaftlichem Wohlstand. Aber dieser Gefesselte Leviathan ist erst spät in der Geschichte erschienen, und sein Auftauchen war umstritten.

Hier schält sich eine Antwort auf die Frage heraus, von der wir ausgegangen sind. Sie lautet nicht, dass wir auf das Ende der Geschichte zusteuern und den unaufhaltsamen Aufstieg der Freiheit erleben. Sie lautet auch nicht, dass sich die Anarchie unkontrollierbar über die ganze Welt ausbreiten wird. Und auch nicht, dass alle Länder dieser Welt einer Diktatur anheimfallen werden, sei es einer digitalen oder einfach einer der althergebrachten Art. Dies alles sind mögliche Entwicklungen, und es wird auf diese Diversität hinauslaufen und sich nicht nur auf eine dieser Möglichkeiten hin entwickeln. Dennoch gibt es einen Hoffnungsschimmer, denn Menschen sind in der Lage, einen Gefesselten Leviathan zu erschaffen, der Konflikte löst, keinen Despotismus praktiziert und die Freiheit fördert, indem er den Normenkäfig öffnet. Tatsächlich hängt ein großer Teil des menschlichen Fortschritts von der Fähigkeit der Gesellschaften ab, einen solchen Staat aufzubauen. Doch die Erschaffung – und die Kontrolle eines Gefesselten Leviathans kostet Anstrengung und bleibt eine fortwährende Aufgabe, die mit Gefahr und Instabilität belastet ist.

Kurzer Überblick über den Inhalt des Buchs

In diesem Kapitel haben wir die Unterscheidung zwischen dem Abwesenden, dem Despotischen und dem Gefesselten Leviathan eingeführt. Im nächsten Kapitel stellen wir den Kern unserer Theorie vor, die sich mit der Entwicklung der Beziehungen zwischen Staat und Gesellschaft befasst. Wir erläutern, warum die Herausbildung eines mächtigen Staats oft auf Widerstand stößt (weil die Menschen vor seinem Despotismus Angst haben) und wie Gesellschaften ihre Normen einsetzen, nicht nur um der Gefahr eines Krieges aller gegen alle zu entgehen, wie wir es bei den Aschanti gesehen haben, sondern auch um der staatlichen Macht etwas entgegenzusetzen und sie zu kontrollieren. Wir zeigen, dass der Gefesselte Leviathan in einem engen Korridor entsteht, wo die Teilhabe der Gesellschaft am politischen Geschehen ein Machtgleichgewicht mit dem Staat bewirkt, und verdeutlichen dies an der Geschichte des Stadtstaats Athen und der Gründung der US-amerikanischen Republik. Wir zeigen auch Implikationen unserer Theorie auf und legen dar, wie unterschiedliche historische Konfigurationen zum Abwesenden, Despotischen und Gefesselten Leviathan führen. Außerdem zeigen wir, dass unserer Theorie zufolge der Gefesselte Leviathan und nicht der Despotische am leistungsfähigsten ist.

In Kapitel 3 erklären wir, warum der Abwesende Leviathan instabil ist und angesichts des »Willens zur Macht« – dem Bestreben gewisser Akteure, die Gesellschaft umzuformen und größere politische und wirtschaftliche Macht anzuhäufen – die Entstehung einer politischen Hierarchie zulässt. Wir werden sehen, dass solche Prozesse der Umformung nichtstaatlicher Gesellschaften zweischneidig sind, was die Freiheit angeht. Einerseits schaffen sie Ordnung und öffnen womöglich den Normenkäfig (vor allem wenn er den besagten Akteuren im Weg steht). Andererseits führen sie zu zügellosem Despotismus.

Kapitel 4 untersucht, welche Folgen sich durch den Abwesenden und den Despotischen Leviathan für das Wirtschafts- und Sozialleben der Bürger ergeben. Wir erläutern, warum unter dem Regiment des Despotischen Leviathans die Wahrscheinlichkeit wirtschaftlicher Prosperität eher steigt als unter den anarchischen Bedingungen des Hobbes'schen Kriegs aller gegen alle beziehungsweise im beengten Raum des Normenkäfigs. Aber wir werden feststellen, dass die vom Despotischen Leviathan bewirkte Prosperität sowohl begrenzt ist als auch ein hohes Maß an Ungleichheit birgt.

In Kapitel 5 stellen wir die Mechanismen der Wirtschaft unter dem

Abwesenden und dem Despotischen Leviathan dem Dasein im Korridor gegenüber. Wir werden sehen, dass der Gefesselte Leviathan sehr andersgeartete wirtschaftliche Anreize und Chancen bereithält und einen weit höheren Grad an Experimentierfreude und sozialer Mobilität erlaubt. Dies weisen wir vor allem an der Geschichte der italienischen Stadtstaaten und der frühen Zapoteken-Zivilisationen in Amerika nach und zeigen, dass der Gefesselte Leviathan keine ausschließlich europäische Vision ist. Ungeachtet dessen stammen tatsächlich die meisten Beispiele für den Gefesselten Leviathan, über die wir verfügen, aus Europa. Warum ist das so?

In Kapitel 6 versuchen wir zu erklären, warum es bestimmten europäischen Ländern gelungen ist, weitgehend partizipatorische Gesellschaften mit fähigen, aber gefesselten Staaten zu bilden. In diesem Zusammenhang betrachten wir die Faktoren, die während des frühen Mittelalters einen Großteil Europas in Richtung Korridor geführt haben, als germanische Stämme und vor allem die Franken begannen, nach dem Zusammenbruch des weströmischen Imperiums in die bislang von den Römern beherrschten Gebiete vorzudringen. Wir zeigen, dass das Zusammenwirken der basisorientierten, partizipatorischen Institutionen und Normen der germanischen Stämme mit den zentralisierten bürokratischen und rechtlichen Traditionen des Römischen Reichs zu einer einzigartigen Machtbalance zwischen Staat und Gesellschaft führte, die den Aufstieg des Gefesselten Leviathans ermöglichte. Die große Bedeutung dieses Zusammenwirkens wird an den sehr verschiedenartigen Gesellschaftsformen evident, die in den Teilen Europas entstanden, wo entweder die römische Tradition oder die basisorientierte Politik der germanischen Stämme nicht vorhanden war (beispielsweise in Island und in Byzanz). Daran anschließend verfolgen wir den Weg der Freiheit und des Gefesselten Leviathans, der beträchtliche Höhen und Tiefen aufweist und mehrmals aus dem Korridor ausscherte.

In Kapitel 7 stellen wir die europäische Erfahrung der chinesischen Geschichte gegenüber. Trotz historischer Ähnlichkeiten führte die frühe Entwicklung eines mächtigen Staats in China zu einem kompletten Stillstand der gesellschaftlichen Mobilisierung und der politischen Teilhabe. Ohne diese ausgleichende Kraft folgte der chinesische Entwicklungsweg dem des Despotischen Leviathans. Wir untersuchen die wirtschaftlichen Folgen dieses Verhältnisses zwischen dem chinesischem Staat und seiner Gesellschaft sowohl in ihrem historischen Verlauf als auch mit Blick auf die Gegenwart und diskutieren, ob sich in China in absehbarer Zeit ein Gefesselter Leviathan entwickeln könnte.

Kapitel 8 beschäftigt sich mit Indien. Anders als China verfügt Indien über eine lange Tradition, was die bürgerliche Partizipation und die Verantwortungspflicht der Regierenden angeht. Dennoch hat auch in Indien die Freiheit ebenso wenig erfolgreich Wurzeln geschlagen wie in China. Dies liegt unserer Meinung nach daran, dass in Indien der Normenkäfig in Form der Kastenordnung sehr stark ist. Das Verhältnis der Kasten zueinander hemmt nicht nur die Freiheit, sondern verhindert auch, dass die Gesellschaft die Macht des Staates kontrolliert. Die Kastenordnung führt zu einer in sich gespaltenen Gesellschaft und zu einem Staat, dem es an Leistungsfähigkeit mangelt, der sich aber dennoch nicht seiner Verantwortung stellen muss, da die gespaltene Gesellschaft starr und machtlos ist.

In Kapitel 9 kehren wir in die europäische Sphäre zurück, dieses Mal aber, um zu untersuchen, warum manche Teile Europas und nicht andere den Weg in den Korridor gefunden haben und in ihm geblieben sind. Zur Beantwortung dieser Frage entwickeln wir eine weitere der zentralen Thesen dieses Buchs über die strukturellen Faktoren, die zur Entwicklung des Verhältnisses zwischen Staat und Gesellschaft beitragen. Wir zeigen, dass die Folgen verschiedener struktureller Faktoren wie beispielsweise wirtschaftliche Bedingungen, demographische Schocks und Krieg für die Entwicklung von Staat und Wirtschaft davon abhängen, dass die Balance zwischen Staat und Gesellschaft erhalten bleibt. Damit sollen aber keine eindeutigen Schlussfolgerungen über die strukturellen Faktoren gezogen werden. Wir verdeutlichen unsere These, indem wir zeigen, dass trotz ähnlicher Voraussetzungen und ähnlicher internationaler Probleme die Schweiz einen Gefesselten Leviathan erschaffen hat, während Preußen der Dominanz eines Despotischen Leviathans anheimfiel. Diese beiden Fälle vergleichen wir mit Montenegro, wo der Staat weder bei der Lösung von Konflikten noch bei der Organisation wirtschaftlicher Aktivität eine große Rolle spielte. Unsere These wird auch belegen, warum sich Costa Rica und Guatemala während der wirtschaftlichen Globalisierung im 19. Jahrhundert völlig unterschiedlich entwickelten und warum der Zusammenbruch der Sowjetunion ein breites Spektrum politischer Möglichkeiten eröffnete.

Kapitel 10 kehrt zum Amerikanischen Leviathan zurück. Zwar konnten die USA einen Gefesselten Leviathan erschaffen, dies gelang aber nur dank eines faustischen Pakts – die Gründerväter akzeptierten eine Verfassung, die den Gesamtstaat schwach hielt, weil sie dadurch sowohl die Gesellschaft zu beschwichtigen gedachten, die einen Despotismus befürchtete, als auch die Sklavenhalter im Süden beruhigen wollten, die sich um den Verlust ihrer Sklaven und ihres Besitzes sorgten. Dieser Kompromiss funktionierte, und wir befinden uns nach wie vor im Korridor. Aber er führte auch zu einer unausgewogenen Entwicklung des Amerikanischen Leviathans, der – während er sich auf internationaler Ebene zu einem veritablen Meeresungeheuer entwickelt hat – nach wie vor nur begrenzte Leistungsfähigkeit in diversen wichtigen Bereichen aufweist. Am deutlichsten wird dies an der Unfähigkeit oder am Unwillen des Amerikanischen Leviathans, seine Bürger vor Gewalt zu schützen. Die unausgewogene Entwicklung führte auch zu der durchwachsenen Bilanz des Amerikanischen Leviathans hinsichtlich der Ausrichtung der Wirtschaftspolitik auf das Ziel, die Gewinne aus dem Wirtschaftswachstum gleichmäßig zu verteilen. Wir werden sehen, wie eine uneinheitliche Staatsentwicklung eine deformierte Entwicklung der Macht und der Fähigkeiten der Gesellschaft verursachte und wie dies paradoxerweise Raum schuf für den Staat, seine Macht in manchen Bereichen (wie bei der nationalen Sicherheit) unkontrolliert und verantwortungslos auszudehnen.

Kapitel 11 zeigt, dass Staaten vieler Entwicklungsländer zwar despotisch handeln, es ihnen aber an der Leistungsfähigkeit eines Despotischen Leviathans mangelt. Wir erklären die Entstehung derartiger »Papier-Leviathane« und warum sie so wenig unternehmen, diese Leistungsfähigkeit zu erwerben. Unserer Meinung nach liegt dies hauptsächlich daran, dass sie die Mobilisierung der Gesellschaft und den Kontrollverlust des Staats hinsichtlich der Gesellschaft fürchten. Ein Ursprung dieser Papier-Leviathane liegt in der indirekten Herrschaft der Kolonialmächte, die modern erscheinende Regierungsstrukturen einführten, gleichzeitig jedoch die örtlichen Eliten ermächtigten, mit wenig Einschränkungen und geringer gesellschaftlicher Teilhabe zu herrschen.

In Kapitel 12 wenden wir uns dem Nahen Osten zu. Nicht selten öffnen Staatenbilder den Normenkäfig, da er ihre Möglichkeiten beschränkt, die Gesellschaft zu formen, aber unter gewissen Umständen finden despotische Staaten es sogar vorteilhaft, den Käfig noch zu verstärken oder ihn neu zu bauen. Wir erklären, wie diese Tendenz die Politik des Nahen Ostens kennzeichnet, warum aufgrund der historischen und sozialen Umstände Möchtegern-Despoten darin eine attraktive Strategie sehen und was dieser Entwicklungsgang hinsichtlich Freiheit, Gewalt und Instabilität bedeutet.

Kapitel 13 zeigt, dass sogar der Gefesselte Leviathan außer Kontrolle geraten kann, wenn das Ringen zwischen Staat und Gesellschaft zu einem »Nullsummenspiel« wird, bei dem jede Seite versucht, die andere zu beschädigen und zu zerstören, um selbst zu überleben. Wir erläutern, wie das Risiko einer solchen Entwicklung steigt, wenn Institutionen ihrer Aufgabe nicht gerecht werden, unparteiisch Konflikte zu lösen, und in Teilen der Öffentlichkeit das Vertrauen einbüßen. Als Beispiele hierfür nehmen wir den Zusammenbruch der Weimarer Republik, die chilenische Demokratie in den 1970er Jahren und die italienischen Kommunen. An ihnen verdeutlichen wir die Dynamik einer solchen Entwicklung und zeigen die strukturellen Faktoren auf, die diese Art des Nullsummenspiels wahrscheinlicher werden lassen. Abschließend befassen wir uns mit dem Aufstieg der heutigen populistischen Bewegungen.

In Kapitel 14 diskutieren wir, wie Gesellschaften in den Korridor eintreten können und ob es etwas gibt, das diesen Schritt erleichtert. Dabei spielen bestimmte strukturelle Faktoren mit, die den Korridor erweitern und es somit einfacher machen, in ihn einzutreten. Zudem erklären wir die Funktion breiter Koalitionen bei solchen Übergängen und diskutieren eine Reihe von Fällen, in denen die Übergänge erfolgreich waren oder auch gescheitert sind.

In Kapitel 15 wenden wir uns den Problemen zu, die sich den Nationen im Korridor stellen. Unsere Hauptthese hierbei lautet, dass der Staat in einer sich verändernden Welt expandieren und neue Verantwortungen übernehmen muss, was wiederum von der Gesellschaft verlangt, dass sie handlungsfähiger und wachsamer werden muss, da sie sonst aus dem Korridor trudeln wird. Neue Koalitionen sind entscheidend, wenn der Staat größere Handlungsspielräume erringen will, ohne seine Fesseln abzustreifen – eine Möglichkeit, verdeutlicht an Schwedens Reaktion auf die wirtschaftlichen und sozialen Erfordernisse im Gefolge der Weltwirtschaftskrise der 1930er Jahre, die zur Herausbildung einer sozialen Demokratie führte. Es verhält sich heutzutage nicht anders, da wir vor vielen neuen Problemen stehen, die von der Ungleichheit, Arbeitslosigkeit und geringem Wirtschaftswachstum bis hin zu komplexen Sicherheitsbedrohungen reichen, und wir benötigen einen Staat, der zusätzliche Fähigkeiten entwickelt und neue Verantwortlichkeiten schultert, was aber nur möglich ist, wenn wir neue Wege finden, ihn in Fesseln zu halten, die Gesellschaft zu mobilisieren und unsere Freiheiten zu schützen.

2.
DIE ROTE KÖNIGIN

Die sechs Heldentaten des Theseus

Um das Jahr 1200 v. Chr. setzte ein Zerfall der bronzezeitlichen Kulturen ein, die die griechische Welt ein Jahrtausend lang beherrscht hatten, und das sogenannte Dunkle Zeitalter begann. In der Bronzezeit wurde das Land von Oberhäuptern oder Königen in Palastzentren mit bürokratischen Verwaltungen regiert, die über ein Schriftsystem namens Linearschrift B verfügten, Steuern eintrieben und die wirtschaftlichen Aktivitäten regulierten. All dies ging im Dunklen Zeitalter verloren. Das Chaos, das diese neue Zeit prägte, wird in den Legenden des Theseus thematisiert, des mythischen Königs von Athen. Eine der besten Darstellungen seiner Heldentaten stammt von dem griechischen Philosophen Plutarch, der viele Jahre seines Lebens als einer der beiden Priester im Orakel von Delphi diente.

Theseus, der uneheliche Sohn des attischen Königs Aigeus, wuchs in Troizen im Nordosten des Peloponnes auf. Um seinen Thronanspruch geltend zu machen, musste Theseus über Wasser oder Land nach Athen reisen. Er entschied sich für den Landweg, was Plutarch wie folgt kommentiert:

> Denn es war gefährlich, den Landweg nach Athen zu benützen, da er kein Stückchen enthielt, das sicher war und unbedroht von Räubern und Wegelagerern.

Auf seinem Weg musste Theseus es mit einer Reihe von Schurken aufnehmen. Der erste, der ihm begegnete, Periphetes, lauerte an der Straße nach Athen Reisenden auf, streckte sie mit einer eisernen Keule nieder und raubte sie aus. Plutarch erzählt, wie Theseus mit Periphetes rang, ihm seine Keule abnahm und ihn damit erschlug. Danach rettete Theseus sich noch aus weiteren lebensgefährlichen Situationen, unter anderem konnte er verhindern, zwischen zwei heruntergebogene Fichtenwipfel gebunden zu werden, von der Krommyonischen Sau, einer riesigen Wildsau, verschlungen zu werden, von einer Klippe ins Meer gestoßen und im Ringkampf getötet zu werden. Schließlich besiegte er auch noch Prokrustes, den Ausstrecker, der dafür berüchtigt war, den Menschen durch Hämmern und Strecken die Körperglieder zu verlängern, damit sie in sein Bett passten. Was Theseus auf seinem Weg nach Athen widerfuhr, zeigt anschaulich, wie gesetzlos es damals in Griechenland zuging, ohne staatliche Institutionen, die die Ordnung aufrechterhielten. Plutarch führt dazu aus:

> So vollzog auch Theseus die Strafe an den Übeltätern: was sie den anderen Böses angetan hatten, das wurde ihnen von Theseus angetan, und auf dieselbe Weise, wie sie Unrecht getan hatten, wurde ihnen Recht zuteil.

Theseus verfuhr also mehr oder weniger nach dem Motto »Auge um Auge, Zahn um Zahn«. Athen hingegen lebte nach Mahatma Gandhis Ausspruch »Auge um Auge – und die ganze Welt wird blind sein«.

Das Königtum in Athen hatte jedoch nicht lange Bestand. Gegen Ende des Dunklen Zeitalters wurde die Stadt von den Archonten regiert, einer Gruppe hoher Beamter, die die reichsten Familien repräsentierten. Das unablässige Machtgerangel unter diesen Eliten führte immer wieder zu Staatsstreichen, wie dem von Kylon 632 v. Chr. Die Eliten erkannten, dass sie strukturiertere Methoden zur Konfliktlösung finden mussten. Doch es war ein langsamer, tückischer Weg mit unerwarteten Wendungen.

Zum ersten Versuch kam es knapp zehn Jahre nach Kylon. 621 v. Chr. wurde der Gesetzgeber Drakon damit beauftragt, zum ersten Mal sämtliche Gesetze Athens aufzuschreiben. Dass dies erst so spät geschah, hat damit zu tun, dass die in der Bronzezeit verbreitete Linearschrift B im Dunklen Zeitalter Griechenlands verlorenging. Das Schreiben musste mit einer komplett anderen Schrift neu erfunden werden, die von den Phöniziern übernommen wurde. Drakons Verfassung, wie Aristoteles es in seiner Schrift *Athenaion politeia* bezeichnete, bestand aus einer Reihe niedergeschriebener Gesetze, von dem nur eines erhalten ist. Wir wissen, dass Verstöße gegen diese Gesetze üblicherweise mit dem Tod bestraft wurden (daher die heutige Bedeutung des Wortes »drakonisch«). Das einzige noch existierende Fragment von Drakons Gesetzen, das sich auf das Tötungsdelikt bezieht, zeigt, dass diese Gesetze nicht einer Verfassung im heutigen Sinn entsprechen, vor allem weil in der damaligen Gesellschaft Gesetzlosigkeit, Blutrache und Gewalt grassierten. In dem Fragment heißt es:

> Und wenn jemand einen anderen ohne Absicht tötet, soll er verbannt werden.
> Es soll eine Aussöhnung geben, wenn der Vater, der Bruder oder die Söhne noch leben und alle einwilligen, ansonsten soll der Einspruch bindend sein. Leben sie nicht mehr, sollen Vetternschaft und Vettern entscheiden, ob sie alle in die Versöhnung einwilligen, ansonsten soll der Einspruch bindend sein …
> Es soll [die Strafe] gegen den Totschläger auf der Agora in Anwesenheit der Vetternschaft und Vettern verkündet werden; an der Verfolgung des Täters sollen sich die Vettern und Neffen und die Schwäger und Schwiegerväter und Mitglieder der Phratrie beteiligen.

Dieses Fragment bezieht sich auf nicht vorsätzliche Tötung. Jemand, der diese Tat begeht, soll in die Verbannung gehen und den Schiedsspruch abwarten. Wenn sich die erweiterte Verwandtschaft der getöteten Person einstimmig für die Aussöhnung entscheidet, ist der Fall damit erledigt, doch wenn nicht, soll sich die erweiterte Familie »an der Verfolgung« des Totschlägers beteiligen. Der Begriff »Phratrie« bezieht sich auf eine größere Sippengemeinschaft. Wie wir allerdings noch sehen werden, sollte der Einfluss der Phratrie bald abnehmen.

Die Ähnlichkeiten zu anderen Gesellschaften mit Abwesendem Leviathan sind nicht zu übersehen. Tatsächlich findet sich eine ganze Reihe von Übereinstimmungen zwischen Drakons Gesetz und anderen Kodifizierungen informeller Gesetze bei Gesellschaften ohne zentralisierte Autorität, wie im Fall des albanischen *Kanun*. Das *Kanun*, das angeblich auf den im 15. Jahrhundert lebenden Fürsten Lekë Dukagjini zurückgeht, war eine Sammlung von Normen, die das Zusammenleben in den albanischen Bergen regelte (sie wurden erst

Anfang des 20. Jahrhunderts niedergeschrieben). Ohne einen Zentralstaat wurden die albanischen Regeln und Normen, wie Drakons Totschlagsgesetz, von Familiensippschaften und Clans vollzogen. Das *Kanun* sah für die Sühne zahlreicher Vergehen Blutrache vor. Das zeigt sich sehr deutlich in der ersten Klausel, in der es um Mord als Ausgangspunkt der Blutrache geht.

> Hinterhalt meint jenes Verhalten, bei dem man sich in den Bergen oder Tälern Albaniens versteckt und dem Feind in der Blutfehde oder jemand anderem, der getötet werden soll, auflauert (auflauern, sich in den Hinterhalt legen, jemandem eine Falle stellen).

Es war ein uraltes Prinzip des *Kanun*, dass »das Blut dem Finger folgt«, das heißt:

> Gemäß dem alten *Kanun* der albanischen Berge zieht sich nur der Täter selbst die Blutrache zu, also derjenige, der den Abzug betätigt und das Gewehr abfeuert oder eine andere Waffe gegen einen anderen Menschen einsetzt.

Das spätere *Kanun* dehnt die Blutrache auf alle männlichen Mitglieder der Familie des Mörders aus, selbst auf Säuglinge. Vettern und nahe Neffen fallen in den ersten 24 Stunden nach dem Mord der Blutrache anheim. Danach geht die Schuld auf die erweiterte Verwandtschaft über. In Bezug auf die unbeabsichtigte Tötung sagt das *Kanun*: »Bei dieser Art von Tötung muss der Totschläger in die Verbannung gehen und sich so lange verbergen, bis die Angelegenheit geklärt ist.« Genau wie bei Drakons Gesetz, nur dass man in Albanien bis zum 20. Jahrhundert nicht einmal versucht hat, diese Normen niederzuschreiben, zu erläutern und zu ordnen.

Solons Fesseln

Nicht einmal dreißig Jahre nachdem Drakon seine Gesetze niedergeschrieben hatte, begann man in Athen mit dem Aufbau eines Gefesselten Leviathans. Die Kontrolle regelmäßig auftretender Konflikte und Machtkämpfe zwischen den Eliten war nach wie vor ein Problem. Dazu kam nun noch die Uneinigkeit zwischen den Eliten und den Bürgern darüber, in welche Richtung sich die Gesellschaft entwickeln sollte. Aristoteles beobachtete, dass zu Drakons Zeit »die Adligen und das gemeine Volk lange Zeit in Zwietracht lebten«. Laut Plutarch

> … brach in Athen der alte Streit um die Gestaltung des Staates wieder aus, und die Stadt zerfiel in so viele Parteien, wie das Land Abteilungen hatte. Die Bewohner des Gebirgslandes waren am meisten demokratisch, die der Ebenen oligarchisch, und die dritte Gruppe, die Bewohner des Küstengebiets, waren für eine mittlere, gemischte Staatsform …

Im Kern ging es in dem Streit um die Machtbalance zwischen den Eliten und den normalen Leuten und darum, ob der Staat demokratisch oder oligarchisch (also durch eine Handvoll der reichsten und mächtigsten Familien) regiert werden sollte. Solon, ein Händler und allseits geachteter Militärführer, war federführend daran beteiligt, Athens künftige Richtung zu bestimmen.

594 v. Chr. wurde Solon für ein Jahr zum Archon ernannt. »Die Reichen schenkten ihm als begütertem, die Armen als rechtschaffenem Manne ihr Vertrauen«, schrieb Plutarch. Das Amt des Archons wurde ausschließlich von Angehörigen der Elite ausgeübt, aber Solon konnte sich vermutlich aufgrund des öffentlichen Drucks durchsetzen, wodurch sich die Machtbalance ein wenig zugunsten der Bürger verschob. Er erwies sich als wahrer Reformer und baute die Athener Institutionen mit dem Ziel um, die Macht der Eliten und des Staates über die Bürger zu beschränken, während er gleichzeitig den Staat besser in die Lage versetzte, Konflikte zu lösen. In einer seiner Schriften, die als Fragment erhalten ist, erläuterte Solon, dass die Gestaltung der Institutionen darauf abzielte, ein Gleichgewicht der Macht zwischen Reich und Arm zu schaffen.

> Ich gewährte dem Volke so viel Gewalt, wie ihm zukommt, nahm seiner Würde nichts weg, fügte auch keine hinzu. Wiederum ließ ich nicht zu, dass die reichen und mächtigen Herren mehr sich näh-

men als das, was ihnen rechtens gebührt. Also bewehrte mit starkem Schild ich beide Parteien, dass nicht wider das Recht eine die andre bedrückt.

Solon versuchte mit seinen Reformen, die Position des Volkes gegenüber den Eliten zu stärken, aber auch den Eliten sicherte er zu, ihre Interessen nicht wesentlich zu gefährden. Ersteres erreichte er durch eine Reihe von Maßnahmen.

Als Solon zum Archon gewählt wurde, gab es in Athen zwei grundlegende politische Institutionen in Form von Ratsversammlungen, die *Ekklesia*, die allen männlichen Bürgern offenstand, und den *Areopag*, der vor allem exekutive und judikative Aufgaben wahrnahm. Der *Areopag* setzte sich aus ehemaligen Archonten zusammen und wurde von der Elite kontrolliert. In dieser Zeit verarmten viele Athener und wurden, weil sie in Schuldknechtschaft und Leibeigenschaft geraten waren und ihre Bürgerrechte verloren hatten, oft sogar von der *Ekklesia* ausgeschlossen. »Die Darlehen wurden von allen bis zur Zeit Solons durch leibliche Haftung gesichert«, schrieb Aristoteles. Das war die Athener Variante des Normenkäfigs, die Menschen wurden wegen ihrer sich verschlechternden wirtschaftlichen Verhältnisse zu dauerhaft verschuldeten, unfreien Fronbauern. Solon begriff, dass eine politische Balance in Athen die Teilhabe gewöhnlicher Bürger an der Politik erforderte, aber das war nicht möglich, wenn sie sich in Leibeigenschaft befanden, und schon gar nicht, wenn sie ihre Bürgerrechte verloren. »Die Masse der Menschen … hatte praktisch keinen Anteil an der Regierung«, so Aristoteles. Um mehr Mitwirkung zu gewährleisten, hob Solon sämtliche Verträge der Schuldknechtschaft auf und erließ ein Gesetz, wonach es verboten war, den eigenen Körper als Sicherheit für ein Darlehen zu verpfänden. Auch war es von nun an ungesetzlich, Athener zu Leibeigenen zu machen. Das Fronbauerntum wurde abgeschafft. Solon befreite die Athener von einem Teil ihres Normenkäfigs.

Aber ein Verbot der Schuldknechtschaft reichte nicht aus, solange das Volk wirtschaftlich von der Elite abhängig war. Damit die Athener Bürger aktiver mitwirken konnten und sich dadurch umso mehr Eigenständigkeit erkämpften, brauchten sie mehr Freiheit. Zu diesem

Zweck versuchte Solon ihre wirtschaftlichen Chancen zu verbessern. Er führte eine Landreform durch, indem er die Schuldsteine aus den Feldern riss. Diese Steine standen für die Verpflichtung der Pächter, die den Boden bestellten, ein Sechstel ihres Ertrags abzugeben. Durch die Entfernung der Schuldsteine befreite Solon die Pächter faktisch von den Grundbesitzern, gab ihnen deren Land und machte Attika, die Region um Athen, zu einem Land von Kleinbauern. Außerdem hob Solon Beschränkungen auf, sich innerhalb Attikas frei zu bewegen. Diese Maßnahmen vergrößerten den Kreis derjenigen Bürger, die sich an der *Ekklesia* beteiligen konnten, enorm. So wurde die bestehende Machtbalance im Handumdrehen neu justiert.

Daneben veränderte Solon auch das Auswahlverfahren der Archonten und erhöhte ihre Zahl auf neun, nicht zuletzt um die politische Repräsentation zu verbessern. Aber er musste auch die Eliten glücklich machen, daher teilte er die Bevölkerung in vier einkommensabhängige Klassen auf, und nur Männer, die den oberen beiden Klassen angehörten, konnten Archonten werden (im Losverfahren ausgewählt aus einer Liste von Personen, die von den vier traditionellen »Stämmen« Athens nominiert wurden). Nachdem ein Mann als Archon gedient hatte, was nur einmal im Leben und nur für ein Jahr möglich war, konnte er immer noch in den *Areopag* eintreten. Die Elite würde also weiterhin das Archontat und auch den *Areopag* kontrollieren, doch jetzt gab es objektive Regeln, die den *Areopag* breiteren Schichten der (elitären) Gesellschaft zugänglich machten und den Ausgleich der unterschiedlichen Interessen förderten. Außerdem schuf Solon einen neuen Rat der Vierhundert, die *Bule*, die vor allem exekutive Aufgaben wahrnehmen sollte, während sich der *Areopag* nunmehr auf die Judikative konzentrierte. Wie bei den Archonten waren auch in der *Bule* die vier wichtigsten Stämme Athens paritätisch vertreten.

Nachdem Solon ein Gleichgewicht zwischen Eliten und Bürgern hergestellt hatte, machte er sich an den Aufbau des Staatswesens. Das Heikelste daran war die Justizreform. Als Erstes schaffte Solon alle Gesetze Drakons ab, bis auf eines. Die von ihm verkündeten Gesetze waren ganz anders. In einem Fragment heißt es:

> Die *anagrapheis* (»Aufschreiber«) der Gesetze sollen Drakons Gesetz über Totschlag auf eine Stele schreiben, nachdem sie es vom *basileus* und dem Sekretär des Rats erhalten haben, und sollen diese vor der Stoa aufstellen. Die *poletei* sollen den Vertrag in Übereinstimmung mit dem Gesetz schließen; die *hellenotamiai* sollen das Geld zur Verfügung stellen.

Selbst bei dem einzigen Gesetz, das Solon beibehielt, übernahmen die *poletai* und die *hellenotamiai* die Funktion des *basileus*. Das Wort *basileus*, bekannt aus Homers Epen *Ilias* und *Odyssee*, lässt sich mit »großer Mann« übersetzen, eine Art Herrscher im Dunklen Zeitalter. Odysseus, dessen Taten während seiner zehnjährigen Heimreise vom Trojanischen Krieg in der *Odyssee* geschildert werden, war ein *basileus*. Die *poletai* und die *hellenotamiai* hingegen waren Verwaltungsbeamte. Solon führte also etwas entscheidend Neues ein – bürokratisierte staatliche Institutionen zur Durchsetzung der Gesetze.

Das Bezeichnende daran war, je mehr politische Macht Solon den gewöhnlichen Athener Bürgern gab, desto besser kam er auch beim Aufbau der staatlichen Institutionen voran. Und je mehr diese Gestalt annahmen, desto stärker unterstellte er sie der Kontrolle durch das Volk. So war die neugestaltete *Ekklesia* mächtiger und hatte zugleich eine größere Bürgerbeteiligung. Um das zu erreichen, verbesserte Solon nicht nur die politische Repräsentation, sondern führte auch Neuerungen bei den Institutionen und Normen ein, zum Beispiel beendete er die Fronknechtschaft, was die Gesellschaft besser in die Lage versetzte, gemeinschaftlich zu handeln und die Eliten und den Staat zu kontrollieren.

Auch in Aristoteles' Augen bestand der wichtigste Aspekt von Solons Reformen darin, dass sie den gewöhnlichen Athener Bürgern mehr Macht verliehen, und er wies vor allem auf das Ende der Fronknechtschaft, die verbesserten Mittel zur Konfliktlösung und den Zugang zur Gerichtsbarkeit hin. Er schrieb:

> Man ist sich darüber einig, dass die drei folgenden Maßnahmen der Verfassung Solons die volksfreundlichsten sind. Die erste und wichtigste war das Verbot, Darlehen gegen leibliche Haftung zu geben;

> zweitens erhielt jeder, der es wollte, die Möglichkeit, für diejenigen, welche Unrecht erlitten hatten, Vergeltung zu fordern; die dritte Maßnahme, durch die vor allem, wie man sagt, das Volk an Stärke gewann, war die Überweisung der Rechtsfälle an das Volksgericht.

Hier betont Aristoteles das Existieren einer Art »Gleichheit vor dem Gesetz«, wonach die Gesetze für jedermann galten und gewöhnliche Bürger ihre Ansprüche gerichtlich einfordern konnten. Zwar waren die Ärmsten von der *Bule* und dem *Areopag* ausgeschlossen und somit politisch nicht repräsentiert, aber jeder konnte vor Gericht Klage einreichen, und die Gesetze galten für die Eliten und die gewöhnlichen Bürger gleichermaßen.

Ein besonders interessantes Beispiel, wie Solon die Kontrolle des Staates durch das Volk institutionalisierte, ist sein Hybris-Gesetz. In einem überlieferten Fragment heißt es:

> Wenn jemand Hybris begeht gegen ein Kind (und gewiss begeht derjenige, der seine Dienste in Anspruch nimmt, die Hybris) oder gegen einen Mann oder eine Frau, ob Sklave oder frei, oder wenn jemand etwas Ungesetzliches gegen einen von ihnen verübt, folgt daraus *graphai hubreos* (ein Gerichtsverfahren wegen Hybris).

Dieses Gesetz macht den Akt der Hybris, also ein Verhalten, das der Demütigung und Einschüchterung dient, zu einem gerichtlich zu ahndenden Vergehen. Bemerkenswert ist, dass man wegen Hybris gegen Sklaven angeklagt werden konnte, die ebenfalls durch das Gesetz geschützt waren, und gelegentlich wurden Menschen hingerichtet, weil sie wiederholt gegen das Gesetz verstoßen hatten. Das Hybris-Gesetz ermächtigte die Athener also nicht nur, den Staat und die Eliten zu kontrollieren, sondern befreite sie auch von der Beherrschung durch mächtige Einzelpersonen.

Durch die Abschaffung der Schuldknechtschaft und Leibeigenschaft schwächte Solon zugleich die Vorherrschaft der Eliten über die gewöhnlichen Bürger und ebnete einer demokratischen Politik den Weg. Aber die Macht der Eliten im damaligen Athen hatte noch andere Gründe. Sie waren erheblich reicher geworden, und jeder Zuwachs der staatlichen Leistungsfähigkeit konnte, wenn nicht parallel dazu die Gesellschaft mächtiger wurde, ihre politische Dominanz vergrößern, da sie dadurch zusätzliche Unterdrückungs- und Kontrollinstrumente erhielten. Es war daher von entscheidender Bedeutung, die Einflussmöglichkeiten der gewöhnlichen Bürger gegenüber der Elite zu verbessern, und das erreichte das Hybris-Gesetz, indem es die bestehenden Normen kodifizierte und stärkte.

Solons Hybris-Gesetz verdeutlicht einen grundlegenden Aspekt des Lebens im Korridor – die Schaffung von Freiheit ist ein Balanceakt, da institutionelle Reformen einerseits mit bestehenden Normen arbeiten und auf ihnen aufbauen, andererseits bestimmte freiheitshemmende Aspekte dieser Normen verändert oder gar beseitigt werden müssen. Das ist bestimmt keine leichte Aufgabe, aber Solons Reformen haben in beiderlei Hinsicht beträchtliche Pionierarbeit geleistet. In der Zeit vor Drakon waren die Regeln und Gesetze, die das Leben der Menschen bestimmten, nicht schriftlich fixiert und wurden von Familien und Sippenverbänden durchgesetzt, oft unter Anwendung von sozialer Ächtung und Ausgrenzung. Solon gelang es, auf diesen Normen aufzubauen, indem er sie kodifizierte und stärkte, etwa mit seinem Hybris-Gesetz, doch im Zuge dessen veränderte er diese Normen auch, so dass anmaßendes Verhalten in der Athener Gesellschaft immer weniger akzeptiert wurde. Wir werden noch viele Beispiele dieses komplexen Zusammenspiels zwischen institutionellen Veränderungen und bestehenden Normen sehen und auch, wie das Fehlen der richtigen Balance die Chance auf Freiheit vereiteln kann. Solon hat die richtige Balance gefunden.

Der Rote-Königin-Effekt

Solons Bestreben, die Kontrolle der Eliten über den Staat und ihre Dominanz über die gewöhnlichen Bürger einerseits zu beschränken sowie die Leistungsfähigkeit des Staates andererseits zu erhöhen, ist kein spezifisches Merkmal alter Zivilisationen. Es ist der Kernpunkt des Gefesselten Leviathans. Der Leviathan kann leistungsfähiger und viel stärker werden, wenn die Gesellschaft kooperationsbereit ist, aber diese Kooperation setzt voraus, dass die Menschen darauf vertrauen, das Meeresungeheuer beherrschen zu können. Solon hat sich dieses Vertrauen erworben.

Doch es geht nicht nur um Vertrauen und Kooperation. Freiheit und letztlich die Leistungsfähigkeit des Staats hängen vom Machtverhältnis zwischen Staat und Gesellschaft ab. Werden der Staat und die Eliten zu mächtig, erhalten wir den Despotischen Leviathan. Fallen sie zurück, erhalten wir den Abwesenden Leviathan. Staat und Gesellschaft müssen also Hand in Hand laufen, und keiner von beiden darf die Oberhand gewinnen. Das ist ganz ähnlich wie beim Rote-Königin-Effekt, den Lewis Carroll in *Alice hinter den Spiegeln* beschreibt. In dem Roman begegnet Alice der Roten Königin und veranstaltet mit ihr ein Wettrennen. »Wenn Alice später daran zurückdachte, kam sie nie mehr ganz dahinter, wie es damit eigentlich zugegangen war«, aber ihr fiel auf, dass sich, obwohl sie beide so schnell zu laufen schienen, »die Bäume und alles andere um sie herum überhaupt nicht vom Fleck rührten: wie schnell sie auch rannten, liefen sie doch anscheinend nie an etwas vorbei.« Schließlich erlaubte ihr die Rote Königin, ein wenig zu rasten.

> Voller Überraschung sah Alice sich um. »Aber ich glaube fast, wir sind die ganze Zeit unter diesem Baum geblieben! Es ist ja alles wie vorher!«
> »Selbstverständlich«, sagte die Königin, »was dachtest du denn?«
> »Nun, in unserer Gegend«, sagte Alice, noch immer ein wenig atemlos, »kommt man im allgemeinen woandershin, wenn man so schnell und lange läuft wie wir eben.«
> »Behäbige Gegend!«, sagte die Königin. »Hierzulande musst du so schnell rennen, wie du kannst, wenn du am gleichen Fleck bleiben willst.«

Der Rote-Königin-Effekt bezeichnet eine Situation, in der man immer weiterrennen muss, nur um eine eingenommene Position beizubehalten, so wie der Staat und die Gesellschaft rennen müssen, um die bestehende Balance aufrechtzuerhalten. In Carrolls Roman war das ganze Gerenne vergebens. Nicht so im Ringen zwischen Gesellschaft und Leviathan. Fällt die Gesellschaft zurück und läuft sie nicht schnell genug, um mit der wachsenden Macht des Staats mitzuhalten, kann sich der Gefesselte Leviathan rasch in einen Despotischen verwandeln. Wir brauchen die Konkurrenz durch die Gesellschaft, um den Leviathan in Schach zu halten, und je mächtiger und leistungsfähiger der Leviathan ist, desto mächtiger und wachsamer muss die Gesellschaft werden. Aber auch der Leviathan muss unentwegt laufen, einerseits um seine Leistungsfähigkeit angesichts neuer und schwierigeren Herausforderungen zu steigern, andererseits um seine Autonomie beizubehalten, eine wichtige Voraussetzung nicht nur für die Lösung von Konflikten und den unparteiischen Gesetzesvollzug, sondern auch für den Abbau des Normenkäfigs. Das alles klingt ziemlich chaotisch (das ganze Gerenne!), was es, wie wir noch sehen werden, oft auch ist. Chaos hin oder her, die Rote Königin ist unverzichtbar für den menschlichen Fortschritt und die Gewinnung von Freiheit. Allerdings bringt dieses Wettrennen auch zahlreiche Verschiebungen im Machtverhältnis zwischen Staat und Gesellschaft mit sich, da mal die eine, mal die andere Seite voranzieht.

Wie Solon den Rote-Königin-Effekt in Gang setzte, ist exemplarisch. Seine Reformen schufen nicht nur die grundlegenden Institutionen für die politische Mitwirkung des Volkes, sondern trugen auch dazu bei, den Normenkäfig aufzubrechen, der einerseits die Freiheit unmittelbar einschränkte, andererseits die Art politischer Mitwirkung verhinderte, die im Korridor notwendig ist. In Athen war der Käfig nicht so erdrückend wie in vielen Gesellschaften, die wir kennenlernen werden, zum Beispiel bei den Tiv später in diesem Kapitel. Aber immerhin war er erdrückend genug, um der Roten Königin den Weg zu versperren. Indem Solon diesen Käfig teilweise abbaute, leitete er einen grundlegenden gesellschaftlichen Wandel ein und etablierte eine andere Art von Politik, die einen aufkeimenden Gefesselten Leviathan unterstützten konnte.

Wenn nötig, in die Verbannung

Solon war nur ein (arbeitsreiches) Jahr lang Archon, danach ging er für zehn Jahre ins Exil, um nicht in Versuchung zu geraten, an seinen Gesetzen herumzupfuschen. Er bestimmte, dass seine Gesetze hundert Jahre lang nicht verändert werden dürften. Das klappte nicht ganz. Stattdessen folgte ein unaufhörlicher Konkurrenzkampf zwischen den Eliten und der Gesellschaft.

Solon hatte in Athen versucht, den Staat leistungsfähiger zu machen und die Kontrolle durch das Volk zu institutionalisieren, dabei aber gleichzeitig die Eliten glücklich zu machen oder zumindest einigermaßen glücklich. Aber wie glücklich ist einigermaßen glücklich? Bald brachen Konflikte aus, was eine Reihe von »Tyrannen« hervorbrachte, faktisch Diktatoren, die teils mit Gewalt, teils mit Unterstützung des Volks an die Macht kamen. Doch Solons Reformen waren populär und hatten Gültigkeit erlangt, so dass kein Athener, nicht einmal ein übereifriger Tyrann, sie ganz ignorieren konnte, was dazu führte, dass sie oft noch tiefer verankert wurden.

Peisistratos, der erste Tyrann, der auf Solon folgte, ist berühmt dafür, auf welch trickreiche Art er die politischen Institutionen in Athen umstürzte. Einmal verletzte er sich absichtlich selbst und brachte die Bürgerschaft so dazu, ihm zu seinem Schutz eine Leibgarde zu gewähren, die er dann dafür einsetzte, die Herrschaft an sich zu reißen. Ein andermal kam er, nachdem man ihn aus seinem Amt verjagt hatte, in einem Wagen nach Athen zurück, in dem eine stattliche, als Athene verkleidete Frau saß. Auf diese Weise täuschte er den Menschen vor, die Göttin selbst habe ihn dazu auserwählt, Athen zu regieren. Als er dann die Macht übernahm, revidierte er Solons Reformen nicht vollständig, sondern machte den Staat noch leistungsfähiger. Er begann mit dem Bau monumentaler Gebäude und setzte eine Reihe von Maßnahmen in Gang, um Athen enger an sein Umland, die angrenzende Region Attika, anzubinden. Zu diesen Neuerungen gehörten regionale Gerichte, ein Straßensystem mit Athen als Mittelpunkt und Prozessionen von Athen zu den ländlichen Heiligtümern sowie die Panathenäen, ein großes Volksfest. Die religiösen Feste gingen unmittelbar auf Solons Bestrebungen zurück, Privatfeiern der Elite zugunsten gemeinsamer öffentlicher Feierlichkeiten einzudämmen. Peisistratos führte außerdem das Münzsystem in Athen ein.

Hier erleben wir die Rote Königin in Aktion. Solon setzte diese Dynamik bewusst in Gang, und Peisistratos sprang auf den Zug auf, auch wenn dieser das eine oder andere Mal ins Schleudern geriet. Tyrannen, die an die Macht kamen, gaben dem Staat und den Eliten die Kontrolle. Trotzdem konnten sie die Gesellschaft und den *Demos* (»das Volk«) nicht beherrschen, daher buhlten sie auch um deren Unterstützung. Auf Peisistratos folgten zwar noch seine Söhne Hippias und Hipparchos und der von Athens Rivalen Sparta unterstützte Isagoras, doch dann schlug der *Demos* zurück. Im Jahr 508 v. Chr. brachte ein großer Volksaufstand Kleisthenes an die Macht. Die von Kleisthenes eingeleiteten Reformen zielten erneut darauf ab, sowohl den Staat als auch die Gesellschaft zu stärken, aber er brachte vor allem drei Ziele voran, die Solon achtzig Jahre zuvor verfolgt hatte – die Position der Gesellschaft gegenüber der Elite zu stärken, die Leistungsfähigkeit des Staats zu erhöhen und den Normenkäfig aufzubrechen.

Beginnen wir mit der Staatsbildung. Kleisthenes entwickelte ein ausgeklügeltes Steuersystem, darunter eine Kopfsteuer für Metöken (in Athen lebende Fremde ohne Bürgerrechte), direkte Steuern für Reiche, die für Feste oder die Ausstattung von Kriegsschiffen aufkommen mussten, eine Vielzahl an Zöllen und Gebühren, besonders im Hafen von Piräus, und Steuern auf die Silberminen von Attika. Während seines Archontats begann der Staat eine Reihe von Dienstleistungen zur Verfügung zu stellen, nicht nur öffentliche Sicherheit und Münzwesen, sondern auch Infrastruktur in Form von Stadtmauern, Straßen, Brücken, Gefängnissen und Fürsorge für Waisen und Behinderte. Ebenso bemerkenswert war die Schaffung einer Art staatlicher Bürokratie. Laut Aristoteles arbeiteten zur Zeit von Aristeides, um 480–470 v. Chr., 700 Beamte in Attika und 700 im Ausland, dazu 500 Wächter auf den Werften und 50 auf der Akropolis.

Dieser Staat wurde außerdem viel demokratischer regiert als derjenige, den Solon geschaffen hatte. Kleisthenes erkannte, dass er zur Förderung der demokratischen Kontrolle den Normenkäfig noch weiter aufbrechen und die politische Macht neu verteilen musste. In einem mutigen Schritt schaffte er die vier Stämme ab, aus denen sich Solons *Bule* der Vierhundert zusammengesetzt hatte, und führte eine neue *Bule* der Fünfhundert ein. Ihre Mitglieder wurden per Los aus zehn neuen Stämmen bestimmt, die nach Athener Helden benannt wurden. Jeder Stamm entsandte 50 Vertreter in die *Bule*. Die Stämme bestanden aus drei kleineren Einheiten, den sogenannten *Trittyen* (»Drittel« eines Stamms), die wiederum in regionale politische Einheiten unterteilt waren, genannt *Demen*. Über ganz Attika verteilt gab es 139 *Demen* (siehe Karte 2). Gerade die Schaffung der regionalen Einheiten war ein wichtiger Schritt im Prozess der Staatsbildung, weil dadurch die bisher geltenden, auf Verwandtschaft basierenden Identitäten mehr oder weniger abgeschafft wurden. Aristoteles merkte dazu an: »Er [Kleisthenes] fasste auch diejenigen, die jeweils in einer Gemeinde wohnten, zu Gemeindemitgliedern (Demoten) zusammen, damit man die Menschen nicht mit Vatersnamen anredete und dadurch die neuen Bürger entlarvte, sondern mit Gemeindenamen …«

Um die politische Macht der Athener Bürger gegenüber der Elite noch weiter zu stärken, hob Kleisthenes außerdem die seit Solon existierenden Klassenschranken für die Aufnahme in die Institutionen auf. Die Mitgliedschaft in der *Bule* stand nun allen männlichen Bürgern offen, die über 30 waren, und weil der Dienst auf ein Jahr beschränkt war, maximal zweimal im Leben, gehörten die meisten Athener Männer irgendwann der *Bule* an. Der Vorsitzende der *Bule* wurde per Los bestimmt und hatte sein Amt 24 Stunden lang inne, was bedeutete, dass fast jeder irgendwann an die Reihe kam. Aristoteles fasste es wie folgt zusammen:

> Das Volk hatte nun die (Verwaltung der) Staatsgeschäfte in der Hand.

Die *Bule* kontrollierte die Ausgaben, und es gab eine Reihe von Gerichtsbehörden, die die Politik umsetzten. Zwar wurden die Amtsinhaber per Los und auf ein Jahr gewählt, aber sie wurden von sachkundigen Sklaven unterstützt, die als Staatsbeamte fungierten.

Kleisthenes trat in Solons Fußstapfen, indem er auf bestehende Normen aufbaute und diese institutionalisierte, wodurch die politische Macht der Athener Bürger gestärkt und zugleich der Normenkäfig abgebaut wurde. Insbesondere verankerte er die Institution

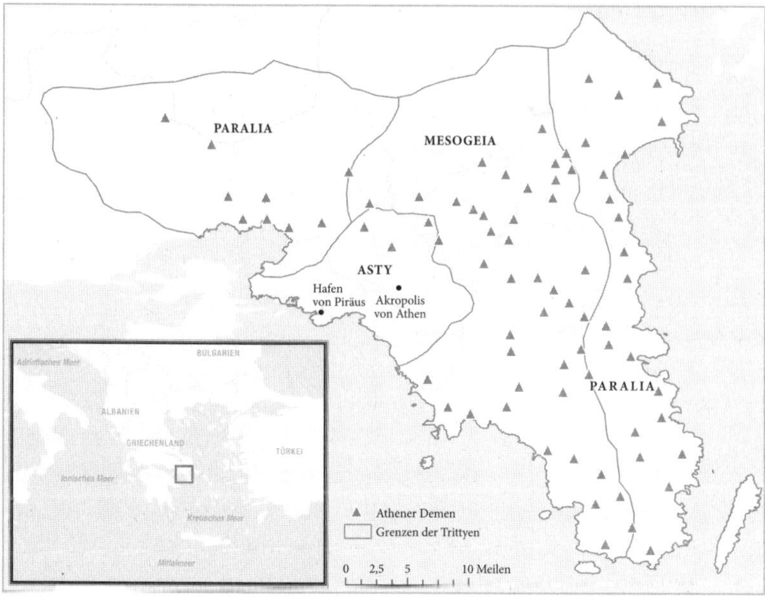

Karte 2: Die Athener Demen

des »Ostrakismos« oder »Scherbengerichts«, um die politische Dominanz mächtiger Individuen zu beschneiden. Dieses neue Gesetz besagte, dass die Volksversammlung jedes Jahr darüber abstimmen konnte, ob jemand verbannt werden sollte oder nicht. Wenn mindestens 6000 Personen an der Abstimmung teilnahmen und mindestens die Hälfte für eine Verbannung war, musste jeder Bürger den Namen der Person, die er verbannen wollte, auf eine Tonscherbe (»ostrakon« genannt, daher der Begriff »Ostrakismos«) schreiben. Die Person, deren Name auf den meisten Scherben stand, wurde für zehn Jahre aus Athen verbannt. Aristoteles schrieb über das Gesetz, es sei »wegen des Misstrauens gegen die Inhaber der Machtstellungen erlassen worden«. Wie Solons Hybris-Gesetz war es ein Instrument, das die gesellschaftlichen Normen nutzte und transformierte, um die Eliten zu disziplinieren. Selbst Themistokles, der geniale Feldherr, der den Sieg Athens über die Perser bei der Schlacht von Salamis errang und damals wahrscheinlich der mächtigste Mann Athens war, wurde irgendwann um 476 v. Chr. aus Athen verbannt, weil die Bürger befürchteten, sein Ruhm könnte ihm zu Kopf steigen, und weil er Sparta als neuen Feind ausgemacht hatte. (Eine Scherbe mit dem Namen Themistokles ist im Bildteil zu sehen.) Der Ostrakismos wurde nur selten angewandt, und in den 180 Jahren seines Bestehens wurden nur 15 Personen verbannt. Allerdings war schon die Androhung der Verbannung ein mächtiges Mittel für die Bürger, um die Eliten zu disziplinieren.

Die Evolution der Athener Verfassung hörte bei Kleisthenes nicht auf, der laut Aristoteles erst die sechste von insgesamt elf Athener Verfassungen schrieb (haben wir schon erwähnt, dass der Rote-Königin-Effekt chaotisch sein kann?). So entwickelte sich Athen beständig in Richtung mächtigerer Bürger und eines stärkeren Staats. Das ging, wie immer beim Wettrennen mit der Roten Königin, nicht ohne ein langwieriges Tauziehen zwischen den Eliten und der Gesellschaft.

Während dieser Periode schuf Athen nach und nach (und mit vielen Rückschlägen) einen der ersten Gefesselten Leviathane der Welt, einen mächtigen, leistungsfähigen Staat, der von seinen Bürgern effektiv kontrolliert wurde. Diese Errungenschaft verdankten die Athener dem Rote-Königin-Effekt. Der Staat konnte die Gesellschaft nicht beherrschen, aber ebenso wenig die Gesellschaft den Staat. Erzielte die eine Seite einen Fortschritt, traf sie auf Widerstand und Innovation bei der anderen, und die durch die Gesellschaft auferlegten Fesseln versetzten den Staat in die Lage, seine Aufgaben und seine Leistungsfähigkeit auf neue Felder auszudehnen. Die Kooperation der Gesellschaft wiederum machte den Staat noch leistungsfähiger, während er gleichzeitig durch das Volk kontrolliert wurde. Entscheidend bei alldem war der Abbau des Normenkäfigs durch die Rote Königin. Um einen Leviathan zu bändigen, muss die Gesellschaft kooperieren, sich gemeinschaftlich organisieren und sich an der Politik beteiligen. Das ist schwer, wenn sie aus Fronknechten und Herren besteht, aus Phratrien, Stämmen und Sippschaften. Die Reformen von Solon und Kleisthenes schafften diese konkurrierenden Identitäten nach und nach ab und ebneten den Weg für eine breitere Kooperationsbasis. Dieses Kriterium wird uns bei der Schaffung eines Gefesselten Leviathans immer wieder begegnen.

Die fehlenden Rechte

Die Geschichte der Fesselung des Amerikanischen Leviathans, die wir im vorherigen Kapitel begonnen haben, weist viele Parallelen zum alten Athen auf. Die amerikanische Verfassung, auf den Weg gebracht durch die Gründerväter George Washington, James Madison und Alexander Hamilton, wird durch die Einführung der Gewaltenteilung und das Freiheitsversprechen für künftige Generationen von Amerikanern gemeinhin für ihre brillante Konstruktion gerühmt. Das ist zwar richtig, aber es ist nur ein Teil der Wahrheit. Entscheidender ist die Ermächtigung des Volks, die eine Kontrolle der amerikanischen Institutionen zur Folge hatte und einen starken Rote-Königin-Effekt in Gang setzte.

Nehmen wir das Thema Rechte. Den Schutz unserer Rechte verdanken wir in den USA den Gründervätern und ihrer Verfassung, nicht wahr? Das stimmt nur bedingt. Die Verfassung, die die 1777 bis 1778 verabschiedeten Konföderationsartikel ersetzte, das erste Gesetzeswerk der neuen Nation, enthält gewisse Grundrechte, aber diese waren nicht in dem hochgelobten Dokument enthalten, das im Sommer 1787 in Philadelphia ausgearbeitet wurde. Die Gründerväter versäumten es, eine ganze Palette von Grundrechten aufzunehmen, die wir heute als fundamental für die amerikanischen Institutionen und die amerikanische Gesellschaft erachten. Letztendlich fanden sie zwar Eingang in die Verfassung, aber erst später mit der Bill of Rights, zwölf Zusatzartikel, von denen zehn vom ersten Kongress verabschiedet und durch die Parlamente der Bundesstaaten ratifiziert wurden. Sie enthielten den 6. Zusatzartikel der Bill of Rights (der heute der 4. Artikel ist):

> Das Recht des Volkes auf Sicherheit der Person und der Wohnung, der Urkunden und des Eigentums, vor willkürlicher Durchsuchung, Verhaftung und Beschlagnahme darf nicht verletzt werden, und Haussuchungs- und Haftbefehle dürfen nur bei Vorliegen eines eidlich oder eidesstattlich erhärteten Rechtsgrundes ausgestellt werden und müssen die zu durchsuchende Örtlichkeit und die in Gewahrsam zu nehmenden Personen oder Gegenstände genau bezeichnen.

Im 8. Zusatzartikel (der heute der 6. Artikel ist) hieß es:

> In allen Strafverfahren hat der Angeklagte Anspruch auf einen unverzüglichen und öffentlichen Prozess vor einem unparteiischen Geschworenengericht desjenigen Staates und Bezirks, in welchem die Straftat begangen wurde, wobei der zuständige Bezirk vorher auf gesetzlichem Wege zu ermitteln ist. Er hat weiterhin Anspruch darauf, über die Art und Gründe der Anklage unterrichtet und den Belastungszeugen gegenübergestellt zu werden, sowie auf Zwangsvorladung von Entlastungszeugen und einen Rechtsbeistand zu seiner Verteidigung.

Das scheinen grundlegende Rechte zu sein. Wie kommt es also, dass die Gründerväter vergaßen, sie in die Verfassung aufzunehmen? Der Grund dafür ist ganz einfach, und er hilft uns zu verstehen, wie die Fesseln des Amerikanischen Leviathans entstanden – und warum das kein automatischer oder einfacher Vorgang ist.

Madison, Hamilton und ihre Mitstreiter, die sogenannten Föderalisten, hatten nicht die Stärkung der Bürgerrechte im Sinn, als sie die Konföderationsartikel ersetzen wollten. Die von ihnen entworfene Verfassung sollte vielmehr jene politischen Befugnisse der einzelstaatlichen Parlamente einschränken, die die Föderalisten für gefährlich subversiv hielten. So konnten Bundesstaaten zum Beispiel ihr eigenes Geld drucken, den Handel besteuern, Schulden erlassen und sich weigern, die nationale Kasse zu füllen. Noch schlimmer, es herrschte auch ziemlich viel Aufruhr und Widerspruchsgeist in der Bevölkerung, da Menschen aus allen Schichten auf einmal dachten, sie könnten sich selbst regieren, organisieren, protestieren und sich in Parlamente wählen lassen, um ihre Interessen durchzusetzen. In diesem Kontext sollte die Verfassung zwei Probleme auf einmal lösen. Erstens einen Gesamtstaat schaffen, der die Gesetze, die Verteidigung und die Wirtschaftspolitik der Bundesstaaten koordinierte. Zweitens den mächtigen demokratischen Trieb, den der Unabhängigkeitskrieg gegen Großbritannien gleichsam wie den Geist aus der Flasche befreit hatte, wieder dorthin verfrachten. Die Verfassung erreichte beide Ziele, indem sie die politische Macht zentralisierte, die Steuerpolitik in die Hand der Zentralregierung legte und das Chaos der direkten

Volksbeteiligung und der autonomen Befugnisse der Bundestaaten bändigte.

Wir würden die Föderalisten heute als »Staatsbildner« bezeichnen. Zwar sah Hobbes zwei Wege zu einem Leviathan vor, über einen Gesellschaftsvertrag oder durch Aneignung, trotzdem wird der Aufbau eines Staatswesens oft durch einen oder mehrere Staatsbildner vorangetrieben – Einzelpersonen oder Gruppen wie Solon, Kleisthenes oder die Föderalisten –, die einen Protostaat gründen oder die Macht eines entstehenden Staats stärken. Die Föderalisten hatten die Vision, einen Leviathan zu kreieren, der Hobbes gefallen hätte (aber die Konföderationsartikel ließen es nicht zu).

Die Föderalisten waren sich auch eines Umstands bewusst, den wir als Gilgamesch-Problem bezeichnet haben. Sie verstanden, dass es Risiken barg, dem Gesamtstaat zu viel Macht zu verleihen. Er könnte so mächtig werden, dass er anfangen würde, die Gesellschaft auszubeuten, also sein furchterregendes Gesicht zu zeigen. In einer berühmten Passage der *Federalist Papers*, einer Reihe von Artikeln, die Madison gemeinsam mit Hamilton und John Jay verfasste, um die Menschen von der Verfassung zu überzeugen, bemerkte er:

> Bei der Planung einer Regierung, die von Menschen über Menschen ausgeübt werden soll, liegt die große Schwierigkeit hierin: Zuerst muss man die Regierung dazu in die Lage versetzen, die Regierten zu kontrollieren; dann muss man sie dazu zwingen, sich selbst zu kontrollieren.

Zwar wird Madisons Aussage über die Notwendigkeit, dass die Regierung sich selbst kontrollieren muss, heute am meisten beachtet, aber der erste Teil des Satzes, nämlich dass die Regierung in die Lage versetzt werden muss, »die Regierten zu kontrollieren«, hebt das zweite Ziel der Föderalisten hervor – die Notwendigkeit, die Teilhabe der gewöhnlichen Bürger an der Politik zu begrenzen. Viele damalige Leser erkannten das und waren alarmiert, insbesondere weil in dem in Philadelphia abgefassten Dokument eine explizite Erwähnung der Bürgerrechte fehlte. Ihre Sorge war durchaus begründet. In einem privaten Brief von Madison an Thomas Jefferson kurz nach dem Entwurf der Verfassung 1787 heißt es:

> Divide et impera, die gescholtene Maxime der Tyrannei, hat ihre Berechtigung, denn es ist der einzige Grundsatz, nach dem eine Republik auf der Grundlage gerechter Prinzipien geführt werden kann.

Divide et impera – teile und herrsche – war die Strategie zur Kontrolle der Demokratie. Madison betonte »die Notwendigkeit … die Grenzen der allgemeinen Regierung auszudehnen [und] die einzelstaatlichen Regierungen effektiver zu beschränken«. Die »allgemeine Regierung«, also die Bundesregierung, wurde durch Mittel wie die indirekte Wahl von Senatoren und des Präsidenten undemokratischer gemacht. Die Notwendigkeit, »die einzelstaatlichen Regierungen effektiver zu beschränken«, hatte seine Wurzeln in den sozialen Unruhen der 1780er Jahre, darunter Revolten und Aufstände von Bauern und Schuldnern, die in Madisons Augen das ganze Projekt der amerikanischen Unabhängigkeit gefährden konnten. Ein gewichtiger Grund, warum die Föderalisten die Verfassung propagierten, war tatsächlich, dass sie der Bundesregierung die benötigten Steuereinnahmen bringen würden, um ein stehendes Heer zu unterhalten. So wäre es möglich, »die Ruhe im Innern zu sichern«, wie es in der Präambel der Verfassung heißt. Der erste Einsatz der von George Washington aus Bundesmitteln finanzierten Armee nach Ratifizierung der Verfassung bestand dann auch darin, von der Hauptstadt aus nach Westen zu marschieren, um einen Aufstand niederzuschlagen, der sich gegen Besteuerung richtete – die Whiskey-Rebellion.

Das Staatsbildungsprojekt Madisons und der Föderalisten führte zu erheblichem Dissens in der amerikanischen Gesellschaft. Die Menschen hatten Angst davor, wozu ein mächtiger Staat und die ihn kontrollierenden Politiker ohne die Schutzmechanismen einer Bill of Rights fähig wären. Selbst in den Vereinigten Staaten lauerte drohend das furchterregende Gesicht des Leviathans. Mehrere einzelstaatliche Konvente weigerten sich, die Verfassung ohne expliziten Schutz der Individualrechte zu ratifizieren. Madison selbst musste die Notwendigkeit einer Bill of Rights einräumen, um den Konvent seines eigenen Staates Virginia zur Annahme der Verfassung zu bewegen. Als er in Virginia für das Abgeordnetenhaus kandidierte, tat er es als Befürworter einer Bill of Rights und sprach sich im August 1789 vor dem Abgeordnetenhaus für ihre Einführung aus, mit der Begründung, sie sei notwendig, um »die Gemüter der Menschen zu beruhigen«. (Allerdings werden wir später und erneut in Kapitel 10 sehen, dass es auch andere, finsterere Überlegungen gab, und letzten Endes billigten Madison und seine Mitstreiter die Sklaverei, um den Eliten im Süden die Verfassung schmackhaft zu machen. Das Ergebnis war, dass die Bill of Rights weder den Sklaven half noch vor Missbrauch durch einzelstaatliche Regierungen schützte).

Der Übergang von den Konföderationsartikeln zur Verfassung zeigt die unverzichtbaren Zutaten, die für einen Gefesselten Leviathan erforderlich sind. Zunächst müssen mehrere Individuen oder gesellschaftliche Gruppen, unsere Staatsbildner, die Bildung eines mächtigen Staats vorantreiben, der das anarchische »jeder gegen jeden« beendet, mithilft, gesellschaftliche Konflikte zu lösen, die Menschen vor Unterjochung bewahrt und öffentliche Dienstleistungen bereitstellt (und möglicherweise schauen sie auch ein bisschen auf ihren eigenen Vorteil). Die Rolle dieser Gruppe von Staatsbildnern – ihre Vision, ihre Fähigkeit, die richtigen Koalitionen zur Durchsetzung ihres Vorhabens und zur Sicherung ihrer Macht zu schmieden – ist von fundamentaler Bedeutung. Die Föderalisten haben diese Rolle bei der Gründung des amerikanischen Gesamtstaats gespielt. Sie beabsichtigten, einen veritablen Leviathan aufzubauen, und verstanden, dass es entscheidend für die Sicherheit, die Einheit und den wirtschaftlichen Erfolg der neuen Nation war, dass sie einen starken Zentralstaat besaß mit der Befugnis, Steuern zu erheben, dem Monopol, Geld zu drucken, und der Fähigkeit, eine Handelspolitik vorzuschreiben. Die Föderalisten waren außerdem mächtig genug, ein solches Staatsbildungsprojekt zu wagen. Als etablierte Politiker besaßen sie beträchtliche Autorität. Auch ihre Verbindung zu George Washington und anderen angesehenen Führern des Unabhängigkeitskriegs verlieh ihnen Macht. Nicht zuletzt verstanden sie sich geschickt darauf, die öffentliche Meinung zu beeinflussen, mit Hilfe der Medien und durch ihre brillant begründeten Artikel, die *Federalist Papers*.

Die zweite Säule des Gefesselten Leviathans, die Mobilisierung der Gesellschaft, ist sogar noch wichtiger, weil sie den Kern des Rote-

Königin-Effekts ausmacht. Unter Mobilisierung der Gesellschaft verstehen wir die Teilhabe der breiten Gesellschaft (insbesondere der Nichteliten) an der Politik, was sowohl nichtinstitutionalisierte Formen annehmen kann in Form von Revolten, Protesten, Petitionen und allgemeinem Druck auf die Eliten über Interessenverbände oder die Medien, als auch institutionalisierte Formen in Form von Wahlen oder Gremienarbeit. Nichtinstitutionalisierte und institutionalisierte Kräfte sind synergetisch und unterstützen sich gegenseitig.

Despotismus entsteht durch die Unfähigkeit der Gesellschaft, die Politik und die Maßnahmen des Staates zu beeinflussen. Eine Verfassung kann zwar demokratische Wahlen oder Mitsprache vorschreiben, aber das reicht nicht aus, um den Leviathan im Zaum zu halten, ihn empfänglich und rechenschaftspflichtig zu machen, wenn die Gesellschaft nicht mobilisiert ist und sich nicht aktiv am politischen Geschehen beteiligt. Daher hängt die Tragweite einer Verfassung von der Befähigung der gewöhnlichen Bürger ab, sie zu verteidigen und einzufordern, was man ihnen versprochen hat, wenn nötig mit nichtinstitutionalisierten Mitteln. Verfassungsbestimmungen wiederum sind wichtig, weil sie die Macht der Gesellschaft berechenbarer und beständiger machen und das Recht der Gesellschaft auf politisches Engagement dauerhaft verankern.

Die Macht der Gesellschaft beruht auf der Fähigkeit der Bürger, das Problem des kollektiven Handelns zu lösen, um sich in der Politik zu engagieren, unerwünschte Veränderungen zu blockieren und ihre Wünsche bei wichtigen sozialen und politischen Entscheidungen einzubringen. Das Problem des kollektiven Handelns bezieht sich auf den Umstand, dass es im Interesse einer Personengruppe liegen kann, sich zu organisieren und politisch aktiv zu werden, die einzelnen Mitglieder vielleicht aber nur als Trittbrettfahrer agieren und die Vorteile genießen, ohne eine eigene Leistung im Interesse der Gruppe zu erbringen, oder sich der Problematik womöglich gar nicht bewusst sind. Nichtinstitutionalisierte Mittel der Machtausübung sind unberechenbar, weil sie das Problem des kollektiven Handelns nicht verlässlich lösen, während institutionalisierte Macht oft systematischer und berechenbarer ist. Verfassungen können die Gesellschaft also befähigen, ihre Macht beständiger auszuüben. Es war von entscheidender Bedeutung, dass die amerikanische Gesellschaft in den Jahren vor der Ausarbeitung der Verfassung zu beidem Zugriff hatte.

Ihre nichtinstitutionalisierte Macht wurzelte in der Volkserhebung während des Kriegs gegen die Briten. Thomas Jefferson erfasste die Tragweite dieser Mobilisierung, als er 1787 schrieb:

> Gott bewahre, dass wir jemals 20 Jahre ohne eine solche Rebellion erleben … Welches Land kann sich seine Freiheiten bewahren, wenn ihren Herrschern nicht von Zeit zu Zeit in Erinnerung gerufen wird, dass ihr Volk sich den Widerstandsgeist bewahrt hat? Lasst sie zu den Waffen greifen.

Dank der Konföderationsartikel besaß die amerikanische Gesellschaft die institutionellen Mittel, um auch das Staatsbildungsprojekt der Föderalisten zu verhindern, etwa indem sie sich weigerte, die Verfassung in den einzelstaatlichen Parlamenten zu ratifizieren. Die institutionelle Kontrolle bezog sich nicht nur auf die Ratifizierung, da das Parlament laut Verfassung weiterhin ein mächtiges Kontrollorgan für die Exekutive und die Macht des Gesamtstaats war.

Der Grad der Mobilisierung und Organisation der Gesellschaft hatte bereits im Unabhängigkeitskrieg eine zentrale Rolle gespielt, der vom Unmut der gewöhnlichen Leute über die britische Politik befeuert worden war. Genau dieses Merkmal der amerikanischen Gesellschaft lenkte die Aufmerksamkeit eines jungen französischen Intellektuellen auf sich, der ein halbes Jahrhundert später das Land bereiste, Alexis de Tocqueville. In seinem Meisterwerk *De la démocratie en Amérique (Über die Demokratie in Amerika)* merkte er an:

> Amerika ist das Land, in dem man aus dem Verein am meisten Nutzen gezogen hat und wo man dieses wirksame Mittel des Handelns auf viel mehr Gegenstände anwendet als anderswo.

Es war eine »Nation von Menschen, die sich zusammenschlossen«, und Tocqueville schwärmte: »… ich habe oft die außerordentliche Kunst bewundert, mit der die Bewohner der Vereinigten Staaten es fertigbrachten, den Anstrengungen einer großen Menschenzahl ein gemeinsames Ziel zu setzen und sie freiwillig danach streben zu lassen.« Durch diese starke Tradition der Mobilisierung der Bevölkerung konnte die amerikanische Gesellschaft dabei mitreden, welche Art von Leviathan geschaffen werden sollte. Und auch wenn Hamilton, Madison und ihren Mitstreitern ein despotischerer Staat vorschwebte, machte die Gesellschaft da nicht mit. Die Föderalisten ließen sich also davon überzeugen, die Bill of Rights und andere Kontrollmechanismen einzuführen, um ihr Staatsbildungsprojekt auch jenen schmackhaft zu machen, die dem Leviathan »ihren Willen unterordnen« mussten. Es gefiel ihnen nicht besonders. Hamilton schimpfte über dieses »Übermaß an Demokratie« und schlug eine Wahl des Präsidenten und des Senats auf Lebenszeit vor, was verständlich ist, wenn man bedenkt, dass die Föderalisten dachten, sie würden den Leviathan kontrollieren.

Diese entscheidende zweite Säule verhinderte nicht nur, dass der amerikanische Staat gleich zu Anfang Richtung Despotismus tendierte, sondern sorgte durch die Machtbalance auch dafür, dass er, obwohl im Laufe der Zeit immer mächtiger, gezähmt blieb (später werden wir sehen, dass die staatlichen Kompetenzen in den folgenden zwei Jahrhunderten vielleicht sogar zu stark beschnitten wurden, insbesondere was den Schutz und die Schaffung von Chancengleichheit für alle Bürger durch den Staat betraf). Verglichen mit unserem modernen Staat war die Macht des amerikanischen Staats von 1789 fast schon unterentwickelt. Er hatte eine kümmerliche Bürokratie und stellte nur wenige öffentliche Dienstleistungen zur Verfügung. Von der Möglichkeit, Monopole zu regulieren oder ein soziales Sicherheitsnetz zu gewährleisten, konnte er nicht einmal träumen, und er betrachtete nicht alle Bürger als gleich, vor allem nicht Frauen und Sklaven, weshalb der Abbau des Normenkäfigs, in dem so viele Amerikaner gefangen waren, sicher nicht zu seinen obersten Prioritäten zählte. Heutzutage erwarten wir vom Staat einiges mehr im Hinblick auf Konfliktlösung, Regulierung, ein soziales Sicherheitsnetz, die Bereitstellung öffentlicher Dienstleistungen und den Schutz individueller Freiheiten vor allen möglichen Bedrohungen. Auch hierfür sorgt die Rote Königin. Wenn die damalige amerikanische Gesellschaft nicht mehr fertiggebracht hätte, als die Aufgaben des Staates in Stein zu meißeln, müssten wir auf viele Errungenschaften des heutigen Staates verzichten (hätten andererseits auch nicht unter mancher Härte zu leiden). Aber der amerikanische Staat hat sich im Laufe der letzten 230 Jahre entwickelt und seine Kompetenzen sowie seine Rolle in der Gesellschaft verändert. Dabei ist er empfänglicher geworden für die Wünsche und Bedürfnisse seiner Bürger. Diese Weiterentwicklung war möglich, weil die Gesellschaft aufgrund der Fesseln an seinen Fußknöcheln mit einer gewissen Vorsicht darauf bauen konnte, dass er selbst bei weiterem Machtzuwachs weiterhin Rechenschaft ablegen und nicht sein furchterregendes Gesicht zeigen würde. Die Fesseln sorgten auch dafür, dass die Gesellschaft eine Kooperation mit dem Staat in Erwägung ziehen konnte. Aber ebenso wie die amerikanische Gesellschaft Ende des 18. Jahrhunderts Madison und Hamilton nicht ohne Garantien traute, begegnet die Gesellschaft im Allgemeinen jenen mit einer Portion Misstrauen, die die staatlichen Befugnisse ausdehnen wollen. Sie lässt es nur in dem Maß zu, wie sie ihre eigene Kontrollfähigkeit gegenüber dem Staat vergrößert.

Die Entwicklung der Beziehungen zwischen Staat und Gesellschaft im 19. Jahrhundert in den Vereinigten Staaten vollzog sich auf dieselbe chaotische, unvorhersehbare Art wie stets bei der Roten Königin und wie wir es auch im Fall von Athen gesehen haben. Wurde der Zentralstaat mächtiger und mischte sich stärker in das Leben der Menschen ein, versuchte die Gesellschaft, ihre Kontrolle zu behaupten. Nahm die Mobilisierung der Gesellschaft zu, reagierten die Eliten und die staatlichen Institutionen und versuchten, sich die Kontrolle zurückzuholen. Zwar sehen wir diese Dynamik bei vielen Beispielen der amerikanischen Politik, aber der größte Reibungspunkt war die Auseinandersetzung zwischen den Nord- und den Südstaaten über die Sklaverei, der viele unangenehme Kompromisse in der Verfassung nach sich zog. Die Spannung entlud sich in einem der tödlichsten Konflikte des 19. Jahrhunderts, nachdem sieben Südstaaten (von den damals 34 Staaten) ihre Abspaltung verkündet hatten und nach dem Amtsantritt von Abraham Lincoln 1861 die Konföderierten Staaten von Amerika ausriefen. Die Abspaltung wurde von der Regierung nicht anerkannt, und so brach am 12. April 1861 der Bürgerkrieg zwischen der Union und der Konföderation aus. Der vier Jahre dauernde Krieg zerstörte im Süden einen Großteil des Transportsystems, der Infrastruktur und der Wirtschaft und kostete

750000 Menschenleben. Nach dem Krieg verschob sich das Machtverhältnis zuungunsten der Eliten, insbesondere der Eliten des Südens, da die Sklaven befreit wurden (mit dem 13. Zusatzartikel) und die Staatsbürgerschaft (mit dem 14. Zusatzartikel) und das Wahlrecht (mit dem 15. Zusatzartikel) erhielten. Doch das war noch nicht das Ende der Entwicklungen. Während der bis 1877 andauernden Wiederaufbauphase wurden die befreiten Sklaven ermächtigt und in das wirtschaftliche und politische System eingegliedert (und sie partizipierten mit Begeisterung, gingen zahlreich zur Wahl und ließen sich ins Parlament wählen). In der darauffolgenden Phase der Wiedergutmachung nach Abzug der Truppen der Nordstaaten aus dem Süden wurden sie jedoch erneut entrechtet, zu schlechtbezahlten Jobs in der Landwirtschaft verdammt und zum Ziel einer Reihe offizieller und inoffizieller Repressionen gemacht, darunter Morde und Lynchjustiz durch lokale Gesetzeshüter und den Ku-Klux-Klan. Erst Mitte der 1950er Jahre mit Beginn der Bürgerrechtsbewegung schlug das Pendel der Macht wieder in die andere Richtung, weg von den Eliten und hin zu dem am stärksten benachteiligten Teil der Gesellschaft im Süden. (Und natürlich sind wir noch nicht am Ende der Geschichte angelangt, was die Entwicklung der amerikanischen Freiheit angeht.)

Obwohl das gängige Narrativ lautet, dass die amerikanische Verfassung unsere Rechte schützt, war der Weg dorthin für viele ziemlich unschön, und wir verdanken diese Rechte ebenso der Mobilisierung der Gesellschaft wie dem Dokument, dass 1787 in Philadelphia verfasst wurde. Das ist eben der Rote-Königin-Effekt.

Häuptlinge? Welche Häuptlinge?

Der Rote-Königin-Effekt ist also nicht schön, und wie wir später noch sehen werden, birgt das viele Gerenne eine Menge Gefahren. Aber wenn er funktioniert, schafft er Bedingungen für jene Art von Freiheit, die Athener und Amerikaner bis heute genießen. Warum begnügen sich dann viele Gesellschaften mit einem Abwesenden Leviathan? Warum versuchen sie nicht, eine zentrale Autorität zu schaffen und sie zu bändigen? Warum setzen sie den Rote-Königin-Effekt nicht in Gang?

Sozialwissenschaftler führen das Fehlen einer Zentralgewalt normalerweise darauf zurück, dass wichtige Bedingungen, die die Bildung eines Staats erstrebenswert machen, nicht gegeben sind, zum Beispiel eine hohe Bevölkerungsdichte und die Existenz von Landwirtschaft und Handel. Es gibt auch das Argument, manche Gesellschaften besäßen nicht das erforderliche Know-how, um Staaten zu gründen. Nach dieser Sichtweise ist der Aufbau staatlicher Institutionen vorwiegend ein »technisches Problem« und benötigt Fachkompetenz und institutionelle Vorbilder. All diese Aspekte mögen in manchen Kontexten eine Rolle spielen, aber oft ist ein anderer Faktor entscheidender – nämlich die Angst vor dem furchterregenden Gesicht des Leviathans. Fürchtet man ihn, verhindert man die Konzentration von Macht und wirkt der sozialen und politischen Hierarchie entgegen, die für seine Bildung notwendig ist.

Ein gutes Beispiel dafür, dass der Leviathan aus Angst unterdrückt wird, finden wir in Nigerias Geschichte. Das Gebiet der Yoruba befindet sich im Landesinneren, weit weg von Lagos und den Küstenlagunen. Wenn man auf der A1 nach Norden fährt, erreicht man zunächst Ibadan. Dort nimmt man die A122 nach Osten und passiert Ife-Ife, die traditionelle spirituelle Heimat der Yoruba-Könige, anschließend geht es über die A123 nach Lokoja (siehe Karte 1 auf Seite 22). Lokoja, gelegen am Zusammenfluss der Flüsse Niger und Benue, wurde 1914 von Sir Frederick Lugard zur ersten Hauptstadt des kolonialen Nigeria ernannt. Vermutlich prägte seine spätere Frau Flora Shaw hier den Namen für das künftige Land. Auf dem Weg nach Osten verläuft die A233 unterhalb des Benue. Bei Makurdi stößt die Straße wiederum auf den Fluss, und hier befindet man sich mitten im Stammesgebiet der Tiv.

Die Tiv sind eine Ethnie, die über verwandtschaftliche Beziehungen organisiert ist, und als Nigeria kolonisiert wurde, hatten sie keinen Staat. Trotzdem bildeten sie eine zusammenhängende Gruppe mit einem fest definierten, großen und sogar expandierenden Territorium und einer eigenen Sprache, Kultur und Geschichte. Dank der Anthropologen Paul und Laura Bohannan, die sie seit den 1940er

Jahren erforschten, wissen wir sehr viel über die Tiv. Ihre und andere Berichte machen sehr deutlich, dass die Gesellschaft der Tiv dasselbe Problem hatte wie jene in Athen – nämlich mächtige Individuen davon abzuhalten, zu dominant zu werden und andere herumzukommandieren. Aber die Tiv gingen ganz anders damit um. Ihre Normen ließen sie misstrauisch gegenüber Macht werden und förderten ihre Bereitschaft, aktiv gegen jene vorzugehen, die sich Macht anmaßten. So verhinderten die Normen das Entstehen einer politischen Hierarchie. Folglich hatten die Tiv zwar Anführer, aber diese Anführer besaßen nur wenig unangefochtene Macht über andere. Ihre Hauptaufgabe bestand in der Vermittlung, Schlichtung und Lösung von Konflikten und in der Unterstützung von Kooperation, wie wir es bei den Aschanti-Ältesten im vorangegangenen Kapitel gesehen haben. Ein Herrscher oder großer Mann alleine war nicht in der Lage, genügend Autorität zu erlangen, um anderen seinen Willen aufzuzwingen.

Um zu verstehen, wie die Tiv eine politische Hierarchie unterbanden, kehren wir noch einmal zu Lord Lugard zurück. Lugard wollte das perfektionieren, was man später als »indirekte Herrschaft« bezeichnete, eine Methode, um Kolonien mit Hilfe lokaler Machthaber und einheimischer politischer Autoritäten zu führen. Aber wie sollte man ein Land auf diese Art führen, wenn es solche Autoritäten gar nicht gab? Als Lugard verlangte, zu den Häuptlingen gebracht zu werden, antworteten die Tiv: »Häuptlinge? Welche Häuptlinge?« Das System der indirekten Herrschaft hatte sich in den 1890er Jahren im Süden Nigerias bereits etabliert, als die Briten ihre Herrschaft ausdehnten. Dort setzte die Kolonialverwaltung sogenannte »warrant chiefs«, »bevollmächtigte Häuptlinge«, ein, so bezeichnet, weil die Briten die mächtigen einheimischen Familien, die sie als Anführer einsetzten, mit gewissen Vollmachten ausstatteten. Nach 1914 hatte Lugard noch ehrgeizigere Pläne. Er argumentierte: »Wenn es keine Häuptlinge gibt, ist die wichtigste Voraussetzung für Fortschritt in einer losen Gemeinschaft wie der der Igbo oder der … (Tiv), Einheiten von gewisser Größe unter der Führung fortschrittlicher Häuptlinge zu schaffen.«

Aber wer waren diese »fortschrittlichen Häuptlinge«? Darüber entschieden Lugard und die Kolonialoffiziere. Lugard wollte, dass fortschrittliche Häuptlinge für Ordnung sorgten, Steuern eintrieben und Arbeitsstrukturen aufbauten, damit im Gebiet der Tiv Straßen und Eisenbahnen gebaut werden konnten. Wenn die Tiv keine richtigen Häuptlinge hatten, würde er welche ernennen. Was er nach 1914 auch tat, nämlich indem er den Tiv eine neue Version von Warrant Chiefs aufzwang.

Doch die Tiv waren über Lugards Plan alles andere als erfreut. Schnell kochte der Ärger hoch. 1929 kam es im nahe gelegenen Igboland, Heimat einer anderen nichtstaatlichen Ethnie, der »losen Gemeinschaft« der Igbo, zur Explosion. Im Sommer 1939 waren in Tivland die meisten sozialen und wirtschaftlichen Aktivitäten zum Erliegen gekommen. Der Ärger ging von einem Kult namens Nyambua aus, gewissermaßen die Rache der Tiv an Lugard, der, inzwischen Baron, friedlich seine Pensionierung in Großbritannien genoss, und an seinen Warrant Chiefs. Der Anführer *des* Kults war ein gewisser Kokwa, der Fetische zum Schutz vor *mbatsav* oder »Hexen« verkaufte. Mbatsav leitet sich von dem Wort *tsav* ab, das in der Sprache der Tiv »Macht« bedeutet, insbesondere Macht über andere. *Tsav ist* eine Substanz, die auf dem Herzen eines Menschen wächst und nach dem Tod begutachtet werden kann, indem man den Brustkorb öffnet. Hat man es, kann man andere dazu bringen zu tun, was man will, und sie mit Hilfe von Fetischen töten. Zu erwähnen ist hierbei, dass manche Menschen zwar von Natur aus *tsav* besitzen, sich aber durch Kannibalismus mehr davon einverleiben können. Paul Bohannan schreibt:

> Eine Kost aus Menschenfleisch lässt das tsav und damit natürlich die Macht stark wachsen. Deshalb vertraut man den mächtigsten Männern, sosehr sie auch respektiert oder gemocht werden, nie voll und ganz. Sie sind Männer mit tsav – und wer weiß?

Die Menschen mit *tsav* gehören einer Organisation an – den Mbatsav. *Mbatsav* hat zwei Bedeutungen: mächtige Menschen (es ist der Plural von *tsav*) und, wie wir gesehen haben, eine Gruppe von Hexen. Diese Hexen konnten schändlichen Aktivitäten nachgehen, zum Beispiel Gräber ausrauben oder Leichen essen. Eine interessante Doppelbedeutung. Man stelle sich nur vor, das Wort »Politiker«

würde gleichzeitig bedeuten »Menschen, die sich für ein Regierungsamt bewerben oder es innehaben« und »eine Gruppe von Hexen, die schändlichen Aktivitäten nachgehen«. (Die Idee ist gar nicht mal so abwegig.)

Wer in den Nyambua-Kult eingeführt wurde, bekam einen lederbezogenen Stab und einen Fliegenwedel. Der Fliegenwedel half, das durch Kannibalismus gewonnene *tsav* zu erschnuppern. Im Bildteil ist ein Foto von Paul Bohannan mit einem Tiv samt Fliegenwedel enthalten. 1939 wurden die Fliegenwedel auf die Warrant Chiefs gerichtet und diese damit der Hexerei bezichtigt. Dieser Vorwurf nahm ihnen jede Autorität und Macht, die ihnen die Briten übertragen hatten. War das ein Widerstandsakt gegen die Briten? Ja und nein. Bei näherer Betrachtung war die Bewegung nicht einfach nur gegen die Briten, sondern gegen Autorität an sich gerichtet. Der Tiv-Älteste Akiga sagte damals zu dem Kolonialoffizier Rupert East:

> Als das Land wegen so viel sinnlosen Mordens [durch tsav] verdorben wurde, ergriffen die Tiv starke Maßnahmen, um die mbatsav auszurotten. Diese großen Initiativen gibt es seit den Tagen der Ahnen bis in die heutige Zeit.

Tatsächlich gehörten religiöse Kulte wie Nyambua zu einer Reihe von Normen, die sich bei den Tiv entwickelt hatten, um den Status quo aufrechtzuerhalten; also zu verhindern, dass irgendjemand zu mächtig wurde. In den 1930er Jahren waren die Warrant Chiefs gefährlich mächtig geworden, aber bereits in der Vergangenheit hatte es ähnliche Beispiele gegeben. Bohannan schrieb:

> Männer, die zu viel Macht erlangt hatten … wurden durch Vorwürfe der Hexerei zurechtgestutzt … Nyambua war nur eines von vielen Mitteln, die das politische Handeln der Tiv mit ihrem Misstrauen gegenüber Macht hervorgebracht hat, damit die größeren politischen Institutionen – die auf dem Abstammungssystem und dem Egalitätsprinzip basieren – erhalten werden können.

Entscheidend ist hier die Wendung »Misstrauen gegenüber Macht«, sie erinnert uns an die Athener, die ein Hybris-Gesetz erließen und mächtige Individuen verbannten. Bisher haben wir über die Macht oder die Leistungsfähigkeit des Staates gesprochen. Aber auch der Staat selbst wird durch eine Reihe von Akteuren kontrolliert, darunter Herrscher, Politiker, Bürokraten oder andere politisch einflussreiche Leute – die sogenannte politische Elite. Es gibt keinen Leviathan ohne eine politische Hierarchie, ohne jemanden – die politische Elite, einen Herrscher oder einen Staatsbildner –, der Macht über andere ausübt, Befehle erteilt, darüber entscheidet, wer bei Auseinandersetzungen recht oder unrecht hat. Misstrauen gegenüber Macht erzeugt Angst vor dieser politischen Hierarchie. Die Normen der Tiv regelten und kontrollierten nicht nur Konflikte, sie schränkten auch stark die soziale und politische Hierarchie ein. Da eine Beschneidung der politischen Hierarchie mit einer Beschneidung der staatlichen Macht einhergeht, erstickten manche Normen, wie zum Beispiel Vorwürfe der Hexerei, die Bildung eines Staates bereits im Keim.

Eine Schieflage

Die Gesellschaft der Tiv hatte große Angst vor dem furchterregenden Gesicht des Leviathans und seiner möglicherweise damit einhergehenden Dominanz. Ihre starken Normen verhinderten das Entstehen einer politischen Hierarchie, und so lebten die Tiv letztlich mit einem Abwesenden Leviathan. Aber etwas daran ist verwunderlich. Wenn die Gesellschaft so mächtig war und der Staat und seine Eliten so schwach waren, warum hatten die Tiv dann solche Angst vor dem Leviathan? Warum konnten sie nicht den Rote-Königin-Effekt in Gang setzen und von der Dynamik profitieren, die den Leviathan bändigte? Warum konnten sie nicht dieselben Lösungen für die Kontrolle der politischen Hierarchie entwickeln wie Solon und Kleisthenes und andere griechische politische Erneuerer oder die amerikanischen Gründerväter?

Die Antwort hat mit der Beschaffenheit der Normen zu tun, die vor der Entstehung einer politischen Hierarchie schützen. Aber sie verdeutlicht auch, wie schwierig es ist, die richtigen Bedingungen zur Bändigung des Leviathans zu schaffen, und dass die unterschiedlichen Formen gesellschaftlicher Macht ihre Grenzen haben. Anders als die gesellschaftliche Mobilisierung im Allgemeinen und die institutionalisierten Formen politischer Macht ließen sich die Normen der Tiv, die auf Ritualen, Hexerei-Praktiken und grundsätzlichen Vorbehalten gegen Hierarchien beruhten, nicht einfach »steigern«. Sie waren nicht wie jene Institutionen und Normen, die Wirkung entfalten, wenn eine gesellschaftliche Gruppe mächtig genug wird, um die anderen zu dominieren. Die Tiv konnten also das Entstehen politischer Ungleichheit unterbinden, aber nicht unbedingt den Prozess der Staatsbildung kontrollieren, sobald er einmal im Gange war. Das machte jeden Versuch, einen Staat aufzubauen, für die Tiv zu einem gefährlichen Unterfangen, sie begaben sich sozusagen in eine Schieflage – und wenn man den ersten Schritt gemacht hatte, konnte man ins Rutschen geraten und irgendwo landen, wo man gar nicht hinwollte.

Um das besser zu verstehen, ist es nützlich, die gesellschaftlichen Instrumente, die den Tiv für die Kontrolle der politischen Hierarchie zur Verfügung standen, mit denen der Athener und Amerikaner zu vergleichen, als diese ihren Staat aufbauten.

Die Amerikaner besaßen mindestens zwei starke Waffen im Kampf gegen einen übereifrigen Leviathan. Erstens hatten sie mächtige Institutionen, um den Leviathan zu bändigen, da die einzelstaatlichen Parlamente einflussreich waren und nicht so einfach ignoriert werden konnten, und zudem unterlag der Gesamtstaat wahltechnischen und richterlichen Kontrollinstanzen. Und zweitens war die amerikanische Gesellschaft viel stärker mobilisiert als die Gesellschaft der Tiv. Amerika war im Grunde genommen eine Gesellschaft von Kleinbauern mit wirtschaftlichen, aber auch politischen Ambitionen. Sie besaß Normen, die den Unwillen, despotische Autorität zu akzeptieren, ebenso wie die Bereitschaft zur Rebellion, förderten (wie die Briten am eigenen Leib erfahren mussten). Auch wenn sie sich Sorgen machten, dass ein Zentralstaat mächtiger werden könnte, als es zehn Jahre zuvor vielleicht noch ratsam erschienen war, hatten die Amerikaner dennoch das Gefühl, verhindern zu können, dass sich der Staat in einen Despotischen Leviathan verwandelte.

Die Athener besaßen ähnliche Waffen, die sie im selben Sinne einsetzten. Nachdem sie das Dunkle Zeitalter hinter sich gelassen hatten, war ihre Gesellschaft darauf bedacht, die Dominanz der Eliten und deren Privilegien zu zügeln. Athens Wirtschaftsstruktur erleichterte die Mobilisierung der Gesellschaft. Nach Solons Reformen war Athen eine Gesellschaft von Kleinbauern geworden, wie die dreizehn amerikanischen Kolonien, und besaß somit einen hohen Mobilisierungsgrad. Ein entscheidender Faktor ist auch, dass die griechische Gesellschaft zu dieser Zeit dank Fortschritten in der Kriegstechnik selbstbewusster wurde. Während man in der Bronzezeit noch Waffen aus Bronze gefertigt hatte, bestanden sie ab dem 8. Jahrhundert v. Chr. zunehmend aus Eisen. Bronzewaffen waren teuer und daher ausschließlich der Elite vorbehalten. Die billigeren Eisenwaffen hingegen »demokratisierten die Kriegsführung«, wie es der Archäologe Vere Gordon Childe formulierte. Insbesondere brachten sie die berühmten Hopliten hervor, jene schwerbewaffneten griechischen Bürgersoldaten, die nicht nur andere Stadtstaaten und die Perser bezwingen konnten, sondern auch übereifrige Eliten. Die Machtbalance in Athen verschob sich dadurch noch mehr zugunsten der Gesellschaft und zuungunsten der Elite. All diese Formen der Mobilisierung wurden durch Solon, Kleisthenes und die nachfolgenden Herrscher institutionalisiert, so dass es den Eliten viel schwerer gemacht wurde, die Macht zu usurpieren und ihre Dominanz erneut zu behaupten. Folglich glaubten die Athener, wenngleich sie wie die Tiv eine übermäßige Stärke und Dominanz der Eliten fürchteten, sie mit ihrem Ostrakismos-Gesetz, ihren Eisenrüstungen und ihren Wahlen zähmen zu können. Ihre Annahme war nicht ganz falsch.

Bei den Tiv lag der Fall anders. Die Macht der Tiv-Gesellschaft rührte daher, dass ihre Normen gegen jede Form politischer Hierarchie gerichtet waren. Solche Normen sind ein gutes Mittel, um den nichtstaatlichen Status quo zu festigen, weil sie helfen, das Problem des kollektiven Handelns zu lösen, und die Menschen dazu bringen, sich zu organisieren, um zu verhindern, dass Einzelne zu viel Macht und Dominanz ausüben. Allerdings sind sie eher ungeeignet dafür, kollektives Handeln für andere Zwecke zu organisieren, zum Beispiel einen Leviathan zu bändigen, sobald er losgelassen wurde. Das liegt zum Teil daran, dass die Tiv, wie viele andere nichtstaatliche Gesellschaften, über Familiensippschaften organisiert waren, die sich zu größeren Clans zusammenschlossen. Die Athener hatten zwar auch Phratrien, aber diese waren durchlässiger und basierten weniger auf Abstammung, und außerdem beschnitt Kleisthenes ihren politischen Einfluss. Im Gegensatz dazu war die kleinste Einheit in der Tiv-Gesellschaft eine erweiterte Familiengemeinschaft namens *tar*, und in der *tar* besaßen ausschließlich die ältesten Männer Macht. Es war eine vertikal über das Verwandtschaftssystem organisierte Gesellschaft, in der die Rollen der Menschen im Alltagsleben stark reguliert und vorgegeben waren. Die Menschen hatten kaum Gelegenheit, sich frei zu irgendeiner Art von Gruppe zusammenzuschließen, die ihnen dabei helfen konnte, sich zu mobilisieren und die politische Macht zu überwachen. Außerdem hätten Überzeugungen, dass Ungleichheit mit Hexerei zu tun hat, zu bröckeln begonnen, sobald sich eine Hierarchie bildete und anerkannt wurde. Verwandtschaftsbeziehungen boten der Gesellschaft keine Plattform, sich zu beratschlagen und an kollektiven Entscheidungen zu beteiligen.

Erschwerend kommt hinzu, dass eine auf Verwandtschaft basierende politische Hierarchie dazu neigt, dass ein Clan die anderen beherrscht, was einer Sorte von Leviathan den Weg ebnet, die letztlich jede Opposition zerstört. Wahrlich ein gefährliches Unterfangen – besser ist es, den Leviathan abwesend zu halten.

Unlesbar bleiben

Viele historische und ein paar heute noch existierende nichtstaatliche Gesellschaften ähneln der der Tiv. Sie kommen nicht nur ohne einen Staat und eine ausgeprägte politische Hierarchie aus, sondern sorgen auch unter Einsatz aller ihnen zur Verfügung stehenden Mittel dafür, die Entstehung einer Hierarchie zu verhindern. Oft sind das Normen und Überzeugungen, wie im Fall der Hexerei, die sich über viele Generationen hinweg entwickelt haben. Aber hat das irgendeine Relevanz für moderne Nationen? Alle 195 Länder, die es heute gibt, haben Staaten und Gesetze und Gerichte und Sicherheitskräfte, die diese Gesetze durchsetzen. Was haben sie mit dem Abwesenden Leviathan der nichtstaatlichen Gesellschaften zu tun? Eine ganze Menge. Es kann den Fall geben, dass zwar ein Staat existiert, der aber so schwach ist, dass sich große Teile des Landes nicht von nichtstaatlichen Gesellschaften unterscheiden, regiert von Normen wie bei den Tiv oder anfällig für Gewaltausbrüche wie bei den Gebusi in Papua-Neuguinea, die wir im letzten Kapitel kennengelernt haben. Andere Staaten versäumen es trotz ihres modernen Anstrichs vielleicht, grundlegende Institutionen aufzubauen, und agieren wie ein Abwesender Leviathan, auch wenn sie es dem Namen nach nicht sind, und zwar aus demselben Grund wie die Tiv – aus Angst vor der Schieflage. Der heutige Libanon ist ein solches Beispiel.

Die amerikanische Verfassung sieht vor, dass die Sitze im Repräsentantenhaus proportional zur Bevölkerung eines Bundesstaats zugeteilt werden. Um die Einwohnerzahl zu ermitteln, musste innerhalb von drei Jahren nach Ratifizierung der Verfassung eine Volkszählung durchgeführt und alle zehn Jahre aktualisiert werden. Die erste Volkszählung erfolgte 1790 und wurde seitdem gewissenhaft alle zehn Jahre wiederholt. Ganz abgesehen von der gerechten Sitzverteilung im Parlament gibt es viele gute Gründe für Volkszählungen. Mit ihrer Hilfe kann eine Regierung erfahren, wo ihre Bürger wohnen, woher sie kommen, wie sie leben, wie gebildet sie sind und eventuell auch wie viel sie verdienen und wie wohlhabend sie sind. Das ist wichtig für den Staat, um Dienstleistungen bereitzustellen und die Steuern festzusetzen. Laut dem Politikwissenschaftler James Scott tragen Volkszählungen dazu bei, die Gesellschaft für den Staat »lesbar« zu machen – sie liefern die Informationen, die er braucht, um die Gesellschaft zu verstehen, zu regulieren, zu besteuern und falls nötig Zwangsmaßnahmen durchzuführen. Diese Aktivitäten scheinen so wichtig für das Bestehen und Funktionieren eines Staates zu sein, dass jeder Staat den Wunsch haben sollte, die Gesellschaft lesbar zu machen. Ein gewisses Maß an Lesbarkeit sollte auch im Interesse der Bürger sein, da sie sonst keine Dienstleistungen erhalten und nicht richtig vertreten werden. Sie haben sicher schon die Mängel dieser Argumentation erkannt. Was, wenn die Gesellschaft dem Staat nicht traut? Was, wenn sie sich sorgt, ihre Lesbarkeit könnte missbraucht werden? Was, wenn sie Angst vor der Schieflage hat? Genau darüber machen sich die Libanesen Sorgen.

Der Libanon gehörte bis zum Ersten Weltkrieg zum Osmanischen Reich und war für kurze Zeit eine französische Kolonie, bevor er 1943 unabhängig wurde. Seit seiner Unabhängigkeit hat der Libanon noch nie eine Volkszählung durchgeführt. Die letzte erfolgte 1932 als Grundlage für den 1943 geschlossenen Nationalen Pakt. Sie ergab, dass die Christen 51 Prozent der Bevölkerung ausmachten, mit einem leichten Vorsprung gegenüber den schiitischen und sunnitischen Muslimen und den Drusen (siehe Karte 3). Der Pakt ging von dieser Zusammensetzung aus, als er die Macht zwischen den unterschiedlichen Gruppen verteilte. Beispielsweise musste der Präsident immer ein maronitischer Christ sein, während der Ministerpräsident ein sunnitischer Muslim und der Parlamentssprecher ein schiitischer Muslim war. Die Aufteilung ging noch weiter. Der stellvertretende Parlamentssprecher und der stellvertretende Ministerpräsident mussten immer griechisch-orthodoxe Christen sein, während der Generalstabschef ein Druse war. Die Sitzverteilung im Parlament war im Verhältnis sechs zu fünf zugunsten der Christen gegenüber den Muslimen eingefroren. Innerhalb der beiden Gruppen waren die unterschiedlichen Religionsgemeinschaften gemäß ihrem in der Volkszählung von 1932 ermittelten Anteil vertreten.

Wie vorauszusehen ist, hatte dieser Pakt einen unglaublich schwachen Staat zur Folge. Die Macht im Land geht nicht von der Regierung aus, sondern von den einzelnen Gruppen, wie man es bei einem Abwesenden Leviathan erwartet. Nicht der Staat stellt öffentliche Dienstleistungen wie Gesundheitsfürsorge oder Strom zur Verfügung, sondern die Gruppen tun es. Der Staat besitzt weder das Gewaltmonopol, noch sorgt er für den Gesetzesvollzug. Die Hisbollah, eine schiitische Gruppe, hat ihre eigene Privatarmee, und so ist es bei vielen bewaffneten Clans in der Bekaa-Ebene. Jede Gemeinschaft hat ihre eigene Fernsehstation und ihre eigene Fußballmannschaft. In Beirut zum Beispiel ist al-Ahed der schiitische Verein, al-Ansar der sunnitische. Der Safa SC ist drusisch, während Racing Beirut christlich-orthodox und Hikmeh maronitisch-christlich ist.

Die starke Aufteilung der Macht im libanesischen Staat erlaubt

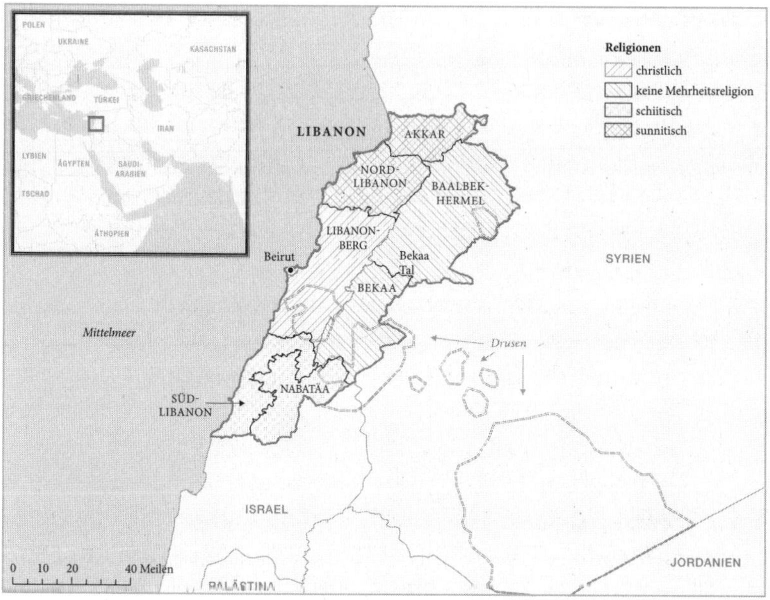

Karte 3: Die Religionsgemeinschaften im Libanon

es jeder Gruppe zu überwachen, was die anderen tun. Jede Gruppe kann ein Veto gegen die Wünsche der anderen einlegen, was zu einem fürchterlichen Stillstand der Regierung führt. Der Stillstand hat spürbare Folgen, wie etwa die Unfähigkeit, Entscheidungen zu treffen. Das wirkt sich auf die öffentlichen Dienstleistungen aus. Im Juli 2015 wurde die größte Mülldeponie des Landes in Naameh geschlossen. Da die Regierung keine Alternative besaß, begann sich in der Hauptstadt Beirut der Müll zu türmen. Anstatt aktiv zu werden, tat die Regierung nichts. Der Müll türmte sich weiter. Ein Foto davon ist im Bildteil zu sehen.

Untätig zu bleiben war der Normalzustand der Regierung. Das Parlament hat seit fast zehn Jahren keinen Haushaltsplan mehr beschlossen und es dem Kabinett überlassen, selbst einen zu schreiben. Nachdem Ministerpräsident Nadschib Miqati 2013 zurückgetreten war, brauchten die Politiker ein Jahr, um eine neue Regierung zu bilden. Sie hatten es nicht eilig, die 128 Parlamentarier trafen zwischen den Parlamentswahlen von 2009 und 2014, während die Mülldeponie immer voller wurde, nur 21-mal zu einer Sitzung zusammen, das sind ungefähr vier Sitzungen pro Jahr. 2013 tagten die Abgeordneten nur zweimal und verabschiedeten zwei Gesetze. Ein Gesetz betraf die Verlängerung ihres Mandats um 18 Monate, damit sie an der Macht bleiben konnten. Diese Strategie wurde Jahr für Jahr so weiterverfolgt, und erst im Mai 2018 gab es Neuwahlen. Indessen hatte der Libanon mit einer existentiellen Krise zu kämpfen, da eine Million Bürgerkriegsflüchtlinge aus dem benachbarten Syrien ins Land strömten, fast ein Viertel der Einwohnerzahl des Libanons. So dauerte die Legislaturperiode des Parlaments, das eigentlich auf vier Jahre gewählt worden war und die brennenden Probleme des Landes ignorierte, schließlich neun Jahre. Es kam nicht sehr viel dabei heraus. Nachdem die Parlamentarier es geschafft hatten, ein Gesetz zu verabschieden, um die Wahlen von 2018 zu planen, veranstaltete ein Medienkanal einen Wettbewerb für die besten Blogbeiträge zur Würdigung dieses Ereignisses. Einer der Gewinner war: »GUT GEMACHT, LEUTE, IHR HABT EURE STUNDE ARBEIT GESCHAFFT. Jetzt könnt ihr wieder in eure Dauerferien zurückkehren.« Sie hatten es nicht eilig, sich um den Müll zu kümmern.

Die Situation wurde so schlimm, dass die Menschen schließlich anfingen, sich zu organisieren und zu protestieren, es bildete sich eine Bewegung unter dem Namen YouStink, die das Müllproblem zum Anlass nahm, tiefgreifende Veränderungen des Systems zu fordern. Aber im Libanon ist Argwohn an der Tagesordnung. Eine Organisation, nein jede Organisation steht sofort unter dem Verdacht, sich von einer der anderen Gruppen instrumentalisieren zu lassen, die ihre Macht ausweiten will. In einem verzweifelten Facebook-Post der Bewegung vom 25. August 2015 heißt es:

> Seit dem Aufkommen der #YouStink-Bewegung haben wir versucht, die Vorwürfe, die man gegen uns als Bewegung vorgebracht hat, zu ignorieren … Zu Anfang wurde unserer Bewegung vorgeworfen, sie gehöre Tayyar al-Mustaqbal (der Zukunftsbewegung) an und arbeite gegen die Rechte der Christen (auf der Tayyar-Website). Dann wurde uns vorgeworfen, zur 8.-März-Allianz zu gehören und gegen al-Mustaqbal zu arbeiten (behauptet sowohl von El-Machnouk-Anhängern als auch von der Regierung). Und den Mitgliedern

der Bewegung wurde vorgeworfen, sie seien bestechlich, Anhänger von Walid Dschumblat, Angehörige ausländischer Botschaften, der Amal-Bewegung, der Hisbollah … Niemand war vor diesen Anschuldigungen sicher, deren einziges Ziel es war, die Idee einer unabhängigen, nichtkonfessionellen Alternative zu verzerren und anzufechten.

Dieser Post verdeutlicht etwas, was wir oft unter einem Abwesenden Leviathan erleben: Die Gesellschaft ist innerlich zersplittert, kann sich nicht organisieren und ist zutiefst argwöhnisch gegenüber jeder Einzelperson oder Gruppe, die versucht, die Politik zu beeinflussen.

Das Verhalten des Parlaments spiegelt die Tatsache wider, dass seine Inaktivität den Gruppen ganz gelegen kommt. Ghassan Moukheiber, ein christlicher Abgeordneter aus dem Zentrallibanon, sagt dazu:

> Sie mögen es nicht, wenn Institutionen wie das Parlament so oft zusammenkommen und ihnen bei der Führung des Landes Konkurrenz machen.

Der libanesische Staat ist nicht deswegen schwach, weil sein Volk die Konstruktion nicht richtig hinbekommen hat. Das Land hat eine der gebildetsten Bevölkerungen im Nahen Osten und besitzt ein relativ modernes Universitätswesen. Viele Libanesen studieren im Ausland an den besten Hochschulen der Welt. Es liegt nicht daran, dass sie nicht wissen, wie man einen leistungsfähigen Staat aufbaut. Der Staat ist bewusst schwach, weil die einzelnen Gruppen Angst vor der Schieflage haben. Die Parlamentarier wissen, dass man gar nicht von ihnen erwartet, viel zu tun, also warum überhaupt hingehen? Sie können dafür stimmen, die Wahlen zu verschieben, weil es sowieso keinen kümmert, wer gewählt wird. Manchmal hat das schlimme Folgen für die Gesellschaft, wie bei der Müllmisere, aber selbst dann ist es schwierig, dafür zu sorgen, dass etwas passiert. Niemand will dem Parlament Macht geben, man traut ihm nicht, aber auch gesellschaftlicher Aktivismus ist nicht gern gesehen. Man weiß eben nie, wem man vertrauen kann.

Der Libanon ist keine nichtstaatliche Gesellschaft. Er ist ein moderner Staat mit sechs Millionen Einwohnern, er ist Mitglied der Vereinten Nationen und hat Botschafter auf der ganzen Welt. Aber wie bei den Tiv liegt die Macht anderswo. Der Libanon hat einen Abwesenden Leviathan.

Zwischen 1975 und 1989 herrschte im Libanon ein grausamer Bürgerkrieg zwischen den unterschiedlichen Gruppen, nachdem das Land durch den Zustrom palästinensischer Flüchtlinge aus Jordanien destabilisiert worden war. Bei dem 1989 geschlossenen Friedensabkommen von Taif, das den Konflikt beendete, wurde der Nationale Pakt korrigiert. Der Anteil von Christen und Muslimen im Parlament wurde auf 50/50 verschoben und die Repräsentation der Schiiten erhöht. Aber auch die Macht des Präsidenten wurde beschnitten.

Gibt die 50/50-Verteilung das Verhältnis der konfessionellen Gruppen besser wieder als die frühere Sechs-zu-fünf-Verteilung aus der Verfassung von 1943? Wahrscheinlich, nur weiß niemand genau, wie hoch die Bevölkerungszahl in den verschiedenen Gruppen tatsächlich ist, und es möchte auch niemand wissen. Die Gesellschaft will für einen Staat unlesbar bleiben, von dem sie fürchtet, er könnte von anderen übernommen werden, und um sich dagegen abzusichern, sorgt sie dafür, dass der Leviathan weiterhin vor sich hin döst. Der Müll türmt sich weiter.

Der enge Korridor

In diesem Buch geht es um Freiheit. Freiheit hängt von der Art des Leviathans und seiner Entwicklung ab – ob eine Gesellschaft auf einen effektiven Staat verzichtet, sich mit einem despotischen Staat abfindet oder eine Machtbalance herstellen kann, die dazu führt, dass sich ein Gefesselter Leviathan herausbildet und die Freiheit immer besser gedeihen kann.

Im Gegensatz zu Hobbes' Vision einer Gesellschaft, die ihren Willen dem Willen des Leviathans unterordnet, was in den Sozialwissenschaften und der modernen Weltordnung vielfach als selbstverständlich vorausgesetzt wird, basiert unsere Theorie darauf, dass

Leviathane nicht immer mit offenen Armen empfangen werden und ihr Weg gelinde gesagt steinig ist. In vielen Fällen leistet die Gesellschaft erfolgreich Widerstand, wie bei den Tiv früher und bei den Libanesen noch heute. Das Resultat dieser Gegenwehr ist Unfreiheit.

Bröckelt dieser Widerstand, könnte ein Despotischer Leviathan die Folge sein, der dem von Hobbes beschriebenen Meeresungeheuer gar nicht so unähnlich ist. Doch auch wenn dieser Leviathan den Krieg aller gegen alle verhindert, macht er das Leben seiner Bürger nicht unbedingt besser als die »ekelhafte, bestialische und kurze« Existenz, zu der die Menschen bei einem Abwesenden Leviathan verurteilt sind. Auch unterwerfen seine Bürger »ihren Willen« nicht dem des Leviathans – ebenso wenig wie die Osteuropäer, die vor dem Fall der Berliner Mauer auf den Straßen die Internationale sangen, ihren Willen dem Willen der Sowjetunion unterwarfen. Die Konsequenzen für die Bürger sind in mancherlei Hinsicht andere, aber es herrscht immer noch keine Freiheit.

Eine ganz andere Art von Leviathan, nämlich ein gefesselter, entsteht, wenn zwischen seiner Macht und der Fähigkeit der Gesellschaft, ihn zu kontrollieren, Gleichgewicht herrscht. Das ist der Leviathan, der Konflikte fair löst, öffentliche Dienstleistungen bereitstellt, wirtschaftliche Chancen bietet und Dominanz verhindert und somit die Fundamente der Freiheit legt. Das ist der Leviathan, dem die Menschen in der Überzeugung, ihn kontrollieren zu können, vertrauen, mit dem sie kooperieren und dem sie gestatten, leistungsfähiger zu werden. Das ist auch der Leviathan, der die Freiheit fördert, indem er die diversen Normenkäfige aufbricht, die das Verhalten in der Gesellschaft vorschreiben. Allerdings unterscheidet er sich grundlegend von Hobbes' Leviathan: Er definiert sich über seine Fesseln, im Gegensatz zu Hobbes' Meeresungeheuer beherrscht er die Gesellschaft nicht, er kann die Menschen nicht ignorieren oder zum Schweigen bringen, wenn sie versuchen, Einfluss auf die politische Entscheidungsfindung zu nehmen. Er steht nicht über, sondern neben der Gesellschaft.

Die folgende Abbildung fasst unsere Theorie zusammen und zeigt, welche Kräfte für die Entwicklung unterschiedlicher Typen von Staaten maßgeblich sind. Um das Wesentliche herauszuarbeiten, vereinfachen wir das Ganze und reduzieren alles auf zwei Variablen. Die erste Variable bezieht sich darauf, wie stark eine Gesellschaft hinsichtlich ihrer Normen, Praktiken und Institutionen ist, insbesondere was kollektives Handeln, die Koordination ihrer Aktionen und ihre Kontrolle der politischen Hierarchie betrifft. Diese Variable, dargestellt auf der waagrechten Achse, beinhaltet also die allgemeine Mobilisierung der Gesellschaft, die Stärke ihrer Institutionen und ihre Fähigkeit, die Hierarchie wie bei den Tiv über Normen zu kontrollieren. Die zweite Variable steht für die Macht des Staates. Sie wird auf der senkrechten Achse dargestellt und vereint ebenfalls mehrere Aspekte, wie etwa die Macht der politischen und wirtschaftlichen Eliten und die Leistungsfähigkeit und Stärke der politischen Institutionen. Natürlich stellt es eine enorme Vereinfachung dar, dass wir die Konflikte innerhalb der Gesellschaft ebenso wie die Konflikte innerhalb der Elite und zwischen der Elite und den staatlichen Institutionen ignorieren. Aber diese Konflikte sind gewissermaßen in unserer Definition von Schwäche und Stärke enthalten, und diese Vereinfachungen erlauben es uns, einige wichtige Bestandteile unserer Theorie und neue Erkenntnisse, die sich daraus ergeben, aufzuzeigen. In späteren Kapiteln werden wir über diese Vereinfachungen hinausgehen und uns mit dem breiteren Bild befassen.

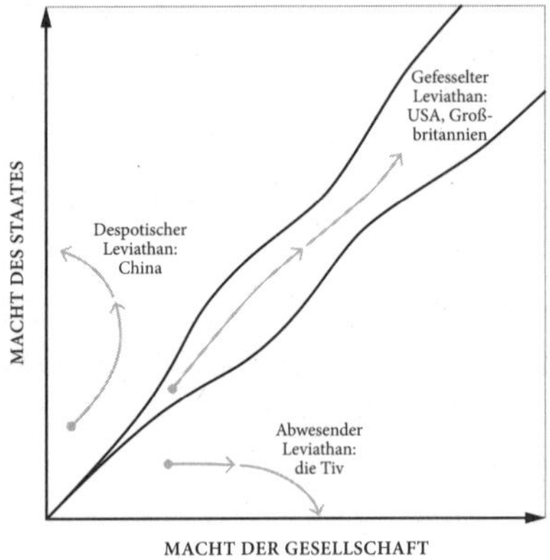

Abbildung 1: Die Entwicklung des Despotischen, Gefesselten und Abwesenden Leviathans

Nehmen wir an, dass die meisten vormodernen Staatswesen ihren Ausgangspunkt irgendwo unten links haben, wo Staat und Gesellschaft schwach sind. Die Pfeile, die von dort ausgehen, bilden die unterschiedlichen Entwicklungen von Staat und Gesellschaft und ihre Beziehungen im Laufe der Zeit ab. Ein typischer Verlauf, der in der Abbildung gezeigt wird und der unserer Darstellung der Tiv oder des Libanons entspricht, beginnt an dem Punkt, an dem die Gesellschaft stärker ist als der Staat und die Entstehung mächtiger zentralisierter staatlicher Institutionen hemmen kann. Das führt zu einer Situation, in der der Leviathan weitgehend abwesend ist, weil der Staat und die Eliten zu Beginn zu schwach sind, um gegen die gesellschaftlichen Normen, die eine politische Hierarchie verhindern, anzukommen. Die Angst vor der Schieflage hat zur Folge, dass die Gesellschaft versuchen wird, die Macht der Eliten möglichst zu beschneiden und die Entstehung einer politischen Hierarchie zu verhindern, wodurch die Macht staatsähnlicher Gebilde weiter abnimmt und sich der Abwesende Leviathan noch mehr etabliert. Der Machtvorsprung der Gesellschaft gegenüber dem Staat erklärt auch, warum der Normenkäfig in diesem Fall so einflussreich ist – ohne institutionelle Mittel zur Regelung und Lösung von Konflikten übernehmen Normen alle möglichen Funktionen, erzeugen dabei aber wiederum soziale Ungleichheiten und vielerlei Formen erdrückender Restriktionen für Individuen.

Auf der anderen Seite, dort, wo der Staat und die Eliten am Ausgangspunkt mächtiger sind als die Gesellschaft, sehen wir einen Pfeil, der zu unserer Darstellung der chinesischen Verhältnisse passt. Diese Konstellation begünstigt das Entstehen des Despotischen Leviathans. Hier bewegen sich die Pfeile auf der Achse der staatlichen Macht nach oben, während die Macht der Gesellschaft immer mehr abnimmt, da sie dem Staat nicht gewachsen ist. Diese Tendenz verstärkt sich noch, weil der Despotische Leviathan die Gesellschaft immer mehr unterdrückt, damit sie ihm keine Fesseln anlegen kann. Folglich wird der Despotische Leviathan im Lauf der Zeit überwältigend mächtig gegenüber einer schwachen Gesellschaft, und die Verschiebung der Machtbalance führt letztlich dazu, dass die Bändigung des Leviathans immer unwahrscheinlicher wird.

Die Abbildung zeigt jedoch auch, dass es leistungsfähige Staaten geben kann, denen eine leistungsfähige Gesellschaft gegenübersteht. Dieses Szenario spielt sich in dem engen Korridor in der Mitte ab, wo wir das Entstehen des Gefesselten Leviathans sehen. Genau in diesem Korridor wirkt der Rote-Königin-Effekt, und aus dem Ringen zwischen Staat und Gesellschaft können beide gestärkt hervorgehen, was wiederum, vielleicht ein wenig überraschend, die Aufrechterhaltung des Gleichgewichts fördert.

Doch die Rote Königin – das Wettrennen zwischen Staat und Gesellschaft – kann noch mehr, als beide leistungsfähiger zu machen. Sie gestaltet die Institutionen um und sorgt dafür, dass der Leviathan seinen Bürgern gegenüber empfänglicher und rechenschaftspflichtiger wird. Dabei gestaltet sie auch das Leben der Menschen um, nicht nur weil sie die Dominanz des Staates und der Eliten über sie abbaut, sondern auch weil sie den Normenkäfig öffnet und sogar beseitigt, die individuelle Freiheit fördert und eine effektivere Teilhabe des Volkes an der Politik ermöglicht. Folglich entsteht und entwickelt sich nur in diesem Korridor wahre Freiheit, unbehindert durch politische, wirtschaftliche und soziale Dominanz. Außerhalb dieses Korridors wird die Freiheit entweder durch die Abwesenheit oder den Despotismus des Leviathans beschnitten.

Doch wir dürfen nicht außer Acht lassen, dass der Rote-Königin-Effekt gefährlich sein kann. Bei all der Reaktion und Gegenreaktion kann eine Seite davonziehen und aus dem Korridor ausbrechen. Auch darf die Konkurrenz zwischen Staat und Gesellschaft, zwischen Eliten und Nichteliten nicht auf ein Nullsummenspiel hinauslaufen, also darauf, dass die eine Seite versucht, die andere vollständig zu vernichten und zu verdrängen. Bei aller Konkurrenz muss es Raum für Kompromisse geben und die stillschweigende Übereinkunft, dass auf jede Reaktion eine Gegenreaktion folgt. In Kapitel 13 werden wir sehen, dass ein Polarisierungsprozess den Rote-Königin-Effekt zu einem Nullsummenspiel machen kann, wodurch die Gefahr wächst, dass er außer Kontrolle gerät.

Auffällig an dieser Abbildung ist auch, dass es in der linken unteren Ecke, wo Gesellschaft und Staat sehr schwach sind, keinen Korridor gibt. Das verdeutlicht einen wichtigen Aspekt unserer Darstellung der Tiv. Erinnern wir uns, dass die Normen und Institutionen der Tiv nicht in der Lage waren, eine einmal entstandene politische Hierarchie zu kontrollieren, und aus diesem Grund waren sie auch so erpicht darauf, jede politische Hierarchie im Keim zu ersticken. Die Option hieß nicht Gefesselter oder Abwesender Leviathan, sondern Despotismus oder gar kein Staat. Das trifft auf viele Beispiele zu, in denen Staat und Gesellschaft schwach sind, und unterstreicht, dass der Weg in den Korridor nur dann möglich ist, wenn beide Seiten grundlegende Fähigkeiten erlangt haben und es grundlegende institutionelle Voraussetzungen für ein Gleichgewicht der Macht gibt.

Probieren geht über Studieren

Eine Theorie taugt dann am meisten, wenn sie neue Wege der Weltbetrachtung aufzeigt. Nehmen wir uns einige Erkenntnisse vor, die wir aus der eben präsentierten Theorie gewonnen haben. In Kapitel 1 haben wir mit der Frage begonnen, worauf die Welt zusteuert. Auf eine idyllische Version der westlichen Demokratie ohne Rivalen? Auf Anarchie? Oder auf eine digitale Diktatur? Nach unserer Theorie entspricht jede dieser Möglichkeiten einem der in Abbildung 1 (siehe Seite 104) beschriebenen Pfade. Aber wie unsere Theorie verdeutlicht, kann man nicht davon ausgehen, dass alle Länder denselben Pfad einschlagen werden. Wir sollten keine Konvergenz, sondern Diversität erwarten. Außerdem ist der Wechsel von einem Pfad zu einem anderen nicht ohne weiteres möglich. Es herrscht eine starke »Pfadabhängigkeit«. Befindet man sich im Orbit des Despotischen Leviathans, werden der Staat und die Eliten, die die staatlichen Institutionen kontrollieren, stärker und die Gesellschaft und die Normen, die den Staat in Schach halten sollen, noch schwächer. Beispiel China. Politische Entscheidungsträger und Kommentatoren haben wiederholt prognostiziert, das Land werde sich mit zunehmendem Wohlstand und zunehmender Integration in die globale Wirtschaftsordnung immer mehr zu einer westlichen Demokratie entwickeln. Aber der Pfad des Despotischen Leviathans in Abbildung 1 nähert sich im Lauf der Zeit nicht dem Korridor. Wie wir in Kapitel 7 sehen werden, ist die Dominanz des chinesischen Staates gegenüber der Gesellschaft geschichtlich stark verwurzelt, und diese Beziehung wird durch die Maßnahmen der Führer und Eliten zur Schwächung der Gesellschaft, damit sie den Staat nicht angreifen und einengen kann, noch verfestigt. Diese historischen Voraussetzungen machen einen Wechsel in den Korridor noch schwieriger.

Aber auch wenn die Geschichte starken Einfluss hat, muss sie kein Schicksal sein. Das bringt uns zur zweiten wichtigen Erkenntnis aus unserer Theorie. Es gibt viel Dynamik – gemeint ist, dass die Führer, Eliten und politischen Mittler kollektives Handeln fördern und neue Koalitionen bilden können, um den Entwicklungsverlauf der Gesellschaft zu verändern. Daher herrscht zwar eine Pfadabhängigkeit, aber es kommen auch Wechsel von einem Pfad zu einem anderen vor. Das gilt insbesondere für Gesellschaften im Korridor, weil die Balance zwischen Staat und Gesellschaft heikel ist und zerstört werden kann, wenn die Gesellschaft in ihrer Wachsamkeit nachlässig ist oder der Staat seine Fähigkeiten verkümmern lässt.

Bei der dritten damit zusammenhängenden Erkenntnis geht es um das Wesen der Freiheit. Im Gegensatz zu der Vorstellung, wonach Freiheit vor allem mit der Einführung westlicher Institutionen und ihrer positiven Wirkung sowie der Qualität von Verfassungen zu tun hat, entwickelt sich Freiheit unserer Theorie nach durch einen chaotischen Prozess, und zwar einen Prozess, der sich nicht einfach vorherbestimmen lässt. Freiheit kann man nicht konstruieren, und ihr Schicksal lässt sich nicht durch ein cleveres System von Kontrollmechanismen sicherstellen. Damit sie Bestand hat, braucht es die Mobilisierung, Wachsamkeit und Durchsetzungsfähigkeit der Gesellschaft. Das ganze Gerenne ist wichtig!

Aus dem Vorwort wissen wir, dass die Strategie, Gilgamesch mit Hilfe der Gewaltenteilung über seinen Doppelgänger Enkidu zu kontrollieren, in Uruk nicht funktionierte. Das ist in anderen Zusammenhängen nicht anders, zum Beispiel in den Vereinigten Staaten, auch wenn die in der Verfassung verankerte Gewaltenteilung oft als wichtigste Säule der amerikanischen Freiheit hervorgehoben wird. 1787 versammelten sich James Madison und seine Mitstreiter in Philadelphia und präsentierten dem Verfassungskonvent den »Virginia-Plan«, der die Grundlage der Verfassung wurde. Aber die institutionelle Architektur der neuen Nation fiel dann doch anders aus als im Virginia-Plan vorgesehen, weil die Gesellschaft (oder ein Teil davon) den Föderalisten nicht so recht traute und einen stärkeren Schutz ihrer Freiheit forderte. Wie wir gesehen haben, musste Madison die Bill of Rights akzeptieren. Es ist dem Engagement und der Durchsetzungsfähigkeit der Gesellschaft zu verdanken, dass bei der Gründung der amerikanischen Republik die Bürgerrechte geschützt wurden.

Eine vierte Erkenntnis aus unserer Theorie ist, dass viele Türen in den Korridor führen und sich darin die unterschiedlichsten Gesellschaften befinden. Bedenken Sie nur, auf wie vielen Wegen ein Land hineingelangen kann. Die richtigen Bedingungen für die Freiheit zu schaffen ist ein Prozess mit vielen Facetten. Dazu gehört, Konflikte und Gewalt zu kontrollieren, den Normenkäfig zu sprengen und die Macht und den Despotismus der staatlichen Institutionen im Zaum zu halten. Daher entsteht Freiheit nicht in dem Moment, in dem eine Nation den Korridor betritt, sondern entwickelt sich nach und nach im Lauf der Zeit. Manche sind lange im Korridor unterwegs, ohne die Gewalt ganz in den Griff zu bekommen, andere schaffen es nur begrenzt, den Normenkäfig zu öffnen, und wieder andere mühen sich unaufhörlich damit, gegen Despotismus anzukämpfen und den Staat dazu zu bringen, dass er der Gesellschaft zuhört. Auch die historischen Voraussetzungen und Koalitionen, die den Weg einer Gesellschaft in den Korridor festlegen, beeinflussen, welche Kompromisse im Korridor eingegangen werden – häufig mit massiven und dauerhaften Auswirkungen.

Dieser Punkt lässt sich auch anhand der amerikanischen Verfassung illustrieren. Die Bill of Rights war nicht die einzige Konzession, die für ihre Ratifizierung gemacht werden musste. Die Eliten des Südens, die unbedingt an der Sklaverei festhalten und ihren Reichtum sichern wollten, pochten auf die Rechte der Bundesstaaten. Daher legten die Gründerväter fest, dass sich die Bill of Rights nur auf die Bundesgesetze beziehen sollte, nicht auf einzelstaatliche Gesetze. Dieses »Prinzip« öffnete allen Arten von Missbrauch auf einzelstaatlicher Ebene Tür und Tor, besonders gegen schwarze Amerikaner. In der

Verfassung wurde diese tiefgreifende Verletzung der Freiheit eines großen Bevölkerungsteils durch die Drei-Fünftel-Klausel verankert. Sie besagte, dass bei der Sitzverteilung im Repräsentantenhaus anders als bei freien Personen nur drei Sitze für fünf Sklaven vergeben wurden. Diskriminierung wurde nicht nur ein integraler Bestandteil der Verfassung, sondern sie war auch eine Folge der tiefverwurzelten Normen in vielen Teilen des Landes. Die Art und Weise, wie die Vereinigten Staaten den Korridor betraten und sich darin bewegten, bedeutete, dass die Bundesregierung nicht versuchte, diese Normen und ihre institutionellen Fundamente im Süden zu schwächen. Und so hatte die massive Diskriminierung und Unterdrückung schwarzer Amerikaner noch weit nach dem Bürgerkrieg und dem Ende der Sklaverei 1865 Bestand.

Zu den vielen ungeheuerlichen Ausdrucksformen dieser diskriminierenden Normen zählten die sogenannten »sundown towns«, Städte, in denen Schwarze (und mancherorts Mexikaner und Juden) nach Sonnenuntergang nicht mehr auf der Straße unterwegs sein durften. Amerika ist das Land des Autos, dort holen sich die Menschen auf der Route 66 ihren Kick. Aber nicht allen war das möglich. In den 1930er Jahren gab es in 44 der 89 Countys, durch die sich diese Straße schlängelt, »sundown towns«. Was sollte man als Schwarzer machen, wenn man etwas essen oder vielleicht die Toilette benutzen wollte und ein Lokal nur Weißen vorbehalten war? Selbst auf Coca-Cola-Automaten gab es die Aufschrift »Nur für Weiße«. Das stellte schwarze Autofahrer vor ein Dilemma. Die Situation war so schlimm, dass sich Victor Green, ein afroamerikanischer Postangestellter aus Harlem in New York, 1936 veranlasst sah, *The Negro Motorist Green-Book* zu veröffentlichen, in dem detailliert aufgeführt war, wo sich schwarze Chauffeure nach Einbruch der Dunkelheit aufhalten und wo sie die Toilette aufsuchen durften (die letzte Auflage stammt aus dem Jahr 1966). Das Beispiel USA zeigt also, wie tiefgreifend sich die Art und Weise, wie eine Gesellschaft in den Korridor gelangt, auswirken kann. In Kapitel 10 werden wir sehen, dass nicht nur das Maß an Freiheit, sondern auch viele politische und gesellschaftliche Entscheidungen mit weitreichenden globalen Folgen davon betroffen sind.

Eine überraschende fünfte Erkenntnis aus unserer Theorie bezieht sich auf die Entwicklung staatlicher Leistungsfähigkeit. In Abbildung 1 (siehe Seite 104) erreicht der Pfeil innerhalb des Korridors einen höheren Wert staatlicher Leistungsfähigkeit als beim Despotischen Leviathan. Das liegt daran, dass die Konkurrenz zwischen Staat und Gesellschaft den Staat stärker macht. Diese Ansicht läuft einer häufig von den Sozialwissenschaften und in politischen Debatten vertretenen Argumentation zuwider, insbesondere in Bezug auf die Bedeutung starker Führer, wonach die vollständige Kontrolle der Sicherheit und mächtige Streitkräfte zum Aufbau staatlicher Leistungsfähigkeit notwendig sind. Aus dieser Auffassung heraus argumentieren viele, dass China ein gutes Vorbild für andere Entwicklungsländer (und vielleicht sogar Industriestaaten) sein könnte, weil die unangefochtene Dominanz der Kommunistischen Partei den Staat so stark macht. Bei näherer Betrachtung erkennt man jedoch, dass der Chinesische Leviathan, auch wenn er despotisch ist, weniger leistungsfähig ist als der Gefesselte Leviathan etwa in den Vereinigten Staaten oder in skandinavischen Ländern. Das liegt daran, dass China keine starke Gesellschaft hat, die ihn antreibt, mit ihm kooperiert oder seine Macht in Frage stellt. Ohne diese Machtbalance zwischen Staat und Gesellschaft kommt der Rote-Königin-Effekt nicht in Gang, und der Leviathan bleibt letztlich schwächer.

Um zu sehen, wie begrenzt die staatliche Leistungsfähigkeit in China ist, muss man nur einen Blick auf das Bildungssystem werfen. Bildung ist für viele Länder ein vorrangiges Ziel, und nicht nur weil eine Nation mit einer gebildeten Erwerbsbevölkerung erfolgreicher ist, sondern auch weil Bildung eine effektive Methode ist, um den Bürgern die richtigen Überzeugungen einzutrichtern. Man würde also erwarten, dass ein leistungsfähiger Staat in der Lage sein sollte, erschwingliche, qualitativ hochwertige und leistungsorientierte Bildung zu ermöglichen und ihre Staatsbediensteten dazu anzuhalten, auf dieses Ziel hinzuarbeiten. Die Realität sieht jedoch anders aus. Im chinesischen Bildungssystem ist alles zu kaufen, sei es ein Platz in der ersten Reihe vor der Tafel oder der Posten des Klassensprechers.

Als Zhao Hua ihre Tochter an einer Pekinger Grundschule anmelden wollte, legten ihr die Beamten der Schuldbehörde des Distrikts eine Liste vor, auf der stand, wie viel jede Familie bezahlen musste. Sie traf die Beamten nicht in der Schule, sondern in der Bank, in der sie für die Schulanmeldung 4800 Dollar bezahlen musste. Schulen sind gebührenfrei, deshalb gelten diese »Gebühren« als illegal, und die Regierung hat sie seit 2005 bereits fünfmal verboten (und es sagt viel aus, dass sie fünfmal verboten werden mussten). An einer anderen renommierten weiterführenden Schule in Peking erhalten die Schüler für jede Spende von 4800 Dollar einen zusätzlichen Punkt beim Zulassungstest. Wenn man sein Kind an einer Schule unterbringen möchte, zum Beispiel einer, die mit der prestigeträchtigen Renmin-Universität in Peking zusammenarbeitet, kann das Bestechungsgeld bis zu 130000 Dollar betragen. Auch die Lehrer erwarten hohe Zuwendungen. Chinesische Nachrichtenmedien berichten, dass viele Lehrer inzwischen selbstverständlich davon ausgehen, Designeruhren, teure Tees, Präsentgutscheine und sogar Urlaubsreisen geschenkt zu bekommen. Besonders dreiste Lehrer bestehen auf Kreditkarten, die über das dazugehörige Bankkonto während des Jahres immer wieder aufgefüllt werden können. Eine Pekinger Geschäftsfrau hat es in einem Interview mit der *New York Times* so zusammengefasst: »Wenn du kein schönes Geschenk hergibst und andere Eltern schon, hast du Angst, dass der Lehrer dein Kind weniger beachtet.«

Wie können Staatsbedienstete so korrupt sein? Ist China nicht die Heimat der ersten leistungsorientierten staatlichen Bürokratie? Ja und nein. Wie wir in Kapitel 7 sehen werden, gibt es in China eine lange Tradition einer komplexen, kompetenten Bürokratie, aber eben auch der allgegenwärtigen Korruption, durch die viele Stellen an Bewerber mit politischen Beziehungen vergeben oder an den Höchstbietenden verschachert werden. Das ist bis heute so. Eine Studie über 3671 Funktionäre der Kommunistischen Partei aus dem Jahr 2015 ergab, dass zwei Drittel von ihnen der Meinung waren, »politische Loyalität« und nicht die Eignung sei das wichtigste Kriterium für die Vergabe eines Regierungspostens. Sobald man sich mit loyalen Gefolgsleuten umgeben hat, kann man sich daranmachen, Geschäftsleute und Bürger auszunehmen. Man kann sich auch willige Untergebene heranziehen, indem man Regierungsposten verkauft. Der Politikwissenschaftler Minxin Pei analysierte 50 Gerichtsverhandlungen von Funktionären der Kommunistischen Partei, die zwischen 2001 und 2013 wegen Korruption verurteilt wurden. Im Durchschnitt hatte jeder von ihnen 41 Posten gegen Geld verkauft. Ganz unten auf dem Stapel waren untere Chargen, wie zum Beispiel Zhang Guiyi und Xu Shexin aus dem Kreis Wuhe in der Provinz Anhui. Zhang verkaufte elf Stellen für durchschnittlich 12 000 Yuan, armselige 1500 Dollar. Xu verkaufte 58 Stellen zu durchschnittlich über 2000 Dollar. Aber weiter oben in der Hackordnung, zum Beispiel in den Präfekturen, wurden Stellen für weit höhere Summen verkauft. Manche Funktionäre konnten über 60 000 Dollar für eine Stelle erzielen. Laut Peis Untersuchung nahm ein durchschnittlich korrupter Funktionär etwa 170 000 Dollar durch den Verkauf von Posten ein.

Leute wie Zhang und Xu sind natürlich nur kleine Fische. Als Eisenbahnminister Liu Zhijun 2011 verhaftet wurde, warf man ihm unter anderem vor, 350 Wohnungen und über 100 Millionen Dollar Geldvermögen zu besitzen. Chinas Hochgeschwindigkeitsnetz bot eine noch nie dagewesene Chance, sich zu bereichern. Aber das ist im wirtschaftlich expandierenden China vielerorts der Fall. Liu mag in Ungnade gefallen sein, doch die meisten kommen ungeschoren davon. Im Jahr 2012 waren 160 der 1000 reichsten Chinesen Delegierte des kommunistischen Parteikongresses. Sie waren netto 221 Milliarden Dollar schwer, ungefähr 20-mal so viel wie die 660 Spitzenbeamten in allen drei Regierungszweigen der Vereinigten Staaten, einem Land, in dem das Pro-Kopf-Einkommen siebenmal so hoch ist wie in China. An sich ist das kein überraschendes Bild. Die Kontrolle der Korruption, ob in der Bürokratie oder im Bildungssystem, erfordert die Kooperation der Gesellschaft. Der Staat muss darauf vertrauen, dass die Bürger wahrheitsgemäß Anzeige erstatten, und die Bürger müssen den staatlichen Institutionen so weit vertrauen, dass sie es riskieren, Informationen preiszugeben. Das passiert nicht unter dem strengen Blick des Despotischen Leviathans.

Man könnte denken, das sei vor allem ein Problem der Korruption. Kann es sein, dass die Korruption in China toleriert wird, obwohl der Staat so stark ist? Dieser Sichtweise widersprechen nicht nur die beständigen (und nur mäßig erfolgreichen) Versuche des chinesischen

Staates, die Korruption in den Griff zu bekommen, sondern auch das Unvermögen des Chinesischen Leviathans bei anderen öffentlichen Aufgaben. Wie wir am Beispiel Libanon festgestellt haben, sollte einem Staat, der seine Rolle ernst nimmt, daran liegen, die Gesellschaft lesbar zu machen. Das ist im Bereich der Wirtschaft umso wichtiger. Wenn man bedenkt, wie wichtig das Wirtschaftswachstum für die Kommunistische Partei ist, um ihre dominante Stellung in China zu rechtfertigen, muss ihr vorrangiges Ziel darin bestehen, die wirtschaftlichen Aktivitäten zu verstehen und richtig einzuschätzen. Aber die Lesbarkeit erfordert, ebenso wie die Kontrolle der Korruption, die Kooperation der Gesellschaft. Wird sie verweigert, kommt es zu Problemen. Ziehen Geschäfte sich dann in den Schutz der Schattenwirtschaft zurück? Enthalten Bürger einem Staat, dem sie nicht trauen, Informationen vor? Manipulieren Bürokraten Daten, um vorwärtszukommen? Die Antwort auf alle drei Fragen lautet ja, besonders in China. Deshalb scheint in China niemand der staatlichen Einkommensstatistik zu trauen, nicht einmal der amtierende Ministerpräsident Li Keqiang, der 2007, damals noch Parteisekretär in Liaoning, das Bruttosozialprodukt des Landes als »manipuliert und unglaubwürdig« bezeichnete. Er schlug vor, die offiziellen Statistiken zu ignorieren und stattdessen den Stromverbrauch, den Umfang des Güterverkehrs und die Kreditvergabe bei den Banken als Messlatte für den Zustand der Wirtschaft zu nehmen. So viel zur Fähigkeit des chinesischen Staates, seine Wirtschaft lesbar zu machen.

Den Leviathan fesseln: Vertrauen und Kontrolle

Der Gefesselte Leviathan scheint der ideale Staat zu sein, dem wir vertrauen können. Aber wenn es sich tatsächlich um einen Gefesselten Leviathan handelt, sollte unser Vertrauen Grenzen haben. Immerhin ist der Leviathan, gefesselt oder nicht, janusköpfig, und der Despotismus steckt in seiner DNA.

Das Leben mit dem Leviathan bedeutet also viel Arbeit, vor allem weil er dazu tendiert, mit der Zeit mächtiger zu werden. Der Leviathan selbst ist kein Akteur. Wenn wir vom Leviathan sprechen, meinen wir normalerweise die politischen Eliten, zum Beispiel Herrscher, Politiker oder Führungspersonen, die ihn kontrollieren, und manchmal die wirtschaftlichen Eliten, die unverhältnismäßig starken Einfluss auf ihn ausüben. Die Mehrheit dieser Eliten und auch viele von denen, die für ihn arbeiten, haben ein Interesse daran, die Macht des Leviathans auszuweiten. Man denke an die Bürokraten, die unermüdlich arbeiten, um öffentliche Dienstleistungen zu liefern oder die wirtschaftlichen Aktivitäten zu regulieren, damit wir nicht von Monopolen beherrscht oder Opfer ausbeuterischer Kreditpraktiken werden. Warum sollten sie nicht wünschen, dass ihre Macht und ihre Befugnisse zunehmen? Man denke an die Politiker, die den Leviathan lenken. Warum sollten sie nicht wünschen, dass ihr Meeresungeheuer noch leistungsfähiger und dominanter wird? Außerdem, je komplexer unser Leben wird, desto mehr brauchen wir Konfliktlösung, Regulierung, öffentliche Dienstleistungen und den Schutz unserer Freiheiten. Allerdings ist der Leviathan immer schwerer zu kontrollieren, je leistungsfähiger er wird. Also muss die Gesellschaft – die normalen Leute, wir alle und unsere Organisationen und Verbände – umso mächtiger werden, um ihn zu kontrollieren. Das ist der Rote-Königin-Effekt in Aktion.

Aber mit der Roten Königin hat es noch mehr auf sich. Wie wir gesehen haben, führt die Kooperation mit einer mächtigen Gesellschaft zu einem sehr viel leistungsfähigeren Staat. Ist der Leviathan gebändigt, kann die Gesellschaft ihn an der langen Leine halten und ihm Spielraum geben, so dass er seine Kompetenzen für Dinge einsetzt, die die Bürger wollen und brauchen. Es ist eine Strategie von »Vertrauen und Kontrolle« – gewähre dem Staat mehr Macht, aber intensiviere gleichzeitig die Kontrolle. Wenn diese Strategie funktioniert, wie zu einem gewissen Grad in den Vereinigten Staaten und in Westeuropa, ist das Ergebnis ein anhaltender Prozess, bei dem sowohl der Staat als auch die Gesellschaft mächtiger werden, und das geschieht so ausgewogen, dass keiner den anderen dominiert. Stellt sich die richtige Balance ein, beendet der Gefesselte Leviathan nicht nur den Krieg aller gegen alle, sondern wird auch ein Instrument für die politische und soziale Entwicklung der Gesellschaft, für das

Blühen bürgerschaftlichen Engagements, bürgerschaftlicher Institutionen und Kompetenzen, für den Abbau des Normenkäfigs und für wirtschaftlichen Erfolg. Aber nur wenn es uns gelingt, ihn im Zaum zu halten. Nur wenn wir es schaffen zu verhindern, dass der chaotische Rote-Königin-Effekt außer Kontrolle gerät. Keine einfache Aufgabe.

Bevor wir uns dem Gefesselten Leviathan zuwenden, ist es hilfreich zu verstehen, wie und warum Staaten entstehen, wie sie mit gesellschaftlichen Konflikten umgehen und wie sich die wirtschaftlichen Bedingungen von Gesellschaften unter dem Abwesenden Leviathan ändern. Damit werden wir im nächsten Kapitel beginnen.

3.
DER WILLE ZUR MACHT

Der Aufstieg des Propheten

Mohammed wurde um das Jahr 570 nach unserer Zeitrechnung in Mekka als Kind einer Kaufmannsfamilie geboren. Er wuchs bei seinem Onkel inmitten des geschäftigen Handelszentrums auf, das Mekka damals bildete. Der Ursprung der Stadt scheint in der Kaaba zu liegen, einem quaderförmigen Gebäude, das in vorislamischer Zeit als Sitz örtlicher Gottheiten verehrt und später zentrales Heiligtum des Islam wurde. Zu bestimmten Zeiten im Jahr pilgerten Gläubige nach Mekka, was für einträglichen Handel sorgte. Die aufblühende Kaufmannsschicht der Stadt weitete ihre Tätigkeit schon bald in alle Himmelsrichtungen über die Arabische Halbinsel hinweg bis nach Damaskus, Byzanz und ins Persische Reich aus.

Doch die Menschen, die in Mekka und in dem 440 Kilometer weiter nördlich gelegenen Medina, das zu dieser Zeit noch Yathrib hieß (siehe Karte 4), siedelten, waren ursprünglich Wüstennomaden gewesen, die sich noch nicht völlig an das sesshafte Leben gewöhnt hatten. Sie kannten keinen Staat oder zentralisierte Autoritäten, und wie viele nichtstaatliche Gesellschaften organisierten sie sich nach Verwandtschaftsbeziehungen in Stämmen. Mohammed gehörte der Familie der Haschim aus dem Stamm der Quraisch an. Die Anpassung an das Leben in der neuen Stadt der Kaaba war nicht einfach. Die Stämme waren es gewohnt, mit ihren Kamel- und Ziegenherden Hunderte Kilometer weit durch die Wüste zu ziehen. Dabei gab es zwar immer wieder Konflikte um Wasserstellen oder gute Weidegründe für die Herden und unzählige andere alltägliche Streitereien. Dergleichen wurde aber gewöhnlich gemäß den Normen und Traditionen der Nomaden-

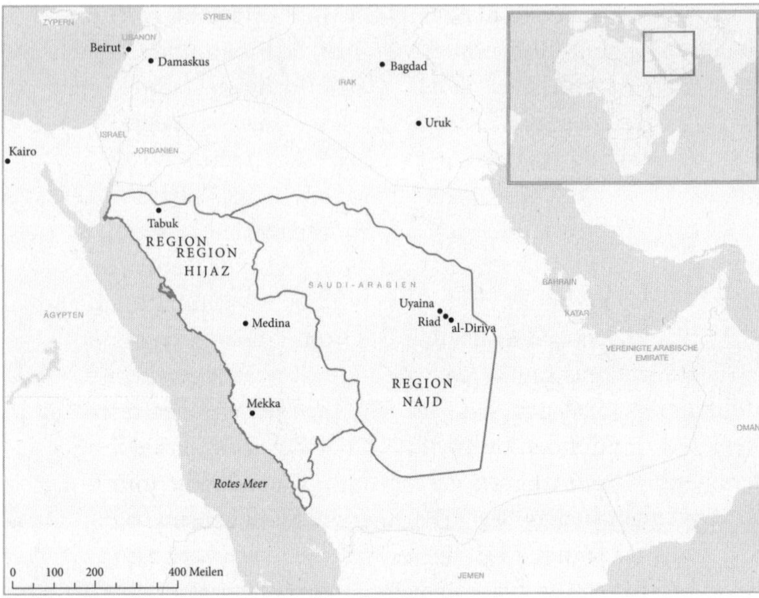

Karte 4: Die Arabische Halbinsel: Die Ursprünge des Islam und des saudischen Staates und die historische Stadt Uruk

stämme geregelt, und wenn dies nicht gelang, vor allem bei Konflikten zwischen verschiedenen Gruppen, konnten sich die Streitparteien auf der dünnbesiedelten Halbinsel einfach aus dem Weg gehen. Führte auch diese Strategie zu keiner Lösung, kam es zu Vergeltungsaktionen und Fehden. Als Grundprinzip galt Auge um Auge, doch zuweilen gab man sich auch mit 100 Kamelen für ein Auge zufrieden.

Das Leben in der Stadt der Kaaba war komplizierter, nicht nur aufgrund der häufigeren und vielfältigeren Konflikte, die entstanden, wenn Menschen verschiedener Stämme Tür an Tür wohnten. Die neuen wirtschaftlichen Chancen, die sich aus den Pilgerströmen ergaben, und die darauffolgende Ausweitung des Handels förderten den Individualismus und führten zu Konflikten neuer Art, während diese Entwicklungen gleichzeitig bewirkten, dass sich der Normenkäfig langsam öffnete und das bisherige Gefühl der Zusammengehörigkeit und der Verbundenheit mit der Gemeinschaft, das das Leben in der Wüste geprägt hatte, allmählich schwand.

In diesem sozialen Kontext erschien ein Prophet. Im Alter von etwa 40 Jahren begann Mohammed Visionen zu haben und Offenbarungen zu empfangen, die er schließlich dem Erzengel Gabriel zuschrieb. Die Offenbarungen, aus denen später der Koran, das heilige Buch des Islam, hervorging, waren als prägnante Sinnsprüche formuliert und forderten dazu auf, eine neue, monotheistische Religion mit Allah als dem einzigen wahren Gott anzunehmen. Sie propagierten nicht nur einen neuen Glauben, sondern auch eine neue Gemeinschaft mit neuen Normen, die über die Clans wie die Haschim hinausreichte. Auch viele der neuen individualistischen Verhaltensweisen und das Streben nach Reichtum wurden in den Offenbarungen kritisiert.

Mohammed begann die neue Religion zu predigen und schwor seine Zuhörer auf den neuen Gott ein. Zu den ersten Bekehrten gehörten seine Frau Chadidscha sowie enge Verwandte und Freunde. Im Jahr 613 war er in der ganzen Stadt als Prediger bekannt. Doch damit machte er sich nicht überall beliebt. Andere Händlerfamilien verübelten ihm seine missbilligenden Äußerungen über ihr Verhalten und ihre religiösen Ansichten und fürchteten, Mohammed könne in Mekka nach der politischen Macht greifen, das zu dieser Zeit keine zentralisierte Regierung hatte. Mohammeds Anhängerschaft wuchs kontinuierlich, und die Lage wurde immer angespannter. Schließlich floh er mit etlichen seiner Gefolgsleute im Jahr 622 nach Medina – heute besser bekannt als die Hidschra (Auswanderung).

Die hastige Abreise nach Medina hatte außer in der zunehmenden Feindseligkeit gegenüber Mohammed in Mekka ihren Grund auch darin, dass die Bewohner Medinas ihn gebeten hatten, ihnen bei ihren Problemen zu helfen. Wie Mekka litt Medina unter den Problemen der Umstellung auf das sesshafte Leben. Aber anders als Mekka war Medina kein Handelszentrum, sondern eine auf hochproduktive Landwirtschaft spezialisierte Oase. Mehrere Clans aus zwei Stämmen, dem der Aus und dem der Chazradsch, hatten sich in verschiedenen Teilen der Oase angesiedelt. Auch drei jüdische Familienverbände lebten dort. Sie alle verschanzten sich in kleinen Befestigungsanlagen und standen unablässig in Konflikt miteinander, was 618 zur Schlacht von Bu'ath geführt hatte. Das Leben in Medina begann allmählich dem von Hobbes beschriebenen Krieg aller gegen alle zu ähneln.

Manche Einwohner Medinas plädierten deshalb dafür, Mohammed, den neutralen Außenstehenden, mit der Autorität der neuen Religion, als Streitschlichter in die Stadt zu holen, damit er dort Frieden und Ordnung wiederherstellte. Im Juni 622 reiste eine fünfundsiebzigköpfige Delegation von Medina nach Mekka, um ihn zum Kommen zu bewegen. Sie versicherten, ihn und seine neue Religion zu beschützen. Mohammed willigte ein. Die Übereinkunft zwischen ihm und den Einwohnern Medinas ist in der sogenannten Verfassung von Medina dokumentiert. Darin steht geschrieben: »Wann immer es etwas gibt, womit du uneins bist, soll es Allah und Mohammed vorgelegt werden.« Faktisch sollte Mohammed die Rolle des Richters bei Streitigkeiten zwischen Einzelpersonen und den Clans übernehmen. Aber wie, wenn er nicht über die Macht verfügte, seine Gesetze durchzusetzen und Gehorsam einzufordern? Doch der Verweis auf Gott in der Verfassung von Medina machte klar, dass Mohammed nicht einfach nur als Mensch kam – er kam als Prophet. Teil der Abmachung war, dass die Einwohner Medinas seine Lehren und Offenbarungen akzeptieren mussten. Und so hebt die Verfassung von Medina bezeichnenderweise mit den Worten an:

> Beim Namen Allahs, des Barmherzigen, des Erbarmers!
> Dies ist ein Schriftstück von Mohammed, dem Propheten zwischen den Gläubigen und Muslimen von den Quraisch [d. h. Mohammeds Stamm] und von Yathrib [d. h. Medina] und jenen, die ihnen folgen und sich ihnen anschließen und mit ihnen an ihrer Seite in den heiligen Krieg begeben. Sie sind eine einheitliche Gemeinschaft, unterschieden von den anderen.

Allein dies hätte den Einwohnern von Medina klarmachen müssen, dass sie mit der neuen Verfassung vielleicht noch eine unangenehme Überraschung erleben würden. Denn die Verfassung machte Mohammed nicht nur zum Richter. Sie begründete vielmehr eine neue Art Gesellschaft, die nicht auf Verwandtschaft oder Stammeszugehörigkeit gründete, sondern auf Religion und auf die entstehende zentralisierte Autorität ihres Propheten. Dies war das Ende der Nichtstaatlichkeit.

Zunächst hatte Mohammed keine offizielle Position oder Verfügungsgewalt, doch er baute seine bescheidene Stellung schnell aus. Seine Strategie hätte aus dem obenzitierten ersten Paragraphen ersichtlich werden können, in dem von einem »heiligen Krieg« die Rede ist. Heiliger Krieg? Bereits 623, nur ein Jahr nach der Hidschra, begann Mohammed Überfälle auf die Handelskarawanen von Mekka zu unternehmen, zusammen mit den Leuten, die er aus Mekka mitgebracht hatte, den sogenannten Auswanderern. Solche Überfälle waren nicht ungewöhnlich unter den Stämmen Arabiens, aber sie bekamen allmählich einen neuen Charakter. Anstatt dass die verschiedenen Stämme sich gegenseitig überfielen, organisierten sie nun Angriffe von Muslimen auf Ungläubige. Im Jahr 624 beteiligten sich daran nicht nur die Auswanderer, sondern auch die »Helfer«, wie man die Einwohner Medinas nannte, die zum Islam konvertiert waren. Im März des genannten Jahres besiegten die Emigranten und die Helfer in der Schlacht von Badr eine große, von Mekka gegen sie ausgesandte Streitmacht.

Die Schlacht von Badr und die folgende Schlacht von Uhud steigerten Mohammeds Ansehen und seine Kontrolle über Medina. Er ließ Familienverbände – vor allem die Juden – vertreiben, die ihm keine Gefolgschaft leisten wollten, und nutzte seine religiöse Autorität, um die Gesellschaft, insbesondere in den Bereichen Ehe und Erbschaft zu reformieren.

Man mochte Mohammed zwar mit dem nur begrenzten Mandat der Streitschlichtung in die Stadt geholt haben, aber er formte einen neuen Staat, über den die alteingesessenen Clans kaum mehr Kontrolle hatten. Im Laufe der Zeit wuchs seine Macht weiter. Ein Grund dafür war, dass Nomadenstämme in der Wüste von seinen Erfolgen hörten und nach Medina kamen, um ihm Treue zu schwören. Ein weiterer Grund lag in der Tatsache, dass die Überfälle der Auswanderer reiche Beute eintrugen. Mohammed selbst erhielt davon ein Fünftel. Zudem legte er fest, dass Abgaben (genau genommen Steuern) zu entrichten seien, die der »Gemeinschaft Gottes« zugutekamen. Auch Juden und Christen mussten für ihren Schutz Steuern zahlen. Die wachsende Macht und der steigende Wohlstand wurden zudem an der Zahl der Pferde ersichtlich, die Mohammed als Kavallerie bei den Überfällen einsetzen konnte. In der Schlacht von Badr im Jahr 624 hatte er nur zwei Pferde zur Verfügung, aber schon 630 konnte er mit 10 000 Pferden in den Kampf ziehen.

Seine wachsende Autorität machte sich Mohammed im Jahr 628 zunutze, als er mit einer großen Zahl von Auswanderern und Helfern unter dem Vorwand einer Pilgerfahrt gen Mekka zog. Den verständlicherweise verängstigten Einwohnern von Mekka gelang es, die angeblichen Pilger von der Stadt fernzuhalten, indem sie mit ihnen aushandelten, dass sie im folgenden Jahr die Stadt für Mohammed und seine Anhänger vorübergehend räumen würden. Während Mohammed und seine Gefolgschaft darauf warteten, dass die Übereinkunft bestätigt wurde, versammelten sie sich unter einem Baum, wo er sie auf sich einschwor. Dieser Schwur, bekannt geworden als »Gelöbnis der Freude«, war ein weiterer Schritt zur Errichtung des Staats in Medina. Wie Hobbes erklärt hatte, benötigt der Leviathan Menschen, die sich seinem Willen unterwerfen. Genau dies taten die Bewohner Medinas, indem sie einwilligten, alles zu tun, was Mohammed von ihnen verlangte. Obwohl er nach wie vor formal weder legislative noch exekutive Macht innehatte, war er faktisch der Herrscher über diesen neuen Staat.

Seine große Autorität verdeutlicht sich durch ein Ereignis im Jahr 630, zwei Jahre vor seinem Tod. Mohammed war entschlossen, seinen Staat zu erweitern und noch mehr Menschen zur neuen Religion zu bekehren. Zu diesem Zweck beschloss er, eine Streitmacht zur Stadt Tabuk im Norden zu senden, und er befahl sämtlichen Muslimen von Medina an diesem Überfall teilzunehmen, den er zu ihrer religiösen Pflicht erklärte. Er war nun der Oberkommandierende.

Die Geschichte der Gründung des islamischen Staats durch Mohammed verdeutlicht einige der Kernthesen dieses Kapitels. Vor seinem Erscheinen als Prophet gab es in Arabien keine echten Staaten, sondern nur Stammesgesellschaften. Selbst eher städtische Zentren wie Mekka und Medina hatten keine zentralisierte Regierung. Daraus erwuchsen viele Probleme und nicht zuletzt Gewalt und Unsicherheit. In den Weiten der arabischen Wüste stand genügend Raum für sämtliche Stämme zur Verfügung, aber in der engen Oase von Medina oder im Bereich der heiligen Kaaba von Mekka galt es herauszufinden, wie man miteinander leben konnte. Eine naheliegende Lösung war die Schaffung einer zentralisierten Autorität. Doch wie sollte man dies bewerkstelligen, ohne einem einzelnen Clan oder Stamm die völlige Kontrolle zu überlassen?

Dann erschien Mohammed mit seinen Offenbarungen des Engels Gabriel, und die Bewohner Medinas sahen in seinen Lehren die Lösung für ihre Zwangslage. Sie riefen ihn, damit er die Konflikte zwischen ihren Familienverbänden und Stämmen beendete. Es gelang ihm tatsächlich, Frieden zu stiften, was gewiss ein großer Dienst für die Einwohner der Stadt war. Doch das war ihm nicht genug. Obwohl Mohammed und seine Auswanderer zu Beginn nur eine kleine Gruppe bildeten, wuchs ihre Zahl stetig, und sie wurden zunehmend mächtiger, da sich ihnen immer mehr Menschen anschlossen, die auch bereit waren, sie finanziell zu unterstützen. Dies war die Geburtsstunde der politischen Hierarchie in Arabien. Im Jahr 628, mit dem Gelöbnis der Freude, war Mohammeds Autorität in Medina unanfechtbar. Zwei Jahre später, beim Angriff auf Tabuk, befahl er der ganzen Oase, nach Norden zu marschieren.

Die Bewohner Medinas hatten in acht Jahren einen langen Weg zurückgelegt. Sie hatten eingewilligt, einer stark zentralisierten Autorität die Beilegung ihrer Konflikte zu übertragen, aber dadurch hatten sie einen Prozess der Staatsbildung in Gang gesetzt und waren in Schieflage geraten. Irgendwann gab es kein Zurück mehr. Denn Mohammed betrieb entschlossen sein Projekt der Staatsbildung voran, und dazu gehörte, die Autorität in seinen Händen und denen seiner Anhänger zu zentralisieren und dabei nicht nur die Konfliktlösung, sondern die gesamte Organisation der Gesellschaft, ihrer Normen und Bräuche umzugestalten. Dies gelang ihm hervorragend. In weniger als einem Jahrzehnt schuf er das Fundament für einen mächtigen islamischen Staat, ein gigantisches Reich über den ganzen Nahen Osten hinweg und eine neue, eindrucksvolle Zivilisation.

Was ist dein Trumpf?

Die Geburt des islamischen Staats ist ein Beispiel für eine »ursprüngliche Staatswerdung«, wie Anthropologen es bezeichnen – die Herausbildung einer politischen Hierarchie und eines bestimmten Typs zentralisierter Autorität an einem Ort, wo es zuvor keine gab. Die Entstehung des islamischen Staats verdeutlicht auch die prekären Punkte und Schwierigkeiten, die damit verbunden sind.

Die wichtigste, die wir bereits im vorherigen Kapitel angesprochen haben, ist die Schieflage. Der Grund, warum eine zentralisierte Autorität nicht ohne weiteres in nichtstaatlichen Gesellschaften entstehen kann, liegt darin, dass diese Gesellschaften Normen und Praktiken nicht nur zur Eindämmung von Konflikten entwickelt haben, sondern auch, um zu verhindern, dass irgendjemand zu stark wird. Gelingt es einer Einzelperson oder einer Gruppe, ihre Macht so weit zu steigern, dass sie nicht nur über Konflikte entscheidet und Sicherheit vor großen Bedrohungen bietet, wird es schwierig, sie davon abzuhalten, noch mehr Macht anzuhäufen und anderen vorzuschreiben, was sie in sämtlichen Lebensbereichen zu tun und zu lassen haben. Genau dies ist in Medina geschehen. Die Einwohner der Stadt dachten, sie könnten ein System errichten, das die Defekte der Nichtstaatlichkeit beheben würde, ohne sich ganz und gar der Autorität eines Staats oder eines charismatischen, mächtigen Führers auszuliefern. Doch dies misslang ihnen. Auch anderen Gesellschaften, die eine zentralisierte Autorität einführten, misslang es ähnlich, und auch sie gerieten in Schieflage, die zum dominanten Leviathan hinabführt.

Warum also gelingt es zuweilen nicht, mit Hilfe von Normen und anderen Kontrollen, die solche Gesellschaften entwickelt haben, Staatsbildner im Zaum zu halten? Zunächst hat dies etwas mit dem zu tun, was der deutsche Philosoph Friedrich Nietzsche als »Wille zur Macht« bezeichnete – das Begehren von Menschen und Gruppen, ihre Macht und Autorität über andere zu steigern, selbst wenn die Normen dagegensprechen. Aus diesem Grund wird es selbst in scheinbar überaus harmonischen nichtstaatlichen Gesellschaften stets Emporkömmlinge geben, die nach mehr Macht, mehr Wohlstand und mehr Möglichkeiten streben, andere zu dominieren. Und immer wird es auch Einzelne und Gruppen geben, die nach mehr Macht verlangen, weil sie die Gesellschaft nach ihrer Vorstellung umgestalten wollen. Viele dieser Emporkömmlinge werden von den herrschenden Normen und dem Einschreiten anderer Kräfte der Gesellschaft davon abgehalten werden, ihre Ziele zu erreichen, doch einigen wird dies gelingen.

Möchtegern-Staatsbildner haben eine größere Aussicht auf Erfolg und Überwindung der Normen, die sie in Schranken halten sollen, wenn sie über einen »Trumpf« verfügen – über etwas Besonderes, das ihnen ermöglicht, die Hemmnisse auf ihrem Weg beiseitezuräumen. Für Mohammed bestand dieser Trumpf in der Religion. Er vertrat eine religiöse Ideologie, die ihm legitime Autorität für seine Rolle als Konfliktlöser verlieh und ihm gleichzeitig großen Einfluss unter seinen Anhängern verschaffte, mit denen er eine neue Gemeinschaft gründete. Einmal in Gang gesetzt, bewirkte diese religiöse Ideologie einen unaufhaltsamen Sog in Richtung einer stärker zentralisierten Autorität.

Ein anderer mächtiger Trumpf ist organisatorisches Talent, das heißt die Fähigkeit eines Führers, neue Koalitionen zu schmieden oder effektivere Organisationen zur Ausübung größerer Befehlsgewalt oder militärischer Schlagkraft zu formen, beispielhaft vorgeführt an der Entstehung des Zulustaats im südlichen Afrika, dem wir uns als Nächstes widmen. Eine weitere Möglichkeit, die wir später in diesem Kapitel aufgreifen werden, ist der technologische Trumpf, veranschaulicht am erfolgreichen Staatsbildungsprojekt von König Kamehameha auf Hawaii, der sich vor allem auf die Schlagkraft seiner Feuerwaffen stützte – eine militärische Technologie, die seinen Feinden nicht zur Verfügung stand. In all diesen Fällen tragen auch persönliches Charisma und andere Quellen der Legitimität, beispielsweise die Abstammung, frühere herausragende oder heldenhafte Taten oder einfach die Kraft der Persönlichkeit, dazu bei.

Ein letztes wichtiges Kennzeichen vieler Beispiele von ursprünglicher Staatswerdung, wie sie Mohammeds Aufstieg verdeutlicht, ist die Neuorganisation der Gesellschaft im Anschluss an die Schaffung einer politischen Hierarchie. Wie wir im vorherigen Kapitel gesehen haben, werden Gesellschaften ohne zentralisierte Autorität typischerweise durch einen Komplex von Normen zusammengehalten, die Konflikte regeln und kontrollieren – und im Grunde jeden Aspekt im Leben der Menschen. Ist der Prozess der Staatswerdung einmal in Gang gesetzt, haben die Staatsbildner einen Anreiz, diese Normen zu zerstören oder sie zumindest so umzuformen, dass sie ihren eigenen Zwecken dienen. Dies geschieht nicht etwa deshalb, weil die Staatsbildner mit der Öffnung des Normenkäfigs der Freiheit Raum geben wollen, sondern weil diese Normen, die die politische Hierarchie hindern und eingrenzen, ihnen im Weg zu noch größerer Macht stehen. In Mohammeds Fall war das Ziel, die in Medina und Mekka auf Verwandtschaftsbeziehungen beruhenden Machtverhältnisse durch etwas anderes zu ersetzen. Dies gelang ihm erfolgreich, weil seine religiösen Lehren eine neue Gemeinschaft verkündeten, die über den Familien stand. Shaka Zulus Ziel hingegen war, wie wir gleich sehen werden, die Medizinleute zu entmachten.

Die Hörner des Büffels

In seinen Memoiren erinnerte sich der britische Offizier Horace Smith-Dorrien an die Ereignisse des 22. Januars 1879:

> Gegen 12 Uhr mittags … erschienen die Zulu erneut in großer Zahl, sie stürmten mit großer Kühnheit über die Hügel in die Ebene hinab, und unsere Pistolen und Gewehre hatten eine Weile ordentlich zu tun … Es war schwierig, genau auszumachen, was vor sich ging, aber das Feuer war heftig. Es war nun offensichtlich, dass die Zulu eine starke Streitmacht hatten, denn man sah, wie sie über die Ebene Richtung Südosten ausschwärmten (das heißt, sie stießen ihre Hörner vor), offenbar auf dem Weg zur rechten Rückseite des Lagers.

Smith-Dorrien war als Mitglied eines Expeditionskorps unter der Führung von Lord Chelmsford ins Zululand geschickt worden, das heute zur südafrikanischen Provinz KwaZulu-Natal gehört (siehe Karte 5). Chelmfords Streitmacht bildete die Vorhut eines sich ausweitenden Kolonialreiches, dessen Ziel es war, den unabhängigen

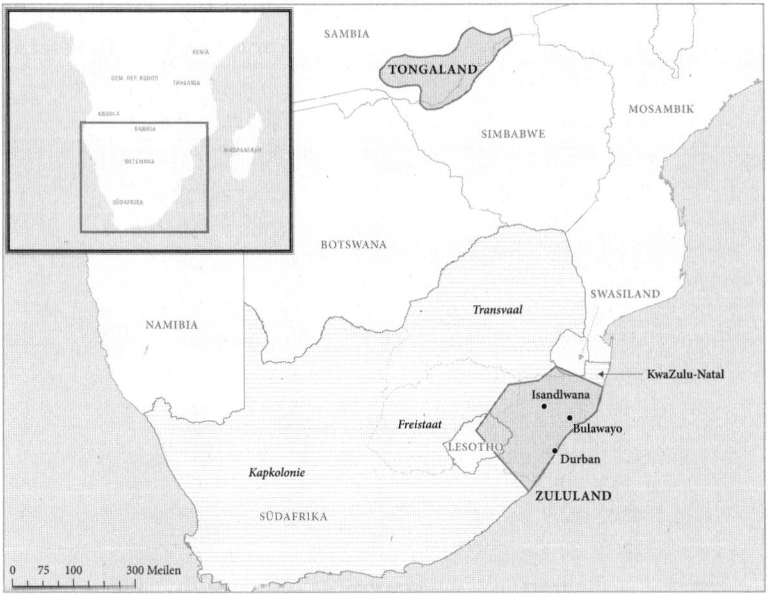

Karte 5: Südliches Afrika: Das Land der Zulu und der Tonga und die vier südafrikanischen Kolonien

Zulustaat, der damals von König Cetshwayo regiert wurde, auszulöschen. Die Antwort des Königs auf die britische Invasion war einfach. Er befahl seiner Streitmacht:

> Marschiert langsam, greift in der Morgendämmerung an und macht die roten Soldaten nieder.

Und das taten sie auch am 22. Januar. Chelmsford beging den Fehler, seine Truppe aufzuteilen, und ließ rund 1300 Soldaten, zumeist Mitglieder des 24. Infanterieregiments und zwei Artillerieeinheiten, im Lager am Fuß des Hügels Isandhlwana zurück. Die allzu selbstsicheren und schlecht vorbereiteten rotgewandeten Soldaten sahen sich einer Armee von 20 000 Zulu-Kriegern gegenüber, die in den vorangegangenen 60 Jahren im südlichen Afrika einen großen Staat errichtet hatten. Er war so groß, dass er in der ganzen Region Schockwellen ausgelöst hatte, die bis ins heutige Botswana, Lesotho, Mosambik, Swasiland, Sambia und Simbabwe reichten (siehe Karte 5).

Smith-Dorrien berichtete:

> Die vorrückende Linie der Zulu … war ein phantastischer Anblick, Reihe auf Reihe von Männern in lockerer Ordnung, einer hinter dem anderen, im Vorrücken feuernd, denn einige an vorderster Front hatten Feuerwaffen. Die Raketenbatterie, damals offenbar nur eine Meile von unserer Front entfernt, feuerte, aber plötzlich stellte sie den Beschuss ein, und sogleich sahen wir die Überreste von Durnfords Truppe, zumeist berittene Basuto, zur rechten Seite unserer Position zurückpreschen. Was tatsächlich geschehen war, werden wir wohl nie genau erfahren. Der Boden war durchfurcht von ›Dongas‹, und in diesen wurde Russell mit seiner Raketenbatterie gefangen, und niemand entkam, der hätte berichten können. Später hörte ich, dass Durnford, der ein furchtloser Anführer war, das Lager tatsächlich erreichte und dort im Kampf fiel.

Die britische Streitmacht wurde ausgelöscht. Smith-Dorrien entkam, weil er die dunkelblaue Uniform eines Offiziers trug. Die Zulu-Krieger waren angewiesen, niemanden zu töten, der schwarze Kleidung trug, denn es hätte sich um einen Zivilisten oder gar Priester handeln können. Nur wenige andere überlebten und konnten als Augenzeugen von der größten militärischen Niederlage der Briten bei der Kolonisierung Afrikas berichten.

Als Smith-Dorrien offenbar völlig ruhig den Vorstoß der Zulu-Armee verfolgte, beobachtete er eine der großen taktischen Neuerungen, die den Zulustaat so stark gemacht hatten, die sogenannten »Büffelhörner«. So lautete die Bezeichnung für eine militärische Kampfformation, die Shaka Zulu, der Staatsbildner, eingeführt hatte. Gemeint ist damit, dass sich die Armee in vier Kampfgruppen gliederte: der Brustkorb des Büffels in der Mitte, die Lenden dahinter und zwei Flügel zu beiden Seiten, die »Hörner des Büffels«, die den Feind einkreisen sollten. Smith-Dorrien beobachtete auch einige weitere, von Shaka ersonnene Neuerungen in Aktion – die disziplinierten Regimenter, die Shaka aus traditionellen rituellen Verbindungen geformt und militarisiert hatte, sowie den *iklwa*, einen kurzen Stoßspeer, mit dem Shaka die bisher am häufigsten verwendete Waffe, den *assegai*, einen Wurfspeer, ersetzt hatte.

Der Übeltäter, der kein Gesetz kennt

Shaka wurde um das Jahr 1787 als illegitimer Sohn des damaligen Zulu-Häuptlings geboren. Zu dieser Zeit bildeten die Zulu eine kleine, von einem Häuptling geführte Gruppe wie viele im südlichen Buschland des heutigen Südafrikas. Da Shakas Mutter aufgrund ihres nichtehelich geborenen Kindes eine Art Ausgestoßene war, suchte sie Zuflucht beim benachbarten Volk der Mthethwa. Im Jahr 1800 bekamen die Mthethwa einen neuen Häuptling namens Dingiswayo. Dieser nahm einige von Shakas späteren Reformen vorweg und startete eine höchst erfolgreiche militärische und territoriale Expansion, in deren Verlauf er rund 30 Stämme unterwarf, darunter auch die Zulu. Der junge Shaka wurde als Angehöriger der Mthethwa-Armee einer ihrer erfolgreichsten Krieger und war schon bald für seine Tapferkeit und Skrupellosigkeit ebenso berühmt wie berüchtigt. Dingiswayo pflegte gegenüber besiegten Feinden großherzig zu sein; nicht so Shaka, der sie in der Regel am liebsten niedermetzelte. Das trug ihm den Beinamen »der Übeltäter, der kein Gesetz kennt« ein. Shaka stieg innerhalb der Armee unaufhaltsam auf und wurde schließlich zum Oberkommandierenden befördert. Als 1816 Shakas Vater starb, sorgte Dingiswayo dafür, dass Shaka neuer Häuptling der Zulu wurde.

Umgehend machte sich Shaka daran, die Gesellschaft der Zulu und jener Stämme, die er erobert hatte, zu einem neuen Typus von sozialem System umzuformen. Als Erstes zog er sämtliche männliche Erwachsene in die Armee ein und bildete aus ihnen vier Regimenter, aus denen erstmals der Brustkorb, die Lenden und die Hörner des Büffels hervorgingen. Zu dieser Zeit bestand seine Armee vermutlich nur aus etwa 400 Männern. Er begann sie im Gebrauch des *iklwa* auszubilden, des Stoßspeers, zu dessen Herstellung er Schmiede verpflichtete, und er führte eine neue Art von Kampfschild ein. Seine Krieger durften auch keine Sandalen mehr tragen, sondern mussten barfuß gehen, wodurch sie schneller wurden. Nachdem seine erste schlagkräftige Streitmacht bereitstand, begann er, benachbarte Gebiete zu erobern. Als Erstes fiel er über die eLangeni her, die rasch unterworfen und in seinen Herrschaftsbereich eingegliedert wurden. Shakas nächstes Ziel waren die Buthelezi, die sich zur Wehr setzten und schließlich massakriert wurden. Innerhalb eines Jahres wuchs Shakas Armee auf 2000 Mann an. Ein Jahr darauf wurde Dingiswayo getötet, worauf sich Shaka selbst zum König der Mthethwa erklärte. Mit seinen schonungslosen Taktiken gelang es ihm, einen Stamm nach dem anderen zu unterwerfen und viele davon in seinen immer größer werdenden Zulustaat einzugliedern. Ein Zeitzeuge berichtete:

> Die Buthelezi, amaQungebe, Imbuyeni, amaCunu, Majola, Xulu, Sikakane – all diese Stämme waren eng miteinander verwandt … Shaka griff diese Stämme an und löschte sie aus; nachts pirschte er sich an sie heran. Weiter entfernt lebende Stämme waren die amaMbate, Gasa, Kumalo, Hlubi, Qwabe, Dube, Langeni, Tembu, Zungu, Makoba.

Der Ausdruck »auslöschen« hatte in unterschiedlichen Zusammenhängen unterschiedliche Bedeutung. In manchen Fällen, wie bei den Buthelezi, beschrieb er buchstäblich, was geschah. Aber in anderen Fällen wurde der besiegte Stamm einfach in den Zulustaat eingegliedert. Andere Stämme wiederum hielten Abstand, erklärten sich aber für tributpflichtig gegenüber den Zulu und entrichteten »Steuern« in Form von Vieh und jungen Frauen. Im Jahr 1819 hatte Shaka das Zulu-Territorium von anfänglich 260 Quadratkilometer auf fast 30 000 Quadratkilometer erweitert, und seine Armee umfasste 20 000 Krieger.

In Bulawayo ließ Shaka eine neue Hauptstadt erbauen (siehe Karte 5 auf Seite 127). Darüber gibt es eine Schilderung des Zeitzeugen Henry Flynn, der 1824 als Angehöriger einer Gruppe englischer Händler von Port Natal, dem heutigen Durban, dorthin reiste.

> Als wir den großen Vieh-Kraal betraten, fanden wir dort an die 80 000 Eingeborene in ihrer Kriegertracht versammelt vor … Dann hob Shaka den Stab in seiner Hand, und nachdem er ihn nach rechts und nach links geschwenkt hatte und aus der Mitte der Häuptlinge herausgesprungen war, geriet die ganze Masse in Bewegung und formte sich zu Regimentern. Teile davon eilten zum Fluss und den umliegenden Hügeln, während die Übrigen, die sich zu einem Kreis zusammenschlossen, mit Shaka in ihrer Mitte zu tanzen begannen. Es war eine aufregende Szene, wir waren überrascht, da wir nicht

> erwartet hatten, dass ein Volk, das man als ›Wilde‹ bezeichnet, sich so diszipliniert verhalten könnte. Regimenter aus Mädchen, 8000 bis 10 000 an der Zahl und angeführt von Offizieren des eigenen Geschlechts, betraten sodann die Mitte der Arena, jedes mit einem Stab in der Hand. Sie schlossen sich dem Tanz an, der etwa zwei Stunden lang fortgeführt wurde.

Shaka begann auch, bestehende Normen umzuwandeln. Sein Staat gründete nicht auf Verwandtschaftsverhältnissen und Clan-Zugehörigkeit, sondern auf zwei neuen Grundpfeilern. Der eine war das Lebensalter. In vielen Teilen Afrikas und anderswo werden Jungen und Mädchen beim Erreichen der Volljährigkeit in das geheime Wissen der Gesellschaft eingeführt, ein Prozess, der typischerweise mit Beschneidung und der Beibringung von Narbenverzierungen verbunden ist. Dazu gehört auch, längere Zeit in der Wildnis zu verbringen und verschiedene Prüfungen zu absolvieren. In manchen afrikanischen Gesellschaften, vor allem in Ostafrika, waren diese Riten so fest verankert, dass bei der Initiation eines Geburtsjahrgangs von Jungen – und manchmal auch Mädchen – alle einer bestimmten »Kohorte« zugeordnet wurden, der sie ihr ganzen Leben lang angehörten.

In vielen Teilen Ostafrikas organisierten sich ganze Völker nicht in Verwandtschaftsverbänden oder einem Staat, sondern in der Abfolge derartiger Kohorten. Diese erfüllten mit zunehmendem Alter ihrer Mitglieder unterschiedliche Funktionen, zum Beispiel taten junge Männer als Krieger Dienst und schützten Volk und Vieh, und wenn sie älter wurden und eine neue Kohorte nachwuchs, traten sie in den Ehestand und übernahmen wirtschaftliche Tätigkeiten wie etwa den Ackerbau. Bei den Zulu und anderen verwandten Völkern im südlichen Afrika waren derartige Sozialstrukturen auch zuvor schon in rudimentärer Form vorhanden. Shaka griff sie auf und militarisierte sie zugleich. Er fasste Kohorten zu militärischen Regimentern zusammen und kasernierte sie in separaten Baracken im Buschland. Zusätzliche Rekruten beschaffte er sich unter den Jugendlichen der besiegten Stämme. Diese Regimenter dienten somit auch dazu, familiäre Bindungen aufzubrechen und die Menschen in den neuen

Staat zu integrieren. Die Rolle der Kohorten bei der Formung einer neuen Zulu-Identität ist beispielhaft in einem Wortwechsel während des jährlichen Erntefests *Umkosi* festgehalten. Zu diesem Anlass war es jedermann erlaubt, dem Häuptling jede beliebige Frage zu stellen, und so wollte ein frecher Soldat von Shaka wissen: »Warum werden Fremde bei der Beförderung gegenüber den Zulu bevorzugt?« Darauf soll Shaka erwidert haben: »Jeder, der der Zulu-Armee beitritt, wird zu einem Zulu. Danach ist seine Beförderung nur mehr eine Frage des Verdiensts, ganz gleich, auf welchem Weg er gekommen ist.«

Der zweite Grundpfeiler war geographischer Natur. Shaka teilte das Territorium in Bezirke ein und beließ dort entweder die bisherigen Häuptlinge im Amt, jedoch nicht ohne ihnen klarzumachen, dass sie von nun an seinen Anweisungen zu folgen hatten, oder ernannte loyale Soldaten seiner Armee zu Gouverneuren.

Dabei konzentrierte er viele Funktionen in seiner eigenen Person. Vor seiner Zeit war das Erntefest *Umkosi* überall in der Region unter Leitung der lokalen Häuptlinge gefeiert worden. Nun jedoch führte allein Shaka den Vorsitz beim alljährlichen Ritus. Zudem setzte er einen zentralisierten Gerichtshof ein. Zwar durften die Häuptlinge auch weiterhin über Zwistigkeiten Recht sprechen und örtliche Probleme beilegen, doch das letzte Wort in rechtlichen Angelegenheiten blieb Shaka in Bulawayo vorbehalten.

Eines der wichtigsten Mittel, mit dem Shaka sein System festigte, waren die Tributzahlungen und deren Verteilung unter seinen Anhängern. War ein benachbarter Stamm unterworfen worden, hatte er eine große Zahl von Kühen oder Frauen abzuliefern. Seinen Regimentern schenkte Shaka Vieh als Lohn für ihre Dienste, und er stellte Frauenregimenter auf, sonderte sie ab und verbot den Männern, Frauen aus diesen Regimentern zu heiraten oder sexuelle Beziehungen mit ihnen zu pflegen, solange er dies nicht ausdrücklich erlaubte.

Natürlich war dieser Staat nicht so bürokratisiert, wie es moderne Staaten sind. Zwar hatte Shaka Berater, aber der Staat wurde von der Armee und den von Shaka ernannten Häuptlingen geführt, und da es keine Schriftsprache gab, wurden Gesetze und Regeln mündlich verbreitet. Ob mit oder ohne Bürokratie – Shakas Projekt der Staatsbildung brach den Normenkäfig, der der Schaffung einer politischen

Hierarchie und Shakas Autorität im Weg stand, stellenweise auf. Eckpfeiler dieser Normen war, ähnlich wie bei den Normen der Tiv, die wir in Kapitel 2 erläutert haben, der Glaube an übernatürliche Kräfte, mit dessen Hilfe oft jene, die zu sehr nach der Macht griffen, in die Schranken gewiesen wurden.

Nicht lange nach Shakas Aufstieg zum Häuptling der Zulu kam es zu einem denkwürdigen Vorfall. Böse Omen häuften sich: Ein Schattenvogel flog über den Kraal des Clans hinweg, dann drang ein Stachelschwein ein, schließlich setzte sich eine Kuh auf einen Zaun und begann mit menschlicher Stimme zu sprechen. Eine Gruppe von Medizinleuten, angeführt von einer Frau namens Nobela, wurde herbeigerufen, die die Verursacher der bösen Vorzeichen ermitteln sollten. Wenn Nobela jemanden mit der Schwanzspitze eines Gnus berührte, war er als Übeltäter überführt – ganz ähnlich wie es die Tiv mit dem Fliegenwedel taten. Das war nicht die einzige Parallele. Die Zulu mussten sich in Reihe aufstellen, und Nobela und ihr Gefolge begannen nach den Verursachern der bösen Omen zu suchen, indem sie an ihnen schnüffelten. Als Erstes kamen die Reichen dran. Einer war durch Sparsamkeit wohlhabend geworden. Ein anderer hatte Viehdung auf seinen Feldern eingesetzt und dadurch eine reiche Ernte eingefahren, die die seiner Nachbarn weit übertraf. Wiederum ein anderer war ein geschickter Viehzüchter, der sich die besten Stiere ausgesucht hatte und seine Tiere gut pflegte, so dass die Herde stetig größer wurde. Doch nur unter den Reichen zu suchen genügte Nobela nicht, sie wollte auch die politisch Mächtigen prüfen. So begann sie, an zwei von Shakas Vertrauten zu schnüffeln, seinen beiden Stellvertretern Mdlaka und Mgobozi. Shaka, der das vorausgesehen hatte, befahl den beiden, sich neben ihn zu stellen, und erklärte, sie stünden unter seinem Schutz, falls sie beschuldigt würden, Verursacher der bösen Omen zu sein. Dann geschah einem Augenzeugen zufolge Folgendes:

> Mit einem entsetzlich schrillen Lachen, das den dämonischen Lauten einer Hyäne ähnelte, sprangen alle fünf zugleich auf. Blitzartig schlug Nobela mit ihrem Gnuschwanz nach links und rechts und hüpfte über die Schultern von Mdlaka und Mgobozi, während die unmittelbar bei ihr stehenden Gehilfen auf den Mann vor ihr schlugen und hoch über seinen Kopf hinwegsprangen.

Doch damit ließ Shaka die Angelegenheit nicht auf sich beruhen. Schließlich war er der Mächtigste in ganz Zululand und entschlossen, seinen eisernen Willen zur Macht unter Beweis zu stellen. Andernfalls wäre er vielleicht schon der Nächste, den man als Verbreiter böser Omen herausschnüffeln würde. Er beschuldigte Nobela, seine Stellvertreter Mdlaka und Mgobozi fälschlich der Zauberei bezichtigt zu haben, wofür zur Vergeltung zwei der Medizinleute zu sterben hätten. Durch den Wurf von Knochen sollten die beiden bestimmt werden. Daraufhin gerieten die Medizinleute in Panik, sie flehten Shaka an, er möge sie verschonen. Das versprach er unter der Bedingung, dass sie ihn nie mehr betrügen würden, »denn an jenem Tag werdet ihr vergeblich Zuflucht suchen«. Von da an musste jedes »Herausschnüffeln« von Shaka bestätigt werden. So brach er die Macht der Medizinmänner und -frauen. Auch die Regenmacher verbannte er. Dies alles war Teil seiner Staatsbildung. Jeder Gitterstab des Normenkäfigs, der ihn hinderte, musste zerbrochen werden.

Shakas Reformen hatten eine erhebliche Langzeitwirkung, wie sich deutlich an der heutigen Bevölkerungszahl der Zulu zeigt. Zu Beginn, im Jahr 1816, waren sie ein Clan von etwa 2000 Menschen. Heute beträgt die Zahl der Personen, die sich in Südafrika (mit einer Gesamtbevölkerung von 57 Millionen) den Zulu zurechnen, zwischen zehn und elf Millionen, die hauptsächlich in der Provinz KwaZulu-Natal leben. Die »Zulu« waren ursprünglich die Nachkommen eines einzigen Mannes, sind aber mittlerweile ein großes Volk, zu dem auch Millionen von Menschen gehören, die genetisch mit den ursprünglichen Zulu nichts gemein haben.

Die rotmäulige Kanone

Über Tausende von Jahren hinweg breiteten sich Menschen aus Asien auf dem weiten Gebiet der polynesischen Inseln aus. Zu den letzten Regionen, die besiedelt wurden, gehört der hawaiianische Archipel, vermutlich um das Jahr 800. Alle polynesischen Inseln starteten mit derselben Kultur, Religion, Sprache, Technik und denselben politischen und wirtschaftlichen Institutionen, aber dann kamen unterschiedliche Neuerungen auf, und sie begannen sich auseinanderzuentwickeln. Wie Rekonstruktionen von Archäologen und historischen Ethnographen zeigen, unterschied sich die frühe polynesische Gesellschaft nicht sehr von dem Typus der auf Verwandtschaft basierenden Gesellschaften, wie wir sie im Zululand vor der Zeit von Shaka gesehen haben. Es waren kleine, aus Verwandtschaftsbeziehungen gebildete Gruppen, die von Häuptlingen geführt wurden, und wie anderswo auch diente ihr Regelwerk an Normen dazu, Konflikte zu regeln und Machthungrige in die Schranken zu weisen.

Als der erste westliche Fremdling, Kapitän James Cook, im Januar 1778 eine hawaiianische Insel betrat, hatte dieses traditionelle System bereits zu bröckeln begonnen. Zu dieser Zeit waren die Inseln in drei miteinander konkurrierende Proto-Staaten gespalten, die bereits über einige Etappen einer anfänglichen Staatsbildung hinaus waren. Zwar befanden sich Grund und Boden noch nicht in Privatbesitz, ihr Gebrauch und die Kontrollrechte darüber lagen in den Händen von Verwandtschaftsgruppen und Geschlechtern, doch hatten die Häuptlinge bereits Anspruch auf sämtliches Land erhoben. Nur die Menschen, die die Hauptnahrungsmittel Taro und Sago anbauten, hatten Zugang zu Land, da die Häuptlinge es ihnen im Austausch für Tributzahlungen und Frondienste überließen. So berichtete der hawaiianische Historiker David Malo, einer der ersten Hawaiianer, der zu Beginn des 19. Jahrhunderts eine westliche Ausbildung erhielt:

> Die einfachen Leute waren den Häuptlingen ausgeliefert, sie mussten für sie körperlich schwere Arbeiten verrichten, sie wurden unterdrückt und geknechtet, zuweilen bis zum Tod. Das Leben der Menschen war von geduldigem Ausharren geprägt, vom Gehorsam gegenüber den Häuptlingen, um dadurch deren Gunst zu erlangen … Doch es waren die einfachen Leute, von denen die Häuptlinge ihr Essen bekamen, die Kleidung für Mann und Frau, auch ihre Häuser und viele andere Dinge. Wenn die Häuptlinge in den Krieg zogen, wurden sie von manchen der einfachen Leute begleitet … Es waren die *makaainanas*, die sämtliche Arbeit auf dem Land verrichteten; doch alles, was sie aus dem Boden gewannen, gehörte den Häuptlin-

> gen; und der Häuptling hatte auch die Macht, einen Mann von seinem Land zu vertreiben und ihn all seiner Besitztümer zu berauben.

Als *makaainanas* bezeichnete man das gewöhnliche Volk, die übergroße Mehrheit der Gesellschaft.

Die drei hawaiianischen Proto-Staaten verteilten sich zu dieser Zeit auf die Inseln O'ahu, Maui und die Hauptinsel Hawaii selbst, wo Häuptling Kalani'opu'u herrschte (siehe Karte 6). Cook landete zuerst auf der Insel Kauai, die zu O'ahu gehörte. Im selben Jahr kehrte er mit seinen beiden Schiffen, der *Discovery* und der *Resolution*, noch einmal dorthin zurück, um sie genauer zu erkunden und zu kartographieren. Nachdem er zunächst auf Maui Anker geworfen hatte, segelte er weiter Richtung Osten und traf dort auf Kalani'opu'u, der damals Krieg um den Besitz von Maui führte. Kalani'opu'u kam mit seinem Neffen Kamehameha, einem der Führer seiner Armee, an Bord von Cooks Schiff. Nach diesem Besuch setzte Cook die Segel in Richtung Hawaii und ankerte auf der Westseite der Insel. Dort be-

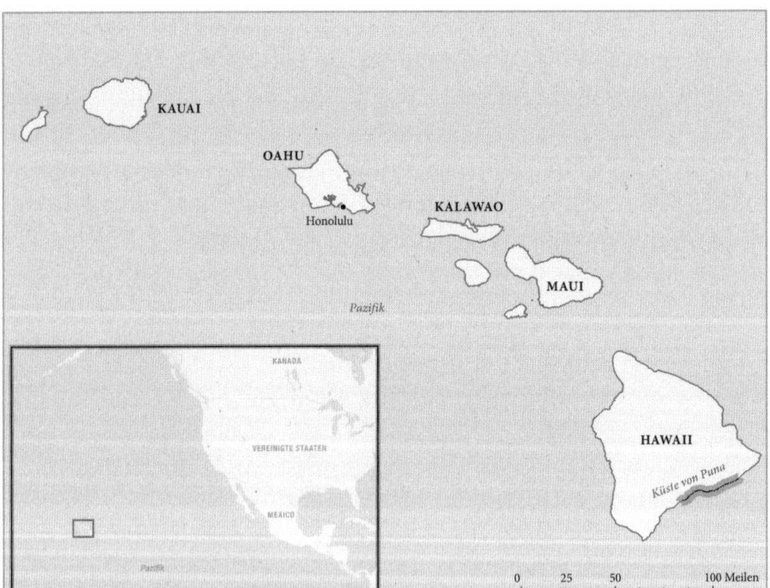

Karte 6: Die hawaiianischen Inseln und die Küste von Puna

suchten ihn erneut Kalani'opu'u und Kamehameha. Dabei erlebten sie etwas für sie völlig Neues – die Schlagkraft von Feuerwaffen. Sie kamen am 14. Februar 1779 zum Einsatz, an dem Tag, an dem Cook getötet wurde, nachdem er mit einigen Männern an Land gegangen war, um sich einen Kutter zurückzuholen, der in der vorangegangenen Nacht von seinem Flaggschiff gestohlen worden war.

Nachdem die *Discovery* und die *Resolution* nach Cooks Tod wieder in See gestochen waren, beschloss der bereits betagte Kalani'opu'u, sein Königreich einem seiner Söhne zu übergeben. Kamehameha jedoch ernannte er zum Hüter des Kriegsgottes, was eine hohe Ehre bedeutete. Die beiden jungen Männer – der neue König und Kamehameha – gerieten schon bald in Streit. Aus der Schlacht von 1782 ging Kamehameha als Sieger hervor. Im Verlauf der sich daran anschließenden Kämpfe erklärte einer von Kalani'opu'us Brüdern die Ostseite Hawaiis zu einem unabhängigen Staat, während ein anderer von Kalani'opu'us Söhnen die Unabhängigkeit des Südens erklärte. Nun stritten drei Parteien um die Kontrolle der großen Insel.

Den Ausgang der Kämpfe entschied ein Trumpf, den sich Kamehameha verschafft hatte. Er hatte die Wirkung von Feuerwaffen mit eigenen Augen gesehen. Zwar versuchten sämtliche hawaiianische Häuptlinge, mittels Handel in den Besitz solcher Waffen zu gelangen. Doch sie zu haben war eine Sache, zu wissen, wie man sie einsetzte, eine andere. Hilfe hierbei erhielt Kamehameha zunächst in Gestalt von Isaac Davis, Matrose auf dem Schoner *Fair American*, der Anfang 1790 Hawaii anlief. Das Schiff geriet vor der Westküste in eine Flaute und wurde von einem Häuptling angegriffen, der Besuche dieser Art nicht schätzte. Davis war der einzige Überlebende, und Kamahameha stellte ihn unter seinen Schutz. Inzwischen war ein weiteres Schiff, die *Eleanor*, an derselben Stelle vor Anker gegangen, an der Cook getötet worden war. Der Bootsmann der *Eleanor* war ein Engländer namens John Young. Als er an Land kam, nahmen Kamahamehas Männer ihn gefangen. Sowohl Davis als auch Young wurden fürstlich bewirtet und waren schon bald Kamehamehas engste Berater. Noch besser war, dass sie wussten, wie man Feuerwaffen herstellte, pflegte und einsetzte. Kamehameha hatte nun seinen Trumpf in der Hand.

Mit Davis und Young als seinen Experten für Feuerwaffen drang Kamehameha in Maui ein und verteidigte danach erfolgreich Hawaii gegen mehrere Angriffe. Dabei kam es zur berühmten »Schlacht der rotmäuligen Kanone«, wie die Inselbewohner eine dieser Auseinandersetzungen unter dem Eindruck der Feuer und Rauch speienden neuen Waffen nannten. Kamehameha gelang es rasch, vollständige Kontrolle über Hawaii zu erlangen. In den darauffolgenden Jahren konsolidierte er seine Herrschaft und entwickelte die Institutionen seines neuen Staats. Im Jahr 1795 segelte er mit Davis, Young und einer riesigen Kriegsflotte los und eroberte Maui und schließlich O'ahu. Die am weitesten westlich gelegene Insel Kaua'i, die dank rauer See und Krankheiten, die Kamehamehas Armee schwächten, zunächst der Eroberung entging, wurde schließlich 1810 unterworfen, womit zum ersten Mal ganz Hawaii vereint war. Anschließend machte sich Kamehameha daran, neue politische Instrumente zu schaffen, mit denen er über diesen großen Staat aus weit voneinander entfernt liegenden Inseln herrschen konnte. Für jede Insel ernannte er einen Gouverneur, und Young wurde Gouverneur der größten Insel, Hawaii.

Tabubrüche

Mohammed und Shaka mussten den Normenkäfig teilweise aufbrechen, da viele dieser Normen die Schaffung und die Ausübung politischer Autorität behinderten. So kämpfte beispielsweise Mohammed gegen Machtverhältnisse, die auf verwandtschaftlichen Beziehungen beruhten, während Shaka sowohl Verwandtschaftsverhältnisse als auch den Glauben an übernatürliche Kräfte umformte, um Konkurrenten in ihrer Macht zu schwächen. In ähnlicher Weise mussten Kamehameha und seine Anhänger Normen beseitigen, die ihnen im Weg standen.

In den Normen der polynesischen Gesellschaft spielten die Regeln des *tapu*, auf die auch das Wort Tabu zurückgeht, eine zentrale Rolle. Das *tapu* war in ganz Polynesien eine feste Institution; auf Hawaii nannte man es *kapu*. Mit Tabu wird meist etwas Verbotenes bezeichnet. Edward Handy, der erste große moderne Ethnograph, der sich mit Hawaii beschäftigte, schreibt dazu:

> In seiner Grundbedeutung ist tapu (oder kapu) ein Wort, das hauptsächlich adjektivisch verwendet wird und somit etwas bezeichnet, was körperlich gefährlich und daher untersagt, verboten und abgesondert ist und gemieden werden muss, weil es (a) göttlich ist und daher um seiner selbst willen sowohl vom Gewöhnlichen als auch vom Verdorbenem abgegrenzt werden muss; und weil es (b) somit gefährlich sowohl für das Gewöhnliche als auch für das Göttliche ist und diese beiden Bereiche daher um ihres eigenen Schutzes willen voneinander getrennt sein müssen.

Im Wesentlichen bedeutete *tapu* ein Verbot oder eine Beschränkung. Dergleichen gab es in den polynesischen Gesellschaften überall. Das *tapu* war deshalb so bedeutsam, weil es die *mana* schützte. Die *mana* war die Erscheinungsform der übernatürlichen Macht in der Welt der Menschen. Handy schreibt hierzu:

> Die mana zeigte sich in Personen, in der Macht, der Stärke, im Prestige, dem Ruf, dem Talent, der dynamischen Persönlichkeit, der Intelligenz; in Dingen, in der Effizienz, im »Glück«; das heißt, im Erfolg.

Doch wie genau ließ sich die *mana* schützen? Besonders bemerkenswert unter den zahlreichen Beschränkungen war das »Speisetabu«, dem zufolge Männer und Frauen nicht gemeinsam essen durften. Ihre Mahlzeiten mussten in separaten Öfen zubereitet werden, und manche Speisen waren für Frauen verboten (zum Beispiel Schweinefleisch, bestimmte Sorten Fisch und Bananen). Aber nicht nur das Essen unterlag der Kontrolle, auch die Kleidung und viele weitere Aspekte des Lebens. Am berühmtesten war das »Niederwerfungstabu«, das verlangte, dass gewöhnliche Menschen bei Erscheinen eines Häuptlings sofort ihre Bekleidung der oberen Körperhälfte ablegen und sich flach auf den Boden werfen mussten. Der im 19. Jahrhundert lebende hawaiianische Historiker Kepelino berichtete:

> Beim Niederwerfungstabu des Häuptlings verhielt es sich so: Wenn der Häuptling umherzuschreiten gedachte, ging ihm der Verkünder voraus und verkündete das Tabu des Häuptlings mit den Worten: ›Tapu! Werft euch nieder!‹ Dann legten sich alle flach an den Weg, den der Häuptling und die Tapu-Häuptlinge nahmen, die ihm folgten, allesamt prächtig gekleidet in federgeschmückte Umhänge und Helme.

Wie bereits in unserer früheren Erörterung des Normenkäfigs gezeigt, galten die vorherrschenden Normen nicht zwangsläufig für alle Menschen gleichermaßen. Auch in der polynesischen Gesellschaft gingen die Normen teilweise aus den bestehenden Machtverhältnissen hervor. Häuptlinge hatten viel mehr *mana* als gewöhnliche Menschen – daher die Unterwerfungsgesten. In Hawaii verdankten es die Häuptlinge dieser Macht, dass sie das *tapu* in das *kapu* umformen konnten. Die Häuptlinge schützten nicht nur die Götter und deren *mana*, sie wurden auch zu direkten Nachfahren der Götter, und das *kapu* diente dazu, ihre Dominanz zu verankern. Von ihrem Ursprung her unterscheidet sich die *mana* nicht so sehr vom *tsav* der Tiv. Wie mit dem *tsav* wurde mit der *mana* erklärt, warum das Leben der einzelnen Menschen unterschiedlich verlief, warum manche erfolgreicher waren als andere oder sich anders verhielten. Aber wie beim *tsav* konnte jemand, der großen Erfolg hatte, diesen auch aufgrund angeborenen Talents erzielt haben oder weil er über Zauberkräfte verfügte. Die *mana* jedoch brachte Erfolg, weil man von den Göttern erwählt war. Trotz dieses großen Unterschieds unterlag das *kapu*-System einer Vielzahl von Regelungen und Beschränkungen, die das Handeln der Eliten begrenzten. Es gab auf Hawaii zwar bereits eine gewisse politische Hierarchie, doch sie war noch weit von dem entfernt, was sie unter Kamehameha werden sollte.

Die Erosion der Normen, die die politische Hierarchie einschränkten, begann unter Kamehameha I. Er hatte seinen Sohn Liholiho zu seinem Nachfolger ernannt, und nachdem dieser nach dem Tod des Vaters im Jahr 1819 das neugeschaffene Königreich von Hawaii übernahm und als König Kamehameha II. gekrönt wurde, beschloss er, das *kapu*-System abzuschaffen; etwas, das noch kein Häuptling vor ihm gewagt hatte. Er vertraute dabei ganz auf seine Macht. Zunächst wollte er das Verbot des gemeinsamen Essens beseitigen. Bald nach seiner Krönung zum König veranstaltete er ein großes Fest. Ein Augenzeuge berichtete darüber:

> Nachdem die Gäste Platz genommen und zu essen begonnen hatten, ging der König zwei- oder dreimal um jeden Tisch herum, als wollte er sehen, was überall aufgetragen worden war. Doch plötzlich und ohne jede Vorwarnung – nur einige wenige waren zuvor eingeweiht worden – setzte er sich auf einen freien Platz am Tisch der Frauen und begann mit Heißhunger zu essen, aber er war offensichtlich sehr beunruhigt. Die Gäste, höchst erstaunt, klatschten in die Hände und riefen ›*Ai Noa* – das Speisetabu ist gebrochen!‹

Zeit der Wirren

Wir haben uns bisher auf die Entstehung einer politischen Hierarchie an Orten konzentriert, wo es zuvor noch keine oder eine nur sehr gering ausgeprägte gegeben hatte. Wie der Wille zur Macht den Widerstand gegen Hierarchien bricht und eine Gesellschaft in Schieflage bringt, lässt sich aber auch an aktuellen Beispielen zeigen, in denen staatliche Institutionen zwar vorhanden, aber nicht in der Lage sind, die Kontrolle über die Gesellschaft auszuüben. Dies war etwa in Georgien Anfang der 1990er Jahre der Fall.

In den späten 1980er Jahren brach die Sowjetunion zusammen. Daraufhin entstanden in vielen Sowjetrepubliken, zum Beispiel in Estland, Lettland und Litauen, aber auch in Georgien, Unabhängigkeitsbewegungen. Die wirklich ersten freien Wahlen mit unterschiedlichen Parteien fanden dort 1990 statt. Eine Koalition, die sich »Runder Tisch – Freies Georgien« nannte, gewann mit zwei Dritteln der Stimmen gegen die georgischen Kommunisten. Im Mai 1991 erklärte das Land seine Unabhängigkeit von der Sowjetunion, und Swiad Gamsachurdia, Führer des Runden Tisches, wurde mit 85 Prozent der Stimmen zum Präsidenten gewählt. Er übernahm ein von unterschiedlichen Zukunftsvorstellungen gespaltenes Land, in dem es keine Einigkeit in der Frage gab, wie es regiert werden sollte. Zahlreiche Minderheitengruppen befürchteten, von der Mehrheitsbevölkerung der Georgier dominiert zu werden, und erwogen daher eine Abspaltung. Im Januar 1992 floh Gamsachurdia aus dem Land, und die Hauptstadt Tiflis fiel größtenteils zwei Warlords in die Hände, Dschaba Iosseliani, Chef einer paramilitärischen Gruppierung namens Mchedrioni, und Tengis Kitowani, Oberbefehlshaber der Nationalgarde. Eine Zeitlang trieben allein in Tiflis noch zwölf weitere Milizen und bewaffnete Gruppen (mit schillernden Namen wie die Weißen Adler oder die Brüderschaft vom Wald) ihr Unwesen. Georgien war zu diesem Zeitpunkt zwar ein Staat (zumindest gewissermaßen), aber war nicht weit vom Hobbes' Krieg aller gegen alle entfernt.

Tengiz Segura, der von Gamsachurdia entlassene Premierminister, schaffte es, sich irgendwie wieder in sein früheres Amt einzusetzen. Gamsachurdia selbst führte eine weitere bewaffnete Gruppe an, die Swiadisten. Da kein handlungsfähiger Staat existierte, versank die Hauptstadt in einer Welle der Gewalt. Es kam zu Plünderungen, Verbrechen und Vergewaltigungen. Der Staat verlor die Kontrolle über die Regionen Südossetien und Abchasien, die sich für unabhängig erklärten, und andere Landesteile wie Adscharien und Samzche-Dschawachetien, die sich für autonom erklärten. Der darauffolgende Bürgerkrieg wird von den Georgiern als Zeit der Wirren bezeichnet.

Im Frühjahr 1993 suchten die Warlords nach einem Ausweg aus dem Chaos. Iosseliani und Kitowani hatten in ihre Gewalt gebracht, was vom Staat Georgien noch übrig war, aber der Konflikt ließ sich nicht lösen, und die beiden erzielten keinerlei Fortschritte bei dem Versuch, die Ordnung wiederherzustellen. Außerdem fehlte ihnen etwas Entscheidendes: Eine in der internationalen Gemeinschaft angesehene Persönlichkeit, die ihnen Legitimität geben und Zugang zu ausländischer Hilfe und Ressourcen verschaffen konnte. Deshalb kamen sie auf die Idee, Eduard Schewardnadse zum Präsidenten zu erklären. Schewardnadse, ein gebürtiger Georgier, war unter Michael Gorbatschow sechs Jahre lang Außenminister gewesen, bevor er im Dezember 1990 sein Amt niedergelegt hatte. Im Jahr 1992 war er Sprecher des georgischen Parlaments geworden, und aufgrund seiner zahlreichen Kontakte und großen internationalen Erfahrung versprach er das ideale Aushängeschild für die neue Nation zu werden. Der Plan der Warlords war einfach: Schewardnadse sollte Staatschef werden, und sie würden im Hintergrund die Strippen ziehen. Also machten sie ihn zum »Interimsvorsitzenden des Staatsrats«, ursprünglich ein Gremium von vier Personen, dem auch Iosseliani und Kitowani angehörten und das nur einstimmig entscheiden konnte. Das verschaffte ihnen ein sicheres Vetorecht gegen Schewardnadse. Dieser ernannte Kitowani zum Verteidigungsminister und Iosseliani zum Oberbefehlshaber des Eingreifskorps, einem autonomen Teil der Streitkräfte. Ein Gefolgsmann Iosselianis wurde Innenminister, und Schewardnadse zeigte sich regelmäßig in der Öffentlichkeit mit all diesen Leuten. Aber dann geriet die Schieflage in Bewegung. Der Staatsrat konnte laut seiner Statuten neue Mitglieder nur aufnehmen, wenn zwei Drittel der bisherigen zustimmten. Schewardnadse begann für die Erweiterung des Staatsrats zu werben, was zunächst ziemlich unverfänglich aussah. Doch schon bald entwickelte sich der Staatsrat zu einem weit größeren Gremium aus Warlords und Vertretern der politischen Eliten, das Schewardnadse leichter zu handhaben verstand. Dann begann er bestimmte Personen aus den paramilitärischen Gruppierungen in Positionen des Staatsapparates zu setzen, um sie aus ihrer Loyalität zu Kitowani und Iosseliani zu lösen und auf sich selbst zu verpflichten. Außerdem schuf Schewardnadse ein Netz neuer militärischer Einheiten mit einander überschneidenden Vollmachten und Zuständigkeiten; die Grenztruppe, das Sondereinsatzkorps, das Rettungskorps von Tiflis, die Regierungsgarde, die Internen Einheiten des Ministeriums für internationale Angelegenheiten, die Sonder-Alpha-Einheit und die von der CIA ausgebildete Präsidentengarde. Im Jahr 1995 taten für das Innenministerium 30 000 Angehörige dieser Einheiten Dienst, wovon viele aus ehemaligen paramilitärischen Verbänden stammten. Dies ging mit Korruption enormen Ausmaßes einher. Straftaten der Mitglieder von Milizen wurden nicht verfolgt, und sie hatten freie Hand, Schutz- und Schmiergelder zu erpressen.

Schewardnadses Position wurde auch durch das gestärkt, dessentwegen er ins Amt gekommen war – dem Regime international zu Ansehen zu verhelfen, um Hilfe und Unterstützung zu erhalten. Die rollte dann auch an und galt als Schewardnadses Verdienst. Damit das Land international an Ansehen gewann, musste es Marktwirtschaft praktizieren, was Privatisierung und Reglementierung bedeutete, die Schewardnadse so einzusetzen verstand, dass sie seiner wachsenden Zahl treuer Anhänger zugutekamen. Schewardnadse betrieb meisterhaft und mit hohem Risiko das Spiel »Teile und herrsche«. Im September 1994 verfügte er über genügend Macht, Kitowani mit Hilfe der Mchedrioni inhaftieren zu lassen, und im Jahr darauf setzte er sie sogar gegen ihren eigenen Anführer Iosseliani ein. Ein gescheiterter Attentatsversuch lieferte ihm dann den Vorwand, eine neue Verfassung verabschieden zu lassen, mit der er seine bis dahin nur informellen Vollmachten festigte. Der georgische Staat war wiederauferstanden, und die Warlords, die diesen Prozess hatten kontrollieren wollen, rutschten aus der Schieflage in die Machtlosigkeit hinab.

Warum man den Willen zur Macht nicht in Fesseln legen kann

An verschiedenen Beispielen haben wir gesehen, wie der Wille zur Macht die Normen überwindet, die den Leviathan kleinhalten sollen. Mohammed und Schewardnadse wurden zur Lösung interner Konflikte von außen herbeigerufen. Sie erfüllten ihre Rolle auf brillante Weise, führten Ordnung und Frieden herbei und bewiesen eine starke Hand bei der Konfliktlösung. Aber sie erwiesen sich auch als viel schwieriger zu kontrollieren, als ihre ursprünglichen Verbündeten erwartet hatten. Shaka nutzte seinen Aufstieg zum Zulu-Häuptling erfolgreich, um eine erheblich schlagkräftigere Armee zu erschaffen und um die Macht des Staates sowie seine eigene Autorität zu vergrößern und dabei die Normen zu beseitigen, die Bestrebungen zur Staatsbildung unterbinden sollten. Kamahameha gelang es, mit Hilfe der Feuerwaffen seine Gegner auszuschalten und in Hawaii einen geeinten und mächtigen Staat zu errichten, wie es ihn zuvor nicht gegeben hatte.

In keinem dieser Fälle und in nur wenig der zahllosen anderen, in denen Gesellschaften mit einem Abwesenden Leviathan die Entstehung einer politischen Hierarchie erlebten, beobachten wir den Übergang zu einem Gefesselten Leviathan. Auch das Aufbrechen des Normenkäfigs führte nicht zu größerer Freiheit, sondern beseitigte nur die Barrieren zu einer größeren politischen Hierarchie. Eine Ausnahme bildet allein das Athen der Antike, wo es – wie wir im vorherigen Kapitel gesehen haben – gelang, dem Staat die Fähigkeit zu geben, Konflikte zu lösen, Fehden beizulegen und eine Vielzahl öffentlicher Dienstleistungen bereitzustellen, während gleichzeitig die Kontrolle der Gesellschaft über den Staat wuchs und sich die vorherrschenden Normen wandelten. Warum schafften die anderen Gesellschaften dies nicht auch? Die Antwort hat mit dem Wesen der Normen und Institutionen zu tun, die vorhanden sind, wenn der Prozess der Staatswerdung einsetzt. In vielen Fällen unterwerfen sich nichtstaatliche Gesellschaften dem Willen zur Macht eines charismatischen Führers, der über einen Trumpf verfügt. Was viele dieser Führer motiviert, ist nicht das Bestreben, einen Gefesselten Leviathan zu erschaffen, die Freiheit zu fördern oder das Ungleichgewicht zwischen der Macht der Eliten und den Bürgern aufzuheben, sondern die eigene Macht und Dominanz über die Gesellschaft zu stärken. Aus dieser Perspektive betrachtet, war Solon in Athen eine Ausnahme, weil er an die Macht kam, um den übergroßen Einfluss der reichen Familien und Eliten im Zaum zu halten, und so war es Teil seines Auftrags, dem Leviathan Fesseln anzulegen. Bei unseren anderen Staatsbildnern war das nicht der Fall.

Entscheidender ist aber vielleicht, dass die Athenische Gesellschaft zu Zeiten Solons bereits einige formelle Institutionen zur Verfügung hatte, die die Verteilung der politischen Macht und die Konfliktlösung regelten. Auch wenn sie mängelbehaftet waren, bildeten diese Institutionen ein Fundament, auf dem Solon und später Kleisthenes und andere aufbauten, um dem Volk stärkere politische Teilhabe zu ermöglichen und die bestehenden Normen zu stärken, die die soziale und politische Hierarchie eindämmten. Dadurch gelang es ihnen, Gesetze gegen Anmaßung und Ausgrenzung zu erlassen, die verhindern sollten, dass Einzelne größenwahnsinnig wurden (und gleichzeitig gelang es ihnen, bestimmte Teile der bestehenden Normen abzuschwächen, die die Entwicklung eines Gefesselten Leviathans verhinderten). Bei den Tiv, in Medina und Mekka, bei den Zulu oder auf Hawaii zu Zeiten von Kamehameha existierten solche Institutionen jedoch nicht. Nicht ein Gefesselter Leviathan sollte verhindern, dass jemand nach der Macht griff, sondern ein komplexes Spektrum von Normen wie beispielsweise die Zauberei, Machtverhältnisse auf der Grundlage von Verwandtschaftsbeziehungen oder das *kapu*-System, entstanden zur Konfliktregelung und Abwehr einer politischen Hierarchie. Doch sobald der Wille zur Macht diese Normen durchlöcherte, blieb nicht mehr viel übrig, was als effektives Gegengewicht zur Macht des neu entstehenden Staates hätte wirken können. Wie wir gesehen haben, beeilten sich Staatsbildner stets, die Normen ihren eigenen Zwecken anzupassen. In Abbildung 1 in Kapitel 2 (siehe Seite 104), die unseren konzeptuellen Rahmen zusammenfasst, wird diese Situation links unten verdeutlicht, wo zu Beginn sowohl der Staat als auch die Gesellschaft schwach sind. Wenn die Gesellschaft nicht über Normen und Institutionen verfügt, die dem Prozess der Staatsbildung Grenzen setzen, sobald er einmal in Gang gekommen ist, gibt es keinen Korridor zur Freiheit. Dann aber hat die Gesellschaft angesichts des Willens zur Macht keine andere Möglichkeit, als sich dem Despotischen Leviathan auszuliefern.

Doch nicht alles, was so entstand, war durch und durch schlecht. In einigen der Fälle, die wir diskutiert haben, verbesserte der aufstrebende Leviathan die Konfliktlösung, schuf Ordnung und zerstörte zuweilen sogar die schädlichsten Aspekte des Normenkäfigs – selbst wenn er zugleich mehr Hierarchie schuf und die Quellen von Angst und Gewalt in einer nichtstaatlichen Gesellschaft durch die Dominanz seines neugeformten Despotischen Leviathans ersetzte. Auch die wirtschaftlichen Folgen waren nicht unbedingt nachteilig, verbesserte sich doch die Versorgung, und die Wirtschaft wuchs in begrenztem Rahmen, wie wir im folgenden Kapitel sehen werden. Dort beschäftigen wir uns mit der Ökonomie unter dem Abwesenden Leviathan und seinem Normenkäfig und stellen sie der fortgeschritteneren Ökonomie unter dem Despotischen Leviathan gegenüber.

4.
DIE WIRTSCHAFT AUSSERHALB DES KORRIDORS

Der Geist in der Kornkammer

Im Jahr 1972 betrieb die Anthropologin Elizabeth Colson Feldforschung unter den Tonga von Gwembe, einem Volk im Süden Sambias, das vor der Eroberung der Region durch die Briten nichtstaatlich gelebt hatte (siehe Karte 5 auf Seite 127). Colson war gerade auf einem kleinen Gehöft und sammelte Informationen, als eine Frau herbeikam und die dortige Bewohnerin um Getreide bat. Beide Frauen waren Mitglieder desselben Clans, kannten sich aber nur flüchtig, da sie sehr weit voneinander entfernt lebten. Die Bewohnerin des Gehöfts ging zu ihrem Getreidespeicher, und nach kurzer Zeit zog die Besucherin zufrieden mit einem randvoll gefüllten Korb ab.

Solch großzügiges Teilen von Lebensmitteln innerhalb von Clans, Sippen und anderen Arten von Gruppen lässt sich in vielen nichtstaatlich lebenden Gesellschaften beobachten. Die meisten Anthropologen und viele Ökonomen interpretieren es als Zeichen tiefverwurzelter Sitten der Kooperation und Hilfsbereitschaft. Man kann auch eine wirtschaftliche Logik darin sehen: Heute hilfst du jemandem von deinem Clan, und morgen, wenn du selbst Hilfe benötigst, bekommst du diese Leistung zurück. In diesem Sinne deutete auch Colson die demonstrativ großzügige Geste.

Erst später, als sie mitbekam, wie ein junger Mann, der sich in dem Dorf aufhielt, einen beunruhigenden Brief von zu Hause erhielt, verstand sie, dass es sich in Wahrheit anders verhielt. In ihren Aufzeichnungen notierte sie: »Eines Abends erschien ein Lichtschimmer über seinem Getreidespeicher, und seine Frauen und sein Bruder fanden später heraus, dass Geister auf das Getreide uriniert hatten, was sie nach dem Glauben der Tonga nur auf Geheiß eines Zauberers tun.« Der Zauberer schien dem Mann und seiner Familie nach dem Leben zu trachten. Der Mann klagte, dass »seine Mühen des vergangenen Jahres, das er von früh bis spät auf einem großen, von ihm angelegten Feld zugebracht hatte, ihm nun nichts als eine Ernte von Hass eintrugen«. Die bereits erwähnte Frau war ebenfalls anwesend und begriff sofort, worum es ging. »Sie meinte, jemand müsse seinen Hof besucht und all die Getreidespeicher gesehen haben, und sie fragte ihn, ob er sich nicht an jemand erinnern könne, der sie angestarrt oder um Essen gebettelt oder irgendeine Bemerkung über Essen gemacht hätte«, fuhr Colson fort. Abschließend meinte die Frau:

> Es ist nicht sicher, ihnen etwas abzuschlagen. Du hast doch gesehen, dass ich der Frau, die neulich kam, Getreide gegeben habe. Wie hätte ich es ablehnen können, als sie mich um Getreide bat? Vielleicht wollte sie mir gar nichts tun, aber woher sollte ich das wissen? Man muss einfach etwas geben.

Wer nichts gibt, riskiert Zauberei und Gewalt. Die Frau war aus purer Angst spendabel gewesen, aus Furcht vor Rache und Gewalt, die jedem drohte, der die Norm missachtete, nicht aus Großzügigkeit.

Solche Drohungen sind ein weitverbreitetes Phänomen bei den Tonga und Bestandteil ihrer Clanstruktur. Die Plateau-Tonga beispielsweise bestehen aus 14 Clans, von denen jeder seine besonderen »Totems« hat – Tiere, die mit einem Speisetabu belegt sind. Die Totems des Bayamba-Clans sind die Hyäne, das Nashorn, das Schwein, die Ameise und der Fisch. Mitglieder dieses Clans dürfen folglich keines dieser Tiere verspeisen. Der Batenda-Clan hat den Elefanten, das Schaf und das Nilpferd als Totems. Zu anderen Tieren, die als tabu betrachtet werden, zählen der Leopard (Bansaka-Clan), der Frosch (Bafumu-Clan) und der Weißrückengeier (Bantanga-Clan). Die Ursprünge dieses Speisetabus liegen in der Tonga-Legende. Vor langer Zeit, so weiß die Legende, hätten einige Tonga Leoparden gegessen, was andere so neidisch machte, dass sie sie mit einem Zauber belegten. Die Verwünschten konnten fortan bestimmte Tiere nicht mehr vertragen, und aus ihren Nachfahren entstanden die heutigen Clans. Folglich lag der Gastfreundschaft und Großzügigkeit der Tonga kein moralisches Prinzip zugrunde, und die Menschen erwarteten sich auch keinen ökonomischen Vorteil davon, sie befürchteten schlicht Gewalt und Zauberei, zumindest aber gesellschaftliche Ächtung, wenn sie von der Norm abwichen. Sie lebten in einer nichtstaatlichen Gesellschaft, Ordnungskräfte oder Beamte, die sie hätten beschützen und Auseinandersetzungen schlichten können, gab es keine. Aber es existierten Normen, die Konflikte verhinderten oder eindämmten und dafür sorgten, dass die Menschen nicht ständig von Gewalt bedroht waren. Und wenn ein Besucher kam, dann zeigte man sich großzügig und ging damit jedem möglichen Konflikt aus dem Weg.

Für Fleiß kein Raum

Nach der Überzeugung von Hobbes geraten Gesellschaften ohne zentralisierte Autorität zwangsläufig in einen Zustand des Kriegs aller gegen alle. Wie wir in Kapitel 1 gesehen haben, erkannte er, dass ein solcher Krieg jeglichen ökonomischen Anreiz zerstört. »In einer solchen Lage ist für Fleiß kein Raum, da man sich seiner Früchte nicht sicher sein kann«, schrieb er. Anders ausgedrückt, Konflikte und Unsicherheit führen dazu, dass Individuen sich nicht sicher sein können, ob sie von dem, was sie produzieren, sammeln oder jagen, auch profitieren, und so unterlassen sie es, sich ökonomisch zu betätigen.

Um die ökonomischen Folgen des Kriegs aller gegen alle besser zu verstehen, wollen wir kurz zur Demokratischen Republik Kongo zurückkehren. Zu Beginn des Kapitels 1 haben wir erwähnt, dass der Osten des Landes, insbesondere die Region Kivu, von Milizen und bewaffneten Gruppen heimgesucht wird. Zu ihnen gehört die RCD Goma, deren Basis sich in der Stadt Goma befindet. Es handelt sich dabei um eine Splittergruppe der Partei Kongolesischer Zusammenschluss für Demokratie (auf Französisch: Rassemblement Congolais pour la Démocratie; daher die Abkürzung RCD), die ihre Wurzeln im ersten und zweiten kongolesischen Krieg hat, gelegentlich der Große Krieg von Afrika genannt, der zwischen 1996 und 2003 wütete. Auch nach Abschluss eines Friedensabkommens setzten die RCD-Goma und etliche andere Gruppierungen den Kampf fort und terrorisierten die Bevölkerung. Im Dezember 2004 standen die Einheiten der RCD-Goma vor der Stadt Nyabondo im Norden von Kivu (siehe Karte 5 auf Seite 127). Die Stadt wurde von einer anderen Miliz verteidigt, der Mai-Mai. Der RCD griff am 19. Dezember an. Gefangene Mai-Mai-Kämpfer wurden gefesselt und bei lebendigem Leib verbrannt. Beim Angriff gelang es vielen Einwohnern, im Schutz des Frühnebels in die umliegenden Wälder zu fliehen, doch der RCD machte Jagd auf sie, und so wurden innerhalb weniger Tage 191 Menschen kaltblütig ermordet. Willy, damals gerade 15 Jahre alt, erzählte einem Vertreter von Amnesty International:

> Die Soldaten kamen in Fahrzeugen und zu Fuß, sie töteten und plünderten. Einige waren in Uniform, andere in Zivil ... Die Einwohner flohen eiligst in den Wald. Ich gehörte zu einer Gruppe von 15 Leuten, darunter meine Mutter, Nachbarn und andere Verwandte. Die Soldaten stöberten uns auf, zwangen uns zu Boden und prügelten mit Gewehrkolben auf uns ein. Baroki (das lokale Oberhaupt) war bei uns. Die Soldaten schleppten ihn weg, ich habe es selbst gesehen. Später, eine Woche danach, am 25. Dezember, sah ich seinen Leichnam mit einem Kopfschuss. Er war gefesselt und geschlagen worden. Seine Leiche lag auf dem Boden.

Mädchen, manche nicht älter als acht Jahre, wurden vergewaltigt. Am Ende waren 25 000 Menschen vertrieben, ihr Hab und Gut zerstört und ihre Häuser niedergebrannt. Nyabondo wurde systematisch geplündert, bis hin zu den Ziegeln der Hausdächer.

Das ist der Krieg aller gegen alle mit seinen bekannten und herzzerreißenden Folgen. Die ökonomischen Auswirkungen liegen nicht weniger klar auf der Hand. Die Wirtschaft der Kivutier ist, wie im gesamten Kongo, völlig zerstört. Die Folge ist bitterste Armut. Das Pro-Kopf-Einkommen im Kongo beträgt nur noch etwa 40 Prozent des Niveaus von 1960, dem Jahr der Unabhängigkeit. Mit ungefähr 400 Dollar, weniger als einem Prozent des Einkommensniveaus der USA, zählt der Kongo heute zu den ärmsten Ländern der Welt. Die Lebenserwartung liegt 20 Jahre unter jener der USA. In der Demokratischen Republik Kongo ist das Leben tatsächlich, wie Hobbes schrieb, »einsam, armselig, ekelhaft, bestialisch und kurz«. Und am schlimmsten trifft es die Frauen.

Und dennoch ist bei den Tonga alles anders, sie verhalten sich nicht wie die nichtstaatlichen, sich einander bekriegenden Menschen, die Hobbes beschreibt. Ihre Gesellschaft entspricht eher der These, dass wir eine »kooperative Spezies« mit Normen sind, in der Kooperation, Gastfreundschaft und Großzügigkeit vorherrschen. Doch wie wir bereits in Kapitel 2 gesehen haben, zahlen die Menschen dafür oft den Preis, in den Normenkäfig eingeschlossen zu sein. Wir begreifen langsam, dass dieser Käfig sie nicht nur in gesellschaftliche Normen sperrt, sondern auch in ihrer ökonomischen Entfaltung beschränkt.

Das zeigt sich deutlich am Beispiel des jungen Mannes, der so hart gearbeitet hatte, nur um zu erleben, dass seine Getreidespeicher von Geistern und Zauberern angegriffen wurden, weil seine Mitmenschen neidisch auf seinen Erfolg waren. Die negativen Effekte dieser Normen für ökonomische Anreize beschränken sich nicht auf solche Übergriffe. Nehmen wir zum Beispiel an, Sie investieren und erhöhen Ihre Produktion. Bei sicheren Eigentumsrechten könnten Sie das gesteigerte Ergebnis Ihrer Produktion genießen, und Sie könnten damit tun, was Ihnen beliebt. Wenn Sie sich tatsächlich großzügig zeigen wollen, dann gehört das zu dem, was Sie sich leisten können. Doch bei den Tonga wie in vielen anderen vom Normenkäfig geprägten Gesellschaften würden Sie diesen Überschuss nicht mit Freude abgeben, sondern weil Sie sich vor sozialer Vergeltung, ja sogar Gewalt fürchten müssten, die Ihnen ansonsten drohte. Das heißt, Sie haben keine sicheren Eigentumsrechte, und der Mehrertrag, den Sie produzieren, wird Ihnen gegen Ihren Willen weggenommen, auch wenn diese Wegnahme durch Einkleidung in den Brauch der Großzügigkeit freiwillig erscheint. Auch unter diesen Umständen gilt, wie Hobbes bemerkte, dass »für Fleiß kein Raum« ist.

Dies manifestierte sich in der Gesellschaft der Tonga ganz offensichtlich in einem dauernden Hungerproblem und der sie begleitenden Bettelei. Wie Colson festhielt, lebten die Menschen stets am Rand des Nichts:

> Wenn ein Haushalt seine Lebensmittelvorräte fast oder ganz erschöpft hat, dann versucht er zunächst, Lebensmittel von Clanangehörigen oder Freunden in der Nähe zu bekommen. Kinder und Behinderte werden zu Verwandten geschickt, bei denen man Essbares vermutet. Die Männer suchen sich anderswo Arbeit und Verpflegung, damit jene, die zurückbleiben, mehr zu essen haben, aber es beruhigt sie nur wenig, dass sie nun selbst zu essen haben, während zu Hause Hunger herrscht. Sind die Vorräte völlig erschöpft, wandern die Menschen viele Meilen weit, um entfernt lebende Clanmitglieder anzubetteln. Oft kommen sie dann auch auf das Plateau, wo ihr Auftauchen mit derselben Begeisterung wie das eines Heuschreckenschwarms aufgenommen wird.

Adam Smith, der Begründer der Wirtschaftswissenschaft, hob die Neigung des Menschen hervor, »zu tauschen, sich gegenseitig auszuhelfen und ein Ding gegen ein anderes zu verhandeln«. Im Tongaland war Betteln eher an der Tagesordnung als Tauschen, Aushelfen, oder Handeln. Wie Colson konstatierte, gab es »bei den Tongas im Tal keine Zwischenhändler oder Märkte, die internen Handel organisiert hätten. Auch fehlte ein allgemein akzeptiertes Tauschmittel.« Es fand zwar eine Art Handel statt, aber:

> Ein großer Teil des Austauschs ist obligatorisch und folgt fest etablierten Beziehungen, die zwischen den zwei Parteien der Transaktion bestehen: Die einen haben das Recht, etwas zu bekommen, die anderen die Verpflichtung, es zu geben.

Das Ergebnis war eine Gesellschaft, die in der Subsistenzwirtschaft steckenblieb und jeder Wirtschaftskrise oder sonstigen Widrigkeit hilflos ausgeliefert war. Die technische Entwicklung stagnierte und war rückständig. Die Tonga-Gesellschaft benutzte vor der Kolonialzeit kein Rad, nicht einmal als Töpferscheibe. Selbst der Ackerbau, das ökonomische Rückgrat der Region, war unproduktiv, nicht weil das Land unfruchtbar war, sondern weil man es mit dem Grabstock und nicht mit dem Pflug bearbeitete.

Wie wir bereits gesehen haben, stimmen die Ursprünge des Normenkäfigs der Tonga weitgehend mit Hobbes' Beobachtungen überein. Dass sich solche Normen an so vielen Orten entwickelt haben, erklärt sich zum Teil daraus, dass Egalitarismus eine klare politische Logik hat. Egalitäre Normen erhalten den Status quo. Wo es solche Normen nicht gibt oder wo sie nur schwach ausgeprägt sind, bilden sich Hierarchien, und schon gerät man in Schieflage, und es hat ein Ende mit der Nichtstaatlichkeit. Sofern sich nichtstaatliche Gesellschaften halten können, besitzen sie in der Regel tiefverwurzelte egalitäre Normen, die helfen, Konflikte unter Kontrolle zu halten. Wo Konflikte zum Ausbruch von Gewalt und Fehden führen können, ist es besser, wenn man sich an eng umschriebene ökonomische Spielregeln hält. Neue ökonomische Aktivitäten bringen aber rasch neue Möglichkeiten, neue Ungleichheiten und neue Konflikte mit sich, die mit den bestehenden Normen viel schwieriger einzudämmen sind. Besser, man riskiert es gar nicht erst, in den Krieg aller gegen alle abzugleiten. Besser, man lässt stets alles so, wie es ist.

Die Wirtschaft im Käfig der Normen

Wir kennen das natürlich schon von den Tiv. Wie in Kapitel 2 gezeigt, entwickelten die Tiv eine Reihe von Normen, die sicherstellten, dass die Tiv nie in Schieflage gerieten. Wer auch nur versuchte, Macht anzustreben, wurde rasch durch den Vorwurf, Zauberkräfte auszuüben, auf seinen Platz verwiesen. So sorgte ihr Normenkäfig dafür, dass auch ihre Wirtschaft in einem Käfig eingesperrt blieb.

Die Gesellschaft der Tiv beruhte auf Clanbeziehungen. Wie wir gesehen haben, bezeichnen die Tiv ein Gebiet, auf dem die Nachfahren eines einzigen Ahnen leben, als *tar*, und innerhalb eines solchen *tar* besaßen traditionellerweise die Ältesten eine beschränkte Autorität. Sie teilten den Menschen im *tar* gerade so viel Land zu, dass es ihren Familien ein Auskommen sicherte – aber nicht mehr als das. Wenn ein Mann »viel mehr Yamswurzeln pflanzen will, als seine Frauen und Kinder benötigen, so dass er sie verkaufen könnte, um mehr Geld und Güter als andere in seinem Umfeld zu bekommen, dann wird ihm das sehr wahrscheinlich verweigert«, erklärten die Anthropologen Paul und Laura Bohannan.

Es gab auch keinen Arbeitskräftemarkt im Land der Tiv, genauso wenig wie einen Markt für Land oder Kapital. Die Arbeit der Familienmitglieder oder der *tar* war die einzige Möglichkeit, landwirtschaftliche Erzeugnisse herzustellen. Sowohl die Männer als auch die Frauen gingen auf die Felder, aber sie pflanzten unterschiedliche Feldfrüchte an, und nur die Frauen sorgten für das wichtigste Nahrungsmittel, die Yamswurzel. Die Frauen benötigten einen Ehemann, um an bestellbares Land zu kommen, aber das gab den Männern kein Mitspracherecht darüber, was darauf angebaut wurde. Für einige der Erzeugnisse gab es so etwas wie Märkte, zu denen die Bohannas anmerkten:

> Das vielleicht charakteristischste Merkmal des Tiv-Markts ist, dass er außerordentlich beschränkt ist und wenige Auswirkungen auf die übrigen Institutionen der Gesellschaft hat.

Und genau so war es, die Tiv hatten keine freien, sondern nur käfigartige Märkte – sie waren nicht darauf ausgelegt, den Handel zu erleichtern, sondern sollten verhindern, dass die Gesellschaft in Schieflage geriet.

Am offensichtlichsten zeigte sich das am Beispiel von Gütern, deren Austausch starken Beschränkungen unterlag. Die Wirtschaft wurde in verschiedene »Sphären« unterteilt. Innerhalb einer solchen Sphäre konnte man Handel treiben, aber nicht über sie hinaus. Die flexibelste Sphäre war der Markt für Lebensmittel und Subsistenzgüter, wozu Hühner, Ziegen, Schafe, Haushaltsgegenstände und Werkzeuge gehörten (Mörser, Mahlsteine, Kalebassen, Töpfe und Körbe). Auch Rohmaterialien, die zur Herstellung dieser Gegenstände dienten, fielen in diese Kategorie. Solche Dinge wurden auf regelmäßig abgehaltenen Märkten gehandelt, ihr Preis durch Feilschen ermittelt, und man konnte sie mit Geld erwerben. Allerdings blieb diese Sphäre komplett von Prestigewaren getrennt, die nicht auf einem Markt gehandelt wurden. Dazu zählten Vieh, Pferde, eine bestimmte Art weißer Stoff, *tugundu* genannt, Medizin, magische Objekte und Messingbarren. Früher fielen auch Sklaven in diese Kategorie. In dieser Sphäre konnte man nicht mit Geld bezahlen, aber es gab »Äquivalente« zu den verschiedenen Waren. So wurde der Preis für Sklaven historisch in Kühen und Messingbarren festgesetzt, der Preis für Vieh in Messingbarren und *tugundu*-Stoff.

Akiga, der Älteste der Tiv, dem wir in Kapitel 2 begegnet sind, schildert einige spezifische Handelsmöglichkeiten für Prestigegüter: »Man konnte einen Eisenbarren für einen Ballen *tugundu* bekommen. In jenen Tagen waren fünf Ballen *tugundu* so viel wert wie ein Bulle. Eine Kuh war zehn *tugundu*-Ballen wert. Ein Messingbarren war ungefähr so viel wert wie ein Ballen *tugundu*. Fünf Messingbarren entsprachen einem Bullen.«

Die Rahmenbedingungen für diesen Handel waren fest umrissen und unflexibel: Prestigegüter konnten nur getauscht werden. »Die Tiv kaufen keine Kühe oder Pferde auf einem Markt«, hielten die Bohannans fest.

Wie konnte man dann aber Prestigebesitz erwerben? Der Übergang von Subsistenzgütern zu Prestigegütern vollzog sich in einem Prozess, den die Bohannans »Konversion« nannten. Die Tiv erkannten an, dass dem Besitz von Subsistenzgütern harte Arbeit voranging, aber nicht dem von Prestigegütern. Dieser verlangte »mehr als harte Arbeit – er erfordert ein ›starkes Herz‹«. Die Möglichkeit zur Aufwärtskonversion ergab sich, wenn jemand seine vorhandenen Prestigegüter loswerden musste und daher bereit war, abwärts zu konvertieren. Aber die Tiv versuchen, Konversionen zu verhindern, weil sie nur jemand durchführen kann, der »sowohl gefürchtet als auch respektiert ist. Wenn er stark genug ist, sich überzogenen Forderungen seiner Clanmitglieder zu verweigern … wird er als Mann von speziellen, möglicherweise bösartigen Talenten *(tsav)* gefürchtet.«

Da sind wir also wieder, zurück beim *tsav*! Die Normen der Tiv schlossen die Wirtschaft ein, beseitigten den Faktormarkt und machten aus dem Abstammungssystem die Hauptantriebskraft der Produktion. Dadurch erreichten sie ein Kräftegleichgewicht zwischen den verschiedenen Clans, vermieden eine Schieflage ihrer Gesellschaft und bewahrten einen stabilen Status quo.

Doch ähnlich der erzwungenen Großzügigkeit der Tonga hatte auch die in diesem Käfig gefangene Wirtschaft der Tiv offensichtlich nachteilige Folgen. Märkte sind ein wichtiger Faktor für eine effiziente Organisation der Wirtschaft und den Erwerb von Wohlstand.

Aber sie waren bei den Tiv nicht erlaubt. Sofern Handel stattfand, wurde er zu nicht verhandelbaren Fixpreisen abgewickelt. Das Resultat war, dass die Tiv nicht weniger als die Tonga unter bitterer Armut litten. So, wie ihre Gesellschaft funktionierte, schuf sie wenig Anreize für Kapitalakkumulation, abgesehen von einfachen Instrumenten wie Grabstöcken und Geräten zur Verarbeitung von Lebensmitteln. Wer irgendwelchen Überfluss anhäufte, dem wurde schnell vorgeworfen, schlechtes *tsav* zu haben. Besitzstreben war also gefährlich. Und so kam es, dass die Tiv sich gerade so auf dem Subsistenzlevel hielten und ihre Lebenserwartung nur rund 30 Jahre betrug, als die Briten ihr Land eroberten.

Ibn Khaldun und der Zyklus des Despotismus

Die Beispiele der Tonga und der Tiv lassen vermuten, dass Hobbes' Analyse der ökonomischen Folgen der Nichtstaatlichkeit doch nicht der Weisheit letzter Schluss ist. Ihre Gesellschaften versanken nicht in Gewalt und Konflikten, die sämtliche wirtschaftlichen Anreize zunichtemachten, obwohl es auch Fälle wie die Kivutier im Kongo gibt, bei denen das sehr wohl der Fall ist. Hobbes' Schlussfolgerungen sind dennoch nicht vollkommen falsch, wirkten sich doch die Normen, die sich diese Gesellschaften zur Konfliktkontrolle geschaffen hatten, äußerst nachteilig auf die ökonomischen Anreize aus.

Hatte Hobbes also recht damit, dass der Despotische Leviathan für mehr ökonomische Anreize sorgt, weil er Sicherheit, Vorhersehbarkeit und Ordnung schafft? Die Antwort lautet: teilweise. Niemand erklärt die janusgesichtige Natur der vom Despotischen Leviathan geschaffenen Wirtschaft besser als der große arabische Gelehrte Ibn Khaldun. Im Jahr 1332 in Tunis geboren, konnte er seine Abstammung über den Jemen bis auf Mohammed zurückführen. Zu den vielen denkwürdigen Ereignissen in Khalduns bewegtem Leben gehört auch eine Begegnung mit dem mongolischen Eroberer Timur. Als sein Hauptwerk gilt das *Kitab al Ibar*, das »Buch der Beispiele«, dessen erster Band als *Muqaddima* oder »Einleitung« bekannt und besonders aufschlussreich zum Verständnis der ökonomischen Folgen eines despotischen Staats ist.

Khalduns *Muqaddima* sprüht nur so vor Ideen. Er beschreibt nicht nur die ökonomischen Folgen der Bildung eines Staats auf der Arabischen Halbinsel, er erstellt auch eine Theorie der Dynamik politischer Institutionen auf der Grundlage zweier zentraler Konflikte der Gesellschaft. Der erste besteht zwischen dem Nomadenleben der Wüstenbewohner und dem sesshaften Leben der urbanisierten Gesellschaft, der zweite zwischen den Herrschern und den Beherrschten. Khaldun argumentiert, dass in ersterem Konflikt die Wüstenbevölkerung aufgrund der Härte und Kargheit des Wüstenlebens, die ihre Gesellschaft präge, stets im Vorteil sei. Den Hauptcharakterzug der Wüstenbewohner sah er in der Asabiya, was so viel wie gesellschaftliche Solidarität oder Gruppengefühl bedeutet. Das sollte uns als Teil des Normenkäfigs der nichtstaatlichen Gesellschaft vertraut vorkommen. Khaldun betrachtet diese Normen jedoch noch unter einem etwas anderen Blickwinkel. Wie wir uns vorstellen können, trug die Asabiya dazu bei, Konflikte zu regulieren und die politische Gleichheit in den Nomadengesellschaften zu erhalten. Doch Khaldun zufolge half sie solchen Gesellschaften auch, ihre sesshaften Nachbarn zu unterwerfen.

Im vorangegangenen Kapitel haben wir gesehen, wie der Islam Mohammed den entscheidenden Trumpf zur Errichtung seines Staats in die Hand gab. Die Beduinenstämme, auf die sich Mohammed dabei stützte, verfügten über eine starke Asabiya, und das war für ihn und seine Nachfolger von großem Vorteil, als es darum ging, das Kalifat zu einem riesigen Reich auszubauen. Khaldun zufolge erwuchs dieser Vorteil nicht nur aus der wirtschaftlichen Härte der Wüste, sondern auch aus dem dichten Netzwerk von Clanbeziehungen, die sich unter den schwierigen Bedingungen des Wüstenlebens, in dem man auf die Hilfe anderer angewiesen war, entwickelt hatten. Die Wüste schien seit jeher dazu bestimmt, die sesshafte Welt zu besiegen und neue Staaten und Dynastien zu bilden.

Nach Khalduns Ansicht helfe zwar die Asabiya den Wüstenvölkern dabei, »zivilisierte Länder« zu erobern und dort die Macht zu übernehmen, doch führe die unvermeidliche Dynamik solcher Herrschaft dazu, dass die Asabiya verfalle, was letztlich den Zusammenbruch des von den Beduinen geschaffenen Staats zur Folge habe. Daraufhin würde eine neue Gruppe aus der Wüste den zerfallenden Staat übernehmen und der Kreislauf von neuem beginnen:

> Wir haben gesagt, dass die Lebenszeit einer Dynastie in den meisten Fällen nicht länger als drei Generationen währt. Die erste Generation verliert nicht den beduinischen Charakter, die ihm zugehörige Rauheit und ›Wildheit‹ … So bleibt die Stärke der Gruppensolidarität bei ihnen wohlbewahrt. … Die Lage der zweiten Generation verändert sich durch Herrschaft und Wohlstand vom Wüstenleben zum sesshaften Leben … und von der Teilhabe am Ruhm dahingehend, dass ein Einzelner ihn allein genießt … sie gewöhnen sich an Verächtlichkeit und unterwürfige Haltung … Was die dritte Generation betrifft, so vergessen die Menschen die Zeit des Wüstenlebens … und gehen der Gruppensolidarität verlustig, weil sie durch Gewalt beherrscht werden … Wenn jemand mit einer Forderung zu ihnen kommt, können sie ihn nicht abwehren.

Aus Khalduns Befund geht deutlich hervor, welcher Konflikt sich zwischen dem Herrscher und den Beherrschten anbahnt. Nachdem alle Eroberer sich im Kampf Ruhm erworben haben, genießt »ein Einzelner ihn allein«, während die Mehrheit an »Verächtlichkeit und unterwürfige Haltung« gewöhnt wird. So konnte nach Khalduns Einschätzung eine Dynastie nur ungefähr 120 Jahre Bestand haben.

Bevor wir diese politische Dynamik und ihre ökonomischen Konsequenzen genauer betrachten, lohnt es sich, die Geschichte dort aufzugreifen, wo wir sie im letzten Kapitel abgebrochen haben, und zu verfolgen, was nach dem Tod Mohammeds geschah. Der von ihm begonnene Eroberungszug wurde von den ersten vier Kalifen, die ihre Autorität noch auf ihr unmittelbares Verhältnis zu Mohammed selbst stützten, fortgesetzt. Dies waren Abu Bakr, Omar, Osman und Ali, Mohammeds Neffe und Schwiegersohn, der 661 ermordet wurde, nach langen Auseinandersetzungen darüber, wie der neuentstehende Staat regiert werden sollte. Osman hatte aggressiv mehr Zentralismus durchsetzen wollen und war schließlich von rebellierenden Soldaten umgebracht worden. Ali sollte seine Nachfolge antreten, doch das wollte Muawiya, Osmans Neffe und Statthalter von Damaskus, nicht zulassen. Dies führte zu einem langen Bürgerkrieg, der mit Alis Tod und der Ausrufung von Muawiya zum Kalifen endete. Er gründete die Omaijaden-Dynastie, die fast hundert Jahre lang herrschte, ehe sie im Jahr 750 von der Dynastie der Abbasiden abgelöst wurde, benannt nach Abbas, einem Onkel Mohammeds. Als die Omaijaden-Dynastie die Macht übernahm, waren der Iran, Irak, Syrien und Ägypten bereits erobert, und die Annexion von Nordafrika, die schließlich 711 abgeschlossen wurde, war in vollem Gang. Bis Mitte des 8. Jahrhunderts unterwarfen die Omaijaden zudem einen großen Teil Spaniens und verleibten ihrem Reich weite Gebiete Innerasiens ein.

In den eroberten Ländern begnügten sich die Omaijaden anfangs damit, das Herrschaftssystem der arabischen Kriegerklasse den bestehenden Institutionen des Byzantinischen Reichs (in Syrien, Palästina, Israel und Ägypten) und des Sassanidenreichs (im Irak und Iran) überzustülpen. Erst als Kalif Abd al-Malik 685 die Macht übernahm, entwickelten sie eine eigene Staatsstruktur, deren Zentrum ihre neue Hauptstadt Damaskus bildete. Trotzdem gelang es den Omaijaden ebenso wenig wie ihren Nachfolgern, den Abbasiden, einen wirklich effektiven zentralisierten Staat zu schaffen. Obwohl sie über schlagkräftige Armeen verfügten und ein großes Territorium kontrollierten, fiel es ihnen schwer, sich von Besatzern zu Regierenden zu wandeln und die Loyalität ihrer neuen Untertanen zu gewinnen. So stützten sich die Omaijaden und Abbasiden zur Regierung ihrer Provinzen am Ende mehr und mehr auf lokale Eliten, die für sie Steuern eintrieben und die Ordnung aufrechterhielten. Die Gefolgschaft dieser Eliten sicherten sie sich durch ein System der Steuerpacht, das heißt, sie verkauften das Recht zur Steuererhebung gegen eine fixe Summe. Wer von Damaskus und später, nachdem die Abbasiden die Hauptstadt verlegt hatten, von Bagdad das Recht erworben hatte, Steuern zu erheben, der hatte freie Hand, aus seinem Gebiet so viel herauszupressen, wie er nur konnte. Die unausweichliche Folge waren überzogen hohe Abgaben, was wiederum dazu führte, dass immer mehr Menschen ihr Land verloren und sich der Grundbesitz der Eliten ständig vergrößerte. Diese politische Struktur erwies sich schließlich als selbstzerstörerisch. Die lokalen Eliten forderten Erblichkeit ihrer Gouverneursstellung und rekrutierten ihre eigenen Truppen zur Aufrechterhaltung der Ordnung, bis Bagdad schlussendlich die Kontrolle über sie verlor. Das Reich begann, sich an den Rändern aufzulösen, und zerbrach schließlich im Jahr 945.

All dies hätte Khaldun nicht überrascht. Er hatte einen klaren Blick auf die Folgen des Willens zur Macht:

> Wir haben … vorher erwähnt, dass die Kinder Adams wegen ihrer menschlichen Veranlagung in jeglichem gesellschaftlichen Zusammenschluss jemanden brauchen, der vermittelt und sie im Zaume hält. Es ist unerlässlich, dass dieser ihnen im Hinblick auf die Gruppensolidarität überlegen ist. Wenn dies aber nicht der Fall ist, kann er keine Macht über sie erlangen.

Sobald eine solche Person Anerkennung gefunden hatte, so wie Mohammed in Medina, wird er der Führer, und »Führerschaft bedeutet, ein Oberhaupt zu sein, dem seine Gefährten Gehorsam leisten«. Aber Khaldun sah auch, dass die bloße Existenz eines solchen Führers die Gesellschaft mit hoher Wahrscheinlichkeit in Schieflage brachte. »Wenn aber derjenige, der einer Solidaritätsgruppe angehört, die Stufe der Führerschaft und Gefolgschaft erreicht und dann den Weg zu Überlegenheit und Gewaltanwendung gefunden hat, dann verlässt er ihn nicht.« Da nicht alle Menschen gleichermaßen vom Gruppengefühl erfüllt sind, entwickelt sich, so Khaldun, eine Tendenz zu »Überlegenheit und Gewaltanwendung«.

Sind die Führer der neuen Dynastie einmal an der Macht, dann »bedarf es keiner ausgeprägten Gruppensolidarität mehr, damit sie sich an der Macht halten können. Der Gehorsam gegenüber der Regierung wird dann so geleistet, als ob es sich bei ihr um ein von Gott offenbartes Buch handle, das man nicht ändern und dem man sich nicht widersetzen kann.« Laut der zyklischen Theorie von Khaldun wenden sich Herrscher einer Dynastie allmählich von jenen ab, die ihnen zur Macht verholfen haben, und gehen Bündnisse mit neuen Gruppen innerhalb ihres Reichs ein. Dies betrachtet er als natürliche Entwicklung eines Reichs nach der Eroberung neuer Länder. Dort gibt es üblicherweise bereits lokale Eliten und Würdenträger, mit denen sich die neuen

Dynastien verständigen und deren Loyalität sie sich sichern müssen, sofern sie nicht mit dauernder Rebellion konfrontiert werden wollen. Wenn sich jedoch das Wesen der Dynastie ändert und die Asabiya erodiert, tritt Despotismus in Erscheinung. »Dann – mit dem Dahingehen der arabischen Gruppensolidarität, dem Verschwinden ihrer Rasse und dem Zusammenbruch ihrer Lebensbedingungen – gingen Form und Wirkung des Kalifats verloren. Es blieb nur die reine weltliche Herrschaft übrig«, schreibt Khaldun. Die Folge davon:

> Der mäßigende Einfluss der Religion war schwächer geworden. Nun benötigte man den mäßigenden Einfluss der Regierung und der Gruppe …
> Herrscherautorität erfordert Überlegenheit und Gewalt … die Entscheidungen eines Herrschers weichen daher unvermeidlich von dem ab, was rechtens ist. Für die weltlichen Angelegenheiten der Menschen unter seiner Kontrolle sind sie ruinös, da er sie in der Regel zwingt, seine Absichten und Wünsche auszuführen, was womöglich ihre Fähigkeiten übersteigt … Ungehorsam greift um sich, was zu Unruhe und Blutvergießen führt.

Hier weist Khaldun auf ökonomische Folgen bei der Entstehung einer neuen Dynastie hin. Anfangs, beflügelt von Gruppensolidarität und dem »mäßigenden Einfluss der Religion«, stellt sich Wohlstand ein. Doch später, wenn sich die »Herrscherautorität« festigt, wirkt sich die Wirtschaftspolitik »für die weltlichen Angelegenheiten der Menschen ruinös« aus. Nirgends traten die ökonomischen Implikationen von Khalduns zyklischer Theorie stärker zutage als in seinen Überlegungen zur Besteuerung, der wir uns nun zuwenden wollen.

Ibn Khaldun entdeckt die Laffer-Kurve

> Es sollte bekannt sein, dass die Steuereinkünfte zu Beginn der Dynastie aus geringen Abgaben bestehen und es dennoch hohe Einnahmen gibt. Am Ende der Dynastie gibt es jedoch hohe Abgaben und geringe Einnahmen.

Was Khaldun hier beschreibt, ist eine Frühversion der »Reagonomics«, der Wirtschaftstheorie, mit der Präsident Ronald Reagan Anfang der 1980er Jahre Furore machte. Einen der Pfeiler der Reaganomics skizzierte der Ökonom Arthur Laffer im Washingtoner Restaurant Two Continents auf eine Serviette. Laffer versuchte damit, Donald Rumsfeld und Dick Cheney, zwei aufstrebenden Stars der Republikaner, und dem Journalisten Jude Wanniski seine Idee zur Steuerpolitik anhand einer Glockenkurve zu erläutern, die das Verhältnis zwischen dem von der Regierung geforderten Steuersatz und den tatsächlichen Steuereinnahmen erläutern sollte. Ist der Steuersatz niedrig, dann steigen durch eine Steuererhöhung auch die Steuereinnahmen, und zwar aus dem simplen Grund, dass der Staat von sämtlichen Einkommen einen höheren Anteil einnimmt. Steigt jedoch der Steuersatz zu hoch, dann würgt er Anreize zu harter Arbeit, Anstrengung und zu Investitionen ab, weil die Gewinne daraus vom Staat abgeschöpft werden. Anders ausgedrückt, abschreckend hohe Steuersätze bremsen nicht nur die Wirtschaft aus, sie führen auch zu sinkenden Steuereinnahmen. Das zeigt sich deutlich im Extremfall, wenn sich der Steuersatz 100 Prozent annähert, der Staat also alles einbehält und sehr wenig Anreiz übrig bleibt, weiteres Einkommen zu erzielen. Dann hat der Staat zwar einen maximalen Steuersatz, aber erzielt nur noch minimale Steuereinnahmen. Wanniski nannte dieses Glockendiagramm zu Ehren des Mannes, der es ihm erläutert hatte, die »Laffer-Kurve«. Für Rumsfeld und Cheney war die Aussicht, die Steuern zu senken und gleichzeitig höhere Steuereinnahmen zu erzielen, natürlich mehr als verlockend. Das klang nach der größten Win-win-Situation aller Zeiten, und die Laffer-Kurve wurde umgehend zum zentralen Element der Wirtschaftspolitik von Präsident Reagan.

Es erübrigt sich zu sagen, dass in einer Welt, in der die realen Steuersätze erheblich unter 100 Prozent lagen, so wie es in den Vereinigten Staaten der Fall war, als Reagan Präsident wurde, durchaus angezweifelt werden konnte, ob Steuersenkungen tatsächlich zu höheren Steuereinnahmen führen würden.

Khalduns Analyse der Wirtschaftsdynamik des Nahen Ostens stand da schon auf festerem empirischem Grund, und seine Vorstellung der Laffer-Kurve unterschied sich auch von dem, was Laffer

Rumsfeld und Cheney erläutert hatte. Sie war Teil seiner Kreislauftheorie. Es verhalte sich nämlich so, schreibt Khaldun, »dass die Dynastie, wenn sie auf den Gesetzen der Religion beruht, nur gesetzliche Abgaben erhebt, nämlich die Almosensteuer, die Bodensteuer und die Kopfsteuer«. Dies hat positive Auswirkungen auf die Wirtschaft, denn wenn die Steuern und Abgaben »gering sind für die Untertanen, haben sie Lust zu arbeiten und streben danach. So nimmt die wirtschaftliche Entwicklung zu, weil durch die geringe Steuerschuld Zufriedenheit bewirkt wird. Wenn nun die wirtschaftliche Entwicklung zunimmt, nimmt die Zahl jener Abgaben zu, und so nimmt auch das Steueraufkommen, welches die Gesamtheit von jenen individuellen Abgaben ist, zu.«

Niedrige Steuern stimulieren also die ökonomische Aktivität, meint Khaldun, was entsprechend der Laffer-Kurve zu rapide steigenden Steuereinnahmen führen soll. Und soweit man weiß, geschah auch genau dies in der Folge der arabischen Eroberungen. Die Omaijaden herrschten über ein riesiges Gebiet, das von einer gemeinsamen Sprache und Religion zusammengehalten wurde und in dem ein einheitliches, auf den Lehren Mohammeds beruhendes Rechtssystem galt. Dies alles erleichterte die wirtschaftlichen Aktivitäten, so dass es zu einer Ausweitung von Handel und Gewerbe kam. Schließlich hatte auch Mohammed seine Karriere als Kaufmann begonnen. Der Geograph al-Muqaddasi stellte im 10. Jahrhundert eine Liste von Waren zusammen, die zwischen Bagdad und Chorasan-Transoxanien, einem Gebiet, das heute im Nordosten des Iran liegt, gehandelt wurden. Dazu zählten »elf verschiedenen Arten von Kleidung und Tuch, darunter Schleier und Turbane, alle aus feinem Stoff gearbeitet, teils aus Seide, manchmal aus einfachem Leinen, dazu Armbänder, Kopftücher aus vorzüglichem Stoff, Eisen« aus Nischapur und »Tuch, Seidenbrokat einfacher Art, Taft, Rosinen, Sirup, Stahl, Pistazien und Konfekt« aus Herat, und so geht es weiter bis hin zu »silberfarbenem Tuch und Waren aus Samarkand, großen Kupfergefäßen, reichverzierten Trinkbechern, Zelten, Steigbügeln und Zaumzeug«. Neben diesen Handelsbeziehungen gab es ausgedehnte Reiseaktivitäten, vor allem natürlich den Hadsch, die alljährlich stattfindende große Pilgerreise nach Mekka, bei der Hunderttausende Gläubige aus dem ganzen Reich zu einem Fest des Glaubens, aber auch des Handels, zusammenkamen.

Eine weitere positive Folge des Aufstiegs des Kalifats war eine Revolution der Landwirtschaft. In gewissem Maße war sie auf den vermehrten Handel zurückzuführen, der im Vergleich zu früher einen viel größeren Markt entstehen ließ. Die arabischen Eroberer brachten eine Reihe von Nutzpflanzen mit, unter anderem Reis, Sorghum, Hartweizen, Zuckerrohr, Baumwolle, Wassermelonen, Auberginen, Spinat, Artischocken, Pomeranzen, Zitronen, Limonen, Bananen, Kochbananen, Mangos und Kokosnüsse. Der Anbau dieser Pflanzen, ursprünglich in den Tropen heimisch, gestaltete sich im kühleren und trockeneren Klima der eroberten Regionen schwieriger und erforderte erhebliche Umstellungen in der Landwirtschaft. Zuvor hatte dort die Wachstumszeit im Winter gelegen, die Ernte war im Frühjahr erfolgt, und über die heißen Sommermonate hatte man das Land brachliegen lassen. Doch die neuen Pflanzen aus den tropischen Gebieten gediehen am besten im Sommer. Dementsprechend wurde der Anbau neu organisiert und intensiviert. Bevor die Araber den Nahen Osten eroberten, hatte man nach byzantinischer Sitte die Äcker nur jedes zweite Jahr bestellt. Nun brachte man zwei Ernten pro Jahr ein, beispielsweise Winterweizen, gefolgt von Sorghum im Sommer, Baumwolle oder Reis. All diese Neuerungen wurden in arabischen Handbüchern zur Landwirtschaft dokumentiert, damit sich die erfolgversprechendsten Methoden im ganzen Reich verbreiten konnten.

Die Intensivierung der Produktion erforderte auch den Einsatz von Dünger und Bewässerung. In den eroberten Territorien gab es zwar verschiedene Bewässerungssysteme, doch vor allem in den byzantinischen Gebieten und im persischen Sassanidenreich waren sie ziemlich marode. Die Araber stellten sie wieder her und schufen ein neues Versorgungssystem mit Dämmen, unterirdischen Wasserleitungen und Förderanlagen an Flüssen, Kanälen, Brunnen und Speicherbecken. Neue Techniken spielten dabei kaum eine Rolle, vielmehr übernahm man das, was bereits vorhanden war, und baute es weiter aus. Dennoch vergrößerte sich dadurch erheblich die Produktionskapazität der Wirtschaft.

Der aus Mohammeds politischer Führerschaft hervorgegangene Staat war die treibende Kraft bei Bau und Unterhalt der renovierten Bewässerungssysteme. Dies ermutigte auch Privatleute zu zusätzlichen Investitionen, die nicht nur die relative politische Stabilität des Kalifats schätzten. Hinzu kam, dass Medina eine Oase war und Mohammed, der in seiner Rolle als Konfliktlöser häufig in Auseinandersetzungen um die Wasserversorgung und Bewässerung zu entscheiden hatte, mit Präzedenzfällen ein Rechtssystem begründete, das ein günstiges Klima für Investitionen schuf. Der entscheidende Punkt war, dass Wasserrechte nicht kollektiv Stämmen oder Clans, sondern nur bestimmten Personen übertragen wurden. Dies erhöhte die Anreize und verhinderte Streitfälle zwischen Einzelnen. Weitere Gesetze dienten unmittelbar der Produktionsförderung, so zum Beispiel, dass jeder, der ein Stück Land urbar machte, es in Besitz nehmen konnte und darauf höchstens zehn Prozent des Ertrags als Steuern zu entrichten hatte.

Doch diese positiven Entwicklungen der Anfangszeit verpufften bald, und mit ihnen das hohe Steueraufkommen, das sie erzeugten. Khaldun war sich im Klaren darüber, dass derartige ökonomische Fortschritte nicht von Dauer sein konnten:

> Wenn die Dynastie andauert, sich in ununterbrochener Kette fortsetzt … und wenn das Geheimnis des Beduinenlebens mit seiner Einfachheit und den entsprechenden Charakterzügen verschwindet, entsteht die tyrannische Herrschaft und das sesshafte Leben … So nehmen zu diesem Zeitpunkt die Abgaben zu, die den Untertanen, den Landarbeitern, den Bauern und allen übrigen Steuerpflichtigen auferlegt werden … Sie erheben Zoll auf die Handelsgüter und an den Stadttoren … bis die Steuerschulden schwer auf den Untertanen lasten und sie niederdrücken … Dann nehmen sie zu, bis sie ein gewisses Maß überschreiten; da schwindet die Freude der Untertanen an der wirtschaftlichen Entwicklung, weil die Hoffnung aus ihren Seelen schwindet angesichts des geringen Ertrags, wenn sie ihre Ausgaben samt Steuerschulden ihrem Gewinn gegenüberstellen. So ziehen sich viele Hände ganz und gar von der Kultivierung zurück, worauf das Steueraufkommen insgesamt runtergeht …

Sinken die Steuereinnahmen, »führt das Oberhaupt der Dynastie neue Arten von Besteuerung auf die Handelswaren ein. Außerdem erhebt er eine bestimmte Steuersumme auf die Preise in den Märkten und auf den Sachwert der Handelswaren an den Toren der Stadt … dann erleben die Märkte durch das Schwinden der Hoffnungen eine Flaute … Dies kündigt die Schädigung der Kultur an und fällt auf die Dynastie zurück. Das verstärkt sich, bis sie dahinschwindet.« So geschah es laut Khaldun in der Endphase der Abbasiden- und Fatimiden-Dynastie. (Das Kalifat der Fatimiden-Dynastie, die vom 10. bis späten 12. Jahrhundert in Nordafrika herrschte, geht auf Mohammeds Tochter Fatima zurück.)

Wie richtig Khaldun mit dieser Einschätzung lag, zeigen die Fakten. Als die Steuern auf Landbesitz nach den Eroberungen kräftig angehoben wurden, sanken die Steuereinnahmen. Die Einnahmen aus dem Irak beispielsweise fielen von 12,8 Millionen Dinar kurz nach der Eroberung auf 8,3 Millionen Dinar zum Ende der Umayyaden-Dynastie, im Jahr 819 betrugen sie nur noch 5 Millionen, im Jahr 870 3 Millionen. Nicht anders verhielt es sich in Ägypten und Mesopotamien.

Gelegentlich, so schreibt Khaldun, betätigten sich die Herrscher selbst im Handel. »Zuweilen war es auch so, dass für den Machthaber Wirkungsbereiche in Handel und Landwirtschaft geschaffen wurden, aus dem Wunsch heraus, die Steuereinkünfte zu vermehren.« Doch Khaldun erkannte, wie schädlich sich das auswirkte: »Wenn nun der Machthaber, der doch so viel mehr Vermögen hat als sie, sich daran beteiligt, dann wird kaum einer von ihnen das Ziel irgendeines seiner Bedürfnisse erreichen, und folglich werden Gram und Sorge in die Seelen einziehen. Dann kann der Machthaber vieles davon an sich reißen, wenn er seine Aufmerksamkeit darauf richtet, mit Gewalt oder durch den kleinstmöglichen Kaufpreis; denn es wird sich keiner finden, der mit ihm wetteifern will, und so drückt er den Preis zum Schaden des Verkäufers.« Engagiert sich der Herrscher andererseits im Verkauf, zwingt er allen seine hohen Preise auf. Letztendlich entsteht eine Situation, in der »sich die Bauern … von ihrer Landwirtschaft abwenden und die Kaufleute sich von ihrem Handel zurückziehen«.

Als die Staaten der Umayyaden und Abbasiden sich aufzulösen begannen, hatten das System der Steuerpacht und das Unvermögen, eine effektive Bürokratie aufzubauen, zu einem Verfall der Infrastruktur und einem Rückgang der Investitionen geführt. Viele Bauern, stets der Willkür der lokalen Eliten ausgeliefert, sahen keine Möglichkeit mehr, ihren Lebensunterhalt zu bestreiten, und zogen in die Städte. Die Einmischung der Eliten in die Wirtschaft wirkte sich exakt so aus, wie Khaldun es prognostiziert hatte.

Khaldun erklärt den Zusammenbruch des Abbasidenreichs gemäß seiner Theorie folgendermaßen:

> Die Gruppensolidarität der Araber hatte sich zu der Zeit, als al-Mutasim und nach ihm sein Sohn al-Wathiq regierten, bereits völlig aufgelöst. Sie hielten sich nur noch mit Unterstützung der Perser, Türken, Dailamiten, Seldschuken und anderer Bündnispartner an der Macht. Schließlich gewannen die Perser (Nichtaraber) und deren Verbündete die Macht über die Provinzen. Der Einfluss der Dynastie schwand dahin und reichte bald kaum noch über Bagdad hinaus.

Das janusköpfige despotische Wachstum

Khalduns Theorie ist eine brillante Analyse der Auswirkungen eines despotischen Staats auf die Wirtschaft – nicht weil er mit dem Kreislauf der guten und schlechten Zeiten ein historisches Gesetz entdeckt hätte, sondern weil er sowohl die Vorteile als auch die Nachteile erkannte, die sich für die Wirtschaft stets aus dem Despotismus ergeben.

Ein Staat bringt viele Vorteile mit sich, er sorgt für mehr Ordnung, für Sicherheit und Frieden. Er kann Gesetze durchsetzen, was Klarheit und Vorhersehbarkeit in die unvermeidlichen Konflikte bringt, die bei ökonomischen Transaktionen auftreten. Er hilft Märkten und weitet den Handel aus. Der Staat und die Staatsbildner, die ihn kontrollieren, sorgen schon aus Eigeninteresse für die Durchsetzung von Eigentumsrechten, weil sich daraus für sie Vorteile ergeben, wie sie die

Laffer-Kurve beschreibt – ohne Eigentumsgarantie und Berechenbarkeit der staatlichen Politik wirken sich die Verhältnisse so hemmend auf die Produktion, den Handel und Investitionen aus wie ein Steuersatz von 100 Prozent, der Steuereinnahmen letztlich verhindert. Das ist kein wünschenswertes Ergebnis, also hält man die Steuern besser niedrig. Das lässt die Wirtschaft aufblühen, mit all den Vorteilen, die daraus für die Gesellschaft und den Despotischen Leviathan resultieren. Aus demselben Grund liegt es im Interesse von Staatsbildern, für öffentliche Dienstleistungen, Infrastruktur und sogar Ausbildung zu sorgen – dies steigert die Produktivität und die ökonomische Aktivität.

Aus alldem ergibt sich, dass der Despotische Leviathan bessere ökonomische Bedingungen und Anreize schafft als der Krieg aller gegen alle oder der Normenkäfig. Er kann sogar die Gesellschaft und die Gesetze an der Wirtschaft ausrichten und das Wirtschaftswachstum direkt stimulieren. Das ist das Wesen dessen, was wir »despotisches Wachstum« nennen.

Die Geschichte des islamischen Staats liefert ein gutes Beispiel für diese Art von Wachstum. Im Unterschied zur Zeit, als in Medina einander bekämpfende Clans das Sagen hatten, sorgte Mohammed mit seinem Geschick, Konflikte zu lösen und Gesetze durchzusetzen, nun für Wirtschaftswachstum. Die Eigentumsrechte der Bewohner von Medina waren besser geschützt, da Mohammeds Staat verhinderte, dass Dispute eskalierten, und nachdem er die arabischen Stämme vereint hatte, war es auch mit den ständigen Raubüberfällen vorbei. All dies kam auch dem Handel zugute. Wie bereits erwähnt, investierte dieser Protostaat in die öffentliche Infrastruktur, darunter in Dämme, Wasserleitungen und andere Bewässerungseinrichtungen. Die landwirtschaftliche Produktion stieg erheblich. Kurz und gut, im Vergleich zu der Zeit vor Mohammed hatte sich vieles verändert.

Doch genau wie der Leviathan ein janusköpfiges Wesen ist, so auch das despotische Wachstum. Khaldun begriff das nur zu gut. Er erkannte, dass der despotische Staat, in dem es keinerlei Kontrolle durch das Volk und keine Möglichkeiten gab, jemanden zur Verantwortung zu ziehen, unvermeidlich zu immer mehr Machtkonzentration führt. Aber mehr Macht bedeutet gleichzeitig eine stärkere Monopolisierung der ökonomischen Vorteile, damit eine größere

Versuchung, die Eigentumsrechte, die man eigentlich schützen will, zu ignorieren, und eine schleichende Entwicklung entlang der Laffer-Kurve bis zu dem Punkt, an dem die Steuersätze und die Enteignungsdrohung so hoch werden, dass die Menschen kaum noch ihren Lebensunterhalt bestreiten können und sich auch die Steuereinnahmen des Staates rückläufig entwickeln. Khaldun ahnte, dass sich der Staat irgendwann unvermeidlich gegen die Gesellschaft wendet. Doch irgendwann verdorrten die Früchte des despotischen Wachstums, oder, wie Khaldun es poetisch ausdrückt, die Vorteile schwanden dahin »wie die Seidenraupe, die spinnt und dann vergeht … inmitten ihres Gespinstes«.

Das despotische Wachstum bleibt noch aus einem weiteren, ebenso fundamentalen Grund beschränkt. Wie wir schon in unserem vorigen Buch, *Warum Nationen scheitern*, herausgearbeitet haben, benötigt nachhaltiges ökonomisches Wachstum nicht nur eine sichere Rechtslage für Eigentum, Handel und Investitionen, sondern, und das ist sogar noch entscheidender, Innovation und ständige Produktivitätssteigerung. Die sind unter dem strengen Blick des Despotischen Leviathans aber sehr viel schwerer zu verwirklichen. Innovation erfordert Kreativität, und Kreativität benötigt Freiheit – Menschen, die in Eigenverantwortung furchtlos und frei handeln, experimentieren und ihre eigenen Ideen auf ihre Weise verwirklichen, mögen sie sich noch so sehr von den Vorstellungen anderer unterscheiden.

Genau das sind die Gründe, die uns in unserem vorigen Buch zur Feststellung veranlasst haben, dass »extraktives Wachstum« – eng verwandt mit dem, was wir hier als »despotisches Wachstum« bezeichnen – stets begrenzt ist und mit hoher Wahrscheinlichkeit nicht über einen längeren Zeitraum anhält. Wir haben die beschränkte Natur des extraktiven Wachstums anhand mehrerer Beispiele illustriert, von denen das einfachste der Aufstieg und Fall des sowjetischen Wachstumswunders war. Die Sowjets konnten ihre Wirtschaft nach Belieben lenken und steckten ihre Ressourcen und gewaltige Investitionen zunächst in die Güterproduktion und dann in den Wettlauf ins All und den Ausbau des Militärs. Doch sie konnten nicht genügend Innovation und Produktivitätssteigerungen generieren, um ihre Wirtschaft vor Stagnation und schließlich dem Kollaps zu bewahren.

Die Sowjetunion liefert ein Paradebeispiel dafür, wie sich mit extraktiven Methoden das Wachstum steigern lässt, wenn Herrscher, denen weder Institutionen noch die Gesellschaft Zügel auferlegen, dies in ihrem Interesse finden. Doch selbst wenn das gelingt, kann kein Herrscher von oben herab Innovation organisieren oder befehlen. Er kann auch schwerlich für die Chancengleichheit auf allen Ebenen der Gesellschaft sorgen, mit der allein sich das Kreativitätspotential der Menschen ausschöpfen lässt. Und das gilt ebenso für das despotische Wachstum, das der Despotische Leviathan ohne Kontrolle durch das Volk, ohne aktive Beteiligung der Gesellschaft und ohne echte Freiheit ins Leben ruft.

Das Gesetz des gesprungenen Paddels

Kamehameha I. war sich der Vorteile des despotischen Wachstums bewusst, als er die hawaiianischen Inseln vereinte. Das erste Gesetz, das er nach der Eroberung erließ, war das des gesprungenen Paddels. Es lautete:

> O mein Volk, ehret die Götter;
> Respektiert gleichermaßen [die Rechte von] Menschen, hoch und niedrig;
> Sorgt dafür, dass unsere Alten, die Frauen und Kinder
> Sich am Wegesrand zum Schlaf niederlegen können, ohne Schaden befürchten zu müssen.
> Wer dies nicht beachtet, der soll sterben.

Dieses Gesetz wurde als so wichtig für die Geschichte Hawaiis angesehen, dass es 1978 in die Verfassung des US-Bundesstaats Hawaii aufgenommen wurde, wo es in Artikel 10 nun heißt:

> Öffentliche Sicherheit. Das Gesetz des gesprungenen Paddels, mamala-hoe-kanawi, erlassen von Kamehameha I. – sorgt dafür, dass unsere Alten, die Frauen und Kinder sich am Wegesrand zum Schlaf niederlegen können – soll uns ein einzigartiges und lebendiges Sym-

> bol dafür sein, dass der Staat die öffentliche Sicherheit garantieren muss.
> Der Staat soll die Macht haben, die Bevölkerung vor Verbrechen gegen Leib, Leben und Eigentum zu schützen.

Ursprünglich wollte dieses Gesetz vor allem besagen, dass der neue Staat keinen grundlosen Angriff auf Menschen oder Eigentum dulden würde. Der Name des Gesetzes bezog sich auf eine Episode aus dem Leben von Kamehameha I., der als junger Krieger bei einem Überfall an der Küste von Puna im Osten der Insel Hawaii (siehe Karte 6 auf Seite 136) einigen Fischern mit Gewalt ihren Fang wegnehmen wollte. Doch als er aus seinem Kanu sprang, verfing er sich mit einem Fuß in einer Spalte des Lavagesteins. Ein mutiger Fischer verprügelte ihn mit seinem Paddel, das dadurch einen Sprung erhielt. Der Name des Gesetzes bringt zum Ausdruck, dass Kamehameha später einsah, einen Fehler begangen zu haben, und er wollte dafür sorgen, dass niemand ihn wiederholte.

Es ging ihm dabei nicht nur um die Verhinderung willkürlicher Angriffe auf Hawaiianer und ihr Eigentum, sondern auch um das Wohlergehen von Ausländern. Ihm war bewusst, dass das Gedeihen seines neuen Inselkönigreichs vom Ausbau der Handelsbeziehungen mit der Außenwelt abhing. Schon in der Einigungsphase Hawaiis hatte sich ein lebhafter Handel mit Versorgungsgütern für fremde Schiffe entwickelt, der jedoch ständig von Feindseligkeiten bedroht war. Besonders gern stahlen Hawaiianer die Anker der fremden Schiffe. Im letzten Kapitel haben wir berichtet, dass die Ereignisse, die zum Tod von Kapitän Cook führten, mit dem Diebstahl eines Beiboots von seinem Flaggschiff begannen. Bereits 1793 erklärte Kamehameha einem Mitglied der Forschungsexpedition von George Vancouver namens Bell »seine unverbrüchliche Entschlossenheit, niemals auch nur das kleinste Schiff zu behelligen oder zu belästigen, das nach Kealakekua kommt, oder wo immer er selbst sich gerade befindet, sondern im Gegenteil alles zu tun, um dessen Aufenthalt so angenehm wie möglich zu machen«. Kamehameha I. nahm das genauso ernst wie die Entfesselung von despotischem Wachstum. Bald zögerten die fremden Schiffe nicht mehr, die hawaiianischen Inseln anzusteuern. Das brachte große wirtschaftliche Vorteile, und Kamehameha wusste sie geschickt zu nutzen. Er monopolisierte den Handel mit den Fremden durch die Einführung neuer *tapu*-Regeln, die den einfachen Bewohnern den Handel mit den Fremden untersagten. Auf diese Weise nahm er erfolgreich den gesamten Markt für sich in Beschlag, diktierte die Handelsbedingungen und verlangte hohe Preise für den Proviant, den die Fremden benötigten. So lukrativ dieses Proviantgeschäft war, Kamehameha erkannte bald, dass sich mit dem Export von Sandelholz noch höhere Gewinne erzielen ließen. Im Jahr 1812 unterzeichnete er einen Vertrag mit den Brüdern Nathan und Jonathan Winship und ihrem Partner William Davis, drei Schiffskapitänen aus Boston, der ihm das Monopol des Sandelholzexports aus Hawaii sicherte. Das Abkommen mit einer Laufzeit von zehn Jahren garantierte Kamehameha persönlich ein Viertel des gesamten Gewinns. Ibn Khaldun hätte gewarnt, dass ein solches Arrangement keinen dauerhaften Wohlstand bringen könne. Und genauso war es auch, und zwar aus exakt den Gründen, die Khaldun genannt hatte.

Ein Hai geht an Land

Einer der großen Kenner des alten Hawaii war der Schwede Abraham Fornander, der 1838 auf die Inseln kam, die Sprache der Einwohner erlernte, dort eine Frau fand und die Geschichte der hawaiianischen Gesellschaft erforschte. Er starb 1887, und seine Manuskripte wurden schließlich in den 1920er Jahren vom Bishop Museum publiziert. Fornander schrieb folgendes Lied nieder:

> Ein Hai, der an Land geht, ist mein Häuptling
> Ein gewaltiger Hai, fähig, das ganze Land zu verschlingen
> Ein Hai mit tiefroten Kiemen ist mein Häuptling
> In seinem Schlund verschwindet mühelos die gesamte Insel.

Das Lied vergleicht die hawaiianischen Häuptlinge von Hawaii – gemeint ist die Zeit vor Kamehameha I. – mit »Haien, die an Land gehen«, eine sehr treffende Raubtier-Metapher.

Genau wie in unseren anderen Beispielen despotischen Wachstums folgte die Schaffung des hawaiianischen Staates unter Kamehameha I. bald dem Vorbild früherer Häuptlinge – auch der neue König entpuppte sich als Hai, der an Land ging. Der hawaiianische Historiker Samuel Kamakau schilderte diesen Prozess. Wie der im vorigen Kapitel erwähnte David Malo war er teils selbst Zeuge der Ereignisse, teils griff er auf Berichte aus erster Hand zurück. Er schildert die positiven Aspekte von Kamehamehas Staatsbildung, lässt aber auch die dunkleren Seiten nicht außer Acht.

> Das Land als Ganzes profitierte von der Vereinigung der Regierung in einer Hand, aber die meisten Häuptlinge und Landbesitzer unterdrückten unter Kamehameha I. die einfachen Menschen, nahmen ihnen ihr Land weg und machten die früheren Eigner zu ihren Sklaven … Steuern wurden auf sämtlichen Landbesitz, ob groß oder klein, erhoben und ständig erhöht, denn es gab viele Landbesitzer und Unterlandbesitzer, die Abgaben verlangten … Die Einigung des Landes führte zu einer übermäßigen Besteuerung … »Kein Fleckchen Erde ist zu klein für eine Steuer« … wurde zu einem geflügelten Wort.

Das Vorgehen des Hais – besser gesagt der Haie, da die Häuptlinge unter Kamehameha I. und seinen Nachfolgern sich eifrig beteiligten – wird lebhaft in erhaltenen Dokumenten geschildert, die 1846 im Zusammenhang mit einer Landreform unter König Kamehameha III. erstellt wurden. Ein dreiköpfiges Gremium, bestehend aus einem Hawaiianer und zwei Ausländern, stellte eine Reihe von »Prinzipien« für den Landbesitz auf. Sie hielten fest, dass »der König, der die Regierung repräsentiert und zuvor der einzige Landbesitzer war … immer noch als solcher betrachtet werden muss«. Natürlich »besaß« der König das Land nicht im westlichen Sinne. Das Dokument fährt fort:

> Als die Inseln von Kamehameha I. erobert wurden, folgte er dem Beispiel seiner Vorgänger und verteilte das Land unter seinen wichtigsten Kriegshäuptlingen, behielt jedoch einen Teil in der Hand, um es von seinen eigenen ihm unterstellten Dienern und Getreuen bebauen oder verwalten zu lassen. Alle großen Häuptlinge teilten das Land weiter auf und gaben es an niedrigere Häuptlinge und Perso-

> nen von Rang weiter, durch die es wieder und wieder geteilt wurde; so wurde das Land durch die Hände von vier, fünf oder sechs Personen, beginnend vom König, schließlich an die niedrigste Klasse von Pächtern durchgereicht. Alle diese Personen besaßen Rechte an dem Land oder dem, was darauf erwirtschaftet wurde.
> Alle Personen … schuldeten und zahlten dem König nur eine Grundstückssteuer, die er nach Belieben festlegte, aber auch Dienste, die er in jeder Art einfordern konnte, auf allen Ebenen vom Höchsten bis zum Niedrigsten. Sie schuldeten ihm auch einen Teil der Ernte des Landes, zusätzlich zu den jährlichen Steuern. Und zu allen Zeiten waren sie ihm gegenüber zu Gehorsam verpflichtet.

Die genaue Formulierung ist hier von Bedeutung. Nicht nur die *makaainanas*, die einfachen Menschen, schuldeten nun Tribut und Arbeitsdienste, sondern jeder – »auf allen Ebenen vom Höchsten bis zum Niedrigsten«. Bemerkenswert ist auch die Erwähnung von »Diensten, die er in jeder Art einfordern konnte«. Von Zwangsarbeitern wurde auf den Ländereien des Königs intensiver Gebrauch gemacht. Fedor Schemelin von der Russisch-Amerikanischen Handelskompagnie, der die Inseln häufig besuchte, notierte, dass der König »ihnen nicht nur keinen Lohn für ihre Arbeit zahlt, sie bekommen von ihm nicht einmal etwas zu essen«. Kamakau berichtet, dass die Holzfäller, die das Sandelholz schlugen, sich von »Gras und Farnwedeln« ernährten.

Zwangsarbeit nahm zu, als in den 1820er Jahren nach dem Tod von Kamehameha I. die Nachfrage nach Sandelholz stieg. Das Holz wuchs weit ab von den Feldern an den Hängen der Bergregionen, und der König und die Häuptlinge begannen, große Expeditionen von Hunderten und manchmal Tausenden in den Dienst genötigter Männer in die Bergwälder zu schicken, Holz zu schlagen und es zur Küste zu transportieren – eine Arbeit, die Wochen in Anspruch nehmen konnte. Die englischen Missionare Tyerman und Bennet beobachteten im Jahr 1822, wie 2000 Mann Sandelholz in das königliche Lagerhaus in Kailua auf Hawaii schleppten. Diese Arbeiter erhielten weder eine Bezahlung noch etwas zu essen, sondern mussten sich selbst von dem versorgen, was sie fanden. Solche Zwangsarbeit und die mit ihr verbundene Wanderungsbewegung führten zu einem Einbruch der landwirtschaftlichen Produktion, wodurch sich der Inselstaat ständig am Rand der Hungersnot bewegte. Ein zeitgenössischer Reisender berichtet:

> Der Grund dafür, dass Vorräte auf dieser Insel so knapp sind, besteht darin, dass die Menschen seit einigen Monaten Sandelholz schlagen müssen und darüber unvermeidlich die Bestellung der Felder vernachlässigt haben.

Besonders gut dokumentiert ist das Verhalten eines Häuptlings im Norden von O'ahu, der unter dem Namen Cox bekannt war. Anfang der 1820er Jahre organisierte er eine große Kampagne, um Sandelholz an den Hängen des Tals des Anahulu im Norden der Insel zu schlagen. Ein Händler namens Gilbert Mathison erlebte aus nächster Nähe, welcher Zwang dabei zum Einsatz kam. Er schrieb:

> Cox hatte einigen hundert seiner Männer befohlen, sich an einem festgesetzten Tag in die Wälder zu begeben, um Sandelholz zu schlagen. Alle gehorchten, bis auf einen, der die aberwitzige Kühnheit besaß, sich zu weigern. Daraufhin wurde noch am selben Tag sein Haus niedergebrannt; doch er verweigerte sich immer noch. Als Nächstes wurde ihm all sein Besitz genommen und seine Frau und seine Familie von seinem Grund und Boden vertrieben.

Mathisons Beobachtungen über Cox' Herrschaftsgebaren zeigen, wie extraktiv der Staat nach dem Tod von Kamehameha I. geworden war. Ein amerikanischer Matrose, dem Cox Land zugesprochen hatte, berichtete beispielsweise, dass er sich hüte, irgendwelche Verbesserungen auf seinen Äckern einzuführen, weil das nur die Begehrlichkeit von Cox wecke, der sich alles unter den Nagel reißen würde. Ein Einheimischer berichtete dem Prediger James Ely im Jahr 1824:

> Wir sind völlig entmutigt. Wir haben keinen Anreiz zu arbeiten, ja vieles schreckt uns sogar davon ab. Sobald wir uns Mühe geben, werden die Häuptlinge auf uns aufmerksam, und was wir uns erarbeitet haben, wird uns genommen. Wenn wir Schweine füttern oder eine Herde Schafe hüten, Ziegen oder Geflügel halten, nimmt sie uns der Häuptling weg, wann immer es ihm beliebt. Verkaufen wir unsere Produkte, dann wird uns das Geld, das wir dafür erhalten, ebenfalls

weggenommen. Je mehr wir unternehmen, desto stärker werden wir unterdrückt.

Ende der 1820er Jahre, als verstärkt Sandelholz geschlagen wurde, erhöhte sich die geforderte Fronarbeit auf das Dreifache. Ende der 1830er Jahre waren die Sandelholzwälder abgeholzt, worauf der König und die Häuptlinge das Zwangsarbeitssystem auf die Landwirtschaft übertrugen. In den 1840er Jahren schätzte der Missionar William Roberts, dass die Bauern zusätzlich zu allen geforderten Arbeitsdiensten im Durchschnitt noch den gewaltigen Anteil von zwei Dritteln all ihrer Ernteprodukte an den König und die Häuptlinge abtreten mussten.

Das extraktive System kulminierte in der Großen Mahele, wie die 1848 unter König Kamehameha III. durchgeführte radikale Landreform genannt wurde. Das Ergebnis war, dass 24 Prozent aller Ländereien der Inseln fortan Privatbesitz des Königs waren. Weitere 36 Prozent gehörten dem Staat, also praktisch ebenfalls dem König. Weitere 39 Prozent wurden auf 252 Häuptlinge aufgeteilt, und weniger als 1 Prozent blieben für die Bevölkerung übrig.

Die Haie waren auf dem Land ganz in ihrem Element und verschlangen es in großen Stücken.

Der Vogel, der alle anderen frisst

Ganz ähnliche wirtschaftliche Auswirkungen hatte die Organisation des Zulustaats. In den 1820er Jahren stützten sich die zahlreichen kleinen Häuptlinge der Region, aus der später KwaZulu-Natal wurde, auf den Anbau von Mais, Hirse und die Rinderzucht. Handel spielte keine große Rolle, und die Sklavenhändler waren nie in diesen Teil von Afrika vorgedrungen. Wie in den meisten vorkolonialen afrikanischen Gesellschaften hatten die Familien und Untergruppen Nutzungsrechte für bestimmte Felder und durften ihre Herden in gewissen Gebieten grasen lassen. Die Kühe und die Ernte waren Privateigentum der Familien. Die Wirtschaft der Zulu unterschied sich in vielerlei Hinsicht von derjenigen der Tiv, bei denen Rinder aufgrund der TseTsefliege keine große Bedeutung hatten, war aber nach allem, was man weiß, in einem ganz ähnlichen Käfig gefangen. Rinder zum Beispiel waren ein Prestigebesitz und konnten nur unter ganz besonderen, eher selten eintretenden Bedingungen den Besitzer wechseln.

Als Shaka den Zulustaat gründete, organisierte er die Wirtschaft neu und zerbrach dabei Teile des Normenkäfigs, die ihn behinderten. Alles Land gehöre ihm persönlich, erklärte er, eine radikale Abkehr von den bisherigen Verhältnissen. In einer mündlichen Überlieferung heißt es:

> Alles Land von Zululand gehört Shaka, der es zur Gänze vereinigt hat. Wenn Shaka einen Mann schätzte und das Land eines Häuptlings erobert hatte, dann sagte er zu diesem, er solle einen Flecken Land bestellen, den er ihm zeigte. Die Männer gewöhnten sich daran, dass Shaka ihnen Land gab, und es kam vor, dass einem Mann die Erlaubnis gegeben wurde, ein Stück Land zu besetzen, obwohl auf ihm schon andere lebten.

Nicht nur das Land, auch das Vieh gehörte Shaka. Alles in allem war es immer noch eine sehr schlicht funktionierende Wirtschaft. Es gab wenig Handwerk, obwohl Shaka für sich selbst die Produktion von Waffen monopolisierte, insbesondere von Speeren und Schilden, die er seinen Kämpfern gab. Der Anthropologe Max Gluckman fasste das begrenzte Potential für Ungleichheit in einer solchen Gesellschaft folgendermaßen zusammen: »Auch ein Zulu-Häuptling kann nur eine begrenzte Menge Maisbrei essen.«

Dennoch führte die Staatenbildung unter Shaka dazu, dass er selbst, seine Familie und der Kern des Zulu-Clans, der mit ihm in entfernterer verwandtschaftlicher Beziehung stand, zu den Hauptbegünstigten zählten. Shaka konnte zwar nicht endlos Maisbrei essen, aber er konnte die Macht auf sich konzentrieren und tat es auch, indem er sich zum unangefochtenen Alleinherrscher machte. Er sicherte sich nicht nur die Eigentumsrechte an Land und Rindern, sondern kontrollierte mit seiner Macht über die Frauen und die Ehe auch die gesamte Gesellschaft. Auch den aufkommenden Handel mit den Europäern, die Stützpunkte an der Küste errichtet hatten, betrieb er als sein persönliches Monopol. Er sorgte dafür, dass der gesamte Handel mit den Europäern über ihn lief, und allein er bestimmte über die wertvollen Elfenbeinvorräte, die er ihnen verkaufte.

Doch unter Shaka gab es nicht bloß Extraktion. Nach dem Ende des Kriegs, aus dem der Zulustaat hervorging, sorgte Shaka ähnlich wie Kamehameha für ein Rechtssystem und zentralisierte Institutionen der Konfliktlösung, die seinen Leuten das Leben erleichterten und zugleich die ökonomischen Anreize verbesserten. Die mündliche Überlieferung besagt, dass schon hinter Dingiswayos Plan zur territorialen Expansion die Absicht gesteckt hatte, die ständig zwischen den kleinen Clans und Häuptlingen ausbrechenden Konflikte und Kämpfe zu beenden. Nachdem sie alle in Shakas Staat integriert waren, etablierte sich ein viel höheres Maß an Ordnung. Die Pax Shaka gab den Menschen Sicherheit vor Überfällen und Attacken umliegender Häuptlinge, und im gesamten Königreich kam es zu weniger Verbrechen. Vor Shakas Regentschaft war Viehdiebstahl ein Dauerärgernis gewesen, dies ließ angesichts der drakonischen Strafen, die der Herrscher verhängte, nun stark nach.

Wie in unseren anderen Beispielen führte die Ordnung im Zululand zu despotischem Wachstum, von dem die Gesellschaft in begrenztem, Shaka und seine Entourage aber in erheblichem Maß profitierten.

Die Ökonomie der Rosenrevolution

In den chaotischen Tagen nach dem Zusammenbruch des Kommunismus in Georgien kam es zu einer Goldgräberstimmung im privaten Transportsektor. Einen großen Boom erlebten die sogenannten Marschrutkas, Kleinbus-Sammeltaxen, die verglichen mit dem zuvor überregulierten System äußerst attraktiv und flexibel schienen. Doch die Regierung von Eduard Schewardnadse, dessen Aufstieg zur Macht wir im letzten Kapitel beschrieben haben, bewies bald, dass sie auch zu regulieren verstand, und zwar nicht zu knapp.

Jeder Marschrutkafahrer musste sich ein ärztliches Attest besorgen, und zwar *täglich*, um nachzuweisen, dass er nicht betrunken war oder unter hohem Blutdruck litt. Ohne ein solches Attest, das er offen mitzuführen hatte, riskierte er den Verlust seiner Lizenz. Als Schewardnadse an die Macht kam, fuhren Hunderte, wenn nicht Tausende Marschrutkas kreuz und quer durch Tiflis. Schewardnadses Regierung begnügte sich keineswegs damit, die Taxizunft mit kleinlichen Vorschriften zu schikanieren. Sie fand es auch sinnvoll, sämtlichen kleinen Verkaufsständen an den Straßen ein einheitliches Erscheinungsbild vorzuschreiben. Die Händler mussten wie die Marschrutkafahrer ihre Lizenz ständig erneuern, gnädigerweise bloß halbjährlich. Es gab viele weitere solcher Vorschriften; so mussten beispielsweise Tankstellen einen bestimmten Abstand zur Straße einhalten. Man sollte meinen, dass Schewardnadses Staat ein hohes Maß an Leistungsfähigkeit besitzen musste, wenn er die Einhaltung solcher Vorschriften kontrollieren wollte. Und das hatte er auch in gewissem Sinn, nur nicht so, wie man zunächst vielleicht denkt. Tatsächlich verhielt es sich so, dass diese Vorschriften wie zahllose andere niemals dazu gedacht waren, wirklich umgesetzt zu werden. Niemand erwartete von den Marschrutkafahrern, tagtäglich einen Arzt aufzusuchen, und sie kamen auch gar nicht auf die Idee. Aber mit der Schaffung dieser Vorschrift hatte der georgische Staat stets etwas gegen jeden von ihnen in der Hand. Wollten sie dem entgehen, mussten die Fahrer Schmiergeld zahlen. So wie die Inhaber der kleinen Straßenbuden. Und die Tankstellenpächter.

Schewardnadses ungeschminkte Aktionen zur Extraktion von Bestechungsgeldern, passen nicht so recht zu Khalduns zyklischer Theorie, der zufolge der Despotismus zunächst in gewissem Maß Wachstum produzieren sollte, um erst später die Extraktion zu starten – wie es im Kalifat geschah, in Hawaii und auch in Zululand. Schewardnadses Staat übersprang den ersten Schritt und ging direkt zur Räuberei über. Aber warum?

Um diese Frage zu beantworten, müssen wir uns zunächst darüber klarwerden, dass diese Behandlung der Marschrutkafahrer einer durchdachten Politik (wenn man es denn eine solche nennen will) folgte, die keiner ökonomischen, sondern einer politischen Logik entsprang. Und die lautete: Ökonomisches Chaos hilft, an der Macht zu bleiben.

Schewardnadse bediente sich hauptsächlich deshalb solcher Methoden, weil er sich in einer schwächeren Position befand als die Staatsbildner, denen wir in diesem und dem vorigen Kapitel begegnet sind. Auch nachdem er die Warlords ausgetrickst hatte, musste er sich noch immer gegen starke regionale Kräfte in Georgien behaupten. Er war weniger ein Staatsbildner als jemand, der die Macht an sich riss, und sein bevorzugtes Mittel dazu war, dass er einflussreiche Interessengruppen durch Beteiligung an den Reichtümern (oder zumindest den Schmiergeldern) ruhigstellte. Korruption ist in vielen Ländern verbreitet, dass die Marschrutkafahrer also Staatsbedienstete bestochen, war gar nicht so ungewöhnlich. Allerdings hatte die Korruption in Georgien eine ganz besondere Note. Schewardnadse schuf ein System, in dem den Fahrern gar nichts anderes übrigblieb, als gegen das Gesetz zu verstoßen, und die Polizei im Gegenzug mit ihnen leichtes Spiel hatte. Der georgische Staatschef machte den Gesetzesbruch unvermeidlich.

Dies hatte hauptsächlich den Zweck, die Gesellschaft zu kontrollieren, die sich nun im Dauerzustand der Illegalität befand. Zwar konnte man sich durch eine Schmiergeldzahlung Ärger vom Hals halten, doch der Staat konnte einem trotzdem jederzeit ein Vergehen anhängen. Im selben Atemzug wurden auch die Beamten, eine potentiell mächtige Gruppe, kontrollierbar – die Annahme von Schmiergeldern war verboten, der Staat hatte also auch gegen sie nun jederzeit etwas in der Hand.

Schewardnadse kombinierte die »Korruption auf unterer Ebene«, wie man es nennen könnte, mit einem vergleichbar unentrinnbaren System der »Korruption auf oberer Ebene«. Führende Persönlichkeiten, Parlamentsabgeordnete und hohe Staatsbeamte wurden in ähnliche Machenschaften verstrickt. Sie wurden an Schewardnadses Regime und dessen Einnahmen beteiligt, die zum großen Teil von internationalen Geldgebern stammten. Davon konnten sie nur so lange profitieren, wie Schewardnadse an der Macht blieb, folglich spannten sie ihre Pferdchen vor seinen Karren. Schewardnadse ging dabei sehr einfallsreich vor, und die kommunistische Vorgeschichte des Landes gab ihm einen großen Trumpf in die Hand: Die georgische Regierung kontrollierte die meisten Produktionsbereiche der Wirtschaft. Vor Schewardnadses Machtantritt war es höchstens ansatzweise zu Privatisierungen gekommen. Der neue Präsident betrieb sie dann im russischen Stil – ausgewählte Bereiche der Wirtschaft wurden einflussreichen Verbündeten und Leuten überlassen, deren Wohlwollen man sich sichern wollte (wir werden in Kapitel 9 sehen, wie diese Privatisierung in Russland funktionierte). Häufig wurden Unternehmenschefs zu Ministern gemacht, die dann ihre eigenen Firmen regulieren konnten. Auf diese Weise schuf Schewardnadse eine Reihe von Monopolen. So wie die Vorschriften auf der untersten Ebene Teil einer politischen Strategie waren, so auch die an der Spitze. Beispielsweise erließ die Regierung ein Gesetz, das für jedes Auto einen bestimmten Typ von Feuerlöscher vorschrieb, der ausschließlich von einem Verwandten des Innenministers importiert wurde.

Schewardnadses Familie ging nicht leer aus. Während der größte Teil der Bevölkerung mit regelmäßigen Stromausfällen zu kämpfen hatte, verkauften zwei Unternehmen im Besitz von Familienmitgliedern des Präsidenten unter der Hand Strom, was ihnen den stolzen Gewinn von 30 Millionen Dollar einbrachte. Angesichts der zahlreichen Vorschriften über Importe und Exporte war Schmuggel äußerst lukrativ und wurde dementsprechend in großem Stil betrieben. Im Jahr 2003 errechnete eine parlamentarische Untersuchungskommission, dass 90 Prozent des Mehls, 40 Prozent des Benzins und 40 Prozent der im Land konsumierten Zigaretten illegal über die Grenze kamen. Dies sorgte für einen nicht abreißenden Strom an Schmiergeldzahlungen, aber auch dafür, dass die Eliten, darunter viele Regierungsmitglieder, aufgrund ihrer Verstrickung in diesen illegalen Handel jederzeit erpressbar waren, genau wie die Verkehrspolizei stets sämtliche Marschrutkafahrer wegen des fehlenden Attests belangen konnte. Die Ermunterung zum Verstoß gegen das Gesetz war fester Bestandteil dieser Strategie.

Erst im Jahr 2000, nachdem er schon acht Jahre an der Macht war, ernannte Schewardnadse jemanden aus seiner eigenen Partei zum Minister. Dies macht deutlich, dass es bei der Vergabe von Kabinettsposten vor allem darum ging, mögliche Rivalen einzubinden und zu korrumpieren. Interessanterweise war dieser Gefolgsmann aus seiner Partei Michail Saakaschwili, der Justizminister wurde. Doch Saakaschwili ließ sich nicht vereinnahmen und verlor rasch seinen Posten. In der Folgezeit wurde er eine der Führungsfiguren der Rosenrevolution vom November 2003 und vertrieb Schewardnadse aus seinem Amt.

Schewardnadses Einfluss auf die Wirtschaft war eindeutig negativ. Nicht genug, dass er mit seinen Monopolen und Vorschriften die Fähigkeit der Märkte untergrub, Anreize und Möglichkeiten für Produktivitätssteigerungen zu wecken, er bereitete diese Maßnahmen auch unter Geheimhaltung vor und verhängte sie aus heiterem Himmel. Niemand sollte sich sicher fühlen können, das war das Ziel dieser ökonomischen Eingriffe. Heute war man Minister und hatte ein hübsches Monopol, aber schon morgen konnte einem Schewardnadse alles wegnehmen. Alle sollten vom Präsidenten abhängig und ihm daher völlig ergeben sein. Das funktionierte immerhin so gut, dass Schewardnadse sich ein Jahrzehnt an der Macht halten konnte. Aber die Unsicherheit und Unvorhersehbarkeit der Situation schufen kein attraktives Klima für Investitionen. Die unmittelbare Folge war, dass sich in Georgien kein Wirtschaftswachstum entwickelte, auch nicht in seiner despotischen Form. Der Lebensstandard stagnierte.

Die von Schewardnadse in kurzer Zeit entwickelte und perfektionierte Strategie ist kein georgischer Sonderfall. Wir haben an verschiedenen Beispielen gesehen, wie Despoten ihre Macht sichern, indem sie die Beteiligung der Gesellschaft an politischen, gesellschaftlichen und ökonomischen Entscheidungen ausschalten. Das bedeutet noch lange nicht, dass der Despot sich seiner Stellung sicher sein kann, rufen die politischen und ökonomischen Vorteile der Kontrolle eines mächtigen, unbeschränkten Staats doch womöglich Rivalen auf den Plan. Angst vor Machtverlust kann ihn dann dazu bringen, nicht in erster Linie für eine effiziente Wirtschaft zu sorgen, sondern vor allem willfährige Konkurrenten einzubinden und alle anderen niederzuhalten. Dafür verstand Schewardnadse in kürzester Zeit zu sorgen.

Mit Schewardnadse sehen wir das despotische Wachstum in seiner schlimmsten Form am Werk. Es ist aber dennoch wichtig zu verstehen, wo die Gemeinsamkeiten mit den anderen beschriebenen Fällen liegen. Despotisches Wachstum ist nicht von Dauer, was teilweise daran liegt, dass es nur so lange gefördert wird, wie es im Interesse des Herrschers und seiner Entourage ist. In Georgien war das Problem, dass Wachstum von Anfang an nicht Schewardnadses Priorität war. Ihm ging es vor allem darum, die Gesellschaft zu schwächen, ein Klima von Korruption zu schaffen und mächtige Gegenspieler zu kaufen, all dies mit vorhersehbar nachteiligen Folgen für die Wirtschaft.

Die Wirtschaft im Normenkäfig und die despotische Wirtschaft

Die Bilanz der Wirtschaft außerhalb des Korridors fällt ziemlich gemischt aus. Ohne einen Leviathan sind die Aussichten ziemlich düster. Gut möglich, dass man in einem endlosen Krieg »aller gegen alle« endet, wie es Hobbes prognostizierte, in dem »für Fleiß kein Raum« ist. Schafft es die Gesellschaft, sich Normen und Gebräuche zu geben, die Konflikte und Gewalt im Zaum halten, resultiert dies leicht in einer Wirtschaft, die in einem Normenkäfig steckt und wenig hilfreiche ökonomische Anreize setzt, die nicht aus der Armut herausführen.

Despotismus bringt da schon ein besseres Ergebnis, so sah es jedenfalls Hobbes. Verglichen mit dem Krieg aller gegen alle oder der Wirtschaft im Normenkäfig, hat der Despotische Leviathan deutliche Vorteile. Der despotische Staat kann Gewalt verhindern, Konflikte lösen, für Gesetze sorgen, die ökonomische Transaktionen erleichtern, in öffentliche Infrastruktur investieren und ökonomische Anreize schaffen. Das Kalifat zeigt, welch großes ökonomisches Potential er entfalten kann, weil er für Ordnung und produktionssteigernde Investitionen sorgt oder sie begünstigt. Daraus ergibt sich despotisches Wachstum in seiner besten Form. Aber es ist von seinem Wesen her unbeständig und in seinen Auswirkungen begrenzt. Unbeständig ist es, weil der Despotische Leviathan, wie Khaldun analysierte, leicht der Versuchung erliegt, immer mehr Reichtum aus der Gesellschaft herauszupressen, wertvolle Ressourcen zu monopolisieren und sich immer rücksichtsloser zu verhalten. Es ist auch deshalb unbeständig, weil die Macht des Staates, wie das Beispiel Schewardnadse zeigt, zur Schaffung eines hochgradig ineffizienten Systems genutzt werden kann, das dem alleinigen Zweck dient, mögliche Herausforderer des Despoten kleinzuhalten. Und das despotische Wachstum bleibt stets begrenzt, da es die produktivsten Aspekte der Gesellschaft nicht unterstützt und fördert – die freie Entfaltung, Chancen und Anreize zu ökonomischer Aktivität für möglichst viele und ein Klima, das zu Investitionen, Experimenten und Innovation einlädt. Das alles ergibt sich erst, wenn die Freiheit und der Gefesselte Leviathan auftauchen.

5.
DIE ALLEGORIE DER GUTEN REGIERUNG

Die Fresken der Piazza del Campo

Die berühmte Piazza del Campo im Herzen Sienas wird vom mächtigen Turm des Palazzo Pubblico überragt, dessen Bau im Jahr 1297 begann. Er beherbergte Sienas Stadtregierung, die mächtige Körperschaft der neun Konsuln. »Die Neun«, wie sie genannt wurden, tagten in einem besonderen Raum, in der *Sala dei Nove*. Ihre Fenster blicken zur Piazza hinaus. Die übrigen Wände schmücken drei bemerkenswerte Fresken, die von den Neun in Auftrag gegeben und von Ambrogio Lorenzetti zwischen Februar 1338 und Mai 1339 gemalt wurden. Das mittlere Fresko zeigt die *Allegorie der guten Regierung* (siehe Bildteil).

Das Detail, das einem bei diesem komplexen Kunstwerk als Erstes ins Auge fällt, ist die sitzende Figur rechts, offenbar ein Alleinherrscher oder König. Er ist umgeben von kunstvoll gestalteten Personifikationen verschiedener Kardinaltugenden; Stärke, Klugheit und Friede auf der linken Seite, Mäßigung, Gerechtigkeit und Großherzigkeit auf der rechten Seite. Also handelt es sich womöglich um einen großherzigen und gerechten Herrscher? Seltsam ist, dass die *Allegorie der guten Regierung* überhaupt einen Herrscher zeigt, denn 1338 gab es in Siena keinen Einzelnen, der herrschte, und die Neun wären zweifellos gegen einen solchen eingeschritten. Des Rätsels Lösung liegt darin, dass dieser Herrscher in Schwarz und Weiß gewandet ist, den Farben Sienas. Zu seinen Füßen sind die übrigen Symbole der Stadt versammelt, die Wölfin und die Zwillinge, angelehnt an die Gründer Roms, die Zwillinge Romulus und Remus, die von einer Wölfin gesäugt wurden. Über dem Kopf des Herrschers sind die Buchstaben C.S.C.V. zu lesen, die Abkürzung für »Commune Senarum Civitas Virginis«, die Sieneser Gemeinde, Stadt der Jungfrau. Siena hatte sich die Jungfrau Maria kurz vor der Schlacht von Montaperti im Jahr 1260, in der es die Florentiner besiegte, zur Patronin erwählt. Der Herrscher verkörpert demnach die Kommune Siena selbst.

Dieses Fresko versinnbildlicht etwas völlig anderes als den »Willen zur Macht« und dessen Folgen. Die Herrscher sind verschwunden, und die Gemeinde als Repräsentant der Gesellschaft tritt in den Vordergrund. Die Sieneser sahen in dieser Organisationsform etwas Besonderes, wie sich an ihrer Betonung der »guten Regierung« zeigt. Charakteristisch für Siena und die Gemeinden, die zur selben Zeit in Italien entstanden, war ihr sehr hoher Grad an Freiheit. Sie wiederum förderte das Entstehen einer andersgearteten Ökonomie mit vielfältigen Anreizen und Chancen, die den Weg zum Wohlstand ebneten.

Die Organisationsform der Kommune scheint sich in Italien allmählich im späten 9. und im 10. Jahrhundert entwickelt zu haben, als Menschen in ganz Norditalien begannen, sich gegen die Autorität ihrer herrschenden Bischöfe, kirchlichen Behörden und adligen Herren aufzulehnen (siehe Karte 7). An ihrer Stelle etablierten sich verschiedene Systeme der republikanischen Selbstverwaltung. Von dieser Zeit haben wir kein vollständiges Bild zur Verfügung, nur Fragmente. Aus Modena beispielsweise gibt es Belege für eine »Volksverschwörung«, die sich 891 gegen den Bischof richtete. Ähnliches geschah im selben Jahrzehnt wohl auch in Turin sowie 924 in Cremona. Der Bischof von Treviso konnte, wie eine Quelle von 997 besagt, nichts beschließen, was nicht »im Einvernehmen mit allen führenden Männern und Richtern und dem ganzen Volk von Treviso« stand. Und 1038 räumte der Bischof von Brescia gegenüber 154 namentlich genannten Männern und »den übrigen freien Männern von Brescia« Zugeständnisse ein. Dass die historischen Zeugnisse vor allem aus dem klerikalen Kontext stammen, liegt vermutlich daran, dass die Kirche ihre Aufzeichnungen sorgsam archivierte. Mit ziemlicher Sicherheit wurden aber auch die weltlichen Autoritäten in Frage gestellt.

Das entscheidende Merkmal der neuen Regierungsform war die

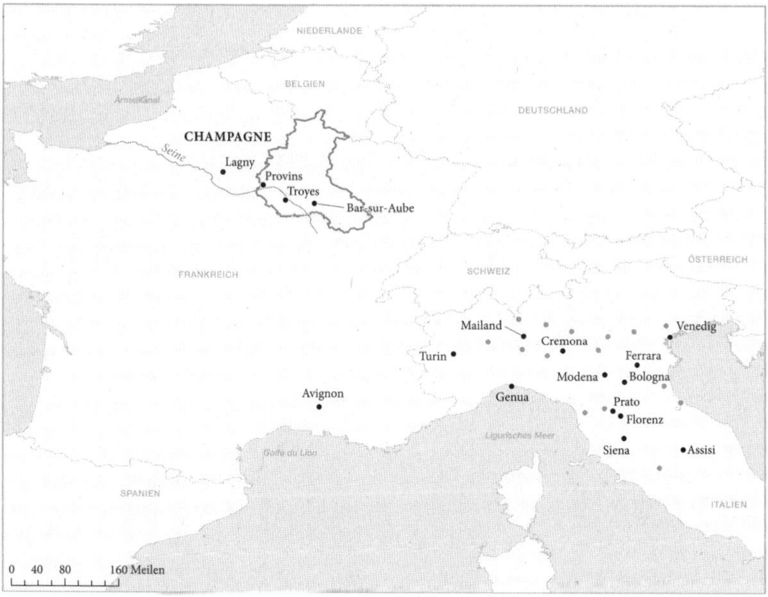

Karte 7: Die italienischen Kommunen und die Champagnemessen

Wahl von Konsuln, die die Stadt eine bestimmte Zeit lang regieren durften, durch die Bevölkerung. In Pisa wurden 1085 zwölf solcher Konsuln durch eine Volksversammlung bestimmt. In Siena geschah dasselbe ein wenig später, im Jahr 1125. Während dieser Zeit bildeten sich in ganz Nord- und Mittelitalien Kommunen: Mailand 1097, Genua 1099, Padua 1112, Bergamo 1117 und Bologna 1123. Nominell gehörten sie zwar zum Heiligen Römischen Reich, doch de facto waren sie autonom, was ihnen 1183 im Frieden von Konstanz von Kaiser Friedrich Barbarossa auch zugestanden wurde. Die Kommunen erhielten vertraglich sogar das Recht zum Bau von Wehranlagen, was vielleicht ein Eingeständnis des Unabänderlichen war. Barbarossa schien darüber nicht sehr glücklich, verstand er doch, was die Freiheitsbestrebungen der Gemeinden für Folgen hatten. Bischof Otto von Freising, Barbarossas Onkel, berichtete in *Die Taten Friedrichs* über die Schwierigkeiten, die die Gemeinden Barbarossa bereiteten:

> Auch in der Verwaltung der Städte und in der Bewahrung der Staatsform … lieben sie die Freiheit so stark, dass sie sich … lieber von Konsuln als von Herrschern regieren lassen. … um keinen Hochmut aufkommen zu lassen, [werden] diese Konsuln nicht aus einem, sondern aus allen Ständen gewählt, und damit sie sich nicht zur Herrschsucht verleiten lassen, werden sie fast jedes Jahr ausgetauscht. So kommt es, dass das Land fast vollständig unter Stadtstaaten aufgeteilt ist … dass man ferner kaum einen Edlen oder Großen von noch so großem Ehrgeiz findet, der sich nicht trotzdem der Herrschaft seines Staates beugte.

Dabei erkannte Bischof Otto sehr wohl den Zusammenhang zwischen der politischen Autonomie und dem Wohlstand der Gemeinden:

> So kommt es, dass sie an Reichtum und Macht die übrigen Städte der Welt übertreffen. Förderlich war ihnen dabei nicht nur, wie gesagt, ihr tatkräftiger Charakter, sondern auch die Abwesenheit der Herrscher [d.h. des Kaisers], die sich angewöhnt haben, im transalpinischen Gebiet zu bleiben.

Sehen wir uns die Funktionsweise einer solchen Stadtregierung am Beispiel der politischen Institutionen des republikanischen Siena zur Zeit der Neun einmal genauer an. Ihre Grundlage war die Versammlung aller erwachsenen männlichen Bürger. Zur Zeit von Lorenzetti war diese Einrichtung zwar schon im Schwinden begriffen, aber sie stand in Sienas Verfassung und scheint zu besonderen Anlässen noch stattgefunden zu haben, etwa wenn der neue oberste Magistrat, der Podestà, sein Amt antrat. Mitte des 14. Jahrhunderts hatte die Rolle dieser Versammlung ein Rat übernommen, der als »Rat der Glocke« bezeichnet wurde, da er durch das Läuten einer Glocke zusammengerufen wurde. Der Rat bestand aus 300 männlichen Bürgern, von denen jeweils 100 für ein Jahr von den drei Stadtbezirken Sienas, genannt *terzi*, gewählt wurden. Wahlberechtigt für diese Körperschaft waren die Neun, der Podestà und andere Gemeindebeamte wie der Kämmerer, die vier Hauptverwalter der städtischen Kasse, genannt »Verweser«, sowie die ernannten Richter. Die Hauptfunktionen der Verwaltung fielen dem Podestà und den Neun zu, und es gab weitere kleine Gruppen von Konsuln, die spezifische Interessen vertraten, vor allem jene der mächtigen Kaufmannschaft und der alten Adelsfamilien.

Der Podestà war eine interessante Institution, über die die meisten italienischen Gemeinden verfügten. Der Titel ist aus dem Lateinischen abgeleitet und bedeutet wörtlich »Macht«. Dieses Amt durfte nur jemand übernehmen, der nicht aus Siena stammte, damit seine Unabhängigkeit von den verschiedenen Familienverbänden und Parteien der Gemeinde garantiert war. Zu seinen Pflichten gehörte die Rechtsprechung sowie die Einberufung und Leitung des Rats der Glocke. Der Podestà wirkte aber nicht allein, er rekrutierte zur Unterstützung seiner Tätigkeit weitere Amtsträger. Im Jahr 1295 kam zum Beispiel Bernard de Verano nach Siena und brachte aus seiner Provinz sieben Richter, drei Ritter, zwei Notare, sechs Junker und 60 Ordnungshüter mit. Seine Amtszeit betrug wie damals üblich sechs Monate. In den 1340er Jahren wurde jedoch die Amtszeit des Podestà auf ein Jahr ausgedehnt, allerdings ohne die Möglichkeit einer sofort daran anschließenden Wiederwahl. Den nachfolgenden Podestà ernannte ein Rat, bestehend aus den Neun, 60 zu diesem Zweck ausgewählten Männern, den Konsuln der Kaufmannschaft und den Rittern. Dieses Gremium bestimmte einen der vier von den Neun vorgeschlagenen Kandidaten zum neuen Podestà.

Dem Podestà war verboten, von den Bürgern Geschenke anzunehmen oder zusammen mit ihnen zu speisen. Er durfte sich nicht weiter als eine Tagesreise von der Stadt entfernen, und jeder neue Podestà musste in einem anderen *terzo* als sein Vorgänger residieren. War seine Amtszeit abgelaufen, hatte der Podestà noch zwei Wochen lang in Siena zu verbleiben, bis eine Untersuchung über seine Amtstätigkeit abgeschlossen war. Oft musste er danach Bußgelder zahlen.

Das Gremium der Neun in der Form, wie es nach 1292 bestand, hatte sich im Lauf der Zeit entwickelt. Zwischen 1236 und 1271 hatte es die »Vierundzwanzig« gegeben, nach diesen die »Sechsunddreißig«. Im 13. Jahrhundert versuchte man es in Siena mit Gremien aus 15, 9, 18 und 6 Mitgliedern. Deren Zahl musste stets durch drei teilbar sein, da jeder *terzo* die gleiche Anzahl von Vertretern stellen sollte. Die Neun, die Lorenzettis Fresken in Auftrag gaben, waren von einer Versammlung gewählt worden, die aus den vorangegangenen Neun, dem Podestà, den Konsuln der Kaufmannschaft und dem Capitano del Popolo bestand. Letzterer war ein weiterer Amtsträger, der ursprünglich den *popolo*, das gemeine Volk, vertrat. Die Mitglieder der Neun, deren Amtszeit zwei Monate dauerte, konnten erst nach Ablauf von 20 Monaten erneut in dieses Gremium gewählt werden.

Der Amtseid legte die Aufgaben der Neun fest. Sie mussten schwören, die Gemeinde Siena »in gutem Frieden und Eintracht« zu bewahren, was sehr nach dem klingt, was wir bisher als Freiheit bezeichnet haben, einschließlich der Freiheit von Dominanz durch staatliche Institutionen. Aus dem Amtseid ging klar hervor, dass die Fesseln, die dem Leviathan angelegt wurden – in diesem Fall den Neun – entscheidend für diese Art Freiheit waren. Die Mitglieder der Neun mussten geloben,

> dass durch Eure Dienstleute und Beamten unterschiedslos Recht und Gerechtigkeit geübt und vollstreckt wird gegenüber den Bürgern und Personen, die Euch unterstehen. Und dass die Gesetze der Gemeinde sowie ihre Verordnungen gegenüber jeder Person eingehalten werden, die dies verlangt.

Doch damit nicht genug. Den Neun wurde auch aufgegeben, die wirtschaftliche Entwicklung zu fördern, was in gewissem Grad die Rolle des Gefesselten Leviathans bei der Schaffung von Wohlstand vorwegnimmt.

> Ihr habt für die Erweiterung, das Wachstum und die Erhaltung der Stadt Siena Sorge zu tragen.

Verglichen mit Dutzenden anderen Gemeinden in Nord- und Mittelitalien, war Siena nichts Besonderes, abgesehen von den wunderbaren Fresken, die so beeindruckend verdeutlichen, worauf die Institutionen dieser Stadt abzielten. Doch zur Zeit der Neun war die ursprüngliche Intention der Volksherrschaft, die zur Gründung der Gemeinde Siena geführt hatte, einem oligarchischen System gewichen, bei dem reiche Familien eine übergroße Rolle spielten. In verschiedenen anderen Kommunen hingegen bestanden weiterhin mächtigere Volksversammlungen als in Siena, die ein Gegengewicht zu den oligarchischen Interessen bildeten. Fast alle diese Gemeinden hatten ähnliche Merkmale wie Siena. Sie waren Republiken, geführt von gewählten Konsuln oder Magistraten, deren Macht strikte Grenzen auferlegt waren. Repräsentative Körperschaften wie die Volksversammlungen oder Räte legten der Staatsmacht und deren Vertretern Fesseln an. Sie waren keiner aristokratischen oder kirchlichen Autorität verpflichtet, sondern autonome Einheiten, gestützt von einer starken Gesellschaft, die fähig war, sich gegen die Macht des im Werden begriffenen Staates zu behaupten. Dies beeindruckte den Reisenden Benjamin von Tudela, als er um 1165 Genua, Lucca und Pisa besuchte. Er schrieb:

> Sie haben weder einen König noch einen Fürsten, der sie regiert, sondern nur Richter, die sie selbst ernennen.

Genau dies zeigt die *Allegorie der guten Regierung*. Wie schon erwähnt, wird der rechts thronende Herrscher von sechs Kardinaltugenden flankiert. Interessanterweise ist die am weitesten links vom Herrscher platzierte Tugend die des Friedens, wodurch sie genau das Zentrum des Freskos bildet oder, wie der Philosoph Quentin Skinner in seinen Anmerkungen zu den Fresken schreibt, das »Herz unseres gemeinschaftlichen Lebens«. Links vom Frieden sitzt eine weitere bedeutende Figur, die Gerechtigkeit. Man erkennt sie an der Waage, die sie in Händen hält. Von ihr ausgehend verläuft eine Kordel bis zum Herrscher auf der anderen Seite des Bildes und passiert dabei die 24 Figuren der Vierundzwanzig, die früher Siena als Konsuln gedient hatten. Die Vierundzwanzig erhalten die Kordel von einer sitzenden Figur namens »Concordia«, Eintracht, auf deren Schoß ein Zimmermannshobel liegt. Mit einem Hobel glättet man raue Oberflächen und macht sie eben, was möglicherweise »die Herrschaft des Gesetzes« versinnbildlichen soll – die Forderung, dass in Siena das Gesetz unterschiedslos für jeden Bürger gilt.

Bezeichnend ist, dass die Vierundzwanzig, die die Gesellschaft verkörpern, die Kordel halten, jedoch nicht durch sie gefesselt sind. Dies scheint zu besagen, dass die Herrschaft von der Gesellschaft erteilt, aber ihr nicht übertragen wird. Die Kordel, die auf die andere Bildseite bis zum Herrscher verläuft, ist auffällig um sein Handgelenk geknotet – der Leviathan ist gefesselt durch die von der Gerechtigkeit ausgehende Macht.

Tatsächlich gab es verschiedene Arten von »Kordeln« zur Kontrolle der Neun. Nicht nur, dass ihre Amtszeit auf zwei Monate begrenzt war, eine Amtsperson namens *maggior sindaco*, die wie der Podestà stets von außerhalb Sienas stammen musste, konnte jeden Vorschlag zu einer Verfassungsänderung ablehnen. Um eine Maßnahme, die der *maggior sindaco* abgelehnt hatte, dennoch zu verabschieden, musste eine qualifizierte Mehrheit von drei Viertel der Räte bei einem Quorum von mindestens 200 Räten sie billigen.

Es waren nicht nur Gesetze und Institutionen, sondern auch Normen, die zum Schutz der Gemeinde vor den Neun und anderen politisch mächtigen Personen aufgestellt wurden. Beispielsweise konnte man, ähnlich wie die Athener es mit ihrem Hybris-Gesetz praktizierten, Politikern, die Machtallüren zeigten, einen buchstäblich »schlechten Namen« anhängen. Man denke etwa an den Mailänder Girardo Cagapisto, der in Mailand zwischen 1141 und 1180 vierzehnmal Konsul war. Der erste Teil seines Namens, »Caga« oder »Caca«, bedeutet Scheiße, und »Pisto« Soße. Weitere Beispiele für Politiker, deren Familienname das Fäkalwort enthält, sind die Brüder Gregorio und Guilielmo Cacainarca, was »Scheiß in die Truhe« bedeutet. Ähnlich verhält es sich beim Konsul Arderico Cagainosa, der zwischen 1140 und 1144 im Amt war; übersetzt bedeutet sein Name »Scheiß in die Hose«. Zu den prominenten politischen Familien gehörten auch die Cacainbasilica (»Scheiß in die Kirche«), die Cacarana (»Froschscheiße«), die Cagalenti (»Scheiß langsam«) und die Cagatosici (»Giftige Scheiße«). Werde zu mächtig oder benimm dich daneben, und schon riskierst du, einen Nachnamen mit dem Bestandteil Caca verpasst zu bekommen.

Auch weitere Teile des Freskos sind erwähnenswert. Zu Füßen des Herrschers, ein wenig rechts, knien zwei Adlige in Rüstung. Sie versinnbildlichen die Autorität der Kommune über die Aristokratie, die ebenfalls durch die Gerechtigkeit gefesselt wird. Hinter den beiden wacht eine Gruppe Soldaten mit Lanzen, womöglich die Sondertruppe, die die Neun 1302 rekrutiert hatten, um die Siena umgebenden Landstriche zu kontrollieren.

Dies alles klingt sehr nach Freiheit von Angst (aufgrund des Friedens), von Gewalt (aufgrund der Gerechtigkeit) und Dominanz (da der Staat und die Eliten durch Gesetze und den Volkswillen im Zaum gehalten werden). Die Inschrift unter dem Fresko lautet:

> Wo diese heilige Tugend [Gerechtigkeit] regiert,
> führt sie die vielen Seelen zur Einheit,
> und diese, so vereint,
> setzen das Gemeinwohl als ihren Herrn ein.
> Dieser, um seinen Staat zu regieren, entscheidet sich
> niemals die Augen abzuwenden
> vom Glanz der Antlitze
> der Tugenden, die ihn umgeben.
> Deshalb werden ihm im Triumph
> Steuern, Abgaben und Landherrschaften überreicht.
> Deshalb, ohne Krieg
> tritt jegliche bürgerliche Wirkung ein,
> nützlich, nötig und freudig.

Diese Erklärung enthält eine vielsagende Assoziation: Das Gemeinwohl wird der Herrschaft gleichgesetzt. Die politische Form der Gemeinde dient dem Gemeinwohl, weil der Herrscher an die Gerechtigkeit gebunden ist, und zwar mittels der Bürger. Das Fresko verdeutlicht somit, dass es die Herrschaft der Gesellschaft ist, die dafür sorgt, dass die Gemeinde dem Gemeinwohl dient.

Die Auswirkungen der guten Regierung

In Kapitel 2 haben wir dargelegt, wie ein mächtiger Staat nicht nur Schutz vor Gewalt und Dominanz bieten, sondern auch öffentliche Dienstleistungen bereitstellen kann. Diese entscheidende Rolle finden wir auch im Staat von Siena. Die Leute, die der Podestà in die Stadt mitbrachte, hatten die Aufgabe, den Gesetzen Geltung zu verschaffen, Konflikte zu lösen sowie notarielle und andere wirtschaftsfördernde Dienste zu leisten. Zudem geht aus den erhaltenen Kassenbüchern über die ersten sechs Monate des Jahres 1257 hervor, dass an die 860 Amtspersonen in Siena tätig waren. Dazu gehörten 171 Nachtwächter, 114 Zöllner, 103 Rechtsvertreter der Stadtbezirke und 90 Steuereinnehmer. Daneben gab es Beauftragte für Maße und Gewichte, die Kontrolle des Getreide- und Salzhandels, Gefängniswärter und Henker, Trompeter, Steinmetze für die Instandhaltung der öffentlichen Gebäude und Brunnenaufseher. Hinzu kamen noch sechs »gute Männer«, die die Tavernen beaufsichtigten und gegen das Fluchen einschritten, und weitere sechs, zu deren Aufgaben es gehörte, wilde Esel, Schweine und Aussätzige von der Stadt fernzuhalten. Auf der Straße Wolle zu spinnen war nicht erlaubt, und es gab noch eine Fülle weiterer von der Stadt erlassener Vorschriften und Verbote. Zum Beispiel musste für jeden neuen Hausbau innerhalb der Stadtmauern eine Planungserlaubnis eingeholt werden, und die Stadt schrieb sogar vor, dass nur Ziegelsteine und Dachziegel einer bestimmten Größe und von gleicher Art zu verwenden waren. In anderen Gemeinden herrschte ebenfalls eine solche Vielzahl von Ämtern und Regelungen.

Großes Geschick bewiesen die Kommunen zudem bei der Erhebung von Steuern. Schließlich musste jemand für all diese Amtspersonen aufkommen. Die Gemeinden verwendeten die Steuereinnahmen jedoch auch für öffentliche Dienstleistungen. Manche wie etwa die Vereinheitlichung von Maßen und Gewichten haben wir in der obigen Aufzählung der Verwaltungsaufgaben bereits erwähnt, aber es gab noch viele weitere, darunter eine Feuerwehr, ein Amt für die Münzprägung und eines für den Bau und den Unterhalt von Straßen und Brücken. Im Jahr 1292 berief Siena einen »Richter der Straßen« ins Amt, der schon bald von drei Bevollmächtigten für das Straßenwesen Unterstützung erhielt. Um sicherzustellen, dass die Menschen gefahrlos reisen konnten, wurde ein »Säuberer der Landstraßen« ernannt, allerdings wurde dieses Amt wieder abgeschafft, nachdem die Neun ein weit umfassenderes System für die Aufrechterhaltung der Ordnung auf dem Land eingeführt hatten. Zum Schutz des Eigentums und der Rechte der Sieneser Kaufleute, wohin immer sie auch reisten, ersann die Stadt »Vergeltungsmaßnahmen« gegen Kaufleute und Bürger anderer Gemeinden, die sich eines Übergriffs gegen einen Sieneser Bürger schuldig gemacht hatten.

Die öffentlichen Dienstleistungen und die Förderung der Freiheit, die in Siena praktiziert wurden, sind in dieser Zeit außerhalb Nord- und Mittelitaliens beispiellos. Aber das war noch nicht alles, was der Staat Siena förderte. Er bot auch der Wirtschaft breitgefächerte Anreize und Chancen.

Dies wird einem vor Augen geführt, wenn man in der *Sala dei Nove* den Blick nach rechts auf ein weiteres großes Fresko von Lorenzetti wendet, *Die Auswirkungen der guten Regierung* (das ebenfalls im Bildteil zu sehen ist). Das Fresko zeigt eine Panoramaansicht des Lebens in der Stadt und auf dem Land. Auf der linken Bildseite wimmelt es in der Stadt von Menschen. Im Vordergrund tanzt eine Gruppe von Frauen, aber am erstaunlichsten ist das rege Wirtschaftstreiben. Rechts von den Tänzerinnen verhandelt ein Ladeninhaber mit einem Mann, der sein Pferd am Zügel hält, um ein Paar Schuhe. Rechts von ihnen predigt ein Priester, und eine Frau stellt an einem Stand Krüge mit Olivenöl oder Wein zum Verkauf bereit. Ein Mann mit einem Maultier zieht vorüber, das Tier ist mit Feuerholz beladen. Andere Leute arbeiten an einem Webstuhl oder treiben eine Herde Schafe. Zwei Frauen, die eine mit einem Korb und die andere mit einem Vogel, sind vermutlich auf dem Weg zum Markt. Und weiter im Hintergrund trotten zwei mit Waren beladene Pferde vorbei. Am oberen Rand des Freskos werkelt ein Trupp Bauarbeiter eifrig an der Fertigstellung der schönen Türme, die das Stadtbild zieren.

Auf der rechten Bildhälfte werden die Auswirkungen der guten Regierung auf das Land dargestellt. Auch hier sieht man wieder die weitreichenden wirtschaftlichen Folgen, die der Gefesselte Leviathan und die Freiheit mit sich bringen. Über der Szenerie des Landlebens schwebt die Figur der Sicherheit mit einem entrollten Pergament, auf dem der direkte Zusammenhang von Wohlstand und Freiheit verdeutlicht wird:

> Ohne Angst gehe jedermann frei seines Weges,
> und es wird gesät und die Felder werden bestellt,

> solange die Kommune die Herrschaft dieser Dame [Justitia] aufrechterhält,
> denn sie hat die Bösen aller Macht beraubt.

Das Fresko zeigt eine Szene, die mit diesen Worten übereinstimmt. Im Vordergrund sehen wir Bauern bei der Arbeit auf einem prächtig gedeihenden Weizenfeld. Eine Jagdgesellschaft zieht durch die Stadttore hinaus, während in der Gegenrichtung Händler ihre Waren und ein Schwein in die Stadt bringen, um sie dort zu verkaufen. Im Hintergrund sind weitere Menschen damit beschäftigt, zu säen, die Ernte einzubringen und Getreide zu dreschen. Eine friedliche, glückliche Szenerie mit gutbestellten Feldern und schönen Häusern.

Die Botschaft ist klar: Zu den vielen Vorzügen einer guten Regierung gehört auch die wirtschaftliche Blüte. Stimmt das, oder hat Lorenzetti dies nur vorgegaukelt? Bestand wirklich eine Verbindung zwischen gemeinschaftlicher Verwaltung und wirtschaftlicher Entwicklung?

Wie der heilige Franziskus zu seinem Namen kam

Das Leben eines der berühmtesten Heiligen des Mittelalters, Franziskus von Assisi, gibt hierzu einige Antworten. Franziskus ist berühmt für seine Liebe zu den Tieren und der Natur, und ihm verdankt die Christenheit die Darstellung der weihnachtlichen Geburtsszene im Krippenspiel. Sein Namenszusatz »von Assisi« rührt aus seiner Abstammung aus der Gemeinde Assisi in Mittelitalien her, wo er vermutlich 1182 zur Welt kam. Der Vorname »Franziskus« bzw. original »Francesco« gibt mehr Rätsel auf, denn geboren wurde er als Giovanni di Bernardone. Woher also der Name Franziskus?

Franziskus' Vater Pietro di Bernardone, ein wohlhabender Seidenhändler, war bei Giovannis Geburt geschäftlich in Frankreich tätig. Pietro hatte eine Frau aus der Provence geheiratet, Pica de Bourlemont. Nach seiner Rückkehr nach Assisi gewöhnte sich Pietro an, seinen Sohn Francesco (»kleiner Franzose«) zu rufen, vielleicht als Zeichen seiner Liebe zu Frankreich.

Diese Liebe schien mit Pietros Geschäften zu tun gehabt zu haben. Im Jahr 1174, acht Jahre vor Franziskus' Geburt, hatten italienische Kaufleute zum ersten Mal an den »Champagnemessen« in Nordfrankreich teilgenommen (siehe Karte 7 auf Seite 187). Diese Messen fanden sechsmal im Jahr in vier verschiedenen Städten der Champagne statt: in Bar-sur-Aube, Lagny-sur-Marne, Provins und Troyes. Jede Messe dauerte gewöhnlich sechs Wochen, nach denen es eine Pause gab, damit die Händler in die nächste Stadt ziehen konnten. So entwickelten sich die Champagnemessen zu einem Markt, der fast das ganze Jahr geöffnet hatte.

Verschiedene spezielle Umstände trugen dazu bei, dass die Champagne zu einem Magneten für den Handel wurde. Zum einen war es ihre geographische Lage: Die Champagne wurde zunächst zum Treffpunkt von Händlern aus ganz Frankreich und begann nach und nach Kaufleute aus den florierenden Städten Flanderns und der Niederlande anzuziehen. Der wichtigste Vorzug der Champagne waren aber die dortigen wirtschaftlichen Institutionen, die den Handel enorm erleichterten. Die Grafen der Champagne wussten, dass ein reger Handel auch ihnen selbst zugutekam. Als 1148 Geldwechsler aus Vézeley auf dem Weg zur Messe in Provins ausgeraubt wurden, schrieb Graf Theobald II. an den französischen Regenten und verlangte, dass die Geldwechsler entschädigt wurden. »Ich werde eine solche Missetat nicht straffrei durchgehen lassen, die nichts weniger als meine Messen zu ruinieren droht.« Graf Theobald mochte die Messen, weil er sie mit Steuern belegen konnte; und ohne Händler auch keine Steuereinnahmen. In den 1170er Jahren hatten die Grafen der Region begonnen, spezielle »Messe-Wächter« einzuführen, die über polizeiliche, ordnungsbehördliche und gerichtliche Befugnisse verfügten. Vermutlich war es diese Innovation, die italienische Händler, und darunter auch Pietro di Bernardone, veranlassten, über die Alpen zu den Messen zu reisen. Aber nicht nur die Grafen spielten eine Rolle. Drei der Städte in der Champagne, Provins, Bar-sur-Aube und Troyes, besaßen Privilegien, die sie berechtigten, während dieser Zeit städtische Gerichtshöfe zu eröffnen, an denen vor allem Streitfälle um vertragliche Vereinbarungen und andere Konflikte zwischen den Kaufleuten verhandelt werden konnten.

Diese institutionellen Innovationen zielten vor allem darauf, Ordnung und Sicherheit aufrechtzuerhalten sowie Streitigkeiten zu schlichten. Durch den stetig steigenden Anteil italienischer Händler an den Messen begannen diese Innovationen selbst in Italien ihre Wirkung zu entfalten. Im Jahr 1242 wurde eine Gruppe italienischer Kaufleute auf dem Weg zu den Champagnemessen von einer Bande aus Piacenza gekidnappt und ausgeraubt. So etwas wollte der Graf der Champagne nicht dulden. Er schrieb an die Behörden von Piacenza und drohte, sämtliche Händler aus Piacenza von den Messen auszuschließen, sollten die Opfer keine angemessene Entschädigung erhalten. Nachdem sie für Sicherheit und Ordnung gesorgt und Instanzen zur Streitschlichtung eingeführt hatten, wurden die örtlichen Behörden noch ehrgeiziger und begannen, die Straßen zu verbessern und einen Kanal zwischen der Seine und Troyes anzulegen.

Die Champagnemessen sind eines der berühmtesten Beispiele für die sogenannte Revolution des Handels im Mittelalter. Die italienischen Gemeinden standen dabei in deren Zentrum, was kein Zufall war. Das kommunale Regierungssystem ermöglichte die Einführung von Gesetzen und wirtschaftlichen Institutionen, die nach der ökonomischen Krise infolge des Zusammenbruchs des Weströmischen Reichs im späten 5. Jahrhundert einen raschen Aufschwung des Handels und anderer ökonomischer Aktivitäten erlaubte. Aufgrund seiner geographischen Lage profitierte Italien besonders von dieser Blüte. Im Osten und Süden des Landes lagen das Byzantinische Reich und die neuen muslimischen Staaten, von denen wir schon in Kapitel 4 gesprochen haben und die Gewürze und viele Luxusgüter exportierten. Im Norden gab es England und Flandern. England produzierte die hochwertigste Wolle, Flandern fertigte das begehrteste Tuch. Die Bühne für ein riesiges Tauschsystem war demnach bereitet: Wolle und Kleidung gegen Luxuswaren und Gewürze. Süditalien, Mitte des 12. Jahrhunderts von normannischen Königen regiert, und Spanien lagen ebenfalls sehr günstig, hatten aber keine kommunalen Regierungen. So kam es in keinem dieser beiden Länder zu einem Handelsvolumen wie in den kommunal verwalteten Städten Nord- und Mittelitaliens. Dies stand in engem Zusammenhang damit, wie die Gemeinden die für den Handel notwendigen Institutionen förderten.

Offensichtlich wird dies bereits an einer finanztechnischen Neuerung, die für den Handel von entscheidender Bedeutung war. Auch hierbei bereiteten die Italiener den Weg. Als sich ihre Geschäfte in Europa immer mehr ausweiteten, richteten sie überall, wo sie tätig waren, Stützpunkte ein. Noch wichtiger aber war die Erfindung des Wechsels als Zahlungsmittel. Er wurde zum zentralen Instrument des mittelalterlichen Warenverkehrs. Man stelle sich vor, ein Florentiner Tuchfabrikant wollte in England hochwertige Norfolk-Wolle kaufen. Er konnte mit einem Sack voll italienischer Dukaten nach England reisen, jemanden in London suchen, der ihm die Dukaten in Pfund eintauschte, die Wolle sodann kaufen und sie nach Italien transportieren. Oder er konnte einen Wechsel verwenden. In der Regel sind an einem Wechsel vier Parteien beteiligt: der Überweisende (der Tuchfabrikant), der Aussteller (die Bank des Fabrikanten in Florenz), der Bezogene (die mit der Florentiner Bank korrespondierende Bank in England) sowie der Zahlungsempfänger (der Wollhändler in London). In diesem Fall würde in Florenz der Überweisende dem Aussteller die Dukaten zur Bezahlung des Wechsels übergeben. Der Aussteller würde den Wechsel an den Zahlungsempfänger in London weiterleiten, der seinerseits den Wechsel dem Bezogenen vorlegen würde und von ihm den betreffenden Betrag in englischen Pfund ausbezahlt erhielte. Sodann könnte der Zahlungsempfänger seine Wolle nach Florenz senden. Der Wechsel, der in Florenz mit Dukaten bezahlt wurde, ermöglichte in London die Auszahlung des entsprechenden Betrags in Pfund.

Die Florentiner Bank benötigte nicht einmal eine Zweigstelle in London. Sie musste nur mit einer Bank kooperieren, die eine solche Zweigstelle hätte. Das Aufkommen des internationalen Bankenwesens und das Instrument des Wechsels erleichterten die internationalen Transaktionen enorm. Mit dem Wechsel ist auch eine Art Kredit verbunden. Der Tuchfabrikant musste warten, bis er die georderte Wolle bekam, und räumte dadurch unfreiwillig dem Londoner Wollhändler einen Kredit ein. Dieser Umstand wurde durch die Zahlung von »Zins« kompensiert, auch wenn es meist nicht so bezeichnet wurde, sondern sich durch abweichende Wechselkurse ergab. Angenommen, der Tuchfabrikant wollte in London Wolle im

Wert von 100 Pfund kaufen, und nach dem Wechselkurs in Florenz hätte dies einen Betrag von 1000 Dukaten ausgemacht. In diesem Fall wäre beim Umtausch des Wechsels in Pfund ein niedrigerer Wechselkurs zugrunde gelegt worden. Findige Italiener ersannen aber schon bald ein neues Kreditinstrument, den »Trockenwechsel«, bei dem gar keine Güter mehr bewegt werden mussten und die Verwendung abweichender Wechselkurse im Vorhinein festgelegt war.

Der Begriff »Trockenwechsel« klingt kreativ und völlig harmlos. Aber die Sache, die er bezeichnete, war provokant, weil der Geldverleih gegen Zins als »Wucher« galt und zu den vielen ökonomischen Aktivitäten zählte, die im Mittelalter aufgrund von Normen, Bräuchen und Überzeugungen nicht gutgeheißen wurden oder sogar verboten waren. Im Lukasevangelium erklärt Jesus: »Tut Gutes und leiht, ohne etwas zurückzuerwarten.« Nach kirchlicher Lehrmeinung war die Zinserhebung auf Kredite sündhafter Wucher. Dies stellte für den Aufbau eines effizienten Finanzsystems ein großes Problem dar. Bekanntlich verfügen manche Menschen über mehr Kapital und Reichtum als andere. Unter diesen anderen gibt es aber vielleicht welche, die lukrativ erscheinende Geschäftsideen entwickeln, zu deren Verwirklichung ihnen jedoch die Mittel fehlen. Ein funktionierendes Finanzsystem würde den kapitalstarken Menschen erlauben, jenen mit den Ideen Kredite zu gewähren. Der Zins ist der Ertrag, durch den solche Transaktionen überhaupt zustande kommen und der den Gläubiger dafür entschädigt, dass er auf andere Investitionsmöglichkeiten verzichtet und das Risiko des Verlusts eingeht. Den Geldverleih zu unterbinden, weil er eine Sünde sei, hieße die Entwicklung eines Finanzsystems zu verhindern. Die Blüte der italienischen Stadtstaaten ist zum Teil auch der Tatsache zu verdanken, dass Innovationen wie der »Trockenwechsel« den Geldverleih und die Kreditvergabe ermöglichten, ohne dass die Beteiligten riskierten, als Sünder oder Wucherer gebrandmarkt zu werden. Die Kirche hielt zwar nach wie vor an ihrem Dogma fest, aber Neuerungen wie diese öffneten den Normenkäfig ein Stück weit und ebneten dadurch den Weg für einen beträchtlichen Zuwachs von Investitionen und Handel. Es waren nicht nur die innovationsfreudigen Italiener, die den Normenkäfig aufbrechen wollten. Als sich im Korridor langsam Leben regte, wurde es immer schwieriger, Beschränkungen der sozialen und wirtschaftlichen Freiheiten aufrechtzuerhalten. Selbst die Kirche begann die Gitterstäbe des Käfigs ein wenig zu lockern. Der heilige Thomas von Aquin zum Beispiel erlaubte, dass ein Schuldner seinem Gläubiger unter bestimmten Umständen einen »Ausgleich« zukommen ließ, und dies erwies sich als probate Rechtfertigung für zinsähnliche Zahlungen. Die Öffnung des Normenkäfigs verschaffte den Italienern einen beträchtlichen wirtschaftlichen Vorteil, als sie begannen, in ganz Europa als Finanzvermittler zu fungieren. Auch hierbei war das institutionelle Umfeld, das die italienischen Kommunen boten, entscheidend. Anderswo waren solche Aktivitäten nicht willkommen. Im Jahr 1394 zum Beispiel drohte der König von Aragon damit, sämtliche italienischen Kaufleute in Barcelona wegen »Wuchers« vor Gericht zu bringen.

Es gab noch weitere Innovationen, bei denen die Italiener ebenfalls führend waren. So ersannen sie die Handelsversicherung, bei der eine dritte Partei für die Risiken beim Handel haftete. Außerdem entwickelten sie viele verschiedene vertragliche Regelungen, die den Handel erleichterten. Eine davon war die *commenda*, eine zeitweilige Partnerschaft zwischen zwei Personen, bei der die eine das Kapital für ein Handelsgeschäft zur Verfügung stellte und die andere dieses Geschäft ausführte. Nach dessen Abschluss teilten sich die beiden Partner den Gewinn. Auch mit der *commenda* ließen sich die Wuchergesetze umgehen. Zudem entwickelten die Italiener lange bestehende Organisationsformen, die zu Vorläufern der Aktiengesellschaften wurden. Sie erlaubten Menschen, die nicht aktiv am laufenden Geschäftsleben teilnahmen, Kapital einzusetzen und Erträge in Form von Dividenden zu erzielen. Von ebenso großer Bedeutung war die Neuerung, mit schriftlich verfassten Urkunden Besitzrechte zu dokumentieren und notariell beglaubigen zu lassen. In den 1280er Jahren gab es in Städten wie Mailand oder Bologna 25 Notare je tausend Einwohner.

Der Handel benötigte eine fortschrittliche Kontoführung. Es ist kein Zufall, dass ein Italiener aus Pisa, Leonardo Fibonacci, 1202 die Buchführung durch die Übernahme des arabischen Zahlensystems revolutionierte. Dadurch erleichterte sich die Finanzkalkulation erheblich. Mitte des 14. Jahrhunderts wurde in Italien erstmals die doppelte Buchführung angewandt.

Die kommerzielle Revolution ging mit einem enormen Wirtschaftswachstum einher und stimulierte auch außerhalb des Finanzsektors Innovationen. Zwar stehen nicht ausreichend Belege zur Verfügung, um das Nationaleinkommen in diesem Zeitraum zu rekonstruieren, jedoch lässt sich die Wirtschaftsentwicklung anhand des Urbanisierungsgrads einschätzen – wie viele Menschen der Gesamtbevölkerung in Städten mit mindestens 5000 Einwohnern lebten. In Westeuropa verdoppelte sich der Urbanisierungsgrad von etwa 3 Prozent im Jahr 800 nach Beginn der kommerziellen Revolution auf 6 Prozent im Jahr 1300. Dort, wo diese Revolution am stärksten ausgeprägt war, erfolgte der Anstieg noch weit schneller. In Gesamtitalien nahm die Urbanisierung im genannten Zeitraum von 4 auf 14 Prozent zu. Darin enthalten ist jedoch auch Süditalien, wo kein Aufschwung von Handel und Gemeinden stattfand. Somit lag der Urbanisierungsgrad in Norditalien zweifellos weit höher und wird für die Toskana auf 25 Prozent geschätzt. Andernorts, in Flandern und den Niederlanden, stieg die Urbanisierung bis zum Jahr 1300 von rund 3 auf 12 Prozent und bis zum Jahr 1400 noch einmal auf bemerkenswerte 23 Prozent.

Welche Dynamik in den urbanen Gemeinden herrschte, wird klar, wenn man ihre Bevölkerungszahl im umfassenderen europäischen Vergleich betrachtet. Im Jahr 1050 zählte nur eine italienische Stadt, Florenz, mit ihren rund 15 000 Einwohnern zu den 30 größten Städten Europas. Bis zum Jahr 1200 war die Florentiner Bevölkerung um 400 Prozent auf 60 000 Einwohner angewachsen, und inzwischen gehörten auch Bologna, Cremona, Ferrara, Genua, Padua und Venedig zu den 30 größten europäischen Städten. Schon 1330 entfiel ein Drittel dieser Kategorie auf italienische Kommunen, wobei die bevölkerungsreichste Venedig mit 110 000 Einwohnern war, gefolgt von Genua und Mailand mit jeweils 100 000. Siena hatte zu diesem Zeitpunkt 50 000 Einwohner. Nur in Paris und Granada, der Hauptstadt des hochurbanisierten muslimischen Spanien, lebten noch mehr Menschen als in Venedig, Genua und Mailand.

Ein weiteres Kennzeichen von Wirtschaftswachstum und zugleich eine entscheidende Voraussetzung für ökonomische Aktivität ist das Ausbildungsniveau der Arbeitskräfte. Dieses scheint sich während des besagten Zeitraums in Norditalien enorm verbessert zu haben. Zum Beispiel vermelden die »Neuen Chroniken«, eine im 14. Jahrhundert von Giovanni Villani verfasste Geschichte von Florenz, dass rund 8000 bis 10000 Jungen und Mädchen eine Elementarbildung erhielten und weitere 550 bis 600 eine höhere Bildung, während noch einmal 1000 bis 2000 Kinder Schulen besuchten, die speziell kaufmännische Kenntnisse vermittelten. Demnach hätte die Hälfte der Florentiner Bevölkerung in dieser Zeit eine Schule irgendwelcher Art besucht. Aus dem Florentiner *Catasto* von 1427, einer detaillierten Erhebung über die Stadtbevölkerung, ergibt sich, dass sieben von zehn männlichen Erwachsenen lesen und schreiben konnten – eine erstaunlich hohe Quote für diese Zeit. Einer Schätzung zufolge waren 1587 in Venedig 33 Prozent der Jungen lese- und schreibkundig.

Die Ausbreitung der Alphabetisierung und die wirtschaftliche Entwicklung werden auch aus den Daten zur Buchproduktion ersichtlich. Im 9. Jahrhundert kamen nur 10 Prozent der 202000 in Westeuropa produzierten Bücher aus Italien. Aber bereits im 14. Jahrhundert war Italien Westeuropas größter Buchhersteller mit einem Anteil von 32 Prozent an der europäischen Gesamtproduktion von 2747000 Exemplaren. Im 14. Jahrhundert hatte Italien mit einem Anteil von 39 Prozent auch mehr Universitäten als jede andere Region Westeuropas.

In diesem Zeitraum entwickelten sich noch weitere technische Verbesserungen, von denen manche für die kommerzielle Revolution von großer Bedeutung waren, beispielsweise Neuerungen im Schiffsbau und hierbei vor allem die Fortschritte des Heckruders (bis dahin ließen sich die Schiffe wie zur Zeit der Römer viel weniger exakt per Riemen steuern). In Italien wurden auch erstmals Brillen gefertigt, in Lucca entstand die erste mechanisierte Textilfabrik zur Produktion von Seidenstoffen, und in den 1360er Jahren stellte Giovanni de Dondi eine mechanische Uhr her, die neben der Zeit auch den Lauf von Sonne, Mond und Planeten anzeigte.

Die erste Katze auf den Kanarischen Inseln

Eine der bemerkenswertesten Errungenschaften der italienischen Gemeinden war ihr hoher Grad an sozialer Mobilität. Ein berühmtes Beispiel hierfür ist Francesco di Marco Datini. In der Historie seiner Heimatstadt, der Gemeinde Prato in der Toskana, ist nachzulesen, wie er wirtschaftlichen Erfolg erlangte.

> Zu der Zeit – so die Legende –, als die abenteuerlustigen Händler der Toskana zu fernen Ländern segelten, kam ein Kaufmann aus Prato auf eine weit entfernte Insel namens Canaria; und dort lud ihn der Inselkönig zu sich zum Mahl.
> Und der Kaufmann sah die gedeckte Tafel und an jedem Platz ein Mundtuch und darauf einen armlangen Prügel, dessen Verwendungszweck er nicht ergründen konnte. Als man jedoch an der Tafel Platz genommen hatte und die Speisen aufgetragen wurden, lockte ihr Duft solche Scharen von Mäusen an, dass die Gäste sie erst einmal mit Hilfe dieser Prügel verjagen mussten, um überhaupt essen zu können … Als der Kaufmann, der des Nachts auf sein Schiff zurückgekehrt war, anderntags wiederkam, hatte er im Ärmel seines Gewandes eine Katze versteckt, und als dann die Speisen aufgetragen wurden, erschienen auch schon die Mäuse. Da ließ der Kaufmann die Katze aus dem Ärmel. Im Handumdrehen hatte sie fünfundzwanzig oder dreißig Mäuse gefangen; die übrigen suchten das Weite. ›Dieses Tier ist fürwahr göttlich!‹, sprach da der König. Worauf der Kaufmann erwiderte: ›Majestät, die Gastfreundschaft, die Ihr mir erwiesen habt, ist so groß, dass ich sie Euch nur vergelten kann, indem ich Euch diese Katze überreiche.‹

Wahrscheinlich stimmt es nicht, dass di Marco Datini auf diese Weise reich wurde. Tatsächlich ist auch durch nichts belegt, dass er jemals zu den Kanarischen Inseln gesegelt wäre. Sicher ist jedoch seine Herkunft als Sohn eines armen Schankwirts. Geboren wurde er vermutlich 1335. Als er 13 Jahre alt war, suchte der Schwarze Tod, die Beulenpest, Italien heim, der sein Vater, seine Mutter und zwei seiner Geschwister zum Opfer fielen. Nur er und sein Bruder Stefano überlebten, und es gab ein wenig zu erben – ein Haus, ein kleines Stück Land und 47 Florin.

Etwa ein Jahr nach dem Tod des Vaters zog di Marco Datini nach Florenz und begann dort eine Lehre bei einem Ladenbesitzer. In dieser Zeit hörte er erstmals von der florierenden Stadt Avignon in Südfrankreich. Von 1309 bis 1376 residierte der Papst aufgrund eines Nachfolgestreits nicht in Rom, sondern in Avignon, und dank des päpstlichen Hofs hatte sich in Avignon ein großer, reger Markt etabliert, auf dem italienische Händler gute Geschäfte tätigten. Ein Großteil des Handels mit Luxuswaren und das Bankenwesen wurden von etwa 600 italienischen Familien dominiert, die in einem eigenen Stadtviertel lebten. Kurz nach seinem 15. Geburtstag verkaufte di Marco Datini seine kleine Landparzelle in Prato, um den Umzug nach Avignon finanzieren zu können. Im Jahr 1361, mit 26 Jahren, schloss er eine Partnerschaft mit zwei anderen Toskanern, Toro di Berto und Niccolò di Bernardo. Anfangs handelte er hauptsächlich mit Waffen und scheint dabei sehr erfolgreich gewesen zu sein, da er bei lokalen Konflikten beide Seiten belieferte. Für das Jahr 1368 beispielsweise verzeichnen seine Bücher einen Waffenverkauf im Wert von 64 *livres* an Bertrand du Guesclin, den französischen Militärkommandanten, und im selben Jahr einen umfangreichen Waffenverkauf an die Gemeinde Fontès, die sich vor dem besagten du Guesclin zu schützen versuchte. Zuvor, im Jahr 1363, hatte di Marco Datini für 941 Goldflorin seinen ersten Laden erworben, wobei er weitere 300 Goldflorin als eine Art Ablösesumme zahlte. Im Jahr 1367 erneuerte er seine Partnerschaft mit di Berto, in die beide jeweils 2500 Goldflorin einbrachten. Daraufhin verfügten sie über drei gemeinsame Läden. Im Jahr 1376 verlegte er sich auf den Salzhandel, auf das Geschäft des Geldwechsels und auf den Handel mit Silberwaren und Kunstwerken. Er eröffnete eine Weintaverne und einen Tuchladen, und seine Angestellten schickte er auf Handelsreisen in ferne Gegenden, beispielsweise bis nach Neapel. So konnte er in seinem Hauptgeschäft in Avignon Florentiner Silbergürtel und goldene Eheringe, Häute, Sättel und Maultiergeschirre aus Katalonien, Haushaltswaren aus ganz Italien, Leinen aus Genua, Barchent aus Cremona und scharlachroten *zendado*, einen speziellen Seidenstoff aus Lucca, zum Kauf feilbieten. Sein Geschäft in Florenz entwickelte sich zu dieser Zeit zu einem regen Zentrum der Manufaktur, dort ließ er weiße, blaue und ungefärbte Wollstoffe, Nähgarn, Seidenvorhänge und Vorhangringe, Tischdecken, Servietten und große Badetücher sowie handbemalte Truhen für die Aussteuer von Bräuten, robuste Reisetruhen und Schmuckkästchen fertigen.

Nach seiner Rückkehr aus Avignon im Jahr 1382 eröffnete er Geschäfte in Prato und Florenz, mit Ablegern in Pisa, Genua, Barcelona, Valencia sowie auf Mallorca und Ibiza. Seine Niederlassungen bezogen ein reiches Sortiment an Gütern: Eisen, Blei, Alaun, Sklaven und Gewürze aus Rumänien und dem Schwarzen Meer, englische Wolle aus Southampton und London, Weizen aus Sizilien und Sardinien, Leder aus Tunis und Córdoba, Seide aus Venedig, Rosinen und Feigen aus Málaga, Mandeln und Datteln aus Valencia, Äpfel und Sardinen aus Marseille, Olivenöl aus Gaeta, Salz aus Ibiza, spanische Wolle aus Mallorca und aus Katalonien Orangen, Olivenöl und Wein. Unter seinen geschäftlichen Dokumenten finden sich Briefe in Latein, Französisch, Italienisch, Englisch, Flämisch, Katalanisch, Provenzalisch, Griechisch, Arabisch und Hebräisch. Di Marco Datini betrieb nicht nur Handel, sondern gründete in Florenz auch eine Tuchmanufaktur, wo er englische und spanische Wolle zu Stoffen verarbeiten ließ.

Francesco di Marco Datini schuf sich gleichsam aus dem Nichts ein Vermögen, ohne Beziehungen oder Kapital und ohne Hilfe von Kontakten, einem Handelsmonopol oder staatlicher Unterstützung, abgesehen von dem institutionellen Rahmen, den die italienischen Kommunen geschaffen hatten.

Natürlich gab es viele, die der alten, von den Eliten dominierten Ordnung verpflichtet waren und diese Entwicklungen mit Entsetzen verfolgten. Francesco di Marco Datini verkörperte exakt die Art sozialer Aufstiegsmobilität, die sie fürchteten. Dies war es, was Friedrich Barbarossas Onkel, Bischof Otto, verdammte, als er über die Stadtstaaten bemerkte:

> … halten sie es nicht für unter ihrer Würde, junge Leute der unteren Stände und auch Handwerker, die irgendein verachtetes mechanisches Gewerbe betreiben, zum Rittergürtel und zu höheren Würden zuzulassen, während die übrigen Völker solche wie die Pest von den ehrenvollen und freieren Beschäftigungen ausschließen.

Bischof Otto beklagte auch die Erosion der Hierarchie und der Normen, auf die sich diese stützte. Die Lockerung der Normen war jedoch entscheidend für die wirtschaftliche Entwicklung, weil talentierte »Niemande« wie di Marco Datini durch diese Normen am Aufstieg gehindert wurden. Eine entscheidende Voraussetzung für Innovation besteht darin, solche Talente zu fördern und vielen Niemanden wie ihm die Möglichkeit zu eröffnen, ihren eigenen Weg zu finden und mit ihren eigenen Ideen zu experimentieren.

Francesco di Marco Datini ist nicht das einzige berühmte Beispiel für Aufstiegsmobilität in dieser Epoche. Eine Statistik aus Pisa aus dem Jahr 1369 belegt, dass von den 106 Florentiner Kompanien, die den dortigen Hafen nutzten, 51 den »neuen Männern« gehörten. Ein Beispiel, das nicht aus Italien stammt, ist St. Godric of Finchale. Godric wurde um 1065 in Walpole in Norfolk als Sohn armer Eltern geboren. Sein Biograph Reginald of Durham berichtet, sein »Vater trug den Namen Ailward, und seine Mutter Edwenna; beide waren von geringem Rang und Wohlstand«. Godric entschied sich dagegen, ein »Bauer« zu werden, der übliche Weg für einen Burschen von »geringem Rang und Wohlstand« in Norfolk. Stattdessen wollte er Kaufmann werden. Da ihm dafür das Kapital fehlte, musste er sich von unten hocharbeiten, also begann er sich die Fertigkeiten eines ambulanten Händlers, eines Hausierers, anzueignen und »... die Vorgehensweise eines Hausierers zu lernen, zuerst wie man aus kleinen Geschäften und mit Dingen von geringem Preis Gewinn erzielt; und dann, immer noch als junger Mann, brachte er sich nach und nach bei, Dinge von höherem Preis zu kaufen und zu verkaufen und mit ihnen Gewinn zu machen«. Allmählich hatte St. Godric genügend Kapital beisammen, um sich an ehrgeizigere Geschäftsmodelle zu wagen. Reginald berichtet, dass »... er kühnere Wege einschlug und häufig übers Meer in die umliegenden fremden Länder reiste. So segelte er oft zwischen Schottland und Britannien hin und her und handelte mit vielen verschiedenen Waren, und bei dieser Tätigkeit erwarb er viel weltliche Weisheit ... schließlich trugen seine enormen Mühen und Anstrengungen auch hohen weltlichen Gewinn ein.« Doch nach 16 Jahren lukrativer Tätigkeit als Händler und Kaufmann beschloss Godric, all seinen Reichtum aufzugeben und Mönch zu werden.

Kehren wir nach Assisi zurück. Wir haben erfahren, dass der Vater des heiligen Franziskus als erfolgreicher Händler in Frankreich tätig war, jedoch mit ziemlicher Sicherheit aus bescheidenen Verhältnissen stammte. Später in seinem Leben bat der heilige Franziskus seine geistlichen Mitbrüder im Franziskanerorden, den er gegründet hatte, ihn zu erniedrigen, indem sie ihn einen »wertlosen Tagelöhner vom Land« nennen sollten. »Ja, das ist es, was der Sohn des Pietro di Bernardone hören muss«, bekräftigte er. Höchstwahrscheinlich war Pietro von niederer, bäuerlicher Herkunft, und er war nach Assisi und später nach Frankreich gekommen, um dort ähnlich wie Francesco di Marco Datini und Godric sein Glück zu suchen.

Die Ökonomie im Korridor

Verglichen mit der Ökonomie nichtstaatlicher Gesellschaften und unter dem Despotismus, die wir im vorherigen Kapitel betrachtet haben, bieten die italienischen Gemeinden des Spätmittelalters ein völlig anderes Bild. Sie gewährleisten ihren Bürgern nicht nur größere Sicherheit und Freiheit und stellen ihnen öffentliche Dienstleistungen zur Verfügung, anstatt sie zu unterdrücken und zu gängeln, sondern eröffnen dank des Gefesselten Leviathans auch ein breites Spektrum wirtschaftlicher Chancen und Anreize.

Wohlstand und Wirtschaftswachstum hängen von einigen wenigen Voraussetzungen ab. Dazu zählen Anreize für Investitionen, Experimente und Innovationen. Ist kein Staat vorhanden, fehlen derartige Anreize fast vollständig, weil es entweder keine Gesetze zur Regelung von Streitfällen und keinen Schutz von Eigentumsrechten gibt oder weil das Vakuum der Nichtstaatlichkeit Normen hervorgebracht hat, die wirtschaftliche Anreize und Aktivitäten blockieren, damit sie nicht die Grundlagen dieser Gesellschaften destabilisieren. Was dazu führt, dass die Früchte jeder Investition gestohlen oder vernichtet werden oder sich verflüchtigen. Der Despotische Leviathan könnte durchaus Eigentumsrechte garantieren und die Investitionen der Bürger schützen, aber meist ist er viel mehr daran interessiert, ihnen hohe Steuern abzuverlangen oder die Ressourcen allein für sich zu vereinnahmen, so dass unter seiner Herrschaft die wirtschaftlichen Anreize oft nur wenig besser sind als unter dem Abwesenden Leviathan.

Wohlstand und Wirtschaftswachstum beruhen aber nicht nur auf sicheren Eigentumsrechten. Sie hängen entscheidend von breitgefächerten wirtschaftlichen Chancen ab. Diese betrachten wir oft als selbstverständlich gegeben und als natürliche Form des Wirtschaftens, aber das ist nicht der Fall und war es auch früher nicht, wie wir im vorherigen Kapitel gesehen haben. Ist der Leviathan abwesend, engt der Normenkäfig die wirtschaftlichen Chancen zumeist für jedermann ein. Unter dem Despotischen Leviathan hingegen mögen der Herrscher und sein Hofstaat ihre Eigentumsrechte gesichert haben (und dies mehr als gründlich, da sie aus jedem Streitfall als Sieger hervorgehen), nicht aber die gewöhnlichen Menschen. Diese stark ungleich verteilten wirtschaftlichen Chancen reichen jedoch nicht aus, um Wohlstand zu erzeugen. Hierfür müssten die Chancen in der Gesellschaft breitgefächert und gerecht verteilt sein, damit jeder mit einer guten Idee für eine Innovation oder eine lohnende Investition die Möglichkeit zu ihrer Verwirklichung hat. Dies ist eine wichtige Facette der Freiheit, die zuweilen übersehen wird. Es sei daran erinnert, dass Dominanz aus der wirtschaftlichen Übermacht einiger gegenüber anderen ausgehen kann oder aus den von Normen herrührenden erdrückenden Beschränkungen. Freiheit auf wirtschaftlichem Gebiet benötigt demnach gleiche Wettbewerbsvoraussetzungen und die Aufhebung dieser Beschränkungen. Genau das sehen wir bei der sozialen Mobilität der italienischen Gemeinden. Zahllose Menschen wie Francesco di Marco Datini oder der Vater des heiligen Franziskus profitierten von diesen Chancen und der damit einhergehenden Freiheit, zu investieren, Geschäfte zu gründen, mit neuen Ideen zu experimentieren, Innovationen zu ersinnen und aus einem »niederen Status« aufsteigen zu können und wohlhabend zu werden. Dieses von unten nach oben führende Experimentieren und die damit einhergehende soziale Mobilität sind die wirtschaftlichen Früchte der Freiheit.

Die Chancen und Anreize bedürfen zudem der Absicherung durch ein faires System der Konfliktlösung und des Gesetzesvollzugs (oder der Gerechtigkeit, wie die *Allegorie der guten Regierung* betont). Dies wiederum setzt voraus, dass der Staat und die politischen Eliten nicht so mächtig sind, dass sie in die Rechtsprechung eingreifen und die Dinge zu ihren Gunsten regeln können (was die Kordel im Fresko symbolisiert). Hier sehen wir eine weitere entscheidende Rolle des Gefesselten Leviathans als Wegbereiter wirtschaftlichen Wohlstands. Wäre der Leviathan nicht gefesselt, wie ließe sich dann sicherstellen, dass die Gesetze auch für ihn und die politisch Mächtigen gelten? Was gemeinhin als »Rechtstaatlichkeit« bezeichnet wird, hat auch zur Bedingung, dass der Leviathan Fesseln trägt. Und diese Fesseln bestehen nicht einfach aus der Verfassung und Amtseiden, sondern, wie das Fresko verdeutlicht, aus der Kordel, die die Gesellschaft in ihren Händen hält.

Selbst eine abstrakte Verpflichtung, breitgefächerte Chancen und Anreize zu schaffen und Konflikte gerecht zu lösen, reicht im Allgemeinen nicht aus. Wenn wichtige infrastrukturelle Einrichtungen fehlen oder nur sehr wenige Menschen Zugang zu dem Wissen und den Fertigkeiten haben, die nötig sind, um im Geschäfts- oder Arbeitsleben erfolgreich zu sein, bleiben die Chancen weiterhin ungleich verteilt. Somit sind öffentliche Dienstleistungen unerlässlich, nicht nur weil sie das Leben der Menschen verbessern, indem sie ihnen Verkehrswege, eine Kanalisation, Schulen sowie Regelungen und Vorschriften an die Hand geben, sondern auch weil sie breitgefächerte Chancen ermöglichen. Genau dies haben die italienischen Kommunen erreicht, dank ihrer Fähigkeit, einen Gefesselten Leviathan zu erschaffen, und genau dies verdeutlicht die *Allegorie der guten Regierung* auf so brillante Weise.

Wer mit unserem früheren Buch *Warum Nationen scheitern* vertraut ist, wird starke Parallelen zwischen dem erkennen, was wir soeben beschrieben haben, und dem konzeptuellen Rahmen jenes Buchs. (Zumindest widersprechen wir nicht unseren früheren Überlegungen.) In *Warum Nationen scheitern* bezeichneten wir Institutionen, die breitgefächerte Chancen und Anreize für Investitionen, Innovationen und produktivitätssteigernde Aktivitäten schaffen, als »inklusive wirtschaftliche Institutionen«. Dabei haben wir betont, dass diese auf lange Sicht nur bestehen können, wenn sie von »inklusiven politischen Institutionen« gestützt werden, die die Monopolisierung der politischen Macht durch ein kleines Segment der Gesellschaft verhindern und andererseits ermöglichen, dass der Staat den Gesetzen Geltung verschafft. Wir haben darauf verwiesen, dass Innovationen und neue Technologien und Organisationen, die für ein nachhaltiges Wirtschaftswachstum unverzichtbar sind, oft Widerstand entgegengesetzt wird, weil sie womöglich eine bestehende Ordnung destabilisieren (was wir als »politisch schöpferische Zerstörung« bezeichneten). Die beste Garantie, um zu verhindern, dass mächtige Akteure neue Technologien blockieren und dadurch die Wirtschaftsentwicklung zunichtemachen, besteht darin, dafür zu sorgen, dass nichts und niemand mächtig genug ist, dies zu tun.

Aus dieser Perspektive betrachtet, ist unser konzeptueller Rahmen hier weiter gefasst als in *Warum Nationen scheitern*. Der Gefesselte Leviathan ist nicht einfach nur die Kulmination der inklusiven politischen Institutionen, die für inklusive ökonomische Institutionen benötigt werden. Er hängt auch auf entscheidende Weise vom Rote-Königin-Effekt ab – von der Fähigkeit der Gesellschaft, dem Staat und den politischen Eliten entgegenzutreten, ihnen Schranken aufzuerlegen und sie zu kontrollieren. Dies rückt die zentrale Rolle der Normen ins Blickfeld, die der Gesellschaft helfen, sich zu organisieren, an der Politik teilzuhaben und nötigenfalls gegen Staat und Eliten zu rebellieren. Aber nicht nur die Fesseln sind wichtig, sondern ebenso die Fähigkeit des Leviathans, über die Macht zu verfügen, die nötig ist, um die Gesetze durchzusetzen, Konflikte zu lösen, für öffentliche Dienstleistungen zu sorgen und die wirtschaftlichen Institutionen zu unterstützen, die Chancen und Anreize schaffen – also die Handlungsfähigkeit des Staates, basierend auf der Machtbalance zwischen ihm und der Gesellschaft. Gleichermaßen wichtig ist die Öffnung des Normenkäfigs. Im vorherigen Kapitel haben wir gezeigt, wie auf Normen, Traditionen und Brauchen gründende Beschränkungen wirtschaftliche Anreize und Chancen ersticken und deshalb gelockert werden müssen, will man das Wirtschaftswachstum fördern. Dieses mag in gewissem Maße von selbst geschehen, da die Menschen immer wieder Möglichkeiten finden, die Normen zu umgehen, und sie dadurch allmählich ihre Bedeutung verlieren. Aber durch den Gefesselten Leviathan erhält dies einen mächtigen Anschub, wie wir bereits in unseren Ausführungen zu Griechenland in Kapitel 2 gesehen haben. Auch das ist eine wichtige Aufgabe staatlichen Wirkens – den Normenkäfig aufzuschließen, um dadurch Bedingungen für die Freiheit zu schaffen und Hemmnisse gegen das politische Engagement der Gesellschaft zu beseitigen. Entscheidend ist, dass dies selbst dann geschieht, wenn bereits andere Aspekte der Normen (vor allem jene, die mit der Organisation und Bereitschaft der Gesellschaft zu tun haben, gegen die Eliten aktiv zu werden) den Leviathan im Zaum halten. Darin verdeutlicht sich das Zusammenspiel von staatlicher Leistungsfähigkeit und Normen, wie wir es im Fall Athens in Kapitel 2 gesehen haben.

Die Auswirkungen der schlechten Regierung

Nun wenden wir uns dem dritten Fresko in der *Sala dei Nove* zu. Es zeigt die *Allegorie der schlechten Regierung* und veranschaulicht deren ökonomische Folgen.

Dieses Fresko ist weniger gut erhalten als die beiden anderen, dennoch wird seine Botschaft klar. Das Bild dominiert eine Figur mit Hauern wie die eines Wildschweins und Teufelshörnern, die »Tyrannei« (oder was wir als Despotismus bezeichnet haben). Zu Füßen der Gestalt kauert die in Fesseln liegende Gerechtigkeit. Und über seinem Haupt schweben nicht die Verkörperungen von Großmut und Stärke, sondern eitler Ruhm, Verrat, Grausamkeit, Betrug und Aufruhr. Ganz links wartet mit erhobenem Schwert der Krieg. Neben ihm steht die Zwietracht, die keinen Hobel, sondern eine Säge in ihren Händen hält und verdeutlicht, dass sie es ist, die die Gemeinschaft spaltet und den Krieg herbeiführt. Im Hintergrund sind anschaulich die wirtschaftlichen Folgen der Tyrannei dargestellt. Links sieht man eine Stadt, die teilweise in Trümmern liegt. Felsbrocken bedecken den Boden, die Häuser sind marode und haben Löcher in den Mauern und Balkonen. Ein Mord geschieht. Nirgendwo findet geschäftiges Treiben statt. Auch auf dem Land sind die Folgen der schlechten Regierung – Armut und Verfall – zu sehen. Eine Armee marschiert durch die verlassenen Felder. Häuser brennen, und Bäume verdorren. Somit haben wir hier bereits Jahrhunderte vor Hobbes eine treffende Beschreibung der Folgen eines Despotischen Leviathans, an dem, wie unschwer zu erkennen ist, die schlechte Regierung Schuld trägt.

Warum Tortillas erfunden wurden

Nicht nur in Europa gab es den Gefesselten Leviathan und die wirtschaftlichen Chancen und Anreize, die von ihm ausgingen. Ein weiteres historisches Beispiel hierfür ist im Tal von Oaxaca im alten Mexiko der Zeit um 500 v. Chr. zu finden. Um zu verstehen, was dort in jenen Tagen stattfand, wollen wir uns zuerst einem Grundnahrungsmittel der heutigen Mexikaner zuwenden – der Tortilla.

Die Kultivierung von Mais war ein Schlüsselmoment in der langen wirtschaftlichen Entwicklung des amerikanischen Kontinents. In Mexiko begann sie etwa 5000 v. Chr., womöglich auch schon früher. Es gibt vielerlei Arten, Mais zuzubereiten. Man kann ihn rösten und die Körner essen, so, wie er heutzutage auf fast jeder Straße Mexikos feilgeboten wird. Oder man verarbeitet ihn zu einem Brei. Eine weitere Möglichkeit, die um 500 v. Chr. in Oaxaca aufkam, war, aus dem Mais Tortillas zu backen. Dazu werden die Körner zu Mehl gemahlen, dieses mit Wasser vermischt, sodann gesalzen und schließlich auf einer *comal*, einer heißen Platte, gebacken. Wir wissen, dass die Tortilla um diese Zeit entstanden sein muss, weil Archäologen herausgefunden haben, dass *comals* im Tal von Oaxaca um 500 v. Chr. erstmals benutzt wurden.

Mais zu Tortillas zu verarbeiten erfordert weit mehr Aufwand, als einfach nur die Körner zu rösten. Aber es hat den Vorteil, dass dadurch der nunmehr verarbeitete Mais leichter zu transportieren ist. Da für die Herstellung von Tortillas nur die essbaren Bestandteile des

Maiskolbens verwendet werden, kann man den Strunk wegwerfen. Doch warum mussten die Zapoteken, die in dem Tal lebten, plötzlich den Mais transportieren?

Die Antwort darauf hat mit der politischen Geschichte des Tals zu tun. Im Jahr 1000 v. Chr. betrug die dortige Gesamtbevölkerung rund 2000 Menschen, und die erste wirklich urbane Siedlung, das heutige San José Mogote, hatte vermutlich bereits um die 1000 Bewohner. San José fand sich bald in Konkurrenz mit neueren Siedlungszentren, vor allem mit Yegüih im östlichen, Tlacolula genannten Seitenarm des Tals, und mit Tilcajete im südlichen Valle Grande. Archäologen fanden heraus, dass es sich dabei um drei konkurrierende Häuptlingstümer handelte, die kulturell viel gemeinsam hatten. Alle drei pflegten die gleiche Symbolik von Blitz, Erdbeben und Jaguarmensch und sprachen Varianten einer Sprache, die man heute als Zapotekisch bezeichnet. Dieses Wort scheint aus dem Nahuatl zu stammen, der vorherrschenden Sprache in Zentralmexiko, und bedeutet »Bewohner des Ortes, wo Sapote wächst«. Zwischen diesen drei urbanen Zentren, dort wo heute die Stadt Oaxaca liegt, gab es eine Art Niemandsland, überragt von dem 400 Meter hohen Monte Albán.

Der Monte Albán war ein verlassener Ort ohne natürliche Wasserquellen und weit entfernt vom besten Ackerboden im Tal. Im Jahr 500 v. Chr. siedelte an diesem Ort noch niemand. Aber kurz danach taten sich die drei Zentren San José Mogote, Yegüih und Tilcajete zusammen und erbauten auf dem Berg eine Stadt, die schnell auf 7000 Menschen anwuchs. Dies war die Hauptstadt eines neuen Staats, der das ganze Tal mittels einer Hierarchie von Siedlungen und Verwaltungszentren in sein Territorium einbeziehen sollte. Die meisten Gebäude der Anfangszeit, jener Epoche, die die Archäologen als Früh I bezeichnen, sind mittlerweile unter späteren Bauwerken begraben. Dennoch wurde durch Ausgrabungen eindeutig festgestellt, dass der ursprüngliche zentrale Platz der Stadt von drei Stadtvierteln umgeben war. Plausibel scheint, dass die Bewohner der drei früheren Gemeinden jeweils ein eigenes Viertel bildeten. In dieser Zeit, bevor Zisternen zum Auffangen des Regenwassers gegraben wurden, musste alles Wasser für die Siedlung von Menschenhand auf den Berg geschleppt werden und ebenso der Mais. An diesem Punkt kamen die Tortillas ins Spiel. Zwar wurden einige landwirtschaftlich nutzbare Terrassen an den Berghängen angelegt, aber sie reichten bei weitem nicht aus, um die 7000 Menschen oder die 17 000 Einwohner zu ernähren, die in der Spät Epoche I auf dem Monte Albán siedelten. Da das Essen ebenso wie das Wasser auf den Berg geschafft werden musste, erleichterten die Tortillas die Versorgung mit Lebensmitteln von außerhalb.

Die Gründung von Monte Albán durch die Einwohner von San José Mogote, Yegüih und Tilcajete ist ein weiteres Beispiel für ursprüngliche Staatswerdung – dort einen Staat zu bilden, wo es zuvor noch keinen gab. Doch Monte Albán unterschied sich von der typischen ursprünglichen Staatswerdung. Im Unterschied zu dem, was Shaka in Zululand tat oder was wir im Niltal bei der Entstehung der altägyptischen Zivilisation gesehen haben, war hier kein charismatischer Führer, keine mächtige Gruppe politischer Eliten im Spiel, die die übrige Gesellschaft dominierte. Vielmehr weist Monte Albán einige bemerkenswerte Parallelen zur Staatsbildung wie etwa in Athen oder in den USA auf, wo es bereits eine starke Gesellschaft gab, die in der Lage war, das Handeln des Staates und der Eliten einzuschränken. Man erinnere sich zum Beispiel daran, dass nach der verfassunggebenden Versammlung in Philadelphia und der Verabschiedung der Verfassung die Bundesregierung über den Sitz der Hauptstadt entscheiden musste. Ursprünglich war der Kongress in New York zusammengetreten, aber es herrschte Konkurrenz zwischen den Nord- und den Südstaaten ob der Frage, wo die Hauptstadt liegen sollte. Viele verschiedene Optionen wurden erwogen. Die New Yorker plädierten für New York als Hauptstadt, während die Vertreter des Südens wollten, dass sie weiter im Süden lag. Der erste Präsident, George Washington, favorisierte einen Kompromiss, ein neutrales Gebiet am Potomac River, nicht weit von seinem Anwesen in Mount Vernon entfernt. Im Jahr 1790 wurde ihm sein Wunsch erfüllt. Dazu kam es dank eines zwischen James Madison, Alexander Hamilton und Thomas Jefferson getroffenen Übereinkommens. Die Südstaaten hatten ein Gesetz blockiert, das dem neugeschaffenen Bundesstaat erlaubt hätte, eine Nationalbank mit einer einheitlichen Währung zu gründen. Für Hamilton war dies ein entscheidender Baustein für die Schaffung eines zentralisierten Fiskalsystems mit der Kompetenz der Kreditaufnahme. Für die Einwilligung der Nordstaaten, die Hauptstadt am Potomac River an einem von George Washington festgelegten Ort zu erbauen, stimmten die Südstaaten im Gegenzug der Gründung einer Nationalbank zu. So entstand die Bundeshauptstadt Washington, D.C., auf einem neutralen, bis dahin unerschlossenen Gebiet, mittig gelegen zwischen den beiden großen konkurrierenden Gruppierungen der Nord- und Südstaaten.

Zwar haben wir keine schriftlichen Zeugnisse darüber, was in Monte Albán geschah, doch wahrscheinlich gab es hier viele Ähnlichkeiten mit dem Geschehen in den Vereinigten Staaten. Wie Madison und Hamilton haben die Einwohner oder zumindest die Eliten von San José Mogote, Yegüin und Tilcajete die Vorzüge erkannt, die ein effektiver, zentralisierter Staat zu bieten hat. Dies lässt sich aus den archäologischen Funden erschließen. Nach der Gründung von Monte Albán gibt es weniger Funde, die auf Konflikte schließen lassen – niedergebrannte Häuser, verkohlte Überreste von Lehmmauern und anderen Materialien. Auch fand in dieser Periode der Staatsbildung vermutlich eine beträchtliche Ausweitung des Handels statt. Eine der archäologischen Grabungsstätten im Gebiet des Valle Grande besteht aus einem großen, offenen, leicht zugänglichen und ebenen Areal von 55 auf 38 Meter. Es handelt sich dabei nicht um einen Tempel, und die Fläche ist von Felsen eingerahmt. Fundstücke verweisen darauf, dass es hier eine spezialisierte Produktion gab; Tonstücke mit Fehlbrand, eine Häufung von beschädigtem Feuerstein und Quarzit, eine Quarzmine, Steine, deren Abnutzung darauf schließen lässt, dass sie zum Mahlen oder Mörsern verwendet wurden, dazu ein Baumrinden-Schlägel zur Herstellung von Papier. Mit großer Wahrscheinlichkeit war hier einst ein Marktplatz.

Welche politischen Institutionen haben demnach den größeren Frieden und die wirtschaftliche Spezialisierung in Monte Albán gestützt? Üblicherweise geben uns archäologische Funde wie etwa Grabstätten mit wertvollen Beigaben Auskunft über die politischen Institutionen weit zurückliegender Gemeinwesen, über die Namen und das Aussehen ihrer mächtigen Könige. Doch bei den Zapoteken haben wir keinerlei Belege dieser Art. Wir wissen nicht, wer ihre Könige waren oder ob es überhaupt Könige oder Dynastien gab. Wir kennen ihre Namen nicht, es gibt keine reich ausgestatteten Gräber, keine Inschriften und keine Paläste. Es scheint keine Personalisierung der Macht stattgefunden zu haben. Die Religion der Zapoteken, die nach der Gründung von Monte Albán eine zentrale Rolle spielte, war der Cojico-Kult. Als Cojico bezeichnete man die zapotekische Verkörperung von Blitz, Wolken und Regen, aber diese Symbolik wurde nicht von einer Einzelperson vereinnahmt oder auf sich übertragen. Es gab keine »Gottkönige«. Dies war im präkolumbianischen Mexiko nicht ungewöhnlich. Die Großstadt Teotihuacán nordöstlich von Mexico City, die zu ihren Hochzeiten 200 000 Einwohner zählte, kannte ebenfalls keine namentlichen Könige, Königsgräber oder Paläste. Wenn dort auf Mauerbildern Personen abgebildet sind, die zur Elite gehört haben könnten, so tragen sie stets Masken. Macht wurde in Teotihuacán nicht zur Schau gestellt, als habe es Gesetze und Normen gegen die Dominanz von Herrschern und Eliten gegeben – als sei der Leviathan stark gefesselt gewesen. Zwar wissen wir nicht genau, welche Art Regierung in Monte Albán und Teotihuacán praktiziert wurde, doch wir wissen, dass zur Zeit der Eroberung in Mexiko eine Vielzahl von Staaten existierte, die kollektiv von Räten regiert wurden. Ein gut dokumentiertes Beispiel hierfür ist der präkolumbianische Staat Tlaxcala, der von der Mitte des 14. Jahrhunderts bis zur spanischen Conquista bestand und über komplexe republikanische Institutionen verfügte, welche die Mitbestimmung durch die Bevölkerung ermöglichten. Die archäologischen Funde lassen vermuten, dass die Zapoteken ein ähnliches Regierungssystem besaßen. Deshalb darf man annehmen, dass der in Monte Albán entstandene Staat in ähnlicher Weise gefesselt war.

Ebenfalls festzuhalten ist, dass die institutionellen Vorkehrungen in Monte Albán weitreichende positive wirtschaftliche Auswirkungen hatten. Wie schon erwähnt, scheinen sie den Frieden gefördert und florierende Märkte hervorgebracht zu haben, und es gibt Belege für eine bedeutsame Zunahme des Handels. Zum einen hörten die Menschen im Unterschied zur vorangegangenen Periode auf, große Speicher für Nahrungsmittel anzulegen, vermutlich weil alles griffbereit auf dem Markt vorhanden und deshalb weniger Vorratshaltung nötig war. Auch können wir eine deutliche Verbesserung beim Hausbau beobachten. Vor dem Jahr 500 v. Chr. wurden Häuser meist aus Flechtwerk mit Lehmbewurf errichtet, nur wenige Gebäude bestanden aus Stein und Lehmziegeln. Doch nach 500 v. Chr. wurde die letztere Bauweise zur Norm. Am bedeutsamsten ist jedoch der enorme Bevölkerungszuwachs im Tal nach der Gründung des Staats. Wie bereits erwähnt siedelten um 1000 v. Chr. dort rund 2000 Menschen, und diese Zahl stagnierte bis zur Periode Früh I. Nach der Gründung von Monte Albán und seiner Expansion auf 7000 Menschen schien die Bevölkerung im Tal auf 14 000 angewachsen zu sein. Später stieg deren Zahl in Monte Albán auf 17 000 und die Gesamtbevölkerung im Tal auf mehr als 50 000 an. Obwohl Monte Albán schnell wuchs, scheint es in San José Mogote, Yegüih und Tilcajete keinen Rückgang der Einwohnerzahl gegeben zu haben. Manche Menschen sind vermutlich von diesen Orten nach Monte Albán gezogen, doch ihr Weggang wurde offenbar rasch aufgefangen, und die Hauptstadt hat von der Migration aus den ländlichen Gebieten ins Zentrum sicherlich profitiert. Wahrscheinlich nahm einerseits die Fruchtbarkeit deutlich zu, andererseits immigrierten verstärkt Menschen von außerhalb des Tals in den neuen Staat. Zu weiteren wirtschaftlichen Veränderungen gehörten die Steigerung der Produktion von Tongefäßen, neue Tonprodukte und eine deutliche Intensivierung der Landwirtschaft. Die kultivierten Flächen wurden ausgeweitet, und zum ersten Mal praktizierte man künstliche Bewässerung. Alle Belege verweisen auf eine Zunahme der landwirtschaftlichen Produktivität und des Konsums.

In diesem Kapitel haben wir etwas völlig anderes gesehen als den Typus Staat, der durch den Willen zur Macht hervorgebracht wird, und natürlich auch etwas ganz anderes als die schwache, im Wesentlichen abwesende politische Hierarchie nichtstaatlicher Gesellschaften. Wie bereits in Kapitel 2 vorweggenommen, haben wir auch gesehen, dass dieser Gefesselte Leviathan aus der Frühzeit einen weit höheren Grad an Freiheit und ein gänzlich anderes Spektrum an wirtschaftlichen Chancen und Anreizen bewirkte und mächtige Kräfte in Richtung

Wohlstand freisetzte. Doch was sind die Ursprünge dieses völlig anderen Verhältnisses zwischen Staat und Gesellschaft? Dieser Frage wenden wir uns als nächster zu.

6.
DIE EUROPÄISCHE SCHERE

Europa betritt den Korridor

Die Gefesselten Leviathane, die unsere jüngste Geschichte prägen, entwickelten und etablierten sich in Europa, insbesondere in West- und Nordeuropa. Im antiken Athen zerbrach der Gefesselte Leviathan unter dem Ansturm des makedonischen Reichs. Auch der Staat der Zapoteken hatte den Korridor schon wieder verlassen, als die Spanier das Tal von Oaxaca eroberten. Wie wir sehen werden, vollzog sich die Entwicklung zu einem Staat, dem seine Gesellschaft Stärke und Beschränkung zugleich verschaffte, in Europa Schritt für Schritt in einem schmerzlichen historischen Prozess. Die Menschen, die seine Anfangsphase erlebten, konnten darin nicht den Beginn von etwas erkennen, das ihnen Freiheit bescheren und ihre Politik und Wirtschaft verändern würde. Doch im Verlauf seiner Entfaltung brachte dieser Staat dann die Selbstbestimmung, veränderte das Wesen der staatlichen Einrichtungen und sorgte für ein Wirtschaftswachstum, wie es die Menschheit bis dahin nicht gekannt hatte. Warum aber geschah all das ausgerechnet in Europa?

Diese Entwicklung war keineswegs selbstverständlich. Betrachtet man die Geschichte, war der Aufstieg Europas alles andere als eine klare Sache. Die Landwirtschaft hatte sich nicht in Europa, sondern im Nahen Osten entwickelt, zunächst im Fruchtbaren Halbmond und dann in China. Nach Europa kam sie erst durch Siedler aus dem Nahen Osten, die rund 4000 v. Chr. die Britischen Inseln erreichten. Zu dieser Zeit wurde in der Levante schon seit mehr als fünf Jahrtausenden Ackerbau betrieben. Auch die ersten Städte blühten nicht in Europa auf, sondern in den Tälern von Tigris und Euphrat im heutigen Irak. Das Gilgamesch-Problem ergab sich zuerst in Uruk, nicht in Uxbridge, wie wir gesehen haben. Im Verhältnis zu all den antiken Reichen war West- und Nordeuropa allenfalls eine Randnotiz der Geschichte. Die Römer errichteten eine hochkomplexe Zivilisation rund um das Mittelmeer, hatten aber wenig Interesse an West- und Nordeuropa. Sie beließen es bei vereinzelten Vorstößen in Gebiete, die heute Teil von Deutschland sind. Dort trafen sie auf germanische Stämme, die sie als »Barbaren« betrachteten: Immerhin eroberten sie Gallien und Teile der Britischen Inseln. Erst in einem recht fortgeschrittenen Stadium der Weltgeschichte betritt Europa überhaupt erstmals die Weltbühne.Doch wie wir im vorigen Kapitel diskutiert haben, hatten sich im 11. Jahrhundert in Teilen Europas republikanische Regierungen entwickelt, und dort war auch ein kräftiger wirtschaftlicher Aufschwung zu spüren. Wie kam Europa so weit? Was bewirkte diese Umwälzungen von Regierung, Gesellschaft und Wirtschaft, und wie ebneten sie den Weg zu ungeahnten Freiheiten und dem spektakulären technologischen und wirtschaftlichen Fortschritt des 18. und 19. Jahrhunderts? Was war der Trumpf Europas?

Die Antwort auf diese Fragen liegt in einer einzigartigen Abfolge von historischen Ereignissen vor 1500 Jahren, die ein glückliches Kräftegleichgewicht zwischen der zentralen Autorität und den einfachen Menschen entstehen ließ (das bedauerlicherweise die Frauen nicht einschloss). Dieses Kräftegleichgewicht führte Europa in den Korridor und setzte den Rote-Königin-Effekt mit seinem nie endenden Konkurrenzkampf zwischen Staat und Gesellschaft in Gang. Zwei Dinge spielten eine entscheidende Rolle: Erstens gab es in Europa am Ende des 5. Jahrhunderts demokratisch organisierte Stammesgesellschaften, die ihre Angelegenheiten auf Versammlungen in einvernehmlicher Entscheidungsfindung regelten. Zweitens wurden hier wichtige Komponenten der staatlichen Institutionen und der politischen Hierarchie des Römischen Reichs und der christlichen Kirche übernommen, deren zentralistischer Einfluss sich auch noch nach dem Zusammenbruch des Weströmischen Reichs Ende des 5. Jahrhunderts fortsetzte. Wir können uns diese beiden Elemente als die zwei Klingen einer Schere vorstellen. Eine allein hätte Westeuropa nie auf einen neuen Pfad gebracht, aber miteinander verbunden eröffneten diese beiden Klingen der europäischen Schere die Bühne für den Aufstieg des Gefesselten Leviathans und die ökonomischen Anreize und Chancen, die er freisetzte.

Die Versammlungspolitik der langhaarigen Könige

Hinkmar, Erzbischof im französischen Reims, schilderte im Jahr 882 eine solche Versammlung, die uns eine gewisse Vorstellung davon vermittelt, wie Europa dieses Kunststück fertigbrachte. Hinkmars Buch *De ordine palatii (Über die Ordnung des Hofes)* war für Karlmann II. anlässlich seiner Krönung zum König der Westfranken geschrieben worden. Das Königreich Franken, zur Zeit seiner Thronbesteigung bereits in mehrere Teile zerbrochen, war ursprünglich eine Gründung des germanischen Stamms der Franken gewesen, die beinahe zwei Jahrhunderte lang gegen, nicht selten aber auch mit den Römern gefochten hatten. Die Franken waren Nutznießer des Zusammenbruchs des Weströmischen Reichs und spielten später eine führende Rolle in der politischen Entwicklung des nachrömischen Europa.

Karlmann II. stammte aus dem Herrschergeschlecht der Karolinger, das von Karl Martell im frühen 8. Jahrhundert begründet wurde und seine Blütezeit unter seinem Enkel Karl dem Großen hatte. Als Karl der Große 814 starb, hatte er das Gebiet geeint, das heute Frankreich, die Beneluxstaaten, Deutschland, die Schweiz, Österreich und Norditalien (siehe Karte 8) umfasst. Hinkmar gab Karlmann II. in seinem Buch Ratschläge, wie er über sein Reich herrschen sollte, wobei er sich vor allem auf Adelhardus stützte, den Verfasser eines Berichts über die Regierung Karls des Großen. Bemerkenswert daran ist vor allem, dass er dem König nicht die absolute Durchsetzung seines Willens empfiehlt, sondern eine Herrschaft auf der Grundlage von Volksversammlungen. Hinkmar schrieb:

> Es war zur damaligen Zeit die Gewohnheit, nicht öfter als zweimal im Jahr Reichsversammlungen abzuhalten. Die eine, bei der man die Lage

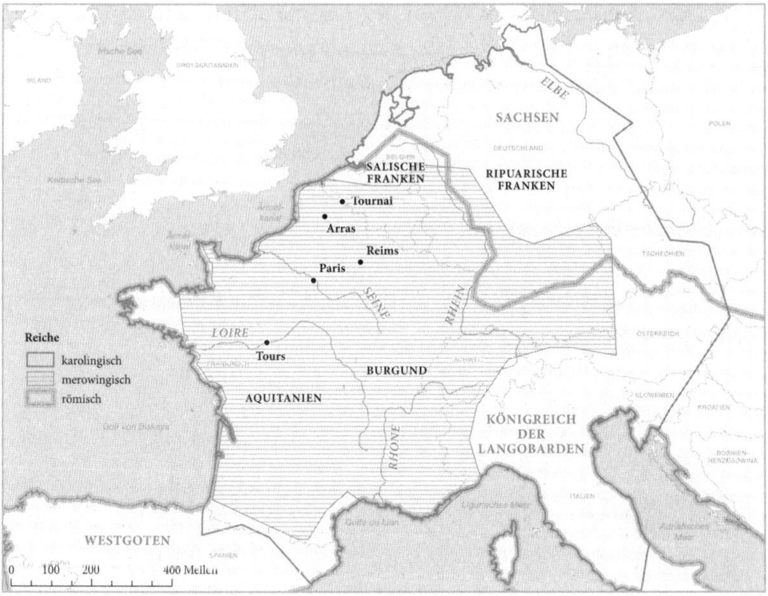

Karte 8: Die Reiche der Franken: Das Merowinger- und das Karolingerreich und die Grenzen des Römischen Reichs

des ganzen Reiches für die Dauer des laufenden Jahres ordnete; was dabei festgelegt wurde, konnte kein Ausgang der Dinge abändern, es sei denn höchste Not, die gleichermaßen das ganze Reich betraf. Auf dieser Versammlung kam die Gesamtheit aller Großen zusammen, sowohl der geistlichen wie der weltlichen; die höheren, um Beschlüsse zu fassen, die geringeren, um diese Beschlüsse entgegenzunehmen und mitunter gleichermaßen zu beraten und nicht gemäß einem Machtwort, sondern aus eigenem Verstehen und Urteilen zu bestätigen …

Der Teilnehmerkreis der zweiten Versammlung war kleiner, sie »wurde nur mit den höheren und den erfahrenen Ratgebern abgehalten« und beratschlagte über eine Reihe von Fragen, die ihr der König vorlegte. Der König ließ ihr mehrere Tage Zeit, in Ruhe zu konferieren. Unterdessen beschäftigte er selbst sich mit anderen Dingen,

doch so, daß er stets, wenn dies der Wunsch der abgesonderten Berater war, zu ihnen kommen und auch, solange er wollte, bei ihnen

> ausharren konnte. Mit der ganzen Vertraulichkeit, in der sie die einzelnen Beschlüsse gefunden hatten, trugen sie diese vor, und sie gaben offen wieder, in welchen gegenseitigen Meinungsverschiedenheiten oder Streitgesprächen oder freundschaftlichen Auseinandersetzungen sie die Entscheidung gesucht hatten.

Den fränkischen Eliten dieser Ratsversammlung war es auch »anheimgestellt, ob sie zur Erkenntnis oder Untersuchung einer Angelegenheit jemanden vorladen wollten«, und der König nutzte solche Gelegenheiten, um

> nachzufragen, was ein jeder aus dem Teil des Reiches, woher er kam, an Berichtens- und Beratenswertem mitbrachte. Denn dies war ihnen nicht bloß gestattet, sondern auch eindringlich aufgetragen worden, daß ein jeder … mit größter Sorgfalt innerhalb wie außerhalb des Reiches nachforschte, ob er etwas Derartiges nicht nur von eigenen Leuten oder fremden, sondern wie von Freunden auch von Feinden erführe …

Was Hinkmar hier beschreibt, ist im Grunde das Wesen der politischen Versammlungen germanischer Stämme, einer bemerkenswert partizipativen Regierungsform. Karl der Große und später Karlmann II. waren an die Regeln dieser Versammlungen gebunden, konsultierten die Wünsche eines breiten Querschnitts der (männlichen) Gesellschaft und holten in einem gewissen Grad Zustimmung für ihre wichtigsten Entscheidungen ein. Natürlich war die Zahl der Menschen, die an einer solchen Versammlung teilnehmen konnten, begrenzt, aber Karl der Große entsandte Boten, um die Ergebnisse auch auf Zusammenkünften der unteren Ebenen zu verbreiten, so dass das gesamte Königreich informiert war. Diese Teilnahmemöglichkeit ist die erste Klinge der europäischen Schere.

Diese Versammlungen gehen auf die Stämme der Franken zurück. Die beste Beschreibung, die wir von ihrer Organisation haben, liefert uns Tacitus in seinem aus dem Jahr 98 datierenden Werk *Germania*. Tacitus war ein römischer Senator und Geschichtsschreiber, und sein Buch ist Ausdruck der Faszination der Römer am Volk der Germanen mit seinen fremden Sitten und Verhältnissen, das ihnen einige verheerende militärische Niederlagen beigebracht hatte. Zur Befriedigung dieser Neugier lieferte Tacitus einen Bericht, den man ethnographisch nennen kann, über die Organisation und Sitten der Germanen. Zu ihrer Kultur bemerkt er:

> Über geringere Angelegenheiten entscheiden die Stammeshäupter, über wichtigere die Gesamtheit; doch werden auch Dinge, für die das Volk zuständig ist, zuvor von den Stammeshäuptlingen beraten. … Vor der Versammlung darf man auch Anklage erheben und die Entscheidung über Leben und Tod beantragen. … In diesen Versammlungen werden auch Richter gewählt, die in den Gauen und Dörfern Recht sprechen; einem jeden steht ein Geleit von hundert Mann aus dem Volke als Rat bei und zugleich um ihren Entscheidungen größeres Gewicht zu verleihen.

Die Parallele zu Hinkmars Beschreibung ist unverkennbar, bis hin zu den beiden unterschiedlichen Versammlungen, eine, in der die politische Elite zusammenkommt und die politische Linie festlegt, und eine weitere mit breiterer Beteiligung. Die Versammlungen hatten noch andere Aufgaben, so etwa, in einer Zeremonie den heranwachsenden Jugendlichen Schild und Speer zu überreichen und sie in die Gemeinschaft der Erwachsenen aufzunehmen. Was ihre Führer betraf, so galt:

> Könige wählen sie nach Maßgabe des Adels, Heerführer nach der Tapferkeit. Selbst die Könige haben keine unbeschränkte oder freie Herrschergewalt …

Julius Cäsar, der bei seiner Eroberung Galliens auch für kurze Zeit den Rhein überquerte, schilderte ebenfalls, dass die Germanen in Kriegszeiten auf Versammlungen Heerführer wählten, aber in Friedenszeiten außer Häuptlingen mit begrenzten Vollmachten keine Führung besaßen. Dass sie keine Könige hatten, schien manche Autoren geradezu zu irritieren. Gregor von Tours, der Ende des 6. Jahrhunderts eine Geschichte der Franken schrieb, ist unsere wichtigste Informationsquelle über die Ursprünge und die politische Entwicklung der Franken. Gregor zitiert Sulpicius aus einem verschollenen Werk, in dem von »königlichen Führern der Franken« die Rede ist, und fügt pikiert hinzu: »Wenn er von ›regales‹ oder königlichen Führern redet, ist es unklar, ob sie Könige waren oder nur die Befugnisse von Königen besaßen.« Noch ärgerlicher findet er eine Stelle, an der Sulpicius anscheinend von einem fränkischen König berichtet, aber »vergisst, uns zu sagen, wie sein Name lautete«.

Das Volk, aus dem die Franken hervorgehen sollten, erbte die Sitte der Volksversammlungen als zentrales Element seiner politischen Organisation, auch wenn das bei Tacitus nicht ausdrücklich erwähnt wird. Wir hören von ihm zum ersten Mal in der Zeit zwischen den Jahren 250 bis 275, als sie zusammen mit den Alemannen und anderen germanischen Stämmen wiederholt plündernd in der römischen Provinz Gallien einfielen. Die Franken gingen aus dem Zusammenschluss verschiedener germanischer Völker wie der Brukterer, Ampsivarier, Chamaver und Chattuarier hervor und gaben beziehungsweise erfanden sich später eine eigene kollektive Identität. Archäologische Funde zu ihren Ursprüngen sind spärlich, aber wir wissen aus römischen Quellen, dass sie im 4. Jahrhundert am Rhein siedelten und Anfang des 5. Jahrhunderts für die Römer kämpften (siehe Karte 8 auf Seite 223). Zwischen 400 und 450 verloren die Römer ihre militärisch befestigte Grenze am Niederrhein, und die Franken besetzten dieses Gebiet. Bis zur Mitte des 5. Jahrhunderts breiteten sie sich westlich bis Arras im heutigen Frankreich und Tournai im heutigen Belgien aus. Zu diesem Zeitpunkt waren sie noch in verschiedenen Königreichen organisiert. Das Königreich mit dem Zentrum Tournai gewann zwischen 450 und 480 an Stärke und Einfluss, zuerst unter Chlodio und dann seinem Sohn Merowech, dem Begründer der Dynastie der Merowinger, die fast 300 Jahre lang Bestand hatte. Chlodio und Merowech sind uns weitgehend nur aus Legenden bekannt. Merowechs Geburt soll der Überlieferung nach damit zusammenhängen, dass seine Mutter beim Baden einem Seeungeheuer, einem Quinotaurus, begegnete, woraus seine Dynastie eine übernatürliche Legitimität herleitete. In der Regierungszeit von Merowechs Enkel Chlodwig I., der 481 den Thron bestieg, treten die Franken stärker ins Licht der Geschichte. Chlodwig I. gilt als der eigentliche Gründer des Frankenstaats, den er stark ausweitete. Bei seinem Tod umfasste er in etwa das Gebiet des heutigen Frankreichs, die Beneluxstaaten und das Rheinland. Die fränkischen Könige machten viel Aufhebens um ihr Haar, das sie bevorzugt lang trugen. Ihre Haarpracht galt als Zeichen der Männlichkeit und war ihnen so wichtig, dass es für sie fast ein genauso großes Verbrechen war, einem Jungen ohne Zustimmung der Eltern die Haare zu schneiden, als ihn zu töten. Gregor von Tours berichtet dazu:

> Childebert und Lothar sandten Arkadius zur Königin ... mit einer Schere in der einen Hand und einem blanken Schwert in der anderen. Als er zur Königin kam, präsentierte er ihr beides. »Deine Söhne, unsere Herren, gnädige Königin, erbitten deine Entscheidung, was mit den Prinzen geschehen soll. Sollen sie mit geschorenem Haar weiterleben? Oder möchtest du lieber, dass sie getötet werden?« ... sie antwortete: »Wenn sie nicht den Thron besteigen dürfen, so will ich sie lieber tot als mit geschorenem Haar sehen.«

Die politische Versammlung der langhaarigen Könige und ihrer mächtigen, selbstbewussten Gesellschaften waren die erste Klinge der Schere, die die Merowinger, Karolinger und andere mit ihnen verwandte europäische Gemeinschaften in den Korridor brachte. Die zweite Klinge stiftete das Römische Reich.

Die zweite Klinge

Die Römische Republik wurde im Jahr 509 v. Chr. nach dem Sturz von König Lucius Tarquinius Superbus gegründet. Seit Ende des 2. Jahrhunderts v. Chr. wurde die Republik von schweren Krisen erschüttert, die sich aus dem Konflikt zwischen den wohlhabenden aristokratischen Familien und der wachsenden Zahl der römischen Bürger ergaben. Ihr faktisches Ende kam, als Julius Cäsar sich 49 v. Chr. zum Diktator erklärte, ihr offizielles, als Octavian im Jahr 27 v. Chr. den Senat dazu brachte, ihm persönlich sämtliche republikanischen Amtsvollmachten zu übertragen. Mit diesem Akt, bei dem er den Ehrennamen Augustus erhielt, wurde er zum Begründer des römischen Kaisertums.

Zu dieser Zeit gab es praktisch keinen institutionalisierten Staat mehr. Rom wurde bereits seit langem vom Senat und von der Armee regiert, das Regiment führten die Eliten mit ihren Sklaven und Getreuen, denn Staatsdiener gab es nur noch wenige. Augustus baute die Zentralverwaltung neu auf, auch aus der Notwendigkeit heraus, die Lebensmittelversorgung Roms und den Unterhalt der Armee sicherzustellen. Doch erst ab der zweiten Hälfte des 3. Jahrhunderts kann man von der Entwicklung einer echten Bürokratie sprechen. In der Blütezeit des Kaiserreichs beschäftigte der römische Staat mindestens 31 000 besoldete Staatsdiener, ohne das Verwaltungspersonal der Städte, über das wir wenig wissen. Die Grundeinheit der Verwaltung waren die Provinzen, deren Zahl am Ende der Herrschaft von Diokletian im Jahr 305 n. Chr. 114 betrug. Jeder stand ein Statthalter vor, der hauptsächlich für die Erhebung von Steuern und die Rechtsprechung zuständig war und für den in der Regel 100 Beamte arbeiteten. Diese Provinzen waren zu größeren Einheiten zusammengefasst, den sogenannten Diözesen, geleitet von einem Vicarius, und über diesen standen vier Prätorianerpräfekten, einer für Gallien (in dessen Verantwortungsbereich auch Britannien und Spanien fiel), einer für Italien (einschließlich Afrika und dem westlichen Balkan), einer für Illyrien (Griechenland, Kreta und der Rest des Balkans) und einer für Byzantium im Osten. Diese Präfekten verfügten über einen sehr großen Mitarbeiterstab, der bis zu 2000 Personen umfasste. Beamter wurde man zwar nicht durch Nachweis seiner Befähigung, doch die großen spätrömischen Gesetzwerke, die unter den Kaisern Theodosius im Jahr 438 und Justinian im Jahr 529 veröffentlicht wurden, kannten auch das Leistungsprinzip und die Beförderung nach Dienstalter. Die beste Beschreibung, die wir für die Arbeitsweise dieser Bürokratie haben, stammt aus einem Bericht von Johannes Lydos, der für den Prätorianerpräfekten in Byzanz arbeitete. Johannes Lydos stammte aus der Polis Philadelphia in Lydien, heute die türkische Stadt AlaŞehir. Er wurde von einem ebenfalls aus Philadelphia stammenden Prätorianerpräfekten namens Zoticus in den Staatsdienst übernommen. Die Präfektur im Osten war in die zwei Bereiche Verwaltung und Justiz sowie Finanzen gegliedert, wo Johannes seinen Posten erhielt. In seinem Buch *De magistratibus (Über die Ämter des Römischen Staates)* listet er die höheren Beamten der Finanzabteilung auf: *princeps officii, cornicularius, adiutor, commentariensis, ab actis, cura epistularum* und *regendarius*. Ein Gesetz von 384, später durch den Codex Iustinianus ergänzt, bildet das Modell für diesen bürokratischen Apparat, der 443 unterschiedliche Positionen in 18 verschiedenen, hierarchisch gegliederten Ranggruppen enthält.

> *Scrinium exceporum*:
> Ein Beamter im Rang eines *perfectissimus* zweiter Klasse,
> der *primicerius* der gesamten *schola* ist.
> Ein Beamter im Rang eines *perfectissimus* (dritter Klasse),
> der *primicerius* aller *exceptores* ist.
> Zwei Beamte im Rang eines *ducenarius*, der *tertiocerius*
> und der *quartocerius*.
> Ein Beamter im Rang eines *centenarius*, der *primicerius*
> *instrumentorum*.
> Zwei *epistulares*.
> Sechsunddreißig *exceptores* ersten Ranges.

Und so ging es weiter für die übrigen 17 Ranggruppen. Johannes selbst begann seine Laufbahn im Jahr 511 im mittleren Rang eines *exceptor*.

Die Bürokratie gründete nach den Worten von Johannes Lydos auf einem komplexen Regelwerk von »Bräuchen, Formalismen und Sprache«, und die Beschäftigten verrichteten ihren Dienst in einer »besonderen Aufmachung«, einer uniformähnlichen Amtstracht. Sie hatten mit Regularien und Prozeduren und »Registern, Titeln und Pflichten« zu tun. Es gab auch so etwas wie einen Korpsgeist, die Beamten hatten ihre eigene Identität ausgebildet, um sich von den »einfachen Leuten« abzusetzen. Sprache und Schrift waren besonders wichtig. Nur den am engsten mit dem Kaiser verbundenen Palastbeamten war es erlaubt, die *litterae caelestes* (»himmlische Buchstaben«) zu verwenden, eine besondere Kanzleischrift, die schwer zu imitieren und dadurch in gewissem Maß fälschungssicher war. Johannes schildert ausführlich die diversen obligatorischen bürokratischen Prozeduren. So musste beispielsweise alles, was vor dem Gericht des Statthalters verhandelt wurde, zweifach protokolliert werden. Eine

Fassung lag in der Verantwortung eines Beamten mit dem Titel *secretarius*, während die andere, das *personalium*, vom *adiutor* angefertigt wurde. In solchen Vorsichtsmaßnahmen gegen Betrug und Verlust sah Johannes eine unerlässliche Voraussetzung für das reibungslose Funktionieren einer Regierung. »Ich selbst kann mich noch gut an ein solches Vorkommnis erinnern. Nach einer Anhörung waren die Akten zu einem Fall nirgends zu finden. Doch der Richter ließ sich das *personalium*, wie es genannt wird, bringen, und so konnte der Fall komplett rekonstruiert werden.«

Was Johannes hier beschreibt, ist eine ausgefeilte Bürokratie mit genau definierten Regeln, eingebettet in ein komplexes Rechtssystem. Natürlich war sie nicht immun gegen persönliche Einflussnahme und arbeitete sicherlich nicht immer regelkonform. Auch Johannes erhielt seine Stellung nicht allein aufgrund persönlicher Verdienste, sondern mit der Hilfe von Zoticus, den er aus Philadelphia kannte. Viele der höheren Ämter waren für die Eliten reserviert, insbesondere für Angehörige der Senatorenklasse, und es wird auch Korruption gegeben haben. Bei all diesen Mängeln hatten die Römer immerhin ein komplex strukturiertes, territorial organisiertes Staatswesen mit einer funktionierenden Bürokratie. Parallel zu diesem Apparat entwickelte sich die Hierarchie der Kirche, die sich zu der Zeit, als die Franken in engeren Kontakt mit den Römern kamen, bereits eng mit den politischen Institutionen verflochten hatte.

Die beiden Klingen kommen zusammen

Die Frühgeschichte der Franken ist von den Schwierigkeiten geprägt, die eher basisdemokratisch geprägten Strukturen der germanischen Stämme mit den staatlichen Institutionen der Römer zu kombinieren. Als Chlodwig den Thron bestieg, war es noch unklar, wie diese beiden Klingen zusammenkommen sollten.

Die Errichtung einer stabilen politischen Hierarchie unter den Franken war kein einfaches Unterfangen. Gregor von Tours berichtet, dass Chlodwig einmal bei einer Plünderungsaktion ein Auge auf einen wertvollen Krug warf und seine Männer fragte: »Ich bitte euch, meine wackeren Freibeuter, mir hier und jetzt diesen Krug zu überlassen, und zwar über meinen normalen Anteil hinaus«, worauf einer seiner Männer den Krug mit der Axt zerschlug und erklärte: »Du sollst von diesem Krug nur deinen gerechten Anteil haben!« Chlodwig rechnete später mit diesem Mann ab, dennoch veranschaulicht die Geschichte das egalitäre, hierarchiefeindliche Ethos der Krieger, das eines der Prinzipien der politischen Versammlungen der Franken war, sich auf dem Weg zur Bildung eines Staats aber als großes Hindernis erwies.

Ein wichtiger Schritt im Prozess der Staatsbildung war die Eroberung der letzten römischen Unterprovinz von Soissons. Chlodwig übernahm die römischen Einrichtungen und heuerte anscheinend auch römische Beamte an. Schließlich ließ sich Chlodwig taufen, ein geschicktes Manöver zur Annäherung der beiden Klingen. Aber nicht er allein nahm das Christentum an, es handelte sich um eine Massentaufe mit all seinen Kämpfern. Von diesem Tag an war Chlodwig bei der Kirchenhierarchie, über die er für die Merowinger gebot, wohlgelitten. Anschließend erklärte er sich selbst zum König. Die Taufe erfolgte in einer an römisches Brauchtum angelehnten Zeremonie in der Stadt Tours, über die Gregor schreibt:

> In der Kirche St. Martin stand er in purpurner Tunika und Militärmantel, und er krönte sich selbst mit einem Diadem. Er ritt auf seinem Pferd umher und verstreute mit eigener Hand Gold- und Silbermünzen unter die Menge … Von diesem Tag an wurde er Konsul oder Augustus genannt.

Die Führer der germanischen Krieger trugen normalerweise weder Purpur, noch nannten sie sich selbst Augustus. Durch die Annahme dieses Ehrennamens brachte Chlodwig die Klinge der Versammlungen und basisdemokratischen Normen der germanischen Stämme mit der Klinge des römischen Modells seines zentralisierten Staats zusammen. Das Resultat war größer als die Summe seiner Teile. Die Blaupause für die bürokratische Organisation, die Chlodwig von Rom und der christlichen Kirche erhielt, wurde in der völlig andersartigen politischen und gesellschaftlichen Normenwelt der germanischen Stämme realisiert. Diese Kombination führte die Merowinger zum Eingang des Korridors.

Abgesehen vom purpurnen Gewand, ist das römische Erbe auch im Fortbestand der grundlegenden Verwaltungseinheit der römischen Zeit präsent, der *civitas* oder Stadt mit ihren umliegenden Gebieten. Der merowingische Führer einer *civitas* wurde *comes* genannt, was »Gefährte« bedeutet, woraus sich der französische Ausdruck »comte« und der englische »count« (der »Graf«) entwickelte. Diese Funktion leitet sich vom spätrömischen *comes civitatis* her und umfasst auch in etwa dieselben Amtsbefugnisse – Streitfälle schlichten, Recht sprechen, die militärische Führung ausüben. Die dem *comes* unterstehenden Führer wurden *centenarius* genannt, ebenfalls ein Amt nach römischem Vorbild, der Führer einer *centena*, einer Hundertschaft. Diese Einheit geht wahrscheinlich auf die übliche Stärke einer germanischen Kämpfergruppe zurück, die sich einen Anführer wählte, und wurde nun auf das römische System der Territorialverwaltung übertragen. So entwickelte sich aus dem gewählten Kriegshäuptling ein Beamter des fränkischen Staats.

Eine von Chlodwigs wichtigsten Handlungen war die Verkündigung der Lex Salica (Salisches Recht). Der Bildteil enthält eine Fotografie des merowingischen Manuskripts. Chlodwig gehörte zu den Salfranken, die sich von den weiter östlich lebenden Rheinfranken unterschieden. Die Lex Salica formalisierte bestehende Normen und Bräuche, die das Leben der Franken schon vor der Staatsbildung geregelt hatten. Zu diesen Normen gehörten ausführliche Regeln über das Führen von Fehden. Chlodwig lag daran, solche Angelegenheiten durch schriftliche Fixierung unter die Kontrolle des neuen, zentralistischen Staates zu bringen. In dieser Hinsicht ist besonders der erste Titel der Lex Salica von Bedeutung. Dort heißt es: »Wenn einer nach königlichen Gesetzen zum Thing geladen wird und nicht kommt, werde er, wenn ihn nicht echte Not abhält, zu 600 Pfennigen, die 15 Schillinge machen, verurteilt.« »Thing« ist hier das alte Wort für die Versammlung. Chlodwig musste also zunächst dafür sorgen, dass die Leute überhaupt erschienen. Zur Entstehung des Gesetzes gibt uns die Vorrede Aufschluss. Dort heißt es:

> Es diktierten das salfränkische Gesetz vier durch die Großen selbigen Volkes, die zu damaliger Zeit dessen Leiter waren, aus vielen Männern Auserwählte mit folgenden Namen: Wisogast, Bodogast, Salegast und Widogast in den Orten zubenannt Saleheim, Bodoheim, Wideheim, die auf drei Thingen zusammenkamen, aller Ansprüche Ursprünge in sorgsamer Beratung erörterten und über die einzelnen das Urteil wiesen in folgender Weise.

Die Lex Salica wurde also zwar von Chlodwig auf den Weg gebracht, aber der Gesellschaft nicht von oben diktiert. Er überließ die Formulierungen vier Gesetzgebern und drei »Thingen«, drei Versammlungen.

Die Verfasser des Gesetzes, Wisogast, Bodogast, Salegast und Widogast, handelten all die üblichen Probleme der damaligen Gesellschaft ab, darunter etliche Varianten gewalttätiger Auseinandersetzungen. So heißt es in Titel 22:

> § 1 Wenn einer den andern töten will und der Schlag vorbeigeht – gerichtlich »Lebensgefährdung« –, werde er zu 2500 Pfennigen, die 62½ Schillinge machen, zu schulden verurteilt.
> § 2 Wenn einer den andern mit vergiftetem Pfeil treffen will – gerichtlich »Lebensgefährdung« –, werde er zu 2500 Pfennigen, die 62½ Schillinge machen, zu schulden verurteilt.
> § 3 Wenn einer einen Mann am Haupt verwundet und dabei Knochen heraustreten – gerichtlich »Blutwunde« –, werde er zu 1200 Pfennigen, die 30 Schillinge machen, zu schulden verurteilt.
> § 4 Wenn er aber zwischen die Rippen oder in den Bauch eine Wunde treibt und sie läuft und nicht heilt – gerichtlich »Blutwunde« –, werde er zu 2500 Pfennigen, die 62½ Schillinge machen, zu schulden verurteilt; außerdem für die Heilbehandlung zu 9 Schillingen.

Das Gesetz deckte weitere Dinge ab, die im Zusammenhang mit Fehden standen, insbesondere Beleidigungen, so war es zum Beispiel verboten, jemanden »Füchslein« oder »Hase« zu schelten. Es regelte auch die Beziehungen zwischen Franken und Römern, wobei deutliche Unterschiede zutage kamen. So heißt es beispielsweise im Titel 16 »Von Überfällen oder Ausplünderungen: Wer einen freien Mann ausplündert«:

§ 1 Wenn einer einen freien Mann durch Überfall ausplündert – gerichtlich »Beraubung« –, werde er zu 2500 Pfennigen, die 62 ½ Schillinge machen, zu schulden verurteilt.
§ 2 Wenn ein Römer einen germanischen Mann ausplündert – gerichtlich »Beraubung« –, werde er zu 2500 Pfennigen, die 62 ½ Schillinge machen, zu schulden verurteilt.
§ 3 Wenn aber ein Franke einen römischen Mann ausplündert – gerichtlich »Beraubung«« –, werde er zu 1200 Pfennigen, die 30 Schillinge machen, zu schulden verurteilt.

Ein Römer, der einen Franken ausraubte, wurde also härter bestraft als ein Franke, der einen Römer ausraubte. Der Grundsatz der »Gleichheit vor dem Gesetz« war den Franken offenbar unbekannt. Dieser wesentliche Aspekt des Rechts unter dem Gefesselten Leviathan musste sich unter dem Einfluss der Roten Königin erst noch langsam entwickeln.

Die Lex Salica orientierte sich nicht am römischen Recht. Römische Kaiser wie Augustus hätten nie versucht, Gesetze mit bestehenden Normen in Einklang zu bringen. Es wäre ihnen auch nicht eingefallen, Gesetze durch eigens dazu beauftragte Personen formulieren und auf Versammlungen beschließen zu lassen. Die Lex Salica war im Wesentlichen die schriftliche Fixierung, Regulierung und Stärkung bereits bestehender Normen, wie sie ähnlich einst Drakon und später Solon im antiken Athen unternommen hatten. Doch immerhin sorgten die Gesetze dafür, dass es von nun an Sache des Staates war, Konflikte zu regeln. Ende des 6. Jahrhunderts schlug die Gesetzgebung einen eindeutig stärker römisch geprägten Weg ein, indem sie Elemente des Codex Theodosianus übernahm. Die Lex Salica war ein weiterer Schritt auf dem Weg der Verschmelzung der römischen Staatsstrukturen mit den Normen und politischen Institutionen der Franken.

Die volle Bedeutung der Formulierungen der Lex Salica zeigte sich während der Regentschaft von Karl dem Großen, der auf dem Höhepunkt der Verbindung mit den Römern am ersten Weihnachtstag im Jahr 800 n. Chr. in Rom vom Papst zum Kaiser gekrönt wurde. Dennoch verhielt sich Karl der Große gegenüber seinem Volk nicht wie ein römischer Kaiser. Seine Regierung war von denselben Versammlungen, Bräuchen und Erwartungen beschränkt wie die von Chlodwig. Zwei königliche Edikte, 789 in Regensburg erlassen, belegen, dass Staatsdiener ihre Macht missbrauchten und Untertanen sich beim König beklagten, dass »ihnen nicht ihr Recht geschieht«. Entscheidend ist hier, dass ausdrücklich von »ihrem Recht« die Rede ist. Es galt das Recht des Volkes, nicht das des Königs – und seine Aufgabe war, ihm Geltung zu verschaffen. »Wenn ein Graf oder ein *missus* oder irgendein Mann dies getan hat, soll es dem König berichtet werden, denn er will solche Angelegenheiten völlig in ihr Recht setzen«, hieß es. Der lateinische Ausdruck *missus* meint hier einen Gesandten, also jemand, der im königlichen Auftrag die Verbindung zwischen einer Provinz und dem Hof hält.

Wie stand es nun um die Freiheit? Die von Chlodwig und Karl dem Großen geführten Staaten waren zwar in den Korridor eingebogen, doch von aufblühender Freiheit konnte keine Rede sein. Es waren turbulente Zeiten, in denen kaum jemand vor Gewalt sicher war. Chlodwigs Anhänger waren Krieger, und die Franken verstanden sich vor allem als Kämpfer. Dies kann man schon allein daraus ersehen, dass junge Franken erst als vollgültiges Mitglied der Gemeinschaft galten, wenn ihnen vor einer Versammlung Speer und Schild überreicht worden waren. Die Franken steckten immer noch im Normenkäfig mit seinen Traditionen und Gebräuchen fest, der ihre ökonomischen und sozialen Aktivitäten erheblich beschränkte, nicht zuletzt, weil es in der fränkischen Gesellschaft viele religiöse und kulturelle Tabus sowie eine deutliche Hierarchie gab. Sklaverei war nach wie vor verbreitet, und viele Männer und Frauen wählten freiwillig die Leibeigenschaft, und zwar unter Bedingungen, die sich mit dem vergleichen lassen, was wir in Kapitel 2 über afrikanische Gesellschaften erfahren haben, die Europa aber seit Solons Reformen in Athen hinter sich gelassen hatte. In Gerichtsverfahren war Folter zur Erpressung von Geständnissen an der Tagesordnung. Auch Fehden grassierten nach wie vor, wie unsere Auszüge aus der Lex Salica zeigen. Trotzdem hatten diese Gesellschaften festen Halt im Korridor gefunden, und der Prozess, der all dies allmählich ändern sollte, hatte begonnen.

Das unvereinigte Königreich

Während die Franken versuchten, Westeuropa zu einigen, befand sich das Königreich jenseits des Kanals noch im Zustand großer Uneinigkeit. Mit dem Zusammenbruch des Weströmischen Reichs gerieten auch die römischen Errungenschaften in Vergessenheit. Geld, Schrift und das Rad verschwanden, Städte wurden aufgegeben. York, zur Römerzeit eine blühende Metropole, wurde im 5. Jahrhundert vom Marschland zurückerobert. Archäologische Ausgrabungen belegen für diese Zeit Käfer, die in hohem Gras und Schilf gelebt haben müssen, und die Bewohner der Stadt waren nun wieder Feldmäuse, Schermäuse, Spitzmäuse und Zikaden. Sie waren nicht die einzigen Neuankömmlinge. Vom europäischen Kontinent setzten Germanen und Südskandinavier über den Kanal, die der Historiker Beda Venerabilis im 8. Jahrhundert als »Angeln, Sachsen und Jüten« bezeichnete. Zu dieser Zeit hatten die Inselbewohner zusammen mit den Überlebenden des römischen Britannien und anderen Migranten wie den Kelten aus Irland und Schottland ein unstetes Gebilde miteinander rivalisierender Gemeinwesen geschaffen, von denen heute oft nicht mehr geblieben ist als der Name einer Grafschaft, beispielsweise der von Kent. Doch nach und nach wuchsen diese politischen Gebilde zusammen. Im Jahr 796, als König Offa von Mercien starb, waren nur noch vier übriggeblieben: Wessex im Süden, East Anglia im Osten, Mercia in der Mitte der Halbinsel und Northumbria im Norden (siehe Karte 9).

Im Jahr 871 folgte der zweiundzwanzigjährige Alfred seinem Bruder Æthelred auf den Königsthron von Wessex. Das wurde wahrscheinlich auf einem *Witenagemot* oder *Witan*, einer Ratsversammlung angelsächsischer Würdenträger, beschlossen. Abt 'lfric von Eynsham berichtet darüber:

> Kein Mann kann sich selbst zum König erheben, aber das Volk hat die Freiheit, zum König zu wählen, wer ihm beliebt; doch nachdem er zum König gekrönt ist, hat er die Herrschergewalt über sein Volk.

Die beste erhaltene Beschreibung eines *Witan* aus jener Zeit stammt von dem Mönch Byrhtferth aus Ramsey. Er schildert die Krönungs-

Karte 9: Unvereinigtes Britannien: Die Königreiche im 9. Jahrhundert

zeremonie von König Edgar dem Friedfertigen in Bath im Jahr 973 wie folgt:

> Es war zur heiligen Zeit des Jahres, in der sich nach Brauch und Sitte die Erzbischöfe und alle anderen ehrenwerten Bischöfe und die glorreichen Äbte und frommen Äbtissinnen und all die Ealdorman, Gemeindevorsteher und Richter versammelten. ›Vom Aufgang und vom Untergang, von Norden und vom Meer her folgten sie dem Aufruf des Königs, sich in seiner Gegenwart zu versammeln. Diese prächtige und glorreiche Armee seines Reiches kam nicht, um ihn abzusetzen, oder um die Entscheidung zu treffen, ihn zu töten oder ihn aufzuhängen … sondern vielmehr kam sie aus dem völlig nachvollziehbaren Grund … dass ihn die ehrwürdigen Bischöfe segnen, salben und weihen sollten.‹

Dieser bemerkenswerte Bericht macht unmissverständlich klar, dass die erlauchte Versammlung aus Ealdorman, hohen königlichen Würdenträgern, zumeist mit der Führung einer Grafschaft betraut, und die ihnen unterstellten Gemeindevorsteher Edgar genauso gut hätten absetzen wie ihn krönen können. Der König leistete bei dieser Gelegenheit folgenden Schwur:

> Ich gelobe zuallererst, dass die Kirche von Gott und die gesamte christliche Bevölkerung unter meiner Herrschaft zu allen Zeiten wahren Frieden haben sollen; ich verspreche weiterhin, dass ich Diebstahl und alle Arten von Verderbnis bei Personen jeglichen Standes verfolgen werde; und drittens, dass ich in all meinen Urteilen Gerechtigkeit und Gnade walten lassen werde.

Kurz danach setzte ihm Bischof Dunstan die Krone aufs Haupt.

Die Krone war ein ursprünglich römisches Symbol der königlichen Autorität, das die Briten von den Germanen übernahmen. Wichtiger war jedoch, dass die Sachsen auch ihre Versammlungen mitgebracht hatten, an denen sich der *witan* orientierte. Beda der Ehrwürdige berichtet in seiner *Kirchengeschichte des englischen Volkes*:

> Diese Altsachsen haben nämlich keinen König, sondern viele Satrapen, die an der Spitze ihres Stammes stehen und im entscheidenden Augenblick eines Kriegsausbruches untereinander das Los werfen und demjenigen, auf den das Losstäbchen zeigt, alle folgen und gehorchen als Führer für die Dauer des Krieges; wenn aber der Krieg vorbei ist, werden alle wieder Satrapen mit gleicher Macht.

Die angelsächsischen Führer waren nicht nur solchen direkten Einflüssen ausgesetzt, sie reisten auch durch Europa und kopierten freizügig von den dortigen Regierungsmodellen, was ihnen brauchbar schien. Alfred hatte sogar einen karolingischen Ratgeber, Grimbald von St. Bertin. Byrhtferth von Ramsey erwähnt eine andere Ratsversammlung im Jahr 965, die abgesehen von »all den wichtigen führenden Männern, den herausragenden Ealdorman und mächtigen Thane [Gefolgsmänner] aus allen Boroughs, Orten und Städten und Gebieten« von einer »unzählbar großen Menschenmenge« besucht worden sein soll.

Alfred hatte gleich nach seiner Thronbesteigung alle Hände voll zu tun. Seit 865 waren die Britischen Inseln vom Großen Heidnischen Heer besetzt, wie es in der Angelsächsischen Chronik heißt, einer Sammlung von Annalen, die von Alfred begründet wurde. Diese Armee bestand aus einer starken skandinavischen Streitmacht von Wikingern, vorwiegend Dänen, die nicht einfach nur zum Plündern gekommen waren, sondern die Insel erobern wollten. Alfred hatte sie auf ihren Streifzügen durch die vier Königreiche bereits in mehreren Schlachten geschlagen. Doch dann erlitt seine Armee eine Reihe von Niederlagen, und es gilt als wahrscheinlich, dass er sich ihren Rückzug erkaufte. Im Jahr 878 hatten die Wikinger drei der vier Königreiche erobert, und das bedrängte Wessex stand ganz allein. Doch im Sommer dieses Jahres hatte Alfred seine Streitmacht neu organisiert und fügte der Hälfte des Großen Heidnischen Heers unter der Führung des dänischen Königs Guthrum in der Schlacht von Edington im heutigen Wiltshire eine vernichtende Niederlage zu (siehe Karte 9 auf Seite 237). Dieser Sieg mündete in einem Friedensvertrag mit Guthrum, der bestimmte, dass sich die Dänen in ihr angestammtes Territorium, den Danelag, zurückzogen, der grob umrissen aus den ehemaligen Königreichen East Anglia, Northumbria und dem Ostteil Mercias bestand. Der labile Friede ermöglichte es Alfred, sein Königreich wieder auf die Beine zu stellen sowie das Steuersystem und sein Heer auf Vordermann zu bringen, ein weiterer Schritt im Staatsbildungsprozess. Seine Nachfolger, sein Sohn Edward der Ältere und drei Enkel, Æthelstan, Edmund und Eadred, eroberten dann Stück für Stück das skandinavische Königreich zurück. Eadred vertrieb schließlich 954 den letzten skandinavischen König, Erik Blutaxt, aus York. Damit war England geeint.

Von dieser Zeit haben wir ausführliche Informationen über die Natur und die Beschlüsse von Versammlungen. Wir erfahren, dass 992 Heere gegen die Dänen geschickt wurden, worauf es zu einem Vertrag durch »den König und all seine Ratgeber *(Witan)*« kam. Die Angelsächsische Chronik berichtet von der Diskussion über Verteidigungsmaßnahmen, nachdem »alle Berater *(Witan)* beim König zusammengerufen wurden«. Aber der Witan diskutierte nicht nur Verteidigungs- und Militärangelegenheiten, er erließ auch Gesetze. Im bedeutendsten aus der Regierungszeit von Æthelstan heißt es: »All dies wurde bei der großen Versammlung von Grately beschlossen, bei der Erzbischof Wulfhelm anwesend war, mit all den Edlen und Beratern, die König Æthelstan versammelte.« Von den 22 Gesetzesbestimmungen, die aus der Zeit zwischen 899 und 1022 erhalten sind, weisen 19 ähnliche Formulierungen auf. Auch wenn Byrhtferth von einer »unzählbar großen Menschenmenge« spricht, war die Zahl derjenigen, die an solchen Treffen teilnahmen, in Wahrheit genau wie im fränkischen Königreich relativ klein. Dennoch gilt für die Angelsachsen wie für die Franken gleichermaßen, dass sie systematisch versuchten, mehr Menschen in den Entscheidungsprozess einzubeziehen und ihre Beschlüsse weithin zu verbreiten. So erfahren wir, dass während der Herrschaft von Edgar »viele Dokumente geschrieben wurden, die solches betreffen, und an Ealdorman Ælfhere und Ealdorman Æthelwine geschickt wurden, die sie in alle Richtungen weiterverbreiten sollten, damit diese Maßnahmen sowohl den Armen wie den Reichen bekannt wurden«. Diese Versammlungen wurden zusammen mit dem Gesetz, das sie zu formulieren und umzusetzen halfen, die Grundlage zweier entscheidender institutioneller Errungenschaften des Korridors – des englischen Parlaments und des Prinzips, dass auch die Macht des Königs durch das Gesetz begrenzt ist.

König Alfreds Gesetz erinnert an die überlieferten Fragmente der Gesetze von Drakon und Chlodwigs Lex Salica. Auf der einen Seite stellt es einen Übergang von einer Gesellschaft ohne Staat, in der Konflikte durch Fehden geregelt wurden, zu einem Staat mit zentralisierter Autorität dar. Auf der anderen Seite besteht es aus bereits vorhandenen Normen, die es bekräftigen und nicht verwerfen will. Daher wird auch einem Strafsystem, das den Ausbruch und die Eskalation von Fehden verhindern soll, große Bedeutung beigemessen. Es beginnt folgendermaßen:

> Ich, König Alfred von Wessex, habe dies all meinen Beratern gezeigt, und sie haben erklärt, dass es ihrer aller Zustimmung findet.

Damit betont der König auch die Rolle des *Witan*. Ein zentrales Konzept dieser Gesetze ist das Wergeld, die Entschädigungssumme, die das Leben einer getöteten Person wert war. Die Zahlung eines Wergelds beendete eine Fehde. So hieß es beispielsweise in Kapitel 10: »Wenn jemand bei der Frau eines Mannes liegt, deren Wergeld 1200 Schilling beträgt, so soll er 120 Schilling Entschädigung an den Ehemann zahlen; an einen Ehemann, dessen Wergeld 600 Schilling ist, soll er 100 Schilling Entschädigung zahlen; an einen Gemeinen soll er 40 Schilling Entschädigung zahlen.« Für Leute von höherem Status wie Ealdorman galt also ein höheres Wergeld, und dieser Status beeinflusste auch die Ahndung anderer Gesetzesverstöße. Wenn jemandem in einer Gesellschaft aufgrund einer Fehde Unrecht geschah, dann waren seine Verwandten verantwortlich für die Vergeltung, und die Verantwortung für Unrecht war kollektiv, wie nach dem albanischen *Kanun*. Kapitel 30 bestimmt: »Wenn jemand, der keine Verwandten väterlicherseits hat, mit einem Mann kämpft und ihn tötet, dann sollen seine Verwandten mütterlicherseits, sofern er welche hat, ein Drittel des Wergelds zahlen und seine Verbündeten sollen ein Drittel zahlen. Im Falle des Ausbleibens der Zahlung des [verbleibenden] Drittels soll er persönlich verantwortlich gemacht werden.«

Andere Bestimmungen beschäftigen sich damit, wie spezifische Konflikte auch ohne Fehde gelöst werden können.

> Wir erklären weiterhin, dass ein Mann im Namen seines Herrn kämpfen kann, wenn dieser angegriffen wird, ohne dass man dafür Rache an ihm nehmen darf …
> Ein Mann kann kämpfen, ohne dass man dafür Rache an ihm nehmen darf, wenn er einen anderen [Mann] mit seiner ihm angetrauten Frau hinter verschlossenen Türen oder unter derselben Bettdecke findet.

Das Gesetz führte auch detaillierte Geldbußen für den Verlust oder die Verwundung einzelner Körperteile wie Finger, Zehen, Augen, Kiefer etc. ein.

Aber die Unterschiede zum *Kanun* sind letztlich doch größer als die Ähnlichkeiten. Alfreds Gesetz kodifizierte und rationalisierte nicht nur bestehende Normen der Konfliktlösung, es machte sie auch zur Sache des neuentstehenden Staates – im Unterschied zum *Kanun*, das, wie wir in Kapitel 2 gesehen haben, erst Anfang des 20. Jahrhunderts überhaupt gesammelt und niedergeschrieben wurde. Dies ist aus mindestens zwei Gründen von Bedeutung. Zunächst einmal zeigt es, dass Konflikte nicht mehr wie bisher im staatsfreien Raum üblich einfach durch Fehden gelöst werden können. Sobald das königliche Gesetzbuch festgelegt hat, wie verschiedene Konflikte gelöst werden sollen, besteht der nächste Schritt für den Staat darin, auch für ihre Lösung zu sorgen, und genau so geschah es in der Zeit nach Alfred auch. Zweitens zeigt uns dieses Gesetzbuch, dass Alfred als ein durch die bestehenden Normen und Institutionen gefesselter Herrscher der Gesellschaft nicht einfach seine Gesetze überstülpte. Er arbeitete mit der Gesellschaft und ihren Versammlungen daran, bereits bestehenden Normen eine vernünftige Fassung zu geben. Dies kommt sehr deutlich in Edgars Krönungseid in Bath zum Ausdruck, der die Grundlage für die moderne britische Krönungszeremonie bildet. Edgar versprach, mit Unparteilichkeit und Barmherzigkeit zu urteilen. Es zeigt sich weiterhin in Schlüsselmomenten Englands in der Zeit nach Alfred, insbesondere während der Regierungszeiten von Æthelred dem Unberatenen, Knut und Eduard dem Bekenner. Æthelred erlitt eine Reihe von militärischen Niederlagen durch die Dänen und flüchtete nach Frankreich in die Normandie. Er wurde »von allen Beratern *(pa witan ealle)* die in England waren« zurückgerufen, doch zu Bedingungen, die eindeutig vom *Witan* diktiert wurden, der Reformen seiner Gesetze und seines Verhaltens forderte.

Der britische Historiker Sir Frank Stenton bezeichnet dies als einen »großen Augenblick in der Verfassungsgeschichte, insofern es den ersten schriftlich fixierten Bund zwischen einem englischen König und seinen Untertanen darstellt«. Doch es war weniger ein Bruch mit der Vergangenheit als eine Fortschreibung der angelsächsischen und germanischen politischen Normen. Eine ähnliche Abmachung die Verfassung betreffend handelte der *Witan* mit dem dänischen König Knut aus, als er ihn 1016 als König anerkannte. Und im Jahr 1041, als Edward aus seinem Exil in der Normandie nach England zurückkehrte, empfingen ihn bei seiner Landung bei Hurst Head an der Küste von Hampshire »die Thane aus ganz England« und sagten ihm, sie würden ihn nur als König akzeptieren, wenn er schwor, die Gesetze von Knut aufrechtzuerhalten.

1066 und die Folgen

Im Jahr 1066 fiel Wilhelm der Eroberer mit seinem Normannenheer in England ein und schlug die Verteidiger vernichtend in der Schlacht von Hastings in Sussex. Dabei wurde auch deren Anführer Harald Godwinson getötet. Wilhelm enteignete die angelsächsischen Aristokraten und führte in England das Feudalsystem ein, das die späten karolingischen Könige in Frankreich entwickelt hatten. Ohne die Zustimmung der englischen Gesellschaft wäre ihm das nicht möglich gewesen, und so behauptete er, Eduard der Bekenner habe ihn während seiner Zeit im Exil in der Normandie als seinen Erben benannt, er sei somit rechtmäßiger englischer König. Der Bildteil enthält eine Szene aus dem Teppich von Bayeux, gewebt von normannischen Frauen zu Ehren der Ereignisse von 1066, die zeigt, wie Eduard Wilhelm sein Königreich überträgt. So war es eine der ersten Maßnahmen Wilhelms, Eduards Gesetzbuch wieder Geltung zu verschaffen. Aber dieser Akt bestätigt auch die Fesseln, die vor seiner Eroberung bestanden, und sorgte so für Kontinuität zwischen den beiden Regimen.

Die Feudalordnung, die die Normannen in Frankreich angenommen hatten und die Wilhelm nun nach England brachte, war ein Ergebnis der Zersplitterung des fränkischen Staats in der Zeit nach Karl dem Großen. Die wachsende Macht der Lokalfürsten schwächte die zentralistische Regierung und führte zu einer neuen, hierarchisch strukturierten Staatsgliederung. Das gesamte Land gehörte nominell dem König, der es als Lehen an seine Vasallen vergab, die ihm dafür mit *consilium et auxilium*, »Rat und Tat«, zur Seite standen, womit vor allem militärische Hilfe gemeint war. Zur Zeit des Doomesday Book, der großen Volkszählung, die Wilhelm 1086 durchführte, gab es in England 846 Kronvasallen, wie die Vasallen der höchsten Stufe genannt wurden. Sie vergaben das Land nach dem System der sogenannten Afterbelehnung ihrerseits gegen Rat und Tat an Vasallen niedrigerer Stufe und so immer fort. Wenn Wilhelm also Soldaten oder einfach nur Geld benötigte, wandte er sich zunächst an seine Kronvasallen, die seine Wünsche an ihre Aftervasallen weitergaben, die sie ebenfalls nach unten weiterreichten. Diese feudale Organisation stärkte die landbesitzenden Eliten, also die Vasallen, und schwächte die Möglichkeiten des einfachen Volkes, sich an der Politik zu beteiligen. Offene Opposition gegen den König, wie man sie Eduard dem Bekenner bei seiner Rückkehr aus Frankreich noch entgegengebracht hatte, war damit unmöglich geworden, da sie als Bruch der Vasallentreue angesehen worden wäre. Hatte England damit den Korridor verlassen? Die Versammlungen waren längst zu tief verwurzelt, als dass sich die politische Beteiligung der Gesellschaft so leicht hätte beiseiteschieben lassen.

Es sollte nicht lange dauern, bis die Beistandsleistung durch Rat und Tat den Versammlungen neuen Einfluss verschaffte. Es erwies sich oft als nötig, bei den Zusammenkünften zwischen dem König und den führenden weltlichen und kirchlichen Eliten auch breitere Schichten der Gesellschaft einzubinden, wie dies schon bei den politischen Versammlungen der germanischen Stämme der Fall gewesen war. Und die *Beratungspflicht* der Vasallen gegenüber dem König war im Grunde nicht grundlegend verschieden von einem *Beratungsrecht*, zumal dieses Recht zu dem alten Regierungssystem gehörte, das Wilhelm ausdrücklich bestätigt hatte, als er an die Macht kam. Die freien Männer hatten in gewissem Sinn also immer noch das Recht, um ihren Rat gefragt zu werden. Zur Regierungszeit von Heinrich II., dem Urenkel von Wilhelm dem Eroberer, der 1154 den Thron bestieg, wuchs diesen Versammlungen aufgrund verschiedener Umstände sogar noch mehr Macht zu, um den entstehenden Staat zu fesseln, insbesondere im Zusammenspiel mit dem Rechtssystem.

Das Rechtssystem war schon seit den frühen Tagen von Wilhelms Herrschaft im Wandel begriffen. Typisch für die Gesetze von Chlodwig und Alfred war, dass es Täter vor allem zu Entschädigungszahlungen an Opfer verurteilte, nicht zu Gefängnisstrafen oder an den Staat zu entrichtende Geldbußen. Unter den Gesetzen von Alfred wurde ein abgeschlagenes Ohr mit 30 Schilling Sühnegeld, dem sogenannten Wergeld, beglichen, bei Gehörverlust mit 60 Schilling, die direkt an die geschädigte Person gingen. Unter Wilhelm wurden nun vermehrt direkt an den Staat zu entrichtende Strafzahlungen festgesetzt. Das bekannteste Beispiel ist das *murdrum* genannte Verbrechen, die Tötung eines Normannen durch einen Angelsachsen, bei dem eine ganze Gemeinschaft (üblicherweise eine Hundertschaft oder ein Dorf) die Strafe zu tragen hatte, wenn sie den Täter nicht auslieferte. Eine ähnliche Einrichtung war der Tithing, eine Gruppe von 10 oder 12 Männern, die sich in einer Art Bürgschaftseid (*frankpledge* – Friedbürgschaft oder Freibürgschaft) auf die Einhaltung der Gesetze verpflichten mussten und gemeinsam dafür verantwortlich waren, Missetäter aus ihren Reihen zu überstellen. Konnte der Gesetzesbrecher nicht gefasst werden, so wurde die gesamte Tithing-Gemeinschaft bestraft. Damit waren jene, die diese Friedbürgschaft ablegten, praktisch die lokalen Gesetzeshüter.

Die Idee der kollektiven Verantwortung und Bestrafung entstammt wahrscheinlich den Regeln von Fehden, bei denen es Gruppen, üblicherweise die Großfamilie, übernehmen, für die Sühne von Verbrechen zu sorgen. Aber es ist ein großer Unterschied, ob dafür eine Verwandtschaftsgruppe oder eine bloß räumlich umrissene Dorfgemeinschaft verantwortlich ist, insbesondere wenn man den Normenkäfig betrachtet. Wilhelm schaffte das Recht, Rache zu nehmen, ab und versuchte mit Nachdruck, Verwandtschaftsgruppen und Clans davon abzuhalten, das Recht durch Fehden und Racheakte in die eigene Hand zu nehmen. Eine Folge war die Auflösung von Verwandtschaftsbeziehungen. Marc Bloch, der französische Historiker des Feudalismus, erklärt dazu:

> Die großen Sippen von einst werden allmählich durch Gruppen ersetzt, die unseren Kleinfamilien von heute viel näher stehen.

Das begann sich auf die Namensgebung auszuwirken. Zu Beginn der normannischen Zeit hatten die Menschen meist einen einzelnen Namen, gelegentlich kombiniert mit dem Namen einer größeren Verwandtschaftsgruppe oder eines Clans. Erst im 12. Jahrhundert tauchten so etwas wie Nachnamen auf. Es waren zunächst Einzelne, meist Aristokraten, die sich einen zweiten Namen zulegten, bis sich diese Sitte dann in der Gesellschaft verbreitete. Wer nicht dem Adel angehörte, nahm oft einen Namen an, der seiner Tätigkeit entsprach, Smith, Baker oder Cooper (Böttcher). Bloch spricht dem Staat eine entscheidende Rolle bei diesem Prozess zu:

> … der unveränderliche Familienname, der heute unter einer gemeinsamen Bezeichnung Menschen vereint, die oft jedem lebendigen Gemeinschaftsgefühl abhold sind, [war] die Schöpfung nicht des aus der Abkunft erwachsenen Geistes … sondern der Institution, die diesem Geist am vollständigsten entgegengesetzt war: der souveräne Staat.

Der Staat veränderte damit die Natur der Gesellschaft und löste dabei langsam zahllose Verhaltenseinschränkungen, Verpflichtungen und gesellschaftliche Hierarchien auf.

Das Recht wandelte sich während der Herrschaft von Heinrich II. auf dramatische Weise. Unter seinem Vorgänger Stephan war England von Erbfolgestreitigkeiten und Bürgerkrieg geplagt worden. Heinrich musste das Land neu aufbauen, und er versuchte, Territorien zurückzugewinnen, die an Schottland, Wales und vor allem Frankreich verlorengegangen waren. Außerdem wollte er den Kreuzfahrerstaaten im Heiligen Land helfen. Für all das benötigte er Geld, also erhob er 1166 eine Steuer auf Einkommen und bewegliche Güter. Bis dahin hatte sich der König mit den Einnahmen aus seinen eigenen Ländereien, mit Grundzins und Prozessgebühren begnügen müssen. Heinrich erhob die neuen Abgaben nach Beratung mit den Erzbischöfen, Bischöfen und Fürsten seiner französischen Lehen »mit Rat und Zustimmung aller«. Für Steuern, die alle belasteten, benötigte Heinrich aber die Zustimmung der gesamten Gesellschaft.

Weitere Reformen Heinrichs zielten darauf ab, der königlichen Regierung mehr Einfluss auf den Justizapparat zu verschaffen. Die bedeutendste war um 1176 die Schaffung des Amts des Eyre, eines reisenden Richters. Diese vom König bestallten Richter zogen durchs Land und entschieden in einer Vielzahl unterschiedlichster Fälle. Doch Heinrichs Reformen ließ auch die Rote Königin aktiv werden. Die Gesellschaft erhielt neue Beteiligungsmöglichkeiten an der Konfliktlösung, da die Richter nun ein *assize*, ein Schwurgericht, einberiefen, für das sie »zwölf gesetzestreue Männer« als Beistand ernannten. Dies hatte sich bereits im Assize of Clarendon abgezeichnet, einem Gesetz aus dem Jahr 1166, in dem es heißt:

> In erster Linie ordnet besagter König Heinrich auf Rat aller seiner Barone an … dass in allen Landkreisen … durch jeweils zwölf rechtschaffene Männer erhoben werde … unter Eid, dass sie die Wahrheit sprächen: ob … es Männer gebe, die seit Amtsantritt des Königs wegen Mordes, Raubes oder Diebstahls oder wegen Beherbergung von Mördern, Räubern oder Dieben angeklagt oder bekannt geworden sind.

Dies war ein wichtiger Schritt bei der Einführung von Geschworenengerichten, die allerdings weitgehend schon im Tithing-System angelegt waren. Hervorzuheben ist, dass in dieser Art Rechtsprechung die Beweiserhebung von der Feststellung der Schuld getrennt wird. Das Geschworenensystem gab den Geschworenen zunächst nur das Recht, Informationen zu beschaffen, nicht über Schuld oder Unschuld zu befinden, dies kam erst später hinzu. Dass ein solcher Prozess vor »Geschworenen aus Standesgenossen« geführt wurde, ist ein zentrales Element des englischen Common Law. Ein weiterer wesentlicher Punkt des Rechtssystems von Heinrich II. ist, dass die Richter praktisch zu Gesetzgebern werden. In ihren Urteilen mussten sie die oft vagen und unklaren bestehenden Gesetze interpretieren. So schufen sie Präzedenzfälle für deren Auslegung und die Grundlage für neue Gesetze. Die sich entwickelnde Autonomie der Rechtsberufe in England, aus deren Entscheidungen das Common Law erwuchs, waren ein weiterer wichtiger Schritt bei der Entwicklung einer neuen Art der Konfliktlösung. Sie verhinderte, dass die Herrscher der Gesellschaft willkürliche Gesetze auferlegten. Die Rote Königin war in voller Aktion, folgenreicher denn je. Ein entscheidender Schritt zur Gleichheit vor dem Gesetz war es beispielsweise, dass die Gesetze nun auf jedermann angewandt werden konnten, sogar auf den König. Ein weiterer war, dass es den Berufsstand der Juristen ermächtigte, nach und nach den Normenkäfig zu lockern, indem sie gegen restriktive und dem Geist ihrer Gesetze entsprechende Praktiken vorgingen. Dies machte sich besonders in der Endzeit des Feudalsystems bemerkbar, wie wir noch sehen werden.

In den Schriften von Richard fitz Nigel, auch unter dem Namen Richard von Ely bekannt, einem der reisenden Richter zur Zeit Heinrichs II., kommt deutlich zum Ausdruck, dass den damaligen Menschen die Idee der Gleichheit vor dem Gesetz wichtig war. In seinem bekannten *Dialog über das Schatzamt* von 1180 schreibt er:

> [Der] Forst hat seine eigenen Gesetze, die nicht dem gemeinen Recht des Reiches, sondern den willkürlichen Entscheidungen des Königs unterliegen; was auf Grund des Forstgesetzes geschieht, wird nicht als »rechtmäßig« ohne Einschränkungen, sondern als »rechtmäßig« nach Forstrecht bezeichnet.

Der König konnte also Gesetze machen. Aber diese Gesetze waren »willkürlich«, nicht »gerecht«!

Diese Maßnahmen spielen eine entscheidende Rolle für die Stärkung des Zentralstaats auf Kosten der Gesellschaft – zum Beispiel dadurch, dass den lokalen Gerichten und den Feudalgerichten, in denen die Barone das Sagen hatten, die Rechtsprechungsbefugnisse beschnitten wurden. Doch dieser Zentralisierungsprozess unterlag immer noch zwei wesentlichen Beschränkungen. Zum einen waren Heinrichs Reformen nach wie vor durch bestehende Normen beschränkt, und das Common Law hatte zur Folge, dass Entscheidungen lokaler Richter Präzedenzfälle schufen, die Einfluss auf künftige Entscheidungen hatten, ob das dem Herrscher nun gefiel oder nicht. Damit war sichergestellt, dass neue Gesetze nicht zu stark von bestehenden Normen abweichen konnten. Zweitens wurde die Fähigkeit der Gerichte, der Gesellschaft den Willen des Staates aufzuzwingen, stark begrenzt. So wurden beispielsweise beinahe sämtliche Rechtsaktionen einschließlich der Strafverfolgung durch einfache Menschen in Gang gesetzt. Die Richter der vierteljährlich tagenden Geschworenengerichte konnten nicht von sich aus Ermittlungen einleiten. Sie waren darauf angewiesen, dass ihnen Fälle zur Entscheidung vorgelegt wurden.

Dass die Gesellschaft dabei half, diese größere Leistungsfähigkeit des Staates zu generieren, machte sie nicht weniger real. Es unterstreicht die Natur der Staatsbildung im Korridor, dass gleichzeitig die Gesetze stärker durchgesetzt wurden (wobei die Gesellschaft ebenfalls eine entscheidende Rolle spielte), es mehr öffentliche Dienstleistungen gab und der Verwaltungsapparat des Staates wuchs. Letzterer

Punkt zeigt sich sinnfällig im Anstieg des Verbrauchs von Siegelwachs durch die Mitarbeiter des Lordkanzlers, einem der wichtigsten Berater des Königs und der »Bewahrer des königlichen Siegels«. Zwischen 1230 und 1270 stieg der Verbrauch von Siegelwachs von 3,6 Pfund pro Woche auf 31,9 Pfund pro Woche an. Dieser Verzehnfachung des Wachsverbrauchs entsprach eine Verzehnfachung an versiegelten Briefen, Resultat der Ausweitung der schriftlich geführten Staatsgeschäfte. Die Leistungsfähigkeit des Staates stieg also sprungartig an.

Die Rote Königin in Aktion: Die Magna Carta

Die ablehnende Haltung der Gesellschaft gegenüber der wachsenden Staatsmacht, die sich aus den Zentralisierungsbemühungen von Heinrich II. ergab, hielt auch unter seinem Sohn Johann Ohneland an, der 1199 den Thron bestieg. Eine Gruppe von Baronen, aufgebracht durch Johanns endlose Steuerforderungen und seine Missachtung der ihm auferlegten Gesetze und Normen, rebellierte und besetzte London. Johann traf sich mit ihnen im Juni 1215 westlich von London in Runnymede an der Themse, um eine Einigung zu erzielen. Der Ort der Zusammenkunft war mit Bedacht gewählt. Der Name Runnymede leitet sich aus dem angelsächsischen Wort *runieg* (regelmäßiges Treffen) und *mede* (Wiese) her. Runnymede war einer der Orte, an denen einst während Alfreds Herrschaft der *witan* abgehalten wurde. Bei dieser Versammlung trugen die Rebellen ihre sogenannten Artikel der Barone vor, auf Grundlage derer in zehntägigen Verhandlungen die Magna Carta entwickelt wurde.

Die Magna Carta wurde die Grundlage des politischen Systems Englands. Sie handelte eine Vielzahl von Themen ab: die Rolle der Kirche, die Geiseln, die zur Kontrolle der walisischen und schottischen Könige gehalten wurden, die Entlassung der französischen Offiziere Johanns. Doch ihre Kernbestimmungen bezogen sich darauf, dass es keine Besteuerung ohne Zustimmung geben könne und wie der König durch Gesetze und Institutionen im Zaum gehalten werden sollte. Entscheidend war, dass die Magna Carta zwar von rebellischen Baronen ausgehandelt worden war, der König die in ihr festgehaltenen Rechte aber »allen freien Mannen Unseres Königreiches« zusprach, und »die Gemeinschaft des ganzen Reichs« aufgerufen war, sie durchzusetzen. Zur Besteuerung hieß es in Artikel 12:

> Schildgeld oder Hilfsgeld soll in Unserem Königreich nur erhoben werden durch gemeinsamen Beschluss Unseres Königreichs.

Mit dem »Schildgeld« konnte sich ein Vasall vom Militärdienst freikaufen. Das »Hilfsgeld« beinhaltete andere Feudalabgaben, die ein Vasall seinem Lehnsherrn schuldete. Aber die Magna Carta begrenzte nicht nur die Steuern, die der Vasall an den König abzuführen hatte. In Artikel 15 heißt es:

> Wir werden fortan niemandem gestatten, von seinen freien Mannen Hilfsgeld zu erheben, außer zur Auslösung seiner Person, zum Ritterschlag seines ältesten Sohnes und zur ersten Eheschließung seiner ältesten Tochter, und dafür soll nur ein angemessenes Hilfsgeld erhoben werden.

Verblüffenderweise enthält die Magna Carta sogar Schutzbestimmungen für Unfreie, also Hörige, heißt es doch im nächsten Artikel:

> Niemand soll gehalten sein, mehr Dienst für ein Ritterlehen oder ein anderes Freilehen zu leisten, als dafür geschuldet wird.

»Niemand« bedeutet, dass auch Hörige davor geschützt waren, ständig mehr Arbeitsdienste zu erbringen. Auch sollte dem Hörigen im Fall einer Bestrafung zumindest seine »landwirtschaftlichen Betriebsmittel« belassen werden. Weiterhin waren alle – einschließlich der Hörigen – vor willkürlicher Behandlung durch königliche Vertreter geschützt, wie Artikel 28 besagt:

> Kein Konstabler oder anderer königlicher Beamter soll jemandes Getreide oder sonstige bewegliche Habe anders als gegen sofortige Bezahlung wegnehmen, es sei denn er könne vom Verkäufer einen freiwilligen Zahlungsaufschub dafür erlangen.

Die gesamte Magna Carta ist von dem Bemühen geprägt, das Volk an der Entscheidung über Gesetze zu beteiligen, und beachtet im Großen und Ganzen, wenn auch nicht in jedem Detail, das Prinzip der Gleichheit vor dem Gesetz. In Artikel 20 heißt es: »Und jede der genannten Bußen soll nur unter dem Eid rechtschaffener Männer aus der Nachbarschaft verhängt werden.« Artikel 18 bestimmt:

> Gerichtsuntersuchungen ... sollen [folgendermaßen] vorgenommen werden ... Wir [d.h. der König] ... werden viermal jährlich zwei Justiziare durch jede Grafschaft reisen lassen, welche zusammen mit vier Rittern der jeweiligen Grafschaft, die von dieser erwählt worden sind ... Assisen [Gerichtssitzungen] abhalten sollen.

Artikel 38 hält fest: »Kein Beamter soll fortan jemanden, nur auf Grund eigener Aussagen, ohne dafür glaubwürdige Zeugen beizuziehen, einem Gottesurteil unterwerfen«, und im nächsten Artikel heißt es:

> Kein freier Mann soll verhaftet, gefangen gehalten, enteignet, geächtet, verbannt oder auf irgendeine Art zugrunde gerichtet werden, noch werden Wir über ihn kommen oder veranlassen, daß gegen ihn vorgegangen wird, es sei denn auf Grund gesetzlichen Urteilsspruchs von seinesgleichen oder auf Grund des Landesrechts.

Bemerkenswerterweise enthält die Magna Carta sogar Bestimmungen, die ihre eigene Umsetzung sichern sollen, und setzt zu diesem Zweck eine Art Aufsichtsgremium ein:

> Es sollen nämlich die Barone fünfundzwanzig Barone aus dem Königreiche erwählen ... und diese sollen verpflichtet sein, mit allen ihren Kräften ... die Freiheiten, die Wir ihnen ... durch diese Unsere vorliegende Carta bestätigt haben, zu bewahren ... so nämlich, daß wenn Wir ... oder Unsere Beamten ... Unrecht getan ... [sie] verlangen sollen, daß wir diesen Verstoß unverzüglich gutmachen lassen. Und wenn wir den Verstoß nicht gutmachen ... dann sollen ... jene fünfundzwanzig Barone zusammen mit der Gesamtheit des ganzen Landes ... Uns zwingen und auf alle ihnen mögliche Art schädigen, und zwar durch Wegnahme Unserer Burgen, Ländereien, Besitzungen und andere ihnen mögliche Weise, wobei aber Unsere Person sowie diejenige Unserer Königin und Unserer Kinder unantastbar sein sollen ...

Dieser Überwachungsmechanismus trat nie in Aktion, stattdessen lagen Johann und seine Barone bald im Krieg miteinander. Dennoch wurden die Magna Carta und ihre politischen Prinzipien von den folgenden Königen und den Versammlungen, die unter dem Namen Großer Rat (Magnum Concilium) bekannt waren, stets anerkannt. Im Jahr 1225 wurden die Steuern im Großen Rat formell von den »Erzbischöfen, Bischöfen, Äbten, Klostervorstehern, Grafen, Baronen, Rittern, freien Pächtern und allen in unserem Königreich« festgesetzt. Die Adligen trafen ihre Entscheidungen »für sich und ihre Vasallen«, was in gewisser Weise eine Repräsentation der gesamten Gemeinschaft einführte. Im April 1254 wurde diese Repräsentation weiter ausgebaut. Zum ersten Mal wurden zwei Ritter aus jeder Grafschaft gewählt, ein System, das bis zur Wahlrechtsreform des Jahres 1918 Bestand haben sollte. Das Wort »Parlament« taucht zum ersten Mal im November 1236 im Zusammenhang mit einem Gerichtsfall auf, in dem die Entscheidung bis zur nächsten Zusammenkunft des »Parlaments« im Januar 1237 verschoben wurde. Als das Parlament 1264 durch den Rebellen Simon de Montfort ohne Erlaubnis des Königs einberufen wurde, nahmen zum ersten Mal auch zwei Bürger aus jeder Stadt als Delegierte daran teil. Montfort unterlag, doch die von ihm eingeführte Struktur blieb bestehen, und die Ritter und Bürger wurden fortan die »Commons« genannt, ein Ausdruck mit derselben Wurzel wie das Wort »Kommune«, dem wir im vorigen Kapitel begegnet sind.

Um diese Zeit ging man auch dazu über, die entsandten Ritter und Bürger zu wählen anstatt sie durch den Sheriff des Königs ernennen zu lassen. Ab Mitte des 14. Jahrhunderts tagten die Commons getrennt vom House of Lords. Das war der Beginn des Zweikammersystems, das die englische Demokratie kennzeichnet.

In der Entwicklungsgeschichte des englischen Parlaments hat die Rote Königin deutliche Spuren hinterlassen. Das Parlament, ursprünglich an den Ratsversammlungen der Angelsachsen orientiert, war zu einer mächtigen Institution geworden, bemerkenswerterweise trotz der feudalistischen Tendenzen, die den Despotismus des Königs und der Eliten auch verstärkt haben könnten, wie es in anderen Teilen Europas geschehen war. Noch erstaunlicher ist, dass zur selben

Zeit die Leistungsfähigkeit des Staats stieg, wie sich aus seiner deutlich größeren Rolle bei der Abfassung und Durchsetzung von Gesetzen, der Neuorganisation der Verwaltungsstruktur des Reichs und der wachsenden Bürokratie zeigt, die sich im erwähnten steigenden Verbrauch von Siegelwachs niederschlug. Das Parlament des 14. Jahrhunderts war natürlich keine demokratische Einrichtung nach heutigem Maßstab, selbst wenn wir darüber hinwegsehen, dass darin nur Männer saßen. Zwar ging man um 1300 dazu über, die Abgeordneten zu wählen, doch stand diese Möglichkeit nur Wohlhabenden offen. Die Aristokraten und Privilegierten blieben im Parlament unter sich. Dennoch, die fortgeschrittene Mobilisierung der Gesellschaft und die Institutionalisierung ihrer Macht während dieser Periode unterstützen unsere Interpretation, dass England sich während dieser Periode schon im Korridor befand und seine staatliche wie gesellschaftliche Leistungsfähigkeit steigerte, auch wenn diese Entwicklung ihre Höhen und Tiefen hatte. Und dieses Gleichgewicht der Kräfte wurzelte nicht einfach im Parlament, sondern ergab sich eher aus der Struktur der Gesellschaft, ihrer wichtigen Rolle bei der Umsetzung der Gesetze und der Versorgung mit öffentlichen Dienstleistungen und wie sie Veränderungen in Gang brachte.

Wie groß diese Veränderungen waren, lässt sich daran ablesen, wie sich die in der Magna Carta verwendeten Begriffe »Ritter« und »Hörige« allmählich veränderten. Die Feudalgesellschaft war relativ starr und sehr hierarchisch gegliedert – man kämpfte, betete oder arbeitete. Wer arbeitete, also die Hörigen oder Leibeigenen, befand sich am untersten Ende der Gesellschaft, gefangen in erblicher Knechtschaft. In der Praxis bedeutete dies, dass sie und ihre Nachkommen an das Land eines bestimmten Adligen gebunden und verschiedenen gesellschaftlichen und ökonomischen Beschränkungen unterworfen waren sowie eine Reihe von Abgaben leisten mussten. Im England des 14. Jahrhunderts musste sich ein Höriger die Erlaubnis zur Heirat durch eine Abgabe namens *merchet* erkaufen. Die *millsuit* wurde bei der obligatorischen Benutzung der Mühle des Grundherrn fällig. Die *tallage* war eine Abgabe, die in unregelmäßigen Abständen für die Benutzung des Landes des Grundherrn zu zahlen war. Hörige, die kein Land bestellten, blieben nicht verschont, sie hatten die *chevage* zu zahlen. Die größte Belastung aber waren die Frondienste, die der Grundherr das ganze Jahr über einfordern konnte. Der Druck dieser feudalen Verpflichtungen nahm in der ersten Hälfte des 14. Jahrhunderts allmählich ab. Grund dafür war der Schwarze Tod: Zwischen 1347 und 1352 raffte die Pest mindestens ein Drittel der Bevölkerung Europas dahin. Der rasante Bevölkerungsschwund hatte einen großen Arbeitskräftemangel zur Folge und erschütterte die Ordnung der ländlichen Gesellschaft. Die Hörigen begannen sich zu weigern, die geforderten Arbeitsdienste zu leisten. Sie wollten ihr Korn nicht mehr in der Mühle ihres Grundherrn mahlen lassen, und sie holten auch keine Erlaubnis mehr ein, wenn sie heiraten wollten. Gerichte lehnten es ab, die alten Regeln durchzusetzen. Auch Hörige konnten sich nun an das neugeschaffene System von Gerichten und die von Heinrich II. eingesetzten Richter wenden, ein deutliches Zeichen für die gestiegene Rolle des Staates bei der Ausgestaltung der gesellschaftlichen Normen. Den Lords blieb nichts anderes übrig, als ihre Ländereien nach einem neuen System zu vergeben. So hatte um 1400 ein Pachtsystem die alte erbliche Leibeigenschaft weitgehend abgelöst. Der Normenkäfig der feudalen Ordnung löste sich Stück für Stück auf.

Der unzufriedene Bienenstock

Im Jahr 1705 publizierte der in England lebende niederländische Philosoph und Satiriker Bernard Mandeville das Gedicht »Der unzufriedene Bienenstock«, in dem die englische Gesellschaft mit einem Bienenvolk verglichen wird. Das »fleißige und wohlgenährte« Volk lebt dort in Reichtum; Gesellschaft und Staat befinden sich in einem ausgeglichenen Zustand:

> Nie hat der Pöbel wild geknechtet
> Das Volk, nie ein Tyrann entrechtet,
> Durch Könige, deren Macht beschränkt,
> Ward es mit milder Hand gelenkt.

Zwar gab es auch Misshelligkeiten, doch galt im Großen und Ganzen: »Wenn die Parteien auch Streit geführt, Ward doch das Ganze gut regiert.« Warum war die Bienengesellschaft dann aber »unzufrieden«? Schauen wir uns dazu einen berühmten Fall an, das Dorf Swallowfield in Wiltshire. Im Dezember 1596 kamen dort einige Einwohner zusammen, um sich eine kleine Verfassung mit insgesamt 26 Beschlüssen zu geben. Beschluss Nr. 25 sah vor, dass »die ganze Gesellschaft einmal im Monat zusammenkommt«. Es sollten also regelmäßige Zusammenkünfte nach klaren Regeln stattfinden. Der erste Beschluss bestimmte:

> Zuallererst ist ausgemacht, dass jedermann bei unserem Treffen in Ruhe angehört werden soll, einer nach dem anderen, und dass niemand einen anderen unterbrechen soll, und dass jedermann der Reihe nach sprechen soll, so dass hierbei der Wert von jedermanns Urteil mit Vernunft kann bedacht werden.

Es wurde also beschlossen, respektvoll miteinander umzugehen und einander nicht zu unterbrechen, so dass jedermanns Meinung zur Geltung kommen konnte. Beschluss Nummer 11 legte fest, dass über die Zusammenkünfte ein Protokoll zu führen war.

Worum ging es bei den inhaltlichen Beschlüssen? Sie formulierten Strafen entsprechend dem bestehenden Gewohnheitsrecht für Vergehen, die in Beschluss 25 »absichtliche und bösartige Sünden« genannt wurden. Dazu zählten Diebstahl, üble Nachrede, Holzdiebstahl, Hochmut, Unstimmigkeiten und Meckerei (Beschluss 18); Ungehorsam und Störung des Friedens (Beschluss 15); Unzucht und außereheliche Kinder (Beschluss 8 und 13); Eheschließung ohne ausreichende Mittel zum Leben (Beschluss 20); Beherbergung von Landstreichern (Beschluss 21); Entweihung des Ruhetags (Beschluss 22 und 24); und Trunkenheit (Beschluss 23).

Die Beschlüsse zeigen, dass sich Swallowfield als selbstregierte Gemeinde verstand. Wenn sie vom Zentralstaat erwartet hätten, ihnen in Rechtsangelegenheiten beizustehen, hätten sie auch viel Geduld aufbringen müssen. Doch nachdem Heinrich II. die Leistungsfähigkeit des Staates stark ausgebaut hatte, wurde der größte Teil der Staatsarbeit immer noch von lokalen Gemeinden in freier Entscheidung beschlossen und umgesetzt. Die ein oder zwei Constables, die für jede Hundertschaft an Einwohnern vorgesehen waren, und der Gemeindeconstable, über den jedes Dorf verfügte, hatten sich um eine Vielzahl von Aufgaben zu kümmern. Ein Gemeindeconstable war für jegliche Störung der Ordnung zuständig und musste dazu den größten Teil der ökonomischen, sozialen und militärischen Vorschriften und Verpflichtungen durchsetzen. Er trieb die lokalen Steuern ein, sorgte für den Unterhalt von Straßen und Brücken, organisierte die vierteljährlich stattfindenden Gemeindezusammenkünfte und die halbjährlichen Gerichtssitzungen. Aus erhaltenen Gerichtsakten geht hervor, dass es weitgehend den Bürgern und den Gemeinden überlassen blieb, Verbrecher dingfest zu machen und sie abzuurteilen.

Ein Beispiel aus dem frühen 17. Jahrhundert ist der Fall von George Wenham aus Penhurst in Sussex. Eines Morgens stellte er fest, dass ein Schwein aus seinem Stall verschwunden war. Er suchte die Umgebung ab und stieß auf Spuren einer frischen Schlachtung – eine Blutlache und hinter einer Hecke Eingeweide. Es gab auch Hufspuren, begleitet von Blutstropfen, und Wenham folgte ihnen. Bei Einbruch der Dunkelheit brach er die weitere Suche ab. Die Spuren führten in Richtung eines Hauses, das einem gewissen John Marwick gehörte. Wenham wandte sich an den Gemeindeconstable mit der Bitte, Marwicks Haus zu durchsuchen. Das Beispiel zeigt: Auch wenn am Ende ein Gesetzeshüter in Aktion trat, war es doch zunächst Sache der Opfer, die Täter ausfindig und oft genug auch dingfest zu machen. Wenn man die Mühlen der Justiz nicht selbst in Gang setzte, begannen sie auch nicht zu mahlen.

Wenden wir uns wieder Swallowfield zu. Was waren das für Leute, die diese Beschlüsse aufschrieben? Sie standen in keiner engen Verwandtschaftsbeziehung – Clans spielten in England schon lange keine große Rolle mehr. Sie gehörten weder der lokalen Elite noch dem Klerus an. Die beiden Großgrundbesitzer der Gegend, Samuel Blackhouse und John Phipps, nahmen nicht an den Beratungen teil. Auch nicht der Priester der Gemeinde. Die Schöpfer der Gemeindeverfassung von Swallowfield waren eher das, was britische Historiker den »Durchschnittsbürger« nennen, was wohl dem entsprach, was der Assisenhof von Clarendon mit den »gesetzestreuesten Männern eines jeden Dorfes« umschrieb. Keiner von ihnen war so wohlhabend, dass er zu den elf Personen gehörte, die Swallowfield 1594 in seiner Steuererklärung an das Parlament angab. Dies waren also die Leute, die auch im späten 16. Jahrhundert noch auf lokaler Ebene die Regierungsgeschäfte besorgten. Sie waren es, die in der lokalen Verwaltung die Funktionen der Geschworenen, Gemeindevorsteher, des Armenaufsehers und Gemeindeconstables ausfüllten.

Dieses rege staatsbürgerliche Engagement entging auch Zeitgenossen wie Sir Thomas Smith nicht, seines Zeichens Gelehrter, Diplomat und Mitglied des englischen Parlaments. Im Jahr 1583, kurz vor der Verabschiedung der Gemeindeverfassung von Swallowfield, veröffentlichte Smith *De Republica Anglorum: the Maner of Government or Policie of the Realme of England*, das eine der berühmtesten politischen Analysen des elisabethanischen England wurde. Dort schreibt er: »In England unterteilen wir unsere Männer gewöhnlich in vier Kategorien: Gentlemen, Stadt- und Gemeindebürger, freie Handwerker und Arbeiter.« Die vierte Personengruppe bestand aus »Tagelöhnern, armen Landarbeitern, Händlern oder Verkäufern, die kein freies Land besitzen, Zinsbauern, Handwerkern wie Schneider, Schuhmacher, Zimmerleute, Ziegelbrenner, Ziegelleger, Maurer usw. … Und in den Dörfern werden sie gewöhnlich Kirchenvorsteher, Aleconner (ein Beschauer, der über die Qualität von Brot und Bier wacht) und oft auch Constable, ein Amt, das mehr dem Gemeinwohl dient.« Selbst die Arbeiter spielten eine große Rolle bei der Organisation der Lokalregierung, auch die Freibauern hatten »ihren Anteil« daran, »Urteile zu fällen, Übel abzustellen, Amtsträger zu wählen … und Gesetze zu machen«. Mit Blick auf die Rechtspflege durch das Volk meinte Smith: »Jeder Engländer ist ein Sergeant und versteht es, einen Dieb zu fangen.«

Dieses Beispiel und viele andere zeigen, dass es am unteren Ende des englischen Staates viel Partizipation gab, wie nach dem Rote-Königin-Effekt auch zu erwarten ist. Partizipation und Repräsentation waren nicht Sache des Parlaments allein, sie existierte auf allen Ebenen und in vielerlei Gestalt. Einer Schätzung zufolge gab es im Jahr 1700 ungefähr 50000 Gemeindeamtsträger in ganz England, was einem Anteil von fünf Prozent an der männlichen Bevölkerung entsprach. Da die Amtsträger häufig wechselten, war die Gesamtzahl der Menschen, die irgendwann in ihrem Leben ein öffentliches Amt bekleideten, noch erheblich größer. Im Jahr 1800 lag sie wahrscheinlich eher bei 100 000.

Diese Beteiligung des Volkes an den Staatsgeschäften hatte erhebliche Folgen. Es war für den Zentralstaat und die Eliten auf nationaler Ebene sehr schwierig, unbeliebte politische Maßnahmen durchzusetzen. Der frühmoderne Staat konnte bestehende Normen nicht einfach ignorieren, da er seine Legitimität aus dem Anspruch bezog, für Gerechtigkeit zu sorgen und das Wohlergehen der Gesellschaft zu verbessern, was er ohne die Mitarbeit der einfachen Leute nicht bewerkstelligen konnte. Wir sehen hier, ähnlich wie im antiken Athen, die vielschichtige Beziehung zwischen Gesetzen und Normen im Korridor am Werk. Einerseits bewegten Normen die Gesellschaft, begrenzten, was der Staat tun konnte und wie weit die Staatsbildung gehen konnte. Auf der anderen Seite führten die Zentralisierung und die neuen Gesetze dazu, dass manche Aspekte des Normenkäfigs nach und nach flexibler wurden, insbesondere, als der zunehmende Einfluss und die Präsenz von Gerichten und der juristischen Berufe die Feudalordnung, ihre gesellschaftliche Hierarchie und ihre Rolle in der Konfliktlösung schwächten.

Schließlich entschieden die Gemeinden nicht nur darüber, ob sie politische Maßnahmen des Gesamtstaates umsetzen wollten oder nicht, sie regten sie auch an. Bis zu Beginn des 20. Jahrhunderts wurde das soziale Netz für die Notleidenden und Bedürftigen in England durch die sogenannten Poor Laws, die Armengesetze, geregelt. Das erste dieser Gesetze trat im Jahr 1597 in Kraft. Doch schon davor gab es ähnliche Initiativen auf lokaler Ebene: 1549 in Norwich, 1550 in York und in den Jahren 1556/57 in Cambridge, Colchester und Ipswich. Die Poor Laws gingen nicht auf Königin Elisabeth oder ihre Berater zurück. Sie entsprangen vielmehr zunächst lokalen Initiativen, die der Staat aufgriff und auf nationaler Ebene umsetzte. Es gibt viele ähnliche Beispiele dafür, wie der Zentralstaat dem lokalen Trend folgte. So bestimmte beispielsweise ab 1555 ein Gesetz, dass jede Gemeinde einen Beauftragten für die Koordination der Reparatur lokaler Straßen zu benennen hatte, doch in Chester waren solche Aufsichtspersonen schon seit 1551 dokumentiert.

Warum waren die Menschen dann unzufrieden? Weil sie, nun einmal im Korridor, mehr wollten, mehr erwarteten und vom Staat mehr Leistung verlangten. Gleichzeitig standen sie in Konkurrenz zum Staat, suchten selbst Autorität zu gewinnen und bestritten ihm seine Macht.

Parlamente in Hülle und Fülle

Die Geschichte, die wir in diesem Kapitel erzählen, ist keine rein englische, sie ist auch eine europäische. England unterschied sich von Kontinentaleuropa politisch in kleinen Details, zum Beispiel darin, dass es hier eine stärkere Kontinuität zwischen den angelsächsischen Ratsversammlungen und den sie ablösenden Parlamenten gab, und, dass die parlamentarische Repräsentation territorial organisiert war, und durch die entscheidende Rolle, die sie bei der Legitimierung des Thronfolgers spielten. Doch so völlig verschieden vom übrigen Europa war das nicht, auch dort verschmolzen die politischen Versammlungen der Germanen mit den staatlichen Einrichtungen der Römer (wenngleich, wie wir in Kapitel 9 sehen werden, wo wir uns näher mit Kontinentaleuropa beschäftigen, mit interessanten Unterschieden, zu deren Erklärung unsere Theorie einiges beizutragen hat).

Einen Weg, um diese Veränderungen aufzuzeigen, bietet die erneute Betrachtung der Magna Carta. Stellte sie wirklich einen herausragenden Einzelfall dar? Keineswegs. Im Jahr 1356 rang das Parlament von Brabant dem neuen Herzog einen Eid auf die »Joyeuse Entrée / Blijde Inkomst« (»fröhlicher Einzug« oder »Amtsantritt«) genannte Urkunde ab, die sein Verhältnis zu den Untertanen regelte. Der König verpflichtete sich darin, bei Kriegserklärungen, Steuererhebungen, der Ausgabe von Münzen und Münzentwertung (Verringerung des Gehalts an Edelmetall) die Zustimmung des Parlaments einzuholen. Ähnliche Dokumente und Urkunden findet man in ganz

Europa, mehr oder weniger aus derselben Zeit stammend wie die Magna Carta. Peter I., König von Aragon, unterzeichnete eine solche Carta 1205 für Katalonien; Andreas II. von Ungarn im Jahr 1222 die Goldene Bulle; und Friedrich II. unterzeichnete 1220 in Deutschland ein solches Dokument. Sie alle bezogen sich im Wesentlichen auf dieselben Punkte, insbesondere stellten sie sicher, dass die Herrscher die Bürger zu konsultieren hatten und Steuererhöhungen einer Genehmigung bedurften.

Es gab aber nicht nur Urkunden, Cartae und Bullen, es gab auch überall in Europa Parlamente. Das begann in Spanien im Jahr 1188 mit den Cortes de Léon und setzte sich fort mit der Krone von Aragonien, einem Zusammenschluss der Königreiche von Aragonien, Katalonien und Valencia, die alle ihr eigenes Parlament hatten. Parlamentsähnliche Versammlungen entwickelten sich in der Folgezeit auch in den iberischen Königreichen von Navarra und Portugal. In Frankreich verlief die Entwicklung der États généraux, der Generalstände, zwar langsamer, aber es gab eine große Zahl regionaler Versammlungen. In der Schweiz hatten die Kantone ihre eigenen Versammlungen, die sich 1291 zur Schweizer Eidgenossenschaft zusammenschlossen, wie im sogenannten Schweizer Bundesbrief festgehalten ist. In Deutschland wurden in den Fürstentümern, die das Heilige Römische Reich bildeten, üblicherweise ebenfalls Versammlungen abgehalten, die sogenannten Landtage. Auch auf dem Gebiet der heutigen Beneluxstaaten mit seinen zahlreichen Provinzen (Flandern, Brabant, Holland usw.) gab es ebenfalls aktive Versammlungen. In Dänemark tagten ab 1282 Parlamente, in Schweden ab Mitte des 15. Jahrhunderts. In diesen beiden Ländern schickten auch die Bauern Abgeordnete, was ebenso für die Parlamente von Westfriesland und Tirol gilt. Schottland hatte seit dem 13. Jahrhundert ein Parlament, und in Polen gab es schon damals den Sejm.

Die norditalienischen Kommunen hatten ihre eigenen Urkunden und Parlamente, wie wir im vorigen Kapitel gesehen haben. Auch sie hatten ihre Wurzeln in Versammlungen. Der Norden Italiens bot die idealen Voraussetzungen zur Verschmelzung der staatlichen Institutionen des Römischen Reichs mit den Traditionen politischer Ratsversammlungen, wie sie sich zuerst beim germanischen Stamm der

Langobarden und später unter den Karolingern entwickelt hatten. Darin unterschied sich der Norden Italiens vom Süden, wo weder Verfassungen noch Parlamente entstanden und sich folglich wenig Freiheit entwickelte.

Wenn wir den europäischen Kontinent im Mittelalter und der frühen Neuzeit betrachten, sehen wir nicht nur »fröhliche Einzüge« und Parlamente allenthalben, sondern auch, wie lebendige Gemeinschaften ihre eigenen Angelegenheiten regelten und sich bemühten, die zentralen politischen Institutionen zu beeinflussen und mitzugestalten. Ein gut dokumentiertes Beispiel ist Hessen, wo der Herrscher eine Landstände genannte Versammlung einberief. Die Landstände brachten Vertreter des Adels und der Eliten zusammen, aber auch Abgesandte aus den Städten. Auf ihnen wurden unter anderem Beschlüsse über Steuern gefasst. Im Unterschied zum englischen Parlament konnten die Landstände keine Gesetze beschließen, aber sie hatten großen Einfluss durch die Formulierung von *Gravamina* (Beschwerden), die sie dem Landesherrn von Hessen vorlegten. Sie waren eine Sonderform der in ganz Europa und insbesondere in England üblichen Petitionen. In Hessen wurden gegen Ende des 16. Jahrhunderts pro Jahr 1000 Petitionen eingereicht, was sich bis zum Ende des 18. Jahrhunderts auf 4000 Petitionen pro Jahr steigerte. Fest steht, dass die *Gravamina* und die Initiativen der Landstände einen großen Einfluss auf die Gesetzgebung und die Politik in Hessen hatten. In zahlreichen Einleitungen fürstlicher Edikte wird die Rolle lokaler Initiativen anerkannt oder festgehalten, dass der Anstoß zum Gesetz von den Landständen kam. Für das Jahr 1731 wurden beispielsweise 15 verschiedene Initiativen der Landstände als Anlass für politische Entscheidungen der Regierung genannt. Zwischen 1764 und 1767 beeinflussten diese »Initiativen von unten«, wie sie genannt wurden, unter anderem die Abgabe des Zehnten, das Brauereiwesen, Besteuerung, die Rechtsprechung in den Städten und die Feuerversicherung. Dazu gehörten auch der Vorschlag, ein einheitliches Recht für das gesamte hessische Territorium zu schaffen, Vorschläge für einen verbesserten Schulunterricht, die 1731, 1754 und 1764 vorgebracht wurden, und Maßnahmen zur Unterstützung des Handwerks in den Jahren 1731 und 1764. Die Landstände forderten zudem eine »transparentere Regierung«, darunter Regelungen wie die Veröffentlichung sämtlicher Rechtsverordnungen, Gerichtsurteile und Beschlüsse, die in den Landständen verabschiedet wurden.

Die *Gravamina* der Landstände brachten nicht nur zum Ausdruck, was die Anliegen der Stadtbewohner und Eliten waren. Sie enthielten Klagen über die *Kontribution*, die drückendste Form der Besteuerung, die vor allem die Bauern traf, sowie über Schäden, die Rehe und andere Tiere verursachten. Ständige Beschwerden waren solche über neue Bestimmungen zum Grundbesitz, die mit traditionellen Erbschaftsregeln kollidierten. Am Ende gab der Herrscher nach und nahm die Gesetze zurück. Dergleichen konnte man nicht nur in Hessen beobachten, sondern auch in Niederösterreich, Hohenlohe und Württemberg.

In der bemerkenswerten Häufung von Verfassungsurkunden, Parlamenten und der Beteiligung des Volks an der Politik im mittelalterlichen Europa sehen wir die Rote Königin am Werk, die sowohl die Gesellschaft stärkte als auch die staatliche Leistungsfähigkeit steigerte. Der Verbrauch von Siegelwachs stieg nicht allein in England, ganz Westeuropa wurde bürokratischer und zentralistischer.

Die Gesellschaft meldete nicht nur den Wunsch nach mehr Repräsentation an, sie organisierte sich auch auf vielfältige Weise, in Italien zum Beispiel in Form von Kommunen. Diese stellten sich in zahlreichen Bündnissen und Zusammenschlüssen den Herrschern entgegen oder versuchten, deren Politik zu beeinflussen. Das Städtebündnis der Hanse, das sich um 1250 im Ostseeraum bildete, ist hierfür ein Beispiel, ebenso wie der 1254 gegründete Rheinische Städtebund, zu dem sich mehr als einhundert Städte sowie Kirchen- und Landesfürsten im Heiligen Römischen Reich zusammenschlossen. In Spanien gab es verschiedene *Hermandades*, »Bruderschaften«, beispielsweise in Kastilien und Léon. Im Jahr 1282 bildete sich die *Hermandad General* in Opposition zu König Alfons X. von Kastilien.

Doch der Korridor war kein Ort der Beschaulichkeit, und es war nicht einfach, die Erfordernisse des Staates und die Reaktionen der Bevölkerung in friedlichem Gleichgewicht zu halten. So kam es im 14. Jahrhundert zu einer Welle von Volksrevolten gegen die Ausweitung der staatlichen Autorität. Die Menschen lehnten sich gegen

Steuerzahlungen und Machtmissbrauch der Regierung auf. Die Bauernrevolte in Flandern von 1323–1328 hatte unter anderem Steuererhöhungen zum Grund; der Grande Jacquerie genannte Bauernaufstand in Nordfrankreich des Jahres 1358 war ebenfalls eine Reaktion auf vorangegangene Steuererhöhungen, nicht anders als der Tuchineraufstand in der südfranzösischen Region Languedoc, der von 1381 bis 1384 dauerte, und auch die Peasants' Revolt von 1381, der größte Bauernaufstand im mittelalterlichen England, war eine Reaktion auf die seit 1377 mehrfach erfolgten Erhöhungen der Kopfsteuer und die Weigerung des Adels, die feudalen Restriktionen zu lockern. Interessanterweise nahmen sich diese Revolten direkt die politischen Zentren wie Paris oder London zum Ziel. Die Menschen fühlten sich als Teil einer politischen Gemeinschaft, mit deren Verhältnissen sie unzufrieden waren, und das wollten sie ändern.

Vom Thing zum Althing: Europa außerhalb des Korridors

Ist dies das Erwachen des Gefesselten Leviathans in ganz Europa? Nein, und zwar aus dem einfachen Grund, dass die erforderliche Machtbalance zwischen dem Staat und der Gesellschaft nicht überall gegeben war. Einige Regionen, beispielsweise Island, befanden sich außerhalb des Einflussbereichs der römischen Institutionen, was die Wahrscheinlichkeit erhöhte, dass sich dort kein Leviathan zeigte.

Im 9. Jahrhundert ließen sich norwegische Wikinger im bis dahin noch unbesiedelten Island nieder. Was wir aus der Frühzeit dieser Geschichte wissen, stammt hauptsächlich aus mündlichen Überlieferungen, die erst im 13. und 14. Jahrhundert aufgeschrieben wurden. Archäologische Funde und linguistische Forschungen ergeben, dass nach dem Ende der letzten Eiszeit, also ab dem 3. Jahrtausend v. Chr., indogermanisch sprechende Einwanderer in mehreren Wellen nach Skandinavien und Norddeutschland kamen. Sie gehörten dem germanischen Zweig der indoeuropäischen Sprachkultur an, die Deutsch und alle skandinavischen Sprachen (mit Ausnahme des Finnischen) umfasst. Man kann es als wahrscheinlich annehmen, dass die politische Struktur, die Tacitus schilderte, nicht nur ein Charakteristikum der germanischen Stämme, sondern auch der Völker Skandinaviens war. Dass der am niedrigsten liegende Teil Schwedens Götaland hieß, lässt auf die engen kulturellen Verflechtungen zwischen den dort lebenden Siedlern und einem der größten germanischen Stämme, den Goten, schließen. Als die Skandinavier, hauptsächlich als Wikinger, schließlich in der Geschichtsschreibung auftauchen, besitzen sie eine ähnliche politische Organisation wie die frühen germanischen Stämme, die Julius Cäsar und Tacitus beschrieben haben. An ihren Versammlungen, Thing genannt, nahmen sämtliche freien Männer teil. Sie bildeten keinen Staat, und ihre Häuptlinge hatten nur sehr begrenzte Machtbefugnisse.

Die ersten Siedler in Island besaßen eine ähnliche politische Organisation. Anfangs war Island unter bis zu 60 Häuptlingen aufgeteilt, und um das Jahr 900 wurden regelmäßig Thingversammlungen abgehalten. Im Jahr 930 wurde eine Versammlung von ganz Island, der Althing, in Thingvellir einberufen, heute ein Nationalpark östlich von Reykjavik. Diese Großversammlung ist nicht als Staatsbildung zu verstehen. Es gab keine zentrale Autorität, nur das Amt des »Gesetzessprechers«, der alljährlich ein Drittel der Gesetze verlas (seine Amtszeit betrug drei Jahre), was ab 1117, als die Gesetze aufgeschrieben wurden, an Bedeutung verlor. Die Aufgabe des Althing war in der Folgezeit hauptsächlich die Behandlung von Rechtsstreitigkeiten. Die Zeit nach 930 wird der Isländische Freistaat genannt; dieser bestand bis 1262, als das Land von Norwegen unterworfen wurde. Während dieser Periode bildete sich dort nie ein Staat heraus. Es gab Kämpfe zwischen den unabhängigen Häuptlingen, und mit der Zeit verschmolzen die vielen Kleingruppen zu größeren Fürstentümern. Während in England und Westeuropa die Thingversammlungen immer mehr an Bedeutung gewannen, ließ ihr Einfluss in Island nach, schließlich wurden dort nicht einmal mehr die Häuptlinge gewählt. Island, wo es keinerlei Leviathan gab, verstrickte sich in endlose Fehden.

Das Land hatte die germanischen Fesseln, aber nicht die Bürokratie und zentralistische Staatsausrichtung Roms. Seine Frühgeschichte zeigt, dass es keinen klaren, eindeutigen Weg gibt, der eine staatenlose Gesellschaft in den Korridor bringt, auch die Kultur und die Bräuche der germanischen Stämme, Thing hin oder her, führen nicht unbedingt dorthin. Eine Klinge der Schere genügt eben nicht.

Der Dollar des Mittelalters: Der Byzantinische Leviathan

Das Weströmische Reich ging im 5. Jahrhundert unter, doch das Oströmische Reich, das Byzantinische, überlebte und hatte weitere zehn Jahrhunderte Bestand, die durchaus Blütezeiten enthielten. Im 5. Jahrhundert hatte Byzanz bereits die meisten römischen Institutionen übernommen, eine der beiden Klingen der europäischen Schere war also in diesem mächtigen Reich bestens ausgebildet. Nicht umsonst wurden Johannes Lydos' Schilderungen der spätrömischen Bürokratie in Byzanz niedergeschrieben. Die Stärke des Staates zeigte sich unter anderem darin, dass er eine stabile und weiträumig zirkulierende Münzwährung besaß. Wie Kosmas Indikopleustes, Zeitgenosse von Kaiser Justinian, schrieb, wurde die byzantinische Goldmünze, *nomisma* genannt, »von einem Ende der Welt bis zum anderen akzeptiert. Sie wird von allen Männern und in allen Königreichen geehrt, weil kein Königreich eine Währung besitzt, die sich mit ihr vergleichen kann.« Der Wirtschaftshistoriker Robert Lopez bezeichnete die Währung als »Dollar des Mittelalters«.

Nach dem Zusammenbruch des Weströmischen Reiches hatte Byzanz einige Krisen zu bewältigen, die schwersten davon die Justinianische Pest von 541–542, welche die Bevölkerung stark dezimierte, und den Verlust der Hälfte seines Territoriums an die Araber im 7. Jahrhundert. Doch der byzantinische Staat blieb bestehen, und Justinian gelang es sogar zu Pestzeiten, das Steuersystem aufrechtzuerhalten. In den Worten des Historikers Prokopius:

> Als die Pestilenz über die gesamte bekannte Welt und insbesondere das Römische Reich hereinbrach, den größten Teil der Bauern auslöschte und eine Spur von Verzweiflung durchs Land zog, zeigte Justinian kein Mitleid mit den verarmten Freibauern. Er verzichtete

> keineswegs darauf, die jährliche Steuer einzufordern, ja er verlangte nicht nur die Summe, die jeder einzelne zu entrichten hatte, sondern dazu noch das, was seine verstorbenen Nachbarn zu zahlen hatten.

Byzanz übernahm das Steuersystem von Rom und setzte es viel getreuer als die Merowinger oder die Karolinger um. Chlodwig I. war nie in der Lage, wie die byzantinischen Kaiser Grundsteuern zu erheben. Byzanz verfügte sogar über ein Kataster, in dem der Schätzwert sämtlichen Grundbesitzes eingetragen war und das alle 30 Jahre aktualisiert wurde. Der Steuersatz betrug ein Vierundzwanzigstel des Kaufwerts pro Jahr. Weitere Steuern wurden auf Vieh und sogar auf Bienen erhoben, und in den 660er Jahren wurde eine Haushaltssteuer eingeführt. Hinzu kamen verschiedene Arten von Frondiensten für den Bau von Straßen, Brücken und Befestigungen.

Der Staat besteuerte aber nicht einfach nur Besitz und Produktion, er produzierte auch selbst. Im 8. Jahrhundert war er der größte Grundbesitzer des Reichs und verstand es, daraus Profit zu schlagen. Er besaß Bergwerke, Steinbrüche, Webereien, Färbereien und Waffenmanufakturen. Zudem regulierte er die Wirtschaft. Eine Liste von »verbotenen Gütern« bestimmte im 8. Jahrhundert, welche Waren nicht exportiert werden durften. Dazu gehörten Getreide, Salz, Wein, Olivenöl, Fischsauce, Edelmetalle und Waren von strategischer Bedeutung wie Eisen, Waffen und hochwertige Seide. In der Hauptstadt wurde kostenloses Essen verteilt, und es gab sogar Versuche, Gewinne zu regulieren.

All das spricht für einen Staat, der leistungsfähiger war als das, was die Merowinger und Karolinger erreichten. Doch eines fehlte in Byzanz völlig, und zwar die zweite Klinge der Schere – die Beteiligung der Bevölkerung, ein politisches System wie das der Germanen. Es gab keine Versammlungen, keine institutionalisierte Repräsentation und folglich auch keine Verfassungsurkunden und Parlamente.

Byzanz gibt uns damit ein perfektes europäisches Beispiel für die Entwicklung des Despotischen Leviathans. Die hochkonzentrierte Form seiner staatlichen Macht ermöglichte, dass Alexios Komnenos im Jahr 1081 die Herrschaft in Byzanz übernahm und eine Dynastie begründete. Komnenos privatisierte den Staat zugunsten seiner

Familie, selbst das System der Ehrungen und Titel wurde ganz auf seine Familie zugeschnitten. Er benutzte den byzantinischen Staat, um seine Feinde einzuschüchtern, und übernahm die Kontrolle über die Kirchenhierarchie. Allerdings war die staatliche Leistungsfähigkeit zu diesem Zeitpunkt bereits im Schwinden begriffen, und die *nomisma* enthielt nur noch 30 Prozent Gold. Komnenos beschleunigte im Grunde nur den Niedergang des Staates. Im Jahr 1082 gewährte er Venedig die ersten Handelsprivilegien, und 1095 versuchte er, den Ersten Kreuzzug zur Rückeroberung von Gebieten in Anatolien zu nutzen, die an die türkischen Seldschuken verlorenengegangen waren. Im Jahr 1204 wurde die inzwischen in Konstantinopel umbenannte Hauptstadt im Verlauf des Vierten Kreuzzugs geplündert, wovon sich das Reich nie mehr erholen sollte.

Vorwärts im Korridor

Das Verhältnis zwischen Staat und Gesellschaft, das wir für Swallowfield im England während der Spätzeit der Tudor-Dynastie beschrieben haben, veränderte sich ständig weiter. Der Rote-Königin-Effekt brachte es mit sich, dass Swallowfield stets in Bewegung bleiben musste, wollte es auf dem gleichen Fleck bleiben. Nur durch mehr Organisation konnte es sich den ungeliebten Staat vom Leib halten. Folglich sah die Gesellschaft nicht tatenlos zu, als die Stuarts im 17. Jahrhundert versuchten, für ihre Dynastie ein »Gottesgnadentum« zu beanspruchen. Der Konflikt eskalierte bald zum Englischen Bürgerkrieg und führte 1649 zur Hinrichtung von Karl I. und der Absetzung von Jakob II. in der Glorious Revolution von 1688.

Das 17. Jahrhundert war sicherlich keine Zeit, die man vor allem mit dem Begriff »Freiheit« assoziiert. Es waren vorrangig das Chaos und Morden des Englischen Bürgerkriegs, die Hobbes dazu veranlassten, Zuflucht bei einem allmächtigen Leviathan zu suchen. Aber die Reise der englischen Gesellschaft durch den Korridor während des Jahrhunderts endete mit der Sicherung einer Vorbedingung jeglicher Freiheit, und auch hier spielte die Rote Königin wieder eine zentrale Rolle. Die Glorreiche Revolution brachte eine Vielzahl von Veränderungen der politischen Institutionen mit sich. Vor allem stärkte sie die Souveränität des Parlaments, das nun unangefochten die Exekutive innehatte und in dieser Funktion den König ersetzte. Das war noch nicht alles, entstammten die Parlamentsmitglieder doch hauptsächlich den Eliten, die ihre eigene Kontrolle über die Gesellschaft ausüben wollten. Nach 1688 verfügten sie dafür über neue Werkzeuge, mit deren Hilfe sie rasch die Leistungsfähigkeit des englischen Staates erhöhten. Insbesondere die Einführung von Verbrauchssteuern ließ eine Finanzverwaltung entstehen, die in jeden Winkel der englischen Gesellschaft vordrang. Berufsmäßige Steuereintreiber, die man in England auf dem Land zuvor selten zu Gesicht bekommen hatte, tauchten plötzlich allerorts auf und lösten große Unruhe bei der Bevölkerung aus. Wollte die Gesellschaft ihre Position halten, musste sie stärker auftrumpfen, und das tat sie auch. Charles Tilly hat dies in seinem Buch *Popular Contention in Great Britain, 1758–1834* beschrieben. Tilly interessierte sich für das Aufbegehren des Volkes; wie einfache Leute sich zusammenschlossen, um Einfluss auf die Regierung zu nehmen. Hinter solchen Unruhen standen ihm zufolge im 18. Jahrhundert »lokale Personen und lokale Probleme, weniger national organisierte Programme und Parteien«. Doch »zwischen 1758 und 1833 wurden in Britannien Ansprüche einer neuen Art formuliert [und] die Massenpolitik gewann Einfluss auf nationaler Ebene.«

In dieser Zeit entstanden völlig neue Formen kollektiver Aktionen, unter denen Tilly besonders »offene Zusammenkünfte« hervorhebt, die »eine Art von Demonstration« darstellten, »eine koordinierte Art, den Machthabern sein Anliegen kundzutun. Häufig wurden solche Versammlungen von einer an der Angelegenheit interessierten Vereinigung, einer Gesellschaft oder einem Club einberufen. Auf solchen Zusammenkünften wurde auch lebhaft über landesweite Belange diskutiert, insbesondere über anstehende Entscheidungen der Regierung und des Parlaments.« Tilly führt dazu aus:

> … die Art und Weise, in denen einfache Menschen gemeinsame Forderungen erhoben … veränderte sich stark: Es kam immer öfter

> zu geplanten Großaktionen [und] direkten Kontakten zwischen den einfachen Menschen und Vertretern des Nationalstaats.

Die treibende Kraft war die Intensivierung des Staatsbildungsprozesses in Britannien, der nach der Glorious Revolution begonnen hatte. »Größe« und »Gewicht« des Staates hatten zugenommen, bemerkte Tilly.

> In diesem Prozess erhielt das Parlament – die entscheidende Instanz bei jeder Entscheidung über Staatseinnahmen, Staatsausgaben und Amtsträger – eine wachsende Bedeutung bei allen politischen Entscheidungen. Diese Veränderungen … förderten eine Verschiebung hin zu kollektiven Aktionen großen Stils und von nationaler Tragweite.

Von großer Bedeutung war, dass die Menschen sich nicht mehr nur auf die Belange ihres unmittelbaren Lebensumfelds bezogen, da »sich durch die Ausweitung des Staates die Forderungen des Volkes zunehmend von den lokalen Schauplätzen ablösten und weniger auf ein Patronagesystem setzten, sondern selbständig auf nationaler Ebene erhoben wurden«. Die andauernde Ausweitung der Leistungsfähigkeit und der Präsenz des Staates nach 1688 führte dazu, dass es auch für das englische Volk um immer mehr ging. Tilly schreibt dazu:

> … die zunehmende Bedeutung von Parlament und Staatsbeamten … für das Schicksal einfacher Menschen führte zu Ängsten, eröffnete aber auch neue Möglichkeiten. Diese Ängste und Möglichkeiten regten wiederum Interessengruppen an, eine neue Art von Verteidigung und Angriff zu versuchen; Zusammenschlüssen mit Zusammenschlüssen zu begegnen, Einfluss über Wahlen zu gewinnen, direkte Forderungen an die Staatsregierung zu stellen. Im Verlaufe langer, konfliktreicher Interaktionen mit Behörden, Feinden und Verbündeten schufen sich diese einfachen Leute neue Wege, gemeinsam ihre Interessen zu vertreten, und zwangen ihr Gegenüber, anders auf ihre Forderungen zu reagieren und selbst seine Forderungen anders vorzubringen. In der Summe bewirkten all die Kämpfe einfacher Menschen mit den Machthabern große Veränderungen in der britischen Machtstruktur.

Die Ausdehnung des Staates erzeugte eine Reaktion der Gesellschaft, die wiederum auf den Prozess der Staatsbildung zurückwirkte, genau wie es der Rote-Königin-Effekt erwarten lässt. Als Antwort auf all diese neuen Forderungen begann der Staat Ende des 18. Jahrhunderts schließlich damit, gegen die Korruption vorzugehen.

Der Prozess, der durch das Aufbegehren des Volkes in Gang gesetzt wurde, nahm mit einer Reihe von großen institutionellen Veränderungen im 19. Jahrhundert an Fahrt auf. Der Reform Act von 1832, eine Wahlrechtsreform, erweiterte das Wahlrecht von 8 Prozent auf 16 Prozent der erwachsenen männlichen Bevölkerung, und ein Neuzuschnitt der Wahlkreise sorgte dafür, dass die ländlichen Regionen weniger stark dominierten. Hier hatten bislang sogenannte »rotten boroughs«, Wahlkreise mit geringer Einwohnerzahl, die seit langer Zeit nicht mehr der Bevölkerungsentwicklung angepasst worden waren und von der Aristokratie dominiert wurden, im Vergleich zu den Industriestädten mit ihrer viel größeren Bevölkerung einen unverhältnismäßig hohen Einfluss gehabt. Dieser Prozess setzte sich mit dem Second Reform Act von 1867 und dem Third Reform Act von 1884 fort, mit dem ungefähr 60 Prozent der erwachsenen männlichen Bevölkerung das Wahlrecht erhielten. Weitere entscheidende Schritte im Korridor wurden 1918 unternommen, als alle Männer über 21 Jahren das Wahlrecht erhielten; die Mehrzahl der Frauen musste sich noch eine Weile gedulden, wie wir in der Folge erläutern werden. Alle diese großen Reformen waren eine Antwort auf die Organisation der Gesellschaft und deren Forderungen. Zentrale Anliegen der Chartistenbewegung Mitte des 19. Jahrhunderts waren das allgemeine Wahlrecht, proportional an die Einwohnerzahl angepasste Wahlbezirke, jährlich tagende Parlamente und finanzielle Entschädigungen der Abgeordneten, damit sich auch einfache Leute zur Wahl stellen konnten.

Parallel zur wachsenden institutionellen Macht der Gesellschaft gegenüber den Eliten stieg auch die staatliche Leistungsfähigkeit, doch nun hauptsächlich in Reaktion auf die Forderungen der Gesellschaft. Die erste einer Reihe von Reformen war der Saint Helena Act von 1833, der die Ostindische Gesellschaft in die Verwaltungsstruktur des Staates übernahm. Der Northcote-Trevelyan Report von 1854 ging einen Schritt weiter und empfahl die Einführung eines Berufsbeamtentums auf meritokratischer Basis. Trotz vieler Widerstände wurde der Report im Wesentlichen in den beiden folgenden Jahrzehnten umgesetzt, auch eine Eignungsprüfung für Beamte wurde eingeführt. Gleichzeitig organisierte der Staat ein breites Angebot öffentlicher Dienstleistungen, darunter öffentliche Schulen, deren Besuch ab 1891 kostenlos wurde, Krankenversicherung, Arbeitslosenversicherung und Rente. All dies wurde durch Umverteilung aus Steuereinnahmen finanziert. Dieser Prozess erreichte seinen Höhepunkt mit dem Beveridge Report von 1942 und seiner Umsetzung, die wir in Kapitel 15 diskutieren werden.

Der nächste Käfig, den es zu zerbrechen gilt

Der Eintritt in den Korridor allein setzt Gewalt und Fehden kein unmittelbares Ende, und ebenso wenig zerbricht dadurch auf einen Schlag der Normenkäfig. Die Entwicklung der Freiheit ist ein langwieriger Prozess, besonders für systematisch diskriminierte und an ihrer sozialen wie ökonomischen Entfaltung eingeschränkte Gruppen wie Frauen.

Caroline Sheridan gehört zu jenen, die ihre Erfahrungen mit dieser harschen Realität machten. Im Jahr 1808 geboren, heiratete sie 1827 einen Anwalt namens George Norton. Als Caroline Norton war sie eine begabte Autorin und Dichterin, aber ihr Ehemann erwies sich als gewalttätig. Im Jahr 1836 verließ sie ihn. Doch die englischen Gesetze gaben ihr kaum Rechte: Das Einkommen aus ihren Büchern floss an ihren Ehemann, und auch ihr gesamtes bisheriges Eigentum fiel an ihn. Noch immer galt, was in den *Lawes Resolutions of Womens Rights* von 1632 über die Rechte der Frau unumwunden festgehalten war:

> Was der Mann besitzt ist sein Eigen. Was die Frau besitzt, gehört ihrem Ehemann.

Caroline gehörte also praktisch überhaupt nichts. Der große britische Rechtsgelehrte William Blackstone fasste das geltende Gewohnheitsrecht 1765 in seinen *Commantaries on the Laws of England* folgendermaßen zusammen:

> Durch die Ehe werden Mann und Frau vor dem Gesetz zu einer Person: Dies bedeutet, dass das Sein an sich oder die rechtliche Existenz der Frau während der Ehe aufgehoben ist.

Alles war der Kontrolle des Ehemanns überlassen, »unter dessen Fittichen, Schutz und Deckmantel sie [die Ehefrau] alles erledigen muss«.

Im Jahr 1838 schrieb Caroline Norton einen kritischen Aufsatz, *The Separation of Mother and Child by the Laws of Custody of Infants Considered (Über die Trennung von Mutter und Kind durch das Sorgerecht).* Darin legte sie dar, dass nach englischem Recht ein Vater die Kinder auch zu Fremden geben konnte, ohne dass die Mutter eine Handhabe dagegen hatte. Ihr Fall erregte Aufsehen und trug dazu bei, dass das Parlament im Jahr 1839 den Infant and Custody of Infants Act verabschiedete, der Müttern zumindest für Kinder unterhalb von sieben Jahren ein gewisses Mitspracherecht gab. Doch damit gab sich Caroline nicht zufrieden. Im Jahr 1854 veröffentlichte sie *English Laws for Women*, eine brillante Schilderung der Ungerechtigkeit und Verlogenheit des geltenden Rechts. Ein Jahr später folgte *A Letter to the Queen on Lord Chancellor's Cranworth's Marriage and Divorce Bill.* Darin erklärte sie:

> Eine verheiratete Frau hat in England keine Existenz vor dem Gesetz: Ihr ganzes Sein geht in dem ihres Ehemanns auf. Selbst jahrelange Trennung oder das böswillige Verlassen können daran nichts ändern … die rechtliche Fiktion beharrt darauf, dass sie »eins« mit ihrem Ehemann ist, auch wenn sie ihn weder sieht noch etwas von ihm hört.
>
> Sie hat keinerlei Besitz … all ihr Eigentum ist *sein* Eigentum …
>
> Eine englische Ehefrau hat vor dem Gesetz nicht einmal ein Recht auf ihre Kleider und ihren Schmuck; ihr Ehemann kann ihr beides wegnehmen und es nach Belieben verkaufen, selbst wenn es sich

> dabei um Geschenke von Verwandten und Freunden handelt oder Dinge, die vor der Eheschließung erworben wurden.
> Eine englische Ehefrau kann kein Testament aufsetzen …
> Eine englische Ehefrau hat keinen Rechtsanspruch auf ihren eigenen Verdienst. Ihr steht weder Lohn für körperliche Arbeit zu noch Bezahlung für geistige Schöpfungen, ob sie Kartoffeln aufliest oder eine Schule führt, ihr *Einkommen gehört ihrem Ehemann* …
> Eine englische Ehefrau kann nicht das Haus ihres Ehemanns verlassen. Nicht nur kann er sie auf »Wiederherstellung der ehelichen Rechte« verklagen, sondern er hat auch das Recht, das Haus aller befreundeten Personen oder Verwandten zu betreten, zu denen sie sich geflüchtet haben könnte und die ihr »Unterschlupf« gewähren, wie es heißt, und der Ehemann kann sie von dort mit Gewalt fortschleppen, mit oder ohne die Hilfe der Polizei.

Im Jahr 1857 verabschiedete das Parlament den Matrimonial Causes Act, in dem zum ersten Mal auch Gründe angeführt wurden, aus denen eine Frau die Scheidung einreichen konnte. Im Jahr 1870 folgte der Married Women's Property Act.

Norton rückte gemeinsam mit anderen die massiven Benachteiligungen der Frauen ins Bewusstsein, auf die in aller Deutlichkeit erstmals 1792 Mary Wollstonecraft in *Die Verteidigung der Frauenrechte* hingewiesen hatte. Wollstonecraft argumentierte in ihrem einflussreichen Buch, dass Frauen »als eine Art untergeordnete Wesen behandelt werden und nicht als Teil der Menschheit«. Ein großer Teil ihrer Schrift ist ein Appell an die Frauen, ihre Individualität zu behaupten und die Fesseln abzuwerfen. Sie fuhr fort: »Um die Tyrannei des Mannes zu erklären und zu entschuldigen, sind viele kluge Argumente vorgebracht worden, die als Beweisführung dafür dienen sollen, dass die beiden Geschlechter bei der Erlangung der Tugend darauf abzielen sollten, einen völlig unterschiedlichen Charakter zu erreichen … Wie schwer beleidigen uns diejenigen, die uns dazu anleiten, dass wir uns selbst zu sanften Haustieren machen!«

Wollstonecraft erkannte zweifellos, dass diese Diskriminierung in Normen und Sitten sowie in Gesetzen wurzelte und Eigenschaften wie »oberflächlicher Gehorsam und eine gewissenhafte Befolgung eines kindlichen Anstandes«, die den Frauen abverlangt wurden, nur der Herrschaft der Männer dienten und sie selbst in ihrer Entwicklung behinderten. Sie wies dies mit aller Entschiedenheit zurück und konstatierte:

> Sanftheit, Zahmheit und Zuneigung wie ein Spaniel werden [Frauen] ständig als die wichtigsten Tugenden ihres Geschlechts empfohlen. Ich liebe den Mann als mein Mitgeschöpf; aber seine Herrschaft, ob echt oder angemaßt, erstreckt sich nicht auf mich, außer die Vernunft eines Einzelnen fordert meine Huldigung. Und selbst dann gilt die Unterwerfung der Vernunft und nicht dem Mann.

Der Kampf für die Freiheit der Frau gewann mit dem britischen Philosophen John Stuart Mill einen einflussreichen Unterstützer. In seinem 1869 erschienenen vielbeachteten Essay *Die Hörigkeit der Frau*, das er gemeinsam mit seiner späteren Ehefrau Harriet Taylor Mill und seiner Stieftochter Helen Taylor verfasste, fordert er mit Nachdruck die völlige Gleichstellung der Frauen in rechtlicher, ökonomischer und politischer Hinsicht. Mill greift die Kritik von Wollstonecraft auf und vergleicht die Unterwerfung der Frauen mit der Sklaverei:

> In der Frauensache ist jedes Individuum der unterdrückten Partei in einem chronischen Zustand der gleichzeitigen Bestechung und Einschüchterung. Jede Frau wird von frühester Jugend an erzogen in dem Glauben, das Ideal eines weiblichen Charakters sei ein solcher, welcher sich im geraden Gegensatz zu dem des Mannes befinde; kein eigener Wille, keine Herrschaft über sich durch Selbstbestimmung, sondern Unterwerfung, Fügsamkeit in die Bestimmung anderer.

Auch für Mill bestand kein Zweifel, dass die Normen, die dieser Unterwerfung zugrunde lagen, gebrochen werden müssen:

> Was ist der Charakter der modernen Welt – der hauptsächlichste Unterschied zwischen modernen Institutionen, modernen sozialen Ideen, modernem Leben und dem längst vergangener Zeiten? Die Überzeugung, daß die Menschen nicht für einen vorherbestimmten Platz im Leben geboren und an die Stelle, wohin sie die Geburt gewiesen, unwiderruflich gefesselt sind, sondern die Freiheit haben, ihre Fähigkeiten anzuwenden und jede sich ihnen darbietende Gele-

genheit zu benutzen, um diejenige Lebensstellung zu erlangen, welche ihnen die wünschenswerteste scheint.

Er fuhr fort:

> … so wenig wir Menschen, weil sie statt weiß schwarz oder statt als Adelige als Bürger geboren sind, für das Leben zum Verharren in derselben Lage verurteilen, ebenso wenig sollten wir menschliche Wesen, weil sie als Mädchen statt als Knaben geboren wurden, von der Erlangung jeder höheren Lebensstellung und von der Ausübung der meisten ehrenvollen Beschäftigungen ausschließen.

Kurz, in der Unterdrückung der Frauen sahen Mill und seine Mitautorinnen eine grobe Verletzung der Freiheitsrechte.

Nortons Erfolge und die Unterstützung, die ihr Anliegen bei Persönlichkeiten wie Mill fand, kündigten tiefgreifende Veränderungen der Normen an. Aber immer noch erhielten die Frauen weder das passive noch das aktive Wahlrecht. Das sollte sich erst 1918 ändern, als zumindest Frauen über 30 Jahre das Wahlrecht erhielten, bis alle erwachsenen Frauen 1928 endlich in diesem Punkt mit den Männern gleichgestellt wurden. Diese politischen Erfolge verdankten sich der intensiven Mobilisierung und der Proteste der Suffragetten, wie wir im Vorwort gesehen haben. Wie kaum anders zu erwarten, veränderten sich die sonstigen Normen und die ökonomischen Bedingungen für die Frauen viel langsamer. Der Equal Pay Act von 1970, der rechtlich die Gleichheit der Geschlechter am Arbeitsplatz einführte, war ein wichtiger Schritt, doch bis heute haben Frauen in Großbritannien weder dieselben Karrierechancen, noch erhalten sie denselben Lohn wie Männer. Der Bildteil zeigt das Foto einer Frau, die ihren Büstenhalter verbrennt – ein symbolischer Akt der Emanzipation in den 1960er Jahren.

Die Ursprünge der industriellen Revolution

Als im 5. und 6. Jahrhundert der Gefesselte Leviathan auftauchte, löste er eine politische und gesellschaftliche Revolution aus, die sich allerdings zunächst in kleinen und manchmal sehr vorsichtigen Schritten entwickelte. Die industrielle Revolution, die Mitte des 18. Jahrhunderts in Großbritannien begann, war der ökonomische Ableger dieser Entwicklung, wurde sie doch, so wie in den italienischen Gemeinden, von denen das vorige Kapitel handelte, durch die Freiheiten, neuen Möglichkeiten und Anreize ausgelöst, die der Gefesselte Leviathan mit sich brachte. Innerhalb weniger Jahrzehnte wandelten sich in einer Reihe von Schlüsselindustrien die gesamte Produktionstechnik und die Organisation der Arbeit. Wegbereiter war der Textilsektor, in dem es eine Reihe von innovativen Durchbrüchen gab: die Waterframe, die erste nicht mehr von Menschen, sondern durch Wasserkraft betriebene Spinnmaschine; die Spinning Jenny, die erste Maschine zum Verarbeiten von Baumwollfäden zu Garn; und schließlich die Spinning Mule genannte Maschine, welche die Arbeitsgänge der beiden vorgenannten vereinte. Revolutionäre Produktivitätssteigerungen erlebte auch die Webtechnik mit der Einführung des sogenannten Schnellschützen und Webstühlen, die von externen Kraftquellen angetrieben wurden. Neuartige Antriebsmaschinen wie Thomas Newcomens atmosphärische Kolbendampfmaschine und schließlich die weitaus effektivere Dampfmaschine von James Watt leiteten eine neue Ära ein. Die Dampfmaschine, die zunächst durch den Betrieb von Pumpen die Produktivität des Bergbaus erhöht hatte, revolutionierte schließlich das Transport- und Hüttenwesen. Zu den Straßen und Kanälen, die seit dem späten 17. Jahrhundert alle größeren Städte verbanden, kam nun die Eisenbahn hinzu. Viele Industriezweige, darunter der Werkzeugmaschinenbau und die Landwirtschaft, wurden durch günstigeres und zugleich qualitativ höherwertiges Eisen revolutioniert. Ermöglicht wurde dies, da man zur Erzschmelze nun Hochöfen verwendete, die mit Koks und nicht mehr mit Holzkohle befeuert wurden, und das Roheisen anschließend in der sogenannten Bessemerbirne zu Stahl veredelte.

Das Voranschreiten der britischen Gesellschaft im Korridor hatte der industriellen Revolution den Weg geebnet. Nach dem Ende des Mittelalters verlagerte sich das Wirtschaftszentrum Europas Richtung Norden zu den Niederlanden und England. Dies war eine Folge der Entdeckung des amerikanischen Kontinents, durch die neue ökonomische Möglichkeiten entstanden. Sie blieben nicht ohne Konsequenzen für den Wettlauf zwischen Staat und Gesellschaft; Länder, die sie zur Stärkung ihres Staates und ihrer Gesellschaft zu nutzen verstanden, machten institutionell und ökonomisch einen Sprung nach vorn. In England begünstigte die bestehende Machtbalance die Gesellschaft, weshalb der Staat in der Tudor-Epoche des 16. Jahrhunderts nicht in der Lage war, monopolistisch den Handel zu kontrollieren. So konnten sich viele an den Handelsgeschäften mit dem amerikanischen Kontinent beteiligen, wodurch eine neue Klasse dynamischer und durchsetzungsstarker Kaufleute entstand. Sie waren nicht begeistert über die Versuche der nachfolgenden Stuart-Monarchie, das Wirtschafts- und Gesellschaftsleben zu dominieren, und standen bald im Dauerkonflikt mit der Krone. Sie verlangten ihren Anteil an den wirtschaftlichen Möglichkeiten, auf die den Verbündeten der Krone ein Monopol gewährt wurde, und forderten allgemein institutionelle Veränderungen, die ihnen mehr Mitspracherechte einräumen und die Eliten zurückdrängen sollten.

Die Glorious Revolution von 1688 war ein Ergebnis dieses Kampfs zwischen der Krone und neuen Kräften. Zu den weitreichenden Folgen dieser Revolution gehörte, dass die Exekutive in England nun hauptsächlich dem Parlament anheimfiel, es boten sich größere wirtschaftliche Möglichkeiten und Anreize für die meisten Mitglieder der englischen Gesellschaft, was den Rote-Königin-Effekt steigerte. Das Engagement der Gesellschaft und ihre Macht wurden mit Hilfe des Rechtssystems gestärkt, die Leistungsfähigkeit des Staates wuchs ebenfalls. Großen Einfluss hatte insgesamt auch die Veränderung der Gesetzgebung. Mit dem Statute of the Monopolies von 1624 war ein Patentsystem geschaffen worden, das die Innovationswelle der industriellen Revolution erst möglich machte. Die Staatsmonopole losten sich während des englischen Bürgerkriegs in den 1640er Jahren weitgehend auf, wodurch sich für mehr Menschen wirtschaftliche Möglichkeiten eröffneten. Die Glorious Revolution führte schließlich zum

Act of Settlement von 1701, der die Unabhängigkeit der Justiz festigte, ein weiterer bedeutender Schritt in Richtung zur Gleichheit vor dem Gesetz für alle, strikter Durchsetzung der Rechtsvorschriften, fairer Verträge und sicherer Eigentumsrechte. Der Staat räumte nicht nur Hindernisse für ökonomische Aktivität aus dem Weg und begann wichtige öffentliche Dienstleistungen bereitzustellen, er förderte die Industrie auch aktiv. (Allerdings störte er sich nicht daran, wenn das zu Lasten der Freiheit anderer ging; zum Beispiel unterstützte der Staat auch die englischen Sklavenhändler und profitierte von ihren Geschäften, und mit wiederholten Navigation Acts sorgte er dafür, dass ausländische Schiffe keine Waren nach England oder in seine Kolonien transportieren durften, was den englischen Kaufleuten und Fabrikanten ermöglichte, diesen Handel zu monopolisieren.)

All diese ökonomischen und sozialen Veränderungen sorgten für Experimentierfreude und setzten viel innovative Energie frei. Tausende Menschen verfolgten in allen möglichen Berufen ihre eigenen Ideen, fanden Verbesserungen, lösten Probleme, gründeten Unternehmen und verdienten Geld. Entscheidend war, dass dieses Experiment nicht nur dezentralisiert, sondern auch unbeeinflusst von politischen Autoritäten vor sich ging. Die unterschiedlichsten Menschen konnten auf den verschiedensten Wegen innovativ werden, Erfolg suchen, wo andere gescheitert waren, und, was vielleicht am allerwichtigsten war, sich mit völlig neuen Problemen und Ideen beschäftigen. Wie entscheidend das war, zeigt sich an solch bedeutsamen Technologien der industriellen Revolution wie der Dampfmaschine. Erfinder und Unternehmer wie Robert Boyle, Denis Papen, Thomas Savory, Thomas Newcomen, John Smeaton und James Watt verfolgten verschiedene Ansätze; sie experimentierten alle auf ihre Weise, und dieser kumulative Prozess führte schließlich zu immer effizienteren und leistungsstärkeren Dampfmaschinen.

Ein weiteres Beispiel für solche Experimente und ihre vielen Fehlschläge sowie ihre Vielzahl an unterschiedlichen Lösungsansätzen, ist die Suche nach einer Möglichkeit für Schiffe, auf hoher See den Längengrad zu bestimmen. Der Breitengrad ließ sich aus dem Stand der Sterne errechnen, doch der Längengrad war eine größere Herausforderung. Zahllose Schiffe waren schon auf hoher See verlorengegangen, als im Oktober 1707 vier Schiffe eines aus 21 britischen Kriegsschiffen bestehenden Flottenverbands durch fehlerhafte Positionsbestimmung, an der die Unkenntnis des Längengrads erheblichen Anteil hatte, vor den Scilly-Inseln sanken. Fast 1500 Seeleute ertranken. Die britische Regierung berief 1714 das Board of Longitude ein, eine Kommission zur Entwicklung einer Methode zur genauen Bestimmung der geographischen Länge auf hoher See, und lobte einen Preis für die Lösung des Problems aus.

Während sich der Breitengrad stets sicher durch Sternbeobachtung bestimmen ließ, wäre zur Bestimmung des Längengrads eine Uhr erforderlich gewesen, die auch während einer langen Seereise zuverlässig und präzise die Zeit anzeigen konnte. Isaac Newton, der von der Regierung mit der Entwicklung einer Methode zur Berechnung der geographischen Länge betraut wurde, arbeitete daran, auch dieses Problem mit astronomischen Methoden der Sternbeobachtung zu lösen. Zwar war auch er der Meinung, eine zuverlässige Uhr sei die beste Lösung, doch er zweifelte an der Realisierungsmöglichkeit:

> Aufgrund der Schiffsbewegungen, der Temperatur- und Feuchtigkeitseinflüsse und dem mit dem Breitengrad schwankenden Einfluss der Gravitation konnte noch niemand eine solche Uhr bauen.

Schon Galileo hatte sich mit dem Problem beschäftigt und dazu ein »Celatone« genanntes Gerät entwickelt, eine Art Maske, die mit einem Teleskop verbunden war, durch das sich die Stellung der Jupitermonde beobachten ließ. Rein theoretisch funktionierte das zwar, es ließ sich jedoch auf den schwankenden Planken eines Schiffs nicht praktisch umsetzen. Noch weitaus unrealistischer war die Idee, Schiffe auf offener See zu verankern, die zu festgesetzten Zeiten Kanonenschüsse abgeben sollten, um in Hörweite befindlichen Schiffen die Zeit anzuzeigen.

John Harrison, ein englischer Tischler und Uhrmacher aus Barrow upon Humber im Norden Englands fand schließlich die Lösung. Für sein erstes Modell fertigte er Teile des Räderwerks aus tropischem Hartholz, sogenanntem Pockholz (lignum vitae), das durch seinen hohen natürlichen Ölgehalt die Verwendung von Schmiermitteln ersparte, die unter den schwierigen Wetterbedingungen zur Verharzung neigten. Das Problem der Temperaturschwankungen löste er durch die Verwendung von Bauteilen aus Bimetall, bei denen sich temperaturbedingte Ausdehnung und Kontraktion gegenseitig aufhoben. Aber auch Harrison fand nicht sofort die ideale Lösung. Nach einer Reihe von Prototypen und vielen Versuchen konnte er nach 30 Jahren Arbeit 1761 sein als H-4 bezeichnetes Modell vorstellen. Der Weg dorthin führte über zahlreiche Innovationen. So verwendete Harrison zum ersten Mal in einer Uhr ein Rollenlager. Die intensive Suche nach einer Lösung für das Problem der Längengradbestimmung und all die absurden Ideen, die sie hervorbrachte, wurden von William Hogarth auch graphisch verewigt. Im letzten Bild seiner Serien *A Rake's Progress (Werdegang eines Wüstlings)*, das eine Szene in einem Irrenhaus zeigt, sieht man einen verrückten Astronomen, der mit Kreide Berechnungen zur Längengradbestimmung an die Wand kritzelt.

Eine Folge dieses eifrigen Experimentierens war größere soziale Mobilität. Wenn Menschen aus bescheidenen Verhältnissen mit ihren Bemühungen Erfolg hatten, dann brachte ihnen das nicht nur Geld ein, sondern auch soziale Anerkennung. Nehmen wir als Beispiel Richard Arkwright, den Erfinder der Waterframe, einer mit Wasserkraft betriebenen Spinnmaschine, der 1771 in Cromford in Derbyshire die wohl erste moderne Fabrik der Welt errichtete. Richard war das jüngste Kind von sieben Geschwistern, und sein Vater, ein Schneider, war so arm, dass er ihn nicht zur Schule schicken konnte. Trotzdem schaffte Arkwright aufgrund seiner Erfindung den Aufstieg in der englischen Gesellschaft, und er wurde sogar zum Ritter geschlagen. Oder nehmen wir James Watt, der die Dampfmaschine entscheidend verbesserte. Er stammte aus einer schottischen Familie der Mittelschicht. Zehn Jahre nach seinem Tod im Jahr 1819 wurde sein Denkmal in der Westminster Abbey enthüllt. Dort befindet sich auch eine Gedenktafel für John Harrison, und außer zahlreichen englischen Königen, Königinnen und anderen berühmten Leuten ist dort auch William Wilberforce beigesetzt, im 18. Jahrhundert einer der Vorkämpfer gegen den Sklavenhandel. Kein Normenkäfig hinderte diese Männer daran, mit Erfolg ihre Experimentierfreude auszuleben.

Dass die industrielle Revolution in England ihren Anfang nahm, geschah aus denselben Gründen, die die italienischen Gemeinden im Mittelalter zu Zentren der Innovation und des Wirtschaftswachstums machten – der Gefesselte Leviathan blühte im Korridor, und dies brachte den Menschen größere Freiheit und ökonomische Chancen. Beflügelt durch die Rote Königin, wurde der britische Staat effizienter und erreichte in diesem Prozess eine größere Leistungsfähigkeit, warf aber seine Fesseln nicht ab. Die zunehmende Leistungsfähigkeit des gefesselten Staates förderte dann den Freiheitsfortschritt eher, als ihn zu behindern. In dieser Hinsicht war England anderen Regionen Europas voraus. Aber dieses Kapitel hat gezeigt, dass auch viele weitere europäische Gesellschaften in den Korridor eintraten, freilich alle mit ihren ganz eigenen Höhen, Tiefen und Beschränkungen. Als die Leviathane von Frankreich, Belgien, den Niederlanden und Deutschland stärker gefesselt wurden und größere Leistungsfähigkeit erreichten, wuchsen damit auch die Freiheit, die ökonomischen Chancen und die Anreize ihrer Bevölkerung, und es kam zur Industrialisierung in diesen Gebieten.

Warum in Europa?

Die Geschichte Europas ist so vielfältig, kompliziert und facettenreich, dass wir ihr hier in diesem Kapitel kaum gerecht werden können. Daher wollen wir uns darauf konzentrieren, diese Geschichte und die Ursprünge der speziellen politischen Organisation und der gesellschaftlichen Verhältnisse, die sich in Europa im Verlauf der letzten 1500 Jahre entwickelt haben, im Licht unseres begrifflichen Rahmenwerks zu schildern.

An Theorien, die in Europa schon lange vor dem Mittelalter etwas Besonderes ausmachen (die jüdisch-christliche Kultur, die einzigartige geographische Lage, die europäischen Werte und vieles mehr), das die nachfolgenden politischen Entwicklungen dieses Kontinents und seinen wirtschaftlichen Aufstieg unvermeidlich erscheinen lassen, fehlt es nicht. Unsere Sichtweise hebt sich deutlich von diesen Theorien ab.

Es gab nichts Einzigartiges in der europäischen Geschichte, das den Aufstieg des Gefesselten Leviathans unvermeidlich gemacht hätte, abgesehen von dem glücklichen Umstand eines ausgeglichenen Kräfteverhältnisses zwischen den beiden Klingen der europäischen Schere – den staatlichen Institutionen, die vom römischen Kaiserreich übernommen wurden, und den Sitten und Institutionen der Teilhabe, wie sie die germanischen Stämme entwickelt hatten. Keine von beiden hätte allein den Gefesselten Leviathan hervorbringen können. Dort, wo nur die letztere dieser beiden Klingen vorhanden war, beispielsweise in Island, gab es wenig politische Entwicklung und sicherlich keinen Prozess der Staatenbildung. Unter anderen Bedingungen und Begleitumständen im entscheidenden Moment, womöglich mit politischen Führern, die nicht so klug zu handeln verstanden wie Chlodwig und Karl der Große, hätten womöglich auch die beiden Klingen nicht genügt, um die notwendige Balance herzustellen. Aber in den turbulenten Jahrzehnten des 5. und 6. Jahrhunderts, die dem Zusammenbruch des Weströmischen Kaiserreichs folgten, schufen sie zusammen ein labiles Gleichgewicht, das Europa in den schmalen Korridor führte und den Aufstieg des Gefesselten Leviathans ermöglichte.

Doch der Eintritt in den Korridor bringt nicht unmittelbar die Freiheit. Gewalt, Mord und Chaos, teils in schlimmster Ausprägung, hielten sich mehr als ein Jahrtausend. Dennoch kam ein Prozess in Gang, der den Despotismus zurückdrängte und langsam, aber sicher Vorbedingungen der Freiheit entwickelte. Sich im Korridor aufzuhalten ist keine Garantie dafür, dass sich der Gefesselte Leviathan in all seinem Glanz erhebt. Das werden wir noch in Kapitel 9 sehen, wenn wir uns anschauen, wie große Katastrophen eine Gesellschaft aus dem Korridor werfen können, und in Kapitel 13, wo wir Zeuge werden, wie der Wettlauf zwischen Staat und Gesellschaft außer Kontrolle geraten kann. Aber vom Standpunkt der Weltgeschichte aus bleibt es bemerkenswert, dass eine Handvoll Staatswesen in den Korridor gelangten und sich dort weiterentwickelten und die Leistungsfähigkeit ihrer Staaten und Gesellschaften mit der Kraft der Roten Königin vorantrieben.

Der Eintritt Europas in den Korridor und die Dynamik des dadurch in Gang gesetzten Rote-Königin-Effekts hatte spektakuläre Folgen. Hier entwickelte sich die Freiheit zu dem, was wir heute unter ihr verstehen, wenn auch in einem langen, schmerzlichen und zeitweise ausgesprochen brutalen Prozess. Und in Europa erzeugten diese Freiheit und das ökonomische und gesellschaftliche Umfeld, das der Gefesselte Leviathan schuf, ökonomische Möglichkeiten und Anreize für die breite Masse, sorgten für funktionierende Märkte, und brachten eine Welt hervor, in der Experimentierfreude, Innovation und technologische Durchbrüche gedeihen und den Weg zur industriellen Revolution und anhaltendem Wachstum ebnen konnten.

Unsere Theorie unterstreicht, dass diese Lektionen über Europa hinaus anwendbar sind. Wäre Europa ein Sonderfall, dann könnten wir aus den dort gemachten Erfahrungen keine Lehren für Gesellschaften ziehen, die heute mit ähnlichen Problemen kämpfen. Doch so war es unserer Theorie zufolge nicht. Der zentralistische Staatsapparat der Römer, die Normen und die Volksversammlungen der Germanenstämme waren natürlich etwas, das es so nur im Europa des 5. und 6. Jahrhunderts gab. Aber das generelle Prinzip – dass der Eintritt in den Korridor nur möglich ist, wenn in einer Nation eine Balance zwischen mächtigen, zentralisierten Staatseinrichtungen und einer selbstbewussten, mobilen Gesellschaft besteht, die in der Lage ist, sich gegen die Staatsmacht zu behaupten und ihre politischen Eliten zu fesseln – gilt allgemein. Im weiteren Verlauf des Buches werden wir sehen, dass das Fehlen von Institutionen, die gleichzeitig die Leistungsfähigkeit des Staats erhöhen und die Freiheit der Bürger bewahren, beinahe immer mit dem Fehlen einer solchen Balance zwischen der Staatsmacht und der Gesellschaft zusammenhängt. Diese Balance ist kein europäischer Sonderfall, sie hat sich unter verschiedensten Umständen und in verschiedenen Regionen und kulturellen Milieus ergeben, wie wir bereits im vorigen Kapitel gesehen haben und auch später wieder sehen werden.

7.
DAS MANDAT DES HIMMELS

Das Boot zum Kentern bringen

Die Geschichte Chinas schlug eine ganz andere Richtung ein als die Europas und schuf sehr viel weniger Freiheit. Doch das war nicht von Anfang an so. Um dies zu ergründen, wenden wir uns einer Periode der chinesischen Geschichte zu, die als Zeit der Frühlings- und Herbstannalen bezeichnet wird und die im 8. Jahrhundert v. Chr. begann. In dieser Zeit wurde Konfuzius geboren, dessen Philosophie bis heute eine tragende Säule der chinesischen Gesellschaft und ihrer staatlichen Institutionen ist. Der Konfuzianismus maß dem Wohlergehen des Volkes große Bedeutung bei und forderte, dieses solle durch einen tugendhaften Herrscher gefördert werden. Konfuzius schrieb:

> Wer nach sittlichen Grundsätzen regiert, gleicht dem Polarstern; er behält seinen Platz, und die anderen Sterne umkreisen ihn.

Sein berühmtester Schüler Mengzi (oft auch Menzius genannt) sagte: »Das Volk wird am meisten geachtet«, und er zitierte ein älteres Schriftstück, in dem es hieß: »Der Himmel sieht durch die Augen des Volkes, der Himmel hört durch die Ohren des Volkes.« Solche Ansichten waren in dieser Zeit weitverbreitet. Konfuzius selbst merkte an: »Wenn aber das Volk kein Vertrauen in die Regierung hat, kann der Staat nicht bestehen.«

Ein Beleg dafür, dass diese Ideen für die Politik der damaligen Zeit relevant waren, findet sich in der Chronik *Zuozhuan* (in der Überlieferung des Zuo). Im *Zuozhuan* wird Ji Liang zitiert, der beim Staat Sui angestellt war. Er riet dem Kaiser: »Die Menschen sind die Meister der Götter. Daher versahen weise Könige zuerst die Angelegenheiten der Menschen und widmeten sich dann den Göttern.«

Warum waren die Menschen »Meister der Götter« und wurde das Volk »am meisten geachtet«? Wahrscheinlich weil die Gesellschaft in dieser Zeit ausreichend gut organisiert für eine gewisse politische Mitsprache war. Tatsächlich war die politische Macht in China damals so zersplittert, dass Gelehrte die konkurrierenden Gesellschaften als »Stadtstaaten« bezeichneten und sie sogar mit den griechischen Stadtstaaten verglichen. In Athen drehte sich die Politik um die Hauptstadt, und die Bürger konnten politische Karrieren und Ambitionen fördern oder vereiteln. Das *Zuozhuan* dokumentiert mindestens 25 Beispiele, bei denen die Bewohner von Hauptstädten aktiv in interne Machtkämpfe eingriffen, darunter Konflikte darüber, wer geadelt werden sollte. Wie in Athen trafen im Staat Zheng die Menschen zusammen, um zu diskutieren und die Politik und das Verhalten der Regierung zu kritisieren. Ein berühmter Kanzler aus dieser Zeit, Zichan, soll gesagt haben:

> Die Menschen ziehen sich am Morgen und am Abend zurück und kommen zusammen, um das Gute oder Schlechte des Machthabers zu erörtern. Wenn ich umsetze, was sie für gut und richtig halten, was sie für schlecht halten – dann sind sie meine Lehrer.

Anschließend führt er aus, wollte man versuchen, das Volk auszuschließen, wäre das, »als würde man den Fluss stauen: Wenn er über den Damm tritt, werden viele Menschen verletzt werden.« Mengzi stimmte mit dieser Ansicht überein, als er schrieb:

> Es gibt einen Weg, wie man die Menschen gewinnen kann: Indem man ihr Herz gewinnt, gewinnt man die Menschen. Es gibt einen Weg, ihre Herzen zu gewinnen: Man muss ihnen das geben, was sie sich wünschen, das unterlassen, was sie verabscheuen, und das ist alles.

Eine spätere philosophische Abhandlung namens *Xunzi* fasste die Politik dieser Periode so zusammen:

> Der Herrscher ist ein Boot; die gemeinen Leute sind das Wasser. Das Wasser kann das Boot tragen; das Wasser kann das Boot zum Kentern bringen.

Im Bildteil ist die Originalseite mit diesem Ausspruch aus dem *Xunzi* abgedruckt.

Alles unter dem Himmel

Dem intellektuellen Nährboden der Zeit der Frühlings- und Herbstannalen folgte eine politische Konsolidierungsphase, in der sich sieben große und einige kleinere Territorialstaaten bildeten, die unentwegt in Kriege verstrickt waren (siehe Karte 10 auf Seite 287). In dieser Zeit der Streitenden Reiche entstand eine neue und äußerst despotische politische Philosophie, der Legalismus. Er wurde zu einer wichtigen Grundlage für die Dominanz des chinesischen Staates über die Gesellschaft. Shang Yang, auch als Fürst Shang bekannt, war einer seiner einflussreichsten Theoretiker und Praktiker. Im Jahr 390 v. Chr. geboren, mitten in der Zeit der Streitenden Reiche, wusste er sehr gut, welches Chaos ein schwacher Staat hervorrufen konnte. Wie Hobbes, der fast 2000 Jahre später eine ähnliche Lösung fand, sah Fürst Shang den Ausweg darin, einen machtvollen Leviathan aufzubauen, denn »der größte Nutzen für das Volk ist Ordnung«. Wenn die Gesellschaft dabei noch weiter geschwächt wurde, umso besser, denn Shang war der Ansicht:

> Wenn das Volk schwach ist, ist der Staat stark; daher strebt der Staat danach … das Volk zu schwächen.

Er dachte es nicht nur und schrieb es auf, sondern setzte es auch um. Von seinem Geburtsort im Staat Wei zog er nach Qin, um Berater von dessen Herrscher zu werden, Fürst Xiao. Gemeinsam mit Xiao führte er eine Reihe radikaler Reformen durch, darunter ein neues Rechtssystem, eine Bodenreform, ein Umbau der Verwaltungsstruktur und die Einrichtung professionellerer staatlicher Institutionen. Bis zum

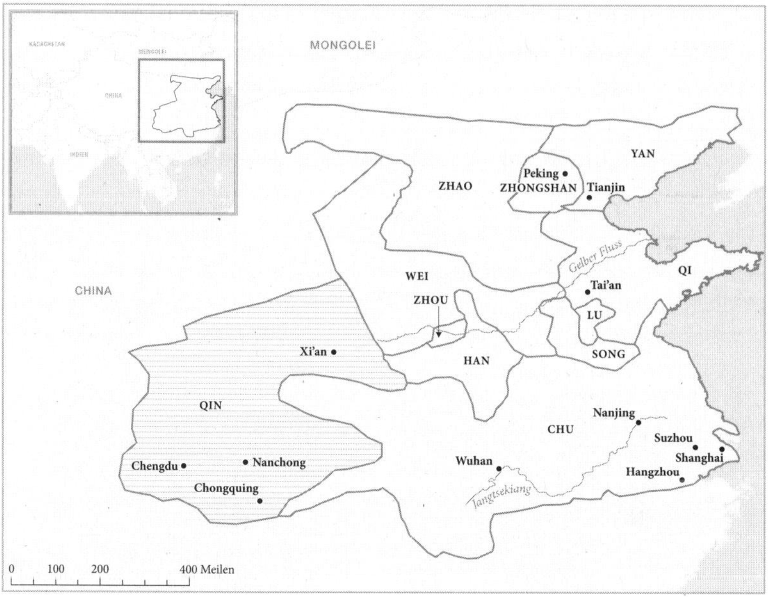

Karte 10: China zur Zeit der Streitenden Reiche, 475–221 v. Chr.

folgenden Jahrhundert hatten die Reformen Qin in ein wirtschaftliches und militärisches Machtzentrum verwandelt, das daraufhin alle anderen Staaten eroberte und das erste chinesische Kaiserreich und die erste anerkannte Dynastie gründete.

Dass dies bereits sehr früh eines von Shang Yangs Zielen war, wird aus dem ersten Kapitel seines Buchs *Shangjun shu* (Buch des Fürsten Shang) ersichtlich, einer Aufzeichnung seiner Ideen, die uns überliefert ist. Das Kapitel mit der Überschrift »Überarbeitung des Rechts« enthält eine Debatte zwischen Fürst Xiao und drei Beratern, von denen einer Shang Yang war. Der Fürst befürchtete, institutionelle Innovationen würden zu einer Kritik an »Alles unter dem Himmel« führen. Xiao sorgte sich nicht nur wegen der Meinung des Volks von Qin, sondern wegen seines Anspruchs auf »Alles unter dem Himmel«, also die ganze Welt. Der Fürst von Qin hatte seine Vorstellungen von einem älteren Konzept des ehemaligen Staates Zhou übernommen, dessen Herrscher zu der Auffassung gelangt waren, sie hätten den Auftrag zum Herrschen vom Himmel erhalten. Von da an beriefen sich auch die nachfolgenden chinesischen Kaiser auf das »Mandat des Himmels«. Aber wie soll die Gesellschaft einen Herrscher in Schranken halten, dessen Machtmandat direkt vom Himmel kommt?

Shang Yang hielt solche Einschränkungen nicht für wünschenswert. Seine Ziele waren simpel: »ein reicher Staat und eine starke Armee.« Nur ein mächtiger Staat konnte Ordnung schaffen und sicherstellen, dass die Gesellschaft nicht auf die Idee kam, sich an der Politik beteiligen zu wollen. Ohne eine solche Ordnung käme es zu Uneinigkeit, und das musste vermieden werden. Die Argumentation im *Xunzi* erinnert auffällig an Hobbes:

> Menschen werden mit Begierden geboren. Wenn sie Begierden haben, die Objekte ihrer Begierden jedoch nicht bekommen, werden sie ein anderes Mittel der Befriedigung suchen. Wenn ihre Suche kein Maß und Ziel kennt, werden sie miteinander streiten. Wenn sie miteinander streiten, gibt es Chaos, und wenn es Chaos gibt, werden sie verarmen.

Es war ganz natürlich, nach Ordnung zu streben und nach den Institutionen, die diese gewährleisten konnten. Wie sollte dies im Staat Qin erreicht werden? Vor allem durch das Recht – aber nicht in dem Sinn, dass sich das Recht aus den gesellschaftlichen Normen heraus entwickelte und die Herrscher einschränkte, wie wir es im vorigen Kapitel im europäischen Kontext gesehen haben. Nach Shang Yangs Vorstellungen mussten das Recht und die Macht des Staates dafür eingesetzt werden, aus jedermann entweder einen Bauern oder einen Krieger zu machen. Wurden sie Bauern oder Krieger, wurden sie belohnt, ansonsten bestraft.

> Man kann die Menschen dazu veranlassen, den Boden zu bestellen und zu kämpfen … das hängt alles davon ab, dass die Höhergestellten ihnen [Rang und Vergütungen] gewähren … Jene, die nicht arbeiten, aber essen, die nicht kämpfen, aber Ruhm erringen, die keinen Rang innehaben, aber respektiert werden, die keine Vergütungen bekommen, aber reich sind, die kein Amt bekleiden, aber führen – sie alle werden als »Schurken« bezeichnet.

Mit anderen Worten, der Staat und nur der Staat entscheidet, wer und was von Wert ist. Ohne staatliche Anerkennung ist man ein Schurke. Die Menschen mussten kontrolliert werden, »wie der Schmied das Metall kontrolliert und der Töpfer den Ton«. Um sicherzugehen, dass das Volk sich der Landwirtschaft widmete, musste man dafür sorgen, dass »die Menschen nicht nach Belieben ihren Wohnort wechseln«, und jede andere Art wirtschaftlicher Aktivität unter Strafe stellen. Eine Methode hierfür war es, die Märkte zu strukturieren – oder genauer gesagt, sie zu manipulieren –, um die Bauernarbeit attraktiver zu machen. Shang Yang schlug vor:

> Wenn man verhindern kann, dass Händler und Hausierer und listige und trickreiche Menschen erfolgreich sind, macht man den Staat ohne es zu wollen reicher. Daher heißt es: ›Wer möchte, dass die Bauern den Staat reicher machen, verteuert die Lebensmittel innerhalb der Landesgrenzen. Er muss jenen, die keine Landwirtschaft betreiben, vielerlei Steuern auferlegen, und die Profite aus dem Handel mit hohen Abgaben belasten.‹

Wer keine Landwirtschaft betrieb, galt als »listig und trickreich«. Diese Sichtweise hatte tiefgreifende Folgen für Chinas wirtschaftliche Zukunft, denn legalistische Vorstellungen prägten sowohl die Art und Weise, wie der Staat mit der Wirtschaft umging, als auch das Verhalten von Händlern, Unternehmern und Bauern, die dem Staat aus Angst die Kooperation verweigerten.

Beim legalistischen Modell war Ordnung oberste Priorität, und sie wurde durch einen allmächtigen Herrscher durchgesetzt, der die Gesellschaft mit der Macht des Staates und seiner Gesetze unterdrückte. Auch wenn das konfuzianische Modell nicht so streng war wie der Legalismus, sondern empfahl, moralische Prinzipien anzuwenden und »das Vertrauen des Volkes« zu gewinnen, waren beide Ansätze vom Grundsatz her despotisch – gewöhnliche Bürger sollten kein politisches Mitspracherecht erhalten und konnten der Macht des Staates und des Kaisers somit nichts entgegensetzen. Allein das moralische Verhalten des Herrschers würde ihn dazu bringen, das Wohlergehen seiner Untertanen zu berücksichtigen. Wie Konfuzius sagt: »Gewöhnliche Leute erörtern keine Regierungsangelegenheiten.«

Aufstieg und Fall und Wiederaufstieg des Brunnenfeldsystems

Shang Yangs Leistung bestand darin, ein Modell für die Bildung eines despotischen Staates zu entwickeln, das es dem Qin-Reich ermöglichte, im Lauf der folgenden 100 Jahre die anderen sechs sich bekriegenden Staaten zu erobern, diese chaotische Epoche zu beenden und das Kaiserreich zu gründen. Wie der Staat im Einzelnen organisiert werden sollte, veränderte sich in den anschließenden Jahrhunderten immer wieder, da die aufeinanderfolgenden Dynastien mit unterschiedlichen Varianten experimentierten. Denn Shangs Modell funktionierte zwar gut, um anfangs die Konkurrenten auszuschalten, lieferte aber keine effektive Vorlage dafür, wie das neue, vereinigte Staatsgebiet regiert werden konnte.

Die vom ersten chinesischen Kaiser Qin Shi Huang und seinem wichtigsten Berater Li Si ersonnene Variante sah eine äußerst strikte Kontrolle vor. Das Reich wurde zunächst in 36 und später in 42 Kommandanturen unterteilt, jede mit einem Gouverneur, einem Militärkommandanten und einem Inspektor an der Spitze. Sie leiteten eine ausgeklügelte Beamtenhierarchie, die die Gesellschaft eng überwachte, genau wie Shang es befürwortet hätte.

Wie diese Kontrolle konkret aussah, wird durch Verwaltungsdokumente deutlich, die der Sinologe Enno Giele veröffentlicht hat. Darin schrieb der Vorsteher einer unteren Verwaltungseinheit an den Vorsteher des Landkreises und bat ihn, die Ernennung eines neuen Oberhaupts und Postzustellers in einem kleinen Dörfchen zu genehmigen. Vier Tage später bekam er eine ablehnende Antwort. Das Ersuchen wurde zurückgewiesen, weil das Dörfchen nur aus 27 Haushalten bestand und als zu klein für derartige Beamte erachtet wurde. Diese Dokumente zeigen den komplexen Apparat zentral ernannter Beamter und die Effizienz, mit der sie solche Anträge bearbeiteten, vor allem auch ihre hervorragende Sachkenntnis (die exakte Anzahl der Haushalte).

Der Qin-Staat führte außerdem ein einheitliches Gewichts- und Maßsystem ein, ein einheitliches Münzwesen sowie einen Kalender, und er standardisierte die chinesische Schrift. Ferner entstand, ausgehend von der Hauptstadt Xianyang, ein breitgefächertes Straßennetz.

Eine der wichtigsten und dauerhaftesten Innovationen jedoch war das »Brunnenfeldsystem«, benannt nach dem chinesischen Schriftzeichen für Brunnen, das neun gleich große Parzellen Land darstellt, wie sie für den Unterhalt eines Soldaten-Kriegers benötigt wurden. Die Parzellen wurden dazu von acht Bauern bewirtschaftet, wobei die Ernte des neunten Feldes dem Staat gehörte. Das Brunnenfeldsystem sorgte einerseits für die gleichmäßige Verteilung von Land und stellte andererseits sicher, dass Abgaben und Militärdienste geleistet wurden. Es wird erstmals in den Schriften von Mengzi erwähnt, der schrieb:

> Eine gütige Regierung beginnt mit der Abmessung und Zuteilung von Land. Werden die Grenzen nicht richtig festgelegt, wird weder die Aufteilung des Landes nach dem Brunnenfeldsystem noch die Abgabe des Getreides an den Herrscher gerecht vollzogen.

An diesem Punkt wurde ein Nachteil des Shang-Modells offensichtlich. Für die Aufrechterhaltung eines Systems, das sich so stark in die Belange der Bürger einmischte, genügte es nicht, einen »reichen Staat« zu haben, es brauchte auch eine starke Besteuerung der Gesellschaft. Irgendjemand musste ja schließlich die Mittel zur Verfügung stellen und die Arbeit leisten, um die 8000 lebensgroßen Terrakotta-Soldaten herzustellen, die Qin Shi Huang für sein Mausoleum in Auftrag gegeben hatte. Eine Konsequenz der hohen Steuern war eine Welle von Volksaufständen, zu denen es nach dem Tod Qin Shi Huangs kam und die dazu führten, dass die Qin-Dynastie nach nur 15 Jahren Bestand und zwei Kaisern gestürzt wurde. Aus der darauffolgenden Phase der politischen Instabilität ging Liu Bang, ein Bauer aus dem eroberten Staat Chu, als Sieger hervor. Er gründete unter dem Titel Kaiser Gaozu die neue Han-Dynastie. Gaozu setzte die Erhebung von Steuern zunächst aus und senkte sie später auf ein Fünfzehntel der landwirtschaftlichen Erträge. Auch den Umfang der Fronarbeit, die der Qin-Staat eingefordert hatte, reduzierte er.

Gaozus Korrekturen waren Versuche, sich mehr in Richtung Konfuzianismus zu bewegen. Er nahm die legalistischen Prinzipien als Grundlage und kombinierte sie mit den Lehren des Konfuzius. Die nachfolgenden chinesischen Regierungen und Gesetze lassen sich bis heute als Verschmelzung dieser beiden Philosophien beziehungsweise als Pendeln zwischen ihnen interpretieren, da sie alle irgendwo auf einer Skala zwischen Shang Yang und Konfuzius angesiedelt sind. Egal an welchem Ende der Skala sie sich befanden, stimmten sie immer in einigen Grundprinzipien überein. Das Wichtigste war das Kerndogma des Despotischen Leviathans – also einer monarchischen Herrschaft mit einem omnipotenten Kaiser, der keine Mitsprache und Beteiligung des Volkes an der Regierung zuließ. Der Kaiser stand stets über dem Gesetz. Dann kam der Gedanke auf, den Staat von fähigen Bediensteten führen zu lassen, damit der Kaiser die Gesellschaft nach seinen Wünschen regieren konnte. Dies hatte auch Wurzeln in der konfuzianischen Philosophie, die fordert: »Ein Lernender sollte die Zeit, die ihm frei bleibt, für ein Amt verwenden«, und es seien »diejenigen [zu] fördern, die es verdienen«. Das letzte Grundprinzip besagte, der Kaiser habe für das Wohlergehen des Volkes zu sorgen und sich dabei von moralischen Geboten leiten zu lassen. Dazu gehörte, den wirtschaftlichen Erfolg der Bürger zu fördern oder, wie es in späteren Dynastien hieß, »Wohlstand unter das Volk zu bringen«. Diese drei Prinzipien bildeten eine Art Gesellschaftsvertrag, der dem Staat eine gewisse Legitimation verlieh. Wurden sie verletzt, konnte das Volk rebellieren.

Es dauerte eine Weile, bis die chinesischen Kaiser ein funktionierendes institutionelles Modell fanden, das alle drei Prinzipien umfasste. Der Wendepunkt kam mit der Erkenntnis, dass es schwierig war, die Gesellschaft so minuziös zu kontrollieren, wie es Shang Yang oder den Qin-Kaisern vorschwebte. Es war einfach zu teuer. Um das zu finanzieren, musste man hohe Steuern erheben, sei es in Form von Sachleistungen, Geld oder Fronarbeit, aber das widersprach dem dritten Prinzip. Wenn man dem Volk nicht erlaubte, bei der Regierungsführung und der Verwendung von Steuern mitzureden, schürte eine hohe Besteuerung Unzufriedenheit und führte letztlich zu Rebellionen. Wie wir sehen werden, kam es weiterhin zu Rebellionen, aber nachfolgende Kaiser beschlossen, die Bevölkerung durch die Senkung von Steuern zu beschwichtigen, auch wenn dadurch die Fähigkeit des Staates sank, öffentliche Dienstleistungen und eine verlässliche Durchsetzung der Gesetze zu gewährleisten.

Autorität so zu organisieren, dass sie diesen drei Prinzipien genügte, war schwierig, und es funktionierte nie perfekt. Vielmehr gab es ein beständiges Ringen zwischen Shang Yangs Modell von Einmischung und Zwang und der gelasseneren Strategie von Konfuzius, die Gesellschaft eher in Ruhe zu lassen und darauf zu vertrauen, dass man durch gutes Regieren ein Beispiel gab. Die Han-Dynastie übernahm zunächst einiges von der Qin-Dynastie, auch wenn sie die Steuern und Fronarbeit reduzierte. Die Qin-Dynastie hatte direkte Kontrolle über die produktivsten Einnahmequellen wie Minen, Wälder, Gießereien und Werkstätten ausgeübt. So verfuhr zunächst auch die Han-Dynastie. Da sie jedoch weniger Steuern einnahm, musste sie der Gesellschaft mehr Freiraum gewähren, und so verabschiedete sie sich nach und nach von der Umsetzung des Qin-Modells.

Im Laufe der Zeit verkümmerte das Brunnenfeldsystem, worauf sich auf dem Land Großgrundbesitzer etablieren konnten. Gegen solche Tendenzen schritten allmächtige Herrscher immer wieder ein. In den folgenden 2000 Jahren kam es in China regelmäßig zu Versuchen, Shang Yangs Modell erneut zu verwirklichen; der jüngste war die Machtergreifung der Kommunisten 1949, die ihre eigene Version des Brunnenfeldsystems in Form kollektivierter Landwirtschaft einführten. Die Umsetzung des konfuzianischen Modells war ab 1978 unter Deng Xiaoping zu beobachten, als die Kollektivierung rückgängig gemacht wurde und die chinesischen Führer die Korruption bekämpften, da sie dem konfuzianischen Prinzip der tugendhaften Herrschaft widersprach. Um Prognosen für das künftige China zu treffen, muss man sich das historisch verankerte Pendeln zwischen Legalismus und Konfuzianismus bewusstmachen.

Der erste Versuch, nach dem Sturz der Qin-Dynastie wieder eine strenge staatliche Kontrolle der Wirtschaft durchzusetzen, erfolgte durch den Han-Kaiser Wu, der von 141 bis 87 v. Chr., also 54 Jahre lang, regierte. Wu schuf ein Staatsmonopol für die Produktion von Eisen und Salz und übernahm die Kontrolle über die meisten Gewerbe und Handelsaktivitäten. Der zeitgenössische Historiker Sima Qian schrieb: »Der Reichtum der ganzen Welt wurde verbraucht, um dem Herrscher zu genügen, und dennoch war er nicht zufrieden.« Wus Reformen hatten keinen Bestand.

Der Nächste, der dasselbe versuchte, war Wang Mang, der im 1. Jahrhundert v. Chr. unter einem Kindkaiser der Han-Dynastie als Regent fungierte und sich fünf Jahre später, nach dessen Tod, selbst zum Kaiser ernannte. Wang setzte alles daran, die Kontrolle des Staates über die Wirtschaft und die Gesellschaft zurückzuerlangen, die diesem nach und nach entglitten war. Er verfügte, dass alles Land dem Staat gehöre, konfiszierte die Güter zahlreicher Großgrundbesitzer und schuf weitere Staatsmonopole. Im Jahr 23 n. Chr. brach ein Volksaufstand gegen seine Politik aus, der darin gipfelte, dass der Kaiserpalast erstürmt und Wang getötet wurde. Danach kam das Brunnenfeldsystem erneut zum Erliegen, und im Jahr 30 n. Chr. schaffte man die Wehrpflicht ab, so dass die Gesellschaft nicht länger auf Bauern und Soldaten basierte.

Die Han-Dynastie endete im Jahr 220, worauf eine Reihe kurzlebiger Regime folgte. Im Norden wurden diese von nomadischen Stämmen aus Innerasien beherrscht, während im Süden verschiedene Seitenlinien der Han-Dynastie an die Macht drängten. Vor Chinas Wiedervereinigung unter der Sui-Dynastie im Jahr 581 gab es von neuem Versuche, dem Modell von Shang Yang Geltung zu verschaffen, zum Beispiel unter der Nördlichen Wei-Dynastie, die von 386 bis 524 in Nordchina regierte. Im Jahr 485 führten die Wei-Herrscher ein »Gleichfeldsystem« ein, das nach 581 von der Sui-Dynastie und ab 618 auch von der Tang-Dynastie beibehalten wurde. Den Untergang dieser neuen Variante des Brunnenfeldsystems besiegelte die An-Lushan-Rebellion gegen die Tang-Dynastie im Jahr 755. Zwar wurde die Rebellion im Jahr 763 nach der Eroberung der Hauptstadt Chang'an endgültig niedergeschlagen, aber sie forderte Hunderttausende Menschenleben und ließ den Tang-Staat verwüstet zurück. Er war fortan nicht mehr in der Lage, die Gesellschaft zu kontrollieren, das Gleichfeldsystem war zusammengebrochen, und privater Grundbesitz wurde zur Norm.

Im Jahr 960 löste die Song-Dynastie die Tang-Dynastie ab. Sie führte eine Umstrukturierung durch, ähnlich wie beim Übergang von der Qin- zur Han-Dynastie. Zwar blieb vieles erhalten, aber der Regierungsstil verschob sich vom Legalismus hin zum Konfuzianismus. Ein Ergebnis der Umstrukturierung war eine Stärkung der bürokratischen Kontrolle, wobei das frühere, vorwiegend auf Empfehlungen basierende Einstellungssystem für Beamte durch ein Prüfungssystem ersetzt wurde. (Ein anderes Ergebnis war das rasante Wirtschaftswachstum, das wir weiter unten behandeln werden.) Das Leistungsprinzip in der Verwaltung wurde später jedoch systematisch durch den Verkauf von Ämtern untergraben, der im 17. Jahrhundert boomte, als die Steuereinnahmen des Staates zurückgingen, und durch die ständige Einmischung des Staates.

Im Jahr 1127, nachdem die Jurchen aus Innerasien den Norden des Song-Reichs erobert hatten, entstand die neue Jin-Dynastie. Als Reaktion darauf verlegten die Song ihre Hauptstadt weiter nach Süden, doch dann wurden sowohl die Jin-Dynastie als auch der verbleibende Song-Staat von den Mongolen unter der Führung von Kublai Khan erobert, der die Yuan-Dynastie begründete. Nach Kublai Khans Tod im Jahr 1294 folgten zehn weitere Kaiser, bevor die Yuan-Dynastie in den 1350er Jahren ebenfalls nach Massenrevolten zusammenbrach. Während ihrer Herrschaft hatte sie den chinesischen Staat neu organisiert und ihm ein personalisiertes Modell basierend auf der Hierarchie ihrer mongolischen Stämme auferlegt sowie die chinesische Bevölkerung in vererbbare Berufskasten eingeteilt. Hinzu kamen Fronarbeit und eine Vielzahl neuer Steuern. Handwerker wurden in Massen in die mongolische Hauptstadt Dadu, das heutige Peking, verschleppt, um den Bedarf an Gütern und Arbeitskräften zu decken.

Die Yuan-Dynastie wurde durch Zhu Yuanzhang gestürzt, der 1368 nach zwei Jahrzehnten Bürgerkrieg die Ming-Dynastie begründete. Er gab sich den Titel Kaiser Hongwu und bewegte sich wieder mehr an das Shang-Yang-Ende der Skala. Schnell ergriff er Maßnahmen, um seine Machtfülle auszudehnen, zum Beispiel indem er das Amt des Premierministers abschaffte, der bis dahin das Sprachrohr der Beamten gewesen war. Im Jahr 1373 löste er das System der Einstellungsprüfungen auf, weil ihm die Ergebnisse nicht zusagten, und mehrmals führte er umfassende und brutale »Säuberungsaktionen« in der Beamtenschaft durch. Außerdem versuchte er sich an einer neuen Form des Brunnenfeldsystems. Während seiner dreißigjährigen Herrschaft bemühte sich Hongwu, die Privatisierung der Wirtschaft rückgängig zu machen, und ging sogar wieder dazu über, Steuern in Form von Sachleistungen anstatt von Geld einzutreiben. Im Jahr 1374 erließ er das Seehandelsverbot, das jeglichen Überseehandel untersagte und erst Ende des 16. Jahrhunderts wieder aufgehoben wurde (um dann erneut eingeführt zu werden).

Von 1380 an begann Hongwu damit, Großgrundbesitzer weitestgehend zu enteignen, so dass sich am Ende seiner Herrschaft etwa die Hälfte des Landes in der Kernprovinz Jiangnan am Jangtsekiang-Delta, wo seine Hauptstadt Nanjing lag, in staatlichem Besitz befand. Die despotische Macht des Staates blieb die gesamte Ming-Dynastie hindurch spürbar. In den 1620er Jahren begann sich mit der Gründung der Donglin-»Fraktion« im Umfeld der Donglin-Akademie in Wuxi, 80 Kilometer westlich von Shanghai, Kritik am Staat zu regen. Diese war inspiriert von den Lehren des Konfuzius. Die Donglin-Fraktion war sogar so dreist, eine Denkschrift zu verfassen, die sie »24 Verbrechen« (des Staates) betitelte. Als Reaktion darauf ließ der Tianqi-Kaiser zwölf der Anführer umbringen, während ein dreizehnter Selbstmord beging. Hunderte wurden beschuldigt, Sympathisanten zu sein, und verfolgt. Ihre Anhänger blieben weiter aktiv, zusammen mit anderen Gruppen, die sich auf die Donglin-Bewegung beriefen, darunter befand sich beispielsweise die »Restaurationsgesellschaft« (Fushe), doch letztlich wurden sie von der Qing-Dynastie in den 1660er Jahren erbarmungslos unterdrückt. Kritik war nicht erlaubt.

Der Übergang von der Song- zur Ming-Dynastie, der China zurück in den Legalismus führte, erinnert uns daran, dass ein ungezügelter Staat den Bürgern keine Freiheit bringt. Im Gegenteil, normalerweise ist er die Grundlage staatlicher Dominanz und genau das, was Fürst Shang empfohlen und die Ming-Dynastie mit Freude praktiziert hat.

Den Zopf abschneiden

Der wachsende Despotismus im Ming-Staat löste eine Reihe von Aufständen aus. Die Dynastie fiel schließlich inneren Unruhen und den Angriffen der Mandschu aus Innerasien zum Opfer, die die Qing-Dynastie gründeten. Ein Augenzeugenbericht über die Machtergreifung der Mandschu aus der Lokalgeschichte des Landkreises Tancheng, der an der Küste etwa auf halber Strecke zwischen Peking und Shanghai liegt, berichtet folgendes Geschehen:

> Am 30. Januar 1643 eroberte die Große Armee die Stadt, brachte die Beamten um und tötete siebzig bis achtzig Prozent der sogenannten Gentry, der Verwaltungsangestellten und des gemeinen Volks; inner- und außerhalb der Stadtmauern töteten sie weitere Zehntausende. All die Menschen, die sich in den Straßen und Höfen zusammengeschart hatten, wurden massakriert oder verwundet, die übriggebliebenen trampelten einander nieder, und auch unter den Flüchtenden wurden die meisten verletzt. Die Große Armee schlug ihre Zelte bis zum 21. Februar 1643 innerhalb unserer Kreisgrenzen auf … Sie blieben zweiundzwanzig Tage; viele Anwesen in der Gegend wurden ausgeraubt oder niedergebrannt, die Menschen umgebracht oder verwundet. Sie zerstörten auch Tangshan, wo sie mehr als zehntausend Männer und Frauen töteten.

Im Jahr 1644 eroberten die Mandschu, die keineswegs die Absicht hatten, »die Herzen und Köpfe [der Menschen] zu gewinnen«, Peking und begründeten dort die letzte chinesische Dynastie. Kurz zuvor versuchte der Rebellenführer Li Zicheng eine eigene Dynastie zu etablieren, die allerdings nur sechs Wochen Bestand hatte. Während seiner improvisierten Herrschaft wurden die Eliten, Eunuchen, Händler, Großgrundbesitzer und hohen Beamten nach Einkommensklassen eingeteilt und mussten 20 bis 30 Prozent ihres Vermögens abgeben. Li selbst häufte ein Vermögen von 70 Millionen Taels Silber an. Er überlegte sogar, das Gleichfeldsystem einzuführen, bevor er durch mandschurische Truppen gestürzt wurde.

Die Mandschu waren wie die Mongolen eine fremde Macht und mussten die einheimischen Chinesen unter ihre Kontrolle bringen. Eine interessante Methode hierfür war der »Tonsur-Erlass«, der von sämtlichen Männern verlangte, die mandschurische Haartracht mit rasiertem Vorderhaupt und Zopf zu übernehmen. So wollte man die Chinesen dazu bringen, sich der neuen Dynastie zu unterwerfen. Im März 1647, drei Jahre nach der Besetzung Pekings durch die Mandschu, befand sich der Gouverneur der Provinz Gansu, Chang

Shang, auf Inspektionstour. Am 4. März erreichte er den Landkreis Yongchang, der direkt an die Chinesische Mauer grenzte. Zu seiner Begrüßung hatte sich die gesamte Schülerschaft der Kreisschule versammelt. Er schrieb: »Ich erspähte einen Mann, der noch Haar auf dem Vorderhaupt zu haben schien. Als ich am Yamen des Landkreises [dem Sitz des örtlichen Magistrats] angekommen war, rief ich alle Schüler zu einem Wissenstest zusammen« und »ging persönlich zu dem betreffenden Mann und zog ihm die Mütze herunter. Tatsächlich, sein Haar war gänzlich unrasiert.« Örtliche Beamte versicherten Chang, der Tonsur-Erlass sei bekanntgemacht worden und der Schuldige, Lü K'o-hsing, habe keine Entschuldigung. Chang ließ Lü ins Gefängnis werfen und schrieb an den Kaiser mit der Bitte, ihn exekutieren zu dürfen, »um den Gesetzen der herrschenden Dynastie Geltung zu verschaffen«. Die Antwort kam prompt: »Lassen Sie ihn unverzüglich exekutieren. Aber was ist mit den lokalen Beamten, dem Haushaltsoberhaupt, dem Dorfvorsteher und Nachbarn?« Das Ergebnis war, dass Lüs unrasierter Kopf von seinem Körper geschnitten und öffentlich ausgestellt wurde, »als Warnung für die Massen«. Das Oberhaupt von Lüs Haushalt, der Ortsvorsteher und die Nachbarn erhielten Prügelstrafen, und der Magistrat wurde zu einer Zahlung von drei Monatslöhnen verurteilt.

Die Haartracht war der Qing-Dynastie während ihrer gesamten Herrschaft ein großes Anliegen. Im Jahr 1768 brach im Reich eine Massenhysterie wegen »Seelendiebstahls« aus. Angeblich wurde Männern kurzerhand der Zopf abgeschnitten, um ihre Seele zu stehlen. Eine erbeutete Seele erlaubte es dem Besitzer, Macht über andere auszuüben. Die chinesische Regierung unter Kaiser Qianlong reagierte rigoros auf Vorwürfe des Zopfabschneidens. Eine regelmäßig angewandte Methode, um der Sache auf den Grund zu gehen, war der Einsatz des »Pressbalkens«, mit dem ein Geständnis erzwungen wurde. Das konnte entweder eine »Knöchelpresse« sein, mit der man langsam die Fußknöchel zerquetschte, oder ein anderes Instrument, das mehrfache Brüche der Schienbeine verursachte.

Im Jahr 1769 wurde der Mönch Hai-yin des Seelendiebstahls angeklagt. Bei seiner Verhaftung stellte man fest, dass er kurz abgeschnittene Haarsträhnen bei sich trug, von denen er behauptete, er besäße sie schon seit Jahren, und tatsächlich trug er sie für alle sichtbar an einem Stock. Er wurde verhört, und die Behörden entschieden, dass zur Ermittlung der Wahrheit Folter notwendig sei. Aber der Mönch blieb unnachgiebig, und nach einigen Tagen befanden die Behörden: »Wenn wir ihn jetzt noch weiter foltern, stirbt er vielleicht, und dann finden wir gar nichts heraus.« »Richtig«, schrieb Kaiser Qianlong mit der zinnoberroten Tinte, die er für offizielle Dokumente verwendete. Hai-yin hielt weiterhin stand. Schließlich wurde der Kaiser darüber informiert, der Gefangene habe sich leider »eine soeben grassierende Krankheit zugezogen« und leide überdies an infizierten Folterwunden. Die Situation wurde so frustrierend, dass der örtliche Magistrat entschied, es sei »besser, ihn öffentlich hinzurichten, um den Argwohn der Menge zu zerstreuen«, da es um Hai-yins Verhaftung Gerede gab. Daher ließen sie »den Verbrecher zum öffentlichen Platz bringen, ihn köpfen und den Kopf der Menge präsentieren«. Ein anderer Mönch, Ming-yuan, wurde eines ähnlichen Delikts bezichtigt. Eine Woche nach seiner Verhaftung war er tot. »Zur Kenntnis genommen«, schrieb Kaiser Qianlong mit zinnoberroter Tinte. Nicht nur die Franken waren also besessen von Haaren, auch wenn die Besessenheit der Qing ein wenig anders zum Ausdruck kam.

Die Durchsetzung des Tonsur-Erlasses war nur eine Form, in der die Qing ihrem soeben eroberten Volk demonstrierten, dass sie es ernst meinten. Im Mai 1645 rebellierten im Jangtse-Delta die Eliten gegen den neuen Staat, worauf die Qing-Generäle rund 200 000 Männer, Frauen und Kinder massakrierten. Der Augenzeugenbericht *Yangzhou shiri ji* (Bericht über das zehntägige Massaker in Yangzhou) von Wang Xiuchu, ist eine erschütternde Lektüre. Nachdem Qing-Truppen die Stadt Yangzhou zerstört hatten, wurden die Überlebenden zu einem Gewaltmarsch gezwungen:

> Einige Frauen kamen herbei … sie waren halb nackt und standen wadentief im Schlamm. Eine hielt ein Mädchen umklammert, das ein Soldat in den Schmutz stieß, bevor er sie weiterjagte. Ein Soldat wies mit hoch erhobenem Schwert den Weg, ein anderer trieb uns von hinten mit dem Speer an, und ein dritter ging in der Mitte auf und ab, um sicherzustellen, dass niemand entwischte. Mehrere Dutzend Menschen wurden wie Rinder oder Ziegen zusammengetrie-

ben. Wer zurückblieb, wurde ausgepeitscht oder sofort getötet. Die Frauen waren mit einem schweren Seil um den Hals zusammengebunden – aufgereiht wie auf einer Perlenschnur. Sie stolperten bei jedem Schritt und waren mit Schlamm bedeckt. Überall auf dem Boden lagen Babys. Die inneren Organe von jenen, die von Pferdehufen oder den Füßen der Menschen zertrampelt wurden, waren auf der Erde verschmiert, und das ganze Land hallte von den Schreien der Überlebenden wider. In jedem Graben oder Teich, an dem wir vorbeikamen, stapelten sich die Leichen, die Gliedmaßen über- und untereinander. Ihr Blut war in das Wasser geflossen, so dass ein grün-rotes Farbspektrum entstand. Auch die Kanäle waren bis oben voller Leichen.

Despotismus billig zu haben

Als fremde Macht hatten die Qing das Gefühl, ihre Herrschaft sei stärker gefährdet als die ihrer Vorgänger, und sie befürchteten, die Erhebung von Steuern würde Widerstand hervorrufen. Wie wir gesehen haben, war dies ein altbekanntes Thema, das bis auf die Gründung der Han-Dynastie zurückreichte. Ein Anlass zur Sorge war die Verschwörung des Ma Chao-chu von 1752. Ma, ein Bauer aus Hubei, geriet unter den Einfluss eines Mönchs, der ihn davon überzeugte, ihm sei Großes vorherbestimmt. Ma begann zu behaupten, er habe Verbindungen zu den Überresten der Ming-Dynastie, die im »Königreich des Westmeers« lebe und von einem »jungen Fürsten« der Ming regiert werde. In dem Königreich gebe es angeblich über 36 000 bewaffnete Krieger, und dort lebten die Nachfahren des Ming-Generals Wu Sangui. Ma scharte Anhänger um sich, denen er erzählte, er sei in diesem Königreich ein General und jederzeit könnten magische Flugmaschinen seine Armee herbeibringen, um das Jangtse-Tal anzugreifen. Während Mas Bewegung immer mehr Zulauf bekam, entdeckten Beamte neu geschmiedete Schwerter in einem seiner Lager. Ma konnte entkommen, doch einige seiner Verwandten wurden festgenommen. Man suchte jahrelang nach ihm und verhaftete Hunderte Verdächtige, aber Ma wurde nie gefasst. Gefangene Anhänger erzählten, in einem von Mas Lagern hätten sich die Leute »den Mund mit Blut beschmiert und Papierfetische verschluckt. Sie ließen sich auch die Haare wachsen und hörten auf, sich das Vorderhaupt zu rasieren«, ein klarer Affront gegen die Qing-Dynastie. Die Gefangenen wurden »extrem gefoltert« und nur am Leben gelassen, wenn sie gestanden. Kaiser Qianlong schrieb in zinnoberroter Tinte: »Ein einziger Funke kann einen Flächenbrand auslösen.«

Der Qing-Staat war immer in Sorge vor Rebellion (aus gutem Grund), was ihn allerdings nicht von Willkürakten abhielt. Dazu zählten die Wiedereinführung des Seehandelsverbots aus der Ming-Dynastie und die von Kaiser Kangxi 1661 angeordnete Zwangsumsiedlung der in einem rund 16 Kilometer breiten Streifen entlang der gesamten chinesischen Südküste lebenden Bevölkerung zur Kontrolle des Handels und der Piraterie.

Um der Gefahr von Rebellionen zu begegnen, beschloss die Qing-Dynastie 1713, sich auf der legalistisch-konfuzianischen Skala wieder mehr in Richtung Konfuzianismus zu bewegen und die Haupteinnahmequelle des Staates, die Bodensteuer, nominal einzufrieren. Von da an bezahlte jeder eine feste Geldsumme pro *mu* (ca. 0,06 ha). Da die Bodenpreise in diesem Jahrhundert stark stiegen, sanken die Steuereinnahmen dramatisch, die der Staat real erhielt. Unter der Qing-Herrschaft gab es kaum öffentliche Dienstleistungen.

Tatsächlich verkümmerten sogar die wenigen Dienstleistungen, die der Staat erbrachte, wie etwa das System von Kornspeichern zur Verhinderung von Hungersnöten und große Infrastrukturprojekte wie der Kaiserkanal. Der Staat konnte es sich nicht mehr leisten, das benötigte Getreide zu kaufen, um die Kornspeicher aufzufüllen, und um 1840 war der Kanal baufällig und unbenutzbar geworden. Zwischen 1824 und 1826 brach das ganze System zur Kontrolle des Gelben Flusses zusammen, weil die Schleusen und Deiche nicht instand gehalten wurden und der Kanal versandete. Verheerende Fluten waren die Folge.

Versuchen wir zu verstehen, wie der chinesische Staat damals organisiert war und warum er es nicht vermochte, Gewerbe und Handel zu unterstützen oder nennenswerte öffentliche Dienstleistungen zur Verfügung zu stellen. Oben an der Spitze standen sechs Ministerien oder Behörden – für Personal, Finanzen, Riten, Krieg, Arbeit und Strafe. Die Begriffe hielten sich sehr lange, und sie sind in ihrer Bedeutung äußerst interessant. In China hieß es nicht Justiz, sondern *hsing pu*, übersetzt mit Strafe. Der älteste Gesetzeskodex, der auf Bronzetafeln eingraviert wurde, hieß demnach nicht Gesetzbuch oder Gesetzeskodex, sondern »Buch der Strafen«, was sich sehr stark mit Shang Yangs Rechtsauffassung deckt. Der Tang-Kodex von 635 ist der älteste vollständige Rechtskodex, der uns erhalten ist (vom Rechtskodex der Qin-Dynastie existieren nur Fragmente). Er wurde im Laufe der Jahre erheblich modifiziert, und die Qing-Herrscher verfassten ihre endgültige Version 1740. Diese Kodizes bestätigen, dass chinesische Gesetze nicht dazu dienten, für Gerechtigkeit zu sorgen oder gar Freiheit zu schaffen, sondern die Gesellschaft zu verwalten und reglementieren. Die Rechte der Angeklagten gegenüber dem Staat waren nicht von Belang. Der Kaiser, der über dem Gesetz stand, konnte jedes Gesetz verändern oder abschaffen. Die Behandlung der Angeklagten vor Gericht suggeriert, dass ein Angeklagter bis zum Beweis der Unschuld als schuldig galt. Und für den Fall, dass noch nicht alles abgedeckt gewesen wäre, sah der Artikel 386 des Strafgesetzbuchs der Qing eine schwere Prügelstrafe für diejenigen vor, die »tun, was man nicht tun sollte«.

Wie wir gesehen haben, war der chinesische Staat unter anderem dafür berühmt, dass er seine Beamten über eine Reihe von Einstellungsprüfungen auswählte. Das Leistungsprinzip existierte bereits in der Qin-Dynastie, doch in der Song-Dynastie wurden die Prüfungen systematisiert und in der Qing-Dynastie perfektioniert. Das Examen umfasste drei Stufen. Auf der untersten Stufe konnten die Bewerber versuchen, sich als Lizenziat zu qualifizieren. Um 1700 hatten sich 500 000 Personen auf der untersten Stufe qualifiziert. An zwei Terminen alle drei Jahre wurden mehrere tausend von ihnen zu einem Examen in der Provinzhauptstadt zugelassen, das jeweils drei Tage dauerte. Ungefähr 95 Prozent fielen dabei durch; die Messlatte lag sehr hoch.

Hatte man das Provinzexamen bestanden, erhielt man dauerhaften Elitestatus und wichtige steuerliche und rechtliche Vergünstigungen. Mitglieder des Beamtentums durften nicht ohne Erlaubnis des Kaisers verhaftet, verhört oder gefoltert werden, und wurden sie für schuldig befunden, konnten die für gewöhnliche Bürger vorgesehenen Strafen wie Prügelstrafe mit Bambus, Verbannung oder Tod in eine Geldbuße umgewandelt werden. Außerdem erhielt man die Chance, einen Beamtenposten zu erringen. Zuvor musste allerdings noch eine Hürde übersprungen werden. In dem auf das Provinzexamen folgenden Jahr versammelten sich diejenigen, die bestanden hatten, zu einem Examen in der Hauptstadt Peking. Es gab nur 300 zu besetzende Stellen, und 90 Prozent der Kandidaten fielen durch. Die 300, die bestanden, wurden sodann vom Kaiser persönlich benotet, wobei die Besten Posten in den zentralen Ministerien erhielten und die Schlechtesten in regionalen Behörden zum Beispiel als Magistrat eingesetzt wurden. In der Qing-Zeit gab es ungefähr 1300 Landkreise, die in 180 Präfekturen zusammengefasst waren, die wiederum 18 Provinzen mit je einem Gouverneur bildeten. Jeder Landkreis hatte einen Magistrat, die Exekutivgewalt des Qing-Staats auf Landkreisebene. Da Ende des 17. Jahrhunderts etwa 300 Millionen Menschen im Kaiserreich lebten, war ein Magistrat etwa für 230 000 Menschen zuständig. Große Landkreise konnten leicht eine Million Einwohner haben. Jeder Magistrat hatte einen Stab, der für ihn arbeitete, aber das waren keine Staatsbeamten; entweder musste der Magistrat sie aus eigener Tasche bezahlen, oder sie mussten von dem leben, was sie den gewöhnlichen Bürgern »wegnehmen« konnten. Was seine judikativen Funktionen betrifft, war der Amtsrichter Ermittler, Staatsanwalt, Richter und Geschworener in einer Person. Außerdem war er für öffentliche Bauarbeiten, Verteidigung und Überwachung zuständig.

Was wurde in diesen äußerst schwierigen Prüfungen für den Staatsdienst abgefragt? Im Jahr 1669 legten die Prüfer aus Shandong den Bewerbern aus dem Landkreis Tancheng drei Textpassagen vor, die sie erklären sollten. Aus den *Gesprächen* des Konfuzius stammten die Stellen: »Konfuzius sprach: ›Das Leben des Menschen gründet sich auf Geradheit und Aufrichtigkeit. Ohne sie ist es abhängig von glücklichen Zufällen.‹ Konfuzius sprach: ›Etwas zu mögen ist besser, als es nur zu kennen. Noch besser ist es aber, dadurch Freude zu gewinnen.‹« Außerdem sollten sie sich zu Konfuzius' Gedanken über den aufrechten Menschen äußern: »Wie könnte so jemand von etwas anderem abhängig sein! So echt ist seine Menschlichkeit, so unergründlich seine Tiefe, so strahlend hell sein himmlisches Wesen!« Und schließlich galt es eine Passage von Mengzi zu interpretieren. Alle Studenten fielen durch. Tatsächlich bestand kein einziger Bewerber aus Tancheng zwischen 1646 und 1708 die Prüfung.

Obwohl das Prüfungssystem wettbewerbsorientiert war, wurden dort keine technischen Kenntnisse gefordert oder abgefragt, überhaupt keine Fertigkeiten, die für die Führung einer Verwaltung oder für das Regieren eines Landes relevant waren. Magistrate sollten das Gesetz ohne jede juristische Ausbildung durchsetzen, und es gab keine privaten Rechtsanwälte oder Rechtsexperten. Auch hatten sich viele nicht leistungsorientierte Elemente in das System eingeschlichen. Ein ganzes Drittel der Magistrate wurde auf Empfehlung des Gouverneurs ernannt. Vielleicht war am entscheidendsten, dass das gesamte System extrem auf die Person des Kaisers zugeschnitten war, der Menschen nach Belieben ernennen, fördern und zurückstufen konnte. Kaiser Qianlong bekannte selbst: »Die Bewertung und Auswahl [hoher Beamter] nehmen wir täglich persönlich vor.«

Als Reaktion auf die mangelnden Steuereinnahmen begann die Qing-Dynastie ab den 1680er Jahren unter Kaiser Kangxi, massenhaft Prüfungsurkunden zu verkaufen – sie versteigerte also praktisch die Mitgliedschaft in der Elite. Um 1800 gab es geschätzt 350 000 Inhaber eines gekauften Abschlusses. Da der Qing-Staat nicht in der Lage war, die Beamten ordentlich zu entlohnen, entwickelte sich eine wahre Korruptionsorgie, die Ende des 18. Jahrhunderts während der »Herrschaft« von Heshen ihren Höhepunkt erreichte.

Um 1750 geboren, war Heshen ein Angehöriger der Palastwache, der 1775 dem Kaiser Qianlong ins Auge fiel. Angeblich erinnerte er ihn an eine Konkubine, die er in seiner Jugend geliebt hatte. Der Kaiser überhäufte Heshen mit 20 Ämtern, darunter dem Posten des Finanzministers. Heshen baute rasch ein riesiges Korruptionsnetzwerk auf und stellte Kandidaten ein, die von seiner Gunst abhängig waren. Er sicherte sich außerdem ein Vetorecht bei der Ernennung sämtlicher Staatsbeamter, verlangte Provisionen für jeden Posten und bevorzugte Personen, auf deren Loyalität er bauen konnte. Im Lauf seiner zwanzigjährigen Herrschaft über die chinesische Bürokratie scheint er das Funktionieren des Qing-Staats auf allen Ebenen systematisch untergraben zu haben. Als Kaiser Qianlong starb, ließ sein Sohn Jiaqing Heshen sofort verhaften und zwang ihn, Selbstmord zu begehen. Man präsentierte ihm eine Liste mit 20 Verbrechen, darunter in der Verbotenen Stadt auf einem Pferd zu reiten und sich in der Sänfte tragen zu lassen. Am schwerwiegendsten jedoch war die Anhäufung von Geld und Besitztümern. Dazu zählten »20 ursprüngliche Pavillons und Gartenhäuser, 16 neu hinzugefügte Pavillons, ein Hauptpalast mit 13 Trakten und 730 Räumen, ein östlicher Palastflügel mit 7 Trakten und 360 Räumen, ein westlicher Palastflügel mit 7 Trakten und 360 Räumen, ein neuer Palast im Huizhou-Stil mit 7 Trakten und 620 Räumen, ein Kontorhaus mit 730 Räumen, ein Garten mit 64 Pavillons und Gartenhäusern, 800 000 *mu* [1 mu entspricht ca. 0,06 ha] Ackerland.« Darüber hinaus fand man bei Heshen 58 000 Unzen reines Gold, 54 600 Barren Silber, 1,5 Millionen Schnüre Kupfer-Käsch, riesige Mengen Jade, Ginseng, Perlen, Rubine, 380 Silberteelöffel und 108 silberne Mundwaschschüsseln. Heshen wurde zum Symbol des rasanten Verfalls des Qing-Staats. Bezeichnenderweise ließ Kaiser Jiaqing zwar Heshen beseitigen, versäumte es jedoch, im Beamtenapparat ebenso gründlich aufzuräumen. Und es gab auch keine ernsthaften Bemühungen, die Institution des Zensorats zu reformieren, der für die Überwachung der Magistrate und Beamten der unteren Ebene zuständig war. Zur Zeit der Qing-Dynastie war er nur in Peking präsent und kaum in der Lage, ein so riesiges Reich zu kontrollieren. Der Mangel an staatlicher Leistungsfähigkeit und an öffentlichen Dienstleistungen setzte sich fort.

Die durch Korruption und eine ineffektive Verwaltung hervorgerufene Unzufriedenheit sowie die Willkür der Qing-Herrschaft führten in Ermangelung eines anderen Ausdrucksmittels erneut zur Rebellion. Zwischen 1796 und 1804 organisierte die Sekte Weißer Lotus, wohl als Reaktion auf Willkür und Erpressung durch Heshens Handlanger in der Verwaltung, große Aufstände. Im Jahr 1850 wurde das Reich vom Taiping-Aufstand erschüttert, mutmaßlich angezettelt durch verärgerte Prüfungsabsolventen, die wegen der allgegenwärtigen Korruption keine Stelle bekamen. Die Unruhen verwüsteten das

Land 14 Jahre lang, führten zum Tod von Millionen von Menschen und zum Bankrott des Staates.

Eine abhängige Gesellschaft

Das Grundmerkmal von Despotismus ist seine Fähigkeit, einer Gesellschaft die Mittel zur Mitwirkung an der politischen Entscheidungsfindung zu verwehren. Genau das ist in China geschehen, wo jedes Fünkchen an Partizipation durch den Aufstieg des Qin-Staats erstickt wurde. Es flackerte nie wieder auf. Hatte die Gesellschaft vielleicht andere Wege, den Chinesischen Leviathan zu kontrollieren und zu gestalten? Rebellion war sicherlich ein gangbarer Weg, der den chinesischen Kaisern große Sorge bereitete. Dennoch war die Gefahr einer Rebellion nicht ständig präsent und bewirkte keinen systematischen Einfluss auf die politische Entscheidungsfindung. Wie sah es mit autonomen gesellschaftlichen Institutionen (manchmal als »Zivilgesellschaft« bezeichnet) aus, die mit Forderungen und Vorschlägen an den chinesischen Staat herantreten konnten? Gab es in China eine solchermaßen organisierte Gesellschaft, wenngleich Volksversammlungen und andere institutionelle Mittel zur Kontrolle der Regierung durch die Gesellschaft fehlten?

Ein Ort, wo man eine solche gesellschaftliche Organisation und Mobilisierung vielleicht erwarten könnte, ist die Handelsstadt Hankou am Jangtsekiang, heute ein Teil von Wuhan. Ende des 18. und im 19. Jahrhundert war Hankou eine blühende Metropole mit zahlreichen Kaufleuten und Handwerkern. In der Stadt bildeten sich Zünfte und andere freie Vereinigungen. Am einflussreichsten waren die etwa 200 Salzhändler, die ihren eigenen »Oberhändler« wählten. Eine Gebühr auf Salzgeschäfte wurde in eine »Schatzkasse« eingezahlt und für die Bekämpfung von Hungersnöten und zur Finanzierung einer Miliz für den Schutz der Betriebe verwendet. Auch andere Händlergruppen schlossen sich zusammen. All das könnte man als Beginn einer autonomen gesellschaftlichen Organisation betrachten.

Doch der Schein trügt manchmal und ganz besonders in Hankou.

In dieser Gesellschaft herrschte nur wenig Autonomie und lokaler Gemeinsinn. Die Händlergruppen hatten ihre Wurzeln in »Heimatortvereinigungen« aus unterschiedlichen Teilen Chinas; die Salzhändler stammten aus Huizhou, während die Teehändler aus Kanton und Ningbo kamen, und die meiste Zeit des Jahres lebten sie nicht einmal in Hankou. Die Teegilde war eine Zweigstelle derjenigen in Shanghai. Diese Vereinigungen bestanden aus Familienverbänden aus bestimmten Regionen oder Städten, die sich zusammentaten, um Kapital oder Informationen zu teilen, und die oft gemeinsam in eigenen Vierteln lebten. Die einzelnen Gruppen kooperierten kaum mit anderen Händlern und hatten wenig Interesse daran, in öffentliche Dienstleistungen und Organisationen in Hankou zu investieren. Ein eindeutiges Zeichen für mangelnden Gemeinsinn war die Tatsache, dass Kaufleute aus unterschiedlichen Teilen Chinas nicht zusammenarbeiteten, sondern unentwegt Konflikte austrugen. Im Jahr 1888 gerieten zwei Zunftangehörige aus den Provinzen Anhui und Hunan miteinander in Streit über eine Anlegestelle, und als der örtliche Magistrat zugunsten des Mannes aus Anhui entschied, griff der andere ihn an. Bei den alljährlichen Drachenbootrennen lieferten sich die Kantonesen und die Menschen aus Hubei so gewalttätige Kämpfe, dass die Rennen verboten werden mussten. So machten es die Handelsgepflogenheiten in China der örtlichen Gesellschaft schwer, sich zu organisieren und ihre eigene Identität zu entwickeln.

Entscheidender als die lokalen Konflikte war die Art und Weise, wie der wichtigste Geschäftszweig der Stadt, der Salzhandel, organisiert war. Hier herrschte kein Konkurrenzkampf unter ehrgeizigen Unternehmern, die ihre Geschäfte ausweiten wollten. Der Salzhandel war ein staatliches Monopol, und Macht und Reichtum der Salzhändler hingen von staatlichen Konzessionen ab. Der Oberhändler war üblicherweise ein aufstrebendes Mitglied der kaiserlichen Verwaltung, der die untere Stufe der Beamtenprüfungen absolviert hatte und seine Position einer offiziellen Ernennung verdankte. Das machte Salzhändler quasi zu Regierungsbeamten, und ihre Lagerhäuser und Salzmärkte wurden als Gemeingut betrachtet. Auch die Schatzkasse stand nicht unter der gemeinschaftlichen Kontrolle der Salzhändler und diente in der Regel auch nicht der Finanzierung öffentlicher

Dienstleistungen für die Stadt oder die Händler. Stattdessen wurde sie vom Oberhändler verwaltet und häufig dafür benutzt, Freunde und Verwandte in der Salzverwaltung einzustellen.

Im 19. Jahrhundert entstanden vermehrt neue Arten von Wirtschaftsbüros, darunter das Fährbüro, das Telegraphenbüro sowie das *Lijin*-Büro zur Erhebung neuer Steuern. Die Besetzung der Posten in diesen Büros wurde jedoch von Provinzbeamten überwacht. Bezeichnenderweise finden sich keine Berichte darüber, dass die Büros, Gilden oder Händlervereinigungen versuchten, lokale Beamte oder den staatlichen Bürokratieapparat zu beeinflussen. Zweifellos geschah dies hinter den Kulissen, aber es wurde nicht öffentlich geduldet und war somit kein Mittel für die Beteiligung der Bürger an der politischen Entscheidungsfindung. Nach 1863 wurde das Salzmonopol neu organisiert, und etwa 600 Händlern war es gestattet, eine Lizenz zum Salzhandel zu erwerben. Daraufhin wurde die behördliche Kontrolle des Handels noch strikter. Andere Gilden sorgten sich um den Unterhalt von Straßen und den Bau von Feuerschneisen und Brücken, aber all diese Aktivitäten wurden durch den Staat veranlasst. Als 1898 in Hankou eine Handelskammer entstand, geschah dies auf einen kaiserlichen Erlass hin. Nichts davon erinnert an Swallowfield aus Kapitel 6, wo die Dorfgemeinschaft sich selbst organisierte, neue öffentliche Dienstleistungen initiierte und vom Staat eine bessere und stärkere Regierung forderte.

In Europa spielten seit dem 17. Jahrhundert freie Medien eine entscheidende Rolle bei der Organisation einer aktiven, durchsetzungsfähigen Gesellschaft. Auch das fand in China keine Entsprechung. Bis zur Gründung der *Shen Bao* scheint es in Hankou keine allgemein erhältliche Tageszeitung gegeben zu haben. Im Jahr 1872 brachte der Brite Ernest Major in Shanghai die *Shen Bao* heraus, doch auch wenn sie Nachrichten aus Hankou enthielt, trug sie wohl nicht zu einer stärkeren Mobilisierung der Gesellschaft bei.

Bei näherer Betrachtung finden wir also selbst dort, wo wir die Entstehung einer autonomen, durchsetzungsfähigen Gesellschaft erwarten würden, etwas ganz anderes – eine Gesellschaft, die dem Staat untertan und von ihm abhängig ist.

Ob sie nun abhängig war oder nicht, vielleicht profitierte die chinesische Gesellschaft von der strengen staatlichen Kontrolle, da diese den Normenkäfig aufbrach und mehr Raum für soziale und wirtschaftliche Freiheiten schuf. Wir haben gesehen, dass andere Bestrebungen zur Staatsbildung wie jene von Mohammed und Shaka in Kapitel 4 erstickende Normen lockerten und auf Verwandtschaftsbeziehungen basierende Bündnisse, die ihnen im Weg standen, aufbrachen, und das führte dazu, dass der Normenkäfig teilweise abgebaut wurde. Aber im Fall von China scheinen Verwandtschaftsbeziehungen trotz des staatlichen Despotismus eine wichtige Rolle gespielt zu haben. Zum Beispiel basierten die Heimatortvereinigungen auf Familienzugehörigkeit. Diese und andere verwandtschaftliche Netzwerke wurden vom Staat sogar unterstützt, da sie ihm die Verwaltung der Gesellschaft erleichterten.

Die Bedeutung der Familienabstammung in China lässt sich am Beispiel der New Territories ablesen, die zur Sonderverwaltungszone Hongkong gehören. Im Jahr 1955 stand dieses Gebiet noch unter britischer Verwaltung, und der Regierungskommissar versuchte mit Hilfe eines Fragebogens zu ermitteln, wann sich bestimmte Nachnamen in einem Dorf angesiedelt und über wie viele Generationen sie sich vererbt hatten. In der Region von Pingshan hatten in 27 von 34 Dörfern alle Bewohner denselben Nachnamen. Bei einem Dorf ließ sich die Ahnenreihe über 29 Generationen zurückverfolgen, bei einem anderen Dorf über 28 Generationen, bei acht weiteren über 27, bei einem über 26, bei einem über 25, bei zwei über 23, bei zwei über 22, bei je einem über 16, 15 und 14 und so weiter. Aber das ist noch nicht einmal das Erstaunlichste daran. Von den acht Dörfern, die ihre Vorfahren über 27 Generationen zurückverfolgen konnten, trugen sieben den Nachnamen Tang.

Es könnte natürlich sein, dass Tangs einfach gern mit anderen Tangs zusammen waren (auch wenn wir Autoren im Vergleich weder Freunde mit dem Namen Robinson oder Acemoglu haben noch in der Nähe unserer Verwandten leben). Aber das ist nicht der Hauptgrund für diese Homogenität. Sie kommt daher, dass die Tangs gemeinsam Land besaßen und in Ahnenhallen und -tempeln ihre Vorfahren mit Ritualen und Zeremonien ehrten. In einem Landkreis in der Provinz Guandong in der Nähe der New Territories befanden sich vor der kommunistischen Revolution 60 Prozent des gesamten Landes in Besitz von Familienverbänden. In einem anderen Landkreis betrug der Anteil 30 Prozent. Familien waren daher nicht einfach nur Gruppen von Individuen, sie waren korporativ organisiert, und diese Institutionen, ihre Stammhäuser, ihr Grund und Boden, sind in China historisch stark verankert. Familien gaben ihre eigenen Gesetze und enge Normen vor und schlichteten Streitigkeiten. Der chinesische Staat förderte sie, weil sie ihm dabei halfen, die Gesellschaft zu kontrollieren und Konflikte zu lösen, besonders wenn man bedenkt, wie wenige Magistrate es gab und wie begrenzt deren Möglichkeiten zur Regulierung der Gesellschaft, zur Konfliktlösung und zur Bereitstellung grundlegender Dienstleistungen waren. Seit der Song-Dynastie wurden diese staatlichen Aufgaben an Familienverbände delegiert. Bereits 1064 gab es einen kaiserlichen Erlass, der die Entstehung gemeinnütziger Grundstücke anregte – die Basis für Familiengrundbesitz. Die Familienverbände übernahmen danach viele Funktionen. Hatte man einen Konflikt, war es viel wahrscheinlicher, an den Familienältesten zu geraten als an den Magistrat des Landkreises. Nicht immer gab es einen solchen Ältesten, sondern der Staat verfügte seine Ernennung per Gesetz. In einer Verordnung von 1726 heißt es:

> In Dörfern und ländlichen Gemeinschaften mit Stadtmauern, in denen Familien mit hundert oder mehr Mitgliedern wohnen … wird in jeder Familie ein *tsu-cheng* [Oberhaupt] ernannt.

Auf diese Art wurden die Familien in die Lokalverwaltung eingebunden. Die Ming-Dynastie knüpfte an die Initiativen der Song-Dynastie an, den Bau von Ahnenhallen und die Institutionalisierung von Familienstrukturen zu fördern. Als Gegenleistung dafür, dass sie staatsähnliche Dienstleistungen bereitstellten, erhielten die Familien Rechte und Vergünstigungen, wie etwa der Erlaubnis zum Salzhandel. Die Tangs waren »Meister des Markts« und durften als Einzige in ihrem Gebiet einen Markt abhalten und in dessen Nähe Geschäfte eröffnen. Außerdem hatten sie ihre eigene Miliz.

Das chinesische Glück ist wechselhaft

Der staatliche Despotismus hatte nicht nur Folgen für die Freiheit, sondern auch für die chinesische Wirtschaft. Verglichen mit der Zeit der Streitenden Reiche, wirkte sich die Herausbildung eines Zentralstaats mit seiner Fähigkeit, die Ordnung aufrechtzuerhalten, Gesetze zu erlassen, Steuern zu erheben und in Infrastruktur zu investieren, mit Sicherheit positiv auf die wirtschaftlichen Aktivitäten aus und führte zu einer Phase despotischen Wachstums. Die Grenzen eines solchen Wachstums liegen jedoch auf der Hand. Wie wir am Beispiel des Brunnenfeldsystems in der Landwirtschaft gesehen haben, gab es immer wieder Versuche, die Gesellschaft zu reglementieren und zu kontrollieren, was zur Folge hatte, dass die despotische Macht des Staates ökonomische Chancen und Anreize für die meisten Chinesen zunichtemachte. Die daraus resultierende wirtschaftliche Not und die Unzufriedenheit der Bevölkerung lösten wiederum Tendenzen aus, die sich weg von Fürst Shangs stark kontrollierter Wirtschaft und hin zu einem konfuzianischen Ansatz mit weniger Kontrolle und niedrigeren Steuern bewegten. Zwar steigerten diese Lockerungen die Privatinitiative zu einem gewissen Grad, aber sie schufen einen Staat, dem es an Steuereinnahmen und der Fähigkeit mangelte, Gesetze zu erlassen, für Ordnung zu sorgen und öffentliche Dienstleistungen bereitzustellen, wie es für größere private Investitionen erforderlich gewesen wäre. Mit dem Kommen und Gehen dieser beiden ökonomischen Ansätze kam und ging auch der chinesische Wirtschaftserfolg. Das Wachstum überstieg allerdings nie ein despotisches Wachstum. Ohne Freiheit, ohne Chancen auf breiter Basis und ohne Anreize gab es auch keine industrielle Revolution und keinen Wirtschaftsboom.

Wie sich der Übergang von einer Phase despotischen Wachstums zu einer anderen auswirkte, lässt sich am Zusammenbruch der Qin Dynastie und der Gründung der Han-Dynastie ablesen. Noch deutlicher sind die Folgen später beim Übergang von der Tang- zur Song-Dynastie zu sehen. Die An-Lushan-Rebellion, eindeutig eine Reaktion auf die übermäßige Kontrolle durch den Tang-Staat, zerstörte das Brunnenfeldsystem. Die drückenden Frondienste des Tang-Staates ließen sich nicht mehr durchsetzen, und bald darauf wurden auch andere Formen der Zwangsarbeit abgeschafft. Zugleich wurde das Geflecht von Marktregulierungen abgebaut. Der Handel war auf ausgewählte Märkte beschränkt gewesen, und Kaufleute waren bewusst diskriminiert worden. Der Staat betrieb den gesamten Fernhandel sowie 1000 Bauernhöfe. Nach und nach verkümmerte dieses ganze System.

Der Niedergang hatte nicht nur eine eher konfuzianisch organisierte Gesellschaft zur Folge, sondern auch mehr Marktwirtschaft und ein weniger despotisches Wachstum. Als die Bevölkerung durch die An-Lushan-Rebellion nach Süden vertrieben wurde, konzentrierte sich die Wirtschaft um die Flutebene des Jangtsekiang. Das führte dazu, dass stärker in die Landgewinnung und den Bau von Poldern investiert und der Anbau von Reis und Tee ausgeweitet wurde, der daraufhin zum Nationalgetränk wurde. Wir sehen in dieser Periode auch das Entstehen nationaler Märkte für Luxusgüter wie feine Seide, Lack, Porzellan und Papier. Andere Waren wie Textilien wurden nun für den Markt produziert. Und der Handel beschränkte sich nicht mehr nur auf China. Der Überseehandel mit Japan und ganz Südasien boomte.

Der Song-Staat führte das weltweit erste Papiergeld ein, was den bereits florierenden Handel weiter beflügelte, und schuf ein Umfeld, das die Erfindung einer Reihe neuer und faszinierender Technologien ermöglichte. Dazu zählten Druckstöcke mit beweglichen Druckstempeln, das Schießpulver, die Wasseruhr, der Kompass, die Windmühle, der Eisenguss, diverse astronomische Instrumente und eine frühe Form des Spinnrads. Es gab auch erhebliche Produktivitätssteigerungen in der Landwirtschaft, was teils einer intensiven Bewässerung zu verdanken war. Diese Technologien entstanden jedoch auf Anordnung des Staates hin und unterlagen seiner Kontrolle. Die berühmten Wasseruhren wurden für Regierungsbeamte entwickelt. Landwirtschaftliche Innovationen und Bewässerung waren staatliche Projekte, ebenso wie Fortschritte in der Metallurgie.

Was auch immer die Ursache war, die Steigerung der landwirtschaftlichen Produktivität reichte mehr als aus, um die sich verdoppelnde Bevölkerung im China der Song-Dynastie zu versorgen, und durch expandierende Märkte und Innovationen hatte China um

1090, wie Aufzeichnungen belegen, den höchsten durchschnittlichen Lebensstandard der Welt. Er lag ungefähr 16 Prozent höher als in England. Diese enorme Leistung der Song-Dynastie zeigt das Potential despotischen Wachstums, vor allem in einer Zeit, in der die Technologie nach heutigen Maßstäben noch einfach war und sich staatlich lenken ließ. Während Europa in den Korridor trat, wo Staat und Gesellschaft miteinander rangen, konnte China vorauseilen, weil der despotische Staat Dinge anordnen konnte, wie es den entstehenden Gefesselten Leviathanen nicht möglich war.

Doch der Erfolg war nicht von Dauer, das ist bei despotischem Wachstum nie der Fall. Die Yuan-Dynastie, die auf die Song-Dynastie folgte, höhlte das Leistungsprinzip in der Bürokratie aus, installierte ein System vererbbarer Posten, machte die Ausweitung von Handel und Gewerbe rückgängig und beschnitt insgesamt die ökonomischen Chancen und Anreize. Die Kehrtwende wurde mit der Machtübernahme der Ming abgeschlossen, die ihre eigene Version des Brunnenfeldsystems einführten, ein Seehandelsverbot erließen und der Privatwirtschaft große Unsicherheit bescherten. Handel und Urbanisierung gingen zurück, Innovationsanreize verschwanden. China fiel hinter Europa zurück.

Ein aufschlussreiches Beispiel dafür, wie die Ming-Kaiser die wirtschaftliche Entwicklung weiter drosselten, ist wiederum die Organisation des Salzhandels. Die Regierung begann das Salzmonopol gegen die Lieferung von Getreide an die Truppen in der Grenzregion zu verpfänden. Man erhielt das Recht, Salz zu produzieren, wenn man als Gegenleistung für die Regierung Getreide transportierte. Nach erfolgreicher Ablieferung erhielt der Händler ein Zertifikat, welches er in der Hauptstadt Nanking gegen ein anderes Zertifikat eintauschen konnte, das den Handel mit einer bestimmten Menge Salz erlaubte. Manche Händler spezialisierten sich auf den Transport des Getreides und veräußerten die dafür erhaltenen Zertifikate an andere, die dann das Salz verkauften. Der Preis dieser Zertifikate schwankte, da die Regierung das Salzhandelsrecht auch Mitgliedern des Kaiserhauses, Palasteunuchen und hohen Beamten gewährte. Im Jahr 1617 beschloss der Kaiser, die Zertifikate abzuschaffen, machte die noch ausstehenden wertlos und enteignete faktisch ihre Besitzer. Anschließend verkaufte er das Salzmonopol an wenige ausgewählte Handelshäuser. Das führte zur Herausbildung eines Systems, das mit »vom Staat kontrolliert, von Kaufleuten betrieben« umschrieben wurde. Es bedeutete in der Praxis, dass Einzelpersonen mit guten Beziehungen und staatlicher Hilfe Geld machen konnten. Im Jahr 1832 wurde dieses System erneut modifiziert, nun um kleine Investoren anzulocken. Aber wie wir weiter oben gesehen haben, wurde es 1863 in Hankou wiederum geändert, wo sich die staatliche Kontrolle weiter verschärfte. Die Beteiligung am Salzgeschäft war eine riskante Angelegenheit.

Der Übergang von der Ming- zur Qing-Dynastie erzeugte noch mehr Chaos, darunter die Wiedereinführung des Seehandelsverbots von 1662. Obwohl das internationale Handelsverbot 1683 aufgehoben wurde, blieb der Handel mit Europa stark eingeschränkt. Ab 1757 durften die Europäer nur in Kanton Handel treiben, und das Monopol, mit Europäern zu handeln, lag bei einer Kaufmannsvereinigung namens Cohong. Nicht nur der Fernhandel, auch die Kupferminen in Yunnan wurden auf diese Art reglementiert.

Trotzdem führte der Übergang von der Ming- zur Qing-Dynastie offenbar zu einem gewissen wirtschaftlichen Aufschwung. Die Qing-Herrscher ließen Handel zu, solange er unter ihrer Kontrolle blieb und dem Wohlergehen der ländlichen Bevölkerung diente. Zunächst stellten sie weiterhin grundlegende öffentliche Dienstleistungen bereit, insbesondere die »Pufferlager für Getreide« gegen Hungersnöte. Zudem schafften die Qing 1683 das von der Ming-Dynastie übernommene System vererbbarer Berufe ab und verboten ab 1720 Fron- und Zwangsarbeit. Diese Lockerungen führten zu einer weiteren Phase des blühenden Binnenhandels und zu einem Bevölkerungszuwachs. Dennoch war dieser Aufschwung immer noch nicht mehr als despotisches Wachstum, mit all seinen Einschränkungen.

Dafür gab es mehrere Gründe. Der offensichtlichste war, dass die Tradition staatlicher Willkürakte in China, wie im Fall des Salzmonopols, immer noch relativ unsichere Eigentumsrechte zur Folge hatte und Investitionsanreize und Innovationen hemmte. Da die Macht des Chinesischen Leviathans keinerlei Fesseln hatte, gab es abgesehen von einer großen Rebellion nur das konfuzianische Gebot, »Wohlstand unter das Volk zu bringen«, was den kaiserlichen Staat davon abhalten konnte, den Menschen die Früchte ihrer Arbeit zu rauben. Die Geschichte der Ming- und der frühen Qing-Zeit zeigt, dass auch wenn der Geist willig, das Fleisch jedoch oft schwach war. Man musste schon sehr optimistisch oder sehr risikofreudig sein, um diesen moralischen Garantien im China der Ming- oder der Qing-Dynastie Glauben zu schenken.

Nicht nur mangelnde Anreize aufgrund unsicherer Eigentumsrechte waren ein Problem. Eine allgemeine Abwehrhaltung von ganz oben gegenüber Handelsgeschäften, neuen Technologien und sozialer Mobilität verhinderte den wirtschaftlichen Erfolg. Aus Angst davor, wirtschaftliche Aktivitäten, vor allem jene außerhalb des staatlichen Einflussbereichs, könnten zu einer Destabilisierung des Status quo führen, begegneten alle chinesischen Dynastien, nicht zuletzt die Qing-Dynastie, dem Handel und Gewerbe mit Argwohn. Das war einer der Hauptgründe dafür, dass immer wieder Seehandelsverbote verhängt wurden. Und auch dafür, dass die chinesischen Behörden neuen Technologien eher ablehnend gegenüberstanden. In den 1870er Jahren baute die britische Firma Jardine, Matheson & Co. die erste Eisenbahn in China, die den Hafen von Wusong mit Shanghai verband. Die Eisenbahnlinie wurde später von der Qing-Regierung aufgekauft und zerstört. Dieses teils extreme Misstrauen gegenüber neuen Technologien und Praktiken hatte erhebliche Konsequenzen. Im Gegensatz dazu haben wir im vorherigen Kapitel gesehen, dass die industriellen Revolutionen in Europa und die damit verbundene enorme Verbesserung des Lebensstandards ab Ende des 18. Jahrhunderts ohne eine positive Einstellung gegenüber neuen Technologien nicht möglich gewesen wäre.

Noch entscheidender war die Unfähigkeit oder der Unwillen des Qing-Staats, die notwendige Infrastruktur für moderne wirtschaftliche Institutionen und Aktivitäten aufzubauen. Die zivilrechtliche Komponente seines Gesetzeskodexes bezog sich vorwiegend auf die Familie und legte keinerlei Richtlinien für Wirtschaftsverträge fest. Stattdessen durfte jeder Verträge nach eigenem Gutdünken abschließen, ohne jeden rechtlichen Rahmen, denen dann womöglich durch den Familienverband Geltung verschafft wurde (hier kommt wieder der Normenkäfig ins Spiel). Dies führte zu einem Flickenteppich von

Verträgen und Vereinbarungen, wobei entscheidende Elemente wie etwa die beschränkte Haftung bis Anfang des 20. Jahrhunderts fehlten. Die Qing-Regierung setzte nicht einmal ein einheitliches Maß- und Gewichtssystem durch. Laut dem Kanadier Hosea Ballou Morse, der von 1874 bis 1908 beim chinesischen Seezollamt arbeitete, unterschieden sich die Maße und Gewichte von Ort zu Ort und manchmal sogar an einem Ort von Gewerbe zu Gewerbe. Der *dou* beispielsweise war ein Hohlmaß, das je nach Ort zwischen 2,9 Liter und 29,5 Liter betragen konnte. Dann gab es noch den Fuß, *chi*, dessen Länge davon abhing, ob man Schneider oder Zimmermann war und wo man seinen Beruf ausübte. Laut Morse war ein *chi* zwischen 21,8 Zentimeter und 70,6 Zentimeter lang. Das gängige Flächenmaß *mou* wies dieselbe Variationsbreite zwischen 356,7 Quadratmeter und 925,7 Quadratmeter auf. Von den örtlichen Gilden und Wirtschaftsvereinigungen wurden diese unterschiedlichen Standards alle anerkannt, aber der Staat tat nichts, um sie zu vereinheitlichen.

Kurz gesagt, der Qing-Staat, der am konfuzianischen Ende der Fürst-Shang-Konfuzius-Skala angesiedelt war, erhob sehr niedrige Steuern und war unfähig, viele der öffentlichen Dienstleistungen bereitzustellen, die für das Gedeihen wirtschaftlicher Aktivitäten erforderlich sind. Das Rechtssystem war teils deshalb so unzureichend, weil eine kleine Anzahl von Magistraten sich um die Konflikte und Unstimmigkeiten von 450 Millionen Chinesen kümmern musste. Durch die schlechte finanzielle Ausstattung des Staates verkümmerten nicht nur die Justizverwaltung, sondern auch die Infrastruktur und das gerühmte Kornspeichersystem mehr und mehr.

All diese Probleme hatten ihren Ursprung in den grundlegenden politischen Defiziten des chinesischen Systems. Der Qing-Staat war despotisch, auch wenn er keine hohen Steuern nach dem Vorbild von Fürst Shang erhob. Despotismus bedeutete, dass die Gesellschaft und die Wirtschaftsgemeinschaft nicht in der Lage waren, Forderungen zu stellen und die staatliche Politik zu beeinflussen, zum Beispiel im Hinblick auf eine bessere Durchsetzung von Verträgen, garantierte und vorhersehbare Eigentumsrechte, eine verbesserte Infrastruktur oder eine Förderung von Investitionen und Innovationen.

Wiederum ist der Gegensatz zu Europa erheblich. Die meisten europäischen Staaten bemühten sich in dieser Zeit, Maße zu standardisieren und einen rechtlichen Rahmen für Wirtschaftsbeziehungen zu schaffen. Auch erkämpften europäische Bürger immer mehr Mitspracherechte in der Politik. Die Briten zum Beispiel durften wählen und konnten das Parlament über Petitionen dazu bringen, ihnen genehme Gesetze zu verabschieden; ein Recht, das sie eifrig nutzten. In China hingegen konnte ein Geschäftsmann nur darauf hoffen, die richtigen Kontakte zu knüpfen, ein staatlich gewährtes Monopol zu ergattern und sich über Beziehungen ein gewisses Maß an Sicherheit zu verschaffen. Dies war einer der Hauptgründe dafür, dass Händlerfamilien in der Qing-Zeit so erpicht darauf waren, in der Verwaltung Fuß zu fassen.

Diese Zwänge und Machenschaften werden durch die Geschichte der größten und reichsten Händlergruppe der Qing-Periode veranschaulicht, einer Heimatortvereinigung aus Anhui. Die Händler aus Anhui handelten entlang des Jangtsekiang in Hankou, Suzhou und Yangzhou mit Salz, Textilien, Tee und anderen Waren. Allerdings blieben die Familien führender Kaufleute selten in diesem Gewerbe, sondern verwendeten all ihre Mittel darauf, ihre Kinder auf die Prüfungen zur Beamtenlaufbahn vorzubereiten. Ein Beispiel dafür ist die Familie Tsao im 18. und 19. Jahrhundert. Zunächst konzentrierte sie sich auf den Salzhandel, aber schon bald verlegte sie sich auf Bildung und Tätigkeiten in der Verwaltung. Tsao Shih-ch'ang, der den Wohlstand der Familie begründete, war Salzhändler. Sein ältester Sohn wurde Student an der kaiserlichen Akademie, während der zweitälteste, Ching-ch'en, im Salzhandel blieb. In der nächsten Generation ging ein Sohn in den Salzhandel, alle anderen Abkömmlinge von Ching-ch'en hatten Regierungsposten inne. Anfang des 19. Jahrhunderts betrieb nur noch ein Zweig der gesamten Großfamilie ein Gewerbe. Alle Übrigen hatten die kaiserlichen Prüfungen abgelegt und sich mit der Oberschicht und der Beamtenelite vermischt (wie der Stammbaum der Familie Tsao auf Karte 11 belegt). Ein völlig üblicher Entwicklungsgang. In Hankou beispielsweise gründeten Händler aus Anhui die später berühmt gewordene Akademie, um ihre und andere Kinder auf die Beamtenprüfungen vorzubereiten. Hätte die Akademie Bildungsangebote für Arbeiter und Geschäftsleute bereitgehalten, wäre sie von Nutzen für die Wirtschaft gewesen. Aber ihr Hauptanliegen bestand nicht darin, nützliches Wissen zu vermitteln, sondern den Sprösslingen privilegierter Familien zu einer Verwaltungskarriere zu verhelfen. Was sie durchaus erfolgreich tat: Zwischen 1646 und 1802 brachten die großen Salzhändlerfamilien 208 Nachkommen hervor, die die Prüfung auf Provinzebene bestanden, und 139 qualifizierten sich auf Hauptstadtebene. Natürlich konnten sie die Stellen, falls sie durch die Prüfungen fielen, immer noch kaufen, was 140 Mitglieder dieser Familien in dem besagten Zeitraum auch taten.

Warum waren die Salzhändler so erpicht darauf, das Geschäftsleben aufzugeben und in den Staatsdienst zu treten? Der Salzhandel

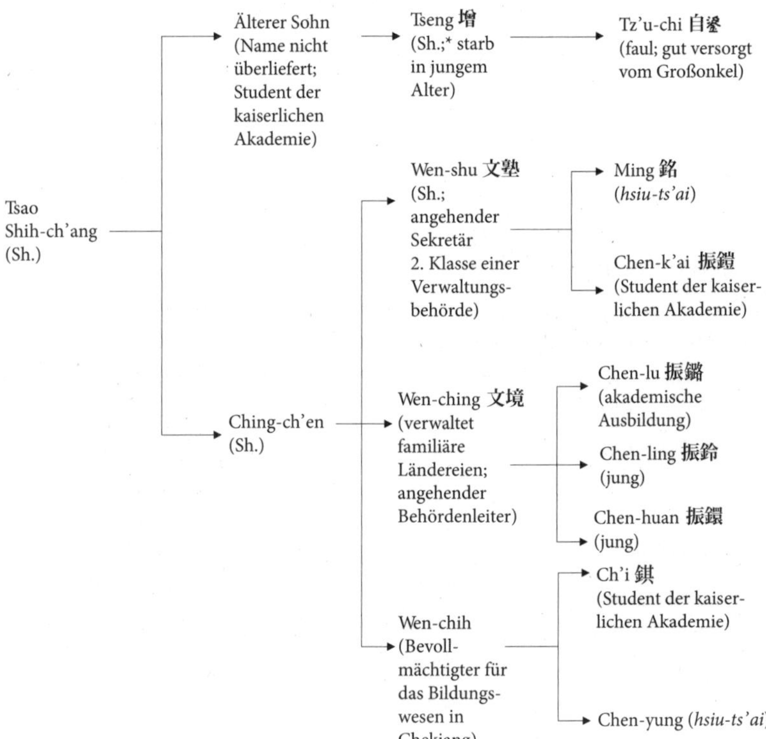

* Die Abkürzung »Sh.« steht für »Salzhändler«

Karte 11: Aus Salzhändlern werden Verwaltungsbeamte: die Familie Tsao im 18. Jahrhundert

war einigermaßen profitabel, wie man es von einem chinesischen Staatsmonopol eben erwarten konnte. Weil es für den Qing-Staat eine wichtige Einnahmequelle war, bekamen die Händler, die das Monopol innehatten, einen angemessenen Anteil. Das macht es noch rätselhafter, weshalb diese Familien für ihre Kinder eine andere Karriere wünschten. Lag es am Prestige, das man als Beamter in der chinesischen Verwaltung genoss? Der wahre Grund: Selbst das Salzmonopol war nicht sicher, denn der Staat konnte einem jederzeit seine Gunst entziehen, wie wir es bei den Ming-Kaisern gesehen haben. Es war also ratsam, früh genug aufzuhören. Außerdem bedeutete es auch einen Zuwachs an Sicherheit, wenn man einen Teil der Familie in der Verwaltung unterbrachte. Überdies erwies sich die Beamtenlaufbahn als sehr einträglich, wie der zeitgenössische Roman *Der Weg zu den weißen Wolken* von Wu Jingzi illustriert. Er handelt von einer Person namens Fan Jin, der sein Leben lang erfolglos versucht, die unterste Stufe der Prüfungshierarchie zu überwinden. Der 54 Jahre alte Fan Jin ist in 34 Jahren über 20-mal durchgefallen. Ein neuer Bildungskommissar hat Mitleid mit ihm und lässt ihn bestehen. Fan Jin darf nun an den Provinzprüfungen teilnehmen. Seine Verwandten glauben nicht, dass er es schaffen wird. Doch der unerschrockene Fan Jin beschließt, es zu versuchen. Als er von der Prüfung nach Hause zurückkehrt, hat seine Familie seit zwei Tagen nichts gegessen, und er muss zum Markt gehen, um ihr einziges Huhn gegen Reis einzutauschen. Währenddessen treffen Reiter an seinem Haus ein und verkünden, dass er die Provinzprüfung bestanden habe. Wenig später wird er von einem Mitglied der Elite besucht, in die er nun aufgenommen ist.

> Der Sänfte entstieg der edle Herr Zhang, er hatte den mit Flor umhüllten Hut der Beamten auf und die sonnenblumengemusterte Amtsrobe mit goldenem Gürtel an, die Füße steckten in schwarzen Stiefeln. Alsdann nahm er ein Päckchen mit Silber aus der Hand seines Hausmeisters und überreichte es Fan Jin mit den folgenden Worten: »Euer jüngerer Bruder hat leider nichts anderes, womit er Euch ehren könnte, und so besitzt er die Dreistigkeit, Euch als Gratulationsgeschenk fünfzig Unzen Silber anzubieten. Habt die Güte, es anzunehmen. Und was dieses ›prunkvolle‹ Heim angeht, so kann es Euch wirklich nicht länger als Wohnsitz dienen. Da nun große Her-

> ren Euch besuchen werden, reicht es in der Tat nicht mehr aus. Ich besitze in der Straße am Osttor ein leerstehendes Anwesen, das aus drei kleinen Häusern mit je drei Zimmern besteht. Dieses Anwesen möchte ich Euch schenken.«

Seine Familie wird weiterhin mit Geschenken überschüttet.

> In den nächsten Tagen kamen noch viele Leute, um Fan Jin Gratulationsgeschenke zu bringen. Die einen wollten ihm Äcker, die anderen ein Geschäft vermachen; dann kamen auch Arme, die sich samt ihren Frauen als Dienerschaft anboten, um sich unter Fan Jins Protektion zu begeben. Nach zwei, drei Monaten war Fan Jin Gebieter über eine ganze Schar von Knechten und Mägden, auch verfügte er nun über einen ganzen Haufen Silbergeld und große Reisvorräte. … Als Fan Jin in seinem neuen Hause Einzug hielt, wurde ihm zu Ehren Theater gespielt und mit vielen Gästen ein Weingelage abgehalten. Drei Tage lang währte der Trubel.

Das Bestehen eines solchen Examens machte einen nicht nur reich, sondern es führte dazu, dass man über dem Gesetz stand. Dies zeigt ein anderer chinesischer Roman aus dem 18. Jahrhundert, *Der Traum der roten Kammer* von Cao Xueqin. Das Buch erzählt die Geschichte eines neuen Magistrats, der einen Mordfall verhandelte. Der Täter war jedoch ein einflussreicher Mann der Gemeinde, sein Name stand im *Lebensretter für Mandarine*, einer Liste der reichen und mächtigen Familien der Provinz. Der Magistrat musste ihn laufenlassen, denn wenn man reich war oder das Examen bestanden und einen angesehenen Posten in der Gemeinde hatte, stand man über dem Gesetz. Dann kam man sogar mit einem Mord davon.

Das Mandat von Marx

Heute ist China kein Kaiserreich mehr. Der Kaiserstaat brach 1912 zusammen, und der kurzen Phase der Republik China folgte die Herrschaft der Warlords und der autokratischen Kuomintang-Partei.

Der Bürgerkrieg endete 1949 mit dem Sieg der Kommunisten unter der Führung von Mao Zedong. Mit dem Mandat des Himmels war nun Schluss. Fürst Shangs Legalismus und die moralischen Prinzipien des Konfuzius sollten durch die kommunistische Ideologie abgelöst werden. Ein Bruch mit der Vergangenheit.

Nicht ganz. Es gab Unterschiede, aber ebenso starke Kontinuitäten. Das Mandat des Himmels wurde durch das Mandat von Marx ersetzt. Das Grundmerkmal des chinesischen Staats seit den Zeiten der Qin-Dynastie war seine überwältigende Dominanz über die Gesellschaft. Daran änderte sich nichts. Unter der Herrschaft der Kommunistischen Partei verstärkte sie sich sogar noch, weil Mao dafür sorgte, dass Partei und Staat im gesamten Land präsent waren. Trotz seiner despotischen Pose war der Qing-Staat nämlich in weiten Teilen des Landes abwesend, besonders auf dem Land. Mao, der als Anführer eines Bauernaufstands an die Macht kam, beabsichtigte, das unverzüglich zu ändern. Wie wir in Kapitel 1 gesehen haben, waren die Parteiorganisationen und -mitglieder zur Zeit des Großen Sprungs nach vorn überall vertreten.

Was in der Kaiserzeit Kontinuität schuf, war das Wesensmerkmal des Despotismus – die Unfähigkeit der Gesellschaft, sich zu organisieren und die Politik außerhalb der staatlichen Hierarchie zu beeinflussen. Für Mao sollte das einzige Mittel der politischen Beteiligung die Kommunistische Partei sein, was faktisch bedeutete, dass die Bürger unter der Kontrolle des Staates und der politischen Elite standen, ohne wechselseitigen Einfluss. Das wurde schmerzhaft deutlich, als man das Volk während der Hundert-Blumen-Bewegung und der Kulturrevolution regelmäßig dazu aufrief, Kritik zu üben, die dann jedoch gewaltsam unterdrückt wurde. Unter der kommunistischen Herrschaft hatte die Gesellschaft keine Stimme.

Auch Maos Wirtschaftsansatz wies Kontinuität zu früheren Perioden auf, insbesondere zu Fürst Shangs strenger Kontrolle und Regulierung der Ökonomie. Mit einem marxistischen Anstrich verfolgte die Kollektivierung der Landwirtschaft dieselben Ziele wie das Brunnenfeldsystem Jahrtausende zuvor, allerdings mit weitaus schlimmeren Konsequenzen. Die Kollektivierung der Landwirtschaft, verbunden mit der Förderung der Industrie im Zuge des Großen Sprungs nach vorn, führte zu Hungersnöten, denen mindestens 36 Millionen Menschen zum Opfer fielen.

Die Haltung Maos und der Kommunistischen Partei zu Privatunternehmern deckte sich ebenfalls mit der Fürst Shangs, der sie als »listige und trickreiche Menschen« bezeichnet hatte. Ganz ähnlich dachte Konfuzius mit seinem Ausspruch: »Der Edle ist mit seinen Pflichten vertraut; der Gemeine sieht nur den eigenen Vorteil.« Kaufleute und Unternehmer wurden nicht anders behandelt als im Kaiserstaat und durften vor 2001 nicht Parteimitglied werden. Und erst 2007 wurde ein Gesetz erlassen, das private Eigentumsrechte regelte, so dass ein Schutz ihres Vermögens gewährleistet war.

Wachstum unter moralischer Führung

Nach Maos Tod 1976 änderte sich die Lage. Ein schwerer Machtkampf an der Spitze der Kommunistischen Partei endete 1978 mit Deng Xiaopings Herrschaft über die Partei und den Staat. Deng begann einen radikalen Umbau der Wirtschaft und bereitete den Boden für den darauffolgenden chinesischen Wirtschaftsboom. Ist bei diesem Übergang ein Bruch zu erkennen?

Obwohl die Wirtschaft und die Politik in China nach 1978 zweifellos viele neue Elemente aufwiesen, die man anerkennen muss, blieb auch vieles beim Alten. Der Übergang von Mao zu Deng erinnert in mancherlei Hinsicht an die Übergänge von der Tang- zur Song-Dynastie und von der Ming- zur Qing-Dynastie, die damals das Wirtschaftswachstum angekurbelt hatten, indem sie die staatliche Kontrolle der Wirtschaft lockerten und dem Markt und Privatunternehmen mehr Handlungsspielraum gaben. Wie bereits früher hatte der Umbau der Wirtschaft zwei Gründe: einerseits das Aufbegehren der ökonomisch gebeutelten Gesellschaft, andererseits die Entscheidung der Elite, die Kontrolle nach dem Modell Fürst Shangs durch einen eher konfuzianischen Wirtschaftsansatz zu ersetzen. Ersteres sehen wir in Wenzhou in der Provinz Zhejiang südlich von Shanghai, der ersten Region Chinas, die in den 1980er Jahren ein rasantes Wirtschaftswachstum erlebte. Bereits 1977, vor Dengs Reformen, klagte die *Renmin Ribao*, das Parteiorgan der Kommunistischen Partei, dass es »in Wenzhou einen besorgniserregenden Fall konterrevolutionärer Restauration« gebe. Weiter hieß es:

> Die Kollektivierung war in private Landwirtschaft umgewandelt worden, Schwarzmärkte entstanden, kollektive Unternehmen waren in Konkurs gegangen und durch geheime Fabriken und Schwarzarbeiter ersetzt worden.

Tatsächlich hatte es bereits vor Deng Xiaopings Liberalisierung der Landwirtschaft 1978 de facto Agrarreformen gegeben. Im Jahr 1986 wurde Wenzhou der Status einer »Sonderwirtschaftszone« verliehen, wodurch es von »den derzeitigen Regeln und Vorschriften und der nationalen Politik« ausgenommen war. Zu diesem Zeitpunkt wurden bereits 41 Prozent der Industrieproduktion im Privatsektor erwirtschaftet (verglichen mit 1 Prozent 1980). Alarmiert von diesen Entwicklungen, wies die Partei lokale Kader an, die kommunistische Einflussnahme auf die Wirtschaft zu verstärken, und so wurden die Berichterstattung über diese Region und Besuche von außerhalb eingeschränkt. Wenn die Kommunistische Partei dem, was in Wenzhou vorging, schon keinen Riegel vorschieben konnte, wollte sie zumindest nicht, dass darüber berichtet wurde. Und es gab Versuche, das Ganze zu unterbinden. Lokale Kader arbeiteten eifrig daran, die Entwicklung des Privatsektors zu stoppen, zum Beispiel durch die Kampagne gegen »bourgeoise Liberalisierung« von 1986/87. Erst 1988 erlaubte die Kommunistische Partei Chinas den Betrieb von Privatfirmen mit mehr als sieben Angestellten. Davor hatte sie das Märchen aufrechterhalten, dass die gesamte nichtstaatliche Produktion von »Haushalten« erbracht werde. Als die Kommunistische Partei nicht mehr versuchte, jeden Aspekt der Wirtschaft zu kontrollieren, trat ein enormer Unternehmergeist zutage (bereits während der Kulturrevolution war ihr die Kontrolle zum Teil entglitten, was die späteren Lockerungen unvermeidlich machte). Im Jahr 1990 gründete Wenzhou seine eigene Exportproduktionszone und baute seinen eigenen Flughafen. In diesem Fall ging die Initiative von der Gesellschaft und nicht vom Staat aus.

Trotzdem bestimmte letztlich das Top-down-Prinzip die Richtung der chinesischen Wirtschaft. Nach Dengs Vision sollte die politische Macht in der Hand der Kommunistischen Partei bleiben, wenngleich auf moralischere Art und Weise als unter Mao. Tatsächlich gibt es eine auffällige Parallele zwischen der leistungsorientierten Kommunistischen Partei, die die besten Talente für die Führung des Landes abzog, und der kaiserlichen Bürokratie der früheren Reiche, die die besten chinesischen Köpfe rekrutierte. Unter der Vormundschaft der Partei schuf dieses System genügend Raum für eine florierende Marktwirtschaft. In mancherlei Hinsicht funktionierte das ausgezeichnet. China hat sich zur zweitgrößten Volkswirtschaft der Welt entwickelt, und um sein spektakuläres Wachstum von durchschnittlich 8,5 Prozent seit 1978 wird es von den politischen Führern weltweit beneidet.

Es ist auch nicht zu leugnen, dass sich die ökonomischen Chancen und Anreize verbesserten. China ist zu einer Gesellschaft der Unternehmer geworden, und eine Reihe von Gründern und Managern der erfolgreichsten chinesischen Unternehmen, darunter Jack Ma von der Alibaba Group, stammen aus bescheidenen Verhältnissen und aus Provinzstädten (neun von zehn der reichsten chinesischen Geschäftsleute kommen aus Provinzstädten, und nur einer stammt aus einer der sechs größten Städte Peking, Shanghai, Guangzhou, Shenzhen, Chongqing oder Chengdu). Tatsächlich hätte China ohne eine solche Ausweitung der Chancen und Anreize unmöglich erreicht, was es in den letzten vier Jahrzehnten vollbracht hat. Allerdings handelt es sich dabei um ein despotisches Wachstum, unter Aufsicht des Staates und der staatlichen Willkür ausgesetzt, und man darf nicht selbstverständlich davon ausgehen, dass die Kommunistische Partei – trotz ihrer »moralischen Führung« – immer das Ziel des Wirtschaftswachstums im Blick haben wird. Die ungefesselte Macht des Leviathans kann jederzeit zur persönlichen Bereicherung missbraucht und das Potential für ökonomische Entwicklung zerstört werden. Ein Beispiel dafür ist die Schließung des Xiushui-Markets in Peking im Jahr 2004. Der gutgehende Markt unter freiem Himmel war 1985 nach der Deregulierung des Handels durch die Regierung von selbst entstanden und bis 2004 zu einem der belebtesten Verkaufsorte der Stadt geworden, mit 10000 bis 20000 Besuchern täglich, die einen Umsatz von rund 12 Millionen US-Dollar erzeugten. Dann ließen ihn lokale Behörden schließen und in eine Markthalle verlegen. Diese wurde von einem Unternehmer mit den richtigen politischen Beziehungen gebaut und betrieben, der die Verkaufsplätze an die Meistbietenden versteigerte. Ein Gebot betrug 480000 US-Dollar. Ganz ähnlich wie bei den Ming-Kaisern und den Salzhändlern enteignete die Regierung die alten Standbetreiber und übertrug ihre Rechte auf jemand anderen. Es ist davon auszugehen, dass ein Teil der Einnahmen an die Verwaltungsbeamten in den besagten Behörden floss.

Ein Beispiel aus jüngerer Zeit, wie politische Faktoren wirtschaftliche Aktivitäten hemmen, sind die Township Village Enterprises (TVEs). Diese ländlichen Kollektivunternehmen waren eine Innovation der 1980er Jahre und grundsätzlich Privatunternehmen, gehörten jedoch oft Kommunalverwaltungen. Den Erfolg dieses Arrangements erklären Ökonomen gerne damit, dass die Unternehmer angesichts der unzureichenden Institutionen in China durch den Zusammenschluss mit der Kommunalverwaltung ihre Eigentumsrechte schützen konnten. Ab Mitte der 1990er Jahre jedoch kam es zu einem Niedergang der TVEs, und im darauffolgenden Jahrzehnt waren sie vollkommen verschwunden. Der Grund dafür scheint nicht in einem natürlichen Übergang zu einer effizienteren Wirtschaft zu liegen, sondern in der Tatsache, dass Peking beschloss, die großen staatseigenen Betriebe zu favorisieren, denen die Konkurrenz durch die überwiegend ländlichen TVEs ein Dorn im Auge war. Die TVEs mussten sich per Anordnung auf die Provinz beschränken und bekamen keine Kredite mehr. Sie wurden durch politische Entscheidungen zugrunde gerichtet. Das ist nur eine Facette eines allgemeineren Problems – Eigentumsrechte sind in China immer noch ein Spielball der Politik, und es gibt weder eine unabhängige Justiz noch irgendwelche Versuche, Gesetze in gleicher Weise auf die politische Elite anzuwenden, genau wie zur Zeit des Kaiserreichs. Man muss sich darauf verlassen, dass das Politbüro der Kommunistischen Partei den Kurs der moralischen Führung beibehält beziehungsweise dass die Beziehungen zu den richtigen Verwaltungsbeamten nicht unvermittelt abreißen. Und so bleibt einem Unternehmer, der seine Eigentumsrechte schützen möchte, nichts anderes übrig, als in den Staatsdienst zu treten und sich mit dem Staat gut zu stellen, genau wie den Geschäftsleuten in der Qing-Dynastie. Das ist zum Teil eine Erklärung, warum die Kommunistische Partei in den letzten 20 Jahren einen so starken Zuwachs erfahren hat. Viele führende Geschäftsleute, darunter auch Jack Ma, sind Parteimitglieder.

Eine andere Parallele zur Vergangenheit besteht darin, dass auch der kommunistische Staat Aufstände und politische Instabilität befürchtet. Als es 2005 zu Unruhen in den Provinzen kam, reagierte die Kommunistische Partei mit der Abschaffung von Agrarsteuern – ganz ähnlich wie sich die Qing-Kaiser 1713 veranlasst sahen, die Bodensteuer nominell einzufrieren. Ein großes Problem für den Qing-Staat war seine Unfähigkeit, genügend Steuern einzutreiben, um öffentliche Dienstleistungen bereitzustellen. Bisher hat das rasante Wachstum dieses Problem gelöst und es dem chinesischen Staat erlaubt, massiv in neue Infrastruktur zu investieren. Aber was, wenn dies ins Stocken gerät? Die Kommunistische Partei legitimiert sich über anhaltendes Wirtschaftswachstum und ihre moralische Führung. Ihr derzeitiger Generalsekretär, Präsident Xi Jinping, zitiert gern Konfuzius und vergleicht sich mit dem Polarstern. Aber die Dinge können sich ändern, besonders wenn die Verehrung, die Xi und die chinesische Führung erwarten, abflaut. Es ist durchaus möglich, dass das Wirtschaftswachstum und die damit verbundenen gesellschaftlichen Veränderungen irgendwann als politisch destabilisierend aufgefasst werden und die Partei sich gegen den ökonomischen Wandel kehrt, weil sie ihn als politische Bedrohung auffasst. Beispielsweise wurde Deng Xiaopings Reformagenda nach den Protesten am Tiananmen-Platz 1989 nahezu rückgängig gemacht, da die kommunistischen Eliten die Wirtschaftsreformen und die dadurch ausgelösten sozialen Veränderungen für das Entstehen der demokratiefreundlichen Bewegung verantwortlich machten.

Natürlich könnte man hoffen, dass China irgendwann zu einer Gesellschaft wird, die sich weniger um Wachstum und Ordnung sorgt und in der es mehr Freiheit und Sicherheit gibt. Eine gern bemühte These in den Sozialwissenschaften, manchmal als »Modernisierungstheorie« bezeichnet, lautet, eine Nation werde mit wachsendem

Wohlstand zunehmend freier und demokratischer. Ist demnach ein solcher Wandel auch in China zu erwarten? Eher nicht. Nachdem es fast 2000 Jahre lang den despotischen Weg eingeschlagen hat, immer weiter weg vom Korridor, würde ein Richtungswechsel wohl nicht ohne Brüche ablaufen, und jede Hoffnung auf ein baldiges »Ende der Geschichte« in China wird voraussichtlich Phantasie bleiben. (Auch Beispiele aus anderen Ländern untermauern den Optimismus der Modernisierungstheorie nicht.)

Wenn Modernisierung nicht automatisch Freiheit bringt, darf man dann darauf hoffen, dass in dem von der Kommunistischen Partei Chinas geformten Modell einer despotisch organisierten Wirtschaft die Innovationen sprießen werden? Kann es ohne Freiheit Innovationen fördern? Kann es Ressourcen in Bereiche wie Künstliche Intelligenz lenken, um einen innovativen Vorteil zu erzielen? Historische Belege lassen vermuten, dass die Antwort nein lautet, zumindest wenn vielfältige und anhaltende Innovationen gemeint sind. Dass keine autonome Gesellschaft vorhanden ist und breitgefächerte Chancen und Anreize fehlen, bedeutet jedoch nicht, dass kein Wachstum stattfindet. China erlebt ein rasantes Wachstum, wenngleich es von Investitionen und Industrien angetrieben wird, die auf bestehender Technologie basieren. Es bedeutet auch nicht, dass keine Innovation und kein technologischer Fortschritt stattfinden, wie Chinas eigene Erfahrung während der Song-Dynastie und die frühen Erfolge der Sowjetunion belegen. Die Sowjetunion brachte nicht nur einige der weltbesten Mathematiker und Physiker hervor, sondern erzielte in etlichen Bereichen wichtige technologische Fortschritte, nicht zuletzt im militärischen Sektor und beim Wettlauf ins All. Selbst dem heutigen Nordkorea ist es gelungen, moderne Waffen zu produzieren, obwohl es die Wirtschaft und die Gesellschaft im Stil von Shang Yang kontrolliert. Aber in all diesen Fällen kamen die Erfolge als Antwort auf Forderungen des Staates zustande und bezogen sich auf klar definierte Probleme in engen Bereichen (und beruhten zu keinem geringen Teil auf der Übernahme und dem Reproduzieren bereits existierender Fortschritte andernorts). Vielfältige und fortgesetzte Innovationen in unterschiedlichsten Bereichen, die unabdingbar für künftiges Wachstum sind, entstehen nicht, wenn man existierende

Probleme löst, sondern wenn man sich neue ausdenkt. Das erfordert Autonomie und Experimentieren. Man kann riesige Ressourcen zur Verfügung stellen (und Daten für Anwendungen Künstlicher Intelligenz), man kann Einzelpersonen dazu bringen, sich anzustrengen, aber man kann ihnen nicht befehlen, kreativ zu sein. Kreativität ist die wichtigste Voraussetzung für nachhaltige Innovation und hängt entscheidend davon ab, dass viele Einzelne experimentieren, eigene Gedanken entwickeln, die Regeln brechen, scheitern und manchmal erfolgreich sind, genau wie wir es in Kapitel 5 und 6 bei den umtriebigen und sozial mobilen Menschen in den italienischen Stadtstaaten und den Unternehmern der industriellen Revolution gesehen haben. Aber wie lässt sich das ohne Freiheit praktizieren? Was ist, wenn man jemand Mächtigem in die Quere kommt oder den Vorstellungen der Partei widerspricht? Was, wenn man die Regeln bricht? Dann lieber keine Experimente eingehen.

Der sowjetischen Planwirtschaft ist es 70 Jahre lang nicht gelungen, diese auf Experimenten, Risikobereitschaft und Regelverstößen basierende Art von Innovation herbeizuführen, und auch die chinesische Wirtschaft hat dieses Problem noch nicht gelöst. Man kann Ressourcen in die Entwicklung von Patenten fließen lassen, in Universitäten und neue Technologien, und gigantische Erfolgsprämien aussetzen (für manche sowjetische Wissenschaftler bestand die Belohnung darin, am Leben zu bleiben). Aber das reicht nicht aus, wenn es nicht gelingt, das ungestüme, chaotische und ungehorsame Wesen echten Experimentierens nachzubilden, und das hat bislang keine Gesellschaft außerhalb des Korridors geschafft.

Das Wachstum in China wird in den nächsten Jahren voraussichtlich nicht erlahmen. Aber wie bei anderen Phasen despotischen Wachstums hängt sein Fortbestand davon ab, ob es viel Raum für Experimente, Risikobereitschaft und Innovationen schaffen kann. Wie bei allen bisherigen Beispielen despotischen Wachstums ist das eher unwahrscheinlich.

Freiheit nach chinesischer Manier

Despotismus ist kein fruchtbarer Boden für Freiheit. Das sieht man im China von heute. Während Hongkong und Taiwan, die China geographisch und kulturell sehr nahestehen, Gesellschaften mit einem starken Freiheitsdrang hervorgebracht haben, schlug China eine andere Richtung ein. Im Augenblick ist die Volksrepublik dabei, ein »Sozialkreditsystem« einzuführen. Jeder einzelne chinesische Bürger soll überwacht und sein Verhalten nach einem sozialen Punktesystem bewertet werden. Hierfür werden sämtliche Internet-Aktivitäten verfolgt, und die Regierung lässt im ganzen Land 200 Millionen Kameras zur Gesichtserkennung installieren, wie das Foto vom Pekinger Tiananmen-Platz im Bildteil zeigt. Aus George Orwells dystopischem Roman *1984* stammt der berühmte Satz »Big Brother is watching you«. Technisch gesehen war das 1949 noch ein Traum (oder Albtraum). Heute nicht mehr. Jemand mit einem hohen Punktestand erhält in Hotels und Flughäfen eine Vorzugsbehandlung, bekommt leichter Kredit bei einer Bank und privilegierten Zugang zu Elite-Universitäten und Spitzenjobs. In der Propaganda heißt es:

> Es wird den Vertrauenswürdigen erlauben, sich frei unter dem Himmel zu bewegen, während es den Diskreditierten jeden Schritt erschwert.

Aber wie frei genau? Alkohol im Supermarkt kaufen? Keine gute Idee, damit verlierst du etliche Punkte. Es gibt auch Punktabzüge, wenn ein Freund oder Verwandter etwas tut, was den Behörden missfällt. Die Wahl des Liebes- oder Ehepartners beeinflusst ebenfalls den Punktestand. Trifft man Entscheidungen, die der Kommunistischen Partei nicht genehm sind, wird man von der Gesellschaft ausgeschlossen, darf nicht reisen, kein Auto und keine Wohnung mieten, und man bekommt keine Arbeit. Das klingt sehr nach einem Käfig, nicht von Normen geschaffen, sondern vom wachsamen Auge des Staates.

Im westchinesischen Xinjiang, der Heimat von Millionen muslimischen Uiguren, lässt sich die Praxis des Sozialkreditsystems und dessen Folgen für die Freiheit anschaulich verfolgen. Die Uiguren sind seit langem schon ständigen Diskriminierungen, Repressionen und Massenverhaftungen ausgesetzt und werden vom Staat intensiv überwacht. Aber jetzt müssen sie auch noch »Große Brüder und Schwestern« in ihrem Zuhause ertragen, die alles, was sie sagen und tun, observieren. Der erste Schwung dieser Sozialkontrolleure – rund 200 000 Mitglieder der Kommunistischen Partei – wurde 2014 nach Xinjiang entsandt mit dem Auftrag, »das Volk zu besuchen, dem Volk Gutes zu tun und die Herzen des Volkes einander nahezubringen«. Doch bei den Uiguren waren sie so willkommen wie die Städter, die Mao während der Kulturrevolution aufs Land verfrachtete. Im Jahr 2016 folgten noch einmal 110 000 Kontrolleure als Vorhut der Kampagne »Vereint als eine Familie«. Sie quartierten sich in den Häusern jener Uiguren ein, deren Familienmitglieder von der Polizei verhaftet oder getötet worden waren. Eine dritte Abordnung von einer Million Parteimitgliedern traf 2017 in Xinjiang ein. Morgens singen die Brüder und Schwestern gemeinsam vor der örtlichen Zentrale der Kommunistischen Partei, und sie besuchen fleißig Informationsveranstaltungen über Präsident Xis Vision vom »neuen China«.

Die Uiguren werden ständig überwacht und müssen ihre Loyalität unter Beweis stellen. Sprechen sie gut Chinesisch? Ist irgendwo ein Gebetsteppich zu sehen, oder knien sie Richtung Mekka nieder? Hat da gerade jemand mit »Salam aleikum« gegrüßt? Besitzen sie einen Koran? Was tun sie während des Ramadans?

Für die meisten ist die Freiheit nach chinesischer Manier alles andere als Freiheit.

8.
DIE ZERBROCHENE ROTE KÖNIGIN

Eine Geschichte über den Hass

Manoj und Babli begingen 2007 einen schrecklichen Fehler: Sie verliebten sich ineinander. Die beiden stammten aus Karoran, einem kleinen Dorf im Bundesstaat Haryana im Nordwesten Indiens. Manoj hatte die Schule abgebrochen und arbeitete als Lehrling in einer Reparaturwerkstatt für Elektrogeräte. Babli besuchte eine Mädchenschule an der Straße gegenüber von diesem Laden. Dort begegneten sie sich, und falls es nicht Liebe auf den ersten Blick war, dann zumindest auf den zweiten. Sie brachte ihm ihr angeblich reparaturbedürftiges, jedoch tadellos funktionierendes Mobiltelefon, und als er sie später verwundert fragte, antwortete sie: »Natürlich war daran nichts kaputt. Ich wollte dich einfach nur wiedersehen.«

Manoj und Babli gehörten derselben Kaste beziehungsweise Jati an. Beide waren Banwala Jats, die zu den sogenannten Sonstigen unteren Klassen Indiens gehören. Das war an sich für Manoj und Babli kein Problem. Doch in der indischen Kastenordnung herrschen strenge Regeln der Endogamie, das heißt, man darf nur innerhalb der eigenen Kaste heiraten. Innerhalb einer Kaste selbst bestehen weitere Einschränkungen, und das Dilemma war, dass Manoj und Babli derselben Gotra angehörten, demselben Familienverband oder Clan. Nach indischem Recht gab es keinen Grund, warum Manoj und Babli nicht hätten heiraten dürfen, aber manche Dinge in Indien sind stärker als Recht und Gesetz.

Als die beiden beschlossen auszureißen, um zu heiraten, verstießen Manoj und Babli gegen eine althergebrachte Regel der Kastenordnung, die bis auf das berühmte altindische Staatsrechtslehrbuch

Arthashastra zurückgeht, das um 324 v. Chr. von dem Gelehrten Kautilya verfasst wurde. Er war Ratgeber und Stratege von Chandragupta Maurya, dem Herrscher über das erste große Maurya-Reich, das sich über Nordindien erstreckte. In einem Abschnitt über die Pflichten und Aufgaben der verschiedenen Kasten verfügt Kautilya: »Die Pflichten eines Haushaltsvorstands sind: seinen Lebensunterhalt durch Ausübung seines Berufs verdienen; eine Frau aus derselben Varna, aber nicht derselben Gotra heiraten.«

Mit »Varna« bezeichnet Kautilya eine der vier großen sozialen Klassen, in welche sich die indische Bevölkerung aufteilt: die Brahmanen, die Kshatriyas, die Vaishyas und die Shudras. Die meisten Inder gehören einer dieser Klassen an, und die Zugehörigkeit wird von den Eltern auf die Kinder vererbt. Kautilya legte zudem fest, was von den vier Varnas erwartet wurde:

> Die Pflichten des Brahmanen sind: studieren, lehren, die ihm auferlegten Rituale vollziehen, die Rituale der anderen leiten, Geschenke geben und empfangen.
> Die Pflichten eines Kshatriya sind: studieren, die ihm auferlegten Rituale vollziehen, entsprechend dem [Beruf des] Kriegers leben und alles Leben beschützen.
> Die Pflichten eines Vaishya sind: studieren, die ihm auferlegten Rituale vollziehen, Ackerbau, Viehzucht und Handel.
> Die Pflichten eines Shudra sind: den zweimal Geborenen [d. h. den drei höheren Varnas] dienen [oder] eine wirtschaftliche Tätigkeit [z. B. Ackerbau, Viehzucht und Handel], der Beruf eines Handwerkers [oder] Unterhalters [z. B. Schauspieler oder Sänger].

Nur die Angehörigen der ersten drei Varnas waren »zweimal Geborene« und deshalb berechtigt, an bestimmten religiösen Zeremonien teilzunehmen. Die unterste Ebene der Hierarchie bildeten die Shudras, deren Los es war, den höheren Varnas zu dienen und niedere Tätigkeiten zu verrichten, beispielsweise sich als Unterhalter zu verdingen. Möglicherweise entstammen die Shudras den Völkern, die von den Indoariern erobert wurden, als diese in ferner Vergangenheit nach Indien eindrangen und sich mit der indigenen Bevölkerung vermischten. An der Spitze der Hierarchie stehen die Brahmanen. Sie bilden die Priester-Varna, sie haben Bildungsaufgaben, und ihnen obliegt die Ausübung religiöser Zeremonien. Nach ihnen kommen die Kshtriyas, zumeist Krieger und Soldaten, und danach schließlich die Vaishyas, die für Handel, Produktion und Landwirtschaft zuständig sind. Außerhalb dieser Ordnung und ganz am Ende der sozialen Leiter stehen die Menschen, die man früher »Unberührbare« oder Dalits nannte und heute formell als »Registrierte Kasten« oder »Stammesgemeinschaften« bezeichnet werden.

Als Jatis, zu denen auch die Jats zählen, bezeichnet man die Untergruppen der Varnas, die man am ehesten als Kasten bezeichnen kann. In Indien gibt es an die 3000 solcher Jatis. Die Banwala Jats, denen Manoj und Babli angehörten, sind Teil der Jats und diese wiederum Teil der Shudras, die man den »Sonstigen unteren Klassen« zurechnet.

Eine derartige historische Gesellschaftsschichtung gab es nicht nur in Indien. Wie wir gesehen haben, war auch das mittelalterliche England eine Ständegesellschaft, und Historiker nehmen oft die dreifache Unterteilung in jene vor, die beteten, jene, die kämpften, und jene, die arbeiteten. Dies entspricht in etwa der Einteilung in Brahmanen, Kshatriyas und Vaishyas / Shudras. Die Angehörigen der jeweiligen Gesellschaftsschicht bekamen häufig ihre Berufsbezeichnung als Familiennamen auferlegt, was, wie wir noch sehen werden, ein Hauptbestandteil der indischen Kastenordnung ist. War man im England des 13. Jahrhunderts ein Schmied, wurde man wahrscheinlich Smith gerufen; stellte man Fässer her, hieß man Cooper, und buk man Brot, nannten einen die Leute Baker. Der Sohn eines Mannes namens Smith war vermutlich ebenfalls Schmied. Der britische Historiker Richard Britnell versuchte sogar, anhand von Familiennamen die wirtschaftliche Vielfalt Englands im Mittelalter abzubilden, da ihm keine Daten zur Wirtschaft selbst zur Verfügung standen, sondern nur die Familiennamen aus Steuerbüchern. Kannte man den Namen eines Menschen, wusste man, welchen Beruf er ausübte, und dies ließ Rückschlüsse auf die wirtschaftliche Struktur jener Zeit zu. In England mögen die Familiennamen über die Jahrhunderte hinweg tradiert worden sein, aber wie wir in Kapitel 6 gesehen haben, hat sich ihre Verknüpfung mit einer bestimmten Berufstätigkeit in der Folge des wirtschaftlichen und sozialen Wandels gelöst, was auch daran lag, dass das Verhältnis zwischen Name und Beruf in England nie derart institutionalisiert wurde wie in Indien. Vor allem wurde es nicht in die Strukturen von Religion und Staat integriert.

Die Dauerhaftigkeit der Kastenidentität und -normen in Indien verdeutlicht sich an der Tatsache, dass eine fast 2500 Jahre alte, von Kautilya aufgestellte Norm auch heute noch vollstreckt wird. Vollstreckt wie? Manoj und Babli hatten in Kaithal vor Gericht zu erscheinen, nachdem Bablis Familie Manoj beschuldigt hatte, sie gekidnappt zu haben. Sie mussten nachweisen, dass sie rechtmäßig verheiratet waren und keine Entführung stattgefunden hatte. Zu Bablis Überraschung erschienen ihr Bruder Suresh und ihr Cousin Gurdey bei der gerichtlichen Anhörung. Wie hatten sie davon erfahren? Auch zwei weitere Cousins waren gekommen. Manoj und Babli hatten bereits geahnt, dass es Schwierigkeiten geben würde, deshalb hatten sie auf Anraten ihres Anwalts das Gericht um Polizeischutz gebeten. Nach der Anhörung eskortierte die Polizei die beiden zu dem Bus, mit dem sie nach Chandigarh zurückfahren wollten, wo sie geheiratet hatten und sich vor ihren Verwandten, die ihr Handeln aufs Äußerste missbilligten, versteckten. Am Busbahnhof von Pehowa bestiegen sie den Bus nach Chandigarh. Ihre Verwandten waren ihnen gefolgt. Und die Polizeibeamten schienen das Problem zu erkennen. Sie erhielten Anweisung, Manoj und Babli während der Fahrt zu begleiten, um Zwischenfällen vorzubeugen. Auch die beiden Cousins stiegen in den Bus, weitere Verwandte warteten in einem Auto. Doch als der Bus das Dorf Pipli erreichte, erklärten die beiden Beamten, hier sei die Grenze ihres Zuständigkeitsbereichs erreicht und sie müssten aussteigen – Manoj und Babli blieben allein zurück. In ihrer Verzweiflung sprangen die beiden rasch in einen Bus Richtung Delhi, und wieder hefteten sich die Cousins an ihre Fersen. An einer Mautstation kurz vor der Stadt Karnal stellte sich plötzlich ein silberfarbener SUV der Marke Mahindra Scorpio vor den Bus und hinderte ihn an der Weiterfahrt. Manoj und Babli wurden gezwungen, in den Scorpio umzusteigen. Das war das letzte Mal, dass man sie lebend sah. Ihre aufgedunsenen, verstümmelten und an den Füßen gefesselten Leichen wurden später aus dem Balsamand-Minor-Kanal geborgen.

Obwohl man denkt, dass Manoj und Babli die eigentlichen Opfer waren und Bablis Familie die Tat beging, entschied der örtliche Kastenrat, Manojs Familie für das Geschehene zu ächten. Fortan durfte kein Dorfbewohner mehr mit ihnen reden oder ihnen etwas verkaufen. Wer dagegen verstieß, riskierte eine Strafe von 25 000 Rupien (etwa 350 Dollar) und wurde vom übrigen Dorf ebenfalls geächtet.

Indien im Normenkäfig

Bei der Entwicklung des indischen Staats und seiner Gesellschaft spielte der Normenkäfig eine große Rolle. Während in Athen und Europa die Rote Königin nicht nur die Entwicklung von Staat und Gesellschaft vorantrieb und dabei den Normenkäfig aufzubrechen begann, war dies in Indien nicht der Fall. Die Verfestigung der Kastenordnung und die Unterwerfung des Staates unter deren strenge Hierarchie fragmentierte die Gesellschaft und bewirkte, dass sie ihr eigener Feind wurde. Die Gesellschaft ist nie eine monolithische Einheit, und ihre inneren Konflikte und die Ungleichheit, die daraus entsteht, spielen in der Politik eines Staates immer eine zentrale Rolle. Die Rote Königin formt diese Spaltungen mittels der Konkurrenz und Kooperation zwischen Staat und Gesellschaft um, wie wir zum Beispiel im Großbritannien des ausgehenden 18. Jahrhunderts gesehen haben, wo die sich erweiternde Leistungsfähigkeit des Staates die Gesellschaft veranlasste, neue Identitäten, neue Organisationen und allgemeinere Forderungen zu entwickeln. Im Unterschied dazu bewirkten die Fragmentierung und die Spaltungen, die durch die indische Kastenordnung vorangetrieben wurden, dass dort nichts dergleichen geschah. Die Gesellschaft konnte sich nicht organisieren, um den Staat zu kontrollieren, und es war keine Rote Königin vorhanden, die mit ihrer Dynamik die gesellschaftlichen Identitäten umgeformt hätte, auch wenn in Indien wie in Europa die Bevölkerung seit langer Zeit Mitwirkungsmöglichkeiten besitzt. Stattdessen wurden die durch die Kasten gegebenen Identitäten wiederholt bestätigt, da die politische Partizipation an die Kastenzugehörigkeit gebunden war und der Staat selbst von der Kastenordnung getragen und geschützt wurde – mit schrecklichen Folgen für die Freiheit.

Die Kastenordnung erklärt nicht nur, warum es in Indien an Freiheit mangelt. Sie trägt auch Schuld an der Armut im Land. Die Tatsache, dass die Menschen aufgrund ihres ererbten Status an bestimmte Berufe gefesselt sind, stellt ein gewaltiges Hindernis für soziale Mobilität und Innovation dar. Aber das ist nur die sichtbare Spitze des Eisbergs einer enorm ungleichen Verteilung von Chancen und Anreizen innerhalb eines Systems, das an allen Ecken und Enden der Gesellschaft auf einer strengen sozialen Hierarchie und Dominanz beruht. Obschon Indien seit dem 26. Januar 1950 eine demokratische Staatsform besitzt und in den 1990er Jahren seine Wirtschaft »liberalisierte«, dauern die Dominanz der Kastenordnung und restriktive, entzweiende und hierarchische Normen fort und formen einen Staat, dem es an echter Leistungsfähigkeit mangelt und der kein großes Interesse daran zeigt, seinen ärmsten Bürgern zu helfen.

Damit dies besser verständlich wird, wollen wir bei der untersten Stufe der Kastenhierarchie beginnen, bei den Dalits.

Die gebrochenen Menschen

Was genau bezeichnet der Begriff Dalit? Bei Kautilya kommt er nicht vor, denn er ist sehr viel späteren Ursprungs. Früher nannte man die Dalits die Unberührbaren. Der große indische Staatsmann Bhimrao Ramji Ambedkar, der nach der Unabhängigkeit 1948 an der ersten indischen Verfassung mitarbeitete, prägte den Begriff Dalit. Wörtlich bedeutet er »gebrochener Mensch«. Aber woher stammt die Bezeichnung »Unberührbarkeit«?

Unberührbarkeit bedeutet, was das Wort besagt – man kann und darf nicht berührt werden. Berührt jemand aus einer höheren Kaste einen Dalit, so »beschmutzt« er sich, was nur durch eine rituelle Reinigung wieder rückgängig gemacht werden kann. Ein Dalit, ein Arbeiter aus dem Bezirk Ahmedabad in Gujarat, der 1998 von Human Rights Watch interviewt wurde, sagte dazu:

> Wenn wir arbeiten, dürfen wir ihnen nicht zu nahe kommen. In den Teekantinen gibt es für uns eigene Teegläser, die wir selbst saubermachen müssen, und wir müssen auch selbst das Geschirr abräumen. Tempel dürfen wir nicht betreten. Wasserhähne der oberen Kasten dürfen wir nicht benutzen. Wir müssen weit laufen, um an Wasser zu kommen … Als wir bei der Regierung unsere Rechte einforderten, haben uns die Beamten der Stadtverwaltung gedroht, uns zu entlassen. Also halten wir den Mund. So verfährt man mit Leuten, die ihre Rechte einfordern.

Es geht nicht nur um körperliche Berührung. Wirft ein Dalit auf einen Brahmanen einen Schatten, kann dies eine rituelle Reinigung nach sich ziehen. In Gegenwart eines »zweimal Geborenen« sollten Dalits keine Schuhe tragen. Ambedkar, der selbst Dalit war, mochte das Wort Unberührbarkeit nicht und setzte sich dafür ein, dass es in der indischen Verfassung geächtet wurde. Deren Artikel 17, »Abschaffung der Unberührbarkeit«, stellt unmissverständlich klar:

> Die Unberührbarkeit ist abgeschafft und ihre Anwendung in jedweder Form verboten. Die Erzwingung von Nachteilen aufgrund der Unberührbarkeit ist eine Straftat, die entsprechend dem Gesetz verfolgt wird.

Dennoch gibt es Schätzungen zufolge heute in Indien an die 200 Millionen Dalits. Wie ist das möglich?

Ambedkars berühmteste Äußerung über die Unberührbarkeit findet man im Manuskript für einen Vortrag, den er 1936 halten wollte. Der Vortrag wurde nie gehalten, denn als der Entwurf von Ambedkars Manuskript die Runde machte, war die Empörung so gewaltig, dass Ambedkar auf der Stelle ausgeladen wurde. Daraufhin ließ er das Manuskript unter dem Titel »Die Vernichtung der Kaste« auf eigene Kosten drucken. Ambedkar wusste, wovon er sprach; als Kind durfte er zwar eine Schule der »Berührbaren« besuchen, aber er musste abgesondert von den übrigen Kindern auf einem Sack sitzen, damit er ihren Boden nicht beschmutzte. Er litt Durst, da der einzige Wasserhahn für die höheren Kasten reserviert war. Ambedkar schilderte, was es bedeutete, ein Unberührbarer zu sein:

> Der Unberührbare musste sich von öffentlichen Straßen fernhalten, wenn dort ein Hindu ging, damit der Hindu nicht durch seinen Schatten beschmutzt wurde. Der Unberührbare musste als Kennzeichen am Handgelenk oder am Hals einen schwarzen Faden tragen, damit die Hindus ihn nicht versehentlich berührten und sich dadurch verunreinigten. In Pune … musste sich der Unberührbare an den Rücken einen Besen binden, um hinter sich den Staub wegzukehren, auf dem er gegangen war, damit kein Hindu durch ihn beschmutzt wurde. In Pune hatte der Unberührbare, wo immer er sich aufhielt, an seinem Hals ein Tongefäß zu tragen, damit sein Speichel aufgefangen wurde und nicht zu Boden fiel und einen Hindu beschmutzte, der vielleicht unwissentlich und zufällig in ihn trat.

Ambedkar ging es jedoch nicht allein darum, die Unberührbarkeit abzuschaffen. Er wollte vielmehr die gesamte Kastenordnung aufheben, da er ihre weitreichenden bösartigen Folgen erkannt hatte. Seine Kritik führte er vom ökonomischen Standpunkt aus. Es erschien ihm unsinnig (und auch uns erscheint es so), dass Kasten, Varnas und Jatis mit bestimmten Berufen verknüpft sind. Natürlich wusste er, dass die Kastenordnung auf Dominanz beruhte und eine mächtige Quelle der Unfreiheit war. Aber noch bedeutsamer war: Mit ihrer Kastenordnung schadete sich die Gesellschaft selbst, spaltete sich und blieb desorganisiert. Ambedkar schrieb:

> Das Kastensystem bedeutet nicht bloß Arbeitsteilung. Es bewirkt auch die Spaltung der Arbeiterschaft. Eine zivilisierte Gesellschaft benötigt zweifellos die Arbeitsteilung. Aber in keiner zivilisierten Gesellschaft wird die Arbeitsteilung von dieser unnatürlichen Spaltung der Arbeiterschaft in wasserdichte Kammern begleitet. Das Kastensystem … ist eine Hierarchie, in der die Spaltung der Arbeiterschaft durch Rangeinteilung erfolgt … Zudem teilt sie die Menschen in separate Gemeinschaften und diese wiederum in eine Rangordnung, in der entsprechend dem sozialen Status die eine über der anderen steht.

An anderer Stelle bezeichnete Ambedkar die Kastenordnung als einen »vielstöckigen Turm ohne Treppe und Eingang. Jeder musste auf dem Stockwerk sterben, auf dem er geboren wurde.« Die von der Kastenordnung verursachte Spaltung der Arbeiterschaft sei ökonomisch irrational, weil »sie den Versuch darstellt, dem Einzelnen im Vorhinein bestimmte Aufgaben zuzuweisen – nicht aufgrund erwiesener eigener Talente, sondern aufgrund des sozialen Status der Eltern«. Eine moderne Wirtschaft ließe sich nicht auf dem »Dogma der Prädestination« aufbauen, und jeder Versuch, dies zu tun, komme dem Bestreben gleich, »einen Palast auf einem Misthaufen« zu errichten.

Ambedkar war sich auch über die unheilvollen Folgen der Kastenordnung für die Freiheit und die Politik im Klaren. Eine Kasten-Gesellschaft sei nicht nur grundsätzlich illiberal, sondern auch höchst fragmentiert, desorganisiert und machtlos. »Die Kastenordnung hat … die Hindus vollständig desorganisiert und demoralisiert« in dem Sinne, dass »eine Hindu-Gesellschaft als solche nicht existiert. Sie ist nur eine Ansammlung von Kasten.« Ausgenommen wenn sie sich vielleicht gegen einen äußeren Feind zusammenschließen, »streben alle Kasten danach, sich abzusondern und von den anderen abzugrenzen … der ideale Hindu muss wie eine Ratte sein, die in ihrem eigenen Loch lebt und sich weigert, Kontakt mit den anderen zu haben … Daher sind die Hindus nicht bloß eine Ansammlung von Kasten, sondern eine Vielzahl sich bekämpfender Gruppierungen, von denen jede für sich selbst und nach ihrem egoistischen Ideal lebt.« Da die Kasten für die Identität der Menschen eine so überwältigende Rolle spielen, »kann man nicht sagen, dass die Hindus eine Gesellschaft bilden«. Dies sei, so Ambedkar, grundsätzlich ausgeschlossen, da

> ein Hindu … nur gegenüber seiner eigenen Kaste verantwortlich ist. Seine Loyalität gilt nur seiner eigenen Kaste. Was tugendsam ist, wird von der Kaste bestimmt, die Moral ist kastenspezifisch … Es gibt zwar Nächstenliebe, aber sie beginnt mit der Kaste und endet mit ihr. Es gibt zwar Mitgefühl, aber nicht gegenüber Menschen anderer Kasten.

Woran zeigt sich die Illiberalität der Kasten-Gesellschaft? Sie liegt auf der Hand, betrachtet man nur die Einschränkungen, was Beruf, Lebensstil, Wohnort und vieles mehr betrifft, das mit der Kastenordnung zusammenhängt. Ambedkar wollte jedoch auf etwas noch

Fundamentaleres hinweisen: Das Kastenwesen ließ sich nur durch Dominanz und Androhung von Gewalt aufrechterhalten. Als Beispiel zitierte er eine Passage aus dem großen Hindu-Epos *Ramayana*, in der König Rama einen Shudra enthaupten lässt, den er beim Meditieren ertappt hatte. Shudras sind keine zweimal Geborenen, sie sollen also nicht meditieren, wie Kautilya eindeutig klargemacht hat. Das *Gesetzbuch des Manu*, Indiens ältester Gesetzestext, verweist unmissverständlich darauf, dass der König die Kastenordnung durchsetzt, und führt äußerst harte Strafen für Verstöße gegen die Vardas an. Wenn zum Beispiel ein Shudra die *Veden*, die althergebrachten religiösen Texte der Hindus, rezitiert oder ihrem Vortrag auch nur lauscht, kann er bestraft werden, indem man ihm die Zunge abschneidet oder geschmolzenes Blei in seine Ohren träufelt.

Die allerniedrigsten Arbeiten waren aber nicht den Shudras vorbehalten, sondern den Dalits. Es handelte sich um Tätigkeiten wie die Straßenreinigung und die Beseitigung von Tierkadavern und menschlichen Ausscheidungen. Typische Dalit-Berufe sind Flickschuster, Sattler und Straßenkehrer. Kinder von Dalits werden Gläubigern aus höheren Kasten zur Begleichung von Schulden überlassen, und Dalit-Mädchen werden als Devadasis, »Gottesdienerinnen«, an Tempel verkauft, wo man sie als Prostituierte missbraucht. Männer, Frauen und Kinder der Dalits arbeiten unter entsetzlichen Bedingungen und für einen Hungerlohn in der Landwirtschaft. Laut Human Rights Watch, das sich auf regierungsamtliche Statistiken stützt, schuften mindestens eine Million Dalits und vermutlich noch viel mehr als Straßenreiniger, leeren öffentliche und private Latrinen und beseitigen Tierkadaver. Ein Latrinenreiniger aus dem Bundesstaat Andhra Pradesh berichtete:

> In einer Toilette kann es mehr als 400 Sitzplätze geben, die alle per Hand gesäubert werden müssen. Das ist die niedrigste Tätigkeit der Welt, und sie wird von der Gemeinschaft verrichtet, die im Kastensystem den niedrigsten Status hat.

Die erniedrigenden Arbeiten, die die Dalits verrichten mussten, waren Teil der Dominanz, die die höheren Kasten über sie ausübten, gestützt durch Normen und die Androhung von Gewalt. Vielen

Putzkräften wurde von der Gemeindeverwaltung erklärt, sie hätten keine andere Wahl, als diese Tätigkeit auszuüben. Als im Bundesstaat Madhya Pradesh die Kampagne Rashtriya Garima Abhiyan (Nationale Kampagne für Würde) die Latrinenreiniger über ihr Recht aufklärte, ihre Arbeit jederzeit aufzugeben, machten 11 000 Dalits auf der Stelle davon Gebrauch. Doch der Druck und die Drohungen, denen sie ausgesetzt sind, bestehen nach wie vor. Einer berichtete: »Ein Mann, für den ich geputzt habe, warnte mich: ›Komm du noch mal auf meine Farm, dann schneide ich dir beide Beine ab.‹«

Die Kastenordnung und der Normenkäfig der indischen Gesellschaft raubten ihr die Fähigkeit, kollektiv zu handeln. Wie Ambedkar dargelegt hatte, war die Gesellschaft in sich gespalten und die Rote Königin zerbrochen.

Jene, die dominieren

Zumeist dominierte die in der Kastenhierarchie höchste Varna, die der Brahmanen. Historisch gesehen beherrschten selbst in Dörfern mit verschiedenen Kasten die Brahmanen die örtliche Politik und die politischen Institutionen wie die Dorfversammlung, den Panchayat, mit dem wir uns später in diesem Kapitel noch befassen werden. In seiner 1903 veröffentlichten Autobiographie berichtet Thillai Govindan von mehreren Versammlungen des Panchayat zur Beilegung von Rechtsstreitigkeiten in dem Dorf im Bundesstaat Tamil Nadu, in dem Govindan lebte. Bei einer dieser Versammlungen waren von den 25 Anwesenden 18 Brahmanen. Im Laufe seiner Feldforschungen in Tamil Nadu Anfang der 1960er Jahre fand André Béteille heraus, dass die Brahmanen zwar nur ein Viertel der Dorfbevölkerung ausmachten, traditionellerweise aber den Panchayat vollständig kontrollierten. Zu der Zeit, als Béteille seine Untersuchungen begann, war in dem Dorf bereits ein Wandel im Gang. Er hatte eingesetzt, weil die Brahmanen in städtische Regionen abwanderten, wo sie aufgrund ihrer höheren Ausbildung besser bezahlte Tätigkeiten und Posten in der Verwaltung bekamen, und weil aufgrund demokratischer Politik die zahlenmäßig größeren Kasten mehr Einfluss erhielten. In dem Dorf, das Béteille untersuchte, waren die Kallas, eine Shudra-Jati, die größte Kaste. Sie stellte die mächtigste Gruppierung nicht nur deshalb dar, weil sie die zahlenmäßig dominante Varna war, sondern auch, wie Béteille schrieb,

> die Kallas eine Tradition der Gewalt haben, was die Adi-Dravidas davon abhält, deren Autorität in Frage zu stellen.

Adi-Dravidas (wörtlich »Ur-Dravidas«) wird vor allem in Tamil Nadu als Bezeichnung für die Dalits verwendet. Sie wurde Anfang des 20. Jahrhunderts gebräuchlich; man wollte mit ihr die Gemeinschaft der Paria, eine Gruppierung von Unberührbaren, entstigmatisieren. Von den Parias rührt das Wort Paria im Deutschen her, das laut Duden jemanden bezeichnet, der unterprivilegiert oder ausgestoßen ist. Die Dravidas waren das erste Volk, das Südindien besiedelte, bevor die indoarische Einwanderung erfolgte, auf die die Kastenordnung zurückzugehen scheint. Mit der Umbenennung in Ur-Dravidas sollte ihr Status verbessert werden.

Dieser Antagonismus zwischen der – wie der indische Soziologe Mysore Narasimhachar Srinivas sie bezeichnete – »dominanten Kaste« eines Dorfs und den Dalits ist weitverbreitet und oft von Gewalt geprägt. Human Rights Watch beobachtete dies in Tamil Nadu bei einem Konflikt zwischen den Dalits und einer weiteren Shudra-Jati, den Thevars. Ein Augenzeuge berichtete:

> Die Thevars sind den Dalits feindlich gesinnt. Sie selbst sind aber keine hochstehende Gemeinschaft. Sie sind Grundbesitzer, aber nicht im großen Stil. Sie haben keine hohe Bildung, aber heuern die Dalits als Arbeitskräfte an.

Demnach gab es für die Unterdrückung der Dalits wirtschaftliche Gründe. Human Rights Watch entdeckte jedoch ein noch weit tiefer wurzelndes Hierarchie- und Dominanzsystem. So erklärte ein Politiker der Thevars ohne jeden Anflug von Ironie:

> Früher, vor 20 oder 30 Jahren, genossen die *harijan* [d.h. Dalits] die »Unberührbarkeit«. Früher gefiel es den Frauen, von den Män-

> nern unterdrückt zu werden ... Den meisten Dalit-Frauen macht es Spaß, ein Verhältnis mit einem Thevar-Mann zu haben. Sie mögen es, wenn Männer der Thevar-Gemeinschaft sie als Konkubinen halten. Das geschieht nicht mit Gewalt. Alles, was mit den Dalits geschieht, ist gewaltfrei. Deshalb reagieren sie nicht. Sie können es sich nicht leisten zu reagieren, sie sind von uns abhängig, was Arbeit und Schutz betrifft ... Ohne die Dalits können wir nicht leben. Wir brauchen Arbeiter für die Felder. Wir sind Grundbesitzer. Ohne sie können wir nichts anbauen und das Vieh nicht versorgen. Aber die Beziehungen zwischen Dalit-Frauen und Thevar-Männern beruhen nicht auf wirtschaftlicher Abhängigkeit. Die Frauen wollen das. Und die Männer erlauben es ihnen. Wenn der Mann Macht hat, dann ist die Frau dem Grundbesitzer noch mehr gewogen.

Diese von Dominanz geprägten Verhältnisse rauben nicht nur den Dominierten die Freiheit, sondern verderben auch die politischen Institutionen vor Ort. Ein Teil der Sitze im Panchayat war für die Dalits reserviert. Doch dies gefährdete die Hegemonie der dominierenden Kasten. Im Dorf Melavalavu in Tamil Nadu erklärte 1996 die Gemeinschaft der Mehrheitskasten, darunter auch die Thevars, kein Dalit dürfe für den Panchayat kandidieren. Die *Times of India* berichtete darüber: »Man drohte ihnen mit dem Verlust ihrer Arbeit als Landarbeiter und dem Verbot, auf der Patta [dem ungenutzten Land], das den dominierenden Kasten gehört, ihr Vieh weiden zu lassen oder aus den dortigen Brunnen Wasser zu schöpfen.« Die Wahlen sollten im Oktober stattfinden, mussten aber verschoben werden, da alle Dalit-Kandidaten ihre Bewerbung zurückzogen. Im Februar schließlich brachte ein Dalit namens Murugesan den Mut auf, seine Kandidatur zu erklären. Als die dominierenden Kasten daraufhin die Wahl boykottierten, gewann er. Danach benötigte er jedoch Polizeischutz und wurde von den Thevars daran gehindert, das Panchayat-Gebäude zu betreten. Außerdem erhielt Murugesan ständig Drohungen, und im Juni 1997 wurde er ermordet. Ein Augenzeuge berichtete:

> Es waren an die 40 Leute. Ausschließlich Thevars. Sie stachen Murugesan rechts in den Bauch. Mit einem sehr langen Messer. Vor dem Bus befahl Ramar [der Anführer] den Thevars, alle Parias zu töten.

> Sechs von zwölf wurden auf der Stelle umgebracht. Sie zerrten die Sechs aus dem Bus und erstachen sie auf der Straße mit Klingen, die fast zwei Meter lang waren … Fünf Thevars taten sich zusammen, legten Murugesan vor dem Bus auf den Boden, schnitten ihm den Kopf ab und warfen ihn einen halben Kilometer entfernt in einen Brunnen.

Nach diesem Massaker wurden dank einer Intervention von außen fünf Dalit-Frauen in den Panchayat gewählt. Als Reaktion darauf entließen die Thevars ihre Dalit-Arbeiter und verhinderten, dass sie anderswo Arbeit fanden. Die Kinder der Dalits hatten Angst, in die Schule zu gehen. Eine der Frauen, die gewählt wurden, berichtete gegenüber Human Rights Watch:

> Der Amtssitz liegt im Gebiet der Hindu-Kaste. Mir ist verboten, dorthin zu gehen. Deshalb müssen wir unsere Versammlungen hier im Fernsehzimmer abhalten; es ist unser provisorischer Amtssitz. Sie bedrohen uns nach wie vor. Sie beobachten und verfolgen mich … Würden die gewählten Dalit-Frauen dorthin gehen, würden die oberen Kasten ihnen Leid zufügen. Würden die Frauen darauf bestehen, zum Amtssitz zu gehen, würde man sie niederschlagen. Ich habe einen Polizisten, der mich schützen soll. Er hat eine Waffe, aber die steckt er immer in seine Tasche … Alles ist wie gelähmt.

In einem anderen Dorf in Tamil Nadu erzählte eine Frau namens Veludavur Human Rights Watch von der dort herrschenden sexuellen Gewalt, der Dalit-Frauen ausgesetzt sind:

> Die Thevars im Dorf stürmten das Haus und missbrauchten die Dalit-Frauen sexuell. Sie taten ihnen Gewalt an und vergewaltigten sie. Mein Mann ist tot, wenn ich also geblieben wäre, wäre mir dasselbe passiert … Ich habe alles zurückgelassen. Das ist das übliche Los unterdrückter Menschen.

Die gefesselte Ökonomie der Kasten

Selbst wenn man weiß, dass die Dalits auf der untersten Stufe einer Kastenordnung stehen, die die Menschen sozial und wirtschaftlich voneinander absondert, fällt es schwer, sich vorzustellen, dass diese uralte soziale Hierarchie auch heute noch darüber bestimmt, welchen Beruf jemand zu ergreifen hat. Wer könnte so etwas erzwingen? In den Gesetzen Indiens ist das gewiss nicht verankert. Aber wir haben bereits gesehen, mit welcher Unerbittlichkeit die Kasten ihre Normen durchsetzen bis hin zum Mord an jenen, die gegen sie verstoßen. Haben diese Normen eine dauerhafte Verbindung zwischen dem Namen einer Person, ihrer Kaste und ihrer beruflichen Tätigkeit geschaffen?

Der Erste, der dieser Frage systematisch nachging, war der britische Kolonialverwalter Edward Arthur Henry Blunt, der 1931 das Buch *The Caste System of Northern India* veröffentlichte. Anhand britischer Erhebungen zur Kastenzugehörigkeit und Berufsausübung ermittelte Blunt bei verschiedenen Jatis die Korrelation von Kaste und traditioneller Tätigkeit. Dazu teilte er die Jatis zunächst in zwölf weitgefasste Kategorien ein: von landwirtschaftlicher Arbeit bis hin zu niederen Tätigkeiten im Dorf, von Berufen mit Bildungshintergrund über Beschäftigungen in Handel und Gewerbe bis hin zur Bettelei. Diese Kategorien unterteilte Blunt noch weiter nach spezialisierten Beschäftigungen, zum Beispiel in der Kategorie Landwirtschaft das Züchten von Blumen und Gemüse oder die Kultivierung von Mohn und Wassernuss. Zu den Berufen mit Bildungshintergrund zählten etwa die Astrologie, die Schreibkunst und natürlich das Priestertum, das den Brahmanen vorbehalten war. Innerhalb von Handel und Gewerbe ermittelte Blunt 35 Spezialisierungen, die fast eins zu eins jeweils einer bestimmten Jati zugeordnet waren. Beispielsweise waren Lohar-Jatis zumeist Schmiede, Sonars Goldschmiede und Pasi Palmweinhersteller. Das mit Abstand größte Berufsfeld war natürlich die Landwirtschaft, 90 Prozent aller Kasten waren darin vertreten. Doch die Landwirtschaft war weniger interessant als die anderen Bereiche, weil es auch ein sehr unspezifisches Berufsfeld war, einmal abgesehen von der Kultivierung von Wassernüssen. Erstaunlicher waren die

Ergebnisse hinsichtlich spezieller Tätigkeiten. So fand Blunt heraus, dass 75 Prozent der Straßenkehrer ihrem Beruf nachgingen, ebenso 75 Prozent der Goldschmiede (Sonars), 60 Prozent der Zuckerbäcker und Getreideröster, 60 Prozent der Barbiere und Wäscher und 50 Prozent der Zimmerleute, Weber, Ölpresser und Töpfer.

Doch diese Aufteilung bedeutet nicht, dass die jeweiligen Kasten wirtschaftlich unabhängig sind. Sie sind vielmehr in das Jajmani-System eingebunden, in ein Netz von Dienstleistungen und Gefälligkeiten, das die Kasten einander zu erweisen haben. Von außen betrachtet ist es ein riesiges Gefüge gegenseitigen Gebens und Nehmens von Sachleistungen. Manches, was gegeben wird, ist jedoch wertvoller als anderes. Die erste ausführliche Darstellung der Funktionsweise dieses Systems stammt von dem Missionar William Wiser aus den 1930er Jahren, der dies in Karimpur beobachtete, einem Dorf in Nordindien nahe dem Zusammenfluss von Ganges und Yamuna im Bundesstaat Uttar Pradesh. Gemeinsam mit seiner Frau Charlotte verfasste Wiser eine ethnographische Studie über Karimpur, aus der hervorgeht, welche Ausmaße die Dominanz dort annahm:

> Die Führer unseres Dorfes sind sich ihrer Macht so sicher, dass sie es nicht für nötig befinden, sie zur Schau zu stellen. Der gelegentliche Besucher wird kaum erkennen, was sie von den anderen Bauern unterscheidet … Doch tritt einer von ihnen Menschen der dienenden Kaste gegenüber, bringen diese durch all ihre vorsichtig formulierten Worte und Gesten ihren Respekt und ihre Furcht vor ihm zum Ausdruck. Die Dienenden haben gelernt, dass die Hand, die sie dirigiert, sanft auf ihnen ruht, solange ihre Unterwürfigkeit nicht in Zweifel steht. Doch würde sich unter ihnen der Drang zu Unabhängigkeit oder gar Gleichgültigkeit bemerkbar machen, würde die väterliche Hand zum Würgegriff … in jedem Lebensbereich haben die Führer die Dorfbewohner an sich gebunden. Durch ihre Gunst kann es ein Mann zu Wohlstand bringen, und ihre Missgunst kann ihn ins Elend stürzen.

In Karimpur lebten 754 Menschen, aufgeteilt auf 161 Familien. Von diesen waren 41 Brahmanen-Familien. Wiser zählte insgesamt 24 Jatis, zwei Arten von Brahmanen, ebenfalls zwei Arten von Kshatriyas, zwölf verschiedene Shudra-Jatis und acht Kategorien von Unberührbaren. Außerdem beobachtete er ein verschachteltes System von traditionellen Dienstleistungen, die verschiedene Jatis wechselseitig erbrachten. Beginnen wir bei den Brahmanen. Im Allgemeinen sind Brahmanen Priester, die sich um die religiösen Bedürfnisse der übrigen Kasten kümmern. Die renommierteste der Brahmanen Familien, die in Karimpur als Priester wirkten, diente nur den anderen Brahmanen-Familien, und sie selbst erhielt ihre religiösen Dienste von einer noch höherstehenden Familie von außerhalb des Dorfes. Die eine Hierarchiestufe darunter angesiedelten Brahmanen-Familien waren für die religiösen Belange der Kshatriyas und Shudras zuständig. Den Brahmanen, denen das meiste Land im Dorf gehörte, schuldeten die anderen Kasten Dienste. So hatte ein Zimmermann aus der Barhai-Jati ein- bis zweimal die Woche deren Pflugscharen zu schärfen und während der Erntezeit dafür zu sorgen, dass die Sicheln scharf waren und deren Griffe so oft erneuert wurden wie nötig. War etwas an einem Wagen defekt, musste er es reparieren sowie alle sonstigen Arbeiten verrichten, die in seinen Bereich fielen. Andere Kasten wie die der Eisenflechter, Barbiere, Wasserträger und Töpfer hatten ähnlich festgelegte Aufgaben für verschiedene Leute zu verrichten. Im Gegenzug erhielten sie eine Vergütung, die sich je nach Kaste unterschied und normalerweise in Sachleistungen gezahlt wurde. Zum Beispiel entlohnte ein Brahmane den Zimmermann und den Eisenflechter pro Saison mit 10,5 Pfund Getreide für jeden der gewarteten Pflüge; Nicht-Brahmanen hingegen hatten 14 Pfund Getreide pro Pflug zu entrichten. Solche Unterschiede bestanden in der Regel auch dann, wenn mit Geld entlohnt wurde. Zum Beispiel erhielt der Schneider für ein und dasselbe Kleidungsstück von einem Brahmanen halb so viel wie von einem Nicht-Brahmanen. Kaufte ein Brahmane Milch, kostete sie ihn 50 Prozent weniger als einen Nicht-Brahmanen. Bestimmte Flächen des Dorfterritoriums waren für die höheren Kasten reserviert, den größten Teil davon erhielten die Brahmanen. Aber auch dem Zimmermann, dem Straßenkehrer, dem Ölpresser, dem Näher und dem Wäscher waren Teile des Landes zugewiesen. Der beschwerlichste Dienst von allen war die Bearbeitung der Felder, die den Brahmanen gehörten.

Auf ihnen mussten die Familien der niedrigeren Kasten für ein festgelegtes Entgelt arbeiten.

Auf der untersten Stufe der Hierarchie standen natürlich die Unberührbaren. Es handelte sich dabei um acht Chamar-Familien, die bestimmte Aufgaben zu erfüllen hatten wie beispielsweise das Häuten toter Tiere und die Herstellung von Leder für die Reparatur von Schuhen, Körben und Taschen. Über einen der Chamars schreibt Wiser:

> Im Dorf wird er nicht als individueller Mensch angesehen, sondern gilt als der Soundso-Chamar. Außerhalb des vertrauten Raums seiner Familie bestimmt sein Herr über seine Zeit und seine Dienste sowie über die Zeit und die Dienste seines Sohns. Auch seine Frau muss sich bereithalten, um auf dem Feld zu arbeiten oder schwere Arbeiten im Haus des Herrn zu verrichten, wenn er nach ihr ruft. Die Arbeit und Belange des Herrn stehen an oberster Stelle. Hat der Chamar Zeit übrig, verbringt er sie zusammen mit seinen Söhnen auf dem Stück Land, das ihm als Lohn für seine Dienste zugewiesen wurde. Ohne die Zustimmung seines Herrn fasst er keinen Plan und unternimmt nichts, das mit Zeit oder Geld zu tun hat.

Faktisch war das Jajmani ein kompliziertes System von Dienstleistungen mit feststehender traditioneller Entlohnung, die die Menschen zu verrichten hatten, basierend auf der im Kastensystem verankerten angestammten Arbeitsteilung. Dies erinnert vielleicht an die von strengen Normen regulierte und beschränkte Wirtschaft der Tiv aus Kapitel 4. Doch während die Tiv diese ökonomischen Normen aufstellten, um die Gleichheit und dabei vor allem die politische Gleichheit zu bewahren, war das indische Kastensystem bewusst antiegalitär ausgerichtet. Nicht jeder hatte jemand anderem zu dienen. Zum Beispiel dienten 38 der 41 Brahmanen-Familien niemandem, erhielten aber Dienste von anderen, und die Arbeitsregularien begünstigten stets die höheren Kasten. Genau wie Ambedkar festgestellt hatte, waren die Menschen in »wasserdichten Abteilen« gefangen, und es gab für sie keinerlei wirtschaftliche Anreize und Chancen. Talente und Fähigkeiten wurden in großem Umfang fehlgeleitet und vergeudet. Auf dem Altar des indischen Normenkäfigs wurde nicht nur die Freiheit, sondern auch die wirtschaftliche Effizienz geopfert. Kein Wunder, dass das Land unter Armut und Unterentwicklung leidet (und wir möchten hinzufügen, dass sich daran weder während der 150 Jahre dauernden Herrschaft der East India Company und der britischen Kolonialmacht noch zuvor während des Mogulreichs viel geändert hat, denn sowohl die Briten als auch die Mogule förderten die Kastenordnung und nutzten sie für ihre Zwecke).

Doch wenn Indien so hierarchisch und tief gespalten ist, wie kommt es dann, dass das Land seit seiner Unabhängigkeit regelmäßig demokratische Wahlen abhält und oft als die weltweit größte Demokratie gepriesen wird? Warum hat dieses demokratische System es nicht vermocht, so etwas wie die Rote Königin zu mobilisieren? Die Antwort auf die erste Frage hängt, wie wir gleich sehen werden, mit Indiens Geschichte der politischen Volksbeteiligung zusammen, die in vieler Hinsicht der Teilhabe bei den germanischen Stämmen ähnelt (siehe Kapitel 6). Die Antwort auf die zweite Frage hängt wiederum mit den von Ambedkar genannten Faktoren zusammen, die auch die Demokratisierung Indiens nach dem Muster der Kastenordnung formten.

Republiken aus alter Zeit

Vor der Erfindung der Schrift wurde die Geschichte mündlich von einer Generation auf die nächste tradiert. Diese mündlichen Überlieferungen benutzten Herrscher oft zur Absicherung ihrer Dynastien und teilweise auch zur Legitimierung ihrer Herrschaft. Aber auch Dichter und Barden verbreiteten sie zum Zwecke der Unterhaltung und Belehrung. So entstanden die großen Werke der griechischen Literatur, die *Ilias* und die *Odyssee*, die Epen, die Homer zugeschrieben werden und in denen er die Geschichte der Trojanischen Kriege und ihrer Folgen erzählt. Die Kriege fanden um das Jahr 1200 v. Chr. statt, aber die Geschichten über sie wurden mindestens 600 Jahre später verfasst. In der Zeit dazwischen fanden sie mündlich Verbreitung.

Auch Indien besitzt etwas Ähnliches wie die *Ilias* und die *Odyssee*. Am berühmtesten sind wohl das *Mahabharata* und das *Ramayana*, die zwischen 400 v. Chr. und 400 n. Chr. entstanden. Noch älter und unseren Zwecken dienlicher sind die *Veden*. Davon gibt es vier. Sie wurden erst mündlich von den Brahmanen, den Priestern der Hindu-Religion, verbreitet und bereits 1000 v. Chr. niedergeschrieben. Einer der vier, der *Rigveda*, besteht aus mehr als tausend Hymnen und Gedichten. Die *Veden* gehen vermutlich auf die indoarischen Völker zurück, die wahrscheinlich in mehreren Wellen, über einen langen Zeitraum hinweg, nach Indien einwanderten. Im *Rigveda* werden die Gesellschaft, die Kriegführung und die Politik beschrieben. Doch jede Interpretation dieser Schilderungen bedarf einer gewissen Hinterfragung, da oft unklar ist, ob sie historische Fakten wiedergeben oder reine Fiktion sind. Was wir jedoch aus ihnen erschließen können, ist ein ziemlich klares Bild von den politischen Institutionen. Es gab per Wahl bestimmte Häuptlinge, Rajas genannt, deren Macht jedoch stark eingeschränkt war durch Ratsversammlungen, die man als *vidatha, sabha* und *samiti* bezeichnete. Ungewiss ist, wie diese Institutionen genau zusammenarbeiteten. Die *sabha* scheint relativ klein gewesen zu sein und womöglich nur aus den alten Eliten bestanden zu haben, während die *samiti* groß war und vermutlich alle freien und erwachsenen männlichen Bürger umfasste. Die Bedeutung der Versammlungen geht aus einer Passage aus einem anderen Veda, dem *Atharvaveda*, hervor. Darin versichert ein König:

> In Eintracht mögen Prajapatis beide Töchter *sabha* und *samiti* mich beschützen. Möge jeder, der mir begegnet, mir Achtung erweisen und hilfreich sein. Gerecht seien meine Worte, o mein Vater, bei den Versammlungen.
>
> Wir kennen deinen Namen, o *sabha*, dein Name ist das Gegenteil von Gerede. Mögen alle, die an der *sabha* teilnehmen, mir zustimmen.
>
> Von den hier versammelten Männern möge mir Ruhm und Kunde zuteilwerden. Indra möge mich in der hier versammelten Gesellschaft emporheben.

Prajapati, der Schöpfergott, wird als Urheber der Versammlungen angesehen, die der Beratung und Diskussion dienten. Aus der zitierten

Passage geht klar hervor, dass der König ihre Unterstützung benötigte.

Tatsächlich waren die Rajas den von Tacitus beschriebenen germanischen Stammesführern bei Kriegszügen nicht unähnlich. Die *vidatha* beispielsweise hatte offenbar den Zweck, die Kriegsbeute aufzuteilen. Indische Historiker verwenden bezeichnenderweise den Begriff »Stamm« für die soziale Organisationsform in dieser Epoche. Im *Rigveda* werden 30 verschiedene Stämme aufgezählt. Die Gesellschaft scheint sich auf Verwandtschaftsbeziehungen und Sippen gegründet zu haben.

In der späteren vedischen Periode, vermutlich um das Jahr 600 v. Chr., entwickelten sich unterschiedliche Staatsformen. In Teilen Nordindiens wurden aus den Häuptlingen Könige, die eine von der Religion sanktionierte Erbmonarchie etablierten, bei deren Legitimierung das von den Brahmanen kontrollierte Varna-System eine entscheidende Rolle spielte. In anderen Regionen Indiens hatte die Versammlungspolitik weiterhin Bestand und wurde sogar noch intensiviert. Diese Staaten werden von den Historikern als Gana-Sanghas bezeichnet.

Die bestdokumentierte Gana-Sangha ist Licchavi in Vaishali, dem heutigen Basarh im Bundesstaat Bihar nördlich des Ganges (siehe Karte 12 auf Seite 353). Einer zeitgenössischen Quelle zufolge gab es »in jener Stadt [Vaishali] stets 7707 Könige [Rajas], die das Königreich regierten, und eine ähnliche Anzahl Vizekönige, Generäle und Kämmerer«. Eine andere Quelle berichtet, es gebe »von der herrschenden Familie der Licchavi bis zu 7707 an der Zahl, die ihre Residenz in Vaishali haben. Und sie alle neigen zu Debatten und Disput.« Historiker interpretieren diese Zahlen dahingehend, dass die Einwohnerschaft von Vaishali 4 × 7707 oder 30 828 Menschen betrug und ein Viertel davon, die »Könige«, besondere politische Rechte besaßen und die Ratsversammlung bildeten. Diese war das Herz des Liccavi-Staats, der 200 000 bis 300 000 Menschen umfasst haben könnte. Als Anteil an der Gesamtbevölkerung – falls die Gesamtzahl der Bürger von Vaishali um die 30 000 betrug – entspricht dies dem Anteil von Bürgern im antiken Athen und sogar dem von Rom zur Zeit der Punischen Kriege. Die Versammlung wählte einen Rat von neun Männern, die den Großteil der üblichen Verwaltungsaufgaben verrichteten, und einer von ihnen wurde zum Oberkönig mit exekutiver Befugnis gewählt. Möglicherweise hatte er dieses Amt auf Lebenszeit inne. Buddha selbst wird in einem Text dahingehend zitiert, dass die Licchavi »häufig große öffentliche Versammlungen abhielten«, »in Eintracht« debattiert hätten und »in Eintracht auseinandergegangen« seien. Entscheidungen wurden per Mehrheitsbeschluss getroffen, und die Beamten für spezifische Aufgaben wie zum Beispiel der sogenannte Salaka-Gahapaka, der Oberaufseher bei Wahlen, wurden per Wahl bestimmt. Bedingung für dieses Amt waren fünf Qualitäten. Der Kandidat musste ein Mann sein, »der sich nicht in Parteilichkeit … in Bosheit … in Torheit … und in Ängstlichkeit erging und der weiß, wofür man gestimmt hatte und wofür nicht«. Der Titel Salaka-Gahapaka leitet sich von »Salaka«, Holzspan, ab. Für Abstimmungen benutzte man Holzspäne, ähnlich den heutigen Wahlzetteln. Die Licchavi hatten noch weitere bemerkenswerte Institutionen, darunter ein vermutlich achtstufiges Gerichtswesen mit Berufungsinstanzen, an dem die Bevölkerung ähnlich wie im antiken Athen regen Anteil nahm. Zwar sind die anderen damaligen Staaten wie etwa Shakya, das Geburtsland des Buddha, historisch nicht so gut belegt wie die Licchavi, scheinen jedoch über vergleichbare republikanische und demokratische politische Institutionen verfügt zu haben.

Die große Bedeutung der Gana-Sanghas lässt sich daran ermessen, wie Kautilya im *Arthashastra* über sie spricht. Kautilya war so etwas wie das indische Gegenstück zu Fürst Shang und versuchte, ähnlich wie dieser, Herrschaftsaspiranten ein Lehrbuch der Staatskunst und ein Regelwerk zur Organisation eines Staates an die Hand zu geben. Bei seiner Erörterung des idealen Staates schenkt Kautilya den Ratsversammlungen keine Beachtung, sondern empfiehlt vielmehr ein monarchisches, stark hierarchisiertes System. Doch in dem Teil des Buches, in dem er sich mit der Außenpolitik beschäftigt, verweist Kautilya explizit auf die Gana-Sanghas, die er einfach nur als Sanghas bezeichnet:

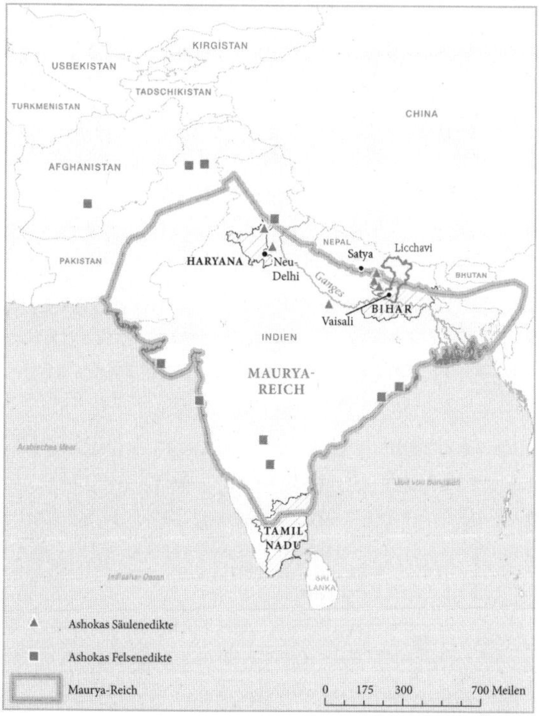

Karte 12: Indische Großreiche und die Wiege der partizipativen Politik

> Da Sanghas fest zusammenstehen, können Feinde sie nicht [leicht] zerstören.
> Der Häuptling einer Sangha soll sich bei seinem Volk beliebt machen durch gerechtes Verhalten, Selbstkontrolle und Fleiß bei allem Tun, das sein Volk schätzt und diesem nützt.

Noch bemerkenswerter ist, dass sich in Gana-Sanghas die Vorstellung entwickelte, das Volk solle kollektiv bei der Einrichtung staatlicher Institutionen mitbestimmen. Am deutlichsten wird das in buddhistischen Schriften wie der *Digha-Nikaya* formuliert. Diesem Text zufolge herrschten in der Gana-Sangha Shakya, wo der Buddha herstammte, lange Zeit ein paradiesischer Zustand und Glückseligkeit, bevor die Verdorbenheit Einzug hielt. Plötzlich unterschieden sich die Menschen nach Hautfarbe und Geschlecht und hatten irdische Bedürfnisse. Das himmlische Leben wich dem Leben auf Erden. Die Menschen begannen Institutionen wie die Familie und das Eigentum zu erschaffen, und Streit und sogar Diebstahl folgten. Schließlich versammelte sich das Volk, um den »Vorzüglichsten und Fähigsten« zum Herrscher zu wählen. Nach seiner Wahl versprach er, »ungehalten über das zu sein, worüber man zu Recht ungehalten sein soll, zu tadeln, was zu Recht getadelt werden soll, und jeden zu verbannen, der es verdient, verbannt zu werden«. Das Volk kam überein, ihn mit Reis zu entlohnen. Der *Digha-Nikaya* berichtet von dieser Wahl des Herrschers, der drei Titel trug: *mahasammata, khattiya* und *raja*. Der erste Titel bedeutet »gewählt vom ganzen Volk«, der zweite »Herr der Felder« und der dritte »der das Volk durch den Dharma beschützt«.

Der im *Digha-Nikaya* verwendete Begriff Dharma ist von zentraler Bedeutung; er stammt aus dem *Dharmasastra*, einer Sammlung von Texten, deren früheste bis in die Zeit zwischen 600 und 300 v. Chr. zurückreichen. Dharma bedeutet in etwa »rechtschaffene, moralische Lebensführung«. Wer sich dieser verpflichtet, gewinnt spirituellen Lohn, der wiederum für das zukünftige Leben nach der Wiedergeburt Gutes verheißt. Dharma ist die indische Version der ethischen Prinzipien des Konfuzius, die den chinesischen Herrscher bewegen sollten, in moralischer Weise und zum Wohle des Volkes zu regieren. Im vorangegangenen Kapitel haben wir gesehen, dass die chinesischen Kaiser zwar allesamt ihre Treue zu den konfuzianischen Prinzipien bekundeten, sich dies aber nicht immer in ihrem Handeln niederschlug. Das Gleiche gilt für den Dharma in Indien.

Wenn Monarchien entstanden, entwickelten sie eine ganz andere Begründung zur Rechtfertigung der neuen Herrschaftsstruktur. Entscheidendes Gewicht hatte in diesem Zusammenhang das Varna-System. In vielen Texten wird dabei auf die Notwendigkeit verwiesen, eine Sozialordnung aufrechtzuerhalten, die auf den Varnas basiert. Kautilya hebt dies klar hervor, wenn er über das Varna-System Folgendes schreibt:

> Wird es verletzt, so kommt die Welt an ihr Ende, und schuld daran ist die Vermischung der Kasten und Pflichten. Deshalb darf der Kö-

> nig dem Volk niemals erlauben, von seinen Pflichten abzuweichen; denn wer seine Pflichten verrichtet und stets den Gebräuchen der Aryas sowie den Regeln der Kaste und den Einteilungen des religiösen Lebens folgt, wird gewiss glücklich sein, jetzt und in der Zukunft.

Also hatte der König dafür zu sorgen, dass die Menschen gemäß ihrer Varna und Kaste an ihren Pflichten festhielten. Im Gegenzug legitimierte das Varna-System in Form der brahmanischen Rituale den Staat. Dies geht deutlich aus dem berühmtesten Krönungsritual jener Zeit hervor, dem Ratnahavimsi. Das Ritual verlangte, dass der König das Haus jedes einzelnen Ratnin (Juwelenhüter) aufsuchte und dort Gebete verrichtete. Die Angaben, wie viele Ratnin es gab, schwanken zwischen 11 und 15, aber in einem Punkt stimmen alle Überlieferungen überein: Der Brahmane war als Erster an der Reihe. Das verdeutlichte, wer die Macht besaß und wem gegenüber der König seine Herrschaft zu verantworten hatte. Dieses Zusammenspiel von Varnas und Staat ist ein weiterer entscheidender Grund, weshalb die Rote Königin in Indien keine Wirkung entfalten konnte. Der Staat sollte das Varna-System stützen und ehren, es aber keinesfalls aufbrechen. Die Kastenordnung ihrerseits stützte die Hierarchie und hielt die Gesellschaft davon ab, sich gegen den Staat zu wenden.

Angeleitet von Kautilya, gelang es den Maurya, ein Reich von beispielloser Größe zu erschaffen (siehe Karte 12 auf Seite 353). Eine Vorstellung von dessen enormer Ausdehnung vermitteln die Standorte der sogenannten Säulenedikte, die Chandraguptas Enkel Ashoka, der berühmteste Maurya-Herrscher, aufstellen ließ. Ashoka regierte von 268 bis 232 v. Chr. Er ordnete an, überall in seinem Königreich die Gesetze und Vorschriften in Felsen und Stelen zu gravieren, vermutlich deshalb, damit sie jedermann vor Augen hatte. Die wichtigsten Säulenedikte befanden sich in Kandahar im heutigen Afghanistan, in Yerragudi südlich von Hyderabad im heutigen indischen Bundesstaat Andhra Pradesh, in Dhauli im Osten des heutigen Odisha (Orissa), und weit im Norden in Shahbazgarhi in Pakistan. Dies lässt die Ausmaße von Ashokas Reich erahnen, und der Text der Edikte eröffnet Einblicke in seine Herrschaftsweise. Zwar ist im *Arthashastra* die Rede von einem engmaschigen bürokratischen

Netz, das das Maurya-Reich überzogen und bis auf Dorfebene gereicht haben soll, doch die heutigen Historiker halten dies für höchst unwahrscheinlich. Was diesen Punkt betrifft, erlag Kautilya wohl einem Wunschdenken. Um das Fehlen einer derartigen bürokratischen Kontrollmöglichkeit wettzumachen, konvertierte Ashoka zum Buddhismus und propagierte den Dharma als seine Herrschaftsphilosophie. Die Edikte waren das Instrument hierzu. Im Großen Felsedikt 6 verkündete er, wie er zu herrschen gedachte:

> Die Kundschafter haben mir über die Angelegenheiten des Volkes zu jeder Zeit (und) überall zu berichten, ob ich speise oder im Harem bin, in den inneren Gemächern, im Viehgehege, in der Sänfte (oder) im Park. Und überall werde ich mich um die Belange des Volkes kümmern.
> Und auch, wenn im Rat (von Mahāmātras) ein Streit entsteht oder eine Gesetzesänderung vorgeschlagen wird in Verbindung mit einer Schenkung oder Proklamation, die ich mündlich verkünde, oder (in Verbindung) mit einer dringlichen Angelegenheit, die den Mahāmātras vorgelegt wurde, muss mir dies sofort, überall (und) jederzeit berichtet werden.
> So lautet mein Befehl. Denn es wird mir niemals zu viel, mich einzusetzen und mit Angelegenheiten zu befassen.

Mit solchen Worten entwarf Ashoka sein Image des höchst verantwortungsvollen Herrschers, der sich um das Wohlergehen seines Volkes kümmerte. Die letzte Zeile seines Edikts ist interessant. Ironisch bemerkte Ashoka: »Doch es ist schwer, dies ohne großen Eifer zu erfüllen.« Wie wahr, und an Eifer mangelte es meist. Das Maurya-Reich brach 187 v. Chr. zusammen, weniger als 50 Jahre nach Ashokas Tod.

Die Gana-Sanghas hingegen überlebten den Aufstieg der Maurya und bestanden noch lange fort. Zwar gab es in den tausend Jahren nach dem Zusammenbruch des Maurya-Reichs eine Reihe kleinerer Staaten in Nordindien, die kurz aufblühten und wieder untergingen. Doch vermutlich bildeten sich erst mit dem Aufstieg des Sultanats von Delhi im 13. Jahrhundert und danach mit dem Mogulreich nach 1526 die eher despotischen staatlichen Institutionen in Indien heraus. Davor gab es beispielsweise die Chauhan, einen der großen

Rajputen-Clans, der in Rajasthan vor der Entstehung des Sultanats von Delhi herrschte und für die Erhebung neuer Steuern die Zustimmung der Dorfversammlung benötigte. In diesem Zusammenhang taucht auch die Bezeichnung Panchayat für die Ratsversammlung auf, die, wie wir gesehen haben, nach wie vor in Indien für Kastenberatungen und politische Versammlungen auf Kommunalebene verwendet wird. Als sich despotische Institutionen zu entwickeln begannen, durchdrangen sie jedoch nicht überall die Gesellschaften bis hinunter zur Gemeindeebene, vor allem nicht im Süden, dem wir uns nun zuwenden.

Das Land der Tamilen

Ratsversammlungen und repräsentative Systeme gab es nicht allein in Nordindien. Im Süden des Subkontinents waren sie vermutlich sogar noch weiter verbreitet. Hier konnten nicht einmal die Mogule ihre Herrschaft festigen, und es bestand ein hoher Grad an Autonomie bis zum Beginn der britischen Kolonialherrschaft, die mit dem bis 1857 dauernden Regime der East India Company ihren Anfang nahm und danach mit der direkten Kontrolle durch die britische Regierung bis zur indischen Unabhängigkeit 1947 fortgeführt wurde.

Betrachten wir das Chola-Reich, an dem sich nicht nur die Potenz der südindischen Ratsversammlungen zeigt, sondern auch deutlich wird, wie zentralisierte Staaten durch einen von der Basis ausgehenden Zusammenschluss politischer Gemeinwesen entstanden. Der Staat der Chola herrschte von seinem Kernland in Tamil Nadu, dem »Land der Tamilen«, aus über weite Teile Südostindiens (siehe Karte 12 auf Seite 353). Vermutlich bestand es vom 8. oder 9. Jahrhundert bis zum Ende des 13. Jahrhunderts. Die erste Hauptstadt war Thanjavur südwestlich des heutigen Chennai in Tamil Nadu; spätere Hauptstädte waren Kanchipuram und Madurai. Verwaltungsaufgaben wurden von Dorfversammlungen erledigt. In Dörfern, in denen Bauern das Sagen hatten, nannte man diese Versammlungen *ur*, während sie in den Dörfern, in denen die Brahmanen die Macht hatten, als *sabha* bezeichnet wurden. Die *ur* scheint aus allen männlichen erwachsenen Einwohnern bestanden zu haben, ebenso die *sabha*. Doch es gibt auch Hinweise darauf, dass die Mitglieder der *sabha* durch Losentscheid aus dem Kreis der Berechtigten gewählt wurden. Eine Inschrift an einem Tempel in Uthiramerur, einem von Brahmanen kontrollierten Dorf, erklärt bemerkenswert detailreich die Funktionsweise dieser Institutionen:

> Es soll 30 Wahlkreise geben. In diesen 30 Wahlkreisen sollen jene, die darin leben, sich versammeln und durch Los jene Männer bestimmen, die über folgende für die Wahl nötigen Qualifikationen verfügen:
> Er muss mehr als ein Viertel des steuerpflichtigen Landes besitzen. Er muss in einem Haus auf seinem eigenen Grund und Boden leben. Sein Alter muss unter 70 Jahre und über 35 Jahre betragen. Er muss die Mantras und die Brahmanas [aus dem *Veden*-Korpus] kennen.
> Selbst wenn er nur ein Achtel des Landes besitzt, soll sein Name mit aufgenommen werden, sofern er eine *Veda* und eine der vier *Bhashyas* gelernt hat.

Daran schloss sich eine lange Aufzählung jener Verwandten des Kandidaten an, die nicht gleichzeitig mit ihm gewählt werden durften. Jemand war auch dann nicht für die Versammlung wählbar, wenn er »das Eigentum eines anderen gestohlen hat. Oder wenn er verbotene Speisen zu sich genommen hat.« Ausgeschlossen waren auch alle, die in den vorangegangenen drei Jahren einem Komitee angehört oder in noch früherer Zeit einem Komitee angehört, aber darüber keine Rechenschaft abgelegt hatten.

> Sind all jene ausgeschlossen, sollen die Namen für die 30 Wahlkreise auf Zettel geschrieben und diese … in ein Gefäß gelegt werden. Wenn die Zettel gezogen werden, soll die große Ratsversammlung aller jungen und alten Mitglieder zusammentreten.

Es folgt eine umfängliche Liste mit Instruktionen zur Verhinderung des Betrugs beim Wahlvorgang. Per Los wurden 30 Männer, je einer pro Wahlkreis, bestimmt. Diese Männer verteilten sich auf verschiedene Komitees, zum Beispiel das Gartenkomitee, das Wasserbeckenkomitee und das Jahreskomitee. Wir wissen nicht genau, welche Aufgabe das Gartenkomitee erfüllte, aber das Wasserbeckenkomitee war vermutlich für die Wasserdepots und die Versorgung mit Trinkwasser und für die künstliche Bewässerung zuständig. Von künstlicher Bewässerung ist in den Inschriften oft die Rede:

> Die Brahmana-Versammlung … trifft mit zwei Brüdern eine Vereinbarung … Weil der Kanal, der zum See des Dorfes der Brüder fließt, kein Wasser erhält, soll die Versammlung ihren eigenen See entschlammen, zur Hälfte die Arbeiten für einen Verbindungskanal übernehmen und zulassen, dass Abflusswasser aus ihrem eigenen See durch den Kanal zum See des Nachbardorfes gelangt.

Eine Inschrift aus einem anderen Dorf berichtet von »zwei kleinen Kanälen«:

> Eine Zusammenkunft der örtlichen Brahmana-Versammlung mit der größeren Nadu-Versammlung legt die Grenzen dieser Kanäle im Verhältnis zu den umliegenden Feldern fest, wobei der Wasserpegel in den zum Nachbardorf führenden Kanälen nicht sinken darf.

Andere Dörfer hatten auch ein »Fünffachkomitee« und ein »Gold-Komitee«.

Während im italienischen Siena die Ratsversammlungen mit dem Läuten einer Glocke einberufen wurden, geschah dies in einem Tamilendorf mit dem Schlagen einer Trommel. Die *urs* und die *sabhas* waren auch für das Eintreiben der Steuern zuständig, wovon sie einen Teil selbst behielten und einen Teil an das Chola-Reich abtraten. Zudem schlichteten sie Landstreitigkeiten und andere rechtliche Konflikte.

An diesem Punkt wird es äußerst interessant. Die *urs* und *sabhas* wurden zu größeren Einheiten zusammengefasst, zu einem *nadu*, wie bereits oben bei dem Beschluss zu den Kanälen erwähnt. Jeder *ur* und jede *sabha* scheint gewählte Vertreter in den *nadu* entsandt zu haben, der kollektive Entscheidungen traf. Besonders auffällig an den *nadus* ist ihre sehr unregelmäßige geographische Verteilung und zuweilen geringe Größe. Zum Beispiel geht aus einer Inschrift zum *nadu* von Adanur-nadu hervor, dass er lediglich zwei Dörfer umfasste. Einer anderen Inschrift zufolge bildeten vier Dörfer gemeinsam den *nadu* von Vada-Chriuvayil-nadu. Manche *nadus* jedoch setzten sich aus 11 bis 14 Dörfern zusammen. Der Historiker Y. Subbarayalu wertete Hunderte solcher Inschriften aus, die sich zumeist in Tempeln befanden, und erstellte daraus eine Karte der *nadus* des Chola-Mandalam, des Zentrums des Königreichs im Tal des Flusses Kaveri. Subbarayalus Karte zeigt, dass Zuschnitt und Geltungsbereich der *nadus* stark variierten, selbst in dem Flusstal, wo vermutlich eine recht gleichmäßige Bevölkerungsdichte herrschte. Dies ist darauf zurückzuführen, dass der Chola-Staat nicht von einer zentralen Regierung dem Land aufgezwungen worden war, sondern einen Zusammenschluss früher autonomer Dörfer darstellte. Der Staat hatte sich von unten heraus gebildet, ähnlich wie die Schweiz, mit der wir uns im nächsten Kapitel befassen werden. Diese Schlussfolgerung wird von einer weiteren Inschrift aus dem 12. Jahrhundert bestätigt, die besagt, dass die Einsetzung von Rajadhiraja II. auf den Thron des Chola-Reichs vom *nadu* genehmigt werden musste.

Bezeichnenderweise erhielt die Region den Namen Tamil Nadu, heute übersetzt mit »Land der Tamilen«, so dass der vormalige Begriff für die Dorfversammlungen inzwischen das gesamte Gebiet der Tamilen beinhaltet.

Von der Gana-Sangha zur Lok Sabha

Offensichtlich ist der Begriff *sabha* in Indien tief verwurzelt. Er reicht mindestens bis zu den Ratsversammlungen der Gana-Sangha-Staaten in Nordindien vor mehr als 2500 Jahren zurück. Heute trägt die erste Kammer des indischen Parlaments die Bezeichnung Lok Sabha, was Volksversammlung bedeutet. Aber wie echt sind diese Kontinuitäten?

Die Antwort lautet: sehr echt. Indien ist ein großes und heterogenes Land, und zweifellos gab es unter den *sabhas* vielerlei Varianten. Die Staaten in Nordindien, vor allem das Mogulreich, kamen durch Invasion von außen zustande und waren gewiss keine von der sozialen Basis ausgehende Konstruktion, wie es der Chola-Staat war. Dennoch schufen die Mogule keine staatliche Bürokratie, wie sie benötigt worden wäre, hätte man die *sabha* und ihre Dorf-Republiken ersetzen wollen. Stattdessen ließen sie die Autonomie der Dörfer unangetastet, solange Steuern auf Grund und Boden entrichtet wurden. Die gebräuchlichste Vorgehensweise dabei war das System der Steuerpacht; die Mogule übertrugen einem bestimmten Menschen, genannt Zamindar, das Recht der Steuereintreibung in einem bestimmten Gebiet. Einen Teil der Steuern, in der Regel 10 Prozent, durfte er für sich behalten. Zwar verfügten die Mogule über Finanzbeamte, die genaue Informationen über die Produktion und Produktivität der Dörfer hatten, aber sie etablierten zur Erhebung der Steuern kein bürokratisches System. Wie trieben die Zamindars die Steuern ein? In manchen Fällen handelte es sich bei ihnen um waffentragende Mitglieder der Eliten aus vormogulischer Zeit, die Zwangsmittel anzuwenden wussten, aber oft arbeiteten die Zamindars mit den im Dorf Zuständigen zusammen. War jedoch kein Zamindar vorhanden, verhandelten die Mogule direkt mit den Amtstragern im Dorf, die für die Steuerzahlung kollektiv verantwortlich waren.

Auch bei diesen dörflichen Institutionen herrschte große Kontinuität. Sie wurden von den Vertretern der britischen East India Company im 18. Jahrhundert anerkannt, vor allem nach 1765, als die Company vom Mogulkaiser das Recht der Steuereintreibung in Bengalen und Bihar erhielt. Im berühmten Fünften Bericht des Ausschusses zu den Angelegenheiten der East India Company, der 1812 dem britischen Parlament vorgelegt wurde, ist die Situation treffend beschrieben. Der Bericht befasste sich vor allem mit den institutionellen Neuerungen der Company seit 1765, insbesondere im Hinblick auf die Steuereinnahmen. Aber er gibt auch eine interessante Einschätzung des Dorflebens in Indien wieder:

> Ein Dorf ähnelt … in politischer Hinsicht … einer Gemeinde oder Siedlung. Hinsichtlich seiner Beamten und deren Untergebenen ist es wie folgt eingerichtet: Der *potail* oder Haupteinwohner, dem die allgemeine Oberaufsicht über die Belange des Dorfes obliegt, schlichtet die Streitfälle zwischen den Einwohnern, sorgt für Recht und Ordnung und übt die Pflicht … der Steuererhebung in seinem Dorf aus, eine Pflicht, zu deren Erfüllung er aufgrund seines persön-

lichen Einflusses und seiner genauen Kenntnis der Verhältnisse und Anliegen der Bürger am besten geeignet ist.

Des Weiteren listet der Bericht eine Vielzahl von Dorfbeamten auf, denen unterschiedliche Aufgaben zufielen, darunter »die Oberaufsicht über die Wasserspeicher und Wasserläufe«, und hält fest: »Unter dieser Art einfacher Gemeindeverwaltung leben die Einwohner des Landes seit unbekannten Zeiten.« In den 1830er Jahren schrieb Sir Charles Metcalfe:

> Die Dorfgemeinden sind kleine Republiken, sie haben fast alles, was sie brauchen, selbst zur Verfügung, und sind von Beziehungen nach außen fast unabhängig … Der Bund der Dorfgemeinden, die jeweils einen kleinen Staat für sich darstellen, hat meiner Wahrnehmung nach mehr als alles andere zum Erhalt des Volkes von Indien während all der Umwälzungen und Veränderungen beigetragen, unter denen die Bevölkerung zu leiden hatte.

Im Fünften Bericht kommt das Wort *panchayat* nicht vor, aber schon wenig später erscheint es in anderen zeitgenössischen Quellen und Dokumenten der Kolonialverwaltung. Zum Beispiel ist in Henry Sumner Maines *Village Communities in the East and West*, erschienen 1871, von indischen »Dorfgremien« mit gewählten Funktionsträgern die Rede, während sich Baden Henry Baden-Powell in seinem Werk *The Origin and Growth of Village Communities in India* von 1899 ausführlich mit *panchayats* beschäftigt, wobei Baden-Powell sie für weitgehend oligarchisch verfasst hielt. Im Jahr 1915 konstatierte John Matthai: »Das typischste Merkmal der Regierung einer Dorfgemeinschaft war der *panchayat* oder Dorfrat«, mit dem »entweder eine Generalversammlung der Einwohnerschaft oder ein aus deren Mitte gewähltes Komitee bezeichnet wird.« Bereits 1880 versuchten die britischen Behörden, sich dieser dörflichen Institutionen zu bedienen. Im *Report of the Indian Famine Commission* aus jenem Jahr heißt es:

> In den meisten Teilen Indiens bestehen gewisse dörfliche Organisationen, die durch einen funktionstüchtigen und natürlichen Mechanismus … die Fürsorge im Dorf regeln. Zum Zwecke der künftigen

> Entwicklung des Landes sollte die Förderung des Prinzips der Selbstverwaltung durch Tätigkeiten aller Art mehr und mehr den Einrichtungen vor Ort überlassen werden.

Einem Gesetz aus dem Jahr 1892 zufolge sollten *panchayats* »in jeder geeigneten Weise« von der Bevölkerung gewählt werden, und ein 1911 in Madras erlassenes Gesetz erlaubte nicht nur die Wahl von *panchayats*, sondern wies diesen eine Vielzahl von Aufgaben zu, darunter die Beleuchtung und Reinigung der öffentlichen Straßen, die Säuberung von Abflüssen, Wasserreservoirs und Brunnen sowie den Bau und Unterhalt von Schulen und Krankenhäusern.

Es ist demnach kein Zufall, dass Mahatma Gandhis Vorstellung von einem idealen Indien auf autarken Dörfern beruhte, was er als Hindu Swaraj oder Indische Selbstverwaltung bezeichnete. Konsequenterweise wurden die dörflichen Institutionen nach der Unabhängigkeit noch weiter gestärkt. Artikel 243 der indischen Verfassung erlaubt die Einrichtung einer Gram Sabha, einer Ratsversammlung des Dorfes, bestehend aus wahlberechtigten Erwachsenen, die auf demokratische Weise ein *panchayat* zur Verwaltung des Dorfes wählt. Noch weitere Befugnisse erhielten diese Institutionen durch das Panchayati-Raj-Gesetz von 1992, das eine Hierarchie von dreierlei *panchayats* schuf und sie als einen festen Bestandteil des politischen System Indiens verankerte.

Keine Ehre unter den Varnas

Demnach hat die Demokratie in Indien tiefe Wurzeln. Aber tief verwurzelt oder nicht – die Demokratie funktioniert nicht allzu gut in einer Gesellschaft, die durch eine noch tiefer verwurzelte Hierarchie orientierungslos geworden ist und sich gegen sich selbst wendet. Dies kann man im nördlichen Bundesstaat Bihar (siehe Karte 12 auf Seite 353) beobachten, wo demokratische Einrichtungen die Spaltung der Gesellschaft eher vorantreiben und die staatliche Leistungsfähigkeit schwächen, wo also das Gegenteil von dem geschieht, was man von der Roten Königin erwarten würde. Und in diesem Fall handelt es sich auch nicht um eine Verschwörung der zweimal Geborenen gegen jene, die unter ihnen stehen, sondern darum, dass niedere Kasten die höheren unterminieren, was insbesondere zwischen den Jahren 1990 und 2005 geschah, als sich Lalu Prasad Yadav und dessen Frau Rabri Devi Yadav im Amt des Chief Ministers abwechselten.

Bihar zählt zu den ärmsten Bundesstaaten Indiens. Im Jahr 2013 lebte ein Drittel seiner 100 Millionen Einwohner in Armut – eine der höchsten Armutsraten im ganzen Land. Im Unterschied dazu sind nur 11 Prozent der Bevölkerung von Tamil Nadu arm, und nur 7 Prozent in Kerala. Bihar weist auch von allen indischen Bundesstaaten die niedrigste Alphabetisierungsrate unter Erwachsenen auf. Nach einer Erhebung von 2011 beträgt sie 64 Prozent und liegt somit weit unter der von Kerala mit 94 Prozent. Armut und Analphabetismus waren in Bihar allgegenwärtig, und schuld daran war die schwindende Leistungsfähigkeit des Staates. Im Nachbarstaat Jharkhand, der bis zu seiner Abspaltung im Jahr 2000 zu Bihar gehörte, ist die Absentismus-Rate bei Lehrern erschreckend hoch: 40 Prozent der Lehrkräfte, die in der Schule unterrichten sollten, sind wie vom Erdboden verschluckt. In Bihar ist die Lage ähnlich.

Der Staat Bihar ist so unfähig, dass er nicht einmal die Zahlungen entgegennehmen kann, die ihm von der Zentralregierung bewilligt wurden. Die indischen Bundesstaaten beziehen einen Großteil ihrer Einnahmen von der Zentralregierung, und um diese Mittel zu erhalten, muss bei der Beantragung ein bestimmtes bürokratisches Prozedere eingehalten werden. Das setzt natürlich ein Mindestmaß an Leistungsfähigkeit voraus: Die Gelder müssen rechtzeitig beantragt werden, es muss ein Budget erstellt und ein Ausgabenplan verabschiedet werden. Doch große, für Bihar bereitstehende Beträge wurden niemals abgerufen oder verwendet. Betrachtet man zum Beispiel Sarva Shiksha Abhiyan, ein bekanntes Programm zur Förderung der Grundschulausbildung, die Bihar bitter nötig hat, wird das Problem deutlich. Zwischen 2001 und 2007 hatte Bihar speziell für dieses Programm Anspruch auf 52 Milliarden Rupien, aber nur die Hälfte davon, 26 Milliarden, floss tatsächlich in das Programm. Etwa zur gleichen Zeit, zwischen 2002 und 2006, standen 40 Milliarden Rupien für ein Programm in Bihar bereit, das man als Rashtriya Sam Vikas Yojana bezeichnet. Es dient der Finanzierung von Verbesserungen der materiellen und sozialen Infrastruktur in abgelegenen Regionen. Die Regierung des Bundesstaats Bihar schaffte es jedoch nicht, sich mehr als 10 der bewilligten 40 Milliarden Rupien zu sichern, und selbst davon kamen nur 62 Prozent in dem Programm an. Noch schlechter stand es um die Umsetzung des Vorzeigeprogramms zur Verbesserung der Verkehrswege auf dem Land, das Gram Sadak Yojana. Hierfür verwendete Bihar lediglich 25 Prozent der Gelder, die dem Bundesstaat eigentlich dafür zustanden. Die Hälfte der 394 im Rahmen des Integrated Child Development Scheme von der Zentralregierung bewilligten Projekte wurden nie begonnen. Bihar ruft von der Zentralregierung systematisch weniger Geld ab, als ihm zusteht, und gibt von dem, was es erhält, viel zu wenig aus.

Dies ist alles der ineffizienten Struktur des Bundesstaats geschuldet. Er wurde auf absurde Weise zentralisiert. Jede Entscheidung über Ausgaben von mehr als 2,5 Millionen Rupien (was Mitte der 2000er Jahre 55 000 Dollar entsprach) musste vom Kabinett Bihars bewilligt werden. Dies verursachte enorme Verzögerungen, und da 60 Prozent der Teilzahlungen aus Delhi ausgegeben sein müssen, bevor die nächste Rate freigegeben wird, war es oft zu spät für Nachforderungen, so dass es bei der ersten Teilzahlung blieb. Dem Bericht der Weltbank aus dem Jahr 2005 zufolge

> sehen die bestehenden Regelungen für den öffentlichen Dienst ein leistungsabhängiges System der Anwerbung, Einstellung, Beförderung, Sanktionen und Vergütung vor. Doch dieses System operiert nur in unvorhersehbarer, intransparenter und nicht leistungsbasierter Weise. Probleme aufgrund des Arbeitsumfelds (einschließlich jener, mit denen weibliche Mitarbeiter konfrontiert sind), der Infrastruktur und der Unterbringung sowie örtlicher Spannungen und verspäteter Gehaltszahlungen wirken sich auf die Moral der Mitarbeiter aus … Die Bezirksmagistrate sind offenbar aufgrund der Zentralisierung, der mangelnden Unterstützung und des mangelnden Verständnisses ihrer Vorgesetzten, der Tatenlosigkeit gegenüber Berichten über Dienstvergehen und der Ineffizienz auf untergeordneten Ebenen frustriert.

Aus diesem Befund spricht ein komplettes Versagen der staatlichen Institutionen, aber nicht nur das. Es war nicht einfach nur so, dass das System »in unvorhersehbarer, intransparenter und nicht leistungsbasierter Weise« operierte; in vielen Fällen war in diesem System überhaupt kein Personal vorhanden. In den 1990er Jahren blieb in der Verwaltung eine enorme Zahl von Stellen unbesetzt, und es herrschte ein akuter Mangel an Ingenieuren. Hauptgrund dafür war nicht das Fehlen qualifizierter Mitarbeiter, sondern der Umstand, dass der Ressortausschuss für die Beförderung keine Sitzungen abhielt, und fanden doch welche statt, wurden dessen Empfehlungen nicht gebilligt. So blieben die Posten der beiden Chefingenieure in den beiden wichtigsten Bauressorts, der Abteilung für Straßenbau und der Organisation für die ländliche Entwicklung, lange Zeit unbesetzt. Alle 15 Stellen der leitenden Ingenieure in diesen beiden Ressorts blieben ebenso vakant wie 81 der 91 Posten der Oberingenieure. Weiter unten in der bürokratischen Hierarchie konnte für 1305 der 6393 Stellen für ausführende, assistierende und untergeordnete Ingenieure kein Personal gefunden werden. Dieses Versagen bei der Rekrutierung von Mitarbeitern zeigte sich in sämtlichen Bereichen. Ein 2006 von der Regierung Bihars selbst veröffentlichtes Dokument benennt einen direkten Zusammenhang zwischen den unbesetzten Stellen und den nicht abgerufenen Mitteln aus dem Haushalt der Zentralregierung:

> Es herrscht ein akuter Mangel an technischem Personal auf allen Ebenen des Ressorts für Straßenbau und bei der Organisation für ländliche Entwicklung. Es gibt keine nennenswerten Anwerbemaßnahmen, und Beförderungen werden nicht umgesetzt. Die Qualitätskontrolle im Ressort für Straßenbau findet mangels Ausstattung, fehlender Chemikalien und fehlenden Personals nicht statt. Ebenso wenig findet eine Vorausplanung statt. Die technische Verwaltung ist vollständig zusammengebrochen. Dies ist ein gravierendes Hemmnis nicht nur für die Durchführung der Arbeiten, sondern auch für die Bereitstellung von Projektvorschlägen, die durch Gelder der Zentralregierung und aus anderen Quellen finanziert werden sollen.

Das Unvermögen, Stellen zu besetzen, das Nichtabrufen und Nichtverwenden von Mitteln und die allgemeine mangelnde staatliche

Leistungsfähigkeit in Bihar sind nicht einfach nur Folgen von Desorganisation. Sie sind vielmehr das Ergebnis politischer Strategien, die in der Spaltung und Fragmentierung der Gesellschaft wurzeln. Denn an der staatlichen Leistungsfähigkeit mangelte es in Bihar zwar schon von jeher ebenso wie auch anderswo in Indien, aber sie verschlechterte sich deutlich, als 1990 Lalu Prasad Yadav Chief Minister wurde. Die Yadavs sind eine Jati, die zur Shudra-Varna gehört, und bilden in Bihar die bevölkerungsreichste Kaste. Wie in meisten Teilen Indiens hatten traditionell höhere Kasten, vor allem die Brahmanen, die Politik in Bihar bestimmt. Doch die Shudras verdrängten die Brahmanen und übernahmen mit Lalu Prasad Yadav die Kontrolle über Bihars Politik. Um an die Macht zu kommen, schmiedeten die Yadavs ein politisches Bündnis mit Kasten unter der ihren und mit den Muslimen, die außerhalb der Kastenordnung stehen. Erklärtes Ziel war es, die hohen Kasten von ihren Machtpositionen zu verdrängen. Dies ist der entscheidende Punkt, will man das Problem der vielen unbesetzten Stellen verstehen. Qualifiziert für die Tätigkeit als Ingenieur oder in anderen Jobs mit großen Fachkenntnissen waren vor allem Menschen aus den oberen Kasten. Und Lalu Prasad Yadav weigerte sich, sie zu ernennen, selbst wenn es dazu führte, dass dadurch der Staat seine Leistungsfähigkeit einbüßte, Ressourcen verlor und nicht mehr in der Lage war, Dienstleistungen zur Verfügung zu stellen, die seine Anhänger bitter nötig hatten. Yadav redete den Nutzen von »Entwicklung« klein und behauptete, dass davon nur die Angehörigen der hohen Kasten profitieren würden.

Die zerbrochene Rote Königin

Indien ist ein Rätsel. Ein sehr armes Land mit notorischem Staatsversagen und politischer Dysfunktionalität. Zugleich die weltgrößte Demokratie mit einem intensiven politischen Wettbewerb. Wie ist diese verwirrende Mixtur zu erklären? Wir haben gezeigt, dass Indiens Demokratie in seiner Geschichte der politischen Teilhabe der Bevölkerung wurzelt, die Ähnlichkeit mit der Versammlungspolitik der germanischen Stämme aufweist, die wir in Kapitel 6 erörterten. Aber hier enden bereits die Parallelen zu Europa. Während sich in Europa die Rote Königin an die Arbeit machte, die Leistungsfähigkeit des Staates erweiterte und gleichzeitig die Mobilisierung der Gesellschaft institutionalisierte und stärkte und dadurch den Normenkäfig aufbrach, geschah dies in Indien nicht. Grund hierfür ist das Wesen und das Erbe der Kastenordnung. Die Aufspaltung in Kasten bewirkte nicht nur fest verankerte Hierarchien und Ungleichheit in der Gesellschaft, sondern wirkte sich auch auf die Politik schädlich aus. Die Gesellschaft, fragmentiert und im Krieg mit sich selbst, scheiterte daran, die staatlichen Institutionen zu überwachen und den Staat zu mehr Leistungsfähigkeit zu bewegen. Die Brahmanen oben an der Spitze taten es nicht, weil sie zu sehr damit beschäftigt waren, alle Übrigen zu dominieren, und die Übrigen waren von ihrer Position in der sozialen Hierarchie zu sehr eingeschränkt. Alle blieben im Normenkäfig gefangen. Der Staat betrachtete es in der Vergangenheit als seine Pflicht, zumindest die Kastenordnung durchzusetzen und zu festigen, und verstärkte dadurch auch die Gitterstäbe des Normenkäfigs.

Als mit der Unabhängigkeit die Demokratie Einzug hielt, definierten die Kasten die Fronten im politischen Wettbewerb und raubten dem demokratischen Wettbewerb die Energie. So bemerkte der Anthropologe Béteille: »Die Schwäche des Dorf-Panchayats scheint aus der Auferlegung einer demokratischen formalen Struktur auf ein soziales Substrat herzurühren, das segmentiert und seinem Wesen nach hierarchisch ist.« Dasselbe galt für die demokratische Politik auf einzelstaatlicher und nationaler Ebene. Die Rote Königin blieb zerbrochen, weil es die Kastenordnung unmöglich machte, dass sich die Gesellschaft jenseits der bestehenden Sozialhierarchie organisierte, die Politiker zur Verantwortung zog und den Staat dazu bewegte, dem Volk zu dienen. Stattdessen untergrub die Kastenpolitik häufig die Leistungsfähigkeit des Staates noch weiter, wie wir in Bihar gesehen haben.

Zerbricht die Rote Königin, so hat das vorhersehbare Folgen für die Armut. Aber noch grundsätzlicher bedeutet dies, dass selbst unter demokratischen Verhältnissen nicht nur die Dalits unfrei bleiben, sondern auch alle übrigen Inder, die nach wie vor von der sozialen Hierarchie und dem Käfig der Kastennormen dominiert werden.

9.
DER TEUFEL STECKT IM DETAIL

Europäische Vielfalt

In Kapitel 6 haben wir gesehen, dass die beiden Klingen der europäischen Schere den Großteil des Kontinents in die Nähe des Korridors oder in den Korridor gerückt haben; dennoch ist einiges an Vielfalt erhalten geblieben und hat sich in den folgenden Jahrhunderten weiterentwickelt. England bewegte sich entlang des Korridors auf eine eher partizipative Regierungsform zu und weitete die Leistungsfähigkeit des Staates aus. Die Schweizerische Eidgenossenschaft, umringt von Frankreich, Italien, Deutschland und Österreich, befand sich ebenfalls bereits im Korridor und hatte eine »Bürgerarmee« aufgestellt, um sich gegen die Habsburger zu verteidigen. Wie Niccolò Machiavelli bereits 1513 in seinem Werk *Der Fürst* festhielt:

> Rom und Sparta sind viele Jahrhunderte lang bewaffnet und frei gewesen. Die Schweizer sind höchst kriegerisch und frei.

Tatsächlich sind sich die Historiker einig, die Schweizer Bauern seien »frei von feudaler Knechtschaft [gewesen], und als Zeichen ihrer Freiheit trugen diese Bergbauern Waffen und forderten selbst von Adligen ›Ehre‹ ein … Ihre mittelalterlichen Clanstrukturen hatten wenig mit unseren Bildern demokratischer Formen zu tun, aber diese Bauern waren ›frei‹.« In Preußen hingegen entwickelte sich ein völlig anderer Staatstyp, über dessen despotischen Charakter ein zeitgenössisches Bonmot kursierte:

> Andere Staaten besitzen eine Armee, Preußen ist eine Armee, die einen Staat besitzt.

In Ländern wie Albanien oder Montenegro im Südwesten Europas bot sich ein vollkommen anderes Bild, denn hier fehlte eine zentrale Staatsgewalt, und in dem durch die Abwesenheit des Staates entstandenen Machtvakuum wurden bis ins 20. Jahrhundert hinein blutige Fehden ausgetragen. Der montenegrinische Intellektuelle Milovan Djilas schilderte in seiner Familiengeschichte, welches Ausmaß diese Feindseligkeiten noch in den 1950er Jahren annahmen:

> Die Männer mehrerer Generationen sind durch die Hand von Montenegrinern gestorben, Männern desselben Glaubens und Namens. Der Großvater meines Vaters, meine eigenen beiden Großväter und mein Onkel wurden getötet, als läge ein grausiger Fluch auf ihnen … Generation um Generation wurde die blutige Kette nicht gebrochen. Die ererbte Angst und der Hass zwischen den verfeindeten Clans waren mächtiger als Furcht und Hass gegenüber dem Feind, den Türken. Mir schien es, als sei ich mit Blut in den Augen geboren. Das Erste, was ich sah, war Blut. Meine ersten Worte waren Blut und in Blut gebadet.

Wie sind diese Unterschiede zu erklären? Warum wichen die politischen Verhältnisse so deutlich voneinander ab, wo sie doch von recht ähnlichen Bedingungen ihren Ausgang nahmen?

In diesem Kapitel erläutern wir, inwiefern unser konzeptueller Rahmen zur Beantwortung dieser Fragen beiträgt und darüber hinaus die Auswirkungen politischer, internationaler, wirtschaftlicher und demographischer Veränderungen beleuchtet, die manchmal als »strukturelle Faktoren« bezeichnet werden. Zumeist versuchen Sozialwissenschaftler, die sich mit den Folgen unterschiedlicher struktureller Faktoren beschäftigen, einen natürlichen Zusammenhang zwischen diesen und bestimmten Formen der wirtschaftlichen und politischen Entwicklung herzustellen – zum Beispiel heißt es, Krieg und militärische Mobilisierung würden den Staat zu größerer Leistungsfähigkeit befähigen, während bestimmte Feldfrüchte wie Zuckerrohr und Baumwolle zu Despotismus führten und andere, wie etwa Weizen, günstige Vorbedingungen für die Demokratie schafften. Unser konzeptueller Rahmen zeigt, warum dies nicht unbedingt zutrifft. Der-

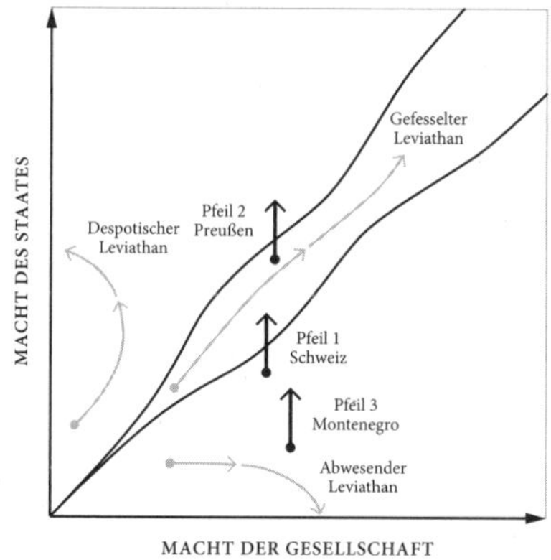

Abbildung 2: Die unterschiedlichen Auswirkungen einer Zunahme staatlicher Macht

selbe strukturelle Faktor kann ganz unterschiedliche Auswirkungen auf den politischen Entwicklungsverlauf eines Gemeinwesens haben, abhängig von der Machtverteilung zwischen Staat und Gesellschaft.

Unser Grundgedanke ist aus Abbildung 1 in Kapitel 2 zu ersehen (siehe Seite 104), das unseren konzeptuellen Rahmen zusammenfasst. Diese Abbildung 1, hier wiederholt als Abbildung 2, macht deutlich, dass weitgehend ähnliche Bedingungen im Hinblick auf die Macht von Staat und Gesellschaft keine Garantie dafür sind, dass zwei verschiedene Gemeinwesen denselben Entwicklungsverlauf nehmen. Es hängt vielmehr davon ab, ob sie sich auf derselben Seite der Grenze zwischen den Regionen des Despotischen, Gefesselten und Abwesenden Leviathans befinden. Zudem verdeutlicht das Diagramm, dass die Auswirkungen struktureller Faktoren ganz unterschiedlich ausfallen, je nachdem welche Position die jeweilige Nation ursprünglich einnahm. Nehmen wir zum Beispiel einen Zuwachs an staatlicher Leistungsfähigkeit, was im Diagramm einem vertikalen Anstieg der Staatsmacht entspricht (während die Macht der Gesellschaft unverändert bleibt). Dies könnte einfach die Verschiebung sein, durch die ein Gemeinwesen in den Korridor gelangt, wie »Pfeil 1« andeutet. Ebenso könnte es sich aber um die Kraft handeln, die eine Gesellschaft aus dem Korridor entfernt und zum Despotischen Leviathan hin verschiebt, wie »Pfeil 2« illustriert. Oder diese Entwicklung erweist sich als weitgehend folgenlos, weil sie eine Gesellschaft mit einem Abwesenden Leviathan ein wenig näher an den Korridor heranrückt, aber langfristig keine Konsequenzen für ihr Schicksal hat, wie »Pfeil 3« zeigt. Wenn es also um die Folgen struktureller Faktoren geht, steckt der Teufel eindeutig im Detail.

Im Rest des Kapitels entwickeln wir diese Gedanken weiter und konzentrieren uns dabei zunächst auf die Geschichte Europas und die Gegensätze zwischen der Schweiz, Preußen und Montenegro sowie auf einen ganz speziellen strukturellen Faktor – den Zuwachs an staatlicher Leistungsfähigkeit und Macht, der durch militärische Mobilisierung und Krieg entsteht. Doch wir beschränken uns nicht auf die Geschichte Europas, sondern zeigen, warum große Schocks der jüngeren Vergangenheit zu höchst unterschiedlichen Reaktionen geführt haben, zum Beispiel im Zusammenhang mit dem Untergang der Sowjetunion, der der Entstehung diverser Staaten in Osteuropa und Asien den Weg geebnet hat. Abschließend erörtern wir am Beispiel Costa Ricas und Guatemalas, wie die erste Welle der wirtschaftlichen Globalisierung in der zweiten Hälfte des 19. Jahrhunderts unterschiedliche postkoloniale Gesellschaften hervorbrachte.

Krieg machte den Staat, und der Staat machte Krieg

Diese Überschrift ist ein Zitat des Politologen und Soziologen Charles Tilly, der eine der berühmtesten Theorien über den Zusammenhang zwischen einem speziellen strukturellen Faktor – der zunehmenden Androhung und Ausführung von Kriegen zwischen Staaten – und der Staatsbildung formulierte. Tilly zeigte am Beispiel Westeuropas in der frühen Neuzeit, wie die gesteigerte Kriegsdrohung infolge der »militärischen Revolution« Mitte des 17. Jahrhunderts zur Entstehung moderner Staaten führte. Die militärische Revolution brachte beweglichere und stärkere Feuerwaffen, neue militärische Taktiken und verbesserte Befestigungen hervor. Stehende Heere und eine verschärfte Konkurrenz zwischen den Staaten waren die Folge. Tilly zufolge wurde dadurch auch die Politik revolutioniert, weil sich die Staaten gezwungen sahen, sehr viel effizientere Systeme zur Erhebung von Steuern und zur Schaffung von Infrastruktur einzuführen, damit sie ihre wachsenden Militärausgaben für Soldaten, Ausrüstung und Transport schultern konnten. Hinsichtlich unserer Theorie entspricht das einer durch die Erfordernisse des Krieges angeregten Ausweitung der Staatsmacht. Tilly hatte recht, dass ein solcher Wandel die Dynamik der politischen Entwicklung grundlegend ändern kann, wie Pfeil 1 in Abbildung 2 (siehe Seite 371) illustriert, aber er kann auch noch völlig andere Folgen haben.

Für Tillys Argumentation bietet die Schweiz ein Paradebeispiel, selbst wenn die Staatsbildung in diesem Fall der militärischen Revolution vorausging. Das Gebiet der heutigen Schweiz gehörte zum Heiligen Römischen Reich, der Nachfolgeinstitution im Ostteil des ehemaligen Frankenreichs Karls des Großen. An dessen Spitze stand zwar nach wie vor ein Kaiser, aber das Reich war in viele kleine und relativ unabhängige Territorien zersplittert, deren bedeutendste Herrscher, die Kurfürsten, den Kaiser wählten. Wir haben bereits gesehen, wie in Norditalien, das relativ weit vom Kern des Reichs in Deutschland entfernt war, diese Gemeinwesen ihre Unabhängigkeit durchsetzten. Auch die Schweiz lag in der Peripherie des Reichs, wenn auch nicht durch die Alpen abgetrennt und isoliert wie Italien. Das Heilige Römische Reich hatte dieses Gebiet nicht ganz unter seiner Kontrolle, so dass die Gemeinwesen der Schweiz, die Kantone, eigene Versammlungssysteme entwickeln konnten. Die Kantone, teils ländlich, teils weitgehend städtisch geprägt, orientierten sich dabei im Wesentlichen an der von den germanischen Stämmen geerbten Versammlungspolitik, die durch die Schwächung des Reichs wieder an Bedeutung gewonnen hatte. Die Schweizer Eidgenossenschaft wurde 1291 von den Kantonen Uri, Schwyz und Unterwalden gegründet, als sie sich auf dem Rütli, einer Wiese oberhalb des Vierwaldstättersees (siehe Karte 13 auf Seite 374) einen Schwur leisteten und dies schriftlich im »Bundesbrief« festhielten. Der Bundesbrief war ein Schritt hin zur Zentralisierung der Macht und thematisierte insbesondere Fragen der Friedensordnung, der Gewalt und des Unrechts. Gleich zu Anfang heißt es darin:

> Das öffentliche Ansehen und Wohl erfordert, dass Friedensordnungen dauernde Geltung gegeben werde. Darum haben alle Leute der Talschaft Uri, die Gesamtheit des Tales Schwyz und die Gemeinde der Leute der unteren Talschaft von Unterwalden im Hinblick auf die Arglist der Zeit zu ihrem besseren Schutz und zu ihrer Erhaltung einander Beistand, Rat und Förderung mit Leib und Gut innerhalb ihrer Täler und außerhalb nach ihrem ganzen Vermögen zugesagt gegen alle und jeden, die ihnen oder jemand aus ihnen Gewalt oder Unrecht an Leib oder Gut antun.

Mit diesem Bündnis verpflichteten sich die drei Kantone, einander zu Hilfe zu eilen, und es schuf den Rahmen für die Beilegung von Streitigkeiten: »Entsteht Streit unter Eidgenossen, so sollen die Einsichtigsten unter ihnen vermitteln und dem Teil, der den Spruch zurückweist, die anderen entgegentreten.« Wer »die Einsichtigsten« sind, wird nicht ausgeführt, aber diese Bestimmung wird so inter-

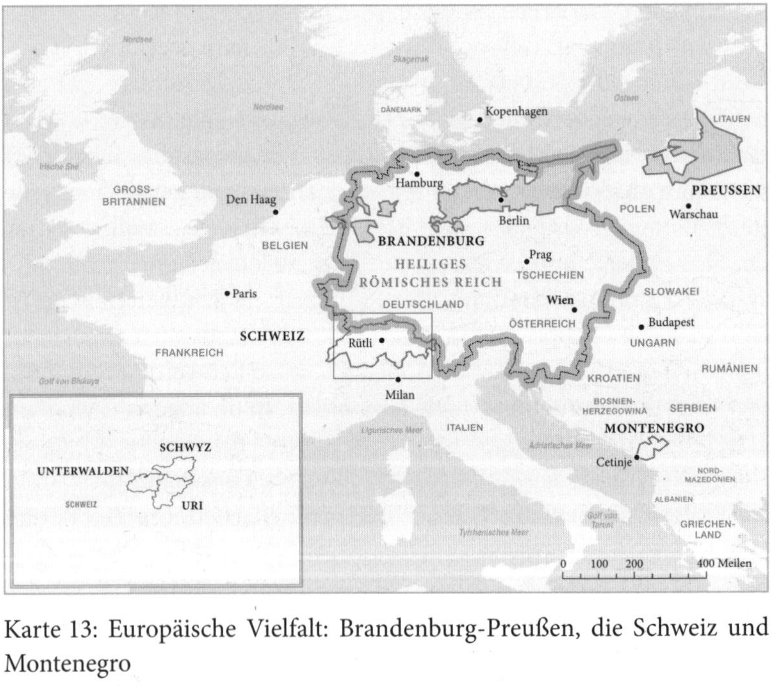

Karte 13: Europäische Vielfalt: Brandenburg-Preußen, die Schweiz und Montenegro

pretiert, dass ein Kanton eine Vermittlerrolle übernehmen sollte, falls die beiden anderen oder Bürger der beiden anderen in Streit gerieten. Liegen hier etwa die Wurzeln für die sagenhafte Fähigkeit der Schweizer, Kompromisse zu finden?

Uri, Schwyz und Unterwalden gehörten allesamt zum Heiligen Römischen Reich. Sie waren dem Herzog von Österreich aus dem Hause Habsburg untertan. Es stand ihnen nicht zu, Verträge zu schließen. Die Habsburger hielten nichts von solchen Autonomiebestrebungen, und ganz gewiss missfiel ihnen folgender Passus:

> Wir haben auch einhellig gelobt und festgesetzt, dass wir in den Tälern durchaus keinen Richter, der das Amt irgendwie um Geld oder Geldeswert erworben hat oder nicht unser Einwohner oder Landmann ist, annehmen sollen.

Die von den Habsburgern eingesetzten Richter beziehungsweise Landvögte sollten nicht mehr geduldet werden. Im Jahr 1315 wurde erstmals eine Habsburgische Armee nach der Schlacht am Morgarten in die Flucht geschlagen. Weitere Bündnisverträge folgten, und das, was man später als Schweizerische Eidgenossenschaft bezeichnete, wuchs und gedieh. Luzern schloss sich 1332 an. Durch das Bündnis mit Zürich wurde 1351 explizit festgelegt, dass jeder Unterzeichner jedem anderen zu Hilfe kommen würde, der durch die Habsburger bedroht wurde. Glarus schloss sich 1352 an, Bern folgte 1353. Herzog Leopold II. von Österreich beschloss schließlich, gegen die aufsässigen Schweizer vorzugehen, seine Armee wurde jedoch 1386 in der Schlacht bei Sempach durch die vereinten Streitkräfte der Konföderation besiegt. Leopold selbst sowie zahlreiche Adlige, die an seiner Seite kämpften, fielen dort. Damit hatten die Schweizer jedoch das Joch der Habsburgerherrschaft noch nicht völlig abgeschüttelt. Das geschah erst nach einem weiteren Krieg im Jahr 1499, gefolgt vom Frieden zu Basel, der die faktische Selbständigkeit der Eidgenossenschaft anerkannte. Unverdrossen bauten die Schweizer ihren Staat im Laufe des 15. Jahrhunderts weiter von unten her auf. Zu diesem Prozess gehörte, dass sich die Landbevölkerung von noch bestehenden Lehnspflichten freikaufte, wodurch der noch vorhandene Schweizer Adel zusehends verkümmerte. Was sich in der Schweiz tat, war mittlerweile im ganzen Reich bekannt, und so entstand der Ausdruck »schweytzer werden« für Bauern, die nach Autonomie strebten. Nach 1415 trat regelmäßig eine Versammlung, bestehend aus Abgesandten aller Orte (Kantone), die sogenannte Tagsatzung, zusammen. Im Jahr 1481 traten Freiburg und Solothurn dem Bund bei, Basel und Schaffhausen folgten 1501 und Appenzell 1513.

Entsprechend Tillys Theorie geschah das alles im Kontext der wachsenden militärischen Bedrohung durch die Habsburger, die es den Kantonen ratsam erscheinen ließ, sich zusammenzuschließen und die staatliche Leistungsfähigkeit auszuweiten. Der Sieg bei Sempach hatte gezeigt, dass die Schweizer Infanterie selbst Rittern in Rüstung überlegen war. Bereits 1424 bat Florenz die Eidgenossenschaft um Söldner, und in den folgenden Jahrhunderten spezialisierte sich die Schweiz auf die Bereitstellung von Truppen für kriegführende Länder in ganz Europa. Zunächst erfolgte die Rekrutierung der Söldner dezentral, organisiert von Geschäftsleuten und kantonalen Körperschaften. Dann zeigte sich jedoch, dass die Anwerbung von Söldnern ein Sicherheitsrisiko und eine Gefahr für die staatliche Autorität darstellte. Deshalb verabschiedete die Tagsatzung 1503 ein Gesetz, wonach eine Rekrutierung nur noch dann erlaubt war, wenn die Mehrheit der Abgesandten aller Kantone zustimmte. Man befürchtete unter anderem, dass bei einem kriegerischen Konflikt zwei Schweizer Armeen aufeinandertreffen könnten, wie es bereits im Jahr 1500 in Novara geschehen war, als Schweizer Söldner sowohl aufseiten Frankreichs als auch aufseiten Mailands kämpften. Der Friedensschluss mit dem Haus Habsburg setzte der Bedrohung durch Frankreich, Mailand und die Herzöge von Württemberg jedoch kein Ende, und die militärischen Notlagen, denen sich die Eidgenossenschaft ausgesetzt sah, hielten an, und parallel dazu fand der Prozess der Staatsbildung statt.

Im Fall der Schweiz war die Kriegsgefahr, insbesondere die anhaltende Drohung der Habsburger, die Oberhoheit des Heiligen Römischen Reiches wiederherzustellen, offenbar ein wichtiger Anreiz für die ansonsten eigenständigen Kantone und Städte, sich in einem größeren Bund zu vereinen, die Macht zu zentralisieren und die staatliche Leistungsfähigkeit zu steigern. Vor dieser Zentralisierung befanden sich die schweizerischen Kantone wohl außerhalb des Korridors und stützten sich auf Clanstrukturen statt auf Gesetze oder Staatsgewalt, wenn es darum ging, Konflikte beizulegen oder dem Recht Geltung zu verschaffen. Aber dieses Erbe bedeutete auch, dass die Schweizer Bauern frei waren und sich die Gesellschaft bereits mobilisiert hatte. Die 1291 beginnende Zentralisierung fand im Kontext einer Gesellschaft statt, die stark genug war, um der wachsenden Staatsmacht zu widerstehen und ein Gegengewicht zu ihr zu bilden, wodurch der Eintritt in den Korridor und die allmähliche Steigerung der Leistungsfähigkeit sowohl des Staates wie der Gesellschaft möglich wurden.

Dass sich Staat und Gesellschaft entlang des Korridors bewegten, war nicht nur Voraussetzung für die Freiheit, sondern eröffnete auch wie zu erwarten Anreize und Chancen für wirtschaftlichen Erfolg. Die Schweizer wurden zunächst für ihre Uhren berühmt und dann für ihre Werkzeugmaschinenindustrie, schließlich wurden sie weltweit führend in der pharmazeutischen Industrie. Ihr Wettbewerbsvorsprung in der Milchwirtschaft führte dazu, dass sie die Milchschokolade erfanden und deren Herstellung perfektionierten. Die Schweiz wurde daraufhin zu einem Hauptproduzenten von Schokolade. Die Schweiz verfügt europaweit über das höchste Pro-Kopf-Einkommen, einmal abgesehen von kleinen Enklaven wie Luxemburg oder Monaco.

Der Krieg hat in der Schweiz den Staat hervorgebracht, wie Tilly sagen würde, aber er hat auch eine Gesellschaft geschaffen. Der Schweiz gelang die Konstruktion einer der lebendigsten Demokratien Europas. Wie jedoch aus Abbildung 2 (siehe Seite 371) hervorgeht, ist eine solche Entwicklung keineswegs vorherbestimmt. Die Kriegsdrohung kann auch eine ganz andere Dynamik in Gang setzen.

Die Sorte Staat, die der Krieg macht

Man muss sich in Europa nicht weit umsehen, um zu erkennen, dass der Krieg je nach den gegebenen Umständen ganz unterschiedliche Staaten hervorbringt. Das beste Beispiel ist Preußen. Ursprünglich das Kernland des Deutschen Ordens im Baltikum, war Preußen lange Zeit kein Teil des Heiligen Römischen Reiches. Im Jahr 1618 fiel es durch Heirat an die Mark Brandenburg, die Teil des Reiches war (siehe Karte 13 auf Seite 374). Die in Brandenburg regierenden Hohenzollern übernahmen als Kurfürsten die Herrschaft über das neuentstandene Brandenburg-Preußen. Nach dem Ausbruch des Dreißigjährigen Krieges wurde Mitteleuropa von Invasionsarmeen heimgesucht. Kurfürst Georg Wilhelm versuchte verzweifelt, sich aus dem Konflikt herauszuhalten, musste aber klein beigeben, als ihm der Schwedenkönig Gustav II. Adolf erklärte, Neutralität sei keine Option. »Was soll ich machen? Sie haben die großen Kanonen?«, soll Georg Wilhelm dazu gesagt haben. Brandenburg wurde besonders stark verwüstet und verlor die Hälfte seiner Bevölkerung.

Im Jahr 1640 bestieg mit Friedrich Wilhelm von Brandenburg ein neuer Herrscher den Thron. Er regierte 48 Jahre lang, ebnete den Weg für den späteren Aufstieg Brandenburg-Preußens und erhielt dafür den Beinamen Großer Kurfürst. Die Erfahrungen des Dreißigjährigen Krieges lehrten ihn, dass er »große Kanonen« brauchte. So sagte er:

> Ich habe Neutralität bereits erlebt; selbst unter den günstigsten Bedingungen wird man schlecht behandelt. Ich habe mir geschworen, niemals wieder neutral zu sein, solange ich lebe.

All das bedeutete vermehrte staatliche Leistungsfähigkeit. Mit großen Kanonen konnte der Staat größere Kontrolle ausüben. Aber um die größeren Kanonen zu kriegen, benötigte er höhere Steuereinnahmen. Höhere Steuern ließen sich leichter eintreiben, wenn Friedrich Wilhelm seine Macht über die Gesellschaft ausweitete, und genau das tat er. Bis dahin mussten Steuern mit den Landständen ausgehandelt werden, deshalb versuchte er zunächst, eine dauerhafte Steuerbewilligung zu erlangen, damit er nicht immer wieder die Zustimmung der Stände einholen musste. Mit dem Landtagsabschied von 1653 erreichte er die langfristige Bewilligung von Heeressteuern, die ihm 530 000 Taler über einen Zeitraum von sechs Jahren sicherte. Maßgeblich war, dass er selbst, und nicht die Stände der Kurmark, die Steuern erheben würde. Im Gegenzug gewährte er dem Adel, der eine Kurie innerhalb des Landtags darstellte, Steuerbefreiung. Das war eine kluge Strategie nach der Redewendung »Divide et impera«, durch die er einen Keil zwischen die einzelnen Kurien der Stände trieb und dafür sorgte, dass sie sich nicht geeint gegen ihn stellen würden. Ähnliche Zugeständnisse rang er den preußischen Landständen ab.

Friedrich Wilhelm brach schließlich die Macht der Stände und begann, ohne deren Zustimmung Steuern zu erheben, was ihm gelang, weil ihm die Entscheidung von 1653 ermöglichte, eine Steuerverwaltung aufzubauen. Im Jahr 1655 gründete er das General-Kriegskommissariat, das sowohl für Steuererhebung als auch für die Militärorganisation zuständig war. Bis zum Jahr 1659 waren die Stände bereits so weit verkümmert, dass sie sich nur noch mit Lokalpolitik beschäftigten. Unterdessen baute Friedrich Wilhelm in der Kurmark eine Verwaltung aus treuen Staatsdienern auf. Aus dem Geheimen Rat, der aus einigen Adligen bestanden hatte, formte er eine Zentralbehörde, in der professionelle Beamte arbeiteten. Zwischen 1348 und 1498 waren in Mitteleuropa 16 Universitäten gegründet worden, im Zeitraum bis 1648 waren 18 weitere entstanden. Das hieß, es gab genügend qualifizierte Juristen, die das römische Recht studiert hatten und gerne eine Stelle in einem leistungsorientierten Beamtenapparat antraten. Zur Kontrolle der diversen Territorien, die der Oberherrschaft des Kurfürsten unterstanden, wurden Landräte ernannt. Nach 1667 führte Friedrich Wilhelm indirekte Steuern auf den Handel ein. Die Verwaltung der fürstlichen Güter wurde ebenfalls neu geordnet und das Land an Bauern verpachtet, was der Staatskasse beträchtliche Einnahmen bescherte. Im Jahr 1688 entrichteten die größten Territorien, Brandenburg, Preußen und Kleve-Markt, bereits eine Million Taler Steuern pro Jahr, weitere 600 000 Taler kamen aus den anderen Gebieten, die Friedrich Wilhelm kontrollierte.

Im Jahr 1701 erhob Friedrich Wilhelms Sohn Friedrich III. den Landesteil Preußen zum Königreich und krönte sich als Friedrich I. selbst zu dessen erstem König *in* Preußen. Sein Sohn wiederum, König Friedrich Wilhelm I. (nicht zu verwechseln mit dem Großen Kurfürsten des 17. Jahrhunderts) herrschte von 1713 bis 1740, und sein Enkel Friedrich II., bekannt als Friedrich der Große, regierte ab 1740.

Vater und Sohn führten das Projekt fort, das der Große Kurfürst begonnen hatte.

Im Jahr 1723 wurde die Verwaltung erneut umstrukturiert: Durch Zusammenlegung des General-Kriegskommissariats und des Domänendirektoriums, das die königlichen Güter verwaltete, schuf Friedrich I. das Generaldirektorium, das ganz im Dienste des Militärs stand. Die Rekrutierung der Soldaten organisierte er 1733 von Grund auf neu. Er unterteilte das Territorium in Kantone zu je 5000 Haushalten, denen je ein Regiment zur Rekrutierung zugeteilt wurde. Im Alter von zehn Jahren wurde jedes männliche Kind *enrolliert*, d. h. registriert. Zwar waren bestimmte Berufe und Personen befreit, es wurde aber mindestens ein Viertel der männlichen Bevölkerung erfasst. Damit wuchs die potentielle Größe der Armee dramatisch an. Im Jahr 1713 umfasste die Streitmacht zu Friedenszeiten rund 30 000 Mann. Als Friedrich der Große 1740 den Thron bestieg, lag ihre Zahl bereits bei 80 000. Sein Vater hatte in diesem Zeitraum die Steuereinnahmen um fast die Hälfte gesteigert. Friedrich der Große entwarf eine neue Strategie zur Ausweitung der Staatseinnahmen und der Militärmaschinerie: Er betrieb eine aggressive Expansionspolitik.

Es mag sein, dass der Krieg den preußischen Staat schuf, aber er sorgte bekanntermaßen ebenso für Despotie. Zu dieser Einschätzung kamen auch seine Herrscher. Der Große Kurfürst persönlich hatte beobachtet: »Solange mir Gott Atem gibt, werde ich meine Herrschaft wie ein Despot durchsetzen.« Friedrich der Große teilte diese Meinung und hielt fest:

> Eine gut geleitete Regierung muss ein ebenso festgefügtes System haben … und die Finanzen, die Politik und das Militär [müssen] auf dasselbe Ziel zulaufen, was die Befestigung des Staates und das Anwachsen seiner Macht bedeutet. Aber ein System kann nur aus einem Kopf entspringen; also muss es aus dem des Herrschers hervorgehen.

Im 16. Jahrhundert lag Preußen wie viele andere Gebiete des Heiligen Römischen Reichs innerhalb des Korridors, weil mächtige Stände der Monarchie Grenzen setzten. Der Krieg, der die staatliche Macht steigerte, schob es aus dem Korridor hinaus, wie Pfeil 2 in Abbildung 2 (siehe Seite 371) illustriert – ein völlig anderes Ergebnis als bei der

Schweiz. Preußen blickte nicht zurück und schritt rasch auf dem Weg zum Despotismus voran.

Das hatte vorhersehbare Folgen für die Freiheit, die keineswegs wuchs und gedieh wie im Fall der Schweiz, sondern vollkommen ausgelöscht wurde. Dementsprechend fiel auch das Urteil des britischen Gesandten Hugh Elliot aus:

> Die preußische Monarchie erinnert mich an ein riesiges Gefängnis, in dessen Mitte sich der große Gefängniswärter um die Betreuung seiner Gefangenen kümmert.

Die Freiheit auf den Höhen

Aus Kriegen gehen nicht nur Gefesselte oder Despotische Leviathane hervor. Montenegro war der Schweiz in vielerlei Hinsicht ähnlich. Es hatte ebenfalls zum Römischen Reich gehört, wenn auch eher an der Peripherie, es war ein gebirgiges Land, und die Wirtschaft basierte auf Viehhaltung. Der große Historiker Fernand Braudel betonte, europäisches Terrain habe verschiedene Gesellschaftsformen hervorgebracht »aus dem einfachen Grund, daß der Berg ein Berg ist. Das heißt ein Hindernis. Zugleich aber auch eine Zuflucht. Ein Land für freie Menschen«. Freie, wie die Schweizer. Aber in gewissem Sinne waren auch in Montenegro und Albanien die Menschen frei. Edith Durham, die zu den ersten westeuropäischen Forschern gehörte, die sich systematisch mit dem Balkan beschäftigten, stellte ihrem Buch *High Albania* eine Gedichtzeile Lord Tennysons voran: »Von alters her saß die Freiheit auf den Höhen.« Doch der Zusammenhang zwischen Freiheit und Staat ist komplex. Wie wir gesehen haben, trifft die Expansion des Staates oft auf Widerstand, weil die Menschen ihre Freiheit gegenüber staatlicher Autorität verteidigen. Genau das geschah in Montenegro, obwohl es unentwegt durch Kriege unter Druck geriet.

Vor 1852 war Montenegro praktisch eine Theokratie, wenngleich der Fürstbischof oder Vladika gegenüber den Clans, die die Gesellschaft beherrschten, keine Zwangsmittel einsetzen konnte. Nach einem Besuch in Montenegro im Jahr 1807 hielt der französische General Marmont fest: »Dieser Vladika ist ein famoser Mann von ungefähr fünfzig Jahren und von starker Wesensart. Sein Benehmen zeugt von Vornehmheit und Würde. Seine positive und rechtliche Autorität wird in seinem Land nicht anerkannt.« In der Tat galt staatliche Autorität in seinem Land generell nicht viel.

Um zu verstehen, warum dem so war und warum sich in Montenegro kein Staat bildete, muss man wissen, dass das Gebiet weiter vom Korridor entfernt war als die Schweiz. Es bestand aus Sippen, Clans und Stämmen, und die Elemente der Zentralisierung, die die Schweiz von den Karolingern geerbt hatte, fehlten. Es gibt zahlreiche Ähnlichkeiten zwischen Montenegro und anderen Gesellschaften, die sich hartnäckig einer zentralisierten Staatsmacht verweigert haben wie etwa die Tiv. Ein Forscher fasste es für Montenegro wie folgt in Worte: »Fortgesetzte Anstrengungen, eine Zentralregierung einzusetzen, standen im Konflikt mit der Stammesloyalität.«

Der Krieg gegen die Osmanen veranlasste die Clans, sich stärker zu koordinieren. Kurz vor der wichtigen Schlacht bei Krusi 1796 kamen montenegrinische Stammesfürsten in Cetinje zusammen und beschlossen die sogenannte Stega oder »Befestigung«, die die Vereinigung der montenegrinischen Kerngebiete vorsah. Zwei Jahre später trafen sie sich erneut und entschieden, einen »Rat«, bestehend aus 50 Mitgliedern, einzuberufen, praktisch die erste institutionalisierte Struktur oberhalb der Stammesebene. Aus dem 1796 von Vladika Peter I. erstellten Gesetzbuch, dem ersten seiner Art, geht hervor, dass die Ordnung in der Gesellschaft durch die Institution der Blutfehde aufrechterhalten wurde:

> Ein Mann, der einen anderen mit der Hand, dem Fuß oder seinem Chibouk schlägt, soll ihm eine Strafe von 50 Zechinen zahlen. Wenn der Geschlagene den Angreifer sofort tötet, soll er nicht betraft werden. Ebenso wenig soll ein Mann bestraft werden, der einen auf frischer Tat ertappten Dieb tötet.
>
> Wenn ein Montenegriner in Selbstverteidigung einen Mann tötet, der ihn beleidigt hat … soll berücksichtigt werden, dass die Tötung unbeabsichtigt war.

Das hat mehr Ähnlichkeit mit der Lex Salica Chlodwigs I. oder den Anfängen des *Common Law* unter König Alfred als mit einem Gesetzestext der Neuzeit. Aber anders als im Fall Chlodwigs oder Alfreds wurden in der Folge keine Anstrengungen unternommen, einen Staat aufzubauen. Die Fehden wurden fortgeführt, ohne dass eine zentrale Staatsmacht in Sicht gewesen wäre.

Das Fehlen der Staatsgewalt hielt so lange an, dass der Anthropologe Christopher Böhm die Vorherrschaft der Fehde noch in den 1960er Jahren in allen Einzelheiten schildern konnte. Böhm bringt die Probleme der Zentralgewalt in Montenegro auf den Punkt, wenn er schreibt: »Als das Oberhaupt versuchte, mittels Gewaltanwendung die Fehden einzudämmen, verteidigten die Stammesangehörigen standhaft ihr Recht, den alten Traditionen zu folgen. Das geschah, weil sie in solcher Einmischung eine Bedrohung ihrer grundsätzlichen politischen Autonomie sahen.« Böhm bezieht sich auf die Versuche von Vladika Njegoš in den 1840er Jahren, in Montenegro eine staatliche Macht zu etablieren. Djilas fasste dies folgendermaßen zusammen:

> Es war ein Zusammenstoß zwischen zwei Prinzipien – der Staat und der Clan. Ersterer stand für Ordnung und eine Nation und gegen Chaos und Verrat; letztere stand für Clanfreiheiten und gegen Willkürhandlungen einer unpersönlichen Zentralgewalt – der Senat, die Garde, Hauptleute.

Djilas berichtet, dass auf Njegoš' Reformen prompt eine Revolte der Clans der Piperi und Crmnica folgte, denn: »Die Einsetzung einer Regierung und eines Staates setzte der Unabhängigkeit und inneren Freiheit der Clans ein Ende.« Njegoš' Nachfolger wurde sein Neffe Danilo, der sich 1851 zum ersten weltlichen Fürsten proklamierte, aber auch sein Projekt, ein staatsähnliches Gebilde zu erschaffen, stieß auf erbitterten Widerstand. Ein Versuch im Jahr 1853, Steuern zu erheben, führte zu Clan-Revolten, wobei sich die Piperi, Kuči und Bjelopavlići zu unabhängigen Staaten erklärten. Ein Angehöriger der Bjelopavlići tötete 1860 Danilo durch ein Attentat.

Der Krieg schuf in der Schweiz und in Preußen Staaten unterschiedlicher Ausprägung, nicht aber in Montenegro oder auch im angrenzenden Albanien, wo die Gesellschaft hochgradig fragmentiert blieb und jede zentralisierte Macht misstrauisch beäugte. Die Montenegriner bekämpften die Osmanen nicht, indem sie eine starke Zentralgewalt schufen, sondern unter Einsatz ihrer Stammesstrukturen. Nichts, was an Energie zur Steigerung der staatlichen Leistungsfähigkeit aufgewendet wurde – wie Pfeil 3 in Abbildung 2 zeigt (siehe Seite 371) –, vermochte Montenegro und Albanien näher an den Korridor heranzurücken. Sie hielten am Abwesenden Leviathan fest.

Unsere Theorie verdeutlicht auch die paradoxen Folgen dieses Widerstands im Namen der Freiheit. Obwohl die Montenegriner keiner staatlichen Kontrolle unterworfen waren und ihre egalitäre Clan-Struktur beibehielten, waren sie Dominanz und Unsicherheit ausgesetzt, und der Grund dafür waren ihre andauernden Fehden. Das erschien ihnen besser, als sich der Herrschaft der Osmanen oder des Vladika zu beugen, aber von Freiheit konnte man noch lange nicht sprechen. Die Gesellschaft war bewaffnet und gewalttätig. Eine interessante Frage lautet, warum Montenegro und Albanien, anders als die Aschanti, die Tiv und die Tonga in Afrika, keine Normen zur Eindämmung von Fehden und wiederkehrender Gewalt entwickelten. Möglicherweise lag das gerade an den unaufhörlichen Kriegen. Gewalt war in diesen Gesellschaften zwangsläufig Teil einer jeden Ordnung, und damit wurde es schwierig, eine gewaltfreie soziale Ordnung zu etablieren.

Unterschiede, auf die es ankommt

Leser, denen unser Buch *Warum Nationen scheitern* vertraut ist, werden gewisse Parallelen zwischen den unterschiedlichen Folgen struktureller Faktoren, die wir hier aufzeigen, und der Rolle kleiner institutioneller Unterschiede in kritischen Augenblicken erkennen, die wir in unserem früheren Buch geschildert haben. In *Warum Nationen scheitern* haben wir gezeigt, dass große Schocks, abhängig von den vorherrschenden Institutionen, zu ganz unterschiedlichen Reaktionen führen können. Unsere hier erörterte Theorie greift weiter aus,

Gesellschaftliche Mobilisierung: Der Tod der Suffragette Emily Davison.

Hobbes' *Leviathan*.

Normen, die die Hierarchie bändigen: Das Scherbengericht des Themistokles.

Normen gegen die Hierarchie: Ein Wahrsager der Tiv.

Der Abwesende Leviathan: Berge von Müll im Libanon.

Der Wille zur Macht lässt in Hawaii eine Kriegsflotte entstehen.

Der Gefesselte Leviathan: *Die Allegorie der guten Regierung.*

Der Gefesselte Leviathan wirkt segensreich: *Die Folgen der guten Regierung.*

Ein weiterer Effekt des Gefesselten Leviathans: Die Erfindung der Tortilla.

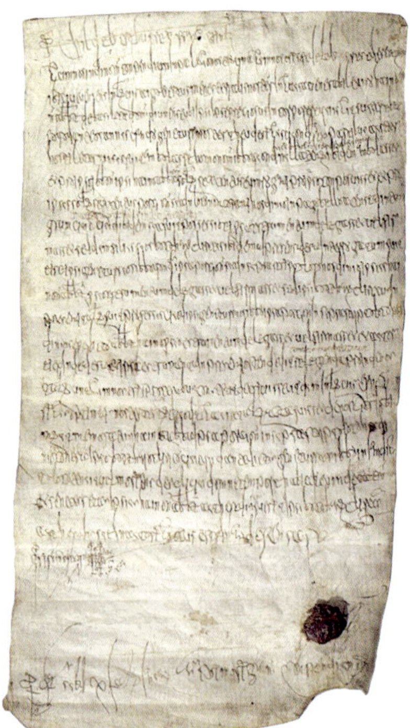
Die vom Volk ausgehende Gesetzgebung des Gefesselten Leviathans: Das Salische Recht.

Der Teppich von Bayeux.

Den Normenkäfig aufbrechen.

Gescheitertes Experiment: Galileos Celatone zur Bestimmung der Längengrade.

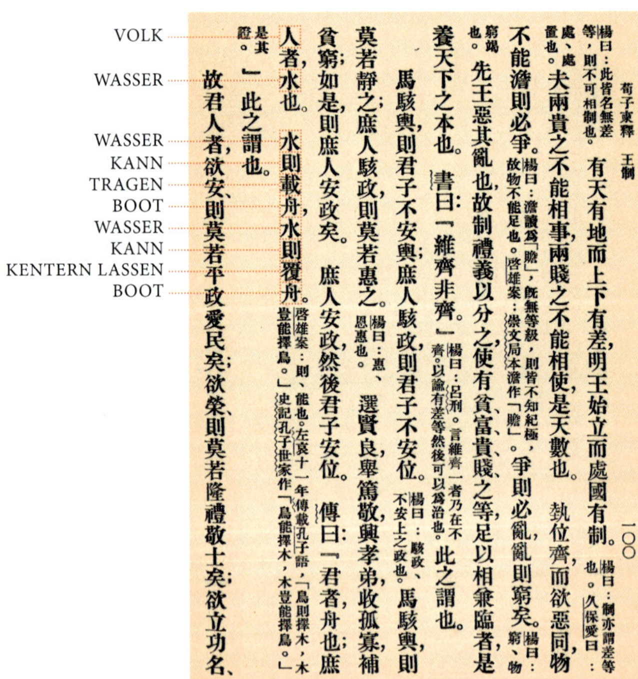

荀子柬釋　王制　一〇〇

楊曰：此皆名無差等，則不可相制也。有天有地而上下有差，明王始立而處國有制。楊曰：制亦謂差等也。久保愛曰：
處、處置也。夫兩貴之不能相事，兩賤之不能相使，是天數也。執位齊，而欲惡同，物
不能澹則必爭。楊曰：澹讀爲「贍」，既無等級，則皆不知紀極，故物不能足也。啓雄案：崇文局本澹作「贍」。爭則必亂，亂則窮矣。楊曰：窮、物
窮竭也。先王惡其亂也，故制禮義以分之，使有貧、富、貴、賤之等，足以相兼臨者，是
養天下之本也。書曰：「維齊非齊。」楊曰：呂刑。言維齊一者乃在不齊。以論有差等然後可以爲治也。此之謂也。
馬駭輿，則君子不安輿；庶人駭政，則君子不安位。楊曰：駭政、不安上之政也。馬駭輿，則
莫若靜之；庶人駭政，則莫若惠之。楊曰：惠、恩惠也。選賢良，舉篤敬，興孝弟，收孤寡，補
貧窮；如是，則庶人安政矣。庶人安政，然後君子安位。傳曰：「君者，舟也；庶
人者，水也。水則載舟，水則覆舟。啓雄案：則、能也。左哀十一年傳載孔子語，「鳥則擇木，木豈能擇鳥。」史記孔子世家作「鳥能擇木，木豈能擇鳥。」是其證。」此之謂也。
故君人者，欲安，則莫若平政愛民矣；欲榮，則莫若隆禮敬士矣；欲立功名、

Als das chinesische Volk die Macht hatte: das *Xunzi*.

Der Despotische Leviathan hat auf alles ein wachsames Auge: Der Tiananmen-Platz in Peking.

Gefangen im Normenkäfig: Die Dalits sind zu den niedersten Arbeiten verdammt.

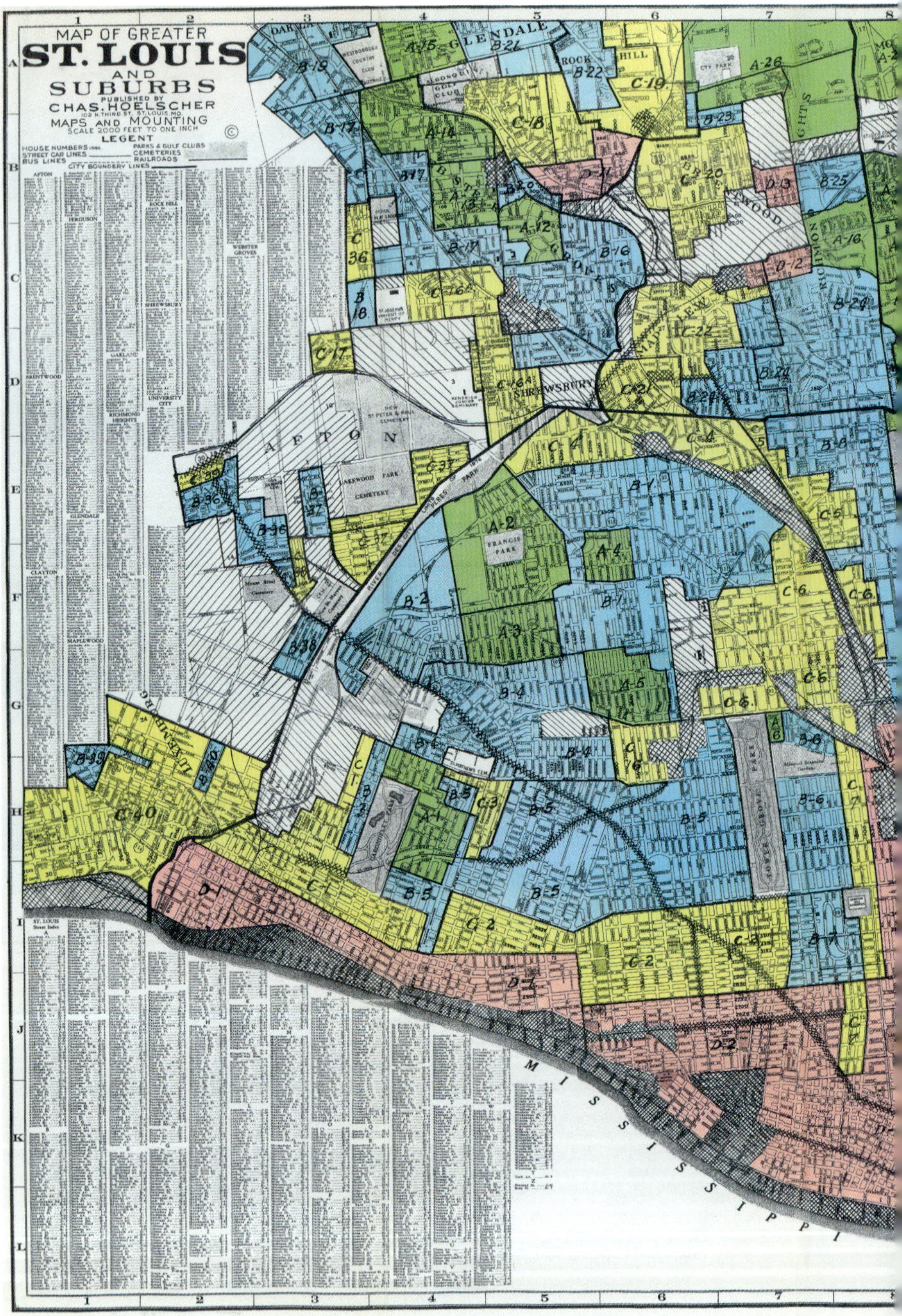

Rotfärbung in St. Louis.

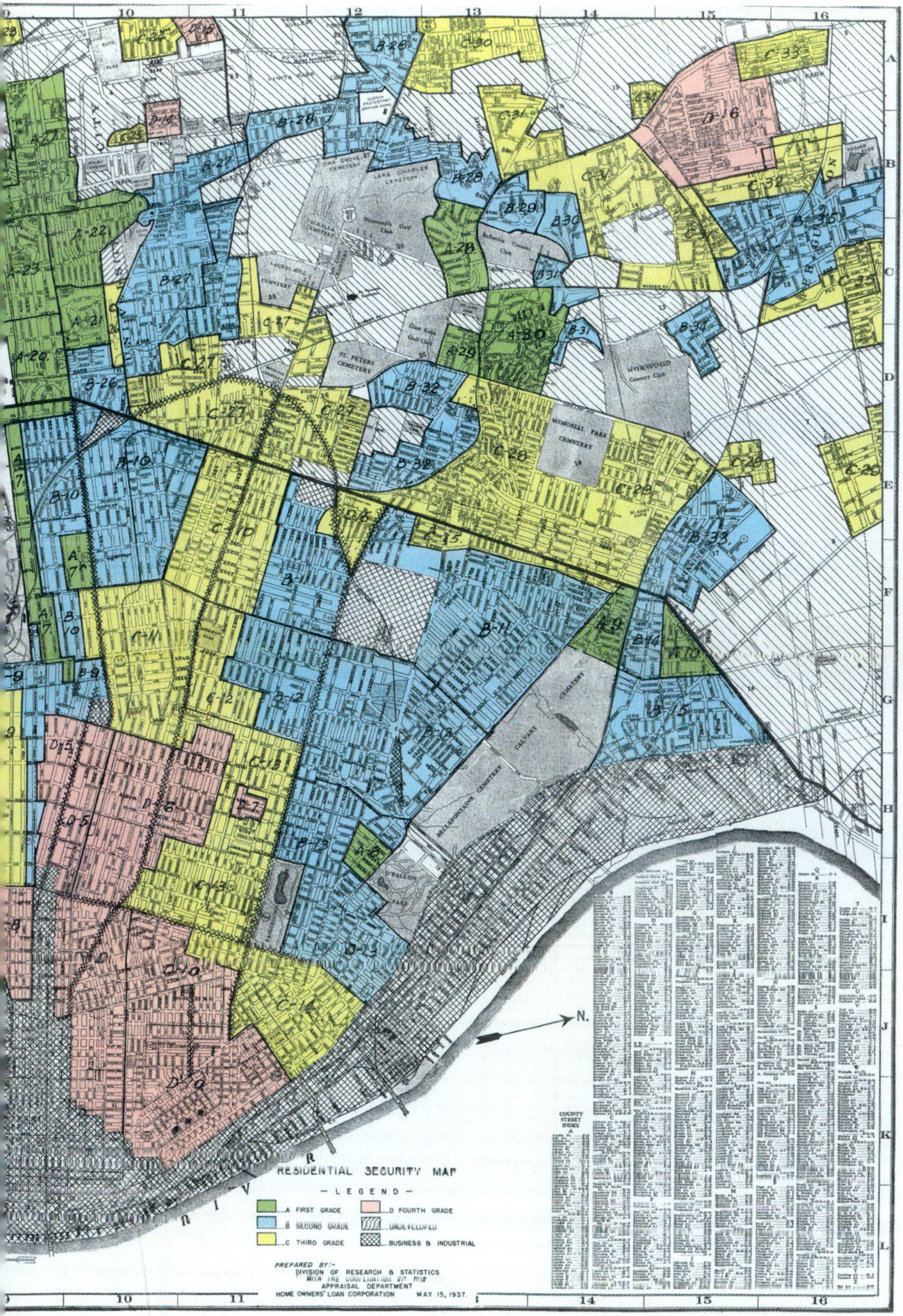
RESIDENTIAL SECURITY MAP
— LEGEND —
A FIRST GRADE
B SECOND GRADE
C THIRD GRADE
D FOURTH GRADE
BUSINESS & INDUSTRIAL
PREPARED BY:-
DIVISION OF RESEARCH & STATISTICS
APPRAISAL DEPARTMENT
HOME OWNERS' LOAN CORPORATION MAY 15, 1937.

Die Wirtschaft des Despotischen Leviathans:
Arbeiterinnen einer Kaffeeplantage in Guatemala.

Das lateinamerikanische Kastensystem.

Die Ichwan im Nadschd.

Saddam Hussein findet zur Religion.

Die Rote Königin des Nullsummenspiels: Die Türme von Bologna.

Der Weg in den Korridor auf südafrikanische Weise: Mandela überreicht dem Kapitän der Springboks den Rugby-Weltpokal.

Der Weg in den Korridor, Methode Lagos: Zahle deine Steuern!

Der Weg in den Korridor, Methode Bogotá: Mockus der Superbürger.

Das internationale Staatensystem: Robert Mugabe, »Sonderbotschafter« der Weltgesundheitsorganisation.

weil sie sowohl zwischen Gesellschaften unter der Kontrolle despotischer Staaten und solchen ohne jede zentrale staatliche Gewalt unterscheidet als auch explizit die Dynamik der staatlichen Leistungsfähigkeit und der Fähigkeit der Gesellschaft, den Staat und die Eliten zu kontrollieren, in den Mittelpunkt rückt. Dieser erweiterte Theorierahmen erlaubt eine differenziertere Erörterung der Ursachen unterschiedlichen Verhaltens – Veränderungen diverser struktureller Faktoren können in unterschiedliche Bereiche von Abbildung 2 (siehe Seite 371) münden. Dank dieses Theorierahmens werden die dynamischen Folgen solcher Unterschiede in einer Weise deutlich, die erheblich über unser früheres Buch hinausgeht. Zum Beispiel entfaltete Preußen ebenso wie die Schweiz angesichts zunehmender Kriegsgefahr zwar eine beträchtliche staatliche Leistungsfähigkeit, aber daraus entwickelten sich zwei ganz unterschiedliche Staatsformen.

Unserer Theorie zufolge verfügte Preußen jedoch letztlich über eine geringere staatliche Leistungsfähigkeit als die Schweiz. Das mag zunächst paradox erscheinen. Sollte nicht die massive Kontrolle der Gesellschaft, die Erhebung von Steuern und das Führen von Kriegen die Leistungsfähigkeit enorm steigern? Die Tatsache, dass dies nicht der Fall ist, geht aus unserer Theorie hervor, wie wir sie in Kapitel 2 entworfen haben: Fehlt der Rote-Königin-Effekt, bleibt die Entwicklung der staatlichen Leistungsfähigkeit unvollständig.

Betrachten wir eine der grundlegenden öffentlichen Dienstleistungen, die der Staat bereitstellen sollte – die Beilegung von Konflikten und die Rechtsprechung. Preußen erschuf ohne Mitwirkung der Gesellschaft einen despotischen Staat. Infolgedessen gingen die staatlichen Institutionen aus den bereits vorhandenen feudalen Strukturen hervor. Die neuen leistungsorientierten Systeme wurden mit einer älteren Struktur vermengt, die, wie ein Historiker formulierte, auf »aristokratischer Vetternwirtschaft, sozialer Abstammung, Dilettantismus und häufig auf Erbämtern« beruhte. Ämter wurden innerhalb einiger aristokratischen Familie weitergereicht, zu denen etwa die von Heinitz, die von Reden, die von Hardenberg, die von Stein, die Dechen, die Gerhard und ihre Verwandten zählten, die den Beamtenapparat beherrschten. In ihren Spitzenämtern übten sie enor men Druck auf die Leibeigenen aus, die 80 Prozent der Arbeitskräfte in der Landwirtschaft stellten. Als Grundherren übten sie die Patrimonialgerichtsbarkeit aus, die ihnen erlaubte, von Geldbußen für geringfügige Vergehen bis hin zu Körperstrafen wie Auspeitschung und Gefängnis zu verhängen. Es handelte sich dabei weniger um Rechtsprechung, vielmehr wurden die Gerichte systematisch benutzt, um den Menschen die Feudalordnung aufzuzwingen. Dieser despotische Staat wirkte zwar imposant, es fiel ihm aber vielfach sehr schwer, politische Maßnahmen umzusetzen. Offenkundig wurde diese mangelnde Leistungsfähigkeit – ungeachtet all der Steuereinnahmen und Militärausgaben – in der schweren Niederlage der preußischen Armee in der Schlacht bei Jena und Auerstedt im Jahr 1806. Napoleons Truppen kam sehr zugute, dass den Oberbefehl über die preußische Armee drei Generäle innehatten, die sich über ihre fünf verschiedenen Schlachtpläne nicht einigen konnten.

Die Situation in der Schweiz war eine ganz andere. Die Schweizer Eidgenossenschaft wurde 1291 gegründet, weil es notwendig war, sachgerechte Lösungen für Konflikte zu finden, die von der Habsburgergerichtsbarkeit nicht zu erwarten waren. Die Schweizer wählten ihre Richter auf kommunaler Ebene und erbauten ihren Staat von unten her auf der Basis rechtlich bindender Eide, Pakte und Verträge, in denen die Autonomie und Selbstverwaltung der Gemeinden anerkannt wurden. Lehnspflichten erloschen oder wurden durch Verhandlungslösungen ersetzt. An die Stelle von Patrimonialgerichten trat nach und nach die Gleichheit vor dem Gesetz. Die Schweizer schafften den lokalen Despotismus ab, mit dem sich preußische Bauern abfinden mussten oder dem sie sich entzogen, wenn sie damit ungestraft davonkamen.

Mit Hilfe dieses allgemeinen Theorierahmens betrachten wir noch einmal einige symbolträchtige Wendepunkte der europäischen Geschichte, die wir teilweise bereits in *Warum Nationen scheitern* erörtert haben, nehmen nun aber auch die Dynamik in den Blick, in die europäische Staaten und Gesellschaften durch diese Ereignisse gerieten.

Ein entscheidender Wendepunkt im Europa des 14. und 15. Jahrhunderts war der dramatische Bevölkerungsrückgang infolge des

Schwarzen Todes. Wie wir in Kapitel 6 gesehen haben, hatte die Feudalordnung, auch wenn sie das Gleichgewicht zwischen Staat und Gesellschaft in England nicht vollständig auslöschen konnte, in vielen Teilen Europas die Kontrolle der Eliten über die Bauern und die Gesellschaft erheblich begünstigt. Da die Bevölkerungszahlen zurückgingen und die Gesellschaft infolge des zunehmenden Mangels an Arbeitskräften mutiger wurde, fiel es den feudalen Eliten schwerer, von ihren Leibeigenen Abgaben und Fronarbeit einzufordern. Die Leibeigenen forderten eine Reduzierung ihrer Pflichten, und obwohl die Feudalherren die Mobilität der Arbeitskräfte einzuschränken versuchten, wanderten viele von den Gutshöfen ab. Nach unserem Theorierahmen entspricht dieser Wandel einem Machtzuwachs für die Gesellschaft, und in vielen Teilen Westeuropas hatte dies eine Minderung der despotischen Kontrolle des Staates und der Eliten über die Gesellschaft zur Folge – ein bedeutender Schritt Richtung Korridor. In Osteuropa hingegen, wo im 14. Jahrhundert Landbesitzer und Eliten bereits dominanter waren, verlief die Entwicklung ganz anders. Dort waren der Mobilisierung der Bauern engere Grenzen gesetzt, und sie reichte nicht aus, um diese Gebiete näher an den Korridor heranzurücken; daher erfuhr die Macht des Despotischen Leviathans keinen dauerhaften Schaden. Im zweiten Akt dieses Dramas trat die »Grundherrschaft« auf den Plan, wodurch sich die Dominanz der Eliten über die Gesellschaft erheblich verstärkte. Angesichts des Bevölkerungsschwunds in ganz Europa und der wachsenden Nachfrage nach landwirtschaftlichen Erzeugnissen im Westen sahen sich die mächtigen Grundbesitzer im Osten veranlasst, den Bauern noch mehr abzufordern, und zogen zu diesem Zweck die Daumenschrauben an. Bis zum Ende des 16. Jahrhunderts nahm die Ausbeutung der Leibeigenen im Osten erheblich zu. Während sich also England, Frankreich und die Niederlande in den Korridor hineinbewegten, versanken Polen, Ungarn und andere Teile Osteuropas noch tiefer in die Gefilde des Despotischen Leviathans.

Potentiell divergierende Einflüsse auf die politische Entwicklung einer Nation erwuchsen nicht nur aus militärischen Bedrohungen und demographischen Schocks, sondern auch aus großen wirtschaft lichen Chancen. Einen solchen Wandel, der die europäischen Entwicklungswege neu konfigurierte, brachten die Entdeckung Amerikas durch Christoph Kolumbus und die Umsegelung des Kaps der Guten Hoffnung durch Bartolomeu Dias. Auch hierbei bewirkte die jeweilige Machtverteilung zwischen Staat und Gesellschaft unterschiedliche Reaktionen. In England sorgten, wie in Kapitel 6 gezeigt, die engen Grenzen, die der Krone und ihren Verbündeten bei der Monopolisierung des Überseehandels gesetzt waren, dafür, dass neue Gruppen von Kaufleuten am meisten von den wirtschaftlichen Chancen profitierten. Dies verschaffte der Gesellschaft einen Zuwachs an Macht und Durchsetzungsvermögen in ihrem langwierigen Kampf gegen die Krone. Kaufleute, die bereits vom Handel mit der Neuen Welt profitiert hatten, wollten dies auch weiterhin tun und wurden daher zu wichtigen Unterstützern des Parlaments im Englischen Bürgerkrieg (1642–1649); später trugen sie im Vorfeld der Glorious Revolution maßgeblich zur Opposition gegen Karl I. und Jakob II. bei. Während in England die neuen wirtschaftlichen Chancen das Gleichgewicht zwischen Staat und Gesellschaft zugunsten Letzterer verschoben, war dies in Spanien und Portugal nicht der Fall. Dort war es der Monarchie gelungen, überseeische Monopole zu errichten. Der Unterschied war weitgehend auf die ursprüngliche Machtverteilung zurückzuführen, die in diesen Ländern die Eliten begünstigte. Das römische Iberien war von den Westgoten erobert worden, deren Tradition der germanischen Volksversammlung später als Cortes (Ständeversammlungen) von Kastilien, León oder Aragón institutionalisiert wurde (siehe Karte 8 in Kapitel 6 auf Seite 223). Diese bestanden aber nur im Norden der Iberischen Halbinsel fort, nachdem vom 8. Jahrhundert an mit der Invasion der Mauren und Araber der Korridor verlorenging. Die Reconquista, die Rückeroberung der arabischen Gebiete, verstärkte die despotischen Instinkte der iberischen Staaten erheblich. Die despotisch gesinnten Monarchien Spaniens und Portugals und ihre Verbündeten konnten von da an die Wirtschaft erfolgreich kontrollieren und den transatlantischen Handel monopolisieren. Die Folge war, dass sie, statt auf mutige Opposition zu stoßen, sich immer mehr bereicherten, mächtiger und noch despotischer wurden, während die Gesellschaft zusehends in Lähmung verfiel. Eine Erholungspause vom Despotismus gab es auf der Iberischen Halbinsel nicht.

Die nächste große wirtschaftliche Chance entwickelte sich ähnlich. Wir haben in Kapitel 6 gesehen, dass das Tempo des gesellschaftlichen Wandels in Großbritannien nach der industriellen Revolution stark anzog und der Rote-Königin-Effekt stärker wurde. Diese Veränderungen eröffneten eine Vielzahl neuer wirtschaftlicher Möglichkeiten, und in den meisten Fällen waren es Menschen aus allen Bereichen der Gesellschaft, die sie nutzten. In den Teilen Europas, die bereits einen ganz anderen Weg eingeschlagen hatten, blieb ein solcher Rote-Königin-Effekt jedoch aus. Das Habsburgerreich und Russland verharrten fest im Griff des Despotischen Leviathans, wie wir in *Warum Nationen scheitern* gezeigt haben, und verweigerten sogar die Einführung neuer industrieller Techniken und den Bau von Eisenbahnen, um zu verhindern, dass die unterwürfige Gesellschaft aufwachte.

Es ist also stets dasselbe Muster, das wir in all diesen Beispielen erkennen. Ähnlich wie in anderen Teilen der Welt hatten große Schocks prägenden Einfluss auf die europäische Geschichte, wobei jedoch das jeweilige Machtverhältnis zwischen Staat und Gesellschaft ausschlaggebend war.

In der Leninwerft

Unterschiedliche Folgen hatten auch die großen Schocks anderer symbolträchtiger Episoden, darunter der Zusammenbruch der Sowjetunion im Jahr 1991. Der sowjetische Staat war ein Paradebeispiel des Despotischen Leviathans russischer Prägung, unter dem auch etliche osteuropäische Staaten litten. Der Untergang der Sowjetunion ging mit einem drastischen staatlichen Machtverlust einher. So erklärte der tschechische Schriftsteller und Dissident Václav Havel in seinem Buch *Versuch, in der Wahrheit zu leben. Von der Macht der Ohnmächtigen*:

> Nicht nur, dass es [das System] überall auf gleichen Prinzipien basiert und auf gleiche Art strukturiert ist … sondern es ist auch in allen Ländern durch und durch von einem Netz der Manipulationsinstrumente des Großmachtzentrums durchsetzt und total den Interessen dieses Zentrums untergeordnet.

Es kam zur Auflösung nicht nur der sowjetischen »manipulativen Instrumente« und der Fähigkeit des Staats, die Gesellschaft zu kontrollieren. Die unabhängig gewordenen Länder standen auch ohne Steuersystem und zahlreiche andere Aspekte der modernen Verwaltung da.

All das ereignete sich natürlich nicht von heute auf morgen. Als Michail Gorbatschow 1985 an die Macht kam, hatte er vor, die Sowjetunion zu revitalisieren und sie nicht zu zerstören. Er setzte zwei eng verknüpfte Projekte in Gang – *glasnost* (»Offenheit«) und *perestroika* (»Umbau«). Vor allem war Gorbatschow an der Perestroika gelegen, denn durch die Umgestaltung der Institutionen hoffte er, Anreize für die stagnierende russische Wirtschaft zu schaffen. Aber er fürchtete, die Hardliner in der Kommunistischen Partei würden diese Reformen blockieren, deshalb ergänzte er sie durch eine politische Öffnung, um damit die Stellung der Hardliner zu schwächen. Es ist unklar, ob er die Risiken richtig einschätzte, aber seine Strategie förderte große Unzufriedenheit zutage, und zwar ganz besonders in Regionen, die die Zentralgewalt in Moskau ablehnten. Nirgends war diese Unzufriedenheit größer als in Osteuropa und in den baltischen Staaten, die gegen Ende des Zweiten Weltkriegs von Russland besetzt worden waren. Antisowjetische Proteste – die gewaltsam niedergeschlagen wurden – waren bereits 1956 in Ungarn und 1968 im Prager Frühling aufgeflammt, als Havel erste politische Erfahrungen sammelte. Im Januar 1990 beschloss die Polnische Vereinigte Arbeiterpartei ihre Auflösung, und im Dezember des folgenden Jahres sah sich Michail Gorbatschow gezwungen, das Ende der Sowjetunion zu verkünden. Bald strömten westliche Wirtschaftswissenschaftler und Experten nach Russland, um der neuen Regierung beim Übergang zu einer marktorientierten liberalen Demokratie zu helfen. Dasselbe geschah in Polen, aber die beiden Länder schlugen ganz unterschiedliche Wege ein.

Das Wegfallen der Staatsmacht, das mit dem Zusammenbruch der Sowjetunion einherging, hatte unterschiedliche Auswirkungen, abhängig davon, wie weit entfernt vom Korridor ein Land sich befand. Obwohl es zwischen Russland und Polen zahlreiche Ähnlichkeiten gab, stand Russland viel stärker unter der Fuchtel des Despotischen Leviathans. In Polen regierte, als Gorbatschow oberster Sowjetführer wurde, General Wojciech Jaruzelski mit eiserner Faust, doch das Land befand sich näher am Korridor, weil sein von den Sowjets gestützter Staat weniger Macht über die Gesellschaft besaß und die Zivilgesellschaft weniger kraftlos war als in Russland. Jaruzelskis Aufstieg war eine Reaktion auf das Wiedererwachen der polnischen Zivilgesellschaft in den Jahren 1981 und 1982. Der Untergang der Sowjetunion führte zum Sturz Jaruzelskis und beförderte Polen in den Korridor.

Es gab aber noch andere, tiefer gehende Unterschiede. Zum einen war die Zwangskollektivierung der Landwirtschaft, die Stalin in Russland und der Ukraine durchgesetzt hatte, in Polen nie vollzogen worden. Die Menschen durften ihr Land größtenteils behalten, so dass der Zivilgesellschaft ein kleiner Freiraum im Schatten von Hammer und Sichel erhalten blieb. Es liegt eine gewisse Ironie darin, dass es ausgerechnet die Leninwerft in Danzig war, wo sich die polnische Gesellschaft organisierte. Angeführt von Lech Wałęsa, gründete sich im September 1980 die unabhängige Gewerkschaft Solidarność. Bereits ein Jahr später besaß sie in ganz Polen zehn Millionen Mitglieder, was rund zwei Dritteln der Arbeiterschaft entsprach. Die Regierung verhängte daraufhin das Kriegsrecht und ernannte Jaruzelski zum Ministerpräsidenten. Aber zu diesem Zeitpunkt war Solidarność bereits zu groß und konnte kaum noch niedergeschlagen werden, und so kam es zu einer Pattsituation. Im Januar 1989 hatte sich Jaruzelski damit abgefunden, die Macht zu teilen. Im April desselben Jahres kam Solidarność am Runden Tisch mit der Regierung überein, im Juni Neuwahlen abzuhalten. Durch Wahlmanipulationen hofften die Kommunisten, denen ohnehin ein festes Kontingent an Parlamentssitzen zustand, sich eine Mehrheit zu sichern und Jaruzelski als Staatspräsidenten im Amt zu halten. Jaruzelski hoffte, Solidarność würde sich durch diese Wahlen beschwichtigen lassen. Dieses Vor gehen entsprach dem, wie Bertolt Brecht die Einstellung der DDR zu den Wahlen in den 1950er Jahren beschrieb:

> Das Volk hat das Vertrauen der Regierung verscherzt. Wäre es da nicht doch einfacher, die Regierung löste das Volk auf und wählte ein anderes?

Doch Jaruzelski hatte sich verrechnet. Seine Polnische Vereinigte Arbeiterpartei verlor in den nicht manipulierten Wahlkreisen praktisch jeden Sitz, womit die Legitimität der gesamten Übereinkunft in Frage gestellt war. Solidarność ließ nicht locker, übernahm im August die Regierung und machte Tadeusz Mazowiecki zum Premierminister.

Mazowiecki stand nun vor der nicht gerade beneidenswerten Aufgabe, den Übergang vom Sozialismus zu gestalten. Als Erstes stand die Umstrukturierung der Wirtschaft auf der Tagesordnung, mit der er Leszek Balcerowicz betraute. Dessen Plan erwies sich als typisches Beispiel für die sogenannte Schocktherapie, einem Sprung ins kalte Wasser der Marktwirtschaft. Balcerowicz schaffte Preiskontrollen ab, ließ zu, dass staatseigene Betriebe pleitegingen, und besteuerte die Löhne in staatseigenen Betrieben in der Absicht, ihnen gegenüber dem neuen privaten Sektor Wettbewerbsnachteile aufzubürden. Und sie gingen reihenweise kaputt! Das Volkseinkommen sank rapide, und in den staatseigenen Betrieben, die man eingehen ließ, kam es zu Massenentlassungen.

Die Gesellschaft reagierte mit Protesten. Statt die Arbeiterbewegung zu befrieden, führte die Demokratie zu nicht abreißenden Streikwellen, während die Einkommen sanken und die Arbeitslosigkeit zunahm. Im Jahr 1990 gab es 250 Streiks, 1991 waren es 305, 1992 kam es zu über 6000 Streiks, und 1993 waren es bereits über 7000 Arbeitsniederlegungen. Die Proteste, Demonstrationen und Streiks setzten die Regierung erheblich unter Druck, ihr Programm auf einen gesellschaftlichen Konsens auszurichten. Nach Wałęsas Wahl zum Präsidenten erklärte sich Balcerowicz bereit, die Gewerkschaften in die Debatte um die Lohnpolitik und insbesondere um die umstrittenen Steuererhöhungen auf Löhne in staatseigenen Betrieben einzubeziehen. Ende 1991 wurde Balcerowicz entlassen, aber die Umgestaltung hatte die Gesellschaft bereits mobilisiert. Im Jahr 1992 waren

28 Parteien im Sejm, dem polnischen Parlament, vertreten, und natürlich war man sich über den Weg in die Zukunft keineswegs einig. Ungeachtet der Konflikte beschloss man schließlich die sogenannte Kleine Verfassung, die eine Mischform aus Parlamentarismus und Präsidialsystem vorsah, bis 1997 eine neue Verfassung verabschiedet wurde. Unterdessen versuchte Wałęsa, seine Macht auf Kosten des Sejm auszubauen, was ihm misslang. Durch den politischen Kompromiss wurde die wirtschaftliche Umgestaltung des Landes abgemildert. Die Regierung wies dem Staatssektor mehr Ressourcen zu und versuchte, die Schmerzen der Schocktherapie zu dämpfen. Eine neue Einkommenssteuer wurde eingeführt. Im Februar 1993 regte Arbeitsminister Jacek Kuroń die Bildung einer Drei-Parteien-Kommission an, in der Regierung, Wirtschaft und Gewerkschaften über Wirtschaftspolitik diskutieren sollten. Im Westen gab es Stimmen, die sich darüber ereiferten, dies unterminiere den Übergang in die Marktwirtschaft, aber die Kommission legitimierte die Reformen und sicherte ihnen die weitgehende Unterstützung der Gesellschaft, ohne die der Übergang in den Korridor aussichtslos gewesen wäre, wie wir am Beispiel Russlands sehen werden.

Der Eintritt in den Korridor schuf in Polen die Bedingungen für Freiheit und damit für den raschen Aufbau einer lebendigen Demokratie auf der Grundlage der enorm mobilisierten Zivilgesellschaft. Ihre Leistungen im Hinblick auf demokratische Politik und Bürgerrechte überzeugte die Europäische Union, Polen als Mitgliedsstaat aufzunehmen. Der Eintritt in den Korridor schafft jedoch nicht sofort Freiheit, denn sie zeigt sich erst, nachdem die Rote Königin in Gang gekommen ist. Im Jahr 2015 kam die Partei »Recht und Gerechtigkeit« (PiS) an die Macht, gegen die von der EU-Kommission ein Sanktionsverfahren eingeleitet wurde, weil sie mit einer Justizreform versuchte, die Unabhängigkeit des Obersten Gerichts anzutasten. Die Arbeit an der Freiheit endet nie, und vor allem nicht in Nationen, die Jahrzehnte despotischer Herrschaft hinter sich haben.

Die Ent-Zähmung des russischen Bären

Als General Jaruzelski im Frühjahr 1989 die Verhandlungen mit Solidarność aufnahm, legte Gorbatschow seinen sorgfältig ausgearbeiteten Plan zur Demokratisierung der Sowjetunion vor. Im Laufe dieses Prozesses wurde Boris Jelzin im Mai 1989 in den Obersten Sowjet der Sowjetunion und zwei Jahre später zum Präsidenten der Russischen Teilrepublik gewählt. Im August 1991 forderte er in einer berühmten Erklärung die Präsidenten der übrigen sowjetischen Teilrepubliken auf, sich »so viel Souveränität [zu] nehmen, wie ihr schlucken könnt«. Hardliner versuchten daraufhin, mit einem Putsch den Zerfall der Sowjetunion zu stoppen, und setzten Gorbatschow auf der Krim fest. Jelzin jedoch trat den Putschisten mutig entgegen und schaffte es, unterstützt von der Bevölkerung, den Staatsstreich abzuwehren. Vier Monate später löste sich die Sowjetunion auf, und von 1992 an war Jelzin der erste Präsident Russlands. Sein Programm, mit dem er sich bei den Wahlen im Juni 1991 gegen die Mitbewerber – vier Kommunisten und einen Ultranationalisten – durchgesetzt hatte, umfasste ähnlich wie in Polen radikale Marktreformen. Demokratie, Wirtschaftsreformen – es sah ganz danach aus, als würden dem despotischen Staat in Russland Fesseln angelegt.

Jelzin beauftragte Jegor Gaidar mit den Wirtschaftsreformen, der wiederum Anatoli Tschubais mit der Privatisierung der staatseigenen Betriebe betraute. Gaidar und Tschubais planten, das Staatsvermögen weitgehend in private Hände zu übertragen. Im Frühjahr 1992 begann die Regierung Kleinunternehmen wie Geschäfte und Restaurants zu verkaufen. Mieter konnten nahezu kostenlos Eigentümer ihrer Wohnung werden. Ende 1992 nahm Tschubais die größeren Firmen in Angriff. Mittelgroße und große Unternehmen mussten 29 Prozent ihres Betriebsvermögens in »Coupon-Auktionen« veräußern: Von Oktober 1992 an durfte jeder russische Bürger bei der Sberbank Coupons – Anteilsscheine am Kapital der staatlichen Unternehmen – erwerben, mit denen er an jeder beliebigen Privatisierungsauktion teilnehmen konnte. Die Coupons kosteten pro Stück 25 Rubel und hatten einen Nominalwert von 10 000 Rubel. Im Januar 1993 waren knapp 98 Prozent der Russen im Besitz von Coupons.

Die ersten Privatisierungsauktionen fanden im Dezember 1992 statt. Rund 14 000 Staatsbetriebe standen zum Verkauf. Die Anteile gingen jedoch größtenteils an die Belegschaft und die Führungskräfte der Betriebe, da diese per Gesetz 51 Prozent der stimmberechtigten Aktien ihres Unternehmens mit Preisabschlag und unter Zuhilfenahme des Firmenkapitals erwerben durften. Dadurch konnten sich Insider den Großteil der Anteile an den privatisierten Unternehmen zu einem Spottpreis sichern. Selbst Aktien, die breiter gestreut gewesen waren, konzentrierten sich letztlich wieder in den Händen einiger weniger Leute. Im Jahr 2005 besaß ein einziger Aktionär, der jeweils über die Hälfte der Firmenanteile verfügte, 71 Prozent der mittleren und großen Industrie- und Medienunternehmen.

Die umstrittenste Phase der Privatisierung war das 1995 präsentierte Programm »Kredite für Aktien«, durch das die wertvollsten Staatsunternehmen im Energie- und Rohstoffsektor in den Besitz von Leuten gingen, die über gute politische Beziehungen verfügten und versprachen, Jelzins nächsten Wahlkampf zu finanzieren. Es funktionierte folgendermaßen: Der Staat hinterlegte seine Anteile an zwölf hochprofitablen Unternehmen aus dem Energiesektor als Sicherheit für einen Milliardenkredit, den ihm ein Bankenkonsortium einräumte. Sollten die Kredite nicht getilgt werden, hatten die Banken das Recht, die Anteile weiterzuveräußern. Tatsächlich beabsichtigte die Regierung Jelzin keineswegs, die Kredite zu begleichen. Außerdem versteigerte die Regierung zwischen November 1996 und Februar 1997 die staatlichen Anteile an den Energieriesen Jukos, Sidanko und Surgutneftegas in Auktionen, die von den Banken durchgeführt wurden und auf denen sie auch mitbieten durften – meistens erhielten sie selbst den Zuschlag. Ausländische Mitbieter wurden ignoriert oder nicht zugelassen. Nach Jelzins Wiederwahl erhielten zwei eng in dieses Geschäft verwickelte Männer, Wladimir Potanin und Boris Beresowski, Regierungsposten. Beresowski und Wladimir Gussinski, ein weiterer Oligarch, beherrschten die Medien über zwei staatliche Fernsehsender, die sie unter Kontrolle hatten.

Unterdessen hatte Jelzin eine Verfassung durchgesetzt, die den Präsidenten mit weitreichenden Befugnissen ausstattete. Niemand konnte gegen ihn opponieren, und anders als in Polen hatten die

Veränderungen in Russland nicht zur Massenmobilisierung der Gesellschaft geführt. Niemand organisierte große Proteste gegen das Programm »Kredite für Aktien«, und nach einem von seinen neuen Unterstützern finanzierten Wahlkampf wählte die Bevölkerung Jelzin erneut zum Präsidenten. Aber die neue russische Elite nutzte ihre Macht, um dem Staat Zugeständnisse aller Art abzuringen. So erklärte zum Beispiel das Wirtschaftsministerium 1996 Bier zum »nichtalkoholischen Getränk«, um den großen Brauereien eine Steuererhöhung zu ersparen. Doch die Elite lebte in einem System, an dessen Spitze sich ein großes Potential despotischer Macht sammelte, und nachdem Jelzin abgetreten war, fiel sie Wladimir Putin zum Opfer. Anstelle des »liberal-demokratischen« Staates, auf den man im Westen in den 1990er Jahren gehofft hatte, konsolidierte sich nach der Jahrtausendwende ein neuer Typ des Despotismus, der auf die Muster des alten Sowjetsystems zurückgriff.

Alexander Litwinenko wusste als Insider, wie dieses System funktionierte. Litwinenko arbeitete für den russischen Inlandsgeheimdienst FSB, die Nachfolgeorganisation des KGB (Komitee für Staatssicherheit), die im selben Gebäude am Lubjanka-Platz untergebracht war wie ihre Vorgängerin. Der FSB war ab 1994 am Krieg gegen die Separatisten in Tschetschenien beteiligt. In diesem Konflikt genossen, wie Litwinenko es ausdrückte, »die Geheimdienste bei ihren Operationen großzügige Freiheiten: Sie durften ohne rechtliche Beschränkungen verhaften, verhören und töten« – so wie in stalinistischer Zeit und während Russlands »Übergang zu einer Marktwirtschaft«. Die Regierung beschloss, unter dem Kürzel URPO eine neue Topsecret-Einheit zu gründen. Diese hatte bald mit »Aktivitäten« aller Art zu tun, und Litwinenko wurde ihr zugeteilt. Er berichtete:

> Meine Einheit erhielt den Befehl, die Tötung von Boris Beresowski zu planen, dem Unternehmer und späteren Politiker, der Präsident Jelzin nahestand. Niemand erklärte uns den Grund, aber das war auch nicht nötig: Beresowski war der am deutlichsten sichtbare Oligarch.

Das entsprach sicherlich nicht der »Schocktherapie«, die sich die westlichen Wirtschaftswissenschaftler vorgestellt hatten. Das neue

Tätigkeitsfeld der Geheimdienste beschränkte sich nicht darauf, Pläne zur Ermordung der Freunde des Präsidenten auszuarbeiten. Sie sammelten auch enorme Privatvermögen an. Ermöglicht wurde dies durch ihr Zusammenspiel mit der Drogenmafia, wobei räuberische Erpressung eine erhebliche Rolle spielte:

> Ein Ladeninhaber bekam Besuch von einem Mann, der sich als Polizeibeamter ausgab und Schutzgeld verlangte. Die Forderungen betrugen zunächst 5000 Dollar pro Monat, dann 9000 Dollar, schließlich 15 000 Dollar und mehr. Danach suchten ihn diese Leute zu Hause auf – er wurde zusammengeschlagen und bedroht.

Litwinenko war entsetzt und zeichnete die Geschehnisse auf. Aber wem konnte er vertrauen? Im Juli 1998 glaubte er eine Lösung gefunden zu haben. Jelzin ernannte einen relativen Außenseiter zum FSB-Chef, Wladimir Putin, der beim KGB den Rang eines Oberstleutnants bekleidet hatte. Litwinenko ging zu ihm, legte die Karten auf den Tisch und erzählte ihm von den Verbrechen und Schutzgelderpressungen, die er dokumentiert hatte. »Vor unserem Treffen saß ich die ganze Nacht wach und zeichnete ein Diagramm mit Namen, Orten, Verbindungen – alles.« Putin hörte nachdenklich zu, dann schickte er ihn fort. Noch am selben Tag legte er eine »Akte« über Litwinenko an, der bald darauf aus dem Dienst entlassen wurde. Ein Freund sagte ihm: »Ich beneide dich nicht, Alexander. Da ist gemeinsames Geld im Spiel.« Gemeinsames Geld? Das hieß, auch Putin war in die Machenschaften verwickelt. Ein Bekannter warnte ihn: »Putin wird dich fertigmachen, und niemand kann dir helfen.« Im Oktober 2000 floh er mit seiner Familie aus Russland und erhielt in Großbritannien politisches Asyl. Er schrieb zwei Bücher, in denen er festhielt, was er über Korruption und Gewalt in seiner Heimat wusste. Aber der Arm des FSB ist lang. Am 1. November 2006 erkrankte Litwinenko in London nach einem Treffen mit zwei ehemaligen KGB-Agenten. Sie hatten Gift in seinen Tee gemischt, und er starb drei Wochen später an der Strahlenkrankheit, ausgelöst durch Polonium-210.

Als Putin an die Macht kam, waren die Oligarchen am Ende. Sie gingen ins Exil oder ins Gefängnis, und ihr Vermögen wurde konfisziert – es sei denn, sie erwiesen sich als getreue Verbündete Putins.

Jeder Funke von Freiheit wurde ausgelöscht. Heute werden in Russland die unabhängigen Medien unterdrückt und Journalisten ermordet. Politiker, die es wagen, sich gegen Putin zu stellen, wandern, so wie unlängst Alexei Nawalny, ins Gefängnis oder dürfen sich nicht mehr politisch betätigen. Der Despotismus ist wiedergekehrt und hat seine Fesseln abgeworfen.

Warum scheiterte die »Wende« in Russland so spektakulär? Grundsätzlich kann man sagen, dass sich Russland zu weit außerhalb des Korridors befand. Nach dem Zusammenbruch der Sowjetunion wurden zwar staatliche Institutionen umgestaltet, es gab jedoch kaum Anstrengungen, den Sicherheitsapparat zu reformieren. Die Politiker dachten sogar, sie könnten ihn zu ihrem Vorteil nutzen, so wie in Tschetschenien. Aber die Wurzel des Problems war, dass keine Mobilisierung der Öffentlichkeit stattfand und es nicht einmal unabhängige private Interessen gab, die die ungezügelte Ausübung staatlicher Macht hätten stoppen oder die Willkür der Staatsführung eindämmen können, die Jelzin ermöglicht hatte. Privatisierungen und Wirtschaftsreformen allein konnten nicht für die breite und legitime Verteilung von Vermögen sorgen, die die Grundlage für einen Gefesselten Leviathan hätte bilden können. Das ermöglichte Putin, die Errungenschaften der 1990er Jahre rückgängig zu machen und einen neuerlichen Despotismus zu konsolidieren. Die Ungleichheit, die eine Folge der Privatisierung und insbesondere des Programms »Kredite für Aktien« war, entzog dem Reformprozess jede legitime Grundlage. So war es für den neubelebten KGB unter Putins Führung ein Leichtes, die Macht über Wirtschaft und Gesellschaft an sich zu reißen.

Russland war zu weit vom Korridor entfernt. Obwohl der Zusammenbruch des despotischen Sowjetstaats das Land in die richtige Richtung schob, reichte das nicht, um den russischen Staat zu zähmen, der da weitermachte, wo der Sowjetstaat aufgehört hatte, und dessen despotische Kontrolle über die Gesellschaft wiederaufbaute.

Auch wenn der Machtverfall des Staates und der KP-Eliten nicht ausreichte, um Russland aus dem Griff des Despotischen Leviathans zu lösen, genügte er vollauf, um den Entwicklungsweg eines anderen Landes vollkommen zu verändern, dessen Kontrolle über die Gesellschaft weniger ausgeprägt war: den der ehemaligen Sowjetrepublik Tadschikistan an der Grenze zu Afghanistan und China. Als die Sowjetunion aus den Fugen geriet, musste Tadschikistan über seine Zukunft entscheiden. Parteisekretär Kachar Machkamow unterstützte zunächst die Putschisten, die im August 1991 Gorbatschow für kurze Zeit inhaftiert hatten. Als der Putsch scheiterte, erzwangen Massendemonstrationen in der Hauptstadt Duschanbe Machkamows Rücktritt. Tadschikistan wurde im folgenden Monat unabhängig, und kurze Zeit später wurde Rahmon Nabijew zum Präsidenten gewählt.

Um nachzuvollziehen, was anschließend in Tadschikistan geschah, sollte man sich mit dem »Avlod« beschäftigen – wie die tadschikische Soziologin Saodat Olimova erklärt, ist »ein Avlod eine patrilineare Sippe, die einen gemeinsamen Urahnen und gemeinsame Interessen hat, in vielen Fällen auch Eigentum und Produktionsmittel teilt und Haushaltsausgaben aus einem Topf bestreitet oder wenigstens miteinander abstimmt«. Das hört sich ein wenig an wie der Normenkäfig, den wir in nichtstaatlichen Gesellschaften gesehen haben, nur dass dieses System unter der despotischen Herrschaft Russlands und der Sowjetunion überlebt hat. Tadschikistan wurde in der zweiten Hälfte des 19. Jahrhunderts von den Russen erobert und später bis 1991 von den Sowjets beherrscht, aber die grundlegenden Sozialstrukturen, die Clans, bestanden relativ unverändert fort. In einer landesweiten Umfrage gaben 1996 68 Prozent der Tadschiken an, sie gehörten zu einem Avlod. Die Clans stellt man sich am besten als regional verankerte Gruppierungen dieser Avlods vor. Der Politologe Sergei Gretsky schildert, wie die Clans des Chudschand in den 1940er Jahren die lokale Sowjetadministration übernehmen durften:

> Als die Chudschandis zu den höchsten Partei- und Regierungsämtern in Tadschikistan aufstiegen … befürworteten sie den Lokalismus als Eckpfeiler ihrer Politik und hielten die regionalen Rivalitäten am Kochen, während sie sich die Rolle des Streitschlichters vorbehielten … In Tadschikistan besagt ein Sprichwort: »Leninobad regiert, Gharm macht Geschäfte, Kulob hält Wache, Pamir tanzt, Qurghonteppa pflügt.«

Leninobod ist die Hauptstadt der Region Chudschand im Nordwesten des Landes. Ungeachtet der despotischen Herrschaftsform kontrollierte der Sowjetstaat Tadschikistan indirekt über die regionalen Clans. Die Streitschlichtung erfolgte weitgehend durch Clan-Beziehungen und -Bündnisse und außerhalb der offiziellen staatlichen Institutionen.

Der gewählte Präsident Nabijew stammte aus einer der traditionellen Herrscherfamilien in Chudschand. Aus anderen Teilen des Landes schlug ihm sofort Opposition entgegen, und zwar insbesondere aus Gharm und Pamir, deren Vertreter Demonstrationen organisierten. Nabijew verteilte daraufhin 2000 Maschinengewehre an seine Anhänger und stellte irreguläre Truppen auf die Beine, die gegen die Opposition vorgingen. Seine Gegner konnten die Hauptstadt erobern, und die Chudschandis zogen sich zurück, um einen Guerillakrieg zu führen, den sie letztlich gewannen. Das führte zum völligen Zusammenbruch des Staates, und Tadschikistan erlebte einen fünf Jahre währenden grausamen Bürgerkrieg zwischen Bündnissen der regionalen Clans. Wie viele Todesopfer er forderte, ist ungewiss, die Schätzungen bewegen sich zwischen 10 000 und 100 000. Mehr als ein Sechstel der Bevölkerung wurde vertrieben, und das Nationaleinkommen sank um 50 Prozent.

Der Unterschied zwischen Tadschikistan, Polen und Russland liegt auf der Hand. Tadschikistan, von den Sowjets mittels regionaler Clans und Bündnisse regiert, begann den Übergangsprozess mit einem schwachen Staat und einer Gesellschaft ohne institutionelle Mittel der Teilhabe am politischen Leben. Die Folge war eine Katastrophe. Nachdem die despotische Macht der Sowjetherrschaft 1991 wegfiel, fand das Land nicht ohne weiteres Mittel und Wege, zwischen den Clans zu vermitteln. Die Konflikte intensivierten sich nun angesichts der Aussicht, die Reichtümer des Landes und die Überbleibsel des Sowjetstaats übernehmen zu können. Also bewaffneten sich die Clans und kämpften, während der Staat zerfiel.

Wir sehen also ein Bild noch größerer Vielfalt, die auf den Zusammenbruch der Sowjetunion folgte. Dass der Staat an Macht verlor, reichte nicht aus, um Russland aus dem Despotismus herauszuholen, vermochte aber für Polen eine Tür zum Korridor zu öffnen, und war mehr als genug, um Tadschikistan in eine Lage zu bringen, in der mit dem völligen Zusammenbruch des Staates Bürgerkrieg und Clan-Konflikte ausbrachen. Abbildung 3 zeigt, wie in unserem Theorierahmen diese unterschiedlichen Reaktionen aus demselben Impuls hervorgehen, wobei der Zusammenbruch der Sowjetunion zu einem Machtverfall des Staates führt. »Pfeil 1« ist das hoffnungsvolle Szenario, in dem die schwindende Staatsmacht das Land in den Korridor schiebt, wie in Polen geschehen. »Pfeil 2« zeigt den Fall, wo, wie in Russland, ein Land so weit vom Korridor entfernt ist, dass selbst nach dem Verfall der Staatsmacht der Despotische Leviathan die Zügel in der Hand behält. Und zuletzt illustriert »Pfeil 3« die Möglichkeit, dass, ausgehend von einer hinreichenden Schwäche von Staat und Gesellschaft, mit derselben Veränderung jede Kontrolle durch den

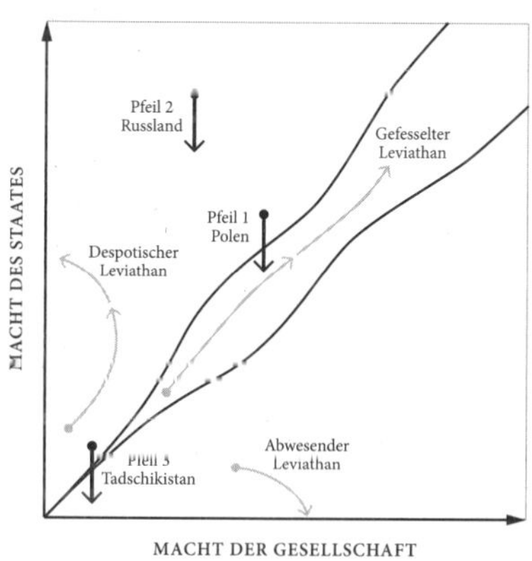

Abbildung 3: Die sowjetische Divergenz

Staat wegfällt und die Gesellschaft in den Bereich des Abwesenden Leviathans gerät.

Die Vielfalt der Ergebnisse unterstreicht, dass selbst nach Jahrzehnten, in denen der Staat auf Kosten der Gesellschaft Macht aufgebaut hat, hinreichend große Schocks – in diesem Fall der Zusammenbruch der Sowjetunion – den anschließenden Entwicklungsweg von Staat und Gesellschaft vollkommen umgestalten können. Die Evolution eines Leviathans ist immer unzähligen Einflüssen und Störungen unterworfen.

Weil wir müssen

Wirtschaftliche Chancen, die durch neue Technologien entstehen, haben nicht nur die Entwicklungswege europäischer Nationen beeinflusst. Sie haben auch ein Muster kolonialer Unterschiede geprägt, wie sich an den gegensätzlichen Entwicklungen in Costa Rica und Guatemala im 19. Jahrhundert zeigt.

Die Institutionen der mittelamerikanischen Nachbarländer Costa Rica und Guatemala waren anfangs ähnlich. Beide Länder unterstanden bis 1821 der despotischen Kontrolle des spanischen Kolonialstaats. Aber in den darauffolgenden hundert Jahren verlief ihre Geschichte so wie in den anderen Beispielen aus diesem Kapitel extrem unterschiedlich. Costa Rica erlebte ein allmähliches Erstarken der Gesellschaft und bewegte sich gegen Ende des 19. Jahrhundert in den Korridor. Bereits 1882 fanden in Costa Rica reguläre und friedlich verlaufende Wahlen statt, und der Einfluss des Militärs ging ebenso zurück wie das Ausmaß der Repressionen. Diese Veränderungen bedeuteten nicht nur sehr viel mehr Sicherheit und weniger Gewalt für die Costa Ricaner, sondern eine völlig andere soziale und wirtschaftliche Welt. Zum Beispiel konnten im Jahr 1900 36 Prozent der Erwachsenen lesen und schreiben, 1930 waren es bereits zwei Drittel.

In Guatemala sah es vollkommen anders aus. Einen Eindruck, wie anders es war, und warum, vermittelt der Lebensweg der Friedensnobelpreisträgerin Rigoberta Menchú. Sie stammt aus dem indigenen Volk der Quiché. »In Guatemala gibt es zweiundzwanzig Indiostämme, aber wir betrachten auch die Ladinos – das heißt die Mestizen – als eigene Stammesgruppe. Das wären dann dreiundzwanzig Stämme …« Die *ladinos* sind Abkömmlinge der Spanier oder teils spanischer, teils indigener Herkunft. Menchús Großmutter

> arbeitete … als Dienstmädchen im Haus der einzigen reichen Familie der Stadt. Ihre zwei Söhne hüteten das Vieh von diesem Señor und verrichteten kleinere Arbeiten, wie Brennholz sammeln, Wasser holen und diese Dinge. Später, als sie größer wurden, sagte der Señor zu meiner Großmutter, dass er für das Essen der Kinder nicht mehr aufkommen könne, da sie nicht genügend arbeite und den Unterhalt ihrer Kinder nicht mitverdiene. Meine Großmutter suchte dann einen Herrn, dem sie einen ihrer Söhne abtreten konnte, und meinen Vater traf es als Ersten. Er wurde an einen anderen Señor verschenkt, und bei dem ist er dann aufgewachsen. Er musste bereits früh schwere Arbeit verrichten; er schlug Brennholz und arbeitete auf dem Feld. Aber verdient hat er nichts, denn weil er verschenkt worden war, wurde ihm nichts bezahlt. Er wohnte bei … den Ladinos, aber er hat nie Spanisch gelernt, weil man ihn abseits hielt von allem und nie mit ihm sprach … er hatte nicht einmal was anzuziehen und war immer schmutzig, so dass sie sich ekelten, wenn sie ihn sahen.

Schließlich zog Menchús Vater fort und fand Arbeit auf den Kaffeeplantagen, den Fincas, an der guatemaltekischen Pazifikküste. Er nahm seine Mutter mit und »holte sie, so bald er konnte, von dieser Familie weg, weil sie da so etwas wie eine Geliebte von diesem Señor war. Die reine Not zwang meine Großmutter, bei ihm zu leben, und es gab keine Möglichkeit, anderswohin zu gehen. Er hatte auch eine Frau, klar, aber meine Großmutter musste es bei ihm aushalten.« Die Fincas wurden ihr Leben. Menchú kam 1959 zur Welt. »Bereits als ich noch sehr klein war, nahm meine Mutter mich, eingewickelt in einem Schal auf ihrem Rücken, mit auf die Fincas.« Lastwagen holten sie im Hochland ab. Menchú berichtet: »An die Lastwagen kann ich mich noch erinnern. Erst hatte ich überhaupt keine Vorstellung davon …

Die Lastwagen waren für je eine Gruppe von vierzig Personen. Zu den vierzig Personen kamen noch Hunde, Katzen und Hühner hinzu, all die Tiere, die die Leute aus dem Hochland mit zur Küste nehmen, wenn sie zur Arbeit auf die Fincas fahren.« Die Reise dauerte zwei Nächte und einen Tag, und unterdessen verschmutzten die Menschen den Lastwagen und übergaben sich. »Durch den Gestank, der sich in dem abgedeckten Lastwagen ansammelt, fängt man schließlich selbst an, sich zu übergeben, so daß wir auf der Finca ankamen wie ein Haufen Mist, wie ein Haufen zusammengepferchter Hühner, die kaum noch einen Fuß vor den anderen setzen konnten.«

Schon als Achtjährige arbeitete Rigoberta auf der Kaffee- und später auf einer Baumwollplantage; eine Schule besuchte sie nie. Die Arbeiter erhielten Tortillas und Bohnen zu essen, aber in der Cantina der Finca gab es auch andere Dinge, vor allem Alkohol. »Auf jeder Finca gibt es eine Cantina, die auch dem Großgrundbesitzer gehört … Viele gehen aus Verzweiflung in die Cantinas, um sich zu betrinken, und oft bleibt der größte Teil von dem, was ein Arbeiter verdient, in den Cantinas.« Aber Rigoberta hatte gelernt, sehr vorsichtig zu sein. »Meine Mutter sagte uns immer: ›Fasst nichts an, sonst müssen wir es hinterher bezahlen.‹«

Rigoberta erinnerte an das erste Mal, als sie den Plantagenbesitzer sah. »Ich hatte noch nie einen so dicken Ladino gesehen. Er war gut gekleidet und trug sogar eine Uhr. Damals kannten wir selbst überhaupt noch keine Uhren.« Rigoberta hatte keine Schuhe, geschweige denn eine Uhr. Als der Plantagenbesitzer kam,

> hatte er ungefähr fünfzehn Soldaten zum Schutz hinter sich … einige von uns sollten vor ihm tanzen … Dann sprach der Großgrundbesitzer auf Spanisch zu uns … Die Aufseher haben uns dann übersetzt, was der Großgrundbesitzer sagte, und er sagte, dass wir nun alle ein Kreuz auf ein Papier machen müssten. Alle bekamen ein Papier, und den Leuten wurde gezeigt, wo sie ihr Kreuz machen sollten. Ich weiß noch, dass ein paar Kästchen und drei oder vier Zeichnungen auf dem Papier waren … Der Großgrundbesitzer sagte, wer sein Kreuz nicht mache, würde gleich ohne Bezahlung davongejagt.
>
> Hinterher habe ich noch oft von dem Großgrundbesitzer geträumt; vielleicht aus Angst, weil mir sein Gesicht solche Angst eingejagt hat.

> Wir Kinder fingen an zu weinen und liefen davon, als wir den Señor Ladino sahen. Wegen der Soldaten mit ihren Gewehren dachten wir, sie wollten uns alle töten.

Das waren die »Wahlen« im guatemaltekischen Stil. »Der Großgrundbesitzer kam mit seiner Frau und einem seiner Söhne. Sie gratulierten uns und sagten, unser Präsident hätte gewonnen. Meine Eltern lachten, weil sie ›unser Präsident‹ sagten, denn für uns war er ja gar nicht unser Präsident, sondern der Präsident der Ladinos.«

Der Staat Guatemala war weit weg und fremd. Es war nicht einmal ein Staat für die Mehrheit der Bevölkerung, es war ein Staat für die *ladinos.* Als Rigoberta zum ersten Mal in die Hauptstadt, Guatemala-Stadt, kam, musste sie vorsichtig sein. Ihr Vater war in das INTA (Instituto Nacional de Transformación Agraria) gerufen worden; dazu erklärte er:

> Es gab ein Gefängnis für die Armen, wenn man nicht in dieses Amt ging, dann steckten sie einen hinein. Mein Vater sagte, die Leute dort ließen einen nicht rein, wenn man keinen Respekt zeigte. ›Wenn du reingehst, sei leise, sag nichts‹, riet er.

Draußen auf dem Land hatten die Quiché mit einer Hierarchie von Regierungsvertretern zu tun, angefangen mit dem Militärbevollmächtigten, dann dem Bürgermeister, dann dem Gouverneur, allesamt Ladinos. Statt öffentliche Dienstleistungen bereitzustellen, kassierten die Amtsträger Bestechungsgelder. »Um mit dem Militärbevollmächtigten sprechen zu können, muss man ihm zuerst eine *mordida* geben. *Mordida* nennen wir in Guatemala einen Geldbetrag, den man bezahlt, damit einem geholfen wird.« Eine *mordida* bedeutet wörtlich ein »Happen oder Bissen«. Rigoberta kam zu dem Schluss: »Regierung, das heißt in Guatemala, dass wir nichts gegen sie machen können.« Sie versuchten es dennoch. Rigobertas Vater und ihr Bruder begannen, die Dorfbewohner zu organisieren. Am 9. September 1979 wurde ihr Bruder von der Armee ermordet.

> Sie trieben ihn zwei Kilometer weit über Stock und Stein durch den Busch. Sie schlugen ihn immerzu … Sein Gesicht war ganz entstellt von den vielen Schlägen, und er sah nicht mehr aus wie ein Mensch … Sie banden ihm die Hoden an einer Leine fest und befahlen ihm zu rennen … Dann warfen sie ihn in ein Loch … mit Wasser und Morast, darin ließen sie ihn eine ganz Nacht lang nackt liegen. In dem Loch lagen viele Tote, und der Leichengestank war nicht zu ertragen … Sie folterten ihn zwei Wochen lang. Sie rissen ihm die Fingernägel aus, schnitten ihm Stücke aus der Haut und verbrannten Teile seines Körpers. Viele der Wunden, von den ersten Verletzungen, waren entzündet und eiterten. Er lebte aber noch. Sie schoren ihm den Kopf und zogen ihm die Kopfhaut ab. Mein Bruder war am ganzen Körper voller Wunden …

Nicht ausreichend zufrieden mit dieser Grausamkeit, brachte die Armee die Gefangenen in das Dorf Chajul, um den Menschen eine Lektion zu erteilen. »Ein Offizier eröffnete die Versammlung und sagte, sie hätten eine Gruppe von Guerilleros in ihre Gewalt gebracht und sie erwarte jetzt eine kleine Strafe«, es gebe aber »noch größere Strafen«. Die Gefangenen wurden mit Benzin übergossen und angezündet. Das war brutale Dominanz über die Gesellschaft. Eine völlig andere Welt als das benachbarte Costa Rica.

Warum also diese Gräuel in Guatemala, während Costa Rica die Gewalt bereits unter Kontrolle gebracht, unterstützt von einer ziemlich gut organisierten Gesellschaft eine Demokratie aufgebaut und die Voraussetzungen für Freiheit geschaffen hatte? Warum hatten sich beide Länder derart auseinanderentwickelt? Die Antwort hat mit Kaffee zu tun.

Gründe für Divergenz

Das rapide Wachstum Westeuropas und Nordamerikas im 19. Jahrhundert veränderte nicht nur das dortige Wirtschaftsleben. Durch die Schaffung einer enormen Nachfrage nach tropischen Erzeugnissen wie Zucker, Tabak, Baumwolle und Kaffee und der technischen Möglichkeiten, sie quer über den Globus zu transportieren, formte dieses Wachstum auch die postkolonialen Gesellschaften um. Dampfschiffe waren schon zu Beginn des Jahrhunderts im Einsatz, und ab 1838 verkehrte das Dampfschiff SS *Great Western*, konstruiert von dem britischen Unternehmer Isambard Kingdom Brunel, regelmäßig zwischen Bristol und New York. Die *Great Western* bestand aus Holz und verwendete dampfgetriebene Schaufelräder. Im Jahr 1843 hatte die *Great Britain*, das erste Schiff aus Eisen mit Propellerantrieb, ihren Stapellauf. Ein Eisenrumpf war billiger und erlaubte den Bau größerer Schiffe, während Propeller weitaus stärker waren als Segel oder Schaufelräder.

Aufgrund dieser technischen Neuerungen wurde es profitabel, Erzeugnisse wie Kaffee in großen Mengen in ferne Länder zu exportieren. Mittelamerika war das Epizentrum dieses Handels, nicht nur weil es für den Kaffeeanbau ideale klimatische Bedingungen bot, sondern auch weil es nicht weit von den boomenden Märkten der Vereinigten Staaten entfernt war, wo sich die Kaffeeimporte zwischen 1830 und 1840 verdoppelten und bis 1850 um weitere 50 Prozent stiegen. Darauf folgte bis zum Ende des Jahrhunderts eine stetige Erhöhung der Kaffeepreise.

Um Profit aus der wachsenden Nachfrage zu schlagen, wurden einige öffentliche Dienstleistungen wie der Bau von Straßen und Infrastruktur für den Export der Erzeugnisse benötigt. Außerdem musste geklärt werden, wem der Boden gehörte, damit Investoren das nötige Geld für die Anpflanzung von Kaffee bereitstellten (denn es dauert drei bis vier Jahre, bis junge Kaffeesträucher Früchte tragen). All das erforderte eine Steigerung der staatlichen Leistungsfähigkeit. Es war diese Forderung nach vermehrter staatlicher Macht und Leistungsfähigkeit, die für die anschließenden Entwicklungen in Costa Rica und Guatemala ausschlaggebend wurde.

Costa Rica gehörte während der Kolonialzeit zum Königreich Guatemala, und beide Länder vereinigten sich nach ihrer Unabhängigkeit im Jahr 1821 für kurze Zeit mit Mexiko und schlossen sich danach der Zentralamerikanischen Konföderation an. Costa Rica trat 1838 aus der Konföderation aus und wurde schließlich ein unabhängiger Staat. Während der Kolonialzeit hatte Costa Rica nur eine marginale Rolle gespielt, es entging den Reformen der Bourbonen, die darauf zielten, die Kolonialstaaten zu stärken und die Steuereinnahmen zu steigern. Von den indigenen Ureinwohnern hatten nur wenige überlebt, nachdem im 16. Jahrhundert Seuchen eingeschleppt worden waren. Das Land besaß auch keine wertvollen Metalle oder Bodenschätze, die den Abbau lohnten. Nach der Unabhängigkeit lag die Bevölkerungszahl bei 60 000 bis 70 000, und die meisten Bewohner lebten im Valle Central des Hochlands. Die Kolonialwirtschaft war weitgehend unterentwickelt, abgesehen von einem kurzen Boom, den der Kakaoanbau im 17. Jahrhundert an der Karibikküste erlebte. Guatemala, das das Kolonialmonopol kontrollierte, hatte den Tabakanbau in Costa Rica blockiert. Daher fehlten in dem Land zum Zeitpunkt der Unabhängigkeit mächtige Eliten und eine dominante Stadt. Die vier Siedlungszentren, Cartago (die koloniale Hauptstadt und Zentrum konservativer Gruppen), San José, Alajuela und Heredia, waren erbitterte Rivalen. Jede der Städte betrieb eine eigene Außenpolitik und bemühte sich um Bündnisse mit mächtigen Gruppierungen in Nachbarländern wie Kolumbien. Wie es der argentinische Politiker und Intellektuelle Domingo Sarmiento formulierte: »Die südamerikanischen Republiken haben alle, mehr oder weniger, die Tendenz durchlaufen, sich in kleine Fraktionen aufzuspalten, angezogen von anarchischen und überstürzten Bestrebungen einer ruinösen, finsteren Unabhängigkeit. Mittelamerika hatte aus jedem Dorf einen souveränen Staat gemacht.«

In den Jahren 1823 und 1835 führte diese Tendenz der Aufspaltung zu Bürgerkriegen, in deren Folge sich San José als Hauptstadt etablierte. Aber die Städte wetteiferten nicht nur, sie waren auch zur Zusammenarbeit fähig. Als 1821 die lateinamerikanische Unabhängigkeit winkte, lud der Stadtrat (*ayuntamiento* oder *cabildo*) der Kolonialhauptstadt Cartago die Stadträte der anderen Städte zu einem Gespräch darüber ein, wie sie die Unabhängigkeit erklären sollten. Im Oktober desselben Jahres gaben die vier größten Städte, zusammen mit Ujarrás, Barva and Bagaces, gemeinsam die »Acta del Ayuntamiento« heraus, in der sie die Unabhängigkeit von Spanien erklärten. Im Dezember hatten sie den Pacto de la Concordia unterzeichnet, der einen Ausschuss, bestehend aus sieben vom Volk gewählten Mitgliedern, als Regierung einsetzte. Der Ausschuss sollte abwechselnd in den vier Städten tagen. Die Städte machten auch häufig vom »cabildo abierto« Gebrauch, einer öffentlichen Ratsversammlung, die eine breite politische Partizipation erlaubte.

Während sich Costa Rica allmählich vom spanischen Kolonialreich löste, blieb das Land arm und unterentwickelt. Der einzige Aktivposten, den es besaß, war eine Menge ungenutztes Land. Die erste Generation von Politikern nach 1821 begriff das sehr wohl. Costa Rica ging nun ähnlich vor wie die Vereinigten Staaten, die bereits 1787 die Nordwest-Verordnung (Northwest Ordinance) erlassen hatten, um die Expansion der Union zu lenken. Ab 1821 gab San José an jeden Einwohner kostenlos Land ab, der es einzäunen und dort Erzeugnisse für den Export anbauen konnte. Gesetze, die Landrechte und Beihilfen für Kleinbauern und deren Kaffeepflanzungen vorsahen, wurden von der Zentralregierung 1828, 1832 und 1840 verabschiedet. Bis zum Jahr 1856 war das gesamte öffentliche Land vergeben, auch das Valle Central, das zuvor in Staatsbesitz gewesen war. Einzelne Städte versuchten, Arbeitskräfte und Migranten zu gewinnen, indem sie ihnen Land für wenig Geld verkauften und die Kaffeeproduktion förderten. Eine Maßnahme des Jahres 1828 versprach kostenlos bis zu 44 Hektar Land in unterbevölkerten Regionen und regte damit die Besiedlung und landwirtschaftliche Erschließung von Gegenden außerhalb der vier Stadtgebiete an. Costa Rica war sogar die erste mittelamerikanische Nation, die Kaffee ausführte, und während der 1840er Jahre verfünffachten sich die Exporte auf 3800 Tonnen. Zu diesem Zeitpunkt entfielen 80 Prozent der costa-ricanischen Exporte auf Kaffee. In diesem Jahrzehnt wurde die erste Straße vom Valle Central zum Pazifikhafen Puntarenas gebaut, so dass der Kaffee nun mit Ochsenkarren statt auf dem Rücken von Maultieren transportiert werden konnte.

Diese frühe Dynamik der Landverteilung sorgte dafür, dass in Costa Rica die Klasse der Großgrundbesitzer gar nicht erst entstand. Stattdessen konzentrierten sich die Eliten des Landes, so weit es sie gab, auf die Kontrolle der Finanzierung sowie die Beschaffung und die Ausfuhr der landwirtschaftlichen Erzeugnisse. Daher gab es niemals eine Koalition, die Formen der Zwangsarbeit durchsetzte, wie sie in Guatemala grassierten. Selbst reiche Familien, die ins Kaffeege schäft einstiegen, waren in der Regel diversifiziert. Zweifellos gab es Versuche der costa-ricanischen Elite, die Preise zu drücken, zu denen sie den Kleinbauern den Kaffee abkauften, und sie profitierten von den hohen Zinsen für Darlehen und Finanzierungen, die sie erbittert verteidigten. Das berühmteste Beispiel dafür ist der Sturz von Präsident Juan Rafael Mora Porras durch die Familie Montealegre im Jahr 1859, nachdem Mora Porras vorgeschlagen hatte, eine Bank zu gründen, die Kredite direkt an die Kleinbauern vergab, was die Marktmacht der Finanziers gebrochen hätte. Aber all das brachte die kleinbäuerliche Kaffeeerzeugung nicht aus dem Lot. Der Historiker Ciro Cardoso beschreibt den Zustand der costa-ricanischen Wirtschaft folgendermaßen: »Kleine Höfe waren absolut in der Überzahl, sowohl was ihre Zahl als auch die gesamte beanspruchte Fläche betraf.«

Das Kaffeegeschäft erforderte institutionelle Unterstützung. Vor allem musste das Land vermessen werden, und es galt Besitzrechte festzuschreiben und durchzusetzen. Nach der Unabhängigkeit begann Präsident Braulio Carrillo mit dem Aufbau eines Staates, der dazu in der Lage war. Carrillo erließ Zivil- und Strafgesetzbücher und schuf erstmals eine staatliche Bürokratie. Auch organisierte er die nationale Miliz neu und baute eine nationale Polizei auf. Obwohl er sich als Diktator auf Lebenszeit verstand, unternahm er kaum Anstrengungen, eine größere Armee aufzustellen, sondern begnügte sich mit gerade einmal 500 Soldaten. Die wahrscheinlichste Erklärung für Carrillos Politik ist, dass er – wie die Föderalisten in den Vereinigten Staaten – erkannte, dass es ohne zentrale Autorität schwierig sein würde, grundlegende öffentliche Dienstleistungen bereitzustellen, die das junge Land benötigte, um die neuen wirtschaftlichen Chancen zu nutzen und angesichts der Rivalität zwischen den vier großen Städten die Ordnung aufrechtzuerhalten. Aber wie die Föderalisten war er sich vermutlich des Gilgamesch-Problems bewusst – wie kann ein übermächtiger Staat kontrolliert werden? – und nahm davon Abstand, eine große Militärmacht aufzubauen. Nach Carrillos Absetzung 1842 zeigte sich die wachsende Macht der Kaffee-Eliten, denn die verschiedenen Familien und Interessengruppen unterstützten unterschiedliche Präsidentschaftskandidaten, und die Wahlen wurden durch Einmischung des Militärs beeinträchtigt. Einige Präsidenten wie Mora wurden durch Revolten gestürzt, andere wurden, wie Jesús Jiménez Zamora im Jahr 1870, durch einen Putsch aus dem Amt gejagt. Auf Drängen der Familie Montealegre wurde Jiménez durch Tomás Guardia Gutiérrez ersetzt, der erste Militärangehörige, der im 19. Jahrhundert Präsident Costa Ricas wurde. Während seiner zwölfjährigen Regierungszeit professionalisierte er die Armee mit Hilfe preußischer Berater und verkleinerte sie, so dass sie im Jahr 1880 nur noch über 358 Berufssoldaten verfügte (allerdings gab es eine Miliz, auf die der Präsident im Notfall zurückgreifen konnte). Die Folge dieser Reformen war, dass sich das Militär aus der Politik heraushielt. Ab 1882, Guardias Todesjahr, fanden in Costa Rica reguläre Wahlen statt, dem Wahlbetrug konnte man allerdings erst 1948 Einhalt gebieten. Wie Carrillo weitete Guardia die Leistungsfähigkeit des Staates aus und vergrößerte den Beamtenapparat um annähernd 40 Prozent. Außerdem leitete er den Bau der ersten Eisenbahnlinie in die Wege, die das Valle Central mit der Küste verband. Statt ins Militär investierte Costa Rica nun in Bildung. Mit der großen Bildungsreform von 1888 begann die Alphabetisierung.

An diesem Punkt befand sich Costa Rica bereits im Korridor und schritt weiter darin voran. Im Jahr 1948 führte ein Wahlbetrug zu einem kurzen Bürgerkrieg, den die Rebellen unter José Figueres Ferrer für sich entschieden, womit sich der langsame Übergang zur Demokratie konsolidierte. Figueres führte die Regierung 18 Monate lang, ehe er das Amt dem rechtmäßigen Wahlsieger von 1948 übergab. In diesem Zeitraum sorgte er, nicht zuletzt durch die Abschaffung der Armee, für dramatische Veränderungen. Costa Rica ist das größte Land der Welt, das auf eine Armee verzichtet (andere sind Andorra und Liechtenstein sowie einige kleine Inselstaaten wie Mauritius und Grenada). Seine Regierung berief eine verfassunggebende Versammlung ein und erließ mehrere Gesetze zum Aufbau eines leistungsorientierten Beamtenapparats, zur Einführung der Schulpflicht und des Wahlrechts für Frauen und Analphabeten. Seither herrschen in Costa Rica Demokratie und Frieden, eine bemerkenswerte Leistung in einer Region, in der jedes andere Land seit den 1950er Jahren, nicht selten über lange Zeiträume, von einer Diktatur regiert wurde.

Repressionen auf der Finca

Während sich in Costa Rica eine kleinbäuerliche Kaffeewirtschaft, einhergehend mit einem Gefesselten Leviathan, entwickelte, wurde auch in Guatemala immer mehr Kaffee angebaut, aber die Dinge nahmen einen ganz anderen, repressiven Verlauf. Die Frage, warum Rigoberta Menchú Zeugin solcher Gräuel wurde, hängt mit der Zwangsarbeit zusammen, die den Kaffeeanbau in Guatemala prägte: Alles, was dieses Geschäftsmodell gefährdete, wurde mit extremer Gewalt beseitigt.

Guatemala war der Sitz der Kolonialmacht in Mittelamerika gewesen, und anders als in Costa Rica gab es in dem Land mächtige Großgrundbesitzer. Die konservativen Kaufleute hatten sich in einer starken Gilde zusammengeschlossen. Auch war die Wirtschaft bereits viel weiter entwickelt. Schon 1794 hatten Indigo-Erzeuger einen Verband gegründet. Außerdem war Guatemala durch die indigene Bevölkerung dicht besiedelt. Nach der Unabhängigkeit kam der Diktator José Rafael Carrera Turcios an die Macht, der, sei es de facto oder de jure, das Land von 1838 bis zu seinem Tod 1865 regierte. Carreras Biograph Ralph Lee Woodward merkt dazu an:

> Ungeachtet der Wichtigkeit von Carreras Armee als Machtbasis für den Diktator, war es der Zusammenschluss der konservativen Eliten der Hauptstadt, die dem Regime seinen Charakter gaben und maßgeblich für die Einführung einer Politik waren, die Guatemala zur ›Zitadelle des Konservatismus‹ machte … Während Carrera sich stets das Recht vorbehielt, endgültige Entscheidungen zu treffen … ließ er in der Regel zu, dass eine kleine Clique gebildeter, aristokratischer Berater politische Maßnahmen entwarf und durchsetzte. Der Zusammenschluss dieser konservativen Elite in Guatemala und ihre beherrschende Rolle in der Gesellschaft, der Wirtschaft und dem politischen Gefüge der Hauptstadt ist das kennzeichnende Merkmal des Zeitraums von 1850 bis 1871.

Während dieser Periode hielt Guatemala an der Politik der Kolonialzeit fest, auch Monopole diverser Art blieben bestehen. Im Unterschied zu Costa Rica wurden kaum Anstrengungen unternommen, landwirtschaftliche Exporte zu fördern. Dennoch führte das Wachstum der Märkte zu einer allmählichen Ausweitung der Kaffeeproduktion. Noch 1860 waren die Exporte zu vernachlässigen gewesen, aber im Lauf eines Jahrzehnts steigerten sie sich erheblich. Schon 1871 entfiel die Hälfte der Exporte Guatemalas auf Kaffee. In diesem Jahr wurde Vicente Cerna Sandoval, einer der konservativen Nachfolger Carreras, durch eine Revolution gestürzt, die die »Liberalen« an die Macht brachte, zunächst Miguel García Granados Zavala, auf den bald der erfolgreiche politische Machthaber Justo Rufino Barrios Auyón folgte, der sich länger im Amt hielt und bis 1885 regierte.

Das neue Regime setzte sich das explizite Ziel, die landwirtschaftliche Exportwirtschaft zu entwickeln. Zu diesem Zweck strebte sie die Privatisierung von Grundbesitz an. Unter anderem wurde dies durch Enteignung der indigenen Bevölkerung erreicht. Zwischen 1871 und 1883 wurden rund 400 000 Hektar Land privatisiert. Ein Problem bestand darin, dass der Großteil der indigenen Bevölkerung im Hochland lebte, während sich die Hauptanbaugebiete für Kaffee in tieferen Lagen hin zur Pazifikküste befanden. Barrios nutzte die Staatsmacht auch, um den Großgrundbesitzern Zugang zu Arbeitskräften zu verschaffen. Die Geschichte der Zwangsarbeit in Guatemala reichte bis in die Anfänge der Kolonialzeit zurück, als den Konquistadoren von der spanischen Krone sehr große Landgüter mitsamt der darin lebenden indigenen Bevölkerung übertragen wurden; dieses System nannte man *encomienda*. Als die Kaffeeproduktion rapide anwuchs, erließ der Staat Gesetze, um die Zwangsarbeit zu intensivieren, oder griff auf Einrichtungen der Kolonialzeit wie den *mandamiento* (wörtlich »Vorschrift« oder »Befehl«) und die Schuldknechtschaft zurück, wie auch aus Rigobertas Beschreibung der Cantina auf der Finca hervorgeht. Der Mandamiento erlaubte den Arbeitgebern, bis zu 60 Arbeiter für 15 Tage Lohnarbeit anzufordern. Sofern die Arbeiter nicht durch ihr Arbeitsbuch nachweisen konnten, dass sie den Dienst kürzlich zufriedenstellend abgeleistet hatten, durften sie zwangsrekrutiert werden. Die Bodenpolitik war nicht nur darauf ausgerichtet, das Land politisch genehmen Personen zuzuspielen, beabsichtigt war auch, die Selbstversorgung der indigenen Hochlandbewohner zu zerstören, um auf diese Weise die Einführung der Zwangsarbeit zu lancieren.

Ihrer Subsistenzwirtschaft beraubt, konnte man die Menschen leichter bei schlechter Bezahlung in die Lohnarbeit zwingen. Das Mittel zu diesem Zweck war die Enteignung der traditionellen Allmende, was dazu führte, dass sich die Menschen nicht mehr selbst versorgen konnten. Um zu überleben, mussten sie hinunter in die Finca ziehen.

Daran hatte sich zu der Zeit, als Rigoberta Menchú die von ihr beschriebenen Geschehnisse erlebte, nicht viel geändert. Die Strategie wurde durch weitere Gesetze ergänzt, die zum Beispiel »Landstreicherei« verboten; ein weiterer Vorwand, um Menschen zur Arbeit zu zwingen. Während sich die Regierung Guatemalas auf »Bodenprivatisierung« und verwandte politische Maßnahmen konzentrierte, versagte sie in puncto Bereitstellung öffentlicher Dienstleistungen. Das war einer der Gründe, warum Rigoberta nicht zur Schule ging. Wie sie in ihren Erinnerungen schildert, war auch Kinderarbeit in den 1960er Jahren weit verbreitet – Kinderfinger waren einfach zu flink, um sie nicht bei der Kaffeeernte einzusetzen. Dass kein Interesse bestand, Schulen und andere öffentliche Dienstleistungen zu finanzieren, zeigt sich an den Daten zu Bildung und Alphabetisierung in Guatemala. Im Jahr 1900 konnten nur 12 Prozent der Erwachsenen lesen und schreiben. Noch 1950 waren es lediglich 29 Prozent, während in Costa Rica zu diesem Zeitpunkt fast alle Erwachsenen alphabetisiert waren.

Der guatemaltekische Staat gab sich nicht damit zufrieden, im 19. Jahrhundert Land zu enteignen, sondern fuhr damit in den 1960er und 1970er Jahren, als Rigoberta ein Kind war, fort. Eines Tages im Jahr 1967 tauchten Leute in Rigoberta Menchús Dorf im Hochland auf und vermaßen das Land, das von den Bewohnern seit jeher genutzt wurde. Die Erklärung war eindeutig: »Die Regierung sagt: ›Das Land gehört dem Staat. Dieses Land gehört mir, und ich gebe es euch, damit ihr es bebaut.‹ Es hieß, entweder wir blieben als Knechte, oder wir müssten unser Land verlassen.«

Arbeiten für wen? Für die politisch vernetzten Familien namens Martínez, García und Brol, die hohe Bestechungsgelder gezahlt hatten, um die Regierung zu veranlassen, ihnen das Land zu überschreiben. Allerdings versuchten die Dorfbewohner, sich zu beschweren:

> Wir wussten nicht, dass eine Amtsperson zu fragen dasselbe war, wie einen Großgrundbesitzer zu fragen … Sie vertrieben uns aus unseren Häusern und aus dem Dorf … Wie die Wilden kamen die Leibwächter der Garcías ins Dorf … Zuerst holten sie die Leute heraus. Alle. Sie fragten gar nicht um Erlaubnis, eintreten zu dürfen. Dann gingen sie wieder hinein und holten die Sachen der Indios heraus. Ich weiß noch, dass meine Mutter damals ihre silbernen Halsketten im Haus aufbewahrte, Erinnerungsstücke ihrer Großeltern. Nichts davon tauchte je wieder auf. Sie stahlen alles. Dann unser Geschirr, unser irdenes Geschirr. Sie warfen es hinaus … und – ach Gott – als es zu Boden fiel, zerbarst alles.

Schließlich ergriffen sie die Flucht.

Dass sich Costa Rica und Guatemala in den letzten 150 Jahren so stark auseinanderentwickelt haben, war nicht vorherbestimmt. Die beiden Länder wiesen historisch, geographisch und kulturell große Ähnlichkeiten auf, und ihnen boten sich im 19. Jahrhundert dieselben wirtschaftlichen Chancen. Aber die Entwicklung steht auch hier im Einklang mit unserem konzeptuellen Rahmen. Derselbe Impuls zur Steigerung der staatlichen Leistungsfähigkeit, herbeigeführt durch internationale wirtschaftliche Veränderungen, hatte völlig unterschiedliche Folgen, weil er im Kontext einer jeweils völlig anderen Machtverteilung zwischen Staat und Gesellschaft stand. Im Vergleich zu Costa Rica war die Geschichte Guatemalas stärker von militärisch gestützter Zwangsarbeit geprägt, außerdem hatte das Land eine sehr viel größere indigene Bevölkerung, und es hatte die despotischen staatlichen Institutionen des Königreichs Guatemala geerbt. Der Anreiz zur Staatsbildung, der vom Kaffeeboom Ende des 19. Jahrhunderts ausging, schuf daher in Guatemala einen mächtigen Despotischen Leviathan. In Costa Rica bedeutete der Zusammenbruch des spanischen Imperiums hingegen, dass es keinerlei mächtige staatliche Institutionen mehr gab und vier Städte um die Macht rivalisierten. Der Kaffeeanbau half ihnen, den Zusammenbruch abzuwenden, und beförderte Costa Rica in den Korridor. Der Rote-Königin-Effekt zeigte sich am deutlichsten darin, dass eine kleinbäuerliche Kaffeewirtschaft entstand, gestützt durch öffentliche Dienstleistungen und verbesserte Landrechte. Innerhalb weniger Jahrzehnte schuf dieser Prozess die soziale Basis für eine funktionierende Demokratie.

Warum die Geschichte eine Rolle spielt

Wir haben an mehreren Beispielen gesehen, dass derselbe Anstoß zum Aufbau eines stärkeren Staates, oder in manchen Fällen dieselben Kräfte, die den Staat schwächen, ganz unterschiedliche Auswirkungen auf den Weg haben, den Staaten und Gesellschaften daraufhin einschlagen. Das ist die wichtigste Lektion dieses Kapitels. Im Gegensatz zur vorherrschenden Meinung in den Sozialwissenschaften geben strukturelle Faktoren nicht zwangsläufig die Herausbildung eines bestimmten wirtschaftlichen, politischen oder sozialen Musters vor. Vielmehr bewirken sie »bedingte Effekte« – das heißt, ihre Folgen sind weitgehend von der bestehenden Machtverteilung zwischen Staat und Gesellschaft abhängig.

Mit diesem allgemeinen Befund lassen sich bestimmte Wendepunkte in der Geschichte Europas und der Welt erklären, aber er enthält auch eine Erkenntnis, die über die Themen dieses Kapitels hinausreicht. Denn solche strukturellen Faktoren – vor allem wenn sie mit bestimmten Wirtschaftsbeziehungen und den durch internationale Beziehungen bedingten Tendenzen zusammenhängen – verschieben nicht nur die Position einer Nation in den Abbildungen 2 und 3 (siehe Seite 371 und Seite 401), sondern können auch die verschiedenen Bereiche in diesen Abbildungen umformen. Der entscheidende Punkt dabei ist, dass sich die Linien, die die Grenzen des Despotischen, des Gefesselten und des Abwesenden Leviathans markieren, verschieben, sobald sich diese Faktoren verändern. Dies erklärt, wie wir in den Kapiteln 13 und 14 sehen werden, welche Gesellschaftstypen eher in der Lage sind, einen Gefesselten Leviathan hervorzubringen und an ihm festzuhalten, weil sie über einen breiteren Korridor verfügen.

Unsere Ausführungen in diesem Kapitel zeigen auch, warum die Geschichte in unserem Theorierahmen eine Rolle spielt. Sobald eine

Gesellschaft den Korridor betritt, verhält sie sich ganz anders als im Machtbereich des Despotischen Leviathans oder unter dem Abwesenden Leviathan, deshalb tendieren historische Unterschiede dazu fortzubestehen. Aus diesem Grund hat die Machtbalance zwischen Staat und Gesellschaft oft Bestand. Aber natürlich ist diese Balance wiederum von bestimmten wirtschaftlichen, sozialen und politischen Beziehungen abhängig, deshalb gibt die Struktur der Wirtschaft und Politik in einem Land nicht nur die Breite des Korridors vor, sondern bestimmt auch seinen künftigen Weg. Zum Beispiel macht eine von Zwangsarbeit geprägte Geschichte Staat und Eliten mächtiger gegenüber einer ausgemergelten Gesellschaft, und das wiederum erhöht die Wahrscheinlichkeit, dass Zwangsarbeit weiter praktiziert und intensiviert wird, wie unsere Darstellung der guatemaltekischen Geschichte verdeutlicht. In gleicher Weise erhöht eine in der Vergangenheit erfolgte Kollektivierung der Landwirtschaft die Wahrscheinlichkeit, dass der Despotismus fortbesteht, weil dies die Gesellschaft schwächt, wie unsere Ausführungen zur jüngeren russischen Geschichte zeigen. Dieses Fortbestehen widerlegt die Behauptung, es werde einfach ein »Ende der Geschichte« geben, an dem sich alle Nationen letztlich demselben Typus von Staat, Gesellschaft und Institutionen annähern. Denn die Geschichte dauert fort und erzeugt Divergenzen, die man nicht einfach auslöschen oder ungeschehen machen kann. Noch interessanter ist jedoch, dass unterschiedliche historische Entwicklungen in der Beziehung zwischen Staat und Gesellschaft folgenschwere Implikationen haben können, wenn sie mit einem Wandel der strukturellen Faktoren und großen Schocks zusammentreffen, wie sie in diesem Kapitel erörtert wurden. Das liegt sowohl daran, dass – wie soeben gesagt – beispielsweise eine Geschichte der Zwangsarbeit, der Industrialisierung oder der tiefverwurzelten sozialen Hierarchien Auswirkungen auf die Gestalt des Korridors hat, als auch daran, dass Länder mit unterschiedlicher Vergangenheit sich auch hinsichtlich der Machtbalance zwischen Staat und Gesellschaft unterscheiden, was wiederum die Grundlage bildet für unterschiedliche Folgen derselben strukturellen Faktoren.

Unsere Ausführungen zeigen überdies – und spätere Kapitel werden es bestätigen –, dass Geschichte kein vorherbestimmtes Schicksal ist. Nationen betreten den Korridor und verlassen ihn wieder, ändern ihren historischen Kurs, selbst wenn die Wahrscheinlichkeit, dass dies geschieht, und die Art und Weise, in der es geschieht, in hohem Maße von der eigenen Geschichte sowie von den wirtschaftlichen, politischen und sozialen Bedingungen, die die Gestalt des Korridors bestimmen, beeinflusst wird. Diese Überlegungen führen uns zu dem, was in der Sozialwissenschaft als »Handlungsmacht« bezeichnet wird – die Fähigkeit bedeutender Akteure, die Entwicklung ihrer Gesellschaft zu beeinflussen, zum Beispiel indem sie neue, dauerhafte Koalitionen schmieden, neue Forderungen, Klagen und Narrative artikulieren oder technologische, organisatorische oder ideologische Innovationen voranbringen (wie wir in Kapitel 3 gesehen haben). Die Handlungsmacht spielt in unserem konzeptuellen Rahmen nicht deshalb eine Rolle, weil sie den Entwicklungsweg einer Nation nach Belieben umformen könnte, als wäre sie ein unbeschriebenes Blatt. Vielmehr kann die Handlungsmacht ebenso wie ein zuweilen vollkommen unbedeutend wirkender Zufall, dauerhafte Auswirkungen zeigen, indem sie die vorherrschende Machtbalance zum Kippen bringt und die Art und Weise verändert, wie die Gesellschaft auf strukturelle Faktoren reagiert. Bei den Föderalisten in Kapitel 2 haben wir gesehen, welche Rolle bei der Staatsbildung Führungsfiguren spielen, die imstande sind, eine neue Vision zu artikulieren und neue Koalitionen einzugehen. Dasselbe beobachten wir auch im Fall von Costa Rica. Obwohl deutliche strukturelle Unterschiede zwischen Costa Rica und Guatemala bestanden, wurde der Kurs Costa Ricas in den 1830er und 1840er Jahren maßgeblich von Personen wie Braulio Carrillo geprägt. Seine Entscheidung, Costa Rica aus der Zentralamerikanischen Konföderation zu lösen, ermöglichte dem Land, gegenüber seinen Nachbarn einen abweichenden Weg einzuschlagen. Sein Entschluss, leistungsfähigere staatliche Institutionen aufzubauen, ermöglichte die Entwicklung der kleinbäuerlichen Kaffeewirtschaft. Am interessantesten ist aber vielleicht seine Entscheidung, die Armee kleinzuhalten, was dafür sorgte, dass das Militär in der costaricanischen Politik eine relativ bescheidene Rolle spielte, bis es 1948 schließlich aufgelöst wurde. Hätte Carrillo andere Maßnahmen ergriffen, würde Costa Rica heute womöglich eher Guatemala ähneln.

Ein weiterer Politiker, José Figueres Ferrer, war vonnöten, um die Armee gänzlich abzuschaffen und die verfassungsrechtliche Grundlage für einen modernen Staat und eine funktionierende Demokratie herzustellen. Wie die Entscheidungen Carrillos waren auch Figueres' Maßnahmen in keiner Weise vorherbestimmt, wenn man bedenkt, dass jenseits der Grenze in Nicaragua die Somozas unterdessen eine Diktatur errichteten. Bei alledem hatte die Handlungsmacht Einfluss darauf, wie sich die Kräfte in Abbildung 2 und 3 (siehe Seite 371 und 401) entfalteten, aber sie konnte nicht frei von der vorherrschenden Machtbalance agieren. Es wäre für Carrillo und Figueres sogar unmöglich gewesen, einen Gefesselten Leviathan aufzubauen, wäre die Landwirtschaft Costa Ricas ebenso repressiv organisiert gewesen wie in Guatemala.

10.
WAS IST LOS MIT FERGUSON?

Mord um die Mittagszeit

Am 9. August 2014 wurde Michael Brown, ein achtzehnjähriger Afroamerikaner, um kurz nach 12 Uhr von dem Polizeibeamten Darren Wilson in Ferguson, Missouri, einem Vorort von St. Louis, erschossen. Brown hatte in einem Laden eine Packung Zigarillos gestohlen und war mit einem Freund unterwegs, als Wilson, der über Funk von dem Diebstahl gehört hatte, die beiden aufforderte, stehen zu bleiben. Es kam zu einem heftigen Streit, während dem Wilson noch in seinem Wagen saß, und zwei Schüsse wurden abgefeuert. Brown floh, Wilson verfolgte ihn und schoss dabei sechsmal auf ihn. Nur 90 Sekunden nach der Begegnung Wilsons mit dem jungen Mann war Brown tot.

Der tragische Vorfall ereignete sich im Kontext extrem angespannter Beziehungen zwischen der vorwiegend afroamerikanischen Bevölkerung Fergusons und den fast ausschließlich weißen Polizeikräften. Der Mord an Brown zog tagelange Ausschreitungen nach sich, was die Aufmerksamkeit der Weltöffentlichkeit auf die Stadt lenkte. Weitere Krawalle folgten, als ein Großes Geschworenengericht es ablehnte, Anklage gegen Wilson zu erheben. Ein Bericht des Justizministeriums über das Ferguson Police Department (FPD) enthüllte niederschmetternde Verletzungen der Grundrechte von Bürgern, insbesondere von schwarzen Bürgern, in Ferguson. Dem Bericht zufolge war es an der Tagesordnung, dass das FPD Afroamerikaner drangsalierte. Ein Beispiel:

Im Sommer 2012 saß ein zweiunddreißigjähriger Afroamerikaner in seinem Auto und legte eine Verschnaufpause ein, nachdem er in einem öffentlichen Park der Stadt Basketball gespielt hatte. Ein Polizeiwagen hielt hinter dem Fahrzeug und hinderte es damit am Wegfahren; der Beamte forderte die Sozialversicherungsnummer und den Ausweis des Mannes. Ohne Anlass beschuldigte der Polizist den Mann, er sei pädophil, und verwies auf die Anwesenheit von Kindern im Park. Er befahl ihm, auszusteigen und sich einer Leibesvisitation zu unterziehen, obwohl der Polizist keinen Grund zu der Annahme hatte, der Mann sei bewaffnet. Dann wollte er den Wagen des Afroamerikaners durchsuchen. Der Mann weigerte sich und verwies auf seine Grundrechte. Daraufhin nahm der Polizist den Mann fest, nach dessen Aussage mit vorgehaltener Waffe, und beschuldigte ihn, acht Verstöße gegen die Gemeindeordnung von Ferguson begangen zu haben. Ein Vorwurf, er habe falsche Angaben gemacht, bezog sich darauf, dass er zunächst die Kurzform seines Vornamens (z. B. »Mike« statt »Michael«) angegeben sowie eine Adresse genannt habe, die zwar gültig war, aber von der Adresse in seinem Führerschein abwich. Ein weiterer Vorwurf lautete, er sei nicht angeschnallt gewesen, dabei saß er in einem geparkten Auto.

Der Bericht hielt fest, die Polizei von Ferguson führe regelmäßig verdachtsunabhängige Kontrollen und Festnahmen ohne hinreichenden Grund durch und gehe dabei unangemessen gewaltsam vor, was insgesamt einen Verstoß gegen den 4. Zusatzartikel der amerikanischen Verfassung darstellt. Ihre Verletzung der Meinungsfreiheit sowie Sanktionen nach erfolgter Meinungsäußerung stellten einen Verstoß gegen den 1. Zusatzartikel dar. Schlimmer noch, »unverhältnismäßige Gewaltanwendung« sei in Ferguson an der Tagesordnung.

Im Januar 2013 hielt ein Streifenpolizist einen Afroamerikaner an, nachdem er beobachtet hatte, wie der Mann mit einer Person in einem Lastwagen sprach und dann weiterging. Der Beamte nahm den Mann fest, obwohl er keinen Anfangsverdacht formulieren konnte, dem zufolge eine Straftat im Gange sei. Als sich der Mann weigerte, Fragen zu beantworten oder sich einer Leibesvisitation zu unterziehen – die der Beamte durchführen wollte, obwohl er keinen Grund für die Annahme nennen konnte, dass der Mann bewaffnet sei –, packte der Be

> amte den Mann am Gürtel, zog seine Elektroschockpistole [landläufig als Taser bekannt] und befahl dem Mann unter Androhung, seiner Anordnung Folge zu leisten. Der Mann verschränkte die Arme und erklärte, er habe sich nichts zuschulden kommen lassen. Die Videoaufnahme aus der in der Elektroschockpistole eingebauten Kamera zeigt, dass der Mann keine aggressive Bewegung auf den Beamten zu machte. Der Beamte feuerte mit der Pistole fünf Sekunden lang Elektroschocks ab, so dass der Mann zu Boden ging. Praktisch sofort benutzte der Beamte seine Elektroschockpistole erneut, was er später in seinem Bericht damit rechtfertigte, dass der Mann versucht habe aufzustehen. Das Video macht jedoch deutlich, dass der Mann keineswegs versuchte aufzustehen – er wand sich nur vor Schmerzen auf dem Boden. Aus dem Video geht außerdem hervor, dass der Polizist die Elektroschockpistole zwanzig Sekunden lang praktisch ununterbrochen abfeuerte, also länger als in seinem Bericht angegeben.

Was in Ferguson geschah, ist kein Einzelfall. Ähnliche Beispiele von Grundrechtsverletzungen gegen Afroamerikaner und unangemessener Gewaltanwendung finden sich in zahlreichen größeren und kleineren Städten im ganzen Land. Die Folgen dieses Machtmissbrauchs werden ebenso wie die Gewalt, die in vielen amerikanischen Innenstädten grassiert, durch das Trauma illustriert, das die Strafverfolgungsbehörden bei ebenjenen Menschen hinterlassen, die sie eigentlich beschützen sollten. Einmal abgesehen von den Opfern von Mord und körperlicher Gewalt, hat eine neuere Studie über ein innerstädtisches Wohnviertel in Atlanta im Bundesstaat Georgia ergeben, dass 46 Prozent der Bewohner an einer Posttraumatischen Belastungsstörung (PTBS) litten. Ist das nicht ein Trauma, wie es Kriegsveteranen erleiden, die beim Einsatz in Afghanistan oder Irak extreme Gewalt und Gefahren erlebt haben? Ja, aber das unterscheidet sich nicht so sehr von der täglichen Bedrohung, der die Bewohner armer Viertel in zahlreichen Städten ausgesetzt sind. Ihre PTBS-Rate von 46 Prozent übersteigt sogar die von Kriegsveteranen, die zwischen 11 und 20 Prozent liegt.

Nach Freiheit sieht das nicht aus. Angst und Gewalt sind in diesen Stadtteilen allgegenwärtig. Ebenso wie Dominanz. Was ist los in Ferguson? Und in den Vereinigten Staaten?

Der Kollateralschaden des amerikanischen Exzeptionalismus

Das weitverbreitete Narrativ der US-Geschichte betont den Exzeptionalismus der Vereinigten Staaten, was den Aufbau dauerhafter republikanischer Institutionen betrifft, angefangen mit der brillant ausgeklügelten Verfassung. Die Wirklichkeit ist komplizierter. Tatsächlich ist die Entwicklung des Amerikanischen Leviathans bewundernswert, aber sie hat auf ihrem Weg auch, wie in Ferguson, für Kollateralschäden gesorgt. Wie in Kapitel 2 dargestellt, wurde der Amerikanische Leviathan gewissermaßen durch die Föderalisten geschaffen. Ihr Projekt der Staatsbildung war nicht frei von Ängsten. Sie sorgten sich, dass ein mächtiger Präsident außer Kontrolle geraten und seine Macht missbrauchen könnte oder sich von einer Gruppe oder »Fraktion« einspannen ließe; daher all die Checks and Balances und die Gewaltenteilung zwischen Exekutive und Legislative. Auch plagte sie die Angst vor zu viel Partizipation der Bürger; daher die indirekte Wahl von Senatoren durch die Parlamente der Einzelstaaten und das Wahlkollegium, das den Präsidenten bestimmt. Die Väter der Verfassung mussten jenen Zugeständnisse machen, die sich um die Wahrung der Rechte von Einzelstaaten und deren Autonomie sorgten; daher die begrenzte Macht der Bundesregierung und die Übereinkunft, alles, was nicht eigens in der Verfassung erwähnt sei, falle in den Zuständigkeitsbereich der Einzelstaaten. Auch mussten sie dem mobilisierten, rebellischen, misstrauischen gemeinen Volk Zugeständnisse machen, das befürchtete, all das könnte auf Despotismus hinauslaufen; daher die Bill of Rights und die Begrenzung von Bundessteuern.

Die Geschichte in diesem Kapitel erzählt davon, dass es dank dieser Verfassungsarchitektur zwar gelang, die Vereinigten Staaten in den Korridor zu befördern, dass sie aber ein Pakt mit dem Teufel war. Was unter anderem durch sie geschützt wurde, war die Fähigkeit von Sklavenhaltern in den Südstaaten und deren Macht, ihre Sklaven auszubeuten. Somit band sie dem Staat also nicht nur die Hände, sondern ließ zu, dass er sie sich schmutzig machte. Diese gefesselten und schmutzigen Hände bedeuteten, dass der Bundesstaat in wichtiger Hinsicht behindert wurde. Zum einen schützte er offenkundig weder die Sklaven noch später seine afroamerikanischen Bürger vor Gewalt, Diskriminierung, Armut und Dominanz. Es passt genau ins Bild, dass es die armen, schwarzen Bürger von Ferguson waren, die schikaniert, mit Geldstrafen belegt, inhaftiert oder sogar getötet wurden.

Zum anderen bedeuteten die Zugeständnisse an die Einzelstaaten und die verschiedenen Einschränkungen überdies, dass dem Bundesstaat die Hände gebunden waren, wenn es darum ging, all seine Bürger, nicht nur die afroamerikanische Bevölkerung, vor Gewalt und wirtschaftlicher Not zu schützen.

Die Architektur der Verfassung, insbesondere die Begrenzung der Bundessteuern, hat überdies zur Folge, dass es dem Staat schwerfällt, ein breites Angebot an öffentlichen Dienstleistungen zu finanzieren. Das erkennt man daran, dass häufig auf öffentlich-private Partnerschaften zurückgegriffen wird, um grundlegende öffentliche Dienstleistungen bereitzustellen – von diversen Kriegsanstrengungen über die Krankenversicherung bis hin zu den Strafverfolgungsbehörden. Öffentlich-private Partnerschaften bedeuten, dass der Staat Unterstützung, Anreize und manchmal die Finanzierung liefert, sich aber dann darauf verlässt, dass der Privatsektor und Teile der Gesellschaft politische Maßnahmen umsetzen und manchmal auch deren Richtung beeinflussen. Diese Strategie wird in der öffentlichen Debatte häufig gepriesen, weil so die Energie und Kreativität des Privatsektors angezapft werden könne. Das wurde zuweilen erreicht, und noch wichtiger, es hat dazu beigetragen, die Vereinigten Staaten im Korridor zu halten, ungeachtet tiefer Konflikte und unzähliger neuer Herausforderungen, denen sich der Staat stellen musste. Die Rote Königin hat bewirkt, dass der US-Staat immer leistungsfähiger wurde, aber seine Schwächen und die Unfähigkeit, dringende Probleme anzupacken, haben sich gehalten, und als Folge davon ist vieles auf der Strecke geblieben. Bestimmte öffentliche Dienstleistungen wie das Gesundheitswesen und die Infrastruktur, ganz zu schweigen von der Umverteilung des Einkommens über die Steuern, sind mit öffentlich-privaten Partnerschaften sehr viel schwerer zu erbringen – weil Märkte, selbst mit Unterstützung des Staates, nicht immer alle Bedürfnisse auf breiter Fläche abdecken können. Besonders problematisch wird das Modell der öffentlich-privaten Partnerschaft, wenn es um Strafverfolgung und Konfliktlösung geht. Wir haben bereits mehrmals gesehen, dass die »Gesellschaft« keine monolithische Einheit darstellt, und es sind gerade ihre bereits stärker mobilisierten, politisch engagierten und starken Segmente, denen es gelingt, gesellschaftliche Beziehungen und Normen zu ihrem Vorteil zu nutzen, wie im Fall der Stammesältesten und Männer in vielen staatenlosen Gesellschaften (siehe Kapitel 2) oder der Brahmanen in Indien (siehe Kapitel 8). Dasselbe gilt für die Vereinigten Staaten allgemein und ganz besonders im Hinblick auf öffentlich-private Partnerschaften. Genau diese Teilbereiche der Gesellschaft haben nämlich an öffentlich-privaten Partnerschaften mitgewirkt und konnten bei Konfliktlösung, Strafverfolgung und öffentlichen Dienstleistungen ihre Wünsche geltend machen. Afroamerikaner und Arme, also die weniger gut organisierten Gruppen in der US-Gesellschaft, wurden oft außen vor gelassen, mit nachteiligen Folgen für ihre Freiheit.

Wie andere Gefesselte Leviathane war der amerikanische Staat sehr erfolgreich darin, wirtschaftliche Chancen und Anreize zu schaffen. Die Zusammenführung der Märkte in diesem riesigen Territorium und das Mindestmaß an politischer Koordination zwischen den Einzelstaaten nach der Verabschiedung der Verfassung bereiteten den Boden für Wirtschaftswachstum. Die Amerikaner nutzten diese Chance mit Begeisterung. Im 19. Jahrhundert schritt die Industrialisierung rasch voran, und die amerikanische Wirtschaft ging im 20. Jahrhundert technologisch weltweit in Führung. Aber auch dieser Wohlstand trägt den Stempel des amerikanischen Exzeptionalismus – mit all den Beschränkungen, die dem Bundesstaat auferlegt sind, mit der fortdauernden Macht der Eliten und der Staaten und dem Modell der öffentlich-privaten Partnerschaften war und ist das amerikanische Wirtschaftswachstum mit signifikanter Ungleichheit verbunden, wobei bis heute Teile der Bevölkerung, und nicht nur früher die Sklaven vor dem Bürgerkrieg, keinerlei Nutzen daraus ziehen können und völlig außen vor gelassen werden.

Aus dieser Perspektive überrascht es kaum, dass Tötungsdelikte in den Vereinigten Staaten fünfmal häufiger vorkommen als im westeuropäischen Durchschnitt. Auch sind in zahlreichen Teilen des Landes sehr viele Menschen verarmt, und die Afroamerikaner werden noch heute häufig von Chancen und öffentlichen Dienstleistungen ausgeschlossen. Noch weniger sollte es uns überraschen, dass dieses Modell der öffentlich-privaten Partnerschaft kaum dazu beigetragen hat, ein Netz der sozialen Sicherheit für arme Amerikaner zu schaffen. Als sich die Gesellschaft stärker mobilisierte und durchsetzungsfähiger wurde, sah sich der Amerikanische Leviathan manchmal veranlasst, mit Programmen einzuschreiten, wie beispielsweise Präsident Johnsons Krieg gegen die Armut, um diese Lücke zu füllen. Aber diese Anstrengungen blieben oft hinter den Erfordernissen zurück.

Es mag paradox erscheinen, dass der Weg des Amerikanischen Leviathans eine weitere wichtige, aber unbeabsichtigte Folge hatte: das Fehlen wirksamer Überwachung staatlichen Handelns in maßgeblichen Bereichen. Gehemmt durch die Zwangsjacke, in die er durch die Kompromisse der Föderalisten und das Modell der öffentlich-privaten Partnerschaft gesteckt wurde, konnte der US-Staat nicht mit den zunehmend komplexen Sicherheitsherausforderungen umgehen, die der Kalte Krieg und der jüngste Aufstieg des internationalen Terrorismus stellten. Auch konnte er seine Rolle als mächtigstes Land der Erde und de facto Weltpolizist nicht zufriedenstellend erfüllen. So weitete er diese Befugnisse ganz nebenbei aus, und zwar ohne hinreichende gesellschaftliche Kontrolle. Das führte zur Entstehung eines Leviathans, der zwar unzähligen Beschränkungen unterworfen und immer noch von seiner grundlegenden Schwäche gekennzeichnet ist, aber über entfesselte Geheimdienste und Streitkräfte verfügt. Das furchteinflößende Gesicht dieses Leviathans kam zum Vorschein, als Edward Snowden die umfangreichen Überwachungsaktivitäten und das umfangreiche Sammeln von Daten der National Security Agency (NSA) offenlegte, die auf US-Bürger zielte und weder von der Gesellschaft noch von anderen Regierungsbehörden kontrolliert wurde.

Warum schikanierte also die Polizei von Ferguson die schwarzen Bürger der Stadt in diesem Ausmaß? Die knappe Antwort lautet: Wegen Geld, zweifellos ergänzt durch Rassismus. Ferguson nutzte seine Polizeikräfte, um die Stadtkasse zu füllen. Die Beamten wurden angewiesen, so viele Verwarnungen wie möglich auszusprechen, um die Einnahmen der Kommune zu steigern. Das hieß, jeder Vorwand war recht, um jemandem eine Geldstrafe aufzubrummen, und zwar eine möglichst hohe. Das Justizministerium dokumentierte Fälle, in denen Bürger wegen einmaligen Gehens auf der Fahrbahn 302 Dollar, wegen einmaliger Ruhestörung 427 Dollar, wegen ungemähtem Rasen 531 Dollar, wegen Widerstand gegen die Festnahme 777 Dollar und Widerstand gegen die Staatsgewalt sowie Missachtung einer polizeilichen Anordnung jeweils 792 Dollar bezahlen sollten – Vorwürfe, die für die Beamten offenbar austauschbar waren. Sobald ein Bußgeldbescheid ausgestellt war, folgten, sofern man nicht vor Gericht erschien, weitere Mahnbescheide. In dem Bericht wird ein typisches Beispiel angeführt:

Eine Afroamerikanerin, die noch einen anhängigen Fall aus dem Jahr 2007 hat, als sie einmalig falsch parkte. Sie erhielt zwei Vorladungen und ein Bußgeld von 151 Dollar plus Gebühren. Die Frau, die über mehrere Jahre unter finanziellen Schwierigkeiten und Obdachlosigkeit litt, wurde siebenmal wegen Nichterscheinens vor Gericht belangt, weil sie zwischen 2007 und 2010 Termine versäumt oder Geldbußen wegen Falschparkens nicht beglichen hatte. Bei jedem versäumten Gerichtstermin verhängte das Gericht einen Haftbefehl, und es wurden weitere Geldstrafen und Gebühren fällig. Zwischen 2007 und 2014 wurde die Frau zweimal festgenommen, verbrachte sechs Tage im Gefängnis und zahlte 550 Dollar an das Gericht für Ereignisse, die auf das einmalige Falschparken zurückgingen. Die Gerichtsakten zeigen, dass sie zweimal versuchte, Teilzahlungen von 25 und 50 Dollar zu leisten, die jedoch vom Gericht zurücküberwiesen wurden, weil man auf der Zahlung der Gesamtsumme bestand … Im Dezember 2014, über sieben Jahre später, und obwohl ursprünglich ein Bußgeld von 151 Dollar verhängt worden war und sie bereits 550 Dollar bezahlt hatte, war sie immer noch 541 Dollar schuldig.

Weil all diese Übergriffe gegen die afroamerikanische Gemeinde gerichtet waren, nahm ihr Vertrauen in und ihre Kooperationsbereitschaft mit staatlichen Institutionen schweren Schaden. Die Polizei von Ferguson sorgte nicht für Recht und Gerechtigkeit, sondern verhängte Geldbußen. Die Strafverfolgungsbehörden erfüllten ihre grundlegenden Aufgaben nicht mehr, und man begegnete der Polizei mit Misstrauen und Angst.

Aber wie kam es, dass die Polizei die verfassungsmäßigen Rechte der Bürger von Ferguson vollkommen ungestraft mit Füßen treten konnte? Ist die Bill of Rights nicht dazu gedacht, sie zu schützen? Anscheinend nur bis zu einem gewissen Grad. Der Kompromiss, dem sich die Bill of Rights verdankt, galt nur für die Bundesregierung, nicht für die Einzelstaaten – schließlich war sie ein Zugeständnis der Erbauer des Bundesstaats an die Legislative der Einzelstaaten. Den Staaten wurde die Aufsicht über die Polizei, also die sogenannte Polizeigewalt, zuteil, und dabei hatten sie weitgehend freie Hand. Obwohl man das in der Bill of Rights nicht wortwörtlich nachlesen kann, hat man es damals so verstanden. Die Frage wurde im Jahr 1833 endgültig durch den Obersten Gerichtshof geklärt, der entschied, die Bill of Rights gelte nur für Handlungen, die die Legislative auf Bundesebene ergreifen könne. Zum Beispiel heißt es im 1. Zusatzartikel:

> Der Kongress darf kein Gesetz erlassen, das die Einführung einer Staatsreligion zum Gegenstand hat, die freie Religionsausübung verbietet, die Rede- oder Pressefreiheit oder das Recht des Volkes einschränkt, sich friedlich zu versammeln und die Regierung durch Petition um Abstellung von Missständen zu ersuchen.

Im 4. Zusatzartikel wird erläutert:

> Das Recht des Volkes auf Sicherheit der Person und der Wohnung, der Urkunden und des Eigentums, vor willkürlicher Durchsuchung, Festnahme und Beschlagnahme darf nicht verletzt werden, und Haussuchungs- und Haftbefehle dürfen nur bei Vorliegen eines eidlich oder eidesstattlich erhärteten Rechtsgrundes ausgestellt

> werden und müssen die zu durchsuchende Örtlichkeit und die in Gewahrsam zu nehmenden Personen oder Gegenstände genau bezeichnen.

Dennoch stellte das Urteil des Jahres 1833 klar, dass Einzelstaaten durchaus Gesetze erlassen können, die die Redefreiheit einschränken oder unbegründete Hausdurchsuchungen oder Festnahmen erlauben, weil diese nicht durch die Bill of Rights abgedeckt würden. Nur die Legislative der Bundesregierung durfte solche Gesetze nicht erlassen. Das Hauptziel dieser Interpretation der Bill of Rights in den Südstaaten bestand darin, Sklaven all jene Rechte zu verweigern, die »freie Bürger« besaßen.

Die angestrebte Abspaltung der Südstaaten und ihre Niederlage am Ende des Bürgerkriegs 1865 hätten die Totenglocke für diese Deutung der Bill of Rights sein müssen. Tatsächlich verfügt der 14. Zusatzartikel, verabschiedet 1868:

> Keiner der Einzelstaaten darf Gesetze erlassen oder durchführen, die die Vorrechte oder Freiheiten von Bürgern der Vereinigten Staaten beschränken, und kein Staat darf irgendjemandem ohne ordentliches Gerichtsverfahren nach Recht und Gesetz Leben, Freiheit oder Eigentum nehmen oder irgendjemandem innerhalb seines Hoheitsbereiches den gleichen Schutz durch das Gesetz versagen.

Dennoch entschied der Oberste Gerichtshof immer wieder, dass dies nicht die Polizeigewalt der Einzelstaaten aufhebe. Im Jahr 1885 argumentierte der Oberste Richter Stephen Field, dass »weder der Vierzehnte Verfassungszusatz, so weitgefasst und umfassend er ist, noch irgendein anderer Verfassungszusatz dazu bestimmt war, die Macht eines Einzelstaats einzuschränken, die manchmal als seine Polizeigewalt bezeichnet wird«.

All das ist im Kontext der »Wiedergutmachung« (Redemption) für den Süden nach 1877 zu verstehen. Der 14. Verfassungszusatz war einer von drei Zusatzartikeln, die auf den »Wiederaufbau« (Reconstruction) des Südens zielten, also institutionelle Reformen mit der Absicht, die Sklaverei zu beenden und dafür zu sorgen, dass Afroamerikaner wirtschaftliche Chancen und politische Rechte erhielten.

Doch Präsident Rutherford Birchard Hayes setzte gegenüber dem ursprünglichen Pakt mit dem Teufel noch eins drauf und sicherte sich eine Mehrheit im Wahlmännerkollegium, indem er mit Politikern aus dem Süden vereinbarte, die Truppen der Nordstaaten zurückzuholen und den Wiederaufbau zu beenden. Sobald die Truppen der Nordstaaten abgezogen waren, folgte die »Wiedergutmachung« für den Süden – im Wiederaufbau wurde der Rückwärtsgang eingelegt, und viele der alten repressiven Institutionen erlebten eine Neuauflage in anderer Gestalt. Besonders berüchtigt waren die »Jim-Crow-Gesetze«, die die Rassentrennung zementierten. Bis in die 1890er Jahre schrieben die Südstaaten ihre Verfassungen so um, dass Schwarzen mittels Wahlsteuern und Lesetests das Wahlrecht entzogen wurde. Die Polizeigewalt spielte bei diesem Vorgehen eine zentrale Rolle. Der Norden beschloss, sich nicht einzumischen und Jim Crow zu tolerieren. Die »Interpretation«, die Bill of Rights sei auf die Gesetzgebung der Staaten nicht anzuwenden, war für diesen Deal maßgeblich.

Es stimmt zwar, dass die Einzelstaaten selbst Zusatzartikel mit dem Charakter einer Bill of Rights für ihre Verfassungen beschlossen. Die ersten 35 Artikel der Verfassung von Missouri stellen eine solche Bill of Rights dar. Aber es war nicht beabsichtigt, damit den Schutz der Bürger gegen die Staatsmacht so energisch zu verteidigen, wie es die föderale Verfassung tat. Der Bericht des Justizministeriums stellt klar, dass die Gemeindeordnung von Ferguson gegen die Bill of Rights des Staates Missouri verstößt. Er hält fest, dass Abschnitt 29–16(1) es für gesetzwidrig erklärt, wenn man es wagt, »sich der rechtmäßigen Anordnung oder Aufforderung eines Polizeibeamten bei der Erfüllung der offiziellen Pflichten des Beamten zu widersetzen, sofern ein solches Versäumnis den Beamten bei der Ausübung solcher Pflichten stört, hemmt oder behindert«. Laut dem Bericht basierten viele Verfahren, die aufgrund dieser Bestimmung eingeleitet wurden, darauf, dass ein Beamter eine Person anhielt, obwohl es keine objektiven Hinweise auf ein Fehlverhalten gab. Der Befehl, stehen zu bleiben oder anzuhalten, ist in diesem Fall keine »rechtmäßige Anordnung«, weil der Beamte keinen Anfangsverdacht hat, dass kriminelle Handlungen im Gange sind. Wenn aber die Leute nicht stehen blieben, wurden sie dennoch festgenommen.

Der Süden, den die Wiedergutmachung hervorbrachte, existierte bis in die 1960er Jahre. Zum Umbruch kam es mit der Ernennung von Earl Warren in den Obersten Gerichtshof im Jahr 1953, als die Bürgerrechtsbewegung in Fahrt kam. Warren meinte, die Verfassung müsse an die sich verändernden Bedingungen angepasst werden, und es gab eine Mehrheit gleichgesinnter Richter beim Obersten Gericht. Sie entschieden, dass zahlreiche polizeiliche Maßnahmen, die in den Südstaaten angewandt wurden, um Bürgerrechtsaktivisten zu unterdrücken und zu schikanieren, gegen die Verfassung verstießen, Polizeigewalt der Einzelstaaten hin oder her.

Die Chance, dieses Argument anzubringen, bot sich dem Obersten Gerichtshof erstmals am 23. Mai 1957, als Polizeibeamte in die Wohnung von Dollree Mapp in Cleveland, Ohio eindrangen. Mapp arbeitete in einem illegalen Spielkasino, und die Polizei hatte den Tipp erhalten, sie würde in Mapps Wohnung einen Mann namens Virgil Ogletree antreffen, der verdächtigt wurde, ein Sprengstoffattentat auf Don King, einen rivalisierenden Kasinochef (der später der Manager des Boxers Muhammed Ali werden sollte), verübt zu haben. Die Polizei fand Virgil Ogletree, später stellte sich jedoch heraus, dass er unschuldig war. Außerdem entdeckte sie Wettscheine und einige Pornohefte, die nach Mapps Aussage von einem früheren Mieter zurückgelassen worden waren. Sie wurde angeklagt und wegen Besitzes von pornographischem Material zu sieben Jahren Haft verurteilt. Mapp ging bis vor den Obersten Gerichtshof, wo sie erklärte, es habe keinen begründeten Verdacht gegeben, dass sie solches Material besaß, und die Polizei habe keinen Durchsuchungsbefehl gehabt. In seinem Urteil zu Mapp versus Ohio erklärte das Gericht, der 4. Zusatzartikel verbiete den Einzelstaaten, unbegründete Durchsuchungen durchzuführen, und kam zu dem Schluss: »Alle Beweismittel, die mittels Durchsuchungen und Festnahmen unter Verletzung der Bundesverfassung erlangt wurden, sind in einem Strafverfahren an einem einzelstaatlichen Gericht nicht zulässig.« Man beachte den Begriff »einzelstaatliches Gericht«. Der Oberste Gerichtshof stellte daraufhin eine Liste mit anderen Vorgehensweisen der Einzelstaaten zusammen, die zwar mit der jeweiligen Bill of Rights und der Polizeigewalt des Staates im Einklang stehen mochten, aber keineswegs mit der Bundesverfassung. Im Fall Gideon versus Wainwright (1963) entschied der Oberste Gerichtshof, dass jeder, der einer schweren Straftat angeklagt wurde, das Recht auf einen Anwalt hat. Im Fall Malloy versus Hogan (1964) befanden die Richter, das Recht, sich nicht selbst belasten zu müssen, das im 5. Zusatzartikel garantiert wird, gelte auch für einzelstaatliche Gerichte. In dem berühmten Fall Miranda versus Arizona (1965) entschieden sie, das Geständnisse von Bürgern, denen man ihre Rechte nicht vorgelesen hatte, in einzelstaatlichen Gerichten nicht zulässig seien. Und in Parker versus Gladden (1966) und Duncan versus Louisiana (1968) urteilten die Obersten Richter, der 6. Zusatzartikel garantiere den Bürgern das Recht auf unparteiische Geschworene vor einzelstaatlichen Gerichten. Insgesamt wirkten diese Entscheidungen darauf hin, das Strafjustizsystem der Einzelstaaten mit der Bill of Rights der Vereinigten Staaten in Einklang zu bringen. Die Geschehnisse in Ferguson legen jedoch nahe, dass dieser Prozess noch nicht abgeschlossen ist.

Dieses Muster der Diskriminierung von Afroamerikanern ist natürlich tief verwurzelt, und paradoxerweise war es – für manche – mit der Schaffung der amerikanischen Freiheit verknüpft.

Amerikanische Sklaverei, amerikanische Freiheit

Die Sklaverei stand im Mittelpunkt der Debatten darum, wie weit die Macht der Bundesregierung reichen sollte. Sklaven waren nicht nur der Großteil des »Vermögens« einiger sehr reicher Leute in den ursprünglich 13 Kolonien, sondern ihr Status war auch ein maßgebliches Element der künftigen Machtverteilung in den neuen Einzelstaaten. In seinem Buch *American Slavery, American Freedom* fragt der Historiker Edmund Sears Morgan, wie es kam, dass so viele Väter der amerikanischen Verfassung – George Washington, James Madison und Thomas Jefferson – Sklavenhalter aus Virginia waren. Jefferson war Hauptautor der Unabhängigkeitserklärung, die glorreich feststellt:

> Folgende Wahrheiten erachten wir als selbstverständlich: dass alle Menschen gleich geschaffen sind; dass sie von ihrem Schöpfer mit gewissen unveräußerlichen Rechten ausgestattet sind; dass dazu Leben, Freiheit und das Streben nach Glück gehören; dass zur Sicherung dieser Rechte Regierungen unter den Menschen eingerichtet werden, die ihre rechtmäßige Macht aus der Zustimmung der Regierten herleiten.

Zu dieser Aussage gibt es einiges anzumerken, wie etwa, dass mit »Menschen« nur der männliche Teil der Bevölkerung gemeint war. Aber noch eklatanter ist, dass die Regierung, die sich Jefferson, der rund 600 Sklaven besaß, vorstellte, offensichtlich nicht mit deren Zustimmung oder für deren »Streben nach Glück« eingesetzt werden sollte. Vielmehr sorgte sie dafür, dass die Sklaven für weitere 87 Jahre rechtlos blieben.

Morgan ging es nicht nur darum, die Heuchelei dieser Gesinnung anzuprangern, sondern die Verbindungen zwischen Sklaverei und Freiheit zu verstehen. Wie konnten beide koexistieren? Und beruhte die Freiheit weißer Männer in irgendeiner Weise auf der Tatsache, dass es für Schwarze und Frauen sehr viel Unfreiheit gab?

Kehrt man zu den Anfängen der Kolonisierung Virginias und der Gründung von Jamestown durch die Virginia Company im Jahr 1607 zurück, gab es zunächst keine Pläne, Sklaven zu importieren. Ursprünglich sah das Konzept vor allem die Ausbeutung von Ureinwohnern vor. Aber in Virginia gab es nur wenige Ureinwohner. Die zweite Option bestand darin, Schuldknechte aus England einzusetzen, die sich im Tausch gegen Unterkunft und Verpflegung sowie die kostenlose Überfahrt nach Amerika für sieben Dienstjahre verpflichteten. Man versuchte es mit der Schuldknechtschaft, aber es stellte sich heraus, dass die Arbeitskräfte nur schwer zu kontrollieren waren, sobald sie sich auf amerikanischem Boden befanden, zumal sie leicht über die offene Grenze flüchten konnten. Noch härter mit ihnen umzuspringen kam auch nicht in Frage, weil es abschreckend auf weitere Anwärter gewirkt hätte. Im Jahr 1618 verlegte sich die Virginia Company auf die Strategie, Kolonisten anzuwerben. Man entband sie von ihren Arbeitsverträgen, gab ihnen Land und verlieh dem Kurswechsel Glaubwürdigkeit, indem man mittels einer neugeschaffenen Generalversammlung weißen Männern politische Rechte garantierte.

Doch die Kolonie war wirtschaftlich nicht rentabel. Schon früh hatten die Kolonisten versucht, den heimischen Tabak anzupflanzen, aber die Qualität war enttäuschend. John Rolfe, der bekanntermaßen Prinzessin Pocahontas heiratete, experimentierte mit verschiedenen Sorten von den karibischen Inseln, was erheblich bessere Ergebnisse brachte. Im Jahr 1617 wurde aus Jamestown die erste Schiffsladung Tabak ausgeführt. Und im Herbst 1619 wurde die erste Gruppe von etwa 20 Sklaven von einem holländischen Schiff gegen Proviant aus Virginia eingetauscht. Der Tabakanbau, von dem die Virginia Company zunächst vehement abriet, machte die Kolonie letztlich reich. Nach dem Zusammenbruch der Virginia Company 1624 ließen sich die Leute nicht mehr davon abhalten. Die Schuldknechte konnten auf Tabakplantagen eingesetzt werden, aber es stellte sich bald heraus, dass der Kauf von Sklaven billiger war. Die Kolonie breitete sich geographisch aus, und viele Kolonisten wurden zu Landbesitzern und Tabakplantagenbesitzern. Während sich das Land füllte, überlegte man sich die Sache mit der Generalversammlung noch einmal und entschied 1670, das Wahlrecht einzuschränken unter Verweis darauf, dass viele, »die wenig Anteil am Land haben, häufiger bei den Wahlen für Aufruhr sorgen und somit den Frieden Seiner Majestät stören, als mit ihrer Besonnenheit bei ihrer Abstimmung zur Wahrung desselben beitragen«.

Bei Landbesitzern konnte man hingegen darauf vertrauen, dass sie sich verantwortungsvoller verhielten. Nur ein Jahr zuvor hatte die Generalversammlung ein Gesetz über die zufällige Tötung von Sklaven beschlossen, in dem es hieß: »Wenn sich ein Sklave seinem Herrn widersetzt und durch die Schwere der Züchtigung zufällig stirbt, soll sein Tod nicht als Verbrechen angesehen werden, sondern der Herr soll von jeder Behelligung verschont werden, weil nicht angenommen werden kann, dass böswillige Absicht (die allein einen Mord zum Verbrechen macht) irgendjemanden verleiten sollte, seinen eigenen Besitz zu zerstören.« Wer würde schon böswillige Absichten gegen sein Eigentum verfolgen?

Während die Sklavenwirtschaft florierte, wurden manche Leute sehr reich und gelangten in den Besitz großer Plantagen mit zahlreichen Sklaven. Aber es waren nicht nur die Großgrundbesitzer, die profitierten. Auch weniger wohlhabende Bürger kauften Land und Sklaven, wenn auch in bescheidenerem Umfang. Der Wohlstand, den das Zusammenspiel zwischen Tabakanbau und Sklaverei hervorbrachte, wurde schließlich gleichmäßiger unter den Weißen aufgeteilt. Zwischen 1704 und 1750 fiel die Durchschnittsgröße der Ländereien entlang der schiffbaren Wasserwege, also in Gebieten, die beste Bedingungen für den Tabakanbau boten, von 169 auf 136 Hektar. Gleichzeitig stieg die Zahl der Grundbesitzer um 66 Prozent. Betrachtet man das Gebiet an der Chesapeake Bay eingehender, zeigt sich anhand von Testamenten für das 18. Jahrhundert eine stetig gleichmäßigere Verteilung von Wohlstand. Im Jahr 1720 besaßen 70 Prozent der Erblasser Plantagen im Wert von 100 Pfund oder weniger. In den 1760er Jahren stellte diese Gruppe noch etwas mehr als 40 Prozent, mit einem entsprechenden Zuwachs an Personen, deren Besitz mehr als 100 Pfund wert war. Die Generalversammlung von Virginia, die zuvor das Wahlrecht geändert hatte, um Menschen ohne Grundbesitz auszuschließen, verfolgte eine Politik, die für ebenjenen Personenkreis günstig war. Sie senkte die Kopfsteuer und erließ Gesetze, die bessere Konditionen und Vertragsbedingungen für weiße Dienstboten vorschrieben. In jedem Fall wurde die Mehrzahl der weißen Männer zu Landbesitzern. Die Sklavenwirtschaft schuf also eine gewisse Solidarität unter den Weißen. In Virginia waren alle Sklaven arm, und alle Armen waren Sklaven. Wie der englische Diplomat Sir Augustus John Foster Anfang des 19. Jahrhunderts festhielt, konnen die Virginier »eine grenzenlose Liebe zur Freiheit und Demokratie bekunden infolge der großen Masse von Menschen, die in anderen Ländern zum Pöbel werden mag, dort jedoch fast ausschließlich aus ihren eigenen Negersklaven besteht«.

Beschäftigen wir uns als Nächstes mit dem anderen wichtigen Ziel der US-amerikanischen Verfassung – der Kontrolle der Menschen und ihrer Partizipation an der Politik. Man darf bezweifeln, ob in Philadelphia eine neue Verfassung geschrieben und verabschiedet worden wäre, hätte es nicht im vorhergehenden Winter in Massachusetts einen bewaffneten Aufstand – Shays Rebellion – gegeben, bei dem sich 4000 Menschen gegen Besteuerung und staatliche Regelungen erhoben. Der Bundesstaat hatte nicht genügend Mittel zum Unterhalt eines Heeres aufgebracht, um den Aufstand zu verhindern, der schließlich durch die staatliche Miliz von Massachusetts niedergeschlagen wurde. Diese Episode verstärkte die Furcht vor Volkserhebungen und politischer Mobilisierung. Für all diese Aufgaben war nicht nur ein starker Staat vonnöten, sondern ein Staat, der sich gegen die Übernahme durch die einfachen Leute als immun erwies, falls sie sich übertrieben engagieren und für Politik interessieren sollten. Die breite Verteilung der Macht mittels Gewaltenteilung und indirekter Wahlen war also nicht nur eine Lösung für das Gilgamesch-Problem und dämpfte die Befürchtung, der Bundesstaat könnte sich aus eigenem Antrieb despotisch verhalten. Sie war auch eine Garantie dafür, dass staatliche Institutionen nicht vom gemeinen Volk übernommen werden konnten. Die Angst vor dieser Gefahr plagte die Föderalisten ebenso wie die Eliten des Südens, deren Reichtum von ihrer Sklaven- und Plantagenwirtschaft abhing. So bot sich die Gelegenheit, zwei Fliegen mit einer Klappe zu schlagen; indem das gemeine Volk in seinen Möglichkeiten eingeschränkt wurde, politische Macht auszuüben, konnten die Föderalisten sowohl eines ihrer Ziele erreichen als auch den Eliten des Südens das ganze Projekt schmackhafter machen, die sich sonst womöglich dem Vorhaben der Staatsbildung widersetzt hätten. Überdies waren viele der damaligen Eliten, darunter Jefferson, überzeugt, dass auch Weiße, die nicht den Eliten angehörten, diese Einstellung teilten, und daher könne man ihnen »gewisse unveräußerliche Rechte« und »Freiheit« zugestehen, ohne befürchten zu müssen, dass sie diese Privilegien mit Sklaven teilen wollten. Und so war der Freiheitsgedanke, der bei dem Prozess der amerikanischen Staatsbildung herauskam, zugleich glorreich (für Weiße) und durch Fesseln beschränkt (für Schwarze) – mit vorhersehbaren Folgen.

Auf Umwegen unterwegs zur amerikanischen Staatsbildung

Die US-amerikanische Verfassung schaffte es auf einen Schlag, die Hauptprobleme zu lösen, vor denen die Föderalisten standen. Sie schuf einen Staat; sie verhinderte, dass einzelne Gruppierungen oder die Bevölkerung dessen Befugnisse an sich reißen konnten, und garantierte damit Eigentumsrechte, eine für die amerikanischen Eliten besonders wichtige Frage; sie sicherte die Autonomie der Einzelstaaten; und widerstrebend gewährte sie den Menschen wichtige Grundrechte gegenüber möglichen Übergriffen durch den Staat. Widerstrebend, ungern, aber auch in dem Wissen, dass selbst die Ärmeren unter den Weißen viele Interessen der Eliten teilten – zum Beispiel, wie wir gesehen haben, in der Sklavenwirtschaft.

Aber die Aufteilung der Macht unter verschiedenen Körperschaften und Gruppen barg die Gefahr, dass sich diese gegenseitig blockierten. Dies wurde später deutlich, als sich politische Parteien gründeten. Die eine Partei mochte eine Mehrheit im Kongress haben, die andere im Senat, denn beide wurden nach unterschiedlichen Spielregeln gewählt. Der wiederum nach einem anderen Verfahren gewählte Präsident fand womöglich in keinem der Häuser Unterstützung durch die Mehrheit. Allerdings wurde es dank der potentiellen Blockaden leichter, die Bundesregierung zu kontrollieren, und daher war die Verfassung für die Einzelstaaten leichter zu akzeptieren. Aber der Nachteil lag auf der Hand. Das Hauptziel der Verfassung war es gewesen, einen starken Zentralstaat mit vermehrter Leistungsfähigkeit zu schaffen, doch dieses System sorgte teilweise auch für »Leistungsunfähigkeit«. Diese Unfähigkeit war insbesondere für die Sozialpolitik und die Einkommensumverteilung schädlich, weil immer jemand Einwände erheben und entsprechende Beschlüsse blockieren konnte. Die Kombination von staatlicher Stärke und Schwäche, die die Föderalisten in Kauf genommen hatten, um alle ihre Ziele erreichen zu können, und wie man im Lauf der Zeit damit umging, sind Kennzeichen des amerikanischen Exzeptionalismus bei der Staatsbildung.

In mancherlei Hinsicht funktionierte die amerikanische Staatsbildung recht gut. Die Schwäche des Bundesstaats war, dass er sich nicht in einen Despotischen Leviathan verwandeln konnte, und die Gesellschaft wusste das. Garantien wie die Polizeigewalt der Einzelstaaten waren ein maßgebliches Element, das die Eliten der Staaten bewog, die Verfassung überhaupt zu ratifizieren und ihre spätere Ausweitung nicht zu blockieren. Ein vehementer Rote-Königin-Effekt folgte darauf, der die staatlichen Institutionen stärkte. Gleichzeitig bestand aber die anfängliche Schwäche fort und erschwerte es dem Staat, die wachsenden Forderungen zu erfüllen, die eine Gesellschaft im Griff der rapiden wirtschaftlichen und sozialen Veränderungen im 19. und 20. Jahrhundert stellte.

Ein anfänglicher Nebeneffekt dieser Schwäche war das Fehlen von Einnahmen. Dank des neugeschaffenen föderalen Steuersystems konnte die Regierung George Washingtons Armee finanzieren, die im Westen Pennsylvanias die Whiskey-Rebellion niederschlug. Aber in der Verfassung hieß es: »Kopfsteuern oder sonstige direkte Steuern dürfen nur nach Maßgabe der Ergebnisse der Schätzung oder Volkszählung, wie im Vorhergehenden angeordnet, auferlegt werden.« Also gab es keine »direkten Steuern«, insbesondere Einkommensteuern für die US-Regierung. Mit der einen Hand gab die Verfassung, mit der anderen nahm sie. Wie sollte der Bundesstaat seine Ziele ohne Einnahmen erreichen?

Er musste improvisieren. Aus dieser Improvisation wurde eine Strategie der öffentlich-privaten Partnerschaft, das heißt, die Regierung war auf den Privatsektor angewiesen, um viele ihrer wichtigen Aufgaben durchzuführen und in Bahnen zu lenken, wobei sich ihre Rolle darauf beschränkte, Land, Anreize und einige Subventionen bereitzustellen. Die Regierung wollte beispielweise die West- und die Ostküste durch eine Eisenbahnlinie verbinden, konnte sie aber nicht selbst bauen. Zum einen hatten Politiker der Südstaaten vor dem Bürgerkrieg die Route abgelehnt, die von den Nordstaaten vorgeschlagen wurde. Zum anderen fehlte der Regierung das nötige Geld für den Eisenbahnbau. Also beschloss sie, Anreize für den Privatsektor zu schaffen. Im Jahr 1862 unterschrieb Abraham Lincoln den Pacific Railroad Act. Das Gesetz verschaffte den Eisenbahngesellschaften nicht nur Garantiekredite, für die die Regierung bürgte, sondern auch sehr viel Land entlang der Eisenbahngleise. Absatz 2 des Railroad

Act gewährte 200 Fuß (rund 60 Meter) Wegerecht zu beiden Seiten der Gleise und erlaubte der Eisenbahngesellschaft freien Zugriff auf alle für den Bau benötigten Materialien. Absatz 3 gewährte den Eisenbahngesellschaften fünf Quadratmeilen Land auf beiden Seiten der Strecke für jede Meile verlegter Gleise (dieses Geschenk an die Eisenbahngesellschaften wurde 1864 verdoppelt). Dies schuf gewaltige Anreize für die Eisenbahngesellschaften, mit der Arbeit voranzukommen, denn das Land würde nach Fertigstellung der Eisenbahn an Wert gewinnen, so dass sie es mit hohen Gewinnen verkaufen konnten. In Kapitel 1 haben wir gesehen, wie die Union Pacific Railroad, sobald sie die Strecke in Wyoming gebaut hatte, die Stadt Cheyenne gründete und begann, das Land zu verkaufen. Das ganze Projekt erforderte keine neuen Ausgaben, also brauchte die Bundesregierung keine Steuern zu erheben.

Bei der Strategie der öffentlich-privaten Partnerschaft zum Bau der transkontinentalen Eisenbahn ging es nicht nur darum, so wenig öffentliche Gelder wie möglich auszugeben. Sie zielte auch darauf, dem aufkeimenden Amerikanischen Leviathan Fesseln anzulegen. Sie konzentrierte sich darauf, Anreize für den Privatsektor zu schaffen, damit dieser die Aufgaben übernahm, die in anderen Teilen der Welt durch die Regierung erledigt wurden, so dass der Staat weder zu groß noch zu mächtig wurde. Man beteiligte den Privatsektor auch, um den Leviathan strenger Überwachung zu unterstellen.

Die Zusammenarbeit mit dem Privatsektor zur Bereitstellung essentieller öffentlicher Dienstleistungen war 1862 kein Neuland mehr. Eine symbolträchtige Institution im Amerika des 19. Jahrhunderts, das U.S. Post Office, beruhte ebenfalls auf diesem Modell. Bereits 1792 verabschiedete der erste Kongress den Post Office Act, um einen bundesweiten Zustelldienst aufzubauen, und es gelang rasch, ein umfangreiches Netz kreuz und quer durch das Land zu schaffen. Die Post wurde bald der wichtigste öffentliche Arbeitgeber. Im Jahr 1816 waren 69 Prozent der Bediensteten der Bundesregierung Postmeister. Bis 1841 war dieser Anteil auf 79 Prozent gestiegen, und es gab über 9000 Postmeister. Die *New York Times* bezeichnete die Behörde 1852 als den »mächtigen Arm der Zivilregierung«. Dennoch war auch das Post Office eine öffentlich-private Partnerschaft. Die

Post wurde durch private Postkutschen befördert, die von der Bundesregierung subventioniert wurden. Im Jahr 1828 gab es über 700 private Postdienstleister. Diese Partnerschaft ermöglichte dem Bundesstaat, in diesem riesigen Territorium generell präsent zu sein. Proportional zur Bevölkerung hatten die Vereinigten Staaten zu dieser Zeit doppelt so viele Postämter wie Großbritannien und fünfmal so viele wie Frankreich. Die Allgegenwart der Post fiel auch Alexis de Tocqueville während seiner berühmten Amerikareise 1831 auf. Er bemerkte:

> Es ist erstaunlich, wie rasch Briefe und Zeitungen in diesen Wildnissen herumkommen … Ich glaube nicht, dass es in den gebildetsten und volkreichsten Kantonen Frankreichs eine so starke geistige Regsamkeit gibt.

Er stellte auch fest, dass die Post eine »bedeutende Verbindung zwischen den Köpfen« schaffe und in das »Herz der Wildnis« vordringe. Das Post Office war nicht nur ein Anzeichen für die Präsenz und das Funktionieren des Staates, es erleichterte auch den Austausch von Informationen und unterstützte die Verbreitung und Entwicklung neuer Ideen. Viele wichtige wirtschaftliche Aktivitäten, zum Beispiel die Patentierung und die Sicherung geistiger Eigentumsrechte, wurden dadurch erleichtert. Die Wirtschaftshistorikerin Zorina Khan merkte an, dass »Erfinder in den ländlichen Gebieten der Vereinigten Staaten ohne ernsthafte Hindernisse Patente anmelden konnten, weil die Anträge portofrei eingereicht werden konnten. Das U. S. Patent and Trademark Office unterhielt überdies Archive im ganzen Land, wo Erfinder ihre Patentmodelle auf Kosten der Post einreichen konnten. Daher überrascht es nicht, dass ein Großteil der anfänglichen Patentflut zu Beginn der amerikanischen Industrialisierung aus ländlichen Gebieten stammte.« Zudem war die Post bereits in den 1830er Jahren eine moderne Verwaltungseinrichtung, die weitgehend autonom arbeitete und agierte.

Trotz der Hemmnisse durch die Verfassung war der Bundesstaat in der Lage, in zwei entscheidenden Gebieten zu expandieren. Eisenbahn und Post umspannen die Einzelstaaten und erfordern eine gewisse übergreifende Zusammenarbeit oder Koordination. Sicherheit und Rechtsprechung stellen ähnliche Anforderungen. Die Verfassung verlieh dem Kongress das Recht, »Armeen aufzustellen und zu unterhalten; die Bewilligung von Geldmitteln hierfür soll jedoch nicht länger als für zwei Jahre erteilt werden«. Die Finanzierung wurde auf zwei Jahre beschränkt, weil man fürchtete, ein stehendes Heer werde die Demokratie gefährden. Trotz dieser Einschränkung waren die Bemühungen der US-Regierung zum Aufbau von Heer und Marine sowie der nötigen Waffendepots und Werften erfolgreich. Dies gelang durch Rückgriff auf die Milizen der Einzelstaaten.

Im Jahr 1812 führte das Land sowohl gegen Großbritannien wie gegen mehrere Stämme der Ureinwohner Krieg. Die Briten kaperten amerikanische Schiffe, und es drohte eine Invasion, während die Ureinwohner Außenposten in Grenzgebieten angriffen. Präsident Madison wandte sich an Andrew Jackson, den Oberbefehlshaber der Milizen des Staates Tennessee. Jackson führte seine Truppen zunächst gegen die Red Sticks, eine Gruppe aufständischer Creek, die Alabama angegriffen hatten. Mit einer Streitmacht von 4000 Mann überfiel er ihr Lager am Horseshoe Bend und tötete 1000 Red Sticks, darunter zahlreiche Frauen und Kinder. Dann zog Jackson in südlicher Richtung nach New Orleans. Er befestigte die Stadt und besiegte im Dezember 1814 und im Januar 1815 die Briten in vier aufeinanderfolgenden Schlachten und vernichtete 25 Prozent ihrer Invasionstruppen. Als Nächstes versammelte Jackson 1818 seine Streitmacht für eine Invasion in Spanisch-Florida. Dieser Einfall endete mit der Gefangennahme des spanischen Gouverneurs in Pensacola und führte zur formellen Abtretung des Gebiets von Florida an die Vereinigten Staaten.

Eine Version der öffentlich-privaten Partnerschaft sehen wir auch im Aufbau des föderalen Justizsystems. Die Vereinigten Staaten übernahmen eine Variante des britischen Common Law, in dem nicht nur die Legislative, sondern auch Richter an der Gesetzgebung mitwirken, indem sie Fälle beurteilen und Präzedenzfälle schaffen. Wichtiger noch war, dass dieses System von Anfang an Richtern erlaubte, Maßnahmen und Politik der Regierung entscheidend zu beeinflussen. Das amerikanische Rechtssystem legte auch die Untersuchung von Gesetzesverstößen und die Anstrengung von Klagen teilweise in die Hände der Bürger. So untersagte Abschnitt VII des Bürgerrechtsgesetzes von

1964 die Beschäftigungsdiskriminierung im Privatsektor aufgrund von Rasse, Geschlecht, Herkunft oder Religion, überließ aber die Umsetzung der Bestimmungen nicht etwa Regierungsbehörden, sondern Privatklagen, die unter Berufung auf Abschnitt VII eingereicht wurden. Diese Entscheidung trug erheblich zum explosionsartigen Anstieg von Zivilprozessen in den letzten fünf Jahrzehnten bei. Mit rund 20000 Fällen pro Jahr sind Antidiskriminierungsklagen heute die zweitgrößte Kategorie der Verfahren an Bundesgerichten, nach Petitionen von Häftlingen für ihre Freilassung. Die Zahl der Zivilprozesse wurde auch durch potentiell hohe Schadenersatzzahlungen und Rechtsanwaltshonorare für erfolgreiche Klagen in die Höhe getrieben. Ebenso werden Gesetzesbrüche durch Konzerne in der Regel durch Sammelklagen von Privatleuten geahndet, und nicht durch Behörden oder Staatsanwälte des Justizsystems. Im Extremfall kann die öffentlich-private Partnerschaft im Justizwesen dazu führen, dass sich Privatklagen mit Betrug zu Lasten der Regierung beschäftigen müssen. Aufgrund einer Regelung des englischen Common Law namens qui tam, die in Großbritannien längst nicht mehr angewandt wird, ermöglicht das US-amerikanische Recht Privatleuten, Firmen oder Personen vor Gericht zu bringen, die die Regierung betrügen. Im Erfolgsfall erhält der Kläger einen Anteil (zwischen 15 und 20 Prozent) des Betrags, der der Bundesregierung zugesprochen wird.

Diese ungewöhnliche Evolution des Rechts hat die Macht der Bundesregierung eingeschränkt (wobei die unabhängige Judikative als Schranke gegen Übergriffe der Regierung fungiert) und ein Rechtssystem hervorgebracht, in das die Forderungen und Bedenken – wenigstens einiger – Bürger eingegangen sind und das die expandierende Leistungsfähigkeit des Staates für einflussreiche Teile der Gesellschaft akzeptabel gemacht hat. Wie das Post Office so hat auch die Judikative maßgeblich dazu beigetragen, die Vereinigten Staaten mit einem gemeinsamen Regelwerk zusammenwachsen zu lassen, was überdies die Expansion nach Westen ermöglichte. Das Erste, was passierte, auch wenn ein Territorium noch nicht einmal 5000 Bewohner hatte, war die Ernennung von zwei Richtern und einem Gouverneur durch den Kongress.

Öffentlich-private Partnerschaften wurden durch einen weiteren politischen Kompromiss ergänzt: föderal-lokale Partnerschaften. Der US-amerikanische Föderalismus hieß letztlich nicht nur, dass die Macht zwischen Bundesregierung, Einzelstaaten und Kommunen aufgeteilt wurde, sondern auch, dass die Verantwortung für den Gesetzesvollzug und viele öffentliche Dienstleistungen an Kommunalbehörden übertragen wurde. Das Bildungssystem der Vereinigten Staaten sieht vor, staatlicherseits Grundschulen und weiterführende Schulen zur Verfügung zu stellen, aber das geschieht ausschließlich auf lokaler Ebene, zuständig sind die Schulbezirke, und die Kommunen als alleinige Träger finanzieren die Schulen vor allem aus eigenen Steuereinnahmen. Grundlage des Systems ist der 10. Zusatzartikel, der die Bildungsaufgaben in die Hände der Einzelstaaten legte. Die Bundesregierung konnte nur sehr eingeschränkt Steuern erheben, das galt aber nicht für die Einzelstaaten und die Kommunen. Daher verabschiedeten viele Staaten in der Anfangszeit der Republik Gesetze, die ihren Städten und Kommunen erlaubten, Steuern zur Finanzierung ihrer Bildungseinrichtungen zu erheben. Im 19. Jahrhundert erhielten nicht nur Schulen in größeren Orten Geld aus diesem Topf, sondern auch ländliche »Gemeinschaftsschulen«, die lokaler Kontrolle unterstanden und vor Ort finanziert wurden. Die Gemeinschaftsschulen unterrichteten elementare Fächer, jedoch immer im Einklang mit den Präferenzen und Werten ihrer Gemeinden. Im Sinne einer öffentlich-privaten Partnerschaft sorgte auch hier der Bundesstaat für Anreize und Subventionen. Die Landnutzungsverordnung von 1785, verfasst von Thomas Jefferson, teilte das öffentliche Land im Nordwesten in Gemeinden von sechs Quadratmeilen und jede Gemeinde in 36 Sektionen auf, von denen jeweils die Erträge einer Sektion die Finanzierung der Schulen sichern sollte. Später wurden daraus die Staaten Illinois, Indiana, Michigan, Ohio und Wisconsin, die daher über die nötigen Mittel zur Finanzierung der Schulen verfügten. Auch in Kalifornien und im Südwesten wurde dieses System verankert, dort waren sogar noch mehr Sektionen für die Generierung von Mitteln für Schulen vorgesehen.

Als Ende des 19. und Anfang des 20. Jahrhunderts deutlich wurde, dass viele Schulkinder an Unterernährung litten, waren es die Städte, die ein kostenloses Mittagessen für Kinder armer Familien bereitstellten. Die Bundesregierung schaltete sich erst später ein und unterstützte insbesondere durch den National School Lunch Act (1946) die Ausweitung dieser Programme durch Subventionen. Als die Diskriminierung von Schülern mit Behinderungen, die meist eine schlechte Ausbildung erhielten, die Aufmerksamkeit der Öffentlichkeit erregte, verabschiedete der Kongress 1975 den Education for All Handicapped Children Act, überließ aber die Finanzierung der Programme den Schulbezirken und Einzelstaaten, die nach wie vor über 90 Prozent der Kosten tragen.

In all diesen Fällen sehen wir in den Vereinigten Staaten auf Bundesebene einen streng Gefesselten Leviathan, der gezwungen war, angesichts neuartiger und teils dringender Herausforderungen neue, kreative Methoden zur Ausweitung seiner Leistungsfähigkeit zu entwickeln. Bemerkenswert ist, dass bei der amerikanischen Version des Rote-Königin-Effekts der Zentralstaat aus seiner Schwäche auch Kraft schöpfte. Einerseits wurde der Staat dadurch angeregt, neue Modelle der Zusammenarbeit mit der Gesellschaft und den Kommunen zu entwickeln, um diese Probleme zu lösen, andererseits wurden immer wieder Akteure bewogen, Kompetenzen an den Bundesstaat abzugeben, denn sie durften sicher sein, dass dessen Macht begrenzt blieb. So weitete der Zentralstaat seine Aufgabengebiete und seine Leistungsfähigkeit aus, behielt aber seine ursprünglichen Schwächen bei und verblieb im Korridor – eine hervorragende Methode, einen sich kontinuierlich entwickelnden Gefesselten Leviathan zu schaffen. Wie wir bereits hervorgehoben haben, hat dieser Erfolg allerdings auch seine Schattenseiten.

We Shall Overcome

Das gängige Narrativ der amerikanischen Geschichte ist nicht nur deshalb unzulänglich, weil es die schädlichen Folgen der Kompromisse außer Acht lässt, auf denen die Architektur der Verfassung basiert. Sie ignoriert auch die stets entscheidende Rolle der Mobilisierung der Gesellschaft und der Roten Königin. Die Verfassung und die Bill of Rights waren, wie wir gesehen haben, kein Geschenk wohlmeinender Eliten. Sie waren das Ergebnis des Machtgerangels zwischen den Eliten und der Bevölkerung, und ohne diesen fortgesetzten Kampf hätten sie so wenig Wirkung gezeigt wie die Erschaffung des Enkidu für die Freiheit in Uruk.

Dies lässt sich kaum besser illustrieren als durch die Aktivitäten und Erfolge der Bürgerrechtsbewegung. Die wohl bekanntesten Ergebnisse waren das Bürgerrechtsgesetz (Civil Rights Act) von 1964 und das Wahlrechtsgesetz (Voting Rights Act) von 1965. Als sich die Bürgerrechtsbewegung in den 1950er Jahren organisierte und Anhänger gewann, entwickelte sie diverse Strategien, um die diskriminierende Politik der Südstaaten anzuprangern, die bis dahin unangreifbar war, weil die Bill of Rights keine Wirkung zeigte. Zunächst versuchte die Bundesregierung, neutral zu bleiben, und intervenierte nur, wenn sie sich durch einen allgemeinen Verfall der öffentlichen Ordnung dazu gezwungen sah. Die Bürgerrechtsbewegung intensivierte daraufhin ihre Aktionen, um die US-Regierung zum Handeln zu bewegen. Eine Strategie war die der »Freedom Riders«, Gruppen aus Schwarzen und Weißen, die unter Verstoß gegen die dortigen Rassentrennungsgesetze mit Überlandbussen in die Südstaaten fuhren. Im Mai 1961 griffen Mobs die Freedom Riders in verschiedenen Teilen Alabamas an, und es kam zu schweren Ausschreitungen, so dass das US-Justizministerium ein Bundesbezirksgericht in Montgomery, der Hauptstadt von Alabama, aufforderte, in das Geschehen einzugreifen. Justizminister Robert Kennedy, der Bruder des Präsidenten, schickte 600 US-Marshals nach Montgomery, um die Freedom Riders zu beschützen. Der erste Impuls der Regierung Kennedy war jedoch gewesen, eine Intervention zu vermeiden und die Solidarität der Bürgerrechtsaktivisten zu untergraben. Ein Beispiel war das Wählerbildungsprojekt (Voter Education Project), das offenbar dazu dienen sollte, die Aktivisten zu Aktionen zu bewegen, die Kennedy für weniger störend hielt. Die Bürgerrechtsbewegung verstand die Botschaft. Im Jahr 1963 schmiedeten ihre Anhänger den Plan, mit gezielten Aktionen gegen die Rassentrennungsgesetze in Birmingham, Alabama, die Bundesregierung zu systematischerem Eingreifen zu zwingen. Bürgerrechtler Ralph Abernathy berichtete:

> Die Augen der Welt ruhen heute Abend auf Birmingham. Bobby Kennedy blickt hierher nach Birmingham, der Kongress der Vereinigten Staaten blickt nach Birmingham. Das Justizministerium blickt nach Birmingham. Seid ihr bereit, seid ihr bereit, die Kampfansage zu machen? … Ich bin bereit, ins Gefängnis zu gehen, seid ihr es auch?

Besonders kontrovers war der »Kinderkreuzzug« vom 2. Mai, bei dem 600 Kinder – das jüngste war erst acht Jahre alt – festgenommen wurden. Präsident John F. Kennedy blieb nichts anderes übrig, als festzustellen: »Die Ereignisse in Birmingham und anderswo haben die Rufe nach Gleichheit so verstärkt, dass keine gesetzgebende Körperschaft einer Stadt oder eines Einzelstaats vernünftigerweise beschließen kann, sie zu ignorieren.« Im folgenden Monat legte er den Entwurf zu dem 1964 verabschiedeten Bürgerrechtsgesetz vor, das nicht nur für die Wiedereinsetzung der politischen Rechte von Afroamerikanern sorgte, sondern auch den Kampf gegen die gesellschaftlich verankerte wirtschaftliche und soziale Diskriminierung aufnahm, die nicht nur im Süden grassierte.

Die Bürgerrechtsbewegung gab sich damit nicht zufrieden. Die nächste Etappe war Selma, Alabama. Im Januar 1965 starteten die Bürgerrechtler eine Kampagne gegen die Verletzung der Grundrechte von Schwarzen, insbesondere des Wahlrechts. Am 7. März machten sich 600 Demonstranten auf den Weg von Selma nach Montgomery. Sie wurden von der Polizei der Stadt angegriffen; 17 Bürgerrechtler kamen ins Krankenhaus, weitere 50 trugen Verletzungen davon. Inzwischen war John F. Kennedy ermordet worden, sein Nachfolger war Lyndon B. Johnson. Der neue Präsident veranlasste verstärkte Interventionen der Bundesregierung im Süden, und Bundesbezirksrichter Frank Johnson entschied: »Die Gesetzeslage ist klar, dass das Recht, die Regierung um Abhilfe gegen Missstände zu bitten, in großen Gruppen ausgeübt werden darf … und dieses Recht darf durch einen Protestmarsch, sogar auf öffentlichen Highways, ausgeübt werden.«

Ebenso wie die Demonstrationen von Birmingham den Weg für das Bürgerrechtsgesetz geebnet hatten, führte der Protestmarsch von

Selma zur Verabschiedung des Wahlrechtsgesetzes von 1965, das zahlreiche Tricks unterband, insbesondere Lesetests und Wahlsteuern, die genutzt worden waren, um Afroamerikanern das Wahlrecht zu nehmen. Eine Woche nach dem Marsch von Selma hielt Präsident Johnson seine berühmte Rede mit dem Titel »We Shall Overcome«. Sie begann so:

> Ich spreche heute Abend für die Würde des Menschen und das Schicksal der Demokratie … Zuweilen treffen Geschichte und Schicksal zu einer Zeit an einem Ort zusammen, um einen Wendepunkt im unaufhörlichen Streben des Menschen nach Freiheit herbeizuführen. So war es in Lexington und Concord … So war es letzte Woche in Selma, Alabama.

Johnson verglich die Bürgerrechtsbewegung mit dem amerikanischen Unabhängigkeitskrieg, geführt von »Patrioten« in Massachusetts. Da hatte er recht. Beide waren Reaktionen der Gesellschaft auf den Despotismus. Johnsons Rede verdeutlichte, dass die Fesselung des Amerikanischen Leviathans nicht einfach eine Frage der cleveren Verfassungsarchitektur war. Sie beruhte auch maßgeblich auf der Mobilisierung der Gesellschaft und ihrem wachsenden Selbstbewusstsein.

Das Leben im amerikanischen Korridor

Da sich neuartige Herausforderungen stellten, übernahm der Amerikanische Leviathan mehr Verantwortung und befreite sich zeitweise sogar aus dem Griff seiner ursprünglichen Schwäche. Wie bei der Bürgerrechtsbewegung war dies häufig eine Reaktion auf Forderungen der Gesellschaft.

Ein Wendepunkt, der symbolisch für die Dynamik des Rote-Königin-Effekts stand, war die progressive Ära, als der Bundesstaat in Aktion trat und auf neue Forderungen reagierte, während soziale und institutionelle Änderungen zugleich die Kontrolle der Gesellschaft über den Staat verbesserten. Die wirtschaftlichen Chancen und die Schaffung eines einheitlichen nationalen Markts durch den Bundesstaat im 19. Jahrhundert und vor allem nach dem Bürgerkrieg sorgten für eine zügige Industrialisierung und schnelles Wirtschaftswachstum. Es war ein ungleichmäßiger Prozess, der häufig von einigen wenigen Firmen beherrscht und ausgeschlachtet wurde, und das waren meist die Unternehmen, die wussten, wie man das System für sich nutzt. Die Folge war, dass in dieser Ära, die Mark Twain das »Vergoldete Zeitalter« nannte, Riesenunternehmen entstanden, die ihren Sektor oder sogar die gesamte Wirtschaft dominierten. Unter Führung von Eisenbahnmagnaten wie Cornelius Vanderbilt und Jay Gould, Industriellen wie John D. Rockefeller und Andrew Carnegie, und Finanziers wie John Pierpont Morgan, tätigten diese »Räuberbarone« nicht nur massive Investitionen und trieben die wirtschaftliche Expansion voran, sondern bauten auch beispiellose Vermögen auf und missbrauchten regelmäßig ihre wirtschaftliche und politische Macht. Das war zwar Wachstum, aber eines, das große Ungleichheit schuf, verschärft noch dadurch, dass die amerikanischen Institutionen des 19. Jahrhunderts der Aufgabe nicht gewachsen waren, diese mächtigen, skrupellosen Männer und ihre »Trusts«, wie diese Firmen damals genannt wurden, zu kontrollieren. Der Amerikanische Leviathan reagierte auf die sich wandelnden wirtschaftlichen und politischen Verhältnisse, indem er Befugnisse zur Regulierung solcher Monopole schuf, zunächst durch den Interstate Commerce Act von 1887, dem ersten Schritt zu einer landesweiten Regulierung der Industrie, gefolgt vom Sherman Antitrust Act von 1890, dem Hepburn Act von 1908 und dem Clayton Antitrust Act von 1914. Drei aufeinanderfolgende Präsidenten, Theodore Roosevelt, William H. Taft und Woodrow Wilson, nutzten diese Gesetze, um Monopole zu zerschlagen. Taft brachte die Trusts nicht nur vor Gericht, sondern veränderte die Landschaft der amerikanischen Wirtschaft nachhaltig, indem er 1913 den 16. Zusatzartikel auf den Weg brachte, der eine Bundeseinkommensteuer einführte.

Durch diesen Prozess wurde jedoch nicht nur der Staat gestärkt. Diese Gesetze und die Wahl der engagierten Präsidenten waren die Folge einer wachsenden öffentlichen Mobilisierung der progressiven Bewegung, in der sich unzufriedene Farmer und die urbane Mittelschicht zusammenschlossen und die starken Einfluss auf die Politik der Zeit ausübte. Die Medien gewannen damit ebenfalls bedeutenden Einfluss auf die Politik, denn sogenannte Skandalreporter enthüllten die Übergriffe der Räuberbarone und zeigten auf, wie Unternehmer die Strippen zogen, um sich persönlich zu bereichern. Umfangreiche institutionelle Reformen stärkten die Macht der Gesellschaft gegenüber dem Staat und den politischen Eliten. Der 17. Zusatzartikel von 1913 schrieb vor, dass Senatoren fortan nicht mehr durch die Parlamente der Einzelstaaten, sondern direkt vom Volk gewählt werden sollten. Damit wurde der übergroße Einfluss von Magnaten auf die Gesetzgebung eingedämmt, den David Graham Phillips 1906 in einer brillanten Artikelreihe für das Magazin *Cosmopolitan* mit dem Titel »The Treason of the Senate« satirisch aufs Korn genommen hatte.

Die Ausweitung der Leistungsfähigkeit des Zentralstaats und sein Einfluss auf die Wirtschaft gewannen unter Präsident Franklin Delano Roosevelt an Fahrt. Das war wieder einmal eine Reaktion auf eine Zwangslage, die durch neue Wirtschaftsbedingungen geschaffen worden war, diesmal in Form des schwersten Abschwungs der Moderne, der Weltwirtschaftskrise. Roosevelts New Deal sorgte für eine strengere Regulierung der Banken (mit dem Emergency Banking Act von 1933, dem Securities Act von 1933 und vor allem der Gründung der Federal Deposit Insurance Corporation, die kleinere Guthaben versicherte, um einen Run auf die Banken zu verhindern); eine erhebliche Ausweitung der Regierungsausgaben für öffentliches Bauen mit der Gründung der Public Works Administration und der Tennessee Valley Authority, ein neues Programm zur Stützung der Preise für landwirtschaftliche Erzeugnisse und der Einkommen von Farmern unter Leitung einer neugeschaffenen landwirtschaftlichen Behörde, der Agricultural Adjustment Administration; und schließlich für eine moderne Sozialversicherung (1935) und den Food Stamp Plan (1939), die bis heute die tragenden Säulen der US-amerikanischen Wohlfahrtspolitik darstellen. Roosevelt unterschrieb auch ein Gesetz über Beschäftigungsverhältnisse, den National Labor Relations Act (1935), und schuf eine ausgeklügelte Bürokratie, die diesem Gesetz Geltung verschaffte, indem sie untersuchte, ob sich Firmen daran hielten, und sie andernfalls vor Gericht brachte (obgleich, wie wir gesehen haben, spätere Gesetze wie Abschnitt VII des Bürgerrechtsgesetzes sich von diesem Ansatz wieder verabschiedeten und auf das Modell der öffentlich-privaten Partnerschaft zurückgriffen).

Eine ebenso bedeutsame Ausweitung der Rolle des Bundesstaats für die Wirtschaft wurde durch Präsident Johnsons Reformprogramm »Great Society« geschaffen. Johnson brachte die Grundsätze des Programms bei seiner Ansprache zur Lage der Nation im Januar 1964 folgendermaßen auf den Punkt: »Diese Regierung erklärt hier und jetzt der Armut in Amerika den bedingungslosen Krieg.«

Auch dies war eine Reaktion auf soziale Veränderungen, die sowohl von hohen Armutsraten in weiten Teilen der Vereinigten Staaten als auch von der wachsenden Ungleichheit zwischen Weißen und Schwarzen angestoßen wurden. Letztere stellten mittlerweile in vielen innerstädtischen Vierteln die Bevölkerungsmehrheit. Diese wirtschaftlichen Bedingungen wurden als Hauptursache für die zunehmende Kriminalität angesehen. Schwere Unruhen in New York City, Rochester, Chicago, Philadelphia und vor allem Los Angeles in den Jahren 1964 und 1965 unterstrichen die Dringlichkeit dieser Sorgen. Die Great Society sorgte nicht nur für die Ausweitung und Beibehaltung von New-Deal-Programmen wie Sozialversicherung und Lebensmittelmarken, sie erhöhte auch die Leistungen und die Deckung der Erwerbsunfähigkeitsversicherung, rief im Rahmen des Economic Opportunities Act von 1964 Berufsbildungsprogramme für benachteiligte Jugendliche ins Leben und betraute die neugegründeten Community Action Agencies mit der Aufgabe, armen Bürgern zu helfen. Die beiden standhaften Säulen der öffentlich finanzierten Gesundheitsversorgung, Medicare für ältere Bürger und Medicaid für Sozialhilfeempfänger, wurden durch den Social Security Act von 1965 geschaffen. Am innovativsten waren wohl die Bildungsprogramme, darunter Head Start, das die Vorschulerziehung für arme Kinder förderte, der Bilingual Education Act von 1968 für die Schulbezirke zur Unterstützung von Kindern aus nicht englischsprechenden Familien und die erhebliche Ausweitung der Bundesmittel für Universitäten und die Finanzierung des Collegebesuchs für Studenten aus armen Familien.

Obgleich die Mobilisierung der Gesellschaft ein spektakuläres

Wachstum der Leistungsfähigkeit des Bundesstaats gebracht hat, beeinflusste die Verfassungsarchitektur nach wie vor die Entwicklung einiger dieser Programme ebenso wie ihr Ergebnis (Ronald Reagan meinte zum Krieg gegen die Armut: »Die Bundesregierung hat der Armut den Krieg erklärt, und die Armut hat gewonnen.«). Man betrachte zum Beispiel Roosevelts Aushängeschild, den Social Security Act. Bis zum New Deal war es den Vereinigten Staaten nicht gelungen, eine Sozialversicherung auf breiter Basis einzuführen, während Großbritannien sich bereits 1906 und Deutschland sogar schon in den 1880er Jahren in diese Richtung bewegt hatten. Zwar gab es in den Vereinigten Staaten eine private Rentenversicherung, aber nur 10 Prozent der Beschäftigten hatten sich versichert. Die meisten Menschen waren auf die Unterstützung ihrer Familie angewiesen oder mussten auf das wenige zurückgreifen, was sie auf die hohe Kante legen konnten. Die Regierung bezahlte die Pensionen für Veteranen und deren Witwen, und das waren 85 Prozent derer, die 1928 überhaupt eine Altersrente erhielten. Das Kernstück des Social Security Act sah daher Pflichtbeiträge zur Rentenversicherung vor. Im ersten Absatz heißt es:

> Um jedem Einzelstaat zu ermöglichen, finanzielle Hilfe für betagte Bedürftige zu leisten, sofern es unter den Bedingungen des Einzelstaates praktikabel ist, wird hiermit für das Fiskaljahr, das am 30. Juni 1936 endet, die Summe von 49 750 000 Dollar an zweckgebundenen Mitteln bewilligt, und es wird hiermit fortan für jedes Fiskaljahr eine Summe bewilligt, die ausreicht, um die Zwecke dieses Rechtsanspruchs zu erfüllen.

Also waren die Einzelstaaten fest eingebunden. Das Gesetz führte aus, wie viel man im Ruhestand erhalten würde, was von den Bezügen einer Person vor dem Ruhestand abhing, die Rente würde aber keinesfalls 85 Dollar im Monat überschreiten. Das war ein bescheidener Betrag, der ungefähr bei der Hälfte des damaligen Durchschnittslohns lag. Dennoch bewies die Regierung damit ein massives Engagement für ein umfassendes Sozialprogramm. Ironischerweise machte die Sozialversicherung die private Rentenversicherung für Unternehmen attraktiver, weil sie nun etwas für ihre höher bezahlten und besser ausgebildeten Beschäftigten tun konnten, für die eine staatliche Rente nicht ausreichte. Vor der Einführung der Sozialversicherung war es den Unternehmen sogar untersagt, Betriebsrenten nur für ihre besser bezahlten Beschäftigten und nicht für alle Arbeiter anzubieten. Solche Leistungen für alle Mitarbeiter wären aber für die Arbeitgeber zu teuer gewesen. Sobald das Gesetz verabschiedet war und Geringverdienende eine staatliche Rente erhielten, konnten die Firmen für die besser bezahlten Beschäftigten Privatversicherungen vorsehen. Ein Sprecher der National Dairy Producers Corporation stellte fest: »Das Erste, was uns auffiel, war, dass nur 1200 unserer gesamten Belegschaft mehr als 3000 Dollar verdienten. Zu diesen 1200 gehörte praktisch jeder Beschäftigte, der etwas für das Vorwärtskommen des Unternehmens tat, dafür, wie es gegenüber seinen Wettbewerbern erfolgreich blieb … Also beschlossen wir … wir werden für Löhne unter 3000 Dollar weder Arbeitgeber- noch Arbeitnehmeranteile in das Programm einzahlen und das Sozialversicherungsprogramm soll sich um die Löhne unter 3000 Dollar kümmern.«

Faktisch nutzten die Firmen den neuen Kurs der Regierung aus. Dabei profitierten sie von der Tatsache, dass solche Aufwendungen für die Altersversorgung für den Arbeitgeber steuerlich absetzbar waren, also mit Ausgaben für Lohnzahlungen gleichgesetzt wurden. Gleichzeitig wurden die Arbeitgeberbeiträge und bis zu einem gewissen Grad auch die Arbeitnehmerbeiträge zur Rente erst dann als Einkommen besteuert, wenn sie nach dem Renteneintritt wieder ausgezahlt wurden, die Steuerschuld wurde also in die Zukunft verschoben. Während die Regierung eine allgemeine staatliche Rentenversicherung einführte, subventionierte sie zugleich die private Altersvorsorge. Gutbezahlte Arbeitskräfte verdienten auch zu viel, um von der Sozialversicherung tatsächlich zu profitieren. So wurde, anstelle einer allgemeinen Rentenversicherung für alle die Basis für ein duales System geschaffen. Wie absehbar gewesen war, stieg der Anteil der Privatrenten von unter 10 Prozent rasch bis auf 40 Prozent der Arbeitnehmer in den 1970er Jahren. Außerdem war eine Absicherung durch die staatliche Sozialversicherung von Anfang an nicht für alle Beschäftigten vorgesehen, weil Südstaatenpolitiker den Präsidenten zwangen, Arbeitskräfte in der Landwirtschaft und Hausangestellte auszuschließen, damit sie keine Abgaben für Afroamerikaner zu entrichten brauchten.

Die Situation der Vereinigten Staaten weicht im Hinblick auf die Rentenversicherung von anderen reichen Ländern ab, was die Krankenversicherung betrifft, sind die Unterschiede jedoch, trotz Johnsons Great Society, noch eklatanter. In Amerika gibt es keine irgendwie geartete Sozialversicherung. Die einzigen flächendeckenden Programme sind Medicare für ältere Menschen und Medicaid für Teile der armen Bevölkerung. Im Übrigen sind die meisten Amerikaner über ihren Arbeitgeber privat krankenversichert, was durch die Regierung subventioniert wird. So tendiert die öffentlich-private Symbiose noch stärker zum Privatsektor.

Die öffentlich-privaten Partnerschaften und die Fesselung des Staates haben, trotz dessen Erstarken, das staatliche Handeln auch in anderen Bereichen geprägt. Sie erklären, wie die Vereinigten Staaten für den Zweiten Weltkrieg mobilgemacht und wie sie die Konflikte im Kalten Krieg organisiert haben. Sie sind außerdem für die kontroverse Rolle verantwortlich, die Vertragsfirmen wie Blackwater und Unternehmen wie Halliburton im Irakkrieg gespielt haben. Man darf zudem daran erinnern, dass Edward Snowden zum Zeitpunkt seiner explosiven Enthüllungen über das geheime Sammeln von Daten durch die National Security Agency, als externer Auftragnehmer für die Central Intelligence Agency tätig war.

Wer holt sich auf der Route 66 den Kick?

Der schwankende Mix aus privatem und öffentlichem Engagement erfüllte seinen Zweck, im Lauf der Zeit die Leistungsfähigkeit des amerikanischen Staates zu steigern, andererseits wirkte er im Umgang mit mehreren kritischen Problemen lähmend auf den Staat. Viele der drängenden Herausforderungen, vor denen das Land heute steht, von der hohen Armutsquote über ein unzureichendes Gesundheitswesen (im Vergleich zu den Standards von anderen reichen Ländern) bis zur Kriminalitätsrate (im Vergleich zu anderen Ländern sehr hoch) und dem mangelnden Schutz für Bürger (leicht zu beobachten in Ferguson, Missouri, oder in Hyde Park in Chicago, wo einer der Verfasser lebt) haben ihren Ursprung in einem von seinem Aufbau her gelähmten Staatswesen.

Der Mord an Michael Brown ist im Kontext der beklagenswert schlechten Beziehungen zwischen den Bürgern und der Polizei in Ferguson zu sehen. Die Ursachen hierfür sind komplex, treffen jedoch auf viele urbane Gebiete zu. In den sogenannten Ghettos grassieren überall dieselben Probleme; hier leben überproportional viele Angehörige von Minderheiten; hier gibt es für sie weniger Arbeitsplätze und wirtschaftliche Chancen als anderswo im Land, und die Armutsraten liegen weit über dem Durchschnitt; es fehlt an öffentlichen Dienstleistungen, und die Kriminalitätsraten, insbesondere Verbrechen mit Schusswaffen und Tötungsdelikte, sind sehr hoch. Vor allem Letzteres ist der Grund, warum die Beziehungen der Bürger zur Polizei so angespannt sind. In den Vereinigten Staaten kommt auf jeden Einwohner eine Schusswaffe – das sind mehr als 300 Millionen Waffen. Das Land mit der zweithöchsten Zahl an Schusswaffen pro Kopf ist Jemen, aber dort ist es nur eine halbe Waffe pro Einwohner. Andere Länder sind im Vergleich geradezu unterversorgt; in Großbritannien und China zum Beispiel kommt auf je 20 Einwohner nur eine Schusswaffe. In den Vereinigten Staaten gibt es so viele Feuerwaffen, dass sie in die feinsten Verästelungen der Gesellschaft vorgedrungen sind, und zwar auch in die Ghettos mit ihren immensen sozialen Problemen. Eine Folge der Allgegenwärtigkeit von Schusswaffen ist, dass Polizisten aus Angst erst schießen und dann Fragen stellen. Und ihre Angst ist berechtigt. In den Vereinigten Staaten war St. Louis die Mordhauptstadt des Jahres 2015, dicht gefolgt von Baltimore und Detroit. Die Mordrate lag in St. Louis in diesem Jahr bei 59 pro 100 000 Einwohner, das heißt, es kam zu 188 Tötungsdelikten. Für die Vereinigten Staaten insgesamt lag diese Zahl bei 5 pro 100 000 Einwohner und damit fünfmal so hoch wie der Durchschnittswert für Westeuropa.

Bei rund zwei Dritteln aller Tötungsdelikte in den Vereinigten Staaten sind Schusswaffen beteiligt. Die außerordentlich hohe Zahl von Waffen im Land und ihre Rolle bei Mord und Totschlag ist direkt mit der Verfassung und dem 2. Zusatzartikel verknüpft, dem zufolge »das Recht des Volkes, Waffen zu besitzen und zu tragen, nicht beeinträchtigt werden« darf. Das Recht, Waffen, heutzutage »Feuerwaffen«, zu tragen wurde immer wieder durch den Obersten Gerichtshof bestätigt, ganz gleich welches Ausmaß das Gemetzel an Unschuldigen angenommen hatte. Erst 2008 hob das Gericht im Fall District of Columbia versus Heller Gesetze des Distrikts Washington, D.C., auf, die den Zugang zu Schusswaffen und das Recht, legal erworbene ungeladene Waffen zu Hause aufzubewahren, einschränken sollten. Das Urteil erklärte erstmals, der Besitz von Waffen sei in keiner Weise an die Mitgliedschaft bei einer Miliz gebunden, sondern diene der Selbstverteidigung. Der Originalwortlaut des 2. Zusatzartikels, der darauf abzielte, den Bundesstaat zu schwächen, hat eine lange Spur von Gewalt und Tod nach sich gezogen. Bemerkenswert ist, dass der Anwendungsbereich des 2. Zusatzartikels im Lauf der Zeit ausgeweitet wurde, was das allgemeine Empfinden der Bevölkerung reflektiert, Selbstverteidigung sei wichtig (statt diese Aufgabe dem Staat zu überlassen); und zugleich zeigt sich darin der Einfluss von privaten Interessengruppen und Organisationen, in diesem Fall der National Rifle Association, die praktisch jede Form der Schusswaffenkontrolle durch die Politik blockiert.

Doch der Kollateralschaden, den der spezielle Weg der US-amerikanischen Staatsbildung in Ferguson anrichtete, beschränkt sich nicht auf Waffengewalt. Ferguson war nicht immer ein solcher Krisenherd ethnischer Spannungen. Früher einmal war es ein Vorort mit Einfamilienhäusern, in denen weder Afroamerikaner noch andere Minderheiten lebten, sondern relativ wohlhabende Angehörige der Mittelschicht. Im Jahr 1970 war weniger als ein Prozent der Einwohner von Ferguson schwarz. Der Ort war sogar bis in die 1960er Jahre hinein eine sogenannte »sundown town« – ein typischer Fall US-amerikanischer Unfreiheit – in der Afroamerikaner nach Einbruch der Dunkelheit Ausgangssperre hatten. Wie in Kapitel 2 dargestellt, gab es solche Städte in der Hälfte der Countys, durch die jener Inbegriff der Freiheit, die berühmte, von Nat King Cole und Chuck Berry besungene Route 66, auf dem Weg von Chicago nach L.A. führte. Im St. Louis County, der ersten Station, die in dem Song genannt wird, gab es zahlreiche Sundown-Orte. Ferguson sperrte die Hauptstraße zu dem benachbarten, vorwiegend schwarzen Vorort Kinloch mit einer Kette und Baumaterial ab. Nur tagsüber blieb eine andere Zufahrt geöffnet, damit (schwarze) Reinigungskräfte und Hausangestellte zur Arbeit in Ferguson gelangen konnten. Nach 1970 wuchs jedoch die schwarze Bevölkerung der Stadt rasch an und stieg bis 1980 auf 14 Prozent, bis 2000 auf 25 Prozent, bis 2010 auf 52 Prozent und bis heute auf 67 Prozent. Dieser rapide Wandel spiegelte eine verbreitete Dynamik in US-amerikanischen Stadtgebieten, die verständlich macht, wer in Ferguson Spaß hatte und wie das zuging, als Michael Brown ermordet wurde.

Die Geschichte, wie Ferguson zum Ghetto wurde, nahm in den 1930er Jahren ihren Anfang. Bisher haben wir den New Deal als Periode progressiver nationaler Initiativen gesehen wie den Social Security Act, mit dem versucht wurde, universelle sozialpolitische Maßnahmen einzuführen (was allerdings angesichts des Widerstands aus den Südstaaten nicht gelang). Aber die Geschichte einer funktionsgestörten Politik betrifft nicht nur die Einzelstaaten. Der Bundesstaat versäumte es nicht nur, progressive Maßnahmen einzuführen, er initiierte eine rückschrittliche Politik. Für Ferguson relevant ist vor allem die Federal Housing Administration (FHA), eine Behörde, die durch den National Housing Act von 1934 geschaffen wurde. Die FHA verfolgte ehrenwerte Ziele, darunter die Versicherung von Hypotheken, um die Vergabe durch Banken zu erleichtern. Wenn man eine Bankhypothek nicht mehr bedienen konnte, sprang die FHA ein und glich das Konto aus. Um die jeweilige Risikoklasse abschätzen zu können, nahm die FHA in ihr Versicherungshandbuch von 1936 sogenannte »residential security maps« auf, die Aufschluss über die Liquidität der Bewohner eines Stadtteils geben sollten. Auf diesen Stadtplänen, die von der Home Owners' Loan Corporation zusammengestellt wurden, waren Stadtgebiete in vier Zonen – A, B, C und D – aufgeteilt. Zone A stand für die besten Wohngebiete, D für die schlechtesten. Auf den Plänen wurden D-Gebiete rot markiert, ein Verfahren, das als »Redlining« bekannt wurde. (Der mit roten Markierungen versehene FHA-Stadtplan von St. Louis ist im Fototeil wiedergegeben.) Redlining ist seither zum Synonym für jede Form von

Rassendiskriminierung geworden. Was Zone D zu bedeuten hatte, war eindeutig formuliert. Das Versicherungshandbuch enthält einen aufschlussreichen Abschnitt über den »Schutz vor schädlichen Einflüssen«. Abschnitt 228 befürwortet »Grundbucheinschränkungen«, um sich gegen solche schädlichen Einflüsse zu schützen. Im nächsten Abschnitt heißt es, »natürliche oder künstlich errichtete Barrieren erweisen sich als wirksam für den Schutz eines Viertels ... gegen schädliche Einflüsse«, und insbesondere verhindern sie die »Infiltration« durch »unpassende rassische Gruppen«. Bei der Bewertung eines Gebiets solle der Sachverständige überdies »die Gebiete im Umkreis des Orts untersuchen, um zu ermitteln, ob dort unverträgliche rassische ... Gruppen wohnen«, weil er selbstverständlich »die Wahrscheinlichkeit, dass solche Gruppen in den Ort eindringen« beurteilen müsse. Als wäre das noch nicht deutlich genug, hält das Handbuch noch fest: »Damit ein Viertel stabil bleibt, ist es notwendig, dass die Anwesen weiterhin von denselben ... rassischen Gruppen bewohnt werden.«

In der Praxis waren D-Gebiete weitgehend schwarze Viertel, deren Bewohner ihre Immobilien deshalb nicht über die FHA versichern konnten. Daher bekamen Afroamerikaner keine Hypotheken. Ergänzende Strategien sorgten zudem dafür, dass Afroamerikaner keine Immobilien in A-Gebieten, also vorwiegend weißen Vorstädten, erwerben konnten. Zu diesen Strategien gehörten explizite »Grundbuchbeschränkungen«, die den Eigentümern untersagten, ihr Anwesen an Schwarze zu verkaufen.

Unterm Strich verfestigte sich aufgrund dieser Maßnahmen die Wohnsegregation. Die FHA musste in ihrem Handbuch von 1947 den rassistischen Sprachgebrauch abmildern, und 1948 entschied der Oberste Gerichtshof, explizit rassistische Verträge seien verfassungswidrig. Dennoch haben sich andere diskriminierende Praktiken gehalten. Ein neuerer Bericht des FBI liefert Hinweise für die Richtigkeit der Behauptung, dass Donald Trumps Immobilienfirma schwarze Wohnungssuchende diskriminierte. Der Bericht zitiert einen ehemaligen Pförtner, der von seinem Vorgesetzten die Anweisung erhalten hatte, »wenn eine schwarze Person zum 2650 Ocean Parkway käme und sich nach einer Mietwohnung erkundigte und er, also [geschwärzt], nicht da sei, sollte ich ihm sagen, die Miete sei doppelt so hoch, wie sie tatsächlich war, so dass sie für ihn zu teuer wäre«.

Es liegt auf der Hand, dass Redlining und andere diskriminierende Praktiken, die auf Minderheiten zielten, weitreichende Folgen hatten, und noch heute findet man enorme Brüche in der ethnischen Zusammensetzung von Wohnvierteln, und zwar genau an den Grenzen der in den 1930er Jahren gezeichneten Stadtpläne. Im Jahr 1974 kam das Achte US-Bundesberufungsgericht zu dem Schluss,

> dass Wohnsegregation im Ballungsraum St. Louis weitgehend die Folge bewusster Rassendiskriminierung auf dem Wohnungsmarkt seitens der Immobilienbranche und der Behörden (der Verwaltungen) des Bundes, des Staates und der Kommunen ist.

Während die Bevölkerung der D-Gebiete wuchs und der vorhandene Wohnraum nicht mehr ausreichte, gelang es einigen glücklichen Afroamerikanern, eine Wohnung in zuvor rein weißen Vierteln und sogar in Sundown-Städten zu ergattern. Dies öffnete Tür und Tor für das sogenannte Blockbusting, das heißt, Immobilienmakler drückten die Preise, indem sie weißen Eigentümern einredeten, ihr Viertel sei im Begriff, schwarz zu werden, und ihre Immobilie sei dann wertlos. Diese Taktik konnte rasch dazu führen, dass ein ehemals weißes Viertel »kippte« und schwarz wurde, und genau das geschah seit den 1970er Jahren in Ferguson. Es folgte ein Zusammenbruch der öffentlichen Dienstleistungen, und aus der Stadt wurde ein Ghetto. Adel Allen, einer der ersten Schwarzen, die in Kirkwood, einem anderen weißen Vorort von St. Louis, ein Haus kauften, erinnert sich an die Zeit, als er dort einzog:

> Stündlich kam die Streife vorbei. Unsere Straßen wurden jeden Monat ordentlich gekehrt. Unsere Müllabfuhr kam regelmäßig und arbeitete korrekt. Die Straßenbeleuchtung war stets in Schuss. Das galt für alle Dienstleistungen – die Straßen wurden geräumt, wenn es Schnee gab, und so weiter.

Aber als sich die Zusammensetzung des Viertels änderte, war es vorbei mit den Dienstleistungen.

> Jetzt haben wir die unzulänglichste Beleuchtung in der Stadt … Jetzt kommt es vor, dass Leute aus anderen Stadtteilen ihre Autos auf unseren Straßen abstellen, wenn sie sie loswerden wollen … Was sie jetzt in Gang gesetzt haben, heißt Ghettobildung. Die Gebäude sind nun besser gepflegt als zur Zeit der weißen Bewohner, aber die städtischen Dienstleistungen werden stark vernachlässigt. Ich glaube, in anderen Stadtteilen werden zum Beispiel Gehwege zwangsweise angelegt. Wir betteln um Gehwege.

Das entspricht weitgehend der Entwicklung in Ferguson. Ein Beispiel ist der Schulbezirk Normandy, in dem Michael Brown acht Tage vor seinem Tod die Highschool abgeschlossen hatte. Die Ausbildung hatte ein so miserables Niveau, dass der Staat Missouri 2013 dem Schulbezirk die Akkreditierung entzog.

Die Behinderungen, denen die US-Bundespolitik unterworfen ist und durch die die Regierung in öffentlich-private Partnerschaften und in die Abhängigkeit von kommunalen Behörden gedrängt wird, haben noch weitere schädliche Folgen gezeigt. Zum Beispiel im Gesundheitswesen. Die Vereinigten Staaten geben im Verhältnis zum Nationaleinkommen 50 Prozent mehr für das Gesundheitswesen aus als der »Club der reichen Länder«, also die Mitgliedsstaaten der Organisation für wirtschaftliche Zusammenarbeit und Entwicklung (OECD). Dennoch haben die Vereinigten Staaten den höchsten Bevölkerungsanteil ohne Zugang zum Gesundheitswesen. Die OECD hat 2011 errechnet, dass rund 85 Prozent der Amerikaner eine »Krankenversicherung für die Grundversorgung« besitzen, wobei 32 Prozent eine staatliche und 53 Prozent eine private Versicherung haben. Sogar Mexiko schnitt in dieser Hinsicht besser ab. Wie es sein kann, dass hohe Ausgaben mit schlechtem Versicherungsschutz einhergehen, erklärt sich durch die extrem ungleiche Verteilung der Ausgaben und die deutlich schwächere Kostenkontrolle in den Vereinigten Staaten im Vergleich zu den übrigen OECD-Staaten. Beide Phänomene sind die Folge des speziellen US-Modells, das auf öffentlich-privaten Partnerschaften beruht. Im Jahr 1998, also vor den Obamacare-Reformen, waren Schätzungen zufolge von den 20 Prozent der Beschäftigten mit dem niedrigsten Einkommen nur 24 Prozent krankenversichert. Dieselben Probleme belasten das Rentensystem, von dem vor allem gutbezahlte Arbeitnehmer profitieren. Ebenfalls für 1998 wurde für die 20 Prozent der Beschäftigten mit dem niedrigsten Einkommen ermittelt, dass von ihnen nur 16 Prozent eine private Rentenversicherung hatten, während von den bestbezahlten 20 Prozent immerhin 72 Prozent privat rentenversichert waren. Als Obamacare versuchte, eine staatliche Versicherung mit niedrigeren Beiträgen einzuführen, wurde das Vorhaben verhindert, weil es sich zu stark auf den öffentlichen Sektor stützte. Selbst als die Vereinigten Staaten sich also bemühten, eine Krankenversicherung für alle anzubieten, wich man nicht weit vom Modell der öffentlich-privaten Partnerschaft ab.

Diese öffentlich-private Zusammenarbeit läuft darauf hinaus, dass Beihilfen aus Mitteln der Regierung direkt den Reichen in die Tasche geschoben werden. Das US-Finanzministerium hat im Jahr 2000 errechnet, dass sich die Subventionen für Renten- und Krankenversicherungen insgesamt auf 100 Milliarden Dollar beliefen (das heißt, würden sie gestrichen, hätte der Staat zusätzliche Steuermittel von 100 Milliarden Dollar zur Verfügung). Zwei Drittel dieser Subventionen gingen an das reichste Fünftel der amerikanischen Bevölkerung, nur 12 Prozent kamen hingegen den 60 Prozent mit den geringsten Einkommen zugute. Im Grunde ist das öffentlich-private Modell weit weniger gerecht, als eine staatliche Sozialversicherung es sein würde, aber die Organisation des amerikanischen Staates lässt die Einführung der Letzteren nicht zu.

Warum können wir nicht die ganze Zeit alle Signale auffangen?

Im Rückblick erscheint es vielleicht verständlich, dass die Fesseln und Kompromisse, die dem Amerikanischen Leviathan von Anfang an auferlegt wurden, ihn schwach gehalten und gezwungen haben, mit innovativen, teils ungewöhnlichen Lösungen aufzuwarten, um mit neuen Problemen fertig zu werden und seine Leistungsfähigkeit auszuweiten. Es überrascht hingegen, dass ebenjene Architektur dafür gesorgt hat, dass er in anderen Bereichen extrem mächtig und schwer zu kontrollieren ist. Die Wurzeln dieser paradoxen Entwicklung liegen bei den neuen Sicherheitsherausforderungen und einer wachsenden internationalen Bedeutung der Vereinigten Staaten, die dem Staat mehr Verantwortung aufbürdeten, und sie zu übernehmen war mit der Zwangsjacke, in die ihn die Verfassung steckte, nicht ohne weiteres umsetzbar. Der Staat musste improvisieren, um die nötige Leistungsfähigkeit unbemerkt von der Öffentlichkeit und ohne Kontrolle durch die amerikanischen Institutionen aufzubauen – ein sicheres Rezept für die Entfesselung des Leviathans.

Die Geschichte des FBI und seines Direktors J. Edgar Hoover illustriert diese paradoxe Entwicklung. Das Justizministerium wurde 1870 gegründet und mit der Aufgabe betraut, den Gesetzen Geltung zu verschaffen und Verbrechen zu bekämpfen, und zwar auch solche, die sich gegen die Vereinigten Staaten richteten. Aber es hatte keine Polizei zur Verfügung. Getreu dem Modell der öffentlich-privaten Partnerschaft mussten das Justizministerium und die amerikanischen Präsidenten vor Roosevelt auf eine Privatfirma zurückgreifen, die Pinkerton National Detective Agency, die Polizei- und teilweise sogar Spionageaufgaben übernahm. Roosevelt, der sich allgemein um die Staatsbildung bemühte, wollte eine Bundespolizei aufbauen. Sein Justizminister Charles J. Bonaparte wandte sich 1908 an den Kongress, um die Genehmigung und die Mittel für dieses Vorhaben zu beantragen. Sein Ersuchen wurde vom Repräsentantenhaus rundheraus abgelehnt. Der Abgeordnete George E. Waldo, ein Republikaner aus New York, äußerte die Befürchtung, eine solche Behörde wäre »ein schwerer Schlag für die Freiheit und die freien Institutionen, wenn in diesem Lande ein derart großes zentrales Geheimdienstbüro entstehen sollte, wie es in Russland besteht«.

Bisher hatte die Bundesregierung, wenn ihr Steine in den Weg gelegt wurden, versucht, ein Arrangement zu finden, das die Bedenken der Besorgten über die wachsende Staatsmacht beschwichtigte. Nicht so in diesem Fall. Bonaparte ignorierte die Ablehnung durch den Kongress und richtete, während der Kongress Sitzungspause hatte, eine neue Ermittlungsabteilung ein, für die er Mittel aus dem Haushalt des Justizministeriums abzweigte. Den Kongress informierte er erst später und lieferte die Beteuerung mit, das neue Büro sei keine

Geheimpolizei. Der erste Schritt war getan. Und sobald sich Hoover an die Arbeit machte, gab es kein Zurück mehr.

Im Jahr 1919 wurde Hoover Leiter der General Intelligence Division des Justizministeriums, die den Auftrag hatte, »Staatsfeinde« zu überwachen. Seine Abteilung hatte damals über hundert Agenten und Informanten und durfte Menschen festnehmen, denen man Subversion vorwarf. In Zusammenarbeit mit Justizminister Alexander Mitchell Palmer stellte Hoover eine lange Liste von Kommunisten, Anarchisten, Sozialisten und anderen vermeintlichen Staatsfeinden, insbesondere Einwanderern, zusammen. Hunderte Menschen wurden während der von Hoover organisierten Palmer Raids deportiert. Im Jahr 1924 wurde Hoover zum Chef des Bureau of Investigation ernannt und blieb bis zu seinem Tod 1972 Leiter der Behörde, die 1935 in FBI umbenannt wurde. Während seiner Amtszeit wuchsen das Personal und die Macht des FBI stark an. Hoover verwandelte die Behörde in ein Instrument der Massenüberwachung, das weder dem Kongress noch den Gerichten, ja nicht einmal dem Präsidenten Rechenschaft ablegte. Unter Hoover hörte das FBI Zehntausende Bürger wegen ihres politischen Engagements ab, darunter Martin Luther King, John Lennon und Malcolm X, es setzte Spione auf die Führung der Sowjetunion und Chinas an (was seine Satzung explizit untersagte), und ging sogar so weit, die Macht und Autorität mehrerer US-Präsidenten zu untergraben. Ihren Höhepunkt erreichten die verdeckten FBI-Aktivitäten mit dem Programm COINTELPRO, das von 1966 bis 1971 lief und darauf abzielte, diverse inländische politische Gruppen und Organisationen, darunter Vietnamkriegsgegner, Aktivisten und Anführer der Bürgerrechtsbewegung, verschiedene schwarze Organisationen und andere linksgerichtete Gruppen, die in ihrer überwältigenden Mehrheit gewaltfrei arbeiteten, zu überwachen, zu infiltrieren, zu verunglimpfen oder mit anderen Mitteln auszuschalten. Im Rahmen dieses Programms wurde Martin Luther King abgehört, öffentlich diskreditiert und mittels eines anonymen Briefs zum Selbstmord aufgefordert.

Das Church Committee, das unter Leitung von Senator Frank Church 1975 Rechtsverstöße durch das FBI und andere Behörden untersuchte, kam zu dem Schluss, dass

> die Inlandsaktivitäten der Nachrichtendienste immer wieder gegen bestimmte gesetzliche Verbote verstießen und die verfassungsmäßigen Rechte amerikanischer Bürger verletzten. Die rechtlichen Fragen im Zusammenhang mit Nachrichtendienstprogrammen wurden häufig nicht erwogen. Bei anderen Anlässen wurden sie bewusst außer Acht gelassen, weil man meinte, das Gesetz gelte nicht, wenn ein Programm der »nationalen Sicherheit« diente … Viele der angewandten Techniken wären in einer demokratischen Gesellschaft auch dann nicht hinnehmbar, wenn sämtliche Zielpersonen in Gewaltakte verwickelt gewesen wären, aber COINTELPRO ging weit darüber hinaus … Das FBI führte eine ausgeklügelte Überwachungsoperation durch, die ganz allgemein darauf abzielte, die Ausübung der Rede- und Versammlungsfreiheit des 1. Zusatzartikels zu unterbinden.

Die schleichende Zunahme der unkontrollierten Macht von Sicherheitsbehörden beschränkte sich nicht auf das FBI. Die CIA, die aus dem Office of Strategic Services und der Strategic Services Unit hervorging, beides Geheimdienste, die im Zweiten Weltkrieg mit Spionage, der Sammlung und Analyse von Informationen, Spionageabwehr und anderen verdeckten Operationen beschäftigt gewesen waren, wurde offiziell 1947 gegründet. Von Anfang an waren ihre Aufgaben und ihre Überwachungstätigkeit unzureichend definiert. Die CIA war an mehreren Putschen gegen ausländische Regierungen beteiligt, in der Regel ohne Wissen und Kontrolle durch andere Regierungsstellen. Dazu gehörten erfolgreiche Putsche gegen mehrere demokratisch gewählte Regierungschefs wie den iranischen Premierminister Mohammad Mossadegh 1953, den guatemaltekischen Präsidenten Jacobo Árbenz Guzmán 1954, den kongolesischen Premierminister Patrice Lumumba 1960 und den chilenischen Präsidenten Salvador Allende 1973. Hinzu kommen mehrere erfolglose Putschversuche in Syrien, Indonesien, der Dominikanischen Republik, Kuba und Vietnam vor dem Krieg. Obwohl die CIA keine Operationen gegen amerikanische Staatsbürger durchführen darf, beschäftigte sie sich auch im Inland mit Abhöraktionen und sogenannten Sonderüberstellungen, das heißt außergerichtliche Transporte von Terrorverdächtigen in Geheimgefängnisse oder in Länder, in denen gefoltert wurde.

Nach wie vor genießt das Militär in der amerikanischen Öffentlichkeit größtes Vertrauen, sein Einfluss und seine Macht wurden jedoch in dem Maße ausgeweitet, wie das außenpolitische Engagement der Vereinigten Staaten im Kalten Krieg und anschließend im Krieg gegen den Terror gewachsen ist. All dies geschah nahezu ohne Kontrolle durch die Gesellschaft und den Gesetzgeber. Obwohl Präsident Dwight D. Eisenhower einige CIA-Operationen gegen ausländische Regierungen persönlich angeordnet hatte, äußerte er in seiner Abschiedsansprache im Januar 1961 Bedenken wegen der ungezügelten Macht des US-Militärs, insbesondere wenn es sich mit seinen Lieferanten von Waffen und militärischer Ausrüstung zusammentat. Eisenhower prophezeite:

> Wir müssen uns vor der unbefugten Einflussnahme durch den militärisch-industriellen Komplex in Acht nehmen, sei sie nun beabsichtigt oder nicht. Das Potential für das katastrophale Anwachsen fehlgeleiteter Macht existiert und wird weiter fortbestehen. Wir dürfen niemals zulassen, dass das Gewicht dieser Verbindung unsere Freiheiten oder demokratischen Prozesse gefährdet. Wir sollten nichts als selbstverständlich voraussetzen. Nur eine wachsame und informierte Bürgerschaft kann ein richtiges Ineinandergreifen der gewaltigen industriell-militärischen Verteidigungsmaschinerie mit unseren friedlichen Methoden und Zielen erzwingen, so dass Sicherheit und Freiheit gemeinsam gedeihen können.

Schön gesagt. Aber wie sollen die Bürger dies umsetzen, wenn sie keine Ahnung haben, was das FBI, die CIA oder das Militär im Schilde führen?

Wie die Enthüllungen über die Abhörprogramme der NSA belegen, werden weiterhin Militär- und Sicherheitsbefugnisse ausgeweitet und entziehen sich der Aufsicht und Überwachung, sei es durch andere Regierungsstellen oder durch die Gesellschaft insgesamt. Die von Edward Snowden gelieferten Informationen zeigen, dass die NSA die unterschiedlichsten Kanäle nutzte, angefangen von Internet-Servern und Satelliten bis hin zu transatlantischen Glasfaserkabeln und Telefonaufzeichnungen, um Informationen sowohl über Ausländer zu sammeln, darunter Staatschefs befreundeter Länder wie Deutschland und Brasilien, als auch über Millionen Amerikaner. Die Expansion der Sammlung von Daten durch die NSA dürfte hauptsächlich in die Amtszeit von Keith Alexander fallen, der die Behörde von 2005 bis 2014 leitete und seine vollkommen aus dem Ruder gelaufenen Praktiken in der Äußerung auf den Punkt brachte: »Warum können wir nicht die ganze Zeit alle Signale auffangen?«

Die Ironie des NSA-Debakels liegt darin, dass die Behörde zwar offensichtlich ihre vorgegebenen Grenzen deutlich und massiv überschritt und mit der Sammlung von Daten amerikanischer Bürger gegen die Verfassung verstieß, sich dabei aber einer verzerrten Spielart der öffentlich-privaten Partnerschaft bediente. Sie beauftragte private Subunternehmer und erzwang die Kooperation von Telefongesellschaften wie AT&T und Verizon sowie von Internetanbietern wie Google, Microsoft, Facebook und Yahoo – oder wurde freiwillig von ihnen unterstützt.

Der paradoxe Amerikanische Leviathan

Es ist möglich, vielleicht sogar verlockend, den Aufstieg des Amerikanischen Leviathans als Erfolgsgeschichte zu sehen – eine Gesellschaft, die sich der Freiheit verschrieben hat, eine Verfassung, die Rechte und Schutzbestimmungen verankert, ein Staat, der bereits gefesselt zur Welt kam und wegen des Gewichts der Fesseln im Korridor verblieb und sich darin weiterentwickelte, eine Rote Königin, die den Staat nach und nach stärkte, so dass er seinen Wirkungsbereich und seine Leistungsfähigkeit immer weiter vermehren konnte, ohne sich aus den Beschränkungen zu befreien, die ihm von der Gesellschaft und der Verfassung bei seiner Gründung auferlegt wurden. Wir könnten sogar die Meinung vertreten, dass andere Nationen an diesem Beispiel viel darüber lernen können, wie man ein Gleichgewicht der Macht zwischen Staat und Gesellschaft herstellt. Aber wir haben auch gesehen, dass in dieser optimistischen Deutung der amerikanischen Geschichte zwei wichtige Elemente fehlen. Erstens hat die Freiheit, die durch den Amerikanischen Leviathan geschaffen wurde, der Mobilisierung der Gesellschaft ebenso viel zu verdanken wie den klugen Vorkehrungen der Verfassung. Ohne die mobilisierte, durchsetzungsfähige und respektlose Gesellschaft wären die Schutzbestimmungen der Verfassung das Pergament nicht wert, auf das sie geschrieben wurden. Zweitens hat die Architektur der Verfassung, insoweit sie eine maßgebliche Rolle gespielt hat, auch eine dunkle Seite. Die in ihr verankerten Kompromisse haben dafür gesorgt, dass der Bundesstaat weder fähig noch willens war, seine Bürger in den Einzelstaaten vor staatlichem Despotismus zu schützen, seinen Gesetzen generell Geltung zu verschaffen oder die hochwertigen und für alle zugänglichen öffentlichen Dienstleistungen zu liefern, die andere reiche Nationen ganz selbstverständlich für ihre Bevölkerung bereitstellen. Wenn der Bundesstaat aus diesem Schlummer erwachte und eingriff, wurde dies durch die Mobilisierung der Gesellschaft und manchmal auch durch diejenigen Bürger herbeigeführt, die am stärksten unter Diskriminierung und Benachteiligung zu leiden hatten. Paradoxerweise hat sich der Staat in anderen Bereichen, jenseits seiner verfassungsbedingten Schwäche und Unfähigkeit, so entwickelt, dass er sich dem Einflussbereich der Gesellschaft und sogar anderer Regierungsstellen entzogen und seine Fesseln zunehmend abgeworfen hat. Ein bemerkenswerter amerikanischer Erfolg, der aber gemischte Gefühle hinterlässt.

In diesem Lichte stellt sich die drängende Frage, ob der amerikanische Staat, behindert durch die strengen Einschränkungen, die ihm bei seiner Gründung auferlegt wurden, und durch das Modell der öffentlich-privaten Partnerschaft, das sich infolgedessen entwickelte, der Aufgabe gewachsen ist, mit den zunehmend komplexen Herausforderungen am Horizont fertig zu werden. Kann er seine Bürger besser schützen und mehr Chancen für seine gesamte Bevölkerung schaffen? Wie kann er flexibel genug werden, um mit Hilfe neuer Modelle seine Leistungsfähigkeit zu verbessern und sich neuen Herausforderungen zu stellen, während er nach wie vor durch die Gesellschaft und die Institutionen gefesselt bleibt? Ist die amerikanische Gesellschaft stark genug, den Staat zu veranlassen, diesen Herausforderungen zu begegnen, während sie zugleich ihre Wachsamkeit erhöht? Diesen Fragen werden wir uns im letzten Kapitel widmen.

11.
DER PAPIER-LEVIATHAN

Patienten des Staates

An einem Frühlingstag im September 2008 – der Sommer kündigt sich an, aber es ist kalt – versucht Paula in der argentinischen Hauptstadt Buenos Aires, sich für das Sozialprogramm Nuestras Familias (Unsere Familien) anzumelden. Sie möchte Geld beantragen, das armen Argentiniern zusteht. »Es hat ganz lange gedauert«, berichtete sie dem Soziologen Javier Auyero. »Ich habe seit März damit zu tun. Sie haben mich schon oft herbestellt. Immer hat etwas gefehlt – ein Dokument, ein Papier.« Aber »man muss ruhig, man muss geduldig bleiben. Hier muss man Geduld haben. Das ist eine Hilfe, die einem die Regierung gibt, also muss man geduldig sein.«

Geduld ist eine wichtige Tugend für alle, die in Argentinien öffentliche Dienstleistungen in Anspruch nehmen wollen. Leticia, eine weitere Anwärterin für Nuestras Familias »steht allein ganz hinten im Wartzimmer«. Sie ist in den letzten zwei Wochen dreimal im Amt vorstellig geworden. »Ich bin es gewohnt zu warten, überall muss ich warten. Aber das Schlimmste ist, dass sie dich dauernd von einer Stelle zur anderen schicken … ich war vor zwei Wochen hier. Sie haben mir gesagt, ich sollte in drei Tagen wiederkommen. Als ich kam, war das Amt geschlossen. Am folgenden Tag kam ich wieder, und sie sagten mir, die Mittel seien erschöpft.« Ihr Resümee: »Man muss warten, weil das hier nun mal so ist. Du musst oft kommen, denn wenn du nicht erscheinst, bekommst du gar nichts.«

Ein weiteres Fallbeispiel von Auyero ist typisch dafür, wie die Interaktion zwischen dem argentinischen Staat und seinen Bürgern abläuft.

Maria: Sie schieben es hinaus, dir Aufmerksamkeit zu schenken. Sie hören dir nicht zu, sie sind da, aber sie hören dir nicht zu.
Interviewer: Sie schenken Ihnen keine Aufmerksamkeit?
M: Ich weiß nicht, ob sie frühstücken, bis 10 frühstücken sie, trinken Mate, [essen] Kekse; sie unterhalten sich miteinander.
I: Und wie machen Sie auf sich aufmerksam?
M: Gar nicht, ich warte, bis sie mir helfen.
I: Sie warten einfach darauf, dass sie Ihnen Aufmerksamkeit schenken?
M: Es ist so, dass man einfach warten muss.
I: Sie waren oft dort, hat denn nie jemand protestiert?
M: Einmal, ja … eine Patientin hat sich gewehrt und geschrien …
I: Was für eine Patientin, mit Gesundheitsproblemen?
M: Nein, eine Patientin hier, eine Frau, die gewartet hat.

Argentinier sind keine Bürger mit Rechten, sie sind Patienten des Staates, um die man sich kümmert oder auch nicht. Milagros, eine weitere »Patientin«, berichtete, wie man »herumgeschickt« wird. »Man fühlt sich hier entmutigt, weil die Sozialhilfe-Sachbearbeiter sagen: Kommen Sie am Tag X … Sie sagen, man soll am Montag kommen, und dann am Mittwoch und dann am Freitag … Und das sind Arbeitstage.« Als sie das letzte Mal das Amt aufsuchte, ging sie »mit nichts« und fühlte sich »ohnmächtig«, aber sie betont: »Da habe ich nichts gesagt.«

Der Staat handelt willkürlich, schafft Unsicherheit und Frustration, manipuliert und entrechtet Menschen, die dazu verurteilt sind, zu warten und zu betteln. Geordnete Abläufe gibt es nicht, vielmehr Ausnahmen ohne Ende. Wann öffnet das Amt? Wie ist das Prozedere? Welche Unterlagen brauche ich? Da ist sich niemand ganz sicher. Viele Argentinier sagen: »Sie kicken uns wie Bälle herum.«

In seinen Notizen hielt Auyero fest:

11. September. Eine Frau aus Paraguay bekommt ihren Termin, obwohl sie keine Geburtsurkunde mit Apostille (offizielles Siegel) hat. Heute traf ich Vicky. Sie ist zum zweiten Mal hier, denn beim ersten Mal wurde ihr ein Termin verweigert, weil auf ihrer Geburtsurkunde die Apostille fehlte.

Auyeros Recherchen führten ihn nicht nur in die Warteräume von Nuestras Familias, sondern auch in das Amt, in dem man einen Personalausweis beantragt, den DNI (Documento Nacional de Identidad). Im Prinzip öffnet das Amt um 6 Uhr morgens und erteilt Termine bis 10 Uhr, dann schließt es. Von 18 bis 22 Uhr hat es dann wieder geöffnet. Die Menschen stehen schon am Vorabend Schlange. Aber die Regeln und die Öffnungszeiten ändern sich fortwährend. »26. Oktober: Ich komme wieder her … nach den Beobachtungen am Morgen erwarte ich draußen eine lange Warteschlange. Es ist 14.50 Uhr. Und es ist leer! Draußen ist niemand. Keine Menschen, keine Verkäufer, niemand! Ein Polizist sagt mir: ›Die Leute vom Amt sind herausgekommen und haben gesagt, dass sie für heute schließen.‹« Andererseits können sich die Türen jederzeit öffnen, und die Leute werden hereingelassen. Oder auch nicht. »24. Oktober: Niemand steht draußen … Die Leute warten im Gebäude in einem großen Warteraum. 7. November: Die Leute stehen vor dem Gebäude Schlange. Man sagt ihnen, es sei verboten, draußen in der Schlange zu warten, und sie sollten um 18 Uhr wiederkommen. Ohne Erfolg versuchen Beamte die Schlange aufzulösen. 9. November: Jetzt lassen die Beamten zu, dass die Leute draußen Schlange stehen – und sie erlauben auch eine Schlange im äußeren Korridor.« Auyero berichtet weiter:

> 2. Oktober 2008: Eine Frau fragt mich, ob ich glaube, dass Montag ein Feiertag ist. Man hat ihr gesagt, sie solle am Montag wiederkommen (der 12. Oktober ist in Argentinien ein Feiertag). Ich sage ihr, wenn man ihr erklärt habe, sie solle am Montag wiederkommen, dann aus dem Grund, weil es kein Feiertag sei. Ich würde annehmen, dass sie keine Termine für unmögliche Tage vergeben. Die Frau korrigiert mich und sagt, das letzte Mal habe man ihr einen Termin an einem Sonntag gegeben.

Wie sich herausstellt, ist Montag ein Feiertag.

Bisher haben wir uns mit dreierlei Leviathanen beschäftigt: dem Abwesenden, dem Despotischen und dem Gefesselten. In Argentinien trifft man keinen der drei an. Er ist nicht abwesend; er existiert, hat ausgefeilte Gesetze, eine große Armee, einen Beamtenapparat (obwohl sich die Beamten kaum um Erfüllung ihrer Aufgaben bemühen), und er scheint einigermaßen zu funktionieren, hauptsächlich in der Hauptstadt Buenos Aires, weniger im Rest des Landes. Es ist kein Despotischer Leviathan; gewiss, die argentinischen Beamten, die wir gerade kennengelernt haben, verhalten sich unverantwortlich und sind für die Gesellschaft nicht ansprechbar (das Kennzeichen eines despotischen Staates) und Grausamkeiten gegen Bürger sind ihnen durchaus zuzutrauen. Wie die Argentinier im schmutzigen Krieg der Militärdiktatur von 1974 bis 1983 erlebten, als rund 30 000 Menschen verschwanden, also heimlich von der Junta ermordet wurden, können Beamte und Polizisten mit mörderischer Gewalt zuschlagen. Aber der Despotismus des argentinischen Staats ist planlos und sprunghaft. Von einer Macht, wie sie der chinesische Staat ausübt, um seine Bürger zu kontrollieren, ist er weit entfernt. Als die Beamten die Leute daran hindern wollten, draußen Schlange zu stehen, wurden sie ignoriert. Oft sind sie nicht in der Lage, die Wirtschaft zu regulieren oder den Gesetzen im ganzen Land Geltung zu verschaffen. Um einen Gefesselten Leviathan handelt es sich offensichtlich auch nicht; ihm fehlt die staatliche Leistungsfähigkeit, die wir mit dem Gefesselten Leviathan und einer Gesellschaft verbinden, die den Staat beeinflussen und kontrollieren kann. Mit welcher Sorte Staat haben wir es in Argentinien zu tun?

In diesem Kapitel werden wir sehen, dass es sich um einen Staat handelt, wie er in Lateinamerika, Afrika und anderen Teilen der Welt weit verbreitet ist. Er hat sogar viel mit dem indischen Staat gemein, denn er gründet auf der Schwäche und Desorganisation der Gesellschaft und wird durch sie gestützt. Er verbindet einige Kennzeichen des Despotischen Leviathans, nämliche fehlende Rechenschaftspflicht und gesellschaftliche Kontrolle, mit den Schwächen des Abwesenden Leviathans. Er kann weder Konflikte lösen noch Gesetze umsetzen, noch öffentliche Dienstleistungen bereitstellen. Er ist repressiv, aber nicht mächtig. Er ist selbst schwach und schwächt die Gesellschaft.

Gnocchi im stahlharten Gehäuse

Auyeros Studie beschäftigte sich mit dem Beamtenapparat, der für die staatliche Leistungsfähigkeit unerlässlich ist. In Kapitel 1 sind wir bereits auf die Theorie eingegangen, die der Soziologe Max Weber dazu aufstellte. Nach Weber unterscheidet sich die moderne Welt von der Vergangenheit durch »Rationalisierung«. Dies manifestiere sich in modernen Unternehmen, die Kosten, Einnahmen, Gewinne und Verluste berechnen. Sie zeige sich auch in Regierungen, die politische Maßnahmen rationalisieren und unpersönliche Verwaltungsstrukturen schaffen. Weber bezeichnete dies als »rational-legale Herrschaft« und sah den Beamtenapparat als deren Verkörperung. Er schrieb:

> Der reinste Typus der legalen Herrschaft ist diejenige mittels bürokratischen Verwaltungsstabs … Die Gesamtheit des Verwaltungsstabes besteht im reinsten Typus aus Einzelbeamten …, welche
>
> 1. persönlich frei nur sachlichen Amtspflichten gehorchen,
> 2. in fester Amtshierarchie,
> 3. mit festen Amtskompetenzen,
>
> …
>
> 5. Fachqualifikation – im rationalsten Fall: durch Prüfung ermittelter, durch Diplom beglaubigter Fachqualifikation – angestellt (nicht: gewählt) sind,
>
> …
>
> 7. ihr Amt als einzigen oder Haupt-Beruf behandeln,
>
> …
>
> 9. in völliger »Trennung von den Verwaltungsmitteln« und ohne Appropriation der Amtsstelle arbeiten,
> 10. einer strengen einheitlichen Amtsdisziplin und Kontrolle unterliegen.

So funktionierte der Beamtenapparat auf unpersönlichen Wegen; Beamte waren Fachleute, sie waren niemandem verpflichtet außer ihren beruflichen Aufgaben; sie wurden gemäß ihrer Qualifikation ausgewählt und befördert; und ihnen drohten Disziplinarmaßnahmen, wenn sie sich etwas zuschulden kommen ließen. Nach Webers Ansicht konnte man der Fähigkeiten der Bürokratie nichts Ebenbürtiges entgegensetzen. In dem Abschnitt »Wesen, Voraussetzungen und Entfaltung der bürokratischen Herrschaft« seines Werks *Grundriss der Soziologie, Wirtschaft und Gesellschaft* führt er aus:

> Der entscheidende Grund für das Vordringen der bürokratischen Organisation war von jeher ihre rein technische Überlegenheit über jede andere Form. Ein vollentwickelter bürokratischer Mechanismus verhält sich zu diesen genau wie eine Maschine zu den nicht mechanischen Arten der Gütererzeugung. Präzision, Schnelligkeit, Eindeutigkeit, Aktenkundigkeit, Kontinuität, Diskretion, Einheitlichkeit, straffe Unterordnung, Ersparnisse an Reibungen, sachlichen und persönlichen Kosten sind bei streng bürokratischer, speziell monokratischer Verwaltung durch geschulte Einzelbeamte gegenüber allen kollegialen oder ehren- und nebenamtlichen Formen auf das Optimum gesteigert.

Für Weber war der Triumph der rational-legalen Herrschaft unausweichlich. Aber er erkannte auch dessen entmenschlichende Wirkung. Nach Weber arbeiteten Menschen in der Vergangenheit, weil sie es wollten, wir Heutigen hingegen »müssen es«. In der heutigen modernen Welt haben wir es mit einem »mächtigen Kosmos der modernen, an die technischen und ökonomischen Voraussetzungen mechanisch-maschineller Produktion gebundenen, Wirtschaftsordnung« zu tun, »der heute den Lebensstil aller einzelnen, die in dies Triebwerk hineingeboren werden – nicht nur der direkt ökonomisch Erwerbstätigen –, mit überwältigendem Zwange bestimmt und vielleicht bestimmen wird, bis der letzte Zentner fossilen Brennstoffs verglüht ist«. Um deutlich zu machen, wie heimtückisch diese Kräfte sein können, prägte Weber die Metapher des »stahlharten Gehäuses«, in dem wir infolge der Ausbreitung der rational-legalen Herrschaft gefangen sind.

Präzision, Schnelligkeit, Eindeutigkeit, Aktenkundigkeit – Derartiges konnte Auyero in Buenos Aires nicht beobachten. Die Bürokratie, die er sah, war langsam, zweideutig und unsicher, und eine Kenntnis der Akten konnte man kaum voraussetzen. Wo war Argentiniens stahlhartes Gehäuse?

Auyeros Ergebnisse zeigen, dass der argentinische Staat extrem personalisiert war: Wenn man sich nicht persönlich intensiv darum bemühte, war die Chance, irgendwelche staatlichen Leistungen zu erhalten, gering. Das war der springende Punkt für den »Patienten« – man musste eine persönliche Beziehung zu einem Beamten aufbauen, damit man etwas erwarten durfte. Wie es sich mit anderen Aspekten von Webers Idealvorstellung verhält, darüber geben Auyeros Beobachtungen keine Auskunft. Vielleicht waren ja die Beamten, mit denen María oder Leticia zu tun hatten, aufgrund ihrer Leistungen eingestellt worden, wie es nach Weber sein sollte? Unwahrscheinlich, denn der argentinische Beamtenapparat bestand hauptsächlich aus »Gnocchi«.

Gnocchi, eine kulinarische Spezialität, wurden durch italienische Einwanderer in Argentinien eingeführt. In Argentinien werden die Kartoffelklößchen traditionell am 29. eines jeden Monats serviert. Aber das Wort hat noch eine zweite Bedeutung: Es steht für die von der Regierung beschäftigten »Geisterarbeiter«; Leute, die nur zur Arbeit erscheinen, um ihren Gehaltsscheck abzuholen. In Argentinien gibt es eine Menge Gnocchi. Als Mauricio Macri 2015 neuer argentinischer Präsident wurde, entließ er 20 000 Gnocchi, die, wie er sagte, durch seine Vorgängerin Cristina Fernández de Kirchner von der Peronistischen Partei (benannt nach ihrem Begründer Juan Domingo Perón) eingestellt worden waren. Diese 20 000 Staatsdiener waren aber zweifellos nicht aufgrund ihrer »Fachqualifikation« ausgesucht worden. Es liegt auch auf der Hand, dass die Gnocchi keineswegs »ihr Amt als einzigen oder Hauptberuf« behandelten. Man darf auch bezweifeln, dass sie »einer strengen einheitlichen Amtsdisziplin und Kontrolle« unterlagen. In der Regel waren sie Angestellte und Unterstützer der Peronistischen Partei, die ihr »Amt« aufgrund politischer Beziehungen erhalten hatten. Damit waren sie jeder Amtsdisziplin enthoben, die ihnen vielleicht gedroht hätte, wenn sie ihre Aufgaben nicht ordentlich erledigten. Das Phänomen der Gnocchi spielte vermutlich eine große Rolle bei Auyeros Beobachtungen. Wenn 20 000 solcher »Geister« in einem Beamtenapparat ihr Unwesen treiben, kann das höchst negative Folgen für die staatliche Leistungsfähigkeit haben, einmal abgesehen von der Tatsache, dass sie vollkommen überflüssig sind. Diese Folgen waren während der Amtszeit von Präsidentin Cristina Fernández de Kirchner auch nicht zu übersehen.

Wie in Kapitel 2 erörtert, besteht eine zentrale Aufgabe jeder Regierung darin, Informationen über ihre Bürger zu sammeln, einerseits um die Bedürfnisse der Gesellschaft zu erkennen, andererseits auch, um die Gesellschaft zu kontrollieren. Man möchte meinen, dass Hobbes' Leviathan der Sammlung von Informationen über seine Bürger große Aufmerksamkeit schenken würde. Wie wir gesehen haben, trifft das auf den Libanon ebenso wenig zu wie auf Argentinien. Im Jahr 2011 war Argentinien das erste Land, das jemals vom Internationalen Währungsfonds gerügt wurde, weil es keine korrekten Angaben zum Preisniveau und zum Nationaleinkommen machte. Die Zeitschrift *The Economist* meldete keine Daten mehr aus Argentinien, weil sie nicht vertrauenswürdig erschienen. Das ist einer der Nachteile, wenn man das stahlharte Gehäuse mit Gnocchi füllt.

Dennoch stehen wir vor einem Rätsel. Weber glaubte, das stahlharte Gehäuse entstehe unausweichlich und die Rationalisierung der Gesellschaft sei nicht aufzuhalten. »Denn wenn die bürokratische Verwaltung überall die – ceteris paribus! – formal-technisch rationalste ist, so ist sie für die Bedürfnisse der Massenverwaltung (personalen oder sachlichen) heute schlechthin unentrinnbar. Man hat nur die Wahl zwischen ›Bürokratisierung‹ und ›Dilettantisierung‹ der Verwaltung …«. Aber wie erklären wir die Situation in Argentinien? Dilettantismus?

Beim Ententest durchgefallen

Argentinien hatte Anfang 2000 einen modern anmutenden Staat mit Bürokratie, Justiz, Ministern, Wirtschafts- und Sozialprogrammen, Vertretern in allen internationalen Organisationen, zum Beispiel den Vereinten Nationen, und – zur Zeit von Auyeros Recherchen – mit Cristina Fernández de Kirchner eine Präsidentin, die von anderen Staatschefs respektiert wurde. Der argentinische Staat hatte alles, was einen modernen Staat auszeichnet, und sah aus wie ein Leviathan.

Um den »Ententest« auf unseren Kontext anzuwenden, wenn etwas aussieht wie ein Staat, schwimmt wie ein Staat, quakt wie ein Staat, dann ist es wahrscheinlich ein Staat. Aber war es wirklich einer?

Er war es nicht, jedenfalls nicht in dem Sinne, wie wir Staaten bisher beschrieben haben. Sowohl der Despotische als auch der Gefesselte Leviathan besitzen die nötige Leistungsfähigkeit, um Aufgaben zu erledigen. Für den argentinischen Staat trifft das nicht zu. Mao bezeichnete die Vereinigten Staaten bekanntermaßen als »Papiertiger«, um anzudeuten, deren Macht sei illusorisch. Wir bezeichnen Staaten wie Argentinien, Kolumbien und mehrere andere lateinamerikanische und afrikanische Länder, die den Ententest nicht bestehen und allem Anschein zum Trotz allenfalls über eine rudimentäre staatliche Leistungsfähigkeit verfügen, als Papier-Leviathan. Papier-Leviathane sehen wie ein Staat aus und können in einigen begrenzten Bereichen und in größeren Städten eine gewisse Macht ausüben. Aber diese Macht ist hohl; sie ist in den meisten Bereichen inkohärent und desorganisiert, und sie schwindet zunehmend mit der Entfernung von der Hauptstadt.

Wie kommt es, dass der Papier-Leviathan nicht mehr Macht ausübt? Wollen denn die Eliten und die Bürokraten, die den Staat kontrollieren, nicht selbst mehr Leistungsfähigkeit besitzen, um Dinge zu erledigen? Oder um die Gesellschaft zu dominieren? Um sich, wenn möglich, zu bereichern und die Bürger zu bestehlen? Was ist mit dem »Willen zur Macht« passiert, der die Bildung von Staaten oft erst in Gang bringt? Die Antworten auf diese Fragen verraten eine Menge über den Charakter von Staaten in aller Welt. Am Willen zur Macht fehlt es in den Staaten, die den Papier-Leviathan beherbergen, keineswegs, aber die Gefahren, die politischen Anführern und Eliten drohen, wenn sie diesem Willen zur Macht verfallen, sind allzu groß. Dafür gibt es im Wesentlichen zwei Gründe.

Der erste hängt paradoxerweise mit dem Rote-Königin-Effekt zusammen, den wir als Triebkraft hinter der zeitgleichen Entwicklung von Staat und Gesellschaft im Korridor erkannt haben. Der Rote-Königin-Effekt entspringt dem Wunsch der Gesellschaft, sich zu schützen und einen fähigeren Staat und durchsetzungsfähigere Eliten im Zaum zu halten. Dieselben Impulse sind auch außerhalb des

Korridors am Werk; wenn der Despotismus überhandnimmt, sollte man sich dagegen schützen. Aber wenn die Staatenbildner nicht sicher sind, ob sie unerwünschte Reaktionen der Gesellschaft unterdrücken oder sich gegen Rivalen durchsetzen können, sorgen diese Impulse für Ärger. Wir bezeichnen diese antizipierten Gefahren der Staatsbildung als »Mobilisierungseffekt« – sobald politische Führer versuchen, Leistungsfähigkeit aufzubauen, folgt womöglich die Mobilisierung der Opposition. Es besteht hier ein gewisser Zusammenhang mit dem Dammbruch, den die Schaffung einer politischen Hierarchie auslöst. Ebenso wie Gesellschaften, die dank ihrer Macht die politische Ungleichheit stark vermindern konnten und dennoch den Dammbruch fürchteten, kann es sein, dass politische Eliten, die dem Anschein nach von der Gesellschaft kaum kontrolliert werden, die Reaktionen und den Wettbewerb fürchten, die ein Anwachsen der staatlichen Leistungsfähigkeit mobilisieren würde. Der Mobilisierungseffekt zeigte sich in einigen herausragenden Beispielen für Staatsbildung wie der Schaffung des vom islamischen Glauben geprägten Staates durch Mohammed oder die Staatsbildung in China. Aber in diesen Fällen waren die Staatenbildner entweder so mächtig oder weniger besorgt um die Mobilisierung, weil sie entweder einen »Trumpf« (wie in Kapitel 3 gezeigt) oder angesichts einer äußeren Bedrohung oder Konkurrenz keine andere Wahl hatten (die Qin-Dynastie und Fürst Shang plagten in der Zeit der Streitenden Reiche andere, lebenswichtigere Sorgen, wie in Kapitel 7 erörtert). Dennoch werden wir sehen, dass der Mobilisierungseffekt unter anderen Umständen lähmend auf die Schaffung staatlicher Leistungsfähigkeit wirken kann.

Der zweite Grund, warum der Papier-Leviathan ziemlich verbreitet ist und nicht ohne weiteres aus seinem Schlaf erwachen will, besteht darin, dass fehlende staatliche Leistungsfähigkeit zuweilen ein mächtiges Werkzeug in den Händen skrupelloser Politiker ist. Zunächst geht es bei der Ausübung politischer Gewalt viel eher darum, andere davon zu überzeugen, den eigenen Anordnungen zu folgen, als um nackte Repression. Mechanismen zur Belohnung von Konformität sind zu diesem Zweck sehr nützlich, und wer Freunde und Unterstützer, oder solche, die es werden sollen, mit Posten in der Verwaltung bedenkt, ist auf Erfolgskurs. Aber stellen Sie sich vor, Sie bauen staatliche Leistungsfähigkeit auf, indem Sie in der Verwaltung Stellen und Beförderungen nach dem Leistungsprinzip vergeben, so wie Max Weber es sich vorstellte. Das wäre das Aus für die Gnocchi, und diese Posten könnten nicht mehr als Belohnung missbraucht werden (wie sollten die Peronisten unter diesen Umständen überleben?). Somit erscheint es politisch nur logisch, das Leistungsprinzip und den Aufbau staatlicher Leistungsfähigkeit aufzugeben.

Natürlich geht es hier nicht nur um höhere politische Ebenen. Aus dem Missbrauch von Justiz und Verwaltung lassen sich noch andere, banalere Vorteile ziehen. Kurz nachdem Präsident Macri die Gnocchi entlassen hatte, verbot er Regierungsmitgliedern, Familienangehörige zu beschäftigen. So verloren die Ehefrau und zwei Schwestern des Arbeitsministers ihren Job, ebenso die Eltern des Innenministers.

Das Muster zieht sich durch. Unpersönliche Regeln in Justiz und Verwaltung, die mit staatlicher Leistungsfähigkeit einhergehen, behindern Herrscher und Politiker, die Gesetze so anwenden wollen wie der ehemalige brasilianische Präsident Getúlio Vargas. Er soll gesagt haben: »Für meine Freunde alles, für meine Feinde das Gesetz.« Solche Willkür – die sich erheblich von der Entwicklung des Rechts im europäischen Korridor unterscheidet – erlaubt der politischen Elite, die vorhandenen staatlichen Institutionen zu benutzen, um ihre Gegner zu unterdrücken, sich selbst aber zu bereichern, sich Land unter den Nagel zu reißen, ihren Freunden Monopole zuzuschanzen und den Staat buchstäblich auszuplündern. Die Folgen solcher Willkür sind staatliche Unfähigkeit und Desorganisation, aber auch eine Beeinträchtigung des Mobilisierungseffekts, nicht nur in Argentinien, sondern auch in vielen anderen Ländern des Papier-Leviathans.

Dass ein Papier-Leviathan keine staatliche Leistungsfähigkeit aufbaut, erweist sich für die Bürger als zweischneidiges Schwert. Ein geschwächter Staat ist auch kaum imstande, seine Bewohner zu unterdrücken. Könnte dies nicht der Grundstein für eine gewisse Freiheit sein? Leider nein. Vielmehr erleben die Bürger des Papier-Leviathans das Schlechteste aus zwei Welten. Ihr Staat ist nach wie vor despotisch – er liefert denkbar wenig und geht nicht auf die Bedürfnisse der Menschen ein, und er schreckt auch vor Repression und Mord nicht zurück. Gleichzeitig versagt der Staat bei seiner Aufgabe, Konflikte beizulegen, Gesetzen Geltung zu verschaffen und öffentliche Dienstleistungen bereitzustellen. Der Papier-Leviathan versucht keineswegs, Freiheit zu schaffen oder Normen zu lockern, die die Freiheit einschränken. Wie wir sehen werden, verengt sich der Normenkäfig unter dem Regiment des Papier-Leviathans eher, statt sich zu öffnen.

Kein Platz für Straßen

Was könnte den Mobilisierungseffekt in der Praxis in Gang setzen? Der amerikanische Historiker Eugen Weber spricht in seiner Studie zur Entstehung von Staat und Gesellschaft in Frankreich *Peasants into Frenchmen* von mehreren »Werkzeugen des Wandels« – Faktoren, die ihm maßgeblich für die Entwicklung der modernen französischen Gesellschaft erscheinen. Sein erstes Kapitel trägt die Überschrift »Roads, Roads, and Still More Roads«. Nach seiner Ansicht kann der Straßenbau, also die Schaffung von nationalem Zusammenhalt durch Aufbau grundlegender Infrastruktur die Gesellschaft mobilisieren, ihre Forderungen beeinflussen und die politische Agenda verändern. Kurz gesagt, er kann einen Mobilisierungseffekt hervorbringen.

Der kolumbianische Staat, ein weiteres Beispiel für den Papier-Leviathan, hat sich nie dafür interessiert, Straßen zu bauen. So sind einige Hauptstädte der 32 Departamentos bis heute nur mit dem Flugzeug oder über Flüsse zu erreichen. Können Sie sich vorstellen, dass Augusta, die Hauptstadt von Maine, nicht an das Straßennetz der Vereinigten Staaten angebunden ist?

Ein interessanter Fall ist Mocoa, die Hauptstadt des Departamento de Putumayo in Südkolumbien (siehe Karte 14). Im Jahr 1582 notierte der katholische Geistliche Jerónimo de Escobar:

> Diese Stadt liegt nahe an den Bergen, weitab von der Straße, so dass man nur mit großer Mühe hingelangt. Die besagte Stadt Agreda [Mocoa] wächst nicht, sie schreckt die Menschen ab. Ein Austausch ist unmöglich ... alle führen ein elendes Dasein.

Die Lage war noch weitgehend unverändert, als 1850 ein Präfekt des damaligen Territorio de Caquetá im Norden von Putumayo festhielt: »Die Reise von Pasto [der Hauptstadt des benachbarten Departamento Nariño] in diese Stadt [Mocoa] ist aufreibend, man stößt oft auf entsetzliche Orte. Die schmal Gebauten reisen auf dem Rücken von Indianern in einer lächerlichen, verstiegenen und schmerzhaften Haltung, mit Ballenstricken befestigt und festgebunden wie Schweine.«

Den Hauptstädtern aus Bogotá war Putumayo nicht geheuer. Der spätere Präsident Rafael Reyes schrieb in seiner Autobiographie über eine Rundreise durch die Region:

> Diese unberührten und unbekannten Wälder, diese riesigen Räume faszinierten mich und weckten den Wunsch, sie zu erforschen, sie

Karte 14: Kolumbien: Eliten, Paramilitärs und das Trampolin des Todes

> zu durchqueren und … Straßen zu öffnen für den Fortschritt und Wohlstand meines Landes; diese Wälder waren den Bewohnern der Kordilleren vollkommen unbekannt, und der Gedanke, sie zu durchdringen, machte mir Angst, weil sie in der Vorstellungswelt des Volkes von wilden Tieren und Ungeheuern bewohnt werden, abgesehen von den vielen wilden Kannibalen, die dort anzutreffen sind.

Reyes wusste ein Mittel gegen diese Isolation; 1875 regte er den Bau einer Straße von Pasto, der Hauptstadt des benachbarten Departamento Nariño, nach Mocoa an (was ebenfalls auf Karte 14 zu sehen ist). Im Jahr 1906 gab Reyes, nunmehr Präsident, eine Studie zu möglichen Routen in Auftrag. Dafür wurde der Ingenieur Miguel Triana unter Vertrag genommen. Er erstellte die Studie, aber der Straßenbau wurde nicht in Angriff genommen. Ein weiterer Vertrag wurde mit Victor Triana abgeschlossen, aber 1908 wurde das Projekt wegen Geldmangels aufgegeben. Im Jahr 1909 beschloss die Regierung, die Kapuzinermönche des Valle de Sibundoy mit dem Bau zu betrauen, während sich der Gouverneur von Nariño um die Finanzierung kümmern sollte. Unter Einsatz von indigenen Zwangsarbeitern gelang den Kapuzinern 1912 die Fertigstellung der 120 Kilometer langen Straße von Pasto nach Mocoa. Erst nach einem Überfall peruanischer Soldaten auf eine kolumbianische Militärgarnison bei La Pedrera am Fluss Caquetá hatte die Regierung 36 000 Pesos für den Bau bereitgestellt. Ende 1912 war der Zustand der Straße immer noch beklagenswert. Ein Beamter vor Ort schrieb an den Minister in Bogotá, dass »betreffs des Zustands der Straße von Pasto hierher [Mocoa] … ein Großteil der Straße Schäden durch Bergrutsch und eingebrochene Rampen sowie die Zerstörung von Palisaden in den flachen Sumpfgebieten aufweist, so dass sie selbst zu Fuß kaum passierbar ist«. Ein Ingenieur berichtete, es habe ernste Probleme mit der Planung und dem Bau der Straße gegeben; die Brücken seien »schlecht gebaut« und die Straßenbreite »für Verkehrszwecke nicht ausreichend«.

Der irische Schriftsteller Samuel Beckett sagte: »Wieder versuchen. Wieder scheitern. Besser scheitern.« Das könnte auch für den Papier-Leviathan gelten. Im Jahr 1915 gab es eine öffentliche Ausschreibung für die Reparatur und Fertigstellung des Abschnitts nach Puerto Asís am Ufer des Flusses Putumayo. Im Dezember 1917 kündigte die Regierung jedoch den Vertrag, weil der Auftragnehmer seine Verpflichtungen nicht erfüllt hatte. Die Regierung legte die Angelegenheit wieder in die Hände der Kapuziner. In einem Telegramm des Ministeriums für öffentliche Bauarbeiten in Mocoa vom Juni 1919 hieß es: »Nationalstraße vollkommen aufgegeben. Von hier nach San Francisco [de Sales] 30 Bergrutsche; von hier nach Umbria alle Brücken zerstört.« Im Jahr 1924 wurde der Straßenbau den Kapuzinern erneut wegen »unbefriedigender Ausführung der Arbeiten« entzogen, während ein Auftrag an einen Ingenieur in Pasto ging. Ein Gesetz von 1925 sah vor, dass die ersten 25 Kilometer der Strecke von Pasto aus für Autos befahrbar sein sollten. Aber nachdem drei Jahre später nur fünf Kilometer fertiggestellt waren, strich die Regierung die Mittel. Im Jahr 1931 nahm Gesetz 88 die Straße in das staatliche Straßennetz auf, was bedeutete, dass der Abschnitt bis Puerto Asís für den Autoverkehr ausgebaut werden sollte.

In Kapitel 9 sind wir auf Charles Tillys Maxime »Krieg machte den Staat, und der Staat machte Krieg« eingegangen. Wenn dem so wäre, hätten die Kolumbianer es 1932 eigentlich endlich schaffen müssen. In diesem Jahr brach ein Grenzkonflikt mit Peru aus, die kolumbianische Regierung erhob die Straße zur »nationalen Verteidigungsstraße« und stellte 120 000 Peso für Ausbau und Unterhalt bereit. Nach Einschätzung eines Ingenieurs war die Straße »kaum mehr als ein Schandfleck«. Im November 1957 erreichte die Schotterpiste Puerto Asís, 25 Jahre nachdem Peru den Krieg gewonnen und sich ein gutes Stück von Kolumbien einverleibt hatte. In Kolumbien erlebte weder der Straßenbau noch der Staat einen Aufschwung, ob nun mit Krieg oder ohne.

Immerhin war nun eine Verbindung nach Puerto Asís hergestellt, aber sie erhielt bald einen düsteren Beinamen: Das Trampolin des Todes. Im Jahr 1991 meldete die Zeitung *El Tiempo*: »Die gesamte Straße nach Putumayo ist grauenhaft. Die Fahrer, die täglich darauf unterwegs sind, nennen sie Straße des Todes … [und] die Reisenden werden stets durch die Guerilla bedroht.« Präsident Álvaro Uribe Vélez engagierte sich 2005 für einen Plan zur Integration der Regionalen Infrastruktur Südamerikas. Im Jahr 2016 waren 15 Kilometer der Straße gebaut, dann stellte man die Arbeiten wegen Geldmangels ein.

Was für eine Gesellschaft ist in Kolumbien infolge der fehlenden Straßen entstanden? Eine Ansammlung isolierter Inseln. Im Jahr 1946 erklärte Alberto Lleras Camargo, der 1958 kolumbianischer Präsident werden sollte, in einer Ansprache vor dem Bauernverband:

> Wenn wir über Kampagnen für Gesundheitsversorgung auf dem Land, Kredite oder Bildung sprechen, die den Landwirt retten sollen, wissen wir dann nicht, dass die meisten dieser Programme [nur] die Dörfer [aldeas] und die Oberschicht der kolumbianischen Gesellschaft erreichen? … Zwischen den 71 Prozent unserer Mitbürger [in ländlichen Gebieten] und dem Rest der Gesellschaft gibt es keine direkte Kommunikation, keinen Kontakt, es gibt keine Straßen, keine Kanäle für den direkten Austausch. Fünfzehn Minuten von Bogotá entfernt gibt es Bauern, die einem anderen Zeitalter angehören, einer anderen sozialen Klasse und Kultur, Jahrhunderte von uns getrennt.

Aber genau so gefällt es dem Papier-Leviathan; eine vollkommen fragmentierte Gesellschaft, die sich nur auf die Belange ihres unmittelbaren Lebensumfelds konzentriert. Im Fall Großbritanniens sahen wir in Kapitel 7, dass diese Fragen in den Hintergrund führen, als sich die Gesellschaft als Reaktion auf die Staatsbildung zunehmend mobilisierte. Nicht so in Kolumbien. Im Jahr 2013 wurde das Land durch Streiks und Proteste erschüttert. Im Juli 2013 besetzten streikende Bergarbeiter Quibdó, die Hauptstadt des Departamento Chocó (siehe Karte 14 auf Seite 479). Die Bergarbeiter forderten gleiche Rechte für ihre inoffiziell arbeitenden Kumpel und »Subventionen und Vorzugskredite für Bergarbeiter sowie technische Unterstützung«. Überdies verlangten sie, die Regierung solle »aufhören, Land an multinationale Bergbaukonzerne zu verkaufen«, und sie solle »Treibstoff für Bergbauzwecke subventionieren«. Die Forderungen beschränkten sich auf die unmittelbaren Anliegen der Bergarbeiter. Bezeichnenderweise gibt es keine Straße, die Quibdó mit dem Rest des Landes verbindet. Dasselbe galt für die vielen Streiks, die in anderen Landesteilen stattfanden. Die Dignidad Cafetera (wörtlich »Kaffeewürde«) in den Kaffeeanbaugebieten Kolumbiens verlangte von der Regierung Preissubventionen für Kaffee, die Demokratisierung des Nationalen Verbands der Kaffeebauern und eine strengere Regulierung des Bergbaus in den Anbaugebieten. Die Dignidad Papera, Lechera y Cebollera (»Kartoffel-, Milch- und Zwiebelwürde«) vertrat die Erzeuger von Kartoffeln, Milch und Zwiebeln. Auch sie forderten Preissubventionen für ihre Produkte. Außerdem verlangten sie ein Verbot der Rehydrierung von Milchpulver und forderten Ausgleichszahlungen für den Import von Milchpulver und gefrorenen oder vorgegarten Kartoffeln. Die Dignidad Panelera (»Rohzuckerwürde«), die die Rohzuckererzeuger vertrat, wünschte sich, die Regierung möge 3500 Tonnen der von ihnen produzierten Panela (Rohrohrzucker) aufkaufen. In dieser Gesellschaft sind die Aussichten für Mobilisierung schlecht, und das macht es den kolumbianischen Eliten und der Regierung einfach. Ein paar Subventionen hier, der Ankauf von Panela da, und die Revolte ist gebannt.

Der Orang-Utan im Frack

Es liegt nicht nur am Fehlen einer Infrastruktur. Ebenso wenig wie Argentinien verfügt Kolumbien über einen Beamtenapparat, und zwar aus ähnlichen Gründen. Im Jahr 2013 zählten in manchen Staatsministerien 60 Prozent der Mitarbeiter zum »einstweiligen Personal«, angeworben ohne Befähigungsnachweis und vermutlich nur dank Vetternwirtschaft ins Amt gelangt. Zwar schätzt man in Kolumbien Gnocchi weniger als in Argentinien, dennoch sind sie auch im öffentlichen Dienst Kolumbiens zahlreich vertreten.

Welche drastischen Folgen das Fehlen von Regeln und bürokratischen Verfahren hat, zeigte sich während der Amtzeit von Samuel Moreno Rojas, der 2008 zum Bürgermeister der Hauptstadt Bogotá gewählt wurde. Nach seinem Amtsantritt erschuf Moreno eine »Schattenregierung« für Bogotá, die er von seinem Bruder Iván leiten ließ. Iván Moreno konstruierte ein – wie es die Kolumbianer inzwischen bezeichnen – »Vertragskarussell« für sämtliche Verträge, die die Stadt abschloss. Die beiden Brüder ließen sich auf diesem Weg von den Auftragnehmern Bestechungsgelder zahlen, die oft 50 Prozent der

Vertragssumme betrugen. Zur Verschleierung ihrer gesetzwidrigen Aktivitäten trafen sie sich häufig in Miami, eine Reise, die sie im Privatjet antraten. Die Brüder verwendeten einen eigenen Jargon: Den für die Bestechung vorgesehenen Betrag bezeichneten sie als mordida, Happen – dieselbe Bezeichnung, auf die wir schon in Kapitel 9 in Zusammenhang mit Guatemala gestoßen sind. Das Kronjuwel unter den »Happen« war der Vertrag über den Betrieb des öffentlichen Nahverkehrs in Bogotá, der täglich Millionen Menschen befördert. Der Schmiergeldanteil der Morenos betrug in diesem Fall acht Peso pro Passagier. Doch damit begnügten sich die beiden Brüder keineswegs. Sie plünderten, wo sie nur konnten. Bestehende Krankenhäuser waren lukrativ, aber neue zu bauen war für die Diebe noch attraktiver, und zwischen 25 und 30 Prozent der dafür verwendeten Ausgaben flossen an die Morenos. Sie entschieden, wer den Vertrag für den Rettungsdienst zugesprochen bekam, dann ließen sie und ihre Kumpane die Hälfte der Vertragssumme in die eigene Tasche fließen. Wer den »Happen« nicht zahlen wollte, bekam den Vertrag nicht mit der Begründung, das Angebot sei »zu billig«. Für den Bau einer Brücke in Bogotá, die die Carrera 9 mit der Calle 94 verbinden sollte, um die dortigen Verkehrsstaus zu vermindern, wurden 45 Milliarden Peso (15 Millionen Dollar) bereitgestellt. Die Bauarbeiten wurden gar nicht erst aufgenommen, und das Geld verschwand spurlos. Niemand weiß, wie viel an Bestechungsgeldern die Brüder insgesamt einnahmen. Schätzungen zufolge könnten es an die 500 Millionen Dollar gewesen sein.

Samuel Moreno Rojas war in der kolumbianischen Politik kein Unbekannter. Sein Großvater Gustavo Rojas Pinilla hatte in den 1950er Jahren eine Militärdiktatur angeführt und in den 1960er Jahren versucht, sich als Demokrat neu zu erfinden. Wie Moreno neigen die politischen Eliten Kolumbiens dazu, die Staatskasse zu plündern. Und wenn sich ihnen die Chance bietet, plündern sie auch gern das ganze Land aus.

Ein großer Teil des ländlichen Kolumbiens wird offiziell als baldío, Brachland, eingestuft und befindet sich in Staatsbesitz. James Robinson hat dokumentiert, wie seit Beginn des 19. Jahrhunderts zahlreiche Gesetze erlassen wurden, die die Zuteilung dieses Landes und die Verleihung von Besitztiteln regeln. Gesetz 160, verabschiedet 1994, legte fest, dass jeder, der seit mindestens fünf Jahren im baldío siedelte, beim Agrarreforminstitut INCORA (Instituto Colombiano de Reforma Agraria) den Besitztitel für den Grund und Boden, auf dem er siedelte, beantragen konnte. Diese Konzession galt aber nur für Bürger, die noch kein weiteres Land besaßen. Vorrang sollten Arme und Umsiedler haben, und die Bodenfläche, die eine Person beanspruchen durfte, war auf eine »Unidad Agrícolar Familiar« (Landwirtschaftliche Familieneinheit) begrenzt, eine Größe, die nach Einschätzung von INCORA einer Familie erlauben würde, »in Würde zu leben«. Doch wie sich herausstellte, wussten die gut vernetzten Eliten diese Regelung zu hintergehen. Und das taten sie mit Unterstützung erfahrener Anwaltsfirmen aus Bogotá, die sich darauf verstanden, das Gesetz zu beugen und zu brechen. Berüchtigt wurde der Fall Riopaila Castilla, ein Zuckerunternehmen aus dem Valle del Cauca. Es richtete das System aus, indem es mit Hilfe der Anwaltsfirma Brigard & Urrutia 27 sogenannte Vereinfachte Aktiengesellschaften gründete. Diese erwarben 42 Parzellen baldío-Land im östlich gelegenen Departamento Vichada, eine Fläche von insgesamt 35 000 Hektar, die für Arme und Umsiedler vorgesehen war, aber nun an Riopaila Castilla ging. Mit einem ähnlichen Dreh konnte sich Luis Carlos Sarmiento, der reichste Kolumbianer, 16 000 Hektar baldío als persönlichen Besitz sichern. Als ein Anwalt von Brigard & Urrutia von einem Journalisten gefragt wurde, warum eine angesehene Anwaltsfirma einem derart eklatanten Gesetzesverstoß Vorschub leistete, antwortete er: »Das Gesetz ist dazu da, ausgelegt zu werden. Hier gibt es kein Schwarz oder Weiß.«

Das fragmentierte Wesen des Papier-Leviathans hat erhebliche Folgen für die Freiheit, und vor allem für die Kontrolle der Gewalt. Max Weber definierte den Staat als »diejenige menschliche Gemeinschaft, welche innerhalb eines bestimmten Gebietes das Monopol legitimer physischer Gewaltsamkeit für sich (mit Erfolg) beansprucht«. Papier Leviathane nutzen ihre Macht jedoch in einer Weise, dass sie kein solches Monopol physischer Gewalt innehaben können, sei es legitim oder nicht. In Kolumbien zeigen sich auch die verheerenden Konsequenzen des fehlenden staatlichen Gewaltmonopols.

Bei seinen Forschungen in Kolumbien dokumentierte James Robinson, unterstützt von María Angélica Bautista und Juan Sebastián Galán, wie 1977 Ramón Isaza Arango, ein ehemaliger Soldat und Bauer, eine Gruppe gründete, die sich »Die Gewehrträger« nannte. Isaza besaß eine Farm in der Gemeinde Puerto Triunfo im Osten des Departamento de Antioquia (siehe Karte 14 auf Seite 479). In Gerichtsdokumenten ist festgehalten, wie Mitte der 1970er Jahre die marxistische Guerillagruppe FARC (Fuerzas Armadas Revolucionarias de Colombia – Revolutionäre Streitkräfte Kolumbiens) eine neue Kampfeinheit in dieser Region bildete und damit begann, von den dortigen Bauern »Steuern« einzufordern und deren Kühe und sonstigen Nutztiere zu konfiszieren. Im Jahr 1977 erwarb Isaza zehn Gewehre, was seiner Gruppe ihren Namen gab. Sie lockten FARC-Kämpfer in einen Hinterhalt, töteten sie und stahlen ihre Waffen. Im Jahr 2000 änderten sie ihren Namen in »Bäuerliche Streitkräfte zur Selbstverteidigung in Magdalena Medio«, erhielten Unterstützung von Landbesitzern und vergrößerten sich auf sechs Kampfeinheiten. Eine wurde von Isazas Schwiegersohn Luis Eduardo Zuluaga geführt (dessen Spitzname MacGyver lautete, nach der Figur aus dem US-Fernsehen). MacGyver kommandierte die José-Luis-Zuluaga-Einheit (FJLZ), benannt nach seinem Bruder, der von der Guerilla getötet worden war. Die FJLZ kontrollierte ein weitläufiges Gebiet, dessen Kern rund 5000 Quadratkilometer umfasste. Die Einheit hatte sich eine Art schriftlichen Rechtskodex gegeben, die estatutos (Statuten), der 32 Seiten umfasste und sowohl für die eigenen Kämpfer als auch für die Zivilisten gelten sollte. Die FJLZ unterhielt auch eine Verwaltung und teilte sich in einen militärischen Flügel, bestehend aus circa 250 uniformierten Kämpfern, einen zivilen Flügel von »Steuererhebern« sowie ein »Sozialteam« auf, das ebenfalls nicht militarisiert war, sondern die marxistische Guerilla mit politischen Mitteln bekämpfen sollte. Sie reglementierten den Handel und das Sozialleben, hatten Führungsgrundsätze, eine eigene Ideologie, eine eigene Hymne, ein Gebet und einen Rundfunksender namens »Integration in Stereo«. Die Einheit vergab sogar Auszeichnungen, darunter den Orden des Francisco de Paula Santander und das Goldene Großkreuz. Wie finanzierten sie die Verwaltung und die Soldaten?

Sie erhoben von den Landbesitzern und Geschäftsleuten in der von ihnen kontrollierten Region Steuern und versuchten sogar, landwirtschaftliche Erzeugnisse zu besteuern, vor allem Milch und Kartoffeln. Die Einheit ließ Straßen bauen, erweiterte das Stromnetz und eröffnete in La Danta, ihrem Hauptsitz, Schulen. Sie baute ein Krankenhaus, stellte ein Altersheim wieder her, errichtete Häuser, die sie per Los an Arme gaben, eröffneten ein Handwerkszentrum und eine Stierkampfarena, obwohl MacGyver gegenüber Bautista, Galan und Robinson erklärte: »Ich mag den Stierkampf nicht, das ist grausam gegenüber den Tieren.«

Das Gebiet wurde nicht vom kolumbianischen Staat, sondern von Isaza und MacGyver kontrolliert. In einer Erklärung, die Ramón Isaza nach der Demobilisierung der Gruppe vor Gericht abgab, verdeutlichte er ihre Rolle bei den Wahlen:

> Wir haben in kleinen Gemeinden agiert, zum Beispiel in La Danta, San Miguel und Cocorná, wo es keine Polizei gab. Das waren kleine Städte, weit ab vom Schuss, ohne Militär oder Polizeitruppe. Dort schützten wir das Gebiet, aber wir haben niemanden gezwungen, für eine bestimmte Person zu stimmen. Stattdessen haben wir aufgepasst – tja, worauf haben wir aufgepasst? –, dass die Wahlen nicht manipuliert werden, dass es dabei nicht zu Streit und blutigen Auseinandersetzungen kam. Das haben wir in dieser Region und überall dort getan, wo diese kleinen Städte waren: Wir haben bei den Wahlen für Sicherheit gesorgt.

Kolumbianer entschuldigen ihren Papier-Leviathan oft damit, dass das Land hohe Berge und Dschungel habe. Doch Isaza und seine Einheiten agierten entlang der Hauptverbindungsstraße zwischen den beiden größten Städten, Bogotá und Medellín, direkt unter der Nase und vor den Augen des kolumbianischen Staates. Ernesto Baez, ein weiterer mächtiger Milizenführer in Kolumbien, formulierte es ironisch gegenüber einem anderen Richter so: »Wie könnte ein kleiner unabhängiger Staat innerhalb eines rechtmäßigen Staats wie dem unseren bestehen?« Die Antwort: Bei einem Papier-Leviathan ist das ganz einfach.

Der kolumbianische Staat vernachlässigt und ignoriert seine Bürger nicht nur, sondern macht sie aktiv zu Opfern. Ein Beispiel hierfür ist der sogenannte Falsos-Positivos-Skandal. Als Álvaro Uribe Vélez 2002 zum Präsidenten gewählt wurde, war eines seiner Ziele, den Kampf gegen die linksgerichtete Guerilla zu verstärken. Zu diesem Zweck schuf er für das Militär einige starke Anreize, beispielsweise Erfolgsprämien und Sonderurlaub, wenn tote Guerillakämpfer präsentiert werden konnten. Die Folge war, dass Armeeangehörige bis zu 3000 unschuldige Zivilpersonen ermordeten und sie anschließend als Guerillas ausgaben. Ein kolumbianischer Untersuchungsrichter bezeichnete die Armeeeinheit Batallón Pedro Nel Ospina »als Mörderbande, die Menschen umbrachte und dann so tat, als seien sie im Kampf gefallen«. Wenn man der Guerilla und den Paramilizen nicht zum Opfer fiel, dann womöglich der Armee.

Eine weitere Folge des kolumbianischen Papier-Leviathans hatte schon vor rund 200 Jahren Simón Bolívar erkannt, der Befreier Lateinamerikas, der die Revolution gegen die spanische Kolonialherrschaft anführte:

> Diese feinen Herren denken, Kolumbien sei voller einfacher Menschen, wie sie sie an den Feuerstellen in Bogotá, Tunja und Pamplona gesehen haben. Dabei haben sie noch nie die Kariben des Orinoco, die Bewohner von Apure, die Fischer von Maracaibo, die Schiffer von Magdalena, die Banditen von Patia, die zügellosen Pastusos, die Guajibos von Casanare und all die anderen wilden Horden von Afrikanern und Amerikanern zu Gesicht bekommen, die wie Hirsche durch die Wildnis Kolumbiens streifen.

Bolívar meinte damit, dass die kolumbianischen Eliten das Land, das sie angeblich regierten (und ausplünderten), im Grunde gar nicht kannten und verstanden. Tatsächlich schaffte es der berühmte kolumbianische Präsident Miguel Antonio Caro, der maßgebliche Gestalter der Verfassung von 1886, die bis 1991 Bestand hatte, sein Leben lang nicht ein einziges Mal Bogotá zu verlassen (wie auch sein Nachfolger José Manuel Marroquín). Aber für wen schrieb er dann die Verfassung? Natürlich für die feinen Herren von »Bogotá, Tunja und Pamplona«. Die Peripherie des Landes wurde von den Regierungen konsequent vernachlässigt. Im Jahr 1945 gab es in Kolumbien insgesamt 18 500 Kilometer Straßen, davon aber nur 613 Kilometer (wovon kein einziger Kilometer befestigt war) in den Randgebieten, die drei Viertel der Gesamtfläche Kolumbiens ausmachen. Die politischen Eliten Bogotás sorgten dafür, dass die Peripherie randständig blieb. Aber bevor Sie daraus den Schluss ziehen, dass wenigstens in Bogotá selbst alles in Ordnung war, zumindest zu Zeiten, als Samuel Moreno nicht regierte, sollten Sie das nächste Mal, wenn Sie dort sind, versuchen, einen Brief aufzugeben. Was hätte Alexis de Tocqueville wohl dazu gesagt?

Der kolumbianische Politiker Dario Echandía scherzte einmal, die kolumbianische Demokratie sei wie »ein Orang-Utan im Frack«. Das trifft, was den Papier-Leviathan angeht, den Nagel auf den Kopf. Der Frack ist das äußerliche Erscheinungsbild eines ordentlichen Staates mit einer funktionierenden Bürokratie, selbst wenn er manchmal zum Ausplündern des Landes benutzt wird und oft desorganisiert ist. Der Orang-Utan steht für all das, was der Papier-Leviathan weder kontrollieren will noch kann.

Im Meer pflügen

Doch diese Verhältnisse stellten sich nicht über Nacht ein. Um nachzuvollziehen, wie sich der kolumbianische Staat entwickelte, kehren wir noch einmal zu Bolívar zurück, der inzwischen in der Hafenstadt Barranquilla mit Tuberkulose darniederliegt. Am 9. November 1830 schreibt er an seinen alten Freund General Juan José Flores. Im Jahr 1830 ist Lateinamerika bereits von der spanischen Kolonialherrschaft befreit, abgesehen von den Inseln Kuba, Teilen Hispaniolas und Puerto Rico. Doch Bolívar gibt sich keinen Illusionen hin:

> Ich habe … 20 Jahre lang die Macht in Händen gehabt, und bin dabei nur zu wenigen sicheren Erkenntnisse gelangt. 1. Amerika lässt sich von uns nicht regieren. – 2. Wer einer Revolution dient, pflügt im Meer. – 3. Das Einzige, was man in Amerika tun kann, ist auszuwandern. – 4. Dies Land wird unweigerlich einer unzähmbaren Schar kleinlicher Tyrannen in die Hände fallen, die allen Farben

> und Rassen angehören und fast zu winzig sind, um beachtet zu werden. – 5. Verzehrt von allerlei Verbrechen und ausgelöscht durch Ungestüm, werden wir von den Europäern verachtet werden, die sich nicht dazu herablassen werden, uns zu erobern. – 6. Wäre es einem Teil der Welt möglich, in ein primitives Chaos zurückzusinken, dann würde Amerika das tun.

Warum war er so pessimistisch? Warum dachte er, »Amerika« zu regieren – womit er natürlich »Lateinamerika« meinte – sei wie »im Meer zu pflügen«, also unmöglich? Es gab dafür mehrere Gründe. Womöglich ausschlaggebend war, dass die lateinamerikanische Gesellschaft auf politischer Hierarchie und Ungleichheit gründete. Die Kolonialgesellschaft hatte eine Hierarchie institutionalisiert, an deren Spitze die weißen Spanier standen und deren unteres Ende die indigene Bevölkerung sowie vielerorts die schwarzen Sklaven bildeten. Im Laufe der Zeit wurden aus den Angehörigen der spanischen Eliten Lateinamerikaner, die man als »Kreolen« bezeichnete (Bolívar selbst gehörte zu ihnen), und als es zu ethnischen Mischungen kam, entstand ein komplexes Kastensystem (auf Spanisch *casta*), das festlegte, wer gegenüber den anderen gesellschaftlich einen höheren Rang einnahm. Im kolonialen Mexiko verewigte man die *castas* in einer Reihe berühmter Gemälde, wovon eines im Bildteil dieses Buches zu sehen ist. Das Kastensystem spielte eine bedeutende Rolle, da Gesetze und Steuern unterschiedlich gehandhabt wurden, je nach der sozialen Stellung einer Person, und die Mächtigen standen ohnehin über dem Gesetz. Vor dem Gesetz gab es keine Gleichheit, deshalb hielten es die meisten Lateinamerikaner für irrelevant, gemäß dem weitverbreiteten Motto der Kolonialzeit *obedezco pero no cumplo* – ich gehorche, füge mich aber nicht. Ich kenne dein Recht an, Gesetze zu erlassen und Befehle zu erteilen, halte aber an meinem Recht fest, sie zu ignorieren. Damit einher ging ein hohes Maß an Hierarchie, Dominanz und Ungleichheit, da die indigene Bevölkerung und die schwarzen Sklaven systematisch ausgebeutet wurden. Hierarchie, Dominanz und Ungleichheit spielen auch heute noch eine maßgebliche Rolle.

Die Wurzel des Übels erkennt man an den Geschehnissen, die sich im Sibundoy-Tal abspielten. Nach der spanischen Conquista fiel die indigene Bevölkerung des Tals der *encomienda* anheim, wörtlich der »Anvertrauung«: Die spanische Krone übertrug den Konquistadoren das Recht, große Ländereien samt deren Bevölkerung »treuhänderisch« zu verwalten. Auch im Sibundoy-Tal waren viele Indios an den ansteckenden Krankheiten gestorben, die die Spanier aus der Alten Welt eingeschleppt hatten, aber die 1371 Indigenen, die überlebt hatten, konnte man ausbeuten. Entsprechend der *encomienda* hatten die Indios einen Großteil ihrer Nutztiere, Vögel und Produkte dem Kloster und dem *cacique* (diese Bezeichnung für einen indigenen Häuptling oder Stammesführer wurde aus der Karibik eingeführt) abzuliefern. Außerdem war festgelegt, dass »145 Indios acht Monate in den Minen arbeiten« mussten, zehn Indios auf den Besitzungen des spanischen Grundherrn, »acht Indios im Haushalt des Cacique« und so weiter – stets in Form von Zwangsarbeit in verschiedenen Varianten.

Diese höchst ungleiche Gesellschaft wurde letztlich durch Gewalt zusammengehalten, und die Lateinamerikaner wussten, dass ihre Gesellschaft unter demokratischen Institutionen, wie sie sich in den Vereinigten Staaten entwickelten, niemals hätte überleben können. Im 19. Jahrhundert gab es zwar keine *encomiendas* mehr, aber an ihre Stelle war ein neues Ausbeutungssystem getreten, bei dem die »Abgaben« der Indios weiterhin die fiskalische Basis des Staates bildeten. Dadurch verschärfte sich die Ungleichheit noch weiter. Zur Aufrechterhaltung dieses Ausbeutersystems, schlussfolgerten Bolívar und andere, sei wesentlich stärkere autokratische Macht vonnöten, als je ein US-Präsident innehaben würde. Das bedeutete jedoch nicht, dass es leicht wäre, eine derartige Gesellschaft aufrechtzuerhalten. An diesem Punkt wird der zweite Hauptfaktor bedeutsam, der zur Unregierbarkeit führt.

Wie viele andere Kolonien verfügte das spanische Amerika zwar über einige von den Kolonialherren eingeführte staatliche Institutionen (vor allem in Form von Zwangsmitteln zur Unterdrückung der indigenen Bevölkerung), wurde aber »indirekt« von Spanien aus regiert. Von der encomienda im Sibundoy-Tal profitierte auch der *cacique*, da er der indirekte Repräsentant der Spanier war. Die Spanier schufen weder einen Beamtenapparat noch eine staatliche Verwaltung; stattdessen machten sie sich die indigene politische Hierarchie zunutze. Zur Zeit der Revolte gegen die Spanier arbeiteten in ganz Kolumbien – abgesehen vom Militär – lediglich 800 Menschen für den spanischen Staat.

Aufgrund dieser beiden Faktoren bildete sich eine Gesellschaft, geprägt von enormer Ungleichheit und Hierarchie, aber ohne einen effektiven Staat. Das bedeutete, es gab keine staatlichen Institutionen oder gesetzlichen Einrichtungen zur Kontrolle der »Kariben des Orinoco, der Bewohner von Apure, der Fischer von Maracaibo, der Schiffer von Magdalena, der Banditen von Patia, der zügellosen Pastusos, der Guajibos von Casanare«. Die kreolischen Eliten hielten sich an das, was sie kannten. Sie versuchten so weit wie möglich eine autokratische, zentralisierte Gesellschaft zu schaffen und sicherten sie häufig mit genau den gleichen Strategien ab, die die Spanier zur Herrschaft über ihr Kolonialreich eingesetzt hatten. Für einen Staat im Sinne Max Webers war hier kein Platz. Die Regierung stellte vielmehr ein Mittel zur Machterhaltung dar und das Gesetz ein Instrument zur Stabilisierung der existierenden Ungleichheit.

Der Unterschied zwischen dem lateinamerikanischen und dem US-amerikanischen Konzept der Begrenzung präsidialer Macht verdeutlicht sich vielleicht am besten in der Rede, die Bolívar 1826 im peruanischen Lima hielt, nachdem er persönlich eine Verfassung für das neue, nunmehr von den Spaniern befreite Land Bolivien geschrieben hatte. Es ist sicherlich ein interessanter Aspekt, dass Bolivien nach dem Befreier benannt wurde. Wie viele Menschen gibt es schon, deren Name ein Land trägt? Einer ist Christoph Kolumbus, der Kolumbien seinen Namen gab. Die Familie Saud ließ Saudi-Arabien nach sich benennen, und das Geschlecht der Luxemburg, das aus dem Heiligen Römischen Reich hervorging, tat es mit seinem Großherzogtum ebenso. Die große Leitfigur des britischen Kolonialismus in Afrika, Cecil Rhodes, herrschte in dem nach ihm benannten Rhodesien, bis das Land 1980 in Simbabwe umbenannt wurde. Es ist ein kleiner und exklusiver Klub, in dem man üblicherweise nicht Mitglied wird, wenn man ein Land demokratisch regiert. Als Bolívar seine Verfassung für Bolivien vorstellte, hob er vor allem die Rolle des Präsidenten hervor:

> Nach unserer Verfassung ist der Präsident der Republik wie die Sonne, unerschütterlich im Zentrum des Universums Leben aussendend. Diese höchste Macht soll von Dauer sein … ein Fixpunkt, um den Beamte und Bürger und Menschen und Geschehnisse kreisen … Gebt mir einen festen Punkt, sagte einst ein Gelehrter, und ich bewege die Erde. Für Bolivien ist dieser Punkt der Präsident auf Lebenszeit.

Die bolivianische Verfassung sah einen Präsidenten auf Lebenszeit vor und erhob ihn zur »Sonne«. Der erste Präsident sollte von »Abgeordneten« gewählt werden. Seinen Nachfolger würde der jeweils amtierende, auf Lebenszeit herrschende Präsident bestimmen. Die Regelung, dass ein Präsident seinen eigenen Nachfolger ernannte, erwies sich in Lateinamerika als sehr langlebig. Bis 1988 wurden in Mexiko die Präsidenten mittels *dedazo* bestimmt. Google Translate ist es bisher nicht gelungen, dieses Wort ins Deutsche zu übersetzen, aber es geht auf das spanische Wort *dedo*, Finger, zurück. Ein *dedazo* findet statt, wenn man jemandem auf den Rücken tippt, um ihm zu signalisieren, »jetzt bist du dran«. Schwierig zu übersetzen, aber Bolívar wusste, was es bedeutete – es war die todsichere Garantie, dass die Präsidentschaft in den sicheren Händen der Elite verbleiben würde. Schließlich stand seine Wahl zum ersten Präsidenten außer Zweifel. Auf dem Papier sah die bolivianische Verfassung zwar eine gewisse Gewaltenteilung vor, aber sie gab dem Präsidenten auf Lebenszeit auch das Recht, persönlich sämtliche Offiziere des Militärs zu ernennen und als Oberbefehlshaber zu wirken. Man verbinde das mit dem Motto *obedezco pero no cumplo*, und schon weiß man, wie die Geschichte weitergeht.

Es stimmt, dass die lateinamerikanischen Unabhängigkeitskriege ebenso vielfältige radikale Energien und Bewegungen in Gang gesetzt haben wie der Unabhängigkeitskrieg der nordamerikanischen Kolonien. Aber immer wieder gelang es den lateinamerikanischen Eliten, politische Institutionen zur Kontrolle dieser Energien zu erschaffen, obwohl es Bolívar nicht gelang, seine Pläne tatsächlich umzusetzen. Auch wenn in lateinamerikanischen Verfassungen eine Gewaltenteilung und sogar Bürgerrechte, wie sie die Verfassung der

USA garantiert, festgeschrieben sind, wurden diese stets entweder durch die große formale Machtfülle des Präsidenten oder durch Missachtung der Gesetze ihrer Wirkung beraubt. Ramón Castilla, der autoritäre Präsident Perus, ließ 1849 in seiner Erklärung daran keinen Zweifel:

> Die erste meiner verfassungsmäßigen Funktionen ist die Aufrechterhaltung der inneren Ordnung; doch die Verfassung gebietet mir auch, die Rechte der Bürger zu wahren … die beiden Pflichten gleichzeitig zu erfüllen wäre unmöglich. Die Erstere … wäre nicht zu erfüllen … ergriffe man nicht gewisse Maßnahmen, den Feinden dieser Ordnung Einhalt zu gebieten in einer zwingenderen Weise, als die Gesetze vorsehen. Soll ich gezwungen sein, den inneren Frieden des Landes zu opfern, nur um den verfassungsmäßigen Rechten einiger weniger Personen Genüge zu tun?

Wenn verfassungsmäßige Rechte im Wege stehen, dann ist das ihr Fehler. Diego Portales, eine der Leitfiguren des chilenischen Staates im 19. Jahrhundert, formulierte diese Haltung noch deutlicher:

> Mit den Männern des Gesetzes kann man zu keiner Verständigung kommen; und wenn dies so ist, welchem [Schimpfwort] Zweck dienen dann Verfassungen, wenn sie nicht in der Lage sind, gegen ein Übel Abhilfe zu schaffen, das bekanntlich existiert? … In Chile dient das Gesetz zu nichts anderem, als Anarchie zu erschaffen, Strafen zu verhindern, Unmoral und endlose Gerichtsprozesse herbeizuführen … Zum Teufel mit dem Gesetz, wenn es nicht zulässt, dass sich die Macht im richtigen Moment frei entfalten kann.

Die Ansicht, »die Macht« solle sich »im richtigen Moment frei entfalten« können, widerspricht der Erwartung, wie sich der Staat im Korridor zu verhalten habe, diametral.

Diese Auffassung von Macht ist ebenfalls in der lateinamerikanischen Geschichte fest verwurzelt. Alexis de Tocqueville benannte ihre Ursprünge in seinem 1835 erschienenen Werk *Über die Demokratie in Amerika*, als er schrieb, die Spanier hätten in einigen Teilen Südamerikas »weite, von weniger entwickelten Völkern besiedelte Gebiete angetroffen, die von diesen aber schon bebaut worden waren. Um die neuen Staaten zu gründen, mussten sie große Bevölkerungen ausrotten oder unterwerfen, und ihre Siege waren eine Kulturschande.« Nordamerika hingegen, fuhr er fort, »war nur von umherwandernden Stämmen bewohnt, die nicht an eine Ausbeutung der Bodenschätze dachten. Nordamerika war ein noch im eigentlichen Sinne leeres Land, eine verlassene Erde, die der Bewohner harrte.« Tocquevilles Behauptung, Nordamerika sei ein »leeres Land« gewesen, trifft nicht zu, doch es stimmt, wenn er sagt, Nordamerika habe sich entwickelt, ohne dass sesshafte indigene Völker ausgebeutet wurden. Das heißt, eine höchst ungleiche und hierarchische Gesellschaft, wie sie in Südamerika entstand, ließ sich im Norden nicht kopieren (auch wenn die ersten englischen Siedler dies versuchten). Die Sklavenhaltergesellschaft im Süden der Vereinigten Staaten ähnelte zwar weitgehend den Verhältnissen in Lateinamerika, einschließlich des geringen Niveaus an öffentlichen Dienstleistungen, des großen Reichtums der Eliten und der mangelnden Freiheit für die Mehrheit. Doch der Süden der USA war in einen teils vom Norden geprägten institutionellen Kontext mit einer sehr andersartigen Dynamik von Staat und Gesellschaft eingebettet. Und als der Süden sich im Bürgerkrieg von dieser Dynamik zu befreien versuchte, unterlag er. Das war zwar nicht das Ende des despotischen und ausbeuterischen Systems im Süden der USA, wie wir im vorigen Kapitel gesehen haben, aber es führte die gesamten Vereinigten Staaten auf einen anderen Weg als Lateinamerika. Dort blieb die Gesellschaft schwach und unfähig, die Politik zu formen und den Staat und die Eliten zu kontrollieren, wodurch der Weg für den Papier-Leviathan geebnet war, mit vorhersehbaren Konsequenzen für die Freiheit.

Mississippi in Afrika

Den Papier-Leviathan gibt es nicht nur in Lateinamerika, sondern er stellt auch in Schwarzafrika die typische Staatsform dar. Tatsächlich sind beide Mechanismen, die eine anhaltende Schwäche und Desorganisation des Staates bewirken, in Afrika mächtig am Werk.

Betrachten wir sie der Reihe nach: Zunächst die Angst vor der gesellschaftlichen Mobilisierung.

Ein hervorragend dokumentiertes Beispiel für diese Angst ist das westafrikanische Liberia. Im Jahr 1961 entsandte die neugegründete United States Agency for International Development (USAID) eine Forschergruppe nach Liberia, wo sie die Landesentwicklung analysieren sollte. Als Ansatzpunkt wählten die Forscher die übliche Frage nach den Ursachen von Armut. Doch bald schon merkten sie, dass in Liberia die Situation eine andere war. Einer von ihnen, der Sozialanthropologe George Dalton, formulierte es später so:

> Die wirtschaftliche Rückständigkeit Liberias ist nicht dem Mangel an Ressourcen oder dem bestimmenden Einfluss finanzieller oder politischer Interessen aus dem Ausland geschuldet. Das zugrundeliegende Problem besteht vielmehr darin, dass die traditionellen amerikanisch-liberianischen Herrscher aus Furcht vor dem Verlust der politischen Kontrolle über die Volksstämme jene Veränderungen verhindert haben, die notwendig sind, um die Gesellschaft und die Wirtschaft des Landes zu entwickeln.

Wer waren diese »amerikanisch-liberianischen« Herrscher? Um dies zu verstehen, müssen wir uns in Erinnerung rufen, dass Liberia ursprünglich eine 1820 von der American Colonization Society (ACS) gegründete Kolonie zur Ansiedlung freigelassener afroamerikanischer Sklaven aus den Vereinigten Staaten war. Die Nachkommen dieser rückgeführten Sklaven wurden zu Amerikanisch-Liberianern. Im Jahr 1847 erklärte sich Liberia von der ACS unabhängig, und ab 1877 dominierte in dem Land die True Whig Party (TWP), bis sie 1980 durch einen von Samuel Doe initiierten Militärputsch die Macht verlor. Die TWP wurde von Amerikanisch-Liberianern angeführt, die in den 1960er Jahren weniger als 5 Prozent der Gesamtbevölkerung ausmachten. Dalton merkte dazu an: »Wie die Portugiesen in Angola oder die Buren in Südafrika sind die Herrscher von Liberia die Nachkommen einer fremdländischen Minderheit kolonialer Siedler. Amerikanisch-liberianische Familien.«

Liberia wurde zu einer Zweiklassengesellschaft. Unterschiedliche Gesetze, unterschiedliche öffentliche Dienstleistungen und unter-

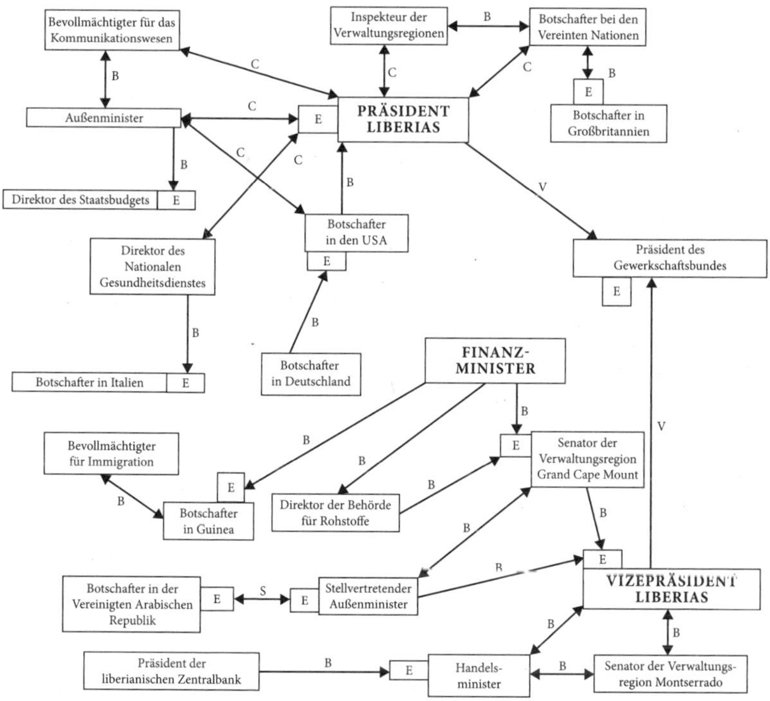

Karte 15: Verwandtschaftsbande in Liberia: Die politischen Ämter der Familienangehörigen von Präsident Tubman im Jahr 1960

schiedlicher Zugang zur Bildung trennten die Amerikanisch-Liberianer von den »Volksstämmen«. Vor 1944 hatte das Hinterland keinerlei politische Repräsentanz. Dalton erklärte hierzu: »Kurioserweise ist es das Ethos des Mississippi, das nahezu vollständig ihre Anschauungen prägt: die Macht in traditioneller Weise zu bewahren und die Eingeborenen in die Schranken zu weisen.« Nunmehr versteht man, warum die Amerikanisch-Liberianer die gesellschaftliche Mobilisierung fürchteten. Einen leistungsfähigen Staat zu erschaffen hätte womöglich die indigenen Liberianer mobilisiert, die 95 Prozent der Bevölkerung ausmachten.

Der zweite grundlegende Mechanismus, der den Papier-Leviathan stützt – die Machtwillkür in einer nicht leistungsorientierten, desorganisierten Bürokratie und Justiz –, ist in Liberia und anderen afrikanischen Ländern ebenfalls klar erkennbar. Der liberianische Staat pflegt systematisch seine Gefolgsleute zu belohnen. Zum Beispiel fand Dalton in den 1960er Jahren heraus, dass »für das Verständnis der liberianischen Politik die Kenntnis der Verwandtschaftsbeziehungen nützlicher ist als die Kenntnis der Verfassung«. Dalton sammelte umfassende Belege dafür, wie die politischen Eliten Ämter mit engen Angehörigen besetzten. (Karte 15 zum Beispiel zeigt die verblüffenden Familienbeziehungen innerhalb der politischen Elite Liberias während der Herrschaft von Präsident Tubman in den 1960er Jahren.)

Wie wenig afrikanische Staaten auf Ämtervergabe nach dem Leistungsprinzip setzen, belegt auch Tony Killick in seinem grundlegenden Werk *Development Economics in Action*. Killick arbeitete in den frühen 1960er Jahren für die Regierung von Kwame Nkrumah in Ghana und beobachtete das katastrophale Scheitern der Wirtschaftspolitik des Nkrumah-Regimes aus nächster Nähe. Um zu zeigen, wie es dazu kam, dokumentierte er den Bau einer Fabrik für Obstkonserven, »in der Mango-Produkte verarbeitet werden sollten, für die es erwiesenermaßen keinen örtlichen Markt gab und die angeblich die weltweite Produktion in diesem Sektor um ein Vielfaches übertreffen sollte«. Der Bericht, den die Regierung hierzu veröffentlichte, spricht Bände:

> Das Projekt: In Wenchi, Brong Afaho, soll eine Fabrik zur Produktion von 7000 Tonnen Mangos und 5300 Tonnen Tomaten pro Jahr errichtet werden. Da der Durchschnittsertrag in dieser Region bei 5 Tonnen pro Morgen und Jahr bei Mangos und 5 Tonnen pro Morgen bei Tomaten beträgt, sollten 1400 Morgen Mangos und 1060 Morgen Tomaten für die Versorgung der Fabrik ausreichen.
>
> Das Problem: Gegenwärtig wachsen in dieser Region Mangos nur an einigen wenigen Bäumen im Buschland, und Tomaten werden nicht im kommerziellen Umfang gezüchtet, so dass die Produktion dieser Früchte von null an erfolgen muss. Mangos benötigen von der Anpflanzung bis zur ersten Ernte fünf bis sieben Jahre. Ausreichend Pflanzmaterial zu erhalten und die Produktion von Rohstoffen rasch zu organisieren wird zum Hauptproblem bei diesem Projekt.

Killick merkte dazu an: »Ein noch vernichtenderer Kommentar zur Effizienz einer Projektplanung ist kaum vorstellbar.« Was ging da vor sich? Die Fabrik war nicht dazu gedacht, die wirtschaftliche Entwicklung zu fördern. Vielmehr eröffnete sie vielfältige Möglichkeiten, politischen Gefolgsleuten Einnahmequellen zu verschaffen in einer Region, in der Präsident Nkrumah Unterstützung suchte. Wirtschaftlich gesehen war es absurd, die Fabrik dort zu bauen, und Projekte wie diese unterminierten den Aufbau eines soliden Beamtenapparats und die »Effizienz einer Projektplanung«. Aber politisch gesehen hatte es durchaus Sinn. So erklärte Nkrumah gegenüber Sir Arthur Lewis, seinem mit einem Nobelpreis ausgezeichneten Wirtschaftsberater: »Der Rat, den Sie mir gegeben haben, mag vernünftig sein und aus wirtschaftlicher Sicht logisch, aber wie ich Ihnen bereits mehrmals gesagt habe, kann ich nicht immer Ihrem Rat folgen, da ich Politiker bin und auf die Zukunft setzen muss.«

Killick hielt auch fest, dass Nkrumahs Regierung von der Angst getrieben wurde, eine gesellschaftliche Mobilisierung auszulösen. Zur damaligen Zeit galt als Grundregel für die Wirtschaftsentwicklung in einem Entwicklungsland, eine starke »unternehmerische Schicht« von Geschäftsleuten entstehen zu lassen, die den Wandel hin zu einer stärker industrialisierten Wirtschaft anführen konnte. Doch Killick musste Folgendes feststellen:

> Selbst wenn die Möglichkeit bestanden hätte [eine unternehmerische Schicht im Land zu schaffen], darf aus Gründen der Ideologie und des Machterhalts bezweifelt werden, dass Nkrumah die Entstehung einer solchen Schicht gewollt hätte. Er äußerte sich dazu sehr eindeutig, indem er sagte, »wir würden unser Fortschreiten zum Sozialismus behindern, würden wir die Entstehung eines ghanaischen Privatkapitalismus in unserer Mitte fördern«. Belegt ist auch, dass er fürchtete, eine wohlhabende Klasse von ghanaischen Geschäftsleuten konnte für seine politische Macht zu einer Bedrohung werden.

Tatsächlich berichtete E. Ayeh-Kumi, einer seiner wichtigsten Wirtschaftsberater, Nkrumah habe ihm erklärt, »wenn er zuließe, dass der afrikanische Handel zunehme, werde ihm und dem Ansehen der Partei eine konkurrierende Macht erwachsen, deshalb werde er alles unternehmen, um dies zu unterbinden. Und das tat er auch.« Nkrumah sah die Lösung darin, die Größe der ghanaischen Wirtschaft zu begrenzen. Dazu Killick: »Angesichts Nkrumahs Bestreben, die ghanaische Privatwirtschaft kleinzuhalten, war seine Erklärung, man müsse ›Kapitalinvestitionen aus dem Ausland herbeiholen, da es bei uns im Land keine Bourgeoisie gibt, die die nötigen Investitionen tätigen könne‹, unredlich.« Laut Killick hatte Nkrumah zwar »für ausländische Kapitalisten nichts übrig, aber lieber förderte er diese als einheimische Unternehmer, die er in Schranken halten wollte«. Lieber ausländische Kapitalisten als eine gesellschaftliche Mobilisierung.

Ein weiteres grundlegendes Werk über Wirtschaft und Politik in Afrika ist *Markets and States in Tropical Africa* von Robert Bates. Er zeigt, wie die willkürliche Anwendung der Gesetze als höchst wirksame politische Strategie diente. Bates versuchte herauszufinden, warum bestimmte afrikanische Staaten nach ihrer Unabhängigkeit eine derart miserable Wirtschaftsleistung aufwiesen und insbesondere, warum der Agrarsektor, der ein Wachstumsmotor hätte sein müssen, so schlecht abschnitt. Die schlichte Antwort lautete, dass urban orientierte Regierungen wie jene von Nkrumah in Ghana den Agrarsektor mit Steuern belegten, die Strafzöllen gleichkamen. Die Bauern hörten auf zu investieren und zu produzieren, weil die Steuersätze einfach zu hoch waren. Wie hätte die Regierung darauf reagieren können? Eine naheliegende Möglichkeit wäre gewesen, die Preise zu erhöhen, Steuern zu senken und Anreize zu schaffen. Doch Bates beobachtete etwas anderes: »Würden afrikanische Regierungen eine Preiserhöhung auf Agrarprodukte beschließen, wären die politischen Vorteile gering; denn sowohl den Unterstützern der Regierung als auch den Dissidenten käme eine solche Maßnahme zugute.« Stattdessen hielten die Regierungen die Preise niedrig und nutzten andere politische Instrumente, die sie nach Gutdünken einsetzen konnten.

> Die Erteilung von Vergünstigungen in Form öffentlicher Bauprojekte wie zum Beispiel Staatsfarmen hat andererseits den politischen Vorteil, dass die Vergünstigungen selektiv verteilt werden können.

Das Gleiche galt für subventionierte Düngemittel, die Nkrumahs Anhänger erhielten, Gegner seiner Politik jedoch nicht. Bates berichtete von einem Gespräch mit einem notleidenden Kakaobauern im Jahr 1978, den Bates fragte, warum er nicht versuche, Widerstand gegen die Regierungspolitik zu organisieren.

> Er holte aus seinem Stahlschrank einen Stapel Dokumente: Zulassungsbescheinigungen für seine Fahrzeuge, Importerlaubnisse für Ersatzteile, Urkunden über seinen Grundbesitz und dessen Erweiterungen sowie Bescheide, dass er von einem Großteil der Einkommenssteuer befreit war. ›Wenn ich versuchen würde, gegen die staatliche Preispolitik für Agrarprodukte Widerstand zu organisieren‹, sagte er und zeigte dabei auf die Dokumente, ›würde man mich als Staatsfeind betrachten und ich würde all das hier verlieren.‹

»Für meine Freunde alles, für meine Feinde das Gesetz«, so lautet auch das ghanaische Motto.

Die Regierungen operierten nach der Unabhängigkeit Ghanas nicht in einem gesellschaftlichen Vakuum. In Kapitel 1 haben wir am Beispiel von Robert Rattrays Forschungsarbeit in Ghana den Begriff des Normenkäfigs eingeführt. Als das Land nur 30 Jahre nach Rattrays Untersuchungen unabhängig wurde, waren die Kräfte, die er beschrieben hatte, noch immer mächtig am Werk. Der Philosoph Kwame Anthony Appiah erzählte, als er in den 1960er Jahren in Kumasi aufwuchs, habe sein Vater einmal zu ihm gesagt, »man dürfe niemals in der Öffentlichkeit einen anderen nach seiner Herkunft fragen«. Appiahs »Tantchen« war das Kind eines Haussklaven. Ein anderes Aschanti-Sprichwort lautete: »Zu viel Wissen um die Abstammung zerstört eine Stadt.« Das dichtgewebte Netz aus Normen, gegenseitigen Verpflichtungen und die Überreste der tragenden Institutionen hatten weiterhin Bestand. Der Normenkäfig bestimmte in hohem Maße, wie die Politik nach der Unabhängigkeit gestaltet wurde und warum Nkrumah den Staat so organisierte, wie er es tat. Das Netzwerk des gegenseitigen Gebens und Nehmens und der Verwandtschaftsbeziehungen führte zu einem ganz anderen Staat, als Max Weber ihn sich vorgestellt hatte: einem Staat, in dem die Machthaber sich veranlasst sahen, ihren Einfluss zur Förderung der von ihnen Abhängigen zu nutzen, wie am Beispiel der Fabrik in Wenchi zu beobachten war. Im Gegenzug erwartete man von den Abhängigen, dass sie ihren Wohltätern halfen und sie unterstützten, zum Beispiel bei den Wahlen. Der Normenkäfig schuf ein gesellschaftliches Umfeld, das den Papier-Leviathan am Leben erhielt, der Gesellschaft die Fähigkeit zum kollektiven Handeln nahm und gleichzeitig die staatliche Leistungsfähigkeit hemmte. Je stärker sich der Papier-Leviathan auf das Geflecht der gegenseitigen Abhängigkeit und ethnischen Bindungen stützte, desto stabiler wurde der Normenkäfig, der diese Verhältnisse in vielen afrikanischen Gesellschaften hervorbrachte.

Die postkoloniale Welt

Papier-Leviathane gibt es nicht nur in Lateinamerika und Afrika, sondern auch in anderen Teilen der Welt. Einige von ihnen, wie wir sie in diesem Kapitel beispielhaft vorgestellt haben, besitzen eine Gemeinsamkeit – sie sind Produkte der europäischen Kolonialherrschaft. Dies gilt sogar für Liberia, das eigentlich keine Kolonie war, sondern ein Außenposten für später freigelassene Sklaven einer europäischen Kolonie, aus der die Vereinigten Staaten von Amerika wurden. Papier-Leviathane sind das Ergebnis der europäischen Kolonialpolitik und ihrer Steuerung der Institutionen in den Kolonien.

Wie steht es um die Relikte der Kolonisierung, die einen solchen Staat hervorgebracht hat? Im Zusammenhang mit Lateinamerika haben wir bereits gesehen, dass zwei Achsen von besonderer Bedeutung sind. Zum einen führten die Kolonialmächte zwar staatliche Institutionen ein, verhinderten jedoch eine Kontrolle durch die Gesellschaft. Zum anderen versuchten sie, ihre Vormacht auf möglichst billige Weise zu sichern – mittels der sogenannten »indirekten Herrschaft«, indem sie die Macht zum Beispiel an afrikanische Häuptlinge delegierten. Und dies verhinderte den Aufbau einer leistungsorientierten Bürokratie oder Justiz. Es sei an Kapitel 2 erinnert, wo wir gezeigt haben, dass Lugard in Nigeria eine indirekte Herrschaft anstrebte. Zur Erlangung dieses Ziels musste er einen zweckdienlichen politischen Rahmen schaffen, was in praktischer Hinsicht staatsähnliche Strukturen bedeutete. Aber wer sollten die Verwaltungs- und Steuerbeamten, die Richter und Gesetzgeber dieses Staates sein? Die Briten jedenfalls nicht. Im Jahr 1920 gab es in ganz Nigeria lediglich 265 britische Amtsträger. Die Kolonialverwaltung oblag also fast vollständig den traditionellen Häuptlingen, und das bedeutete, dass kein landesweiter Verwaltungsapparat existierte, als das Land unabhängig wurde.

Schon während der Kolonialzeit herrschte ein eklatanter Mangel an staatlicher Leistungsfähigkeit und öffentlichen Dienstleistungen. Doch nach der Unabhängigkeit 1960 verschlechterte sich die Lage zusehends, als die Briten das Land seinem Schicksal überließen und die Nigerianer sich selbst regieren mussten. Aber mit welchem Staat? Es gab zwar eine Art Leviathan, aber er war dünn wie Papier, was seine Fähigkeit anging, Konflikte zu lösen, Steuern zu erheben, öffentliche Dienstleistungen bereitzustellen oder auch nur ein Mindestmaß an öffentlicher Ordnung zu gewährleisten. Folglich setzten die politischen Impulse ein, die wir in Argentinien, Kolumbien, Liberia und Ghana gesehen haben.

Zum Erbe der planlos eingeführten staatlichen Institutionen und der indirekten Herrschaft kam ein dritter Faktor hinzu, der sowohl den Staat als auch die Gesellschaft noch weiter schwächte – der Willkürcharakter der postkolonialen Länder. Einer der Gründe, warum es Nkrumah so reizvoll erschien, den Staat als politisches Instrument zu nutzen, bestand darin, dass Ghana keinen nationalen Zusammenhalt besaß. Es gab keine einheitliche Landessprache, keine gemeinsame Geschichte, keine von allen geteilte Religion oder Identität und keinen legitimen Gesellschaftsvertrag. Stattdessen war das Land im 19. Jahrhundert von den Briten aus einer Reihe verschiedenartiger afrikanischer Gemeinwesen mit sehr unterschiedlichem Niveau der Zentralisierung und unterschiedlichen politischen Traditionen zusammengeschustert worden. So setzte sich Ghana aus höchst disparaten Bestandteilen, von einem der weitgehend zentralisierten Staaten des präkolonialen Afrikas, den Aschanti im Süden, bis hin zu völlig nichtstaatlichen Gesellschaften wie den Tallensi im Norden, zusammen. Aufgrund dieser Inkohärenz gab es nur wenig gesellschaftliche Mobilisierung, und dies machte es für Führer wie Nkrumah besonders attraktiv, sich zwecks Machterhalt des Staates und der Gesetze nach Gutdünken zu bedienen. Aus den von den Kolonialmächten hinterlassenen Regionen gingen zumeist Papier-Leviathane hervor, die schwache Staaten mit schwachen Gesellschaften und eine Situation schufen, in der beide Seiten dazu neigten, einander schwach zu halten.

Ein letzter Faktor begünstigte zudem die Entstehung des Papier-Leviathans – das internationale Staatensystem. Die Nachkriegswelt gründete scheinbar auf unabhängigen Staaten, die sich an internationale Regeln hielten, in internationalen Körperschaften zusammenarbeiteten und gegenseitig ihre Grenzen respektierten. Dies funktionierte (teilweise weil der Westen dies so durchgesetzt hatte). Es ist bemerkenswert, dass die afrikanischen Staaten, obwohl sie aus unterschiedlichen Gesellschaften und einer Vielzahl von Gemeinwesen ohne natürliche Grenzen und ohne nationale Einheit zusammengesetzt wurden, in den letzten 60 Jahren im Grunde genommen keine Kriege gegeneinander geführt haben (obgleich in Afrika Bürgerkriege an der Tagesordnung waren, die zuweilen über die Staatsgrenzen hinausreichten wie zum Beispiel die beiden Kongokriege). Dieses System verfestigte die Papier-Leviathane, weil es den Staaten internationale Legitimität verlieh, auch wenn sie beim Ententest vollkommen scheiterten. Hat die internationale Gemeinschaft einem Machthaber erst einmal den roten Teppich ausgerollt und schafft er es, sein Land auszuplündern, spielt die Tatsache, dass seine Macht auf Anmaßung beruht, keine große Rolle mehr.

Wir können all diese Aspekte in der Graphik zusammenfassen, die wir in Kapitel 2 vorgestellt haben (siehe Seite 104) und hier als Abbildung 4 wiedergeben. Aus unserer Diskussion ist zu folgern, dass Papier-Leviathane nahe der unteren linken Ecke anzusiedeln sind, auf der Seite des Despotischen Leviathans – geringe gesellschaftliche Macht, geringe staatliche Macht, aber dennoch despotisch. Dadurch ist die Angst vor dem Mobilisierungseffekt besser zu verstehen – eine Zunahme der gesellschaftlichen Macht kann den Papier-Leviathan in die Sphäre des Abwesenden Leviathans versetzen oder ihn schließlich sogar in den Korridor befördern, mit nachteiligen Effekten für die Kontrolle der Politik durch die Eliten. In diesem Zusammenhang ist es auch nützlich, den Papier-Leviathan dem indischen Staat gegenüberzustellen. In Kapitel 8 haben wir gesehen, dass der indische Staat

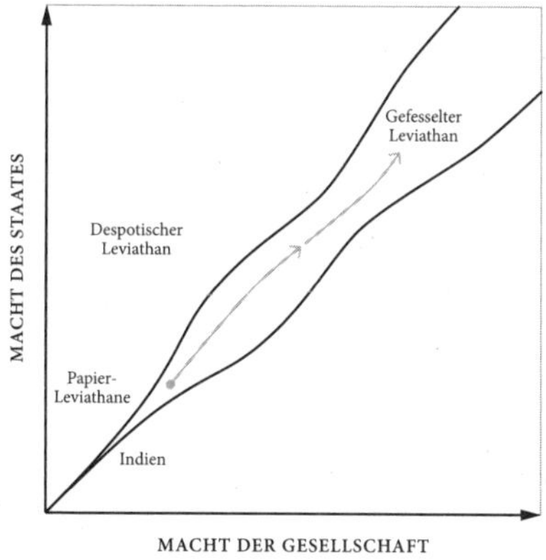

Abbildung 4: Papier-Leviathane

desorganisiert und schwach ist, was wie beim Papier-Leviathan auf die Zersplitterung der Gesellschaft zurückgeführt werden kann. Aber es gibt auch bemerkenswerte Unterschiede. In Indien entstand diese Situation aus dem historisch bedingten Verhältnis der Kasten zueinander und aufgrund des Normenkäfigs, der dieses Verhältnis prägte, und nicht aufgrund der Kolonialherrschaft. Dies lässt den Schluss zu, dass die Schwäche des Staates der spezifischen Organisation der Gesellschaft geschuldet ist. Das macht Indien eher zu einem Staat, der von der Gesellschaft behindert und eingeschränkt wird, es handelt sich also eher um einen schwachen als einen despotischen Staat. Deshalb steht Indien in unserer Graphik auf der anderen Seite der Linie, die den Abwesenden Leviathan vom Despotischen Leviathan trennt. In Indien ist es nicht die Angst vor dem Mobilisierungseffekt, die den Staat schwach und unfähig hält, sondern die unerträgliche Last der gesellschaftlichen Spaltung in Kasten.

Die Folgen des Papier-Leviathans

Der Typus Staat, den wir in diesem Kapitel vorgestellt haben und der in vielen Ländern der postkolonialen Welt anzutreffen ist, unterscheidet sich grundsätzlich vom Despotischen, Abwesenden und Gefesselten Leviathan. Dieser Papier-Leviathan weist einige der schlimmsten Eigenheiten sowohl des Abwesenden als auch des Despotischen Leviathans auf. Soweit er irgendwelche Macht innehat, verhält er sich despotisch, repressiv und willkürlich. Er ist völlig ungehemmt von jeglicher Kontrolle durch die Gesellschaft, die er fortdauernd schwach, desorganisiert und in einem Zustand der Verwirrung zu halten versucht. Er bietet seinen Bürgern wenig Schutz vor dem Krieg aller gegen alle und versucht nicht, sie aus dem Normenkäfig zu befreien (zuweilen nutzt er den Käfig für eigene Zwecke). All dies geschieht, weil der Papier-Leviathan sich nicht um das Wohlergehen seiner Bürger schert und gewiss auch nicht um ihre Freiheit. Aber es geschieht auch, weil es ihm an Handlungsfähigkeit mangelt, außer vielleicht in der Hinsicht, dass er den politischen Eliten, die das Sagen haben, zu Reichtum verhilft. Unserer Argumentation zufolge liegen die Wurzeln des Papier-Leviathans in der Angst vor der Mobilisierung der Gesellschaft, die die politischen Eliten daran hindern würde, aus ihrer Kontrolle über den Staat Profit zu schlagen und die Ressourcen der Gesellschaft zu plündern. Wir haben zudem dargelegt, wie die große Ungleichheit, verantwortungslose Staatsstrukturen und die Geschichte der aus der Kolonialzeit tradierten indirekten Herrschaft ebenso wie der abrupte und planlose Übergang von der Kolonialherrschaft zur Unabhängigkeit sowie das internationale Staatensystem den Boden für den Papier-Leviathan bereitet haben.

Der Papier-Leviathan ist nicht nur schlecht für die Freiheit, sondern auch katastrophal für den wirtschaftlichen Wohlstand. Wir haben gesehen, dass wirtschaftliche Chancen und Anreize auf Recht und Gesetz, auf Sicherheit und wirksamen, für alle zugänglichen öffentlichen Dienstleistungen beruhen müssen. Dies ist der Grund, weshalb unter einem Abwesenden Leviathan kein Wirtschaftswachstum stattfindet. Der Despotische Leviathan kann Gesetzen Geltung verschaffen, Konflikte beilegen (wenngleich oft zugunsten der politisch

Mächtigen), Plünderungen verhindern, und – sofern er es will – öffentliche Dienstleistungen zur Verfügung stellen. Auf dieser Basis vermag er ein despotisches Wachstum auszulösen, wie aktuell der spektakuläre Aufstieg Chinas belegt. Beim Papier-Leviathan ist dies nicht der Fall. Für viele dieser Handlungsoptionen fehlt ihm die Fähigkeit, und oft hat er ohnehin kein Interesse daran, Plünderungen zu verhindern. So war und ist der Preis für den Papier-Leviathan in Lateinamerika und Afrika nicht nur fortdauernde Angst, Gewalt und Dominanz, unter denen die meisten Bürger leiden, sondern eine von Korruption verseuchte, ineffizient organisierte Wirtschaft mit allenfalls geringem Wachstum. Wohlstand und Freiheit stehen dabei hintenan.

Die Unfähigkeit des Papier-Leviathans bereitet auch den Boden für blindwütige Konflikte und Bürgerkriege, wie das Beispiel Liberia beweist. Zwischen 1989 und 2003 brach der liberianische Staat zusammen, und das Land wurde von zwei Bürgerkriegen verwüstet. Die Schätzungen über die Gesamtzahl der Opfer dieser beiden Bürgerkriege belaufen sich auf mehr als eine halbe Million Tote. Zwar erfolgten seither gewisse Anstrengungen zum Wiederaufbau, und es herrscht auch wieder ein Mindestmaß an Stabilität, aber die papierdünne Beschaffenheit des liberianischen Staates besteht fort und damit auch die Unfähigkeit und fehlende Bereitschaft, für öffentliche Dienstleistungen zu sorgen, obgleich seither das Land in der internationalen Gemeinschaft einen besseren Ruf genießt. Im Jahr 2013 scheiterten sämtliche 25 000 Bewerber an der Zugangsprüfung für das Studium an der University of Liberia. Nicht ein Einziger war qualifiziert genug für die Universität, ein unglaublicher Beleg für das geringe Niveau an den weiterführenden Schulen in Liberia. Im Jahr 2018 verschwanden frisch gedruckte Banknoten im Wert von 104 Millionen Dollar, rund 5 Prozent des liberianischen Nationaleinkommens, einfach aus Containern im Hafen von Monrovia. Der Lebensstandard im Land liegt gegenwärtig etwa so hoch wie in den 1970er Jahren.

12.
AL-WAHHABS KINDER

Der Traum des Taktikers

Für den Westen verkörpert der Nahe Osten, insbesondere Saudi-Arabien, wo der persönliche Freiraum durch Sitten und Gebräuche, Religion und Despotismus beschnitten wird, einen Mangel an Freiheit. Wie lassen sich die vielen Beispiele für uneingeschränkten Despotismus und einen erdrückenden Normenkäfig erklären? Angesichts von Mohammeds erfolgreichem Staatsbildungsprojekt, das in einem Teil Saudi-Arabiens seinen Ursprung hatte, und der Hochkultur, die islamische Reiche in den darauffolgenden Jahrhunderten schufen, hätte man dieses Ergebnis nicht erwartet. Was ist passiert? Warum wurde der Normenkäfig im Nahen Osten so übermächtig und erstickend, wohingegen wir in vielen anderen Fällen gesehen haben, dass die Staatsbildung die Restriktionen durch den Normenkäfig eher abbaute als intensivierte?

Wie in Kapitel 3 dargelegt, dehnte sich Mohammeds Staat rasch auf große Gebiete des Nahen Ostens und Nordafrikas aus. Aber er konnte nicht überall Fuß fassen. Arabien ist in mehrere unterschiedliche Regionen unterteilt (siehe Karte 4 in Kapitel 3 auf Seite 118). Medina und Mekka liegen im Hedschas, eingebettet in die Sarawat-Berge, die entlang der Küste zum Roten Meer an der Westseite der Arabischen Halbinsel verlaufen. Östlich der Berge beginnt die große arabische Wüste, der Nadschd. Generalfeldmarschall Erwin Rommel, im Zweiten Weltkrieg Befehlshaber des Deutschen Afrikakorps, nannte die Wüste »den Traum jedes Taktikers, aber den Albtraum jedes Quartiermeisters«. Derart war der Nadschd.

Die islamischen Reiche nach Mohammed zogen es vor, diesen logistischen Albtraum zu vermeiden, und expandierten Richtung Damaskus und Bagdad und dann nach Ägypten und Nordafrika im Westen, wo sie bereits zentralisierte Staaten eroberten. Auch später, nach dem Untergang mehrerer früher Kalifate und der Verlagerung des islamischen Machtzentrums nach Konstantinopel und in das Osmanische Reich, widersetzte sich der Nadschd einer Eingliederung. Die Osmanen kontrollierten den Hedschas und die Heiligen Städte des Islam sowie das zwischen Euphrat und Tigris gelegene Mesopotamien, aber Zentralarabien ließen sie mehr oder weniger unangetastet.

Obwohl die Beduinen des Nadschd zum Islam konvertierten, scheuten sie die politische Zentralisierung. Alle großen Religionen sind flexibel und offen für vielfältige Interpretationen und Umsetzungen (wie hätten sie sich sonst so erfolgreich ausbreiten können?). Mohammed strebte danach, einen mächtigen Staat zu gründen, und beschrieb das Wesen der zentralisierten Autorität in der Verfassung von Medina; im Koran hingegen steht diesbezüglich wenig Konkretes. Es gibt nur zwei Suren, die sich direkt auf Verfassungsfragen beziehen. In einer wird der Gehorsam gegenüber der Autorität hervorgehoben. Eine andere fordert Konsultation, was bei den Wüstenbeduinen ohnehin die Norm war. Das bot reichlich Spielraum, um den Arabern ihren Argwohn gegenüber einer zentralisierten Autorität zu nehmen. Am entscheidendsten war vielleicht, dass es im Islam keine komplexe hierarchische Organisationsstruktur mit Priestern, Bischöfen und Päpsten gab. Stattdessen konnte jeder Muslim direkt und ohne Vermittlungsinstanz Kontakt mit Gott aufnehmen (ganz ähnlich wie bei manchen protestantischen Kirchen). Das erschwerte es einer zentralisierten Autorität, lokalen Gemeinschaften ihren Willen aufzuzwingen, und machte die neue Religion den Beduinenstämmen erstrebenswerter. Es hatte auch zur Folge, dass die Stammesstruktur an Orten wie dem Nadschd eher fortbestand und sich mit den Lehren des Islam vermischte.

Den Nadschd teilten also bis weit ins 18. Jahrhundert konkurrierende, autonome Stämme unter sich auf, die von Scheichs oder Emiren regiert wurden. Die Konkurrenz artete zuweilen in Gewalt aus. In der Oase Diriyya, heute ein Vorort der saudi-arabischen Hauptstadt Riad, trat nach einer Reihe von Attentaten ein neuer Emir in

Erscheinung, Muhammad ibn Saud, der 1726 die Macht übernahm. Sauds Nachfahren sollten 1932 dem Königreich Saudi-Arabien ihren Namen geben. Die frühesten Quellen über Saud stammen aus dem 19. Jahrhundert und stimmen alle in der zentralen Bedeutung eines Ereignisses für das Schicksal Sauds und seines Königreichs überein – seine erste Begegnung mit Muhammad ibn Abd al-Wahhab.

Al-Wahhab stammte aus Uyaina, eine Oase rund 30 Kilometer nördlich von Diriyya. In seiner Familie war die islamische Gelehrsamkeit stark verwurzelt, und sein Vater war ein Kadi, ein vom örtlichen Emir ernannter Richter, der nach der Scharia, den islamischen Gesetzen, Recht sprach. Die Scharia hatte sich zur Zeit Mohammeds und der frühen islamischen Reiche entwickelt. Sie stützte sich auf das heilige Buch, den Koran, und die Hadithe, eine umfangreiche Sammlung der Aussprüche und Handlungen, die Mohammed zugeschrieben und von seinen Anhängern aufgezeichnet wurden. Im frühen Mittelalter stritten mehrere Rechtsschulen, insbesondere die Hanafiten, die Malikiten, die Schafiiten, die Hanbaliten und die Jafariten über die Grundsätze der Scharia. Zwar einigten sich alle auf den Koran und die Hadithe als zentrale Basis, doch es gab unterschiedliche Ansichten darüber, in welchem Ausmaß Präzedenzfälle und Analogieschlüsse zur Rechtsfindung zulässig waren. Die Hanbaliten waren am konservativsten. Sie lehnten jede Weiterentwicklung des Rechts ab, und ihre Interpretation der Scharia war im Nadschd vorherrschend.

Al-Wahhab hatte den Koran im Alter von zehn Jahren auswendig gelernt und unternahm Reisen durch den heutigen Irak, durch Syrien und den heutigen Iran. Anfang der 1730er Jahre kehrte er in den Nadschd zurück und begann zu predigen. Mangels einer religiösen Hierarchie konnte jeder, der den Koran und die Hadithe kannte, als Ulama, als Religionsgelehrter, anerkannt werden, der Fatwas erlassen durfte. Diese Schiedssprüche brachten eine bestimmte Interpretation der islamischen Schriften zum Ausdruck, normalerweise im Zusammenhang mit einem aktuellen Problem oder einer Debatte. Im Laufe seiner Reisen gelangte al-Wahhab zu seiner eigenen Interpretation des Islam, und er benannte die Mängel, die dieser seiner Meinung nach in Arabien aufwies. Der hanbalitischen Schule folgend war er der Ansicht, dass die Menschen vom wahren Glauben abgewichen seien, indem sie Götzen verehrten. Man erinnere sich daran, dass die Kaaba vor Mohammeds Offenbarungen in Mekka ein Anbetungsort vorislamischer Götter gewesen war. Dies wurde nach wie vor praktiziert, und die Menschen verehrten Heilige und Mohammeds Grabstätte in Medina. Al-Wahhab brandmarkte all dies als Götzendienst. Er predigte, dass der Heilige Krieg, der Dschihad, gegen jeden geführt werden konnte, der Götzen verehrte. Solche Interpretationen erwiesen sich für Saud, der ein gerissener Taktiker war, als äußerst nützlich.

Doch zunächst musste al-Wahhab seine Lehre weiterentwickeln und sich eine Anhängerschaft aufbauen. Zwei seiner Ideen waren für Herrscher besonders attraktiv: dass die Menschen der Autorität gehorchen und die Zakat entrichten müssten, eine im Koran erwähnte verpflichtende Abgabe. Die Zakat war bei den Beduinen des Nadschd nicht verbreitet und wurde in dieser Zeit anscheinend nur selten bezahlt. Eigentlich sollte sie für wohltätige und religiöse Zwecke verwendet werden, aber vermutlich bekamen auch Scheichs und Emire einen Anteil davon ab. Ein Kernpunkt des späteren Wahhabismus wurde jedoch die Vorstellung, dass jeder, der die Zakat nicht entrichtete, ein Ungläubiger sei.

In Uyaina setzte al-Wahhab seine neue Lehre in die Tat um. Er fällte eigenhändig einen heiligen Baum. Bäume sollten nicht angebetet werden. Er zerstörte das Grab von Zain ibn al-Khattab, einem Gefährten des Propheten, das zu einem Pilgerort geworden war. Es sollten weder Grabmale verehrt noch Pilgerreisen unternommen werden, mit Ausanahme des Hadsch, der jährlichen Pilgerfahrt nach Mekka. Als eine Frau aus Uyaina der Unzucht für schuldig befunden wurde, wandte al-Wahhab eine strenge Auslegung der Scharia an und ließ sie steinigen. Das stieß jedoch auf Ablehnung bei den örtlichen Ulama, denen seine radikalen neuen Lehren missfielen, und er musste nach Diriyya fliehen. Dort fand al-Wahhab in Saud einen Gleichgesinnten. Es gibt keinen Augenzeugenbericht über ihre schicksalhafte Begegnung, aber al-Wahhab suchte militärische Unterstützung für den Dschihad, den er zur Verbreitung seiner neuen Lehren zu führen gedachte. Saud erkannte, dass der Wahhabismus ein mächtiges Werkzeug für militärische Expansion und soziale Kontrolle sein konnte. Er bot al-Wahhab an, in Diriyya zu bleiben und seinen geplanten Feldzug in den Nadschd zu unterstützen. Auch erbat er al-Wahhabs Zustimmung dafür, regelmäßig die Ernten besteuern zu dürfen. Mit Ersterem war al-Wahhab einverstanden, mit Letzterem jedoch nicht. Stattdessen erlaubte er Saud, ein Fünftel der gesamten Beute des Dschihad für sich zu behalten, mit dem Hinweis, dies bringe ihm sehr viel mehr ein als die Besteuerung der Ernte. Und so war es abgemacht; Saud setzte auf den Wahhabismus, und der Wahhabismus setzte auf Saud. Die Verbindung sollte sich als ungemein erfolgreich erweisen. Die Saud breiteten sich von einer kleinen Oase zunächst über den Nadschd aus und nahmen bis 1803 Mekka und den Hedschas ein, die zum Osmanischen Reich gehörten. Der folgende Bericht erzählt von der Eroberung des im östlichen Nadschd liegenden al-Hasa durch Saud:

> Als der Morgen kam und Saud sich nach dem Gebet auf den Weg machte, als sie [die Wahhabiten] auf Kamelen und Pferden heranritten und sofort ihre Pistolen abfeuerten, verdunkelte sich der Himmel, die Erde bebte, Rauchwolken stiegen in die Luft, und viele schwangere Frauen erlitten Fehlgeburten. Dann kamen alle Menschen von al-Hasa zu Saud und lieferten sich seiner Gnade aus.
> Er befahl allen, vor ihm zu erscheinen, und sie folgten seinem Befehl. Er blieb dort mehrere Monate, tötete, vertrieb und nahm jeden gefangen, den er wollte, konfiszierte Eigentum, zerstörte Häuser und errichtete Festungen. Er verlangte 100000 Dirham von ihnen und erhielt diese Summe … Manche … zogen über die Märkte und ergriffen jene, die ein ausschweifendes Leben geführt hatten … Manche wurden in der Oase getötet, andere zum Lager gebracht und vor Sauds Zelt geköpft, bis sie alle vernichtet waren.

Zum ersten Mal überhaupt war die Arabische Halbinsel mehr oder weniger zu einem Staat vereint, auch wenn das heutige Jemen und der heutige Oman im Süden unabhängig blieben. Nichts von alledem hätte Ibn Chaldun überrascht. Das Wüstenvolk, das Asabiya besaß, eroberte die städtischen Gebiete unter dem Banner des Islam.

Das politische System, das sich ab den 1740er Jahren im Nadschd entwickelte und schließlich in Saudi-Arabien Gestalt annahm, unterschied sich stark von den vorherigen Verhältnissen. Damals mussten die Scheiche eines Stammes andere hochstehende Personen in Versammlungen namens Madschlis konsultieren. Laut dem britischen Schriftsteller und Forschungsreisenden Charles Montagu Doughty war dies in den 1860er und 1870er Jahren noch immer der Fall. Es herrschte das Prinzip: »Jeder, der möchte, darf sprechen, selbst der Geringste findet Gehör; er ist ein Angehöriger des Stammes.«

Scheiche wurden gewählt, und grundsätzlich konnte jeder Beduine diese Position erringen, auch wenn normalerweise angesehene Familien zum Zug kamen. Der Schweizer Reisende Johann Ludwig Burckhardt stellte einige Jahre zuvor fest:

> … der Scheich besitzt keine merkliche Autorität über die Individuen seines Stammes …

Das beschreibt einen Abwesenden Leviathan. Als Muhammad ibn Saud 1765 starb, folgte ihm sein Sohn Abd al-Aziz Muhammad ibn Saud nach, der nach wie vor von der Bevölkerung Diriyyas gewählt werden musste, um Legitimation zu erlangen. Doch diese Balance zwischen Staat und Gesellschaft geriet bald ins Wanken. Abd al-Aziz führte die Eroberungszüge seines Vaters fort und benutzte die Verbreitung des Wahhabismus als Vorwand für eine militärische Expansion und die Aneignung von Gebieten in dieser Region. Bevor er eine Siedlung eroberte, ließ er folgenden Text verlesen:

> Abd al-Aziz an die Araber des Stammes [jeweiliger Name des angesprochenen Stamms]. Seid gegrüßt! Eure Pflicht besteht darin, an das Buch zu glauben, das ich euch schicke. Seid nicht wie die götzendienerischen Türken, die Gott einen menschlichen Vermittler zur Seite stellen. Wenn ihr wahre Gläubige seid, sollt ihr gerettet werden; ansonsten werde ich Krieg gegen euch führen bis zum Tod.

War eine Oase erobert, wurden wahhabitische Ulama zum Predigen geschickt. Saud ersetzte die lokalen Emire und Scheichs durch handverlesene Vertraute. Er ernannte wahhabitische Kadis, die die Scharia streng auslegten. Ferner bestimmte er einen sogenannten Muhtasib, der diverse Verwaltungsaufgaben innehatte, darunter die Kontrolle des Handels und der Maße und Gewichte, und darauf achtete, dass die wichtigsten islamischen Sitten und Gebräuche wie die Gebete eingehalten wurden. Außerdem führte Ibn Saud eine ausgefeilte Steuerverwaltung zur Erhebung der Zakat ein. Angeblich entsandte er jedes Jahr 70 siebenköpfige Teams aus Steuereintreibern. Und er kümmerte sich um das Schlichten von Streitigkeiten innerhalb des Stammes. Im Jahr 1788 erließ al-Wahhab eine Fatwa, in der er erklärte, die Emir-Würde sei in der Familie Saud erblich und alle Wahhabiten müssten Saud-Herrschern die Treue schwören. Der Despotismus der Saud ging eine Fusion mit dem wahhabitischen Normenkäfig ein.

Die anfänglichen Siege der Saud und der Wahhabiten über die Osmanen hatten nicht lange Bestand. Der osmanische Sultan beauftragte Muhammad Ali, einen General albanischer Abstammung, der Ägypten faktisch unabhängig regierte, gegen die wahhabitische Bedrohung ihrer Herrschaft vorzugehen. Muhammad Ali und später sein Sohn Ibrahim Pascha fielen in den Hedschas ein und eroberten 1818 den aufstrebenden saudischen Staat. Der Nadschd war allerdings schwer zu regieren. Im Jahr 1824 bildete sich ein zweiter saudischer Staat, doch da die Osmanen den Hedschas nun besser unter Kontrolle hatten, errang er nicht mehr die Macht und die Größe des ursprünglichen Staates. Er ging 1861 unter, besiegt von einer rivalisierenden Familie aus dem Nadschd, und die Saud zogen nach Kuweit ins Exil. Aber nicht lange.

Die Ulama zähmen

Im Jahr 1902 kamen die Saud zurück, angeführt von Abd al-Aziz ibn Saud, einem Urururenkel von Muhammad ibn Saud. Abd al-Aziz zog von Kuweit aus quer durch die Wüste und eroberte Riad. Diriyya war verlassen worden, nachdem Ibrahim Pascha es 1818 zerstört hatte. Saud hatte eine neue Version der religiösen Geheimwaffe seiner Vorfahren – die Ichwan. Diese, wörtlich »die Brüder«, waren eine religiöse Organisation, die vom Kadi von Riad gegründet wurde, einem Angehörigen der Familie al-Shaikh, Nachfahren von al-Wahhab. Sie gründeten Siedlungen, in denen man sich an eine strenge Auslegung des Islam hielt, Fremde mied und einen rigiden Verhaltenskodex sowie strenge Normen in Bezug auf Kooperation und gegenseitige Unterstützung pflegte. Wie die Wahhabiten erklärten sie denjenigen den Dschihad, die sich nicht an ihre Regeln hielten. Muhammad ibn Saud hatte bei seinem Staatsbildungsprojekt das Potential des Wahhabismus erkannt und ihn dazu benutzt, seine Rivalen anzugreifen. Ebenso machte es Abd al-Aziz mit den Ichwan.

Die erste Siedlung der Ichwan existierte bereits 1913 in al-Artawiya nordwestlich von Riad. Bald gab Abd al-Aziz ihnen Geld und Saatgut und half ihnen beim Bau von Moscheen und Schulen. Er versorgte sie auch mit Waffen und Munition, wenngleich die Ichwan wohl traditionelle Waffen wie Schwerter bevorzugten. Abd al-Aziz förderte die Gründung neuer Siedlungen und brachte die Ulama von Riad dazu, eine Fatwa auszurufen, die für ein sesshaftes Leben und für Landwirtschaft warb. Er sicherte sich das Recht, in diesen Siedlungen Kadis zu ernennen, üblicherweise Angehörige der Familie al-Shaikh, die die Saud-wahhabitische Allianz stärkten. Die Ichwan mussten Militärdienst leisten und wurden zu Abd al-Aziz' Stoßtrupp. (Ein Foto der Ichwan aus dieser Zeit befindet sich im Bildteil.) Sie kämpften für den Dschihad, er für ein Königreich. Es war ein prekäres Gleichgewicht, aber eine Weile deckten sich ihre Ziele auf der Achse Despotismus – Normenkäfig. Bereits 1914 jedoch musste er einen Ulama dazu bewegen, eine Fatwa mit dem Aufruf zu Toleranz zu erlassen, um die Ichwan im Zaum zu halten.

Die Lage spitzte sich zu, als das Osmanische Reich, das immer noch Hedschas und die heiligen Städte kontrollierte, an der Seite Deutschlands in den Ersten Weltkrieg eintrat. Die Briten mit Lawrence von Arabien brachten Hussein, den Scherif von Mekka, dazu, die berühmte arabische Revolte von 1916 anzuführen, und versprachen ihm dafür nach dem Sieg über die Osmanen die Gründung eines arabischen Staates »innerhalb der vom Scherifen von Mekka vorgeschlagenen Grenzen«, aber ohne »Teile Syriens«, die westlich der »Distrikte Damaskus, Homs, Hama und Aleppo« lagen. Nach dem Sieg über die osmanische Armee 1918 machten sich die Briten die Unklarheiten in der Vereinbarung mit Hussein zunutze, um seinen Staat auf den

Hedschas zu begrenzen. Zusammen mit Frankreich zerstückelten sie den Rest des ehemaligen Osmanischen Reichs mit Ausnahme eines Teils der Türkei. Wütend über diesen Verrat, weigerte sich Hussein 1919, den Friedensvertrag von Versailles zu unterzeichnen. Indessen festigten Abd al-Aziz und die Ichwan ihre Herrschaft über den Nadschd. Zunächst hatten sie nicht die Absicht, den osmanischen Truppen und später Hussein, der mit Unterstützung der Briten den Hedschas kontrollierte, die Stirn zu bieten. Aber Husseins Ablehnung der britischen Nachkriegspläne, insbesondere in Bezug auf Palästina, führte dazu, dass Großbritannien ab 1924 Abd al-Aziz unterstützte. So ermutigt, marschierte er im Hedschas ein. Im Oktober desselben Jahres fiel Mekka, und Medina wurde im Dezember 1925 erobert.

Abd al-Aziz wurde dank der Ichwan König des Nadschd und des Hedschas. Er hatte bekommen, was er wollte, nicht jedoch die Ichwan. Sie führten den Dschihad gegen Glaubensabtrünnige, und das beschränkte sich nicht auf die Arabische Halbinsel. Sie starteten Angriffe gegen das britische Protektorat Transjordanien, wo sie von der britischen Luftwaffe zurückgeschlagen wurden. Für Abd al-Aziz hatten die Ichwan ihre Aufgabe erfüllt und sich eher zu einer Last entwickelt. Er ging gegen sie vor, besiegte sie in der Schlacht von Sibilla und ergriff und tötete ihre Anführer. Im Jahr 1932 vereinigte er den Hedschas und den Nadschd zum Königreich Saudi-Arabien.

Die Niederwerfung der Ichwan ließ keinen Zweifel daran, dass in der Koalition zwischen den Saud und den Wahhabiten die Saud den Ton angaben. Es dauerte jedoch eine Weile, bis die saudischen Könige dies in seiner modernen Form institutionalisierten. Ein entscheidender Moment ereignete sich nach dem Tod von Abd al-Aziz 1953. Ihm folgte sein Sohn Saud auf den Thron, aber es herrschte erbitterte Rivalität zu weiteren Brüdern, die ebenfalls Thronansprüche bekundeten, vor allem sein Halbbruder Faisal. Faisal zeigte sich politisch scharfsinniger. Während Saud mit gesundheitlichen Problemen kämpfte, riss Faisal nach und nach die Kontrolle über viele Ressorts an sich und baute sich einen Unterstützerkreis innerhalb der königlichen Familie auf. Schließlich rief Faisal im Vertrauen auf seine Macht die Ulama zu sich und beauftragte sie damit, den Ausschluss Sauds aus allen Angelegenheiten des Staates zu prüfen. Pflichteifrig erließen sie am 29. März 1964 eine Fatwa, die zwei Hauptpunkte enthielt, nämlich: »Saud ist der Souverän des Landes und muss von allen geachtet und verehrt werden«, und: »Prinz Faisal kann als Premierminister frei über die inneren und äußeren Angelegenheiten des Königreichs entscheiden, ohne sich mit dem König zu beraten.« Es war de facto ein Staatsstreich, sanktioniert von der religiösen Autorität. Im Koran oder einer anderen maßgeblichen Schrift fand sich allerdings kein Präzedenzfall für diese Entscheidung; die Ulama beugten sich lediglich der herrschenden Macht. Aber Faisal und seine Unterstützer waren noch nicht zufrieden. Sie wollten Saud ganz loswerden. Im Oktober 1964 rief Faisal die Ulama erneut zu sich, nun sollten sie einen Weg finden, um die Absetzung König Sauds zu rechtfertigen. Einer der Teilnehmer an den Gesprächen erinnerte sich, dass Faisals Gruppe

> mehrmals mit Scheich Muhammad ibn Ibrahim Kontakt aufnahm … um ihn dazu zu bringen, eine Fatwa zur Absetzung König Sauds zu erlassen … Es musste gehandelt werden, um die Einheit des Volkes und des islamischen Staates zu bewahren. Die Ulama mussten die Entscheidung des Königshauses unterstützen. Scheich Muhammad beschloss daher, die Ulama in seinem Haus zu versammeln … Nach kurzer Diskussion über die Situation im Land verfügten sie, dass es notwendig war, die Entscheidung des Königshauses zu bestätigen.

Scheich Muhammad war der Großmufti, der wichtigste Ulama des Landes. Interessant ist hier die Wortwahl. Obwohl al-Wahhab und seine Abkömmlinge historisch gesehen wohl ein hohes Maß an Autonomie gegenüber den Saud besaßen, wird deutlich, dass die Ulama im Jahr 1964 das taten, was ihnen die jeweils mächtigste Fraktion der Saud auftrug, und so willigten sie bereits »nach kurzer Diskussion« ein, den König abzusetzen. Die Fatwa zur Absetzung Sauds wurde am 1. November erlassen.

Faisal wurde König. Vor seiner Regentschaft war die Beziehung zwischen der Königsfamilie und den Ulama informell. Faisal änderte dies und schuf eine institutionelle Struktur, die er direkter kontrollieren konnte. Er kündigte eine Reihe von Reformen an, unter anderem die Gründung »einer Beratungskommission, bestehend aus 22 Mitgliedern, die unter den führenden Rechts- und Religionsgelehrten ausgewählt werden«. Sie wurden damit beauftragt, »Entscheidungen zu fällen und Ratschläge bezüglich Fragen zu erteilen, die für die Angehörigen der muslimischen Gemeinschaft von Interesse sind«.

Die Gründung dieses »Rats der Höchsten Religionsgelehrten« erfolgte erst 1971, offenbar aufgrund des Widerstands des Großmuftis Scheich Muhammad. Nachdem er 1969 gestorben war, schaffte Faisal das Amt des Großmuftis ab (es wurde später wiedereingeführt). Der Rat der Höchsten Religionsgelehrten besitzt diverse Unterkomitees, die sich mit unterschiedlichen Problemstellungen befassen und Fatwas in Bezug auf unterschiedliche Gebiete des islamischen Rechts aussprechen. Alle behandelten Fragen müssen jedoch vom königlichen Kabinett genehmigt werden, das die Agenda nach Belieben ändern kann. So wurde der Rat zu einem Instrument für die Zähmung der Ulama.

Der vielleicht bemerkenswerteste Beleg dafür stammt aus dem Jahr 1990. Nachdem Saddam Husseins Armee in Kuweit einmarschiert war, sorgten sich die Saudis, sie könnten die Nächsten sein, und baten die USA, zu ihrem Schutz Truppen zu entsenden. König Fahd, Faisals Bruder, der 1982 auf den Thron nachrückte, befürchtete, dies könnte als Widerspruch zur selbsternannten Rolle der Saud als Hüter der beiden heiligen Stätten Mekka und Medina aufgefasst werden. Doch die Höchsten Religionsgelehrten erließen rasch eine Fatwa, um die Saudis zu beruhigen. Darin hieß es, um das Land

> unter allen Umständen zu verteidigen … unterstützt der Rat der Höchsten Religionsgelehrten das, was vom Herrscher unternommen wurde, möge Gott ihm Erfolg bescheren: das Herbeirufen von Streitkräften, die mit Mitteln ausgerüstet sind, die in der Lage sind, den einzuschüchtern und abzuschrecken, der einen Angriff gegen dieses Land beabsichtigte. Diese Pflicht ist in der gegenwärtigen Situation unabdingbar und wurde durch die schmerzliche Realität unvermeidlich gemacht, und ihre rechtliche Grundlage und Evidenz verlangt, dass der Mann, der mit den Angelegenheiten der Muslime betraut ist, die Unterstützung von jemandem suchen sollte, der in der Lage ist, das beabsichtigte Ziel zu erreichen. Der Koran und die Sunna (Handlungen und Aussagen) des Propheten haben auf die Notwen-

digkeit hingewiesen, dass man bereit sein und Vorkehrungen treffen muss, bevor es zu spät ist.

Die Sunna ist eine Sammlung der Praktiken, Normen und Anschauungen der islamischen Religionsgemeinschaft, übernommen aus dem Koran und den Hadithen. Zweifellos waren die saudischen Bürger erleichtert über die Nachricht, dass die Präsenz von »Kreuzrittern«, wie Osama bin Laden sie später bezeichnen sollte, auf saudischem Boden vollkommen in Einklang mit der Sunna stand.

Den Normenkäfig intensivieren

Die Geschichte Saudi-Arabiens steht beispielhaft für den Normenkäfig und seine Intensivierung. In Gesellschaften ohne zentralisierte Autorität entwickeln sich verhaltenseinschränkende Normen zumeist, um Konflikte zu regeln und die Destabilisierung des Status quo zu verhindern. Diese Normen wurzeln in den Sitten und Gebräuchen, Ansichten und Verhaltensweisen der Menschen, und sie werden ein fester Bestandteil der religiösen Theorie und Praxis. So verhielt es sich auch im Islam, ungeachtet Mohammeds Bestrebungen, in Medina und darüber hinaus eine zentralisierte Autorität zu schaffen. Durch die Bemühungen der hanbalitischen Rechtsschule und des Wahhabismus, die auf Tradition Wert legten und Neuerungen ablehnten, pflanzten sich diese Normen immer weiter fort. Dann kam das Bündnis mit Ibn Saud, der sich das militärische Expansionsstreben der Wahhabiten zunutze machte, und er und seine Nachfolger verankerten im Gegenzug die wahhabitischen Normen und Beschränkungen in der Bevölkerung. Ein kleiner Preis für ein Königreich.

In der Obhut von Saud und Abd al-Aziz strahlten die wahhabitischen Ideen und Restriktionen weit über Diriyya hinaus aus. Andere Möchtegerndespoten im Nahen Osten übernahmen ihre Ideen und Strategien und engten den Normenkäfig in ähnlicher Weise ein, um ihre despotische Macht zu stärken. Drei miteinander zusammenhängende Faktoren erklären die Popularität dieser Strategie in der Region. Der erste ergibt sich aus der institutionellen Struktur des Islam. Wie bereits festgestellt, hat der Islam, insbesondere in seiner sunnitischen Ausprägung, keine organisatorisch-religiöse Hierarchie, keine Priester, die zwischen dem Individuum und der Gottheit vermitteln. Die Ulama, die Religionsgelehrten, können den Menschen bei der Auslegung der Schriften Orientierung geben und Fatwas erlassen. Einerseits bedeutet dies, dass jeder mit ausreichenden Kenntnissen des Koran und der Hadithe diese Funktion ausüben und den Islam und seine Lehren interpretieren kann (die Folgen dieser Dynamik werden wir im weiteren Verlauf dieses Kapitels erläutern). Andererseits bot diese Organisationsstruktur den Saud die Möglichkeit, die Ulama unter ihre Kontrolle zu bringen und zum Erlass von Fatwas zu zwingen, die das saudische Regime stützten. Es gab nichts mit der Hierarchie der katholischen Kirche Vergleichbares, was als Gegengewicht für die Machenschaften der Saudis hätte dienen können. Andere despotische Regime im Nahen Osten sind ähnlich verfahren.

Ein zweiter Faktor hat mit der Tatsache zu tun, dass der Koran, wie bereits erwähnt, kein Verfassungsdokument ist und Raum für Interpretationen bezüglich der Machtfülle lässt, die dem Herrscher zugestanden wird. Weil der Koran und die Verfassung von Medina zum Beispiel nichts darüber aussagen, wie sich die Gremien zur Beratung mit dem Herrscher zusammensetzen sollen, konnten die Saud die existierenden Madschlis, die Versammlungen der beduinischen Stämme, entmachten, ihre Funktion auf lokale Angelegenheiten beschränken und bestimmen, wer an dem großen Madschlis asch-Schura oder Schura-Rat teilnehmen durfte.

Ein dritter Faktor ist eine Hobbes'sche Sicht der Beziehungen zwischen Staat und Gesellschaft, die sich während der Herrschaft der despotischen islamischen Reiche entwickelte und festsetzte. Al-Ghazali zum Beispiel, der bedeutende Religionsphilosoph aus dem 10. Jahrhundert, merkte an:

> Die hundertjährige Tyrannei eines Sultans verursacht weniger Schaden als ein Jahr Tyrannei der Untertanen untereinander. Die Revolte war nur gegen einen Herrscher gerechtfertigt, der klar gegen einen Befehl Gottes oder seines Propheten verstieß.

Der Krieg aller gegen alle war also weitaus schlimmer als Despotismus, und solange sich ein Despot an die Scharia hielt, musste er toleriert werden.

Diese Interpretation des Islam beinhaltete Prinzipien, die potentielle Despoten ansprachen (von denen es, wie wir noch sehen werden, im Nahen Osten eine ganze Reihe gab). Ein so verstandener Islam war leicht manipulierbar, er war der Demokratie oder einer anderen Form der politischen Rechenschaftspflicht eher abgeneigt, und er predigte Unterwerfung, solange die Scharia befolgt wurde. Aber natürlich war der Islam viel mehr als das, er war ein umfassendes System von Anschauungen darüber, wie man sein Leben im Einklang mit Gottes Gesetzen führen sollte. Viele dieser Grundsätze wurden um das Jahr 620 in Arabien kodifiziert und spiegelten die Normen der Region und der Zeit wider. Gruppierungen wie die Hanbaliten oder die Wahhabiten verfochten eine streng traditionelle Auslegung der Scharia und sorgten für einen sehr restriktiven Normenkäfig, wie er in der modernen Welt als unnatürlich empfunden wird.

Dieser Normenkäfig war nicht einfach nur ein mächtiges Werkzeug in den Händen der Saud. Er war auch der Preis, den sie für ihre Koalition mit den Wahhabiten bezahlen mussten. Abd al-Aziz hatte zum Beispiel 1926 ein Handelsgericht mit sieben Richtern eingesetzt, von denen nur einer ein Religionsvertreter war. Es war ein Versuch, die Wirtschaftsverhältnisse geringfügig zu modernisieren. Im Jahr 1955 brachten die Ulama König Saud dazu, das Gericht aufzulösen. König Faisal reanimierte es 1967 mit drei Handelsgerichten, eines in Riad und je eines in den großen Hafenstädten Dschidda und Dammam. Doch nun musste die Hälfte der Richter Ulama sein. Im Jahr 1969 mussten bereits zwei Drittel Ulama sein. Die Scharia erstickte jeden Versuch im Keim, moderne zivile Handelsgesetze einzuführen.

Man könnte meinen, die saudische Königsfamilie hätte nach der Niederschlagung der Ichwan und der Zähmung der Ulama endgültig die Oberhand gewonnen und angefangen, jenen Teil des Normenkäfigs abzubauen, der nicht ihren politischen und ökonomischen Interessen diente. Aber wie König Fahds Fatwa über die Verteidigung des Landes verdeutlicht, ist es in einem von Grund auf despotischen System ohne jede Teilhabe der Gesellschaft häufig notwendig, dass religiöse Autoritäten die Politik und die Handlungsweisen der Herrscher bestätigen. Diese Dynamik verstärkte sich nach zwei Ereignissen in den Jahren 1978 und 1979 noch. Zuerst fand die Iranische Revolution statt, die den Saudis ihren Anspruch streitig machte, Fahnenträger des Islam in der Region zu sein. Und dann kam es für die Familie Saud noch schlimmer, als Hunderte von Aufständischen (die genaue Anzahl ist nicht bekannt) unter der Führung von Dschuhaiman al-Utaibi die Große Moschee in Mekka stürmten. Al-Utaibi stammte aus einer Siedlung, die König Abd al-Aziz für die Ichwan errichtet hatte, und sein Vater und viele seiner Verwandten waren aktive Mitglieder der Bruderschaft und hatten sich am Aufstand gegen den König beteiligt. Der Unmut der Rebellen wurzelte im Wahhabismus. Sie kritisierten, das saudische Königshaus sei von Mohammeds Lehren abgewichen und zu verwestlicht, und forderten die Rückkehr zu einer traditionelleren Auslegung des Islam. Zu Recht behaupteten sie, die Ulama seien Marionetten der Saud und hätten ihre Legitimation verwirkt. Nachdem die Belagerung der Moschee mit Hilfe pakistanischer und französischer Spezialeinheiten schließlich beendet und al-Utaibi und seine Anhänger geköpft worden waren, reagierte die herrschende saudische Familie mit einer Verschärfung des Wahhabismus. Der Islam wurde noch strenger ausgelegt und gelehrt, besonders im Hinblick auf die Indoktrination junger Saudis an den Schulen, und der Normenkäfig einmal mehr verschärft.

Die Unberührbaren Saudi-Arabiens

Im Jahr 1955 verkündete König Saud die Einführung öffentlicher Schulen für Mädchen. Aber vier Jahre später änderte sich nach Protesten der Ulama die saudische Politik dahingehend, dass fortan die Schulbildung der Mädchen von den Ulama beaufsichtigt wurde. Der Großmufti und die Ulama behielten die Kontrolle bis 2002. Es geht nicht nur um Frauenbildung. Jeder Aspekt des Lebens von Frauen wird in der saudischen Gesellschaft vom Normenkäfig bestimmt, den der Pakt zwischen Saud und al-Wahhab hervorgebracht hat.

In Saudi-Arabien kümmert sich vor allem das Komitee zur Förderung der Tugend und Bekämpfung des Lasters, auch als Mutawa oder Religionspolizei bezeichnet, um die praktische Umsetzung des Normenkäfigs. Die Mutawa hat die Aufgabe, die Einhaltung der Scharia und der islamischen Vorschriften zu überwachen, wie etwa die strenge Kleiderordnung für Frauen. Sie nimmt ihren Auftrag so ernst, dass sie, als im März 2002 in einer Mädchenschule in Mekka ein Feuer ausbrach, jene Mädchen, die nicht angemessen gekleidet waren, also ohne Kopftuch und Abaya (das schwarze Gewand, das die traditionelle Auslegung des Islam im Königreich verlangt), daran hindern wollte, das brennende Gebäude zu verlassen. Fünfzehn Mädchen starben. Ein Rettungshelfer berichtete:

> Wann immer die Mädchen durch das Haupttor herausliefen, zwangen diese Leute sie, durch ein anderes wieder hineinzugehen. Anstatt uns Rettungskräften eine helfende Hand zu reichen, benutzten sie ihre Hände, um uns zu schlagen.

Man könnte meinen, dass die Behörde zur Förderung der Tugend und Bekämpfung des Lasters eine uralte islamische Institution sei, aber dem ist nicht so. Der saudische Staat hat zwar, wie weiter oben beschrieben, während seiner Expansion in eroberten Oasen Muhtasibs ernannt, deren Pflichten unter anderem darin bestanden, religiösen Normen und Vorschriften Geltung zu verschaffen, und die Wurzeln dieses Amts reichen bis zum abbasidischen Kalifat im frühen Mittelalter zurück. Aber die »Behörde« war eine neue Institution. Ihr Vorläufer, »die Firma« zur Förderung der Tugend und Verhinderung des Lasters, wurde 1926 von Abd al-Aziz nach der Eroberung des Hedschas gegründet. Aus der Firma wurde 1928 die Behörde. Während Sauds Staat seine Macht konsolidierte, wurde der Normenkäfig restriktiver. Das lag zum Teil an den Zugeständnissen, die er den wahhabitischen Ulama machen musste, aber auch daran, dass es für die Aufrechterhaltung des Despotismus nützlich war. Der Käfig half mit, die Menschen im Zaum zu halten, auch als die Wirtschaft und das Leben moderner wurden – daher erfolgte die Gründung der Behörde.

Die Hauptlast des Normenkäfigs haben in Saudi-Arabien die

Frauen zu tragen. Im Jahr 2014 starb eine Studentin an der König-Saud-Universität in Riad, weil die männlichen Sanitäter sie nicht behandeln durften. Männer, die keine engen Verwandten sind, dürfen Frauen nicht berühren, ihnen nicht einmal zur Begrüßung die Hand schütteln, und schon gar nicht eine notwendige medizinische Behandlung durchführen. In Saudi-Arabien sind Frauen die Unberührbaren.

Die Kleidervorschriften, das Berührungsverbot und die Vielzahl von Regeln, die Männern die Verfügungsgewalt über Frauen geben, leiten sich von einer bestimmten Interpretation des Koran ab. In der Sure 4 Vers 34 heißt es: »Die Männer stehen den Frauen vor, weil Gott die einen vor den anderen ausgezeichnet hat und weil sie von ihrem Vermögen ausgegeben haben.« Das wird in Saudi-Arabien so interpretiert, dass Frauen, ebenso wie Kinder, der Kontrolle des Mannes unterstehen, und diese Deutung gilt als übereinstimmend mit Paragraph 41 der Verfassung von Medina, die Mohammed 622 formuliert hat. Er ist der einzige Paragraph, der sich auf Frauen bezieht, und er lautet: »Einer Frau soll nur Schutz gewährt werden, wenn ihre Familie zustimmt.«

Frauen unterstehen also der Kontrolle ihrer Familie (sprich: der Männer). In Saudi-Arabien wird die Herrschaft der Männer über die Frauen durch das Vormundschaftssystem institutionalisiert. Jede Frau muss einen männlichen Vormund haben, dessen Erlaubnis sie für viele Dinge benötigt, wie zum Beispiel das Reisen. Der Vormund kann ihr Vater sein, ihr Ehemann oder sogar ihr Sohn. Wenn eine Frau ohne Vormund verreist, muss sie eine gelbe Bescheinigung mit sich führen, in der vermerkt ist, wie oft und wie lange sie verreisen darf. Sie braucht seine Erlaubnis auch für die Eröffnung eines Bankkontos, das Anmieten einer Wohnung, die Gründung eines Geschäfts und die Beantragung eines Reisepasses. Das elektronische Portal der Regierung fordert bei der Beantragung eines Reisepasses für eine Frau, dass der Antrag von ihrem männlichen Vormund ausgefüllt wird. Sogar wenn eine Frau nach Verbüßung ihrer Strafe aus dem Gefängnis entlassen werden kann, muss erst einmal ein Mann dem zustimmen!

Bis vor kurzem war die Erlaubnis eines Mannes auch erforderlich, um eine Arbeit aufzunehmen. Das hat sich zwar geändert, aber das saudische Recht sieht getrennte Arbeitsplätze mit separaten Bereichen für Männer und Frauen vor, was nicht gerade Anreize dafür schafft, Frauen einzustellen. Möchte eine Frau im Ausland studieren, muss sie von einem männlichen Verwandten begleitet werden. Frauen können nicht in Restaurants essen, die keinen abgetrennten »Familienbereich« und keinen separaten Eingang für Frauen haben. Eine Fatwa des Rats der Höchsten Religionsgelehrten sagt, dass »[eine] Frau nicht das Haus verlassen sollte außer mit Erlaubnis ihres Ehemannes«.

Natürlich gibt es keine Gleichheit vor dem Gesetz. In Gerichtsverhandlungen sind die Aussagen von Frauen nur halb so viel wert wie die von Männern. Und gemäß der Scharia erben Frauen nur halb so viel wie Männer. Frauen ist es kaum möglich, ohne Mitwirkung ihres Vormunds Anzeige zu erstatten oder eine Klage bei Gericht einzureichen. Die männlichen Richter weigern sich in der Regel, bei Strafprozessen die Zeugenaussagen von Frauen zu akzeptieren. Zwei Frauen gaben der Menschenrechtsorganisation Human Rights Watch gegenüber an, die Richter hätten ihnen das Wort verboten, weil ihre Stimmen »anstößig« seien. Ihr Vormund sagte an ihrer Stelle aus. Aber was geschieht, wenn die Frauen von ihren Vormunden oder Ehemännern missbraucht werden?

Im Global Gender Gap Report 2018 des Weltwirtschaftsforums steht Saudi-Arabien von 149 Ländern an 141. Stelle (die Vereinigten Arabischen Emirate findet man nicht sehr viel weiter oben auf Platz 121, obwohl dort, wie im Vorwort erwähnt, ein Preis für die Gleichstellung der Geschlechter vergeben wird). Der Rangliste liegen viele Indikatoren zugrunde; einer davon ist der Beschäftigungsanteil von Frauen, der in Saudi-Arabien nur bei 22 Prozent liegt, verglichen mit 56 Prozent in den USA.

Das Vormundschaftssystem und die systematische Diskriminierung von Frauen wurden und werden von religiösen Autoritäten immer wieder bestätigt. Als der Rat der Höchsten Religionsgelehrten in den 1990er Jahren entscheiden sollte, ob es angemessen sei, dass eine Frau die Eheschließung bis zum Abschuss des Studiums aufschiebt, verfügte er in einer Fatwa:

> Ob eine Frau ein Universitätsstudium verfolgt, was wir für unnötig halten, muss untersucht werden. Was ich [als richtig] erachte, ist, dass es genügt, wenn eine Frau die Elementarschule absolviert und lesen und schreiben kann, damit sie von der Lektüre des Buchs Gottes, seiner Kommentare und der Hadithe des Propheten profitieren kann.

Zur Berufstätigkeit von Frauen wurde verfügt:

> Der Allmächtige Gott … hat empfohlen, dass Frauen zu Hause bleiben sollen. Ihre Anwesenheit in der Öffentlichkeit ist der Hauptfaktor für die Verbreitung von Fitna (Zwietracht). Ja, gemäß der Scharia dürfen Frauen das Haus nur verlassen, wenn es notwendig ist, vorausgesetzt, sie tragen die Hidschab und vermeiden alle verdächtigen Situationen. Grundsätzlich sollten sie in der Regel zu Hause bleiben.

Und Berührungen sind strengstens verboten. Ebenso wie Führungspositionen. Eine andere Fatwa desselben Gremiums besagt, dass Frauen keine Chefs von Männern sein können, wegen ihres »unzulänglichen Denk- und Urteilsvermögens, nebst ihrer Emotionalität, die ihren Verstand beherrscht«. Die Beamten der saudischen Regierung bringen zur Verteidigung dieser Vorschriften normalerweise vor, dass die saudische Gesellschaft konservativ sei und diese Vorschriften die Denkweise der Menschen spiegelten.

Dafür gibt es jedoch keine Belege. Bei einer Studie in Riad wurden Männer gefragt, ob sie folgender Aussage zustimmten oder nicht: »Meiner Meinung nach sollte es Frauen erlaubt werden, einer Arbeit außer Haus nachzugehen.« 87 Prozent stimmten der Aussage zu. Aber dank des Normenkäfigs war vielen Männern unwohl bei dem Gedanken, ihre eigenen Frauen könnten berufstätig sein, und zwar aus Sorge über die Reaktion anderer. Sie argumentierten, dass andere die Berufstätigkeit von Frauen kritischer sehen würden, und nur 63 Prozent dachten, dass andere Männer aus ihrer Nachbarschaft dieser Aussage zustimmen würden. Der Normenkäfig sorgt also dafür, dass man Angst davor hat, wie andere eine grundlegende Form der weiblichen Ermächtigung beurteilen. Berufstätige Frauen werden stigmatisiert, und der Normenkäfig verfestigt sich.

Zwar können Religionsgelehrte den Koran und die Hadithe heranziehen, um die männliche Verfügungsgewalt über Frauen zu untermauern, aber alles hängt auch von politischen Zwängen ab. Im Jahr 1996 erließ der Rat der Höchsten Religionsgelehrten eine Fatwa, die das Autofahren von Frauen kategorisch ablehnte.

> Es besteht kein Zweifel daran, dass dieses [Autofahren] nicht erlaubt ist. Wenn Frauen Auto fahren, zieht das viel Unheil nach sich und hat negative Konsequenzen. Dazu zählt, dass sie sich ohne Aufsicht unter Männer mischen. Es führt auch zu den schlimmen Sünden, aufgrund welcher so etwas verboten ist.

Zu Mohammeds Lebzeiten gab es natürlich noch keine Autos. Eine solche Fatwa ist eine rein spekulative Interpretation dessen, was die grundlegenden islamischen Prinzipien für das Autofahren von Frauen bedeuten, wenn es im Jahr 620 schon Autos gegeben hätte. Aber das Fahrverbot für Frauen wurde für das Regime in Saudi-Arabien immer peinlicher und in den internationalen Medien gnadenlos breitgetreten. Im Jahr 2017 wurde verlautbart, dass das Verbot gemäß der Reformagenda von Kronprinz Mohammed bin Salman aufgehoben werde. Aber Moment, hatte der Rat der Höchsten Religionsgelehrten 1996 nicht festgestellt, dass das Autofahren von Frauen gegen die Scharia verstieß? Kein Problem, dann mussten sie eben eine neue Fatwa erlassen, wonach es doch im Einklang mit dem Islam war.

Nebukadnezar reitet wieder

Zwar ist Saudi-Arabien ein Paradebeispiel für die Intensivierung des Normenkäfigs, aber auch andere Regime in dieser Region sind diesem Muster gefolgt, etwa die Regierung Saddam Husseins im Irak. Der Irak ging als britisches »Mandatsgebiet« aus demselben dubiosen Aufteilungsplan hervor, von dem Emir Hussein von Mekka sagte, er habe die Araber um ihren wahren Lohn für ihren Kampf gegen das Osmanische Reich betrogen. Um die bittere Pille zu versüßen, machten die Briten einen von Husseins Söhnen, Faisal, zum König des Irak.

Der Irak war eine Schöpfung des Kolonialismus, ein Amalgam dreier osmanischer Provinzen, Mossul, Bagdad und Basra. Die Einsetzung Faisals als König war eine bizarre Blüte der Kolonialpolitik; bei seiner Krönung spielte die Kapelle die britische Nationalhymne »God Save the King«, da der Irak noch keine eigene besaß. Das Königreich hatte nicht lange Bestand. Der Irak wurde 1931 unabhängig, und 1936 kam es zum ersten Putschversuch, gefolgt von zwei Jahrzehnten politischer Instabilität, bis Mitglieder der »Freien Offiziere«, einer Gruppierung unter der Führung des Generals Abd al-Karim Qasim, 1958 schließlich die Monarchie beendeten. Stunden nach dem Putsch ermordeten Qasims Männer den König und seine Familie.

Qasim unterstellte die Ulama staatlicher Kontrolle und versuchte, den Staat zu säkularisieren. Seine Bemühungen waren jedoch von kurzer Dauer. Er wurde selbst 1963 von putschenden Armeeangehörigen, die mit der Baath-Partei sympathisierten, hingerichtet. Die Ideologie der Baath-Partei, die 1947 in Syrien gegründet wurde, wurzelte im Panarabismus, Antikolonialismus und Sozialismus. Die Baathisten waren zwar säkular, hatten aber kein Problem damit, mit Hilfe des Islam die Gesellschaft zu unterjochen und den Normenkäfig zu intensivieren. Dieser Prozess begann 1968, als die Baathisten mit einem weiteren Putsch endgültig ans Ruder kamen, und eskalierte 1979 mit Saddam Husseins Regierungsübernahme. Saddam war kein Armeeangehöriger, aber er hatte sich in der Partei rücksichtslos nach oben gearbeitet und ergriff seine Chance. Zur Konsolidierung seiner Macht nahm er Familienangehörige eines Drittels der Mitglieder des Revolutionären Kommandorats als Geiseln. Dann kam er richtig in Fahrt. Er inszenierte und filmte das Geständnis von Muhyi Abdel-Hussein, dem Sekretär des Revolutionären Kommandorats (Saddam war Vizepräsident), das Parteimitgliedern im ganzen Land gezeigt wurde. Nach der von einem Historiker aufgezeichneten Fassung

> wandte sich ein gramerfüllter Saddam an die Versammlung, Tränen liefen ihm übers Gesicht. Er füllte die Lücken in [Abdel-Husseins Aussage] und zeigte dramatisch mit dem Finger auf seine früheren Kameraden. Wachleute zerrten Menschen aus der Versammlung,

> und dann rief Saddam die höchsten Minister und Parteiführer des Landes dazu auf, selbst am Erschießungskommando teilzunehmen. Offenbar wurden am 1. August 1979 über 500 hochrangige Baathisten ermordet.

Saddam hatte nun die volle Kontrolle. Er machte die Ulama zu staatlichen Lohnempfängern, die ihm untertan waren. Zur Legitimierung seiner Herrschaft konstruierte er eine Legende, wonach er vom großen babylonischen König Nebukadnezar aus dem 5. Jahrhundert v. Chr. abstammte. Nebukadnezar war natürlich kein Muslim, aber zum Erhalt seiner immer stärker gefährdeten und immer weniger anerkannten Macht nahm Saddam nicht nur den Islam, sondern alle Mittel, die er ersinnen konnte, zu Hilfe. Ein Jahr nach seiner Machtübernahme marschierte er im Iran ein und begann den desaströsen Ersten Golfkrieg. Er hatte gehofft, die Schwäche des iranischen Regimes nach dem Sturz des Schahs 1979 ausnutzen und sich die iranischen Ölfelder aneignen zu können. Stattdessen kam es zu einem blutigen Patt, das acht Jahre dauerte.

Im Jahr 1982 hatte Saddam alle säkularen Wurzeln gekappt. Er sprach vom Dschihad und schloss seine Reden mit religiösen Floskeln wie »Gott wird euch verteidigen und schützen und auf die Siegerstraße führen«. Bei Feierlichkeiten zum Geburtstag des Propheten 1984 wurde Saddam ebenfalls gepriesen, zusammen mit »unserer historischen, genialen, für den Dschihad kämpfenden Führung, die für die Zukunft unseres irakischen Volkes kämpft und unseren monotheistischen islamischen Glauben erhöht, geleitet von der Botschaft des ewigen Islam«. Als Saddam sechs Jahre später Kuweit angriff, sagte er: »Gott hat uns [also mir] den Weg gezeigt ... Gott hat uns gesegnet.« Das im Bildteil enthaltene Foto des auf Knien betenden Saddam war ein häufig gezeigtes Motiv. Nach der vernichtenden Niederlage durch (überwiegend) US-amerikanische Truppen in der Operation Desert Storm im Januar 1991 berief Saddam sich noch stärker auf den Islam. Er initiierte ein großangelegtes islamisches Erziehungsprogramm und verdoppelte oder verdreifachte die Schulstunden, in denen der Koran und die Hadithe gelehrt wurden. Erwachsene, sogar Kabinettsminister, mussten den Koranunterricht besuchen, und er gründete das Saddam-Zentrum für Koranstudien und die Saddam-Universität für Islamstudien. Das Koranwissen von Lehrern wurde geprüft, und Gefängnisinsassen wurde die Haftstrafe verkürzt, wenn sie Passagen religiöser Texte auswendig aufsagen konnten. Im Jahr 1991 ließ Saddam auf der irakischen Flagge die Worte »Allahu Akbar« (Gott ist groß) hinzufügen und verkündete öffentlich, die Flagge sei

> zum Banner des Dschihad und des Glaubens gegen
> die Horden der Ungläubigen

geworden. Saddam stilisierte sich nun als »Anführer der Gemeinschaft der Gläubigen« und wertete seine religiöse Glaubwürdigkeit dadurch auf, dass er den Normenkäfig intensivierte. Im Jahr 1994 wurde mit Dekret Nr. 59 das erste einer Vielzahl von Gesetzen erlassen, die von der Scharia inspiriert waren und das irakische Recht einem Wandel unterziehen sollten. Bei Raub und Autodiebstahl war als Strafe das Abhacken der Hand am Gelenk vorgesehen. Im Fall einer Wiederholungstat wurde der rechte Fuß am Knöchel amputiert. Bald darauf wurden Geldwechsler ohne Genehmigung und »Wucherbankiers« ebenso bestraft. Diesen Maßnahmen waren 1990 Gesetze vorausgegangen, die »Stammesbräuche« in das Strafgesetzbuch einführten, wodurch beispielsweise die Tötung einer ehebrecherischen Frau durch ihre Angehörigen legal wurde.

Saddam intensivierte den Normenkäfig noch weiter, indem er Vorschriften erließ, die dem Vormundschaftssystem in Saudi-Arabien ähnelten. Frauen durften ohne Begleitung eines männlichen Verwandten nicht ins Ausland reisen. Er kündigte ein Verbot der Berufstätigkeit von Frauen an, das er jedoch nicht umsetzte, wohl weil er befürchtete, es könnte zu unpopulär sein. Erst die 2003 von den USA installierte Regierung entließ dann alle weiblichen Richter im Irak, weil ihre Tätigkeit unislamisch sei.

Die saudische Strategie, uneingeschränkten Despotismus mit einem engen (und immer enger werdenden) Normenkäfig zu verbinden, war nicht nur für Saddam, sondern für viele andere Regime im Nahen Osten attraktiv. Die Region war aus mehreren Gründen ein Nährboden für diese unheilige Allianz. Zum einen war despotische Herrschaft geschichtlich verwurzelt. Die islamischen Reiche entwickelten sich aus den von Ibn Chaldun ausgemachten Gründen in eine streng despotische Richtung. Die despotische Entwicklung wurde durch das Osmanische Reich fortgesetzt und eher noch verstärkt. Abgesehen von Rebellion, gab es für die Gesellschaft kaum Möglichkeiten, sich an der politischen Entscheidungsfindung zu beteiligen oder vom Herrscher eine Rechenschaftspflicht einzufordern. Nach dem Ersten Weltkrieg wurden die Osmanen durch die europäischen Kolonialmächte ersetzt. Der Wunsch nach Selbstverwaltung und Unabhängigkeit, der über Jahrzehnte hinweg gewachsen und von den Briten und Franzosen oft noch gefördert worden war, wurde nun unterdrückt, und bald kam es zu einem Flickenteppich künstlicher Satellitenstaaten. Sie hatten wenig mit den bestehenden politischen Strukturen und Grenzen gemein, abgesehen von ihrer Neigung zum Despotismus. Dann kam das Öl, das, wenngleich in den verschiedenen Staaten ungleich verteilt, zum größten Exportgut der Region wurde. Bodenschätze, an denen sich die politischen Machthaber bereichern können, tendieren dazu, den Despotismus zu befeuern, und der Nahe Osten in jüngerer Zeit bildet diesbezüglich keine Ausnahme. Dann kamen die Gründung des Staates Israel und der unaufhörliche arabisch-israelische Konflikt. Das waren die besten Voraussetzungen dafür, den Despotismus in der gesamten Region mit Hilfe der Religion und des Normenkäfigs immer wieder aufs Neue zu etablieren.

Die Saat des 11. September 2001

Es ist also kein Zufall, dass despotische Staaten im Nahen Osten mit einem engen Normenkäfig einhergehen. Saudi-Arabien ist zweifellos der extremste Fall; in keinem anderen muslimischen Land gibt es eine so scharfe Trennung von Männern und Frauen am Arbeitsplatz. Aber all diese Staaten haben die dezentrale Struktur des Islam dazu benutzt, ihre politische Autorität zu untermauern. In Ägypten erließ die Al-Azhar-Universität, die autoritärste Stimme des sunnitischen

Islam, 1962 eine Fatwa, wonach der Frieden mit Israel antiislamisch sei. Doch als Präsident Anwar al-Sadat 1979 mit dem israelischen Ministerpräsidenten Menachem Begin das Camp-David-Abkommen unterzeichnete, erließ der al-Azhar-Scheich eine Fatwa, in der er den Koran und die von Mohammed geschlossenen Abkommen zitierte, um zu zeigen, dass ein Frieden mit Israel doch im Einklang mit den islamischen Grundsätzen stand. Die ägyptische Armee konnte darauf bauen, dass die Ulama ihr bei ihrem Wunsch, Frieden mit Israel zu schließen, helfen würden.

Der Ökonom Jean-Philippe Platteau hat auf eine weitere Folge dieser symbiotischen Beziehung zwischen den Ulama, oder zumindest einigen Ulama, und den despotischen Staaten des Nahen Ostens hingewiesen. Man erinnere sich daran, dass al-Wahhab nicht zum Ulama ernannt wurde, sondern anfing zu predigen und vom Volk als religiöse Autorität und Gelehrter anerkannt wurde. Er erließ Schiedssprüche, und das Volk hörte auf ihn. So kann der saudische Staat zwar einen Rat der Höchsten Religionsgelehrten gründen und ihm sagen, welche Fatwas er verkünden soll, aber er kann nicht verhindern, dass jemand anderer sich als Ulama etabliert und gegensätzliche Fatwas ausspricht. Genau das hat Osama bin Laden getan. Im Jahr 1996 erließ er seine erste Fatwa, in der er den schrecklichen Zustand des Nahen Ostens bedauerte, aber besonders Saudi-Arabiens, wo die Menschen

> glauben, dass diese Situation ein Fluch ist, der ihnen von Allah auferlegt wurde, weil sie die unterdrückerischen und illegitimen Verhaltensweisen und Maßnahmen des herrschenden Regimes nicht bekämpfen: dass es die göttlichen Scharia-Gesetze ignoriert; dass es den Menschen ihre legitimen Rechte vorenthält; dass es den Amerikanern erlaubt, das Land mit den zwei Heiligen Stätten zu besetzen; dass es unrechtmäßig die aufrichtigen Gelehrten inhaftiert. Die ehrenwerten Ulama und Gelehrten sowie Händler, Ökonomen und führende Personen des Landes wurden alle durch diese verheerende Situation aufgerüttelt.

Ein Großteil von bin Ladens Fatwa ist eine antiamerikanische Tirade, aber er machte auch deutlich, dass er »das herrschende Regime« als eigentliches Problem in Saudi-Arabien sah, und rief zum Dschihad dagegen auf.

Die politische Strategie in den Staaten des Nahen Ostens verhindert durch die Intensivierung des Normenkäfigs nicht nur Freiheit. Sie sät auch die Saat der Gewalt, der Instabilität und des Terrors. In jeder Gesellschaft beschneidet der Normenkäfig die Freiheit, indem er das Verhalten der Menschen und den Diskurs reglementiert – worüber gesprochen wird und auf welche Art und Weise. Im Nahen Osten macht es der Normenkäfig sehr schwer, einen Diskurs zu führen, in dem der Despot kritisiert wird, weil der Despot für sich beansprucht, den Glauben zu repräsentieren. Kritik an ihm bedeutet Kritik am Glauben. Daher neigt man dazu, die Kritik so zu formulieren, dass man dem Despoten mangelnde Religiosität unterstellt und sich selbst als gläubiger darstellt. Platteau führt hierzu aus:

> Wenn Despoten in einem Spannungsfeld die Religion zur eigenen Legitimation benutzen, provozieren sie damit womöglich eine Reaktion in Form einer religiösen Gegenbewegung, in der der Herrscher und seine Gegner darin wetteifern, wer gläubiger ist.

Das entspricht exakt bin Ladens Vorgehen. Seine Fatwa vermerkte weiter die »Aussetzung der islamischen Scharia-Gesetze und deren Austausch durch kodifizierte Gesetze sowie die blutige Auseinandersetzung mit aufopferungsvollen Gelehrten und rechtschaffenen Jugendlichen.« Die Saud mochten die meisten Ulama kontrollieren, aber da gab es immer noch die »aufopferungsvollen Gelehrten« wie bin Laden. Und trotz aller Bemühungen bekamen die Saudis bin Laden nicht in den Griff. Er gründete eine soziale Bewegung mit einer radikalen, gewalttätigen Agenda, und ihn trieb nicht nur der Hass auf den Westen und die Vereinigten Staaten an, sondern auch der Hass und die Verachtung für die »unterdrückerischen und illegitimen Verhaltensweisen und Maßnahmen des herrschenden Regimes«.

Dass die Strategie der Manipulation der Ulama für die Zwecke des Despotischen Leviathans am massivsten und erfolgreichsten in Saudi-Arabien angewandt wurde, ist eine Erklärung dafür, warum Osama bin Ladens Aufstieg sich im Dunstkreis der Saudis vollzog und 15 der 19 Entführer, die am 11. September 2011 Flugzeuge in US-amerikanische Gebäude lenkten, saudische Staatsbürger waren. Das Zusammenspiel des Depotischen Leviathans und der institutionellen Struktur des Islam intensiviert nicht nur den Normenkäfig, sondern erzeugt Terrorismus, Gewalt und Instabilität.

13. DIE ROTE KÖNIGIN AUSSER KONTROLLE

Eine Revolution des Nihilismus

Am 23. März 1933 trat das deutsche Parlament in der Berliner Krolloper zusammen. Der ungewöhnliche Tagungsort wurde notwendig, da im Monat zuvor das Parlamentsgebäude, der Reichstag, abgebrannt war. Nachdem der kurz zuvor zum Reichkanzler ernannte Führer der Nationalsozialistischen Deutschen Arbeiterpartei (NSDAP), Adolf Hitler, gesprochen hatte, trat Otto Wels, der Vorsitzende der Sozialdemokratischen Partei Deutschlands (SPD), ans Rednerpult. Wels attackierte vehement Hitlers Ermächtigungsgesetz. Mit diesem Gesetz – dem nächsten Schritt auf dem Weg zur »Revolution des Nihilismus«, wie der deutsche Politiker Hermann Rauschning, der zeitweilig selbst der NSDAP angehörte, es formulierte – sollte faktisch das Parlament ausgeschaltet und alle Macht für die Dauer von vier Jahren auf Hitler übertragen werden. Wels gab sich nicht der Illusion hin, durch seine Rede etwas ändern zu können, und er rechnete damit, für sie körperlich angegriffen und inhaftiert zu werden oder noch Schlimmeres zu erleiden, deshalb trug er eine Zyankalikapsel bei sich. Er war längst zu dem Schluss gekommen, es sei besser, sich selbst zu töten, als den Nazis und ihren paramilitärischen Einheiten der SA oder der SS in die Hände zu fallen. Wels wusste, dass gerade tags zuvor in Dachau das erste Konzentrationslager eröffnet worden war; bereits 200 politische Gefangene hatte man dorthin verschleppt. Er wusste es, weil die Nazis keinen Hehl daraus machten, was sie ihren Gegnern anzutun gedachten. Hitler hatte bereits 1921 von solchen Lagern gesprochen, und der Reichsführer-SS, Heinrich Himmler, hatte auf einer Pressekonferenz am 20. März die Eröffnung des Lagers angekündigt. Wels' Rede fand in einer Atmosphäre intensiver Einschüchterung und latenter Gewalt statt. Die Krolloper war mit Nazifahnen und Hakenkreuzen beflaggt, auf den Fluren und an den Eingängen wimmelte es von SA- und SS-Leuten.

> Wir deutschen Sozialdemokraten bekennen uns in dieser geschichtlichen Stunde feierlich zu den Grundsätzen der Menschlichkeit und der Gerechtigkeit, der Freiheit und des Sozialismus. Kein Ermächtigungsgesetz gibt Ihnen die Macht, Ideen, die ewig und unzerstörbar sind, zu vernichten … Auch aus neuen Verfolgungen kann die Sozialdemokratie neue Kraft schöpfen. Wir grüßen die Verfolgten und Bedrängten. Wir grüßen unsere Freunde im Reich. Ihre Standhaftigkeit und Treue verdienen Bewunderung. Ihr Bekennermut, ihre ungebrochene Zuversicht verbürgen eine hellere Zukunft.

Doch die Verabschiedung des Gesetzes war ausgemachte Sache. Die Nazis hatten mit allen Mitteln dafür gesorgt, dass sämtliche Abgeordneten mit Ausnahme der Sozialdemokraten zustimmten. Dass die Weimarer Republik an einen solch folgenschweren Punkt gelangen könnte, mit Hitler als Reichskanzler und einem Parlament, das sich selbst entmachtete, war einigermaßen überraschend gekommen. Noch vor nicht allzu langer Zeit war die Nationalsozialistische Deutsche Arbeiterpartei lediglich eine Splittergruppe gewesen, 1928 hatte sie bei den Wahlen magere 2,6 Prozent der Stimmen erzielt. Doch die Weltwirtschaftskrise, in deren Verlauf die deutsche Wirtschaftsleistung um die Hälfte sank, die wachsende Unzufriedenheit in der Bevölkerung und eine Reihe unfähiger Regierungen hatten den Nazis bei den ersten Wahlen nach Ausbruch der Weltwirtschaftskrise 1930 einen enormen Stimmenzuwachs beschert, der sich bei den Wahlen 1932 sogar noch steigerte. Bei den letzten freien Wahlen in Deutschland im November 1932 errangen die Nazis bereits rund 33 Prozent. Die folgenden Wahlen im März 1933 nach Hitlers Ernennung zum Reichskanzler im Januar zuvor fanden in einer Atmosphäre des Terrors und der Repression durch die Braunhemden der SA und der von den Nazis kontrollierten Polizei statt. Dies trug der NSDAP fast 44 Prozent der Stimmen ein. Gemäß dem in der Weimarer Republik geltenden Verhältniswahlrecht stellte die NSDAP damit 288 der

647 Abgeordneten. Zur Verabschiedung ihres Ermächtigungsgesetzes, das offiziell »Gesetz zur Behebung der Not von Volk und Reich« genannt wurde, benötigten die Nazis jedoch ein doppeltes Quorum: Mindestens zwei Drittel der Abgeordneten mussten bei der Abstimmung anwesend sein und von ihnen mussten wiederum mindestens zwei Drittel das Gesetz billigen. Davon waren die Nationalsozialisten weit entfernt, vor allem wenn sämtliche Parlamentsmitglieder anwesend waren. Daher schlossen sie als Erstes die 81 Abgeordneten der Kommunistischen Partei von der Teilnahme aus und senkten so das Quorum von 432 auf 378. Von den 120 sozialdemokratischen Abgeordneten waren nur 94 gekommen; die übrigen saßen entweder im Gefängnis, waren krank oder einfach zu sehr eingeschüchtert, um zu erscheinen. Zwar votierten alle 94 anwesenden SPD-Abgeordneten gegen das Gesetz, doch das reichte nicht, da sämtliche anderen Parteien dafür stimmten. Eine demokratische gewählte Gesetzkörperschaft hatte sich durch ihr eigenes Votum selbst abgeschafft.

Dass die Nazis genau dies angestrebt hatten, war kein Geheimnis, auch wenn sie zuweilen ihre Ziele verschwommen formulierten. In ihrem Wahlprogramm von 1930 hatten sie verkündet:

> Die nationalsozialistische Bewegung wird mit ihrem Siege den alten Klassen- und Kastengeist überwinden. Sie wird aus Standeswahn und Klassenirrsinn wieder ein Volk erstehen lassen.
> Sie wird dieses Volk zu eiserner Entschlossenheit erziehen.
> Sie wird die Demokratie überwinden und die Autorität der Persönlichkeit in ihre Rechte setzen.

Doch was genau bedeutete es, »die Demokratie zu überwinden«? Hitler hatte damit geprahlt, nur vier Jahre zu benötigen, um all seine Ziele zu erreichen, daher war die Dauer des Ermächtigungsgesetzes zunächst begrenzt (sie wurde 1937 und noch einmal 1939 verlängert, 1943 wurde die zeitliche Beschränkung schließlich aufgehoben). In einer Rede am 10. Februar 1933 im Berliner Sportpalast versicherte er: »Deutsches Volk! Gib uns vier Jahre Zeit, dann richte und urteile über uns. Deutsches Volk, gib uns vier Jahre, und ich schwöre dir: So wie wir, und so wie ich in dieses Amt eintrat, so will ich dann gehen. Ich tat es nicht um Gehalt und nicht um Lohn, ich tat es um deiner selbst wegen.« Einen Tag nach dieser Rede jedoch, als Hitler sich mit Industriellen traf, die seinen Wahlkampf finanziell mit großen Summen unterstützten, erklärte Hermann Göring, die bevorstehende Wahl werde die letzte sein, und zwar nicht nur für vier, sondern für hundert Jahre. In einer öffentlichen Ansprache im Jahr zuvor, am 17. Oktober 1932, hatte Hitler bereits erklärt: »Wenn wir einmal die Macht in die Hand bekommen, werden wir sie, so wahr mir Gott helfe, auch erhalten!« An dem Tag, als Hitler zum Reichskanzler ernannt wurde, notierte sein künftiger Propagandaminister Joseph Goebbels in sein Tagebuch, nun stehe die letzte aller Wahlen bevor.

Wie hatte es dazu kommen können? Die Weimarer Republik war ein reger demokratischer Staat mit einer in weiten Teilen gebildeten und politisch aktiven Bevölkerung. Warum erlag sie einer Verbrecherbande und deren »Revolution des Nihilismus«?

Um dies zu beantworten, müssen wir die Gründungs- und Entwicklungsgeschichte der Weimarer Republik betrachten. Kurz bevor das deutsche Kaiserreich im November 1918 kapitulierte, plante die deutsche Marineführung einen letzten Verzweiflungsangriff auf die englische und flandrische Küste und die Royal Navy. Doch die Matrosen verweigerten diesen militärisch aussichtslosen Befehl und meuterten. Der Kieler Matrosenaufstand wurde zum Auslöser der Novemberrevolution. In ganz Deutschland formierten sich in den Städten Arbeiter- und Soldatenräte, deren oberstes Organ der Vollzugsrat war. Er sollte die künftige Regierung im revolutionären Sinne kontrollieren. Am 28. November 1918 dankte Kaiser Wilhelm II. ab und ging ins Exil, 19 Tage nach Ausrufung der Republik. Ihr erster Kanzler wurde der Sozialdemokrat Friedrich Ebert. Er versuchte, die revolutionäre Bewegung einzudämmen, unter anderem damit, dass er zum Vollzugsrat eine Parallelstruktur ins Leben rief, den Rat der Volksbeauftragten. Um die Entstehung einer sozialistischen Republik nach russischem Vorbild zu verhindern, schloss Ebert sogar ein Geheimabkommen mit dem monarchistisch und antidemokratisch gesinnten Chef der Obersten Heeresleitung. Dieser sicherte zu, ihm Truppen und paramilitärische Verbände, sogenannte Freikorps, zur Niederschlagung der Rätebewegung zur Verfügung zu stellen. Offiziere der Reichswehr waren es auch, die im Januar 1919 in Berlin die beiden führenden Köpfe der kurz zuvor gegründeten Kommunistischen Partei, Rosa Luxemburg und Karl Liebknecht, mit Billigung aus den höchsten Kreisen der Sozialdemokratie ermordeten; die Täter kamen weitgehend straffrei davon. Auch die Bildung einer Räterepublik nach sowjetkommunistischem Vorbild in Bayern, Bremen und anderen Städten wurde von rechtsgerichteten Truppen und Freikorps mit Waffengewalt und Blutvergießen verhindert.

All diesen Gewalttaten und der politischen Instabilität zum Trotz schien Deutschland sich in den Korridor zu bewegen, und die Rote Königin trat voll in Aktion. Die Weimarer Republik war der erste deutsche Staat mit allgemeinem Wahlrecht (auch für Frauen), es wurden der Achtstundentag und soziale Grundrechte und Pflichten eingeführt oder erweitert. Andererseits jedoch hatte in staatlichen Institutionen und in der Bürokratie nach wie vor die alte preußische Elite das Sagen. In vielerlei Hinsicht bedeutete dies die nahtlose Fortführung des despotischen Staates, den Friedrich Wilhelm von Preußen Mitte des 17. Jahrhunderts gegründet hatte. Dennoch konnte sich die SPD schon weit vor dem Ersten Weltkrieg zu einem bedeutenden politischen Akteur entwickeln. Die im August 1919 verabschiedete Verfassung der Weimarer Republik war nur der erste Schritt der Roten Königin auf ihrem dynamischen Gang nach Kriegsende. Die Niederlage der deutschen Armee verstärkte die Unzufriedenheit, die viele Deutsche gegenüber den Institutionen des Landes verspürten, und führte zur Beschleunigung der gesellschaftlichen Mobilisierung. Die Bürger forderten mehr Einflussmöglichkeiten, umfassendere Rechte und wirksame politische Repräsentation. Auch die Gewerkschaften gewannen an Einfluss.

Die gesellschaftliche Mobilisierung fand großenteils in Form der zahllosen Verbände, Vereine und bürgerschaftlichen Organisationen statt, die überall im Land entstanden. Ein zeitgenössischer Witz lautete: Treffen sich drei oder mehr Leute, gründen sie auf der Stelle einen Verein und schreiben eine Satzung. Der Historiker Peter Fritzsche merkt dazu an:

> Die immer zahlreicheren freiwilligen Zusammenschlüsse zogen in aktiver Weise mehr Mitglieder denn je an. So wie sich Einzelhändler,

> Bäcker und kaufmännische Angestellte in wirtschaftlichen Interessengruppen organisiert hatten, taten sich Gymnasiasten, Volkskundler, Sänger und Kirchgänger in Vereinen zusammen, warben neue Mitglieder, hielten Versammlungen ab und organisierten ein breites Spektrum von Tagungen und Wettbewerben.

Es war nicht nur eine Zeit der sozialen Mobilisierung, auch der Normenkäfig wurde brüchig, vor allem was die Rolle und die Identität der Frauen anging. Elsa Herrmann feierte in ihrem 1929 erschienenen Buch *So ist die neue Frau* die neue Freiheit und Identität der Frauen. Die traditionellen Rollenklischees lehnte sie entschieden ab: »Die Frau von gestern lebte und wirkte nur für die Zukunft. Schon als halbes Kind werkte und sparte sie für den ›Hamsterkasten‹, das einstige Heiratsgut. In der jungen Ehe arbeitete sie selbst möglichst viel im Haushalt, um Kosten zu sparen … In der Verfolgung dieses Ziels half sie dem Mann in seinem Geschäft oder bei der Ausübung eines freien Berufes.« Aber die Dinge hatten sich geändert:

> Die Frau von heute hat sich das Ziel gesetzt, durch ihr Wirken und Handeln den Beweis zu erbringen, dass die Vertreterinnen des weiblichen Geschlechts nicht Menschen zweiten Grades sind, die nur in Abhängigkeit und Hörigkeit existieren können …

Das Frauenwahlrecht war nicht die einzige Neuerung in den politischen Institutionen Deutschlands nach dem Ersten Weltkrieg. Laut Verfassung war Deutschland fortan eine Republik mit einem gewählten Präsidenten und keine Erbmonarchie mehr. Für sämtliche Bürger galt jetzt die Gleichheit vor dem Gesetz, ihre Individualrechte wurden garantiert, und sie durften frei ihre Meinung äußern, sich versammeln und an der Politik teilhaben. Artikel 124 legte fest:

> Alle Deutschen haben das Recht, zu Zwecken, die den Strafgesetzen nicht zuwiderlaufen, Vereine oder Gesellschaften zu bilden. Dieses Recht kann nicht durch Vorbeugungsmaßregeln beschränkt werden. Für religiöse Vereine und Gesellschaften gelten dieselben Bestimmungen.
> Der Erwerb der Rechtsfähigkeit steht jedem Verein gemäß den Vorschriften des bürgerlichen Rechts frei. Er darf einem Vereine nicht

aus dem Grunde versagt werden, dass er einen politischen, sozialpolitischen oder religiösen Zweck verfolgt.

Mit dieser in Deutschland beispiellosen sozialen Mobilisierung gingen während der Weimarer Zeit ein starker kultureller Wandel und eine enorme Kreativität einher. Das Bauhaus, die 1919 unter der Leitung der visionären Architekten Walter Gropius und Ludwig Mies van der Rohe gegründete Kunstschule, wurde zum Vorreiter einer neuen Synthese von Kunst und Design. Wassily Kandinsky, Paul Klee und andere Maler der ehemaligen berühmten Gruppierung Blauer Reiter bildeten einen neuen Zusammenschluss, die Blaue Vier; sowohl Kandinsky als auch Klee unterrichteten am Bauhaus. Komponisten wie Arnold Schönberg und Paul Hindemith revolutionierten die Orchestermusik, Regisseure wie Fritz Lang und Robert Wiene begründeten den expressionistischen Film.

Aber wie es für die unbändige Dynamik der Roten Königin typisch ist, reagierte auch die Elite. Trotz der zumeist bürgerlichen oder sozialdemokratischen Regierungen während der Weimarer Republik blieb die Kontrolle der Elite über die Bürokratie ungebrochen. Außerdem konnte sie sich auf die Loyalität eines großen Teils des Militärs und diverser, aus den Reihen der Freikorps hervorgegangenen rechtsgerichteter bewaffneter Organisationen verlassen, Kräfte, die unumwunden die Demokratie und deren zivilgesellschaftliche Neuerungen ablehnten.

Ebert hatte Ende 1918 und Anfang 1919 die Armee eingesetzt, um eine radikale Entwicklung hin zu einer Räterepublik zu verhindern. Diese Maßnahme jedoch entfesselte zu seinem und der Republik Schaden nationalistische, völkische und andere republikfeindliche Kräfte. Auch bestimmte institutionelle Besonderheiten der neuen Republik zeigten in den Folgejahren fatale Wirkungen. Von Beginn an war die Weimarer Republik gelähmt durch die Tatsache, dass rund die Hälfte ihrer gewählten Volksvertreter den demokratischen Institutionen ablehnend gegenüberstand. Zum einen waren dies die Kommunisten, die eine Revolution nach sowjetischem Vorbild anstrebten. Sie betrachteten den demokratischen Staat von Weimar als »bourgeois« oder gar als »faschistisch«. Zum anderen wollten ein Großteil der rechtsgerichteten Abgeordneten sowie die Mehrheit der mit ihnen verbündeten traditionellen Eliten nichts anderes als die Rückkehr zu den Verhältnissen der Zeit vor 1914 und die Wiederherstellung der Monarchie. Und manche von ihnen sprachen wie die Nazis den Institutionen der Republik jegliche Legitimität ab. Bezeichnend für die Republikfeindlichkeit der extremen Rechten und Linken waren die chaotischen Szenen, die sich nach den Wahlen von 1930, in denen die NSDAP erstmals einen beträchtlichen Stimmenanteil errungen hatte, im Parlament abspielten. 107 Nazis, uniformiert in ihren Braunhemden, versuchten gemeinsam mit den 77 kommunistischen Abgeordneten, die Reichstagssitzung zu sprengen. Beide Fraktionen störten mit unablässigen Zwischenrufen, missachteten alle parlamentarischen Regeln und stellten unablässig Anträge zur Geschäftsordnung. Die ultrarechten wie die radikal linken Abgeordneten hatten keinen Respekt für das Parlament, in das man sie gewählt hatte.

Der weitverbreitete Mangel an Vertrauen in die Demokratie führte nicht nur aufseiten der Nationalsozialisten dazu, paramilitärische Verbände aufzustellen. Wir haben bereits erwähnt, welche entscheidende Rolle die Freikorps bei der Niederschlagung der kommunistischen Räterepublik in München spielten. Die Freikorps und die SA unterschieden sich in ihrer Grundhaltung kaum voneinander. Die »Sturmabteilung« war 1920 aus der »Box- und Sportabteilung« der NSDAP als Sammelbecken für ehemalige Angehörige der Freikorps und des Militärs hervorgegangen; der SA-Führer Ernst Röhm war ebenfalls ein früherer Freikorps-Mann. Auch die Sozialdemokraten unterhielten eine paramilitärische Gruppierung, das Reichsbanner Schwarz-Rot-Gold, ebenso die Kommunisten mit ihrem Roten Frontkämpferbund. Trotz der preußischen Tradition des starken Staats konnte die Weimarer Republik niemals das Gewaltmonopol durchsetzen, was sich als unheilvoll herausstellen sollte.

Die unversöhnlichen politischen Gegensätze und das Verhältniswahlrecht erschwerten das Funktionieren der Demokratie beträchtlich. Im Jahr 1928 waren im Reichstag 15 politische Parteien vertreten, darunter das Sächsische Landvolk und die Deutsche Bauernpartei. Weitere 26 Parteien hatten erfolglos kandidiert und damit den großen Parteien Stimmen genommen. Keine Partei erzielte je bei einer Wahl die absolute Mehrheit, so dass Regierungsbildung nur durch Koalition möglich war. In den rund 14 Jahren der Weimarer Republik verfügte die Regierung in der Hälfte der Zeit nicht einmal über die Mehrheit im Parlament, was bedeutete, dass sie für jedes Gesetzesvorhaben neue Bündnisse schließen musste. Zwischen 1919 und 1933 gab es 20 verschiedene Regierungen, Kabinette genannt, die durchschnittlich nur 239 Tage Bestand hatten. Die daraus resultierende Frustration und die parlamentarische Lähmung führten dazu, dass sich die Regierungen von 1930 an vor allem auf die Verordnungen des Reichspräsidenten stützten. Die in Artikel 48 der Weimarer Verfassung festgelegten umfangreichen Weisungsrechte im Falle eines nationalen Notstands, die dem Präsidenten zustanden, ermöglichten ihm, direkt in das politische Geschehen einzugreifen. Zwar konnten seine Verordnungen durch das Votum des Parlaments überstimmt werden, doch der Präsident hatte auch das Recht, das Parlament aufzulösen und den Artikel 48 nach Gutdünken anzuwenden. Der erste Reichspräsident, Friedrich Ebert, berief sich bei 136 verschiedenen Anlässen auf Artikel 48, obwohl dieser nur für einen wirklichen Ausnahmezustand vorgesehen war.

Eine Regenbogenkoalition der Unzufriedenen

In diese hochmobilisierte Gesellschaft mit ihrem fragmentarischen und sich im Zerfall befindenden politischen System trat die NSDAP ein. Sie ging aus der Deutschen Arbeiterpartei hervor, die 1919 in München gegründet worden war. Adolf Hitler, damals noch Gefreiter im deutschen Heer, wurde eines der ersten Mitglieder dieser Kleinpartei, und aufgrund seines Rednertalents machte man ihn bald schon zum Propagandabeauftragten. Mit der Namensänderung durch Hinzufügung von »sozialistisch« hoffte die Partei breiteren Zustrom zu gewinnen. Bereits 1921 hatte es Hitler aufgrund seiner Skrupellosigkeit und seines Charismas geschafft, die Führung der Partei an sich zu reißen, fortan konnte er unangefochten deren Ziele und Strategie bestimmen. Im November 1923 beging er den Fehler zu glauben, die militärischen Verbände in München würden ihn bei einem Putschversuch gegen die Berliner Regierung unterstützen. Der Marsch auf die Feldherrnhalle endete im Fiasko. Die NSDAP wurde verboten und Hitler zu Festungshaft verurteilt.

Dass der Putschversuch in München stattfand, war kein Zufall. Die nationalsozialistische Partei war im Juli 1922, nachdem Außenminister Walter Rathenau von rechten Nationalisten ermordet worden war, in fast ganz Deutschland verboten worden. Nur in Bayern blieb die NSDAP weiterhin legal und erfuhr stetigen Mitgliederzuwachs. In Bayern regierte der rechtsgerichtete Gustav Ritter von Kahr, der zwischen 1918 und 1919 paramilitärische Verbände unterstützt hatte und mit der sogenannten Einwohnerwehr eine eigene Kampftruppe unterhielt. Viele Konservative betrachteten die Nazis als Kriminelle und Schlägerbande, die man sich jedoch zunutze machen konnte, wenn es darum ging, die Verhältnisse der Zeit vor Weimar wiederherzustellen. Doch mit ihrem Putsch hatten sich Hitler und seine Gefolgsleute verkalkuliert. Kahr lehnte Hitlers Aufforderung, sich an dem Staatsstreich zu beteiligen, ab und ließ die Landespolizei gegen die Putschisten einschreiten.

In der Gerichtsverhandlung gegen Hitler zeigte sich jedoch, dass die bayerischen Behörden mit ihm sympathisierten. Es wurde rechtswidrig dafür gesorgt, dass der Prozess in München stattfand und von dem Richter Georg Neithardt, einem bekennenden Nationalisten, geleitet wurde. Neithardt ließ zu, dass Hitler stundenlange Tiraden halten konnte und aus der Verhandlung einen »politischen Karneval« machte, wie ein Journalist damals schrieb. Nach Hitlers ersten Auslassungen soll einer der Richter gesagt haben: »Was für ein Pfundskerl, dieser Hitler!«

Hitler wurde zu fünf Jahren Festungshaft verurteilt, kam aber bereits Anfang Dezember 1924 frei, neun Monate nach Antritt seiner Strafe. Während seines komfortablen Gefängnisaufenthalts entstand sein Buch *Mein Kampf*. Und er vollzog ein Umdenken – die Nazi-Partei würde nicht durch einen Staatsstreich an die Macht kommen, sondern müsste den demokratischen Weg einschlagen.

Doch bis zu den Wahlen von 1928 war die NSDAP nichts anderes als eine Splitterpartei, die nicht einmal 3 Prozent der Stimmen erzielte. Das änderte sich jedoch nach dem Börsenkrach an der Wall Street 1929 und dem Beginn der Weltwirtschaftskrise. Die volle Wucht der Krise traf Deutschland zwar erst 1930, aber bereits 1929 kam es zu einem dramatischen Rückgang von Investitionen. Im Jahr 1930 sank das Nationaleinkommen um 8 Prozent, ein Jahr später war es bereits um ein Viertel zurückgegangen und 1932 um fast 40 Prozent. Viele Deutsche mussten zusehen, wie sich ihre Ersparnisse in Luft auflösten, aber am schlimmsten traf es jene, die ihre Arbeit verloren. Die Arbeitslosenquote schnellte auf 44 Prozent hoch, ein Wert, wie ihn bis dahin noch kein Industrieland erlebt hatte. Zum Vergleich: In den USA lag die Arbeitslosenquote 1932 bei 24 Prozent, in Großbritannien bei 22 Prozent.

Doch die Arbeitslosen stimmten keineswegs vorwiegend für die NSDAP. Sie tendierten eher zu den linken Parteien, ebenso wie die Gewerkschaftsmitglieder. Es war vielmehr die enorme wirtschaftliche Unsicherheit zu dieser Zeit, die die protestantische Mittelschicht, die Geschäftsinhaber und Bauern sowie die unzufriedene städtische Jugend dazu brachte, den vagen Versprechen der Nazis auf nationale Erneuerung Glauben zu schenken. Die NSDAP wurde zum Auffangbecken all jener, die vom bestehenden Parteiensystem und der Weimarer Politik enttäuscht waren, was der Historiker Richard Evans als »Regenbogenkoalition der Unzufriedenen« bezeichnete.

Ende März 1930 setzte Reichspräsident Paul von Hindenburg eine neue Regierung ein, mit Heinrich Brüning von der Zentrumspartei als Reichskanzler. Die Zentrumspartei war nur drittstärkste Kraft nach den Sozialdemokraten und der Deutschnationalen Volkspartei und hatte im Parlament 61 von 491 Sitzen. Die Ernennung Brünings durch Hindenburg kündigte den Verfall der parlamentarischen Spielregeln an, denn sie erfolgte ohne Absprache mit dem Parlament. Brüning war zwar am Erhalt der Demokratie gelegen, aber er agierte ohne Fortune, und seine Regierung fand nie Unterstützung durch eine parlamentarische Mehrheit. Letztlich scheiterte sie daran, dass dem Präsidenten Hindenburg Brünings Politik zu wenig konservativ erschien. Am 1. Juni 1932 entließ Hindenburg Brünings Kabinett, löste das Parlament auf und setzte Neuwahlen an.

Sie fanden Ende Juli 1932 statt. Bereits vorher ernannte Hindenburg Franz von Papen, einen ehemaligen Offizier der kaiserlichen Armee, zum neuen Reichskanzler, der bis zum Zusammentreten des neuen Reichstags ohne parlamentarische Opposition regieren konnte. Hindenburg nutzte dies, indem er am 14. Juli eine Notverordnung erließ, die von Papen zum Reichskommissar von Preußen, dem größten deutschen Gliedstaat, machte und ihn ermächtigte, die amtierende preußische Landesregierung abzusetzen. Damit unterstand ihm fortan auch der gesamte preußische Machtapparat. Papen selbst schien keinerlei Bedenken gegen die Entmachtung der demokratisch gewählten Landesregierung gehabt zu haben. In seinen Memoiren bekannte er, sein Ziel sei gewesen, das kaiserliche System und die Monarchie wiederherzustellen. Dabei beging er den Grundfehler der traditionellen Eliten, zu glauben, die NSDAP für ihre eigenen Zwecke einspannen zu können. Dies sollte sich als schwerer Irrtum herausstellen.

Bei den Wahlen am 31. Juli 1932 erhielt die NSDAP mehr als 37 Prozent der Stimmen und somit 230 Sitze im Reichstag. Das Kabinett Papen, dem fast ausschließlich parteilose Minister adliger Abstammung angehörten, fand ebenfalls keine parlamentarische Mehrheit und hielt sich nur ein knappes halbes Jahr. Im November 1932 fanden erneut Wahlen statt, die der NSDAP rund 33 Prozent der Stimmen und 196 Parlamentssitze eintrugen. Da die Nazis es ablehnten, in eine Koalition einzutreten, sofern sie nicht selbst den Kanzler stellten, war es weiterhin unmöglich, eine regierungsfähige Mehrheit zu finden. Am 3. Dezember wurde Papen durch den Reichswehrminister Kurt von Schleicher abgelöst, einem ehemaligen General, der sich mit dem Plan trug, mit Hilfe eines Staatsstreichs eine vom Militär gestützte konservativ-autoritäre Regierung ohne Beteiligung der NSDAP einzusetzen. Doch aus seinen Plänen wurde nichts, und die Selbstentmachtung des Parlaments nahm ihren Lauf. Im Jahr 1930 hatten die Abgeordneten 94-mal getagt, 98 Gesetze verabschiedet, und Hindenburg hatte fünf Notverordnungen erlassen. Zwei Jahre später fanden nur mehr kümmerliche 13 Sitzungstage statt, an denen lediglich fünf Gesetze verabschiedet wurden, und Hindenburg erließ bereits 66 Notverordnungen. Nachdem alle Versuche, eine funktionsfähige Regierung zustande zu bringen, gescheitert waren, drängte von

Papen Hindenburg, Hitler zum Reichskanzler zu ernennen, was am 30. Januar geschah. Gleichzeitig löste Hindenburg das Parlament auf und ordnete für den 5. März Neuwahlen an. Bis dahin hatte Hitler fast uneingeschränkte Macht über den Staat.

In der Nacht vom 27. auf den 28. Februar 1933 brannte das Reichstagsgebäude nieder. Das Feuer hatte angeblich ein holländischer Kommunist gelegt, Marinus van der Lubbe; bis heute ist umstritten, ob er tatsächlich der Täter war. Der Reichstagsbrand war für Hitler der willkommene Vorwand, um zu behaupten, ein kommunistischer Staatsstreich stehe bevor. Daraufhin erließ Hindenburg die sogenannte Reichstagsbrandverordnung, mit der die meisten Grundrechte außer Kraft gesetzt wurden, darunter der Schutz der persönlichen Freiheit, die freie Meinungsäußerung, die Pressefreiheit, die Versammlungsfreiheit sowie das Post- und Fernmeldegeheimnis. Mit dieser Verordnung in seinen Händen setzte Hitler die gesamten paramilitärischen und organisatorischen Kräfte der NSDAP in Marsch, um vor den März-Wahlen seine Opponenten einzuschüchtern und zu verfolgen. Zugute kam ihm auch, dass von Papen die preußische Landesregierung abgesetzt hatte, denn nun konnte er seinen Vertrauten Hermann Göring zum Reichskommissar für das preußische Innenministerium ernennen, wodurch Göring Dienstherr der preußischen Polizei, das heißt der Hälfte der Polizeikräfte von ganz Deutschland, wurde.

Der nächste Schritt war das in der Krolloper verabschiedete Ermächtigungsgesetz. Es besiegelte das Ende der Weimarer Demokratie.

Die Rote Königin des Nullsummenspiels

Der Zusammenbruch der Weimarer Republik war nicht einfach nur eine Folge unvorhersehbarer Ereignisse oder das Ergebnis von Hitlers Durchsetzungswillen. Die Weimarer Republik hatte tiefe Bruchlinien, durch die der Rote-Königin-Effekt potentiell instabiler und risikoträchtiger wurde und dazu neigte, außer Kontrolle zu geraten. In diesem Kapitel beschäftigen wir uns damit, warum dies in Deutschland geschah, und klären die Umstände, unter denen der dynamische Wettstreit zwischen Staat und Gesellschaft eine Nation aus dem Korridor schleudern kann.

Die erste Bruchlinie hat mit der Art des Wettstreits zwischen Staat und Gesellschaft zu tun. Beim Rote-Königin-Effekt im antiken Athen (Kapitel 2) oder in den Vereinigten Staaten (Kapitel 10) versuchte jede Seite, ihre Leistungsfähigkeit zu steigern, um der anderen überlegen zu sein, was aber nicht bedeutete, dass der Staat die Gesellschaft unterdrückte oder versuchte, ihr alle Macht zu rauben. Und umgekehrt zielte die gesellschaftliche Mobilisierung nicht darauf, die Eliten vollständig zu eliminieren. Solon, Kleisthenes und die Gründerväter der USA wie etwa George Washington und James Madison wirkten eher als Vermittler, die sowohl von den Eliten als auch den einfachen Bürgern anerkannt wurden. Sie institutionalisierten die Macht der Gesellschaft und trugen zugleich zur Erweiterung der staatlichen Leistungsfähigkeit bei. Dies schuf ein politisches Umfeld, in dem sich die staatliche Leistungsfähigkeit weiterentwickelte und zu verbesserten Regelungen sowie Institutionen führte, die öffentliche Dienstleistungen bereitstellten und in der Lage waren, Konflikte zu lösen – ein Beispiel für eine Rote Königin mit »positiver Summe«, dank deren beide Seiten aufgrund ihres Wettstreits schließlich stärker wurden. In der Weimarer Republik herrschte eine andere, stärker polarisierte Situation. Mit Polarisierung meinen wir, dass es zwischen den Eliten und dem Teil der Gesellschaft, der am stärksten mobilisiert und entschlossen war, der deutschen Politik seinen Stempel aufzudrücken (vor allem die Arbeiterbewegung und ihre wichtigste Organisation, die Sozialdemokratische Partei) wenig Spielraum für Kompromisse zu geben schien. Folglich trug hier die Dynamik der Roten Königin weniger dazu bei, die Kooperation zwischen Staat und Gesellschaft und eine Staatsbildung auf breiter Basis zu fördern, sondern es kam eher zu einem »Nullsummenspiel«, bei dem jede Seite danach trachtete, die andere zu zerstören, um selbst überleben zu können.

An der Nullsummen-Roten-Königin in der Weimarer Republik war hauptsächlich, aber nicht allein die Haltung der deutschen Eliten schuld. Die Eliten im Militär, in der Bürokratie, im Rechtswesen, an den Hochschulen und in der Geschäftswelt akzeptierten die demokratischen Verhältnisse nicht und trachteten nach einer Rückkehr zu der autoritäreren, von ihnen kontrollierten Gesellschaft des 19. Jahrhunderts zu Zeiten des Reichskanzlers Otto von Bismarck. Das Militär, dominiert von der preußischen Elite, gab der Demokratie die Schuld an der Niederlage im Krieg und an den erdrückenden Bedingungen des Versailler Friedensvertrags, den es zähneknirschend hinnehmen musste. Die Wirtschaftselite fühlte sich von der Sozialdemokratischen Partei und der Mobilisierung der Massen bedroht. Diese Einstellungen führten in entscheidenden Punkten immer wieder zu Repression statt zu Kompromissen. Zudem schufen sie ein Umfeld, das die Entstehung verschiedener rechtsgerichteter Randgruppen wie der NSDAP förderte.

Dies zeigt sich besonders deutlich an der stillschweigenden Unterstützung, die die Nationalsozialisten von der deutschen Elite erfuhren. Nicht allein nach dem gescheiterten Putsch von 1923 erfreuten sich Hitler und seine Verbündeten der Vorzugsbehandlung durch die »höheren Kreise«. Auch Polizei und Justiz stellten sich nicht selten auf die Seite der Braunhemden, wenn ihre Schlägerbanden über Kommunisten und Sozialdemokraten herfielen und sie zu Tode prügelten, was sie zu immer weiterem Terror ermutigte. Der Statistiker Emil Julius Gumbel hat politisch motivierte Morde zwischen 1919 und 1922 ausgewertet: 22 Morde durch linksgerichtete Täter führten zu 38 Verurteilungen und zehn Hinrichtungen, während 354 Morde von rechtsgerichteten Tätern, hauptsächlich Nationalsozialisten, nur 24 Verurteilungen nach sich zogen und keiner der Täter hingerichtet wurde.

Auch die deutschen Universitäten positionierten sich politisch rechts. Richard Evans erklärt hierzu: »Am deutlichsten sichtbar wurde die Gefolgschaftstreue der Jugend zur extremen Rechten an den deutschen Universitäten, darunter viele berühmte Lehr- und Lernstätten mit Traditionen, die bis ins Mittelalter zurückreichen … Die Professoren waren in weit überwiegender Mehrheit … ebenfalls stramme Nationalisten.« Kein Wunder, dass die Universitäten zu den Ersten zählten, die in den 1920er Jahren die Nazi-Ideologie billigten; eine große Zahl von Studenten trat der NSDAP bei. Wie wir gesehen haben, spitzte sich dies alles zur Krise zu, nachdem Hitlers Partei immer mehr Unterstützung erhielt und große Teile der Bürokratie, des Militärs und – was am verhängnisvollsten war – Reichspräsident Hindenburg nichts gegen Hitlers Griff nach der Macht unternahmen. Sie hofierten die Nationalsozialisten, weil sie dachten, sie im Gegensatz zu den Kommunisten und Sozialdemokraten kontrollieren zu können.

Doch warum lehnten die deutschen Eliten, die Offiziere und hohen Amtsträger das Weimarer Experiment so entschieden ab? Teilweise hat dies mit den strukturellen Faktoren zu tun, die das Leben im Korridor bestimmen: Die Eliten waren weitgehend aus ein und demselben Holz geschnitzt, verwurzelt vor allem im preußischen Landadel. Die Interessen der Großgrundbesitzer stehen oft der Stärkung der Gesellschaft und der Entwicklung zur Demokratie feindlich entgegen. Das hat einen konkreten Grund. Anders als sie sind beispielsweise Industrielle und Fachleute im Korridor wirtschaftlich und politisch erfolgreich, weil sie über Mittel verfügen (in Form von Können, Wissen und Fähigkeiten), die auch dann ihren Wert behalten, wenn sich die Wirtschaft wandelt, und weil ihre urbane Existenz ihnen neue Chancen eröffnet, sich inmitten des Rote-Königin-Effekts zu organisieren und politisch Einfluss zu üben. Das gilt jedoch nicht für Großgrundbesitzer, die den Verlust ihres Eigentums befürchten, das man ihnen viel leichter wegnehmen kann als den Industriellen die Fabriken oder den Fachleuten ihre Fähigkeiten. Tatsächlich geht die gesellschaftliche Mobilisierung oft mit der Forderung nach einer Bodenreform und dem Entzug der Privilegien von Großgrundbesitzern einher, und in der Weimarer Republik war genau dies der Fall (auch wenn solche Versuche von Reichspräsident Hindenburg unterbunden wurden, der selbst dem preußischen Landadel entstammte und dessen Sorgen teilte). Die Großgrundbesitzer befürchteten ebenso zu Recht, marginalisiert zu werden, als sie infolge der Demokratisierung aus dem politischen Gravitationszentrum herausfielen. All das machte sie gegenüber dem allmählich entstehenden Gefesselten Leviathan misstrauisch.

Die Rolle der Großgrundbesitzer in der Weimarer Republik verdeutlicht noch einen weiteren Punkt. Wir haben bisher betont, wie unterschiedlich die Politik innerhalb und außerhalb des Korridors gestaltet wird, und in diesem Kapitel sehen wir, wie der Kampf zwischen Staat und Gesellschaft eine Nation aus dem schmalen Korridor vertreiben kann. Je schmaler der Korridor, desto leichter geschieht es, dass eine Gesellschaft auch wieder aus ihm ausschert. Betrachten wir die Abbildung 5: Links sehen wir einen sehr schmalen Korridor, rechts einen breiteren. Im folgenden Kapitel werden wir die verschiedenen Faktoren untersuchen, die seine Breite bestimmen, und wie sich dies darauf auswirkt, nicht nur in ihm zu bleiben, sondern überhaupt erst hineinzukommen. Vorerst können wir festhalten, dass die Macht und der Reichtum von Großgrundbesitzern – wie etwa in der Weimarer Republik – einer der Faktoren ist, die den Korridor verschmälern – weil sie aufgrund ihrer Furcht, ihr Landeigentum und die politische Macht zu verlieren, nicht bereit sind, mit einer mobilisierten Gesellschaft Kompromisse zu schließen und zu koexistieren, während ihre Unnachgiebigkeit zugleich zur Radikalisierung der Gesellschaft beiträgt. Deshalb entsprach die Lage in der Weimarer Republik eher der linken Seite von Abbildung 5 – sie war von Instabilität geprägt.

Die preußische Grundbesitzer-Elite bildete eine Koalition gegen die gesellschaftliche Mobilisierung, was umso leichter gelang, als viele Offiziere, Richter und Amtsträger in Spitzenpositionen derselben so-

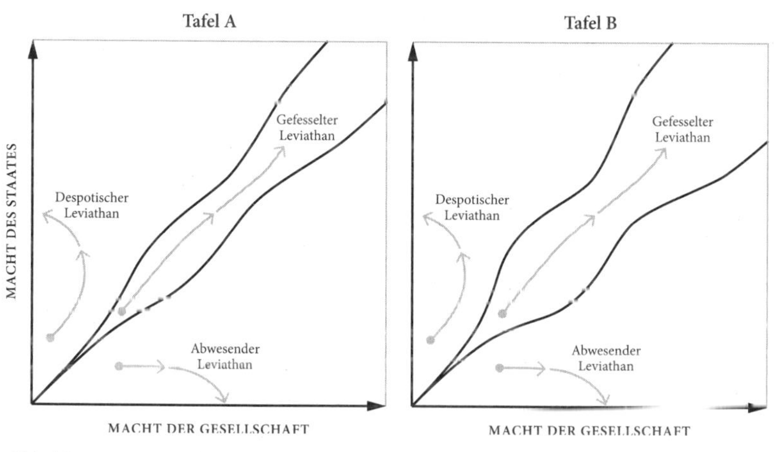

Abbildung 5: Die Gestalt des Korridors

zialen Schicht entstammten und deren Einstellungen teilten. Zudem war die preußische Elite sogar noch in der zweiten Hälfte des 19. Jahrhunderts, als bereits ein gesellschaftlicher Wandel eingesetzt hatte, relativ kohärent und politisch dominant geblieben. Dies bestärkte sie in der Zeit der Weimarer Republik in ihrer Überzeugung, sie könne der deutschen Politik ihren Stempel aufdrücken und wenn nötig die Uhr auf die Zeit von Otto von Bismarck zurückdrehen.

Aber nicht nur die Elite zeigte wenig Bindung an die Weimarer Demokratie. Die deutsche Arbeiterschaft war parteipolitisch in viele Fraktionen zersplittert, wobei die tiefste Trennlinie zwischen den Kommunisten und den Sozialdemokraten verlief. Ziel der Kommunisten war eine Revolution nach sowjetischem Vorbild, deshalb bekämpften sie die Weimarer Demokratie, zuweilen sogar im Verbund mit ihren Todfeinden, den Nationalsozialisten. Zwar erwies sich die SPD als die Partei, die am stärksten die Weimarer Verfassung verteidigte, doch manchmal war auch ihr Engagement für die demokratische Politik nur schwach ausgeprägt. Die Sozialdemokraten hatten ihre Wurzeln in den Lehren von Marx, nicht anders als die Kommunisten, die sich von ihnen vor noch nicht allzu langer Zeit abgespaltet hatten. Der Grund hierfür waren nicht so sehr Differenzen in der Frage, wie das Endziel einer sozialistischen Gesellschaft zu erreichen sei, sondern die Tatsache, dass die SPD im Kaiserreich die Kriegsanstrengungen unterstützt hatte. Verglichen mit anderen sozialdemokratischen Parteien in Europa, hatte die SPD eine stärkere marxistische Ausrichtung, was sie der Wirtschaftselite verdächtig machte und zur Polarisierung beitrug.

Die Polarisierung, resultierend aus der mangelnden Kompromissbereitschaft und der feindseligen Haltung auf allen Seiten, war sowohl Ursache als auch Folge der ausgeprägten Organisationsfreudigkeit der Zivilgesellschaft in der Weimarer Zeit. Alexis de Tocqueville wäre vom umtriebigen Organisationsleben der Deutschen nach dem Ersten Weltkrieg gewiss stärker beeindruckt gewesen als von den bürgerschaftlichen Zusammenschlüssen der US-Amerikaner Mitte des 19. Jahrhunderts. Doch auch hier gab es scharfe Trennlinien. Selbst in Kleinstädten waren die Vereine, Verbände und Parteien aufgeteilt in jene der Katholiken, Nationalisten, Kommunisten und Sozialdemokraten. Ein Jugendlicher mit Sympathien für die Nationalisten schloss sich nationalistischen Vereinigungen an, besuchte den Gottesdienst eines nationalistisch gesinnten Geistlichen und verkehrte vermutlich ausschließlich in nationalistischen Kreisen, wo er auch seine künftige Ehefrau fand. Dasselbe galt für Katholiken, Sozialdemokraten und Kommunisten. Diese Polarisierung innerhalb der gesellschaftlichen Mobilisierung trug weiter dazu bei, dass der Rote-Königin-Effekt zu einem Nullsummenspiel wurde, bei dem jede Seite versuchte, die andere auszustechen. In der Weimarer Republik gab es keinen Solon oder James Madison, der sowohl den Staat als auch die Gesellschaft miteinander hätte versöhnen können.

All dies bereitete die zweite Bruchlinie der Weimarer Demokratie vor. Die Dynamik der Roten Königin verstärkt oft die Konflikte innerhalb der Gesellschaft. Geschieht dies, ist es vor allem wichtig, dass sie in Richtung eines leistungssteigernden Wettbewerbs gelenkt werden, anstatt einfach zuzusehen, wie sie Instabilität verursachen. Doch die Justiz der Weimarer Republik bemühte sich weder verstärkt darum, Lösungen für die Vielzahl der neuen Konflikte zu finden, noch die Legitimität der gesellschaftlichen Mobilisierung, insbesondere aufseiten der Linken, anzuerkennen, was zur Folge hatte, dass sie in diesen Konflikten kein unparteiischer Schiedsrichter war. Dies führte teilweise noch zur weiteren Intensivierung der Konflikte und Polarisierung der Gesellschaft. Die Zersplitterung und Lähmung des Parlaments erleichterte es den extremistischen Parteien, ihre Ziele zu verfolgen, und verhinderte demokratische Kompromisse, die diese Konflikte vielleicht bereinigt hätten. Die Institutionen wurden gewissermaßen von Staat und Gesellschaft abgehängt, wodurch sich die Gefahr erhöhte, dass die Rote Königin außer Kontrolle geriet.

Es sind jedoch nicht nur strukturelle Faktoren, die das Ringen zwischen Staat und Gesellschaft beeinflussen. Wie in Kapitel 9 gezeigt, spielt zuweilen die Führung einer bestimmten Gruppe oder eine Einzelperson eine prägende Rolle, im Guten wie im Bösen. Die manische Unbeirrbarkeit und Entschlossenheit, die Adolf Hitler am äußersten Rand der rechten, nationalistischen Bewegung praktizierte, trug zweifellos zum raschen Zusammenbruch der Weimarer Republik und zum Charakter des mörderischen Regimes bei, das an ihre Stelle trat.

Angesichts dieser Bruchlinien sowie Hitlers unablässigen Hetzreden, mit denen er Anklang bei den Massen fand, war der Weimarer Republik ein sehr dorniger Weg vorherbestimmt. Aber all dies wäre heute längst vergessen, hätte es nicht einen dritten strukturellen Faktor gegeben – der enorme Schock durch die Weltwirtschaftskrise, die die Konflikte und die Polarisierung der Gesellschaft noch steigerte und den demokratischen Institutionen jener Zeit den Boden entzog, zumal das gespaltene Parlament nicht in der Lage war, den Folgen der Wirtschaftskrise etwas entgegenzusetzen. Von da an taumelte die Republik dem Rand des Korridors entgegen.

Despotismus von unten

Die Rote Königin besitzt die problematische Eigenschaft, dass dieselbe Energie, die die Leistungssteigerung sowohl des Staates als auch der Gesellschaft befeuert, außer Kontrolle geraten und das Leben im Korridor destabilisieren kann. Doch was den anfangs erstarkenden Gefesselten Leviathan in der Weimarer Republik letztlich zu Fall brachte, war kein von der preußischen Elite oder dem Militär organisierter Staatsstreich, wie ihn wohl viele Angehörige der traditionellen Elite wie Kurt von Schleicher erhofft hatten. Vielmehr war es eine von unten, von der sozialen Basis ausgehende gesellschaftliche Bewegung, die der Demokratie das Ende bereitete. Zwar wurden die Nazis schon früh von Vertretern der Industrie und Wirtschaft, hohen Amtsträgern, Richtern und Universitätsprofessoren unterstützt, doch setzte sich die Mitgliedschaft der Partei hauptsächlich aus Angehörigen der unzufriedenen Mittelschicht und jungen Menschen zusammen. Bis Anfang der 1930er Jahre bestand die nationalsozialistische Bewegung aus wenig mehr als den Braunhemden der SA, die Chaos und Verwüstung anrichteten, sich Straßenschlachten mit Kommunisten und Sozialdemokraten lieferten, politische Gegner und Juden schikanierten und sie nicht selten auch umbrachten. Wenn die NSDAP ein aus den unteren Schichten der Gesellschaft erstandener Akteur war, der Deutschland aus dem Korridor katapultierte, hätte dies dann nicht zum Kollaps der staatlichen Leistungsfähigkeit und der Kontrolle über die Gesellschaft führen müssen? Hätte man nicht erwarten müssen, dass die von den Nazis beherrschte Gesellschaft etwa so aussehen würde wie Tadschikistan nach dem Zusammenbruch der Sowjetunion, wie in Kapitel 9 beschrieben, oder vielleicht wie der Libanon, wie in Kapitel 2 erläutert?

Offensichtlich war das nicht der Fall. Zwar entsprang die nationalsozialistische Bewegung aus der sozialen Basis, aber dies schwächte nicht den Despotismus und die Dominanz des Staates über die Gesellschaft. Zwar sank durch die nationalsozialistische Herrschaft tatsächlich die staatliche Leistungsfähigkeit in manchen Bereichen – insbesondere bei Polizei, Justiz und Bürokratie –, weil sie von ideologisch überzeugten oder opportunistischen Parteigängern durchsetzt waren, denen die Qualifikation für ihre Arbeit fehlte. Aber auf den meisten anderen Feldern legte der deutsche Staat unter den Nationalsozialisten an Despotismus und Macht zu. Das Militär wuchs stetig an Schlagkraft und Befugnissen, die Bürokratie organisierte die Massendeportationen von Juden und deren Vernichtung, und die Sicherheitsbehörden wie etwa die Gestapo genossen fast uneingeschränkte Vollmachten. Das Nazi-Programm setzte auf zunehmende Repression, auf die Schwächung unabhängiger gesellschaftlicher Mobilisierung und auf die Stärkung der staatlichen Obergewalt über die Gesellschaft. Darin glichen die Nationalsozialisten den italienischen Faschisten, die sie sich zum Vorbild genommen hatten. Der Hitler-Putsch war von Mussolinis erfolgreichem Marsch auf Rom inspiriert. Mussolini erklärte, was es mit dem Geist des Faschismus und des Nationalsozialismus auf sich hatte:

> Denn für den Faschisten ist alles im Staate, und außerhalb des Staates gibt es nichts Menschliches und Geistiges, das irgendwelchen Wert hätte. In diesem Sinne ist der Faschismus totalitarisch, und der faschistische Staat, als Zusammenfassung und Vereinheitlichung aller Werte, verkörpert, entwickelt und potenziert das Leben des Volkes.

Der Faschismus-Forscher Herman Finer fasste das Selbstverständnis des faschistischen Staates mit den Worten zusammen, dass er »keine Bürger kennt, sondern nur Untertanen«. Diese Einstellung geht großenteils auf die militaristischen Wurzeln von Faschismus und Nationalsozialismus und auf ihre Weigerung zurück, der Macht ihrer Führer und des Staates, sobald sie ihn unter ihrer Kontrolle haben, Beschränkungen aufzuerlegen.

Doch unabhängig davon, welche Ideologie die Machthaber verfolgen, hätte sich eine Nation wie die Weimarer Republik angesichts ihrer Tradition starker staatlicher Institutionen nicht so entwickeln können wie der heutige Libanon. Als diese Institutionen – Militär, Polizei, Justiz und Bürokratie – zur Übernahme bereitstanden, hätte jede Gruppierung, die an die Macht gekommen wäre, sie übernommen und benutzt, ob es sich dabei um eine Bewegung von unten oder um ein Regime der Oberschicht gehandelt hätte. Wenn also die Rote Königin in Deutschland außer Kontrolle geriet und die Zügel einer Gruppierung überließ, die aus der Mobilisierung von unten entstanden war, wäre es nach dem Ausscheren aus dem Korridor immer wahrscheinlich darauf hinausgelaufen, dass diese Institutionen zugunsten der neuen dominanten Gruppierung umgemodelt und von ihr benutzt worden wären, vor allem nachdem die demokratischen und andere Beschränkungen der staatlichen Macht aufgehoben wurden. Als die Nationalsozialisten den Gefesselten Leviathan vollends zerstörten und die Macht übernahmen, stellten sie umgehend die despotische Dominanz des Staates über die Gesellschaft wieder her und intensivierten sie.

Wie die Rote Königin außer Kontrolle gerät

Das Problem mit dem Korridor ist, dass man ihn verlassen kann. Am Beispiel der Weimarer Republik haben wir gesehen, wie dies geschieht, und einige der Gründe genannt, warum die Wahrscheinlichkeit hoch war, dass es geschah.

Die drei Faktoren, die die Weimarer Republik in eine prekäre Lage brachten – die Polarisierung zwischen Staat und Gesellschaft, die Kompromisse unwahrscheinlich machte und den Rote-Königin-Effekt zu einem Nullsummenspiel werden ließ; die Unfähigkeit der

Institutionen, Konflikte einzudämmen und zu lösen; und die Krisen, die die Institutionen destabilisierten und die Unzufriedenheit der Bevölkerung steigerten – zeigen sich in der einen oder anderen Form in vielen weiteren Beispielen, in denen die Rote Königin außer Kontrolle gerät. Das heißt aber nicht, dass es immer eine Bewegung von unten ist, die den Gefesselten Leviathan zu Fall bringt, wie in der Weimarer Republik geschehen. Es können sehr wohl auch die Eliten sein, die den Despotischen Leviathan wiederherstellen, wenn sie aus dem Wettstreit mit der Gesellschaft als die stärkere Seite hervorgehen oder wenn sie sich befähigt oder gezwungen sehen, mit der ihnen zur Verfügung stehenden Macht die Kontrolle wiederzuerlangen, vielleicht weil sie selbst durch die Polarisierung bedroht sind. Dies war beispielsweise in Chile der Fall, als Augusto Pinochet mit einem Militärputsch 1973 die Demokratie beseitigte.

Oder es sind bestimmte Teile der Gesellschaft, die das Leben im Korridor aus der Überzeugung heraus beenden, dass sie ihn nicht länger kontrollieren können. Dies war in den italienischen Kommunen der Fall, wie wir in Kapitel 5 erläutert haben, und auch heute können wir das in verschiedenen Teilen der Welt beobachten.

Wie viel Land benötigt ein Inquilino?

Wir haben gesehen, dass Gefesselte Leviathane nicht über Nacht entstehen. Sie sind das Ergebnis eines langen Ringens zwischen Staat und Gesellschaft. Im Jahr 1958 trat Chile in eine neue Phase dieses Ringens, dem ein Großteil der Landarbeiterschaft, die Inquilinos, bereits die politische Emanzipation verdankte. Wörtlich bedeutet Inquilino »Pächter« oder »Mieter«, doch in Chile meinte man damit einfache Arbeiter, die auf einem Stück Land wohnten, das einem Grundherrn gehörte. Zwar waren die Inquilinos keine Sklaven oder Leibeigene, aber faktisch so eng an die Farmen der Grundbesitzer gebunden, dass sie bei einem Verkauf der Farm umstandslos mitverkauft wurden. Die Inquilinos lebten und arbeiteten auf den Farmen und hatten diverse »Dienstleistungen« zu verrichten. Dazu gehörte, den Grundbesitzern die politische Macht zu sichern, indem sie bei Wahlen ihren Anweisungen entsprechend abstimmten. Am Wahltag organisierten die Grundherren Busse, mit denen die Inquilinos zu den Abstimmungslokalen gebracht wurden. Dort erhielten sie zusammen mit dem Wahlzettel die Order, wo sie ihr Kreuzchen zu machen hatten. Die Wahlen waren nicht geheim, die Grundbesitzer konnten alles überwachen. Tat ein Inquilino nicht wie geheißen, riskierte er, entlassen zu werden und sein Hab und Gut zu verlieren.

Wie war es möglich, dass sich Chile 1958 unter solchen Verhältnissen im Korridor befand? Es sei daran erinnert, dass die Präsenz im Korridor ein Prozess ist. Der Eintritt in den Korridor kann beginnen, wenn sowohl der Staat als auch die Gesellschaft über eine bescheidene, aber ausbalancierte Leistungsfähigkeit verfügen. Darin unterschied sich Chile nicht von anderen Ländern. In Großbritannien gab es geheime Wahlen erst seit 1872. Noch 1841 konnte der dreimalige Premier Edward Smith-Stanley von der Konservativen Partei Folgendes erklären: »Wenn man versuchte, das voraussichtliche Resultat einer Grafschaftswahl in England einzuschätzen, musste man nur die Zahl der großen Landeigentümer in dieser Grafschaft nehmen und nachsehen, wie viele Menschen auf ihrem Grund und Boden lebten.« Im agrarisch geprägten England kontrollierten die Landeigentümer einen so großen Teil der Wahlbevölkerung, dass sie den Ausgang von Wahlen bestimmen konnten. Und wenn sich in den 1950er Jahren in Chile ein Pächter gegen seinen Landeigentümer stellte, folgte der Ärger auf dem Fuße. Der große britische Ökonom David Ricardo wies bereits 1825 darauf hin: »Es ist grausamster Hohn, einem Mann zu sagen, er könne zwischen A und B wählen, wenn man weiß, dass er so stark unter dem Einfluss von A oder der Freunde von A steht, dass die Wahl von B seinen Ruin bedeuten würde. Nicht er ist es, der in Wirklichkeit und im Grunde abstimmt, sondern sein Gutsherr, denn im gegenwärtigen System dient die Wahl seinem Nutzen und Interesse.«

Auch in Chile wurde es so praktiziert wie von Smith-Stanley beschrieben. Während der Senatsdebatte über die Einführung geheimer Wahlen setzte sich der sozialistische Senator Martones entschieden für die geheime Abstimmung ein, denn

> gäbe es dieses Gesetz [das alte Wahlgesetz ohne geheime Abstimmung] nicht, säßen hier nicht neun sozialistische Senatoren, sondern 18, und Sie [die Konservativen] wären nur zu zweit oder dritt … [Gelächter] Sie lachen, aber die Wahrheit ist, dass es dann keine zwei konservative Senatoren aus O'Higgins und Colchagua geben würde, die genau der Zahl der inquilinos in den fundos entspricht, die zu den konservativen hacendados in dieser Region gehören. Die Konservativen würden nur einen Senator stellen, vielleicht auch gar keinen.

Die 1958 vollzogene Einführung der geheimen Abstimmung hatte dramatische Auswirkungen auf den Ausgang künftiger Wahlen in Chile. Zum einen verbesserte sie die politischen Aussichten für Salvador Allende. Bei den Präsidentschaftswahlen 1952 hatte Allende als Kandidat der Sozialistischen Partei nicht mehr als 5,4 Prozent der Stimmen erzielt. Im Jahr 1958, als Kandidat eines Bündnisses, das die Sozialisten unter dem Namen Volksaktionsfront (FRAP) geschmiedet hatten, erreichte er mit 28,8 Prozent bereits ein weit besseres Ergebnis und lag nur 3 Prozentpunkte hinter dem Gewinner Jorge Alessandri zurück.

Allende ließ sich durch Rückschläge nicht entmutigen. Als er 1964 ein drittes Mal antrat, verlor er erneut, aber beim vierten Versuch 1970 hatte er schließlich Erfolg. Obwohl er nur 36,6 Prozent der Stimmen erhalten hatte und damit lediglich um 1,5 Prozent vor seinem langjährigen Rivalen Alessandri lag, wurde er mit Unterstützung der Christdemokraten, die bei den Präsidentschaftswahlen auf dem dritten Platz gelandet waren, vom Parlament zum Präsidenten gewählt. Allende führte ein neugegründetes Bündnis linker Parteien und Gruppierungen, die Unidad Popular, an – sein Ziel war ein sozialistisches Chile.

Dafür gab es in der chilenischen Gesellschaft zwar keine Mehrheit, aber Allende waren Entwicklungen wie die Einführung geheimer Wahlen und andere politische und soziale Veränderungen, die auf den Rote-Königin-Effekt zurückgingen, zugutegekommen. Zum Beispiel war 1958 die Kommunistische Partei legalisiert worden, die sich sowohl an der FRAP und später auch an der Unidad Popolar beteiligte. Außerdem wurde die Wählerregistrierung verpflichtend; wer sich nicht registrieren ließ, riskierte eine Gefängnisstrafe. Dies führte zu einer starken Zunahme der Wählerschaft von 1,25 Millionen im Jahr 1960 auf 2,84 Millionen 1971, als auch Analphabeten erstmals an die Urne durften. In den 1960er Jahren trieb die christdemokratische Regierung unter Eduardo Frei, die teils dank dieser Veränderungen an die Macht gekommen war, nicht nur eine Reihe von Reformen voran, darunter auch eine Bodenreform, sondern förderte auch eine allgemeine Stärkung der Gesellschaft. Dies ging nicht zuletzt auf die »Alliance for Progress«, das Bündnis für den Fortschritt, zurück, das US-Präsident John F. Kennedy am 13. März 1961 verkündet hatte:

> Wir schlagen eine vollständige Revolution der beiden Amerikas vor, aus der eine Hemisphäre entsteht, in der alle Menschen auf einen angemessenen Lebensstandard hoffen können und alle in Würde und Freiheit ihr Leben führen. Um diese Ziele zu erreichen, muss die politische Freiheit den materiellen Fortschritt begleiten. Lasst uns den amerikanischen Kontinent wieder in eine Schmiede revolutionärer Ideen und Anstrengungen verwandeln, in eine Hommage an die Kraft der kreativen Energien freier Männer und Frauen, in ein Beispiel für die ganze Welt, dass Freiheit und Fortschritt Hand in Hand gehen. Lasst uns erneut unsere amerikanische Revolution entfachen, bis sie den Kampf der Menschen allerorten leitet.

Die mehrmalige Verwendung des Wortes »Revolution« ist reine Ironie, denn die Alliance verfolgte ja gerade den Zweck, sozialistische Revolutionen auf dem amerikanischen Kontinent zu verhindern. Sie war eine politische Reaktion der US-Regierung auf die kubanische Revolution. Eine weitere Reaktion folgte schon einen Monat nach Kennedys Rede in der Schweinebucht auf Kuba. Lateinamerika sollte vor allem durch eine Bodenreform politisch stabilisiert werden. So erklärte Kennedy, die Alliance plane, »die Grundbedürfnisse der Amerikaner nach Wohnung, Arbeit und Land, Gesundheit und Schulen – techo, trabajo y tierra, salud y escuela – zu befriedigen«.

Keine Überraschung war, dass auch viele der nunmehr politisch emanzipierten Inquilinos eine Bodenreform forderten. Nachdem sogar die US-Regierung sie befürwortet hatte, kam die Bodenreform 1964 auf die politische Tagesordnung. Drei Jahre später setzte Frei ein Programm zur Landumverteilung in Gang, das die Enteignung aller Farmen im Maipo-Tal mit mehr als 80 Hektar Nutzfläche vorsah; Farmen von mehr als dieser Größe, aber mit geringerer Bodenqualität, waren davon ausgenommen. In Erwartung der Bodenreform entstanden an die 200 Landarbeitergewerkschaften, deren Bildung bis dahin verboten gewesen war. Im Jahr 1970 war ihre Zahl bereits auf mehr als 500 angewachsen, und die Anzahl der Streiks stieg zwischen 1960 und 1996 von 88 000 auf 275 000.

Wieder einmal zeigte sich die Rote Königin in Aktion, denn Frei reagierte auf die soziale Mobilisierung nicht nur damit, dass er die Bodenreform initiierte, sondern er steigerte auch die Leistungsfähigkeit des Staates. Vor allem versuchte er, die verbreitete Praxis von Politikern zu unterbinden, sich mittels Klientelpolitik Unterstützung zu erkaufen, jedoch wenig für die Bevölkerung zu tun, der sie eigentlich dienen sollten. Frei ergriff hierzu verschiedene Maßnahmen, zum Beispiel die Möglichkeit, sein Vetorecht auch gegen einzelne Aspekte von Gesetzen auszuüben, um zu verhindern, dass wichtige Gesetzesvorhaben mit sachfremden Wahlkreisgeschenken verknüpft wurden, und er beschnitt den Parlamentsabgeordneten die Möglichkeit, auf öffentliche Bauvorhaben und Vergütungen Einfluss zu nehmen. Auch das Mitspracherecht von Kongress und Senat beim Haushalt wurde eingeschränkt.

Allendes Plänen standen erhebliche Hindernisse im Weg. Vor allem verfügte er nicht über die parlamentarische Mehrheit. Sein Amt als Präsident verdankte er den Christdemokraten, die erst für ihn stimmten, nachdem er eingewilligt hatte, die Verfassung von 1925 mit einem »Garantienstatut« für eine Reihe neuer Individualrechte zu ergänzen. Die Zusätze zeigen klar, was die Christdemokraten und andere umtrieb. Ein Paragraph lautet: »Politische Ideen jeglicher Art zu formulieren und zu verbreiten stellt weder eine Straftat noch ein Vergehen dar.« Anderen Paragraphen ist die Befürchtung anzumerken, das Bildungssystem könne zu einem Propagandainstrument missbraucht werden: »Die staatlich vermittelte Bildung ist demokratisch, pluralistisch und wird keine offizielle Parteiausrichtung haben.

Änderungen an ihr werden ebenfalls demokratisch erfolgen, nach freier Diskussion in den dafür zuständigen Gremien mit pluralistischer Zusammensetzung.« Weitere Paragraphen lassen die Angst vor der Entstehung paramilitärischer Gruppierungen erahnen: »Die öffentliche Gewalt wird ausschließlich von den bewaffneten Streitkräften und den Carabineros ausgeübt, grundsätzlich fachgerechten, hierarchischen, disziplinierten, weisungsgebundenen und unparteiischen Institutionen. Der Einsatz dieser Institutionen darf nur kraft eines Gesetzes erfolgen.« Die Befürchtungen waren begründet.

Sofort nach Amtsantritt begann Allende seine Vorhaben umzusetzen. Er beschleunigte die Bodenreform und die Enteignungen und förderte Arbeiterkooperativen. Auch plante er weitreichende Verstaatlichungen und deutliche Lohnerhöhungen für die Arbeiterschaft. Manche Maßnahmen wie die Gehaltserhöhungen für staatlich Bedienstete ließen sich leicht durch ein Präsidentendekret verwirklichen. Für andere jedoch war die Zustimmung des Parlaments nötig. Was würde Allende tun, wenn er sie nicht erhielt? Außerhalb der Verfassung operieren? Gerade das sollte mit dem »Statut« verhindert werden, aber wer würde dem Statut Geltung verschaffen? Im März 1971 gab Allende dem französischen marxistischen Philosophen Régis Debray ein Interview. Debray erklärte: »Sie … haben die Vollzugsgewalt. Aber nicht die gesetzgebende, die richterliche und kommandieren auch nicht die Ordnungskräfte. Die Gesetze, diese Institutionen wurden nicht vom Proletariat geschaffen; die Verfassung wurde von der Bourgeoisie für ihre eigenen Zwecke entworfen.« Allendes Antwort darauf war:

> Sicher haben Sie recht, aber glauben Sie mir, wir werden schon noch dahin kommen. Was haben wir im Wahlkampf gesagt? Wir haben gesagt, wenn es schwierig sei, die Wahl zu gewinnen, aber nicht unmöglich, dann würde die Phase zwischen dem Sieg und der Übernahme der Regierung sehr schwer werden, und sie war sogar noch schwerer, weil wir einen neuen Weg eingeschlagen haben, einen chilenischen Weg für Chile, für die Chilenen in unserem Land. Und wir haben gesagt, dass wir jene Aspekte der aktuellen Verfassung nutzen werden, die die Möglichkeit zu einer neuen Verfassung, einer Verfassung des Volkes ermöglichen. Warum? Weil wir das in Chile tun

können. Wir legen ein Projekt vor, und das Parlament lehnt es ab; dann organisieren wir einen Volksentscheid.

Allende war überzeugt, in Chile mit verfassungskonformen Mitteln den Sozialismus verwirklichen zu können. Zwar hatte er keine Mehrheit im Parlament, aber er gedachte, sein Projekt auf dem Weg der direkten Zustimmung durch das Volk, durch ein Plebiszit, voranzubringen. Wie genau das funktionieren sollte, blieb unklar. Schließlich hatte Allende nur 36,6 Prozent der Stimmen erzielt. Als Debray nachbohrte, erwiderte Allende:

> Wir werden unter Beachtung ihrer Spielregeln gewinnen. Unsere Taktik war korrekt, die ihre falsch. Aber ich habe dem Volk gesagt: Zwischen dem 3. September und dem 4. November wird Chile stärker erschüttert werden als ein von Pelé getretener Ball.

Allende mag geglaubt haben, er könne Chile mit verfassungskonformen Mitteln in den Sozialismus führen, doch viele in seinem Bündnis glaubten dies nicht, und Allende konnte sie nicht kontrollieren. Arbeiter besetzten illegal Farmen und Fabriken, und die Regierung billigte die Besetzungen. Die Landreform und die Verstaatlichungen wurden zu einem chaotischen Prozess. So hieß es 1972 in einem Leitartikel der Zeitung *El Mercurio*: »Weder der Präsident der Republik, Salvador Allende, noch die Parteien der U.P. … denken im Entferntesten daran, gegen die Gruppierungen der Arbeiter, Bauern und Studenten, die das Gesetz brechen, die Ordnungskräfte einzusetzen.« Die besagten Gruppierungen wussten das und nutzten es aus. Ihre Aktionen wurden zunehmend mit der Begründung gerechtfertigt, die politischen Institutionen seien Gebilde der Gegner der UP und dienten der Verteidigung des Status quo – den zu ändern die UP entschlossen war. Dies war erneut ein Nullsummen-Effekt der Roten Königin, ganz anders als das, was wir im antiken Griechenland und in den Vereinigten Staaten gesehen haben. Wie sich herausstellte, verschärfte sich die Polarisierung in der chilenischen Politik noch weiter. Der Präsident des Rechnungshofes prangerte diese Entwicklung an und erklärte auf einer Pressekonferenz, eine Institution wie die seine sei weder »revolutionär noch reaktionär«. Kompromisse wären nötig gewesen, aber dazu fehlte die Bereitschaft. Senator Carlos Altamirano von der Sozialistischen Partei sagte:

> Es gibt jene, die vorgeben, auf einen »demokratischen Dialog« mit den Christdemokraten zu drängen. Als Sozialisten sagen wir, dass ein Dialog mit allen Kräften möglich ist, die sich klar gegen die Ausbeuter und gegen den Imperialismus stellen. Wir unterstützen und entwickeln den Dialog auf der Ebene der Massen, mit all den Arbeitern, ob sie militant sind oder nicht, aber einen Dialog mit reaktionären und konterrevolutionären Führungen und Parteien lehnen wir ab.

Bemühungen von Mitgliedern der Christdemokraten um einen vorsichtigen Kompromiss mit der Regierung wurden von ihrer eigenen konservativen Fraktion, die eine »kommunistische Gefahr« witterte, verhindert. Die Würfel waren gefallen. Auf allen Seiten entlud sich die Gewalt.

Debray hatte Allende auch danach gefragt, wie er mit Gewalt vonseiten der Opposition umgehen würde: »Wir werden sie eindämmen, zuerst kraft ihres eigenen Gesetzes. Zusätzlich werden wir auf reaktionäre Gewalt mit revolutionärer Gewalt antworten, weil wir wissen, dass sie die Spielregeln brechen werden«, hatte Allende geantwortet. In letzterem Punkt sollte er recht behalten, aber er irrte sich darin, den Gegnern mit revolutionärer Gewalt entgegentreten zu können.

Am 11. September wurde Allende durch einen Staatsstreich gestürzt. Schon einige Monate zuvor war ein Putsch gescheitert, worauf Allendes Opponenten das Militär drängten, es erneut zu versuchen. Im Juni veröffentlichte *El Mercurio* einen Artikel, in dem es hieß: »Wenn diese Aufgabe der politischen Rettung erfüllt werden soll, müssen wir allen politischen Parteien abschwören, ebenso der Maskerade von Wahlen sowie der vergifteten und trügerischen Propaganda, und uns an einige wenige ausgesuchte Männer des Militärs wenden, um der politischen Anarchie ein Ende zu bereiten.«

Der Prozess der gesellschaftlichen Mobilisierung und Stärkung, der in den 1960er Jahren in Chile stattfand, wurde von einer Stärkung des Staates begleitet, aber dies führte nach 1970 zu noch radikaleren Forderungen. Sie schürten die Ängste der chilenischen Eliten vor massenhaften Enteignungen der Großgrundbesitzer und Unternehmen. Die Reaktion der Elite katapultierte Chile aus dem Korridor.

Dieses Feuer wurde durch die Politik der US-Regierung noch angeheizt, obschon Kennedy eine »Revolution« der politischen Freiheit für Lateinamerika verkündet hatte. Die CIA sparte weder Geld noch Mühe, um Allendes Regierung zu destabilisieren. Aus dem bis 2010 unter Verschluss gehaltenen Bericht über »Verdeckte Aktionen in Chile, 1963–1973« des US-Senatsausschusses zu Geheimdienstaktivitäten geht hervor, dass die CIA versuchte, in alle Bereiche des Lebens einzugreifen, um die politischen Verhältnisse in Chile umzustürzen. Der Christdemokratischen Partei ließ sie zwei Millionen Dollar zur Finanzierung ihres Wahlkampfs von 1964 zukommen. Weitere vier Millionen Dollar flossen nach 1970 an Parteien, die sich gegen Allende stellten. *El Mercurio*, unter den Zeitungen der Allende-Gegner die einflussreichste, erhielt von der CIA 1,5 Millionen Dollar. Außerdem finanzierte der US-Geheimdienst »demokratische Gewerkschaften«, die nicht dem kommunistisch geführten Gewerkschaftsbund angehörten. Präsident Nixon erteilte nach den chilenischen Wahlen 1970 der CIA Order, Allendes Amtsantritt zu verhindern. Im Senatsbericht heißt es,

> nachdem Allende aus der Wahl als führend hervorgegangen ist … beriet sich Präsident Nixon mit Richard Helms, Direktor der Central Intelligence Agency, Henry Kissinger und John Mitchell. Helms wurde angewiesen, zu verhindern, dass Allende die Macht übernahm … Es wurde schnell deutlich, dass ein Militärputsch die einzige Möglichkeit war, Allendes Machtantritt zu verhindern. Die CIA nahm Verbindung zu mehreren Gruppen von Verschwörern innerhalb des Militärs auf und ließ einer Gruppe schließlich Waffen zukommen.

Der Staatsstreich 1970 sollte mit der Entführung des Generalstabschefs René Schneider beginnen. Schneider wurde getötet, und der Coup endete in einem Fiasko. Das Ausmaß der Beteiligung der CIA am Militärputsch 1973 ist umstritten, und manche Dokumente hierzu unterliegen weiterhin der Geheimhaltung. Immerhin kommt der Bericht des US-Senats zu dem Schluss, dass es zwar »keine stichhaltigen Beweise für eine direkte US-amerikanische Unterstützung des Staatsstreichs gibt«, aber »die Vereinigten Staaten – durch ihr vorangegangenes Handeln, ihre Haltung und der Art ihrer Kontakte zum chilenischen Militär – zu verstehen gaben, dass sie einen Militärputsch nicht missbilligen würden.«

Der Staatsstreich, den die USA »nicht missbilligten«, entfesselte eine Flut von Gewalt und Verbrechen an der chilenischen Bevölkerung. An die 3500 Menschen wurden aufgrund ihrer politischen Überzeugungen und Aktivitäten ermordet, Zehntausende eingesperrt, misshandelt und gefoltert. Zehntausende verloren ihrer politischen Einstellung wegen ihre Arbeit. Gewerkschaften wurden verboten, kollektives Handeln unmöglich gemacht und das Parlament entmachtet. Was mit dem üblichen Wettlauf zwischen Staat und Gesellschaft im Korridor und mit der Stärkung der Gesellschaft in den 1960er Jahren begonnen hatte, geriet außer Kontrolle und endete damit, dass Chile aus dem Korridor taumelte und eine siebzehnjährige Phase des Despotismus durchlitt.

So sehen wir im Fall Chiles erneut die Rote Königin im Nullsummenspiel, was zur Polarisierung und dem Versuch beider Seiten führt, sich gegenseitig zu vernichten, anstatt einen Mittelweg oder Kompromiss zu finden. Bei den strukturellen Faktoren, die den Korridor stark verengen und die Rote Königin gefährden, gibt es zwischen der Weimarer Republik und Chile mehrere Parallelen, angefangen bei den Großgrundbesitzern. Ihre Angst vor einer Landreform und dem Verlust ihrer politischen Macht bewirkte, dass die Eliten insgesamt eine gesellschaftliche Mobilisierung und Umverteilung ablehnten. Die zunehmende Polarisierung, resultierend aus der Unnachgiebigkeit der Eliten einerseits und dem von der marxistischen Ideologie befeuerten Radikalismus der Regierung Allende andererseits war ebenfalls ein entscheidender Faktor. Hinzu kam die Unfähigkeit der chilenischen Institutionen, einschließlich des Parlaments und der Justiz, den Konflikt zu entschärfen. Beide Seiten gelangten daher zu dem Schluss, dass die Konflikte nur durch Gewalt zu lösen seien. Kein externer Schock wie die Weltwirtschaftskrise destabilisierte Chile, was zeigt, dass ein Land auch ohne eine Störung von außen aus dem Korridor geraten kann. Gleichwohl führten Allendes Politik und die erbitterte Oppositionshaltung der Eliten zu einer schweren hausgemachten Rezession, die die Turbulenzen weiter anheizte.

Chile verließ wie Deutschland den Korridor; in diesem Fall waren es nicht die Braunhemden, sondern ein von den Eliten unterstützter Militärputsch, der die Chancen eines Gefesselten Leviathans in Chile beendete (zumindest für eine Weile).

Wem die Stunde schlägt

Im Jahr 1264 fand in der norditalienischen Stadt Ferrara eine feierliche Versammlung statt. Den Vorsitz führte der Podestà, der, wie wir in Kapitel 5 gesehen haben, ein von außerhalb stammender Amtsträger war und in den republikanisch verfassten Gemeinden Italiens die Regierung leitete. Von diesem Ereignis ist folgender Bericht überliefert:

> »Wir, Pierconte von Carrara, Podestà von Ferrara, vor der Versammlung des Volkes von Ferrara auf der Piazza der Stadt, zusammengerufen wie üblich durch das Läuten der Glocken und gemäß dem Wunsch, der Einwilligung und dem Befehl der gesamten Kommune und der hier versammelten Bevölkerung haben wie folgt verordnet. Der erhabene und glorreiche Fürst Obizzo, Enkel und Erbe des verstorbenen erhabenen Fürsten Azzo seligen Angedenkens, soll Gouverneur und Herrscher und General und ständiger Fürst der Stadt Ferrara und seiner Bezirke nach eigenem Willen sein. Er soll die Rechtsprechung, die Macht und die Herrschaft in der Stadt und außerhalb ausüben sowie das Recht, zu handeln, anzuordnen und zu bestimmen, wie es ihm beliebt und nützlich erscheint. Und schlechthin soll er das Recht und die Macht haben, als dauerhafter Fürst der Stadt Ferrara und ihrer Bezirke alles entsprechend seinen Wünschen und Anordnungen tun und veranlassen zu können.

Das bedarf einer Erläuterung. Die versammelte »Kommune und Bevölkerung« hatte einen »dauerhaften Fürsten« berufen. Die Sache wurde noch sonderbarer, weil damit nicht nur Fürst Obizzo gemeint war, sondern, wie es in der Erklärung weiter hieß: »Wir wünschen alles Obige dauerhaft nicht nur für Fürst Obizzo gelten zu lassen ... sondern wir wünschen, dass nach seinem Tod sein Erbe Gouverneur und Herrscher und allgemeiner Fürst der Stadt sei.« Es war nicht nur eine dauerhafte persönliche Herrschaft, sondern sie sollte vererbbar sein – kurz, die Gründung einer dynastischen Herrschaft, vollzogen von »der gesamten Kommune und Bevölkerung«, die sich in einer »Versammlung des ganzen Volkes« zusammengefunden hatte. Die republikanische Kommune hatte sich per Votum selbst abgeschafft.

Um zu verstehen, was da in Ferrara und in vielen anderen Stadtstaaten Italiens geschah, müssen wir ein wenig zurückgreifen. Wir haben bereits gesehen, wie die Kommunen im frühen Mittelalter aus den partizipativen politischen Institutionen der Langobarden und Karolinger hervorgegangen sind und hochentwickelte Systeme der republikanischen Regierung schufen, die den Gefesselten Leviathan unterstützten. Den Kommunen kam dabei das Erbe Roms zugute, wo die Eliten urban und daher von der Gesellschaft leichter zu kontrollieren waren, einer Gesellschaft, die sich in den urbanen Gebieten zudem organisiert hatte. Doch die Eliten verschwanden nicht, nachdem die Kommunen die Macht übernommen hatten. Oft verfügten sie weiterhin über Großgrundbesitz und unterhielten auf dem Land Feudalbeziehungen aufrecht, wodurch sie ihren Reichtum und politischen Einfluss sicherten. Dagegen versuchten sich die Kommunen zu wehren und erließen Gesetze zur Einschränkung der Feudalbeziehungen, entsprechend dem Grundsatz: »Niemand soll Vasall eines anderen werden oder ihm Gefolgschaftstreue schwören.« In der Gemeinde Perugia wurde dies im Extrem praktiziert, und jedem, der einen Vasalleneid ablegte, selbst jedem Notar, der ihn beglaubigte, drohte die Todesstrafe. Es herrschte die Befürchtung, Vasallen seien leicht zu bewaffnen, wodurch die Stabilität der Kommunen gefährdet werden könnte, was tatsächlich der Fall war.

Dies stand in Einklang mit der Logik der Roten Königin, oder um ein Sprichwort von Shakespeare abzuwandeln: »Des wahren Wettstreits Weg war niemals leicht.« Sicherlich traf das auch auf den Wettstreit zwischen den Eliten und den Kommunen zu. Die Eliten nahmen die Entstehung der Stadtstaaten nicht einfach klaglos hin, sondern begannen sich zu organisieren. Während sich die Kommunen formten, begannen die Eliten eine Art Bündnis zu schmieden, genannt *consorzeria*, Konsortium. Sie verpflichteten sich darin, einander Beistand zu leisten, vor allem im Kampf gegen die Kommunen. In einer Konsortiumsvereinbarung von 1196 heißt es: »Wir schwören, einander zu helfen, ohne Trug und in gutem Glauben … mit unserem Turm und gemeinsamen Haus, und wir schwören, dass keiner von uns gegen die anderen direkt oder durch Dritte handelt.«

Die Erwähnung des »Turms« ist von großer Bedeutung, denn in ganz Italien begannen die Eliten Türme zu errichten. Die Kommunen erließen schon bald Gesetze über die zulässige Höhe dieser Gebäude, die auch heute noch die Silhouette von Städten wie Bologna oder Padua prägen. (Der Bildteil enthält ein Foto eines solchen erhaltenen Turms in Bologna.) Der berühmte Reisende Benjamin von Tudela hielt 1160 fest, dass in Genua »jeder Hauseigentümer einen Turm an seinem Haus hat, und kommt es zum Streit, bekämpfen sie sich von den Türmen herab«. Ähnliches beobachtete er auch in Pisa. Im Jahr 1194 schilderte ein Genueser Bürger den Kampf zweier Gruppen, genannt die Schwarzen und die Weißen, in der Stadt Pistoia:

> Die Schwarzen hatten den Turm von Messer Iacopos Söhnen befestigt und fügten Messer Ranieris Söhnen großes Leid zu. Und die Weißen hatten Messer di Lazzaris Haus befestigt. Dieses Haus fügte mit Armbrustgeschossen und Steinen den Schwarzen großes Leid zu, so dass sie nicht von der Straße aus kämpfen konnten. Als die Schwarzen bemerkten, dass sie von Dienern im Haus bekämpft wurden, gingen Vanne Fucci und einige seiner Bundesgenossen dorthin, griffen es von vorne mit Armbrüsten an und nahmen es schließlich ein, indem sie an eine Seite des Hauses Feuer legten und es von der anderen Seite her erstürmten. Jene, die drinnen waren, rannten davon, sie wurden verfolgt, verwundet oder getötet, und das Haus wurde geplündert.

In vielen Kommunen lief bei der Konfliktlösung eindeutig etwas schief. Die Schwarzen und die Weißen waren konkurrierende Elite-Konsortien, und sie lagen unablässig miteinander im Streit. William Shakespeare hat diese Art Fehden zwischen Familien der Italienischen Elite in seinem Stück *Romeo und Julia* literarisch verarbeitet. In Reggio dauerten die Feindseligkeiten zwischen den Familien da Sesso und da Fogliano ganze 50 Jahre an und kosteten vermutlich rund 2000 Menschen das Leben. Einmal belagerten die da Fogliano die gegnerische Familie, die Gerüchten zufolge nur ausharren konnte, weil sie durch Los bestimmte, wer als Nächstes verspeist werden sollte. Offenbar erschien ihnen das weniger schlimm, als sich in die Hände ihrer Gegner zu begeben.

Die Elite bekämpfte sich nicht nur untereinander, sondern bedrohte auch das gesamte Konstrukt der republikanischen Herrschaft. Viele Kommunen hatten es nicht vermocht, alle Privilegien der Eliten und die Feudalbeziehungen abzuschaffen. Selbst im Jahr 1300 noch besaßen die Eliten vielerorts, darunter Mailand, Genua, Pisa, Mantua, Modena und Ravenna, das Recht der Zoll- und Steuererhebung, der Münzprägung und der Festlegung von Maßen und Gewichten und übten es wie die Familie Visconti in Mailand reichlich aus. In mehreren Kommunen war der Besitz der Bürger aufgrund alter Lehensverhältnisse eingeschränkt, und manche Verträge wurden noch auf der Grundlage von Feudalrechten und -gebräuchen geschlossen.

Um diesen Aktivitäten der Eliten und ihren anhaltenden Privilegien entgegenzutreten, mobilisierten sich die Bürger in Gestalt des Popolo, wörtlich des Volkes. In Kapitel 5 hatten wir bereits einen Amtsträger namens Capitano del Popolo erwähnt, dessen Aufgabe es war, die Bevölkerung zu organisieren. Der Popolo stellte also die Gegenbewegung zu den Konsortien der Eliten dar. In Bergamo musste jedes Mitglied des Popolo einen Eid ablegen:

> Ich tue alles in meiner Macht Stehende, um dafür zu sorgen, dass der Rat … und alle Beamten und Honoratioren der Gemeinde Bergamo im Interesse der Gemeinschaft und nicht aufgrund einer Partei oder verschiedener Parteien gewählt werden …
> Falls eine Partei oder ein Bündnis in der Stadt Bergamo oder eine Versammlung zu den Waffen greift oder zu kämpfen beginnt und falls sie beabsichtigt, gegen die Ehre und den guten Stand des Podestà vorzugehen … oder gegen die Gemeinde oder ihre Körperschaft (den Popolo) … werde ich den Podestà … und die Gemeinde … auf jede Weise verteidigen und ihr zur Seite stehen, deren ich fähig bin.

Die bloße Existenz des Popolo ist bereits ein Zeichen dafür, dass in den Kommunen nicht alles zum Besten stand. Die Gesellschaft musste sich organisieren, um die Kommunen vor den Eliten zu verteidigen. Aber konnten die Kommunen und ihre rechtlichen Institutionen sich nicht selbst der attackierenden Eliten erwehren? Warum mussten die Bürger die Sache in die Hand nehmen? Der Popolo rechtfertigte sich in Bologna mit dem Argument, er werde gebraucht, damit »räuberische Wölfe und sanftmütige Lämmer einander gleichgestellt sind«. Mit den räuberischen Wölfen waren natürlich die Eliten gemeint, und mit den Lämmern das gemeine Volk. In den verschiedenen Städten ging der Popolo aus unterschiedlichen Milieus hervor. Manche erwuchsen aus den Zünften, andere aus Zusammenschlüssen in einem bestimmten Gebiet, und viele hatten militärischen Charakter, daher die Schlüsselrolle des Capitano, den es erstmals 1244 in Parma gegeben zu haben scheint. Er legte für die Mitglieder des Popolo in den Gremien und Behörden der Kommune eine feste Zahl fest. In Vicenza wurde bereits 1222 die Hälfte aller Gemeindeposten dem Popolo zugesprochen. Gleichzeitig gab es die Forderung, dass die Eliten nur eine begrenzte Zahl von Vertretern in diese Gremien entsenden durften, und sogar, dass der Popolo mehr Rechte als die Eliten bekommen sollte. In Parma galt der Eid eines Mitglieds des Popolo als Beweis, dass er jedem Mächtigen entgegentreten würde. In den 1280er Jahren stellte der Popolo in Florenz und Bologna Listen mit den Namen der Elite-Familien auf und forderte, dass sie zur Bestätigung ihres Willens, sich künftig gut zu verhalten, Zahlungen leisten sollten.

Was die Dinge noch verschlimmerte, war die Tatsache, dass die Spaltung zwischen den Eliten und dem Popolo nicht die einzige war, die auf Italien lastete. Die Kommunen gehörten, wie bereits erwähnt, nominell dem Heiligen Römischen Reich an, dem Nachfolgestaat im Ostteil des Karolingerreiches Karls des Großen, das er zwischen seinen Söhnen aufgeteilt hatte. Zwar waren die Kommunen de facto unabhängig, doch es gab nach wie vor welche, die das Reich unterstützten, und andere, die sich gegen das Reich stellten. Erstere wurden als Ghibellinen bezeichnet, die italienisierte Form von »Waiblingen«, einer ehemaligen Königspfalz in Südwestdeutschland, wo einer der mächtigsten Herrscher des 12. Jahrhunderts, der Stauferkaiser Friedrich Barbarossa, geboren wurde. Seine Truppen benutzten »Waiblingen« als Kampfruf. Die andere Partei wurde als Guelfen bezeichnet, benannt nach dem Geschlecht der Welfen, Rivalen der Staufer um den Kaiserthron. Der Konflikt zwischen den Ghibellinen und den Guelfen wurde so erbittert geführt wie der zwischen den Eliten und dem Popolo. Als die Guelfen 1268 in Florenz das Regiment übernahmen, stellten sie sofort eine Liste mit den Namen der Ghibellinen zusammen, insgesamt 1050 Menschen, von denen 400 in die Verbannung geschickt wurden.

Damit haben wir eine gewisse Vorstellung davon, was in Ferrara vor sich ging. Die Entstehung der Kommunen hatte zu einer Reaktion des Feudaladels geführt. Diese wiederum bewirkte eine Reaktion der Bürgerschaft in Form des Popolo. Der Popolo begann das Rechtssystem zugunsten der Bürger auszulegen, die Eliten aus den Vertretungsorganen der Kommune fernzuhalten und die Repräsentanz der Bürger auf undemokratische Weise festzuschreiben. Die Eliten wiederum versuchten nicht einfach nur, das System zu unterlaufen, sondern es zu stürzen. Oft taten sie das im Namen einer »Partei« wie den Guelfen, die in Florenz und Lucca den König von Sizilien, Charles d'Anjou, zum Podestà mit einer Amtszeit von sechs Jahren ernannten und ihm damit faktisch die Aufgabe übertrugen, festzulegen, wer in den beiden Städten regieren sollte. Als die Guelfen Florenz und Bologna übernahmen, wurden alle öffentlichen Posten, einschließlich der militärischen, an Anhänger der eigenen Partei vergeben. Oft nahmen die »Parteien« den Namen einer bestimmten Elite-Familie an und boten so ein Vehikel zum Sturz der Kommune. In Mailand gab es die Familien der Visconti und della Torre; in Como die Rusconi und Vittani; in Bologna die Lambertazzi und Germeni und in Ovieto die Parteien der Monaldeschi und Filipeschi. Zunächst gelang es den Eliten, ihre Kontrolle über die republikanischen Regierungen immer mehr zu steigern. In Ivrea in der Nähe von Turin gelobte die Stadt Gefolgstreue und sogar »Vasallentum« gegenüber dem Markgrafen von Montferrat, räumte ihm die Hälfte der städtischen Einnahmen ein und erlaubte ihm die Ernennung des Podestà. In anderen Städten wie etwa Venedig, bis dahin eine der wirtschaftlich erfolgreichsten

Städte Italiens, änderten die Eliten einfach die Regeln, um andere von der politischen Macht fernzuhalten. Militärische Stärke verhalf der Familie Bonacolsi in Mantua 1272 zur Macht, ebenso der Familie Polenta nach 1275 in Ravenna, der Familie da Camino 1283 in Treviso und den Malatesta nach 1295 in Rimini. Im Jahr 1300 stand mindestens die Hälfte aller Städte, die zuvor kommunal verwaltet waren, unter despotischer Herrschaft. Die Folgen zeigten sich schon rasch. In Ferrara, unserem Ausgangspunkt, wurde die Beteiligung der Bevölkerung an den Räten eng begrenzt, Zünfte und Genossenschaften aufgehoben. Die neuen Herren hatten das Sagen.

Auf diese schleichende Machtergreifung durch die Elite reagierte der Popolo aber nicht einfach nur, indem er gegen sie ankämpfte. Wenn die politische Macht vermutlich vollständig der Elite zufallen würde, wäre es besser, gleich das ganze System umzustürzen. Diese Entwicklung begann 1250 in Piacenza, als auf Betreiben des Popolo Uberto de Iniquitate für ein Jahr zum Podestà gewählt wurde. Aber schon bald erweiterte man seine Amtszeit auf fünf Jahre, verbunden mit der Vereinbarung, dass sein Sohn den Posten erben würde. Buosca da Dovara übernahm 1248 das Amt des Podestà in Cremona, ursprünglich für die Zeit von zehn Jahren. Sieben Jahre später wurde er auf Lebenszeit Podestà von Soncino. Auch Uberto Pallavicino erhielt das Amt des Podestà von Vercelli, Piacenza, Padua und Cremona als Lebensstellung. In Perugia verhalf der Popolo Ermanno Monaldeschi an die Macht. Nach seinem Abgang schlug einer seiner Anhänger vor, die Verfassung aufzuheben, und eine Kommission von zwölf Mitgliedern bildete die Institutionen der Stadt um. Die Kommission entschied, Monaldeschi nahezu absolute Macht zu übertragen und ihm den lebenslangen Titel eines Gonfaloniere (Bannerträger) zu verleihen.

Faktisch waren die Kommunen zum Untergang verurteilt, weil sie ihre Konflikte nicht eindämmen konnten. Sie schafften es nicht, die Bedrohung durch die Eliten abzuwehren, die zur Gegenmobilisierung des Volkes führte. Auch die Institutionen waren nicht in der Lage, die Konflikte zwischen den beiden Gruppen zu lösen, und beide Seiten agierten gern außerhalb der Institutionen und untergruben sie schließlich. Die daraus folgende Instabilität bedeutete das Ende der

Kommunen. Der Stadt Ferrara mag die Wahl des Fürsten Obizzo zu ihrem Oberhaupt als bessere Option erschienen sein, als die Konflikte und die Gewalt andauern zu lassen oder, schlimmer noch, zuzusehen, wie die Elite die Macht übernahm.

Die Verlockung der Autokraten

Die Selbstzerstörung der italienischen Kommunen durch Demontage ihrer partizipativen Institutionen ist auf den ersten Blick verwirrend. Wollte die Gesellschaft denn nicht ihr Verbleiben im Korridor verteidigen?

Wir haben behauptet, die Antwort laute ja, aber nur dann, wenn das Volk der Meinung ist, es könne trotz der Macht und des Widerstands der Eliten im Korridor verbleiben. Wenn es jedoch zu dem pessimistischen Schluss gelangt, dass die Dynamik der Roten Königin den Eliten zunehmend Vorteile verschafft und zu einer despotischen Herrschaft der Elite führen wird, kann der Fall eintreten, dass das Volk die Macht lieber einem nicht rechenschaftspflichtigen Autokraten überträgt, der – so die Hoffnung – die Interessen des Volkes eher berücksichtigt als ein von den Eliten dominiertes Regime. Auch wenn das oft nur reines Wunschdenken ist, hat es Gesellschaften nicht davon abgehalten, ihren Gefesselten Leviathan zu zerstören, um auf diese Weise im Kampf mit den Eliten die Oberhand zu gewinnen.

Ein stets wiederkehrender Faktor beim Untergang der italienischen Kommunen, der Zerstörung der Weimarer Republik und dem Untergang der chilenischen Demokratie ist die Macht und der Widerstand der Großgrundbesitzer, die den Korridor verengen und die Gesellschaft zunehmend polarisieren. Der Rote-Königin-Effekt wird dadurch immer mehr zu einem Nullsummenspiel, zu einem Kampf ums Überleben, anstatt zu einem Wettrennen zwischen Staat und Gesellschaft, das beider Leistungsfähigkeit steigert. Dies zeigt sich am Beispiel der italienischen Kommunen daran, dass die Eliten nicht nur darum kämpften, ihre Stellung gegenüber den Kommunen zu verbessern, sondern sie zerstören wollten und die Kommunen ihrerseits zu der Überzeugung kamen, eine Koexistenz mit den Eliten sei nicht möglich, und deshalb einer Autokratie dem schleichenden Einfluss der Eliten den Vorzug gaben.

Machiavelli fasste dies treffend zusammen, als er in *Der Fürst* schrieb,

> dass das Volk die Herrschaft und Unterdrückung durch die Großen nicht ertragen mag, die Großen aber das Volk zu beherrschen und zu unterdrücken trachten. Aus dem Streit dieser verschiedenen Bestrebungen entsteht entweder eine Alleinherrschaft oder die Freiheit oder unbändige Gesetzlosigkeit. Die Herrschaft wird entweder vom Volk oder von den Großen herbeigeführt, nachdem der eine oder andere Teil dazu Veranlassung erhält. Denn wenn die Großen sehen, dass sie dem Volk nicht widerstehen können, so suchen sie einem unter sich einen großen Namen zu machen und erheben ihn zum Fürsten, um unter dem Schutz seines Ansehens ihre eigenen Begierden zu befriedigen. Ebenso macht das Volk, wenn es sieht, dass es den Großen nicht widerstehen kann, einen vorzüglich Angesehenen zum Fürsten, um von ihm geschützt zu werden.

Machiavelli benennt hier eine Kraft, die viele der heute als »populistisch« bezeichneten Bewegungen antreibt. Ursprünglich rührt der Begriff Populismus aus dem Populist Movement in den Vereinigten Staaten Ende des 19. Jahrhunderts her, verkörpert vor allem von der damaligen Populist Party. Die heutigen Vertreter des Populismus, so unterschiedlich sie sein mögen und sosehr sie sich einer allgemeingültigen Definition entziehen, eint manche Gemeinsamkeit. In ihrer Rhetorik propagieren sie einen unüberwindbaren Gegensatz zwischen dem »Volk« und einer intriganten Elite, pochen auf die Notwendigkeit, das System und seine Institutionen zu stürzen (weil sie vermeintlich nicht den Interessen des Volkes dienen), präsentieren eine Führerfigur, die (angeblich) die wahren Wünsche und Interessen des Volkes vertritt, und weisen sämtliche Einschränkungen und Kompromisse zurück, die der Bewegung und ihrem Führer im Weg stehen. Die gegenwärtigen populistischen Bewegungen wie etwa das Rassemblement National in Frankreich, die Partei für die Freiheit in den Niederlanden, der Partido Socialista Unido de Venezuela und die von Donald Trump vereinnahmte Republikanische Partei in den USA weisen allesamt diese Merkmale auf. Dies haben sie mit den faschistischen Bewegungen zu Beginn des 19. Jahrhunderts gemeinsam, auch wenn diese mehr auf Militarismus und fanatischen Antikommunismus setzten. Wie am Beispiel der italienischen Kommunen gezeigt, kann es tatsächlich zutreffend sein, dass die Eliten gegen das Volk intrigieren, aber die Behauptung, eine populistische Bewegung und ihr allmächtiger Führer würden die Interessen des Volkes schützen, ist nichts anderes als eine Lüge.

Unser theoretischer Rahmen hilft zu klären, was die populistischen Bewegungen antreibt und warum sie die Stabilität der Gesellschaft im Korridor bedrohen. Die Dynamik der Roten Königin verläuft nie sauber und ordentlich. Innerhalb des Korridors kann sie die Leistungsfähigkeit sowohl des Staates als auch der Gesellschaft steigern. Aber wie wir gesehen haben, führt sie mitunter auch zur Polarisierung und zu einem Nullsummenspiel. Schlimmer noch – wenn die Institutionen ihrer Aufgabe nicht gerecht werden, diese Konflikte einzudämmen und zu lösen, und der Wettstreit zwischen der Elite und den Nichteliten Letzteren keine Gewinne und wirkliche Macht einzutragen scheint, können die Institutionen, die den Korridor bilden, zusammenbrechen. So geschah es in der Weimarer Republik; die demokratischen Institutionen waren gelähmt, Justiz und Sicherheitskräfte bekamen die Konflikte innerhalb der Gesellschaft nicht in den Griff, und die Wirtschaft kollabierte mit schlimmen Folgen für viele Deutsche. Ähnliches ereignete sich in den italienischen Kommunen, als die Menschen die Hoffnung verloren, die zunehmende Dominanz der Eliten eindämmen zu können. In beiden Fällen schwand das Vertrauen der Menschen, dass die Institutionen ihren Interessen dienten, weshalb es ihnen vorteilhafter erschien, sich einem autoritären Führer und einer Bewegung zuzuwenden, die behaupteten, sich um die Interessen des Volkes zu kümmern – wenn sie erst einmal die Macht hätten und alle Einschränkungen gegen ihre autokratische Herrschaft beseitigt seien.

So gesehen bestehen gewisse Parallelen zwischen den historischen Ereignissen und dem, was heute in der Welt vor sich geht. Dass für viele Bürger in den Industrienationen im Laufe der letzten drei Jahrzehnte wirtschaftlich nur sehr wenig abfiel (worauf wir in Kapitel 15 noch genauer eingehen werden), während der technologische Wandel und die Globalisierung anderen zu immensem Reichtum verholfen haben, ist nicht zu leugnen und eine Hauptursache der allgemeinen Unzufriedenheit. Ebenso wenig zweifelhaft ist, dass das politische System zu wenig auf die Sorgen und Nöte der Bürger reagiert. Deren legitime Anliegen wurden zu einem noch explosiveren Faktor, als sich herausstellte, dass die bis dahin in höchstem Maße geschätzten Institutionen des Westens die wirtschaftlich verheerenden Folgen der globalen Finanzkrise von 2008 nicht in den Griff bekamen. Und mehr noch: Die Institutionen ließen zu, dass die finanziell Mächtigen dank ihres großen politischen Einflusses von den Maßnahmen gegen die Krise sogar noch profitierten. Damit war dem enormen Vertrauensverlust der Bevölkerung in die Institutionen der Boden bereitet, und dem Aufstieg der populistischen Bewegungen stand nichts mehr im Wege.

Die Erfolge des Populismus wiederum zersetzen die Politik im Korridor. Dadurch steigt die Wahrscheinlichkeit, dass die Rote Königin außer Kontrolle gerät, wenn der Wettstreit zwischen Staat und Gesellschaft (und zwischen verschiedenen Segmenten der Gesellschaft) zur Polarisierung und zu einem Nullsummenspiel zu werden droht. Die Rhetorik der populistischen Bewegungen, wonach jeder außerhalb der eigenen Bewegung als Feind und als Teil der intriganten Eliten anzusehen sei, die das Volk niederhalten, verstärkt die Polarisierung. Mit dem schwindenden Vertrauen in die Institutionen wird es für sie immer schwieriger, Kompromisse zu vermitteln.

Unsere Analyse zeigt auch, dass populistische Bewegungen, einmal an die Macht gelangt, letztlich im Despotismus enden, selbst wenn sie deutlich basisorientierte Facetten aufweisen und für sich beanspruchen, das Volk zu repräsentieren. Mit der Behauptung der Populisten, Einschränkungen ihrer Macht würden nur der intriganten Elite zugutekommen, ist der Weg in den Despotismus vorgezeichnet. Die Rote Königin gerät schneller außer Kontrolle, wenn sich der Wettbewerb zwischen dem Staat und der Bevölkerung (und unterschiedlichen Gruppen innerhalb der Bevölkerung) stärker polarisiert. Und sind die Populisten erst einmal an die Schalthebel der Staatsmacht gelangt, lässt sich der Leviathan kaum noch in Fesseln halten.

Bedeutet das, dass jede politische Bewegung mit dem Anspruch, für das Volk zu sprechen und sich einer allmächtigen Elite entgegenzustellen, populistisch ist und das Leben im Korridor destabilisiert? Gewiss nicht. Bewegungen, die sich für eine Zusammenarbeit mit den Institutionen des Korridors engagieren – die heute fast immer demokratische Institutionen sind –, können zum Gedeihen der Roten Königin beitragen, ohne sie in eine destabilisierende Kraft zu verwandeln. Sie können auch den eher benachteiligten Mitgliedern der Gesellschaft von großer Hilfe sein. In Kapitel 10 haben wir geschildert, wie die amerikanische Bürgerrechtsbewegung, die sich der feindseligen Haltung vieler Eliten durchaus bewusst war, versuchte, die Gerichte und die Bundesregierung für ihre Anliegen zu gewinnen, und diese nicht von vornherein ablehnte. Das entscheidende Merkmal populistischer Bewegungen, durch das sie zu einem Nullsummenspiel beitragen, ist ihre Weigerung, Beschränkungen und Kompromisse zu akzeptieren. Deshalb ist die Wahrscheinlichkeit gering, dass sie die Ungleichgewichte in der Gesellschaft beseitigen. Ihr Bestreben ist es, Dominanzen zu erschaffen, und nicht, sie zu beenden.

Wer mag schon Gewaltenteilung?

Verschiedene lateinamerikanische Länder wie Peru, Venezuela und Ecuador demonstrieren beispielhaft, welche Kräfte den heutigen Populismus formen und welche Folgen dies zeitigt. In den genannten Ländern finden regelmäßig Wahlen statt, und sie verfügen über äußerlich demokratische Institutionen, sind aber weit von einem Gefesselten Leviathan entfernt. Dass sie in den Machtkreis des Despotischen Leviathans gerieten, liegt teilweise daran, dass dort ungeachtet von Wahlen die Politik von traditionellen, oft ländlichen Eliten, nicht selten Großgrundbesitzern, dominiert wird. Das schafft ein polarisiertes Umfeld, in dem die Wahl eines Präsidenten, der von einer populistischen Bewegung getragen wird, leicht zur Demontage der Gewaltenteilung und zur Aufhebung demokratischer Institutionen führt. Das geschieht aus denselben Gründen, aus denen in den italienischen Kommunen die Bevölkerung Autokraten unterstützte.

Nehmen wir zum Beispiel Peru. Im Jahr 1992 erließ Präsident Alberto Fujimori, bestrebt, die demokratische Kontrolle über das Präsidentenamt zu lockern, die Verordnung 25418, mit der er verfassungswidrig die gesetzgebende Körperschaft auflöste und Neuwahlen anordnete. Das Volk hätte dagegen Sturm laufen müssen. Aber Fujimori begründete seinen Griff zur Macht als Notwehr gegen die traditionellen Eliten, sowohl die der politisch rechten in Form der von Mario Vargas Llosa gegründeten politischen Partei, als auch der politisch linken in Form der APRA (Amerikanische Revolutionäre Volksallianz). Dass die Eliten in Peru dominierten, war natürlich kein Phantasiegespinst, auch wenn Fujimori überhaupt nicht daran interessiert war, dies zu beenden. Dennoch funktionierte seine Propaganda. Seine Anhänger gewannen die Mehrheit im neuen Parlament. Sie änderten die Verfassung, schafften eine der beiden Kammern des Parlaments ab und erweiterten die Machtfülle des Präsidenten. Durch ein Plebiszit wurden diese Reformen gebilligt. Peru war nun im Griff von Fujimoris autoritärer Diktatur.

Hugo Chávez' Aufstieg zur Macht in Venezuela hatte ähnliche Gründe. Als er 1998 das Präsidentenamt antrat, berief er umgehend eine verfassunggebende Versammlung ein, die das Parlament auf eine Kammer reduzierte und dem Präsidenten wesentliche Vollmachten einräumte. In einem Referendum billigten 72 Prozent der Wähler die neue Verfassung. Als wäre dies nicht genug, erhielt Chávez im Jahr 2000 das Recht, ein Jahr lang per Dekret ohne Parlamentszustimmung zu regieren. Diese Befugnis wurde erneuert, 2007 auf 18 Monate ausgedehnt, und im Dezember 2010 um weitere 18 Monate verlängert. Wie brachte Chávez das zustande? Auf dieselbe Weise wie Fujimori – er stellte sich als Revolutionär dar, der die Interessen des venezolanischen Volkes gegen die intriganten Eliten verteidigte, die seit langem die Politik und die Wirtschaft in Venezuela beherrschten. Wie Fujimori hatte er recht mit der Behauptung, dass die Eliten die Kontrolle besaßen und intrigierten, wodurch Venezuelas ärmere Bevölkerung und die indigenen Gemeinschaften den Kürzeren zogen, aber sein Versprechen, die Macht des Volkes und dessen Wohlergehen zu fördern, war bloße Worthülse. Die venezolanische Wirtschaft kollabierte unter Chávez und dessen Nachfolger Nicolas Maduro, und die Institutionen des Landes sind weitgehend gelähmt. Die politische Opposition und die Bevölkerung werden unterdrückt, zum Schweigen gebracht und fallen zunehmend den Gewalttaten der Sicherheitskräfte des Regimes zum Opfer. Während wir dies schreiben, steht Venezuela vor einem Bürgerkrieg.

In Ecuador, wo Präsident Rafael Correa herrschte, war die Situation ähnlich. Im Jahr 2007 formulierte Correa seine populistische Agenda vielleicht ein wenig besser, als Fujimori und Chávez es taten. Trotz seines erklärten Ziels, die Gewaltenteilung aufzuheben und die partizipativen Institutionen zu beschneiden, behauptete er, ein Mann des Volkes zu sein.

> Wir haben gesagt, wir werden unser Vaterland durch die Revolution der Bürger demokratisch, verfassungskonform umwandeln ... aber revolutionär, ohne uns in den alten Strukturen zu verfangen, ohne in die Hände der traditionell Mächtigen zu fallen, ohne zu akzeptieren, dass das Vaterland im Besitz bestimmter Leute ist. Das Vaterland ist für alle da, ohne Lügen und mit absoluter Transparenz.

Wie Machiavelli vorhergesehen hatte: Ist das Volk verzweifelt, macht es »einen vorzüglich Angesehenen zum Fürsten ... um von ihm geschützt zu werden«. Correa war ein solch vorzüglich Angesehener, und am 28. September 2008 stimmten 64 Prozent der Ecuadorianer für eine neue Verfassung mit einem Parlament mit nur einer Kammer und erweiterten Vollmachten des Präsidenten. Correa musste von da an nicht mehr mit einer unabhängigen Justiz und Zentralbank ringen, und er hatte die Macht, das Parlament aufzulösen. Zusätzlich erhielt er das Recht, für zwei weitere Amtszeiten zu kandidieren.

Zurück im Korridor?

Im Mai 1949, 16 Jahre nach der Machtergreifung der Nationalsozialisten, verabschiedete die Bundesrepublik Deutschland mit dem Grundgesetz eine neue Verfassung. Es setzt der Macht des Staates und der Eliten Grenzen und garantiert dem Einzelnen seine Rechte und Freiheiten. Im darauffolgenden Monat fanden demokratische Wahlen zum Parlament statt, wenig später wurde der Bundespräsident gewählt. Deutschland war mit der Gründung der Bundesrepublik in den Korridor zurückgekehrt.

Auch Chile fand mit einem friedlichen Übergang zur Demokratie 17 Jahre nach General Pinochets brutalem Putsch in den Korridor zurück. In Chile ist die Macht der Elite der Großgrundbesitzer und der Wirtschaft keineswegs geschwunden, aber das Land hat eine lebendige Demokratie entwickelt und das erneute Erstarken der Macht der Gesellschaft erlebt, was zu einer Reihe von Reformen führte, mit denen die Privilegien der Elite beschnitten, die vom Militär veranlassten Verfassungsänderungen rückgängig gemacht und die Bildung und wirtschaftlichen Chancen für die weniger Begüterten verbessert wurden.

Wie kam es zu alldem? Sowohl die Nationalsozialisten als auch Pinochets Militärjunta hatten die Schranken demontiert, die der Macht von Polizei und Militär gesetzt waren, sie warfen ihre Gegner ins Gefängnis, brachten sie um oder trieben sie ins Exil, unterdrückten brutal alle bürgerschaftlichen Organisationen und richteten insgesamt verheerende Schäden an. Wie ist es möglich, dass keine zwei Jahrzehnte später diese beiden Länder wieder zu einer Balance zwischen der Macht von Staat und Gesellschaft fanden?

So blutig und entschlossen die Regime der beiden Länder die Gesellschaft unterworfen hatten, begann diese Entwicklung zum Schlechten dennoch innerhalb des Korridors. Und auch nachdem diese Länder aus dem Korridor getrudelt waren, blieben viele der Faktoren, die ihre Gesellschaften aktiviert und mobilisiert hatten, bestehen. Zu diesen Faktoren gehörten die Normen der gesellschaftlichen Mobilisierung und die Überzeugung, dass man die Eliten und die staatlichen Institutionen zur Rechenschaft ziehen kann.

Nicht unwesentlich war auch die Erinnerung an die Zeiten, als das gemeine Volk organisiert war und Macht besaß, als die Gesetze für jedermann galten und der Leviathan von der Gesellschaft in Fesseln gehalten wurde. Und dazu gehörten auch die Entwürfe für den Aufbau bürgernaher bürokratischer Institutionen mit klar umgrenzten Befugnissen. Nehmen wir Deutschland. Zwar waren in der Zeit des Absolutismus nach 1648 und während Bismarcks Kanzlerschaft Elemente der despotischen Herrschaft am Werk, aber selbst in diesen Perioden gab es in Deutschland institutionelle Besonderheiten, die den Leviathan in Fesseln hielten. Zum einen hatte fast ganz Deutschland, wenn auch nicht Preußen, karolingische Wurzeln. Die staatlichen und repräsentativen Institutionen, die es aus seiner Geschichte geerbt hatte, kamen niemals vollständig zum Erliegen, auch während des preußischen Absolutismus nicht. Im 19. Jahrhundert wurden sie wieder aufgegriffen, vor allem nach der Revolution von 1848. Dieses Vermächtnis spielte eine bedeutende Rolle für den Aufstieg der SPD zur größten Partei im Reichstag vor dem Ersten Weltkrieg. Obwohl die Macht des Reichstags durch den Kaiser begrenzt war und die preußische Elite großen Einfluss auf die Politik ausübte, bildeten diese historischen Elemente nach wie vor die Basis für eine institutionelle Architektur innerhalb des Korridors. Diese Elemente wurden in der Weimarer Republik noch verstärkt und weiterentwickelt. Deshalb stand Deutschland dem Korridor immer noch nah, selbst nachdem es ihn fast zwei Jahrzehnte lang verlassen hatte. Man vergleiche das mit China, das sich bereits so lange im Machtbereich des Despotischen Leviathans befindet, dass der Korridor nicht einmal am Horizont zu erahnen und es sehr unwahrscheinlich ist, dass das Land in absehbarer Zukunft auch nur in seine Nähe gerät.

Daraus kann man den Schluss ziehen, dass trotz der desaströsen Folgen, die entstehen, wenn die Rote Königin außer Kontrolle gerät, die Rückkehr in den Korridor möglich ist, sofern die Balance zwischen Staat und Gesellschaft nach nicht allzu langer Zeit wiederhergestellt werden kann.

Das heißt jedoch nicht, dass die Rückkehr in den Korridor einfach ist oder automatisch geschieht. Hätte das Dritte Reich im Zweiten Weltkrieg nicht eine vollständige Niederlage erlitten und hätten die USA und manche europäischen Länder keine Anstrengungen unternommen, die Demokratie in Deutschland wiederaufzubauen, hätten sich die Dinge womöglich ganz anders entwickelt (vermutlich wäre es nicht das demokratische, friedliebende und die Freiheit respektierende Land von heute). Der Wandel zur Demokratie in Chile war ebenfalls teilweise eine Reaktion auf internationale Faktoren, die die Militärjunta zwangen, eine sanfte, kontrollierte Landung anzusteuern, anstatt zu riskieren, dass sich der Druck auf sie noch weiter erhöhte. Ohne die Einflüsse von außen hätte die Militärdiktatur in Chile wahrscheinlich noch viel länger bestanden.

Die Geschichte der italienischen Kommunen zeigt uns, dass sich die Rückkehr in den Korridor keinesfalls automatisch vollzieht. Und natürlich sind die Aussichten auf eine Rückkehr in den Korridor für Venezuela, das nicht nur einen Nullsummen-Konflikt, sondern den kompletten Zusammenbruch der Institutionen erlebt, nicht gut. Deshalb sollte die Wende in Deutschland und in Chile nicht so verstanden werden, als sei die Demokratie vorherbestimmt oder als würde der Gefesselte Leviathan zwangsläufig wiederauferstehen. Vielmehr sollte die jüngere Geschichte dieser beiden Länder als Beispiel für eine erfolgreiche, obgleich zufallsbedingte Wiederherstellung der Machtbalance zwischen Staat und Gesellschaft vor ihrem vollständigen Verschwinden gesehen werden.

Gefahr im Verzug

Eine Bevölkerung, die vom wirtschaftlichen Wandel keinen Nutzen hat, den Eindruck gewinnt, dass sie der Elite ausgeliefert ist, und ihr Vertrauen in die Institutionen verliert. Parteien, die einander erbittert und sinnlos bekämpfen. Institutionen, die es nicht schaffen, Konflikte zu lösen oder zu schlichten. Eine Wirtschaftskrise, die die Institutionen weiter destabilisiert und das Vertrauen in sie zerstört. Ein Machthaber, der behauptet, für das Volk gegen die Elite einzutreten, und verlangt, die institutionellen Schranken zu lockern, damit er dem Volk noch besser dienen kann. Klingt das alles bekannt?

Leider beschreibt dies nicht nur ein Land, sondern viele. Es könnte die Türkei sein, wo der Machthaber Recep Tayyip Erdoğan heißt, der sich gegen die säkulare Elite des Landes stellt und die konservative Mittelschicht und die Wähler auf dem Land auffordert, ihn dabei zu unterstützen, sämtliche institutionellen Hemmnisse zu beseitigen. Es könnte Ungarn sein, wo Viktor Orbán das Gleiche tut und zusätzlich noch gegen Immigranten hetzt und entsprechende Maßnahmen ergreift (auch wenn das Land durch die Institutionen der Europäischen Union noch in gewissen Schranken gehalten wird). Es könnten die Philippinen sein, wo der Machthaber Rodrigo Duterte Mordkommandos gegen tatsächliche oder vermeintliche Drogenhändler und -konsumenten schickt und seine Gegner dämonisiert. Es könnte Marine Le Pen sein, für die bei den französischen Präsidentschaftswahlen von 2017 der Sieg in greifbare Nähe rückte, weil sie es auf geschickte Weise verstanden hatte, den Nationalismus als alleiniges Bollwerk gegen die Bedrohung durch die Globalisierung zu propagieren.

Oder es könnte Donald Trump sein.

Aber in den Vereinigten Staaten wäre so etwas doch nicht möglich, oder? Ein Land mit einer wunderbaren Verfassung, die die Macht zwischen der Elite und der Nichtelite ausbalanciert und auf verschiedenen Ebenen Schranken gegen übereifrige Politiker eingebaut hat. Ein politisches System, das die Gewaltenteilung verkörpert. Eine Gesellschaft mit einer langen Tradition der politischen Mobilisierung und des Misstrauens gegenüber Autokraten. Ein hochgeschätztes System von Recht und Gesetz, das der Demokratie und der individuellen Freiheit mächtigen Schutz bietet. Eine Geschichte der erfolgreichen Überwindung früherer Probleme, von der Erblast der Sklaverei über die Dominanz kapitalistischer Raubritter bis hin zur weitverbreiteten Diskriminierung der Afroamerikaner. Eine Nation, die fest im Korridor verankert ist und die so oft von der Roten Königin gestärkt wurde.

Aber hätte man nicht genau dasselbe von der Weimarer Republik gedacht?

14.
WEGE IN DEN KORRIDOR

Die Bürde des schwarzen Mannes

> Als der südafrikanische Eingeborene am Freitag, dem 20. Juni 1913, erwachte, stellte er fest, dass er zwar kein Sklave, aber ein Paria in seinem Geburtsland war.

So beginnt Sol Plaatjes Buch *Native Live in South Africa*. Plaatje war ein schwarzer Journalist, Schriftsteller und politischer Aktivist, der den South African Native National Congress (SANNC) mitbegründete, eine soziale Bewegung, aus der zehn Jahre später der African National Congress (ANC) hervorging. Der SANNC entstand als Reaktion auf die Gründung der Südafrikanischen Union 1910, zu der die ehemals britischen Kolonialbesitzungen Kapkolonie und Natal nach dem Ende der Burenkriege mit den niederländischsprachigen Burenrepubliken Oranje-Freistaat und Transvaal vereinigt wurden. In der Kapkolonie bemaßen sich politische Rechte nicht nach Herkunft und Hautfarbe, sondern nach Besitz oder Vermögen. In den Burenrepubliken hingegen waren die Bürgerrechte den Weißen vorbehalten. Der Union war der Sieg des britischen Empires im Zweiten Burenkrieg vorausgegangen, der von 1899 bis 1902 dauerte. Während des Kriegs hatten die Briten die schlechte Behandlung der schwarzen Afrikaner durch die europäischstämmigen Afrikaaner kritisiert und dadurch die Hoffnung geweckt, die Nachkriegsordnung könnte den Schwarzen mehr Rechte bescheren. Nach Beendigung des Kriegs öffnete sich also kurzzeitig eine Chance für institutionellen Wandel. Aber in der neugegründeten Südafrikanischen Union einigte man sich schließlich auf die strengste Linie. Die in der Kapkolonie übliche liberalere Zuteilung der Bürgerrechte wurde nicht auf andere Landesteile übertragen und ging mit der Zeit verloren. Das Ende vom Lied war, dass sämtlichen Schwarzen die politische Repräsentation verweigert wurde.

Der Mangel an politischer Macht hatte fatale Folgen. Er führte dazu, dass 1913 der Natives Land Act verabschiedet werden konnte, wodurch Schwarze oder »Eingeborene«, wie Plaatje sie bezeichnet, »Parias« im eigenen Land wurden. Plaatje prägte noch eine weitere griffige Formulierung, die »Bürde des schwarzen Mannes«, die er so beschrieb:

> Die Bürde des schwarzen Mannes umfasst die gewissenhafte Ausführung aller gering qualifizierten und schlecht bezahlten Arbeiten in Südafrika, das Abführen direkter Steuern an die verschiedenen Kommunen, um die weißen Viertel der Stadt zu sanieren und zu verschönern, während die schwarzen Viertel sich selbst überlassen bleiben ... [und] Steuern ... für den Unterhalt staatlicher Schulen, von denen die Kinder der Eingeborenen ausgeschlossen sind.

Das sahen die Weißen allerdings ganz anders. Bei der Debatte über das Gesetz im Parlament der Südafrikanischen Union merkte der Abgeordnete van der Werwe aus Vredefort im Oranje-Freistaat an, dass der »Eingeborene von den Weißen nur als Arbeiter akzeptiert werden würde«, während der Abgeordnete Keyter aus dem nahe gelegenen Ficksburg argumentierte, der Freistaat habe »die Farbigen immer äußerst rücksichtsvoll und gerecht behandelt« und der Natives Land Act sei »nur ein Gesetz«, das »den Farbigen klipp und klar sagt, dass der Oranje-Freistaat ein Land des weißen Mannes ist und dies auch so bleiben solle«. An dieser Stelle ist im Sitzungsprotokoll vermerkt, dass Keyter aus den Reihen der Abgeordneten durch den Zwischenruf »Hört, hört!« unterstützt wurde. Um sicherzustellen, dass der Freistaat weiß bliebe, sollte der Eingeborene »nicht in der Lage sein, dort Land zu kaufen oder zu pachten, und wenn er dorthin ziehe, dann nur als Dienstbote«. Auch der Abgeordnete Grobler sprach sich für das Gesetz aus, mit dem Argument, es sei »unmöglich, die Lösung des Eingeborenenproblems zu verschieben«. Plaatje bemerkt dazu: »Mit ›Lösung des Eingeborenenproblems‹ meinen die Farmer des *Frei*staats normalerweise die Wiedereinführung der Sklaverei.«

Plaatje sah auf seinen Reisen durch das Land mit eigenen Augen, wie das Gesetz in die Praxis umgesetzt wurde und schwarze Landbesitzer und Pächter auf 87 Prozent der Fläche Südafrikas, jenem Anteil, der als »Land des weißen Mannes« reserviert wurde, von ihrem Grund und Boden vertrieben wurden. Was Kgobadi erlebte, ein schwarzer Farmer, der zuvor 100 Pfund im Jahr verdient hatte, ist ganz typisch. Am 30. Juni 1913 wurde ihm ein Brief mit der Anordnung zugestellt, »die Farm des Unterzeichners bis Sonnenuntergang desselben Tages zu verlassen, im Falle der Nichtbefolgung würde man seinen Viehbestand beschlagnahmen und ihn selbst wegen widerrechtlichen Aufenthalts auf dem Farmgelände den Behörden übergeben«. Zur Vermeidung der Zwangsräumung bot man ihm eine Anstellung für 30 Schilling monatlich an. Der weiße Farmer konnte also »seine Dienste und die seiner Frau und seiner Ochsen« zu einem Bruchteil seines früheren Verdiensts in Anspruch nehmen. Kgobadi lehnte ab, wurde vor die Tür gesetzt und musste mit seiner Familie und seiner verendenden Herde über Land ziehen, ohne eine andere Möglichkeit, als ein anderes zweifelhaftes Angebot anzunehmen oder sich zu einem der den Schwarzen vorbehaltenen »Homelands« durchzuschlagen, jenen Gebieten, in die die weiße Regierung die Schwarzen verbannt hatte.

Warum wollte die Mehrheit der Weißen die schwarzen Afrikaner enteignen? Um ihr Land und ihr Vieh an sich zu reißen, war ein Grund. Aber sie wollten sich auch ein reichliches Angebot an billigen schwarzen Arbeitskräften für die von Weißen betriebenen Farmen und Minen sichern, nötigenfalls durch Zwang, und ihnen die Lebensgrundlage in Form ihrer Farm wegzunehmen war ein wichtiger Schritt dazu. Die Holloway-Kommission von 1932 beschrieb die Situation zu Beginn des 20. Jahrhunderts folgendermaßen:

> Früher gab es Probleme damit, genügend Arbeitskräfte für die Gewerbebetriebe des Landes zu finden … [Der schwarze Eingeborene], der nur die schlichten Bedürfnisse des Stammeslebens kannte, hatte keinen wirklichen Anreiz, für mehr zu arbeiten. Die europäischen

> Regierungen, die Arbeitskräfte für ihre Gewerbebetriebe brauchten, beschlossen, Druck auf den Eingeborenen auszuüben, damit er zum Arbeiten kam, und taten dies durch die Erhebung von Steuern.

Das Select Committee of Native Affairs of the Cape Colony (Sonderkomitee für die Angelegenheiten der Eingeborenen in der Kapkolonie), das 1909, kurz vor der Gründung der Südafrikanischen Union, ins Leben gerufen wurde, diskutierte darüber auf seinen Sitzungen, wie die folgende Passage zeigt:

> A. H. B. Stanford, Oberster Richter von Transkei: [Der Bevölkerungsdruck und der Wettbewerb um Land sind akut] und wir sind in manchen Gegenden mit unserem Latein am Ende.
> W. P. Schreiner, Mitglied des Sonderkomitees: Selbstverständlich wäre die natürliche ökonomische Folge … dass die überzählige Bevölkerung sich in ganz Südafrika der Hand- und Schwerarbeit zuwendet; sie würde sozusagen in die Fremde gehen?
> Stanford: Sie werden sich andere Beschäftigungen als Landwirtschaft suchen müssen.
> Schreiner: Und sich ihren Lebensunterhalt irgendwo durch ehrliche Arbeit verdienen?
> Stanford: Das scheint mir die einzige Lösung zu sein.
> Schreiner: Und auch noch eine sehr gute Lösung, nicht wahr?

Aber diese »sehr gute Lösung« ließ sich nur umsetzen, wenn die Mehrheit der Bevölkerung vollkommen rechtlos war und nicht widersprechen konnte. Genau das verwirklichte man in der Südafrikanischen Union. Der politischen Entrechtung folgten diverse Gesetze wie der Natives Land Act, die mit Gewalt Niedriglöhner für die Betriebe von Weißen hervorbrachten. Andere Maßnahmen sahen eine »Rassenschranke« vor, die schwarze Südafrikaner von so ziemlich allen qualifizierten und hochqualifizierten Tätigkeiten ausschloss. Auch fast die gesamten Bildungsausgaben kamen den Weißen zugute, während Schwarze, wie Plaatje ausführte, die Steuern zahlen mussten. Da Schwarze praktisch ohne Landbesitz waren, in ihren Homelands festsaßen, ohne Bildung und ohne die Möglichkeit, anderswo als in der Landwirtschaft oder den Bergwerken zu arbeiten, gab es schwarze Arbeitskräfte im Überfluss, die für weiße Farmer und Minenbesitzer leicht zu bändigen und billig waren. Die Repressionen gegen Schwarze und ihre offene Diskriminierung nahmen noch zu, als die Nationale Partei (Nasionale Party), die überwiegend die Interessen der Buren (Afrikaaner) vertrat, an die Macht kam und von 1948 an das institutionalisierte und ausweitete, was später weltweit als Apartheidsystem bekannt wurde.

Südafrika war mit dieser Art extraktiver Institutionen, wie sie bei Despotischen Leviathanen üblich sind, eindeutig außerhalb des Korridors. Wie schafft es eine derartige Gesellschaft, irgendwann doch noch in den Korridor einzubiegen? Für eine Richtungsänderung ist bei einem solchen Land normalerweise eine ernste Bedrohung oder eine existentielle Krise erforderlich. Aber selbst das reicht für einen Übergang in den Korridor noch nicht aus. In diesem Kapitel beleuchten wir drei maßgebliche Faktoren für einen solchen Übergang. Erstens die Fähigkeit, Koalitionen zu bilden, die einen solchen Übergang unterstützen; zweitens die Frage, wo sich das Kräfteverhältnis zwischen Staat und Gesellschaft in Relation zum Korridor befindet; und drittens die Form des Korridors, denn diese beeinflusst die Wirkung der beiden anderen Faktoren.

Die Regenbogenkoalition

Mit dem Ende des Apartheid-Regimes in Südafrika vollzog sich 1994 ein friedlicher Übergang zur Demokratie, und das Land bewegte sich in den Korridor. Dieser historische Wandel wurde durch eine Massenmobilisierung der schwarzen Südafrikaner angestoßen, die sich, angeführt vom ANC, nicht durch die systematischen Repressionen abschrecken ließen. Außerdem stützte er sich auf eine neue Koalition zwischen dem ANC, der schwarzen Mittelschicht und weißen Industriellen.

Die Landwirtschafts- und Bergbaueliten waren die Hauptnutznießer der politischen und ökonomischen Abmachungen, die für niedrige Löhne sorgten. Auch die weißen Arbeiter profitierten enorm, weil sie dank der Rassenschranke und der desolaten Bildungsmöglichkeiten für Schwarze relativ hohe Löhne in qualifizierten und geringqualifizierten Jobs erzielen konnten, sie verdienten fünfeinhalb- bis elfmal so viel wie die Schwarzen, die praktisch keine Konkurrenz für sie darstellten. Für die Industriellen hingegen zahlte sich das Apartheid-Regime weniger aus. Während die Rassenschranke weißen Farmern, Minenbesitzern und Arbeitern zugutekam, erhöhte sie für diese Unternehmer die Lohnkosten, denn sie konnten die äußerst billigen schwarzen Arbeitskräfte nur für die einfachsten, unqualifizierten Tätigkeiten einsetzen. Außerdem mussten Industrielle im Gegensatz zu Minenbesitzern und Farmern kaum befürchten, enteignet zu werden, wenn die schwarze Mehrheit politische Macht erlangte, weil es sehr viel schwieriger ist, eine moderne Fabrik zu übernehmen und zu betreiben, als eine Farm oder eine Mine zu führen. Auch gab es soziale Unterschiede zwischen den Eliten burischer und britischer Abstammung. Die Apartheid als Sozialphilosophie war eine Erfindung der Afrikaaner, während die Industriellen oft englischsprachig waren und dieses Konzept weniger vertraten. Somit waren die Industriellen ein schwaches Glied in der Apartheid-Koalition und ein guter Anwärter für eine neue Koalition zum Sturz des Regimes.

Koalitionen bilden sich in der Regel nicht von selbst. Sie müssen durch Beziehungen, Garantien und Vertrauen zusammengehalten werden. Das war bei der Koalition, die den Übergang zur Demokratie in Südafrika unterstützte, nicht anders. Ein wichtiges Instrument, um eine Beziehung zwischen den Industriellen und den ANC-Führern (und der schwarzen Mittelschicht) herzustellen, war das Programm Black Economic Empowerment (BEE) zur wirtschaftlichen Stärkung von Schwarzen. Obwohl diese Idee 1994 im Reconstruction and Development Programme (Programm für Wiederaufbau und Entwicklung) der Regierung formuliert wurde, gingen die ersten Initiativen vom Privatsektor aus. Dazu gehörte die Übertragung von Anteilen weißer Firmen auf eine schwarze Person oder auf eine von Schwarzen geführte Firma. Schon 1993 verkaufte der Finanzdienstleister Sanlam 10 Prozent seiner Anteile an dem Versicherungsunternehmen Metropolitan Life an ein Konsortium schwarzer Eigentümer unter der Führung von Nthato Motlana, ehemals Sekretär der ANC

Youth League und Arzt des ANC-Führers und späteren Präsidenten Nelson Mandela sowie von Erzbischof Desmond Tutu. Ab 1994 nahmen solche BEE-Verkäufe rasant zu und erreichten 1998 die Zahl von 281. Schätzungen zufolge gehörten zu dieser Zeit 10 Prozent der an der Johannesburger Börse notierten Firmen Schwarzen. Das Problem war nur, dass Schwarzen, die Aktien kaufen wollten, oft das nötige Kapital fehlte. Die Lösung: Die Unternehmen liehen ihnen das Geld, um ihre eigenen Aktien mit massiven Abschlägen zu kaufen, normalerweise 15 bis 40 Prozent unter dem Marktpreis.

Im Jahr 1997 ernannte die ANC-Regierung eine BEE-Kommission unter der Leitung von Cyril Ramaphosa (der später der 4. Präsident Südafrikas nach Ende der Apartheid wurde). Ausgehend von dem Bericht der BEE-Kommission von 2001 begann die Regierung nicht nur, Vermögensübertragungen zu institutionalisieren, sondern auch die Basis des BEE zu verbreitern, so dass es »Elemente der Personalentwicklung, Beschäftigungsgerechtigkeit, Unternehmensentwicklung, bevorzugten Auftragsvergabe sowie Beteiligungen, Eigentum und Kontrolle von Firmen und Wirtschaftsgütern« umfasste. Die Kommission nannte eine Reihe spezifischer Ziele, die die südafrikanische Wirtschaft innerhalb von zehn Jahren erreichen sollte. Zu den wichtigsten gehörte die Übertragung von mindestens 30 Prozent der landwirtschaftlichen Nutzfläche an schwarze Bauern und Kollektive, die Erhöhung der Kapitalbeteiligung Schwarzer an der Wirtschaft auf 25 Prozent und 25 Prozent schwarze Besitzer von an der Johannesburger Börse gehandelten Aktien. Zu den weiteren Zielvorgaben der Kommission zählten 40 Prozent schwarze Aufsichtsratsmitglieder und geschäftsführende Direktoren bei börsennotierten Unternehmen, 50 Prozent der öffentlichen Aufträge an von Schwarzen geführte Firmen, 30 Prozent der Aufträge des Privatsektors an von Schwarzen geführte Firmen und 40 Prozent schwarze Manager im Privatsektor. Ferner gab es Richtlinien, wonach 50 Prozent der Kredite staatlicher Kreditinstitute an von Schwarzen geführte Firmen vergeben werden sollten und 30 Prozent der staatlichen Aufträge und Lizenzen sowie 40 Prozent der staatlichen Förderprogramme für den Privatsektor von Schwarzen geführten Firmen zugutekommen sollten.

Auf den Bericht der BEE-Kommission hin kam es zu einer Reihe von Industrie-Chartas im Vorgriff auf die Gesetzgebung. Die erste, die Bergbau-Charta, die Anfang 2002 verabschiedet wurde, sah verpflichtend vor, dass Unternehmen in der Flüssigkraftstoffbranche bis 2010 zu 25 Prozent in schwarzer Hand sein sollten. Das sorgte für großen Wirbel. Als ein Entwurf der Charta, der einen schwarzen Eigentumsanteil von 51 Prozent innerhalb von zehn Jahren vorsah, an die Presse durchsickerte, brachen die Aktienkurse ein. In den folgenden sechs Monaten wurden 1,5 Milliarden Rand abgezogen (ungefähr 250 Millionen US-Dollar). Bei Nachverhandlungen wurde beschlossen, dass die Firmen in dieser Branche innerhalb von fünf Jahren zu 15 Prozent im Besitz von Schwarzen sein sollten und in zehn Jahren zu 26 Prozent. Ferner vereinbarte die Bergbauindustrie, zur Finanzierung dieser Transferleistungen 100 Milliarden Rand bereitzustellen. Gekrönt wurde der BEE-Prozess durch die Verabschiedung des Broad-Based Black Economic Empowerment Act (Gesetz zur breitangelegten wirtschaftlichen Stärkung von Schwarzen), der im Januar 2004 von Präsident Mbeki unterzeichnet wurde. Das Gesetz ermächtigte den Handels- und Industrieminister, Durchführungsbestimmungen für das BEE-Programm zu erlassen und umzusetzen. Wenn eine Firma sich also um einen Regierungsauftrag bewerben oder eine Lizenz verlängern möchte, muss sie nachweisen, dass sie sich an das BEE-Programm hält. Dadurch kann die Regierung in manchen Branchen, wie etwa im Bergbau, eine starke Hebelwirkung erzielen.

Der südafrikanische Sozialwissenschaftler Moeletsi Mbeki, Bruder von Präsident Thabo Mbeki, war der Ansicht, dass das BEE-Programm zu einer unheiligen Allianz führe:

> Die politische Elite Südafrikas wird von Angehörigen der Superreichen zur Strategie des BEE ermuntert, die politische Vergünstigungen vom Staat anstreben, um 1.) ihre Vermögenswerte ins Ausland zu verlagern, indem sie die Hauptnotierung ihrer Unternehmen von der Johannesburger Börse an die Londoner Börse verlegen, 2.) den bevorzugten Zuschlag bei Regierungsaufträgen erhalten und 3.) sich Sitze in den Gremien erkaufen, in denen die wirtschaftspolitischen Entscheidungen getroffen werden.

Unheilig oder nicht, diese Allianz war unerlässlich für einen Übergang Südafrikas in den Korridor. Sie förderte nicht nur enge Beziehungen zwischen Industriellen und Segmenten der Gesellschaft, denen politische Macht zuvor verwehrt geblieben war, sondern gab den Unternehmern auch die Garantie, dass die ANC-Führung und die schwarze Mittelschicht, die nun an der Wirtschaft beteiligt war, kein Interesse daran hatte, den Weißen ihre Vermögenswerte und ihren Reichtum wegzunehmen. Die 1993 verabschiedete Übergangsverfassung beruhigte die weißen Südafrikaner, da sie eine Bill of Rights und diverse andere Kontrollmechanismen enthielt, die es dem ANC erschwerten, die weiße Minderheit zu unterdrücken. Wichtig war auch die 1995 gegründete Wahrheits- und Versöhnungskommission, die eine weitgehende Amnestie für jene vorsah, die Verbrechen und Menschenrechtsverstöße begangen hatten, wenn sie die Taten wahrheitsgemäß schilderten und nachweisen konnten, dass sie politisch motiviert waren. Dies war ein Signal dafür, dass die schwarze Mehrheit unter Führung des ANC die endlich wieder errungene Macht nicht für Rache gegen die Weißen verwenden würde.

Aber es reicht nicht, Beziehungen aufzubauen und Garantien zu gewähren, wenn kein Vertrauen zwischen den Koalitionspartnern herrscht, weshalb symbolischen Kompromissgesten eine enorme Bedeutung zukommt. Nelson Mandelas inspirierende Führungsqualitäten spielten hierbei eine entscheidende Rolle. Bezeichnend ist eine Episode, die sich am 24. Juni 1995 ereignete, als erstmals das Finale der Rugby-Weltmeisterschaft in Südafrika ausgetragen wurde. Die südafrikanische Nationalmannschaft, die Springboks, durfte nach dem Ende des internationalen Boykotts gegen das Apartheid-Regime zum ersten Mal teilnehmen und musste gegen den klaren Favoriten antreten, die All Blacks aus Neuseeland. Die Springboks wurden mit der Apartheid assoziiert und ihr Trikot war bei der schwarzen Bevölkerung als Symbol der Afrikaaner verhasst. Wie würde der Präsident des neuen Post-Apartheid-Südafrika an diesem Tag seine Pflichten als Staatsoberhaupt erfüllen? Wie sich herausstellte, ganz hervorragend. Nelson Mandela unterstrich seine jahrelangen Bemühungen, Bitterkeit und Misstrauen zwischen der schwarzen Mehrheit und der weißen Minderheit abzubauen, indem er sich das Trikot der Springboks überstreifte, mit der Nummer Sechs, der des Kapitäns François Pienaar. Die 63 000 Zuschauer, ungefähr 62 000 davon Weiße und überwiegend Afrikaaner, waren überwältigt. Die Springboks schlugen die All Blacks sensationell mit einem Dropgoal in der Nachspielzeit, vielleicht beflügelt durch Mandelas großherzige Geste. Auf die Frage, wie es sich anfühle, von 63 000 Menschen unterstützt zu werden, antwortete Pienaar: »Wir wurden heute nicht von 63 000 Südafrikanern unterstützt, sondern von 42 Millionen.« Als Mandela Pienaar den Cup überreichte (wie im Bildteil zu sehen), sagte er zu ihm:

> Vielen Dank für das, was Sie für dieses Land getan haben.

Pienaar entgegnete, ohne zu zögern:

> Herr Präsident, das ist nichts im Vergleich zu dem, was Sie für dieses Land getan haben.

Türen in den Korridor

Wir haben gesehen, wie wichtig die vom ANC gestützte Koalition in Südafrika für den Übergang in den Korridor war. Der zweite entscheidende Faktor ist, wo ein Land sich im Verhältnis zum Korridor befindet.

Der einzige Weg zu dauerhafter Freiheit besteht darin, in den Korridor einzubiegen und jene Balance zu schaffen, die für den Aufbau eines Gefesselten Leviathans notwendig ist. Wahre Freiheit kann weder ohne einen Staat noch unter dem Joch eines Despotischen Leviathans gedeihen. Es gibt jedoch keine Universalmethode zur Herausbildung eines Gefesselten Leviathans und auch nicht nur eine einzige Tür in den Korridor. Welche Aussichten ein Land hat, wird durch seine spezifische Geschichte, durch die Arten von Koalitionen und Kompromissen und durch das Kräftegleichgewicht zwischen Staat und Gesellschaft bestimmt. Die möglichen Wege in den Korridor können sehr unterschiedlich ausfallen, wenn man von einem Abwesenden, Despotischen oder Papier-Leviathan ausgeht. Dies wird in Abbildung 6 veranschaulicht.

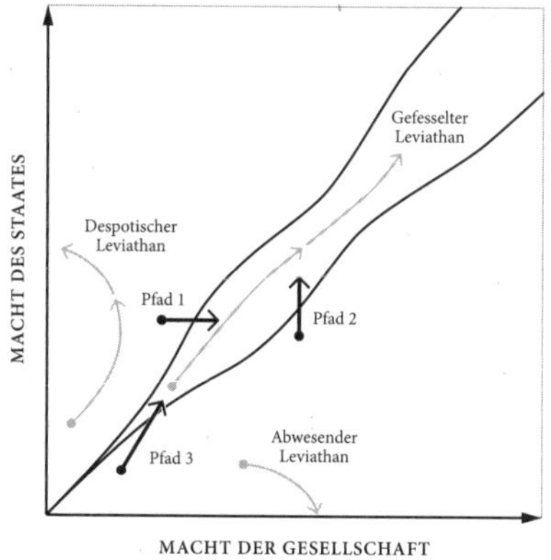

Abbildung 6: Türen in den Korridor

Länder mit einem Despotischen Leviathan können am leichtesten in den Korridor eintreten, indem sie ihre Gesellschaft stärken (oder neue Wege entwickeln, um die Staatsmacht zu kontrollieren und zu schwächen), wie der Pfeil mit der Bezeichnung »Pfad 1« in der Abbildung zeigt. Dies entsprach der Situation in Südafrika, das von einer mächtigen weißen Wirtschaftselite und staatlichen Institutionen dominiert wurde, die zu den effektivsten des gesamten Kontinents zählten. Die Aufgabe in Südafrika bestand also darin, die Gesellschaft zu mobilisieren und ihre Fähigkeit, die Macht anzugreifen, zu fördern, und genau das haben der ANC und die schwarze Arbeiterbewegung erreicht.

Bei Gesellschaften mit einem Abwesenden Leviathan sieht die Aufgabe ganz anders aus. Hier wäre es grundverkehrt, die Gesellschaft noch mehr zu stärken und den Staat zu schwächen. Der Pfeil »Pfad 2« in der Abbildung zeigt einen möglichen Zugangsweg zum Korridor, nämlich über die Stärkung der staatlichen Macht.

Und Länder, die sich in der linken unteren Ecke befinden, darunter viele Papier-Leviathane und Gemeinschaften wie die Tiv mit sehr beschränkter staatlicher Leistungsfähigkeit und ohne institutionalisierte Mittel der gesellschaftlichen Machtausübung, stehen vor noch größeren Schwierigkeiten. Diese Länder können weder durch Erhöhung der Macht des Staates noch der der Gesellschaft in den Korridor eintreten, da er zu weit entfernt ist. Damit ihnen dies gelingt, müssen sie erst sowohl die Leistungsfähigkeit des Staates als auch die der Gesellschaft stärken, wie »Pfad 3« verdeutlicht. Eine Möglichkeit hierfür ist, wie wir später sehen werden, den in Kapitel 11 vorgestellten Mobilisierungseffekt zu nutzen – der Gesellschaft zu erlauben, als Reaktion auf die wachsende staatliche Leistungsfähigkeit ebenfalls stärker zu werden, und umgekehrt.

Im Folgenden untersuchen wir, wie diese unterschiedlichen Pfade funktionieren, welche Arten von Koalitionen und Kompromissen erforderlich sind, um in den Korridor zu gelangen, und wie sich Türen schließen, wenn solche Koalitionen nicht gebildet werden können.

Ein stahlhartes Gehäuse bauen

Südafrika ist ein Beispiel für Pfad 1. Hier bestand der größte Konflikt zwischen der Gesellschaft, repräsentiert durch die schwarze Mehrheit des Landes, und der wirtschaftlichen Elite, die die staatlichen Institutionen kontrollierte. Die Zusammensetzung der Elite und die Beschaffenheit ihrer Macht können unter anderen Despotischen Leviathanen ganz anders aussehen, was sich erheblich darauf auswirkt, welche Art von Koalitionen auf Pfad 1 geschmiedet werden muss. Zu Beginn des 20. Jahrhunderts waren in Japan, wie in vielen anderen Gesellschaften, die mächtigsten Elemente der Elite Spitzenbürokraten und Offiziere, aber auch die Großindustrie mischte kräftig mit. Japan hatte eine despotischere Richtung eingeschlagen und Anfang des 20. Jahrhunderts seine eigene Version des »stahlharten Gehäuses« gebaut, gestützt auf den zunehmenden Einfluss des Militärs, dessen obere Ränge sich jedem Schritt weg von der elitenbestimmten Politik strikt widersetzten. Die Macht des Militärs, zusammen mit dem Kaiser und der Palastbürokratie, über die von der Philosophie des Kokutai, des »japanischen Nationalwesens«, geprägte Politik, erhob diese Gruppen über die Gesellschaft. Diese Dominanz verstärkte sich noch während der Kriegsjahre, die auf die japanische Invasion in der

Mandschurei folgten. Aber nach Japans vernichtender Niederlage im Zweiten Weltkrieg, nach den Atombombenabwürfen der Amerikaner auf Hiroshima und Nagasaki, musste sich etwas ändern. Würde sich für Japan eine Tür in den Korridor öffnen, wenn der militärisch-bürokratische Komplex seine Dominanz verlor?

Das war alles andere als sicher, als General Douglas MacArthur, der Oberkommandierende der Alliierten Mächte, am 30. August 1945 auf dem Luftwaffenstützpunkt Atsugi landete. MacArthur war optimistisch, Japan irgendwie in eine proamerikanische Demokratie verwandeln zu können. Er und seine Berater hatten klare Vorstellungen, wie die japanischen Institutionen und die japanische Politik reformiert werden konnten. Im Jahr 1944 hatte Mac Arthurs rechte Hand, Brigadegeneral Bonner F. Fellers, ein Strategiepapier mit dem Titel »Lösung für Japan« verfasst, in dem er ausführte:

> Das japanische Volk kann nur durch eine totale militärische Niederlage und das daraus resultierende Chaos von seiner fanatischen Überzeugung abgebracht werden, es sei den anderen Völkern überlegen und dazu ausersehen, der unumschränkte Herrscher Asiens zu sein …
>
> Die Massen werden erkennen, dass die verbrecherischen Militaristen ihren heiligen Kaiser betrogen haben. Sie haben den Sohn des Himmels, den göttlichen Herrscher, an den Rand der Zerstörung gebracht. Wer den Kaiser betrügt, hat in Japan keinen Platz. Wenn der Augenblick der Erkenntnis kommt, werden die konservativen, toleranten Elemente Japans, die lange Zeit in den Untergrund gedrängt wurden, vielleicht wieder zur Geltung kommen.
>
> Eine unabhängige japanische Armee, die nur dem Kaiser gegenüber verantwortlich ist, bedeutet eine permanente Bedrohung für den Frieden.

Japan musste also nicht nur eine totale Niederlage erleiden, sondern auch noch vollkommen demilitarisiert werden. Und genau das taten die Amerikaner. MacArthur stellte persönlich ein Team zusammen, das eine Verfassung für Japan entwerfen sollte. In Artikel 9 wurde die Auflösung der japanischen Armee festgelegt:

> Als Mittel der Konfliktlösung mit anderen Ländern wird für immer auf Krieg als Hoheitsrecht des Landes und auf die Drohung von Gewaltanwendung verzichtet.
> Die Befugnis, Land-, See- und Luftstreitkräfte zu unterhalten, wird nie wieder erteilt. Dem Staat wird kein Recht auf Kriegsführung zuerkannt.

Dann nahmen sie sich Kokutai vor, das als Ursache der aggressiven Politik Japans galt. Allerdings hatten MacArthur und Feller entschieden, dass die Japaner sich nicht selbst regieren konnten und einen Kaiser brauchten. Daher stellten sie Kaiser Hirohito nicht wegen Kriegsverbrechen vor Gericht und ließen ihn auf dem Thron. Sie beschränkten sich auf die Forderung, dass der Kaiser auf seinen Göttlichkeitsanspruch verzichten musste. Er akzeptierte es. Seine Neujahrsansprache am 1. Januar 1946 enthielt folgende Passage:

> Die Bande zwischen mir und meinem Volk wurden immer durch gegenseitiges Vertrauen und gegenseitige Zuneigung zusammengehalten. Sie hängen nicht von Legenden oder Mythen ab. Und sie gründen auch nicht auf der falschen Annahme, dass der Kaiser göttlich sei und dass die Japaner anderen Völkern überlegen und dazu bestimmt seien, die Welt zu beherrschen.

Entsprechend Fellers Analyse, dass die Japaner starke Führer brauchten, wie in seiner »Lösung für Japan« formuliert, waren die Vereinigten Staaten bereit, mit hochrangigen Militärs und Bürokraten zusammenzuarbeiten, darunter auch Personen, die führende Positionen im japanischen Kriegskabinett bekleidet hatten.

Ein aufschlussreiches Beispiel ist der Werdegang von Kishi Nobusuke, der wie kein anderer das politische System im Nachkriegsjapan prägte. Kishi machte in den Zwischenkriegsjahren als vielversprechender Bürokrat mit dezidierten politischen Ansichten Karriere. Er befürwortete eine autoritäre Wirtschaftsführung mit einer tayloristischen Kontrolle der Arbeiter und behauptete, die politischen und wirtschaftlichen Strategien des nationalsozialistischen Deutschland seien der beste Weg für Japan. Später schloss er sich noch enger Angehörigen der Armee und der Bürokratie an und forderte einen »totalen Krieg«, um Japans Herrschaft über die Region zu verstärken. Prominenz erlangte Kishi nach Japans Eroberung der Mandschurei und der Gründung des Marionettenstaates Mandschukuo. Die Mandschukuo-Regierung setzte auf rücksichtslose Ausbeutung der Bodenschätze und eine von der Armee gelenkte Industrialisierung nach maßgeblich von Kishi entwickelten Plänen. Er half mit, die privaten Aktieninhaber des damals größten Unternehmens in Asien, der Südmandschurischen Eisenbahn, zu enteignen, und übertrug ihre Anteile auf die Armee, die das Land damals besetzte. Im Jahr 1935 wurde er zum stellvertretenden Minister für die industrielle Entwicklung Mandschukuos ernannt und organisierte die staatlich gelenkte Wirtschaft, die sich weitgehend auf die systematische Unterdrückung und Ausbeutung chinesischer Arbeiter stützte.

Sein Stern stieg noch höher, als er 1940 ein Ministeramt in der japanischen Regierung erhielt und sich mit dem General und späteren Premierminister Tojo Hideki zusammentat. Er befürwortete den Krieg gegen Großbritannien und die Vereinigten Staaten und war einer der Urheber des Zwangsarbeiterprogramms, das japanische Fabriken und Bergwerke während des Kriegs mit koreanischen und chinesischen Arbeitskräften versorgte. Nach der Niederlage Japans wurde er als Kriegsverbrecher der Kategorie A inhaftiert und verbrachte drei Jahre im Gefängnis, aber anders als Tojo und weitere Hauptverantwortliche für die japanischen Kriegsanstrengungen wurde er nicht vor den Internationalen Militärgerichtshof für den Fernen Osten gestellt (Tojo und einige andere wurden verurteilt und hingerichtet).

Kishi wurde an Heiligabend 1948 im Rahmen der sogenannten Weihnachtsamnestie entlassen und stürzte sich sofort wieder in die Politik. Vom rechten Spektrum aus kritisierte er beständig den Nachkriegspremierminister von Japan, Yoshida Shigeru, selbst kein Liberaler. Auch um Yoshida unter Kontrolle zu bringen, gründete Kishi 1955 die Liberaldemokratische Partei, die seither die japanische Politik beherrscht. Kishi amtierte zwischen 1957 und 1969 zweimal als Premierminister. Viele seiner Protegés, darunter Hayato Ikeda, spielten eine führende Rolle in der japanischen Politik und Wirtschaft, vor allem auch in der vom Ministerium für Internationalen Handel und Industrie vorgegebenen Industriepolitik. Ikeda zum Beispiel wurde der wichtigste Architekt der Industrialisierung Japans in der Nachkriegszeit und folgte Kishi als Premierminister nach. Kishis Einfluss auf die japanische Politik macht sich nicht nur durch die fortgesetzte Vormachtstellung der Liberaldemokratischen Partei bemerkbar. Sein Enkel Shinzo Abe ist Japans derzeitiger Premierminister.

Kishi, manchmal als »Amerikas Lieblingskriegsverbrecher« bezeichnet, ist ein Paradebeispiel für die von MacArthur und Feller verfolgte Strategie, auf die Entwicklung der japanischen Institutionen einzuwirken – die Einbeziehung der alten bürokratischen Elite. Damit hatten sie Erfolg. Sie schufen eine stabile Koalition zwischen den liberal gesinnten Teilen der japanischen Gesellschaft und vielen führenden Köpfen des früheren despotischen japanischen Staates, die hinnahmen, dass die Gesellschaft und eine demokratische Politik mehr Gewicht erhielten (und der militärisch-bürokratische Komplex weniger). Zuweilen beschnitt diese Koalition die Macht der Gewerkschaften und der linken Parteien, aber es gelang ihr, Japan in den Korridor zu manövrieren und es die nächsten 70 Jahre dort zu halten.

Am Beispiel Japans sehen wir eine weitere Möglichkeit für eine Koalition, diesmal basierend auf demselben stahlharten Gehäuse, von dem das vorherige despotische Regime gestützt wurde. Dennoch ermöglicht eine solche Koalition eine größere politische Teilhabe der Gesellschaft und einen Übergang in den Korridor. Obwohl moralisch oft zweifelhaft, fördert dieser Prozess die Herstellung eines Gleichgewichts und gestaltet den Übergang so fließend, dass er nicht außer Kontrolle gerät. Aber ein einfacher Weg ist das nicht (wäre es in Japan ohne die totale Niederlage im Krieg geschehen?), und es gibt auch keine Garantie dafür, dass ein Gefesselter Leviathan entstehen wird, wie wir im Folgenden zeigen werden.

Schwarzer Türke, weißer Türke

Anfang der 2000er Jahre eröffnete sich für die Türkei eine Möglichkeit für den Übergang in den Korridor. Auch im Fall der Türkei war der Ausgangspunkt ein Despotischer Leviathan, der vom Militär und der Bürokratie dominiert wurde. Das Land profitierte einerseits davon, dass es sich von seiner Finanzkrise 2000/01 infolge einer Reihe wichtiger Wirtschaftsreformen gut erholt hatte, andererseits davon, dass die Beitrittsverhandlungen mit der Europäischen Union den Druck erhöhten, politische Reformen einzuleiten. Eine Weile sah es so aus, als könnte sich die Türkei in den Korridor bewegen. Aber die Koalitionen und Kompromisse, die für einen solchen Übergang erforderlich sind, kamen nicht zustande.

Zwar schaffte die Republik Türkei bei ihrer Gründung die überkommenen Institutionen des Osmanischen Reichs weitgehend ab, aber manches blieb auch beim Alten. Die Wurzeln der Republik liegen in den Reformbemühungen des 19. Jahrhunderts, zunächst durch die umfassenden fiskalischen und politischen Reformen im Erneuerungserlass von 1839 und später durch die »Jungturken« und das mächtige Komitee für Einheit und Fortschritt (KEF), eine Organisation von Offizieren, die (zumeist) niedrige Ränge bekleideten. Diese Reformbewegungen, insbesondere das Komitee für Einheit und Fortschritt, hatten nicht die Absicht, die Richtung des Despotischen Osmanischen Leviathans fundamental zu ändern. Ihr Ziel war es, die Leistungsfähigkeit des Staates zu stärken, um seinen Niedergang zu stoppen. Die von ihnen durchgeführten Reformen und die Modernisierungen vollzogen sich eindeutig von oben nach unten. Als die KEF-Offiziere zum Beispiel 1908 an die Macht katapultiert wurden und im Parlament zusammen mit dem osmanischen Monarchen Sultan Abdülhamid II. regierten, verbanden sie ihren Modernisierungsdrang mit massiven Repressionen gegen Demonstranten, Gewerkschaften und die aufkeimende Zivilgesellschaft, die sich nach 1839 entwickelt hatte. Sechs Jahre später sorgte das KEF über ein Geheimabkommen mit Deutschland, das zwei seiner Vorsitzenden einen Tag nach der Kriegserklärung Russlands an Deutschland aushandelten, für den Eintritt des Osmanischen Reichs in den Ersten Weltkrieg.

Die Republik Türkei, gegründet 1923 nach dem Sieg der Truppen unter der Führung von Mustafa Kemal, später Atatürk, »Vater der Türken« genannt, hielt sich in vielerlei Hinsicht an das Drehbuch des KEF (auch ihre oberste Riege einschließlich Atatürk bestand aus ehemaligen KEF-Mitgliedern). Der Weg war bereitet, um Reformen und die Staatsbildung voranzutreiben, aber immer im despotischen Sinne, unter Aufsicht von Angehörigen des Militärs und der Bürokratie (Geschäftsleute und andere waren nur Randfiguren in der Koalition). Das Zentrum der Macht war nun Atatürks Republikanische Volkspartei, bekannt unter ihrem türkischen Akronym CHP. Die CHP modernisierte die Wirtschaft und die Gesellschaft, bescherte ihren Führern und Verbündeten aber auch unkontrollierte Macht und Reichtum. Obwohl einige der von ihr eingeleiteten Reformen wie die Befreiung und Ermächtigung von Frauen, die Modernisierung der Verwaltung und die Förderung der Industrialisierung wichtige Schritte zur Stärkung der staatlichen Leistungsfähigkeit waren und halfen, bislang abhängigen Teilen der Gesellschaft ein Mindestmaß an Freiheit zu verschaffen, war ihr Ziel nicht, die Türkei in den Korridor zu bewegen. Viele der Neuerungen wie die Einführung des lateinischen Alphabets, die westliche Kleidervorschrift und die Umstrukturierung der religiösen Institutionen wurden der Gesellschaft ohne jede Mitsprache aufgezwungen, und wer sich dagegen zur Wehr setzte und etwa darauf bestand, weiterhin einen Fez zu tragen und nicht eine westliche Kopfbedeckung, wurde strafrechtlich verfolgt und büßte das in manchen Fällen sogar mit seinem Leben.

Zwar zerbrach das Machtmonopol der CHP, das Atatürk mit dem Einparteiensystem institutionalisiert hatte, in den folgenden Jahrzehnten, dennoch blieben die Armee und die Bürokratie unverhältnismäßig mächtig. Wenn die Armee merkte, dass sie die Kontrolle verlor oder die Gesellschaft sich mobilisierte, schritt sie mit einem Putsch ein, was 1960, 1971, 1980 und 1997 der Fall war. Die militärischen und zivilen Regierungen, wenngleich meist säkular, waren durchaus bereit, die Religion zu Hilfe zu nehmen, um die Gesellschaft unter ihrer Kontrolle zu halten, und gingen immer wieder Koalitionen mit religiösen Gruppierungen ein. Nach dem Militärputsch von 1980 stärkten die Militärjunta und die darauffolgenden Mitte-rechts-Regierungen die Rolle der Religion im Alltagsleben und in den Schulen, um linken Kräften entgegenzuwirken. Durch diese gesellschaftlichen Veränderungen angespornt, begann der konservativere, religiöse und ärmere Bevölkerungsanteil, der in Provinzstädten oder ärmeren Vierteln von Großstädten wie Istanbul lebte, sich seiner Machtlosigkeit bewusstzuwerden und eine stärkere Anerkennung durch die Armee und die bürokratischen Eliten zu fordern, denen sie Verwestlichung und mangelnde Vertretung ihrer Belange vorwarfen. Vor diesem Hintergrund vollzog sich der Aufstieg der Partei für Gerechtigkeit und Entwicklung, bekannt unter ihrem türkischen Akronym AKP, unter der Führung von Recep Tayyip Erdoğan. Die AKP war nur eine von mehreren religiösen konservativen Parteien, die zunehmend populär wurden. Sie setzte sich bei der Wahl 2002 mit einfacher Mehrheit durch, verfehlte jedoch die Zweidrittelmehrheit. Als die Partei den Wahlsieg einfuhr, durfte Erdoğan selbst gar nicht politisch in Erscheinung treten, weil er als Bürgermeister von Istanbul ein martialisches religiöses Gedicht zitiert hatte und dafür wegen Schüren religiösen Hasses zu einer Haftstrafe verurteilt worden war. Erdoğan griff die populistische Stimmung an der Parteibasis auf, als er bei einer Kundgebung erklärte:

> In diesem Land gibt es eine klare Trennung in schwarze Türken und weiße Türken. Euer Bruder Tayyip gehört zu den schwarzen Türken.

Unter dem Schlagwort »weiße Türken« versteht man die türkische Elite, die militärischen und bürokratischen Kader und die mit ihnen verbundenen westlichen Konzerne, die als Gegner der kleinen Leute empfunden werden. Mit dieser Äußerung nutzte er die bestehenden Differenzen zwischen den bürokratisch-militärischen Eliten und breiten Schichten der Gesellschaft zum eigenen Vorteil aus. Der Aufstieg der AKP wäre eine Chance gewesen, um die Macht, wie in Japan nach dem Zweiten Weltkrieg geschehen, von der Armee und der Bürokratie auf unterrepräsentierte, ärmere Teile der Gesellschaft zu verlagern. Anfang der 2000er Jahre schien ein Übergang in den Korridor möglich, da die Zivilgesellschaft aufblühte und die Demokratie in der Türkei durch eine Reihe politischer und wirtschaftlicher Reformen immer stabiler wurde.

Doch aus alldem wurde nichts. Mehrere Umstände, die für einen Übergang in den Korridor notwendig sind, traten nicht ein. In Japan wurde es den Angehörigen der mächtigen Elite unter Anleitung der USA und durch die Entmachtung des alten militaristischen Regimes erleichtert, sich der neuen Koalition aus freien Stücken anzuschließen und einen Übergang in den Korridor zu fördern. Nicht so in der Türkei. Teile der liberalen und linken Intellektuellen unterstützten zwar zunächst die AKP und ihre Reformen, aber das militärische und bürokratische Establishment war dagegen. Das ging so weit, dass die Armee der AKP 2007 mit einem Memorandum auf ihrer Website einen Putsch androhte und das Verfassungsgericht über einen Antrag zum Verbot der AKP beriet – auf den Vorwurf hin, dass die Frau des Präsidentschaftskandidaten der AKP ein Kopftuch trug! Fast genau dasselbe war passiert, als die 1997 regierende religiöse Partei erst durch ein Memorandum des Militärs zum Rücktritt gezwungen und anschließend vom Verfassungsgericht verboten worden war. Obwohl die AKP ungeschoren davonkam, stellte dieses Ereignis einen Wendepunkt in den zunehmend polarisierten, auf ein Nullsummenspiel hinauslaufenden Beziehungen zwischen der Partei und den militärisch-bürokratischen Eliten dar.

Ein weiterer wichtiger Faktor war der Ehrgeiz der AKP. In Japan war die Gesellschaft in den Jahren nach dem Zweiten Weltkrieg schlecht organisiert und alles andere als mobilisiert. Die Hauptbedrohung, die das Unternehmertum und die konservativen Eliten fürchteten, kam vom linken politischen Spektrum, das sich jedoch durch die Konsolidierung der Rechten unter der Schirmherrschaft der Liberaldemokratischen Partei leicht in Schach halten ließ. In der Türkei war die AKP bereits mächtig genug, um 2002 die Wahl zu gewinnen, und sie wurde immer stärker. Durch den Absturz der beiden anderen Mitte-rechts-Parteien, die in die Misswirtschaft und die grassierende Korruption der 1990er Jahre verwickelt waren, wurde die AKP auf einmal zur dominierenden Kraft bei den Wahlen und erhielt sehr viel mehr politische Macht, als sich selbst ihre Gründer erträumt hätten. Und so standen die Chancen für ein Machtgleichgewicht in der Türkei auf einmal denkbar schlecht.

Die lenkende Rolle General MacArthurs und der amerikanischen Truppen in Japan übernahmen in der Türkei zunächst teilweise die Beitrittsverhandlungen zur Europäischen Union. Sie förderten Reformen, um die Menschen- und Bürgerrechte, insbesondere auch die Freiheits- und Sprachrechte der Kurden zu verbessern, und Verfassungsreformen, um den übermäßigen Einfluss des Militärs auf zivile

Angelegenheiten einzudämmen. Zu Anfang begrüßte die AKP-Führung den Einfluss der EU, weil diese auf weniger politische Einmischung des Militärs drängte und wohl hauptsächlich dafür verantwortlich war, dass die Putschdrohung des Militärs von 2007 ins Leere lief. Aber die Beitrittsverhandlungen gerieten ins Stocken und treten seither auf der Stelle, wodurch ein mächtiges Druckmittel fehlt, um die AKP zu einer Fortführung des Reformprozesses zu bewegen.

Die Türkei ging von einer Phase despotischer Staatsgewalt in die nächste über. Nach 2007 verschärfte die AKP ihren Kurs und übernahm nach und nach die volle Kontrolle über die Schalthebel der Macht. Ein wichtiger Faktor hierbei war die Allianz zwischen der AKP-Führung und der Geheimorganisation des islamischen Geistlichen Fethullah Gülen, die sich bei den türkischen Sicherheitsbehörden, in der Verwaltung, der Justiz und im Bildungswesen festgesetzt hatte. Die AKP war mit ihrem Argwohn gegenüber Beamten mit säkularer Gesinnung schon früh bestrebt, Leute zu ernennen, die ihre konservativen Ansichten und Prioritäten teilten, verfügte aber nicht über genug fachlich kompetente Kader. Die Gülen-Bewegung hatte dank ihrer Verbreitung an vielen weiterführenden Schulen und Universitäten mehr qualifizierte Mitglieder. Mit Unterstützung der AKP breitete sie sich unbemerkt noch weiter in den staatlichen Institutionen aus. Ab 2007 führten die AKP und die Gülen-Anhänger eine systematische »Säuberung« gegen Parteifeinde durch, mit Schauprozessen und fingierten Beweisen. In dieser Zeit begann die Regierung auch gegen verschiedene kritische Medien und unabhängige gesellschaftliche Organisationen vorzugehen, die dank der größeren Freiheiten in den 2000er Jahren Aufschwung genommen hatten.

Im Jahr 2011 war die Türkei das Land mit den meisten inhaftierten Journalisten. Im Mai 2013 kam es im Gezi-Park, einer Grünanlage unweit des Istanbuler Taksim-Platzes, zu Protesten, zunächst nur als Reaktion auf den geplanten Bau eines Einkaufszentrums in einer der wenigen verbliebenen Grünflächen der Metropole. Nach kurzer Zeit ging es aber auch um Themen wie Religions-, Meinungs- und Pressefreiheit, die Aushöhlung des Säkularismus in der türkischen Gesellschaft und Korruption. Rasch griffen sie auf alle großen Städte über. Die Regierung schritt hart gegen die Demonstranten ein. Die AKP brach den Friedensprozess mit den kurdischen Rebellen im Südosten des Landes ab und beschnitt die Freiheiten der Kurden noch weiter. Indessen wurden Erdoğan und Gülen, die sich ehemals im Kampf gegen Säkularisten und Linke verbündet hatten, zu Gegnern in einem Machtkampf. Dieser gipfelte in einem erfolglosen Putschversuch im Juli 2016, offenbar geplant von Offizieren, die sich insgeheim mit Gülen zusammengetan hatten. Nach dem gescheiterten Putschversuch verhängten Erdoğan und seine Verbündeten den Ausnahmezustand und entfernten Gülen-Anhänger aus den Sicherheitskräften, der Justiz und der Staatsbürokratie. Über 130 000 Personen verloren ihre Stelle, und mehr als 50 000 wurden verhaftet, oft nur aufgrund fadenscheiniger Indizien. Als vermeintliche Gülen-Anhänger wurden auch kurdische Aktivisten, Regierungskritiker und Linke verhaftet, darunter Personen, die sich beruflich mit der Aufdeckung von Machenschaften der Gülen-Bewegung befassten. Im Zuge dessen wurde die Presse- und Meinungsfreiheit noch weiter eingeschränkt. Anschließend machte sich Erdoğan an den Aufbau eines Präsidialsystems mit eingeschränkter Gewaltenteilung. Dies wurde durch ein Referendum während des Ausnahmezustands 2017 mit knapper Mehrheit abgesegnet, als die offiziellen Medien nicht gegen die Verfassungsänderung protestieren konnten. Die Türkei ist immer noch das Land mit den meisten inhaftierten Journalisten, aber jetzt sitzen auch mehrere gewählte Politiker im Gefängnis, darunter die Führungsriege der prokurdischen Partei im Parlament.

So hat die Türkei ihre Chance vertan, in den Korridor zu wechseln.

Die verpasste Gelegenheit der Türkei sagt viel darüber aus, was wir von China erwarten sollten, auch ein bekannter Fall für despotische staatliche Kontrolle unter der Führung einer bürokratischen Elite, hier in Form seiner Kommunistischen Partei. Unsere Ausführungen zu Japan zeigen, wie wichtig es für einen Übergang in den Korridor ist, bei der Bildung von Koalitionen diese bürokratische Elite miteinzubeziehen. Im Fall Chinas ist das starke Ungleichgewicht zwischen Staat und Gesellschaft nicht der einzige Faktor, der einen solchen Übergang sehr schwierig macht. Auch dass sich in der chinesischen kommunistischen Elite keine Gruppe bildet, die bereit wäre, sich einer Koalition weg vom Despotischen Leviathan anzuschließen, verschlechtert die Chancen. In der Kommunistischen Partei, die stets streng auf Linie gehalten wird, bleiben Individuen, die einer solchen Koalition beitreten, vermutlich nicht lange auf ihrem Posten, wie Zhao Ziyang, der Generalsekretär der Kommunistischen Partei von 1989, erfuhr, als er auf die Demonstranten vom Tiananmen-Platz zuzugehen versuchte. Er wurde schnellstmöglich seines Amts enthoben und lebenslang unter Hausarrest gestellt, wo er mitansehen musste, wie sein gesamter Werdegang aus den Geschichtsbüchern entfernt wurde. Unter dem Joch eines Despotischen Leviathans ist es nicht leicht, Koalitionen für den Übergang in den Korridor zu schmieden.

Bei einem Abwesenden und einem Papier-Leviathan liegt der Fall anders. Weil der Staat schwach ist, kann er nicht gänzlich verhindern, dass die Gesellschaft neue Organisationen und Fähigkeiten herausbildet, auch wenn dies unter einem schwachen Staat, der alles daransetzt, den Mobilisierungseffekt zu unterdrücken, nicht einfach ist. Umgekehrt führt der Mobilisierungseffekt auch dazu, dass solche Leviathane trotz einer stärkeren und durchsetzungsfähigeren Gesellschaft leistungsfähiger werden. Somit ist der Pfad in den Korridor nicht ganz versperrt.

Außerdem stärken die Gesellschaft und diverse bürgerschaftliche Organisationen einschließlich der Kommunalverwaltungen manchmal sowohl die staatliche Leistungsfähigkeit als auch die gesellschaftliche Mobilisierung auf lokaler Ebene. Das birgt für die Bürger Gestaltungspotential, weil viele der öffentlichen Dienstleistungen und Gesetzesvollzugsfunktionen bei einem Abwesenden oder Papier-Leviathan davon abhängig sind, was auf lokaler Ebene passiert (da die nationale Regierung diesbezüglich nur wenig bereithält). Das gesellschaftliche Engagement auf lokaler Ebene ist für die nationalen politischen Eliten vielleicht auch weniger bedrohlich und eröffnet unter Umständen die Gelegenheit für eine provisorische Machtbalance zwischen Staat und Gesellschaft. Ferner kann Raum für Experimente auf lokaler Ebene entstehen, also die Möglichkeit, verschiedene Ansätze zur Stärkung der staatlichen Leistungsfähigkeit und Verbesserung der Qualität der öffentlichen Dienstleistungen auszuprobieren. Aber noch wichtiger als diese Art von Experimenten, die manchmal die öffentlichen Diskussionen beherrscht, können politische Experimente sein, also Versuche, neue Koalitionen zu schmieden, um die wachsende staatliche Leistungsfähigkeit zu unterstützen und gleichzeitig die Gesellschaft auf lokaler Ebene miteinzubeziehen. Erfolgreiche lokale politische Experimente können dann Modelle für Veränderungen auf nationaler Ebene sein. Im Folgenden zeigen wir diese Dynamik anhand zweier Beispiel für erfolgreiche Episoden lokaler Staatsbildung, eines entspricht Pfad 2 und das andere Pfad 3 in Abbildung 6 (siehe Seite 595).

Der Viagrafrühling

Wir haben in Kapitel 1 die düstere Vision Robert Kaplans einer in Anarchie versinkenden Welt gesehen, veranschaulicht am kompletten Zusammenbruch von Recht und Ordnung in Lagos. Wole Soyinkas Schilderung seiner Reise in die Stadt im Jahr 1994 schien Kaplans schlimmste Befürchtungen zu bestätigen. Doch nur gut 20 Jahre später sieht es in Lagos völlig anders aus; die Stadt hat den zuvor beschriebenen »Pfad 2« in Richtung des Korridors eingeschlagen, auch wenn es noch ein weiter Weg ist, bis sie ihn erreicht. Wie war das möglich?

Die 1990er Jahre waren eine harte Zeit für Autokraten in Afrika. Wer nach dem Ende des Kalten Kriegs an der Macht bleiben wollte, musste sich zum Demokraten wandeln oder zumindest diesen Eindruck erwecken, Wahlen abhalten, einen Anzug tragen und die Opposition nicht völlig offensichtlich unterdrücken. Der nigerianische Diktator General Sani Abacha, dem wir bereits in Kapitel 1 begegnet sind, starb am 7. Juni 1998, Berichten zufolge an einer Überdosis Viagra, das er in Erwartung zweier indischer Prostituierter eingenommen hatte. Kurz darauf versuchte seine Frau aus dem Land zu fliehen, wurde aber am Kano International Airport gestoppt. Sie führte etwas mehr als das erlaubte Freigepäck mit sich – sie wollte 38 Koffer aufgeben, sämtlich mit Bargeld vollgestopft. Das nigerianische Militär warf das Handtuch. Im Jahr 1999 übergab es die Macht an den demokratisch gewählten Präsidenten Olusegun Obasanjo – der Viagrafrühling brach an.

Auch im Bundesstaat Lagos gab es Wahlen, der Name des neuen Gouverneurs lautete Bola Ahmed Tinubu. Bei Amtsantritt tat er etwas Ungewöhnliches: Anstatt hohe Posten mit politischen Verbündeten zu besetzen, vergab er sie an qualifizierte Leute. Ein angesehener Juraprofessor wurde Justizminister, ein Manager der Citibank Beauftragter für Wirtschaftsplanung und Budget. Lagos stand vor einem Berg von Problemen, von denen der sich auftürmende Müll nur eines war. Vor allem war Lagos pleite, die mageren Zahlungen der Bundesregierung aus den Öleinnahmen des Landes flossen nur sehr unzuverlässig. Tinubu fand eine Steuerbehörde mit 1400 Mitarbeitern vor, von denen nur ganze 13 ausgebildete Buchhalter und sechs diplomierte Steuerberater waren. Die meisten anderen verdankten ihren Posten Beziehungen. In Nigeria isst man eher Maniok und Yamswurzeln als Gnocchi, doch in den Ämtern und Behörden traf man nicht weniger Gnocchi an als in Argentinien. Im Jahr 1976 hatte eine frühere Militärregierung von Nigeria eine neue Verfassung ausgearbeitet. Die Verfassungskommission rang damit, das Wort »Macht« zu definieren. Am Ende einigte man sich auf folgende Beschreibung:

> [Macht ist] die Möglichkeit, Reichtum und Prestige zu erwerben, in der Lage zu sein, Vorteile in Form von Arbeitsstellen, Verträgen, Geldgeschenken usw. an Bekannte und politische Verbündete zu vergeben.

In anderen Worten, selbst die verfassunggebende Versammlung Nigerias bescheinigte, dass Macht vor allem die Fähigkeit ist, für Gnocchi zu sorgen!

Tinubu hatte andere Vorstellungen davon, was Lagos benötigte. Er wollte mit dem Müll und anderen Problemen der Stadt fertig werden. Doch er stieß auf ein klassisches Dilemma: Ohne Steuereinnahmen konnte er nichts anpacken, aber der Bundesstaat, den er übernommen hatte, war nicht in der Lage, Steuern einzutreiben. Seine Lösung war die Einführung von Steuerzahlungen per Überweisung. Die Leute mussten nun ihre Steuern auf ein Bankkonto einzahlen und konnten sie nicht mehr bar einem Steuereintreiber übergeben. Das war ein erster Schritt zur Eindämmung der Korruption. Als Nächstes beauftragte Tinubu ein privates Unternehmen mit dem Aufbau einer Datenbank aller Steuerpflichtigen, das auch die Zahlungen abwickelte und dafür einen gewissen Anteil erhielt. Diese Art von Outsourcing wurde auch auf andere Bereiche übertragen. Im Jahr 2001 heuerte der Staat private Wirtschaftsfachleute an, die bei Unternehmen eine Betriebsprüfung durchführten und dafür eine Provision auf die Steuerschuld erhielten. Und er warb auch bei den Bürgern dafür, ihre Steuern zu zahlen (wie man auf dem Werbeplakat im Bildteil sieht).

Das Ergebnis war ein Anstieg der dringend benötigten Steuereinnahmen. Damit begannen Tinubu und Babatunde Raji Fashola, seine rechte Hand, der nach ihm Gouverneur werden sollte, eine effiziente Verwaltung aufzubauen, und 2003 gründeten sie eine halbautonome Steuerbehörde, Lagos State Internal Revenue Service (LIRS), die kompetentes und gutausgebildetes Personal beschäftigte. Die Steuereinnahmen des Staates, die zum größten Teil aus den Einkommen der Bürger stammten, stiegen rasant von rund 190 Millionen US-Dollar im Jahr 1999 von nur 500 000 Steuerzahlern auf 1,2 Milliarden US-Dollar, aufgebracht von fast 4 Millionen Steuerzahlern.

Durch die Erweiterung der Steuerbasis konnten nun viele Dinge finanziert werden, darunter auch ein Melderegister mit Hilfe einer eigens dafür gegründeten Behörde, der Lagos State Residents Registration Agency. Nun waren auch die Mittel vorhanden, wirksam gegen das Müllproblem vorzugehen. Tausende Müllwerker wurden eingestellt, die Zahl der Müllautos stieg von 63 im Jahr 2005 auf 763 im Jahr 2009 und dann auf über 1000 im Jahr 2012. Lagos wurde eine saubere Stadt. Auch die Sicherheit verbesserte sich deutlich, insbesondere unter Fashola, der entschieden das Banditenwesen bekämpfte. Sämtliche Bereiche des Lebens wurden nun besser reguliert. Die Motorradtaxen, die in beinahe die Hälfte aller Unfälle verwickelt waren, wurden aus weiten Teilen der Stadt und dem Bundesstaat Lagos verbannt. Im Jahr 1999 hatte es 529 tödliche Verkehrsunfälle und 1543 mit Schwerverletzten gegeben. Im Jahr 2012 waren die Zahlen trotz einer erheblich angewachsenen Zahl von Fahrzeugen auf 116 beziehungsweise 240 gesunken. An allen Ecken und Enden wurde an neuer Infrastruktur gebaut, unter anderem an einer Straßenbahn. Im Jahr 1999 hatte es kaum Straßenbeleuchtung gegeben – wie auch, man hatte ja nicht einmal ein funktionierendes Stromnetz. Im Jahr 2012 gab es überall in der Stadt Strom und 1217 neue Straßenlaternen.

Verbesserte öffentliche Dienstleistungen und die sinkende Kriminalität hatten erhebliche Auswirkungen auf die Lebensverhältnisse. Zwischen 2004 und 2010 fiel der Anteil der Bevölkerung, der in Armut lebte, von 57 Prozent auf 23 Prozent (zur selben Zeit stieg die Armutsrate in beinahe allen anderen der 36 Bundesstaaten von Nigeria).

Tinubu transformierte also Lagos, indem er die Leistungsfähigkeit des Bundesstaates erhöhte. Doch dies wäre ohne die Kooperation der Gesellschaft nicht möglich gewesen. Tinubus Mutter war die Vorsitzende des Verbands der Markthändler. Als sie 2013 starb, trat Tinubus Tochter an ihre Stelle. Angesichts des großen informellen Sektors der Wirtschaft von Lagos war der Markthändlerverband ein einflussreicher politischer Faktor – seine Gegnerschaft hätte alle Reformprojekte verhindern können. Das galt zum Beispiel für die Steuerpolitik – die Markthändler waren eine der wichtigsten Steuerzahlergruppen, aber sie waren gleichzeitig schwer zu kontrollieren. Der Bundesstaat Lagos handelte mit dem Verband Steuersätze aus, dieser übernahm dann die Aufgabe, Informationen darüber zu liefern, welche Händler auf welchen Märkten tätig waren und wer seine Steuern zahlte. Im Gegenzug versprach der Bundesstaat, für öffentliche Dienstleistungen und Sicherheit auf den Märkten zu sorgen. Die Organisationen der informell arbeitenden Busfahrer, Handwerker und anderer Berufsgruppen schlossen ähnliche Abkommen. Der formelle Sektor der Arbeitswelt wurde ebenfalls aktiv und stellte seine Forderungen an die Institutionen. Im Jahr 2000 haben der Herstellerverband und das Eko Hotel die Regierung Tinubu wegen der Einführung einer Umsatzsteuer verklagt, und im Jahr 2013 senkte die Regierung aufgrund von Widerstand der Opposition die Vermögenssteuer. Allgemein führten die Einsprüche der Gesellschaft dazu, dass Tinubu und Fashola den Gesellschaftsvertrag einer Revision unterziehen mussten – wenn die Bürger ihre Steuern bezahlten und sich an die

Regeln hielten, dann konnten sie auch erwarten, dass der Staat etwas für sie tat. Dazu wurden zahlreiche Informations-, und Beschwerdekanäle eingerichtet und klare Zuständigkeiten benannt. Fashola gab sogar seine private Telefonnummer bekannt, über die er per SMS zu erreichen war. Lagos löste das Gilgamesch-Problem und ermöglichte eine größere staatliche Leistungsfähigkeit, und zwar nicht über eine komplizierte institutionelle Architektur, sondern eine aktive Überwachung des Staates durch die Gesellschaft.

Lagos ist ein Beispiel dafür, warum Robert Kaplans Prognose des Ausbruchs von Chaos und Anarchie nicht für alle Regionen richtig ist. Offensichtlich steuert Lagos nicht einer digitalen Diktatur entgegen. Ebenso wenig erleben wir in Lagos das Ende der Geschichte. Die Stadt zeigt, dass es selbst in verzweifelt scheinender Lage noch möglich ist, in den Korridor zu gelangen. Plinius der Ältere, der römische Soldat und Gelehrte, bemerkte einmal: »Aus Afrika gibt es immer etwas Neues zu berichten.« Das gilt bis heute. In Afrika wird auf lokaler Ebene viel experimentiert, die Menschen finden Mittel und Wege, ihre Staaten wieder leistungsfähiger zu machen und ihre Freiheit zu mehren. Die Masse der Menschen lebt immer noch in Armut in Lagos, auch die Lebenserwartung bleibt nach wie vor deutlich hinter der in den USA zurück. Doch in beiden Punkten haben sich seit 1999 erhebliche Verbesserungen ergeben. Die Lebensverhältnisse der Mehrheit sind einfach ein gutes Stück weniger miserabel und trostlos, als sie es 1999 waren. Die Gouverneure Tinubu und Fashola machten sich daran, einen lokalen Gefesselten Leviathan à la Lagos zu errichten, und das brachte etliche der Verbesserungen, die man davon erwarten kann.

Dem Orang-Utan den Frack ausziehen

Lagos machte in den 1980er und 1990er Jahren eine schwierige Zeit durch, was auch für Bogotá, die Hauptstadt von Kolumbien, gilt. Wir haben die miteinander verzahnten Mechanismen, die den kolumbianischen Papier-Leviathan aufrechterhielten, bereits in Kapitel 11 am Werk gesehen. Virgilio Barco, Bürgermeister von Bogotá in den 1960ern, der 1986 Präsident Kolumbiens wurde, beklagte, dass »von der blühenden Stadt, die ich einst regierte, heute nur noch städtische Anarchie, schlimmstes Chaos, schreckliche Unordnung übrig ist, kurz, es ist eine einzige Katastrophe«. Barco war Bürgermeister zu Zeiten des Abkommens der »Nationalen Front« gewesen, in der sich die Liberalen und Konservativen 16 Jahre lang die Macht teilten. Wahlen gab es zwar, doch deren Ergebnis stand stets von vornherein fest. Die Parteien stellten abwechselnd den Präsidenten. In vielerlei Hinsicht repräsentierte Barco das, was man einen »Orang-Utan im Frack« nennt. Der ehemalige Präsident Alberto Lleras beschreibt es so: »In Bogotá trat er als Technokrat auf, aber in Cúcuta gab er den Manzanillo.« Dieser schwer übersetzbare Begriff steht für jemanden, der kostenlosen Wein bei einem Stierkampf ausschenkt, um Stimmen zu gewinnen. Barco, der am MIT studiert hatte, machte in der Hauptstadt im Frack eine gute Figur. Doch in der Provinz, in Cúcuta, kehrte er für das Volk den Manzanillo heraus.

In den 1980er Jahren, als marxistische Guerillas und Drogenkartelle Hochkonjunktur hatten, erwarb sich Kolumbien den zweifelhaften Ruf, das Land mit den meisten Entführungen und Morden der Welt zu sein. Die politischen Eliten bekamen kalte Füße, und die Gesellschaft mobilisierte sich und mischte sich in die Politik ein. Heraus kam ein gewisses Maß an Demokratie – 1988 wurde in der Hauptstadt zum ersten Mal ein Bürgermeister gewählt. Die Einwohner von Bogotá kürten Andrés Pastrana, einen traditionellen Politiker der konservativen Partei, der später Präsident von Kolumbien wurde. Doch die Wahlen lösten nicht auf einen Schlag alle Probleme des Landes, denn die Interessengruppen, die von den desolaten Verhältnissen profitierten, blieben weiterhin mächtig. Im Stadtrat von Bogotá war bei der Vergabe von Stellen und Aufträgen Korruption weit verbreitet. Der Rat der Stadt und der Bürgermeister konnten Entscheidungen nur gemeinsam treffen, was nichts anderes hieß, als dass jedes Mitglied des Stadtrats die Möglichkeit besaß, Freunde und politische Unterstützer mit Gefälligkeiten zu bedenken. Auch die Aufsichtsgremien öffentlicher Gesellschaften waren mit Stadträten besetzt, was noch mehr Gnocchi und noch mehr Korruption bedeutete. Der Zustand der Verwaltung und ihre Haltung gegenüber der Öffentlichkeit war kaum anders als in Argentinien. Das große Verwaltungszentrum von Bogotá, das Centro Administrativo Distrital, wurde von den Einwohnern »el humillador«, das »Haus der Demütigung«, genannt.

In den Jahren 1989 und 1990 verschlimmerte sich die Lage in Kolumbien noch weiter. Drei Präsidentschaftskandidaten wurden ermordet. Der designierte Präsident, César Gaviria, stand unter großem Druck, etwas zu unternehmen, und so veranlasste er die Einberufung einer Verfassungskommission, um die kolumbianischen Institutionen radikal zu überholen. Ungefähr ein Drittel der Mitglieder der Verfassungskommission bestand aus Angehörigen der ehemaligen Guerilla-Gruppe M-19, die die Waffen niedergelegt hatte. Die neue Verfassung, die 1991 angenommen wurde, brachte etliche Neuerungen. Eine davon sollte sich als besonders bedeutsam für die Hauptstadt Bogotá erweisen. Jaime Castro, ein Mitglied der Verfassungskommission, schaffte es, eine Klausel in die Verfassung einzuschleusen, der zufolge der nächste Bürgermeister von Bogotá – und der wollte Castro selbst sein – die Verwaltungsstruktur der Hauptstadt völlig umkrempeln müsse. Der springende Punkt war, dass das entsprechende Gesetz vom Präsidenten per Dekret verabschiedet werden sollte, ohne Vetorecht des Stadtrats. 1992 wurde Castro tatsächlich zum Bürgermeister gewählt, und kraft des neuen Gesetzes war er nun sozusagen Oberbefehlshaber der Stadt. Stadträte konnten fortan keine Jobs mehr verteilen, keine Aufträge mehr vergeben und nicht mehr in den Aufsichtsräten öffentlicher Unternehmen sitzen. Ihre Stellung wurde zudem durch eine neue dezentrale Verwaltungsstruktur geschwächt, die Bogotá in 20 Stadtbezirke mit eigenen Bürgermeistern aufteilte. Auf diese Weise gelang es Castro, die traditionellen politischen Seilschaften zu entmachten. Das Gesetz schloss auch Steuerschlupflöcher, wodurch sich die Finanzlage Bogotás unmittelbar verbesserte: Zwischen 1993 und 1994 stiegen die Steuereinnahmen um 77 Prozent.

Castros Reformen kamen zwar von oben, aber sie erzeugten dennoch einen Mobilisierungseffekt und eine Version von Pfad 3 in Abbildung 6 (siehe Seite 595). 1994 wurde Antanas Mockus, Professor für Mathematik und Philosophie an der Universität von Kolumbien, als kompletter politischer Außenseiter zum Bürgermeister gewählt. Er kam zu dem folgenreichen Schluss, dass es möglich sei, gleichzeitig die staatliche Leistungsfähigkeit zu erhöhen und die Gesellschaft in die Politik einzubeziehen – ein klarer Mobilisierungseffekt! Dies erforderte, die Menschen zu einer neuen Einstellung gegenüber den Regeln, Gesetzen und dem Staat zu veranlassen, damit sie sich einbringen und auf größere und für sie nutzbringendere staatliche Leistungsfähigkeit drängen konnten. Liliana Caballero, seine Verwaltungschefin, formulierte das dahinterstehende Denken so:

> Nicht die Bürger sollen den Staat bitten, etwas für sie zu tun, oder ihre Rechte einfordern, sondern die Verwaltung sollte sich stets an den Bürger wenden, der für sie im Mittelpunkt stehen muss.

Mockus bemühte sich mit kreativen Mitteln, die Einstellung der Bürger zu verändern. So trat er manchmal in einem Superheldenkostüm als »Superbürger« auf (siehe Bildteil). In Kolumbien gibt es die Redewendung »No sea sapo«, »Sei keine Kröte«, womit gemeint ist, jemand solle sich nicht in Dinge einmischen, die ihn nichts angehen, und sich lieber heraushalten, um keinen Ärger zu bekommen. Doch Mockus kehrte dies um und heftete sich eine Kröte ans Revers – Einmischung ist erste Bürgerpflicht, so seine Botschaft. Er heuerte anfangs 20 und später sogar 400 Pantomimen an, die in den Straßen von Bogotá auf humorvolle Weise Leute zurechtwiesen, die bei Rot über die Straße gingen, achtlos Müll wegwarfen oder andere Regeln verletzten. Er verteilte 350 000 Daumen-hoch- und Daumen-runter-Karten, damit die Menschen jederzeit öffentlich ihre Meinung dazu bekunden konnten, wie sich andere in der Öffentlichkeit verhielten. Die Zahl der Verkehrstoten sank während seiner Amtszeit von 1300 auf 600 jährlich. Mit phantasievollen Aktionen half er den Menschen, den öffentlichen Raum zurückzugewinnen. Eine seiner Initiativen nannte sich »Die Nacht der Frauen« – die Männer sollten einmal vier Stunden lang zu Hause bleiben, damit die Straße ganz allein den Frauen gehörte – für die Sicherheit sorgten 1500 Polizistinnen. Die Sache war ein großer Erfolg und ein Beitrag zur Stärkung der Frauen.

Bei alldem hatte Mockus stets im Blick, wie sich ein möglichst großer Mobilisierungseffekt erzeugen ließ – er wollte die Gesellschaft motivieren, damit der Staat besser, leistungsfähiger und nützlicher wurde. Die durchschnittliche Zeit, die es erforderte, eine Rechnung der Stadt zu begleichen, fiel von anderthalb Stunden auf fünf Minuten. Das »Haus der Demütigung« hatte seinen Schrecken verloren. Öffentliche Unternehmen, in denen zu viele Gnocchi Widerstand leisteten, wurden von Mockus kurzerhand privatisiert. Bei der Privatisierung des städtischen Stromversorgers behielt die Stadt jedoch 49 Prozent der Anteile. Als er unter privater Führung wieder profitabel wurde, erwirtschaftete die Stadt Gewinne, die sie für öffentliche Dienstleistungen verwenden konnte. Die Steuereinnahmen stiegen während seiner Amtszeit um das Dreifache. Zwischen 1993 und 2003 kletterte der Anteil der Haushalte mit Leitungswasser in Trinkwasserqualität von 79 auf 100 Prozent, und statt bloß 71 Prozent waren nun 95 Prozent der Haushalte ans Abwassernetz angeschlossen. Das größte Problem für die Einwohner war natürlich die grassierende Gewalt. Auch hier besserte sich die Situation erheblich. Die Mordrate war am Ende von Mockus' Amtszeit von 80 pro 100 000 Einwohnern auf 22 pro 100 000 und Jahr gefallen, und die Menschen trauten sich wieder auf die Straße.

Mockus musste sich immer noch gelegentlich mit Stadträten auseinandersetzen, die auf Jobs und Verträge aus waren, doch auch dafür hatte er ein Rezept. Wann immer jemand ihn um eine spezielle Gefälligkeit bat, so schilderte er später, dann schaute er ihn an, »als ob derjenige sich gerade übergeben hätte. Ich brachte einfach durch Körpersprache zum Ausdruck, was ich davon hielt, dass da einer vor mir auf den Teppich kotzte.« Und wenn ihn ein Senator auf offiziellem Briefbogen um eine Vergünstigung bat, dann erhielt er von Mockus prompt als Antwort: »Senator, jemand hat Ihren persönlichen Briefkopf benutzt.«

Es gibt nach wie vor viel zu tun in Bogotá. Castro und Mockus haben eine Menge bewirkt, doch das konnte Samuel Moreno nicht davon abhalten, die Stadt auszuplündern (auch, weil die Mobilisierung der Gesellschaft in Bogotá nur teilweise erfolgreich war und weil Moreno das Vertrauen in die lokalen Institutionen ausnutzen konnte, das erst Mockus aufgebaut hatte). Aber Mockus brachte neue Ideen ins Spiel und schaffte es, ein direktes Bündnis mit den Bürgern zu schmieden, was einen starken Mobilisierungseffekt erzeugte. Er nannte das Cultura Ciudadana, »Bürgerkultur«, und es war seine Strategie, dem Orang-Utan den Frack auszuziehn. Und alles begann auf lokaler Ebene, wie in Lagos.

Wir haben nun gesehen, wie Eintrittsmöglichkeiten in den Korridor vom anfänglichen Kräftegleichgewicht zwischen Staat und Gesellschaft abhängen. Wenn wir vom Despotischen Leviathan ausgehen, brauchen wir einen Anstieg der Leistungsfähigkeit des Staates (und eine Lockerung des Griffs der ökonomischen Elite und des militärisch-bürokratischen Komplexes). Wenn wir vom Abwesenden Leviathan ausgehen, dann müssen wir die staatliche Leistungsfähigkeit steigern. Gehen wir vom Papier-Leviathan oder einer Situation aus, in der es keinen Korridor gibt, dann müssen Staat und Gesellschaft zunächst gleichzeitig stärker werden.

Wie wir bereits gesehen haben, ist es niemals einfach, den Weg in den Korridor zu finden, ganz gleich, wo sich die Zugangstüren befinden. Es bedarf dazu immer eines breiten Bündnisses und oft auch einer neuen Koalition, in der ein Kräftegleichgewicht herrschen muss, damit nicht eine Gruppe die anderen an den Rand drängt und ein despotisches Regime errichtet. Weiterhin sind stets Kompromisse nötig, soll der Kampf um die Macht nicht zu einem komplett polarisierten Nullsummenspiel werden. Viel hängt auch von der Form des Korridors ab, insbesondere davon, wie breit oder schmal er ist. Daher diskutieren wir als Nächstes die Faktoren, die die Form des Korridors beeinflussen und was aus ihnen für das weitere Schicksal des Gefesselten Leviathans und der Demokratie folgt.

Die Form des Korridors

Neben Nelson Mandelas charismatischer und weitsichtiger Führung war in Südafrika auch von Bedeutung, dass sich die Wirtschaftsbedingungen und damit die Form des Korridors in den 1990er Jahren sehr stark von denen zu Beginn des 20. Jahrhunderts unterschieden. Im vorigen Kapitel haben wir gesehen, welchen Einfluss die Breite des Korridors auf die Wahrscheinlichkeit hat, dass ein Land in demselben verbleibt. Dasselbe gilt für ein Land, das versucht, in den Korridor einzutreten. Wenn man die beiden Graphiken aus Abbildung 5 (siehe Seite 551) vergleicht, erkennt man, dass ein und derselbe Zuwachs an gesellschaftlicher Macht (beispielsweise, dass der ANC die Organisationsfähigkeit der schwarzen Mehrheit stärkte) nicht ausreicht, das Land in den Korridor zu schleusen, wenn dieser eng ist (Graphik a), aber dies durchaus erreichen kann, wenn er breiter ist (Graphik b). Südafrikas Korridor war in den 1990er Jahren breiter, was die Wahrscheinlichkeit erhöhte, dass das Land den Weg hineinfinden würde.

Die Form des Korridors hängt von vielen Faktoren ab. Eine, die mit den Interessen der Großgrundbesitzer zusammenhängt, über die wir im letzten Kapitel gesprochen haben, ist der Arbeitszwang. Die Erpressung von Arbeitsleistungen durch Zwang wirkt sich auf die Breite des Korridors aus, weil sie erstens darauf Einfluss hat, wie die politische Macht des Staates und der Eliten ausgeübt werden kann, weil sie zweitens die Vorteile dieser Art von despotischer Macht verändert und weil sie drittens beeinflusst, wie die Gesellschaft organisiert ist. Betrachten wir diese drei miteinander verbundenen Effekte im Einzelnen.

Zunächst einmal erzeugt der Arbeitszwang, ob er die Form von Sklaverei, Leibeigenschaft oder ökonomischem Druck infolge der Umverteilung von Land, von Regulierungen oder von Drohungen durch die Arbeitgeber annimmt, eine stärkere Hierarchisierung der Gesellschaft – die Eliten besitzen Macht auf Kosten derer, die sie zur Arbeit zwingen. Das macht es schwieriger, ein dauerhaft ausgeglichenes Kräfteverhältnis zu erreichen, egal wie die Kräfte des Staates und der Gesellschaft nun verteilt sind. Die Folge ist, dass sich ein und dieselbe Konstellation aus Staatsmacht und Gesellschaftsmacht, die sich ohne Arbeitszwang sehr wohl innerhalb des Korridors befindet, eher außerhalb des Korridors liegt, wenn die Arbeit erzwungen wird und die Macht des Staates darauf abzielt, die Mehrheit zu unterdrücken und von ihr geringbezahlte Arbeit zu erpressen. Somit wird der Korridor also enger.

Zweitens schafft ein Wirtschaftssystem, das auf Arbeitszwang beruht, Anreize für die Eliten, sich zu verbünden und die Staatsmacht dafür zu nutzen, die bestehenden Verhältnisse um jeden Preis zu verteidigen und zu festigen. Schaffen sie es, ihre Herrschaft über die Gesellschaft auszubauen, dann können sie auch den Arbeitszwang intensivieren, wie dies in Südafrika nach 1910 zu beobachten war. Auch dies führt nach unserer Theorie zu einer Verengung des Korridors – Arbeitszwang verschiebt stets das Kräftegleichgewicht in Richtung einer despotischen Herrschaft des Staates und der Eliten und lockert die Fesseln des Leviathans.

Während diese beiden Faktoren des Arbeitszwangs den despotischen Charakter einer Gesellschaft verschlimmern, beeinflusst ein dritter Aspekt die Organisation einer Gesellschaft und ihr kollektives Handeln. Erzwungene Arbeit verhindert den Aufbau von Gewerkschaften, mit deren Hilfe Arbeiter traditionellerweise ihre politischen und ökonomischen Forderungen formulieren. Ist der Organisationsgrad einer Gesellschaft aber gering, dann wird es schwerer, gegen den Despotismus anzugehen, und der Korridor verengt sich auch von der anderen Seite her, der des Abwesenden Leviathans. Erinnern wir uns, dass der Eintritt in den Korridor, der von einem schwachen oder abwesenden Staat ausgeht, entscheidend von der Fähigkeit der Gesellschaft abhängt, ihre Macht zu institutionalisieren. Doch unter dem Joch des Arbeitszwangs ist diese Institutionalisierung schwieriger zu realisieren, weil Teile der Gesellschaft nicht in der Lage sind, sich zu organisieren und kollektiv zu handeln. Die Folge ist, dass die Schieflage, die wir am Beispiel der Tiv in Kapitel 2 beleuchtet haben, deutlicher ausgeprägt ist und es schwerer wird, den Prozess der Staatsbildung zu starten. Der Korridor verengt sich von beiden Seiten her und macht es für einen Staat grundsätzlich schwerer, in ihn einzubiegen und sich in ihm zu halten, wenn er doch erreicht wird.

Wir sehen alle diese Faktoren schon in der Frühzeit von Südafrikas Geschichte am Werk. Besonders in der südafrikanischen Landwirtschaft und der Bergwerksindustrie war es üblich, Schwarze zur Arbeit zu zwingen, ein Trend, der sich verstärkte, als im Jahr 1886 in Transvaal Gold entdeckt wurde. Der Wunsch der weißen Farmer und Minenbesitzer, nach Belieben über billige Arbeitskräfte verfügen zu können, war ein entscheidender Faktor dafür, dass sie die Entrechtung der Schwarzen und die Errichtung des repressiven Apartheid-Regimes befürworteten. Sie widersetzten sich zu Beginn der Südafrikanischen Union allen Versuchen, den Schwarzen mehr Land zuzugestehen oder die Rassenschranke zu lockern. Die gesellschaftlichen und menschlichen Kosten ihrer Profitgier waren ihnen dabei gleichgültig. Die Bedingungen der erzwungenen Arbeit auf den Feldern und in den Bergwerken führten dazu, dass den Schwarzen weitgehend die Organisationsmöglichkeiten fehlten, sich abgesehen von sporadischen Aufständen gegen diese despotischen institutionellen Veränderungen zu wehren.

In den 1980er und 1990er Jahren war die Situation eine ganz andere. Gold und Diamanten bildeten immer noch das Rückgrat der südafrikanischen Wirtschaft, doch gab es nun auch einen Industriesektor. Die Industriellen waren eher bereit, die Rassenschranken abzuschaffen, sahen sie doch ihr Vermögen durch eine repräsentativere, demokratischere Regierung weniger gefährdet, und sie setzten darauf, einflussreiche Führer der Schwarzen auf ihre Seite zu bringen, was dann ab 2003 durch das BEE-Programmm gelang. Das Südafrika der 1990er Jahre war ein völlig anderes Land geworden. Und natürlich trug der Druck der Sanktionen, die die internationale Gemeinschaft gegen das Apartheid-Regime verhängte, seinen Teil dazu bei, die repressiven und diskriminierenden Institutionen abzuschaffen. Die Führer der Industrie waren reif dafür, aus der Apartheid-Koalition auszuscheren, und der ANC schaffte es, sie auf seine Seite zu bringen.

Wichtig für die Erweiterung des südafrikanischen Korridors waren auch die nachdrücklicher und strukturierter vorgetragenen Forderungen der schwarzen Bürger, von denen nun viele in den Fabriken arbeiteten und gewerkschaftlich organisiert waren. Schon vor ihrer offiziellen Anerkennung hatten die Gewerkschaften in Zusammenarbeit mit dem ANC einen erheblichen Anteil an der Organisation der schwarzen Arbeitnehmer und der Formulierung ihrer ökonomischen und politischen Forderungen. Nach dem Aufstand in Soweto 1976, der aus Anlass der zwangsweisen Einführung von Afrikaans als Unterrichtssprache ausbrach, wurden die Gewerkschaften der Schwarzen formell anerkannt und begannen, Druck auf das Apartheid-Regime auszuüben.

Der Einfluss erzwungener Arbeit auf die Form des Korridors hilft uns nicht nur, die südafrikanische Erfahrung zu verstehen, sondern auch die unterschiedlichen Wege, die Costa Rica und Guatemala einschlugen, wie in Kapitel 9 erläutert. Dass es auf den kleinen Kaffeeplantagen in Costa Rica keine erzwungene Arbeit gab, während sie auf den Kaffee-Fincas in Guatemala massiv angewandt wurde, erweiterte wahrscheinlich den Korridor für Costa Rica und erleichterte die nachfolgende Entwicklung seines Gefesselten Leviathans, während es Guatemala schwerer fiel, den engeren Korridor zu erreichen.

Die Folgen des Arbeitszwangs für die Form des Korridors erklären auch die unterschiedlichen Wege, die Südafrika und Simbabwe gingen. Es gibt viele Parallelen zwischen Südafrika und Simbabwe oder Rhodesien, wie das Land hieß, als es noch von einer weißen Minderheit ausgebeutet wurde. Eine der augenfälligsten ist die massive Begünstigung der Weißen beim Landbesitz und der Druck, der auf die Schwarzen ausgeübt wurde, zum Hungerlohn als einfache Arbeitskräfte auf den Farmen der Weißen und in ihren Minen zu schuften. In beiden Ländern gab es starke bewaffnete Organisationen, die die repressiven Regime bekämpften, und Hardliner in der Regierung, die zu keinem Kompromiss bereit waren. Aber Südafrika hatte im Unterschied zu Rhodesien neben den Farmen und Bergwerken immer schon Industrie besessen. Die weiße Minderheit in Rhodesien hielt sehr geschlossen an den Verhältnissen fest, und das Ende ihrer Herrschaft kam daher erst nach einem langen und gewaltsamen Kampf. Als das Regime in Rhodesien schließlich zusammenbrach, blieb nicht viel übrig, um ein Kräftegleichgewicht zu stützen, ohne das ein Einbiegen in den Korridor nicht möglich ist. Robert Mugabe, einer der Führer des Unabhängigkeitskampfs, übernahm das Kommando und errichtete mit seiner Zimbabwe African National Union Patriotic Front (ZANU-PF) eine despotische Vetternwirtschaft. Die Folgen waren, wie nicht anders zu erwarten, katastrophal für die Menschen und die Wirtschaft des Landes, das sich nun Simbabwe nannte.

In Simbabwe gab es keinen Mandela und kein BEE, die eine Koalition hätten schmieden und ermöglichen können, was Erzbischof Desmond Tutu die »Regenbogennation« nannte. Dies lag zum Teil daran, dass Simbabwe mit seinem schmalen Korridor nicht die ökonomischen Voraussetzungen einer gemischten Nation besaß.

Unter gewissen Bedingungen sind Gefesselte Leviathane äußerst schwer zu erschaffen. Ist die Ausgangsbasis für ihr Entstehen gegeben, muss noch hinzukommen, dass eine Koalition geschmiedet werden kann, wie sie Mandelas Führung und das BEE-Programm zustande brachten. Das wurde von den südafrikanischen Industriellen auch klar so gesehen. Der Vorstandsvorsitzende der South African Petroleum Association, der nur Weiße angehörten, formulierte es folgendermaßen:

> Wenn wir vermeiden wollen, wie Simbabwe in eine Schieflage und den wirtschaftlichen Ruin zu geraten, müssen alle Südafrikaner und insbesondere Vertreter der Wirtschaft ernsthaft an einer Verbesserung der wirtschaftlichen Lage der Schwarzen arbeiten.

Und das taten sie.

Eine andere Welt?

Noch ist das Ende der Geschichte nicht in Sicht, und nicht alle Nationen werden das Verhältnis von Staat und Gesellschaft auf ein und dieselbe Weise organisieren. Allerdings waren in den vergangenen vier Jahrzehnten erhebliche Veränderungen der politischen Institutionen rund um die Welt zu beobachten. Greifen wir einen Aspekt heraus, der sich gut einschätzen lässt, nämlich, ob ein Land eine Demokratie besitzt, in der die Kandidaten frei und ungehindert ihre Ideen vorstellen und die Bürger ihr Wahlrecht ungehindert ausüben können.

Die Zahl der Länder, die als demokratisch in diesem Sinne eingestuft werden können, betrug Ende des 19. Jahrhunderts bloß eine Handvoll, in den 1970er Jahren waren es 40, im Jahr 2010 schon 120. Obwohl Demokratien sich nicht unbedingt im Korridor befinden (wie unsere Beispiele Indien und Lateinamerika belegen) und viele Nationen, die im Verlauf ihrer Geschichte in den Korridor eintraten, alles andere als demokratisch waren (zum Beispiel im mittelalterlichen Europa), existiert doch eine Wahlverwandtschaft zwischen demokratischen Regierungen und Gefesselten Leviathanen. Alles deutet also darauf hin, dass in Zukunft noch viel mehr Länder in den Korridor eintreten oder dies versuchen werden. Wie erklärt sich das?

Unsere Theorie geht davon aus, dass Veränderungen der Form des Korridors ein bedeutender Faktor sind. Moses Finley, der große Althistoriker, kam bei der Diskussion des einflussreichen Werks *Time on the Cross* von Stanley Engerman und Robert Fogel über die Sklaverei in Amerika, von amerikanischen Historikern des 19. Jahrhunderts oft euphemistisch als »besondere Institution« bezeichnet, zu dem provokativen Schluss:

> Im Kontext der Weltgeschichte ist eher freie und bezahlte Arbeit die besondere Institution.

Von der sich intensiv auf Sklaverei stützenden Wirtschaft des antiken Ägypten über die feudale Leibeigenschaft in Europa zur modernen Sklaverei in der Neuen Welt und verschiedenen Formen erzwungener Arbeit in anderen Kolonien, nicht zuletzt in Afrika, spielte in den meisten Kulturen Zwang zur Arbeit eine wichtige Rolle. Zwangsmaßnahmen gegenüber Arbeitskräften waren auch in der Frühzeit der Industrialisierung gang und gäbe. In Großbritannien verschwanden sie endgültig erst 1889 mit der Aufhebung entsprechender Gesetze, die als Masters and Servants Acts bezeichnet wurden. Immerhin ist Arbeitszwang im Verlauf des letzten halben Jahrhunderts nach und nach zurückgegangen, wenn man von einigen außerordentlich negativen Fällen wie Nordkorea oder Usbekistan und Nepal absieht. Dieser Trend wurde, wie das Beispiel Südafrika zeigt, durch die Industrialisierung unterstützt. In den komplexen Produktionsstrukturen von Fabriken ist mit Zwang wenig zu erreichen, und es fällt den Arbeitern leichter, sich zu organisieren. (Ein weiterer Grund für die Abnahme von Arbeitszwang ist der Rote-Königin-Effekt, der sich einstellt, sobald eine Gesellschaft den Korridor betritt; wir haben zum Beispiel in Kapitel 6 gesehen, dass im Feudalsystem der Arbeitszwang nachließ, wenn auch nur langsam, als mehrere europäische Nationen in den Korridor eintraten.) Das Ergebnis ist ein breiterer Korridor, der es wahrscheinlicher macht, dass ein Staat in ihn einbiegt und Demokratie und Freiheit entwickelt.

Der Rückgang des Arbeitszwangs ist nicht der einzige Faktor, der den Korridor verändert. Ein weiterer wichtiger ökonomischer Trend ist die Globalisierung, allerdings mit komplexeren und vielschichtigeren Folgen für die Freiheit.

Der Korridor der Globalisierung

Die ökonomische Logik der Globalisierung führt zur Spezialisierung. Wenn die internationale Verflechtung zunimmt, dann erhöhen einige Länder ihre Industrieproduktion und ihre Exporte, während andere sich auf Landwirtschaft und die Gewinnung von Bodenschätzen konzentrieren. Welche Folgen hat dies für die Form des Korridors?

Für Länder, die sich auf Landwirtschaft spezialisieren, kann der Korridor enger werden. Auch wenn die Grundbesitzer im 21. Jahrhundert nicht mehr so repressiv sind wie einst, das gesellschaftliche Mobilisierungspotential einer Agrarökonomie ist grundsätzlich geringer. Die Gründe dafür haben wir bereits erläutert. Landarbeiter sind zumeist schlechter organisiert und können deshalb weniger gegen die herrschenden Mächte ausrichten. Auch die simple Tatsache, dass es in einem städtischen Umfeld einfacher ist, Organisationen der Zivilgesellschaft zu koordinieren, Proteste zu organisieren oder Parteien zu gründen, erschwert kollektive Aktionen in landwirtschaftlich geprägten Gesellschaften.

Umgekehrt gilt, dass Spezialisierung in der Industrie, im Dienstleistungssektor und im Hightech-Bereich den Korridor erweitert und die Aussichten für einen Gefesselten Leviathan erhöht. Man kann dies am Beispiel Südkoreas illustrieren. Das Land startete nach der Trennung von Nordkorea entlang des 38. Breitengrads im Jahr 1948 mit dem marktwirtschaftlich orientierten, aber zunehmend autokratischen Regime unter Präsident Rhee Syng-man. Die existentielle Bedrohung durch den kommunistischen Norden und die Unterstützung durch die USA führten zu einer Reihe von Reformen, insbesondere zu einer radikalen Bodenreform, und in der Folge zu einer entschieden vorangetriebenen Industrialisierung. Die Industrialisierungsbemühungen intensivierten sich noch, als General Park Chung-Hee an die Macht kam, zunächst durch einen Putsch im Jahr 1961; danach ließ er sich durch Wahlen mehrmals im Amt bestätigen, bis er 1972 das Kriegsrecht verhängte und das Parlament auflöste. Der internationale Handel und der Export von Waren spielten während dieser Zeit eine entscheidende Rolle für die Wirtschaft von Südkorea. Das Wachstum wurde hauptsächlich durch staatliche Planung in Zusammenarbeit mit großen Industriekonglomeraten, Jaebol genannt, vorangetrieben, zu denen so bekannte Namen wie Samsung und Hyundai gehören, und man investierte erheblich in ein Bildungssystem, das auf die Bedürfnisse der koreanischen Industrie zugeschnitten war. Aber diese Entwicklung fand vor einem Hintergrund statt, in dem die Zivilgesellschaft, die in den 1950er Jahren aufgeblüht war, trotz systematischer Repression immer noch existierte und sich im Verlauf des Industrialisierungsprozesses bereits Gewerkschaften gebildet hatten. Dies war die Grundlage für Massenproteste gegen das Militärregime in den 1970er Jahren. Die Opposition erreichte schließlich, dass das Militärregime abdankte und 1987 freie Wahlen stattfanden. Entscheidend für diesen Übergang war, dass die Militärregierung die Unterstützung im In- und Ausland verlor, als sie gewaltsam gegen Proteste von Studenten und Gewerkschaften vorging. Mit dazu beigetragen hat auch, dass Unterdrückung in einer industrialisierten Wirtschaft mehr durcheinanderbringt und kostspieliger ist als in einer Ökonomie, die auf Landwirtschaft oder der Ausbeutung natürlicher Ressourcen beruht. Für Südkorea, das bereits zum Industriestaat geworden war, kann man also sagen, dass die Globalisierung den Korridor erweiterte und das Land in ihn hineinführte.

Die Auswirkungen der ökonomischen Spezialisierung hängen jedoch entscheidend vom bestehenden Gleichgewicht zwischen Staat und Gesellschaft ab. Dies wird deutlich, wenn wir Südkorea mit China vergleichen, das mit dem Rückenwind der Globalisierung eine noch rasantere Industrialisierung erfuhr. Doch aufgrund seiner deutlich schwächeren Gesellschaft und seiner despotischeren Regierung haben diese Veränderungen keine dauerhafte Bewegung Richtung Korridor hervorgerufen. Selbst wenn der Korridor breiter wird, finden Länder, die zu weit von ihm entfernt sind, nicht so leicht den Weg hinein.

Wie wir also sehen, ergeben die Effekte der Globalisierung ein gemischtes Bild. Manche Länder spezialisieren sich auf den Abbau natürlicher Ressourcen oder auf die Landwirtschaft, Bereiche, in denen es nach wie vor erzwungene Arbeit in vielfältiger Form gibt und in denen gesellschaftliche Mobilisierung nur schwer in Gang kommt; dadurch verengt sich für sie der Korridor. Auf der anderen Seite verlegen sich manche Länder stärker auf Industrie und Dienstleistungen, einige auch auf Hightech-Produkte, was die Bewegung in den Korridor begünstigt. Welche Auswirkungen die Globalisierung auf eine Gesellschaft hat, hängt also weitgehend davon ab, um welche Art von Spezialisierung es sich handelt.

Die Globalisierung ist nicht der einzige Faktor, der Einfluss auf die wirtschaftliche Spezialisierung einzelner Staaten hat. Die meisten Länder ziehen Arbeitskräfte aus der Landwirtschaft ab und führen sie der Industrie und den Dienstleistungen zu, sobald sie einen gewissen Grad an Wirtschaftswachstum erreicht haben. Teilweise liegt das daran, dass die Nachfrage nach Industrieprodukten und Dienstleistungen schneller wächst als die Nachfrage nach landwirtschaftlichen Produkten, wenn die Konsumenten mehr Geld haben. Hinzu kommt, dass sich neue und effizientere Technologien, wie sie in höher entwickelten Ländern eingeführt werden, bald auf der ganzen Welt verbreiten, was ebenfalls die Nachfrage nach Konsumprodukten steigert. Diese langfristigen Trends, so langsam und unterschiedlich sie sich in einzelnen Ländern auswirken, führen dazu, dass die Bedeutung von Landwirtschaft und Rohstoffgewinnung zurückgeht. Auch dies führt, mit oder ohne Globalisierung, zu einer Erweiterung des Korridors.

Die Form des Korridors hängt nicht allein von ökonomischen Faktoren ab. Internationale Beziehungen haben ebenfalls einen Einfluss auf den Korridor und die Aussichten auf Freiheit. Doch ganz wie die Globalisierung bringen auch sie sehr unterschiedliche Effekte mit sich – auf der einen Seite versetzen sie Ländern einen Schub in Richtung eines breiteren Korridors, auf der anderen helfen sie Despoten. Wir beenden dieses Kapitel mit einer Diskussion dieser internationalen Faktoren.

Wir sind jetzt alle Hobbesianer

Der eigentliche Gewinner der 1884/85 in Berlin tagenden Kongokonferenz, auf der die Europäer den afrikanischen Kontinent unter sich aufteilten; war König Leopold II. von Belgien. Er überzeugte die Teilnehmer der Konferenz und andere Staatsoberhäupter, darunter den amerikanischen Präsidenten Chester Arthur, ihm einen großen Teil des Kongo-Beckens zu überlassen, das er als Kongo-Freistaat für humanitäre und philanthropische Zwecke nutzen wollte. In Wahrheit sollte dieser Staat alles andere als frei sein, und humanistische Zielsetzungen waren Leopold II. fremd. Der Kongo-Freistaat war faktisch sein Privatbesitz, den er rücksichtslos ausplünderte. Dabei hatte er es besonders auf den begehrten Kautschuk abgesehen, der wirtschaftlich eine große Rolle spielte, bis er in den 1930er Jahren durch synthetisches Gummi ersetzt wurde. Leopolds Privatarmee, Force Publique genannt, machte der schwarzen Bevölkerung strenge Leistungsvorgaben und setzte sie mit brutaler Gewalt durch. Peitschenhiebe, das Abbrennen ganzer Dörfer, Verstümmelungen – Arbeitern, die ihr Soll nicht erfüllten, wurden Hände und Füße abgeschnitten – waren ebenso an der Tagesordnung wie Massenmorde. Schätzungen zufolge kamen unter Leopolds Herrschaft zehn Millionen Afrikaner um, bei einer damaligen Bevölkerungszahl von etwa 20 Millionen.

Aus dieser großen menschlichen Tragödie entsprangen die Anfänge einer internationalen Menschenrechtsbewegung, die sich an den Abolitionisten, den Kämpfern gegen Sklaverei, orientierte. George Washington Williams, ein amerikanischer Journalist, war der Erste, der in den 1890er Jahren in den Kongo reiste und über die schrecklichen Verhältnisse dort berichtete. Er erzielte aber keine große Resonanz bei der Weltöffentlichkeit. Im Jahr 1899 erschien Joseph Conrads Erzählung *Herz der Finsternis*, die auf seinen Erfahrungen als Kapitän eines Dampfers auf dem Fluss Kongo beruhte, ein Buch, das etwas mehr die internationale Aufmerksamkeit auf die Brutalitäten lenkte, die in dieser Kolonie vor sich gingen. Zwei weitere Pioniere der internationalen Menschenrechtsbewegung, Edmund Morel und Roger Casement, nahmen sich der schlimmen Zustände im Kongo-Freistaat an und gründeten die Congo Reform Association mit dem ausdrücklichen Ziel, der Kontrolle Leopolds über den Kongo ein Ende zu setzen.

Morel erfuhr das Ausmaß der menschlichen Tragödie und die Ausbeutung, die das Regime von König Leopold betrieb, als Kontorist der Liverpooler Reederei Elder Dempster, die Güter aus und in den Kongo-Freistaat transportierte. Seine Enthüllungen über die Gräuel im Kongo führten dazu, dass das britische Unterhaus eine Untersuchungskommission unter Leitung des Iren Roger Casement einsetzte. (Casement wurde später von den Briten wegen seiner Beteiligung am irischen Unabhängigkeitskampf hingerichtet.) Vieles von dem, was wir heute über die damaligen Verhältnisse in der Kolonie wissen, stammt aus den Berichten von Casement. Seine Tagebücher geben uns einen Eindruck der von ihm beobachteten Gräuel. Die Eintragungen zwischen dem 5. Juni und 9. September lesen sich wie folgt:

> 5. Juni: Das Land verlassen, keine Eingeborenen mehr da.
> 25. Juli: Ich ging in Dörfer und sah im nächstgelegenen – Bevölkerung furchtbar dezimiert – nur noch 93 Menschen von einstmals Hunderten.
> 26. Juli: Die armen, wehrlosen Menschen … Staub zu Staub und Asche zu Asche – wer hat ein Herz für sie, schenkt ihnen einen barmherzigen Gedanken – sind alle miteinander verschwunden.
> 6. August: Habe eifrig Notizen von Berichten der Eingeborenen

gemacht … Sie werden grausam ausgepeitscht, wenn sie mit ihren Körben zu spät kommen.
13. August: A. kam und sagte, 5 Leute aus Bikoro mit abgeschlagenen Händen seien bis Myanga gekommen, um es mir zu zeigen.
22. August: Bolongo wie ausgestorben. Ich erinnere mich noch gut an Nov. 1887, damals war es voller Menschen; jetzt alles in allem 14 Erwachsene. Völlig heruntergekommen, klagten bitterlich über die Kautschuk-Steuer. 6:30 vorbei am verlassenen Bokuta … Mouzede sagt, die Menschen seien alle nach Mampoko verschleppt worden. Arme unglückliche Seelen.
29. August: Bongandanga … Kautschuk-»Markt« gesehen, überall Gewehre – ungefähr 20 Bewaffnete … Bevölk. 242 Männer mit Kautschuk, alle bewacht wie Sträflinge. Das als »Handel« zu bezeichnen ist der reinste Hohn.
30. August: 16 Männer, Frauen und Kinder, gefesselt, aus dem Dorf Mboye unweit der Stadt. Ungeheuerlich. Die Männer ins Gefängnis geworfen, die Kinder aufgrund meines Einspruchs freigelassen. Ungeheuerlich. Ungeheuerlich, ein schändliches System.
2. September: 16 Frauen gesehen, ergriffen von Peeters Wachen, ins Gefängnis transportiert.
9. September: 11:10 wieder an Bolongo vorbei. Die armen Menschen ruderten in einem Kanu herbei, um meine Hilfe zu erflehen.

Der Casement-Bericht, 1904 veröffentlicht, schilderte sehr anschaulich auf der Grundlage von Augenzeugenberichten die schlimmen Gräuel, die im Kongo stattfanden. Besonders ausführlich ging er auf die Verstümmelungen ein, die Leopolds Männer den Eingeborenen antaten, wenn sie nicht genug Kautschuk herbeischleppten. Ein Beispiel:

Zwei Fälle (von Verstümmelung) kamen mir während meines Aufenthalts am See zu Gesicht. Einem jungen Mann hatte man beide Hände an einen Baum gebunden und mit Gewehrkolben zerschlagen; einem Knaben von 11 oder 12 Jahren hatte man die rechte Hand abgehauen … in beiden Fällen waren die Regierungssoldaten von weißen Offizieren begleitet worden, deren Namen man mir sagte. Von sechs Eingeborenen (einem Mädchen, drei kleinen Jungen,

> einem Jugendlichen und einer alten Frau), die während des Kautschuk-Regimes auf diese Weise verstümmelt waren, waren bei meinem Besuch alle bis auf einen gestorben.

Das Gesamturteil des Berichts war vernichtend:

> Mitte der 1890er Jahre wurden das Kongo-Becken und seine Erzeugnisse eine erhebliche Einnahmequelle für Leopold, der diesen Reichtum benutzte, um die belgische Hauptstadt Brüssel zu verschönern, wofür in seinem Auftrag in Afrika ein brutales Ausbeuterregime errichtet wurde, um Kautschuk aus dem Dschungel des Kongo-Freistaats zu gewinnen.

Der Bericht führte zu einem Umschwung der öffentlichen Meinung. Die Bemühungen der Congo Reform Association erhielten Unterstützung von bekannten Persönlichkeiten beiderseits des Atlantiks, darunter Sir Arthur Conan Doyle, Mark Twain, Booker T. Washington, Bertrand Russell und Joseph Conrad. Am Ende verlor Leopold II. seine Herrschaft über die Kolonie.

Nach dem Zweiten Weltkrieg entwickelte sich die internationale Menschenrechtsbewegung weiter und gewann größeren internationalen Einfluss. Die Allgemeine Erklärung der Menschenrechte von 1948, die wir im nächsten Kapitel diskutieren werden, war hierbei eine wichtige Etappe. Ein ebenso wichtiger Schritt war die Konvention über die Verhütung und Bestrafung des Völkermordes der Vereinten Nationen von 1948, und dies nicht nur, weil sie sich mit den bekannten Fällen von Genozid in der ersten Hälfte des Jahrhunderts auseinandersetzte. Im Unterschied zu früheren internationalen Vereinbarungen wie den Haager Abkommen von 1899 und 1907 und den bis 1864 zurückgehenden Genfer Konventionen, die Staaten stets als souverän behandelt hatten und ihre Beziehungen untereinander sowie den Umgang mit Kombattanten und Zivilisten in Kriegszeiten zu regeln versuchten, ging diese Konvention davon aus, dass Staaten nicht frei darin waren, mit ihren Bürgern nach Belieben umzuspringen. So heißt es dort:

> Personen, die Völkermord oder eine der sonstigen in Artikel III aufgeführten Handlungen begehen, sind zu bestrafen, gleichviel ob sie regierende Personen, öffentliche Beamte oder private Einzelpersonen sind.

Die Botschaft war klar: Leviathan hin oder her, Gräueltaten gegen Menschen werden nicht geduldet. Zunächst war dies nur eine zahnlose Absichtserklärung. Aber der internationale Druck und die Beobachtung von souveränen Staaten intensivierten sich durch Organisationen wie Amnesty International und Human Rights Watch, die sich bemühen, Verletzungen von Menschen- und Bürgerrechten aufzudecken und zu verhindern. Im Jahr 2002 kam der Internationale Strafgerichtshof hinzu, der die Befugnis hat, Einzelpersonen und sogar Staatsoberhäupter wegen Völkermords, Verbrechen gegen die Menschlichkeit und Kriegsverbrechen abzuurteilen.

Natürlich darf man sich von der Wirkung dieser Konventionen und Organisationen nicht zu viel versprechen, auch seit dem Zweiten Weltkrieg gab es zahlreiche Fälle von Menschenrechtsverletzungen und sogar Völkermorden: Kambodscha in den 1970er Jahren, Ruanda 1994, Sudan in den 2000er Jahren. Dennoch hatte die internationale Menschenrechtsbewegung zwei entscheidende Auswirkungen auf die Beziehungen zwischen Staat und Gesellschaft rund um die Welt. Sie hat extreme Unterdrückung sichtbarer gemacht und die Kosten für Staaten und Eliten, die die Gesellschaft unterdrücken, erhöht; und sie hat einen gemeinsamen Kriterienkatalog und eine gemeinsame Sprache für gesellschaftliche Organisationen geschaffen, die ihnen helfen, sich gegen den Despotismus zu verbünden. Beides ist in vielen der »Farbrevolutionen« zu beobachten, bei denen die Mobilisierung nicht zuletzt auch durch die klare Dokumentation systematischer Verletzungen von Menschen- und Bürgerrechten in diktatorischen Regimes ausgelöst wurde. Im Rahmen unserer Theorie erweitern solche internationalen Reaktionen den Korridor auf Kosten des Despotischen Leviathans – dieselbe Staatsmacht, die ansonsten zu einer despotischen Dynamik geführt hätte, kann nun mit Hilfe internationaler Menschenrechtsgruppen und der Mobilisierung der Gesellschaft eingedämmt werden.

Die internationale Menschenrechtsbewegung erweitert den Korridor ebenso auf der anderen Seite, insbesondere dadurch, dass sie den Staat dazu ermuntert, sich auch gegen die Diskriminierung und Verfolgung von kleineren Untergruppen zu wenden. Ein Beispiel ist die Rolle, die Amnesty International in Kampagnen gegen häusliche Gewalt und weibliche Genitalverstümmelung eingenommen hat. Im Jahr 2012 haben die Vereinten Nationen schließlich eine Resolution gegen weibliche Genitalverstümmelung verabschiedet. Die Kampagne von Amnesty International hat hierzu viel beigetragen. Der daraus resultierende verstärkte Einsatz der staatlichen Kapazität zum Schutz der Benachteiligten und Diskriminierten entspricht der Erweiterung des Korridors auf der Seite des Abwesenden Leviathans.

Angesichts all dieser Kräfte könnte man denken, dass auch die internationalen Beziehungen ein einflussreicher Faktor zur Erweiterung des Korridors geworden sind und den Aufstieg eines Gefesselten Leviathans erleichtern. Die Realität sieht jedoch etwas komplizierter aus. Ein wichtiger Aspekt der internationalen Beziehungen macht den Korridor nämlich enger und stützt die Despotischen und die Papier-Leviathane.

Im Oktober 2017 ernannte die Weltgesundheitsorganisation Simbabwes damaligen Präsidenten Robert Mugabe zum »Sonderbotschafter« für nichtübertragbare Krankheiten (die Berufung wurde aufgrund von Protesten später jedoch zurückgenommen). Die Begründung lautete, er könne in seiner Position »Einfluss auf Entscheidungsträger in seiner Region« nehmen. (Ein Foto im Bildteil zeigt Präsident Mugabe bei einer Ansprache an die Vereinten Nationen.) Doch welcher Einfluss sollte das sein? Dieser Sonderbotschafter hat als Präsident sein Volk unterdrückt, Tausende Zivilisten in Matabeleland massakriert, Land enteignet und an seine Familie und Parteifreunde verteilt, nicht ohne sich auch selbst zu bedienen, er ist für den totalen Zusammenbruch einer einst blühenden Wirtschaft verantwortlich und ein notorischer Wahlbetrüger. Steht Simbabwe trotz alledem vielleicht in Sachen Gesundheit und Gesundheitsversorgung gut da? Mitnichten. Der allgemeine Gesundheitszustand der Bevölkerung hat sich zusammen mit der Wirtschaft des Landes massiv verschlechtert. Nach Schätzungen sind bis zu 8 Prozent der Bevölkerung HIV-positiv, die Lebenserwartung sinkt, für Männer beträgt sie derzeit bloß noch 59 Jahre. Der Zusammenbruch des Gesundheitssystems des Landes führte in den Jahren 2008/09 zu einer Cholera-Epidemie mit 4000 Toten pro 100 000 Fälle. Es sagt viel über den Zustand von Simbabwes Gesundheitswesen aus, dass Mugabe vor seiner Absetzung regelmäßig nach Singapur flog, um sich dort behandeln zu lassen, anstatt sich in die Hände einheimischer Ärzte zu begeben. Die Kosten seines Gesundheitstourismus wurden allein für das Jahr 2016 auf 53 Millionen Dollar geschätzt, das ist ein Sechstel dessen, was der Staat insgesamt für sein Gesundheitssystem aufwendet.

Die Ernennung ergab also keinen Sinn – es sei denn, man schaut sich das internationale Staatensystem im Allgemeinen an. Internationale Organisationen, einschließlich der Vereinten Nationen, die zuzeiten eine wichtige Rolle in der internationalen Menschenrechtsbewegung gespielt haben, beziehen ihre Existenzberechtigung daraus, dass sie mit den Führern souveräner Staaten arbeiten. Ihre Prinzipien sind von Hobbes geprägt – wenn ein Staat existiert, repräsentiert er sein Land und verdient internationale Achtung. Dies impliziert die Anerkennung von Präsidenten, Premierministern, Militärdiktatoren und Königen, auch wenn sie ihre eigene Bevölkerung noch so sehr unterdrücken oder Menschen- und Bürgerrechte verletzen. Doch es ist nicht nur internationale Achtung, die jedem gezollt wird, der den Staat eines bestimmten Territoriums repräsentiert, sondern an diese Person fließen auch finanzielle Mittel. Für manche Länder Afrikas, beispielsweise Somalia, können diese Mittel 40 Prozent des Staatshaushalts ausmachen. Es gibt gute Gründe für dieses internationale Staatensystem. Staaten nicht als legitime Partner anzuerkennen, würde die internationale Kooperation erheblich erschweren und zur potentiellen Destabilisierung von Regimen führen. In gewissem Sinn hat das internationale Staatensystem bislang gut funktioniert. Es hat zum Beispiel Kriege in Afrika und Lateinamerika verhindert, trotz Grenzstreitigkeiten und angespannter Konfliktlagen.

Doch vom Standpunkt unserer Theorie ist eine unbeabsichtigte Folge dieses internationalen Systems, dass es einen besonders unschönen Aspekt von Hobbes' Gedankenwelt bestätigt – nämlich dass der Souverän immer legitim ist und Macht immer recht hat – und damit den Korridor verengt. Internationale Legitimität führt zu nationaler Legitimität und liefert einen Deckmantel für die Unterdrückung Andersdenkender im eigenen Land. Sie verschafft Zugang zu Mitteln und zementiert die bestehenden Hierarchien. Dieser einseitige Einfluss auf das Kräftegleichgewicht zugunsten des Staates hat negative Auswirkungen auf das Verhältnis zwischen Staat und Gesellschaft. Zunächst einmal wird es dadurch für die Gesellschaft sehr viel schwerer, etwas gegen die despotische Macht des Staates zu unternehmen. Aber es wird dadurch auch schwerer für die Gesellschaft, ihre Macht zu institutionalisieren. Wir haben diese Effekte bereits in Kapitel 11 gesehen – das internationale Staatensystem stützt die Papier-Leviathane. Auch wenn die Wurzeln der Papier-Leviathane in der Herrschaft der Kolonialzeit liegen, ist der Grund ihrer fortgesetzten Existenz das internationale Staatensystem, das sie als echte, respektable Leviathane behandelt. Doch die Papier-Leviathane haben zu viel Angst vor dem Mobilisierungseffekt und der Reaktion der Gesellschaft, um irgendeine Art von staatlicher Kapazität aufzubauen, und dadurch machen sie jede Chance auf eine Institutionalisierung der Macht der Gesellschaft zunichte. Die Folge ist ein starker Widerstand gegen die internationale Menschenrechtsbewegung, der den Korridor verengt.

Wo so viele Kräfte am Werk sind, und viele andere, über die wir nicht gesprochen haben, sollten wir da erwarten, dass der Korridor weiter wird und sich die Aussichten für die Freiheit in den kommenden Jahrzehnten verbessern? Eine klare Antwort darauf gibt es nicht, aber wir sind Optimisten, und selbst zum jetzigen Zeitpunkt, in dem die Unterstützung für Autokraten in vielen Ländern zunimmt und einige Länder im Korridor unsicherer dastehen denn je, sehen wir Anzeichen dafür, dass der Korridor für die meisten Staaten ein wenig breiter wird. Doch die wichtigste Erkenntnis aus Kapitel 1 gilt weiterhin – es gibt keine natürliche Tendenz für alle Nationen, sich auf ein und dieselben Institutionen und Beziehungen zwischen Staat und Gesellschaft zuzubewegen. Die Despotischen Leviathane, die Papier-Leviathane und die Abwesenden Leviathane sind genauso robust wie die Gefesselten Leviathane. Und noch eine Erkenntnis aus diesem Kapitel ist wichtig. Wie auch immer der Korridor aussieht, Länder, die es nicht schaffen, neue, breite Koalitionen zu bilden und Kompromisse einzugehen, werden sich am Ende nicht auf Dauer in ihm halten können.

15.
LEBEN MIT DEM LEVIATHAN

Hayeks Irrtum

Mitten im Zweiten Weltkrieg erstellte eine Gruppe von Verwaltungsbeamten unter Leitung des ehemaligen Direktors der London School of Economics (LSE), William Beveridge, im Auftrag der britischen Regierung einen Bericht mit dem Titel »Social Insurance and Allied Services«. Dieses Dokument, besser bekannt unter dem Namen »Beveridge Report«, bildete die Grundlage für den Aufbau eines Sozialversicherungssystems (National Insurance) in Großbritannien. Zu seinen wichtigsten Empfehlungen gehörten eine Arbeitslosenversicherung, Lohnfortzahlung im Krankheitsfall, ein Rentensystem, freie Gesundheitsversorgung sowie die Einführung eines Mindestlohns. Der Beveridge Report fand große Zustimmung bei der Bevölkerung. James Griffith von der Labour Party, nach dem Krieg Minister für Sozialversicherung (National Insurance), schreibt in seinen Memoiren: »In einer der dunkelsten Stunden des Krieges wirkte [der Bericht] wie Manna, das vom Himmel fällt.«

Einige Empfehlungen des Berichts wurden noch während des Krieges umgesetzt. Mütter und Familien mit Kindern unter fünf Jahren erhielten Heizkostenzuschüsse und verbilligte Milch, außerdem wurden kostenlose Schulmahlzeiten eingeführt. Im Jahr 1945 kam die Labour Party mit dem Versprechen an die Macht, die Empfehlungen des Beveridge-Reports umzusetzen, und sie verwirklichte eine Reihe seiner wichtigsten Gesetzesvorschläge. Dazu gehörten der Family Allowance Act von 1945, der National Insurance Act von 1946, der National Assistance Act von 1948 und der National Health Service Act von 1946.

Friedrich August von Hayek, ein Emigrant aus Wien, der damals an der LSE lehrte, gehörte zu den prominenten Kritikern solcher Maßnahmen. Seine größte Sorge galt den Gefahren des Totalitarismus, vor dessen schlimmster Ausprägung, dem Nationalsozialismus, er wenige Jahre zuvor geflohen war. Hayek warnte eindringlich davor, dass »sozialistische« staatliche Planung und eine Regulierung der Wirtschaft durch die Bürokratie in den Totalitarismus führen könne. Seine Überlegungen zu den Gefahren einer ausufernden bürokratischen Einmischung in die Wirtschaft brachte er zunächst in einem an William Beveridge gerichteten Memorandum zum Ausdruck, aus dem dann ein Zeitschriftenartikel und schließlich ein Buch wurde, *Der Weg zur Knechtschaft*, eines der einflussreichsten Werke der Sozialgeschichte des 20. Jahrhunderts. Hayek war nicht grundsätzlich gegen Interventionen der Regierung oder Sozialversicherungssysteme. »Nichts dürfte der Sache des Liberalismus so sehr geschadet haben wie das starre Festhalten einiger seiner Anhänger an gewissen groben Faustregeln, vor allem am Prinzip des Laissez-faire«, schrieb er, und an anderer Stelle meinte er: »aber zweifellos kann jedem einzelnen ein gewisses Minimum an Nahrung, Obdach und Kleidung garantiert werden, das für die Erhaltung der Gesundheit und der Arbeitsfähigkeit ausreicht.« Doch er hatte größte Bedenken gegen jede Einmischung des Staats in Lohnentscheidungen und die Güterverteilung. Und er befürchtete, dass sich viele Länder, teils unter dem Einfluss sozialistischer Ideen, in diese Richtung bewegten, und verstand sein Buch als Warnung vor dieser Gefahr. Im Vorwort zur 1956 in den USA erschienenen Ausgabe schrieb Hayek mit Blick auf die Politik der englischen Labour-Regierung:

> Dieses Sammelsurium zusammenhangloser und teils widersprüchlicher Ideale, die unter der Bezeichnung Wohlfahrtsstaat weitgehend den Sozialismus als Reformziel abgelöst haben, muss sehr sorgfältig daraufhin geprüft werden, ob seine Resultate nicht dem eines vollgültigen Sozialismus doch ähnlich kommen. Das will nicht heißen, dass einige dieser Ziele nicht doch praktikabel und sogar erstrebenswert sein können. Aber es gibt viele Wege, auf denen wir zu ihnen gelangen können, und angesichts der derzeit vorherrschenden Meinung besteht eine gewisse Gefahr, dass unsere Ungeduld, rasche Er-

> gebnisse zu erzielen, uns dazu verführt, Instrumente zu wählen, die sich zwar zur Erreichung der angestrebten Zwecke eignen, aber mit dem Erhalt einer freien Gesellschaft unvereinbar sind.

Hayek fährt fort:

> Natürlich haben sechs Jahre sozialistischer Regierung in England in keinster Weise einen totalitären Staat geschaffen. Doch jene, die vorbringen, dies entkräfte die These von *Der Weg zur Knechtschaft* verkennen einen ihrer zentralen Punkte: dass die wichtigste Veränderung, die tiefgreifende Regierungskontrolle erzeugt, eine psychologische Veränderung ist, eine Veränderung des Charakters der Menschen. Dies vollzieht sich naturgemäß sehr langsam, es ist ein Prozess, der sich nicht über ein paar Jahre, sondern über eine oder zwei Generationen erstreckt. Der wichtige Punkt ist hier, dass die politischen Ideale der Menschen in ihrer Haltung gegenüber der Autorität ebenso Effekt wie Ursache der politischen Institutionen sind, unter denen sie leben. Daher bietet auch eine starke Tradition politischer Freiheit keinerlei Garantie, wenn die Gefahr gerade darin besteht, dass neue Institutionen und eine neue Politik diesen Geist allmählich aushöhlen und zerstören.

Hayeks »psychologische Veränderung« hat mit dem zu tun, was wir die Dominanz des Staates über die Gesellschaft nennen. Aus dieser Perspektive betrachtet, befürchtete Hayek, die gestiegene Macht des britischen Staates könnte die Gesellschaft schwächen und den Weg zu einem despotischeren Staat ebnen. Wie Hayek selbst anderswo und auch in obigem Zitat zugab, waren einige der angestrebten Ziele »sowohl praktikabel als auch erstrebenswert«. Doch darin sah er kein Argument für sie, wenn ein Ausbau der Staatsmacht den Charakter der Beziehungen zwischen Staat und Gesellschaft gefährdete. Was Hayek zur Abwehr dieses möglichen Problems vorschlug, steht im Einklang mit unserer These: »Die Folgen können natürlich vermieden werden, wenn dieser Geist wieder rechtzeitig an Kraft gewinnt und die Menschen nicht nur der Partei, die sie weiter und weiter in eine gefährliche Richtung geführt hat, eine Abfuhr erteilen, sondern auch die Natur dieser Gefahr erkennen und entschlossen den Kurs ändern.«

Mit anderen Worten, Hayek erkannte, dass die einzige Möglichkeit der Gesellschaft, sich gegen das Auftauchen des Despotischen Leviathans zu wappnen, darin besteht, sich der Macht und Herrschaft des Staates zu widersetzen. So weit, so gut. Doch Hayeks scharfsinnige Analyse übersieht einen entscheidenden Faktor – den Rote-Königin-Effekt. Gegen einen ausufernden Staat hat die Gesellschaft mehr Möglichkeiten, als ihn nur auszubremsen. Sie kann alternativ dazu ihre eigene Leistungsfähigkeit, ihre eigenen Kontrollmöglichkeiten über den Staat verstärken. Genau das geschah in Großbritannien und in den meisten europäischen Staaten in den Jahrzehnten nach dem Zweiten Weltkrieg. Und wie wir in Kapitel 10 gesehen haben, machte sich diese Dynamik auch in den Vereinigten Staaten bemerkbar.

Der Fortschritt der Menschheit hängt zu einem wesentlichen Teil von der sich vergrößernden Rolle des Staates und seiner Leistungsfähigkeit ab, neuen Herausforderungen zu begegnen, während die Gesellschaft zugleich ebenfalls mächtiger und wachsamer wird. Die größere Leistungsfähigkeit des Staates im Keim zu ersticken würde einen solchen Fortschritt unmöglich machen. Besonders in Zeiten ökonomischer oder sozialer Krisen ist es wichtig, dass der Staat sein Aufgabengebiet ausweitet. Der britische Beveridge Report war die Reaktion auf eine solche Krise.

Hayek unterlag also einem zweifachen Irrtum. Zunächst übersah er die Macht der Roten Königin und erkannte nicht, dass sie den Gefesselten Leviathan innerhalb des Korridors zu halten vermag. Zweitens, und das ist durchaus verständlich, sah er nicht, was heute im Rückblick viel deutlicher zutage tritt – die dringend gebotene Aufgabe des Staates, die sich schon in der ersten Hälfte des 20. Jahrhunderts abgezeichnet hatte, eine Rolle bei der Verteilung der Güter zu spielen, ein soziales Netz zu knüpfen und die immer komplexer werdende Wirtschaft zu regulieren.

Der Verbleib im Korridor ergibt sich nicht von allein, insbesondere nicht im Angesicht von Herausforderungen. In Kapitel 13 haben wir gesehen, wie Länder aus dem Korridor ausscheiden, wenn der Rote-Königin-Effekt in ein Nullsummenspiel umschlägt. Hayek sah eine noch viel grundsätzlichere Gefahr für die Freiheit heraufziehen –

dass die wachsende Macht des Verwaltungsstaats eine neue Form von »Knechtschaft« hervorbringen könnte. Aber die Rote Königin kann, sofern sie kein Nullsummenspiel auslöst, viel dazu beitragen, die Gesellschaft im Korridor zu halten, während sie neue Möglichkeiten und Einrichtungen schafft, um dem ausufernden Staat Schranken zu setzen. Die Einführung des schwedischen Wohlfahrtsstaats mitten in der Weltwirtschaftskrise illustriert wie kaum ein anderes Beispiel, welche Rolle die Rote Königin dabei spielen kann und dass ihre Mobilisierung oft neue Koalitionen erfordert.

Der schwedische Kuhhandel

Die Weltwirtschaftskrise der 1930er Jahre war in vielen Ländern eine große Herausforderung für Staat und Gesellschaft. Aus der Wirtschaftskrise erwuchs eine politische Krise, die sich für die betroffenen Länder sehr unterschiedlich auswirkte. Während Deutschland dem Nationalsozialismus zum Opfer fiel und rasch aus dem Korridor ausschied und die Vereinigten Staaten sich im Rahmen ihrer Mittel mit diesen Problemen auseinandersetzten, wurde Schweden zum Musterbeispiel für eine gleichzeitige Ausdehnung der Leistungsfähigkeit des Staates und der Möglichkeiten der Gesellschaft, die durch die Rote Königin beflügelt wurde. In den Jahren zwischen den beiden Weltkriegen führte Schweden das allgemeine Wahlrecht für Männer ein, es gab lebhafteren Wettbewerb unter den Parteien, und es bildeten sich neue Koalitionen, die Schweden nicht nur innerhalb des Korridors hielten, sondern dem Staat auch deutlich mehr Möglichkeiten boten, den Arbeitsmarkt zu regulieren und die Verteilung der Einkommen zu beeinflussen. Mehrere Umstände schufen die Grundlage für diese Veränderungen.

Schweden war um 1900 noch stark von der Landwirtschaft geprägt, in der die Hälfte der Beschäftigten arbeitete. Das Land hatte eine lange Tradition parlamentarischer Volksvertretung, die auch die Bauern einschloss, wie wir in Kapitel 6 gesehen haben, und im 19. Jahrhundert hatte der Landadel weitgehend seinen Reichtum und

Einfluss eingebüßt. Doch das Wahlrecht blieb beschränkt, und die Zweite Kammer des Reichstags, des schwedischen Parlaments, in der viele Aristokraten saßen, übte immer noch beträchtlichen Einfluss auf die Politik aus. Im Jahr 1909 erhielten die Männer das allgemeine Wahlrecht für die Zweite Kammer, 1918 wurde es auf alle Wahlen ausgedehnt. Die Befugnisse des Monarchen wurden im selben Jahr beschränkt, was den Weg für eine parlamentarische Demokratie mit konkurrierenden Parteien ebnete. Die Sozialdemokratische Arbeiterpartei Schwedens (SAP) spielte eine entscheidende Rolle bei diesen Reformen.

Nicht unerheblich war, dass die SAP, im Unterschied zu vielen anderen Arbeiterparteien Europas, ihre marxistischen Ursprünge weit hinter sich gelassen hatte, bevor sie sich in den Konkurrenzkampf um die Macht begab. Zu den führenden Köpfen dieses Prozesses gehörte der einflussreiche Parteiführer Hjalmar Branting. Während andere Arbeiterparteien auf dem Kontinent weiter auf eine Revolution des Proletariats setzten und sich in erbitterten ideologischen Grabenkämpfen gegenseitig um Wahlerfolge brachten, sah sich Branting nach Koalitionspartnern um, um die SAP zu einer echten politischen Kraft zu machen. Im Jahr 1886 schrieb er: »In einem rückständigen Land wie Schweden können wir nicht die Augen vor der Tatsache verschließen, dass die Mittelschicht eine zunehmend wichtigere Rolle spielt. Die Arbeiterklasse braucht die Hilfe, die sie von ihr bekommen kann, genauso wie die Mittelschicht ihrerseits es nötig hat, dass sich die Arbeiterklasse hinter ihr versammelt …«

Die Weltwirtschaftskrise der dreißiger Jahre ging auch an Schweden nicht spurlos vorbei. Wie in vielen anderen Ländern versuchte die Regierung auch hier, ihre Währung, die Krone, zu verteidigen, was zur Deflation führte, während sich die Krise verschlimmerte und die Arbeitslosigkeit drastisch stieg. Schweden änderte teilweise den Kurs, gab den Goldstandard auf und schloss sich 1933 dem Sterlingblock der Länder an, die ihre Währung an das stabile Britische Pfund knüpften, doch die Lage blieb angespannt. Vor diesem Hintergrund begann die Suche der SAP nach Koalitionspartnern die schwedische Politik zu verändern. Die SAP wandte sich von der Mittelschicht den Bauern als Koalitionspartnern zu. Das war kein leichtes Unterfangen.

Die Sozialdemokraten waren mit den Gewerkschaften im Bunde, denen es hauptsächlich darum ging, das Arbeitslosengeld und das hohe Lohnniveau zu sichern, und die sich vom Staat die Schaffung von Arbeitsplätzen durch öffentliche Aufträge und höhere Staatsausgaben wünschten. Sie waren Gegner jeder Politik, die eine Erhöhung der Lebensmittelpreise für Arbeiter zur Folge haben konnte. Die Bauern ihrerseits wollten keine höheren Löhne für die Arbeiter, sondern hofften darauf, dass staatliche Subventions- und Vermarktungsbehörden die Agrarpreise stützten.

Doch dies hielt die SAP nicht von ihren Bemühungen ab. Im Vorfeld der Wahlen von 1932 stellte ihr Parteiführer Per Albin Hansson die SAP als die »Folkhemmet«, die Volksheimat dar, mithin als die Partei, die allen Schweden offenstehe. Dazu führte er aus:

> … die wichtigste Aufgabe besteht darin, mit voller Energie daran zu arbeiten, allen, die durch die Wirtschaftskrise unverschuldet in Not geraten sind, zu helfen … Es ist nicht Ziel der Partei, einem Teil der arbeitenden Bevölkerung auf Kosten eines anderen zu helfen. Sie macht in ihrem Engagement für die Zukunft keinen Unterschied zwischen den Arbeitern in der Industrie und denen in der Landwirtschaft, zwischen jenen, die mit ihren Händen und jenen, die mit ihrem Kopf arbeiten.

Die Führer der SAP präsentierten diese Strategie als Antwort auf die düstere Lage der Weltwirtschaftskrise und priesen sich den Wählern als Partei an, die mit kreativen Experimenten gegen die Folgen des Wirtschaftsabschwungs vorgehen wollte. So hieß es im Wahlkampfprogramm von 1932:

> … das Land wurde von einer Krise erfasst, die Opfer in allen Bereichen der Gesellschaft fordert … [die Partei] strebt Maßnahmen zur dauerhaften Verbesserung der Situation an [und] setzt sich dafür ein, dass der Staat den unschuldigen Opfern dieser Krise effektive Hilfe gewährt.

Und sie hatten damit Erfolg. Die Partei konnte ihren Stimmenanteil im Vergleich zur Wahl von 1928 erheblich ausbauen und erreichte 41,7 Prozent, ein historischer Rekord, wenn auch nicht genug, um die

Regierung zu stellen. An diesem Punkt trugen Hanssons Bemühungen um die Bauern Früchte. Die SAP schloss mit der Bauernpartei den legendären »Kuhhandel« ab und bildete mit ihr eine Koalitionsregierung. Dafür leitete die SAP protektionistische Maßnahmen zur Stützung der Agrarpreise ein und erhielt im Gegenzug die nötigen Stimmen für ein Krisenpaket, das höhere Staatsausgaben und Lohnsteigerungen für Industriearbeiter vorsah.

Diese Maßnahmen stießen anfangs auf den Widerstand der Finanzkreise, beispielsweise der einflussreichen Bankiersfamilie Wallenberg, sowie weiter Teile der mächtigen Exportindustrie, die höhere Lohnkosten als Beeinträchtigung ihrer Konkurrenzfähigkeit sah. Doch das änderte sich nach den Parlamentswahlen von 1936, die zeigten, dass die Wähler in größerer Zahl als zuvor hinter der SAP standen. Dieser breite Konsens führte zu einem Abkommen zwischen dem Schwedischen Gewerkschaftsdachverband, dem Arbeitgeberverband und dem Bauernverband, das 1938 in dem kleinen Ferienort Saltsjöbaden geschlossen wurde. Im Ergebnis reihte sich die Wirtschaft in die sozialdemokratische Koalition ein und stimmte neuen staatlichen Programmen, dem Ausbau des Wohlfahrtsstaats und höheren Löhnen im Austausch für eine kooperativere Beziehung zwischen Arbeitnehmern und Arbeitgebern und Streikverzicht zu.

Nach dem Zweiten Weltkrieg setzte die SAP diesen Weg fort. Es wurde gesellschaftlicher Konsens, dass der schwedische Staat Chancengleichheit und Wirtschaftswachstum zugleich förderte. Daraus entwickelte sich ein korporatistisches Staatsmodell, in dem der schwedische Staat den Arbeitern großzügige Vorteile sicherte, zugleich aber mäßigend auf die Löhne einwirkte und durch eine aktive Arbeitsmarktpolitik, beispielsweise durch Schulungsprogramme für Arbeitnehmer, für einen flexibleren Arbeitsmarkt sorgte. Von dieser Strategie, die dem Abkommen von Saltsjöbaden entsprach, profitierte auch die Wirtschaft. Ein wesentliches Element dieses Systems war das Rehn-Meidner-Modell der »solidarischen Lohnpolitik«: Für die gleiche Arbeit gab es in allen Betrieben die gleiche Bezahlung, unabhängig von der Ertragslage des Unternehmens. Das führte einerseits zu einer gleichförmigeren Lohnverteilung unter den Arbeitnehmern, andererseits mussten die besonders produktiven Unternehmen keine höheren Löhne zahlen, was für sie ein großer Vorteil war, da sie so deutlich höhere Gewinne machen konnten. Gleichzeitig ermunterte dieses System die Unternehmen, zu investieren, innovativ und aufgeschlossen gegenüber Neuerungen zu sein, um ihre Produktivität und damit ihren Gewinn zu steigern.

Unterdessen wurde der schwedische Wohlfahrtsstaat ausgebaut und weiterentwickelt. Schweden bot all seinen Bürgern großzügige Sozialleistungen, wie es auch der Beveridge Report vorsah. Arbeitslosenunterstützung und Krankenversicherung wurden mit der Zeit durch wegweisende Neuerungen wie Mutterschaftsgeld, Kindergeld und ein egalitäres, gut ausgebautes Bildungswesen ergänzt – »Demokratisierung des schwedischen Schulsystems« lautete die Parole. Mit Hilfe dieser Programme machte das Land große Fortschritte bei der Armutsbekämpfung, eine beträchtliche Leistung inmitten der Weltwirtschaftskrise, in der Verelendung ein Klima der Angst und Unsicherheit schürte, das der Demokratie schnell gefährlich werden konnte, wie Deutschland vor Augen führte.

Vom Standpunkt unserer Theorie ist der wesentliche Punkt nicht allein die erhebliche Ausdehnung der Rolle und der Leistungsfähigkeit des schwedischen Staats, sondern deren Kombination mit einer Stärkung der Demokratie und der Kontrolle durch die Gesellschaft; nicht nur der Staat wurde leistungsfähiger, sondern mit ihm auch die Gesellschaft. Dieser Prozess hatte mehrere Facetten. Jede Ausweitung der Staatsmacht ruft sogleich die Befürchtung hervor, dass sie von den Eliten missbraucht wird und am Ende nur eine Handvoll Unternehmen oder kleine Interessengruppen auf Kosten der Gesamtgesellschaft profitieren. Doch dem standen hier die SAP und ihre Partner von den Gewerkschaften entgegen. Der universelle Charakter des schwedischen Wohlfahrtsprogramms verhinderte, dass es zu einem Günstlingssystem in den Händen der Eliten werden konnte. Es förderte vielmehr den gesellschaftlichen Zusammenhalt und stärkte das Zugehörigkeitsgefühl der Bevölkerung, weshalb es auch sehr breite Zustimmung fand.

Eine zweite große Sorge von Hayek war es gewesen, dass mehr Einmischung des Staates in die Wirtschaft am Ende Schaden durch Verstaatlichungen und Enteignungen anrichten würde. Diese Gefahr bannte Schweden durch die Einbindung der Wirtschaft in das sozialdemokratisch geprägte Bündnis von Saltsjöbaden. In diesem Zusammenhang ist von großer Bedeutung, dass die SAP sich nachdrücklich einer Partnerschaft mit den Kommunisten verweigert hatte und auch von Verstaatlichungen und ostentativen Vermögens- und Kapitalenteignungen absah. Auf Forderungen der Gewerkschaften nach Lohnerhöhungen reagierte die SAP stets mäßigend. Ein Konflikt entwickelte sich allerdings, als die Gewerkschaften in den 1970er Jahren gemeinsam mit der SAP sogenannte Arbeitnehmerfonds einrichten wollten, in die Unternehmen »Übergewinne« einzahlen sollten, um den Arbeitskräften am Ende die Übernahme der Betriebe zu ermöglichen. Doch die Reaktion darauf bestätigt, dass auch die Kontrollmöglichkeiten der Gesellschaft zugenommen hatten. Der Konflikt um die Arbeitnehmerfonds untergrub den Konsens der Koalition, die den schwedischen Sozialdemokraten so lange die Regierung gesichert hatte. Dies zwang die SAP zurückzurudern, und am Ende verlor sie 1976 zum ersten Mal nach langer Zeit die Wahlen.

Drittens ging die Ausdehnung staatlicher Macht mit einer Vertiefung der Demokratie einher. Da die großen Parteien Schwedens alle auf der Linie der Sozialdemokratie lagen, hatten die Wähler die Möglichkeit, zwischen verschiedenen Parteien zu wählen, die unterschiedliche Versionen der sozialdemokratischen Idee zu verwirklichen versprachen, und konnten so extremeren politischen Maßnahmen wie den Arbeitnehmerfonds eine Absage erteilen.

Und schließlich entwickelten sich Verwaltung und Justiz im Einklang mit diesen Veränderungen, vor allem bei der Realisierung und Überwachung dieser Programme in Zusammenarbeit mit den Gewerkschaften. Im Verlauf dieses Prozesses erwarben beide Bereiche die Befähigung, Sozialprogramme umzusetzen und den Missbrauch des Systems zu verhindern.

Zusammengefasst heißt das: Der schwedische Staat schaffte es durch Ausweitung seiner Rolle und Leistungsfähigkeit, die Herausforderungen der Krise zu meistern. Anders als Hayek es befürchtete, wurde dadurch keineswegs dem Totalitarismus der Weg geebnet. Im Gegenteil, weil die Ausdehnung des Staats von einer Koalition aus Arbeitern, Bauern und der Wirtschaft getragen wurde und weil der

Rote-Königin-Effekt die Gesellschaft genügend mobilisierte, um den Staat im Zaum zu halten, wurde die schwedische Demokratie in diesem Prozess gestärkt und nicht geschwächt.

In seinen Details ist das schwedische Experiment einzigartig, in groben Zügen zeigt es aber Parallelen zu der Entwicklung in anderen Ländern. Dänemark und Norwegen richteten einen vergleichbaren Wohlfahrtsstaat ein, wenn auch mit anderen Koalitionen. Deutschland entwickelte nach dem Zweiten Weltkrieg ebenfalls einen Wohlfahrtsstaat, der durch ein hohes Maß an staatlicher Leistungsfähigkeit und gesellschaftlicher Kontrolle gekennzeichnet ist.

Nicht weniger interessant sind die Erfahrungen der USA. Präsident Franklin Delano Roosevelt kämpfte mit denselben ökonomischen und sozialen Problemen wie die SAP, allerdings in einer Gesellschaft, in der es scharfe Trennlinien zwischen Menschen unterschiedlicher Hautfarbe gab und große regionale Unterschiede bestanden, während staatliche Eingriffe nicht selten auf Misstrauen stießen. Trotzdem wiesen seine frühen politischen Initiativen, etwa der National Industrial Recovery Act (NIRA) von 1933 und die Gründung der Agricultural Adjustment Administration, in dieselbe Richtung. Mit ihnen erweiterte er die Möglichkeiten des Staates, ein soziales Netz zu knüpfen und die Wirtschaft wieder auf die Beine zu stellen. Roosevelt wollte die Arbeiter und Farmer gleichermaßen fördern. Absatz 1 des Gesetzes sah eine ähnliche Industriepolitik vor, wie sie die SAP vertrat, während die Agrarpolitik von Preisgarantien geprägt war. Beides wollte Roosevelt zunächst wie in Schweden staatlicherseits durchsetzen und kontrollieren. Doch das politische Klima in den USA war ein anderes, NIRA stieß auf heftigen Widerstand vonseiten der Wirtschaft und der Gerichte, und viele der ursprünglichen Reformideen wurden schließlich aufgegeben oder in veränderter Form realisiert. Doch selbst in der abgespeckten Form einer öffentlich-privaten Partnerschaft erreichten sie teilweise dieselben Ziele wie der schwedische Kuhhandel und veränderten in diesem Prozess grundlegend die Regulierung und Verwaltung der amerikanischen Wirtschaft.

Der Leviathan gegen den Markt

Eine zentrale Debatte der Wirtschafts- und Sozialwissenschaften dreht sich um die Balance zwischen Staat und Markt. Wie stark soll sich der Staat in die Wirtschaft einmischen? Was überlässt man besser den Märkten, worum sollte sich bevorzugt der Staat kümmern? Die gängige Antwort der Lehrbücher ist, dass der Staat sich nur unter genau definierten Umständen einmischen sollte. Dazu gehören »externe Effekte«, die auftreten, wenn Entscheidungen Einzelner erhebliche Auswirkungen auf andere haben und nicht durch den Markt reguliert werden können. Beispiele hierfür sind: Umweltverschmutzung; die Bereitstellung »öffentlicher Güter«, die allen zugutekommen, wie frei nutzbare Infrastruktur oder die Landesverteidigung; Situationen, die von »asymmetrischer Information« gekennzeichnet sind, in denen also nicht alle Marktteilnehmer in der Lage sind, die Qualität der Produkte und angebotenen Dienstleistungen richtig zu beurteilen. Auch Monopole, die zu überhöhten Preisen oder zur Eliminierung von Konkurrenten führen, fallen hierunter. Wichtig ist auch eine Regierungsbeteiligung in der Frage der Sozialversicherung und insgesamt der Verteilung des Wohlstands, um allzu große Einkommensunterschiede zu verhindern. Standardlehrmeinung ist auch, dass der Staat sich bei der Beeinflussung von Marktpreisen zurückhalten soll und seine Ziele besser über Steuern und Transferleistungen anstrebt.

Dies entspricht dem, wovor Hayek in *Der Weg zur Knechtschaft* gewarnt hatte: Der Staat solle seinen Einfluss auf die Wirtschaft in Grenzen halten, da der Markt besser in der Lage sei, Güter zu verteilen. Doch Hayek ging einen Schritt weiter und argumentierte, dass Machtanhäufung und Einflussnahme des Staates ganz allgemein negative politische Auswirkungen hätten. Hayeks Argumente sind weder hieb- und stichfest, noch wurden sie durch die politische Entwicklung der folgenden Jahrzehnte bestätigt, trotzdem eröffnete sein Ansatz einen neuen Denkweg. Zu seinen überzeugendsten Einsichten gehört, dass das Gleichgewicht zwischen dem Staat und dem Markt nicht allein die Wirtschaft betrifft, sondern auch die Politik (und das sagen wir nicht nur deshalb, weil es eine der Grundthesen unserer

Theorie ist). Die hohe Kunst besteht darin, sicherzustellen, dass der Staat zur Bedürfnisbefriedigung der Bevölkerung seine Leistungsfähigkeit erhöhen kann und dabei dennoch gefesselt bleibt. Dazu benötigt die Gesellschaft neue Aufsichts- und Kontrollmechanismen für den Staat und die Eliten. Bei der Analyse der Eingriffe des Staats geht es also nicht bloß um die Folgen für die Wirtschaft, sondern auch um die politischen Implikationen. Es geht nicht allein um die Leistungsfähigkeit des Staats, sondern darum, wer die staatliche Leistungsfähigkeit kontrolliert und beaufsichtigt und wie sie benutzt wird.

Zu den zentralen Lehren dieser Diskussion gehört, dass die in Schweden und anderen skandinavischen Ländern realisierten Neuerungen keinen Interventions- und Umverteilungsstaat schufen, sondern unter der Aufsicht einer Koalition aus Wirtschaft und Gewerkschaften stattfanden, die dem Staat enge Fesseln auferlegte. Auf der einen Seite sorgte der Einbezug der Wirtschaft, der auch die größten Unternehmen des Landes einschloss, dafür, dass der schwedische Wohlfahrtsstaat nie zur Verstaatlichung der Produktion oder zur Abkehr vom Markt schritt. Auf der anderen Seite ermöglichte die entscheidende Rolle, die die Gewerkschaften in diesem Prozess spielten, eine weit größere Beteiligung der Bevölkerung an der Politik, was sicherstellte, dass die Eliten den nun mächtiger gewordenen Staat nicht einfach für ihre Zwecke einspannen konnten. Diese Koalition und der Rote-Königin-Effekt machten es dem politischen System Schwedens in den 1970er und 1990er Jahren, als einige der Regulierungen aus dem Ruder liefen, auch möglich, aus eigener Kraft seinen Kurs zu korrigieren.

Die Erfahrungen der Schweden vermitteln uns drei weitere wichtige Lehren zum Verständnis der Balance zwischen dem Staat und dem Markt. Die erste ist eine Ergänzung dessen, was wir bereits festgestellt haben. Wenn die Umstände es erfordern, dass der Staat neue Verantwortlichkeiten übernimmt, dann muss dies von neuen Beteiligungs- und Aufsichtsmöglichkeiten der Gesellschaft begleitet werden, die notfalls diese Programme auch einfach beenden kann. Das bedeutet, dass ein großer Teil der Debatte über das richtige Verhältnis zwischen Märkten und Regierungen an der zentralen Frage vorbeigeht, auf die Hayek schon vor langer Zeit hingewiesen hat. Können wir den Leviathan auch mit seinen neuen Verantwortlichkeiten und neuerworbenen Kräften im Zaum halten? Überwiegen die Kosten, den Leviathan mit neuen Kontrollen zu beaufsichtigen, insbesondere wenn diese sich nicht automatisch aus dem Rote-Königin-Effekt ergeben, die positiven Effekte zusätzlicher staatlicher Intervention?

Unter diesem Gesichtspunkt betrachtet, sollte der Staat sich nicht deshalb bei der Preisgestaltung zurückhalten, weil der Markt darin einfach besser ist, sondern weil die politischen Kosten der Erweiterung staatlicher Zuständigkeiten zu hoch wären, teils wegen der erforderlichen zusätzlichen Vorkehrungen, teils wegen des erhöhten Risikos, aus dem Korridor zu geraten. Der Staat sollte also nur dann intervenieren, wenn die Vorteile die Kosten überwiegen. Dies zeigt auch – und das ist noch wichtiger –, dass Interventionen und Aktivitäten, die mächtige (positiven) Rote-Königin-Effekte in Gang setzen, mit viel größerer Wahrscheinlichkeit nützliche Effekte für die Gesellschaft haben. So ist es besser, wenn der Staat für Sozialversicherung und Dienstleistungen für alle sorgt und Verhandlungen zwischen Arbeitgebern und Arbeitnehmern koordiniert, also sowohl die Gewerkschaften als auch die Wirtschaftsvertreter beteiligt (was mit hoher Wahrscheinlichkeit die Rote Königin stärkt, wie es in Schweden geschehen ist), als sich in spezifischen, oft undurchsichtigen staatlichen Regulierungen und Eingriffen in kleinen Bereichen wie Zucker- oder Stahltarifen zu engagieren (ein typisches Vorgehen des Papier-Leviathans, wie wir in Kapitel 11 gesehen haben).

Eine weitere Lektion lautet, dass einige scheinbar ineffiziente Aspekte des Wirtschaftslebens eine sinnvolle soziale Rolle erfüllen können. Darunter fallen die Gewerkschaften selbst, die oft sehr kritisch gesehen werden, weil ihr Hauptziel darin besteht, höhere Löhne für ihre Mitglieder zu erkämpfen, auch wenn es dadurch für Nichtmitglieder schwerer wird, eine Arbeit zu finden. Selbst Schweden liefert uns ein Beispiel dafür, dass Gewerkschaften gelegentlich überzogene Lohnforderungen stellen können. Viele Politiker in den Vereinigten Staaten begegnen deshalb Gewerkschaften mit Misstrauen und bekämpfen deren Einfluss. Dies und der Rückgang der manuellen Arbeit haben dazu geführt, dass die Zahl der Gewerkschaftsmitglieder unter den Beschäftigten in den USA vor allem in der Privatwirtschaft heute viel geringer ist als Mitte des 20. Jahrhunderts. Damals hatten die Gewerkschaften Hochkonjunktur, war doch das Recht der Arbeiter, sich gewerkschaftlich zu organisieren, Tarifverträge auszuhandeln und wenn nötig auch zu streiken erst 1935 im National Labor Relations Act anerkannt worden. Einen ähnlichen Rückgang der Macht der Gewerkschaften haben auch andere führende Wirtschaftsnationen erlebt. Ob der Widerstand gegen Gewerkschaften aus rein ökonomischen Gründen sinnvoll ist, bleibt umstritten. Doch den Gewerkschaften kommt auch eine politische Rolle zu, denn sie tragen zu einem ausgewogeneren Verhältnis zwischen den gutorganisierten Arbeitgebern und den Arbeitnehmern bei. Der Machtverlust der Gewerkschaften war in den letzten Jahrzehnten vermutlich einer der Faktoren, die in den Vereinigten Staaten zum Machtgewinn der großen Konzerne beigetragen haben. Im Rahmen unserer Theorie ist hier vor allem wichtig, bei der Bewertung der Rolle verschiedener politischer Maßnahmen und Institutionen im Auge zu behalten, welche Kräfte das Gleichgewicht erhalten und somit einen Beitrag zur Fesselung des Leviathans und der Eliten leisten.

Eine letzte wichtige Lehre betrifft die Form des staatlichen Eingriffs. Hier vertreten wir eine deutlich andere Meinung als Hayek und die Mehrzahl der Wirtschaftswissenschaftler. Beide sagen, dass es in jedem Fall besser ist, wenn der Staat keinen Einfluss auf Marktpreise nimmt; wünscht er aber doch eine gleichmäßigere Einkommensverteilung zu erreichen, dann sollte er dies dem Markt überlassen und den gewünschten Effekt durch Umverteilung mittels Steuern anstreben. Dies enthält allerdings den Denkfehler, Wirtschaft und Politik als getrennte Sphären zu betrachten. Lässt der Leviathan die Marktpreise und die Verteilung der Einkommen unangetastet und beschränkt sich darauf, Umverteilung allein durch die Steuerschraube zu erreichen, führt das unter Umständen zu massiver Besteuerung und Umverteilung. Wäre es nicht besser, insbesondere unter dem Gesichtspunkt der Kontrolle des Leviathans, die Marktpreise so zu beeinflussen, dass die angestrebten Ziele wenigstens teilweise auch ohne Umverteilung über Steuern realisiert werden? Genau das tat der schwedische Wohlfahrtsstaat. Die sozialdemokratische Koalition beruhte auf einem korporatistischen Modell, in dem die Gewerkschaften und die staatliche Bürokratie direkt den Arbeitsmarkt regulierten. Dies führte zu höheren Löhnen für Arbeitnehmer und zu einem geringeren Bedarf an Umverteilung. Eine weitere Folge war eine geringe Lohnspreizung und eine gleichmäßigere Verteilung der Einkommen unter Arbeitnehmern. Das reduzierte teilweise die Notwendigkeit staatlicher Umverteilungsmaßnahmen, die es durchaus in erheblichem Maß gab. Viele dieser Maßnahmen waren nicht von vornherein beabsichtigt und geplant. Unsere Theorie kann erklären, warum sich die Dinge so entwickelten. Indem der Staat für ein höheres und gleichmäßigeres Lohnniveau sorgte und so eine Situation schuf, die sich vom ungezügelten Walten der Marktkräfte unterschied, vermied er die Notwendigkeit, Umverteilung über Steuern in größerem Umfang vorzunehmen. Die geringere finanzpolitische Rolle des Staates erleichterte es wiederum der Gesellschaft, ihn im Zaum zu halten.

Ungeteilter Wohlstand

Viele Staaten des Westens, nicht zuletzt die USA, stehen heute vor großen ökonomischen Herausforderungen. Die politische Antwort darauf gleicht bislang eher dem Nullsummenspiel der Roten Königin und weniger dem schwedischen Kuhhandel, der die Probleme dynamisch mit neuen Koalitionen und einem neuen Zusammenspiel der Institutionen anging. Doch die meisten Länder im Korridor könnten diesem Beispiel folgen, wenn sie nur verstünden, worin die Herausforderungen eigentlich bestehen. Diesen Herausforderungen wollen wir die drei nächsten Abschnitte widmen.

Zwei der Hauptantriebskräfte des wirtschaftlichen Wohlstands in den letzten Jahrzehnten waren die Globalisierung und die rasant zunehmende Automatisierung. Durch die Globalisierung ist das Volumen des Welthandels erheblich angewachsen, und die Auslagerung von Unternehmensaufgaben an Fremdfirmen beziehungsweise die Verlagerung ganzer Produktionsprozesse ins Ausland, also das, was man mit den Schlagworten Outsourcing und Offshoring bezeichnet, haben die Produktionskosten im Zuge der Ausnutzung von günstigeren Preisen für Produktion, Arbeitsschritte und Rohstoffe erheblich gesenkt. Sowohl Entwicklungsländer als auch Industrienationen haben vom Globalisierungsprozess profitiert. Das spektakuläre Wachstum von Volkswirtschaften wie Südkorea und Taiwan zwischen 1970 und 2000 und von China seit 1990 wäre ohne die Globalisierung nicht möglich gewesen. Auch hätten wir ohne dieses Phänomen nicht von den niedrigeren Preisen für Hunderte von Gütern profitiert, von Textilien und Spielzeug bis zu Elektronik und Computern. Im vorigen Kapitel haben wir gesehen, welchen Einfluss die Globalisierung darauf hat, wie schmal der Korridor ist und welche Aussichten für einige Nationen außerhalb bestehen, in den Korridor einzutreten. Aber die Auswirkungen der Globalisierung auf Wirtschaft und Politik der Industrieländer sind vielschichtig, weil sie davon abhängen, wie die Globalisierungsgewinne verteilt oder, besser gesagt, wie sie nicht verteilt werden. Denn so gerne die Politik behauptet, dass alle von der Globalisierung profitieren, die Realität in den USA und in Europa sieht doch anders aus. Den Unternehmen und den ohnehin schon Wohlhabenden hat sie mehr Einkommen beschert, viele Arbeitnehmer mussten jedoch Lohneinbußen hinnehmen, wenn sie nicht sogar ihren Arbeitsplatz verloren haben. Genau das war der Wirtschaftstheorie zufolge auch zu erwarten: Die Globalisierung schafft Gewinner und Verlierer – wenn eine hochentwickelte Wirtschaft mit einer weniger entwickelten Wirtschaft verflochten wird, in der es ein großes Angebot an geringqualifizierten, billigen Arbeitskräften gibt, dann gehören die Arbeitnehmer, allen voran die weniger gut ausgebildeten, in der entwickelten Wirtschaft zu den Verlierern.

Der zweite kraftvolle Motor des wirtschaftlichen Wohlstands, der technologische Wandel, führte zu ähnlichen Effekten. Der technische Fortschritt erhöht die Produktivität und erweitert die Produktpalette für die Konsumenten. Historisch gesehen war er schon immer die Voraussetzung für anhaltendes Wirtschaftswachstum. Zu gewissen Zeiten brachte er tatsächlich die sprichwörtliche Flut, die alle Boote (oder zumindest fast alle) anhebt. Von den 1940er Jahren bis in die Mitte der 1970er Jahre erlebte beispielsweise die US-Wirtschaft einen rasanten Produktivitätsanstieg, verbunden mit Einkommenssteigerungen für sämtliche Ausbildungsgruppen, von den Arbeitern ohne Highschool-Abschluss bis zu den Akademikern. Aber die verblüffenden neuen Technologien, die unsere Arbeitswelt in den vergangenen 30 Jahren verändert haben, wirkten sich völlig anders aus. Immer leistungsstärkere Computer, Industrieroboter und in jüngster Zeit die Künstliche Intelligenz haben die Produktionsprozesse noch stärker automatisiert. Maschinen haben die Aufgaben übernommen, die früher von Arbeitnehmern erledigt wurden. Von dieser Automatisierung profitiert vor allem das Kapital, das in weitere Maschinen investiert. Hochqualifizierten Arbeitskräften bietet sie ebenfalls Chancen, die Arbeitsplätze der geringer qualifizierten werden wegrationalisiert. So ist es nicht verwunderlich, dass die neuen Automatisierungstechnologien auch großen Einfluss auf die Verteilung des Wohlstands haben.

Die Kombination von Globalisierung und Automatisierung hat zu größerer Ungleichheit geführt. Seit den späten 1970er Jahren erzielen in den Vereinigten Staaten nicht mehr alle Lohngruppen vergleichbare Zuwächse. Die Schere zwischen den Arbeitnehmern am unteren Ende der Lohnskala und denen am oberen wird immer größer. Während beispielsweise das Einkommen von Männern mit Hochschulabschluss seit 1980 (inflationsbereinigt) um beinahe 60 Prozent gestiegen ist, stieg das Einkommen von Männern, die einen Highschool-Abschluss oder weniger hatten, lediglich um 20 Prozent. Das Realeinkommen der geringer qualifizierten Beschäftigten ist in den letzten dreieinhalb Jahrzehnten dramatisch gefallen.

Im gleichen Zeitraum hat die amerikanische Wirtschaft auch weniger Arbeitsplätze geschaffen. In der Güterproduktion ist die Zahl der Arbeitsplätze seit Mitte der 1990er Jahre um 25 Prozent gesunken, während die Beschäftigungsquote seit 2000 zunächst signifikant zurückging. Ein vergleichbarer Trend ist in verschiedenen anderen Industrienationen zu beobachten, wenn auch der dramatische Verlust an Realeinkommen der Geringqualifizierten ein Spezifikum des US-Arbeitsmarkts bleibt.

Es herrscht allgemein Einigkeit darüber, dass Automatisierung und Globalisierung erheblich zu diesen Trends beigetragen haben. Der Rückgang der Zahl von Arbeitsplätzen und der Einkommen trifft vor allem Beschäftigungszweige und Berufe, die stark von Automatisierung und Importen geprägt sind. Hier sind vor allem die Importe aus China von Bedeutung, die Schätzungen zufolge die US-Wirtschaft mehr als zwei Millionen Arbeitsplätze gekostet haben. Eine weitere Million Arbeitsplätze dürfte auf das Konto von Robotern gehen. Von beiden Phänomenen wurden insbesondere die geringqualifizierten Arbeitnehmer getroffen.

Die Wall Street außer Rand und Band

Die wachsende Einkommensungleichheit geht nicht bloß auf das Konto von Globalisierung und Automatisierung. Einen Beitrag dazu leistete auch die rasante Deregulierung mehrerer Industriezweige in den Vereinigten Staaten, gefolgt von etwas zurückhaltenderen Deregulierungen in anderen Industrieländern. Besonders stark hat sich in diesem Zusammenhang die Deregulierung der Finanzmärkte ausgewirkt.

Nach dem Zweiten Weltkrieg war die Finanzbranche in weiten Teilen der Welt für mehrere Jahrzehnte stark reguliert. Die Arbeit bei einer Bank galt in den Vereinigten Staaten als der typische Büroberuf, der Verdienst war vergleichbar mit dem der Arbeitnehmer in anderen Branchen. Die Grundlage der Finanzregulierung in der Nachkriegszeit der USA bildeten die »Regulation Q« genannten Vorschriften, die unter anderem die Zinsen auf Spareinlagen begrenzten, den Wettbewerb zwischen den Finanzinstituten beschränkten und verhinderten, dass Banken einzelner Bundesstaaten miteinander konkurrierten. Überdies verlangte der Glass Steagall Act von 1933 eine strikte Trennung zwischen Banken, die hauptsächlich im Privatkundengeschäft tätig waren (Kontoführung und Kredite), und Investmentbanken mit ihren riskanteren Geschäftsfeldern Versicherung, Unternehmensfusionen, Finanzderivate und Aktienhandel. In diesem regulierten Umfeld wurden die komfortablen Bürojobs der Bankangestellten im Bankwesen häufig durch die »3-6-3-Regel« beschrieben: Nimm Einlagen zu 3 Prozent Zins entgegen, vergib sie zu

6 Prozent als Kredit und geh um 3 Uhr auf den Golfplatz. Das begann sich in den 1970er Jahren zu ändern und setzte sich insbesondere nachdem 1986 die Regulation Q abgeschafft wurde fort. Damit war der Weg frei für eine stärkere Konzentration im Bankgewerbe. Hinzu kam ein deutlicher Trend zu riskanteren Geschäften wie Finanzderivaten und Zinsswaps (Verträge über Zahlungen in Abhängigkeit davon, ob ein bestimmter Zinssatz über- oder unterschritten wird) oder Kreditausfallversicherungen. Während der Finanzsektor immer riskantere Geschäfte machte, blockierte die wachsende politische Macht der Banken jede neue Regulierung und forderte weitere Deregulierungen. Die verstärkte Konzentration, die nachlassende Regulierung und der aggressivere Umgang mit riskanten Geschäften führten zu höheren Einnahmen und Profiten. Zwischen 1980 und 2006 steigerte die Finanzbranche ihren Anteil am Bruttoinlandsprodukt in den Vereinigten Staaten von 4,9 Prozent auf 8,3 Prozent, und ihre Gewinne stiegen inflationsbereinigt um 800 Prozent, was dem Dreifachen der Steigerungsrate in der übrigen Wirtschaft entspricht.

Zunehmende Größe und wachsende Gewinne führten in einem sich selbst verstärkenden Kreislauf zu mehr politischer Macht. Im Jahr 2006 unterstützte die Finanzwelt den Wahlkampf der Parteien mit 260 Millionen Dollar, 1990 waren es noch 61 Millionen Dollar gewesen. Die Folge: noch mehr und immer rücksichtslosere Deregulierung. Regulierungen des Finanzwesens aus der Zeit nach der Weltwirtschaftskrise in den 1930er Jahren wurden nach und nach aufgehoben. Im Jahr 1994 lockerte der Riegle-Neal Interstate Banking and Branching Efficiency Act die Bestimmungen für Bankgeschäfte über die Grenzen von Bundesstaaten hinweg, was eine Reihe von Fusionen zur Folge hatte, durch die unersättliche Großbanken wie J. P. Morgan Chase, Citicorp und Bank of America erst möglich wurden. Im Jahr 1999 schleifte der Gramm-Leach-Bliley Act die meisten der verbliebenen Barrieren zwischen Geschäfts- und Investmentbanken. Zur selben Zeit kamen zunehmend komplizierte Finanzderivate auf den Markt, und die Banken widersetzten sich vehement allen Versuchen, diese Geschäfte zu regulieren. Das Ergebnis war ein massiver Anstieg an forderungsbesicherten Wertpapieren (Collateralized Debt Obligations, CDO) auf der Grundlage von Hypothekenkrediten und

Credit Default Swaps (Absicherungen gegen Ausfallrisiken von Anleihen). Dass all dies praktisch ohne jede Regulierung über die Bühne ging, war ein Hauptgrund dafür, dass eine Versicherungsgesellschaft, die American Insurance Group (AIG), in großem Stil Credit Fault Swaps verkaufen und damit hohe Risiken übernehmen konnte. Und je länger der deregulierte Zustand anhielt, desto schwindelerregender drehte sich diese Spirale, und die Profite der Banken stiegen ins Unermessliche.

Die zunehmende Deregulierung in der Finanzwelt verstärkte die Einkommensungleichheit. Die Mega-Profite an der Wall Street machten nicht nur die Finanzinstitute und Betreiber von Hedgefonds reich, die sich auf riskante Geschäfte im Namen wohlhabender Kunden spezialisierten, die hohen Vergütungspakete und Bonuszahlungen der Spitzenmanager verstärkten auch allgemein die Ungleichheit. Die Einkommen der Angestellten und Führungskräfte in der Finanzbranche, die sich bis in die 1990er Jahre nicht allzu sehr von denen vergleichbarer Positionen in der sonstigen Wirtschaft unterschieden hatten, stiegen rasant an. Schon 2006 verdienten einfache Angestellte in der Bankenbranche 50 Prozent mehr als in der übrigen Wirtschaft, während die Führungskräfte des Finanzsektors atemberaubende 250 Prozent mehr einstrichen als ihre Kollegen in anderen Branchen.

Ein Indikator dieses Aspekts der Ungleichheit ist der Anteil des Nationaleinkommens, den das eine Prozent oder Promille an der Spitze einstreichen, also das, was in die Taschen der sehr Reichen und Superreichen fließt, Kreise, in denen Inhaber und Führungskräfte von Finanzinstituten überrepräsentiert sind. Das oberste Einkommensprozent der Amerikaner strich in den 1970er Jahren 9 Prozent des Nationaleinkommens ein. Im Jahr 2015 war dieser Anteil auf 22 Prozent gestiegen. Noch frappierender ist der Anstieg für das oberste Promille, dessen Anteil von 2,5 Prozent in den 1970er Jahren auf beinahe 11 Prozent 2015 anwuchs.

Die zweite Herausforderung hat mit Ressourcenverteilung zu tun. Die Finanzwirtschaft, die Mittel von Sparern an Leute mit innovativen Ideen und Investoren vergibt, trägt erheblich dazu bei, die Wirtschaft effizienter zu machen. Aber wenn die Konzentration in der Finanzbranche zu hoch ist und sie sich, geschützt durch die Politik, allzu sehr auf riskante Geschäfte konzentriert, dann kann dies umgekehrt auch zu ökonomischer Ineffizienz führen. Beim Ausbruch der Finanzkrise 2007/08 hatte sich die Finanzindustrie schon weit auf gefährliches Terrain begeben. Der unregulierte Wettbewerb der Institute und die hohen Gewinnerwartungen, die bei den Investoren geschürt worden waren, hatten sie dazu verführt, auf fahrlässige Weise hochriskante Geschäfte zu tätigen. Zusätzlich angeheizt wurde dieser Trend durch den festen Glauben vieler führender Finanzinstitute, dass die Regierung und die Federal Reserve Bank sie nicht untergehen lassen würden, sollten ihre Investments ins Bodenlose fallen. Damit lagen sie richtig. Dass mehrere hochriskante Finanzgeschäfte platzten, löste schließlich die Finanzkrise aus, die sich dann zu einer weltweiten Rezession auswuchs. Zwar wurde mit dem Dodd-Frank Act von 2010 und strikteren Regulierungen durch die Federal Reserve der Versuch unternommen, den Umfang solcher riskanten Finanzoperationen einzuschränken und die negativen Folgen der Verluste für die Wirtschaft zu mildern, aber der Erfolg war begrenzt. Die Finanzindustrie hatte mit ihrem mächtigen Lobbyapparat die Umsetzung dieser Vorschriften erfolgreich verwässert. So konnte die Konzentration noch weiter voranschreiten. Der Marktanteil der fünf größten Banken Amerikas, der zwischen 1990 und 2000 von 20 auf 28 Prozent gestiegen war, liegt heute bei mehr als 46 Prozent.

Überdimensionierte Konzerne

Der Konzentrationsprozess beschränkte sich nicht auf die Finanzwelt. Mit der allgemeinen Deregulierung und den neuen Technologien ging eine zunehmende Konzentration in vielen weiteren Wirtschaftsbereichen einher, insbesondere bei Online-Diensten, der Telekommunikation und bei den sozialen Medien. Der Anteil der größten Unternehmen an der Gesamtwirtschaft ist so hoch wie nie zuvor. Technologiegiganten wie Alphabet (vormals Google), Amazon, Apple, Facebook und Microsoft haben, gemessen an ihrem Börsenwert, zusammen einen Anteil von über 17 Prozent am Bruttoinlandsprodukt der USA. Im Jahr 1900, als Politik und Gesellschaft durch die Macht von Großunternehmen aufgeschreckt wurden, betrug der Anteil der fünf größten Unternehmen weniger als 6 Prozent am BIP. Dieser starke Konzentrationsanstieg hat mehrere Gründe. Der wichtigste liegt in der Natur der Technologie dieser neuen Unternehmen, die eine »winner-takes-all«-Dynamik schaffen, wie Ökonomen dies nennen. Schauen wir zum Beispiel Google an. Gegründet 1998, als es bereits mehrere erfolgreiche Suchmaschinen für das Internet gab, punktete Google sehr schnell durch seine überlegenen Algorithmen, die den Nutzern bessere Ergebnisse auf ihre Suchanfragen lieferten. Wettbewerber wie Yahoo und Alta Vista richteten das Ranking von Websites danach aus, wie häufig die Suchbegriffe in ihnen vorkamen. Die Gründer von Google, Sergei Brin und Larry Page, damals noch Studenten an der Stanford University, hatten eine bessere Idee. Ihr PageRank-Algorithmus, wie sie ihn nannten, erstellte das Ranking auf der Basis der Verlinkung zu anderen Websites, die dieselben Suchbegriffe enthielten. Das ergab deutlich relevantere Resultate für die Suchanfragen der Nutzer und bescherte Google einen rasant wachsenden Marktanteil unter den Suchmaschinen. Und je mehr Googles Marktanteil wuchs, auf desto mehr Daten aus Suchanfragen konnte das Unternehmen zurückgreifen, um seinen Algorithmus weiter zu verbessern und noch dominanter zu machen. Diese Dynamik verstärkte sich noch, als die Daten aus den Internetrecherchen für KI-Anwendungen wie Übersetzung und Mustererkennung verwendet wurden. Der frühe Erfolg ermöglichte es Google, mehr Geld in Forschung und Entwicklung zu stecken und andere Unternehmen aufzukaufen, die nützliche Technologie für die weitere Expansion von Google mitbrachten.

Winner-takes-all-Effekte standen auch am Anfang des kometenhaften Aufstiegs von Amazon, dessen rasantes Wachstum seine Attraktivität für Verkäufer und Käufer steigerte, und von Facebook, dessen Popularität als soziale Medienplattform stark von den Erwartungen der Nutzer abhängt, dass ihre Freunde sich ebenfalls anmelden. Die Winner-takes-all-Effekte dieser beiden Unternehmen liegen etwas anders als bei Apple und Microsoft, aber sie sind nicht weniger bedeutend, weil auch der Wert ihrer Produkte und Angebote von ihrer allgemeinen Beliebtheit und der Reichweite abhängt.

Doch es war nicht der Charakter des Internets allein, der diese Konzentrationsprozesse förderte, die Untätigkeit der Regulierungsbehörden, insbesondere in den USA, tat ein Übriges. Dass es auch anders geht, hatte sich zu Beginn des 20. Jahrhunderts gezeigt, als in den USA Großkonzerne zerschlagen wurden, wie wir in Kapitel 10 gesehen haben. Niemand verfolgt heute vergleichbare Ziele. Natürlich stimmt es, dass viele dieser Unternehmen deshalb so rasch gewachsen sind, weil sie neue, bessere und billigere Produkte anboten. Das macht den Konzentrationsanstieg nicht weniger bedenklich, zumal marktbeherrschende Unternehmen leicht ihre Monopolstellung dazu nutzen, hohe Preise durchzusetzen und Innovation zu unterdrücken. Auch diese Konzentrationsprozesse verstärken die Einkommensungleichheit, und das nicht nur weil die Eigentümer und Aktionäre dieser Unternehmen sehr reich geworden sind, sondern auch weil die Gehälter ihrer Mitarbeiter im Vergleich zu den Arbeitnehmern in anderen Industriezweigen stärker gestiegen sind.

Die Wirtschaftstrends, die wir kurz beschrieben haben – die Globalisierung und Automatisierung, das Wachstum der Finanzbranche und der Aufstieg gigantischer Unternehmen –, stellen unter mindestens drei Gesichtspunkten große Herausforderungen für die USA und mehrere andere führende Industrienationen dar. Der erste, auf den wir bereits eingegangen sind, besteht in der zunehmenden Einkommensungleichheit. Der zweite ist ihre ökonomische Ineffizienz. Obwohl häufig behauptet wird, dass wir in einem goldenen Zeitalter für die Technologie leben, sind die Einkommens- und Produktivitätszuwächse in den letzten beiden Jahrzehnten eher enttäuschend gewesen, trotz der rasanten Globalisierung und zahlreicher Innovationen. Die Gründe dafür liegen weitgehend im Dunkeln. Sie könnten durchaus mit den Trends zu tun haben, die wir skizziert haben. Womöglich gehen die Vorteile der Globalisierung und der rasanten Automatisierung auf Kosten anderer technologischer Fortschritte, die vielleicht noch mehr Produktivität und Wachstum erzeugt hätten. Das exzessive Wachstum im Finanzsektor, verbunden mit hochriskanten Strategien, ist uns wahrscheinlich sehr teuer zu stehen gekommen, weil es die Wirtschaft insgesamt destabilisiert (Stichwort Finanzkrise) und Ressourcen und Innovationspotential gebunden hat, das man besser anderweitig investiert hätte. Man denke nur an die vielen brillanten Köpfe, die von den Universitäten direkt zu den Hedgefonds und Investmentbanken gingen, anstatt sich in Forschung, Wissenschaft und im öffentlichen Dienst zu engagieren. Und auch die gewaltigen Konzentrationsprozesse in der Wirtschaft haben die Effizienz womöglich geschwächt, denn sie behindern nicht nur den Wettbewerb, sondern hemmen auch die Anpassung und Weiterentwicklung der neuen Technologien.

Die dritte Herausforderung hat mit dem Vertrauen in Institutionen zu tun. Der Gefesselte Leviathan braucht nicht nur ein Kräftegleichgewicht zwischen Staat und Gesellschaft. Er benötigt auch eine Gesellschaft, die den Institutionen vertraut. Ohne Vertrauen verteidigen die Bürger ihre Institutionen nicht gegen Staat und Elite, und der Rote-Königin-Effekt tendiert stärker dazu, ein Nullsummenspiel auszulösen. Die wachsende Einkommensungleichheit, das lahmende Beschäftigungswachstum, die enormen Profite in der Finanzwirtschaft und die riesigen Unternehmen, die unreguliert bleiben, dies alles erzeugt bei den Bürgern den Eindruck, dass in der Wirtschaft ein abgekartetes, von der Politik unterstütztes Spiel getrieben wird. Dieser Eindruck wurde sicherlich durch die Finanzkrise und ihre Folgen verstärkt, in deren Verlauf der Staat Banken rettete, die ihre Probleme teils selbst verschuldet hatten, während Familien, die in den Ruin getrieben wurden, wenig Hilfe erhielten. Hinzu kommt, dass gesellschaftliche Gruppen, die sich ökonomisch abgehängt fühlen und das Vertrauen in die Institutionen verlieren, bevorzugt Zielgruppen von Bewegungen sind, die das politische System destabilisieren und das Kräftegleichgewicht zwischen Staat und Gesellschaft zerstören wollen, das für ein Leben im Korridor unverzichtbar ist. Das haben wir in Kapitel 13 anhand Deutschlands in der Zeit zwischen den Weltkriegen diskutiert. Dass solche Tendenzen auch heute wieder zu beobachten sind, ist wenig verwunderlich.

Einkommensungleichheit, Arbeitslosigkeit, geringe Produktivität und Lohnstagnation sowie Vertrauensverlust in die Institutionen gehörten zu den Faktoren, die aus der Weltwirtschaftskrise der 1930er Jahre auch eine Zeit der politischen Instabilität machten. Die Krise, in der die führenden Wirtschaftsnationen heute stecken, ist sicherlich nicht so dramatisch wie die damalige Weltwirtschaftskrise, aber die Parallelen sind doch zu groß, als dass man sich gelassen zurücklehnen könnte.

Wie man das Nullsummenspiel der Roten Königin vermeidet

Wir haben zwei einander diametral entgegengesetzte Reaktionen auf die Weltwirtschaftskrise gesehen. Die erste, der Zusammenbruch der Weimarer Republik in Deutschland, war ein Beispiel für ein Nullsummenspiel der Roten Königin, in dem sich alle Beteiligten ohne Gedanken an einen Kompromiss bekämpften. Das zweite, illustriert durch die schwedische Reaktion, führte zu größerem Engagement und vermehrten Gestaltungsbefugnissen des Staates bei gleichzeitiger Stärkung der Kontrollmöglichkeiten der Gesellschaft. Diese Mobilisierung der Gesamtgesellschaft wurde durch eine Koalition abgesichert, die die neue institutionelle Architektur unterstützte. Die Antwort vieler Länder des Westens liegt heute näher bei Weimar als bei Stockholm. Häufig erliegen gerade sozial benachteiligte Menschen den Versprechungen von autoritär auftretenden Politikern, und Polarisierung und Unversöhnlichkeit sind an der Tagesordnung. Sind wir dazu verdammt, die Fehler Deutschlands in der Zeit zwischen den Weltkriegen zu wiederholen? Oder können wir verhindern, dass die Rote Königin ein Nullsummenspiel entfesselt? Lässt sich die »Knechtschaft« vermeiden, vor der Hayek warnte?

Beginnen wir mit den guten Nachrichten. Wie wir in Kapitel 13 gezeigt haben, gerät die Rote Königin leichter außer Kontrolle, wenn sich der Korridor verengt. Hier sind die USA und viele andere westliche Nationen in einer günstigeren Position, weil ihre diversifizierte Wirtschaft, die sowohl Industrieproduktion als auch Dienstleistungen umfasst, ihre sehr beschränkte Anwendung von Arbeitszwang (siehe Kapitel 14), das Fehlen einflussreicher Gruppen, die der Demokratie ablehnend gegenüberstehen (wie der preußische Landadel) und ihre jüngere Geschichte ununterbrochener demokratischer Politik insgesamt zu einem breiteren Korridor führen. Doch weder die Weite des Korridors noch stabile Verhältnisse sind unveränderliche Größen. Wie breit der Korridor ist, hängt von demokratischen, partizipatorischen Institutionen ab. Wenn diese Institutionen das Vertrauen der Menschen verlieren, dann verengt sich der Korridor, und die Fähigkeit der Gesellschaft zur Konfliktlösung schwindet. Und die Rote Königin kann selbst in einem breiten Korridor außer Kontrolle geraten, wenn sich dort ganz klar ein Nullsummenspiel entwickelt.

Schauen wir uns noch einmal die Erfahrung Schwedens während der Weltwirtschaftskrise an, um zu sehen, wie man solche Nullsummenreaktionen vermeidet. Der Umgang der Schweden mit den Problemen ruhte auf drei Säulen. Die erste war die Tatsache, dass das ganze Projekt auf einer breiten Koalition aufbaute, die Arbeiter, Bauern und die Wirtschaft zusammenbrachte. Die Arbeiterbewegung, vertreten durch die Gewerkschaften und die SAP, versuchte nicht, sich gegen die anderen Interessengruppen durchzusetzen, sondern war bestrebt, gemeinsam mit ihnen Kompromisse zu finden.

Die zweite Säule bestand in einer Reihe ökonomischer Maßnahmen, teils kurzfristiger, teils grundsätzlicher Natur. Dazu gehörten Konjunkturbelebungsprogramme sowie Reformen, mit denen Einkommen an Arbeits- und Mittellose umverteilt wurde. Aus diesen Maßnahmen entwickelte sich ein korporatistisches, sozialdemokratisches Modell, in dem der Staat vermittelnd in die Verhandlungen zwischen Arbeitgebern und Arbeitnehmern eingriff, um den sozialen Frieden aufrechtzuerhalten. So entstand in Schweden ein großzügiger Wohlfahrtsstaat, der den Wohlstand gleichmäßiger verteilte.

Die dritte Säule war die Politik. Die Ausweitung der staatlichen Leistungsfähigkeit war in ein politisches System eingebettet, in dem es wirkungsvolle gesellschaftliche Kontrollen sowohl der staatlichen Aktivitäten wie der Beziehung zwischen den politischen und ökonomischen Eliten gab. Diese Kontrollen wurden durch die universelle Natur des Programms unterstützt, das die sozialdemokratische Koalition zusammenhielt. Die Verwaltungskapazität des Staates wuchs mit dem Ausbau des Wohlfahrtsstaats, auch die direkte Beteiligung der Gewerkschaften wirkte sich positiv aus. Gestützt wurde dies alles durch frühere politische Reformen, welche die politische Landschaft Schwedens nachhaltig demokratisiert hatten.

Die erste Lehre, die man aus den Erfahrungen Schwedens ziehen kann, liegt auf der Hand: Strebe Kompromisse an und baue eine breite Koalition auf, um den gefesselten Leviathan und die neue Politik zu unterstützen. Dies wird natürlich sehr viel schwerer, wenn die politische Landschaft erst einmal stark polarisiert ist, wie wir am Fall Deutschlands gesehen haben. Die Hoffnung ist, eine gemeinsame Grundlage zu finden, bevor es zu spät ist. In diesem Zusammenhang ist es wichtig, dass sowohl die Rechte als auch die Linke in den USA und in den meisten Ländern des Westens heute einräumen, dass die Trends, die wir hier beleuchtet haben (steigende Einkommensungleichheit, sinkende Zahl von Arbeitsplätzen, die Dominanz der Wall Street und ökonomische Konzentration), Probleme darstellen. Die Schwierigkeit liegt darin, dass über mögliche Lösungen weit weniger Einigkeit herrscht. Aber das ist nichts Ungewöhnliches. Neue Koalitionen erfordern oft neue Ideen und institutionelle Innovationen. Schauen wir uns doch mit Blick auf die USA einmal an, welche das sein könnten.

Beginnen wir mit der Koalitionsbildung. Die Herausforderung ähnelt der, vor der die Föderalisten standen. Die Kompromisse, die sie schlossen, waren zwar teuer erkauft, wie wir in Kapitel 10 herausgearbeitet haben, sie könnten jedoch nützliche Hinweise geben. Eines ihrer wesentlichen Elemente war, den Bundesstaaten erhebliche Machtbefugnisse zu übertragen, um so den Menschen auch auf lokaler Ebene ein Mitspracherecht zu geben. Angesichts der unterschiedlichen wirtschaftlichen und politischen Probleme und der divergierenden Haltung gegenüber der Einmischung des Staates in den verschiedenen Bundesstaaten bräuchte man heute vielleicht wieder einen vergleichbaren Kompromiss. Ein anderer wichtiger Faktor waren die öffentlich-privaten Partnerschaften. Sie stellten sicher, dass die Privatwirtschaft in die Ausdehnung der Leistungsfähigkeit des Staates eingebunden wurde. Ein ähnlicher Kompromiss mag im derzeitigen amerikanischen Umfeld nötig sein, aber es kann sein, dass dazu institutionelle Veränderungen nötig sind. Schließlich würde es sicher helfen, Hayeks eingangs erwähnte Bedenken zu berücksichtigen. Dies würde bedeuten, dass jeder Gesellschaftsvertrag, der größere staatliche Einmischung und ein dichter geknüpftes soziales Netz umfasst, der Gesellschaft auch mehr Befugnisse zur Beaufsichtigung des Staates geben sollte. Genau so geschah es in Schweden in den 1930er Jahren, und das, obwohl die schwedische Gesellschaft weniger Vorbehalte gegenüber staatlicher Einmischung zeigte.

Von der ökonomischen Seite betrachtet, liegt es auf der Hand, dass die Natur der Probleme eine in viele Richtungen gehende Ausweitung der Verantwortlichkeiten und der Leistungsfähigkeit des Staates notwendig macht. Dazu gehören, und das gilt insbesondere für die USA, ein leistungsfähigeres und engmaschigeres soziales Netz, das alle schützt, die nicht vom tiefgreifenden ökonomischen Wandel profitieren. Maßnahmen zum Ausbau des sozialen Netzes müssen durch die Schaffung von Arbeitsplätzen, Einkommensverbesserungen und Hilfe für Berufsanfänger bei der Arbeitsplatzsuche ergänzt werden. Ein Beispiel ist der Earned Income Tax Credit, eine Lohnaufstockung für Niedrigverdiener in Form einer Steuergutschrift. Auch das veraltete Bildungssystem der USA bedarf der Überarbeitung. In seiner jetzigen Form entspricht es nicht den Erfordernissen der sich wandelnden ökonomischen Landschaft, reproduziert die Ungleichheiten der Gesellschaft und scheitert daran, für Chancengleichheit zu sorgen. Was weiter nottut, ist eine engere und umfassendere Regulierung vieler Wirtschaftszweige, einschließlich der Finanz- und Technologiebranche. Hinzu kommt, dass allzu viel Vertrauen in das Modell der öffentlich-privaten Partnerschaft den Aufbau eines modernen Wohlfahrtsstaats behindert, wie die Erfahrung der USA anschaulich zeigt. Der Erfolg von Wohlfahrts- und Sozialversicherungsprogrammen steht und fällt mit dem Leistungsvermögen der Verwaltung. Dies bedeutet nicht, dass der private Sektor nicht auch seine Aufgaben hat, aber man braucht auch einen Beamtenapparat.

Eine weitere Lektion der schwedischen Erfahrung (bestätigt durch Dänemark, Norwegen und Großbritannien) besteht darin, dass Wohlfahrtsprogramme möglichst in die Breite wirken müssen, dass man für ihre Akzeptanz werben und die Gesellschaft an ihrer Überwachung beteiligen muss. Subventionen für einzelne Industriezweige oder Arbeitnehmergruppen sind dazu weniger geeignet. Gerade in Zeiten ökonomischer Umbrüche und sozialer Veränderungen bietet sich die Einführung breitangelegter Programme an, für die sich leichter eine Volkskoalition schmieden lässt. Mögliche Reformen, die den negative Folgen der Globalisierung, der Automatisierung und anderer Veränderungen begegnen könnten, sowie Investitionen in die Bildung müssen breit aufgestellt sein und so gestaltet werden, dass sie zur Koalitionsbildung einladen.

Auch hier lehrt die schwedische Erfahrung, dass man diese Ziele nicht allein durch Steuer- und Umverteilungspolitik anstreben sollte. Besser ist es, Arbeitsmarktinstrumente zu schaffen, welche die Wirtschaft direkt zu einer gleichmäßigeren Verteilung ihrer Gewinne veranlassen, beispielsweise, indem man es Arbeitnehmern erleichtert, Tarife auszuhandeln oder Mindestlöhne und Lohnerhöhungen per Gesetz festlegt. Solche Maßnahmen würden den Staat entlasten, seine Kontrolle erleichtern und auch den Aufbau einer breiteren Koalition zur Aufrechterhaltung dieser Programme unterstützen.

Aus all den genannten Gründen könnte man allerdings auch zu dem Schluss kommen, dass wir den technologischen Wandel in eine ganz andere Richtung lenken sollten. Schließlich ist er nicht vorherbestimmt, genauso wenig wie seine Auswirkungen auf die Wirtschaft. Das derzeitige kümmerliche Produktivitätswachstum ist ein deutliches Signal, dass nicht alles zum Besten steht. Ein Problem ist, dass seit dem Ende des Kalten Kriegs die von der US-Regierung bereitgestellten Mittel für die Grundlagenforschung und die Forschungsbemühungen von Unternehmen schrittweise gekürzt wurden. Diesen Trend umzukehren würde dem Produktivitätswachstum einen gewaltigen Schub geben. Hinzu kommt, dass der Schwerpunkt in den letzten Jahrzehnten vor allem auf einer raschen Kostensenkung und damit stärkerer Automatisierung lag. Offenbar hat dies aber nicht genügend Produktivitätswachstum erzeugt. Ein gesellschaftlicher Konsens über eine gleichmäßigere Verteilung der Gewinne aus dem Wirtschaftswachstum könnte einen Anreiz für Investitionen in Technologien schaffen, die nicht einfach nur existierende Tätigkeiten automatisieren, sondern auch neue Möglichkeiten für unterschiedlich qualifizierte Arbeitnehmer schaffen. Dies wäre ein Beitrag zur gerechteren Verteilung von Löhnen, Schaffung von mehr Arbeitsplätzen und höherer Produktivität bei gleichzeitig besserer Nutzung von Arbeitskräften.

Die Politik steht ebenfalls vor bedeutenden Herausforderungen. Sie muss sich nicht nur um eine Koalition zur Einleitung der nötigen Reformen kümmern, sondern auch den Einfluss privater Interessen bekämpfen, die sich in den letzten beiden Jahrzehnten durch Wahlkampfspenden und Lobbyarbeit zu viel Geltung verschafft haben. Die Sorge, ein starker Staat würde doch nur den Interessen der Wirtschaftseliten dienen, ist für die USA alles andere als unbegründet – dies ist längst Realität. Immerhin besteht quer durch alle politischen Lager in den USA ein Konsens, dass hier einiges im Argen liegt – wenngleich man sich über Lösungen nicht einig wird. Hier eine kurze Liste der maßgeblichen politischen Reformen, mit denen man diesem Problem begegnen könnte. Zunächst wäre es ratsam, Wahlkampfspenden zu deckeln und der Tätigkeit von Lobbyisten Grenzen zu setzen. Besonders wichtig wäre mehr Transparenz in den Beziehungen zwischen Unternehmen, Lobbyisten und Politikern, die häufig hinter verschlossenen Türen zusammenkommen. Problematisch ist auch die Drehtür zwischen Wirtschaft und Politik, die dazu führt, dass Aufsichtsbeamte und Politiker zu attraktiven Gehältern in die Privatwirtschaft wechseln und umgekehrt.

Ein weiterer wichtiger Reformansatz wäre es, den Staatsdienst unabhängiger zu machen. Dazu müsste man die Verfilzung zwischen Lobbyisten und Staat beenden. Aber noch wichtiger wären fundamentale Reformen, die zukünftige Regierungen daran hindern, Posten in Regierungsbehörden unter rein politischen Gesichtspunkten zu besetzen. Auch das würde die Autonomie der Verwaltung fördern und verhindern, dass sie politisch vereinnahmt wird.

Weiterhin wäre es wichtig, damit aufzuhören, Wahlkreise gezielt so zuzuschneiden, dass sie für die eine oder die andere Partei eine sichere Hochburg bilden und also keine echte Wahl mehr möglich ist.

Noch wichtiger als Reformen in der Politik wäre eine generelle Mobilisierung der Gesellschaft. Auch dazu herrscht breite Zustimmung in den USA. Zu den Eigenheiten der amerikanischen Gesellschaft im 19. Jahrhundert, die Tocqueville am stärksten faszinierten, gehörte die Bereitschaft der Menschen, sich unabhängig von der Regierung zu organisieren. Dies hat nicht nur dazu beigetragen, spezifische gesellschaftliche Probleme zu lösen, sondern ermöglichte es dem Volk auch, Druck auf die Regierung auszuüben. In den letzten Jahren war oft davon die Rede, dass solche Verbindungen an Bedeutung verloren haben. Zwar ist umstritten, wie groß dieser Bedeutungsverlust ist und was genau die Gründe dafür sind, und nicht alle diese Organisationen spielen eine bedeutende Rolle, trotzdem wäre es wünschenswert, wenn sie sich wieder lebhafter einmischen würden. Dies gilt umso mehr, als die Gewerkschaften als Gegengewicht zu den Wirtschaftseliten in den vergangenen Jahrzehnten deutlich an Einfluss verloren haben. Daraus ergibt sich ein Bedarf an alternativen Organisationsformen, die Arbeitnehmern und Bürgern neue Einflussmöglichkeiten auf die Politik eröffnen. Eine offene Frage ist, ob solche Organisationen effektiv die frühere Rolle der Gewerkschaften übernehmen können. Wir werden auf diese Frage am Ende des Kapitels zurückkommen.

Vom schwedischen Erfolgsmodell des Aufbaus einer breiten Koalition zur Unterstützung und Überwachung der Leistungsfähigkeit des Staats zu lernen sollte nicht als Empfehlung für die USA oder andere Länder des Westens verstanden werden, blind das zu kopieren, was Schweden vor mehr als 80 Jahren unternommen hat. Zunächst einmal müsste sich eine Koalition, die die Dynamik der Roten Königin in den USA unterstützen könnte, stark von der Koalition der Arbeiter und Bauern des schwedischen »Kuhhandels« unterscheiden. Sie hätte unterschiedliche Regionen und unterschiedliche ideologische und ethnische Gruppen zusammenzuhalten. Da die USA nach wie vor auf vielen Feldern die innovativste Industrienation sind, beispielsweise in der Software, Künstlichen Intelligenz, Biotechnologie und bei Hightech-Anlagen, muss sie eine andere Organisation verfolgen als Schweden in den 1930er Jahren. Doch die Sicherung von Chancen und Anreizen für Wirtschaftsdynamik und Innovation steht nicht im Widerspruch zur Schaffung eines besseren sozialen Netzes und dem Ausbau des Wohlfahrtsstaats. Ebenso wenig steht sie im Widerspruch dazu, die Gesellschaft zu mehr Kontrolle des Staats zu ermuntern, und sicherlich auch nicht zur Entwicklung eines leistungsfähigen Staats, ist doch das Engagement des amerikanischen Staats in Wissenschaft und Forschung seit jeher ein wichtiger Faktor der innovativen Energie in der amerikanischen Wirtschaft. Schließlich ist die US-Regierung einer der Hauptkunden für Hightech-Ausrüstung. Überdies finanziert sie Forschungsorganisationen wie die National Science Foundation und fördert die Wissenschaft durch großzügige Steuernachlässe. Da stellt sich die Frage, wie in den USA und in anderen westlichen Ländern vonseiten des Staates ökonomische Aktivitäten so umgelenkt werden können, dass sich eine gleichmäßigere Verteilung der Ressourcen ergibt und der Staat gleichzeitig gefesselt bleibt. Einige Hinweise darauf liefert die Betrachtung des Problems, wie die Gesellschaft den Staat angesichts von Sicherheitsbedrohungen überwachen kann.

Der Krieg des Leviathans gegen den Terror

Mehr Leistungsfähigkeit des Staates zu erreichen, um neue Probleme zu bewältigen, und gleichzeitig den Leviathan in seinen Fesseln zu halten ist eine Aufgabe, die über die Ökonomie hinausgeht. Zu den wichtigsten Dingen, die Bürger von ihrem Staat erwarten, gehört die Sicherheit. Der Aufbau einer Zentralmacht, die Gesetze durchsetzt, Konflikte löst und Sicherheit garantiert, ist schließlich einer der wichtigsten Anreize zur Staatsbildung überhaupt. Aber eine sich verändernde Welt bringt auch neue Sicherheitsprobleme mit sich.

Dies wurde den Menschen im Westen am 11. September 2001 schlagartig klar, als 19 Luftpiraten der Terrororganisation Al-Qaida in den USA vier Linienflugzeuge entführten, zwei von ihnen in die Türme des World Trade Centers in New York und eines in das Pentagon-Gebäude in Washington steuerten, während das vierte, dessen Passagiere den Kampf mit den Entführern aufnahmen, in Pennsylvania auf einem Acker zerschellte. Insgesamt starben an diesem Tag fast 3000 Menschen, mehr als 6000 wurden verletzt. So viele mörderische Terroranschläge und Flugzeugentführungen man schon vor diesem 11. September gesehen hatte, das Ausmaß und die Unverfrorenheit dieser Angriffe schockierte die Weltöffentlichkeit. Viele Bürger und die Regierungsvertreter sahen darin den Beginn einer neuen Form von Sicherheitsbedrohung, der man dringend begegnen musste. Auch wenn weitere Attacken vergleichbaren Ausmaßes in den seither vergangenen Jahren ausgeblieben sind, war dieser Befund richtig, gab es doch eine hohe Zahl nicht ganz so großangelegter Terrorattacken und mehrere vereitelte Angriffe ähnlicher Organisationen, von denen die bekannteste der sogenannte Islamische Staat ist. Wir haben hier also ein klares Beispiel für eine Gesellschaft, die von ihrem Staat fordert, seine Leistungsfähigkeit zu erhöhen und etwas zu unternehmen, um neuen Herausforderungen zu begegnen.

Diese Forderungen wurden erfüllt, und die Sicherheitsbehörden der USA wurden massiv ausgebaut und ihre Zuständigkeiten erweitert. Doch wie wir bereits in Kapitel 10 dargelegt haben, entzog sich diese Entwicklung der Kontrolle der Gesellschaft, wie im Juni 2013 schmerzlich deutlich wurde, als die Medien über einige der von Edward Snowden enthüllten Geheimdokumente berichteten, durch die die Öffentlichkeit von der Existenz und den Aufgaben geheimer Überwachungsprogramme der US-Regierung erfuhr. Eines dieser Programme war PRISM, das einen direkten Zugang zu den Konten amerikanischer Bürger bei Google, Yahoo, Microsoft, Facebook, YouTube und Skype ermöglichte. Auf diesem Weg erfuhren wir auch von einem geheimen Gerichtsbeschluss, der den Telekommunikationsriesen Verizon verpflichtete, dem Geheimdienst National Security Angency (NSA) die Daten von Millionen von Telefongesprächen amerikanischer Bürger zu übermitteln, von Boundless Informant, einem Data-Mining-Programm, das Metadaten über Milliarden von E-Mails und Telefonnummern sammelte, und von XKeyscore, einem Computersystem, das es ermöglicht, »so ziemlich alles, was im Internet läuft« abzugreifen. Snowden enthüllte, dass die NSA Millionen Adressverzeichnisse von E-Mail- und Instant-Messaging-Nutzern sammelte, E-Mails inhaltlich durchkämmte, Bewegungsprofile von Handynutzern erstellte und Versuche zur Verschlüsselung vereitelte. Snowden formulierte es so: »Mit einer persönlichen E-Mail-Adresse könnte ich vom Schreibtisch aus jeden anzapfen, Sie oder Ihren Steuerberater, einen Bundesrichter oder sogar den Präsidenten.«

Im Anschluss an Snowdens Enthüllungen erklärte Daniel Ellsberg, der einst die geheimen Pentagon-Papiere an die Öffentlichkeit gebracht hatte:

> Snowdens Enthüllungen sind eine echte Nagelprobe für unsere Verfassung. Edward Snowden hat mehr für unsere Verfassung, insbesondere den ersten und vierten Verfassungszusatz, getan als irgendjemand sonst, den ich kenne.

Vielleicht ist all das nur ein Sturm im Wasserglas. Vielleicht ist es unvermeidlich, dass Geheimdienste bei der Bekämpfung ernster terroristischer Bedrohungen wirklich im Geheimen vorgehen, massiv Daten sammeln, die Privatsphäre der Bürger missachten und einfach ignorieren, dass sich manche in den Medien lautstark beklagen. Vielleicht.

Schauen wir uns doch zum Vergleich einmal an, wie die Dänen damit umgehen. Im Jahr 2006 gab die Europäische Union eine Richtlinie zur »Vorratsspeicherung von Daten, die bei der Bereitstellung öffentlich zugänglicher elektronischer Kommunikationsdienste oder öffentlicher Kommunikationsnetze erzeugt oder verarbeitet werden« heraus. Der dänischen Regierung ging das nicht weit genug, und sie verabschiedete ein schärferes Gesetz, das auch eine Verpflichtung zur »Sitzungsprotokollierung« enthielt, also den Providern abverlangte, auch die IP-Adressen des Quell- und Zielrechners, Portnummern, Sitzungstyp und Zeitstempel zu erfassen. In Reaktion darauf stufte Privacy International, eine NGO, die sich rund um die Welt für den Schutz der Privatsphäre einsetzt, den Privacy-Grad des Landes von 2,5 (Systematisches Scheitern von Schutzmaßnahmen) auf 2,0 (Umfangreiche Überwachungsgesellschaft) herab. Damit sank Dänemark auf Platz 34 unter 45 bewerteten Ländern ab. Die meisten Dänen schien das nicht zu kümmern. Sie vertrauten darauf, dass die dänische Regierung ihre IP-Adressen, Portnummern, Sitzungstypen und Zeitstempel nicht benutzt, um sie auszuschnüffeln, ihre Redefreiheit zu beschränken oder sie wegen ihrer politischen Ansichten ins Gefängnis zu sperren. Im April 2015 kam der Europäische Gerichtshof zu dem Schluss, dass die dänische Vorratsdatenspeicherung eine »besonders schwerwiegende Verletzung fundamentaler Rechte«

darstelle, doch die dänische Öffentlichkeit zeigte keinerlei Empörung und forderte auch nicht das Ende dieser Praxis.

Die dänische Regierung ging also vergleichbare Sicherheitsbedrohungen keineswegs weniger aggressiv an als die Vereinigten Staaten, aber sie erhielt sich dabei das Vertrauen ihrer Bevölkerung. Zwei Faktoren trugen entscheidend dazu bei. Während das US-Programm geheim war und sich ohne Kontrolle immer weiter ausdehnte, wurde den Dänen die Vorratsdatenspeicherung öffentlich angekündigt, und sie wurde nicht Schritt um Schritt erweitert. Und zweitens bestand in Dänemark grundsätzliches Vertrauen zu den Institutionen, die Menschen hatten keine Angst, dass ihre Regierung sie ausschnüffeln oder Informationen für Sondergerichte oder die Folterung von Gefangenen verwenden würde, wie es der CIA nach dem 11. September 2001 getan hatte. Die Dänen waren aus guten Gründen überzeugt, dass ihre Regierung die gesammelten Daten nicht zu dem Versuch missbrauchen würde, die ihr auferlegten Fesseln zu sprengen. Anders die Amerikaner, die aus Erfahrung wussten, wie skrupellos CIA, FBI und NSA vorgehen konnten.

Der Gefesselte Leviathan sollte daher mit neuen Sicherheitsbedrohungen nicht anders umgehen als mit neuen ökonomischen Herausforderungen. Das Vertrauen der Gesellschaft in den Staat hängt von den Beschränkungen ab, die dem Staat auferlegt sind. Daher war es weniger problematisch, dass die NSA und die CIA ihre Zuständigkeiten und Aktivitäten so stark ausdehnten, als dass sie das im Geheimen und ohne Aufsicht taten. Die Programme, die Snowden enthüllte, sollten von speziellen, für die Geheimdienste zuständigen Gerichten (Foreign Intelligence Surveillance Courts, FISC) überwacht werden; also praktisch Geheimgerichten, von denen man annehmen muss, dass sie ohnehin nur absegneten, was die Geheimdienste wünschten. So behält der Staat weder seine Fesseln, noch gewinnt er Vertrauen.

Wir haben Kapitel 1 mit einigen bekannten Prognosen darüber begonnen, wie sich verschiedene Länder entwickeln werden, ob in Richtung Freiheit und Demokratie, Anarchie oder Diktatur. Yuval Noah Hararis Warnung, dass für den größten Teil der Menschheit eine digitale Diktatur am Horizont heraufzieht, war vielleicht die bedrohlichste, und das chinesische Sozialkredit-System und die aggressiven Überwachungsprogramme der NSA lassen Hararis Voraussagen plausibel erscheinen. Doch nichts deutet darauf hin, dass die meisten oder gar alle Länder sich unaufhaltsam auf ein und dasselbe politische oder ökonomische System zubewegen. Wie ihr weiterer Weg verläuft, wird vom jeweiligen Kräftegleichgewicht zwischen Staat und Gesellschaft abhängen. Dass die Dänen so anders auf dieselben Sicherheitsprobleme reagierten wie die Amerikaner, bestätigt diesen Punkt. Wenn Bedrohungen mit einem ungezügelten und unbeaufsichtigten Ausbau der Staatsmacht beantwortet werden, wird Missbrauch sehr viel wahrscheinlicher, und die Gefahr einer digitalen Diktatur steigt. Bleiben die Entscheidungen transparent und die Gesellschaft kann überprüfen, ob das Mehr an Macht missbraucht wird, dann bleibt das für den Korridor so entscheidende Kräftegleichgewicht unbeeinträchtigt. So können neue Technologien trotz der Gefahr, dass sie die Privatsphäre verletzen, in Übereinstimmung mit den Prinzipien des Gefesselten Leviathans genutzt werden. Wie neue Technologien angewendet werden und ob sie das Kräftegleichgewicht beeinträchtigen, hängt nicht vom Schicksal, sondern von unseren Entscheidungen ab.

Bürgerrechte in Aktion: Das Niemöller-Prinzip

Es ist nicht nur schwierig, einen gefesselten Leviathan zu schaffen. Es ist auch harte Arbeit, das labile Gleichgewicht zwischen Staat und Gesellschaft zu erhalten, das für den Verbleib im Korridor erforderlich ist. Wir haben einige konkrete Vorschläge gemacht, wie die Gesellschaft in der Gegenwart eines wachsenden Leviathans gestärkt werden kann. Der wichtigste Aspekt ist die Mobilisierung der Gesellschaft. Aber wie erreicht man dieses Ziel in der Praxis? Kann man die Gesellschaft organisatorisch dabei unterstützen, ihre Möglichkeiten und ihre Kontrolle über den Staat und die Eliten auszuweiten? Unserer Überzeugung nach lautet die Antwort: Ja. Wir beziehen uns dabei auf die Gedankengänge des vorangehenden Kapitels – nämlich auf den Schutz der Bürgerrechte gegen alle Bedrohungen zu bauen, ob sie nun vom Staat, den Eliten und anderen Bürgern ausgehen.

Was wir unter Bürgerrechten verstehen, ist eng mit dem verknüpft, was wir unter Freiheit verstehen, nämlich den Schutz des Individuums vor Angst, Gewalt und Dominanz. Menschen fliehen, wenn sie Angst haben müssen oder Gewalt ausgesetzt sind, doch Dominanz – als Zustand, der es den Menschen unmöglich macht, eigene Entscheidungen zu treffen und ihr Leben nach ihren Vorstellungen zu gestalten – ist ein kaum geringeres Problem. Die Gewährung von Rechten, kodifiziert in Gesetzen und Normen, ist das wichtigste Mittel, alle Individuen in die Lage zu versetzen, ein selbstbestimmtes Leben zu führen.

Schon John Locke und Thomas Jefferson betonten, wie wichtig Rechte sind. In der Unabhängigkeitserklärung formulierte Letzterer: »Folgende Wahrheiten erachten wir als selbstverständlich: dass alle Menschen gleich geschaffen sind; dass sie von ihrem Schöpfer mit gewissen unveräußerlichen Rechten ausgestattet sind; dass dazu Leben, Freiheit und das Streben nach Glück gehören.« Die französische Erklärung der Menschen- und Bürgerrechte von 1789 folgt denselben Grundgedanken. Unsere heutige Auffassung von Freiheit ist geprägt von der Universellen Erklärung der Menschenrechte der Vereinten Nationen, die 1948 verkündet wurde. William Beveridge nahm diese Ideen 1945 in seiner Streitschrift *Warum ich ein Liberaler bin* voraus und schrieb:

> Freiheit bedeutet mehr als bloß die Abwesenheit willkürlicher Gewaltausübung durch den Staat. Sie bedeutet die Abwesenheit von ökonomischer Versklavung, Not und Elend und anderen sozialen Übeln; sie bedeutet Abwesenheit von willkürlicher Macht in jeder Form. Ein Mensch, der hungert, ist nicht frei.

In der Präambel der Allgemeinen Erklärung der Menschenrechte von 1948 heißt es:

> Da die Anerkennung der angeborenen Würde und der gleichen und unveräußerlichen Rechte aller Mitglieder der Gemeinschaft der Menschen die Grundlage von Freiheit, Gerechtigkeit und Frieden in

> der Welt bildet, da die Nichtanerkennung und Verachtung der Menschenrechte zu Akten der Barbarei geführt haben, die das Gewissen der Menschheit mit Empörung erfüllen, und da verkündet worden ist, dass in einer Welt, in der die Menschen Rede- und Glaubensfreiheit und Freiheit von Furcht und Not genießen, das höchste Streben des Menschen gilt … verkündet die Generalversammlung diese Allgemeine Erklärung der Menschenrechte als das von allen Völkern und Nationen zu erreichende gemeinsame Ideal …

In Artikel 23 heißt es:

> 1.) Jeder hat das Recht auf Arbeit, auf freie Berufswahl, auf gerechte und befriedigende Arbeitsbedingungen sowie auf Schutz vor Arbeitslosigkeit. 2.) Jeder, ohne Unterschied, hat das Recht auf gleichen Lohn für gleiche Arbeit. 3.) Jeder, der arbeitet, hat das Recht auf gerechte und befriedigende Entlohnung, die ihm und seiner Familie eine der menschlichen Würde entsprechende Existenz sichert, gegebenenfalls ergänzt durch andere soziale Schutzmaßnahmen. 4.) Jeder hat das Recht, zum Schutz seiner Interessen Gewerkschaften zu bilden und solchen beizutreten.

Franklin D. Roosevelt formulierte ähnliche Rechte. Im Jahr 1941 benannte er »vier unverzichtbare Freiheiten«: Meinungsfreiheit, Religionsfreiheit, Freiheit von Not und Freiheit von Angst. In seiner Ansprache zur Lage der Nation ging er 1944 noch einen Schritt weiter und führte aus:

> Wir sind zu der klaren Überzeugung gekommen, dass es wahre individuelle Freiheit nicht ohne wirtschaftliche Sicherheit und Unabhängigkeit geben kann. Menschen, die Not leiden, sind nicht frei. Menschen, die hungern und keine Arbeit haben, sind das Material, aus dem Diktaturen gebildet werden.

Er fuhr mit einer Aufzählung der unverzichtbaren Rechte fort: »das Recht auf sinnvolle und einträgliche Arbeit«, »das Recht, genügend zu verdienen, um sich in angemessener Weise Nahrung, Kleidung und Erholung zu verschaffen«, »das Recht jedes Unternehmers, ob groß oder klein, seine Geschäfte in einer Atmosphäre zu betreiben, die frei von unfairem Wettbewerb und der Beherrschung von Monopolen ist, sowohl im In- als auch im Ausland«, »das Recht jeder Familie auf eine anständige Wohnung«, »das Recht auf adäquaten Schutz vor wirtschaftlichen Ängsten im Alter, Krankheit, Unfall und Arbeitslosigkeit«, »das Recht auf eine gute Ausbildung.« Präsident Roosevelt hatte sich in der Vergangenheit nicht immer als Verteidiger dieser Rechte und Freiheiten für alle und jeden erwiesen, zum Beispiel, als die japanischstämmigen US-Bürger nach dem Angriff Japans auf Pearl Harbour in Internierungslager gesteckt wurden, und er tolerierte die im Süden der USA verbreiteten Gesetze gegen die Afroamerikaner, die unter dem Schlagwort »Jim Crow« bekannt sind. (Ein Afroamerikaner drückte es so aus: »Die Weißen reden gern von den Vier Freiheiten, und wir haben keine einzige.«) Doch dass er seine Haltung zur Bedeutung von Bürgerrechten generell in dieser Weise änderte, zeigt, wie sich die Stimmung auf beiden Seiten des Atlantiks gewandelt hatte.

Bemerkenswert an seinen Worten ist, dass sie den Bürgerrechten zwei grundsätzliche Eigenschaften zuschreiben: Sie sind universell und generell (in dieser Hinsicht gehen sie weit über die Unabhängigkeitserklärung hinaus, die Sklaven überhaupt nicht und Frauen nur bedingt einschloss), und sie erkennen an, wie wichtig es für Individuen ist, ein selbstbestimmtes Leben führen zu können. Daher stellen Gewaltdrohungen und Einschränkungen der Meinungsfreiheit, ganz gleich gegenüber welcher Gruppe, Rechtsverletzungen dar. Sie sind genauso zu bewerten wie die Behinderung der Religionsausübung oder Einschränkungen aufgrund sexueller Orientierung. Doch nicht weniger wichtig ist, dass auch die Beeinträchtigung der Möglichkeit, einen angemessenen Lebensunterhalt zu verdienen, als Rechtsverletzung gewertet wird, weil sie eine Form von Dominanz darstellt. Letztere Dominanz wurzelt nicht nur in dem Faktum, dass bittere Armut es Menschen unmöglich macht, ein sinnvolles Leben zu führen, sondern auch in der Erkenntnis, dass Arbeitgeber unter solchen Umständen Arbeit unter unangenehmen, entwürdigenden und fremdbestimmten Bedingungen verlangen können (man erinnere sich an die Dalit in Kapitel 8, die gezwungen sind, Latrinen zu putzen).

Diese Auffassung von Rechten ist nicht nur für die Freiheit der

Männer und der Bevölkerungsmehrheit von entscheidender Bedeutung, sondern auch für die Freiheit der Frauen, religiöser, ethnischer oder sexueller Minderheiten und für Menschen mit Behinderungen und Beeinträchtigungen. Eine feste Verankerung dieser Rechte schafft klare Grenzen für das, was der Staat und mächtige Eliten tun oder nicht tun dürfen. Menschen die Möglichkeit zu nehmen, sich zu organisieren, für ihre Anliegen einzutreten oder ihr Leben nach eigenen Vorstellungen zu gestalten liegt jenseits der erlaubten Grenzen, wenn diese Rechte klar geschützt sind. Dasselbe gilt für die Schaffung von Bedingungen, die Menschen ökonomisch in die Abhängigkeit treiben oder unfrei machen.

Hierin liegt der Beginn einer transformativen Macht, die von der Gesellschaft ausgeht. Wenn es klar definierte Grenzen dessen gibt, was der Staat tun darf, die auch allgemein anerkannt sind, dann können schon kleine Verletzungen dieser Grenzen eine breite gesellschaftliche Mobilisierung auslösen, die den schleichenden Übergriffen des Staates einen Riegel vorschiebt. Minderheitenrechte als universelle Rechte zu betrachten ist unverzichtbar, weil sich sonst nur die Minderheiten, deren Rechte gerade verletzt werden, beklagen und protestieren – ohne allgemeine Mobilisierung oder Reaktion, wie das in den desorganisierten, fragmentierten Gesellschaften in Indien (Kapitel 8) und Lateinamerika und Afrika (Kapitel 11) zu beobachten ist. Universelle Anerkennung von Rechten schafft eine Basis für breite Bündnisse.

Einer, der erkannte, wie wichtig dies ist, war Pastor Martin Niemöller. In den 1950er Jahren brachte er in wenigen Zeilen auf den Punkt, warum es den Nationalsozialisten so leichtgefallen war, die deutsche Gesellschaft zu dominieren:

> Als die Nazis die Kommunisten holten,
> habe ich geschwiegen,
> ich war ja kein Kommunist.
> Als sie die Sozialdemokraten einsperrten,
> habe ich geschwiegen,
> ich war ja kein Sozialdemokrat.
> Als sie die Gewerkschafter holten,
> habe ich geschwiegen,

ich war ja kein Gewerkschafter.
Als sie mich holten,
gab es keinen mehr,
der protestieren konnte.

So wie Niemöller es hier beschreibt, war die deutsche Gesellschaft nicht in der Lage, sich gegen die Nationalsozialisten zu erheben, weil sie Grundrechte nicht als universell anerkannte. So konnten Hitler und seine Gefolgschaft jede Gruppierung einzeln ausschalten, ohne dass sich in der Gesellschaft ein breites Bündnis bildete und sich ihnen in den Weg stellte. Auf diese Weise ist freilich kein Korridor zu verteidigen.

Diese Ideen klingen bereits bei Franklin D. Roosevelt an, der in der bereits erwähnten Rede zur Lage der Nation von 1944 die Bedeutung einer Reihe von Rechten für alle herausstellte. Zur Bekräftigung zitierte er einen berühmten Ausspruch von Benjamin Franklin: »Entweder wir knüpfen ein festes Band unter uns, oder man knüpft uns auf, jeden für sich allein.«

Stellt man diese Logik auf den Kopf in dem Sinn, dass die Gesellschaft einer breiten Palette von Rechten einen universellen Status verleihen kann, dann ist sie eher in der Lage, sich zu organisieren und der wachsenden Staatsmacht ein Gegengewicht zu bieten. Dass die Allgemeine Erklärung der Menschenrechte auch anständig bezahlte Arbeit als Recht betrachtet, ist insofern von Bedeutung, weil es ökonomisch benachteiligten Gruppen einen Anreiz bietet, sich zu einem breiteren Bündnis zusammenzuschließen und Widerstand gegen Despotismus zu organisieren. Das könnte in Zukunft an Bedeutung gewinnen, da die Arbeiterbewegung womöglich niemals ihren früheren Einfluss zurückgewinnen wird, wie wir bereits diskutiert haben. Eine sich um das Thema Rechte organisierende Zivilgesellschaft wäre eine Alternative.

Viele von uns leben in demokratischen Ländern mit durchsetzungsstarken Gesellschaften und leistungsfähigen Staatsapparaten. Wir können uns glücklich schätzen im Vergleich zu den Menschen, die sich unter dem Joch eines Despotischen Leviathans befinden oder ihre Existenz unter Bedingungen der Angst, der Gewalt und Dominanz zubringen, ohne staatliche Institutionen, die sie schützen. Dennoch erreicht das Leben mit dem (gefesselten) Leviathan nie einen stabilen Endzustand. Unsere These ist, dass das Kräftegleichgewicht zwischen Staat und Gesellschaft, zwischen den Mächtigen und den weniger Mächtigen stets neu ausgehandelt werden muss, um es stabiler zu machen und das Abdriften aus dem Korridor zu verhindern. Der Rote-Königin-Effekt ist uns dabei eine Hilfe, aber letztendlich beruht die Macht der Gesellschaft auf Organisation und Mobilisierung.

Anfang Oktober 2017 begannen Frauen öffentlich über sexuelle Belästigungen und Übergriffe zu sprechen, die sie von mächtigen Männern erdulden mussten. Alles begann mit Vorwürfen gegen den Filmmogul Harvey Weinstein. Am 5. Oktober meldete sich die Schauspielerin Ashley Judd mit der Schilderung weiterer Vorfälle. Am 17. Oktober übernahm die Schauspielerin Alyssa Milano eine Formulierung, die 2006 von der Aktivistin Tarana Burke geprägt worden war, und schrieb über ihren Twitter-Account: »Wer sexuelle Belästigungen oder Übergriffe erlebt hat, der antworte mit ›me too‹ auf diesen Tweet.«

Es folgte eine Lawine von Tweets, und eine soziale Bewegung war geboren. Wir sind zwar nach wie vor weit davon entfernt, dass Frauen rund um die Welt Gleichheit und Sicherheit genießen können, doch ist es immerhin erheblich schwieriger für die Mächtigen in Regierungen, Unternehmen und Bildungseinrichtungen geworden, Frauen zu belästigen, herabzuwürdigen und sich an ihnen zu vergehen. Gesetze begannen sich zu ändern, so zum Beispiel im Bundesstaat New York, der ein neues Gesetz gegen sexuelle Belästigung verabschiedete.

Der Fortschritt der Menschheit hängt davon ab, ob die Ausdehnung der staatlichen Leistungsfähigkeit mit den neuen Herausforderungen Schritt halten und ob sie all die Herrschaftsansprüche, alte und neue, bekämpfen kann, doch dies kann nur geschehen, wenn die Gesellschaft es einfordert und sich mobilisiert, um die Rechte aller zu verteidigen. Das ist keine einfache Sache, und es wird nicht automatisch geschehen, aber es ist möglich.

DANKSAGUNG

Beim Schreiben dieses Buchs haben wir eine Menge intellektueller Schulden angesammelt. Die größten Schulden bestehen gegenüber unseren Co-Autoren, die uns bei diversen Recherchen für dieses Buch zur Seite gestanden haben. Dafür bedanken wir uns insbesondere bei Maria Angélica Bautista, Jeanet Bentzen, Davide Cantoni, Isaías Chaves, Jonathan Conning, Giuseppe De Feo, Giacomo De Luca, Georgy Egorov, Leopoldo Fergusson, Juan Sebastián Galan, Francisco Gallego, Camilo García-Jimeno, Jacob Hariri, Tarek Hassan, Leander Heldring, Matthew Jackson, Simon Johnson, Sara Lowes, Sebastián Mazzuca, Jacob Moscona, Suresh Naidu, Jeffrey Nugent, Nathan Nunn, Philip Osafo-Kwaako, Steve Pincus, Tristan Reed, Pascual Restrepo, Dario Romero, Pablo Querubín, Rafael Santos-Villagran, Davide Ticchi, Konstantin Sonin, Ragnar Torvik, Juan F. Vargas, Thierry Verdier, Andrea Vindigni, Sebastian Vollmer, Jon Weigel, Alex Wolitzky und Pierre Yared. Wir danken ihnen für ihre Kreativität, ihre unermüdliche Arbeit und ihre Geduld.

Besonderer Dank gebührt auch Joel Mokyr, der im März 2018 zum Thema dieses Buchs eine zweitägige Konferenz am Center for Economic History der Northwestern University organisierte. Seit zwanzig Jahren ist uns Joel intellektuelle Inspiration, akademisches Vorbild und Quelle enormer fachkundiger Unterstützung, und es fällt schwer, uns vorzustellen, wie unser Werdegang ohne ihn ausgesehen hätte. Von den Teilnehmern der Konferenz erhielten wir intensives Feedback, deshalb geht unser Dank an Karen Alter, Sandeep Baliga, Chris Blattman, Peter Boettke, Frederica Carugati, Daniel Diermeier, Georgy Egorov, Tim Feddersen, Gary Feinman, Gillian Hadfield, Noel Johnson, Lynne Kiesling, Mark Koyama, Linda Nicholas, Debin

Ma, Melanie Meng Xue, Suresh Naidu, John Nye, Pablo Querubín, Jared Rubin, Ken Shepsle, Konstantin Sonin, David Stasavage, John Wallis und Bart Wilson. Außerdem möchten wir Bram van Besouw und Matti Mitrunen für ihre Mitschriften zu dieser Konferenz danken und dass sie uns halfen, die Diskussion zu strukturieren.

An dieser Stelle danken wir auch allen Wissenschaftlern, die in den letzten beiden Jahrzehnten unsere Forschungen kritisch begleitet haben, vor allem sind dies Lee Alston, Jean-Marie Baland, Robert Bates, Tim Besley, Jared Diamond, Robert Dixon, Richard Easterlin, Stanley Engerman, Jeffry Frieden, Steven Haber, Joe Henrich, Ian Morris, Douglass North, Josh Ober, Torsten Persson, Jean-Philippe Platteau, Kenneth Sokoloff, Guido Tabellini, Jan Vansina, Barry Weingast und Fabrizio Zilibotti.

Siwan Anderson, David Autor, Peter Diamond, Jon Gruber, Simon Johnson, Lakshmi Iyer, Mark Pryzyk, Gautam Rao und Anand Swamy haben uns mit ihren äußerst nützlichen Kommentaren zu verschiedenen Kapiteln dieses Buchs enorm geholfen, und wir sind sehr dankbar, dass sie uns ihre Zeit und ihr Fachwissen zur Verfügung gestellt haben. Chris Ackerman und Cihat Togöz lasen das gesamte Manuskript und versorgten uns mit ausführlichen Kommentaren, Vorschlägen und Hinweisen.

Im Laufe der vergangenen Jahre haben wir unterschiedliche Versionen unserer Ideen in vielen verschiedenen Seminaren und Veranstaltungen vorgestellt, darunter bei der Nemmers Lecture an der Northwestern University, den Munich Lectures, der Kuznets Lecture in Yale, der Richard Stone Lecture in Cambridge, der Sun Chen Lecture in Taipei, der Jean-Jacques Laffont Lecture in Toulouse, der Linowes Lecture an der University of Illinois in Urbana-Champaign, der Oxford Development Studies Annual Lecture, der ABCDE Keynote Address bei der Weltbank und der Annual Social Ontology Conference an der Tufts Universiy. Wir erhielten viele nützliche Kommentare und Vorschläge und möchten dafür besonders Toke Aidt, Gabriel Leon und Min-Jeng Lin danken.

Tom Hao, Matt Lowe, Carlos Molina, Jacob Moscona, Frederick Papazyan und José-Ignacio Velarde haben uns bei unseren Forschungen hervorragend assistiert. Toby Greenberg hat als Bildredakteur großartige Arbeit geleistet. Alex Carr, Lauren Fahey und Shelby Jamerson unterstützten uns mit unschätzbaren editorischen Anmerkungen und Korrekturen.

Wir sind ebenso unseren Partnerinnen Asu Ozdaglar und Maria Angélica Bautista für ihr Engagement, ihre Unterstützung und Geduld zu unermesslichem Dank verpflichtet.

Last, but not least schulden wir unserem Agenten Max Brockman und unseren Lektoren Scott Moyers und Daniel Crew großen Dank für ihr Engagement bei diesem Projekt und ihre äußerst hilfreichen Vorschläge. Alle Fehler in diesem Buch gehen natürlich auf unsere Kappe.

BIBLIOGRAPHISCHER ESSAY

Die zentralen Thesen dieses Buchs stützen sich auf eine Vielzahl von Forschungsfeldern, die wir ob ihrer Fülle in diesem kurzen Essay gar nicht gebührend würdigen können. Deshalb beschränken wir uns hier auf die Nennung jener Arbeiten, auf die wir hauptsächlich zurückgegriffen haben, und verweisen im Übrigen auf Acemoglu und Robinson (2016, 2019), wo wir uns mit weiterer Forschungsliteratur auseinandersetzen und darlegen, in welchen Punkten wir mit ihr übereinstimmen und worin wir uns von ihr unterscheiden.

Mit dem vorliegenden Buch knüpfen wir vor allem an unser früheres Werk über das Gleichgewicht zwischen Staat und Gesellschaft an, nachzulesen in Acemoglu (2005) sowie in Acemoglu und Robinson (2016, 2017). Des Weiteren greifen wir die reichhaltige Literatur über die Bedeutung von Institutionen auf (Acemoglu, Johnson und Robinson 2001, 2002, 2005, Acemoglu, Gallego und Robinson 2014; North, Wallis und Weingast 2011; Besley und Pearson 2011; Acemoglu und Robinson 2012).

Im Mittelpunkt unseres Buchs steht die Entwicklung der staatlichen Leistungsfähigkeit, Gegenstand bereits zahlreicher sozialwissenschaftlichen Studien. Wir grenzen uns entschieden von der in dieser Literatur zumeist vertretenen Hypothese ab, wonach es für die Entwicklung der demokratischen Institutionen, der Zivilgesellschaft und der politischen Rechte von entscheidender Bedeutung sei, dass der Staat die Kontrolle über die Gesellschaft ausübt und die Macht innehat (z.B. Huntington 1968, Tilly 1992, Fukuyama 2011, 2014, sowie auch Besley und Persson 2011). Unserer Auffassung nach ist hingegen gerade die Mobilisierung der Gesellschaft und die Infragestellung der staatlichen Macht entscheidend für die Entwicklung demokratischer und partizipativer Institutionen und sogar eines leistungsfähigen Staates. Dabei knüpfen wir wiederum an Acemoglu und Robinson (2000, 2006) sowie an Therborn (1977) und Rueschemeyer, Stephens und Stephens (1992) an. Doch unser Diskussionsrahmen in dem hier vorliegenden Buch ist weit umfassender als in den zuletzt genannten Werken, denn wir beziehen die Organisation der Gesellschaft und der sozialen Zusammenschlüsse mit ein (inspiriert von Tocqueville 2002 und Dahl 1970); heben die Rolle der Normen in diesem Machtkampf hervor (teils mit Bezug auf die anthropologische Literatur wie z.B. Bohannan 1958 und Scott 2010); belegen, inspiriert von Migdal (1988, 2001), dass »schwache Staaten« entstehen, wenn diese Normen zu stark sind und die Herausbildung einer politischen Hierarchie und autonomer staatlicher Institutionen verhindern; und berücksichtigen, wie die Agenda, um die sich der politische Machtkampf dreht, die Gesellschaft verändert und potentiell stärkt, während sich die staatlichen Institutionen weiterentwickeln (so bei Tilly 1995 und Acemoglu, Robinson und Torvik 2016).

Schließlich stützen wir unser Theoriemodell auf mehrere bedeutende wissenschaftliche Arbeiten. Zu diesen gehören Manns (1986) Definition der despotischen Macht des Staates (ähnlich unserer Definition des Staates, der gegenüber der Gesellschaft nicht verantwortlich ist); Moores (1966) Denkansatz, den Ursprung verschiedener politischer Herrschaftsformen und der Beziehungen zwischen Staat und Gesellschaft auf historisch bedingte, wirtschaftliche und politische Bedingungen zurückzuführen, beispielsweise ob Zwangsarbeit praktiziert wurde oder nicht; die These von North und Thomas' (1973) über den »Aufstieg des Westens«; Engermans und Sokoloffs (2011) Werk über die historischen Wurzeln der unterschiedlichen Entwicklungen auf dem amerikanischen Kontinent; Pincus' (2011) Analyse der Glorreichen Revolution; Batess (1981) Theorie über die unterschiedlichen politischen Ökonomien in Afrika; Flannerys und Marcus' (2014) Zusammenschau archäologischer und ethnographischer Zeugnisse und ihr Bericht über die Entstehung komplexer Gesellschaften; und Brenners (1976) Analyse der Machtverhältnisse zwischen Großgrundbesitzern und Bauern im Übergang vom Feudalismus zum Kapitalismus.

Vorwort

Die Äußerungen der Zeitzeugen aus Syrien stammen alle aus Pearlman (2017, S. 175, 178, 213).

Die Zitate von John Locke findet man in Locke (1977, S. 201, 203).

Die Auszüge aus dem Gilgamesch-Epos stammen aus Mitchell (2004, S. 69–70 und 72–74).

Zum Preis der Vereinigten Arabischen Emirate 2018 siehe

https://www.theguardian.com/sport/2019/jan/28/uae-mocked-for-gender-equality-awards-won-entirely-by-men.

Zur Suffragettenbewegung in Großbritannien und zur Selbstermächtigung der Frauen siehe Holton (2003).

Kapitel 1. Wie endet die Geschichte?

Die einander widersprechenden Thesen von Francis Fukuyama, Robert Kaplan und Yuval Noah Harari findet man in Fukuyama (1989), Kaplan (1994) und Harari (2018). Wir zitieren aus Fukuyama, S. 3 und Kaplan, S. 46.

Der Wortlaut der Verfassung der Demokratischen Republik Kongo von 2005 ist nachzulesen auf http://www.parliament.am/library/sahmanadrutyunner/kongo.pdf.

Einen guten Überblick über die Rebellengruppen im Osten der Demokratischen Republik Kongo bietet die BBC: http://www.bbc.com/news/world-africa-20586792.

Der Kongo als Welthauptstadt der Vergewaltigung: http://news.bbc.co.uk/2/hi/africa/8650112.stm.

Kaplans Schilderungen zu Lagos haben wir Kaplan (1994, S. 52) entnommen.

Die Zitate von Wole Soyinka stammen aus Soyinka (2008, S. 532f., 537f.).

Leichen unter der Brücke: Cunliffe-Jones (2010, S. 23).

Lagos versinkt im Müll: http://news.bbc.co.uk/2/hi/africa/281895.stm.

Die Zitate von Philip Pettit stammen aus Pettit (1999, S. 4–5); siehe auch die Entwicklung seiner Thesen in Pettit (2014).

Die grundlegende Arbeit über die Gewalt in den Gesellschaften der Jäger und Sammler stammt von Ember (1978); wir beziehen uns hier auf die Werke von Keeley (1996) und Pinker (2011); siehe v. a. die Angaben in seiner Abbildung 2–3 (S. 53). Zu den Mordraten bei den Gebusi siehe Knauft (1987).

Alle Zitate von Hobbes stammen aus Hobbes (2011, Kapitel 13 und 17–19).

Die Angaben zu Eichmann stammen von Arendt (2006, S. 121).

Das Heidegger-Zitat ist in Pattison (2000, S. 33–34) zu finden.

Die Geschichten aus der Zeit des Großen Sprungs stammen von Jisheng (2012, S. 12f., 27, 122f.). Zum Schicksal von Luo Hongshan siehe Chinese Human Rights Defenders (2009), wir zitieren aus S. 5. Freedom House (2015) berichtet von den »schwarzen Gefängnissen« und dem »System der Gemeinschaftlichen Umerziehung«. Zu den »Vier Säuberungen« siehe http://cmp.hku.hk/2013/10/17/34310/.

Das Cruikshank-Zitat stammt aus Cruickshank (1853, S. 31), das Bonnat-Zitat aus Wilks (1975, S. 667).

Das Rattray-Zitat stammt aus Rattray (1929, S. 33). Die Geschichten von Goi and Bwanikwa haben wir aus Campbell (1933, Kapitel 18 und 19) entlehnt. Spilsbury wird zitiert in Howard (2003, S. 272). Miers und Kopytoff (1977) eröffnen wichtige Einblicke in das Wesen der »Freiheit« im präkolonialen Afrika.

Ginsburg (2011) bietet eine Einführung in den Paschtunwali und analysiert ihn aus rechtlicher Perspektive. Unser Zitat stammt aus dem übersetzten Paschtunwali, zu finden in http://khyber.org/.

Die Angaben über die frühe Geschichte Wyomings stammen aus Larson (1990), wir zitieren aus den Seiten 42–47, 233 und 275. Eine gute Zusammenfassung des Johnson-County-Kriegs findet man bei Johnson (2008).

Kapitel 2. Die Rote Königin

Es gibt viele ausgezeichnete Abhandlungen über die griechische Antike und die Entwicklung der Athener Institutionen, die für dieses Kapitel von Bedeutung sind. Wir orientieren uns v. a. an Ober (*The Rise and Fall of Classical Greek,* 2015), Morris (2010), Hall (2013), Osborne (2009), Powell (2016) und Rhodes (2011). Zu den politischen Institutionen siehe insbesondere die Essays in Brock und Hodkinson (2001) und in Robinson (2011).

Zur Charakteristik der griechischen Gesellschaft während des Dunklen Zeitalters siehe Finley (1954). Unsere Zitate zu Theseus und Solon stammen aus den entsprechenden Kapiteln in Plutarch (2010). Aristoteles (1990) analysiert die Athener Verfassungen; dieses Buch ist eine unschätzbare Quelle für das gesamte Kapitel, beispielsweise für die Art der Staatsgründung durch Kleisthenes. Alle Zitate von Aristoteles stammen daraus. Zu den Nachwirkungen von Solons Gesetzen siehe Leão und Rhodes (2016); Drakons Gesetz zu den Tötungsdelikten findet man auf S. 20. Hall (2013) bietet eine ausgezeichnete Analyse des bürokratisierten Wesens von Solons Reformen. Zu Solons Landreform siehe Osborne (2009). Wichtige Abhandlungen zur politischen Entwicklung Athens findet man bei Morris (1996) und Ober (2005). Forsdyke (2005, 2012) analysiert die griechischen Normen und ihre Institutionalisierung. Zu den von Kleisthenes entwickelten fiskalischen Institutionen siehe Ober (*Classical Athens Fiscal Policy,* 2015), Van Wees, 2013, und Fawcett, 2016. Zur Durchsetzung von Gesetzen siehe Lanni (2016) und Gottesman (2014).

Die Zitate aus dem Kanun stammen aus Gjeçov (1989), S. 162 und 172.

Den Originaltext der Bill of Rights findet man unter https://www.archives.gov/founding-docs/bill-of-rights/what-does-it-say.

Die Federalist Papers sind online nachzulesen unter https://www.congress.gov/resources/display/content/The+Federalist+Papers. Auch eine vollständige deutsche Übersetzung ist verfügbar: Hamilton, Madison und Jay (2007).

Das Madison-Zitat stammt aus dem Brief Nr. 51. Unsere Erörterung der Verfassung folgt Holton (2008), Breen (2011) und Meier (2011). Madisons »Teile und herrsche«-Brief wird in Holton (2008, S. 207) zitiert. Das Jefferson-Zitat stammt aus Jefferson (1904, S. 360ff.). Die Tocqueville-Zitate sind in Tocqueville (1959, Bd. 1, S. 216, und Bd. 2, S. 123) nachzulesen.

Zum US-amerikanischen Bürgerkrieg siehe McPherson (2003). Zur Entwicklung der Wirtschaft und der Politik der Südstaaten nach dem Bürgerkrieg siehe Woodward (1955) und Wright (1986).

Alice' Wettlauf gegen die Rote Königin stammt aus Carroll (1963, S. 44ff.) In der deutschen Übersetzung wurde aus der »Red Queen« die »Weiße Königin«.

Als grundlegende ethnographische Studie zu den Tiv ist Bohannan und Bohannan (1953) anzusehen. Lugard (1922) erläutert die Philosophie der indirekten Herrschaft, und Perham (1960) bietet eine umfassende Biographie. Zur Existenz nichtstaatlicher Gesellschaften in Westafrika zur Zeit der kolonialen Eroberung durch die Europäer siehe Curtin (1995) sowie Osafo-Kwaako und Robinson (2013). Das Lugard-Zitat stammt aus Afigbo (1967, S. 694); Afigbo (1972) ist die grundlegende Studie über die »warrant chiefs«. Die Bohannan-Zitate stammen aus Bohannan (1958, S. 3 und 11), Akigas Beobachtungen aus Akiga (1939, S. 264).

Der Begriff der Lesbarkeit stammt von Scott (2010). Einen guten Überblick über den Kommunalismus im Libanon bietet Cammett (2014). Zur politischen Zugehörigkeit der Beiruter Fußballmannschaften siehe Reiche (2011). Zu den prämierten Blogs über das libanesische Parlament siehe https://www.beirut.com/l/49413.

Zur Häufigkeit der Parlamentssitzungen siehe https://www.yahoo.com/news/lebanons-political-system-sinks-nation-debt-070626499—finance.html. Dort ist auch das Zitat von Ghassan Moukheiber zu finden. Der Facebook-Post der YouStink-Bewegung ist nachzulesen auf https://www.facebook.com/tol3etre7etkom/posts/1631214497140665?fref=nf&pnref=story. Zur YouStink-Bewegung allgemein siehe https://foreignpolicy.com/2015/08/25/theres-something-rotten-in-lebanon-trash-you-stink.

Zur Route 66 und den »Sundown«-Städten siehe Candacy Taylor (2016, »The Roots of Route 66«) auf https://www.theatlantic.com/politics/archive/2016/11/the-roots-of-route-66/506255/.

Zum Tiananmen-Platz siehe Lim (2014). Zum Leben von Liu Xiabo siehe Jie (2015). Zur Weiquan-Bewegung siehe Pils (2014). Die Geschichte von Zhao Hua stammt aus Dan Levin (2012) »A Chinese Education, for a Price«, https://www.nytimes.com/2012/11/22/world/asia/in-china-schools-a-culture-of-bribery-spreads.html.

Pei (2016) enthält detaillierte Informationen über die Bestechlichkeit von Beamten.

Zur Verlässlichkeit der Angaben zum chinesischen Bruttosozialprodukt siehe https://www.cnbc.com/2016/01/19/what-is-chinas-actual-gdp-experts-weigh-in.html sowie als Überblick https://www.stlouisfed.org/publications/regional-economist/second-quarter-2017/chinas-economic-data-an-accurate-reflection-or-just-smoke-and-mirrors. Die Ergebnisse einer Untersuchung von Betriebswirtschaftlern über die Genauigkeit der Statistiken zum chinesischen BSP sind nachzulesen auf https://www.wsj.com/articles/wsj-survey-chinas-growth-statements-make-u-s-economists-skeptical-1441980001. Zur Äußerung von Li Keqiang über die Unzuverlässigkeit der chinesischen BSP-Statistiken siehe https://www.reuters.com/article/us-china-economy-wikileaks/chinas-gdp-is-man-made-unreliable-top-leader-idUSTRE6B527D20101206.

Kapitel 3. Der Wille zur Macht

Die Literatur über das Leben Mohammeds und den Islam ist schier unüberschaubar. Unsere Darstellung seines Lebens folgt Watt (1953, 1956); beide Bände wurden ungekürzt in Watt (1961) zusammengefasst. Sehr gute Studien über diese historische Periode sind zum Beispiel Hourani (2010), Lapidus (2014) und Kennedy (2015). Die Verfassung von Medina ist in Watt (1961, S. 94) zitiert.

Zum Begriff des »Trumpfs« siehe Flannery (1999). Flannery und Marcus (2014) zeigen, wie sich dieser Begriff entwickelt hat.

Unsere Schilderung der Schlacht von Isandlwana stammt aus Smith-Dorrien (1925, Kapitel 1, »Der Zulukrieg«). Zum Aufstieg des Zulustaats siehe Eldredge (2014), Wright und Hamilton (1989) sowie Morris (1998). Wir zitieren aus Eldredge, S. 7 und 77. Das Zitat von Henry Flynn stammt aus Flynn (1986, S. 71). Eine grundlegende Analyse des Zulustaats verdanken wir Gluckman (1940, 1960). Ritter (1985) berichtet in Kapitel 10 von dem Vorfall zwischen Shaka und den Medizinleuten.

Zur Staatenbildung auf den hawaiianischen Inseln hat Kirch (2010, 2012) eine grundlegende Arbeit vorgelegt; wir folgen ihm in seiner Darstellung. Auch Kamakau (1992) ist diesbezüglich sehr wichtig; siehe v. a. seine Analyse der Aufhebung des Esstabus durch Liholiho. Unser Zitat von David Malo stammt aus seinem Buch (Malo 1987, S. 60f.). Das Brechen von Tabus behandelt auch Kamakau (1992). Die Zitate von Handy (»In seiner Grundbedeutung«) stammen aus Kuykendall (1965, S. 8) bzw. (»Die mana zeigte sich«) aus Kirch, woraus auch das Kepelino-Zitat stammt (Kirch 2010, S. 38 und 40f.). In Kuykendall (1965, S. 68) findet sich eine zeitgenössische Schilderung des Tabubruchs durch Liholiho.

Zur Geschichte und politischen Ökonomie Georgiens siehe Wheatley (2005) und Christopher (2004). Unsere Darstellung des Aufstiegs Schewardnadses orientiert sich an Driscoll (2015).

Kapitel 4. Die Wirtschaft außerhalb des Korridors

Colson zitiert nach Colson (1974, Kapitel 3). Zum Clansystem der Plateau-Tonga siehe Colson (1962).

Turner (2007) gibt einen Überblick des Konflikts im Kongo. Die Beschreibung des Angriffs auf Nyabiondo stammt von den Seiten 135–138 seines Buchs.

Über das Betteln und Armut unter den Tonga siehe Colson (1967). Unser Zitat stammt von den Seiten 53–56.

Bohannan und Bohannan (1968) ist die umfangreichste Darstellung der Wirtschaftsorganisation bei den Tiv, hier zitiert aus Kapitel 16. Akigas Geschichte ist publiziert in Akiga (1939).

Die im vorigen Kapitel zitierten Quellen geben einen guten Überblick über die Grundzüge der politischen Geschichte im Anschluss an den Aufstieg des islamischen Staats. Wir zitieren aus Ibn Khaldun (2011) und Al-Muqaddasi (2015). Siehe Watson (1983) zur Innovation in der Landwirtschaft. Zum Handel in den islamischen Reichen siehe Shatzmiller (2009) und Michalopoulos, Naghavi und Prarolo (2018). Zur Wirtschaft im Nahen Osten siehe Rodinson (2007), Kuran (2012), Blaydes und Chaney (2013), Pamuk (2014), Ozmucur und Pamuk (2002) und Pamuk (2005). Im letztgenannten Werk finden sich auch Daten über Realeinkommen, die zeigen, dass bereits im späten Mittelalter der Lebensstandard im Nahen Osten erheblich geringer als in Westeuropa war.

Die Formulierung der Verfassung des US-Bundesstaats Hawaii von 1978, die sich auf das Gesetz des gesprungenen Paddels bezieht, ist hier abrufbar: http://lrbhawaii.org/con/conart9.html.

Unsere Diskussion des despotischen Wachstums in Hawaii nutzt dieselben Quellen wie im vorigen Kapitel, insbesondere das Werk von Patrick Kirch, der auch die Metapher vom »Hai, der an Land geht« benutzt. Wir zitieren Fornander aus Kirch (2010, S. 41). Siehe Kamakau (1992) zu Kamehamehas Staatsgründung. Siehe Kirch und Sahlins (1992) zum Handel mit Sandelholz. Die Augenzeugen dieser Epoche, Mathison und Ely, sind nach Kirch und Sahlins (1992, Kapitel 3 und 4) zitiert.

»The Land of Zululand« ist von Eldredge (2014, S. 233). Das Zitat von Gluckman stammt aus Gluckman (1960), dort zitiert im letzten Kapitel.

Die Analyse des Wirtschaftswachstums in Georgien stützt sich auf dieselben Quellen wie im vorigen Kapitel.

Kapitel 5. Die Allegorie der guten Regierung

Zu den Sieneser Fresken, ihrer politischen Bedeutung und die italienischen Kommunen im Allgemeinen gibt es zahlreiche wissenschaftliche Abhandlungen. Grundlegende Werke über die Fresken haben Rubinstein (1958) und Skinner (1986, 1999) vorgelegt. Eine gute Einführung in die Geschichte der Kommunen bietet Wickham (2015). Die von uns zitierten politischen Namen aus Mailand stammen aus diesem Buch. Waley und Dean (1969) bieten eine sehr nützliche Einführung in die italienischen Kommunen, ebenso wie der noch anspruchsvollere Jones (1997). Bei Bowsky (1981) und Waley (1991) findet man detaillierte Analysen über die Sieneser Institutionen.

Die Zitate von Bischof Otto stammen aus Otto von Freising und Rahewin (1974, S. 309).

Der Schwur der Neun stammt aus Waley (1991, Kapitel 3).

Das Zitat von Benjamin von Tudela stammt aus Waley und Dean (1969).

Die aufgeführten Mailänder Namen haben wir Wickham (2015, Kapitel 2) entnommen.

Zum Leben des heiligen Franziskus von Assisi siehe Thompson (2012), zu den Champagnemessen Edwards und Ogilvie (2012).

Das Leben des Francesco di Marco Datini ist nachzulesen in Origo (1985); von dort (S. 21) stammt auch die Geschichte, wie di Marco Datini auf den Kanarischen Inseln reich wurde. Pirenne (1952) zeigt, dass das Leben des hl. Godric beispielhaft für die soziale Herkunft von Händlern ist; wir zitieren hier aus der Biografie Godrics, aufgezeichnet von seinem Zeitgenossen Reginald of Durham (1918).

Zur kommerziellen Revolution im Mittelalter siehe Lopez (1976) und Epstein (2009). Mokyr (1990) sowie Gies und Gies (1994) geben einen ausgezeichneten Überblick über die technologische Entwicklung im Mittelalter. Unsere Angaben zur Bevölkerungszahl in den 30 größten Städten stammen aus DeLong und Shleifer (1993). Acemoglu, Johnson und Robinson (2002) belegen, dass die Daten zur Urbanisierung als Belege für die wirtschaftliche Entwicklung verwendet werden können. Die Daten zur Urbanisierung stammen aus Bosker, Buringh und Van Zanden (2013). Zur Buchproduktion und Alphabetisierung siehe Buringh und Van Zanden (2009). Zu den Angaben zu Florenz siehe Goldthwaite (2009), zu den weiter gefassten wirtschaftlichen und finanziellen Trends siehe Fratianni und Spinelli (2006) sowie Pezzlo (2014). Zur Frage der Wechsel siehe Mueller (1997).

Unsere Darstellung des Zapotekenstaates stützt sich weitgehend auf die Forschungen von Richard Blanton, Gary Feinman und Linda Nicholas, siehe v. a. Blanton, Feinman, Kowalewski und Nicholas (1999) sowie Blanton, Kowalewski, Feinman und Finsten (1993). Blanton und Fargher (2008) belegen, dass viele prämoderne Gemeinschaften sich von der sozialen Basis ausgehend gebildet haben. Die Geschichte über die Tortillas stammt aus Flannery und Marcus (1996), die eine etwas andere und nicht unumstrittene Theorie zur Entstehung des Zapotekenstaats vertreten.

Kapitel 6. Die europäische Schere

Unser Blick auf die Geschichte von Europa wurde stark von Crone (2003) und das brillante Buch von Hirst (2009) geprägt, das dem einzigartigen Zusammenspiel verschiedener Faktoren zu Beginn des Mittelalters nachgeht. Viel verdanken wir auch der Analyse der Politik der Versammlungen von Wickham (2016). Siehe auch Reuter (2001), Barnwell und Mostert (2003), Pantos und Semple (2004), und besonders Wickham (2009, 2017). Siehe auch Kümin (2013); einen Überblick bieten die einflussreichen Schriften von Blickel (1989, 1998).

Gregor von Tours (1988) ist die maßgebliche Quelle für die Frühgeschichte der Franken, von ihm haben wir die Beschreibung der Krönung von Chlodwig und die Anekdote über das Haareschneiden. Bei Murray (1983) und Todd (2004) wird diskutiert, was wir über die Organisation der frühgermanischen Gesellschaft wissen. Wood (1994) liefert einen Überblick über die Geschichte der Merowinger. Die Beschreibung einer Versammlung durch Hinkmar von Reims (1980) findet sich in der angeführten Quelle auf S. 83, 86, 93 und 95. Die Beschreibung germanischer Versammlungen ist Tacitus (1972, S. 13, 19 und 21) entnommen.

Eich (2015) gibt einen Überblick über die Entwicklung der römischen Bürokratie. Siehe auch Jones (1964) und Kelly (2005), der die Aufzeichnungen von Johannes Lydos diskutiert, siehe dort Kapitel 1.

Die Zitate aus der Lex Salica stammen aus Eckhardt (1953, S. 86, 87, 105, 139, 141 und 165). Costambeys, Innes, und MacLean (2011) bieten einen umfassenden Überblick über die karolingische Geschichte; siehe auch Nelson (2003). Es gibt eine große Kontroverse über die Zusammenhänge zwischen dem römischen und dem fränkischen Staat; siehe dazu Wallace-Hadrill (1971, 1982), Geary (1988), James (1988), Murray (1988), Wolfram (2005) und Wickham (2009, 2016).

Der Zusammenbruch des römischen York wird bei Fleming (2010) beschrieben. Siehe auch ihre Beschreibung des nachrömischen York dort auf S. 28. Zur Rolle der politischen Versammlungen im angelsächsischen

Britannien siehe Roach (2013, 2017) und Maddicott (2012), ein Buch, das unsere Interpretation der politischen Geschichte Englands stark beeinflusst hat. Die Beobachtungen von Bryhtferth stammen aus Bryhtferth of Ramsey (2009), wir zitieren von den Seiten 73, 105 und 107. Das Zitat von Beda dem Ehrwürdigen (1997) stammt von S. 459. Es gibt viele gute Überblicksdarstellungen der angelsächsischen Geschichte; wir stützen uns hauptsächlich auf Stafford (1989) und Williams (1999). Ælfric von Eynsham ist nach William (2003, S. 17) zitiert.

Frühenglische Gesetze nach Attenborough (1922) und Robertson (1925). Wir zitieren aus Attenborough, S. 62–93. Hudson (2018) ist sehr aufschlussreich zum Thema frühenglisches Recht, sein Buch hat unsere Interpretation maßgeblich beeinflusst.

Es gibt viele exzellente Bücher über die Ereignisse von 1066 und die normannische Invasion, siehe zum Beispiel Barlow (1999). Zum englischen Feudalismus siehe Crick und Van Houts (2011), insbesondere das Kapitel von Stephen Baxter.

Wir zitieren aus Bloch (1982, S. 175 und 177).

Assize of Clarendon: https://www.yumpu.com/la/document/read/16499682/assize-of-clarendon-1166-servatunibech.

Richard FitzNigel zitiert aus seinem unter dem Namen Richard von Ely (1963) zitierten Werk, S. 131.

Text der Magna Carta zitiert nach *Magna Carta Libertatum von* 1215, lateinisch-deutsch-englisch, Quellen zur neueren Geschichte, hrsg. vom Historischen Seminar der Universität Bern, Heft 16, Bern 1951, 2. Art., S. 29. Siehe auch Holt (2015).

Unsere Interpretation und unsere Belege für die Staatenbildung im frühmodernen England stützen sich stark auf Braddick (2000), Hindle (2000) und Pincus (2011). Siehe auch Blockmans, Holenstein und Mathieu (2009). Davison, Hitchcock, Keirn und Shoemaker (1992) diskutieren das Bild vom unzufriedenen Bienenstock. Der deutsch zitierte Gedichttext ist aus Mandeville (1980, S. 80), die englische Fassung des Gedichts findet sich unter https://en.wikipedia.org/wiki/The_Fable_of_the_Bees#The_poem.

Siehe Hindle (1999) über Swallowfield. Er druckt die Gemeindeverfassung in Gänze ab. Die Rechtsfälle, auf die wir uns hier beziehen, stammen aus Herrup (1989, S. 75f., siehe Kapitel 4). Goldie (2001) hebt die Bedeutung der Zahl der Amtsträger im Großbritannien des 18. Jahrhundert hervor, unsere Zahlen stammen aus seinem Artikel.

Zu den Ursprüngen des Europaparlaments siehe Bisson (2009). Zur Languedoc siehe Bisson (1964 und 1973). Siehe zum Überblick über die Geschichte der europäischen Parlamentsinstitutionen auch Marongiu

(1968), Myers (1975) und Graves (2001) und die Kapitel in Helle (2008) über Skandinavien. Siehe Kümin und Würgler (1997) zu den Analysen von Hesse. Siehe auch Guenée (1985) und Watts (2009).

Unsere Darstellung der Geschichte Islands stützt sich auf Karlson (2000) und die entsprechenden Kapitel von Helle (2008). Zur Fortdauer der Fehden in Island siehe Miller (1997).

Angold (1997) und Treadgold (1997) geben einen Überblick über die politische Geschichte von Byzanz. Der Ausdruck »Dollar des Mittelalters« stammt von Lopez (1951); Laiou und Morrisson (2007) bieten einen nützlichen Überblick der zugehörigen Wirtschaftsgeschichte.

Unsere Diskussion des Rote-Königin-Effekts im England des 18. Jahrhunderts folgt Tilly (1995), sämtliche Zitate stammen aus Kapitel 1. Brewer (1989) ist die wichtigste Studie zum britischen Staat des 18. Jahrhunderts.

Lawes Resolutions of Womens Rights zitiert nach Edgar (2005). Blackstone zitert in Montgomery (2006, S. 13).

Caroline Nortons *The Separation of Mother and Child by the Law of ›Custody of Infants‹, Considered* findet man unter https://catalog.hathitrust.org/Record/008723154. Ihr Brief an die Königin ist nachzulesen auf http://digital.library.upenn.edu/women/norton/alttq/alttq.html. Wir zitieren außerdem aus Wollstonecraft (2008), S. 19, 59 und 63) und Mill, Mill und Taylor (1976, S. 143, 151 und 154).

Das Material über die industrielle Revolution in Großbritannien stammt aus Acemoglu, Johnson und Robinson (2005) und Acemoglu und Robinson (2012). Mokyr (1990) gibt einen exzellenten Überblick der technischen Durchbrüche der industriellen Revolution. Zum Längengradproblem stammen alle unsere Zitate aus Sobel (2007, Kapitel 3, 5 und 7).

Kapitel 7. Das Mandat des Himmels

Es liegen viele ausgezeichnete Arbeiten zur Geschichte Chinas vor. Eine hervorragende Analyse der frühen Neuzeit und der Moderne bietet Spence (2012), Dardess (2010) eröffnet einen prägnanten Überblick über die politische Geschichte und Mote (2000) beschäftigt sich eingehend mit dem Kaiserreich. Von Glahn (2016) behandelt v. a. die Wirtschaftsgeschichte Chinas bis zum Zusammenbruch des Kaiserreichs, bezieht dabei aber auch die politische und Sozialgeschichte mit ein.

Die Konfuzius-Zitate stammen aus Konfuzius (2003, S. 9, 73).

Das Zitat von Ji Liang stammt aus Pines (2009, S. 191), das Zitat von Zichan ebenfalls aus Pines (2009, S. 195).

Bei unserer Darstellung des frühen chinesischen Staats und seines langen Erbes folgen wir Pines (2009, 2012), siehe auch seine Übersetzung des

Buchs des Fürsten Shang (Shang Yang, 2017) aus dem wir zitieren (S. 79, 178, 218, 229ff. und 233). Unsere Darstellung stützt sich auch auf Lewis' Trilogie (2011, *China between Empires, China's Cosmopolitan Empire*). Siehe Lewis (2000), was den Vergleich zwischen den griechischen Stadtstaaten und den politischen Gemeinschaften der Frühlings- und Herbstannalen betrifft. Bodde und Morris (1967) setzen sich mit dem chinesischen Recht auseinander und betonen die Verschmelzung von legalistischen und konfuzianischen Elementen und das Fehlen von Rechtsstaatsprinzipien. Huang (1998) analysiert das Rechtssystem der Qing-Dynastie und dessen Erbe im heutigen China. Perry (2008) bietet eine sehr interessante Interpretation des chinesischen »Gesellschaftsvertrags« und dessen Fortdauer bis zur kommunistischen Zeit. Von Glahn (2016) zeigt die verschiedenen Versuche auf, das Brunnenfeldsystem wieder ins Leben zu rufen. Zum Landkreis Tanch'eng während der Ming-Dynastie siehe Spence (1978, S. 6f.). Zum Seehandelsverbot der Ming siehe Dreyer (2006). Den Übergang von der Ming- zur Qing-Dynastie analysieren Farmer (1995) und Wakeman (1986). Siehe Kuhn (1990) zu den Maßnahmen gegen jene Menschen, die sich weigerten, die mandschurische Haartracht zu übernehmen, und wie der chinesische Staat gegen »Seelendiebe« vorging.

Die Schilderung von Wang Xiuchu stammt aus Struve (1998, S. 28–48); siehe auch die Darstellung in Rowe (2009). Auszüge aus Wu Jingzis Roman *Der Weg zu den weißen Wolken* findet man in Chen, Cheng, Lestz und Spence (2014, S. 54–63); dort werden auch Heshens Verbrechen und sein Reichtum thematisiert. Zelin (1984), Von Glahn (2016) und Rowe (2009) weisen nach, wie der steuerliche Niedergang des Qing-Staates seine Fähigkeit untergrub, öffentliche Dienstleistungen wie z. B. eine Infrastruktur zur Verfügung zu stellen. Rowe (2009, Kapitel 6) listet die Verbrechen des Heshen auf.

Die Angaben zu Hankou stammen aus Rowe (1984, 1989), deutlich beeinflusst von der Kritik von Wakeman (1993) (siehe auch Wakeman, 1998).

Freedman (1966, 1971) hat die grundlegenden Arbeiten zur Abstammung vorgelegt, und wir zitieren aus seinem Werk von 1966 (Kapitel 3, siehe S. 80ff.). Siehe auch Beattie (2009) und Faure (2007) zu den Abstammungslinien in Südchina sowie Watson (1982).

Die Fakten über das relative Wirtschaftswachstum in China sind unter Wirtschaftshistorikern unstrittig. Der Begriff des »reversal of fortune« stammt aus Acemoglu, Johnson und Robinson (2002). Wong (1997) und Pomeranz (2001) behaupten, dass im 18. Jahrhundert in China oder zumindest in den am höchsten entwickelten Landesteilen wie z. B. im Jangtse-Tal ein Lebensstandard herrschte ähnlich jenem in den am höchsten entwickelten Teilen Westeuropas, doch spätere Forschungen haben dies nicht bestätigt. Broadberry, Guan und Li (2017) vergleichen die historischen Befunde zum durchschnittlichen Lebensstandard und kommen zu dem Ergebnis, dass das China der Song-Ära weltweit das höchste Pro-Kopf-Einkommen im Mittelalter hatte, danach aber stagnierte, fluktuierte und während der Ming- und späten Qing-Zeit sank. Ihre Daten zufolge betrug im Jahr 1800 das Pro-Kopf-Einkommen in China nur ein Drittel desjenigen der Niederlande oder Großbritanniens. Selbst wenn man das Jangtse-Tal in den Blick nimmt, ändert dies nicht das Gesamtbild. So fanden Bozhong und Van Zanden (2012) heraus, dass dort der durchschnittliche Lebensstandard nur etwa halb so hoch war wie zur gleichen Zeit, in den 1820er Jahren, in den Niederlanden. Weitere Belege stützen diese Befunde, z.B. zeigen Allen, Bassino, Ma, Moll-Murata und Van Zanden (2011), dass im urbanen China die Reallöhne beträchtlich niedriger lagen. Aufgrund dieser Fakten klingt Wongs und Pomeranz' Argumentation wenig überzeugend, denn ihrer Ansicht nach entstand die wirtschaftliche Divergenz zwischen Westeuropa und China aufgrund der vorteilhaften Kohlevorkommen in Europa und der Verfügbarkeit von Land in den europäischen Kolonien. Doch die Belege stützen nicht die These, dass es in China die malthuseanische Bevölkerungsfalle gab. Zum Beispiel erfolgte beim Übergang von der Tang- zur Song-Dynastie ein starker Anstieg der Bevölkerungszahlen. Diese Thesen sind noch in viel weiterer Hinsicht problematisch. Die frühe Industrialisierung in Großbritannien zum Beispiel war der Wasserkraft und nicht der Kohle zu verdanken. Auch ist nicht klar, ob eine zwingende Verbindung zwischen der ausgiebigen Verfügbarkeit von Kolonialland und Wirtschaftswachstum bestand.

Unsere Interpretation des langsamen chinesischen Wachstums nach der Song-Dynastie folgt teils den herkömmlichen Analysen (was die entwicklungshemmende Politik der Ming und der frühen Qing betrifft siehe Liu, 2015, und Von Glahn, 2016). Außerdem stützen wir uns dabei auf die Arbeiten von Faure (2006) und Brandt, Ma und Rawski (2014). Zur mangelnden Bereitstellung öffentlicher Dienstleistungen siehe Morse (1920). Diese Arbeiten zeigen zwar, dass es im China der frühen Moderne bedeutende Märkte gab, liefern aber reichlich Belege, dass das Wirtschaftswachstum aus politischen Motiven gehemmt wurde. Wir greifen auch auf Befunde von Hamilton (2006) sowie von Brenner und Isett (2002) zurück. Dieses Werk steht in der Tradition früherer Forscher wie z.B. Wright (1957). Unser Beispiel vom Widerstand gegen den Eisenbahnbau stammt aus Wang (2015). Die wissenschaftliche Literatur zur langfristigen Entwicklung Chinas begann mit den Arbeiten von

Max Weber, der sich auf die kulturellen Unterschiede zu Europa konzentrierte, und Karl Marx, von dem der Begriff der »asiatischen Produktionsweise« stammt (siehe Brook, 1989, zu den Implikationen dieses Begriffs). Folglich wurde China als »despotisch« charakterisiert, z. B. von Wittfogel (1957), ein Begriff, mit dem Historiker auch heute noch das Kaiserreich beschreiben (z. B. Mote, 2000, Liu, 2015).

Viele Arbeiten über das Ausbleiben des Kapitalismus in China stellen die Salzhändler in den Mittelpunkt. Unsere Beispiele für den Wechsel von Salzhändlern in den Staatsdienst stammen aus Ho (1954). Zur Familie Pan siehe Hung (2016). Eine weitere Arbeit zu den Salzhändlern ist jene von Zelin (2005).

Das Wenzhou-Modell haben wir Liu (1992) entnommen, das Zitat über die »Kollektivierung« stammt von S. 698.

Von Huang (2008) stammen die Beispiele über die Township Village Enterprises und den Xiushui-Markt in Peking. Zur Unzufriedenheit auf dem Land und zur Agrarsteuer siehe O'Brien und Li (2006) sowie O'Brien (2008). Zur widerstrebenden Haltung der Kommunistischen Partei gegenüber Kapitalisten siehe Nee und Opper (2012).

Zur Modernisierungstheorie siehe Lipset (1959). Zum Gegenbeweis, dass Länder, die reicher oder »moderner« werden, nicht automatisch demokratisch werden, siehe Acemoglu, Johnson, Robinson und Yared (2008, 2009).

»Leave no dark corner …« stammt von Carney (2018) Zur Unterdrückung der Uighuren siehe Human Rights Watch (2018).

Kapitel 8. Die zerbrochene Rote Königin

Die Geschichte von Manoj und Babli haben wir Dogra (2013) entnommen. Eine Vielzahl von Studien beschäftigt sich mit der Bedeutung und der Geschichte der indischen Kasten. Grundlagenwerke zu diesem Thema sind Hutton (1961), Dumont (1976) und Smith (1994). Sehr nützlich sind auch die zahlreichen ethnographischen Dorfstudien, die einen guten Eindruck davon vermitteln, wie die Kasten tatsächlich funktionieren, z. B. Lewis (1965), Srinivas (1976), Parry (1979) und Béteille (2012), und wie sie die Politik beeinflussen. Die neuere wissenschaftliche Literatur neigt dazu, den starken Einfluss hervorzuheben, den der Kolonialismus auf das Kastenwesen hatte (z. B. Bayly, 2001, Dirks, 2001, und Chatterjee, 2004). Obgleich dies plausibel erscheint, stammt das Kastenwesen unzweifelhaft aus alter Zeit, und dieser Aspekt ist für unsere Analyse von größerer Bedeutung. Einige Forscher beschäftigen sich mit den wirtschaftlichen Folgen des Kastenwesens und kommen dabei zu unterschiedlichen Ergebnissen. Die einen argumentieren, dass in einer ohnehin unvollkommenen Welt mit versagenden Märkten und Problemen die Kastenidentität Vorteile bringen kann, indem sie es zum Beispiel erleichtert, die Einhaltung von Versicherungs- und sonstigen Verträgen durchzusetzen (z. B. Munshi, 2017). Andere hingegen verweisen darauf, dass die Kasten eine wesentliche Ursache für Ineffizienz in Wirtschaftsbeziehungen darstellen (z. B. Hoff, 2016). Unser Standpunkt entspricht viel eher der zuletzt genannten Auffassung, siehe z. B. die Arbeiten von Edmonds und Sharma (2006), Anderson (2011), Hoff, Kshetramade und Fehr (2011) sowie Anderson, Francois und Kotwal (2015), geht aber noch darüber hinaus, indem wir die Auswirkungen des Kastenwesens auf die Politik und die Unfähigkeit der Gesellschaft hervorheben, den Staat rechenschaftspflichtig zu machen und zur Verantwortung zu ziehen.

Die Kautilya-Zitate stammen aus Kautilya (1987, Kapitel I, Abschnitt ii). Zur europäischen Ständegesellschaft siehe Duby (1993). Britnells Analyse findet man in Britnell (1992).

Ambedkars Zitat vom »vielstöckigen Turm« stammt aus Roy (2014), die übrigen Ambedkar-Zitate sind Ambedkar (2014) entnommen. Die Zitate der von Human Rights Watch interviewten Dalit-Arbeiter in Ahmedabad stammen aus Human Rights Watch (1999, S. 1).

Alle Zitate aus Béteille (2012) sind Kapitel 5 entnommen. Siehe die Essays von Srinivas (1994) zum Begriff der »dominanten Kasten«. Zu Thillai Govindan siehe Matthai (1915) S. 35ff., und Human Rights Watch (1999), S. 31f., von wo auch die übrigen Zitate stammen (S. 88, 93, 98 und 114).

Gorringe (2005, 2017) bietet einen ausgezeichneten Überblick und analysiert der gegenwärtigen Versuche der Dalits, in Tamil Nadu politische Macht zu erlangen. Zu Blunts Analyse siehe Blunt (1931). Die Angaben stammen aus Kapitel 12, siehe v. a. den Anhang, S. 247–252. Zur Fortdauer der Verknüpfung von Kaste und Beruf bis heute siehe Deshpande (2011). Zur Fortdauer der Unberührbarkeit siehe Shah, Mander, Thorat, Deshpande und Baviskar (2006).

Die Beschreibung des Jajmani-Systems in Karimpur stammt von Wiser (1936), die beiden Zitate aus Wiser und Wiser (2000) finden sich auf den S. 18f. und 53. Dumont (1976) bietet einen guten Überblick über das Jajmani-Ssystem einschließlich einer nützlichen Zusammenfassung von Wisers Buch.

Es gibt viele gute allgemeine Einführungen und Darstellungen zur antiken und mittelalterlichen Geschichte Indiens. Wir sind hierbei v. a. Thapar (2002) und Singh (2009) gefolgt. Unter den Fachwissenschaftlern herrscht ein gewisser Dissens, was die Interpretation vieler der alten Institutionen betrifft. Siehe z. B. die Kontroverse darüber, was bei der als *vidatha* bekannten Versammlung geschah (siehe Singh, 2009, S. 188). Zu den alten Republiken siehe Sharma (1968) und v. a. Sharma (2005). Die Zitate zur Atharva-Veda stammen aus Sharma (2005, S. 110). Zu den verschiedenen Wergeld-Beträgen und zum Rechtssystem allgemein siehe Sharma (2005, S. 245). Die Beschreibung des Licchavi-Staats stammt aus Sharma (1968, S. 85–135); siehe auch Jah (1970), der in manchen Punkten zu anderen Deutungen kommt. Zum Beispiel behauptet Jah, bei den Licchavis habe es ein allgemeines Wahlrecht von Männern gegeben; wir folgen in diesem Punkt Sharma, dessen Sichtweise eher dem wissenschaftlichen Konsens zu entsprechen scheint. Zu den *gana-sanghas* siehe Kautilya (1987). Die Digha-Nikaya wird in Sharma (2005, S. 64f.) zitiert. Das Kautilya-Zitat zu den Ursprüngen der Könige stammt aus Kautilya (1987). Bedeutende Arbeiten zu den Ursprüngen der Staaten und Monarchien in Nordindien haben sowohl Thapar (1999) als auch Roy (1994) vorgelegt, der wie Sharma (2005) die Verbindung zum Varna-System hervorhebt. Das Zitat zu Asokas sechstem Felsedikt stammt aus Hultzsch (1925, S. 34f.). Die Anmerkung zu den Chauhan ist in Thapar (2002, S. 451) zu finden.

Zu den grundlegenden Werken über die südindische Gesellschaft und das politische System vom Mittelalter bis zur Neuzeit zählen Subbarayalu (1974, 2012), Stein (1980, 1990), Veluhat (1993), Heitzman (1997) und Shastri (1997). Stein prägte den Begriff des »segmentären Staates« zur Beschreibung der Beziehungen zwischen Staat und Gesellschaft im Süden Indiens, und seine Erkenntnisse und Belege haben unsere Interpretation der entsprechenden geschichtlichen Periode stark beeinflusst. Die Schilderung der Wahlen und der örtlichen politischen Institutionen stammt aus Thapar (2002, S. 375ff.). Die beiden Inschriften bezüglich der Maßnahmen der Versammlungen zum Kanalbau sind aus Heitzman (1997, S. 52) zitiert. Subbarayalu (1974) bietet eine umfassende Analyse der Nadus, basierend auf Inschriften, und er führt die Zusammensetzung sämtlicher Nadus im Chola Mandalam auf.

Es gibt eine umfangreiche, wenngleich schon ältere Literatur darüber, in welchem Maße Dorfversammlungen in Indien historisch vorherrschten. Niemand bezweifelt die Belege für die *gana-sanghas* oder den Tamil Nadu, v. a. nicht in der Chola-Ära. Andere Punkte sind jedoch höchst umstritten. Einige Forscher vertraten die These, wonach Dorfversammlungen und viele der Institutionen überall in Indien vorherrschten, z. B. Mookerji (1920), Majumdar (1922) und Malaviya (1956). Andere wie Altekar (1927) behaupten, sie seien auf den Süden beschränkt gewesen, wobei Altekar sowohl Karnataka als auch Tamil Nadu mit einbezieht (siehe Dikshit, 1964, der diesbezügliche Belege aus Karnataka anführt). Laut Altekar waren andernorts in Westindien solche Versammlungen weniger institutionalisiert und weit informeller. Wade (1988) zeigt die enorme Heterogenität, was das Ausmaß der Partizipation auf lokaler Ebene in Indien angeht. Mathur (2013) bietet einen guten Überblick über die Panchayats, wobei er den Schwerpunkt auf ihre Funktion nach der Unabhängigkeit legt.

Eine nützliche Einführung in die Organisation des Mogulreichs bietet Richards (1993). In den Kapiteln 3 und 4 beschäftigt er sich mit der bürokratischen Organisation des Staates und seiner Interaktion mit der ländlichen Gesellschaft. Habib (1999) ist das maßgebliche Werk über die Organisation der dörflichen Ökonomie während der Mogulzeit; siehe Kapitel 4 zu den Dorfgemeinschaften und Kapitel 5 zu den Zamindars.

Die Zitate aus dem *Fünften Bericht des Ausschusses* stammen aus dem Originalprotokoll (1812, S. 85). Das Zitat von Metcalf findet sich in Dutt (1916, S. 267 f.). Die Zitate aus Matthais Buch (1915) stammen von den Seiten 18 und 20; der *Bericht der Kommission zur indischen Hungersnot* ist ebenfalls in Matthai (1915, S. 77) zitiert.

Unsere Analyse der staatlichen Leistungsfähigkeit von Bihar ist stark von der Arbeit von Mathew und Moore (2011) beeinflusst. Unsere Angaben zur Ausgaben- und Besetzungspolitik in Bihar stammen aus dieser Arbeit. Das Weltbank-Zitat stammt aus World Bank (2005). Das Zitat der Regierung Bihars stammt aus Mathew und Moore (2011, S. 17). Es liegen mehrere nützliche Biographien über Lalu Yadav vor, siehe hierbei v. a. Thakur (2006). Witsoe (2013) bietet eine ausgezeichnete Analyse der entwicklungsfeindlichen Politik Lalu Yadavs. Siehe Kremer, Chaudhury, Rogers, Muralidharan und Hammer (2005) zum Lehrer-Absentismus. Die These, dass Staat und Gesellschaft in Indien koexistieren, ohne wirklich zu interagieren, geht aus vielen Studien hervor, z. B. bei Thapar (2002), und auch Mookerji (1920) benennt dies klar.

Kapitel 9. Der Teufel steckt im Detail

Dieses Kapitel basiert auf den in Acemoglu und Robinson (2017) entwickelten Thesen.

Das Machiavelli-Zitat stammt aus *Der Fürst,* Machiavelli (2007, S. 51). Das Bonmot über Preußen wird oft Mirabeau zugeschrieben, aber seine Herkunft ist unklar. Die Zitate zu Montenegro stammen aus Djilas (1958, S. 3 f.).

Tillys Theorie über den Zusammenhang von Kriegführung und Staatenbildung ist in Tilly (1992) nachzulesen. Siehe auch die Essays in Tilly (1975). Die These, dass Kriege zwischen Staaten die Staatenbildung vorantreibt, geht auf Hintze (1975) zurück. Von Roberts (1956) prägte den

Begriff der »militärischen Revolution«. Dieser wird im Werk der Wirtschaftswissenschaftler Besley und Persson (2011) ausführlich diskutiert, ebenso bei Gennaioli und Voth (2015). Das Beispiel Großbritannien behandeln Pincus and Robinson (2012, 2016) aus anderer Sicht.

Zur Geschichte der Schweiz siehe Church und Head (2013) sowie Steinberg (2016). Auch Sablonier (2015) bietet hierzu einen ausgezeichneten Überblick. Spezifischere wissenschaftliche Arbeiten, v. a. zum Ursprung der politischen Institutionen der Schweiz, sind Blickell (1992), Marchal (2006) sowie Morerod und Favrod (2014). Den Bundesbrief auf Lateinisch und Deutsch findet man unter https://de.wikipedia.org/wiki/Bundesbrief_von_1291.

Clark (2013 bietet einen guten Überblick über die Geschichte Preußens, Ertman (1997) analysiert die preußische Staatenbildung. Carsten (1959) und Asch (1988) behandeln v. a. die Frage, wie die Entwicklung des Staates die Macht der repräsentativen Institutionen in Deutschland untergrub. Blanning (2018) hat eine hervorragende Biographie Friedrichs des Großen vorgelegt; unsere Zitate zu Georg Wilhelm und Friedrich Wilhelm I. stammen daraus, ebenso das Elliot-Zitat.

Roberts (2007) bietet einen Überblick über die Geschichte Montenegros. Die Bücher von Djilas (1958, 1966) sind Grundlagenwerke, unsere Zitate stammen aus ihnen. Boehms große Studie über das Fehdewesen findet sich in seinem Buch von 1986; siehe auch sein Buch von 1982. Wir zitieren aus 1986, S. 182. Das Zitat aus dem Gesetzbuch Peters I. stammt aus Durham (1928, S. 78–88), und »Von alters her …« stammt aus Durham (1909, S. 1). Das Braudel-Zitat ist Braudel (1990, S. 52) entnommen. Das Marmont-Zitat findet man bei Roberts (2007, S. 174).

Aus Simić (1967, S. 87) stammt das Zitat »Fortgesetzte Anstrengungen …«, aus Djilas (1966, S. 107 und 115) die Zitate »Es war ein Zusammenstoß …« und »Die Einsetzung …«).

Das Havel-Zitat stammt aus Havel (1989, S. 10 f.).

Unsere Ausführungen zur postsowjetischen Divergenz lehnen sich an Easter (2012) an. Kitschelt (2003) legt hierzu eine sehr interessante Interpretation vor. Castle und Taras (2002) sowie Ost (2006) sind exzellente Studien zur Politik des polnischen Übergangs, nicht weniger ausgezeichnet ist Treisman (2011) zur jüngeren Geschichte Russlands. Urban, Igrunov und Mitrokhin (1997) diskutieren das Scheitern einer volksnahen Politik in Russland. Zum Aufstieg der russischen Oligarchen siehe Freeland (2000) und Hoffman (2002). Bedenkenswerte Kritik an den Privatisierungen in Russland üben Black, Kraakman und Tarassova (2000) sowie Goldman (2003). Das Zitat von Bertolt Brecht stammt aus seinem Gedicht *Die Lösung* von 1953.

Der Brief von Alexander Litvinenko, aus dem wir zitieren, ist nachzulesen unter http://www.mailonsunday.co.uk/news/article-418652/Why-I-be lieve-Putin-wanted-dead-.html

Siehe Driscoll (2015) zum Bürgerkrieg in Tadschikistan. Zur Bedeutung der Clans in der Politik Zentralasiens siehe Collins (2006). Das Zitat von Saodot Olimova stammt aus ihrem Buch. Wir zitieren auch aus Gretsky (1995).

Wir zitieren ausführlich aus Menchús (1984) erschütterndem Buch.

Einen guten Überblick zur Geschichte Mittelamerikas bieten Dunkerly (1988), Woodward (1991) sowie Gudmundson und Lindo-Fuentes (1995). Wortman (1982) analysiert den Übergang von der Kolonialherrschaft. Ausgezeichnete Studien zur politischen Ökonomie der behandelten historischen Periode bieten Williams (1994), Paige (1997), Yashar (1997), Mahoney (2001) und Holden (2004); die Angaben zur Größe der Armee und der Anzahl der Lehrer in Costa Rica stammen aus Holdens Buch. Gudmundson (1986, 1997) hat als Erster dokumentiert, dass die kleinbäuerliche Kaffeeerzeugung eher eine Folge der Politik des 19. Jahrhunderts war als ein Erbe der Kolonialherrschaft. Zur costa-ricanischen Kaffeewirtschaft siehe Cardoso (1977). Das Sarmiento-Zitat stammt aus Dym (2006), der die Bedeutung von Städten als politische Akteure in Mittelamerika betont. Siehe Karnes (1961) zur politischen Ökonomie dieser Diversität. Die Angaben zu den Kaffeepreisen sowie Export- und Handelsvolumina stammen aus Clarence-Smith und Topik (2006). McCreery (1994) hat die maßgebliche Studie zur Zwangsarbeit in Guatemala im Zusammenhang mit der Kaffeewirtschaft vorgelegt. Unsere Hypothese über die Divergenz zwischen Guatemala und Costa Rica wird von den ökometrischen Belegen von Pascali (2017) gestützt.

Das Sarmiento-Zitat stammt aus Dym (2006, S. xviii).

Das Woodward-Zitat zu Carrera stammt aus Woodward (2008, S. 254).

Kapitel 10. Was ist los mit Ferguson?

Die Details vom Verhalten der Polizei von Ferguson stammen aus dem Bericht des Department of Justice (2015). Die BBC (2017) berichtete über die Posttraumatischen Belastungsstörungen in Atlanta. Unsere Betrachtungen zur Unanwendbarkeit der Bill of Rights auf die einzelnen Bundesstaaten folgt der grundlegenden Studie von Gerstle (2015), der wir auch das Zitat von Richter Field entnommen haben (S. 78). Ansolabehere und Snyder (2008) haben ein aufschlussreiches Buch über die politischen Folgen der Entscheidung des Warren-Gerichts vorgelegt. Siehe Amar (2000) zur Bill of Rights im Allgemeinen, und McDonald (2000) zu den Rechten der Einzelstaaten. Es gibt zahlreiche Forschungen von Historikern, Soziologen und Politikwissenschaftlern zur historischen Natur des US-amerikanischen Bundesstaats. Ein guter Ausgangspunkt bei diesem Thema ist Novak (2008); siehe auch die Beiträge seiner Kommentatoren, v.a. Gerstle (2008) sowie King und Lieberman (2009). Ein Großteil dieser Literatur widerlegt frühere Thesen, wonach der US-Bundesstaat »schwach« sei, und zeigt an zahlreichen Beispielen, dass der Einzelstaat sogar schon im 19. Jahrhundert große infrastrukturelle Macht in vielerlei Hinsicht entwickelt hat. Orren und Skowronek (2004) geben einen ausgezeichneten Überblick über die Arbeiten von Politikwissenschaftlern, zu deren bedeutenden Werken Skowronek (1982), Bensel (1991), Skocpol (1995), Carpenter (2001) und Balogh (2009) gehören. Baldwin (2005) analysiert auf interessante Weise die gleichzeitige Stärke und Schwäche des Einzelstaats. In dieser Literatur ist immer wieder die Rede vom »unsichtbaren Einzelstaat« (Balogh, 2009) oder vom »verschütteten Einzelstaat« (Mettler, 2011), ebenso wie die These, der Einzelstaat habe dadurch zu funktionieren, dass er eine Balance und Synthese mit dem Privatsektor findet (siehe auch Stanger, 2011).

Zur Verfassung der USA siehe die Ausführungen im Bibliographischen Essay zu Kapitel 1. Die These, das »Unvermögen« des Einzelstaats sei als eine Möglichkeit genutzt worden, zu verhindern, dass der Einzelstaat die Rechte der Bürger verletzt, wird von Levinson (2014) vertreten. Siehe auch Novak und Pincus (2017) zu den Ursprüngen des starken US-amerikanischen Einzelstaats. Das Urteil zum Fall *Mapp v. Ohio* ist auf http://caselaw.findlaw.com/us-supreme-court/367/643.html zu finden.

Wir zitieren aus Morgan (1975) »die wenig Anteil am Land haben«, Seite 238, und »Wenn sich ein Sklave«, Seite 312.

Siehe John (1995, 1997) zur Bedeutung des Post Office, und Larson (2001) zur Infrastruktur im Allgemeinen, sowie Duran (2012) zu den wirtschaftlichen Folgen der transkontinentalen Eisenbahn. In Acemoglu, Moscona und Robinson (2016) finden sich ökonometrische Belege, dass die Schaffung von Post Offices und die Ernennung von Postmeistern das Patentwesen und somit die Innovationen in den USA des 19. Jahrhunderts stimuliert haben. Das Zitat von Zorina Khan stammt aus dieser Studie; siehe auch Khan (2009).

Das Tocqueville-Zitat haben wir Tocqueville (1959, S. 351) entnommen.

Das Abernathy-Zitat stammt aus Eskew (1997, Kapitel 7). Robert Kennedy und Richter Frank Johnson werden in McAdam (1999, Kapitel 7) zitiert. Lyndon Johnsons Rede ist nachzulesen auf http://www.historyplace.com/speeches/johnson.htm.

Hacker (2002) analysiert, wie der US-amerikanische Einzelstaat öffentliche mit privaten Maßnahmen kombiniert, und führt gewichtige Argumente an, warum dies, in unserer Sprache, eine »dunkle Seite« schafft. Das Zitat des Sprechers der National Dairy Producers Corporation stammt aus diesem Buch. Hacker stellt dies aber nicht so wie wir in Beziehung zur Architektur des Einzelstaats. Baloghs (2015) Begriff des »assoziierenden Staates« ist damit eng verwandt. Alston and Ferrie (1993, 1999) legen eine wichtige Analyse darüber vor, wie Politiker der Südstaaten die Gesetzgebung zum New Deal blockierten, die ihre wirtschaftlichen Interessen und Autonomie bedrohten. Siehe auch Novak (2017) zum Staat des New Deal. Friedberg (2000) analysiert die beträchtlichen Folgen, die das Modell der öffentlich-privaten Partnerschaft in den USA auf die Führung des Kalten Kriegs hatte; siehe auch Stuart (2008). Unser Beispiel, wie die Bundesregierung das Rechtssystem nutzte, um ihre Politik durchzusetzen, stammt aus Farhang (2010); siehe Novak (1996) zur Bedeutung des Rechtssystems hinsichtlich der Leistungsfähigkeit des US-amerikanischen Einzelstaats.

Hinton (2016) erläutert den Hintergrund von Johnsons Programm der Great Society.

Rothstein (2014) legt eine brillante Analyse vor, wie Ferguson zu dem wurde, was es ist, und schildert die Entwicklung der rassistischen Politik auf Bundesebene; siehe hierzu auch Rothstein (2017), der das Thema noch umfassender behandelt. Gordon (2009) bietet eine detaillierte Geschichte der Rassentrennung und des urbanen Niedergangs in St. Louis. Loewen (2006) erläutert die Geschichte der »sundown towns«, und Aaronson, Hartley und Mazumder (2017) legen ökonometrische Belege für die langfristig negativen Folgen des Redlinig vor.

Wir zitieren aus Rothstein (2014).

Zum Urteil im Fall *District of Columbia v. Heller* siehe https://supreme.justia.com/cases/federal/us/554/570/opinion.html. Zur explizit rassistischen Terminologie im Versicherungshandbuch der Federal Housing Administration siehe https://www.huduser.gov/portal/sites/default/files/pdf/Federal-Housing-Administration-Underwriting-Manual.pdf.

Daten zur Armutsquote findet man unter https://data.oecd.org/inequality/poverty-rate.htm. For data on healthcare coverage see http://www.oecd-library.org/docserver/download/8113171ec026.pdf?expires=1514934796&id=id&accname=guest&checksum=565E13BC154117F36688F63351E843F1. Zum Verhältnis zwischen Nationaleinkommen und Gesundheitswesen siehe https://data.worldbank.org/indicator/SH.XPD.TOTL.ZS.

Weiner (2013) legt eine ausgezeichnete Geschichte des FBI vor, auf die wir unsere Darstellung stützen. Siehe Weiner (2009) zur CIA sowie and Edgar (2017) zur NSA und zu den Snowden-Enthüllungen. Der Bericht des

Church-Komitees von 1975 ist nachzulesen unter https://www.senate.gov/artandhistory/history/common/investigations/ChurchCommittee.htm.

Zu Keith Alexanders Äußerung »Warum können wir nicht die ganze Zeit alle Signale auffangen?« siehe https://www.theguardian.com/uk/2013/jun/21/gchq-cables-secret-world-communications-nsa.

Präsident Eisenhowers Abschiedsansprache ist zu finden unter http://avalon.law.yale.edu/20th_century/eisenhower001.asp.

Kapitel 11. Der Papier-Leviathan

Der Ausdruck »Patienten des Staates« stammt aus Auyero (2001). Alle Schilderungen im ersten Abschnitt dieses Kapitels haben wir diesem Buch entnommen. Wir zitieren aus den Seiten 10, 20, 71f., 83, 85, 99, 109 und 120. Zu Webers Begriff des »stahlharten Gehäuses« siehe Weber (2017). Webers Ausführungen zur Bürokratie sind in Weber (1985) nachzulesen. Hilfreiche Einführungen zu Webers Schriften über diese Themen sind Camic, Gorski und Trubek (2005) sowie Kim (2017). Zum Begriff der Gnocchi in Argentinien siehe BBC (»Argentina's parliament«), und zu Präsident Macris Maßnahmen gegen den Nepotismus BBC (»Argentina's President bans family members«). Zur Rüge des IMF siehe Internationaler Währungsfonds (2016), und zur Entscheidung des *Economist,* aus Argentinien keine Daten mehr zu melden, siehe *The Economist* (2012). Auyero (2001) hat eine grundlegende Studie über die »Klientelpolitik« verfasst, die mit den von uns hier diskutierten Themen eng verwandt ist.

Unsere Überlegungen zum Papier-Leviathan knüpfen an die Untersuchungen zur politischen Ökonomie Kolumbiens in Robinson (2007, 2013, 2016) an. Diese wiederum basieren auf den Studien von Acemoglu, Bautista, Querubín und Robinson (2008), Mazzuca und Robinson (2009), Acemoglu, Robinson und Santos (2013), Acemoglu, García-Jimeno und Robinson (2012, 2015), Chaves, Fergusson und Robinson (2015) sowie Fergusson, Torvik, Robinson und Vargas (2016). Zur Ermordung der Zivilpersonen siehe Acemoglu, Fergusson, Robinson, Romero und Vargas (2016). Webers Definition des Staates findet sich in seinem Aufsatz »Politik als Beruf«, wiederabgedruckt in Weber (1988)

Die Geschichte über die Straße nach Mocoa stammt aus Uribe (2017); wir zitieren aus den Seiten 29, 33, 45, 124f., 128ff. und 163.

Zu Moreno siehe Robinson (2016); zu den Paramilitärs in Magdalena Medio siehe Robinson (2013, 2016); dieser zitiert Isaza auf S. 18f., die rebellierenden Bergarbeiter auf S. 30, Brigard und Urrutia auf S. 29, das Batallón Pedro Nel Ospina auf S. 21. Siehe auch Bautista, Galan und Robinson (2019).

Das Bolívar-Zitat zu den »feinen Herren« stammt aus Simon (2017, S. 108).

Bolívars Brief an General Flores ist nachzulesen in De Madariaga (1961, S. 523). Bolívars Rede vor den Abgeordneten bei der Vorstellung seiner Verfassung für Bolivien und deren Text ist in Bolívar (2003) abgedruckt. Die beiden Werke von Gargarella (2013, 2014) enthalten grundlegende Interpretationen zum lateinamerikanischen Konstitutionalismus im 19. Jahrhundert und verdeutlichen, wie (und warum) Lateinamerika und die USA in dieser Hinsicht verschiedene Wege eingeschlagen haben. Auch Simon (2017) bietet hierzu eine sehr anregende vergleichende Analyse. Vor allem betont er die von ihm so bezeichnete konservativ-liberale Verschmelzung, die Verfassungen hervorgebracht habe, die zentralisierter waren und den Präsidenten eine größere Machtfülle einräumten als in den USA. Diese Unterschiede in den Verfassungen gingen teilweise auf ein entwicklungsbedingtes Gleichgewicht zurück, das in der kolonialen Vergangenheit Lateinamerikas verwurzelt ist. Das Castilla-Zitat stammt aus Werlich (1978, S. 80), das Portales-Zitat aus Safford (1985). Zur unterschiedlichen Entwicklung Nord- und Südamerikas siehe die grundlegende Arbeit von Engerman und Sokoloff (2011). Siehe hierzu auch Acemoglu, Johnson und Robinson (2001, 2002) sowie Acemoglu und Robinson (2014).

Dalton (1965) stellt die maßgebliche Studie zur politischen Ökonomie Liberias dar; wir zitieren aus den Seiten 581, 584 und 589 seines Aufsatzes. Zu Ghana siehe Killick (1976), S. 37, 40, 60, 231 und 233. Bates (1981) zeigt in seiner wegweisenden Arbeit, wie die Politik die Bereitstellung öffentlicher Dienstleistungen erschwert. Bates hat als Erster auf die Mechanismen hingewiesen, die wir hier erörtern. Wir zitieren aus den Seiten 114 und 117 seines Buchs. Das Appiah-Zitat stammt aus Appiah (2007).

Zur indirekten Herrschaft in Afrika siehe Mamdani (1996). Siehe Acemoglu, Reed und Robinson (2014) zu den empirischen Belegen für die Folgen indirekter Herrschaft auf die örtliche Entwicklung. Zur weitergehenden Frage, wie stark die indirekte Herrschaft in Afrika fortdauert, siehe Acemoglu, Chaves, Osafo-Kwaako und Robinson (2015). Siehe auch Acemoglu und Robinson (2010) zum Zusammenhang zwischen indirekter Herrschaft und Unterentwicklung in Afrika.

Von der BBC (»Liberia students«) stammt der Bericht über das Scheitern sämtlicher Studienbewerber bei der Zugangsprüfung zur Universität.

Kapitel 12. Al-Wahhabs Kinder

Unsere Ausführungen zur Geschichte des Nahen Ostens und zum dortigen Verhältnis zwischen Staat und Gesellschaft orientieren sich stark an Jean-Philippe Platteaus grundlegendem Werk (2017). Es gibt viele gute Bücher, die einen Überblick über die Geschichte bieten, die wir hier diskutieren. Unsere Analyse Saudi-Arabiens und des Verhältnisses zwischen Saud und al-Wahhab basiert auf Corancez (1995), Commins (2009) und Vassiliev (2013), aber es gibt noch viele weitere gute Analysen, z.B. Steinberg (2005), Zyoob und Kosebalaban (2009) sowie das klassische Werk von Philby (1928). Was die gegenwärtige Lage betrifft, ist vor allem Mouline (2014) sehr aufschlussreich.

Das Rommel-Zitat stammt aus Liddell Hart (1995, S. 328). »Als der Morgen kam …« stammt aus Vassiliev (2013), »Jeder, der möchte …« aus Doughty (1888). Das Burckhardt-Zitat haben wir Burckhardt (1930, S. 116f.) entnommen. »Abd al-Aziz an die Araber des Stammes ***« stammt aus Corancez (1995, S. 9).

Die Entscheidung zur Absetzung König Sauds wird in Mouline (2014, S. 123) zitiert.

Das Zitat von al-Ghazali stammt aus Kepel (2005, S. 238). Zu den Fatwas zugunsten der USA siehe Kurzman (2003), aus dessen Buch wir die saudische Fatwa von 1990 zitieren, die nach der Invasion Kuwaits erlassen wurde.

Zum Brand der Mädchenschule in Mekka siehe http://news.bbc.co.uk/2/hi/middle_east/1874471.stm. Zu den männlichen Rettungshelfern siehe http://english.alarabiya.net/en/News/middle-east/2014/02/06/Death-of-Saudi-female-student-raises-uproar.html. Eine gute Zusammenfassung der Beschränkungen, denen Frauen in Saudi-Arabien ausgesetzt sind, ist auf CNN zu finden unter https://www.cnn.com/2017/09/27/middleeast/saudi-women-still-cant-do-this/index.html. Die Zitate »Ob eine Frau …«, »Der Allmächtige Gott …« und »unzulänglichen Denk- und Urteilsvermögens« haben wir aus Human Rights Watch (2016) entlehnt, siehe auch Human Rights Watch (2008). Siehe Bursztyn, González und Yanagizawa-Drott (2018) zur Haltung der Männer beim Thema Berufstätigkeit von Frauen in Saudi-Arabien. Zur Frage, ob Frauen ein Auto steuern dürfen, siehe https://www.nytimes.com/2017/09/26/world/middleeast/saudi-arabia-women-drive.html.

Das Zitat »Ein gramerfüllter Saddam« stammt aus Mortimer (1990), »Das Banner des Dschihad und des Glaubens« aus Baram (2014, S. 207f.). Platteau (2017) bietet eine prägnante Analyse von Saddams Verhältnis zur Religion. Siehe hierzu auch Baram (2014), Helfont (2014) und Dawisha (2009). Eine englische Übersetzung der Fatwa Osama bin Ladens von 1996 findet man auf https://is.muni.cz/el/1423/jaro2010/MVZ203/OBL___AQ__Fatwa_1996.pdf. Siehe Platteau (2011, S. 245).

Kapitel 13. Die Rote Königin außer Kontrolle

Über den Zusammenbruch der Weimarer Republik liegt eine umfangreiche wissenschaftliche Literatur vor. Unsere Darstellung basiert auf Kershaw (2013) und Evans (2005), daneben haben wir Shirer (1963), Bracher (2017), Lepsius (1978) und Winkler (2006) herangezogen. Myerson (2004) analysiert das Versagen der politischen Institutionen von Weimar. Die Wahlergebnisse, insbesondere was die Wählerschaft der NSDAP betrifft, analysieren Mühlberger (2003) sowie King, Rosen, Tanner und Wagner (2008). Nach wie vor eindrucksvoll sind die von Abel (1938) gesammelten zeitgenössischen Berichte der Hitler-Anhänger. Tooze (2015) bietet einen ausgezeichneten Überblick über die negativen politischen Auswirkungen des Ersten Weltkriegs. Berman (2001) behandelt das kaiserliche politische System in Deutschland vor der Weimarer Republik.

Die Rede von Otto Wels ist nachzulesen auf https://www.reichstagsprotokolle.de/Blatt2_w8_bsb00000141_00038.html. Das Zitat aus dem Wahlprogramm der NSDAP von 1930 stammt von Moeller (2010, S. 44); auch nachzulesen auf https://www.rsg-gym.org/wp-content/uploads/2012/05/KlausurQ1.2Hitler.pdf. Die Zitate aus dem Buch von Elsa Herrmann stammen aus Herrmann (1929). Die Verfassung der Weimarer Republik kann man unter http://www.verfassungen.de/de19-33/verf19-i.htm nachlesen. Berman (1997) weist darauf hin, dass sich die NSDAP bei ihrem Aufstieg die ausgeprägte Zivilgesellschaft der Weimarer Republik zunutze machte, was Satyanath, Voigtländer und Voth (2017) bestätigen.

Hitlers Rede im Berliner Sportpalast ist auf https://archive.org/details/1933-DerFhrerSprichtImBerlinerSportpalastAm10.Februar1933 zu sehen und zu hören. Hitlers Ansprache vom 17. Oktober 1932 findet man in Hartmann und Lankheit (1998, S. 70). Goebbels Ankündigung ist zitiert in Evans (2005, S. 312). Zum Marsch auf die Feldherrnhalle siehe Kershaw (2013). Evans' Metapher der »Regenbogenkoalition der Unzufriedenen« stammt aus Evans (2005, S. 294).

Das Mussolini-Zitat aus der »Doktrin des Faschismus« stammt aus Mussolini (1933). Herman Finers Zitat haben wir seiner Arbeit »Mussolini's Italy« entnommen, zu finden unter https://archive.org/stream/mussolinisitaly005773mbp/mussolinisitaly005773mbp_djvu.txt.

Unsere Darstellung des Militärputsches in Chile 1973 stützt sich auf die grundlegende Studie von Valenzuela (1978). Sein Buch ist Teil eines von Linz und Stepan politikwissenschaftlichen Forschungsprojekts zum Zusammenbruch der Demokratie. Die Ergebnisse sind in Linz (1978) zusammengefasst.

Angell (1991) bietet einen guten Überblick über die Geschichte jener Ära, mit der wir uns beschäftigen, und Constable und Valenzuela (1993) schildern ausgezeichnet die Militärdiktatur nach dem Putsch von 1973; Baland und Robinson (2008) präsentieren empirische Analysen der politischen Folgen nach der Einführung geheimer Wahlen im Jahr 1958. Das Zitat von Senator Martones stammt aus Baland und Robinson (2008, S. 1738f.). Brian Loveman wird in Loveman (1976, S. 219) zitiert. Zur Analyse der Staatenbildung unter der Regierung Frei siehe Valenzuela und Wilde (1979). Sie und Valenzuela (1978) neigen dazu, das Programm von Frei als verhängnisvoll zu interpretieren, da der Angriff auf den Klientelismus verhindert habe, nach dem Amtsantritt Allendes Kompromisse zu schließen. Wir hingegen betrachten das als natürlichen Teil des Rote-Königin-Effekts.

Das Zitat von Lord Stanley stammt aus Kitson-Clark (1951, S. 112), das Zitat von David Ricardo aus Ricardo ([1824], 1951–1973, S. 506).

Kennedys Rede zur Alliance for Progress ist nachzulesen unter https://sourcebooks.fordham.edu/mod/1961kennedy-afp1.asp.

Allendes Garantiestatut findet man unter http://www.papelesdesociedad.info/IMG/pdf/estatuto_de_garantias_democraticas.pdf

Das Interview von Régis Debray mit Salvador Allende ist nachzulesen unter https://www.marxists.org/espanol/allende/1971/marzo16.htm. Das Zitat des Generalsekretärs der Kommunistischen Partei von 1972 stammt aus Valenzuela (1978, S. 68). Der Leitartikel des *El Mercurio* wird in Valenzuela (1978, S. 69) zitiert. Auch das zweite Zitat aus *El Mercurio* stammt aus Valenzuela (1978, S. 93).

Das Zitat von Carlos Altamirano stammt aus Valenzuela (1978, S. 94). Der Bericht des US-Senatsausschusses zu Geheimdienstaktivitäten in Chile ist nachzulesen unter https://www.archives.gov/files/declassification/iscap/pdf/2010-009-doc17.pdf. Die Zitate stammen aus den Seiten II.10–11 and IV.31.

Gute Analysen zum Zusammenbruch der italienischen Republiken bieten Dean (1999), Waley und Dean (1969) sowie Jones (1997). Die Schilderung der Versammlung im Jahr 1264 in Ferrara stammt aus Waley und Dean (1969); bei Dean (1987) findet sich auch eine weitergehende Analyse der Politik in Ferrara. Die Fachgelehrten sind sich uneins, ob dies wirklich eine freie Wahl war. Jones (1997, S. 624) berichtet von einem Chronisten, der behauptet habe, »die ganzen Verhandlungen waren eine Charade, Ergebnis einer von Honoratioren der Este-Partei eingefädelten Intrige, die die Stadt und den öffentlichen Platz mit bewaffneten Anhängern und Leuten von außerhalb besetzt hatten«.

Die Erklärungen des Konsortiums von Perguia stammen aus Waley und Dean (1969). Die Beobachtungen des Benjamin von Tudela in Genua, Pisa und Lucca sind nachzulesen in Benjamin of Tudela (1907, S. 17). Zu den Parteien der Schwarzen und Weißen in Pistoia siehe Waley und Dean (1969). Siehe Jones (1997, Kapitel 4) zur anhaltenden Macht und den Privilegien der feudalen Eliten nach dem Aufstieg der Kommunen. Der Eid des Capitano del Popolo in Bergamo wird in Waley und Dean (1969) zitiert. Zu den rechtlichen Befugnissen des Popolo in Parma siehe ebenfalls Waley und Dean (1969). Zu Buosca da Dovara und Uberto Pallavicino siehe Jones (1997, S. 622).

Das Machiavelli-Zitat stammt aus Der Fürst (Machiavelli 2007, S. 40f.).

Die Frage nach der öffentlichen Unterstützung bei der Aufhebung der Gewaltenteilung wird bei Acemoglu, Robinson und Torvik (2013) abgehandelt; das Zitat von Rafael Correa stammt von S. 868 jener Arbeit.

Kapitel 14. Wege in den Korridor

Die Zitate aus Plaatje (1916) stammen aus den Kapiteln 1 und 2.

Zur allgemeinen Geschichte Südafrikas siehe Thompson (2014). Zum Native Land Act siehe Bundy (1979), zu den Niedriglöhnern und den Rassenschranken Feinstein (2000).

Die Holloway-Kommission behandelt ebenfalls Feinstein (2000, S. 55). Die Zitate des Select Committee of Native Affairs stammen aus Bundy (1979, S. 109).

Das Zitat von Moeletsi Mbeki findet man auf https://dawodu.com/mbeki.pdf. Zum Black Economic Empowerment siehe Southall (2005), Cargill (2010) und Santos-Villagran (2016). Zum Rugby-Weltcupfinale 1995 und dem kurzen Gespräch zwischen Mandela und Pienaar siehe https://www.theguardian.com/sport/2007/jan/07/rugbyunion.features1.

Unsere Ausführungen zum Aufstieg des japanischen Militarismus und zum politischen System Japans nach dem Krieg stützen sich auf Dower (1999), Buruma (2003) und Samuels (2003). Die Einzelheiten von Kishis Rolle im Vor- und Nachkriegsjapan verdanken wir Kurzman (1960), Schaller (1995) und Driscoll (2010).

Das Zitat von Bonner Fellers stammt aus Dower (1999, S. 282). Artikel 9 der japanischen Verfassung und Hirohitos Neujahrsansprache ist ebenfalls dort zu finden, S. 394 und 314.

Die Werke von Zürcher (1984, 2004) halten wir für die beste Darstellung des Übergangs vom Osmanischen Reich zur türkischen Republik. Einen Überblick über die neuere türkische Geschichte bieten Pope und Pope (2011) sowie Çağaptay (2017). Zum aktuellen ökonomischen und politischen Wandel und dessen Folgen für die Wirtschaft siehe Acemoglu und

Üçer (2015). Erdoğans Zitat zu den »schwarzen und weißen Türken« findet man auf https://www.thecairoreview.com/essays/erdo%C4%9 Fans-decade.

Zu den in der Türkei inhaftierten Journalisten siehe https://cpj.org/reports/2017/12/journalists-prison-jail-record-number-turkey-china-egypt.php.

Zur Anzahl der Menschen, die nach dem gescheiterten Putsch der »Säuberung« zum Opfer fielen, findet man Angaben auf https://www.nytimes.com/2017/04/12/world/europe/turkey-erdogan-purge.html sowie auf https://www.politico.eu/article/long-arm-of-turkeys-anti-gulenist-purge/.

Zu Erdoğans Rede siehe http://www.diken.com.tr/bir-alman-kac-turke-bedel/.

Die beste Analyse der Entwicklungen in Lagos seit 1999 findet sich bei De Gramont (2014). Siehe Williams und Turner (1978, S. 133) zur verfassunggebenden Versammlung von 1976 in Nigeria.

Zu Bogotá siehe die Essays in Tognato (2018). Devlin (2009) sowie Devlin und Chaskel (2009) bieten einen guten Überblick der Verbesserungen in Bogotá. Caballero ist nach Devlin (2009) zitiert. Die Geschichte, wie Mockus so tut, als hätte jemand auf den Teppich gekotzt, ist aus Devlin und Chaskel (2009) zitiert.

Das Zitat von Moses Finley stammt aus Finley (1976).

Zur Geschichte von Rhodesien und Simbabwe siehe Simpson und Hawkins (2018). Das Zitat des Vorstandsvorsitzenden der South African Petroleum Association stammt von http://www.researchchannel.co.za/print-version/oil-industry-empowerment-crucial-sapia-2002-10-21.

Einen Überblick über Südkoreas Industrialisierung und Übergang zur Demokratie findet sich bei Cummings (2005).

Eine ausgezeichnete Geschichte des Kongo-Freistaats findet sich bei Hochschild (1999), dem auch die Zitate aus Casements Tagebuch entnommen sind. Der komplette Bericht von Casement unter https://ia801006.us.archive.org/14/items/CasementReport/CasementReportSmall.pdf. Zur internationalen Menschenrechtsbewegung siehe Neier (2012).

Zu Robert Mugabes Ernennung zum Sonderbotschafter der WHO siehe https://www.theguardian.com/world/2017/oct/22/robert-mugabe-removed-as-who-goodwill-ambassador-after-outcry, and http://theconversation.com/robert-mugabe-as-who-goodwill-ambassador-what-went-wrong-86244.

Zur Rolle von Amnesty International bei der UN-Resolution gegen weibliche Genitalverstümmelung siehe https://www.amnesty.org/en/latest/news/2012/11/fight-against-female-genital-mutilation-wins-un-backing/

Kapitel 15. Leben mit dem Leviathan

Die Zitate von Hayek stammen großenteils aus dem Vorwort für die amerikanische Ausgabe: Friedrich A. Hayek, The Road to Serfdom, Text and Documents, the Definitive Edition, hg. von Bruce Caldwell, Chicago 2007, S. S. 44, 48, 71 und 148; die Zitate »Nichts dürfte der Sache des Liberalismus …« und »aber zweifellos kann jedem einzelnen ein gewisses Minimum …« sind der deutschen Ausgabe, Hayek (1982), entnommen, dort auf den Seiten 37 und 157. Zum Beveridge Report siehe Beveridge (1944) und Baldwin (1990, S. 116), woraus wir James Griffiths zitieren.

Zum »Kuhhandel« und zum Aufstieg der schwedischen Sozialdemokratie siehe Baldwin (1990), Berman (2006), Esping-Andersen (1985) und Gourevitch (1986). Die Zitate stammen von Berman (2006) und Esping-Andersen (1985). Siehe auch die Kapitel über Bildung und Wohnungspolitik bei Misgeld, Molin und Amark (1988), wir zitieren von S. 325 dieses Buchs. Moene und Wallerstein (1997) entwickeln ein Modell des Zusammenhangs zwischen »solidarischer Lohnpolitik« und Innovation. Siehe die Analyse von Swenson (2002) zur Einstellung der Kapitalisten gegenüber dem Wohlfahrtsstaat.

Unsere Diskussion der Rolle der Koalitionen bezieht sich auf die bahnbrechende Studie über Demokratisierungsprozesse von O'Donnell und Schmitter (1986).

Zu den Effekten der Automatisierung auf Löhne und Einkommensungleichheit siehe Acemoglu und Restrepo (2018). Zu den Folgen der Globalisierung siehe Autor, Dorn und Hanson (2013). Die Zahlen zum Lohnzuwachs bei verschiedenen Ausbildungsgruppen und zur Lohnungleichheit auf dem US-Arbeitsmarkt stammen aus Acemoglu und Autor (2011) und Autor (2014). Die Zahlen über das oberste Einkommensprozent und Einkommenspromille in den USA sind Piketty und Saez (2003) entnommen, die aktualisierten Zahlen stammen von https://eml.berkeley.edu/~saez/ (unter Berücksichtigung von Einkünften aus Kapitalvermögen). Acemoglu, Autor, Dorn, Hanson und Price (2015) und Acemoglu und Restrepo (2017) diskutieren Schätzungen der Auswirkungen des Handels mit China und des Einsatzes von Robotern für die Beschäftigung in den USA.

Unsere Ausführungen über die Reformen im US-Finanzsystem beziehen sich auf Johnson und Kwak (2010). Zum Vergleich der Einkommen der Angestellten und Führungskräfte in der Finanzindustrie siehe Phillippon und Reshef (2012). Der Anteil der sechs größten Banken an diesem Sektor ist mit Hilfe der Angaben der der Website von Global Financial errechnet.

Autor, Dorn, Katz, Patterson und Van Reenen (2017) belegen, dass Großunternehmen erheblich zum Zuwachs des Anteils der Kapitaleinkünfte am Bruttoinlandsprodukt beigetragen haben, während Song, Price, Güvenen, Bloom und Von Wachter (2015) zeigen, dass der Beitrag zur Einkommensungleichheit hochproduktiver Unternehmen, die ihren Arbeitnehmern höhere Löhne zahlen, mit der Zeit zugenommen hat, insbesondere an der Spitze der Einkommensverteilung. Der Marktwert der fünf größten Unternehmen im Verhältnis zum Bruttoinlandsprodukt von 1990 und heute ist nach Angaben von Global Financial berechnet.

Zur Tatsache, dass die institutionelle Struktur eines Landes sich nicht ohne weiteres auf ein anderes übertragen lässt, siehe Acemoglu, Robinson und Verdier (2017).

Zu Snowdens Enthüllungen und der Sitzungsprotokollierung durch die dänische Regierung siehe Timothy (2017). Beveridge (1994) zitiert von S. 9.

Roosevelts Rede zur Lage der Nation findet man auf http://www.fdrlibrary.marist.edu/archives/address_text.html. Zum Kommentar über Roosevelts »Vier Freiheiten« siehe https://books.openedition.org/pufr/4204?lang=en. Siehe hierzu auch Litwack (2009, S. 50). Die Allgemeine Erklärung der Menschenrechte der Vereinten Nationen ist nachzulesen auf http://www.ohchr.org/EN/UDHR/Documents/UDHR_Translations/eng.pdf.

LITERATURVERZEICHNIS

Aaronson, Daniel, Daniel Hartley und Bhash Mazumder, »The Effects of the 1930s HOLC ›Redlining‹ Maps«, Federal Reserve Bank of Chicago Working Paper, Nr. 2017-12, 2017, https://www.chicagofed.org/publications/working-papers/2017/wp2017-12 (zuletzt aufgerufen: 7. Juli 2019).

Abel, Theodore, Why Hitler Came into Power. An Answer Based on the Original Life Stories of 600 of His Followers, New York 1938.

Acemoglu, Daron, »Politics and Economics in Weak and Strong States«, Journal of Monetary Economics, 52, 2005, S. 1199–1226.

Acemoglu, Daron und David Autor, »Skills, Tasks and Technologies: Implications for Employment and Earnings«, Handbook of Labor Economics, 4, 2011, S. 1043–1171.

Acemoglu, Daron, David Autor, David Dorn, Gordon H. Hanson und Brendan Price, »Import Competition in the Great U. S. Employment Sag of the 2000s«, Journal of Labor Economics, Band 34, 2015, S. 141–198.

Acemoglu, Daron, María Angélica Bautista, Pablo Querubín und James A. Robinson, »Economic and Political Inequality in Development: The Case of Cundinamarca, Colombia«, Institutions and Economic Performance, hg. von Elhanan Helpman, Cambridge 2008.

Acemoglu, Daron, Isaías N. Chaves, Philip Osafo-Kwaako und James A. Robinson, »Indirect Rule and State Weakness in Africa: Sierra Leone in Comparative Perspective«, African Successes: Sustainable Growth, hg. von Sebastian Edwards, Simon Johnson und David Weil, Chicago 2015.

Acemoglu, Daron, Leopoldo Fergusson, James A. Robinson, Dario Romero und Juan F. Vargas, »The Perils of High-Powered Incentives: Evidence from Colombia's False Positives«, NBER-Thesenpapier Nr. 22 617, 2016, http://www.nber.org/papers/w22617 (zuletzt aufgerufen: 7. Juli 2019).

Acemoglu, Daron, Francisco A. Gallego und James A. Robinson, »Institutions, Human Capital and Development«, Annual Reviews of Economics, 6, 2016, S. 875–912.

Acemoglu, Daron, Camilo García-Jimeno und James A. Robinson, »Finding El Dorado: The long-run consequences of Slavery in Colombia«, Journal of Comparative Economics, 40(4), 2012, S. 534–564.

Dies., »State Capacity and Development: A Network Approach«, American Economic Review, 105(8), 2015, S. 2364–2409.

Acemoglu, Daron, Simon Johnson und James A. Robinson, »The Colonial Origins of Comparative Development: An Empirical Investigation«, American Economic Review, 91, 2001, S. 1369–1401.

Dies., »Reversal of Fortune: Geography and Institutions in the Making of the Modern World Income Distribution«, Quarterly Journal of Economics, 118, 2002, S. 1231–1294.

Dies., »The Rise of Europe: Atlantic Trade, Institutional Change and Economic Growth«, American Economic Review, 95, 2005, S. 546–579.

Dies., »Institutions as Fundamental Determinants of Long-Run Growth«, Handbook of Economic Growth, Band 1A, hg.von Philippe Aghion und Steven Durlauf, Amsterdam 2005, S. 385–472.

Acemoglu, Daron, Jacob Moscona und James A. Robinson, »State Capacity and American Technology: Evidence from the 19th Century«, American Economic Review, 106, 5, 2016, S. 61–67.

Acemoglu, Daron, Tristan Reed und James A. Robinson, »Chiefs: Elite Control of Civil Society and Development in Sierra Leone«, Journal of Political Economy, 122(2), 2014, S. 319–368.

Acemoglu, Daron, Simon Johnson, James A. Robinson und Pierre Yared, »Income and Democracy«, American Economic Review, 98(3), 2008, S. 808–842.

Dies., »Reevaluating the Modernization Hypothesis«, Journal of Monetary Economics, 56, 2009, S. 1043–1058.

Acemoglu, Daron und Pascual Restrepo, »Robots and Jobs: Evidence from U.S. Labor Markets«, NBER Thesenpapier Nr. 23285, 2017.

Dies., »The Race Between Machine and Man: Implications of Technology for Growth, Factor Shares and Employment«, American Economic Review 108, Nr. 6, 2018, S. 1488–1542.

Acemoglu, Daron und James A. Robinson, »Why Did the West Extend the Franchise? Growth, Inequality and Democracy in Historical Perspective«, Quarterly Journal of Economics, 115, V, 2000, S. 1167–1199.

Dies., Economic Origins of Dictatorship and Democracy, New York 2006.

Dies., »Why is Africa Poor?«, Economic History of Developing Regions, 25, 2010, S. 21–50.

Dies., Warum Nationen scheitern. Die Ursprünge von Macht, Wohlstand und Armut, Frankfurt am Main 2014.

Dies., »Paths to Inclusive Political Institutions«, Economic History of Warfare and State Formation, hg. von Jari Eloranta, Eric Golson, Andrei Markevich und Nikolaus Wolf, Berlin 2016.

Dies., »The Emergence of Weak, Despotic and Inclusive States«, 2017, NBER-Thesenpapier, http://www.nber.org/papers/w23657 (zuletzt aufgerufen: 7. Juli 2019).

Dies., Balance of Power: The Academic Debate, https://voices.uchicago.edu/jamesrobinson, https://economics.mit.edu/faculty/acemoglu (beide Links zuletzt aufgerufen: 7. Juli 2019).

Acemoglu, Daron, James A. Robinson und Rafael Santos-Villagran, »The Monopoly of Violence: Theory and Evidence from Colombia«, Journal of the European Economics Association, 11(1), 2013, S. 5–44.

Acemoglu, Daron, James A. Robinson und Ragnar Torvik, »Why Vote to Dismantle Checks and Balances?«, Review of Economic Studies, 80(3), 3, 2013, S. 845–875.

Dies., »The Political Agenda Effect and State Centralization«, NBER-Thesenpapier Nr. 22 250, 2016, https://www.nber.org/papers/w22250 (zuletzt aufgerufen: 7. Juli 2019).

Acemoglu, Daron, James A. Robinson und Thierry Verdier, »Asymmetric Growth and Institutions in an Interdependent World«, Journal of Political Economy, Bd. 125, 2017, S. 1245–1303.

Acemoglu, Daron und Murat Üçer, »The Ups and Downs of Turkish Growth: Political Dynamics, the European Union and the Institutional Slide« NBER-Thesenpapier Nr. 21 608, 2017, https://www.nber.org/papers/w21608 (zuletzt aufgerufen: 7. Juli 2019).

Afigbo, A. E., »The Warrant Chief System in Eastern Nigeria: Direct or Indirect Rule?«, Journal of the Historical Society of Nigeria, Bd. 3, Nr. 4, 1967, S. 683–700.

Ders., Warrant Chiefs Indirect Rule In Southeastern Nigeria, 1891–1929, London 1972.

Akiga, Sai, Akiga's Story: The Tiv Tribe as Seen by One of Its Members, Oxford 1939.

Allen, Robert C., Jean-Pascal Bassino, Debin Ma, Christine Moll-Murata und Jan Luiten Van Zanden, »Wages, Prices, and Living Standards in China, 1738–1925, in Comparison with Europe, Japan, and India«, Economic History Review, 64, 2015, S. 8–38.

Al-Muqaddasi, The Best Divisions for Knowledge of the Regions, Reading 2015.

Alston, Lee J. und Joseph P. Ferrie, »Paternalism in Agricultural Labor Contracts in the U. S. South: Implications for the Growth of the Welfare State«, American Economic Review, 83, 4, 1993, S. 852–876.

Dies., Southern Paternalism and the American Welfare State: Economics, Politics, and Institutions in the South, 1865–1965, New York 1995.

Altekar, A. S., A History of Village Communities in Western India, Bombay 1927.

Amar, Akhil Reed, The Bill of Rights: Creation and Reconstruction, New Haven 2000.

Ambedkar, Bhimrao Ranjii, Annihilation of Caste: The Annotated Critical Edition, London 2014.

Anderson, Siwan, »Caste as an Impediment to Trade«, American Economic Journal: Applied Economics, 3, 1, 2011, S. 239–263.

Anderson, Siwan, Patrick Francois und Ashok Kotwal, »Clientelism in Indian Villages«, American Economic Review, 105, 6, 2015, S. 1780–1816.

Angell, Alan, »Chile Since 1958«, Cambridge History of Latin America, Bd. 8, Latin America Since 1930: Spanish South America, hg. von Leslie Bethell, New York 1991, S. 311–382.

Angold, Michael, The Byzantine Empire 1025–1204: A Political History, 2. Auflage, New York 1997.

Anderson, Perry, Lineages of the Absolutist State, London 1974.

Ansolabehere, Stephen und James M. Snyder Jr., The End of Inequality: One Person, One Vote and the Transformation of American Politics, New York 2008.

Appiah, Anthony, »A Slow Emancpation«, https://www.nytimes.com/2007/03/18/magazine/18WWLNlede.t.html (zuletzt aufgerufen: 7. Juli 2019).

Arendt, Hannah, Eichmann in Jerusalem. Ein Bericht von der Banalität des Bösen, München 2006.

Aristoteles, Staat der Athener, Berlin 1990.

Åslund, Anders, How Capitalism was Built: The Transformation of Central and Eastern Europe, Russia and Central Asia, New York 2007.

Asch, Ronald G., »Estates and Princes after 1648: The Consequences of the Thirty Years War«, German History, 6, 2, 1988, S. 113–132.

Attenborough, F. L. (Hg.), The Laws of the Earliest English Kings, Cambridge 1922.

Autor, David, »Skills, Education, and the Rise of Earnings Inequality among the Other 99 percent«, Science, 344, 2014, S. 843–851.

Autor, David H., David Dorn und Gordon H. Hanson, »The China Syndrome: Local Labor Market Effects of Import Competition in the United States«, American Economic Review, Bd. 103, 2013, S. 2121–2168.

Autor, David H., David Dorn, Lawrence F. Katz, Christina Patterson und John Van Reenen, »The Fall of the Labor Share in the Rise of Superstar Firms«, NBER-Thesenpapier Nr. 23 396, 2017.

Auyero, Javier, Poor People's Politics, Durham 2001.
Ders., Patients of the State: The Politics of Waiting in Argentina, Durham 2012.

Baland, Jean-Marie und James A. Robinson, »Land and Power«, American Economic Review, 98, 2008, S. 1737–1765.
Baldwin, Peter, The Politics of Social Solidarity: Class Basis of the European Welfare State 1875–1975, New York 1990.
Ders., »Beyond Weak and Strong: Rethinking the State in Comparative Policy History«, Journal of Policy History, 17, 1, 2005, S. 12–33.
Balogh, Brian, A Government Out of Sight: The Mystery of National Authority in Nineteenth-Century America, New York 2009.
Ders., The Associational State: American Governance in the Twentieth Century, Philadelphia 2015.
Baram, Amatzia, Saddam Hussein and Islam, 1968–2003, Baltimore 2014.
Barlow, Frank, The Feudal Kingdom of England, 1042–1216, 5. Auflage, London 1999.
Barnwell, P. S. und Marco Mostert (Hg.), Political Assemblies in the Earlier Middle Ages, Turnhout 2003.
Bautista, Maria Angélica, Juan Sebastián Galan und James A. Robinson, »Acting like a State: The Peasant Self-Defense Forces of the Middle Magdalena in Colombia« (unveröffentlicht). Bates, Robert H., Markets and States in Tropical Africa, Berkeley 1981.
Bayly, Susan, Caste, Society and Politics in India from the Eighteenth Century to the Modern Age, New York 2001.
BBC, 2002, http://news.bbc.co.uk/2/hi/middle_east/1874471.stm (zuletzt aufgerufen: 7. Juli 2019).
BBC, 2013, »Liberia students all fail university admission exam«, http://www.bbc.com/news/world-africa-23843578 (zuletzt aufgerufen: 7. Juli 2019).
BBC, 2018, »Argentina's parliament sacks ›gnocchi‹ phantom workers«, http://www.bbc.com/news/blogs-news-from-elsewhere-42551997 (zuletzt aufgerufen: 7. Juli 2019).
BBC, 2018, »Argentine President bans family members in government«, http://www.bbc.com/news/world-latin-america-42868439 (zuletzt aufgerufen: 7. Juli 2019).
BBC, 2017, »US Inner-city Children Suffer ›War Zone‹ Trauma«, http://www.bbc.com/news/av/world-us-canada-42229205/us-inner-city-children-suffer-war-zone-trauma (zuletzt aufgerufen: 7. Juli 2019).
Beattie, Hilary J., Land and Lineage in China: A Study of T'ung-Ch'eng County, Anhwel, in the Ming and Ch'ing Dynasties, New York 2009.

Beda der Ehrwürdige, Kirchengeschichte des englischen Volkes, Darmstadt 1997.

Beinart, William, Twentieth-Century South Africa, Oxford 2001.

Benjamin of Tudela, The Itinerary of Benjamin of Tudela, hg. von Marcus N. Adler, New York 1907.

Bensel, Richard F., Yankee Leviathan: The Origins of Central State Authority in America, 1859–1877, New York 1991.

Berman, Sheri, »Civil Society and the Collapse of the Weimar Republic«, World Politics, 49, 3, April 1997.

Dies., »Modernization in Historical Perspective: The Case of Imperial Germany«, World Politics, 53, 3, April 2001.

Dies., The Primacy of Politics: Social Democracy in the Making of Europe's 20th Century, New York 2006.

Besley, Timothy und Torsten Persson, The Pillars of Prosperity, Princeton 2011.

Béteille, André, Caste, Class and Power: Changing Patterns of Stratification in a Tanjore Village, 3. Auflage, New York 2012.

Beveridge, William H. Full Employment in a Free Society: A Report, London 1944.

Bisson, Thomas N., Assemblies and Representation in Languedoc in the Thirteenth Century, Princeton 1964.

Bisson, Thomas N. (Hg.), Medieval Representative Institutions: Their Origins and Nature, Hinsdale 1973.

Bisson, Thomas N., The Crisis of the Twelfth Century: Power, Lordship and the Origins of European Government, Princeton 2009.

Black, Bernard, Reinier Kraakman und Anna Tarassova, »Russian Privatization and Corporate Governance: What Went Wrong?«, Stanford Law Review, 52, 2000, S. 1731–1808.

Blanning, Tim, Friedrich der Große, König von Preußen. Eine Biografie, München 2018.

Blanton, Richard E. und Lane Fargher, Collective Action in the Formation of Pre-Modern States, New York 2008.

Blanton, Richard E., Gary M. Feinman, Stephen A. Kowalewski und Linda M. Nicholas, Ancient Oaxaca, New York 1999.

Blanton, Richard E., Stephen A. Kowalewski, Gary M. Feinman und Laura M. Finsten, Ancient Mesoamerica: A Comparison of Change in Three Regions, New York 1993.

Blaydes, Lisa und Eric Chaney, »The Feudal Revolution and Europe's Rise: Political Divergence of the Christian West and the Muslim World Before 1500 CE«, American Political Science Review, 107 (1), 2013, S. 16–34

Blickle, Peter (Hg.), Resistance, Representation and Community, Oxford 1989.

Blickle, Peter, »Das Gesetz der Eidgenossen. Überlegungen zur Entstehung der Schweiz, 1200–1400«, Historische Zeitschrift, 255, Nr. 13, 1992, S. 561–586.

Ders., From the Communal Reformation to the Revolution of the Common Man, Leiden 1998.

Bloch, Marc, Die Feudalgesellschaft, Frankfurt am Main 1982.

Blockmans, Wim, André Holenstein und Jon Mathieu (Hg.), Empowering Interactions: Political Cultures and the Emergence of the State in Europe 1300–1900, Burlington 2009.

Blunt, E. A. H., Caste System of Northern India, Oxford 1931.

Bodde, Derk und Clarence Morris, Law in Imperial China, Cambridge 1967.

Boehm, Christopher, Montenegrin Social Organization and Values: Political Ethnography of a Refuge Area Tribal Adaptation, New York 1982.

Ders., Blood Revenge: The Enactment and Management of Conflict in Montenegro and Other Tribal Societies, Philadelphia 1986.

Bohannan, Paul, »Extra-Processual Events in Tiv Political Institutions«, American Anthropologist, 60, 1958, S. 1–12.

Bohannan, Paul und Laura Bohannan, The Tiv of Central Nigeria, London 1953.

Dies., Tiv Economy, Evanston 1968.

Bolívar, Simón, El Libertador: The Writings of Simón Bolívar, hg. von David Bushnell, New York 2003.

Bosker, Maarten, Eltjo Buringh und Jan Luiten van Zanden, »From Baghdad to London: Unraveling Urban Development in Europe, the Middle East, and North Africa, 800–1800«, Review of Economics and Statistics, 95, 4, 2013, S. 1418–1437.

Bowsky, William M., A Medieval Italian Commune: Siena under the Nine, 1287–1355, Berkeley 1981.

Bozhong, Li und Jan Luiten van Zanden, »Before the Great Divergence? Comparing the Yangzi Delta and the Netherlands at the Beginning of the Nineteenth Century«, Journal of Economic History, 72, 4, 2012, S. 956–989.

Bracher, Karl Dietrich, Die deutsche Diktatur. Entstehung, Struktur, Folgen des Nationalsozialismus, Köln 2017.

Braddick, Michael J., State Formation in Early Modern England, c. 1550–1700, New York 2000.

Brandt, Loren, Debin Ma und Thomas G. Rawski, »From Divergence to Convergence: Reevaluating the History behind China's Economic Boom«, Journal of Economic Literature, 52, 1, 2014, S. 45–123.

Braudel, Fernand, Das Mittelmeer und die mediterrane Welt in der Epoche Philipps II., Frankfurt am Main 1990.

Breen, T. H., American Insurgents, American Patriots: The Revolution of the People, New York 2011.

Brenner, Robert, »Agrarian Class Structure and Economic Development in Pre-Industrial Europe«, Past and Present, Nr. 70, Feb. 1976, S. 30–75.

Brenner, Robert und Christopher Isett, »England's Divergence from China's Yangzi Delta: Property Relations, Microeconomics, and Patterns of Development«, Journal of Asian Studies, Bd. 61, Nr. 2, 2002, S. 609–662.

Brewer, John, The Sinews of Power, Cambridge 1989.

Britnell, Richard H., The Commercialisation of English Society 1000–1500, New York 1992.

Broadberry, Stephen, Hanhui Guan und David Daokui Li, »China, Europe and the Great Divergence: A Study in Historical National Accounting, 980–1850«, 2017, https://www.economics.ox.ac.uk/materials/working_papers/2839/155aprilbroadberry.pdf (zuletzt aufgerufen: 7. Juli 2019).

Brock, Roger und Stephen Hodkinson (Hg.), Alternatives to Athens: Varieties of Political Organization and Community in Ancient Greece, New York 2001.

Brook, Timothy (Hg.), The Asiatic Mode of Production in China, New York 1989.

Bundy, Colin, The Rise and Fall of South African Peasantry, Berkeley 1979.

Burckhardt, Johann Ludwig, Bemerkungen über die Beduinen und Wahaby, Weimar 1831.

Bureau Topographique des Troupes Françaises du Levant, 1935. Carte des Communautés Religieuses et Ethniques en Syrie et au Liban (Map of Religious Communities and Ethnic Groups). Institut Français du Proche-Orient, https://ifpo.hypotheses.org/2753 (zuletzt aufgerufen: 7. Juli 2019)

Buringh, Eltjo und Jan Luiten van Zanden, »Charting the ›Rise of the West‹: Manuscripts and Printed Books in Europe, A Long-Term Perspective from the Sixth Through Eighteenth Centuries«, Journal of Economic History, Bd. 69, Nr. 2, 2009, S. 409–445.

Buruma, Ian, Inventing Japan: 1853–1964, New York 2003.

Bursztyn, Leonardo, Alessandra González und David Yanagizawa-Drott, »Misperceived Social Norms: Female Labor Force Participation in Saudi Arabia«, 2018, http://home.uchicago.edu/bursztyn/Misperceived_Norms_2018_06_20.pdf (zuletzt aufgerufen: 7. Juli 2019).

Byrhtferth of Ramsey, »Vita S. Oswaldi«, in: Michael Lapidge (Hg.), Byrhtferth of Ramsey: The Lives of St. Oswald and St. Ecgwine, New York 2009.

Çağaptay, Soner, The New Sultan: Erdoğan and the Crisis of Modern Turkey, New York 2017.

Camic, Charles, Philip S. Gorski und David M. Trubek (Hg.), Max Weber's Economy and Society: A Critical Companion, Stanford 2005.

Cammett, Melani, Compassionate Communalism: Welfare and Sectarianism in Lebanon, Ithaca 2014.

Campbell, Dugald, Blazing trails in Bantuland, London 1933.

Cao Xueqin, Der Traum der roten Kammer, Berlin 1995.

Cardoso, Ciro F. S., »The Formation of the Coffee Estate in Nineteenth Century Costa Rica«, Land and Labour in Latin America, hg. von K. Duncan und I. Rutledge, Cambridge 1977.

Cargill, Jenny, Trick or Treat: Rethinking Black Economic Empowerment, Johannesburg 2010.

Carney, Matthew, »Leave no dark corner«, 2018, https://www.abc.net.au/news/2018-09-18/china-social-credit-a-model-citizen-in-a-digital-dictatorship/10200278?section=world (zuletzt aufgerufen: 7. Juli 2019).

Carpenter, Daniel P., The Forging of Bureaucratic Autonomy: Reputations, Networks, and Policy Innovation in Executive Agencies, 1862–1928, Princeton 2001.

Carroll, Lewis, Alice hinter den Spiegeln, Frankfurt am Main 1963.

Carsten, Francis Ludwig, Princes and Parliaments in Germany: From the Fifteenth to the Eighteenth Century, Oxford 1959.

Castle, Marjorie und Raymond Taras, Democracy in Poland, New York 2002.

Central Intelligence Agency, The CIA World Factbook, New York 2017.

Chatterjee, Partha, The Politics of the Governed: Reflections on Popular Politics in Most of the World, New York 2004.

Chaves, Isaías, N. Leopoldo Fergusson und James A. Robinson, »He Who Counts Wins: Determinants of Fraud in the 1922 Colombian Presidential Elections«, Economics and Politics, Bd. 27, Nr. 1, 2015, S. 124–159.

Chen, Janet, Pei-Kai Cheng, Michael Lestz und Jonathan D. Spence, The Search for Modern China: A Documentary Collection. New York 2014.

Chinese Human Rights Defenders, »Re-Education through Labor Abuses Continue Unabated: Overhaul Long Overdue«, 2009, https://www.nchrd.org/2009/02/research-reports-article-2/ (zuletzt aufgerufen: 7. Juli 2019).

Christophe, Barbara, »Understanding Georgian Politics«, DEMSTAR Research Report Nr. 22, 2004.

Christopoulos, Georgios (Hg.), Istoria tou Ellinikou Ethnous: Archaikos Ellinismos 1100–479, Athen 1970.

Church, Clive H. und Randolph C. Head, A Concise History of Switzerland, New York 2013.

Clarence-Smith, William Gervase und Steven C. Topik (Hg.), The Global Coffee Economy in Africa, Asia, and Latin America, 1500–1989, New York 2006.

Clark, Christopher, Preußen. Aufstieg und Niedergang 1600–1947, München 2013.

Clower, Robert W., George Dalton, Mitchell Harwitz und A. A. Walters, Growth Without Development: An Economic Survey of Liberia, Evanston, IL 1966.

Collins, Kathleen, Clan Politics and Regime Transition in Central Asia, New York 2006.

Colson, Elizabeth, The Plateau Tonga of Northern Rhodesia, Manchester 1963.

Dies., Social organization of the Gwembe Tonga, Manchester 1967.

Dies., Tradition and Contract: The Problem of Social Order, Piscataway 1974.

Commins, David, The Wahhabi Mission and Saudi Arabia, London 2009.

Constable, Pamela und Arturo Valenzuela, A Nation of Enemies: Chile Under Pinochet, New York 1993.

Costambeys, Marios, Matthew Innes und Simon MacLean, The Carolingian World, New York 2011.

Crick, Julia und Elisabeth van Houts (Hg.), A Social History of England, 900–1200, New York 2011.

Crone, Patricia, Die vorindustrielle Gesellschaft. Eine Strukturanalyse, München 1992.

Cruickshank, Brodie, Eighteen Years on the Gold Coast, Bd. 2, London 1853.

Cummings, Bruce, Korea's Place in the Sun: A Modern History, aktualisierte Fassung, New York 2005.

Cunliffe-Jones, Peter, My Nigeria: Five Decades of Independence, New York 2010.

Curtin, Philip, »The European Conquest«, in: Philip Curtin, Steven Feierman, Leonard Thompson und Jan Vansina, African History: From Earliest Times to Independence. New York 1995.

Dahl, Robert A., Polyarchy, New Haven 1970.

Dalton, George H., »History, Politics and Economic Development in Liberia«, Journal of Economic History, Bd. 25, Nr. 4, 1965, S. 569–591.

Dardess, John W., Governing China, 150–1850, Indianapolis 2010.

Davison, Lee, Tim Hitchcock, Tim Keirn und Robert B. Shoemaker (Hg.), Stilling the Grumbling Hive: Response to Social and Economic Problems in England, 1689–1750, New York 1992.

Dawisha, Adeed, Iraq: A Political History, Princeton, NJ 2009.

Dean, Trevor, Land and Power: Ferrara under the Este, 1350–1450, New York 1987.

Dean, Trevor, »The rise of the signori«, The New Cambridge Medieval History, Bd. V, hg. von David Abulafia, New York 1999, S. 1198–1300.

De Corancez, Louis A. O., The History of the Wahhabis, Reading 1995.

De Gramont, Diane, »Constructing the Megacity – The Dynamics of State-Building in Lagos, Nigeria, 1999–2013«, unveröffentlichte MPhil-Abschlussarbeit in Politologie, Universität Oxford 2014.

De Long, J. Bradford und Andrei Shleifer, »Princes and Merchants: European City Growth before the Industrial Revolution«, Journal of Law & Economics, Bd. 36, Nr. 2, 1993, S. 671–702.

Department of Justice, »Investigation of the Ferguson Police Department«, 2015, https://www.justice.gov/sites/default/files/opa/press-releases/attachments/2015/03/04/ferguson_police_department_report.pdf (zuletzt aufgerufen: 7. Juli 2019).

Deshpande, Ashwini, The Grammar of Caste: Economic Discrimination in Contemporary India, Oxford 2011.

Devlin, Matthew, »Interview with Liliana Caballero«, 2009, https://successfulsocieties.princeton.edu/interviews/liliana-caballero (zuletzt aufgerufen: 7. Juli 2019).

Devlin, Matthew und Sebastian Chaskel, »Conjuring and Consolidating a Turnaround: Governance in Bogotá, 1992–2003«, 2009, https://successfulsocieties.princeton.edu/publications/conjuring-and-consolidating-turnaround-governance-bogot%C3 %A1-1992-2003-disponible-en (zuletzt aufgerufen: 7. Juli 2019).

Dikshit, G. S., Local Self-Government in Mediaeval Karnataka, Dharwar 1964.

Dirks, Nicholas B., Castes of Mind: Colonialism and the Making of Modern India, Princeton 2001.

Djilas, Milovan, Land without Justice, New York 1958.

Ders., Njegos oder Dichter zwischen Kirche und Staat, Wien u. a. 1968.

Dogra, Chander Suta, Manoj and Babli: A Hate Story, New York 2013.

Doughty, Charles M., Travels in Arabia Deserta, Cambridge 1888.

Dower, John W., Embracing Defeat: Japan in the Wake of World War II, New York 1999.

Drew, Katherine Fischer, The Laws of the Salian Franks, Philadelphia 1991.

Dreyer, Edward L., Zheng He: China and the Oceans in the Early Ming Dynasty, 1405–1433, New York 2006.

Driscoll, Jesse, Warlords and Coalition Politics in Post-Soviet States, New York 2015.

Driscoll, Mark, Absolute Erotic, Absolute Grotesque: The Living, Dead, and Undead in Japan's Imperialism, 1895 – 1945, Durham und London 2010.
Duby, Georges, Die drei Ordnungen. Das Weltbild des Feudalismus, Frankfurt am Main 1993.
Dumont, Louis, Gesellschaft in Indien. Die Soziologie des Kastenwesens, Wien 1976.
Dunkerly, James, Power in the Isthmus: A Political History of Modern Central America, London 1988.
Duran, Xavier, »The First US Transcontinental Railroad: Expected Profits and Government Intervention«, Journal of Economic History, Bd. 73, Nr. 1, 2012, S. 177 – 200.
Durham, M. Edith, High Albania, London 1909.
Dies., Some tribal origins, laws and customs of the Balkans, London 1928.
Dutt, Romesh C., The economic history of India under early British rule, from the rise of the British power in 1757 to the accession of Queen Victoria in 1837, London 1916.
Dym, Jordana, From Sovereign Villages to National States: City, State, and Federation in Central America, 1759 – 1839, Albuquerque 2006.

Easter, Gerald M., Capital, Coercion and Postcommunist States, Ithaca 2012.
The Economist, »Don't Lie to me, Argentina«, 2012 http://www.economist.com/node/21548242 (zuletzt aufgerufen: 7. Juli 2019).
Edgar, H. Timothy, Beyond Snowden: Privacy, Mass Surveillance, and the Struggle to Reform the NSA, Washington 2017.
Edgar, Thomas, The Lawes Resolutions of Womens Rights: Or The Lawes Provision for Women, London 2005.
Edinger, Lewis J., »German Social Democracy and Hitler's ›National Revolution‹ of 1933: A Study in Democratic Leadership«, World Politics, Bd. 5, Nr. 3, 1953, S. 330 – 367.
Edmonds, Eric V. und Salil Sharma, »Institutional Influences on Human Capital Accumulation: Micro Evidence from Children Vulnerable to Bondage«, 2006, https://www.dartmouth.edu/~eedmonds/kamaiya.pdf (zuletzt aufgerufen: 7. Juli 2019).
Edwards, Jeremy und Sheilagh Ogilvie, »What Lessons for Economic Development Can We Draw from the Champagne Fairs?«, Explorations in Economic History, Bd. 49, 2012, S. 131 – 148.
Eich, Peter, »The Common Denominator: Late Roman Bureaucracy from a Comparative Perspective«, State Power in Ancient China and Rome, hg. von Walter Scheidel, New York 2015.

Eldredge, Elizabeth A., The Creation of the Zulu Kingdom, 1815–1828: War, Shaka, and the Consolidation of Power, New York 2014.

Elton, Geoffrey R., The Tudor Revolution in Government: Administrative Changes in the Reign of Henry VIII, New York 1952.

Elvin, Mark, The Pattern of the Chinese Past, Stanford 1973.

Ember, Carol, »Myths about Hunter-Gatherers«, Ethnology, Bd. 17, 1978, S. 439–448.

Engerman, Stanley L. und Kenneth L. Sokoloff, Economic Development in the Americas since 1500: Endowments and Institutions, New York 2011.

Epstein, Stephen A., An Economic and Social History of Later Medieval Europe, 1000–1500, New York 2009.

Ertman, Thomas, Birth of the Leviathan: Building States and Regimes in Medieval and Early Modern Europe, New York 1997.

Eskew, Glenn T., But for Birmingham: The Local and National Movements in the Civil Rights Struggle, Chapel Hill 1997.

Esping-Andersen, Gosta, Politics against Markets: The Social Democratic Road to Power, Princeton 1985.

Evans, Richard J., Das Dritte Reich. Aufstieg, München 2004.

Evans-Pritchard, E. E. und Meyer Fortes (Hg.), African Political Systems, New York 1940.

Falkus, Malcolm E und John B. Gillingham, Historical Atlas of Britain, London 1987.

Farhang, Sean, The Litigation State: Public Regulation and Private Lawsuits in the U. S., Princeton 2010.

Farmer, Edward, Zhu Yuanzhang and Early Ming Legislation: The Reordering of Chinese Society Following the Era of Mongol Rule, Leiden 1995.

Faure, David, China and Capitalism: A History of Business Enterprise in Modern China, Hongkong 2006.

Ders., Emperor and Ancestor: State and Lineage in South China, Stanford 2007.

Fawcett, Peter, »›When I Squeeze You with Eisphorai‹: Taxes and Tax Policy in Classical Athens«, Hesperia: The Journal of the American School of Classical Studies at Athens, Bd. 85, Nr. 1, 2016, S. 153–199.

Feinstein, Charles H., An Economic History of South Africa: Conquest, Discrimination and Development, New York 2005.

Feng, Li, Early China: A Social and Cultural History, New York 2013.

Fergusson, Leopoldo, Ragnar Torvik, James A. Robinson und Juan Vargas, »The Need for Enemies«, Economic Journal, Bd. 126, Nr. 593, 2016, S. 1018–1054.

The Fifth Report from the Select Committee on the Affairs of the East India Company, New York 1812, https://books.google.com/books/about/The_Fifth_Report_from_the_Select_Committ.html?id=1U4PAQAAMAAJ (zuletzt aufgerufen: 7. Juli 2019).

Finley, Moses I., Die Welt des Odysseus, Frankfurt am Main 2005.

Ders., »A Peculiar Institution«, Times Literary Supplement, Nr. 3887, 1976.

Fitzneale, Richard – siehe unter Richard von Ely.

Flannery, Kent V., »Process and Agency in Early State Formation«, Cambridge Archaeological Journal, Bd. 9, Nr. 1, 1999, S. 3–21.

Flannery, Kent V. und Joyce Marcus, Zapotec Civilization: How Urban Society Evolved in Mexico's Oaxaca Valley, London 1996.

Dies., The Creation of Inequality: How Our Prehistoric Ancestors Set the Stage for Monarchy, Slavery, and Empire, Cambridge 2014.

Fleming, Robin, Britain after Rome: The Fall and Rise, 400 to 1070, London 2010.

Flynn, Henry F., The Diary of Henry Francis Flynn, hg. von James Stuart und D. McK. Malcolm, Pietermaritzburg 1986.

Fornander, Abraham, Fornander's Ancient History of the Hawaiian People to the Times of Kamehameha I, Honolulu 2005.

Forsdyke, Sara, Exile, Ostracism and Democracy: The Politics of Expulsion in Ancient Greece, Princeton 2005.

Dies., Slaves Tell Tales: And Other Episodes in the Politics of Popular Culture in Ancient Greece, Princeton 2012.

Fratianni, Michele und Franco Spinelli, »Italian City-States and Financial Evolution«, European Review of Economic History Bd. 10, Nr. 3, 2006, S. 257–278.

Freedman, Maurice, Lineage Organization in Southeastern China, London 1966.

Ders., Chinese Lineage and Society: Fukien and Kwantung, London 1971.

Freedom House, »The Politburo's Predicament«, 2015, https://freedomhouse.org/china-2015-politiburo-predicament#.V2gYbpMrIU0 (zuletzt aufgerufen: 7. Juli 2019).

Freeland, Chrystia, Sale of the Century: Russia's Wild Rise from Communism to Capitalism, New York 2000.

Friedberg, Aaron L., In the Shadow of the Garrison State, Princeton 2000.

Fukuyama, Francis, »The End of History?«, The National Interest, Bd. 16, 1989, S. 3–18.

Ders., The Origins of Political Order: From Prehuman Times to the French Revolution, New York 2011.

Ders., Political Order and Political Decay: From the Industrial Revolution to the Globalization of Democracy, New York 2014.

Gargarella, Roberto, Latin American Constitutionalism, 1810–2010: The Engine Room of the Constitution, New York 2013.

Ders., The Legal Foundations of Inequality: Constitutionalism in the Americas, 1776–1860, New York 2014.

Geary, Patrick J., Die Merowinger. Europa vor Karl dem Großen, München 2003.

Geary, Patrick (Hg.), Readings in Medieval History, Auszug aus Otto of Freising, The Deeds of Frederick Barbarossa, Toronto 2015.

Gennaioli, Nicola und Hans-Joachim Voth, »State Capacity and Military Conflict«, Review of Economic Studies, 82, 2015, S. 1409–1448.

Gerstle, Gary, »A State Both Strong and Weak«, American Historical Review, 113(3), 2008, S. 779–785.

Ders., Liberty and Coercion: The Paradox of American Government from the Founding to the Present, Princeton 2015.

Gies, Joseph und Frances Gies, Cathedral, Forge and Waterwheel: Technology and Invention in the Middle Ages, New York 1994.

Ginsburg, Tom, »An Economic Analysis of the Pashtunwali«, 2011, https://chicagounbound.uchicago.edu/cgi/viewcontent.cgi?referer=https://www.google.com/&httpsredir=1&article=2432&context=journal_articles (zuletzt aufgerufen: 7. Juli 2019).

Gjeçov, Shtjefën, The Code of Lekë Dukagjini, übersetzt von Leonard Fox, New York 1989.

Gluckman, Max, »The Kingdom of the Zulu of South Africa«, African Political Systems, hg. von Meyer Fortes and Edward E. Evans-Pritchard, London 1940.

Ders., The Rise of a Zulu Empire, Scientific American, 202, 1960, S. 157–168.

Goldie, Mark, »The Unacknowledged Republic: Officeholding in Early Modern England«, in Tim Harris (Hg.), The Politics of the Excluded, c. 1500–1850, Basingstoke 2001.

Goldman, Marshall I., The Privatization of Russia: Russian Reform Goes Awry, New York 2003.

Goldthwaite, Richard A., The Economy of Renaissance Florence, Baltimore 2009.

Gordon, Colin, Mapping Decline: St. Louis and the Fate of the American City, Philadelphia 2009.

Gorringe, Hugo, Untouchable Citizens: Dalit Movements and Democratization in Tamil Nadu, London 2005.

Ders., Panthers in Parliament: Dalits, Caste, and Political Power in South India, Delhi 2017.

Gottesman, Alex, Politics and the Street in Democratic Athens, New York 2014.

Gourevitch, Peter, Politics in Hard Times: Comparative Responses to International Economic Crises, Ithaca 1986.

Graves, M. A. R., Parliaments of Early Modern Europe: 1400–1700, New York 2001.

Greenwald, Glenn, Die Globale Überwachung, München 2014.

Gregor von Tours, Fränkische Geschichte, 3 Bde., Essen 1988.

Gretsky, Sergei, »Civil War in Tajikistan: Causes, Development, and Prospects for Peace«, in Roald Sagdeev und Susan Eisenhower (Hg.), Central Asia: Conflict, Resolution and Change, Washington 1995.

Gudmundson, Lowell, Costa Rica Before Coffee: Society and Economy on the Eve of the Export Boom, Baton Rouge 1986.

Ders., »Lord and Peasant in the Making of Modern Central America«, in A. E. Huber und F. Safford (Hg.), Agrarian Structures and Political Power in Latin America, Pittsburgh 1997.

Gudmundson, Lowell und Hector Lindo-Fuentes, Central America, 1821–1871: Liberalism Before Liberal Reform, Tuscaloosa 1995.

Guenée, Bernard, States and Rulers in Later Medieval Europe, Oxford 1985.

Habib, Irfan, The Agrarian System of Mughal India, 1556–1707, Delhi 1999.

Hacker, Jacob S., The Divided Welfare State: The Battle over Public and Private Social Benefits in the United States, New York 2002.

Hall, Jonathan M., A History of the Archaic Greek World: ca. 1200–479 bce, Malden und Oxford 2013.

Hamilton, Alexander, James Madison und John Jay, Die Federalist Papers, München 2007.

Hamilton, Gary G., »Why No Capitalism in China?«, Commerce and Capitalism in Chinese Societies, New York 2006.

Harari, Yuval Noah, »Why Technology Favors Tyranny«, The Atlantic, 2018, https://www.theatlantic.com/magazine/archive/2018/10/yuval-noah-harari-technology-tyranny/568330/ (zuletzt aufgerufen: 7. Juli 2019).

Hartmann, Christian und Klaus A. Lankheit (Hg.), Hitler. Reden Schriften Anordnungen, Band V, Teil 2, München 1998.

Havel, Václav, Die Macht der Mächtigen oder Die Macht der Machtlosen?, Klagenfurt 2006.

Hayek, Friedrich A., Der Weg zur Knechtschaft, Landsberg am Lech 1982.

Heitzman, James, Gifts of Power: Lordship in an Early Indian State, Delhi 1997.

Heldring, Leander und James A. Robinson, »Colonialism and Economic Development in Africa«, in Carol Lancaster und Nicolas van de Walle (Hg.), The Oxford Handbook on the Politics of Development, New York 2018.

Helfont, Samuel, »Saddam and the Islamists: The Ba'thist Regime's Instrumentalization of Religion in Foreign Affairs«, Middle East Journal, 68, 3, 2014, S. 352–366.

Helle, Kurt (Hg.), The Cambridge History of Scandinavia, Bd. 1, Prehistory to 1520, New York 2008.

Herrmann, Elsa, So ist die neue Frau, Hellerau 1929.

Herrup, Cynthia B., The Common Peace: Participation and the Criminal Law in Seventeenth-Century England, New York 1989.

Hinkmar von Reims, De ordine palatii, hg. u. übers. von Thomas Gross und Rudolf Schieffer, Hannover 1980, online verfügbar unter https://www.dmgh.de (zuletzt aufgerufen: 7. Juli 2019).

Hindle, Steve, »Hierarchy and Community in the Elizabethan Parish: The Swallowfield Articles of 1596«, in The Historical Journal 42, Nr. 3, 1999, S. 835–851.

Ders., The State and Social Change in Early Modern England, 1550–1640, New York 2000.

Hinton, Elizabeth, From the War on Poverty to the War on Crime: The Making of Mass Incarceration America, Cambridge 2016.

Hintze, Otto, Historical Essays of Otto Hintze, hg. von F. Gilbert, New York 1975.

Hirst, John B., The Shortest History of Europe, Melbourne 2009.

Ho, Ping-ti, »The Salt Merchants of Yang-Chou: A Study of Commercial Capitalism in Eighteenth Century China«, Harvard Journal of Asiatic Studies Bd. 17, Nr. 1–2, 1954, S. 130–168.

Hobbes, Thomas, Leviathan oder Stoff, Form und Gestalt eines kirchlichen und bürgerlichen Staates, Frankfurt am Main 2011.

Hochschild, Adam, King Leopold's Ghost: A History of Greed, Terror, and Heroism in Colonial Africa, Boston und New York 1999.

Hoff, Karla, »Caste System«, 2016, http://documents.worldbank.org/curated/en/452461482847661084/Caste-system (zuletzt aufgerufen: 7. Juli 2019).

Hoff, Karla, Mayuresh Kshetramade und Ernst Fehr, »Caste and Punishment: the Legacy of Caste Culture in Norm Enforcement«, Economic Journal, Bd. 121, Nr. 556, 2011, S. F449–F475.

Hoffman, David, The Oligarchs, New York 2002.

Holden, Robert H., Armies without Nations: Public Violence and State Formation in Central America, 1821–1960, New York 2004.

Holt, J. C., Magna Carta, New York 2015.

Holton, Sandra S., Feminism and Democracy: Women's Suffrage and Reform Politics in Britain, 1900–1918, New York 2003.

Holton, Woody, Unruly Americans and the Origins of the Constitution, New York 2008.

Hourani, Albert, Die Geschichte der arabischen Völker, Frankfurt am Main 2014.

Howard, Allen M., »Pawning in Coastal Northwest Sierra Leone, 1870–1910«, in Paul E. Lovejoy und Toyin Falola (Hg.), Pawnship, Slavery, and Colonialism in Africa, Trenton 2003.

Huang, Philip C. C., Civil Justice in China: Representation and Practice in the Qing, Stanford 1998.

Huang, Yasheng, Capitalism with Chinese Characteristics, New York 2008.

Hudson, John, The Formation of the English Common Law: Law and Society in England from King Alfred to the Magna Carta, New York 2018.

Hultzsch, Eugen, Inscriptions of Asoka, Oxford 1925.

Human Rights Watch, »Broken People: Caste Violence Against India's Untouchables«, 1999, https://www.hrw.org/report/1999/03/01/broken-people/caste-violence-against-indias-untouchables (zuletzt aufgerufen: 7. Juli 2019).

Dies., »Perpetual Minors: Human Rights Abuses Stemming from Male Guardianship and Sex Segregation in Saudi Arabia«, 2008, https://www.hrw.org/report/2008/04/19/perpetual-minors/human-rights-abuses-stemming-male-guardianship-and-sex (zuletzt aufgerufen: 7. Juli 2019).

Dies., »Boxed In: Women and Saudi Arabia's Male Guardianship System«, 2016, https://www.hrw.org/report/2016/07/16/boxed/women-and-saudi-arabias-male-guardianship-system (zuletzt aufgerufen: 7. Juli 2019).

Dies., »Eradicating Ideological Viruses: China's Campaign of Repression Against Xinjiang's Muslims«, 2018, https://www.hrw.org/report/2018/09/09/eradicating-ideological-viruses/chinas-campaign-repression-against-xinjiangs (zuletzt aufgerufen: 7. Juli 2019).

Hung, Ho-fung, The China Boom: Why China Will Not Rule the World, New York 2016.

Huntington, Samuel, Political Order in Changing Societies, New Haven 1968.

Hutton, J. H., Caste in India, New York 1961.

Ibn Khaldun, Die Muqaddima. Betrachtungen zur Weltgeschichte, München 2011.

Internationaler Währungsfonds, »IMF Executive Board Removes Declaration of Censure on Argentina«, 2016, https://www.imf.org/en/News/Articles/2016/11/09/PR16497-Argentina-IMF-Executive-Board-Removes-Declaration-of-Censure (zuletzt aufgerufen: 7. Juli 2019).

James, Edward, The Franks, Oxford 1988.
Jefferson, Thomas, The Works of Thomas Jefferson, Bd. 5, London 1904.
Jha, Hit Narayan, The Licchavis of Vaisali, Varanasi 1970.
Jie, Yu, Steel Gate to Freedom: The Life of Liu Xiabo, Lanham 2015.
Jisheng, Yang, Grabstein. Die große chinesische Hungerkatastrophe 1958–1962, Frankfurt am Main 2012.
John, Richard R., Spreading the News: The American Postal System from Franklin to Morse, Cambridge 1995.
Ders., »Governmental Institutions as Agents of Change: Rethinking American Political Development in the Early Republic, 1787–1835«, Studies in American Political Development Bd. 11, Nr. 2, 1997, S. 347–380.
Johnson, Marilynn S., Violence in the West: The Johnson County Range War and Ludlow Massacre: A Brief History with Documents, New York 2008.
Johnson, Simon und James Kwak, 13 Bankers: The Wall Street Takeover and the Next Financial Meltdown, New York 2010.
Jones, A. H. M., The Later Roman Empire, 284–602: A Social, Economic and Administrative Survey, Oxford 1964.
Jones, Philip, The Italian City State, Oxford 1997.

Kamakau, Samuel M., Ruling Chiefs of Hawaii, Honolulu 1992.
Kaplan, Robert D., The Coming Anarchy: Shattering the Dreams of the Post Cold War, New York 1994.
Karlson, Gunnar, The History of Iceland, Minneapolis 2000.
Karnes, Thomas L., Failure of Union, Chapel Hill 1961.
Kautilya, The Arthashastra, New York 1987.
Keeley, Lawrence H., War Before Civilization: The Myth of the Peaceful Savage, New York 1996.
Keay, John, *India: A History*, New York 2000.
Kelly, Christopher, Ruling the Later Roman Empire, Cambridge 2005.
Kennedy, Hugh, The Prophet and the Age of the Caliphates: The Islamic Near East from the Sixth to the Eleventh Century, New York 2015.
Kepel, Gilles, The Roots of Radical Islam, London 2005.
Kershaw, Ian, Hitler. Teil 1: 1889–1936, München 2013.
al-Khalil, Samir, Republic of Fear: The Politics of Modern Iraq, Berkeley 1989.
Khan, B. Zorina, The Democratization of Invention: Patents and Copyrights in American Economic Development, 1790–1920, Chicago 2009.
Killick, Tony, Development Economics in Action, London 1976.
Kim, Sung Ho, »Max Weber«, in Edward N. Zalta (Hg.), The Stanford Encyclopedia of Philosophy, 2017, https://plato.stanford.edu/archives/win2017/entries/weber/ (zuletzt aufgerufen: 7. Juli 2019).

King, Desmond und Robert C. Lieberman, »Ironies of State Building: A Comparative Perspective on the American State«, World Politics Bd. 61, 3, 2009, S. 547–588.

King, Gary, Ori Rosen, Martin Tanner und Alexander Wagner, »Ordinary Economic Voting Behavior in the Extraordinary Election of Adolf Hitler«, Journal of Economic History Bd. 68, Nr. 4, 2008, S. 951–996.

Kirch, Patrick V., How Chiefs Became Kings: Divine Kingship and the Rise of Archaic States in Ancient Hawai'i, Berkeley 2010.

Ders., A Shark Going Inland Is My Chief: The Island Civilization of Ancient Hawai'i, Berkeley 2012.

Kirch, Patrick V. und Marshall D. Sahlins, Anahulu: The Anthropology of History in the Kingdom of Hawaii, Bd. 1, Chicago 1992.

Kitschelt, Herbert P., »Accounting for Postcommunist Regime Diversity: What Counts as a Good Cause?«, in Grzegorz Ekiert und Stephen E. Hanson (Hg.), Capitalism and Democracy in Central and East Europe: Assessing the Legacy of Communist Rule, Cambridge 2003.

Kitson-Clark, G. S. R., »The Electorate and the Repeal of the Corn Laws«, Transactions of the Royal Historical Society 1, 1951, S. 109–126.

Knauft, Bruce, »Reconsidering Violence in Simple Human Societies«, Current Anthropology 28, Nr. 4, 1987, S. 457–500.

Konfuzius, Gespräche, Stuttgart 2003.

Ders., Das Buch von Maß und Mitte, Stuttgart 2015.

Der Koran, Darmstadt 2016.

Kremer, Michael, Nazmul Chaudhury, F. Halsey Rogers, Karthik Muralidharan und Jeffrey Hammer, »Teacher Absence in India: A Snapshot«, Journal of the European Economic Association Bd. 3, Nr. 2–3, 2005, S. 658–667.

Kuhn, Philip A., Soulstealers: The Chinese Sorcery Scare of 1768, Cambridge 1990.

Kümin, Beat, The Communal Age in Western Europe, 1100–1800, New York 2013.

Kümin, Beat und Andreas Würgler, »Petitions, Gravamina and the Early Modern State: Local Influence on Central Legislation in England and Germany (Hesse)«, Parliaments, Estates and Representation Bd. 17, 1997, S. 39–60.

Kuran, Timur, The Long Divergence: How Islamic Law Held Back the Middle East, Princeton 2012.

Kurzman, Charles, »Pro-U. S. Fatwas«, Middle East Policy Bd. 10, Nr. 3, 2003, S. 155–166, https://www.mepc.org/pro-us-fatwas (zuletzt aufgerufen: 7. Juli 2019).

Kurzman, Dan, Kishi and Japan: The search for the sun, New York 1960.

Kuykendall, Ralph S., The Hawaiian Kingdom, 1778–1854, Foundation and Transformation, Honolulu 1965.

Laiou, Angeliki E. und Cécile Morrisson, The Byzantine Economy, New York 2007.

Lanni, Adriaan, Law and Order in Ancient Athens, New York 2016.

Lapidus, Ira M., A History of Islamic Societies, New York 2014.

Larson, John Lauritz, Internal Improvement: National Public Works and the Promise of Popular Government in the Early United States, Chapel Hill 2001.

Larson, T. A., History of Wyoming, Lincoln 1990.

Leão, Delfim F. und Peter J. Rhodes, The Laws of Solon, New York 2016.

Lepsius, M. Rainer, »From Fragmented Party Democracy to Government by Emergency Decree and National Socialist Takeover: Germany«, in Juan J. Linz and Alfred Stepan (Hg.) The Breakdown of Democratic Regimes: Europe, Baltimore 1978.

Levinson, Daryl J., »Incapacitating the State«, William and Mary Law Review Bd. 56, Nr. 1, 2014, S. 181–226.

Lewis, Mark Edward, »The City-State in Spring-and-Autumn China«, in Mogens Herman Hansen (Hg.), A Comparative Study of Thirty City-State Cultures, Historisk-filosofiske Skrifter Bd. 21, Kopenhagen 2000.

Ders., The Early Chinese Empires: Qin and Han, Cambridge 2011.

Ders., China between Empires: The Northern and Southern Dynasties, Cambridge 2012.

Ders., China's Cosmopolitan Empire: The Tang Dynasty, Cambridge 2012.

Lewis, Oscar, Village Life in Northern India, New York 1965.

Lex Salica, hg. von Karl August Eckhardt, Weimar 1953.

Liddell Hart, Basil (Hg.), The Rommel Papers, New York 1953.

Lim, Luisa, The People's Republic of Amnesia: Tiananmen Revisited, New York 2014.

Linz, Juan J., The Breakdown of Democratic Regimes: Crisis, Breakdown and Reequilibration, Baltimore 1978.

Lipset, Seymour Martin, »Some Social Requisites of Democracy: Economic Development and Political Legitimacy«, American Political Science Review Bd. 53 (1), 1959, S. 69–105.

Litwack, Leon F., How Free Is Free? The Long Death of Jim Crow, Cambridge 2009.

Liu, Alan P. L., »The ›Wenzhou Model‹ of Development and China's Modernization«, Asian Survey Bd. 32, Nr. 8, 1992, S. 696–711.

Liu, William Guanglin, The Chinese Market Economy, 1000–1500, Albany 2015.

Locke, John, Zwei Abhandlungen über die Regierung, Frankfurt am Main 1977.

Loewen, James W., Sundown Towns: A Hidden Dimension of American Racism, New York 2006.

Lopez, Robert S., »The Dollar of the Middle Ages«, Journal of Economic History Bd. 11, Nr. 3, 1951, S. 209–234.

Ders., The Commercial Revolution of the Middle Ages, 950–1350, New York 1976.

Lovejoy, Paul E. und Toyin Falola (Hg.), Pawnship, Slavery, and Colonialism in Africa, Trenton 2003.

Loveman, Brian, Struggle in the Countryside: Politics and Rural Labor in Chile, 1919–1973, Bloomington 1976.

Lugard, Frederick, The Dual Mandate in Tropical Africa, London 1922.

Machiavelli, Niccolò, Der Fürst, Köln 2007.

Maddicott, J. R., The Origins of the English Parliament, 924–1327, New York 2012.

Mahoney, James L., The Legacies of Liberalism: Path Dependence and Political Regimes in Central America, Baltimore 2001.

Majumdar, Ramesh C., Corporate Life in Ancient India, Poona 1922.

Malaviya, H. D., Village Panchayats in India, New Delhi 1956.

Malo, David, Hawaiian Antiquities, Honolulu 1987.

Mamdani, Mahmood, Citizen and Subject: Contemporary Africa and the Legacy of Late Colonialism, Princeton 1996.

Mandeville, Bernard, »Der unzufriedene Bienenstock oder die ehrlich gewordenen Schurken«, in ders., Die Bienenfabel, Frankfurt am Main 1980.

Marchal, Guy, »Die ›alpine Gesellschaft‹«, Geschichte der Schweiz und der Schweizer, Zürich 2006.

Mathew, Santhosh und Mick Moore, »State Incapacity by Design: Understanding the Bihar Story«, 2011, http://www.ids.ac.uk/files/dmfile/Wp366.pdf (zuletzt aufgerufen: 7. Juli 2019).

Mathur, Kuldeep, Panchayati Raj, Oxford India Short Introductions, Delhi 2013.

Matthai, John, Village Government in British India, London 1915.

Mazzuca, Sebastián L. und James A. Robinson, »Political Conflict and Power-Sharing in the Origins of Modern Colombia«, Hispanic American Historical Review Bd. 89, 2009, S. 285–321.

McAdam, Doug, Political Process and the Development of Black Insurgency, 1930–1970, Chicago 1999.

McCreery, David J., Rural Guatemala, 1760–1940, Stanford 1994.

McDonald, Forrest, States' Rights and the Union: Imperium in Imperio, 1776–1876, Lawrence 2000.

McPherson, James M., Battle Cry of Freedom: The Civil War Era, New York 2003.

Meier, Pauline, Ratification: The People Debate the Constitution, 1787–1788, New York 2011.

Menchú, Rigoberta, Elisabeth Burgos, Leben in Guatemala, Bornheim-Merten 1984.

Mengzi, Mengzi, With Selections from Traditional Commentaries, Indianapolis 2008.

Mettler, Suzanne, The Submerged State: How Invisible Government Policies Undermine American Democracy, Chicago 2011.

Michalopoulos, Stelios, Alireza Naghavi und Giovanni Prarolo, »Trade and Geography in the Spread of Islam«, Economic Journal Bd. 128 (616), 2018, S. 3210–3241.

Miers, Suzanne und Igor Kopytoff (Hg.), Slavery in Africa: Historical and Anthropological Perspectives, Madison 1977.

Migdal, Joel, Strong Societies and Weak States: State-Society Relations and State Capabilities in the Third World, Princeton 1988.

Ders., State-in-Society: Studying How States and Societies Transform and Constitute One Another, New York 2001.

Mill, John Stuart, Harriet Taylor Mill und Helen Taylor, Die Hörigkeit der Frau, Frankfurt am Main 1976.

Miller, William Ian, Bloodtaking and Peacemaking: Feud, Law, and Society in Saga Iceland, Chicago 1997.

Misgeld, Klaus, Karl Molin und Klas Amark, Creating Social Democracy: A Century of the Social Democratic Labor Party in Sweden, University Park 1988.

Mitchell, Stephen, Gilgamesh: A New English Version, New York 2004.

Moeller, Robert G., The Nazi State and German Society: A Brief History with Documents, New York 2010.

Moene, Karl-Ove und Michael Wallerstein, »Pay Inequality«, Journal of Labor Economics Bd. 15, Nr. 3, 1997, S. 403–430.

Mokyr, Joel, The Lever of Riches, New York 1990.

Ders., The Enlightened Economy, New Haven 2009.

Montgomery, Fiona A., Women's Rights: Struggles and Feminism in Britain c. 1770–1970, Manchester 2006.

Mookerji, Radhakumud, Local Government in Ancient India, Oxford 1920.

Moore, Barrington, The Social Origins of Dictatorship and Democracy, Boston 1966.

Morerod, Jean-Daniel und Justin Favrod, »Entstehung eines sozialen Raumes (5.–13. Jahrhundert)«, in Georg Kreis (Hg.), Die Geschichte der Schweiz, Basel 2014.

Morgan, Edmund S., American Slavery, American Freedom, New York 1975.

Morris, Donald R., The Washing of the Spears: The Rise and Fall of the Zulu Nation, Boston 1998.

Morris, Ian, »The Strong Principle of Equality and the Archaic Origins of Greek Democracy«, in Joshua Ober und Charles Hedrick (Hg.), Demokratia: A Conversation on Democracies, Ancient and Modern, Princeton 1996.

Ders. »The Greater Athenian State«, in Ian Morris und Walter Scheidel (Hg.), The Dynamics of Ancient Empires: State Power from Assyria to Byzantium, New York 2010.

Morse, H. B., The Trade and Administration of China, London 1920.

Mortimer, Edward, »The Thief of Baghdad«, The New York Review of Books Bd. 37, Nr. 14, 1990, https://web.archive.org/web/20031014004305/ http://www.nybooks.com/articles/3519 (zuletzt aufgerufen: 7. Juli 2019).

Mote, Frederick W., Imperial China 900–1800, Cambridge 2000.

Mouline, Nabil, The Clerics of Islam: Religious Authority and Political Power in Saudi Arabia, New Haven 2014.

Mueller, Reinhold C., The Venetian Money Market: Banks, Panics, and the Public Debt, 1200–1500, Baltimore 1997.

Mühlberger, Detlef, The Social Bases of Nazism, 1919–1933, New York 2003.

Munshi, Kaivan, »Caste and the Indian Economy«, 2017, http://www.histecon.magd.cam.ac.uk/km/Munshi_JEL2.pdf (zuletzt aufgerufen: 7. Juli 2019).

Murdock, George P., Africa: Its Peoples and Their Culture History, New York 1959.

Murray, Alexander C., Germanic Kinship Structure, Toronto 1983.

Ders. »From Roman to Frankish Gaul«, Traditio Bd. 44, 1988, S. 59–100.

Mussolini, Benito, Die politische und soziale Doktrin des Faschismus, Leipzig 1933.

Myers, A. R., Parliaments and Estates in Europe to 1789, San Diego 1975.

Myerson, Roger B., »Political Economics and the Weimar Disaster«, 2004, http://home.uchicago.edu/rmyerson/research/weimar.pdf (zuletzt aufgerufen: 7. Juli 2019).

Nee, Victor und Sonja Opper, Capitalism from Below: Markets and Institutional Change in China, New York 2012.

Neier, Aryeh, International Human Rights Movement: A History, Princeton 2012.

Nelson, Janet L., The Frankish World, 750–900, London 2003.

North, Douglass C. und Robert P. Thomas, The Rise of the Western World: A New Economic History, New York 1973.

North, Douglass C., John Wallis und Barry R. Weingast, Violence and Social Orders: A Conceptual Framework for Interpreting Recorded Human History, New York 2009.

Ders., »The ›Myth‹ of the Weak American State«, American Historical Review Bd. 113, Nr. 3, 2008, S. 752–772.

Ders., »The Myth of the New Deal State«, in N. Lichtenstein, J-C Vinel und R. Huret (Hg.), Liberal Orders: The Political Economy of the New Deal and Its Opponents, 2017.

Novak, William J. und Steven C. A. Pincus, »Revolutionary State Foundation: The Origins of the Strong American State«, in J. L. Brooke, J. C. Strauss und G. Anderson (Hg.), State Formations: Histories and Cultures of Statehood, Cambridge 2017.

Ober, Josiah, Athenian Legacies: Essays in the Politics of Going On Together, Princeton 2005.

Ders., The Rise and Fall of Classical Greece, New York 2015.

Ders., »Classical Athens [fiscal policy]«, in Walter Scheidel u. Andrew Monson (Hg.), Fiscal Regimes and Political Economy of Early States, New York 2015.

O'Brien, Kevin J. (Hg.), Popular Protest in China, Cambridge, Harvard 2008.

Ders. und Lianjiang Li, Rightful Resistance in Rural China, New York 2006.

O'Donnell, Guillermo und Philippe C. Schmitter, Transitions from Authoritarian Rule, Baltimore 1986.

Origo, Iris, Im Namen Gottes und des Geschäfts. Lebensbild eines toskanischen Kaufmanns der Frührenaissance, München 1985.

Orren, Karen und Stephen Skowronek, The Search for American Political Development, New York 2004.

Osafo-Kwaako, Philip und James A Robinson, »Political Centralization in Pre-Colonial Africa«, Journal of Comparative Economics Bd. 41, Nr. 1, 2013, S. 534–564.

Osborne, Robin, Greece in the Making 1200–479 BC, New York 2009.

Ost, David, Defeat of Solidarity: Anger and Politics in Postcommunist Europe, Ithaca, New York 2006.

Otto von Freising und Rahewin, Die Taten Friedrichs oder richtiger Cronica, Darmstadt 1974.

Özmucur, Süleyman und Şevket Pamuk, »Real Wages and Standards of Living in the Ottoman Empire, 1489–1914«, Journal of Economic History, Bd. 62, Nr. 2, 2002, S. 293–321.

Paige, Jeffrey M., Coffee and Power: Revolution and the Rise of Democracy in Central America, Cambridge (MA) 1997.

Pamuk, Şevket, »Urban Real Wages around the Eastern Mediterranean in Comparative Perspective, 1100–2000«, in Alexander Field, Gregory Clark und William A. Sundstrom (Hg.), Research in Economic History, Bd. 23, Bingley 2005, S. 209–228.

Pamuk, Şevket, »Institutional Change and Economic Development in the Middle East, 700–1800«, in Larry Neal und Jeffrey G. Williamson (Hg.), The Cambridge History of Capitalism, Bd. 1, The Rise of Capitalism: From Ancient Origins to 1848, New York 2014.

Pantos, Aliki und Sarah Semple (Hg.), Assembly Places and Practices in Medieval Europe, Dublin 2004.

Parry, Jonathan P., Caste and Kinship in Kangra, New York 1979.

Pascali, Luigi, »The Wind of Change: Maritime Technology, Trade, and Economic Development«, American Economic Review, Bd. 107, Nr. 9, 2017, S. 2821–2854.

Pattison, George, Routledge Philosophy Guidebook to the Later Heidegger, London 2000.

Pearlman, Wendy, We Crossed a Bridge and It Trembled: Voices from Syria, New York 2017.

Pei, Minxin, China's Crony Capitalism: The Dynamics of Regime Decay, Cambridge (MA) 2016.

Perham, Margery Lugard, The Years of Adventure und The Years of Authority, 2 Bde., London 1960.

Perry, Elizabeth J., »Chinese Conceptions of ›Rights‹: from Mencius to Mao – and Now«, Perspectives on Politics, Bd. 6, Nr. 1, 2008, S. 37–50.

Pettit, Philip, Republicanism: A Theory of Freedom and Government, New York 1999.

Pezzolo, Luciano, »The Via Italiana to Capitalism«, in Larry Neal und Jeffrey G. Williamson (Hg.), The Cambridge History of Capitalism, Bd. 1, The Rise of Capitalism: From Ancient Origins to 1848, New York 2014.

Philby, Harry St. John B., Arabia of the Wahhabis, London 1928.

Phillippon, Thomas und Ariell Reshef, »Wages in Human Capital in the U. S. Finance Industry: 1909–2006«, in Quarterly Journal of Economics, Bd. 127, 2012, S. 1551–1609.

Piketty, Thomas und Emmanuel Saez, »Income Inequality in the United States, 1913–1998«, Quarterly Journal of Economics, Bd. 118, Nr. 1, 2003, S. 1–41.

Pils, Eva, China's Human Right Lawyers: Advocacy and Resistanc, London 2014.

Pincus, Steven C. A., 1688: The First Modern Revolution, New Haven 2011.

Ders. und James A. Robinson, »What Really Happened During the Glorious Revolution?«, in Sebastián Galiani und Itai Sened (Hg.), Institutions, Property Rights and Economic Growth: The Legacy of Douglass North, New York 2012.

Dies., »Wars and State-Making Reconsidered: The Rise of the Developmental State«, Annales, Histoire et Sciences Sociales, Bd. 71, Nr. 1, 2016, S. 7–35.

Pines, Yuri, Envisioning Eternal Empire: Chinese Political Thought of the Warring States Era, Honolulu 2009.

Ders., The Everlasting Empire: The Political Culture of Ancient China and Its Imperial Legacy, Princeton 2012.

Pinker, Steven, Gewalt. Eine neue Geschichte der Menschheit, Frankfurt am Main 2011.

Pirenne, Henri, Medieval Cities: Their Origins and the Revival of Trade, Princeton 1952.

Plaatje, Sol, Native Life in South Africa, London 1916.

Plutarch, Große Griechen und Römer, Bd. 1, Mannheim 2010.

Pomeranz, Kenneth, China, Europe, and the Making of the Modern World Economy, Princeton 2001.

Pope, Nicole und Hugh Pope, Turkey Unveiled: A History of Modern Turkey, New York 2011.

Powell, Anton, Athens and Sparta: Constructing Greek Political and Social History from 478 bc, New York 2016.

Prokopios von Caesarea, Werke (gr.-dt.), übers. und herausgegeben von Otto Veh, 5 Bde., München 1961–1977.

Putnam, Robert D., Robert Leonardi und Raffaella Y. Nanetti, Making Democracy Work: Civic Traditions in Modern Italy, Princeton 1994.

Rattray, Robert, S., Ashanti Law and Constitution, Oxford 1929.

Reginald of Durham, »Life of St. Godric«, in G. G. Coulton (Hg.), Social Life in Britain from the Conquest to the Reformation, Cambridge 1918, S. 415–420.

Reiche, Danyel, »War Minus the Shooting«, in Third World Quarterly, Bd. 32, Nr. 2, 2011, S. 261–277.

Reuter, Timothy, »Assembly Politics in Western Europe from the Eighth Century to the Twelfth«, in Peter Linehan und Janet L. Nelson (Hg.), The Medieval World, London und New York 2001.

Rhodes, Peter J., A History of the Classical Greek World: 478–323 bc, Oxford 2011.

Ricardo, David, »Defense of the Plan of Voting by Ballot«, in Maurice H. Dobb und Piero Sraffa (Hg.), The Works and Correspondence of David Ricardo, Bd. 5, Cambridge, 1951–1973.

Richard von Ely (Richard Fitzneale), Dialog über das Schatzamt / Dialogus de scaccario, lat. u. dt., Zürich 1963.

Richards, John F., The Mughal Empire, New York 1993.

Ritter, E. A., Shaka Zulu: The Biography of the Founder of the Zulu Nation, London 1985.

Roach, Levi, Kingship and Consent in Anglo-Saxon England, 871–978: Assemblies and the State in the Early Middle Ages, New York 2013.

Ders., Æthelred: The Unready, New Haven 2017.

Roberts, Elizabeth, Realm of the Black Mountain: A History of Montenegro, Ithaca 2007.

Roberts, Michael, »The Military Revolution, 1560–1660«, in ders., Essays in Swedish History, London 1956.

Robertson, A. J. (Hg.), The Laws of the Kings of England from Edmund to Henry I., Cambridge 1925.

Robinson, Eric W., Democracy Beyond Athens, New York 2011.

Robinson, James A., »Un Típico País Latinoamericano? Una Perspectiva sobre el Desarrollo«, in James A. Robinson und Miguel Urrutia Montoya (Hg.), Economía Colombiana del Siglo XX: Un Análisis Cuantitativo, Bogotá 2007.

Ders., »Colombia: Another 100 Years of Solitude?«, Current History, Bd. 112 (751), 2013, S. 43–48.

Ders., »La Miseria en Colombia«, Desarollo y Sociedad, Bd. 76, Nr. 1, 2016, S. 1–70.

Rodinson, Maxime, Islam and Capitalism, London 2007.

Rosenberg, Hans, Bureaucracy, Aristocracy and Autocracy: The Prussian Experience, Cambridge 1958.

Rothstein, Richard, »The Making of Ferguson«, 2014, http://www.epi.org/files/2014/making-of-ferguson-final.pdf (zuletzt aufgerufen: 7. Juli 2019).

Ders., The Color of Law: A Forgotten History of How Our Government Segregated America, New York 2017.

Rowe, William T., Hankow: Commerce and Society in a Chinese City, 1796–1889, Stanford 1984.

Ders., Hankow: Conflict and Community in a Chinese City, 1796–1895, Stanford 1989.

Ders., China's Last Empire: The Great Qing, Cambridge 2009.

Roy, Arundhati, »The Doctor and the Saint«, in B. R. Ambedkar, Annihilation of Caste: The Annotated Critical Edition, London 2014.

Roy, Kumkum, The Emergence of Monarchy in North India, Eighth to Fourth Centuries b.c., Delhi 1994.

Rubinstein, Nicolai, »Political Ideas in Sienese Art: The Frescoes by Ambrogio Lorenzetti and Taddeo di Bartolo in the Palazzo Pubblico«, Journal of the Warburg and Courtauld Institutes, Bd. 21, Nr. 3–4, 1958, S. 179–207.

Rueschemeyer, Dietrich, Evelyn H. Stephens und John D. Stephens, Capitalist Development and Democracy, Chicago 1992.

Sablonier, Roger, »The Swiss Confederation«, in Christopher Allmand (Hg.), The New Cambridge Medieval History, Bd. 7, New York 2015.

Safford, Frank, »Politics, Ideology and Society in Post-Independence Spanish America«, in Leslie Bethell (Hg.), The Cambridge History of Latin America, Bd. 3, From Independence to c. 1870, New York 1985, S. 347–421.

Samuels, Richard, Machiavelli's Children: Leaders and Their Legacies in Italy and Japan, Ithaca 2003.

Santos-Villagran, Rafael, »Share Is to Keep: Ownership Transfer to Politicians and Property Rights in Post-Apartheid South Africa«, 2016, https://sites.google.com/site/rjsantosvillagran/research (zuletzt aufgerufen: 7. Juli 2019).

Satyanath, Shanker, Nico Voigtländer und Hans-Joachim Voth, »Bowling for Fascism: Social Capital and the Rise of the Nazi Party«, Journal of Political Economy, Bd. 125, Nr. 2, 2017, S. 478–526.

Schaller, Michael, »America's Favorite War Criminal: Kishi Nobusuke And the Transformation of US Japan Relations«, Japan Policy Research Institute, 1995, http://www.jpri.org/publications/workingpapers/wp11.html (zuletzt aufgerufen: 7. Juli 2019).

Scott, James C., The Art of Not Being Governed, New Haven 2010.

Shah, Ghanshyam, Harsh Mander, Sukhadeo Thorat, Satish Deshpande und Amita Baviskar, Untouchability in Rural India, Delhi 2006.

Shang Yang, The Book of Lord Shang, übers. und hg. von Yuri Pines, New York 2017.

Sharma, J. P., Republics in Ancient India: c. 1500 b.c.-500 b.c., Leiden 1968.

Sharma, Ram Sharan, Aspects of Political Ideas and Institutions in Ancient India, Delhi 2005.

Shastri, K. A. Nilakanta, A History of South India: From Prehistoric Times to the Fall of Vijayanagar, Delhi 1997.

Shatzmiller, Maya, »Transcontinental Trade and Economic Growth in the Early Islamic Empire: The Red Sea Corridor in the 8th–10th centuries«, in Lucy Blue, Ross Thomas, John Cooper und Julian Whitewright, (Hg.), Connected Hinterlands, Oxford 2009.

Shepard, William R., Historical Atlas, New York 1911, https://archive.org/details/bub_gb_6Zc9AAAAYAAJ (zuletzt aufgerufen: 7. Juli 2019).

Shirer, William L., Aufstieg und Fall des Dritten Reiches, München 1963.

Simić, Andrei, »The Blood Feud in Montenegro«, in: William G. Lookwood, Essays in Balkan Ethnology, Berkeley 1967.

Simon, Joshua, The Ideology of Creole Revolution, New York 2017.

Simpson, Mark und Tony Hawkins, The Primacy of Regime Survival: State Fragility and Economic Destruction in Zimbabwe, London 2018.

Singh, Upinder, History of Ancient and Early Medieval India: From the Stone Age to the 12th Century, Upper Saddle River 2009.
Skinner, Quentin, »Ambrogio Lorenzetti: The Artist as Political Philosopher«, Proceedings of the British Academy, Bd. 72, 1986, S. 1–56.
Ders., »Ambrogio Lorenzetti's Buon Governo Frescoes: Two Old Questions, Two New Answers«, Journal of the Warburg and Courtauld Institutes, Bd. 62, S. 1–28.
Skocpol, Theda, Protecting Mothers and Soldiers: The Political Origins of Social Policy in the United States, Cambridge 1995.
Skowronek, Stephen, Building a New American State: The Expansion of National Administrative Capacities, 1877–1920, New York 1982.
Smith, Adam: Untersuchung über das Wesen und die Ursachen des Volkswohlstandes, Berlin 1905, online unter https://archive.org/details/untersuchungbe1v2smit (zuletzt aufgerufen: 7. Juli 2019).
Smith, Brian K., Classifying the Universe: The Ancient Indian Varna System and the Origins of Caste, New York 1994.
Smith-Dorrien, Horace, Memories of Forty-Eight Years' Service, London 1925.
Sobel, Dava, Longitude, New York 2007.
Song, Jae, David J. Price, Fatih Güvenen, Nicholas Bloom und Till von Wachter, »Firming Up Inequality«, NBER Working Paper Nr. 21 199, 2015.
Southall, Roger, »Black Empowerment and Corporate Capital«, in John Daniel, Roger Southall und Jessica Lutchman, The State of the Nation: South Africa 2004–2005, Johannesburg 2005.
Soyinka, Wole, Brich auf in früher Dämmerung, Zürich 2008.
Spence, Jonathan D., Die Geschichte der Frau Wang, Berlin 1987.
Ders., Chinas Weg in die Moderne, München 1995.
Ders., The Search for Modern China: A Documentary Collection, New York 2014.
Srinivas, M. N., The Village Remembered, Berkeley 1976.
Ders., The Dominant Caste and Other Essays, Delhi 1994.
Stafford, Pauline, Unification and Conquest: A Political and Social History of England in the Tenth and Eleventh Centuries, New York 1989.
Stanger, Allison, One Nation Under Contract: The Outsourcing of American Power and the Future of Foreign Policy, New Haven 2011.
Stein, Burton, Peasant State and Society in Medieval South India, Delhi 1980.
Ders., Vijayanagara, New York 1990.
Steinberg, Jonathan, Why Switzerland?, New York 2016.
Steinberg, Guido, »The Wahhabi Ulama and the Saudi State: 1745 to the Present«, in Paul Aarts und Gerd Nonneman (Hg.), Saudi Arabia in the Balance: Political Economy, Society, Foreign Affairs, London 2005.

Struve, Lynn A. (Hg.), Voices from the Ming-Qing Cataclysm: China in Tigers' Jaws, New Haven 1998.

Stuart, Douglas T., Creating the National Security State, Princeton, New Jersey 2008.

Subbarayalu, Y., Political Geography of Chola Country, Madras 1974.

Ders., South India Under the Cholas, Delhi 2012.

Swenson, Peter A., Capitalists Against Markets: The Making of Labor Markets and Welfare States in the United States and Sweden, New York 2002.

Tacitus, Publius Cornelius, Germania, Lateinisch/Deutsch, übers. v. Manfred Fuhrmann, Stuttgart 1972.

Thakur, Sankharshan, Subaltern Saheb: Bihar and the Making of Laloo Yadav, Delhi 2006.

Thapar, Romila, From Lineage to State: Social Formations in the Mid-First Millennium B.C. in the Ganga Valley, New York 1999.

Dies., Early India: From the Origins to AD 1300, Berkeley 2002.

Therborn, Goran, »The Rule of Capital and the Rise of Democracy«, New Left Review, Bd. 103, 1977, S. 3–41.

Thompson, Augustine, Francis of Assisi: A New Biography, Ithaca 2012.

Thompson, Leonard, A History of South Africa, New Haven 2014.

Tilly, Charles (Hg.), The Formation of National States in Western Europe, Princeton 1975.

Tilly, Charles, Coercion, Capital and European States, Oxford 1992.

Ders., Popular Contention in Great Britain, 1758 to 1834, London 1995.

Toqueville, Alexis de, Über die Demokratie in Amerika, 2 Bde., Stuttgart 1959.

Todd, Malcolm, The Early Germans, Oxford 2004.

Tognato, Carlos (Hg.), Cultural Agents RELOADED: The Legacy of Antanans Mockus, Cambridge.

Tooze, Adam, Sintflut. Die Neuordnung der Welt 1916–1931, München 2017.

Treadgold, Warren, A History of the Byzantine State and Society, Stanford 1997.

Treisman, Daniel, The Return: Russia's Journey from Gorbachev to Medvedev, New York 2011.

Turner, Frederick Jackson, The Frontier in American History, New York 1921.

Turner, Thomas, The Congo Wars: Conflict, Myth and Reality, London 2007.

Uberoi, J. P. Singh, Politics of the Kula Ring: An Analysis of the Findings of Bronislaw Malinowski, Manchester 1962.

Urban, Michael, Vyacheslav Igrunov und Sergei Mitrokhin, The Rebirth of Politics in Russia Paperback, New York 1997.

Uribe, Simón, Frontier Road: Power, History, and the Everyday State in the Colombian Amazon, New York 2017.

Valenzuela, Arturo, The Breakdown of Democratic Regimes: Chile, Baltimore 1978.

Valenzuela, Arturo und Alexander Wilde, »Presidential Politics and the Decline of the Chilean Congress«, in Joel Smith und Lloyd D. Musolf (Hg.), Legislatures in Development: Dynamics of Change in New and Old States, Durham 1979.

Van Wees, Hans, Ships and Silver, Taxes and Tribute: A Fiscal History of Archaic Athens, New York 2013.

Vassiliev, Alexei, The History of Saudi Arabia, London 2013.

Veluhat, Kesavan, The Political Structure of Early Medieval South India, Delhi 1993.

Verhandlungen des Deutschen Reichstags 1918–1942, https://www.reichstagsprotokolle.de/ (zuletzt aufgerufen: 7. Juli 2019).

von Glahn, Richard, The Economic History of China: From Antiquity to the Nineteenth Century, New York, 2016.

Wade, Robert H., Village Republics: Economic Conditions for Collective Action in South India, New York 1988.

Wakeman, Frederic, The Great Enterprise: The Manchu Reconstruction of Imperial Order in Seventeenth-Century China, 2 Bde., Berkeley 1986.

Ders., »The Civil Society and Public Sphere Debate: Western Reflections on Chinese Political Culture«, Modern China, Bd. 19, Nr. 2, 1993.

Ders., »Boundaries of the Public Sphere in Ming and Qing China«, Daedalus, Bd. 127, Nr. 3, 1998.

Waley, Daniel, Siena and the Sienese in the Thirteenth Century, New York 1991.

Waley, Daniel und Trevor Dean, Die italienischen Stadtstaaten, München 1969.

Wallace-Hadrill, J. M., Early Germanic Kingship in England and on the Continent, New York 1971.

Ders., The Long-haired Kings and Other Studies in Frankish History, Toronto 1982.

Wang, Hsien-Chun, »Mandarins, Merchants, and the Railway: Institutional Failure and the Wusong Railway, 1874–1877«, International Journal of Asian Studies, Bd. 12, Nr. 1, 2015, S. 31–53.

Watson, Andrew M., Agricultural Innovation in the Early Islamic World, New York 1983.

Watson, James L., »Chinese Kinship Reconsidered: Anthropological Perspectives on Historical Research«, The China Quarterly, Bd. 92, 1982, S. 589–622.

Watt, W. Montgomery, Muhammad at Mecca, Oxford 1953.

Ders., Muhammad at Medina, Oxford 1956.

Ders., Kurze Geschichte des Islam, Berlin 2002.

Watts, John, The Making of Polities: Europe, 1300–1500, New York 2009.

Weber, Eugen, Peasants into Frenchmen, Stanford 1976.

Weber, Max, Gesammelte Aufsätze zur Soziologie und Sozialpolitik, Tübingen 1988.

Ders., Wirtschaft und Gesellschaft. Grundriß der verstehenden Soziologie, Tübingen 1985.

Ders., Die protestantische Ethik und der »Geist« des Kapitalismus, Stuttgart 2017.

Weiner, Tim, CIA. Die ganze Geschichte, Frankfurt am Main 2009.

Ders., FBI. Die wahre Geschichte einer legendären Organisation, Frankfurt am Main 2013.

Werlich, David P., Peru: A Short History, Carbondale 1978.

Wheatley, Jonathan, Georgia from National Awakening to Rose Revolution: Delayed Transition in the Former Soviet Union, New York 2005.

Wickham, Christopher, The Inheritance of Rome, New York 2009.

Ders., Sleepwalking into a New World: The Emergence of Italian City Communes in the Twelfth Century, Princeton 2015.

Ders., Medieval Europe, New Haven 2016.

Ders., »Consensus and Assemblies in the Romano-Germanic Kingdoms«, Vorträge und Forschungen, Bd. 82, 2017, S. 389–426.

Wilks, Ivor, Asante in the Nineteenth Century: The Structure and Evolution of a Political Order, New York 1975.

Williams, Ann, Kingship and Government in Pre-Conquest England c. 500–106, London 1999.

Dies., Æthelred the Unready: The Ill-Counselled King, New York 2003.

Williams, Gavin und Terisa Turner, »Nigeria«, in John Dunn (Hg.), West Africa States: Failure and Promise, New York 1978.

Williams, Robert G., States and Social Evolution: Coffee and the Rise of National Governments in Central America, Chapel Hill 1994.

Winkler, H. A., Germany: The Long Road West. Vol. 1, 1789–1933, New York 2006.

Wiser, William H., The Hindu Jajmani System, Delhi 1936.

Wiser, William H. und Charlotte Wiser, Behind Mud Walls: Seventy-five Years in a North Indian Village, Berkeley 2000.

Witsoe, Jeffrey, Democracy Against Development, Chicago 2013.

Wittfogel, Karl, Oriental Despotism: A Comparative Study of Total Power, New Haven 1957.

Wolfram, Herwig, The Roman Empire and Its Germanic Peoples, Berkeley 2005.

Wollstonecraft, Mary, Zur Verteidigung der Frauenrechte, Aachen 2008.

Wong, R. Bin, China Transformed: Historical Change and the Limits of European Experience, Ithaca 1997.

Wood, Ian, »Administration, Law and Culture in Merovingian Gaul«, in Rosamond McKitterick (Hg.), The Uses of Literacy in Early Mediaeval Europe, Cambridge 1990.

Ders., The Merovingian Kingdoms, 450–751, Harlow 1994.

Woodward, C. Vann, The Strange Career of Jim Crow, New York 1995.

Woodward, Ralph L., »Economic and Social Origins of Guatemalan Political Parties, 1773–1823«, Hispanic American Historical Review, Bd. 45, 1965, S. 544–566.

Ders., »The Aftermath of Independence, 1821–1870«, in Leslie Bethell (Hg.), Central America Since Independence, 1991, S. 1–36, New York 1991.

Ders., Rafael Carrera and the Emergence of the Republic of Guatemala, 1821–1871, Athens 2008.

World Bank, Bihar, Towards a Development Strategy, New Delhi 2005.

Wortman, Miles L., Government and Society in Central America, 1680–1840, New York 1982.

Wright, Gavin, Old South, New South: Revolutions in the Southern Economy Since the Civil War, New York 1986.

Wright, John und Carolyn Hamilton, »Traditions and Transformations: The Phongolo-Mzimkhulu Region in the late Eighteenth and Early Nineteenth Centuries«, in Andrew Duminy und Bill Guest, Natal and Zululand: From Earliest Times to 1910: A New History, Durban 1989.

Wright, Mary C., The Last Stand of Chinese Conservatism, Stanford 1957.

Wu Jingzi, Der Weg zu den weißen Wolken. Geschichten aus dem Gelehrtenwald, Bd. 1, München 1990.

Xiao, Jianhua, »Review on the Inefficiency and Disorganization of Judicial Power: Consideration on the Development of Civil Proceedings«, Frontiers of Law in China, Bd. 2, Nr. 4, 2007, S. 538–562.

Xunzi, Xunzi: The Complete Text, Princeton 2016.

Yashar, Deborah J., Demanding Democracy: Reform and Reaction in Costa Rica and Guatemala, 1870s–1950s, Stanford 1997.

Zelin, Madeleine, The Magistrate's Tael: Rationalizing Fiscal Reform in Eighteen Century Ch'ing China, Berkeley 1984.
Dies., The Merchants of Zigong: Industrial Entrepreneurship in Early Modern China, New York 2005.
Zürcher, Erik Jan, The Unionist Factor. The Role of the Community of Union and Progress in the Turkish National Movement, 1905–1926, Leiden 1984.
Ders., Modern Turkey: A History, London 2004.
Zyoob, Mohammed, und Hasan Kosebalaban (Hg.), Religion and Politics in Saudi Arabia: Wahhabism and the State, Boulder (CO) 2009.

ABBILDUNGSVERZEICHNIS

Quellen für die Karten

Lage der Städte von Geonames, https://www.geonames.org/

Aktuelle Verwaltungseinheiten aus der GADM (Database of Global Administrative Areas), https://gadm.org/data.html

Flüsse von Natural Earth, http://www.naturalearthdata.downloads/10m-physical-vectors/10m-Flüsse-See-Mittellinien

Karte 1: Königreich der Aschanti aus Wilks (1975). Land der Yoruba und Land der Tiv aus Murdock (1959)

Karte 2: Athener Demen aus Osborne (2009). Grenzen der Trittyen aus Christopoulos (1970)

Karte 3: Bureau Topographique des Troupes Françaises du Levant (1935) and Central Intelligence Agency (2017)

Karte 4: Sarawat-Berge aus Shuttle Radar Topographic Mission / Consortium for Spatial Information (CGIAR-CSI), http://srtm.csi.cgiar.org

Karte 5: Land der Zulu und der Tonga aus Murdock (1959). Provinzen aus Südafrika 1910 aus Beinart (2001)

Karte 6: Küste von Puna aus Evergreen Data Library, https://evergreen.data.socrata.com/Maps-Statistics/Coastlines-split-4236/rcht-xhew

Karte 7: GADM, https://gadm.org/data.html

Karte 8: Shepard (1911)

Karte 9: Falkus und Gillingham (1987)

Karte 10: Feng (2013)

Karte 11: Ho (1954)

Karte 12: Maurya-Reich aus Keay (2000)

Karte 13: Heiliges Römisches Reich aus Shepard (1911). Brandenburg-Preußen aus EarthWorks, Stanford Libraries, https://earthworks.stanford.edu/catalog/harvard-ghgis1834core

Karte 14: Trampolin des Todes aus Humanitarian OpenStreetMap Team, https://www.hotosm.org. Mittleres Magdalena-Tal und Sibundoy-Tal aus Geográfico Agustín Codazzi, https://www.igac.gov.co

Karte 15: Clower, Dalton, Harwitz und Walters (1966)

Bildnachweis

Seite 1: AGIP – Rue des Archives / Granger, NYC – Alle Rechte vorbehalten

Seite 2: Holmes Collection, Rare Book and Special Collection Division, Library of Congress

Seite 3, oben: Album / Art Resource, NY; *unten:* Paul Bohannan, aus *The Tiv: An African People 1949–1953,* Paul Bohannan und Gary Seaman (Ethnographics Press, 2000)

Seite 4, oben: AP Photo / Hassan Ammar; *unten:* Dixson Galleries, State Library of New South Wales / Bridgeman Images

Seite 5, oben: Palazzo Pubblico, Siena, Italy / DeAgostini Picture Library / A. De Gregorio / Bridgeman Images; *unten:* Palazzo Pubblico, Siena, Italy / De Agostini Picture Library / G. Dagli Orti / Bridgeman Images

Seite 6, oben: Photo courtesy Linda Nicholas; *unten:* Historic Images / Alamy Stock Photo

Seite 7, oben: Teppich von Bayeux – 11. Jahrhundert, mit besonderer Erlaubnis der Stadt Bayeux; *unten:* Bettmann/Getty Images

Seite 8, oben: David Bliss Photography; *unten: Xunzi jian shi* [*Xunzi*], hg. v. Qixiong Liang (Shanghai: The Commercial Press, 1936), S. 100

Seite 9, oben: Ed Jones / AFP / Getty Images; *unten:* RAJAT GUPTA / EPA-EFE / Shutterstock

Seiten 10–11: Courtesy Mapping Inequality

Seite 12: © James Rodriguez/Panos Pictures

Seite 13, oben: Schalkwijk / Art Resource, NY; *unten:* CPA Media – Pictures from History / GRANGER – Alle Rechte vorbehalten

Seite 14, oben: AP Photo/Ali Haider; *unten:* robertharding / Alamy Stock Photo

Seite 15, oben: David Rogers / Getty Images Sport Classic / Getty Images; *unten:* Akintunde Akinleye / REUTERS

Seite 16, oben: Alle Rechte vorbehalten. Copyright CASA EDITORIAL EL TIEMPO S. A.; *unten:* UN Photo / Cia Pak

REGISTER